COLLECTION « LES USUELS »
dirigée par Henri Mitterand et Alain Rey

DICTIONNAIRE DE SYNONYMES ET CONTRAIRES
par Henri BERTAUD DU CHAZAUD,
ouvrage couronné par l'Académie française.

DICTIONNAIRE D'ORTHOGRAPHE ET D'EXPRESSION
ÉCRITE
par André JOUETTE.

DICTIONNAIRE ÉTYMOLOGIQUE DU FRANÇAIS
par Jacqueline PICOCHE.

DICTIONNAIRE DES DIFFICULTÉS DU FRANÇAIS
par Jean-Paul COLIN,
prix Vaugelas.

DICTIONNAIRE DES EXPRESSIONS ET LOCUTIONS
par Alain REY et Sophie CHANTREAU.

DICTIONNAIRE DE PROVERBES ET DICTONS
par Florence MONTREYNAUD, Agnès PIERRON et François SUZZONI.

DICTIONNAIRE DE CITATIONS FRANÇAISES
par Pierre OSTER.

DICTIONNAIRE DE CITATIONS DU MONDE ENTIER
par Florence MONTREYNAUD et Jeanne MATIGNON.

DICTIONNAIRE DE CITATIONS SUR LES PERSONNAGES
CÉLÈBRES
par Agnès PIERRON.

DICTIONNAIRE DES MOTS ET FORMULES CÉLÈBRES
par François DOURNON.

DICTIONNAIRE DE NOMS DE LIEUX
par Louis DEROY et Marianne MULON.

DICTIONNAIRE DES GRANDES ŒUVRES
DE LA LITTÉRATURE FRANÇAISE
sous la direction de Henri MITTERAND.

DICTIONNAIRE DES ŒUVRES DU XXe SIÈCLE
LITTÉRATURE FRANÇAISE ET FRANCOPHONE
sous la direction de Henri MITTERAND.

DICTIONNAIRE DES SYNONYMES

HENRI BERTAUD DU CHAZAUD

DICTIONNAIRE COURONNÉ PAR L'ACADÉMIE FRANÇAISE

LES USUELS

POCHE

DICTIONNAIRES LE ROBERT
12, AVENUE D'ITALIE 75013 PARIS

correction
CATHERINE FAVEAU

maquette
GONZAGUE RAYNAUD

Achevé d'imprimer sur Bookomatic,
par Maury-Eurolivres,
45300 Manchecourt
en novembre 1996
N° d'imprimeur : 96/10/55577
Dépôt légal : novembre 1996
Imprimé en France

ISBN 2 85036 219-0

AVANT-PROPOS

Je me suis attaché, dans cet ouvrage, à concilier deux exigences fondamentales :
— la richesse de l'information que doit apporter un dictionnaire spécialisé;
— la commodité de consultation d'un manuel s'insérant dans une collection d'usuels qu'il doit compléter et non pas répéter.

Ce parti a permis de rassembler, en un recueil maniable, environ 20 000 entrées dans l'ordre alphabétique et plus de 200 000 mots ou locutions, la plus forte densité de synonymes français publiée à ce jour.

Les dictionnaires de synonymes, peu nombreux et d'apparition relativement récente au regard des autres dictionnaires, comportent habituellement des définitions, des exemples, des références étymologiques qui réduisent la place laissée à l'énumération des synonymes, si l'on veut conserver à l'ouvrage sa maniabilité.

Tous ces renseignements sont utiles pour l'emploi correct d'un mot. Cependant, ce n'est pas le sens ou l'origine étymologique d'un mot qui fait le plus souvent défaut, mais bien le mot lui-même.

L'écolier ou le rédacteur de textes officiels, l'écrivain, le publiciste, le traducteur, tous ceux qui écrivent par plaisir ou par nécessité rencontrent deux exigences particulières à la langue française :
— employer le mot exact;
— éviter les répétitions.

Ils se trouvent alors dans la situation inverse de celui qui consulte un dictionnaire de définitions. Dans ce dernier cas, on possède le mot, mais le sens de ce mot demeure imprécis ou inconnu; une définition est nécessaire, appuyée au besoin sur un exemple et une explication étymologique.

Au contraire, il arrive qu'on ait à rendre un sens bien précis, et que le mot correspondant soit rebelle à la mémoire. Il faut alors du temps et un gros effort pour voir, dans le défilé des possibles, se profiler le terme désiré.

Supposons qu'on ait à désigner une étendue d'herbe, mais que PRAIRIE ne convienne pas. À l'article PRAIRIE on trouvera une suite de mots qui fournira la variante désirée, et parfois même une idée nouvelle.

Un dictionnaire de synonymes doit apporter précision et gain de temps, sans compter l'enrichissement que procure toujours une promenade au pays des mots. Le synonyme prend dans la phrase la place d'un autre terme et remplit la même fonction grammaticale et lexicale, mais avec un sens voisin et mieux approprié, c'est ainsi qu'on peut le définir et le distinguer du terme analogique, et c'est dans la mesure où le terme employé est bien celui qui convient très précisément, à l'exclusion de tout autre, que les autres qualités du discours, élégance, persuasion — voire poésie — se réaliseront comme d'elles-mêmes, tout naturellement (semble-t-il).

Enfin ce livre doit aussi rendre service aux cruciverbistes mais il ne peut évidemment pas se substituer totalement à un dictionnaire spécialisé de mots croisés.

Dans chaque article de ce *Dictionnaire*, les synonymes sont ordonnés selon un triple classement :
— grammatical,
— sémantique,
— alphabétique.

Les critères grammaticaux.

Je n'ai retenu du principe de classement selon des *critères grammaticaux* que les oppositions paraissant pertinentes pour l'objet précis de l'ouvrage :
— Verbe transitif/Verbe intransitif (ex. : INTRIGUER quelqu'un et INTRIGUER, « se livrer à l'intrigue »).
— Singulier/Pluriel (ex. : GAGE/GAGES).
— Masculin/Féminin (ex. : une PÉRIODE, un PÉRIODE).
— Nom/Adjectif (ex. : BÊTE).
— Conjonction/Préposition/Adverbe ou autre (ex. : PENDANT).

Les critères sémantiques.

Le classement selon des *critères sémantiques* a été limité à quelques catégories très générales. J'indique dans la *table des abréviations* (plus loin, pages XV et XVI) la liste des concepts discriminateurs qui ont été retenus.

Les plus employés sont les suivants :

Au propre (**Au pr.**). Cette caractérisation ne fait pas systématiquement référence à l'étymologie, mais plutôt à la fréquence ou à l'usage.

Par extension (**Par ext.**). Sous cette rubrique, sont groupés les mots pris dans un emploi généralement imagé, parfois même littéralement impropre (COLLIER pour HARNAIS), mais gardant un rapport avec le sens propre.

Figuré (**Fig.**). Les mots présentés ici n'ont plus de rapport direct avec le sens propre.

Voici un exemple, pour illustrer ce que notre propos aurait de trop abstrait :

GERME ■ I. Au pr. : 1. Embryon, fœtus, grain, graine, kyste, œuf, semence, sperme, spore. 2. ⇒ microbe. **II. Par ext. :** cause, commencement, départ, fondement, origine, principe, racine, rudiment, source. **III. Fig. Germe de discorde :** brandon, élément, ferment, levain, motif, prétexte.

L'opposition *Favorable/Neutre/Non favorable* a été utilisée chaque fois qu'elle a paru pertinente, sans prétendre pour autant imposer au lecteur une classification qui pourrait apparaître arbitraire dans certains cas.

Par exemple, à GALANTERIE, le synonyme COMPLAISANCE est proposé comme étant d'un emploi généralement favorable, tandis que COQUETTERIE ou DOUCEURS sont classés comme non favorables.

Lorsque le premier mot d'une suite de synonymes est suffisamment explicite, les classes sémantiques sont signalées seulement par un chiffre, sans indication de notion. J'utilise les chiffres romains au niveau le plus général, et les chiffres arabes pour les sous-classes :

TOHU-BOHU ■ I. Activité, affairement, affolement, agitation, alarme, animation, ... **II.** Bacchanal, barouf, baroufle, bastringue, boucan,... vacarme.

TOUCHER ■ I. Au pr. 1. Affleurer, attoucher, ... tâtonner. 2. Atteindre,... porter. 3. Aborder, ... relâcher. 4. Avoisiner, ... voisiner. **II. Par ext.** 1. Émarger, ... retirer. 2. S'adresser, ... regarder. 3. Affecter, ... porter.

J'ai systématiquement ouvert une classe pour les locutions :

COMBLER ■ I. Emplir, ... **II.** Abreuver, ... **III.** Aplanir, ... **IV. Loc. Combler la mesure : ⇒ exagérer.**

Mon souci a été d'aider le lecteur et d'éviter les complications inutiles, quitte à encourir les reproches des théoriciens.

Les niveaux de langue.

D'autres caractéristiques apparaissent à l'intérieur des suites de synonymes, pour signaler des emplois particuliers. C'est ainsi que j'ai retenu certains mots *archaïques* lorsqu'ils sont encore susceptibles d'un emploi recherché ou ironisant. Ils sont suivis ou précédés de la mention (vx) : voir par exemple le synonyme HEUR de CHANCE.

J'ai fait entrer des mots ou des locutions argotiques soit lorsque leur emploi m'a paru assez connu, soit en raison de leur saveur, sans pour autant le faire systématiquement, comme ce serait le cas dans un dictionnaire de langue verte, sauf toutefois lorsque le terme d'entrée l'imposait (PRISON ou SEXE par exemple).

Il n'est pas aisé de décider si un mot est grossier, familier ou simplement pittoresque, au sens que les élèves donnent à cet adjectif en l'affectant à un «prof» dont la classe «vaut le déplacement» (ne serait-ce que du censeur). Il en est ainsi de certains mots qui peuvent déranger dans telle situation mais qui apportent la vigueur ensoleillée de la vie dans l'alignement du vocabulaire conventionnel. Un reproche que l'on pourrait alors faire est qu'on ne peut mettre un tel livre entre toutes les mains. Jadis on éditait des dictionnaires expurgés «à l'usage de la jeunesse et des personnes du sexe», alors que ceux à l'usage des «messieurs» étaient pourtant d'une singulière pudibonderie. Il y avait là une hypocrisie qu'on est en voie d'évacuer de nos mœurs, et il faut bien constater que les jeunes sont en ce domaine d'excellents informateurs pour le lexicographe.

Aussi bien est-ce avec équanimité que j'ai laissé la feuille de vigne au vestiaire. Le grand-père que je suis, après plus de quarante années d'activités pédagogiques, l'a fait avec sérénité.

Il n'est pas évident mais il est pourtant certain qu'un mot n'a pas de sens en soi, et tel mot peut être anodin ou incongru selon la circonstance. C'est à chacun de prendre parti en considération du contexte ou de la situation. Je me suis finalement résolu à conserver ce type de classification si contestable pour faciliter la consultation plutôt que pour établir un code incertain et dont l'utilité pour le lecteur est très improbable.

Le choix des mots. Les renvois.

Il est des difficultés plus sérieuses, portant sur les lacunes ou sur le vieillissement de certains termes, surtout dans la langue des jeunes. Ce sont des écueils inhérents à la nature des objets en cause : le langage est la vie, donc le mouvement, un dictionnaire est figé, c'est un peu comme un musée.

Je me suis donc efforcé de retenir d'abord les mots les plus fréquents du français contemporain, quitte à risquer une certaine redondance, laissant de côté :

— les termes techniques, spécifiques ou autres, qui ne comportent pas de synonymes, mais engendrent plutôt des analogies;

— les formes pronominales ou passives des verbes, ainsi que les participes et les adverbes, lorsque les suites de synonymes n'auraient été que la transformation des suites d'un verbe à la forme active ou d'un adjectif déjà retenu comme tête d'article. Par exemple, HABILLER n'est pas accompagné de HABILLER (S'). POURVOIR de POURVU, GAI de GAIEMENT.

Beaucoup d'articles renvoient à un ou plusieurs autres, pour éviter la répétition de suites identiques d'un article à l'autre. Exemple :

DAMOISEAU ■ *I.* ⇒ **jeune homme.** *II.* ⇒ **galant.**

D'autre part, à la fin de certaines suites je renvoie à un autre article. Par exemple :

COMPENDIUM ■ Abrégé, condensé, digest, somme. ⇒ **résumé.**

Le lecteur peut aussi se reporter de lui-même à l'endroit où tel synonyme d'une suite est traité comme entrée. Par exemple, dans la suite de GAI, nous trouvons CONTENT. Ce terme ne fait pas l'objet d'un renvoi explicite, mais le lecteur pourra, en se reportant à l'entrée CONTENT, trouver des mots qui ne figurent pas à GAI, parce qu'ils n'en sont pas les synonymes. Il faudra faire un choix : AISÉ et BÉAT, synonymes de CONTENT, ne le sont pas de GAI, tandis que RAVI peut l'être dans certains contextes.

La consultation d'un dictionnaire de synonymes, par ces sortes de rebondissements successifs, est ainsi indéfiniment enrichissante. Le problème de la synonymie fait apparaître à quel point le mot univoque, en dehors des mots scientifiques, est rare et comme un même mot peut avoir d'acceptions. Mais il faut prendre garde, par ce passage du synonyme au synonyme du synonyme, à ne pas s'éloigner dangereusement du sens qu'on cherchait tout d'abord à exprimer.

Enfin, par souci d'éviter les redondances, je n'ai pas répété systématiquement un même mot dans deux suites successives, sous deux rubriques différentes, au propre et au figuré, par exemple. En principe, à moins que la fréquence d'emploi du mot ne soit égale dans les deux acceptions, on ne le trouvera que sous une seule rubrique. Ainsi, dans l'article CHARMER, figure, *au propre*, ENSORCELER, qui n'apparaît pas sous la rubrique *au figuré*. Là aussi, c'est au lecteur de juger s'il peut se servir de tel mot dans tel ou tel emploi. On touche ici à cet aspect vivant du langage qui semble échapper indéfiniment à toute grille de classement : la créativité.

J'exprime ma gratitude à tous ceux qui m'ont encouragé et aidé dans cette gageure — véritable tapisserie de Pénélope — qu'est un dictionnaire des synonymes : amis, parents, étudiants, et à tous les inconnus auprès de qui j'ai parfois glané ce qu'on ne trouve pas habituellement dans les livres.

Je tiens à rendre un hommage particulier à ma mère qui a bien voulu se charger de la partie la plus ingrate de ce travail : la lecture et la mise au net du manuscrit ainsi qu'à ma femme et à ma petite-fille Marjolaine de Rauglaudre, qui m'ont aidé à vérifier la concordance des renvois.

Que MM. A. Noël, J.-Y. Dournon, Y. Gentilhomme veuillent bien aussi accepter mes remerciements pour leurs encouragements et pour les suggestions dont j'ai tenu le plus grand compte.

HENRI BERTAUD DU CHAZAUD.

BIBLIOGRAPHIE SOMMAIRE

1. C'est dans les préfaces des dictionnaires de synonymes (voir ci-après) que l'on trouve des études théoriques sur la synonymie. Voici quelques ouvrages de référence sur la problématique du sens et sur la lexicologie. La ville de Paris n'est pas mentionnée lorsque c'est le lieu d'édition.

— DAMOURETTE J. ET PICHON E., *Des mots à la pensée*, d'Artrey, 1911-1952.
— GREIMAS A.J., *Du sens, essai sémiotique*, Le Seuil, 1970.
— GUILBERT L., *La créativité lexicale*, Larousse, 1976.
— GUILLAUME G., *Temps et Verbe*, Champion, 1929.
— HJELMSLEV L., « Pour une sémantique structurale », in *Essais de linguistique*, Copenhague, 1959.
— JAKOBSON R., *Essais de linguistique générale*, trad. Nicolas Ruwet, Minuit, 1963.
— MARTINET A., *Éléments de linguistique générale*, Armand Colin, 1967.
— MATORÉ G., *La Méthode en lexicologie*, Didier, 1953.
— MILNER J.C., *De la syntaxe à l'interprétation*, Le Seuil, 1978.
— MITTERAND H., *Les Mots français*, « Que sais-je ? » n° 270, P.U.F., 1963.
— MULLER C., *Initiation aux méthodes de la statistique linguistique*, Larousse, 1968.
— QUEMADA B., *Les Dictionnaires français modernes 1539-1863*, Didier, 1968.
— REY A., *Théories du signe et du sens*, Klincksieck, 1973-1976.
— REY-DEBOVE (Josette), *Sémiotique*, P.U.F., 1979.
— SAUSSURE (Ferdinand de), *Cours de linguistique générale*, Payot, 1962.
— TESNIÈRE L., *Éléments de syntaxe structurale*, Klincksieck, 1959.

2. Les dictionnaires de synonymes, peu nombreux et d'apparition relativement récente au regard des autres dictionnaires, comportent presque tous des préfaces qui sont autant de traités de la synonymie. Il faut faire une mention spéciale pour la préface du Lafaye où l'on trouve une utilisation de graphes qui ne sont autres que des diagrammes de Venn avant la lettre.

Voici, dans l'ordre chronologique, la liste des principaux dictionnaires de synonymes de langue française du XVIe au XIXe siècle :

— VIVRE (Gérard de), *Synonimes, c'est-à-dire plusieurs propos propres tant en escrivant qu'en parlant, tirez quasi tous à un mesme sens, pour monstrer la richesse de la langue françoise*, Cologne 1569. Cet ouvrage bilingue, français-allemand, est le premier dictionnaire de synonymes connu de langue française.
— MONTMERAN (Alain de), *Synonymes et épithètes françoises*, 1645.
— GIRARD (abbé Gabriel), *Syno mes français, leurs différentes significations et le choix qu'il faut pour en parler avec justesse*, éd. Veuve d'Houry, 1706 (deuxième édition en 1736). Du même, *La Justesse de la langue française ou les Différentes Significations des mots qui passent pour être synonymes*, 1718 ; et *Dictionnaire universel des synonymes de la langue française*, Paris, 1810 (édition posthume).
— HUREAU DE LIVOY Th., *Dictionnaire des synonymes françois*, 1767.
— BEAUZÉE N. Réédite le Girard, 1769-1780.
— ROUBAUD H., *Nouveaux synonymes français*, 1785.
— BOURBON-BUSSET, G. de, *Nouveaux synonymes français*, Dijon, 1789.
— MORIN B., *Dictionnaire universel des synonymes*, 1801.
— GUIZOT F., *Nouveau Dictionnaire universel des synonymes*, 1809.

— Piestre J., *Synonymie française,* Lyon, 1810.
— Le Roy de Flagis, *Nouveau Choix des synonymes français,* Paris 1812.
— Boinvilliers J.E., *Dictionnaire universel des synonymes,* Paris, 1826.
— Laveaux J.-Ch., *Dictionnaire synonymique de la langue française,* Paris, 1826.
— Lepan M. Remaniement du Hureau de Livoy, Paris, 1828.
— Ponton d'Amécourt, *Panorama des mots, dictionnaire des synonymes,* 1853.
— Lafaye P.-B., *Dictionnaire des synonymes de la langue française,* Paris, 1841, 1858, 1861, 1903.

Il convient de signaler le Dictionnaire des synonymes de Condillac (Étienne Bonnot, abbé de Condillac, 1714-1780), bien qu'il n'ait été publié qu'en 1951 par G. Le Roy, avec une préface de M. Roques (P.U.F., « Corpus général des Philosophes français », XXXIII, 3).

3. Dictionnaires et autres ouvrages de référence.
— *Dictionnaire de l'Académie française,* 8ᵉ éd. Hachette, 1935, 9ᵉ éd. en cours, Imprimerie nationale, premier fascicule, 1986, 5ᵉ fascicule, 1990.
— *Mises en garde, propositions, équivalences,* publiées par l'Académie française, les Presses du Palais-Royal, 1964, 1985, 1986.
— Bergeron L., *Dictionnaire de la langue québécoise,* Montréal, V.L.B., 1980.
— Boudard A. et Étienne L., *La Méthode à Mimile,* La Jeune Parque, 1974.
— Dubois J., Lagane R., Lerond A., *Dictionnaire du français classique,* Larousse, 1990.
— Cellard J. et Rey A., *Dictionnaire du français non conventionnel,* Hachette, 1980.
— Colin J.-P., *Trésor des mots exotiques,* Le français retrouvé, Belin 1986. Du même, *Le dico du cul,* Belfond, 1989.
— Colin J.-P., Mével J.-P., Leclère C., *Dictionnaire de l'argot,* préface d'Alphonse Boudard, Larousse, 1990.
— Esnault G., *Dictionnaire des argots français,* Larousse, 1965.
— Foulquié P. et Saint-Jean R., *Dictionnaire de la langue philosophique,* P.U.F., 1962.
— *Grand Larousse de la langue française,* 1971-1979.
— Greimas A.J., *Dictionnaire de l'ancien français,* Larousse, 1969.
— Greimas A. J. et Keane Tereza Mary, *Dictionnaire du moyen français,* Larousse, 1992.
— Gruss R., *Petit Dictionnaire de marine,* Société d'éditions géographiques, maritimes et coloniales, 1952.
— Guiraud P., *Dictionnaire érotique,* Payot, 1978.
— Jal A., *Glossaire nautique,* Didot, 1848.
— Journal officiel de la République française (pour les recommandations officielles) :
    — *Dictionnaire des termes officiels,* 1991 ; Suppléments 1 et 2, 1991 ; Suppléments 3, 4, 5, 1992.
    — *Glossaire des termes officiels,* par la Délégation générale à la langue française : informatique, 1991 ; transports, 1991 ; sports, 1991.
— Lalande A., *Vocabulaire technique et critique de la philosophie,* P.U.F., 1951.
— Landais N., *Dictionnaire général et grammatical des dictionnaires français,* 7ᵉ éd., Didier, 1843.
— Marcillac J., *Dictionnaire français-argot,* La Pensée moderne, 1968.
— Muller P., *Dictionnaire de l'astronautique,* Larousse, 1964.
— Petiot G., *Le Robert des sports,* 1982.
— Publications du Conseil international de la langue française (C.I.L.F.) :
    — *Vocabulaire de la publicité,* Hachette, 1976.
    — *Vocabulaire de l'environnement,* Hachette, 1976.
    — *Vocabulaire de l'océanologie,* Hachette, 1976.
    — *Dictionnaire de l'agriculture,* La Maison rustique, 1977.
    — *Vocabulaire des sciences et techniques spatiales,* Hachette, 1978.
    — *Dictionnaire commercial,* Hachette, 1979.
    — *Vocabulaire d'écologie,* Hachette, 1979.
    — *Dictionnaire des termes nouveaux des sciences techniques,* sous la direction de Germaine Quemada, C.I.L.F./A.C.C.T., 1983.

— RHEIMS M., *Dictionnaire des mots sauvages,* Larousse, 1969 ; rééd. sous le titre *L'Obsolète,* 1989.
— *Le Robert* sous la direction de Paul Robert et Alain Rey, 9 t. 1983.
— ROMAGNESI H., *Champignons d'Europe,* Bordas, 1977.
— SIMONIN A., *Le Petit Simonin illustré par l'exemple,* Gallimard, 1968.
— *Trésor de la langue française (T.L.F.)* sous la direction de Paul Imbs et Bernard Quemada, C.N.R.S., 1971-1990.
— VIOLLET-LE-DUC E., *Dictionnaire raisonné de l'architecture française du XIe au XVIe siècle,* éd. B. Bance, 1854-1868.
— ZWANG G. (Docteur), *Le sexe de la femme,* La Jeune Parque, 1974.

TABLE DES ABRÉVIATIONS

Nous avons le plus possible évité d'utiliser des abréviations. Cependant un certain nombre d'indications revenant très fréquemment, nous avons pensé qu'il n'y aurait pas d'inconvénient à les faire figurer en abrégé.

adj.	: adjectif	inf.	: infinitif
adm.	: administration	interj.	: interjection
adv.	: adverbe	ital.	: italien
agr.	: agriculture	jurid.	: juridique
all.	: allemand	lég. péj.	: légèrement
amer.	: américain		péjoratif
anat.	: anatomie	litt.	: littérature
angl.	: anglais	liturg.	: liturgie
anim.	: animaux	loc.	: locution
arch.	: architecture	loc. adv.	: locution
arg. scol.	: argot scolaire		adverbiale
au phys.	: au physique	loc. conj.	: locution
au pl.	: au pluriel		conjonctive
au pr.	: au propre	loc. prép.	: locution
au sing.	: au singulier		prépositionnelle
autom.	: automobile	log.	: logique
aviat.	: aviation	mar.	: marine
blas.	: blason	masc.	: masculin
botan.	: botanique	math.	: mathématique
chir.	: chirurgie	méc.	: mécanique
compl. circ.	: complément	méd.	: médecine
	circonstanciel	mérid.	: méridional
compl. d'obj.	: complément	milit.	: militaire
	d'objet	mus.	: musique
conj.	: conjonction	n. f.	: nom féminin
dial.	: dialectal	n. m.	: nom masculin
enf.	: enfantin	par anal.	: par analogie
équit.	: équitation	par ext.	: par extension
esp.	: espagnol	p. ex.	: par exemple
ex.	: exemple	part.	: participe
fam.	: familier	partic.	: particulier
fav.	: favorable	pass.	: forme passive
fém.	: féminin	path.	: pathologie
fig.	: figuré	peint.	: peinture
génér.	: généralement	péj.	: péjoratif
géogr.	: géographie	philos.	: philosophie
géol.	: géologie	phys.	: physique
gram.	: grammaire	poét.	: poétique
impers.	: impersonnel	pol.	: politique
ind.	: indirect,	pop.	: populaire
	indirectement	prép.	: préposition

pron.	: pronominal	typo.	: typographie
prot.	: protocole	vén.	: vénerie
psych.	: psychologie	vétér.	: vétérinaire
rég.	: régional	v. intr.	: verbe intransitif
relig.	: religieux	v. pron.	: verbe pronominal
rhétor.	: rhétorique	v. récipr.	: verbe réciproque
scient.	: scientifique	v. tr.	: verbe transitif
subst.	: substantif	vx	: vieux
syn.	: synonyme	vulg.	: vulgaire
techn.	: technique	zool.	: zoologie
théol.	: théologie		

■ Ce signe sépare le mot entrée de ses synonymes.

DICTIONNAIRE
DES
SYNONYMES

a

ABAISSEMENT ■ *I. D'une chose.* 1. Au pr. : descente, fermeture. 2. Par ext. : affaiblissement, affaissement, amenuisement, amoindrissement, baisse, chute, dégénération, dégradation, dépréciation, détérioration, dévaluation, fléchissement. ⇒ **diminution.** *II. De quelqu'un :* abjection, amollissement, aplatissement, avilissement, bassesse, décadence, déchéance, déclin, dégénérescence, humiliation, humilité, pourriture. *III. Par ext.* ⇒ **dégénération.**

ABAISSER ■ *I. Une chose :* amenuiser, amoindrir, baisser, déprécier, descendre, dévaluer, diminuer, faire tomber, fermer, rabaisser, rabattre, rapetisser, ravaler, réduire, ternir. *II. Quelqu'un :* affaiblir, avilir, amoindrir, dégrader, inférioriser, vilipender. ⇒ **humilier.** *III. V. pron. :* 1. Une chose : s'affaisser, descendre, diminuer. 2. Quelqu'un : s'aplatir (fam.), s'avilir, se commettre, condescendre, déchoir, se déclasser, se dégrader, déroger, descendre, s'humilier, se prêter/ravaler à. ⇒ **soumettre (se).**

ABALOURDIR ■ ⇒ **abêtir.**

ABANDON ■ *I. D'une chose.* 1. Au pr. : cessation, cession, don, donation, passation, renoncement, renonciation. 2. Démission, désistement, forfait, lâchage, retrait, résignation (partic.). 3. Abjuration, apostasie, reniement. 4. Abdication, capitulation, désertion,

incurie, insouciance, laisser-aller, négligence. 5. **Loc.** À l'abandon : à vau-l'eau/en rade. *II. De quelqu'un.* 1. Confiance, détachement, familiarité, liberté, insouciance, naturel. 2. Lâchage, largage, plaquage.

ABANDONNER ■ *I. Une chose.* 1. Au pr. : céder, cesser, se démettre/départir / déposséder / dépouiller / désister / dessaisir de, démissionner, dételer (fam.), donner, faire donation, lâcher, laisser, passer la main, quitter, renoncer à. 2. S'en aller, déménager, évacuer, laisser, quitter. 3. Abjurer. 4. Battre en retraite, décamper, décrocher, se replier. 5. Déclarer forfait, se retirer. *II. Non favorable.* 1. Abdiquer, se déballonner (fam.)/dégonfler (fam.), délaisser, démissionner, se désintéresser/détacher de, laisser aller, laisser aller à vau-l'eau, laisser courir/péricliter/tomber/traîner, se laisser déposséder, planter là, plaquer, renoncer à. 2. Déguerpir, déloger, évacuer, plier bagages, vider la place/les lieux. 3. Apostasier, renier sa foi. 4. Capituler, céder, déserter, évacuer, fuir. 5. Baisser pavillon, caler, caner (fam.), céder, couper là, s'incliner, lâcher pied, mettre les pouces, passer la main, rabattre, se rendre/résigner/soumettre. 6. Quelqu'un : balancer (fam.), délaisser, se désintéresser/détacher de, fausser compagnie, lâcher, laisser (en rade), négliger, oublier, planter là, plaquer, quitter, renoncer à, rompre, semer, se séparer de. *III. V. pron.* Se dérégler/dévoyer, être en proie à, s'en ficher/foutre (fam.), se jeter/plonger/vautrer dans, se laisser aller, se livrer à, se négliger, s'oublier, succomber à.

ABASOURDI, E ■ ⇒ ébahi, consterné.

ABASOURDIR ■ *I. Neutre :* accabler, étourdir, surprendre. **Au passif :** en rester baba (fam.)/comme deux ronds de flan (fam.). *II. Favorable :* ébahir, ébaubir, éberluer, estomaquer (fam.), étonner, interloquer, méduser, sidérer. *III. Non favorable :* abrutir, accabler, choquer, consterner, étourdir, hébéter, interloquer, pétrifier, stupéfier, traumatiser. ⇒ abêtir.

ABÂTARDIR ■ *I. Quelqu'un ou un animal :* abaisser, affaiblir, altérer, avilir, baisser, corrompre, dégénérer, dégrader. *II. Une chose* ⇒ altérer.

ABÂTARDISSEMENT ■ *I.* ⇒ dégénération. *II.* ⇒ abaissement.

ABATTAGE ■ *I.* Bagou, brillant, brio, chic, dynamisme, personnalité. *II.* Sacrifice, tuage, tuerie. **De roches :** havage. **D'arbres :** coupe. **Maison d'abattage** ⇒ lupanar.

ABATTEMENT ■ *I. D'une chose.* 1. Sur une somme : déduction, escompte, réfaction, ristourne. 2. **Techn.** : finition, parement. *II. De quelqu'un :* accablement, anéantissement, consternation, découragement, démoralisation, effondrement, épuisement, harassement, lassitude, prostration.

ABATTIS ■ Bras, jambes, membres.

ABATTOIR ■ *I. Au pr. :* assommoir, échaudoir, tuerie. *II. Par ext. :* carnage, champ de bataille, danger public.

ABATTRE ■ *I. Une chose.* 1. **Au pr. :** démanteler, démolir, détruire, faire tomber, jeter/mettre bas à/par terre, raser, renverser. 2. **Par ext. :** couper, désoucher, donner un coup de tronçonneuse, faire tomber, haver, scier. 3. Étaler/montrer son jeu. 4. **Loc. fam. :** *Abattre du travail :* bosser, boulonner, en foutre/en mettre un coup, trimer, turbiner. 5. **Non favorable :** anéantir, annihiler, briser, décourager, démolir, démonter, démoraliser, détruire, faucher, ruiner, vaincre, vider (fam.). *II. Quelqu'un.* 1. **Au pr.** ⇒ **tuer. 2. Fig. :** accabler, décourager, démolir, descendre, disqualifier, écraser, éliminer, liquider, régler son compte à, vaincre. *III. Un animal.* 1. Tirer, tuer, servir (vén.). 2. Assommer, égorger, saigner, tuer. *IV. Loc.* Être abattu : être prostré, *et les formes passives des syn. de* ABATTRE. *V. V. pron. :* 1. S'affaisser, dégringoler (fam.), s'écraser, s'écrouler, s'effondrer, s'étaler (fam.), se renverser, tomber. 2. Fondre/se précipiter/pleuvoir/tomber à bras raccourcis sur.

ABBAYE ■ Béguinage, cloître, couvent, monastère, moutier, prieuré.

ABBÉ ■ *I.* Dignitaire, prélat, pontife. *II.* Aumônier, curé, ecclésiastique, pasteur, prêtre, vicaire. *III. Non favorable :* Capelou, corbeau, curaillon, prédicant, prestolet, ratichon.

ABCÈS ■ Adénite, anthrax, apostème, apostume, bubon, chancre, clou, dépôt, écrouelles, fluxion, furoncle, grosseur, humeurs froides, hypocrâne, kyste, panaris, phlegmon, pustule, scrofule, tourniole, tumeur. ⇒ boursouflure.

ABDICATION ■ ⇒ abandon.

ABDIQUER ■ Se démettre, démissionner, se désister, quitter. ⇒ abandonner.

ABDOMEN ■ *I.* Bas-ventre, hypogastre, ventre. *II. Fam. :* Avant-scène, ballon, barrique, bedaine, bedon, bide, bonbonne, brioche, buffet, burlingue, coffiot, coffre, devant, fanal, gaster, gidouille, œuf d'autruche/de Pâques, paillasse, panse, tiroir à saucisses, tripes. *II. D'un animal :* hypogastre, panse.

ABDOMINAL, E ■ Ventral.

ABÉCÉDAIRE ■ A.b.c., alphabet.

ABEILLE ■ Apidé, apis, avette (vx), fille d'Aristée/de l'Hymette, hyménoptère, mouche à miel.

ABERRANT, ANTE ■ *I.* Anormal, déraisonnable, insensé. *II.* Absurde, con (fam.), extravagant, faux, fou, grotesque, idiot, imbécile, loufoque, ridicule, saugrenu. ⇒ **bête.**

ABERRATION ■ *I.* Aberrance, égarement, errement, erreur, fourvoiement, méprise. *II.* Absurdité, aliénation, bévue, extravagance, folie, idiotie, imbécillité, non-sens, stupidité. ⇒ **bêtise.**

ABERRER ■ ⇒ **tromper (se).**

ABÊTIR ■ Abalourdir, abasourdir, abrutir, affaiblir, assoter, bêtifier, crétiniser, dégrader, diminuer, encroûter, engourdir, faire tourner en bourrique (fam.), fossiliser, hébéter, idiotifier, momifier, rabêtir, ramollir, rendre bête, *et les syn. de* BÊTE.

ABÊTISSEMENT ■ Abrutissement, ahurissement, bêtification, connerie (fam.), crétinisme, encroûtement, gâtisme, hébétude, idiotie, imbécillité, stupidité.

ABHORRER ■ Abominer, avoir en aversion/en horreur, détester, éprouver de l'antipathie/de l'aversion/du dégoût/de l'horreur/de la répugnance, exécrer, haïr, honnir, maudire, vomir.

ABÎME ■ *I.* Abysse, aven, bétoire, cloup, fosse, gouffre, igue, perte, précipice. *II. Fig.* 1. Catastrophe, chaos, néant, ruine. 2. Différence, distance, divorce, fossé, immensité, incompréhension, intervalle.

ABÎMER ■ *I. Une chose.* 1. *Au pr. :* casser, dégrader, démolir, détériorer, détraquer, ébrécher, endommager, esquinter, gâter, mettre hors de service/d'usage, rayer, saboter, saccager, salir, user. *Fam. :* amocher, bousiller, cochonner, déglinguer, escagasser (mérid.), fusiller, massacrer, saloper,

savater. 2. *Sa santé :* compromettre, détraquer, esquinter, ruiner. *II. Quelqu'un.* 1. **Physique :** amocher, bousiller, démolir, esquinter, massacrer. 2. **Moral :** calomnier, démolir, salir, ternir. *III. V. pron. :* 1. Un **navire :** aller par le fond, chavirer, couler, disparaître, s'enfoncer, s'engloutir, se perdre, sombrer. 2. **Quelqu'un :** s'abandonner à, s'absorber dans, s'adonner à, s'enfoncer dans, être enseveli, s'ensevelir/se plonger/sombrer/ tomber/se vautrer dans (péj.). *III. Les formes pron. possibles des syn.* de ABÎMER.

ABJECT, E ■ Avili, bas, dégoûtant, dégueulasse (vulg.), écœurant, grossier, honteux, ignoble, ignominieux, indigne, infâme, infect, laid, méprisable, misérable, obscène, odieux, plat, rampant, repoussant, répugnant, sale, salaud (vulg.), sordide, vil, vilain, visqueux.

ABJECTION ■ Avilissement, bassesse, boue, crasse, dégoûtation, dégueulasserie (vulg.), fange, grossièreté, honte, ignominie, ilotisme, indignité, infamie, laideur, obscénité, platitude, saleté, saloperie (vulg.), vilenie. ⇒ **abaissement.**

ABJURATION ■ ⇒ **abandon.**

ABJURER ■ Apostasier (péj.), faire son autocritique/sa confession publique, renier, se rétracter. ⇒ **abandonner.**

ABLATION ■ *Chir. :* abscision, abscission, amputation, autotomie, castration, coupe, excision, exérèse, mutilation, opération, rescision, résection, sectionnement, tomie.

ABLUTION ■ *I. Au pr.* 1. *Au sing. :* lavage, nettoyage, rinçage. 2. *Au pl. :* bain, douche, lavage, nettoyage, toilette. *II.* Purification (relig.).

ABNÉGATION ■ Abandon, désintéressement, détachement, dévouement, holocauste, oubli de soi, renoncement, sacrifice.

ABOI ■ *I. D'un chien.* **1.** Sing. et pl. : aboiement, glapissement, hurlement, jappement. **2. Vén.** : chant, cri, voix. *II. Loc.* **Être aux abois :** à quia, en déconfiture, en difficulté, en faillite, réduit à la dernière extrémité.

ABOLIR ■ *I.* Abandonner, abroger, anéantir, annuler, casser, démanteler, détruire, effacer, éteindre, faire cesser/disparaître/table rase, infirmer, invalider, lever, prescrire, rapporter, rescinder, résoudre, révoquer, ruiner, supprimer. *II. Par ext. :* absoudre, amnistier, gracier, pardonner, remettre.

ABOLISSEMENT, ABOLITION ■ *I.* ⇒ abrogation. *II.* ⇒ absolution. *III.* ⇒ amnistie.

ABOMINABLE ■ ⇒ affreux.

ABOMINATION ■ *I.* ⇒ honte. *II.* ⇒ horreur.

ABOMINER ■ ⇒ haïr.

ABONDAMMENT ■ ⇒ beaucoup.

ABONDANCE ■ *I.* ⇒ affluence. *II. Loc.* **1. Parler d'abondance :** avec volubilité, avoir du bagou, être intarissable. **2. En abondance :** à foison, en pagaille, en veux-tu en voilà.

ABONDANT, E ■ *I. Au pr.* **1.** Commun, considérable, copieux, courant, exubérant, fécond, fertile, fructueux, généreux, inépuisable, intarissable, luxuriant, opulent, plantureux, pléthorique, profus, prolifique, riche, somptueux. **2.** À foison, considérable, foisonnant, fourmillant, grouillant, innombrable, incommensurable, nombreux, pullulant, surabondant. *II. Fig. :* **1.** Ample, charnu, énorme, épais, étoffé, fort, fourni, garni, généreux, gras, gros, long, pantagruélique, rempli, replet. **2.** Diffus, intarissable, long, prolixe, torrentiel, touffu, verbeux.

ABONDER ■ *I. Au pr. :* foisonner, fourmiller, grouiller, infester, proliférer, pulluler, il y a des tas de. *II.*

Par ext. : **1.** Être fertile en/plein de/prodigue en/riche en, regorger de, se répandre en. **2. Loc. :** *Il abonde dans mon sens :* approuver, se rallier à, se ranger à un avis.

ABONNEMENT ■ Carte, forfait, souscription.

ABONNIR ■ ⇒ améliorer.

ABORD ■ *I. Nom.* **1. Au sing. :** accueil, approche, caractère, comportement, réception. **2. Au pl. :** accès, alentours, approches, arrivées, entrées, environs. *II. Loc. adv.* **1. D'abord :** a priori, au commencement, auparavant, au préalable, avant tout, en premier lieu, premièrement, primo. **2. Dès l'abord :** dès le commencement, sur le coup, dès le début, immédiatement, incontinent, à première vue, tout de suite. **3. Tout d'abord :** aussitôt, sur-le-champ, dès le premier instant. **4. Au premier/de prime abord :** dès le commencement, à la première rencontre, à première vue.

ABORDABLE ■ *I. Quelqu'un :* accessible, accueillant, bienveillant, facile, pas fier (pop.). *II. Une chose.* **1.** Bon marché, pas cher, possible, réalisable. **2.** Accostable, approchable, facile.

ABORDAGE ■ Accostage, arraisonnement, assaut, collision, débarquement.

ABORDER ■ *I. Une chose.* **1. Au pr. :** accéder à, accoster, approcher de, arriver à, atteindre, avoir accès à, mettre pied à terre. ⇒ toucher. **2. Une difficulté** ⇒ affronter. **3. Un virage :** négocier. *II. Quelqu'un* ⇒ accoster.

ABORIGÈNE ■ Autochtone, indigène, natif, naturel.

ABOUCHEMENT ■ *I.* Aboutement, accouplement, ajoutement, anastomose (méd.), jonction, jumelage, raccordement, rapport, reboutement, union. *II.* Conférence, entrevue, rencontre.

ABOUCHER ■ *I.* Abouter, accoupler, ajointer, anastomoser (méd.), joindre, jumeler, mettre bout à bout/en rapport, raccorder, réunir. *II.* Ménager/procurer une entrevue/un rendez-vous, mettre en rapport/en relation, rapprocher, réunir. *III. V. pron. :* communiquer, entrer/se mettre en conférence/pourparlers/rapport/relation, s'entretenir, négocier, prendre date/langue/rendez-vous.

ABOULER ■ *Fam. :* apporter, donner. *V. pron. :* s'amener, arriver, se pointer, se propulser, rappliquer, se rappliquer, venir.

ABOULIQUE ■ Amorphe, apathique, crevé (fam.), faible, impuissant, lavette (fam.), mou, sans volonté, velléitaire, vidé (fam.). ⇒ **paresseux.**

ABOUTER ■ ⇒ aboucher.

ABOUTIR ■ *I.* Accéder à, achever, arriver à, atteindre, se diriger vers, finir à/dans/ en/par, se jeter/tomber dans. ⇒ **terminer (se).** *II.* Avoir du succès, être couronné de succès, mener à sa fin/son issue/son terme, parvenir à ⇒ **réussir.**

ABOUTISSANT ■ *Loc.* **Les tenants et les aboutissants :** les causes et les conséquences, les données.

ABOUTISSEMENT ■ But, couronnement, fin, issue, point final, réalisation, résultat, terme.

ABOYER ■ *I. Au pr. :* chanter (vén.), crier, japper, hurler. *II. Par ext. :* braire, clabauder, crier, glapir, gueuler (vulg.), japper, hurler.

ABOYEUR ■ Crieur, commissaire-priseur ⇒ **huissier.**

ABRACADABRANT, E ■ Ahurissant, baroque, biscornu, bizarre, délirant, démentiel, déraisonnable, époustouflant, étrange, extraordinaire, extravagant, fantasmagorique, fantasque, fantastique, farfelu, fou, incohérent, incompréhensible, incroyable, insolite, rocambolesque, sans queue ni tête, saugrenu, singulier, stupéfiant, surprenant, ubuesque, unique.

ABRÉGÉ ■ *I. Adj.* **1.** Amoindri, bref, concis, court, cursif, diminué, écourté, lapidaire, limité, raccourci, rapetissé, réduit, resserré, restreint, résumé, simplifié, sommaire, succinct. **2. Non favorable :** compendieux, laconique, tronqué. *II. Nom :* abréviation, aide-mémoire, analyse, aperçu, argument, bréviaire (relig.), compendium, digest, diminutif, éléments, épitomé, esquisse, extrait, manuel, notice, plan, précis, promptuaire, raccourci, récapitulation, réduction, résumé, rudiment, schéma, sommaire, somme, topo (fam.).

ABRÉGEMENT ■ Diminution, raccourcissement, réduction.

ABRÉGER ■ Accourcir, alléger, amoindrir, diminuer, écourter, limiter, raccourcir, rapetisser, réduire, resserrer, restreindre, résumer, simplifier, tronquer.

ABREUVER ■ *I. Au pr. :* apporter de l'eau, désaltérer, étancher la soif, faire boire, verser à boire. *II. Par ext.* **1.** Accabler/arroser/combler/couvrir/imprégner/inonder de. **2. Non favorable :** accabler de, agonir, couvrir/inonder de. **3.** ⇒ **humecter. 4.** ⇒ **remplir.** *III. V. pron. :* **1. Une chose :** absorber, s'arroser, s'humecter, s'imbiber, s'imprégner, s'inonder, se mouiller, se pénétrer. **2. Quelqu'un :** (fam.) : absorber, arroser, s'aviner, biberonner, buvoter, chopiner, se cocarder, écluser, entonner, éponger/étancher sa soif, s'humecter le gosier, s'imbiber, s'imprégner, lamper, se lester, lever le coude, licher, picoler, pinter, pomper, se rafraîchir, se remplir, riboter, se rincer la dalle/le gosier, siroter, sucer, se taper/vider un verre, téter. ⇒ **enivrer (s'). 3. Un animal :** boire, se désaltérer, étancher sa soif, laper.

ABREUVOIR ■ Auge, baquet, bassin.

ABRÉVIATION ■ Initiales, raccourci, sigle. ⇒ **abrégé.**

ABRI ■ *I. Au pr.* **1.** Asile, cache,

cachette, lieu sûr, oasis, refuge, retraite. **2. Non favorable** : antre, repaire. **3. D'un animal** : bauge, gîte, refuge, repaire, reposée, soue, tanière, trou. **4.** ⇒ **port.** *II. Milit.* : bunker, cagna, casemate, fortin, guitoune. *III. Par ext.* : assurance, défense, garantie, protection, refuge, sécurité, sûreté. *IV. Loc.* Être à l'abri : à couvert, à l'écart, à l'ombre (fam.), hors d'atteinte/de portée, en lieu sûr, en sécurité, en sûreté, planqué (fam.).

ABRICOT ■ Alberge.

ABRITER ■ ⇒ couvrir.

ABROGATION ■ *I. Au pr.* : abolition, annulation, cassation, cessation, infirmation, invalidation, prescription, rédhibition, résiliation, résolution, retrait, révocation, suppression. *II. Par ext.* **1.** Anéantissement, destruction, disparition, effacement. **2.** ⇒ **abolution.**

ABROGER ■ ⇒ **abolir.** *V. pron.* : s'abolir, s'annuler, cesser son effet, s'effacer, s'éteindre, se prescrire.

ABRUPT, E ■ *I.* À pic, escarpé, montant, raide, roide, rude. *II.* Acariâtre, acerbe, acrimonieux, aigre, bourru, brusque, brutal, direct, dur, haché, hargneux, heurté, inculte, rébarbatif, revêche, rogue, sauvage, tout de go (fam.).

ABRUTI, E ■ ⇒ bête.

ABRUTIR ■ ⇒ abêtir.

ABRUTISSEMENT ■ Abêtissement, ahurissement, animalité, avilissement, bestialité, connerie (fam.), crétinisme, engourdissement, gâtisme, hébétude, idiotie, imbécillité, stupeur, stupidité. ⇒ **bêtise.**

ABSCONS, E ■ ⇒ difficile.

ABSENCE ■ *I. Au pr.* **1.** Carence, défaut, défection, éclipse, manque. **2.** Départ, disparition, échappée, école buissonnière, éloignement, escapade, fugue. *II. Par ext.* : omission, privation. *III. Loc.* Avoir des absences : amnésie, distractions, oublis, trous.

ABSENT, E ■ *I.* Contumace, défaillant. *II.* Dans la lune (fam.), inattentif, lointain, rêveur. ⇒ **distrait.**

ABSENTER (S') ■ *I. Neutre* : s'éloigner, partir, quitter, se retirer, sortir. *II. Non favorable* : disparaître, s'éclipser, faire défaut, faire l'école buissonnière, jouer la fille de l'air (fam.), manquer, pratiquer l'absentéisme, tirer au flanc/au cul (fam.).

ABSOLU, E ■ *I. Adj.* **1. Au pr.** : catégorique, complet, discrétionnaire, dogmatique, entier, exclusif, foncier, formel, impératif, impérieux, inconditionnel, indispensable, infini, parfait, plein, radical, total. **2. Quelqu'un** : autocratique, autoritaire, arbitraire, cassant, césarien, despotique, dictatorial, dogmatique, exclusif, impérieux, intransigeant, jupitérien, omnipotent, souverain, totalitaire, tout-puissant, tyrannique. *II. Nom* : idéal, infini, intégrité, intransigeance, perfection, plénitude.

ABSOLUMENT ■ À fond, toute force, diamétralement, nécessairement, tout à fait, *et les adv. en -ment formés avec les syn. de* ABSOLU.

ABSOLUTION ■ Abolition, abrogation, acquittement, amnistie, annulation, cassation, extinction, grâce, pardon, pénitence, prescription, rémission, remise/suppression de peine.

ABSOLUTISME ■ Autocratie, autoritarisme, caporalisme, césarisme, despotisme, dictature, oppression, pouvoir personnel, totalitarisme, tyrannie.

ABSORBÉ, E ■ *I. Neutre* : absent, méditatif, occupé, préoccupé. *II. Non favorable* : abruti, ahuri. ⇒ **distrait.**

ABSORBER ■ *I.* Avaler, boire, s'imbiber/imprégner/pénétrer de, pomper, résorber. ⇒ **boire.** *II.* Avaler, assimiler, consommer, déglutir, dévorer, engloutir, engouffrer, épuiser, faire disparaître, fondre, ingérer, ingurgiter, liquider, manger, nettoyer. *III.* Accaparer, dévorer, retenir. *IV. V. pron. :* 1. S'abîmer, s'abstraire, s'attacher à, se recueillir. 2. S'enfoncer dans, s'engloutir, s'ensevelir, se plonger, sombrer *et les formes passives des syn. de* ABSORBER.

ABSORPTION ■ *I.* Consommation, imbibition, imprégnation, ingestion, ingurgitation, manducation. *II.* Disparition, effacement, liquidation, suppression. *III.* Fusionnement, intégration, unification.

ABSOUDRE ■ *I. Quelqu'un* ⇒ acquitter. *II. Une faute :* effacer, excuser, pardonner, remettre.

ABSTENIR (S') ■ Se dispenser, éviter, s'exempter de, se garder de, s'interdire de, négliger de, ne pas participer à, ne pas prendre part à, se passer de, se priver de, se refuser à/de, se récuser, renoncer à, rester neutre, se retenir de.

ABSTENTION ■ *I.* Neutralité, non-belligérance, non-intervention. *II.* Privation, récusation, refus, renonciation, renoncement, restriction.

ABSTINENCE ■ ⇒ jeûne, continence.

ABSTINENT, E ■ *I. Au pr. :* frugal, modéré, sobre, tempérant. *II. Par ext.* 1. Chaste, continent. 2. D'alcool : abstème.

ABSTRACTION ■ *I. Au pr. :* axiome, catégorie, concept, notion. *II. Non favorable :* chimère, irréalité, fiction, utopie. *III. Loc.* 1. Faire abstraction de : écarter, éliminer, exclure, laisser de côté, mettre à part, omettre, ôter, retirer, retrancher, sortir, supprimer. 2. Abstraction faite de : en dehors de, excepté, à l'exception de, hormis, à part. 3. Avoir une faculté d'abstraction : absence, indifférence, méditation, réflexion, repli sur soi.

ABSTRAIRE ■ ⇒ éliminer. *V. pron. :* s'absenter, se défiler (fam.), s'écarter

de, se détacher de, s'éliminer, s'exclure, se mettre à part, prendre ses distances, se replier sur soi.

ABSTRAIT, E ■ *I. Une chose.* 1. Neutre : axiomatique, irréel, profond, subtil, théorique. 2. Non favorable : abscons, abstrus, chimérique, difficile, fumeux (fam.), obscur, utopique, vague. *II. Quelqu'un.* 1. Favorable : profond, subtil. 2. Non favorable : *ses idées :* abscons, chimérique, difficile, irréel, obscur, utopique, vague. *Son comportement :* absent, absorbé, distrait, indifférent, méditatif, paumé (fam.), rêveur.

ABSTRUS, E ■ ⇒ difficile.

ABSURDE ■ Aberrant, abracadabrant, biscornu, brindezingue (fam.), contradictoire, courtelinesque, déraisonnable, dingue (fam.), énorme, extravagant, farfelu (fam.), fou, illogique, imaginaire, incohérent, incongru, inconséquent, inepte, insane, irrationnel, saugrenu, stupide, ubuesque. ⇒ bête, insensé.

ABSURDITÉ ■ Aberration, connerie (fam.), contradiction, déraison, dinguerie (fam.), énormité, extravagance, folie, illogisme, incohérence, incongruité, inconséquence, ineptie, insanité, irrationnalité, loufoquerie, non-sens, rêve, stupidité. ⇒ bêtise.

ABUS ■ *I.* Exagération, excès. *II.* Débordements, dérèglement, désordre, errements, inconduite, intempérance. *III.* ⇒ injustice.

ABUSER ■ *I. V. intr.* 1. Au pr. : attiger (fam.), charrier (fam.), dépasser/passer les bornes/la mesure, exagérer, exploiter, mésuser, outrepasser. 2. D'une femme : déshonorer, faire violence, posséder, violer, violenter. *II. V. tr.* ⇒ tromper. *III. V. pron. :* Aberrer, cafouiller, déconner (vulg.), s'égarer, errer, faillir, faire erreur, se faire illusion, se ficher/foutre dedans (vulg.), se gourer (fam.), s'illusionner, se leurrer, méjuger, se méprendre, se mettre le doigt dans l'œil (fam.), prendre le change, sous-estimer, se tromper.

ABUSIF, IVE ■ *I. Neutre :* envahissant, excessif, immodéré. *II. Non favorable.* 1. Injuste, léonin, trop dur/sévère. 2. Impropre, incorrect.

ABUSIVEMENT ■ *I.* Excessivement, immodérément. *II.* Improprement, indûment, injustement. *III.* Incorrectement.

ACABIT ■ Catégorie, espèce, genre, manière, nature, qualité, sorte, type. *Fam. :* farine, tabac.

ACACIA ■ *Partic. :* cachou, canéfier, casse, cassier, mimosa, robinier.

ACADÉMIE ■ *I. Au pr.* 1. Académie française : Institut, palais Mazarin, quai Conti. 2. Universitaire : institut, rectorat, université. *II. Par ext. :* collège, conservatoire, école, faculté, gymnase, institut, lycée. *III. Beaux-arts :* modèle, nu.

ACADÉMIQUE ■ *I. Neutre :* conformiste, conventionnel. *II. Non favorable :* ampoulé, compassé, constipé (fam.), démodé, emmerdant (grossier), empesé, emphatique, ennuyeux, fossilisé, froid, guindé, prétentieux, sans originalité/relief, ridicule, vieux jeu.

ACADÉMISME ■ Conformisme, convention.

ACAJOU ■ Anacardier, teck.

ACARIÂTRE ■ *I.* Acerbe, acide, acrimonieux, aigre, atrabilaire, bâton merdeux (vulg.), bilieux, bougon, criard, grande gueule (fam.), grincheux, grognon, gueulard, hargneux, hypocondriaque, incommode, insociable, intraitable, maussade, merdeux (grossier), morose, querelleur, quinteux, rébarbatif, revêche, rogue, teigneux. *II. Loc.* Une femme acariâtre ⇒ **mégère**.

ACCABLANT, E ■ *I.* Brûlant, écrasant, étouffant, fatigant, impitoyable, inexorable, intolérable, lourd, oppressant, orageux, suffocant, tropical. *II.* ⇒ **tuant**. *III.* Décourageant, déroutant, désarmant, désespérant, irréfutable.

ACCABLEMENT ■ ⇒ abattement.

ACCABLER ■ *I.* ⇒ charger. *II.* ⇒ abattre. *III.* Surcharger.

ACCALMIE ■ ⇒ bonace.

ACCAPAREMENT ■ Monopolisation, spéculation, stockage, thésaurisation.

ACCAPARER ■ *I.* ⇒ accumuler. *II.* ⇒ absorber. *III.* ⇒ envahir.

ACCAPAREUR ■ ⇒ spéculateur.

ACCÉDER ■ *I. V. intr.* 1. ⇒ aboutir. 2. ⇒ accoster. *II. V. tr. ind.* 1. ⇒ accepter. 2. ⇒ consentir.

ACCÉLÉRATION ■ Accroissement, activation, augmentation de cadence/rythme/vitesse, célérité, hâte, précipitation.

ACCÉLÉRER ■ *I. Au pr. :* accroître, activer, augmenter, dépêcher, expédier, hâter, pousser, précipiter, presser, stimuler. *II. Autom. :* appuyer sur/écraser le champignon, mettre la gomme, pousser, presser. *III. V. pron. :* se dégrouiller (fam.), faire diligence/ficelle/fissa (fam.), se grouiller (fam.), se manier (fam.), se remuer, *et les formes pron. possibles des syn.* de ACCÉLÉRER.

ACCENT ■ *I.* Accentuation, marque, signe. *II.* Emphase, intensité, modulation, prononciation, ton, tonalité.

ACCENTUER ■ *I.* Accroître, accuser, appuyer sur, augmenter, donner de l'intensité/du relief à, faire ressortir, insister sur, intensifier, montrer, peser sur, ponctuer, renforcer, souligner. *II.* ⇒ **prononcer**. *III. V. pron. :* devenir plus apparent/évident/fort/net, se mettre en évidence/relief, ressortir, et *les formes pron. possibles des syn.* de ACCENTUER.

ACCEPTABLE ■ Admissible, approuvable, bon, convenable, correct, passable, possible, potable, présentable, recevable, satisfaisant, suffisant, valable.

ACCEPTATION ■ ⇒ accord.

ACCEPTER ■ *I. Neutre* 1. Une chose ⇒ agréer. 2. Quelqu'un ⇒ accueillir. 3. ⇒ endosser. 4. Accéder/acquiescer/adhérer à, admettre, agréer, se conformer à, condescendre à, consentir à, dire oui, donner son accord/consentement, se joindre à, opiner, permettre, se prêter à, se rallier à, ratifier, recevoir, se rendre à, se soumettre à, souscrire à, toper (fam.), trouver bon. 5. Agréer, recevoir. *II. Non favorable :* admettre, endurer, pâtir, se résigner à, souffrir, subir, supporter, tolérer.

ACCEPTION ■ *I.* Sens, signification. *II.* ⇒ préférence.

ACCÈS ■ *I.* Abord, entrée, input (partic.), introduction. *II. Fig.* 1. ⇒ accueil. 2. Méd. : attaque, atteinte, crise, poussée. 3. Bouffée, corrida (fam.), scène. *III. Loc.* Par accès : par intermittence, récurrent.

ACCESSIBLE ■ *I. Au pr. :* abordable, accort, accueillant, affable, aimable, amène, facile, ouvert à, sensible, simple. *II. Par ext. :* approchable, compréhensible, intelligible, à portée, possible, simple.

ACCESSION ■ Admission, arrivée, avancement, avènement, promotion, venue.

ACCESSIT ■ Distinction, nomination, prix, récompense.

ACCESSOIRE ■ *I. Adj.* 1. Auxiliaire, concomitant, inutile, marginal, secondaire, subsidiaire, superfétatoire, superflu. 2. Additionnel, annexe, auxiliaire, complémentaire, dépendant, incident, supplémentaire. *II. Nom :* instrument, outil, pièce, ustensile.

ACCESSOIREMENT ■ Éventuellement, incidemment, secondairement, subsidiairement.

ACCIDENT ■ *I. Au pr.* 1. Affaire, aventure, épisode, événement, incident, péripétie. 2. Accroc, accrochage, aléa, anicroche, avatar (par ext.), aventure, calamité, catastrophe, contre-temps, coup dur, coup du sort, les hauts et les bas, malheur, mésaventure, revers, vicissitudes. 3. Arg. ou fam. : avaro, bin's, bite, bûche, caille, chtourbe, contrecarre, couille, manque de bol/pot, merde, os, pépin, salade, tuile. *II. Par ext.* 1. De terrain : aspérité, creux et bosses, dénivellation, mouvement de terrain, pli, plissement, relief. 2. Loc. Par accident : par extraordinaire, fortuitement, par hasard/inadvertance/occasion, rarement.

ACCIDENTÉ, E ■ *I. Au pr.* 1. Quelqu'un : abîmé, amoché, atteint, blessé, esquinté, touché, traumatisé. 2. Une chose : accroché, bousillé, cabossé, carambolé, cassé, démoli, détérioré, détraqué, détruit, endommagé, esquinté. *II. Par ext. :* agité, dangereux, imprévu, inégal, irrégulier, montagneux, montueux, mouvementé, pittoresque, vallonné, varié.

ACCIDENTEL, ELLE ■ Accessoire, adventice, brutal, contingent, épisodique, extraordinaire, fortuit, imprévu, inattendu, incident, inhabituel, occasionnel, violent.

ACCIDENTEL, ACCIDENTELLEMENT ■ D'aventure, fortuitement, inopinément, malencontreusement, par accident, par hasard, sans cause, *et les adv. en -ment formés sur les syn. de* ACCIDENTEL.

ACCIDENTER ■ Abîmer, accrocher, amocher, bousiller, cabosser, caramboler, casser, démolir, détériorer, détraquer, détruire, endommager, esquinter.

ACCLAMATION ■ Applaudissement, approbation, bis, bravo, éloge, hourra, louange, ovation, rappel, triomphe, vivat.

ACCLAMER ■ Applaudir, bisser, faire une ovation, ovationner, rappeler.

ACCLIMATATION ■ *I.* Apprivoisement, naturalisation. *II. Jardin d'acclimatation* : jardin zoologique, zoo.

ACCLIMATEMENT ■ Accommodation, accoutumance, adaptation, apprivoisement, habitude.

ACCLIMATER ■ Accoutumer, adapter, apprivoiser, entraîner, familiariser, habituer, importer, initier, introduire, naturaliser, transplanter. *V. pron.* 1. **Quelqu'un** : s'accoutumer, s'adapter, s'y faire, s'habituer. *II. Une chose* : s'établir, s'implanter, s'introduire, prendre place, *et les formes pron. possibles des syn. de* ACCLIMATER.

ACCOINTANCE ■ Amitié, attache, camaraderie, connaissance, fréquentation, intelligence, intimité, liaison, lien, parenté, piston (fam.), rapport, relation, tenants et aboutissants.

ACCOISEMENT ■ (vx) ⇒ **adoucissement**.

ACCOLADE ■ *Fam.* : bise, embrassade.

ACCOLER ■ *I. Au pr.* ⇒ baiser. *II. Par ext.* 1. ⇒ adjoindre. 2. ⇒ serrer. 3. ⇒ accoupler.

ACCOMMODANT, E ■ Arrangeant, aisé à vivre, bienveillant, bon prince, complaisant, conciliant, condescendant, coulant, débonnaire, de bonne composition, du bois dont on fait les flûtes (fam.), facile à contenter/à satisfaire/à vivre, sociable, souple.

ACCOMMODEMENT ■ Accord, ajustement, amodiation, arrangement, capitulation (fam.), composition, compromis, conciliation, entente, expédient, raccommodement, rapprochement.

ACCOMMODER ■ *I. Une chose* ⇒ adapter. *II. Cuisine* ⇒ apprêter. *III. Quelqu'un.* 1. *Au pr.* ⇒ accorder. 2. **Habillement** ⇒ **accoutrer**. *IV. V. pron. :* accepter, admettre, s'arranger de (fam.), se contenter de, se faire à, faire son affaire de, s'habituer à, prendre son parti de, se satisfaire de, se soumettre à, tirer parti de, *et les formes pron. possibles des syn. de* ACCOMMODER.

ACCOMPAGNATEUR, TRICE ■ ⇒ **guide.**

ACCOMPAGNEMENT ■ *I.* Convoi, cortège, escorte, équipage, suite. *II.* Accessoire, appareil, attirail, complément, pompe. *III.* Accord, arrangement, harmonisation.

ACCOMPAGNER ■ *I. Au pr. :* aller avec/de conserve, assister, chaperonner, conduire, convoyer, escorter, flanquer, guider, protéger, reconduire, suivre, surveiller. *II. Par ext. :* assortir, joindre, marier. *III. V. pron. :* s'adjoindre, s'assortir de, avoir pour conséquence/suite, se marier avec, être suivi de, *et les formes pron. possibles des syn. de* ACCOMPAGNER.

ACCOMPLI, E ■ *I. Une chose.* 1. Achevé, complet, effectué, fait, fini, réalisé, terminé. 2. Consommé, idéal, incomparable, irréprochable, magistral. ⇒ **parfait.** *II. Quelqu'un :* bien élevé, complet, consommé, distingué, idéal, modèle, mûr. ⇒ **parfait.** *III. Loc.* **Le fait accompli.** 1. Définitif, irréparable, irréversible, irrévocable. 2. La carte forcée, l'évidence.

ACCOMPLIR ■ *I. Au pr. :* aboutir, achever, effectuer, faire, finir, parachever, réaliser, terminer. *II. Non favorable :* commettre, perpétrer. *III. Par ext. :* s'acquitter de, mener à bien/bon terme, se plier à, réaliser, remplir. ⇒ **observer.** *IV. V. pron. :* arriver, avoir lieu, se passer, se produire, *et les formes pron. possibles des syn. de* ACCOMPLIR.

ACCOMPLISSEMENT ■ Achèvement, exécution, performance, réalisation.

ACCORD ■ *I. Au pr.* 1. Amitié, bonne

intelligence, compatibilité, complicité, concorde, connivence, paix, sympathie, union. **2.** Adhésion, alliance, compromis, contrat, convention, entente, marché, pacte, traité, transaction. **II. Par ext. 1.** Concert, concordance, convenance, harmonie, proportion, rapport. **2.** Acceptation, admission, agrément, approbation, caution, consentement, engagement, le feu vert (fam.). **3.** Obligation, volontariat. **III. Loc. 1.** D'accord : assurément, certainement, c'est convenu, c'est entendu, oui bien sûr. **2.** D'un commun accord : à l'unanimité, à l'unisson, du même avis, par accord mutuel, tous ensemble, unanimement. **3.** Mettre d'accord ⇒ accorder. **4.** Être/tomber d'accord ⇒ consentir.

ACCORDAILLES ■ ⇒ fiançailles.

ACCORDANT, E ■ ⇒ conciliant.

ACCORDÉON ■ piano à bretelles/du pauvre.

ACCORDER ■ **I. Au pr. 1.** Accommoder, adapter, agencer, ajuster, allier, aménager, apparier, appliquer, apprêter, approprier, arranger, assembler, associer, assortir, combiner, conformer, disposer, équilibrer, faire aller/coïncider, goupiller (fam.), harmoniser, installer, joindre, mettre en accord/état/harmonie/proportion/rapport, proportionner, rattacher, régler sur, réunir. **2.** Allouer, attribuer, avancer, céder, concéder, décerner, donner, doter, faire don, gratifier, lâcher, octroyer, offrir. **II. Par ext. 1.** ⇒ convenir. **2.** ⇒ réconcilier. **3.** ⇒ consentir. **III. V. pron.** ⇒ correspondre, entendre (s').

ACCORDEUR ■ Entremetteur, intermédiaire, truchement.

ACCORER ■ ⇒ soutenir.

ACCORTE ■ Agréable, aimable, avenante, bien roulée (fam.), complaisante, douce, engageante, enjouée, gracieuse, jolie, mignonne, vive.

ACCOSTABLE ■ Abordable, accessible.

ACCOSTER ■ **I. Au pr. :** aborder, aboutir, arriver, entrer, jeter l'ancre, se ranger contre, toucher terre. **II. Par ext. :** aller à la rencontre de, approcher, atteindre, joindre, parvenir à, se porter à la rencontre de, racoler (péj.), se rapprocher de, rencontrer.

ACCOTEMENT ■ ⇒ bord.

ACCOTER ■ ⇒ appuyer.

ACCOTOIR ■ Accoudoir, bras.

ACCOUCHEMENT ■ **I. Au pr. :** ⇒ enfantement. **II. Fig.** ⇒ réalisation.

ACCOUCHER ■ **I.** Avoir/faire ses couches, donner naissance/la vie, enfanter, être en gésine (vx)/mal d'enfant/parturition/travail, mettre au monde, pondre (fam.). *Pour les animaux :* mettre bas. **II. Fig. :** composer, écrire, faire, peindre, produire, publier, réaliser. ⇒ engendrer.

ACCOUCHEUR, EUSE ■ ⇒ gynécologue, sage-femme.

ACCOUDER ■ ⇒ appuyer.

ACCOUDOIR ■ Accotoir, balcon, balustrade, bras (de fauteuil).

ACCOUPLEMENT ■ **I. De choses :** assemblage, conjonction, liaison, mise en couple, transmission. **II. D'animaux :** appareillement, appariade, appariage, appariement, baudouinage, bélinage, bouquinage, monte, pariade, remonte, saillie. **III. D'humains :** baise (vulg.), coït, congrès, copulation, déduit, rapports.

ACCOUPLER ■ Accoler, appareiller, apparier, assembler, assortir, joindre, lier, mettre en couple/ensemble, réunir, unir. **V. pron. 1.** Animaux : s'apparier, s'assortir, baudouiner, béliner, bouquiner, chevaucher, cocher, couvrir, demander/faire la monte/la saillie, frayer, hurtebiller, jargauder, monter, réclamer le veau, se reproduire, retourner à son espèce, saillir, sauter, servir. **2. Humains :** accomplir l'acte de chair/ses devoirs conjugaux, s'accorder, aller au déduit (vx), besogner, coïter, connaître (au sens biblique), consommer, copuler, faire l'amour/la bête à deux dos/la chose, fauter, forniquer, honorer, se prendre, s'unir. ⇒ culbuter.

ACCOURCIR ■ ⇒ diminuer.

ACCOURIR ■ Arriver en hâte, courir, se hâter, se précipiter, se rapprocher, venir en courant.

ACCOUTRÉ, E ■ ⇒ vêtu.

ACCOUTREMENT ■ *I.* Affiquet, affublement, affutiaux, ajustement, atours, attirail, défroque, déguisement, équipage, mise, tenue, travesti. *II. Non fav. :* harnachement, harnois, nippes (fam.). *III.* ⇒ vêtement.

ACCOUTRER ■ Affubler, ajuster, arranger, déguiser, équiper, fagoter (fam.), fringuer (fam.), habiller, harnacher (fam.), nipper (fam.). ⇒ vêtir.

ACCOUTUMANCE ■ Acclimatement, accommodation, adaptation, aguerrissement, assuétude, endurcissement, habitude, immunité, insensibilité, mithridatisation.

ACCOUTUMÉ, E ■ Courant, coutumier, habituel, ordinaire.

ACCOUTUMER ■ *I. Au pr. :* aguerrir, façonner, préparer à, rompre à. ⇒ acclimater. *II. Au poison :* habituer, mithridatiser. *III. Méd. :* immuniser, prémunir, vacciner.

ACCRÉDITER ■ *I. Une chose :* affirmer, autoriser, confirmer, propager, répandre, rendre crédible. *II. Quelqu'un :* installer, introduire, mettre en place, présenter.

ACCRÉDITEUR, TRICE ■ Caution.

ACCROC ■ *I. Au pr. :* déchirure. *II. Fig.* 1. Contretemps, incident malheureux, obstacle. 2. Entorse, infraction. 3. Faute, souillure, tache.

ACCROCHAGE ■ *I.* Accident, incident, dispute, engueulade (fam.), heurt, querelle. *II. Milit. :* affaire, combat, embuscade, engagement.

ACCROCHE-CŒUR ■ Frisette, guiche.

ACCROCHER ■ *I. Au pr. :* appendre, attacher, pendre, suspendre. *II. Fig.* 1. Attraper, enlever, obtenir, saisir. 2. Non favorable : bousculer, déchirer, déplacer, heurter. 3. Milit. : fixer, immobiliser, retarder, trouver le contact. 4. Quelqu'un : arrêter, casser les pieds (péj.), importuner, retenir l'attention. *III. V. pron.* 1. S'agripper, s'attacher, se cramponner, se retenir à, se suspendre à, se tenir à. 2. S'accrocher avec quelqu'un : se disputer, se quereller. 3. S'accrocher à quelqu'un : coller (fam.), se cramponner à (fam.), importuner. 4. Se l'accrocher (pop.) : s'en passer, s'en priver, repasser.

ACCROCHEUR, EUSE ■ *I. Adj.* (fam.) : collant, combatif, emmerdant (vulg.), tenace. *II. Nom :* casse-pied (fam.), emmerdeur (vulg.), pot de colle (fam.). ⇒ fâcheux.

ACCROIRE (FAIRE) ■ Faire avaler, la bailler belle, mentir, monter le coup.

ACCROISSEMENT ■ *I. Favorable.* 1. Accroît, accrue. ⇒ accélération. 2. ⇒ agrandissement. *II. Non favorable.* ⇒ aggravation.

ACCROÎTRE ■ *I.* ⇒ accélérer, agrandir. *II.* ⇒ aggraver. *III. V. pron. :* croître, grandir, grossir, monter, *et les formes* *pron. possibles des syn. de* ACCROÎTRE.

ACCROUPIR (S') ■ Se baisser, se blottir, se pelotonner, se ramasser, se tasser.

ACCUEIL ■ *I.* Abord, accès, bienvenue, mine, réception, tête, traitement. *II.* Réaction, réflexe. *III.* Hospitalité.

ACCUEILLANT, E ■ Abordable, accessible, attirant, avenant, bienveillant, cordial, gracieux, hospitalier, liant, ouvert, serviable, sociable, sympathique. ⇒ **aimable.**

ACCUEILLIR ■ *I. Quelqu'un :* accepter, admettre, agréer, faire fête, recevoir. *II. Une chose :* abonder dans le sens, admettre, apprendre, écouter, recevoir. *III. Loc.* **Accueillir par des huées** : chahuter, conspuer, faire la fête à (fam.).

ACCULER ■ Buter, pousser dans ses derniers retranchements, réduire.

ACCUMULATEUR ■ Batterie, pile.

ACCUMULATION ■ *I. De choses.* **1.** Abondance, agglomération, amas, amoncellement, assemblage, échafaudage, empilement, entassement, faisceau, monceau, montagne, quantité, superposition, tas. **2.** Accaparement, amoncellement, cumul, déballage, fatras, fouillis, thésaurisation. *II. De personnes :* attroupement, foule, rassemblement.

ACCUMULER ■ *I.* Amasser, amonceler, assembler, collectionner, emmagasiner, empiler, engranger, entasser, grouper, prélever, rassembler, réunir, stratifier, superposer. *II. Non favorable :* accaparer, s'approprier, bloquer, cumuler, s'emparer de, empiler, enlever, entasser, mettre l'embargo/le grappin/la main sur, monopoliser, rafler, spéculer, superposer, thésauriser, truster.

ACCUSATEUR, TRICE ■ *I.* Calomniateur, délateur, dénonciateur, détracteur, indicateur, sycophante. *II.* **Accusateur public** : procureur, substitut. *III. Une chose :* révélateur.

ACCUSATION ■ *I.* Imputation, incrimination, inculpation, poursuite, prise à partie, réquisitoire. *II. Par ext.* **1.** Attaque, calomnie, délation, dénigrement, dénonciation, diffamation, médisance, mouchardage, ragots, rumeur. **2.** ⇒ **reproche.**

ACCUSÉ, E ■ Inculpé, prévenu.

ACCUSER ■ *I. Au pr. :* incriminer,

inculper, impliquer, imputer à, poursuivre, prendre à partie, requérir contre. *II. Loc.* **1. Accuser le coup** (fam.) : encaisser, marquer, souligner. **2. Accuser réception de** : délivrer/donner quittance.

ACERBE ■ ⇒ **aigre.**

ACÉRÉ, E ■ *I.* ⇒ **aigu.** *II.* ⇒ **aigre.**

ACHALANDÉ, E ■ Actif, animé, bien approvisionné/assorti/pourvu/tenu, commerçant, vivant.

ACHARNÉ, E ■ *I.* Bourreau de travail, courageux, obstiné, vaillant. *II.* Cruel, dur, endiablé, enragé, entêté, furieux, obstiné, opiniâtre, tenace, têtu.

ACHARNEMENT ■ *I.* Ardeur, effort, énergie, lutte, persévérance, ténacité. *II. Non fav. :* cruauté, entêtement, furie, obstination, opiniâtreté, rage, sadisme.

ACHARNER ■ Animer, exciter, irriter à l'encontre de/contre. *V. pron. I. Sur quelqu'un :* persécuter, poursuivre. *II. À une chose :* s'attacher à, continuer, s'entêter, lutter, persévérer, poursuivre, s'obstiner, s'occuper de, s'opiniâtrer. ⇒ **vouloir.**

ACHAT ■ *I. Au pr.* **1.** Acquisition, appropriation, emplette. **2. Par une communauté d'époux :** acquêt, conquêt. **3. Par une administration :** adjudication. *II. Fig. :* corruption, soudoiement.

ACHEMINEMENT ■ Amenée, convoi, envoi, marche, progression, transport.

ACHEMINER ■ Adresser, conduire, convoyer, diriger, envoyer, faire parvenir, transporter. *V. pron.* **1.** Aller, avancer, se diriger/marcher vers. **2. Une chose :** aboutir, aller vers, tendre à/vers. **3.** *Les formes pron. possibles des syn. de* ACHEMINER.

ACHETER ■ *I. Au pr. :* acquérir, faire l'acquisition/l'emplette de. *II. Non favorable :* corrompre, soudoyer.

ACHETEUR ■ Acquéreur, adjudicataire, cessionnaire, chaland, client, preneur, usager.

ACHEVÉ, E ■ I. *Une chose :* accompli, complet, cousu main (fam.), entier, fin, fignolé, fini, parfait. **II.** *Quelqu'un :* accompli, complet, consommé, extrême. **III.** *Loc.* **Être achevé. 1.** Accablé, anéanti, épuisé, fatigué. **2. Fam. :** cané, claqué, crevé, cuit, mort, ratatiné, rétamé, vidé.

ACHÈVEMENT ■ I. *Au pr. :* aboutissement, accomplissement, apothéose, chute, conclusion, couronnement, dénouement, entéléchie (philos.), fin, finition, réception, terme. **II.** *Péj. :* coup de grâce.

ACHEVER ■ I. *Au pr.* **1.** ⇒ aboutir. **2.** ⇒ accomplir. **II.** *Par ext.* **1.** ⇒ conclure. **2.** Non favorable. ⇒ abattre. **III.** *V. pron. :* **1.** arriver/être conduit/mené à bien/à sa fin/à son terme, être mis au net/au point, se terminer, *et les formes pron. possibles des syn. de* ACHEVER. **2.** Se consommer, s'éteindre.

ACHOPPEMENT ■ I. Difficulté, écueil, hic, os, pépin. ⇒ obstacle.

ACHOPPER ■ S'arrêter, broncher, buter contre, échouer, faire un faux pas, heurter, trébucher.

ACIDE, ACIDULÉ, E ■ ⇒ aigre.

ACIDITÉ ■ ⇒ aigreur.

ACNÉ ■ ⇒ bouton.

ACOLYTE ■ Adjoint, aide, ami, associé, camarade, collègue, compagnon, comparse, compère, complice (péj.), confrère, connaissance, copain (fam.), labadens (fam.), partenaire.

ACOMPTE ■ Arrhes, avance, provision.

ACOQUINER (S'), ÊTRE ACOQUINÉ AVEC ■ S'accointer, s'associer, se commettre, fréquenter, se mêler.

À-CÔTÉ ■ Accessoire, détail, digression, parenthèse, superflu. ⇒ supplément.

À-COUP ■ I. Cahot, raté, saccade, secousse, soubresaut. **II.** *Loc.* **1. Par à-coups :** par intermittence/saccades. **2. Sans à-coups :** sans imprévu/incident/heurt.

ACQUÉREUR ■ I. Acheteur, adjudicataire, cessionnaire, client, preneur. **II.** Bénéficiaire, donataire, héritier, légataire.

ACQUÉRIR ■ I. *Au pr. :* acheter, devenir propriétaire. **II.** *Par ext.* **1.** Hériter, recevoir, recueillir. **2.** Arriver à, découvrir, parvenir à, prendre. **3.** Capter (péj.), conquérir, gagner, obtenir. **4.** S'améliorer, se bonifier, se perfectionner. **III.** *Loc.* **1. Acquérir les faveurs de quelqu'un :** s'attirer les bonnes grâces/les sympathies de, se concilier. **2. Être acquis à quelqu'un :** être attaché/dévoué à. **3. Être acquis à une opinion :** être convaincu/du même avis.

ACQUÊT ■ Achat en communauté, acquisition, gain, profit.

ACQUIESCEMENT ■ I. Acceptation, accord, adhésion, agrément, approbation, assentiment, autorisation, consentement, permission. ⇒ **tolérance.**

ACQUIESCER ■ I. Dire oui, être d'accord, opiner. **II.** ⇒ **accepter.**

ACQUISITION ■ ⇒ acquêt.

ACQUIT ■ Décharge, passe-debout, quittance, quitus, récépissé, reçu.

ACQUITTEMENT ■ I. *D'une dette :* libération, paiement, règlement, remboursement. **II.** *Quelqu'un.* ⇒ **amnistie.**

ACQUITTER ■ I. *Quelqu'un :* absoudre, amnistier, déclarer non coupable, disculper, gracier, libérer, pardonner, relaxer. **II.** *Une chose.* **1.** Un compte : apurer, éteindre, liquider, payer, régler. **2. Une promesse :** accomplir, remplir. **III.** *V. pron. :* **1.** D'un devoir : accomplir, remplir. **2.** De ses dettes : se libérer de, rembourser. **3.**

adapter

D'une commission : exécuter, faire. **4. De ses engagements** : faire honneur à, satisfaire à.

ÂCRE, ACRIMONIEUX ■ ⇒ aigre.

ÂCRETÉ, ACRIMONIE ■ ⇒ aigreur.

ACROBATE ■ Antipodiste, équilibriste, funambule, gymnaste, matassin, trapéziste, voltigeur.

ACROBATIE ■ *I. Au pr. :* agrès, équilibrisme, saut périlleux, trapèze volant, voltige. *II. Fig. :* expédient, tour de passe-passe, truc.

ACTE ■ *I. Au pr. :* action, choix, comportement, décision, démarche, geste, intervention, manifestation, réalisation. *II. Favorable :* exploit, geste, trait. *III. Jurid.* **1.** Privé : certificat, cession, contrat, convention, document, expédition, grosse, minute, testament, titre. **2.** Public : arrêté, charte, constitution, décret, décret-loi, habeas corpus, loi, réquisitoire. *IV. Loc.* **Prendre acte d'une chose** : constater, enregistrer.

ACTEUR, TRICE ■ ⇒ comédien.

ACTIF, IVE ■ *I. Quelqu'un :* agissant, allant, diligent, en activité, efficace, énergique, increvable (fam.), infatigable, laborieux, remuant, vif, vivant, zélé. *II. Une chose :* agissant, efficace, énergique, fort, manifeste, opérant, prompt, rapide, violent. *III.* ⇒ bénéfice.

ACTION ■ *I. D'une chose.* **1.** **D'un remède** : effet, efficacité. **2.** **D'une force** : énergie, force, intervention, rapport, réaction. **3.** **D'un mouvement** : jeu. *II. De quelqu'un.* **1.** Favorable ou neutre : acte, conduite, décision, démarche, entreprise, initiative, œuvre. **2.** Non favorable : agissement, comportement, manœuvre. *III. Par ext.* **1.** Bataille, choc, combat, engagement. **2.** Exploit, prouesse, trait de courage. **3.** Animation, ardeur, chaleur, enthousiasme, mouvement, véhémence, vie. **4.** Jurid. : assignation, demande, plainte, poursuite, procès,

recours, référé, requête. **5.** Théâtre : intrigue, péripétie, scénario, vie.

ACTIONNER ■ *I. Une chose :* entraîner, faire fonctionner, mettre en marche/en route, produire/transmettre le mouvement. *II. Quelqu'un.* Jurid. : déposer une plainte, engager une procédure, introduire une instance/requête.

ACTIVER ■ Accélérer, aviver, exciter, hâter, presser, stimuler. *V. pron. :* s'affairer, se hâter, s'occuper, se presser, *et les formes pron. possibles des syn. de* ACTIVER.

ACTIVITÉ ■ *I. Au pr. :* ardeur, célérité, diligence, efficacité, efforts, énergie, entrain, promptitude, rapidité, vivacité, vigueur, zèle. *II. Par ext. :* animation, circulation, mouvement. *III. Loc.* **En activité. 1. Quelqu'un** : en fonctions. **2. Une chose** : essor, fonctionnement, marche, mouvement, prospérité.

ACTUALITÉ ■ *I.* Mode, nouveauté, pertinence. *II. Au sing. et au pl. :* événements, journal parlé, nouvelles.

ACTUEL, ELLE ■ Contemporain, courant, d'aujourd'hui, existant, moderne, nouveau, présent.

ACTUELLEMENT ■ Aujourd'hui, de nos jours, maintenant, pour l'instant/le moment, présentement.

ACUITÉ ■ *I.* Finesse, lucidité, intelligence, intensité, pénétration, perspicacité, vivacité. *II.* Crise, instabilité, précarité, urgence.

ADAGE ■ ⇒ maxime.

ADAPTATION ■ *I.* Acclimatement, accommodation, accoutumance, appropriation, intégration, mise à jour/au courant. *II.* Acclimatation, apprivoisement, domestication, dressage. *III. D'un objet :* ajustement, application. *IV. Par ext. :* **1.** aggiornamento. **2.** traduction.

ADAPTER ■ Accommoder, accorder,

agencer, ajuster, allier, aménager, apparier, appliquer, apprêter, approprier, arranger, assembler, associer, assortir, combiner, conformer, disposer, équilibrer, faire aller/coïncider, harmoniser, installer, joindre, mettre en accord/état/harmonie/proportion/rapport, moduler, proportionner, rattacher, régler sur, réunir. *V. pron. :* *I. Quelqu'un.* 1. S'acclimater à, s'accommoder de, s'accorder à, s'accoutumer à, s'habituer à, se mettre en accord avec. 2. **Non favorable :** se contenter de, se faire une raison de, se plier à, se soumettre à. *II. Une chose :* convenir, s'harmoniser.

ADDITION ■ *I. Au pr. :* accroissement, addenda, additif, adjonction, ajout, ajoutage, ajouture (fam.), annexe, appendice, augmentation, complément, rallonge, supplément. *II. Fig. :* compte, décompte, douloureuse (fam.),dû, facture, frais, note, quart d'heure de Rabelais (fam.), relevé.

ADDITIONNEL, ELLE ■ Adjoint, ajouté, complémentaire, en supplément, joint, supplémentaire.

ADDITIONNER ■ *I. Au pr. :* ajouter, augmenter, compléter, rallonger, totaliser. *II. Additionner d'eau :* allonger, baptiser (fam.), couper de, diluer, étendre de.

ADEPTE ■ Adhérent, allié, ami, défenseur, disciple, militant, partisan, recrue, soutien, sympathisant, tenant.

ADÉQUAT, E ■ *I. À une chose :* approprié, coïncident, concordant, congruent, convenable, étudié pour (fam.), juste. *II. Loc. :* ça va comme un gant (fam.), au poil (arg.).

ADHÉRENCE ■ Accolement, agglutination, assemblage, collage, contiguïté, encollage, jonction, liaison, réunion, soudure, union.

ADHÉRENT, ENTE ■ *I. Adj. :* accolé à, adhésif, agglutiné/assemblé/collé/contigu/joint/lié/réuni/soudé à, tenace, uni à. *II. Nom :* adepte, cotisant, membre, participant, partisan, recrue, souscripteur, soutien, sympathisant. ⇒ **camarade.**

ADHÉRER ■ *I. Quelqu'un :* accéder à, accorder/apporter sa sympathie/son consentement/son soutien à, acquiescer, approuver, cotiser à, s'enrôler dans, entrer dans, faire partie de, joindre, opiner en faveur de, participer, payer sa cotisation, se rallier à, rejoindre, souscrire à, tomber d'accord. *II. Une chose adhère à :* s'appliquer, coller, se coller, entrer/être en contact, faire corps, se joindre, se réunir, se souder, s'unir.

ADHÉSION ■ ⇒ **accord.**

ADIEU (DIRE) ■ *I. À quelqu'un :* dire au revoir, prendre congé, présenter ses devoirs, quitter, saluer. *II.* ⇒ **renoncer.**

ADIPEUX, EUSE ■ Arrondi, bedonnant, bouffi, gidouillard, gras, grassouillet, gros, obèse, pansu, rondouillard, ventru.

ADJACENT, E ■ Attenant, contigu, côte à côte, joignant, jouxtant, juxtaposé, mis/placé à côté de, proche, voisin.

ADJECTIF ■ Déterminant, déterminatif, épithète.

ADJOINDRE ■ *I. Quelqu'un :* affecter, ajouter, associer, attacher, détacher, mettre à la disposition de, prêter. *II. Une chose :* accoler, ajouter, annexer, apposer, joindre, juxtaposer, lier, rapprocher, rattacher, réunir, unir. *III. V. pron. :* 1. S'associer, s'attacher. 2. S'ajouter à, s'annexer à, se mettre à côté de, se placer à côté de, se réunir à, s'unir à.

ADJOINT, E ■ Adjuvant, aide, alter ego, assesseur, assistant, associé, attaché, autre moi-même, auxiliaire, bras droit, coadjuteur, codirecteur, cogérant, collaborateur, collègue, confrère, fondé de pouvoir, partenaire. ⇒ **remplaçant.**

ADJONCTION ■ *I. L'action d'ajou-*

ter : aboutement, addition, ajoutage, annexion, association, jonction, rajoutage, rattachement, réunion. *II. Ce qu'on ajoute :* about, ajout, ajoutement, allonge, annexe, raccord, rajout, rajoutement, rallonge.

ADJUDICATAIRE ■ Acheteur, acquéreur, le plus offrant et dernier enchérisseur, concessionnaire, soumissionnaire.

ADJUDICATEUR, TRICE ■ Aboyeur (fam. ou péj.), commissaire-priseur, greffier-adjudicateur, huissier, notaire, vendeur.

ADJUDICATION ■ *I. Au pr. :* attribution. *II. Vente :* vente à l'encan/aux chandelles/enchères/au plus offrant et dernier enchérisseur.

ADJUGER ■ *I. Au pr. :* accorder, attribuer, concéder, décréter/dire par jugement, juger. *II. Un prix :* accorder, attribuer, décerner, donner, gratifier de, remettre. *III. V. pron. :* s'annexer, s'approprier, s'emparer de, faire main basse sur, raffler.

ADJURATION ■ *I.* Exorcisme, invocation, obsécration. *II.* Imploration, prière instante, supplication.

ADJURER ■ Conjurer, implorer, invoquer, prier, supplier.

ADJUVANT, E ■ *I.* ⇒ adjoint. *II.* ⇒ additif.

ADMETTRE ■ *I. Quelqu'un :* accepter, accueillir, affilier, agréer, faire participer/venir, introduire, introniser, recevoir, voir. *II. Quelque chose.* 1. *Des raisons :* reconnaître, tenir compte de, tenir pour acceptable/recevable/valable. 2. *Une hypothèse :* adopter, approuver, croire, imaginer, penser, souscrire à, supposer, tenir pour possible. 3. *Un raisonnement :* avouer, concéder, consentir à croire. 4. *Des excuses :* excuser, pardonner, passer l'éponge (fam.). 5. *Une contrariété :* permettre, souffrir, supporter, tolérer. *III. Par ext.* ⇒ comporter.

ADMINISTRATEUR ■ *I. D'un service :* agent, dirigeant, fonctionnaire, gestionnaire, grand commis (vx), manager. *II. De biens :* directeur, fondé de pouvoir, gérant, intendant, régisseur, séquestre.

ADMINISTRATIF, VE ■ *I. Au pr. :* officiel, public, réglementaire. *II. Péj. :* bureaucratique, étatique, formaliste, paperassier, tatillon.

ADMINISTRATION ■ *I.* Conduite, direction, gérance, gestion, management. *II.* Affaires/grands corps de l'État, bureaux, ministères, organismes, services.

ADMINISTRER ■ *I.* Commander, conduire, contrôler, coordonner, diriger, faire marcher, gérer, gouverner, manager, mener, organiser, planifier, prévoir, régir, réglementer. *II.* Appliquer, conférer, donner, faire prendre, munir de, prescrire. *III. Une correction* ⇒ battre. *IV. Une preuve :* apporter, fournir, produire.

ADMIRABLE ■ ⇒ étonnant.

ADMIRABLEMENT ■ À croquer, à merveille, à ravir, *et les adv. en -ment dérivés des syn. de* ADMIRABLE.

ADMIRATEUR, TRICE ■ ⇒ adorateur.

ADMIRATION ■ *I.* ⇒ attachement. *II.* ⇒ enthousiasme. *III.* ⇒ adoration.

ADMIRER ■ *I. Au pr. :* apprécier, être ébloui/émerveillé, s'émerveiller de, être enthousiasmé par, s'enthousiasmer de, s'extasier de, faire compliment/grand cas de, louanger, louer, porter aux nues, trouver admirable *et les syn. de* ADMIRABLE. *II. Péj. :* constater que, s'étonner que, trouver bizarre/étrange/singulier que, voir avec étonnement que.

ADMISSIBLE ■ ⇒ acceptable.

ADMISSION ■ ⇒ réception.

ADMONESTATION ■ Admonition, avertissement, blâme, correction, engueulade (fam.), exhortation, gronderie, remontrance, réprimande, reproche, semonce, sermon (fam.).

ADMONESTER ■ Avertir, chapitrer, donner un avertissement, engueuler (fam.), faire la morale/des réprimandes/des reproches à, gronder, moraliser, morigéner, passer une engueulade à (fam.), prévenir, réprimander, sabouler (vx), secouer (fam.), semoncer, sonner les cloches à, tancer.

ADOLESCENCE ■ Jeunes, jeunes gens, jeunesse, J. 3, nouvelle vague, puberté, teenagers.

ADOLESCENT, E ■ *I.* Jeune, jeune fille/homme, jouvenceau, jouvencelle, teenager. *II. Fam. :* adonis, éphèbe, minet, minette, puceau, pucelle.

ADONNER (S') ■ S'abandonner à, s'appliquer à, s'attacher à, se consacrer à, se livrer à, s'occuper à/de, tourner toutes ses pensées vers.

ADOPTER ■ *I. Quelqu'un :* admettre, s'attacher, choisir, coopter, prendre. *II. Une chose.* 1. *Une opinion :* acquiescer à, admettre, s'aligner sur, approuver, consentir à, donner son approbation/son consentement à, épouser, être d'accord avec, faire sienne l'opinion de, se rallier à, se ranger à, souscrire à. 2. *Une attitude :* employer, emprunter, imiter, prendre, singer (péj.). 3. *Une religion :* se convertir à, embrasser, suivre. 4. *Une loi :* approuver, faire passer, voter.

ADOPTION ■ *I.* Admission, choix, cooptation. *II.* Accord, acquiescement, alignement, approbation, choix, consentement, conversion, emploi, emprunt, imitation, ralliement, singerie (péj.), vote.

ADORABLE ■ Admirable, gentil, joli, mignon, parfait, pimpant, ravissant. ⇒ **aimable.**

ADORATEUR, TRICE ■ Admirateur, adulateur, amoureux, courtisan, dévot, fan (fam.), fanatique, fervent, idolâtre, sectateur, soupirant, suivant. ⇒ **amant.**

ADORATION ■ Admiration, adulation, attachement, amour, culte, dévotion, emballement, engouement, fanatisme, ferveur, flagornerie (péj.), iconolâtrie, idolâtrie, latrie, passion, respect, vénération.

ADORER ■ *I. Dieu :* aimer, glorifier, rendre un culte à, servir. *II. Les idoles :* idolâtrer. *III. Quelqu'un.* 1. **Favorable ou neutre :** admirer, aimer, honorer, respecter, révérer, vénérer. 2. **Avec excès :** idolâtrer. 3. **Non favorable :** aduler, courtiser, être/se mettre à plat ventre devant, flagorner, flatter, se prosterner devant.

ADOSSER ■ Arc-bouter, aligner/appuyer/mettre/placer/plaquer contre. *V. pron. :* s'appuyer, s'arc-bouter, se mettre dos à, se placer contre.

ADOUCIR ■ *I. Quelqu'un :* amollir, apprivoiser, attendrir, fléchir, humaniser, toucher. *II. La peine :* alléger, atténuer, rendre plus supportable, tempérer. *III. Une chose.* 1. *L'amertume :* atténuer, diminuer, dulcifier, édulcorer, modérer, réduire, sucrer. 2. *La lumière :* abaisser, baisser, filtrer, réduire, tamiser. 3. *Le ton :* amortir, baisser, mettre une sourdine. 4. *La température :* attiédir, climatiser, tempérer. 5. *Une douleur, un mal :* alléger, amortir, anesthésier, calmer, cicatriser, consoler, émousser, endormir, estomper, lénifier, panser, soulager. 6. *Un courroux :* amadouer, apaiser, apprivoiser, défâcher (fam.), désarmer, humaniser, lénifier, modérer, pacifier, policer, radoucir, rasséréner, tempérer. 7. *Ses expressions :* châtier, corriger, estomper, tempérer. 8. *Les coloris* ⇒ **affadir.** 9. *Les mœurs :* améliorer, civiliser, humaniser, policer. *IV. Techn.* 1. *Une glace :* polir. 2. *L'eau :* filtrer, purifier, traiter. *V. V. pron. :* se laisser amollir/attendrir/fléchir/toucher, *et les formes pron. possibles des syn. de* ADOUCIR.

ADOUCISSEMENT ■ *I. Au pr. :* accoisement (vx), allégement, amélioration, assouplissement, atténuation, civilisation, consolation, humanisation, mitigation, progrès, secours, soulagement. *II. De la température :* amélioration, attiédissement, radoucissement, réchauffement.

ADOUCISSEUR ■ Amortisseur, filtre.

ADRESSE ■ *I.* Coordonnées (fam.), domicile, habitation, résidence, villégiature. *II.* Agilité, dextérité, habileté, précision, prestesse, souplesse. *III.* Aptitude, don, finesse, habileté, ingéniosité, intelligence, science, souplesse, subtilité, talent, vivacité. *IV. Loc.* Tour d'adresse : jonglerie, prestidigitation. ⇒ **acrobatie.**

ADRESSER ■ *I. Une lettre :* envoyer, expédier, faire parvenir, mettre à la poste, poster. *II. Une œuvre :* dédier, faire hommage. *III. Un conseil :* donner, prodiguer. *IV. Un coup :* coller (fam.), envoyer, ficher (fam.), flanquer (fam.), foutre (grossier). *V. Un regard :* jeter. *VI. La parole :* interpeller, parler. *VII. Des questions :* poser, questionner, soumettre. *VIII. Des menaces :* faire, prodiguer, proférer. *IX. Des compliments :* faire agréer, présenter, transmettre. *X. V. pron. :* 1. Avoir recours à/demander à, faire appel à, parler à, solliciter, se tourner vers. 2. Concerner, être destiné à, être de la compétence/du ressort de, être les oignons de (fam.), regarder, *et les formes pron. possibles des syn. de* ADRESSER.

ADROIT, E ■ *I. Au pr.* **1.** Apte, bon à, expérimenté, habile, précis, rompu à. **2.** Agile, en forme, exercé, preste, rompu, souple. *II. Par ext. :* dégourdi, délié, diplomate, entendu, expérimenté, fin, habile, industrieux, ingénieux, insinuant (péj.), intelligent, intrigant (péj.), machiavélique (péj.), persuasif, politique, retors (péj.), rusé, subtil.

ADULATEUR, TRICE ■ *Péj. :* caudataire, courtisan, dévot, encenseur, flagorneur, flatteur, louangeur, obsé-

quieux. ⇒ **adorateur. Fam. :** fan, godillot, lèche-bottes/cul.

ADULATION ■ Coups d'encensoir (fam.), cour, courtisanerie, culte, dévotion, encensement, flagornerie, flatterie, lèche (fam.), servilité. ⇒ **adoration.**

ADULER ■ Caresser, courtiser, encenser, faire de la lèche (fam.), flagorner, flatter, lécher (fam.), lécher les bottes (fam.)/le cul (grossier), louanger. ⇒ **adorer.**

ADULTE ■ *I. Nom :* homme fait. *II. Adj. :* accompli, développé, formé, grand, grandi, majeur, mûr, raisonnable, responsable, sérieux.

ADULTÉRATION ■ ⇒ altération.

ADULTÈRE ■ *I. Adj. :* infidèle. *II. Nom :* cocuage, fornication, infidélité, trahison, tromperie.

ADULTÉRIN, E ■ Bâtard, naturel.

ADVENIR ■ Arriver, arriver par surprise, se passer, se produire, survenir.

ADVENTICE ■ Accessoire, marginal, parasite, secondaire, superfétatoire, supplémentaire. ⇒ **accidentel.**

ADVERSAIRE ■ *I.* Antagoniste, challenger, compétiteur, concurrent, rival. *II.* Contestataire, contradicteur, débateur, opposant. ⇒ **ennemi.**

ADVERSE ■ Contraire, défavorable, hostile, opposé.

ADVERSITÉ ■ Avatars, circonstances, destin, détresse, difficulté, disgrâce, événement/fortune contraire, fatalité, hostilité, infortune, inimitié, malchance, malheur, misère, obstacle. *Fam. :* cerise, débine, mouise, poisse.

AÉRER ■ *I.* Assainir, changer d'air, purifier, ventiler. *II. Fig. :* **1.** Alléger, cultiver, éclaircir, façonner. **2.** Dégourdir, distraire, sortir. *III. V. pron. :* **1.** S'oxygéner, prendre l'air, sortir. **2.** Se changer les idées, se dégourdir, se distraire, sortir, s'ouvrir.

AÉRIEN, ENNE ■ I. Au-dessus du sol, au ciel, élevé, en l'air, supérieur. **II. Fig.** : céleste, élancé, élevé, éthéré, immatériel, léger, poétique, pur, svelte, vaporeux.

AÉRODYNE, AÉRONEF, AÉROSTAT ■ I. ⇒ **ballon. II.** Aéroglisseur, aile volante, cerf-volant, deltaplane, hovercraft, naviplane, parachute, planeur. **III.** Autogire, giravion, girodyne, hélicoptère. **IV.** Canadair, dromadair, hydravion, hydroplane. **V. Par ext. :** 1. Capsule, fusée, navette, satellite, station orbitale. 2. Ovni, soucoupe volante. **VI.** ⇒ **avion.**

AÉROGLISSEUR ■ Hovercraft, naviplane.

AÉRONAUTE ■ ⇒ aviateur.

AFFABILITÉ ■ ⇒ amabilité.

AFFABLE ■ ⇒ aimable.

AFFABULATION ■ ⇒ fable.

AFFABULER ⇒ hâbler.

AFFADIR ■ I. Adoucir, affaiblir, amatir, amoindrir, atténuer, dénaturer, édulcorer, émousser, réduire, rendre fade/insignifiant/insipide, ôter la saveur. **II.** Décolorer, délaver, détremper, éclaircir, effacer, estomper, faire pâlir/passer, modérer, pâlir, tempérer. **III. V. pron. :** 1. Devenir fade, passer, *et les formes pron. possibles des syn. de* AFFADIR. 2. Devenir affecté/amolli/banal/conformiste / décoloré / doucereux / ennuyeux / faible / froid / incolore / inodore et sans saveur (loc. fam.) / lâche / monotone / mou / neutre / ordinaire / pâle / quelconque / sans originalité / sans saveur / tiède / trivial.

AFFADISSEMENT ■ ⇒ affaiblissement.

AFFAIBLIR ■ I. Abattre, abrutir, altérer, amoindrir, amollir, anémier, briser, casser, débiliter, déprimer, ébranler, épuiser, éreinter, exténuer, faire dépérir, fatiguer, miner, rabaisser, ruiner. **II. Par ext. 1. La sensibilité :** altérer, amoindrir, amortir, attendrir, blaser, émousser, éteindre, user. **2. Les qualités :** abâtardir, abattre, abrutir, amoindrir, amollir, appauvrir, avachir, aveulir, briser, décourager, laisser dégénérer, efféminer, émasculer, étioler, faire déchoir, rabaisser, ruiner. **3. L'autorité :** abaisser, abattre, amoindrir, atteindre, atténuer, briser, ébranler, émousser, fléchir, rabattre, relâcher, ruiner, saper. **4. Une saveur, une couleur** ⇒ **affadir. 5. Un son :** assourdir, étouffer, réduire. **III. V. pron. :** être abattu, s'alanguir, s'amoindrir, s'amollir, s'anémier, baisser, se débiliter, décliner, décroître, défaillir, dépérir, se déprimer, diminuer, faiblir, être fatigué, se miner, perdre des forces/des moyens, vaciller, vieillir, *et les formes pron. possibles des syn.* de AFFAIBLIR.

AFFAIBLISSEMENT ■ I. ⇒ **abaissement. II.** Abâtardissement, affadissement, altération, amollissement, attiédissement, avachissement, aveulissement, décadence, déchéance, découragement, défaillance, dégénérescence, dépérissement, épuisement, laxisme, rabaissement, relâchement, sape, usure.

AFFAIRE ■ I. *Au sing. et au pl. sert de substitut à un grand nombre de substantifs au même titre que :* bazar, bidule, chose, machin. ⇒ **truc. II. Au pr. 1.** Besogne (vx), besoin, devoir, obligation, occupation, tâche, travail. **2.** Agence, atelier, boutique, bureau, cabinet, chantier, commerce, entreprise, firme, holding, industrie, magasin, société, trust, usine. **III. Loc. 1.** C'est une affaire de goût : problème, question. **2. D'amour :** anecdote (fam.), chronique (fam.), histoire, intrigue. **3. D'intérêt :** arbitrage, contestation, débat, démêlé, discussion, différend, dispute, expertise, négociation, querelle, règlement, spéculation, tractation. **4. D'honneur :** duel, jury d'honneur, rencontre, réparation. **5. De conscience :** cas, problème, question. **6.**

En toute affaire : aventure, chose, circonstance, conjoncture, événement, fait, occasion, occurrence. **7. C'est l'affaire de** : but, objet, rôle. **8. Jurid.** : accusation, différend, enquête, litige, procès, querelle, scandale. **9. S'attirer une sale affaire** : complication, difficulté, embarras, ennui, souci. **10. Se tirer d'affaire** : danger, difficulté, embarras, péril. **11. Son affaire est claire** : son compte est bon. **12. Il a son affaire** : il a son compte (fam.). **13. C'est mon affaire** : cela *ou* ça me regarde. **14. Ce n'est pas une petite affaire** : ce n'est pas facile. **15. C'est une autre affaire** : c'est une autre paire de manches (fam.). **16. Faire l'affaire** : aller, convenir à, être adéquat. **17. Faire son affaire à quelqu'un** : attaquer, corriger, donner/flanquer une correction/dérouillée (fam.)/leçon/volée à (fam.), régler son compte à. **18. Être à son affaire** : bicher (fam.), être heureux de/très occupé par, se plaire à. **19. Faire affaire avec quelqu'un** : conclure un marché, enlever un marché, se mettre d'accord, mener à bien une négociation, signer un contrat, soumissionner, taper là (fam.), toper (fam.). **20. En faire toute une affaire** : histoire, monde, plat (fam.). *IV. Pl.* **1. Au pr.** : activités commerciales, bourse, business, commerce, industrie, négoce. **2. Par ext.** : conjoncture, événements, échanges, politique, situation, transactions, ventes. **3. Affaires de l'État** : politique, problèmes. **4. Ce qui vous appartient** (fam.) : arsenal, barda, bataclan, bazar, bidule, bordel (grossier), choses, falbala, frusques, livres, machin, meubles, trucs, vêtements, etc. **5. Loc.** *Avoir ses affaires* (fam. pour une femme) : avoir ses règles, *et les syn. de* MENSTRUATION. Être indisposée. **6. Faire ses affaires** : faire son beurre/fortune, réussir, spéculer heureusement.

AFFAIRÉ, E ■ Actif, occupé, surchargé, surmené.

AFFAIREMENT ■ Activité, agitation, bougeotte (fam.), branle-bas de combat (fam.), remue-ménage, surmenage.

AFFAIRER (S') ■ S'activer, s'agiter, se manier (fam.), s'occuper de, se préoccuper de.

AFFAIRISME ■ Agiotage, combine, intrigue, spéculation.

AFFAIRISTE ■ Agent/agioteur, bricoleur, chevalier d'industrie, combinard, intermédiaire, intermédiaire marron, intrigant, spéculateur.

AFFAISSEMENT ■ ⇒ abaissement.

AFFAISSER ■ Faire plier, *et les syn. de plier.* **V. pron. 1. Au pr. :** s'affaler, s'avachir (fam.), se courber, crouler, descendre, s'ébouler, s'écrouler, s'effondrer, fléchir, glisser, plier, ployer, tomber. **2. Fig. :** s'affaiblir, baisser, crouler, décliner, se laisser abattre/aller, glisser, succomber.

AFFALER (S'), ÊTRE AFFALÉ ■ S'abattre, s'avachir, s'écrouler, s'effondrer, s'étaler, s'étendre, se laisser aller/glisser/tomber, se répandre.

AFFAMÉ, E ■ *I. Au pr. :* boyau vide (arg.), claque-dent, claque-faim, crevard (arg.), crève-la-faim (fam.), famélique, misérable, meurt-de-faim, vorace. *II. Fig. :* altéré, ardent, assoiffé, avide, exigeant, inassouvi, insatiable, insatisfait, passionné, soucieux de.

AFFAMER ■ *I.* Faire crever/mourir de faim. *II. Fig. :* accaparer, agioter, gruger, monopoliser, prêter à gages, raréfier, spéculer, trafiquer, tripoter.

AFFAMEUR ■ Accapareur, agioteur, grugeur, monopoleur, prêteur sur gages, spéculateur, trafiquant, tripoteur, usurier.

AFFECTATION ■ *I. On affecte une chose :* assignation, attribution, consécration, destination, imputation. *II. On affecte quelqu'un.* **1.** Déplacement, désignation, destination, installation, mise en place, mouvement, mutation, nomination. **2. Emploi, poste.** ***III. On affecte une chose d'un signe :*** adjonction, désignation, marque, qualification, quantification, spécification. ***IV. On affecte une attitude.*** **1. Neutre ou légèrement péj. :** afféterie, air, apparence, apprêt, attitude, bluff, cérémonie, chiqué (fam.), comédie, dandysme, embarras, emphase, façon, faste, feinte, genre, imitation, jeu, manières, manque de naturel, marivaudage, mignardise, minauderie, mine, originalité, purisme, raffinement, recherche, sensiblerie, sentimentalisme, singularité. ⇒ **préciosité. 2. Non favorable :** bégueulerie, cabotinage, charlatanerie, chattemite, chichi (fam.), contorsion, cuistrerie, façon, fanfaronnade, faste, fausseté, faux-semblant, forfanterie, grimace, girie (pop.), grandiloquence, hypocrisie, maniérisme, mièvrerie, momerie, montre, morgue, ostentation, parade, pédanterie, pédantisme, pharisaïsme, pose, prétention, provocation, pruderie, pudibonderie, puritanisme, raideur, simagrée, simulation, singerie, snobisme, tartuferie.

AFFECTÉ, E ■ ***I. Quelqu'un est affecté à un poste :*** déplacé (péj.), désigné, installé, limogé (péj.), mis en place, muté, nommé. ***II. Une chose est affectée.*** **1.** Assignée, attribuée, consacrée, destinée, imputée, réservée. **2.** Désignée, marquée, qualifiée, quantifiée, spécifiée. ***III. Un comportement.*** **1. Au pr., neutre ou légèrement péj. :** affété (vx), apprêté, artificiel, cérémonieux, comédien, de commande, conventionnel, emphatique, emprunté, étudié, à façons, factice, fastueux, feint, forcé, à manières, mignard, minaudier, peu naturel, poseur, précieux, puriste, raffiné, recherché, singulier. **2. Non favorable :** bégueule, cabotin, charlatan, chattemite, à chichis, compassé, contorsionné, contrefait, cuistre, fabriqué, façonnier, à façons, fanfaron, fastueux, faux, grimacier, gourmé, glorieux (pop.), grandiloquent, guindé,

hypocrite, important, insincère, maniéré, mièvre, pédant, pharisien, plein de morgue/d'ostentation, poseur, pour la montre/la parade, prétentieux, provocant, prude, puribond, puritain, raide, simulé, snob, tarabiscoté (fam.), tartufe.

AFFECTER ■ ***I. On affecte.*** **1. Une chose :** assigner, attribuer, consacrer, destiner, imputer. **2. Quelqu'un :** déplacer (péj.), désigner, destiner, installer, mettre en place, muter, nommer. **3. D'un signe :** adjoindre, désigner, marquer, qualifier, quantifier, spécifier. **4. Un comportement :** afficher, avoir l'air de, bluffer, contrefaire, crâner, emprunter, être poseur/snob, faire des manières/semblant de, faire le, feindre, frimer (fam.), jouer les, poser, prétendre, rechercher, se piquer de, simuler. ***II.*** ⇒ **affliger.**

AFFECTIF, IVE ■ Émotionnel, passionnel, sentimental.

AFFECTION ■ ***I. Pour quelqu'un :*** affinité, amitié, amour, atomes crochus, attachement, béguin (fam.), bonté, complaisance, coup de cœur (fam.)/de foudre (fam.), dévotion, dévouement, dilection, douceur, inclination, intérêt, lien, penchant, piété, respect, sollicitude, sympathie, tendresse, union, vénération. ***II. Pour une chose :*** amour, attachement, dévouement, goût, inclination, intérêt, penchant, prédilection, tendresse, vocation. ***III. Méd. :*** altération, indisposition, mal, maladie, malaise.

AFFECTIONNÉ, E ■ Aimant, attaché, dévoué, fidèle, tendre.

AFFECTIONNER ■ ⇒ **aimer.**

AFFECTIVITÉ ■ Émotivité ⇒ **sensibilité.**

AFFECTUEUX, EUSE ■ ⇒ **amoureux.**

AFFÉRENT, E ■ ***Adm. :*** annexe, connexe, rattaché à, relatif à.

AFFERMER ■ ⇒ **louer.**

AFFERMIR ■ Affirmer, améliorer, ancrer, asseoir, assurer, cimenter, confirmer, conforter, consolider, durcir, endurcir, encourager, étayer, fixer, fonder, fortifier, garantir, garnir, protéger, raffermir, raidir, réconforter, renforcer, revigorer, sceller, stabiliser, tremper. *V. pron.* : devenir plus ferme/fort/stable, *et les formes pron. possibles des syn. de* AFFERMIR.

AFFERMISSEMENT ■ Affirmation, amélioration, ancrage, assurance, consolidation, durcissement, fixation, garantie, protection, raffermissement, raidissement, réconfort, renforcement, scellement, stabilisation.

AFFÉTERIE ■ ⇒ affectation.

AFFICHAGE ■ Annonce, panneau, publication, publicité.

AFFICHE ■ Affichette, annonce, avis, écriteau, pancarte, panneau, placard, poster, proclamation, programme, publicité, réclame.

AFFICHER ■ *I. Au pr.* : coller/poser des affiches, placarder, publier, rendre public. *II. Fig.* : accentuer, accuser, affecter, affirmer, annoncer, arborer, attester, déballer (fam.), déclarer, découvrir, décrire, démontrer, dénuder, déployer, développer, dévoiler, étaler, évoquer, exhiber, exposer, extérioriser, faire étalage de/montre de/parade de, manifester, marquer, mettre, montrer, offrir, porter, présenter, prodiguer, produire, prouver, représenter, respirer, révéler, signifier, témoigner. *V. pron.* **1.** Apparaître, attirer l'attention/l'œil/le regard/la vue, faire étalage, faire le glorieux (fam.)/le malin (fam.), faire montre/parade de, se faire admirer/valoir/voir, se mettre à l'étalage/en vitrine (fam.), montrer son nez (fam.), parader, paraître, pavaner, se pavaner, se peindre, se répandre (fam.), *et les formes pron. possibles des syn. de* AFFICHER. **2.** *Loc.* **S'afficher avec quelqu'un** : se compromettre (péj.), fréquenter, hanter.

AFFICHEUR ■ Colleur/poseur d'affiches.

AFFIDÉ ■ *I. Neutre* : confident. *II. Non favorable* : agent secret, complice, espion, indicateur.

AFFILAGE ■ Affûtage, aiguisage, aiguisement, émorfilage, émoulage, repassage.

AFFILÉ, E ■ *I.* Acéré, affûté, aiguisé, coupant, émorfilé, émoulu, repassé, taillant, tranchant. *II. Fig. Loc. La langue bien affilée* : bien pendue.

AFFILÉE (D') ■ À la file, de suite, sans discontinuer, sans interruption.

AFFILER ■ Affûter, aiguiser, appointer, appointir, donner du fil/du tranchant, émorfiler, émoudre, meuler, morfiler, repasser, tailler.

AFFILIATION ■ Adhésion, adjonction, admission, adoption, agrégation, association, enrôlement, incorporation, initiation, inscription, intégration, mobilisation (péj.), réception.

AFFILIÉ, E ■ Adhérent, adjoint, admis, adopté, agrégé, associé, coopté, cotisant, enrôlé, incorporé, initié, inscrit, intégré, mobilisé (péj.), reçu. ⇒ **camarade.**

AFFILIER ■ Admettre, adopter, agréger, associer, coopter, enrôler, incorporer, initier, inscrire, intégrer, mobiliser, recevoir. *V. pron.* : adhérer, cotiser, entrer à, entrer dans, rejoindre, se faire admettre, *et les formes pron. possibles des syn. de* AFFILIER.

AFFINAGE ■ *I.* Décarburation, dépuration, épuration, puddlage, raffinage. *II.* Achèvement, assainissement, élimination, façon, façonnage, façonnement, finissage, finition, maturation, nettoiement, nettoyage.

AFFINEMENT ■ Dressage (péj.), éducation, perfectionnement.

AFFINER ■ *I. Au pr.* : assainir, décarburer, épurer, nettoyer, puddler, purifier, raffiner. *II. Fig.* ⇒ **façonner.** *III.*

V. pron. : s'apprivoiser, se civiliser, se dégourdir, se dégrossir, s'éduquer, se faire, se perfectionner, se polir.

AFFINITÉ ■ *I.* ⇒ alliance. ***II.*** ⇒ analogie. ***III.*** ⇒ affection.

AFFIQUET ■ ⇒ bagatelle.

AFFIRMATIF, IVE ■ *I. Une chose :* assertif, catégorique, positif. ***II. Quelqu'un :*** catégorique, décisif, ferme, positif, tranchant.

AFFIRMATION ■ *I.* Assertion, assurance, attestation, prise de position, proposition, théorème, thèse. ⇒ **allégation.** ***II.*** Confirmation, démonstration, expression, extériorisation, jugement, manifestation, preuve, témoignage.

AFFIRMER ■ *I.* Argumenter, articuler, assurer, attester, certifier, déclarer, dire, donner sa parole, faire serment, gager, garantir, jurer, maintenir, parier, proclamer, proférer, promettre, prononcer, protester, en répondre, soutenir. ⇒ **alléguer.** ***II.*** Avancer, confirmer, crier, démontrer, exprimer, extérioriser, faire état de, manifester, montrer, produire, prouver, témoigner. ***III. Loc. :*** donner sa tête à couper, ficher/foutre son billet (pop.), mettre sa main au feu (fam.). ***IV. V. pron. :*** s'affermir, se déclarer, se confirmer, s'exprimer, s'extérioriser, se manifester, se montrer, se produire, se renforcer.

AFFLEUREMENT ■ Émergence, saillie, surgissement.

AFFLEURER ■ ⇒ apparaître.

AFFLICTION ■ *I.* Abattement, amertume, angoisse, chagrin, consternation, déchirement, désespoir, désolation, détresse, douleur, peine, souffrance, tristesse. ***II.*** Brisement de cœur, calvaire, chemin de croix, crève-cœur, deuil, difficulté, enfer, épreuve, martyre, supplice, torture, tourment, traverse, tribulation. ⇒ **malheur.**

AFFLIGÉ, E ■ Déshérité, gueux (péj.), infortuné, malchanceux, malheureux,

miséreux, miteux (péj.), paria, paumé (arg.), pauvre, réprouvé.

AFFLIGEANT, E ■ Accablant, attristant, cruel, décourageant, démoralisant, déplorable, déprimant, désastreux, désespérant, désolant, douloureux, dur, embarrassant, embêtant, emmerdant (grossier), ennuyeux, fâcheux, funeste, injuste, lamentable, malheureux, mauvais, navrant, pénible, regrettable, sot, triste.

AFFLIGER ■ *I. Au pr. :* abattre, accabler, affecter, arracher des larmes, assombrir, atterrer, attrister, chagriner, contrarier, contrister, déchirer, désespérer, désoler, émouvoir, endeuiller, endolorir, enténébrer, éprouver, fâcher, faire souffrir, fendre le cœur, frapper, mettre à l'épreuve/au supplice/à la torture, navrer, peiner, percer le cœur, torturer, toucher, tourmenter, troubler. ***II. Iron. :*** doter, nantir. ***III. Relig. :*** appliquer la discipline, macérer. ***IV. V. pron. :*** éprouver de l'affliction/de la douleur/du chagrin, *et les formes pron. possibles des syn. de* AFFLIGER.

AFFLUENCE ■ *I. Au pr. :* afflux, arrivées, circulation, écoulement, flot, flux, issue. ***II. Fig.* 1. De choses :** abondance, avalanche, débordement, déferlement, déluge, exubérance, foison, foisonnement, inondation, luxuriance, opulence, pagaille (fam.), pléthore, pluie, profusion, quantité, richesse, surabondance, tas. **2. De gens :** amas, armée, concours, encombrement, essaim, flot, forêt, foule, fourmilière, fourmillement, grouillement, mascaret, masse, monde, multitude, peuple, presse, pullulement, rassemblement, régiment, réunion, ruche, rush, tas. **Fam. :** flopée, foultitude, potée, tapée, tripotée.

AFFLUER ■ *I. Un liquide.* 1. Le sang : arriver, circuler, monter. **2. Un cours d'eau :** aboutir à, aller/couler vers, se déverser dans. ***II.*** Abonder, accourir, arriver, courir/se porter/se presser vers, survenir, venir en foule.

AFFLUX ■ I. *Au pr.* ⇒ **affluence.** *II.* *Fig.* : boom (fam.), bouchon, débordement, déferlement, embouteillage, encombrement, flopée (fam.), flot, foule, foultitude (fam.), masse, rassemblement, rush.

AFFOLANT, E ■ I. ⇒ **alarmant.** *II.* ⇒ **affriolant.**

AFFOLEMENT ■ ⇒ **inquiétude.**

AFFOLER ■ I. *V. tr.* **1.** Au pr. ⇒ agiter, alarmer. **2.** Fig. ⇒ affrioler. *II.* *V. intr.* : se dégrouiller (fam.), se démerder (grossier), se dépêcher, se hâter. *III.* *V. pron.* : s'agiter, s'alarmer, s'angoisser, être bouleversé, s'effrayer, s'émouvoir, s'épouvanter, se faire du souci, se frapper, s'inquiéter, perdre le nord/la tête, prendre peur, être pris de panique/paniqué (fam.)/terrifié/tracassé/troublé.

AFFOUILLER ■ ⇒ **creuser.**

AFFRANCHI, E ■ *Pop.* : affidé, complice, confident, dur (arg.), initié, souteneur, voyou.

AFFRANCHIR ■ I. Briser les chaînes/le joug, débarrasser, délier, délivrer, émanciper, libérer, rendre la liberté. *Fam.* : initier, mettre dans le coup (fam.)/au courant/au parfum (arg.), renseigner. *II.* Composter, payer le port, surtaxer, taxer, timbrer. *III.* Détaxer, libérer, exonérer.

AFFRANCHISSEMENT ■ I. Délivrance, émancipation, libération, manumission. *II.* Compostage, frais de port, surtaxe, taxe, timbre.

AFFRES ■ Agonie, alarme, angoisse, anxiété, crainte, douleur, doute, émoi, émotion, épouvante, inquiétude, peur, tourment, transe.

AFFRÈTEMENT ■ Agence de fret, chargement, charter, contrat, nolisage, nolisement.

AFFRÉTER ■ Charger, louer, noliser, pourvoir.

AFFRÉTEUR ■ Agent, charter, organisateur, pourvoyeur, répartiteur.

AFFREUX, EUSE ■ I. *Adj.* : abominable, atroce, barbare, cruel, dégoûtant, déplaisant, désagréable, détestable, difforme, disgracieux, effrayant, effroyable, épouvantable, exécrable, hideux, horrible, ignoble, inesthétique, informe, laid, mal fait/fichu (fam.)/foutu (fam.)/tourné, mauvais, moche (fam.), monstrueux, repoussant, répugnant, terrible, vilain. *II.* **1.** *N. m.* : mercenaire, spadassin. **2.** *Péj.* : dégueulasse, fumier, salaud, saligaud, salopard, satyre, vicieux.

AFFRIANDER ■ ⇒ **affrioler, amorcer.**

AFFRIOLANT, E ■ Affolant, agaçant, aguichant, alléchant, aimable, attirant, charmant, charmeur, croquignolet, désirable, engageant, ensorcelant, envoûtant, excitant, plaisant, séduisant, sexy (fam.), stimulant, troublant.

AFFRIOLER ■ Affoler, affriander, agacer, aguicher, allécher, attirer, charmer, engager, envoûter, exciter, faire du charme/perdre la tête, minauder, séduire, tenter, troubler.

AFFRONT ■ Attaque, atteinte, avanie, blasphème, camouflet, grossièreté, humiliation, incongruité, injure, insolence, insulte, mortification, offense, outrage, vanne (arg.), vexation.

AFFRONTEMENT ■ Attaque, choc, combat, compétition, concurrence, confirmation, défi, échange, face à face, heurt, lutte, mise en présence, rencontre.

AFFRONTER ■ I. *Quelqu'un :* aller au-devant de, attaquer, combattre, défier, faire face à, se heurter à, lutter contre, se mesurer à, rencontrer. *II.* *Une difficulté :* aller au-devant de, combattre, courir, défier, faire face à, lutter contre, se mesurer à. *III.* *V. pron.* : être en compétition/concurrence/

conflit, se faire concurrence/face, se heurter, se livrer un combat, se mesurer à, se rencontrer sur le terrain, *et les formes pron. possibles des syn. de* AFFRONTER.

AFFUBLEMENT ■ ⇒ accoutrement.

AFFUBLER ■ Coller, donner, gratifier de, octroyer, qualifier de. ⇒ **accoutrer.**

AFFÛT ■ *I. Le lieu :* cabane, cache, embuscade, poste, réduit. *II. Loc.* Être à l'affût : attendre, être à l'arrêt/aux aguets/à l'écoute, guetter, observer, patienter, surveiller.

AFFÛTAGE ■ ⇒ affilage.

AFFÛTER ■ ⇒ affiler.

AFFUTIAU(X) ■ ⇒ vêtement, instrument.

AFIN DE, AFIN QUE ■ Dans le but de (fam.)/le dessein de/l'intention de, en vue de, pour, pour que.

A FORTIORI ■ À plus forte raison, raison de plus.

AGAÇANT, E ■ *I.* Contrariant, crispant, déplaisant, désagréable, échauffant, énervant, enrageant, exacerbant, exaspérant, excédant, excitant, horripilant, irritant, lancinant, lassant, provocant, rageant, surexcitant, vexant. *II. Fam. :* asticotant, casse- ⇒ **bourses/**⇒ **pieds,** embêtant, emmerdant, enquiquinant.

AGACEMENT ■ Contrariété, déplaisir, désagrément, embêtement, emmerdement (grossier), énervement, exacerbation, exaspération, impatience, irritation.

AGACER ■ *I.* Asticoter, bourdonner, casser les pieds, chercher des crosses à /noise/querelle, contrarier, courroucer, crisper, donner sur les nerfs, échauffer, échauffer la bile/les oreilles, embêter, emmerder (grossier), énerver, ennuyer, enquiquiner, exacerber, exaspérer, excéder, exciter, fâcher, faire endêver/enrager/sortir de ses gonds, hérisser, horripiler, impa-

tienter, indisposer, irriter, lanciner, lasser, mécontenter, mettre en colère/rogne (fam.), porter sur les nerfs, provoquer, piquer, taquiner, titiller. *II.* ⇒ **affrioler.**

AGACERIE ■ Asticotage (fam.), coquetterie, manège, marivaudage, minauderie, pique, provocation, taquinerie.

AGAPES ■ Banquet, bombance (fam.), bombe, festin, fête, grand repas, gueuleton (fam.), ripaille (péj.), réjouissances. ⇒ **repas.**

AGATE ■ *I.* Calcédoine. *II.* Bille, camée.

ÂGE ■ *I.* Ancienneté, époque, génération, période, temps, vieillesse. *II.* Assurance, autorité, expérience. *Arg. :* bouteille, carat, coffiot, flacon, galon, galuche, grade.

ÂGÉ, E ■ *I.* Avancé, usé, vieux. *II. Une chose :* ancien, déclassé, démodé, hors service, hors d'usage, au rebut, sur le tard, tard d'époque (fam.). ⇒ **vieux.**

AGENCE ■ Affaire, bureau, cabinet, chantier, commerce, comptoir, dépôt, entrepôt, office, succursale.

AGENCEMENT ■ Accommodation, accommodement, ajustement, aménagement, arrangement, combinaison, composition, contexture, coordination, décor, décoration, dispositif, disposition, distribution, enchaînement, liaison, mécanisme, mise en ordre/place, ordonnance, ordre, organisation, structure, texture, tissure.

AGENCER ■ Aménager, composer, coordonner, décorer, distribuer, enchaîner, goupiller (fam.), lier, mettre en ordre/place, meubler, monter, ordonner, organiser, présenter, structurer, tisser. ⇒ **adapter.**

AGENDA ■ *I.* Almanach, bloc-notes, calendrier, calepin, carnet, éphémérides, mémento, registre, répertoire. *II. Relig. :* ordo.

AGENOUILLEMENT ■ *I. Au pr. :* génuflexion, inclinaison, prosternation, prosternement. *II. Fig. :* abaissement, bigoterie, complaisance, humiliation, lâcheté, tartuferie.

AGENOUILLER (S') ■ *I. Au pr. :* s'incliner, se prosterner. *II. Par ext.* 1. Admirer, adorer, faire oraison, prier, vénérer. 2. **Non favorable :** s'abaisser, capituler, céder, s'humilier, mettre les pouces (fam.), venir à quia/à résipiscence. ⇒ **soumettre (se).**

AGENT ■ *I. Au pr.* Ce qui agit : action, âme, bras, cause, instrument, ferment, moteur, moyen, objet, organe, origine, principe, source. *II. Quelqu'un :* âme damnée (péj.), auxiliaire, bras droit, commis, commissaire, commissionnaire, consignataire, correspondant, courtier, délégué, émissaire, employé, envoyé, exécutant, facteur, factotum, fonctionnaire, fondé de pouvoir, gérant, homme de confiance, inspecteur, intendant, intermédiaire, mandataire, messager, négociateur, préposé, représentant, serviteur, substitut, suppléant. *III. De police.* 1. Gardien de la paix, policier, sergent de ville. 2. **Arg. et péj. :** argousin, bourre, bourrique, cogne, condé, flic, guignol, hirondelle, policier, poulaga, poulaille, poulet, sbire, sergot, vache. *IV. Loc.* 1. Agent secret : affidé, correspondant, espion (péj.), indicateur. 2. **Agent de l'ennemi :** espion, traître. 3. **Agent d'exécution :** bourreau, exécuteur, homme de loi/de main (péj.)/de paille (péj.), huissier. 4. **Agent de liaison :** courrier, estafette. 5. **Agent provocateur :** agitateur, brebis galeuse, indicateur. 6. **Agent diplomatique :** ambassadeur, chargé d'affaires, consul, légat, ministre, ministre plénipotentiaire, nonce.

AGGIORNAMENTO ■ ⇒ **changement.**

AGGLOMÉRAT ■ *I. Au pr. :* agglomérés, amas, amoncellement, bloc, conglomérat, éboulis, entassement, masse, réunion, sédiment, tas. *II. Fig. :* accumulation, agglutination,

agrégat, agrégation, amalgame, amas, assemblage, attroupement, bloc, conglomérat, entassement, réunion, tas.

AGGLOMÉRATION ■ *I.* Banlieue, bloc, bourg, bourgade, camp, campement, capitale, centre, chef-lieu, cité, colonie, conurbation, douar, ensemble, faubourg, feux, foyers, grand ensemble, habitat, hameau, localité, mégalopolis, métropole, paroisse, station, village, ville, zone urbaine. *II.* ⇒ **agglomérat.**

AGGLOMÉRÉ ■ Brique, briquette, hourdis, parpaing, préfabriqué, synderme (techn.).

AGGLOMÉRER, AGGLUTINER ■ Accumuler, agréger, amasser, amonceler, assembler, attrouper, coller, conglomérer, empiler, entasser, entremêler, mélanger, mêler, mettre en bloc/ensemble/en tas, rassembler, réunir, unir.

AGGRAVANT, E ■ Accablant, à charge.

AGGRAVATION ■ Accroissement, augmentation, complication, croissance, développement, escalade, exacerbation, exaspération, intensification, progrès, progression, propagation, rechute, recrudescence, redoublement.

AGGRAVER ■ *I. Une charge :* accroître, alourdir, amplifier, augmenter, charger, compliquer, développer, empirer, envenimer, étendre, exacerber, exagérer, exaspérer, exciter, grever, redoubler, surcharger. *II. Une condamnation :* ajouter, allonger, augmenter, grandir, grossir, rallonger. *III. Un sentiment :* exacerber, exaspérer, exciter, intensifier, irriter, renforcer. *IV. V. pron. :* se détériorer, empirer, progresser, *et les formes pron. possibles des syn. de* AGGRAVER.

AGILE ■ Adroit, aisé, à l'aise, alerte, allègre, découplé, délié, élastique, frétillant, fringant, élégant, félin, gracieux, habile, ingambe, léger, leste, mobile, preste, prompt, rapide, sémillant, souple, véloce, vif, vite.

AGILITÉ ■ Adresse, aisance, allégresse, élasticité, élégance, grâce, habileté, légèreté, mobilité, prestesse, promptitude, rapidité, souplesse, vélocité, virtuosité, vitesse, vivacité.

AGIO ■ Charges, crédit, frais, intérêts.

AGIOTAGE ■ Accaparement, coup de bourse, spéculation, trafic, tripotage.

AGIOTER ■ Accaparer, boursicoter (fam.), hasarder une mise, jouer à la bourse, miser, spéculer, traficoter (fam.), trafiquer, tripoter.

AGIOTEUR ■ ⇒ spéculateur.

AGIR ■ *I. On fait une chose.* 1. Fav. : s'adresser à, aller de l'avant, animer, collaborer à, se comporter, conduire, se conduire, concourir à, contribuer à, se dépenser, employer, s'employer à, entraîner, s'entremettre, entreprendre, exécuter, exercer une action/une influence sur, faire, faire appel à, intercéder, intervenir, jouer, manifester, manœuvrer, mener, mettre en action/en œuvre, mouvoir, négocier, s'occuper de, œuvrer, opérer, persuader, pousser, procéder à, provoquer, travailler, vivre. 2. Non favorable : abuser, contrarier, contrecarrer, contredire, contrevenir, en faire à sa tête, impressionner, inciter à, influencer, influer sur, lutter, se mettre en travers, s'opposer à, sévir, traiter, en user avec. *II. Une chose agit sur quelqu'un ou quelque chose :* avoir pour conséquence/effet, concourir à, contribuer à, entraîner, exercer une action/une influence sur, faire effet sur, influer sur, opérer, provoquer, travailler. *III. Loc.* Agir en justice : actionner, entamer une procédure, introduire une requête, poursuivre. *IV. V. pron.* Impers. : il convient, il est nécessaire/question, il faut.

AGISSANT, E ■ *I.* ⇒ actif. *II.* Influent, qui a le bras long.

AGISSEMENT ■ *Péj.* : allées et venues, aventures, cinéma (fam.), combines (fam.), comportement, conduite, démarche, façons, intrigues, machinations, magouilles (arg.), manières, manigances, manœuvres, menées, micmac, pratiques, procédés, salades (fam.).

AGITATEUR ■ ⇒ factieux.

AGITATION ■ *I. Au pr.* 1. Activité, animation, bouillonnement, effervescence, flux et reflux, grouillement, houle, mouvement, ondulation, orage, remous, secousse, tempête, tohu-bohu, tourbillon, tourmente, trouble, tumulte, turbulence, va-et-vient. 2. Du corps. *Neutre ou favorable* : activité, affairement, animation, hâte, mouvement. *Non favavorable* : affolement, alarme, bruit, désordre, effervescence, énervement, excitation, incohérence, précipitation, remue-ménage, surexcitation, tourbillon, tourmente, trouble, tumulte, turbulence, vent. 3. Méd. : angoisse, délire, excitation, fébrilité, fièvre, hystérie, nervosité. *II. Fig.* 1. Des sentiments : affres, angoisse, anxiété, bouillonnement, bouleversement, colère, convulsion, déchaînement, délire, désarroi, ébranlement, effervescence, effroi, embrasement, émoi, émotion, fièvre, flottement, frayeur, frénésie, hésitation, inquiétude, lutte, mouvement, orage, passion, préoccupation, remous, secousse, souci, terreur, tourment, tracas, trouble, tumulte, violence. 2. D'une foule : activité, animation, bouillonnement, convulsion, déchaînement, délire, démonstration, effervescence, embrasement, émeute, excitation, faction, fermentation, fièvre, flux et reflux, fourmillement, grouillement, houle, lutte, manifestation, mêlée, micmac (fam.), mouvement, orage, pagaille, panique, pastis (fam.), remous, remue-ménage, révolte, révolution, secousse, sédition, tourmente, trouble, violence.

AGITÉ, E ■ ⇒ fiévreux, troublé.

agréable

AGITER ■ *I. On agite.* **1. Une chose :** ballotter, battre, brandiller, brandir, brouiller, secouer. ⇒ **remuer. 2. Le corps :** balancer, battre, bercer, branler, dodeliner, frétiller, gambiller, gesticuler, gigoter, hocher, secouer, soulever. **3. Une question :** analyser, avancer, débattre de, discuter de, examiner, mettre à l'ordre du jour, proposer, soulever, soumettre, traiter. *II. Une chose agite quelqu'un ou un groupe :* affoler, alarmer, angoisser, animer, bouleverser, ébranler, effrayer, embraser, émouvoir, enfiévrer, enflammer, enthousiasmer, envahir, épouvanter, exciter, inquiéter, mettre en effervescence/en émoi, occuper, paniquer (fam.), faire peur, préoccuper, remuer, rendre soucieux, révolter, révolutionner, soulever, terrifier, torturer, tourmenter, tracasser, transporter, travailler, troubler. *III. V. pron. :* s'affairer, aller et venir, s'animer, bouger, circuler, courir, se dandiner, se démener, s'empresser, frétiller, gesticuler, gigoter, se précipiter, remuer, se secouer, se tortiller, se trémousser, *et les formes pron. possibles des syn. de* AGITER.

AGNEAU, ELLE ■ *I. Au pr. :* antenais, antenaise, bête à laine, nourrisson, pré-salé, vassiveau. ⇒ **mouton. II. Fig. C'est un agneau :** ⇒ **inoffensif, pur.**

AGNELAGE ■ Agnèlement, mise bas, naissance, parturition.

AGNOSTIQUE ■ ⇒ **incroyant.**

AGONIE ■ *I. Au pr. :* à la mort, à l'article de la mort, dernière extrémité/heure, derniers instants/moments/soupirs, extrémité, fin. *II. Fig.* **1.** Affres, crainte, détresse. **2.** Chute, crépuscule, décadence, déclin, fin.

AGONIR ■ Accabler, couvrir d'injures, engueuler (fam.), injurier, maudire, passer une engueulade (fam.), verser/déverser un tombereau d'injures, vilipender.

AGONISANT, E ■ À l'article de la mort, moribond, mourant.

AGONISER ■ S'éteindre, expirer, passer, râler, tirer à sa fin. ⇒ **mourir.**

AGRAFE ■ *I. Sur un vêtement :* attache, boucle, broche, clip, épingle, fermail, fibule. *II. Autres usages :* cavalier, épingle, fermoir, trombone.

AGRAFER ■ Accrocher, adapter, ajuster, assembler, attacher, épingler, fixer, joindre, maintenir, mettre, retenir.

AGRAIRE ■ Agrarien, agricole, foncier, rural.

AGRANDIR ■ *I. Au pr. :* accroître, ajouter à, allonger, amplifier, annexer, arrondir, augmenter, développer, dilater, donner du champ/de l'expansion/du large, élargir, élever, étendre, évaser, exhausser, gonfler, grossir, grouper, hausser, ovaliser, reculer les bornes/les limites, regrouper, surélever. *II. Fig.* **1.** Détailler, élargir, élever, ennoblir, enrichir, étendre, fortifier, grandir, honorer, porter plus haut, renforcer. **2.** Amplifier, enfler, exagérer, gonfler, grossir, paraphraser. *III. V. pron. :* accroître son activité, devenir plus grand/fort/important/puissant, étendre ses biens/son domaine, *et les formes pron. possibles des syn. de* AGRANDIR.

AGRANDISSEMENT ■ Accroissement, amplification, annexion, augmentation, conquête, croissance, développement, dilatation, élargissement, élévation, enflure, ennoblissement, enrichissement, exagération, extension, évasement, gain, gonflement, grossissement, groupement, regroupement, renforcement, surélévation.

AGRARIEN, ENNE ■ *I. Adj.* ⇒ **agraire.** *II. Nom :* propriétaire foncier/ rural/ terrien.

AGRÉABLE ■ *I. Quelqu'un :* abordable, accommodant, accompli, accueillant, affable, aimable, amène, attachant, attirant, bath (fam.), beau, bien, bien élevé, bon, bon vivant, charmant, chic, chouette (fam.), doux, exquis, facile, fascinant, gai, galant, gentil, gracieux, joli, joyeux, parfait, piquant, plaisant, prévenant, séduisant, serviable, sociable, sympathique. *II. Une chose.* 1. Un endroit : attirant, attrayant, beau, bien conçu/situé, captivant, charmant, commode, confortable, enchanteur, fascinant, joli, plaisant, ravissant, splendide. 2. Un rêve, un moment : captivant, charmant, doré, doux, enchanteur, enivrant, heureux, riant. 3. Une friandise, un repas : affriolant, appétissant, délectable, délicieux, engageant, exquis, fameux, ragoûtant, savoureux. 4. Un vin : qui a du bouquet/du caractère/du corps/de la cuisse/de la race/de la sève, charpenté, coulant, fruité, gai, gouleyant, léger, moelleux, robuste, vineux. 5. Un son : aérien, doux, harmonieux, léger, mélodieux, suave. 6. Un parfum : aromatique, capiteux, embaumant, enivrant, léger, suave, subtil. 7. Un propos : aimable, doux, flatteur. 8. Un spectacle : ⇒ **amusant, attirant, beau, émouvant.**

AGRÉÉ ■ *Jurid.* : avocat, avoué, chargé d'affaires, comptable, conseiller juridique, fondé de pouvoir.

AGRÉER ■ *I. V. intr.* : aller à, convenir, faire l'affaire, être au gré de, plaire. *II. V. tr.* : accepter, acquiescer, accueillir, admettre, approuver, donner son accord à, goûter, recevoir, recevoir favorablement, trouver bon/convenable/à sa convenance.

AGRÉGAT ■ Accumulation, agglomérat, amas, assemblage, bloc, conglomérat, masse, sédiment.

AGRÉGATION ■ Agglomération, association, sédimentation.

AGRÉGER ■ Adjoindre, admettre, affilier, agglomérer, assembler, associer, attacher, choisir, coopter, élire, faire entrer, incorporer, recruter, réunir, unir.

AGRÉMENT ■ *I. Au pr.* : acceptation, accord, acquiescement, adhésion, admission, affiliation, approbation, autorisation, association, choix, consentement, cooptation, élection. *II. Par ext.* : aisance, aménité, attrait, charme, élégance, grâce, mérite, piquant, qualité, séduction. *III. Au plur.* 1. De la vie : amusement, bien-être, bonheur, charmes, commodité, confort, distraction, divertissement, joie, plaisir. 2. Pour orner : accessoires, enjolivement, fioriture, garniture, ornement, superflu.

AGRÉMENTER ■ Embellir, enjoliver, enrichir, garnir, orner, parer, relever.

AGRÈS ■ *I.* Apparaux, armement, gréement, superstructures. *II.* Anneaux, appareils, balançoire, barre, corde lisse/à nœuds, portique, trapèze.

AGRESSER ■ ⇒ **attaquer.**

AGRESSEUR ■ Assaillant, attaquant, offenseur, provocateur.

AGRESSIF, IVE ■ Ardent, bagarreur, batailleur, belliqueux, chercheur (fam.), combatif, fonceur (fam.), malveillant, méchant, menaçant, mordant, provocateur, pugnace, querelleur.

AGRESSION ■ *I.* Action, attaque, déferlement, envahissement, intervention, invasion, viol, violence. *II.* Attaque, cambriolage, effraction, fric-frac, hold-up, intrusion, viol, violence, vol.

AGRESSIVITÉ ■ Ardeur, brutalité, combativité, esprit querelleur, malveillance, méchanceté, provocation, pugnacité, quérulence (méd.).

AGRESTE ■ *I.* Agraire, agricole, bucolique, campagnard, champêtre, forestier, pastoral, paysan, rural, rustique, terrien. *II. Péj.* : abrupt, grossier, inculte, rude, rustique, sauvage.

AGRICOLE ■ Agraire. ⇒ **agreste.**

AGRICULTEUR ■ Agrarien, agronome, colon, cultivateur, cul-terreux (péj.), éleveur, exploitant, fermier, laboureur, métayer, paysan, planteur, producteur, propriétaire foncier/rural/terrien.

AGRICULTURE ■ Agronomie, culture, économie rurale, élevage, paysannerie, production agricole, produits du sol, secteur primaire.

AGRIFFER, AGRIPPER ■ Accrocher, attraper, cramponner, harponner, retenir, saisir, tenir.

AGRUME ■ Aurantiacée, bergamote, bigarade, cédrat, citron, citrus, clémentine, grape-fruit, kumquat, lime, limon, mandarine, orange, pamplemousse, poméló, poncire.

AGUERRIR ■ Accoutumer, affermir, cuirasser, endurcir, entraîner, éprouver, fortifier, préparer, rompre, tremper.

AGUETS (ÊTRE AUX) ■ À l'affût, à l'arrêt, à l'écoute, à son poste, au guet, aux écoutes, en embuscade, en éveil, en observation, sur ses gardes, épier, faire attention/gaffe (fam.), le guet/le pet (arg.), guetter, observer, surveiller.

AGUICHANT, E ■ ⇒ affriolant.

AGUICHER ■ ⇒ affrioler.

AGUICHEUSE ■ Allumeuse, charmeuse, coquette, flambeuse, flirteuse, séductrice, tentatrice, vamp.

AHANER ■ S'essouffler, faire effort, fatiguer, peiner, souffrir, suer.

AHURI, E ■ ⇒ bête.

AHURIR ■ Abrutir (péj.), ébahir, ébaubir, ébesiller (fam.), ébouriffer (fam.), effarer, époustoufler (fam.), étonner, faire perdre la tête, jeter dans le trouble, laisser interdit/pantois/stupéfait/stupide, prendre au dépourvu, stupéfier, surprendre, troubler.

AHURISSANT, E ■ ⇒ étonnant.

AHURISSEMENT ■ ⇒ surprise.

AICHE, ÈCHE, ESCHE ■ Amorce, appât, asticot, boëte, capelan, devon, leurre, manne, mouche, rogue, ver, vif.

AIDE ■ *I. Fém.* 1. Au pr. : aumône, avance, bienfait, bourse, cadeau, charité, dépannage, don, facilité, faveur, grâce, prêt, prêt d'honneur, secours, soulagement, subside, subvention. **2. Par ext.** : appui, assistance, bienveillance, bons offices, collaboration, complaisance, concours, connivence (péj.), conseil, contribution, coopération, coup de main/d'épaule/de pouce, encouragement, entraide, intervention, main-forte, office, participation, patronage, piston (fam.), protection, réconfort, renfort, repêchage, rescousse, secours, service, soutien. *II. Masc. :* ⇒ adjoint.

AIDE-MÉMOIRE ■ Croquis, dessin, mémento, pense-bête. ⇒ abrégé.

AIDER ■ *I. V. tr. :* agir, appuyer, assister, collaborer, concourir, conforter, contribuer, dépanner, donner un coup de pouce/de main/de piston (fam.), donner la main à, s'entraider, épauler, étayer, faciliter, faire beaucoup pour/la courte échelle (fam.)/le jeu de/quelque chose pour, favoriser, jouer le jeu de, lancer, mettre dans la voie/le pied à l'étrier, obliger, offrir, partager, participer, patronner, pousser, prendre part à, prêter la main/main-forte, protéger, réconforter, rendre service, renflouer, renforcer, repêcher, seconder, secourir, servir, soulager, soutenir, subventionner, tendre la main, venir à l'aide/à la rescousse/au secours. *II. V. tr. ind. :* contribuer à, faciliter, favoriser, permettre. *III. V. pron. :* s'appuyer sur, faire feu de tout bois (fam.), prendre appui sur, se servir de, tirer parti de.

AÏEUL, AÏEULE, AÏEUX ■ Aîné, ancêtre, ascendant, auteur, devancier, grand-mère, grand-père, grandsparents, parent, prédécesseur.

AIGLE ■ *I. Nom.* 1. Au pr. : circaète, grégate, gypaète, harpie, rapace, pygargue, spizaète, uraète. **2. Fig. :** as, champion, fort en thème, grosse tête (fam.), phénomène, phénix, prodige, tête d'œuf (arg.). **II. Nom s. et pl. :** armoirie, bannière, drapeau, emblème, empire, enseigne, étendard.

AIGRE. ■ **I. Au pr. 1.** Acerbe, acescent, acide, acidulé, âcre, aigrelet, aigri, ginglet, guinguet, piquant, piqué, raide, rance, reginglard, sur, tourné, vert. **2. Un son :** aigu, assourdissant, criard, déplaisant, désagréable, grinçant, perçant, sifflant, strident. **II. Fig. 1. Le froid :** acéré, coupant, cuisant, désagréable, glacé, glacial, mordant, mortel, pénible, piquant, saisissant, vif. **2. Quelqu'un :** acariâtre, acerbe, acide, âcre, acrimonieux, agressif, amer, âpre, atrabilaire, bâton merdeux (vulg.), blessant, cassant, caustique, déplaisant, désagréable, dur, fielleux, hargneux, incisif, malveillant, mordant, pète-sec, piquant, pisse-vinaigre, pointu, râleur, revêche, rude, sarcastique, sec, sévère, tranchant, venimeux, violent, virulent.

AIGREFIN ■ Chevalier d'industrie, coquin, escroc, filou, fourbe, malandrin, malhonnête, voyou. ⇒ **voleur.**

AIGRELET, ETTE ■ Acidulé, ginglet, ginguet, piquant, piqué, raide, reginglard, sur, tourné, vert.

AIGRETTE ■ **I.** Garzette, héron blanc. **II.** Panache, plume, plumet.

AIGREUR ■ **I. Au pr. :** acidité, amertume, hyperchlorhydrie, verdeur. **II. Fig. :** acariâtreté, acerbité, acidité, âcreté, acrimonie, agressivité, amertume, animosité, âpreté, brouille, causticité, colère, dépit, désagrément, dureté, fiel, haine, hargne, humeur, irritation, malveillance, maussaderie, méchanceté, mordacité, mordant, pique, rancœur, rancune, récrimination, ressentiment, rouspétance (fam.), vindicte.

AIGRI, E ■ **I.** Dégoûté, désabusé, désenchanté. **II.** Suri. ⇒ **aigre.**

AIGRIR ■ **I. V. tr. 1.** Altérer, corrompre, faire tourner, gâter, piquer, rendre aigre. **2. Fig. :** aggraver, attiser, aviver, brouiller, envenimer, exaspérer, exciter la colère/le dépit/le ressentiment, fâcher, indisposer, irriter, mettre de l'huile sur le feu (fam.)/en colère/la zizanie, rendre amer, piquer, souffler la discorde/la haine/la zizanie, vexer. **II. V. intr. :** surir, tourner.

AIGU, UË ■ **I.** Acéré, aciculaire, aculéiforme, acuminé, affûté, affilé, aiguisé, anguleux, coupant, émorfilé, émoulé, fin, lancéolé, perçant, piquant, pointu, saillant, subulé, tranchant. **II. Fig. 1. Les sons :** aigre, clair, criard, déchirant, élevé, haut, flûté, glapissant, grinçant, perçant, pointu, strident, suraigu, voix de clairon/de clarine/de crécelle/de fausset. **2. Le regard :** mobile, perçant, scrutateur, vif. **3. Une souffrance :** cuisant, déchirant, intolérable, lancinant, piquant, taraudant, térébrant, torturant, vif, violent. **4. L'esprit :** analytique, délié, doué, incisif, intelligent, lucide, mordant, ouvert, perçant, pénétrant, piquant, profond, subtil, vif.

AIGUIÈRE ■ ⇒ **lavabo.**

AIGUILLAGE ■ Bifurcation, branchement, changement, orientation.

AIGUILLE ■ **I.** Alène, broche, brochette, épingle, épinglette, lardoire, piquoir, poinçon, pointe. **II.** Mont, pic, piton. **III.** Flèche, obélisque.

AIGUILLER ■ ⇒ **diriger.**

AIGUILLETTE ■ ⇒ **ruban.**

AIGUILLON ■ **I.** Arête, bec, crochet, dard, dent, épine, piquant, rostre. **II.** Incitation, motivation, stimulant, stimulation.

AIGUILLONNER ■ **I. Au pr. :** percer, piquer, toucher. **II. Fig. :** aiguiser, animer, échauffer, électriser, encourager, enflammer, enhardir, éperonner, éveiller, exalter, exciter, fouetter, inciter, influencer, influer sur, inspirer, piquer, pousser, presser, provoquer, remplir d'ardeur, stimuler, tenir la carotte (fam.), tourmenter.

AIGUISAGE ■ ⇒ **affilage**.

AIGUISER ■ *I.* ⇒ **affiler**. *II. Fig. :* accroître, achever, aiguillonner, augmenter, aviver, délier, exciter, fignoler, parfaire, polir, stimuler, travailler.

AIGUISEUR ■ Affileur, affûteur, émouleur, rémouleur, repasseur.

AILE ■ *I.* Aileron, élytre, empennage, penne, voilure. *II. Par ext. :* abri, égide, parrainage, protection, sauvegarde, soutien, surveillance. *III.* Pales. *IV.* Corps de logis, pavillon. *V.* Détachement, flanc. *VI.* Garde-boue.

AILÉ, E ■ *I.* Empenné. *II.* Aérien, céleste, élancé, éthéré, immatériel, léger, poétique, pur, rapide, rêveur, souple, sublime, svelte, vaporeux.

AILERON ■ *I.* Aile, nageoire. *II.* Empennage, volet d'extra/intrados. *III. Arg. :* bras.

AILLEURS ■ *I.* Autre part, dans un autre endroit/lieu, où l'on n'est pas. *II. D'ailleurs :* d'autre part, d'un autre côté, de plus, au reste, du reste, en outre, par contre, pour le reste. *III. Par ailleurs :* autrement, d'un autre côté, d'une autre façon, pour le reste.

AIMABLE ■ *I.* Abordable, accommodant, accort, accueillant, adorable, affable, agréable, amène, attentionné, attirant, avenant, beau, bénin, bien, bien élevé, bienveillant, bon, charmant, charmeur, chic (fam.), complaisant, courtois, délicat, délicieux, dévoué, doux, engageant, exquis, fondant (fam.), gentil, gracieux, hospitalier, liant, obligeant, ouvert, pas fier (pop.), plaisant (fam.), poli, prévenant, séduisant, serviable, sociable, sympathique. *II. Une chose :* accueillant, agréable, attirant, attrayant, beau, bien conçu/situé, charmant, chic, commode, confortable, coquet, délicat,

enchanteur, fascinant, hospitalier, joli, plaisant, ravissant, riant, séduisant, sympathique.

AIMANT, E ■ ⇒ **amoureux**.

AIMANT ■ *I. Au pr. :* boussole, électro-aimant. *II. Fig. :* ascendance, attirance, attraction, attrait, envoûtement, fascination, influence, séduction.

AIMANTATION ■ Électromagnétisme, induction, magnétisme.

AIMER ■ *I. Quelqu'un :* adorer, affectionner, s'amouracher, s'attacher à, avoir de l'affection/de l'attachement/ le béguin/dans la peau/un coup de cœur/le coup de foudre/du sentiment/ de la sympathie/de la tendresse, brûler (fam.), chérir, désirer, s'embéguiner de, s'embraser pour, s'énamourer de, s'enflammer pour, s'enticher de, s'éprendre de, estimer, être amoureux de/coiffé de (fam.)/épris de/fou de/ pris/uni à, brûler pour, idolâtrer, en pincer pour (fam.), raffoler de, tomber amoureux, se toquer de, vénérer. *II. Une chose :* adorer, affectionner, avoir envie de, avoir du goût pour, désirer, estimer, être aise/amateur/ content/friand de, être porté sur/ravi de, faire cas de, goûter, s'intéresser à, se passionner pour, se plaire à, prendre plaisir à, trouver agréable. *III. Par ext. :* avoir besoin de, demander, désirer, falloir à, réclamer. *IV. Loc.* 1. J'aimerais que : demander, désirer, souhaiter. 2. Aimer mieux. ⇒ **préférer**. 3. Être aimé des dieux : béni, chéri, favorisé.

AINE ■ Hanche, haut de la cuisse, pli du bas-ventre/inguinal.

AÎNÉ, E ■ Grand, héritier du nom et des armes, premier-né.

AÎNESSE ■ Primogéniture.

AINSI ■ *I.* Comme cela, de cette façon/manière, de la sorte. *II.* De la même façon/manière, pareillement. *III. Ainsi que :* à l'exemple de, à l'instar de, comme, de même façon/manière que.

AIR ■ *I. Au pr.* 1. Atmosphère, bouffée, brin d'air, brise, ciel, couche atmosphérique/respirable, courant d'air, espace, éther, souffle, température, temps, vent. 2. **Loc.** *Prendre l'air* : se promener, respirer, sortir. *Changer d'air* : s'en aller, déménager, partir. *Donner de l'air* : aérer, éventer, oxygéner, ventiler. *Jouer la fille de l'air* : s'échapper, s'enfuir, s'évader, prendre la fuite/la poudre d'escampette (fam.), mettre les bouts (fam.). *II. Avoir un air* : affectation (péj.), allure, apparence, aspect, attitude, caractère, comportement, composition, contenance, dehors, démarche, embarras, expression, extérieur, façon, figure, forme, grâce, gueule (fam.), impression, maintien, manière, mine, physionomie, port, ressemblance, ton, visage. *III.* : aria, ariette, arioso, chanson, chant, couplet, mélodie, refrain, thème.

AIRAIN ■ *I. Au pr.* : bronze. *II. Fig.* : durée, dureté, caractère, fermeté, force, sécurité, solidité.

AIRE ■ *I.* Assise, champ, concession, domaine, emplacement, espace, massif, place, plancher, région, sphère, superficie, surface, terrain, territoire, zone. *II.* Nid, repaire. *III. Mar.* : rhumb.

AIS ■ Aisseau, charpente. ⇒ **poutre**.

AISANCE ■ *I.* Agilité, assurance, décontraction, désinvolture, distinction, facilité, grâce, habileté, légèreté, naturel, souplesse. *II.* Abondance, aise, bien-être, confort, opulence, richesse. *III. Lieux d'aisances* ⇒ **water-closet**.

AISE ■ Contentement, décontraction, euphorie, félicité, joie, liberté, relaxation, satisfaction, *et les syn. de* AISANCE.

AISÉ, E ■ *I. Au pr.* 1. Content, décontracté, dégagé, désinvolte, natu-

rel, relax (fam.), relaxé, simple. 2. ⇒ **nanti**. *II. Par ext.* : accommodant, coulant, facile, large, naturel, ouvert, souple, spontané.

AISÉMENT ■ Facilement, largement, naturellement, simplement, volontiers.

AISSELLE ■ Dessous de bras, gousset, région axillaire.

AJOURÉ, E ■ Aéré, festonné, orné, ouvert, percé.

AJOURNEMENT ■ Atermoiement, réforme, refus, remise, renvoi, report, retard, temporisation.

AJOURNER ■ *I. Une chose* : atermoyer, remettre, renvoyer, reporter, retarder, temporiser. *II. Quelqu'un* : coller (arg. scol.), recaler, réformer, refuser.

AJOUT, AJOUTAGE ■ About, addition, adjonction, ajutage, allonge, annexe, augment, augmentation, joint, raccord, rallonge, supplément.

AJOUTER ■ Abouter, accoler, accroître, additionner, adjoindre, agrandir, allonger, améliorer, amplifier, annexer, apporter, augmenter, compléter, corriger, dire, embellir, enchérir, enrichir, enter, étendre, exagérer, greffer, grossir, insérer, intercaler, joindre, orner, parfaire, rajouter, en remettre (fam.), suppléer, surcharger, surenchérir, unir. *V. pron.* : accompagner, compléter, grossir, renforcer, *et les formes pron. possibles des syn. de* AJOUTER.

AJUSTAGE ■ Alésage, brunissage, débourrage, grattage, limage, marbrage, montage, polissage, rodage, taraudage.

AJUSTEMENT ■ *I. Au pr.* : accommodation, accord, adaptation, agencement, arrangement, disposition, mise en place, rapport. *II. Par ext.* 1. Accoutrement, déguisement, habillement, mise, parure, tenue, toilette, vêtements, vêture. 2. Accommode-

ment, arbitrage, compromis, conciliation, entente, protocole.

AJUSTER ■ *I.* Accommoder, accorder,
accoutrer, adapter, affecter, agencer,
appliquer, arranger, assembler, calculer, coller, combiner, composer,
concilier, conformer, disposer, égaliser, embellir, emboîter, embroncher,
faire aller/cadrer/coller/marcher,
habiller, joindre, jumeler, mettre
d'accord/en place, monter, mouler,
ordonner, organiser, orner, parer,
revêtir, vêtir. ⇒ viser. *V. pron. :* aller
bien, cadrer avec, coïncider, être
d'accord, s'entendre avec, *et les formes
pron. possibles des syn. de* AJUSTER.

ALACRITÉ ■ ⇒ vivacité.

ALAMBIQUÉ, E ■ Amphigourique,
compliqué, confus, contourné, embarrassé, précieux, quintessencié, raffiné,
recherché, subtil, tarabiscoté, torturé.

ALANGUIR ■ Abattre, affaiblir, amollir, assoupir, détendre, fatiguer, ramollir, rendre indolent/languissant/
langoureux / nonchalant / paresseux/
ramollo (fam.)/sentimental/somnolent.

ALANGUISSEMENT ■ Abandon,
abattement, affaiblissement, amollissement, anémie, assoupissement,
détente, fatigue, indolence, langueur,
lenteur, mollesse, nonchalance,
paresse, ramollissement, relâchement,
relaxation, somnolence.

ALARMANT, E ■ Affolant, angoissant,
bouleversant, dangereux, dramatique,
effrayant, épouvantable, grand, inquiétant, préoccupant, terrible, terrifiant,
tragique.

ALARME ■ *I.* Alerte, appel, avertissement, branle-bas, cri, dispositif d'alar-
me/d'urgence, plan d'urgence, signal,
sirène, S.O.S., tocsin. *II.* Affolement,
appréhension, crainte, effroi, émoi,
émotion, épouvante, éveil, les foies
(arg.), frayeur, frousse, inquiétude,
panique, peur, souci, sur le qui-vive,
terreur, transe.

ALARMER ■ *I.* Affoler, alerter, donner les foies (arg.), effaroucher,
effrayer, émouvoir, éveiller, faire peur,
inquiéter, mettre en alerte/en transes,
paniquer (fam.), remplir de crainte/de
frayeur, remuer, terrifier, troubler.

ALARMISTE ■ Cafardeux, capon,
craintif, défaitiste, pessimiste, timoré.

ALBUM ■ Cahier, classeur, keepsake,
livre blanc, recueil, registre.

ALCHIMIE ■ ⇒ occultisme.

ALCOOL ■ *I.* Brandevin, eau-de-vie,
esprit-de-vin, marc. *II.* Aquavit, armagnac, brandy, calvados, cognac, rhum,
vodka, whisky. *III. Fam. :* bibine, bistouille, blanche, casse gueule/pattes/
poitrine, cric, dur, gnôle, goutte, petit
verre, pétrole, pousse-café, rikiki, rin-
cette, rinçonnette, rogomme, schnaps,
schnick, tord-boyaux.

ALCOOLIQUE ■ ⇒ ivrogne.

ALCOOLISÉ, E ■ Fort, raide, tassé.

ALCOOLISER (S') ■ Boire. *Fam. :*
s'imbiber, s'imprégner/intoxiquer,
picoler, pinter, prendre une biture/
une cuite/une mufflée/une ronflée, se
soûler. ⇒ enivrer (s').

ALCOOLISME ■ Dipsomanie, éthylisme, ivrognerie, soulographie (fam.).

ALCÔVE ■ *I.* Lit, niche, réduit, renfoncement, ruelle. *II.* ⇒ chambre. *III.*
⇒ galanterie.

ALÉA ■ Chance incertaine, danger,
hasard, incertitude, péril, risque.

ALÉATOIRE ■ Chanceux (pop.),
conjectural, dangereux, douteux,
hasardeux, improbable, incertain,
périlleux, problématique, risqué, sto-
chastique.

ALENTOUR, À L'ENTOUR ■ *I.
Adv. :* à la ronde, à proximité, autour
de, aux environs, dans les parages. *II.
Nom masc. pl. :* abords, bordures,
entourage, environs, environnement,
parages, proximité, voisinage.

ALERTE ■ *I.* Danger, péril. ⇒ **alarme.** *II. Adj.* : agile, éveillé, fringant, ingambe, leste, pimpant, prompt, rapide, souple, vif.

ALERTER ■ *I.* Avertir, aviser, donner l'alerte/avis, faire savoir, prévenir, renseigner, signaler. *II.* Appeler/attirer l'attention, inquiéter, mettre en éveil/la puce à l'oreille (fam.).

ALÉSAGE ■ *I.* Ajustage, calibrage, fraisage, rectification, usinage. *II.* Calibre, cylindrée, volume.

ALÉSER ■ Ajuster, calibrer, cylindrer, évaser, fraiser, rectifier, usiner.

ALÉSEUSE ■ Machine-outil, meule, rectifieuse, tour.

ALEVIN ■ Nourrain. ⇒ **poisson.**

ALEXANDRIN ■ Dodécasyllabe, double héxamètre, vers de douze pieds.

ALFA ■ Crin végétal, doum, stipa.

ALGARADE ■ Altercation, attaque, dispute, échange de coups/de propos vifs, incident, insulte, querelle, scène.

ALGIE ■ ⇒ **douleur.**

ALGUE ■ Agar-agar, chlorelle, goémon, laminaire, ulve, varech.

ALIAS ■ Autrement, autrement dit/nommé, d'une autre manière.

ALIBI ■ ⇒ **diversion.**

ALIBORON ■ *I.* ⇒ **baudet.** *II.* ⇒ **bête.**

ALIÉNABLE ■ ⇒ **cessible.**

ALIÉNATION ■ *I.* Abandon, cession, dispositions, distribution, donation, échange, fondation, legs, partage, perte, transfert, vente. *II.* Démence, folie, maladie mentale, névrose, troubles psychiques.

ALIÉNÉ, E ■ *I. Nom.* 1. *Au pr.* : dément, déséquilibré, détraqué, fou furieux, interné, malade, maniaque, névrosé, paranoïaque, schizophrène. 2. *Fam. et par ext.* : braque, cinglé, dingo,

dingue, fêlé, follet, frappé, jobard (arg.), loufoque, maboul, marteau, piqué, sonné, tapé, timbré, toc-toc, toqué. *II. Adj.* : frustré, privé.

ALIÉNER ■ *I. Au pr.* : abandonner, céder, disposer, distribuer, donner, échanger, laisser, léguer, partager, perdre, transférer, vendre. *II. Par ext.* : déranger, égarer, frustrer, rendre fou, *et les syn. de* FOU, troubler. *III. V. pron.* : écarter, perdre, se priver de, se séparer de.

ALIGNEMENT ■ Accordement, ajustement, arrangement, disposition, mise en ligne/ordre, nivellement, piquetage, rangement, standardisation, tracé, uniformisation.

ALIGNER ■ *I.* Accorder, ajuster, arranger, disposer, dresser, mettre en ligne/ordre, niveler, piqueter, ranger, standardiser, tracer, uniformiser. *II. Aligner une chose, la monnaie* (fam.) : avancer, donner, dresser, fournir, payer, présenter.

ALIMENT ■ *I.* Comestible, denrée, pitance, produit, provision, subsistance. ⇒ **nourriture.** *II.* ⇒ **prétexte.**

ALIMENTAIRE ■ Comestible, digestible, digestif, nourrissant, nutritif.

ALIMENTATION ■ *I.* Allaitement, approvisionnement, cuisine, diététique, fourniture, gastronomie, ingestion, menu, nourrissement, nourriture, nutrition, ravitaillement, régime, repas, sustentation.

ALIMENTER ■ *I. Au pr.* : approvisionner, composer un menu/un régime/un repas, donner à manger, entretenir, faire prendre/subsister, nourrir, pourvoir, soutenir, sustenter. *II. Des bestiaux* : affourager, calculer des calories/rations. *III. Des oiseaux* : agrainer.

ALINÉA ■ *I.* À la ligne, en retrait. *II.* Article, paragraphe, passage.

ALITER ■ Allonger/étendre sur un lit, faire prendre le lit, mettre au lit/au repos. *V. pron. :* s'allonger, se coucher, s'étendre, garder la chambre, se mettre au lit.

ALLAITEMENT ■ Alimentation, lactation, nourriture.

ALLAITER ■ Alimenter, donner le sein, nourrir.

ALLANT, E ■ Alerte, allègre, bien conservé, dynamique, ingambe, vigoureux. ⇒ **actif.**

ALLANT ■ Alacrité, dynamisme, entrain, initiative. ⇒ **activité.**

ALLÉCHANT, E ■ Affriolant, appétissant, attirant, attrayant, engageant, séduisant, tentant.

ALLÈCHEMENT ■ Amorce, appât, attrait, friandise, séduction, tentation.

ALLÉCHER ■ *I. Au pr. et fig. :* affriander, affrioler, aguicher, amadouer, amorcer, appâter, attirer, engager, séduire, tenter. *II. Fig. :* faire du baratin/du boniment, faire miroiter.

ALLÉE ■ *I. Au pr. dans la loc.* **Allées et venues :** courses, démarches, déplacements, navettes, navigations, pas, trajets, va-et-vient, visites, voyages. *II. Par ext. :* accès, avenue, charmille, chemin, cours, drève, laie, layon, mail, ouillère, passage, ruelle, sentier, tortille, voie.

ALLÉGATION ■ *I.* Affirmation, argumentation, assertion, déclaration, dire, position, propos, proposition, raison. *II. Non favorable :* calomnie, fable, imputation, insinuation, méchanceté, médisance, potins, prétexte, propos malveillants, ragots, vilenie.

ALLÉGEANCE ■ *I.* Fidélité, soumission, subordination, vassalité. *II.* Appartenance, autorité, juridiction, nationalité, statut.

ALLÉGEMENT ■ Adoucissement, aide, amélioration, apaisement, atténuation, consolation, délestage, dégrèvement, diminution, remise, retrait, soulagement, sursis.

ALLÉGER ■ Accorder un sursis, adoucir, aider, améliorer, apaiser, atténuer, consoler, dégrever, délester, diminuer, ôter, remettre, retirer, soulager.

ALLÉGORIE ■ Apologue, conte, convention, emblème, fable, fiction, figure, histoire, image, label, marque, métaphore, mystère, mythe, œuvre, parabole, personnification, récit, représentation, signe, statue, symbole, tableau.

ALLÉGORIQUE ■ Conventionnel, emblématique, fabuleux, fictif, hiératique, imaginaire, métaphorique, mythique, symbolique, typique.

ALLÈGRE ■ Actif, agile, alerte, allant, bien-allant, bouillant, brillant, dispos, exultant, gai, gaillard, ingambe, joyeux, léger, leste, plein d'entrain/de vie, vert, vif, vigoureux.

ALLÉGRESSE ■ *I. Au pr. :* bonheur, enthousiasme, exultation, gaieté, joie, liesse, ravissement, réjouissance, transe, transport. *II. Par ext. :* activité, agilité, alacrité, allant, entrain, forme, gaillardise, légèreté, satisfaction, verdeur, vigueur, vie, vivacité.

ALLÉGUER ■ Apporter, s'appuyer sur, arguer de, avancer, déposer des conclusions, exciper de, fournir, invoquer, objecter, opposer, poser, prétendre, prétexter, se prévaloir de, produire, rapporter. ⇒ **affirmer.**

ALLER ■ *I. Au pr. :* s'acheminer, s'approcher de, avancer, cheminer, cingler vers, circuler, converger, courir, déambuler, se dégrouiller (fam.), se déplacer/se diriger/faire route sur *ou* vers, filer, galoper, gagner, gazer (fam.), marcher, mettre le cap sur, se mettre en route, se mouvoir, parcourir, passer par, pérégriner, piquer sur, se porter/poursuivre/pousser/progresser vers, se promener, se propulser (fam.), remonter, se rendre à, suivre, tendre/tirer/tourner ses pas/se transporter sur/vers, traverser, voyager vers. *II. 1. Un fluide :* affluer, s'écouler dans *ou* vers, se jeter dans. **2. Aller jusqu'à une limite** : aboutir à, atteindre, arriver à, confiner à, finir à, s'étendre jusqu'à. **3. Aller avec quelqu'un** : accompagner, aller devant, devancer, distancer, précéder. **4. Aller en arrière** : marcher à reculons, rebrousser chemin, reculer, refluer, retourner, revenir sur ses pas. **5. Aller en travers** : biaiser, dériver, se détourner, obliquer, prendre un raccourci. **6. Aller en hésitant ou au hasard** : baguenauder (fam.), errer, évoluer, serpenter, vaguer, zigzaguer. **III. Fig. 1. On va à quelqu'un** : s'adresser/commander à, former un recours auprès de, solliciter. **2. On va aux nouvelles** : s'informer, se renseigner. **3. Une chose va à quelqu'un** : s'adresser à, agréer, concerner, convenir à, être destiné à, intéresser, plaire, toucher. **4. Une chose va** : s'adapter, fonctionner, marcher. **5. Une chose va bien avec** : accompagner, s'accorder, s'adapter, cadrer, concorder, s'harmoniser. **6. Aller bien** ⇒ correspondre.

ALLER (S'EN) ■ **I. Quelqu'un. 1.** Au pr. ⇒ partir. **2.** ⇒ baisser, mourir. **II. Une chose. 1.** ⇒ disparaître. **2.** ⇒ fuir.

ALLERGIE ■ **I.** Anaphylaxie, hypersensibilité, sensibilisation. **II. Fig. :** antipathie, dégoût, idée préconçue, méfiance, prévention, répugnance, répulsion.

ALLERGIQUE ■ **I. Au pr. :** anaphylactique, sensibilisé, sensible. **II. Fig. Loc.** *Être allergique à quelqu'un ou à quelque chose :* avoir de l'antipathie/un préjugé défavorable/de la répugnance/de la répulsion, se défier de, être dégoûté de/écœuré par, se méfier de, répugner à.

ALLIAGE ■ ⇒ mélange.

ALLIANCE ■ **I. Avec quelqu'un :** affinité, amitié, apparentage, assemblage, association, combinaison, contrat, convention, hyménée, mariage, mélange, pacte, parenté, rapprochement, sympathie, union. ⇒ **accord. II. Polit. :** accord, agrément, apparente-

ment, assistance, association, coalition, confédération, convention, duplice, entente, fédération, ligue, pacte, protocole, triplice, union. **III.** Anneau.

ALLIÉ, E ■ **I. Polit. :** ami, coalisé, confédéré, fédéré, partenaire, satellite, second. **II. Quelqu'un :** adjoint, aide, ami, associé, auxiliaire, complice (fam. ou péj.), copain (fam.), partenaire, second. ⇒ **parent.**

ALLIER ■ Accommoder, accorder, apparenter, assembler, associer, assortir, coaliser, concilier, confédérer, faire aller avec, faire entrer dans, fédérer, harmoniser, joindre, lier, liguer, marier, mélanger, mêler, rapprocher, unir. *V. pron. :* aller avec/ensemble, entrer dans, faire cause commune/équipe avec, signer avec, *et les formes pron. possibles des syn. de* ALLIER.

ALLIGATOR ■ Caïman, crocodile, crocodilien, gavial.

ALLITÉRATION ■ Assonance, harmonie imitative, récurrence phonique, répétition.

ALLOCATAIRE ■ Assujetti, attributaire, ayant droit, bénéficiaire, prestataire.

ALLOCATION ■ Arrérages, attribution, indemnité, mensualité, pension, prestation, rente, secours, subside, subvention.

ALLOCHTONE ■ Allogène, étranger.

ALLOCUTION ■ Adresse, discours, harangue, homélie (relig.), laïus, mot, sermon (relig.), speech, toast, topo (fam.).

ALLOGÈNE ■ ⇒ allochtone.

ALLONGE ■ **I.** Ajoutage, ajouture. ⇒ **allongement. II. Par ext. :** attaque, frappe, garde, poing, punch, riposte.

ALLONGÉ, E ■ **I.** Barlong, comme un fil, effilé, en pointe, fin, long, mince, nématoïde. **II.** À plat dos/ventre, au repos, couché, décontracté, en décubitus (méd. et vétér.), étendu, relaxé, sur le côté.

ALLONGEMENT ■ Accroissement, affinement, allonge, ajout, ajoutage, ajouture, appendice, augmentation, délai, développement, élongation, étirage, étirement, excroissance, extension, prolongation, prolongement, prorogation, rallonge, sursis, tension.

ALLONGER ■ *I. Au pr.* 1. Ajouter, augmenter, développer. 2. Accroître, affiner, déployer, détirer, étendre, étirer, rallonger, tendre, tirer. *II. Par ext.* 1. **Allonger un coup** : assener, coller, donner, envoyer, ficher (fam.), flanquer (fam.), fourrer (fam.), foutre (vulg.), lancer, porter. 2. **Allonger un délai** : accorder un délai/un sursis, éterniser, faire durer/tirer/traîner en longueur, pérenniser, pousser, prolonger, proroger, repousser, retarder, temporiser. 3. **Allonger le pas** : se presser, presser le pas. 4. **Les allonger** (fam.) : donner. ⇒ **payer.** 5. **Allonger quelqu'un**, coucher. ⇒ **tuer.** *III. V. pron.* : 1. *Les formes pron. possibles des syn. de* ALLONGER. 2. Se coucher, se décontracter, se détendre, s'étaler (fam.), s'étendre, faire la sieste, se mettre au lit, se relaxer, se reposer.

ALLOUER ■ Accorder, attribuer, avancer, bailler (vx), céder, concéder, décerner, donner, doter, faire don, gratifier, octroyer, offrir.

ALLUMAGE ■ *I. Autom. :* combustion, contact, démarrage, départ, explosion. *II.* Mise à feu.

ALLUMER ■ *I. Au pr.* 1. Embraser, enflammer, incendier, mettre le feu. 2. Donner de la lumière, éclairer, illuminer, mettre de la lumière, tourner le bouton/le commutateur/l'interrupteur. *II. Fig. :* animer, attiser, bouter le feu, commencer, déclencher, embraser, enflammer, exciter, mettre le feu, occasionner, provoquer, susciter.

ALLUMEUSE ■ ⇒ **aguicheuse.**

ALLURE ■ *I. De quelqu'un :* air, apparence, aspect, attitude, caractère, comportement, conduite, dégaine (fam.), démarche, extérieur, façon, ligne, maintien, manière, panache, port, prestance, silhouette, tenue, touche (fam.), tournure. *II. D'un mouvement :* course, erre, marche, mouvement, pas, rythme, train, vitesse. *III. Du cheval :* amble, aubin, canter, entrepas, galop, mésair, pas, trac, train, traquenard, trot.

ALLUSIF, IVE ■ ⇒ **indirect.**

ALLUSION ■ Allégorie, comparaison, évocation, sous-entendu, rappel.

ALLUVION ■ *I.* Allaise, apport, boue, dépôt, limon, loess, sédiment. *II. Le résultat :* accroissement, accrue, atterrissement, illuvion, lais, laisse, relais.

ALMANACH ■ *I.* Agenda, annuaire, calendrier, calepin, carnet, éphéméride, mémento, répertoire. *II.* Bottin, Gotha, Messager boiteux, Vermot, Who's who.

ALOI ■ *I.* Alliage. *II.* Goût, qualité, réputation, valeur.

ALOPÉCIE ■ ⇒ **calvitie.**

ALORS ■ *I.* À ce moment-là, ainsi, en ce moment-là, à cette heure-là, en ce temps-là, dans ces conditions, donc, eh bien, sur ces entrefaites. *II. Loc. conj.* **Jusqu'alors** : jusqu'à ce moment-là/ce temps-là. *III. Alors que.* 1. Au moment de, dans le moment où. 2. Au lieu que, tandis que. *IV. Alors même que :* lors même que, même dans le cas où, quand bien même.

ALOUETTE ■ Alauda, calandre, calandrette, cochevis, lulu, mauviette, otocoris, sirli.

ALOURDIR ■ *I. Au pr. :* appesantir, charger, lester, surcharger. *II. Par ext. :* accabler, aggraver, augmenter, embarrasser, faire peser, frapper, grever, opprimer, peser, presser. *III. Fig.* 1. Appesantir, endormir, engourdir. 2. Engraisser, enrichir, épaissir, garnir, renforcer, surcharger. *IV. V. pron. :* devenir gras/gros/lourd/massif/pesant, s'empâter, enfler, s'enfler, enforcir, engraisser, épaissir, s'épaissir, faire du lard (fam.), forcir, gonfler, grossir, prendre de la bedaine (fam.)/de la brioche (fam.)/de l'embonpoint/de la gidouille (fam.)/du poids/de la rondeur/du ventre, *et les formes pron. possibles des syn. de* ALOURDIR.

ALOURDISSANT, E ▪ Accablant, aggravant, appesantissant, assoupissant, embarrassant, fatigant, indigeste, lourd, opprimant, pesant.

ALOURDISSEMENT ▪ *I.* Accroissement de poids, augmentation, surcharge. *II. Fig. :* accablement, accroissement, aggravation, appesantissement, assoupissement, augmentation, embarras, engourdissement, épaississement, fatigue, indigestion, lourdeur, oppression, somnolence, surcharge.

ALPAGE ▪ ⇒ pâturage.

ALPAGUER ▪ ⇒ prendre.

ALPESTRE ▪ Alpin, blanc, montagneux, neigeux.

ALPHABET ▪ A.b.c., abécédaire, syllabaire.

ALPHABÉTISATION ▪ Initiation, instruction élémentaire.

ALPHABÉTISER ▪ Apprendre à lire et à écrire, initier, instruire.

ALPIN, E ▪ ⇒ alpestre.

ALPINISME ▪ Ascension, escalade, montagne, randonnée, varappe.

ALPINISTE ▪ Rochassier, varappeur.

ALTÉRABLE ▪ Corruptible, fragile, instable, mobile, variable.

ALTÉRATION ▪ *I.* Abâtardissement, adultération, affaiblissement, appauvrissement, atteinte, avarie, avilissement, barbouillage, bricolage, contrefaçon, corruption, décomposition, déformation, dégât, dégénération, dégénérescence, dégradation, dégui-

sement, dénaturation, dépravation, désordre, détérioration, diminution, ébranlement, entorse, falsification, fardage, faux, fraude, frelatage, frelatement, frelaterie, maquillage, modification, mutilation, pourriture, putréfaction, sophistication, tache, tare, tromperie, trouble, truquage. *II. Techn. :* artefact, attaque, changement, décomposition, déformation, dénaturation, désintégration, diminution, échauffement, métamorphisme, métamorphose, métaplasme, métathèse, mutation, modification, oxydation, passage, perte, rouille, saut, séparation, transformation.

ALTERCATION ▪ Attaque, chicane, contestation, controverse, débat, démêlé, différend, discussion, dispute, engueulade (fam.), empoignade, joute oratoire, passe d'armes, prise de bec (fam.), querelle.

ALTER EGO ▪ *I.* Adjoint, associé, autre moi-même, bras droit, coadjuteur, codirecteur, cogérant, collaborateur, compagnon, compère, complice (péj.), confrère, coopérateur, fondé de pouvoir, homologue, jumeau, partenaire. *II. Par ext. :* compagne, double, épouse, femme, gouvernement (fam.), moitié.

ALTÉRER ▪ *I.* Assécher, assoiffer, déshydrater, dessécher, donner la pépie (fam.)/soif, faire crever de soif (fam.), pousser à boire, rendre avide de. *II. Par ext. 1. Non favorable :* abâtardir, adultérer, affaiblir, affecter, aigrir, aliéner, appauvrir, atteindre, atténuer, avarier, avilir, barbouiller, bouleverser, bricoler, changer, compromettre, contrefaire, corrompre, décomposer, défigurer, déformer, dégénérer, dégrader, déguiser, dénaturer, dépraver, détériorer, détraquer, diminuer, ébranler, empoisonner, endommager, enfieller, estropier, falsifier, farder, fausser, frauder, frelater, gâter, maquiller, modifier, mutiler, pourrir, putréfier, salir, sophistiquer, souiller, tacher, tarer, ternir, tromper, tronquer, troubler, truquer, vicier. **2. Les traits, la voix :** bouleverser, changer, décomposer, défigurer, déformer, dénaturer, émouvoir, troubler. **3. Techn. ou neutre :** aigrir, attaquer, changer, décomposer, déformer, dénaturer, déplacer, désintégrer, diminuer, éventer, influer sur, métamorphoser, modifier, oxyder, ronger, rouiller, séparer, transformer, transmuer, transmuter.

ALTÉRITÉ ■ ⇒ différence.

ALTERNANCE ■ **I. Agr. :** Alternat, assolement. **II.** Allée et venue, alternative, balancement, battement, bercement, branle, branlement, brimbalement, cadence, changement alternatif, flux et reflux, ondulation, ordre alterné, oscillation, palpitation, pulsation, période, périodicité, récurrence, récursivité, retour, rythme, sinusoïde, succession, suite, tour, va-et-vient, variation.

ALTERNANT, E ■ Alterne, changeant, périodique, récurrent, récursif, rythmé, sinusoïdal, successif.

ALTERNATEUR ■ Dynamo, génératrice, machine de Gramme.

ALTERNATIF, IVE ■ Balancé, cadencé, ondulatoire, oscillant, périodique, récurrent, récursif, rythmique, sinusoïdal, successif.

ALTERNATIVE ■ Changement, choix, dilemme, haut et bas, intercurrence, jeu de bascule, option, système d'opposition, vicissitude. ⇒ alternance.

ALTERNATIVEMENT ■ À tour de rôle, coup sur coup, l'un après l'autre, périodiquement, récursivement, rythmiquement, successivement, tour à tour.

ALTERNER ■ Aller/faire par roulement, se relayer, se remplacer, se succéder, tourner.

ALTESSE ■ ⇒ prince.

ALTIER, ÈRE ■ ⇒ arrogant.

ALTITUDE ■ Hauteur, élévation, niveau au-dessus de la mer, plafond.

ALTRUISME ■ Abnégation, amour d'autrui, bienveillance, bonté, charité, désintéressement, dévouement, don de soi, générosité, humanité.

ALTRUISTE ■ ⇒ généreux.

ALVÉOLE ■ ⇒ cavité.

AMABILITÉ ■ Accueil, affabilité, agrément, altruisme, aménité, attention, bienveillance, bonté, charme, civilité, courtoisie, délicatesse, douceur, gentillesse, grâce, hospitalité, obligeance, ouverture, politesse, prévenance, savoir-vivre, sens des autres, serviabilité, urbanité.

AMADOUER ■ **I.** Adoucir, amollir, apaiser, apprivoiser, attendrir, cajoler, calmer, caresser, fléchir, persuader, rassurer, toucher. **II. Non favorable :** chatouiller, embabouiner, enjôler, flagorner, mettre dans son jeu, pateliner, peloter, tonneler (vx).

AMAIGRI, E ■ ⇒ maigre.

AMAIGRISSEMENT ■ **I.** Amincissement, cure. **II. Non favorable :** atrophie, cachexie, consomption, dépérissement, dessèchement, émaciation, étisie, maigreur, marasme, tabescence.

AMALGAME ■ ⇒ mélange.

AMALGAMER ■ ⇒ mélanger. **V. pron. :** fusionner, *et les formes pron. possibles des syn. de* MÉLANGER.

AMANT ■ **I.** Adorateur, ami, amoureux, béguin (fam.), berger (vx et/ou fam.), bien-aimé, bon ami, céladon (vx), chéri, favori, galant, soupirant, tourtereau. **2. Pop. :** bonhomme, branque, branquignol, entreteneur, guignol, homme, jules, mec, type. **II. Péj :** gig, gigolo, giton, godelureau, greluchon, maquereau, miché, micheton, minet, play-boy, vieux, vieux beau. **III. Fig.** ⇒ amateur.

AMANTE ■ Âme sœur, amie, amoureuse, béguin (fam.), belle, bergère (fam. ou vx), bien-aimée, bonne amie, chérie, dame (vx), dulcinée, favorite (vx), maîtresse, mignonne, muse. *II.* Connaissance, fréquentation. ⇒ **fille.**

AMARANTE ■ ⇒ **rouge.**

AMARRAGE. ■ *I.* Ancrage, embossage, mouillage. *II.* Attache, fixation.

AMARRE ■ ⇒ **cordage.**

AMARRER ■ Ancrer, attacher, enchaîner, fixer, immobiliser, lier, retenir.

AMAS ■ *I. De choses :* accumulation, agglomération, agrégat, alluvion, amoncellement, assemblage, attirail, bataclan (fam.), bazar (péj.), bloc, collection, concentration, décombres, dépôt, éboulis, empilement, encombrement, entassement, fatras, liasse, masse, meule, monceau, montagne, pile, rassemblement, tas, vrac. *II. De personnes :* affluence, attroupement, concours, foule, multitude, presse, ramassis (péj.), rassemblement, réunion, tapée (fam.).

AMASSER ■ ⇒ **accumuler.**

AMATEUR ■ *I.* Amant, friand, gastronome, gourmand, gourmet. *II. Non favorable :* demi-sel, dilettante, fantaisiste, fumiste (fam.), sauteur, touche-à-tout. *III.* ⇒ **collectionneur.**

AMATEURISME ■ Dilettantisme, fumisterie (fam. et péj.)

AMATIR ■ ⇒ **ternir.**

AMAZONE ■ Cavalière, écuyère, femme de cheval.

AMBAGES (SANS) ■ Bille en tête (arg.), catégoriquement, directement, franchement, sans ambiguïté/circonlocutions / détour / équivoque / obscurité, tout à trac/de go.

AMBASSADEUR ■ Agent, attaché, chargé d'affaires, chargé de mission, diplomate, émissaire, envoyé, excellence, légat, ministre, ministre plénipotentiaire, négociateur, nonce, représentant.

AMBIANCE ■ *I.* ⇒ **milieu.** *II.* ⇒ **gaieté.**

AMBIANT, E ■ ⇒ **environnant.**

AMBIGU, UË ■ Ambivalent, amphibologique, bivalent, double, douteux, énigmatique, équivoque, flottant, incertain, indécis, louche, obscur.

AMBIGUÏTÉ ■ Ambivalence, amphibologie, bivalence, double sens, énigme, équivoque, incertitude, obscurité.

AMBITIEUX, EUSE ■ *I. Quelqu'un :* arriviste, présomptueux, téméraire. *II. Une chose :* affecté, compliqué, pompeux, prétentieux, recherché.

AMBITION ■ *I. Le comportement :* appétit, ardeur, arrivisme (péj.), aspiration, brigue, convoitise, désir, faim, fringale, mégalomanie (péj.), passion, prétention, quête, recherche, soif. *II. L'objet :* but, fin, mobile, objet, projet, rêve, visée, vue.

AMBITIONNER ■ Aspirer à, avoir des vues sur, briguer, caresser, convoiter, désirer, poursuivre, prétendre, projeter, quêter, rechercher, rêver, viser.

AMBIVALENT, E ■ ⇒ **ambigu.**

AMBON ■ Jubé.

AMBRE ■ Agatite, bakélite, carbolite, formite, herpès.

AMBRÉ, E ■ Blond, doré, fauve, jaune.

AMBULANCE ■ Antenne, hôpital, infirmerie, poste de secours.

AMBULANCIER, ÈRE ■ Infirmier, secouriste.

AMBULANT, E ■ Auxiliaire, baladeur (fam.), changeant, errant, instable, intérimaire, mobile, navigant, nomade, roulant, variable.

ÂME ■ *I.* Cœur, conscience, dedans, esprit, fond, intérieur, mystère, pensée, principe, secret, spiritualité, transcendance, vie. *II. Force d'âme :* ardeur, audace, bonté, charité, conscience, constance, courage, énergie, fermeté, force, générosité, héroïsme, intrépidité, magnanimité, noblesse, trempe, valeur, vigueur, volonté. *III. Par ext. :* 1. Air, ectoplasme, émanation, essence, éther, étincelle, feu, flamme, mystère, souffle, vapeur. 2. ⇒ **habitant.** *IV. Loc.* **Âme d'un complot :** animateur, centre, cerveau, chef, instigateur, maître, nœud, organisateur, patron, responsable.

AMÉLIORATION ■ *I.* Amendement, bonification, changement, mieux, perfectionnement, progrès, transformation. *II. Par ext.* 1. De la santé : affermissement, convalescence, guérison, mieux, rémission, répit, rétablissement. 2. D'un produit, d'un sol ⇒ **amendement.** 3. Du temps : éclaircie, embellie, radoucissement, redoux. 4. D'un détail, d'un travail : achèvement, correction, fignolage (fam.), finition, mise au point, retouche, révision. 5. Des **mœurs** : adoucissement, amendement, civilisation, évolution, progrès, promotion, réforme, régénération, rénovation. 6. La situation : avancement, élévation, promotion. 7. Un bâtiment : apport, arrangement, commodités, confort, décoration, embellissement, modification, plus-value, ravalement, renforcement, rénovation, réparation, restauration. 8. Les rapports : armistice, compromis, détente, entente, issue, modus vivendi, normalisation, réconciliation.

AMÉLIORABLE ■ ⇒ **perfectible.**

AMÉLIORER ■ *I. Au pr. :* bonifier, changer en mieux, faire progresser, perfectionner, transformer. *II. Par ext.* 1. La santé : affermir, guérir, rétablir. 2. Un produit : abonnir, amender, bonifier. 3. Un détail, un travail : achever, corriger, fignoler (fam.), finir, lécher, mettre au point, parfaire, raffiner, retoucher, réviser. 4. Les mœurs : adoucir, amender, civiliser, faire évoluer, faire progresser, promouvoir, réformer, régénérer, rénover. 5. La **situation** : avancer, être élevé, être promu. 6. Un bâtiment : apporter des

améliorations, *et les syn. de* AMÉLIORATION, arranger, décorer, donner une plus-value, embellir, modifier, ravaler, renforcer, rénover, réparer, restaurer. 7. **Les rapports :** apporter une amélioration, *et les syn. de* AMÉLIORATION, détendre, normaliser, réconcilier. 8. Un sol : abonnir, amender, ameublir, bonifier, chauler, cultiver, engraisser, enrichir, ensemencer, façonner, fertiliser, fumer, marner, mettre en valeur, planter, plâtrer, terreauter, travailler. *III. V. pron. :* aller mieux, devenir meilleur, se faire meilleur, prendre de la qualité, *et les formes pron. possibles des syn. de* AMÉLIORER.

AMEN ■ *I.* D'accord, ainsi soit-il, comme vous voudrez. *II. Loc.* **Dire amen** ⇒ **approuver.**

AMÉNAGEMENT ■ ⇒ **agencement.**

AMÉNAGER ■ ⇒ **agencer.**

AMENDABLE ■ ⇒ **perfectible.**

AMENDE ■ *I.* ⇒ **contravention.** *II.* Astreinte, contrainte. *III. Loc.* **Amende honorable :** excuses publiques, pardon public, réparation, résipiscence.

AMENDEMENT ■ *I.* ⇒ **amélioration.** *II. Du sol :* abonnissement, amélioration, ameublissement, bonification, chaulage, culture, engraissement, enrichissement, ensemencement, façons culturales, fertilisation, fumure, marnage, mise en valeur, plâtrage, terreautage, travaux. *III. Polit. :* changement, correction, modification, réforme.

AMENDER ■ *I.* ⇒ **améliorer.** *II. V. pron. :* ⇒ **améliorer (s'), corriger (se).**

AMÈNE ■ ⇒ **aimable.**

AMENER ■ *I.* ⇒ **conduire.** *II. Fig.* 1. **Quelqu'un à une opinion :** attirer, conquérir, convaincre, convertir, déterminer, engager, enrôler, entraîner, faire adopter, retourner, séduire. 2. **Une chose :** attirer, causer, déterminer, entraîner, ménager, occasionner, préparer, présenter, produire, provoquer, susciter, traîner après/avec soi. *III. V. pron. :* 1. *Les formes pron. possibles des syn. de* AMENER. 2. *Pop. :* ⇒ venir.

AMÉNITÉ ■ ⇒ amabilité.

AMENUISÉ, E ■ Affaibli, allégé, amaigri, aminci, amputé, apetissé, coupé, décharné, découpé, diminué, évaporé, maigre, menu, mince, rapetissé, raréfié, réduit, retranché, tari.

AMENUISEMENT ■ Affaiblissement, allégement, amincissement, amputation, découpage, diminution, disparition, évaporation, rapetissement, raréfaction, réduction, rognement (fam.), tarissement, ténuité.

AMENUISER ■ Affaiblir, alléger, amaigrir, amener la disparition de, amincir, amputer, apetisser, couper, découper, diminuer, effiler, faire disparaître, provoquer la disparition de, *et les syn. de* DISPARITION, rapetisser, raréfier, réduire, retrancher, rogner, tarir, trancher. *V. pron. :* s'amoindrir, s'anéantir, cesser d'être visible, diminuer, disparaître, se dissiper, se dissoudre, s'éclipser, s'effacer, s'éloigner, s'estomper, s'évanouir, s'évaporer, finir, mourir, se noyer dans, se perdre, se retirer, se soustraire à la vue, se volatiliser, *et les formes pron. possibles des syn. de* AMENUISER.

AMER, ÈRE ■ *I. Une chose.* 1. *Au pr. :* âcre, aigre, âpre, désagréable, écœurant, fort, irritant, saumâtre. 2. *Fig. :* affligeant, âpre, attristant, cruel, cuisant, décevant, décourageant, déplaisant, désagréable, désolant, douloureux, dur, humiliant, mélancolique, morose, pénible, sévère, sombre, triste. *II. Quelqu'un dans son comportement, ses propos :* acariâtre, acerbe, acide, âcre, acrimonieux, agressif, aigre, âpre, blessant, caustique, déplaisant, désagréable, fielleux, hargneux, ironique, maussade, mauvais,

méchant, mordant, offensant, piquant, rude, sarcastique, sévère, solitaire, taciturne. *III. Nom masc.* 1. Apéritif, bitter. 2. Bile, fiel. 3. *Au pl.* absinthe, aloès, armoise, camomille, concarille, centaurée, chénopode, chicorée, chicotin, colombo, coloquinte, genièvre, gentiane, germandrée, houblon, menthe, noix vomique, pavot, quassiaamara, quinquina, rhubarbe, romarin, sauge, semen-contra, simaruba, tanaisie. 4. *Mar. :* ⇒ repère.

AMÉRICAIN, E ■ ⇒ yankee.

AMERTUME ■ *I. Au pr. :* âcreté, aigreur, âpreté, goût amer, *et les syn. de* AMER, rudesse. *II. Fig.* 1. Affliction, aigreur, âpreté, chagrin, chose/ pensée/souvenir amer *et les syn. de* AMER, cruauté, cuisance, déception, découragement, dégoût, dépit, déplaisir, désagrément, désappointement, désolation, douleur, dureté, écœurement, humiliation, mélancolie, peine, regret, tourment, tristesse. 2. Acariâtreté, acerbité, acidité, âcreté, acrimonie, agressivité, aigreur, animosité, âpreté, causticité, comportement/ propos amer *et les syn. de* AMER, fiel, hargne, ironie, maussaderie, mauvaise humeur, méchanceté, rudesse.

AMEUBLEMENT ■ ⇒ agencement.

AMEUBLIR ■ Amender, bêcher, biner, cultiver, décavaillonner, façonner, gratter, herser, labourer, passer le crosskill/rotavator, sarcler, scarifier.

AMEUBLISSEMENT ■ Amendement, bêchage, binage, culture, décavaillonnage, façons, grattage, hersage, labour, sarclage, scarification.

AMEUTER ■ Appeler, attrouper, battre le rappel, déchaîner, exciter, grouper, liguer, masser, rameuter, rassembler, regrouper, sonner le ralliement /le tocsin, soulever.

AMI, E ■ *I. Nom* 1. *Au pr. :* camarade, compagnon, connaissance, familier, inséparable, intime, relation. *Fam. :* aminche, copain, copine, pote, poteau, vieille branche/noix. **2.** Allié, alter ego, coalisé. **3.** *Les compositions avec le préfixe ou suffixe* phile *et un* nom *(ex. :* cinéphile, philanthrope). **4.** ⇒ amant. *II. Adj.* **1.** ⇒ amateur. **2.** Assorti. ⇒ allié. **3.** ⇒ amoureux. **4.** Bienveillant, dévoué, favorable, propice.

AMIABLE (À L') ■ Amiablement, amicalement, de gré à gré, volontaire, volontairement.

AMICAL, E ■ ⇒ bienveillant.

AMIDON ■ Apprêt, colle, empois.

AMIDONNER ■ Apprêter, empeser.

AMINCIR ■ ⇒ diminuer.

AMINCISSEMENT ■ ⇒ diminution.

AMITIÉ ■ *I. Pour quelqu'un.* **1.** ⇒ affection. **2.** ⇒ bienveillance. **3.** ⇒ bonté. *II.* Accord, bonne intelligence, cordialité, entente, sympathie. *III. Loc.* **Faire des amitiés. 1.** *Fav. :* amabilité, bon/ meilleur souvenir, compliment, hommages, sympathie. **2.** *Non fav. :* caresse, flagornerie, flatterie, grimace.

AMNÉSIE ■ Oubli, perte de mémoire, trou.

AMNISTIE ■ Absolution, acquittement, grâce, oubli, pardon, relaxe, remise de peine.

AMNISTIER ■ Absoudre, excuser, faire oublier/pardonner, gracier, oublier, pardonner, passer l'éponge (fam.), relaxer, remettre.

AMOCHER ■ ⇒ abîmer.

AMOINDRIR ■ ⇒ diminuer.

AMOINDRISSEMENT ■ ⇒ diminution.

AMOLLIR ■ ⇒ affaiblir. *V. pron. :* s'acagnarder. ⇒ affaiblir (s').

AMOLLISSEMENT ■ ⇒ affaiblissement.

AMONCELER ■ ⇒ accumuler.

AMONCELLEMENT ■ ⇒ accumulation.

AMORAL, E ■ Indifférent, laxiste, libertaire, libre, nature (fam.), sans foi ni loi (péj.).

AMORCE ■ *I.* Détonateur, fulminate. *II.* ⇒ aîche, allèchement. *III.* ⇒ ébauche.

AMORCER ■ *I. Au pr. :* affriander, agrainer, allécher, appâter, attirer. *II.* ⇒ ébaucher. *III.* ⇒ allécher.

AMORPHE ■ *I. Au pr. :* sans forme. *II. Par ext. :* informe. *III. Fig.* ⇒ apathique.

AMORTI, E ■ *I. Au pr. :* couvert. *II. Par ext.* **1.** Éteint, remboursé. **2.** Hors d'usage, usagé, usé. **3.** Démodé, vieilli. ⇒ vieux.

AMORTIR ■ *I. Finances :* couvrir, éponger, éteindre, rembourser. *II. Un objet :* employer, faire rendre/servir/ travailler, utiliser. *III.* ⇒ affaiblir.

AMORTISSEMENT ■ *I. Finances :* couverture, extinction, remboursement. *II. D'un objet :* plein emploi, rendement, travail, utilisation. *III. Fig. :* adoucissement, affaiblissement, apaisement, attiédissement.

AMOUR ■ *I. Au pr.* **1.** De Dieu : adoration, charité, contemplation, culte, dévotion, dilection, ferveur, mysticisme, piété. **2.** ⇒ affection. *II. D'un sexe pour l'autre.* **1.** ⇒ passion. **2.** Amour conjugal : hymen, hyménée, mariage. **3.** Par ext. : association (pop.), concubinage, en ménage. **4.** Légèrement péj. : amourette, amusement, aventure, badinage, bagatelle, batifolage, béguin, bluette, bricole, caprice, coquetterie, coup de foudre, engouement, fantaisie, fleurette, flirt, galanterie, intrigue, liaison, marivaudage, passade, passion, passionnette, touche (fam.). *III. Déesse de l'amour :* Aphrodite, Vénus. *IV. Dieu de l'amour :* archer, Cupidon, Éros, petit archer. *V. Amour d'une chose.* **1.** *Suffixe* -philie *(ex. :* cinéphilie). **2.** Admiration, adoration, attachement, dévotion, engouement, enthousiasme, estime, faible, folie, goût, intérêt, passion, penchant, plaisir.

AMOURACHER (S') ■ Avoir le béguin (fam.), s'éprendre. ⇒ **aimer.**

AMOURETTE ■ ⇒ **amour.**

AMOUREUX, EUSE ■ **I. Adj. 1.** Adorateur, affectionné, affectueux, aimable, aimant, amical, ardent, attaché, brûlant, câlin, caressant, chaud, coiffé, dévoué, doux, épris, fou, galant, langoureux, lascif, passionné, sensible, sensuel, tendre, toqué, voluptueux. **2. D'une chose :** admirateur, amateur, ami, avide, fana (fam.), fanatique, féru, fervent, fou, infatué (péj.), passionné. **II. Nom** ⇒ **amant, amante.**

AMOUR-PROPRE ■ **I. Au pr. :** dignité, émulation, fierté, respect. **II. Péj. :** orgueil, susceptibilité, vanité.

AMOVIBLE ■ **I. Une chose :** déplaçable, interchangeable, mobile, modifiable, momentané, provisoire, transformable, transportable. **II. Quelqu'un :** auxiliaire, contractuel, intérimaire, occasionnel.

AMPHIBIE ■ **Par ext. :** bivalent, double, hybride.

AMPHIBOLOGIE ■ Ambiguïté, anomalie, bivalence, double sens, équivoque, sens douteux.

AMPHIGOURIQUE ■ Ambigu, confus, douteux, embrouillé, entortillé, équivoque, galimatias, incompréhensible, inintelligible, nébuleux, obscur, peu clair.

AMPHITHÉÂTRE ■ **I.** Arène, carrière, cirque, gradins, hémicycle, théâtre. **II.** Salle de conférences/cours/dissection.

AMPHITRYON ■ Hôte, maître de maison, mécène.

AMPLE ■ **I.** Développé, élevé, épanoui, fort, grand, gras, gros, immense, large, majestueux, plein, rebondi, spacieux, vaste, volumineux. **II.** Abondant, considérable, copieux, étendu,

sonore. **III.** Ballonnant, blousant, bouffant, gonflant.

AMPLEUR ■ ⇒ **largeur, profusion.**

AMPLIATION ■ Copie, duplicata, duplicatum, expédition, grosse.

AMPLIFICATEUR ■ Agrandisseur, haut-parleur, pick-up.

AMPLIFICATION ■ **I.** Développement, paraphrase. **II.** Ajouture, allongement, alourdissement, boursouflure, broderie, emphase, enflure, enjolivure, exagération, grossissement, outrance, redondance, renchérissement.

AMPLIFIER ■ ⇒ **agrandir.**

AMPLITUDE ■ **I. Au pr. 1.** ⇒ **immensité. 2. Scient. :** écart, inclinaison, oscillation, portée, variation. **II. Fig.** ⇒ **intensité.**

AMPOULE ■ **I.** Burette, fiole, flacon. **II. Méd.** ⇒ **boursouflure.**

AMPOULÉ, E ■ Amphigourique, bouffi, boursouflé, creux, déclamateur, déclamatoire, emphatique, enflé, grandiloquent, guindé, pindarique, pompeux, redondant, ronflant, sonore, vide.

AMPUTATION ■ **I. Chir. :** ablation, opération, sectionnement, *et suffixe* -tomie *ou* -ectomie *joint au nom de l'organe (ex. :* appendicectomie). **II. Fig. :** allégement, censure, diminution, retrait, suppression.

AMPUTÉ, E ■ Estropié, handicapé, invalide.

AMPUTER ■ **I. Au pr. :** enlever, opérer, ôter, procéder à l'ablation de, retrancher, sectionner, supprimer. ⇒ **couper. II. Fig. :** alléger, censurer, diminuer, retirer, retrancher, supprimer, tailler, tronquer. ⇒ **couper.**

AMULETTE ■ ⇒ **fétiche.**

AMUSANT, E ■ **I.** Agréable, badin, bouffon (péj.), boute-en-train, burlesque, clownesque (péj.), cocasse, comique, désopilant, distrayant, divertissant, drôle, folâtre, gai, hilarant, humoriste, joyeux, plaisant, réjouissant, risible, spirituel. *II. Une chose :* délassant, drolatique, égayant, humoristique, récréatif. *III. Fam. :* bidonnant, boyautant, cornecul, crevant, du tonnerre, folichon, gondolant, impayable, marrant, pilant, pissant, poilant, rigolard, rigolo, roulant, tordant, transpoil. *IV. Loc. Fam. :* à se taper le cul/le derrière par terre/à la suspension, du tonnerre, le pied. *V. Par ext.* ⇒ bizarre.

AMUSE-GUEULE ■ ⇒ collation.

AMUSEMENT ■ *I. Favorable.* 1. Agrément, délassement, dérivatif, distraction, divertissement, ébaudissement, fête, frairie, jeu, kermesse, passetemps, plaisir, récréation, réjouissance. 2. Futilité ou galanterie ⇒ bagatelle. *II. Non favorable.* 1. **Quelqu'un :** dérision, fable, raillerie, ridicule, rigolade, souffre-douleur, tête de Turc, tourment. 2. **Une chose :** change, distraction, diversion, duperie, illusion, leurre, tromperie. 3. ⇒ délai.

AMUSER ■ *I.* Délasser, distraire, divertir, égayer, faire jouer/rire, intéresser, mettre en gaieté/train, récréer, réjouir. *II. Non favorable :* abuser, duper, endormir, enjôler, flatter, flouer, jouer, leurrer, mener en bateau, tromper. *III. V. pron. :* 1. Jouer, *et les formes pron. possibles des syn. de* AMUSER. 2. Abuser de, brocarder, se jouer, de se moquer de, plaisanter, railler, taquiner, tourmenter, tourner en dérision/ridicule. 3. Baguenauder, batifoler, bricoler, folâtrer, lambiner, muser, passer le temps à, perdre son temps, tourner en rond, vétiller. 4. Bambocher, faire la fête/ la foire/la java/la noce/les quatre cents coups/ripaille, ripailler, se donner/ prendre du bon temps.

AMUSETTE ■ ⇒ bagatelle.

AMUSEUR, EUSE ■ ⇒ farceur.

AN ■ *I.* Année, cycle, période, temps.

II. Âge, hiver, printemps, *arg. :* balai, bâton, berge, carat, pige.

ANACHORÈTE ■ Ermite, religieux, solitaire.

ANACHRONIQUE ■ Erroné, inexact, métachronique, parachronique, prochronique.

ANAGNOSTE ■ Lecteur.

ANAGOGIE ■ *I.* Contemplation, élévation, extase, mysticisme, ravissement. *II.* Commentaire, interprétation, leçon, exégèse, explication, herméneutique, symbolisme.

ANAGOGIQUE ■ *I.* Contemplatif, mystique. *II.* ⇒ symbolique.

ANALECTES ■ ⇒ anthologie.

ANALEPTIQUE ■ ⇒ fortifiant.

ANALGÉSIE ■ ⇒ anesthésie.

ANALOGIE ■ Accord, affinité, analogon, association, communauté, comparaison, conformité, connexion, contiguïté, convenance, correspondance, homologie, lien, métaphore, parenté, relation, ressemblance, similitude, voisinage.

ANALOGIQUE ■ Associatif, commun, comparable, connexe, contigu, correspondant, en analogie *et les syn. de* ANALOGIE, lié, métaphorique, parent, relié, similaire, voisin.

ANALOGUE ■ Approchant, assimilable, comparable, conforme, connexe, contigu, correspondant, homologue, pareil, parent, ressemblant, semblable, similaire, voisin.

ANALPHABÈTE ■ Ignare, ignorant, illettré, inculte.

ANALYSE ■ *I. L'acte :* décomposition, dissection, dissociation, division, étude, examen, prélèvement. *II. Par ext. :* abrégé, codex, compendium, compte rendu, critique, digest, énumération, exposé, extrait, index, notice, précis, raccourci, rapport, résumé, sommaire.

ANALYSER ■ *I. Au pr. :* anatomiser, décomposer, dépecer, disséquer, dissocier, distinguer, diviser, énumérer, examiner, extraire, faire apparaître, prélever/réduire/séparer les éléments/unités. *II. Par ext. :* faire une analyse *et les syn. de* ANALYSE, chercher, critiquer, énumérer, étudier, examiner, rendre compte, résumer.

ANAPHORE ■ *I. Au pr. :* répétition, retour. *II. Par ext.* (gram.) : pronom, remplaçant, substitut.

ANAPHYLAXIE ■ Allergie, hypersensibilité, sensibilisation.

ANARCHIE ■ ⇒ confusion.

ANARCHISTE ■ Libertaire.

ANATHÉMATISER ■ *I.* ⇒ blâmer. *II.* ⇒ maudire.

ANATHÈME ■ ⇒ blâme, malédiction.

ANATOMIE ■ *I. Au pr. :* autopsie, dissection, vivisection. *II. Par ext. :* académie, corps, format, forme, morphologie, musculature, nu, nudité, plastique, proportions, silhouette.

ANCESTRAL, E ■ ⇒ ancien.

ANCÊTRE ■ *I.* ⇒ aïeul. *II. Au pl. :* aïeux, pères, prédécesseurs, race.

ANCIEN, ENNE ■ *I. Une chose.* 1. Ancestral, antérieur, antique, authentique, d'époque, éloigné, haute époque, obsolète, reculé, séculaire, vieux. 2. Antédiluvien, archaïque, croulant, démodé, désuet, en ruine, fanné, flétri, moyenâgeux, passé, périmé, suranné, usagé, usé, vétuste, vieillot, vieux. *II. Quelqu'un :* âgé, briscard, chevronné, doyen, vétéran, vieux.

ANCIENNEMENT ■ ⇒ autrefois.

ANCIENNETÉ ■ *I.* Antiquité, authenticité, origine. *II.* Antériorité, vétusté. *III.* Années, annuités, brisques, chevrons, points, temps.

ANCRAGE ■ *I.* Amarrage, embossage, mouillage. *II.* Attache, fixation.

ANCRER ■ *I.* ⇒ amarrer. *II.* ⇒ fixer.

ANDOUILLE ■ ⇒ bête.

ANDOUILLER ■ ⇒ bois.

ANDROGYNE ■ Hermaphrodite, monoïque.

ÂNE ■ Aliboron (fam.), ânesse, ânon, baudet, bourricot, bourrique, bourriquet, grison, hémione, ministre (fam.), monture, onagre, roussin d'Arcadie (fam.), zèbre. ⇒ bête.

ANÉANTI, E ■ Abattu, affligé, annihilé, aplati (fam.), découragé, dégonflé (fam.), dégoûté, énervé, fatigué, harassé, inerte, languissant, las, malade, morne, morose, mou, prostré, triste. ⇒ rompu.

ANÉANTIR ■ ⇒ détruire, vaincre. *V. pron. :* abattre (s'), abîmer (s').

ANÉANTISSEMENT ■ *I. Au pr. :* consommation, disparition, engloutissement, extermination, extinction, fin, mort, néant. *II. Par ext.* 1. ⇒ abolition. 2. ⇒ abaissement. 3. ⇒ abattement.

ANECDOTE ■ ⇒ bruit, fable.

ANÉMIANT, E ■ Affaiblissant, débilitant, épuisant, fatigant.

ANÉMIE ■ *I. Au pr.* 1. Hommes et animaux : abattement, affaiblissement, aglobulie, avitaminose, débilité, dépérissement, épuisement, faiblesse, langueur, pâleur. 2. Des végétaux : chlorose, défoliation. *II. Fig.* ⇒ carence.

ANÉMIÉ, E ■ Affaibli, anémique, chétif, débile, déficient, délicat, déprimé, étiolé, faible, fatigué, fluet, fragile, frêle, languissant, las, malingre, pâle, pâlot.

ANÉMIER ■ ⇒ affaiblir.

ANÉMIQUE ■ ⇒ anémié.

ÂNERIE ■ ⇒ bêtise.

ANESTHÉSIE ■ *I. Au pr. :* analgésie,

apaisement, chloroformisation, cocaïnisation, éthérisation, hémianesthésie, hypoesthésie, insensibilisation, narcose. *II. Fig.* : apaisement, détachement, inconscience, indifférence, insensibilité, nirvâna, sommeil, voyage (arg.).

ANESTHÉSIER ■ *I.* Chloroformer, endormir, éthériser, insensibiliser, narcotiser. *II. Fig.* 1. Apaiser, assoupir, calmer, endormir, rassurer. 2. **Non favorable** : abrutir, assommer, enivrer.

ANESTHÉSIQUE ■ Analgésique, antalgique, antidouleur, narcotique, somnifère, stupéfiant.

ANFRACTUEUX, EUSE ■ ⇒ creux.

ANFRACTUOSITÉ ■ ⇒ trou.

ANGE ■ *I. Au pr.* 1. **Favorable** : esprit, messager, ministre, pur esprit. 2. Archanges, chérubins, dominations, puissances, principautés, séraphins, trônes, vertus. 3. **Non favorable.** ⇒ démon. *II. Fig.* 1. Conseil, exemple, génie, guide, inspirateur, instigateur (péj.), mentor, protecteur, providence, soutien. 2. Amour, angelet, angelot, chérubin.

ANGÉLIQUE ■ Beau, bénin, bon, céleste, doux, innocent, parfait, pur, ravissant, saint, séraphique, vertueux.

ANGLE ■ *I. Par ext.* : anglet, arête, coin, corne, coude, encoignure, renfoncement, retour, saillant, tournant. *II. Fig.* : aspérité, rudesse, rugosité. *III.* ⇒ aspect.

ANGOISSANT, E ■ ⇒ inquiétant.

ANGOISSE ■ ⇒ inquiétude.

ANGOISSÉ, E ■ ⇒ inquiet.

ANGOISSER ■ ⇒ inquiéter.

ANGUILLE ■ Civelle, leptocéphale, pibale.

ANGULEUX, EUSE ■ ⇒ difficile.

ANICROCHE ■ ⇒ incident.

ANIMADVERSION ■ ⇒ blâme.

ANIMAL ■ *I. Nom masc.* ⇒ bête. *II. Adj.* ⇒ bestial.

ANIMALITÉ ■ ⇒ bestialité.

ANIMATEUR, TRICE ■ *I. Adj.* : créateur, vivifiant. *II. Nom :* 1. Âme, bouteen-train, chef, cheville ouvrière, directeur, dirigeant, entraîneur, manager, moteur, organisateur, promoteur, protagoniste, responsable. 2. Disquejockey, présentateur.

ANIMATION ■ *I. Au pr.* ⇒ activité. *II. Fig.* ⇒ feu.

ANIMÉ, E ■ *I.* Les part. passés possibles des syn. de ANIMER. *II. Par ext.* : acharné, agité, ardent, bouillant, bouillonnant, brûlant, chaud, coloré, expressif, mouvementé, vif.

ANIMER ■ *I. Au pr.* 1. Créer, donner le souffle, donner/insuffler l'âme/la vie, éveiller. 2. Activer, agir sur, communiquer le mouvement, diriger, faire aller/marcher, mouvoir, promouvoir, provoquer, vivifier. *II. Fig.* 1. ⇒ aiguillonner. 2. ⇒ imprégner. 3. ⇒ égayer. 4. ⇒ exciter. 5. ⇒ inspirer.

ANIMOSITÉ ■ *I. Ce qu'on éprouve :* amertume, antipathie, fiel, haine, inimitié, malveillance, rancune, ressentiment, venin. *II. Ce qu'on manifeste :* acharnement, âpreté, ardeur, chaleur, colère, emportement, véhémence, vigueur, violence, vivacité.

ANIS ■ *I. La plante :* badiane, cumin, fenouil. *II. La boisson :* anisette, ouzo, pastis, ratafia.

ANKYLOSE ■ *I. Au pr.* : courbature, engourdissement, paralysie, raideur. *II. Fig.* : arrêt, blocage, marasme, morte-saison, paralysie, récession, stagnation.

ANKYLOSÉ, E ■ Courbatu, engourdi, mort, paralysé, raide, rouillé.

ANKYLOSER ■ *I. Au pr.* : engourdir, paralyser. *II. Fig.* : arrêter, bloquer, paralyser, stopper.

ANNALES ■ *I. Au pr.* : récit ⇒ histoire. *II. Par ext. :* documents, éphémérides, fastes, recueil.

ANNALISTE ■ Biographe, chroniqueur, écrivain, historien, historiographe, mémorialiste.

ANNEAU ■ *I.* Alliance. *II.* ⇒ bague. *III.* ⇒ bracelet. *IV.* ⇒ boucle.

ANNÉE ■ ⇒ an.

ANNEXE ■ *I.* ⇒ accessoire. *II.* ⇒ ajout. *III.* Dépendance. *IV.* Complément, pièce jointe, supplément.

ANNEXER ■ *I.* ⇒ joindre. *II. V. pron.* ⇒ approprier (s').

ANNEXION ■ *I.* ⇒ confiscation. *II.* Anschluss, incorporation, jonction, rattachement, réunion.

ANNIHILER ■ Abattre, abolir, anéantir, annuler, détruire, effacer, frapper d'impuissance, neutraliser, paralyser, supprimer.

ANNIVERSAIRE ■ *I. N. m. :* commémoration, fête, mémento, mémoire, souvenir. *II. Adj. :* commémoratif.

ANNONCE ■ *I.* Prédiction, prémonition, promesse, prophétie. ⇒ **présage.** *II.* Dépliant, écrit, faire-part, flash, insert, insertion, prospectus, publicité, tract. ⇒ **affiche, note.** *III. Non fav.* ⇒ **boniment.**

ANNONCER ■ *I. On annonce une chose.* 1. **Neutre ou favorable :** apprendre, avertir de, aviser, communiquer, déclarer, dire, divulguer, faire connaître/savoir, indiquer, notifier, porter à la connaissance, proclamer, publier, signaler. 2. **Relig. :** prêcher. 3. ⇒ **augurer.** *II. Une chose annonce :* dénoter, être l'indice/la marque/ le présage/le signe/le signe avant-coureur de, faire/laisser deviner/pressentir, manifester, marquer, montrer, précéder, préluder à, préparer à, présager, prévenir de, promettre, prouver, révéler, signaler.

ANNONCEUR ■ *I.* Agent de publicité, publiciste, publicitaire. *II.* ⇒ **speaker.**

ANNONCIATEUR, TRICE ■ *I.* ⇒ devin. *II.* ⇒ précurseur.

ANNOTATEUR ■ ⇒ commentateur.

ANNOTATION ■ ⇒ note.

ANNOTER ■ ⇒ noter.

ANNUAIRE ■ Almanach, agenda, Bottin, Bottin mondain, Gotha, Who's who.

ANNUITÉ ■ ⇒ échéance.

ANNULATION ■ *I.* ⇒ abrogation. *II.* ⇒ renvoi. *III.* ⇒ extinction.

ANNULER ■ ⇒ abolir, détruire.

ANODIN, E ■ ⇒ inoffensif.

ANOMAL, E ■ ⇒ irrégulier.

ANOMALIE ■ ⇒ irrégularité.

ÂNONNEMENT ■ ⇒ balbutiement.

ÂNONNER ■ ⇒ balbutier.

ANONYME ■ Caché, incognito, inconnu, masqué, mystérieux, secret, voilé.

ANORMAL, E ■ ⇒ irrégulier.

ANSE ■ ⇒ baie.

ANTAGONISME ■ ⇒ rivalité.

ANTAGONISTE ■ ⇒ adversaire.

ANTALGIQUE ■ ⇒ anesthésique.

ANTAN ■ ⇒ autrefois.

ANTARCTIQUE ■ ⇒ austral.

ANTÉCÉDENT, E ■ ⇒ antérieur.

ANTÉDILUVIEN, ENNE ■ ⇒ ancien.

ANTENNE ■ ⇒ mât.

ANTÉRIEUR, E ■ Antécédent, antéposé, antidaté, frontal, plus ancien, précédent, préexistant, premier.

ANTÉRIORITÉ ■ ⇒ ancienneté.

ANTHOLOGIE ■ Ana, analectes, choix, chrestomathie, épitomé, florilège, mélanges, miscellanea, miscellanées, morceaux choisis, recueil, spicilège.

ANTHRAX ■ ⇒ abcès.

ANTHROPOLOGIE ■ *Par ext.* : ethnographie, ethnologie, paléontologie humaine, sociologie.

ANTHROPOPHAGE ■ Cannibale, ogre.

ANTICHAMBRE ■ Hall, passage, réception, salle d'attente. ⇒ vestibule.

ANTICIPATION ■ *I. Au pr.* (philos.) : prolepse, prénotion. *II. Par ext.* 1. Prescience, science-fiction. 2. Empiétement, usurpation. *III.* Prévision. ⇒ présage.

ANTICIPÉ, E ■ *I.* Avancé, précoce. ⇒ prématuré. *II.* Préalable, préconçu.

ANTICIPER ■ *I.* ⇒ escompter. *II.* ⇒ devancer.

ANTICOMBUSTIBLE ■ Ignifuge.

ANTICORPS ■ Antigène, antitoxine.

ANTIDOTE ■ *I. Au pr. :* alexipharmaque, contrepoison, mithridatisation. *II. Fig. :* adoucissement, allégement, contrepartie, dérivatif, distraction, préservatif, soulagement.

ANTIENNE ■ Cantique, invitatoire, refrain, répons.

ANTIGÈNE ■ Anticorps, antitoxine.

ANTINOMIE ■ ⇒ antiphrase.

ANTIPATHIE ■ ⇒ éloignement.

ANTIPATHIQUE ■ *I.* ⇒ désagréable. *II. Pop. :* sale gueule/tête, tête à claques/gifles, *et les syn. de* TÊTE.

ANTIPHRASE ■ Antinomie, contraire, contre-vérité, euphémisme, ironie, paradoxe.

ANTIPODES (AUX) ■ Au diable/loin, contraire, extrême, inverse, opposé.

ANTIQUE ■ ⇒ ancien.

ANTIQUITÉ ■ ⇒ brocante.

ANTISEPSIE ■ ⇒ prophylaxie.

ANTISEPTIQUE ■ Antiputride, antisepsie, désinfectant.

ANTISPASMODIQUE ■ ⇒ calmant.

ANTITHÈSE ■ Antilogie, antinomie, comparaison, contraste, opposition.

ANTITOXINE ■ Anticorps, antigène.

ANTONYME ■ Contraire, opposé.

ANTRE ■ ⇒ abri.

ANUS ■ Fondement. *Arg. :* anneau, as de pique/trèfle, bagouse, bague, borgne, chou, chouette, couloir à lentilles, coupe-cigare, cyclope, échalote, figne, fignedé, fion, luc, œil de bronze/de Gabès, œillet, oignard, oigne, oigneul, oignon, os, pastille, petit, pétoulard, pétoulet, rondelle, rose des vents, rosette, trou de balle/du cul, troufignon, trouillomètre, ventilateur. ⇒ fessier.

ANXIÉTÉ ■ ⇒ inquiétude.

ANXIEUX, EUSE ■ ⇒ inquiet.

APACHE ■ ⇒ bandit.

APAISANT, E ■ ⇒ calmant.

APAISEMENT ■ *I.* ⇒ tranquillité. *II.* Accoisement (vx), baume, calme, consolation, dégel, guérison, pacification, sédation, soulagement.

APAISER ■ *I.* ⇒ calmer. *II.* ⇒ adoucir. *III.* Cicatriser, consoler, délivrer, dissiper, endormir, éteindre, fermer une plaie, guérir, lénifier, rasséréner, soulager, verser un baume. *IV.* ⇒ assouvir.

APANAGE ■ ⇒ bien, privilège, tenure.

APARTÉ ■ Conversation privée/à l'écart, entretien particulier. *Loc.* À la cantonade, cavalier seul, en Suisse (fam.).

APATHIE ■ *I.* Ataraxie, impassibilité, imperturbabilité, stoïcisme. *II. Par ext. :* aboulie, absence, amollissement, anéantissement, assoupissement, engourdissement, faiblesse, fatalisme, indifférence, indolence, inertie, insensibilité, langueur, lenteur, léthargie, lymphatisme, malléabilité, marasme, mollesse, nonchalance, nonchaloir, paresse, plasticité, résignation, veulerie (péj.), vide.

APATHIQUE ■ Aboulique, absent, amorphe, anéanti, ataraxique, faible, fataliste, inconsistant, indifférent, indolent, inerte, informe, insensible, languide, lent, léthargique, lymphatique, malléable, mollasson (fam.), mou, nonchalant, paresseux, plastique, résigné, veule, vide.

APATRIDE ■ Heimatlos, métèque (péj.), personne déplacée, sans patrie.

APERCEVOIR ■ *I.* ⇒ voir. *II.* Avoir connaissance, comprendre, connaître, constater, découvrir, deviner, entraver (fam.), noter, pénétrer le sens, percevoir, piger (fam.), saisir, sentir, voir. *III. V. pron. :* 1. Se voir, *et les syn. de* VOIR (SE). 2. Avoir conscience de, connaître que, découvrir, faire la connaissance/découverte de, remarquer, se rendre compte de.

APERÇU ■ *I.* ⇒ estimation. *II.* ⇒ échantillon. *III.* ⇒ note.

APETISSER ■ ⇒ diminuer.

À PEU PRÈS ■ *I. Loc. adv.* ⇒ environ. *II. Nom masc. :* calembour, jeu de mots.

APEURÉ, E ■ ⇒ inquiet.

APHÉLIE ■ ⇒ apogée.

APHÉRÈSE ■ ⇒ ellipse, suppression.

APHORISME ■ ⇒ maxime.

À PIC ■ Aplomb, dénivellement, paroi.

APICULTEUR ■ Berger/éleveur d'abeilles.

APITOIEMENT ■ ⇒ compassion.

APITOYER ■ ⇒ émouvoir. *V. pron.* ⇒ plaindre, *et les syn. de* ÉMOUVOIR (S').

APLANIR ■ ⇒ niveler, faciliter.

APLANISSEMENT ■ ⇒ nivellement.

APLATI, E ■ Camard, camus, cassé, comprimé, écrasé, étroit, mince, plat.

APLATIR ■ ⇒ écraser. *V. pron. :* 1. S'écraser, *et les syn. de* ÉCRASER (S'). ⇒ abaisser (s'). 2. Les cheveux : appliquer, coller, gominer, plaquer, pommader. 3. Fam. : s'allonger, se casser la figure/la gueule (fam.), s'étaler, s'étendre. ⇒ tomber.

APLATISSEMENT ■ *I.* Écrasement. *II.* ⇒ abaissement, humiliation.

APLOMB ■ *I.* ⇒ équilibre. *II. Fig.* 1. ⇒ confiance. 2. ⇒ impudence.

APOCALYPTIQUE ■ ⇒ effrayant.

APOCRYPHE ■ *Par ext. :* controuvé, douteux, faux, hérétique, inauthentique, supposé.

APOGÉE ■ *I.* Acmé, apothéose, comble, faîte, gloire, point culminant/ le plus haut, sommet, summum, triomphe, zénith. *II.* Aphélie, apoastre, apside.

APOLOGÉTIQUE ■ ⇒ défense.

APOLOGIE ■ ⇒ éloge.

APOLOGIQUE ■ ⇒ élogieux.

APOLOGUE ■ ⇒ fable.

APOPHTEGME ■ ⇒ maxime.

APOPHYSE ■ Bosse, crête, éminence, épine, protubérance, saillie, tubérosité.

APOPLEXIE ■ Attaque, coup de sang, hémorragie cérébrale, ictus, paralysie générale.

APOSTASIE ■ ⇒ abandon.

APOSTASIER ■ ⇒ abjurer.

APOSTAT ■ Infidèle, renégat.

APOSTER ■ Mettre à l'affût/aux aguets/en poste, placer, planter, poster.

A POSTERIORI ■ *I.* Après, en second lieu, ensuite. *II.* À l'expérience.

APOSTILLE ■ ⇒ note.

APOSTILLER ■ ⇒ noter.

APOSTOLAT ■ Ministère, mission, prédication, propagation de la foi, prosélytisme.

APOSTROPHE ■ *Par ext.* : appel, interpellation, invective.

APOSTROPHER ■ Appeler, interpeller, invectiver.

APOSTÈME, APOSTUME ■ ⇒ abcès.

APOTHÉOSE ■ *I.* ⇒ bouquet. *II.* Consécration, déification, exaltation, glorification, triomphe. ⇒ apogée.

APOTHICAIRE ■ Pharmacien, potard (péj.).

APÔTRE ■ Défenseur, disciple, ministre, missionnaire, prédicateur, propagateur de la foi, prosélyte.

APPARAÎTRE ■ *I. V. intr.* : affleurer, arriver, atteindre, se découvrir, se dégager, se détacher, se dévoiler, éclore, se faire jour, se faire voir, jaillir, se lever, luire, se manifester, se montrer, naître, paraître, se présenter, poindre, se révéler, sortir, sourdre, surgir, survenir, transparaître, venir. *II. Impers.* 1. Sembler. 2. Ressortir, résulter de.

APPARAT ■ *I.* Appareil, cérémonie, décor, éclat, luxe, magnificence, munificense, pompe, solennité, splendeur. ⇒ équipage. *II.* En grand arroi, étalage, faste, montre, ostentation, tralala (fam.).

APPARAUX ■ ⇒ agrès.

APPAREIL ■ *I.* ⇒ équipage. *II.* ⇒ apparat. *III. Techn.* 1. Arch. : assemblage, montage, taille. 2. Par ext. : arsenal, attirail, collection. 3. L'appareil législatif : dispositions, ensemble, législation, système. 4. Dispositif, engin, gadget, instrument, machine, mécanique,

métier (vx), outil, robot. 5. Fam. : bécane, bidule, machin, truc, zinzin.

APPAREILLAGE, APPAREILLE-MENT ■ ⇒ accouplement.

APPAREILLAGE ■ *I. Mar.* : départ, préparatifs de départ. *II.* ⇒ appareil.

APPAREILLER ■ *I. V. intr.* (mar.) : lever l'ancre, partir, quitter le mouillage. *II. V. tr.* 1. Au pr. : accorder, accoupler, apparier, assortir, joindre, marier, réunir, unir. 2. Techn. : Mar. : équiper, gréer. *Arch.* : agencer/assembler/disposer/monter/tailler les pierres.

APPAREMMENT ■ Au premier abord, en apparence, extérieurement, sans doute, selon toute apparence/vraisemblance, vraisemblablement.

APPARENCE ■ *I. De quelqu'un* ⇒ air. *II. D'une chose.* 1. ⇒ aspect. 2. ⇒ extérieur. *III.* ⇒ bienséance. *IV. Loc.* Contre toute apparence : crédibilité, probabilité, vérité, vraisemblance.

APPARENT, E ■ *I. Neutre ou favorable :* apercevable, clair, discernable, évident, incontestable, manifeste, ostensible, perceptible, visible. *II. Non favorable.* ⇒ incertain.

APPARENTAGE, APPARENTE-MENT ■ ⇒ alliance.

APPARENTER ■ ⇒ allier. *V. pron.* ⇒ convenir.

APPARIADE, APPARIEMENT ■ ⇒ accouplement.

APPARIER ■ ⇒ accoupler.

APPARITEUR ■ *I. Anc.* : accense. *II.* Chaouch (arabe), huissier, massier, surveillant, tangente (arg.).

APPARITION ■ *I. Au pr.* 1. Sens général : arrivée, avènement, introduction, manifestation, surgissement, survenance, venue. 2. D'un phénomène : commencement, création, éclosion, émergence, éruption, explosion, genèse, germination, naissance, production. **3.** *D'une œuvre* : création, publication. **4.** *Loc.* *Faire son apparition* : entrée. *II. Par anal.* **1.** Épiphanie, vision. **2.** Esprit, fantôme, revenant, spectre.

APPARTEMENT ■ Chambre, duplex, garçonnière, habitation, logement, maison, meublé, pied-à-terre, studio, suite.

APPARTENANCE ■ *I.* ⇒ **possession.** *II.* ⇒ **dépendance.**

APPARTENIR ■ concerner, convenir à, dépendre de, être le bien/la propriété/le propre de, se rapporter à, relever de, tenir à. *V. pron.* : être à soi/libre/maître de soi, ne dépendre de personne.

APPAS ■ Agrément, grâce. ⇒ **charme.**

APPÂT ■ ⇒ **aiche.**

APPÂTER ■ ⇒ amorcer, allécher.

APPAUVRIR ■ ⇒ affaiblir, altérer.

APPAUVRISSEMENT ■ Abâtardissement, affaiblissement, amaigrissement, amputation, anémie, dégénérescence, diminution, épuisement, étiolement, perte, réduction, ruine.

APPEAU ■ *I.* ⇒ **aiche.** *II.* ⇒ **appelant.**

APPEL ■ *I. On appelle.* **1.** ⇒ **cri.** **2.** ⇒ **signe.** **3.** ⇒ **convocation.** **4.** ⇒ **demande.** **5.** Coup de cloche/corne/sifflet/sonnette/trompe. *II. Fig.* : aspiration, attirance, excitation, fascination, impulsion, incitation, invitation, invite, provocation, sollicitation, vocation, voix. *III. Jurid.* : appellation, intimation, pourvoi, recours. *IV. Loc. Sans appel* : définitivement, irrémédiablement.

APPELANT ■ Appeau, chanterelle, courcaillet, leurre, moquette, pipeau.

APPELER ■ *I. On appelle quelqu'un.* **1.** ⇒ **crier.** **2.** ⇒ **convier.** **3.** *Non favorable* : apostropher, assigner, citer, défier, provoquer. **4.** *À une fonction* : choisir, coopter, désigner, élire, nommer, prier. **5.** Baptiser, dénommer,

donner un nom/titre, nommer, prénommer, qualifier. **6.** ⇒ **téléphoner.** *II. Par ext.* **1.** ⇒ **aspirer.** **2.** *L'attention* ⇒ **alerter.** **3.** *Non favorable* ⇒ **réclamer.** *III. Loc.* *En appeler* : invoquer, se référer à, s'en remettre à, soumettre le cas à.

APPELLATION ■ Dénomination, désignation, label, marque, mot, nom, qualification, vocable.

APPENDICE ■ *I.* ⇒ **extrémité.** *II.* ⇒ **addition.**

APPENDRE ■ ⇒ **accrocher.**

APPENTIS ■ ⇒ **hangar.**

APPESANTIR ■ ⇒ **alourdir.**

APPESANTISSEMENT ■ ⇒ **alourdissement.**

APPÉTENCE, APPÉTIT ■ *I. Au pr.* **1.** *Favorable ou neutre* : besoin, boyau vide (fam.), désir, envie, faim, fringale (fam.). **2.** *Non favorable* : boulimie, gloutonnerie, goinfrerie, gourmandise, voracité. *II. Par ext.* **1.** *Favorable ou neutre* : aspiration, attrait, curiosité, désir, faim, goût, inclination, instinct, passion, soif, tendance. **2.** *Non favorable* : concupiscence, convoitise, désir.

APPÉTISSANT, E ■ Affriolant, agréable, alléchant, désirable, engageant, friand, ragoûtant, savoureux, séduisant, succulent, tentant.

APPLAUDIR ■ *I.* Battre/claquer des mains. ⇒ **acclamer.** *II.* ⇒ **approuver.**

APPLAUDISSEMENT ■ *I. Au pr.* ⇒ **acclamation.** *II. Fig.* ⇒ **approbation.**

APPLICABLE ■ Adéquat, congru, congruent, convenable, imputable, superposable.

APPLICATION ■ ⇒ **attention.**

APPLIQUE ■ ⇒ **chandelier.**

APPLIQUER ■ Administrer, apposer, assener, attribuer, coller, employer, faire servir, frapper, imputer, infliger, mettre, plaquer. *V. pron. :* 1. ⇒ pratiquer. 2. ⇒ user. 3. ⇒ approprier (s'). 4. ⇒ adonner (s') à. 5. ⇒ occuper (s') de. 6. ⇒ correspondre.

APPOINT ■ ⇒ supplément, appui.

APPOINTEMENTS ■ ⇒ rétribution.

APPOINTER ■ I. ⇒ affiler. II. ⇒ joindre. III. ⇒ payer.

APPONTEMENT ■ ⇒ wharf.

APPORT ■ Allocation, attribution, cens, contingent, contribution, cotisation, dot, dotation, écot, financement, fraction, imposition, impôt, lot, montant, part, participation, portion, pourcentage, quantité, quota, quote-part, quotité.

APPORTER ■ I. ⇒ porter. II. ⇒ citer. III. ⇒ occasionner. IV. ⇒ donner.

APPOSER ■ ⇒ appliquer.

APPRÉCIABLE ■ ⇒ grand.

APPRÉCIATION ■ ⇒ estimation, évaluation.

APPRÉCIER ■ ⇒ estimer, juger.

APPRÉHENDER ■ I. ⇒ arrêter. II. ⇒ craindre.

APPRÉHENSION ■ ⇒ crainte.

APPRENDRE ■ I. *Une chose à quelqu'un :* annoncer, aviser, communiquer, déclarer, découvrir, dire, éclairer, enseigner, faire connaître/savoir, inculquer, indiquer, informer, instruire, mettre au courant/à la coule (fam.)/dans le bain (fam.)/au parfum (arg.)/au pas, montrer, renseigner, révéler. II. ⇒ étudier.

APPRENTI ■ ⇒ élève, travailleur.

APPRENTISSAGE ■ ⇒ instruction.

APPRÊT ■ ⇒ affectation.

APPRÊTÉ, E ■ I. ⇒ affecté. II. Accommodé, arrangé, assaisonné, cuisiné, disposé, préparé, relevé.

APPRÊTER ■ Accommoder, arranger,

assaisonner, cuisiner, disposer, faire cuire, préparer.

APPRÊTS ■ Appareil (vx), arrangement, branle-bas, dispositif, dispositions, précaution, préparatif, préparation, toilette.

APPRIVOISÉ, E ■ I. Affaité (vx), domestique, domestiqué, dompté, dressé, privé (vx). II. *Fig. :* adouci, amadoué, charmé, civilisé, conquis, gagné, humanisé, poli, séduit, soumis.

APPRIVOISEMENT ■ I. *Au pr. :* affaitage (vx), domestication, dressage. II. *Fig. :* adoucissement, conquête, familiarisation, soumission.

APPRIVOISER ■ I. Affaiter (vx), charmer, domestiquer, dompter, dresser. II. Adoucir, amadouer, charmer, civiliser, conquérir, familiariser, gagner, humaniser, polir, séduire, soumettre.

APPROBATEUR, TRICE ■ I. *Adj. :* affirmatif, approbatif, consentant, favorable. II. *Nom masc. :* adulateur, applaudisseur, appréciateur, bénisseur, flagorneur (péj.), flatteur, laudateur, louangeur, thuriféraire (péj.).

APPROBATION ■ Acceptation, accord, acquiescement, adhésion, admission, adoption, agrément, applaudissement, assentiment, autorisation, avis/déclaration favorable, chorus, confirmation, consentement, entérinement, déclaration, homologation, permission, ratification, sanction, suffrage, voix.

APPROCHABLE ■ ⇒ abordable.

APPROCHANT, E ■ Analogue, approximatif, comparable, égal à, équivalent, proche, ressemblant, semblable, synonyme, tangent, voisin.

APPROCHE ■ ⇒ abord, arrivée, estimation, proximité.

APPROCHER ■ ⇒ aborder.

APPROFONDIR ■ ⇒ creuser.

APPROFONDISSEMENT ■ I. Affouillement, creusage. *II.* Affermissement, analyse, développement, enrichissement, étude, examen, exploration, introspection, méditation, pesée, progrès, recherche, réflexion, sondage.

APPROPRIATION ■ ⇒ adaptation, conquête.

APPROPRIÉ, E ■ ⇒ propre.

APPROPRIER ■ Accommoder, accorder, adapter, apprêter, arranger, conformer, nettoyer, proportionner. *V. pron.* : 1. S'adjuger/arroger/attribuer/emparer, se saisir, dérober, empocher, enlever, escroquer, grignoter, occuper, prendre, ravir, souffler, soustraire, usurper, voler. 2. S'accommoder/accorder/adapter/appliquer/ conformer, être proportionné à.

APPROUVABLE ■ ⇒ acceptable.

APPROUVER ■ Abonder dans, accepter, acquiescer, adhérer à, admettre, adopter, agréer, applaudir à, autoriser, bonneter (vx), complimenter, comprendre, confirmer, congratuler, dire amen, encourager, entériner, faire chorus, féliciter, glorifier, goûter, homologuer, juger/trouver bon, louanger, opiner du bonnet/du chef, permettre, se rallier à, ratifier.

APPROVISIONNEMENT ■ ⇒ provision.

APPROVISIONNER ■ ⇒ pourvoir.

APPROVISIONNEUR ■ Fournisseur, pourvoyeur, ravitailleur.

APPROXIMATIF, IVE ■ ⇒ approchant.

APPROXIMATION ■ ⇒ évaluation.

APPROXIMATIVEMENT ■ ⇒ environ.

APPUI ■ *I.* Adossement, arc-boutant, base, colonne, contrefort, culée, épaulement, éperon, étai, étançon, étrésillon, étrier, foulée (d'un cheval), levier, modillon, palée, perré, pilier, pivot, soutènement, soutien, support, tuteur. *II.* Aide, apostille, appoint, assistance, collaboration, coopération, concours, coup d'épaule, égide, encouragement, influence, intervention, main-forte, patronage, piston (fam.), planche de salut, protection, recommandation, réconfort, rescousse, sauvegarde, secours, service, soutien, support. *III.* Loc. Être l'appui de : auxiliaire, bouclier, bras, champion, défenseur, garant, patron, protecteur, second, souteneur (péj.), soutien, supporter, tenant.

APPUYER ■ *I. Au pr.* : accoter, adosser, appliquer, arc-bouter, buter, épauler, étançonner, étayer, faire reposer, maintenir, mettre, poser, soutenir, supporter, tenir. *II. Par ext.* 1. Aider, assister, encourager, épauler, fortifier de son autorité/crédit, parrainer, patronner, pistonner (fam.), porter, pousser, prendre fait et cause, prêter main-forte, protéger, recommander, secourir, soutenir, venir à la rescousse. 2. Alléguer, arguer, confirmer, corroborer, exciper, fortifier, insister, renforcer. 3. ⇒ fixer. *III. V. intr.* 1. Se diriger, prendre. 2. Peser, presser. 3. Porter, reposer, retomber. *IV. V. pron.* 1. ⇒ fonder. 2. ⇒ souffrir.

ÂPRE ■ ⇒ rude.

APRÈS ■ *I.* ⇒ puis. *II. Loc.* 1. D'après ⇒ suivant. 2. L'un après l'autre : à la queue leu leu, alternativement, un à un.

APRÈS-DÎNÉE ou **DÎNER** ■ Après-soupée *ou* souper, soir, soirée.

APRÈS-MIDI ■ Relevée (vx), tantôt.

ÂPRETÉ ■ ⇒ rudesse.

A PRIORI ■ ⇒ abord.

À PROPOS ■ *I.* Au sujet de, relativement à, sur. *II.* À bon escient, à pic, à point nommé. *III.* ⇒ convenable. *IV. Nom masc.* : bien-fondé, convenance, esprit, opportunité, pertinence, repartie.

APSIDE ■ ⇒ apogée.

APTE ■ Adéquat, ad hoc (fam.),

approprié, bon, capable, congru, convenable, de nature à, étudié pour (fam.), fait pour, habile à, idoine, juste, propre à, prévu pour.

APTITUDE ■ ⇒ capacité, disposition.

APUREMENT ■ ⇒ vérification.

APURER ■ ⇒ vérifier.

AQUARELLE ■ Gouache, lavis, peinture.

AQUATIQUE ■ Aquatile, aquicole.

AQUEDUC ■ ⇒ canal.

AQUEUX, EUSE ■ Fluide, humide, marécageux, spongieux, tépide.

AQUILON ■ ⇒ vent.

ARABESQUE ■ Broderie, dessin, fioriture, ligne, moresque, ornement, volute.

ARABLE ■ Cultivable, fertile, labourable.

ARAIGNÉE ■ ⇒ mygale.

ARAIRE ■ ⇒ charrue.

ARBITRAGE ■ ⇒ médiation, compromis.

ARBITRAIRE ■ ⇒ absolu, injustifié.

ARBITRE ■ *I. Au pr. :* amiable compositeur, conciliateur, expert, juge. *II. Par ext. :* maître absolu. *III. Loc.* Libre arbitre ⇒ liberté.

ARBITRER ■ ⇒ juger.

ARBORER ■ *I. Au pr.* ⇒ élever. *II. Par ext.* 1. ⇒ montrer. 2. ⇒ porter.

ARBORICULTEUR ■ Agrumiculteur, horticulteur, jardinier, pépiniériste, planteur, pomiculteur, sylviculteur.

ARBRE ■ *I.* Épineux, feuillu, résineux, végétal. *II.* Fût, marmenteau. *III.* Arbrisseau, arbuste, baliveau, lais, scion. *IV.* Axe, essieu, pivot, tige, vilebrequin.

ARC ■ Courbe. ⇒ voûte.

ARCADE, ARCATURE ■ ⇒ voûte.

ARCANE ■ ⇒ secret.

ARC-BOUTANT ■ ⇒ appui.

ARC-BOUTER ■ ⇒ appuyer.

ARCEAU ■ ⇒ arcade.

ARCHAÏQUE ■ ⇒ vieux.

ARCHE ■ *I. Vx.* 1. ⇒ coffre. 2. ⇒ bateau. *II. Arch.* ⇒ voûte.

ARCHER ■ Sagittaire.

ARCHÉTYPE ■ ⇒ prototype.

ARCHITECTE ■ Bâtisseur, chef, constructeur, créateur, édificateur, ingénieur, inventeur, maître de l'œuvre, ordonnateur. ⇒ jardiniste.

ARCHITECTURAL, E ■ *Par ext. :* architectonique, auguste, colossal, considérable, écrasant, élevé, énorme, étonnant, fantastique, formidable, grand, grandiose, imposant, impressionnant, magistral, magnifique, majestueux, monumental, noble, olympien, pyramidal, pompeux, solennel, somptueux, superbe.

ARCHITECTURE ■ Domisme, urbanisme. *Par ext. :* charpente, construction, forme, ligne, ordonnance, plan, proportion, structure, style.

ARCHITECTURER ■ ⇒ bâtir.

ARCHIVES ■ Minutier. ⇒ histoire.

ARCTIQUE ■ ⇒ boréal.

ARDEMMENT ■ ⇒ vivement.

ARDENT, ENTE ■ *I. Au pr.* ⇒ chaud. *II. Par ext.* 1. Actif, agile, alerte, allègre, animé, brillant, chaleureux, dégagé, déluré, dispos, éveillé, fougueux, frémissant, frétillant, fringant, gaillard, guilleret, ingambe, intelligent, léger, leste, mobile, pétillant, pétulant, primesautier, prompt, rapide, sémillant, vibrant, vif, vivant. 2. **Non favorable :** aigre, brusque, coléreux, emporté, excessif, mordant, soupe au lait, violent.

ARDEUR ■ *I.* ⇒ chaleur. *II. Par ext.* 1.
⇒ vivacité. 2. ⇒ bouillonnement.

ARDILLON ■ ⇒ pointe.

ARDU, E ■ ⇒ escarpé, difficile.

ARÈNE ■ *I.* Calcul, castine, gravier,
pierre, sable, sablon. *II. Par ext. :*
amphithéâtre, carrière, champ de
bataille, cirque, lice, théâtre.

ARÉOPAGE ■ ⇒ réunion.

ARÊTE ■ *I.* Aiguille, bord, piquant,
pointe. *II.* Angle.

ARGENT ■ *I. Par ext. :* argentan, élec-
trum, métal anglais/blanc. *II. Par ext.*
1. Capital, deniers, disponibilités, écus
(vx), espèces, finances, fonds, fortune,
liquidités, monnaie, numéraire,
pécule, pécune (vx), recette, ressources, somme, trésor, trésorerie, viatique. *Arg.* : artiche, avoine, blé,
braise, flouze, fraîche, fric, galette,
oseille, osier, pèze, picaille, picaillons,
pognon, quibus, radis, ronds, soudure,
sous. 2. ⇒ richesse.

ARGILE ■ Calamite, kaolin, terre à
foulon/potier.

ARGOT ■ Langue verte. ⇒ jargon.

ARGOUSIN ■ ⇒ policier.

ARGUER ■ *I. Au pr.* ⇒ inférer. *II.
Jurid.* ⇒ inculper.

ARGUMENT, ARGUMENTATION
■ ⇒ abrégé, raisonnement, preuve.

ARGUMENTER ■ ⇒ ergoter, raisonner.

ARGUTIE ■ *I.* Abstraction, finesse,
subtilité. *II.* Artifice, byzantinisme,
casuistique, cavillation (vx et jurid.),
chicane, chinoiserie (fam.), entortillage, équivoque, escamotage, fumisterie (fam.), pinaillage, ratiocination,
procédé dilatoire.

ARIA ■ *I. N. f.* ⇒ air. *II. N. m.* 1. ⇒
souci. 2. ⇒ obstacle.

ARIDE ■ *I.* Aréique, désert, desséché,
improductif, inculte, incultivable,
maigre, pauvre, sec, stérile. *II. Fig. :*

ingrat, insensible, froid, rébarbatif,
sévère.

ARIDITÉ ■ ⇒ sécheresse.

ARIETTE ■ ⇒ air.

ARISTARQUE ■ ⇒ censeur.

ARISTOCRATE ■ ⇒ noble.

ARISTOCRATIE ■ *I.* ⇒ oligarchie. *II.*
⇒ noblesse. *III.* ⇒ choix.

ARISTOTÉLISME ■ Péripatétisme.

ARITHMÉTIQUE ■ Calcul, opération.

ARLEQUIN ■ *I. Au pr.* ⇒ pantin. *II.
Pop. :* reliefs, restes.

ARMADA ■ Escadre, flotte, flottille.

ARMATEUR ■ ⇒ affréteur.

ARMATURE ■ Base, carcasse, charpente, échafaudage, ossature, soutien,
squelette, support.

ARME ■ *I.* Armement, armure, équipement, instrument de combat, matériel de guerre. *II. Fig. :* argument,
moyen, ressource. *III. Au pl. :* armoiries, blason, écu, signes héraldiques.

ARMÉ, E ■ ⇒ fourni.

ARMÉE ■ ⇒ troupe, multitude.

ARMEMENT ■ *I.* ⇒ arme. *II. Mar. :*
équipage, gréement, matériel.

ARMER ■ *I. Au pr.* ⇒ fortifier. *II. Par
ext.* 1. ⇒ fournir. 2. ⇒ exciter.

ARMISTICE ■ Arrêt/cessation/inter-
ruption/suspension d'armes/des hostilités, cessez-le-feu, trêve.

ARMOIRE ■ Bahut, bibliothèque, bonnetière, semainier, vaisselier.

ARMOIRIES ■ Armes, blason, chiffre,
écu, marque.

ARMORIER ■ Orner. ⇒ peindre.

ARMURE ■ *I.* Cotte de mailles, cuirasse, haubert. *II.* ⇒ protection.

ARNAQUER ■ ⇒ tromper.

AROMATE ■ *I.* Baume, essence,

onguent, parfum. *II.* ⇒ **assaisonnement.**

ARÔME ■ *I. Neutre ou favorable :*
bouquet, effluves, émanations, empyreume, exhalaison, fragrance, fumet,
odeur, parfum, senteur, trace, vent
parfumé. *II. Non favorable :* relent,
remugle. ⇒ **puanteur.**

ARPENTAGE ■ Bornage, cadastrage,
levé, mesure, relevé, topographie,
triangulation.

ARPENTER ■ ⇒ **mesurer, marcher.**

ARPENTEUR ■ ⇒ **géomètre.**

ARPÈTE ■ ⇒ **midinette.**

ARPION ■ ⇒ **pied.**

ARQUER (S') ■ ⇒ **courber (se).**

ARRACHEMENT ■ ⇒ **déracinement.**

ARRACHER ■ ⇒ **déraciner, extraire.**

ARRANGEANT, E ■ ⇒ **conciliant.**

ARRANGEMENT ■ *I.* ⇒ **accommodement.** *II.* ⇒ **ordre.**

ARRANGER ■ *I.* ⇒ **ranger.** *II.* Accommoder, adapter, agencer, ajuster, aménager, apprêter, approprier, assembler,
assortir, classer, combiner, composer,
concilier, construire, coordonner, disposer, grouper, installer, mettre
ensemble, ordonner, organiser, placer,
préparer, ranger, régler, transformer,
trier. *III.* Agréer, aller bien, convenir.
IV. ⇒ **parer.** *V.* ⇒ **réparer.** *VI. S'arranger de* ⇒ **contenter (se).**

ARRENTER ■ ⇒ **louer.**

ARRÉRAGES ■ ⇒ **intérêt.**

ARRESTATION ■ Capture, coup de
filet, prise. ⇒ **emprisonnement.**

ARRÊT ■ *I.* Cessation, escale, étape,
halte, interruption, latence, panne,
pause, relâche, rémission, répit, repos,
séjour, stase (méd.), station, stationnement. *II.* Abri, gare, halte, station. *III.
Jurid.* ⇒ **jugement.** *IV.* Arrêtoir, butée,

cliquet, cran, dent, digue, mentonnet,
taquet, tenon.

ARRÊTÉ ■ Arrêt, décision, décret,
délibération, disposition, jugement,
règlement.

ARRÊTER ■ *I. Au pr. :* ancrer, attacher, bloquer, contenir, empêcher,
endiguer, enrayer, étancher, fixer,
immobiliser, intercepter, interrompre,
juguler, maintenir, mettre un frein/
terme, paralyser, retenir, stopper, suspendre, tenir en échec. ⇒ **soumettre.**
II. Par ext. 1. Appréhender, capturer,
s'emparer de, empoigner, emprisonner, prendre, s'assurer de. *Fam. :* alpaguer, coffrer, cravater, cueillir, embarquer, lourder, mettre au bloc/gnouf/
trou/à l'ombre/la main au collet,
ramasser. 2. ⇒ **interrompre.** 3. ⇒ **décider.** 4. Engager, louer, réserver, retenir. 5. Cesser, finir. *III. V. Pron. :*
s'attarder, camper, cesser, demeurer,
faire halte/relâche, se fixer, relâcher,
se relaisser (vén.), rester, séjourner,
stationner, stopper, terminer, se terminer.

ARRHES ■ Acompte, avance, cautionnement, dédit, gage, provision.

ARRIÉRATION ■ ⇒ **idiotie.**

ARRIÉRÉ, E ■ *I.* À la traîne, attardé,
demeuré, diminué, en retard, inintelligent, retardataire, retardé, rétrograde, taré. ⇒ **idiot.** *II.* ⇒ **rude.** *III.*
⇒ **retard.**

ARRIÈRE-GARDE ■ Serre-file.

ARRIÉRER ■ ⇒ **retarder.**

ARRIÈRE-PENSÉE ■ Calcul. ⇒ **hésitation.**

ARRIÈRE-SAISON ■ Automne, été de
la Saint-Martin.

ARRIÈRE-TRAIN ■ ⇒ **derrière.**

ARRIMAGE ■ Chargement, mise en
place.

ARRIMER ■ Accorer (mar.), accrocher, affermir, amarrer, ancrer, arran-

ger, arrêter, assembler, assujettir, assurer, attacher, boulonner, brêler, caler, centrer, charger, clouer, coincer, coller, consolider, cramponner, enclaver, enfoncer, enraciner, faire pénétrer/tenir, ficher, fixer, immobiliser, implanter, introduire, maintenir, mettre, nouer, pendre, planter, répartir, retenir, river, riveter, sceller, suspendre, soutenir, visser.

ARRIVAGE, ARRIVÉE ■ *I.* Apparition, bienvenue, débarquement, survenance, venue. *II.* Approche, avènement, commencement, début. *III.* Approvisionnement, livraison, port.

ARRIVER ■ *I.* Aborder, accéder, approcher, atteindre, devancer, être rendu, gagner, parvenir, surgir, surprendre, survenir, tomber sur, toucher, venir. *Arg. ou fam. :* s'abouler, débarquer, débouler, se pointer, rabouler, radiner, ralléger, ramener sa fraise, rappliquer. *II.* ⇒ **réussir, produire (se).**

ARRIVISTE ■ ⇒ **intrigant, parvenu.**

ARROGANCE ■ Air de supériorité, audace, cynisme, dédain, désinvolture, effronterie, fatuité, fierté, hardiesse, hauteur, impertinence, importance, impudence, insolence, mépris, morgue, orgueil, outrecuidance, présomption, suffisance, superbe.

ARROGANT, E ■ Altier, audacieux, blessant, cavalier, dédaigneux, désinvolte, fat, fier, hardi, hautain, impertinent, important, impudent, insolent, insultant, méprisant, outrecuidant, péteux, présomptueux, rogue, suffisant, supérieur. ⇒ **orgueilleux.**

ARROGER (S') ■ ⇒ **approprier (s').**

ARRONDI, E ■ ⇒ **courbe, gros.**

ARRONDIR ■ ⇒ **augmenter.**

ARRONDISSEMENT ■ ⇒ **quartier.**

ARROSAGE ■ *I.* Affusion, arrosement, aspersion, bain, douche, irrigation, irroration. *II.* ⇒ **gratification.**

ARROSER ■ Asperger, baigner, bassiner, humecter, imbiber, irriguer, mouiller, traverser, tremper. ⇒ **soudoyer (fig.).**

ARSENAL ■ *I.* Atelier, chantier, magasin, manutention, réserve/stock/usine d'armement. *II. Fam. :* affaire, équipage.

ARSOUILLE ■ ⇒ **ivrogne, vaurien.**

ART ■ Maîtrise, manière, procédé, science, tour, technique. ⇒ **artifice, habileté.**

ARTÈRE ■ ⇒ **voie.**

ARTICLE ■ *I.* Chronique, écho, écrit, éditorial, entrefilet, essai, étude, feuilleton, interview, leader, papier, reportage, rez-de-chaussée, rubrique. *II. Zool. :* articulation, jointure, segment. *III.* Matière, objet, sujet. *IV.* ⇒ **partie.** *V.* ⇒ **marchandise.**

ARTICULATION ■ *I.* Article (anatom.), assemblage, attache, cardan, charnière, emboîtement, engrènement, cheville, jeu, joint, jointure, ligament, nœud. *II.* ⇒ **élocution.**

ARTICULER ■ *I.* ⇒ **dire.** *II.* ⇒ **énoncer, prononcer.** *III.* ⇒ **joindre.**

ARTIFICE ■ Adresse, art, astuce, attrape-nigaud, carotte (fam.), cautèle, chafouinerie, chausse-trape, détour, diplomatie, échappatoire, embûche, faux-fuyant, feinte, ficelle, finasserie, finesse, fourberie, fraude, habileté, intrigue, invention, machiavélisme, machination, machine, malice, manœuvre, matoiserie, méandre, perfidie, piège, politique, retour (vén.), rets, roublardise, rouerie, rubriques (vx), ruse, stratagème, subterfuge, subtilité, trame, tromperie, truc (fam.).

ARTIFICIEL, LE ■ *I.* Factice, faux, imité, postiche, reproduit. *II.* Fabriqué, industriel, synthétique. *III.* Affecté, arrangé, contraint, conventionnel, de commande, emprunté, étudié, feint, forcé, littéraire.

ARTIFICIEUX, EUSE ■ ⇒ **rusé.**

ARTISAN ■ **I.** Artiste, compagnon, façonnier, maître ouvrier, patron, sous-traitant. **II.** Auteur, cause, cheville ouvrière, responsable.

ARTISANAT ■ Compagnonnage.

ARTISTE ■ Acteur, artisan, chanteur, comédien, danseur, décorateur, dessi-nateur, écrivain, étoile, exécutant, fan-taisiste, graveur, interprète, maître, musicien, peintre, sculpteur, star, star-lette, vamp, vedette, virtuose. ⇒ **bohème.**

ARTISTIQUE ■ ⇒ **beau.**

AS ■ Aigle, caïd (pop.), champion, crack, étoile, maître, phénix, virtuose.

ASARCIE ■ ⇒ **maigreur.**

ASCENDANCE ■ ⇒ **naissance, race.**

ASCENDANT ■ **I.** *Adj.* ⇒ **montant.** *II. N. m.* 1. ⇒ **père.** 2. ⇒ **influence.**

ASCENSION ■ ⇒ **montée.**

ASCÈSE ■ ⇒ **ascétisme.**

ASCÈTE ■ Anachorète, athlète, bonze, cénobite, ermite, exercitant, fakir, fla-gellant, gymnosophiste, moine, oblat, pénitent, santon, soufi, stylite, théra-peute, yogi.

ASCÉTIQUE ■ Austère, janséniste, puritain, rigide, rigoriste, rigoureux, rude, sévère, sobre, spartiate, stoïque. ⇒ **simple.**

ASCÉTISME ■ **I.** Ascèse, expiation, flagellation, jeûne, macération, morti-fication, pénitence, privation. ⇒ **austé-rité.** **II.** Cénobitisme, érémitisme, monachisme.

ASEPSIE ■ ⇒ **assainissement.**

ASILE ■ ⇒ **abri.**

ASPECT ■ **I.** Abord, angle, apparence, cachet, caractère, configuration, côté, couleur, endroit, extérieur, forme, jour, perspective, point de vue, rap-port, tour, vue. **II.** Air, allure, dehors, face, faciès, figure, masque, physiono-mie, profil, tournure, train, visage.

ASPERGER ■ ⇒ **arroser.**

ASPÉRITÉ ■ ⇒ **rugosité, rudesse.**

ASPERSOIR ■ Aspergès, goupillon.

ASPHALTE ■ **I.** Bitume, goudron, macadam, revêtement. **II.** ⇒ **rue.**

ASPHYXIER ■ ⇒ **étouffer.**

ASPIRANT ■ ⇒ **postulant.**

ASPIRATION ■ **I.** Inhalation, inspi-ration, prise, respiration, succion. ⇒ **désir.**

ASPIRER ■ **I.** Absorber, avaler, humer, inhaler, inspirer, priser, renifler, res-pirer, sucer, super. **II.** Ambitionner, appeler, courir après, désirer, lever/porter ses yeux sur, prétendre, souhai-ter, soupirer après/pour, tendre à. ⇒ **vouloir.**

ASSAGIR ■ Atténuer, calmer, dimi-nuer, modérer, tempérer. *V. pron. :* se ranger. ⇒ **calmer (se).**

ASSAILLANT, E ■ ⇒ **agresseur.**

ASSAILLIR ■ ⇒ **attaquer.**

ASSAINIR ■ ⇒ **purifier.**

ASSAINISSEMENT ■ Antisepsie, asep-sie, assèchement, désinfection, drai-nage, épuration, nettoyage, purifica-tion, prophylaxie, stérilisation.

ASSAISONNEMENT ■ Apprêt, aro-mate, condiment, épice, garniture, ingrédient, préparation. ⇒ **piquant.**

ASSAISONNER ■ Accommoder, ailler, ajouter, apprêter, aromatiser, épicer, pimenter, poivrer, relever, safraner, saler, vinaigrer. ⇒ **embellir.**

ASSASSIN ■ ⇒ **homicide.**

ASSASSINAT ■ ⇒ **crime.**

ASSASSINER ■ ⇒ **tuer.**

ASSAUT ■ ⇒ **attaque.**

ASSÉCHER ■ ⇒ **sécher.**

ASSEMBLAGE ■ *I.* Ajustage, cadrature, crabotage, montage, monture. *II.* Jumelage, mixité, réunion, union. *III.* ⇒ assortiment, collection.

ASSEMBLÉE ■ *I.* Chambre, congrès, conseil, parlement. *II.* Académie, compagnie, institut. *III.* ⇒ réunion, fête.

ASSEMBLER ■ *I.* Ajuster, monter. *II.* Agglomérer, amasser, attrouper, battre le rappel, collecter, concentrer, conglober, conglomérer, grouper, lever, masser, mobiliser, rallier, ramasser, rassembler, recueillir, regrouper, remembrer, réunir, unir.

ASSENER ■ ⇒ frapper.

ASSENTIMENT ■ Acceptation, accord, acquiescement, adhésion, agrément, approbation, autorisation, bon vouloir, commun accord, complaisance, consensus, consentement, permission, unanimité.

ASSEOIR ■ ⇒ fonder.

ASSERTION ■ ⇒ affirmation.

ASSERVIR ■ ⇒ soumettre.

ASSERVISSEMENT ■ ⇒ servitude.

ASSESSEUR ■ ⇒ adjoint.

ASSEZ ■ *I.* À satiété, suffisamment. *II.* Ça suffit, ça va, stop, top.

ASSIDU, E ■ ⇒ continu, exact.

ASSIDUITÉ ■ ⇒ exactitude.

ASSIDÛMENT ■ ⇒ toujours.

ASSIÉGER ■ *I.* ⇒ investir. *II.* Accabler, s'attacher à, bombarder (fam.), coller (fam.), obséder, poursuivre. ⇒ tourmenter.

ASSIETTE ■ *I.* Calotte, écuelle, plat, vaisselle. *II.* Équilibre, pose, position, posture, situation. *III.* ⇒ répartition.

ASSIGNAT ■ ⇒ billet.

ASSIGNATION ■ ⇒ convocation, attribution.

ASSIGNER ■ *I. Jurid. :* appeler, citer, convoquer, mander. *II.* ⇒ attribuer. *III.* ⇒ indiquer.

ASSIMILABLE ■ ⇒ comparable, digeste.

ASSIMILATION ■ ⇒ comparaison, digestion.

ASSIMILÉ, E ■ *I. Au pr. :* analogue, comparable, équivalent, kif-kif (fam.), identique, pareil, semblable, similaire, tel, tout comme. *II. Par ext. :* acclimaté à, accoutumé à, apprivoisé, au courant, au fait, coutumier de, dressé, éduqué, endurci, entraîné, façonné, fait à, familiarisé avec, familier de, formé, mis au pas (péj.)/au pli, plié à, rompu à, stylé.

ASSIMILER ■ *I.* Digérer, élaborer, transformer, utiliser. *II.* ⇒ rapprocher.

ASSISE ■ ⇒ fondement.

ASSISTANCE ■ *I.* ⇒ appui. *II.* ⇒ public.

ASSISTANT ■ ⇒ adjoint.

ASSISTER ■ *I.* ⇒ aider, appuyer. *II.* Entendre, être présent, suivre, voir.

ASSOCIATION ■ Adjonction, affiliation, agrégation, alliance, congrégation, corps, fusion, incorporation, intégration, liaison, réunion. ⇒ société.

ASSOCIÉ, E ■ Acolyte, bras droit, coïntéressé, collaborateur, consort (partic.), coopérateur, nègre (fam. et péj.).

ASSOCIER ■ Adjoindre, affilier, agréger, enrôler, incorporer, intégrer, intéresser, joindre, réunir, solidariser, syndiquer, unir.

ASSOIFFER ■ Altérer, assécher, déshydrater, dessécher, donner la pépie (fam.)/soif, faire crever de soif (fam.), pousser à boire *et les syn. de* BOIRE, rendre avide de.

ASSOMBRIR ■ ⇒ obscurcir, affliger.

ASSOMMANT, E ■ ⇒ ennuyeux.

ASSOMMER ■ ⇒ battre, tuer, ennuyer.

ASSONANCE ■ ⇒ consonance.

ASSORTIMENT ■ Assemblage, choix, garniture, jeu.

ASSORTIR ■ ⇒ accoupler, fournir.

ASSORTIR (S') ■ ⇒ plaire (se).

ASSOUPIR ■ ⇒ endormir. *V. pron.* ⇒ dormir.

ASSOUPISSEMENT ■ Coma (path.), engourdissement, hypnose, léthargie, narcose, sommeil, somnolence, sopor (méd.). ⇒ apathie.

ASSOUPLIR ■ ⇒ modérer.

ASSOUPLISSEMENT ■ ⇒ modération.

ASSOURDI, E ■ ⇒ sourd.

ASSOUVIR ■ Apaiser, étancher, calmer, contenter, rassasier, remplir, satisfaire.

ASSOUVISSEMENT ■ Apaisement, contentement, satisfaction.

ASSUJETTIR ■ ⇒ fixer, obliger, soumettre.

ASSUJETTISSEMENT ■ *I.* ⇒ obligation. *II.* ⇒ subordination.

ASSUMER ■ Se charger, endosser, prendre sur soi.

ASSURANCE ■ ⇒ garantie, promesse, confiance, sûreté.

ASSURÉ, E ■ ⇒ décidé, évident, sûr.

ASSURÉMENT ■ ⇒ évidemment.

ASSURER ■ *I.* Affermir, consolider, fixer. *II.* ⇒ garantir. *III.* ⇒ procurer. *IV.* ⇒ affirmer. *V.* ⇒ promettre. *VI. V. pron.* ⇒ vérifier, emparer (s').

ASSURGENT, E ■ ⇒ montant.

ASTHÉNIQUE ■ ⇒ faible.

ASTHMATIQUE ■ ⇒ essoufflé, faible.

ASTICOTER ■ ⇒ taquiner, tourmenter.

ASTIQUER ■ Briquer, cirer, faire briller/reluire, fourbir, frictionner, frois-ser, frotter, nettoyer, peaufiner (fam.), polir, poncer, récurer.

ASTRAL, E ■ Céleste, sidéral, stellaire.

ASTRE ■ *I.* Étoile, planète, soleil. *II.* Destin, destinée, étoile, signe.

ASTREIGNANT, E ■ ⇒ pénible.

ASTREINDRE ■ ⇒ obliger.

ASTROLOGUE ■ ⇒ devin.

ASTRONAUTE ■ Cosmonaute, spationaute.

ASTRONOMIQUE ■ ⇒ démesuré.

ASTUCE ■ *I.* Adresse, art, artifice, attrape-nigaud, carotte (fam.), cautèle, chafouinerie, chausse-trape, détour, diplomatie, échappatoire, embûche, faux-fuyant, feinte, ficelle, finasserie, finesse, fourberie, fraude, habileté, intrigue, invention, machiavélisme, machination, machine, malice, manœuvre, matoiserie, méandre, perfidie, piège, politique, retour (vén.), rets, roublardise, rouerie, rubriques (vx), ruse, stratagème, subterfuge, subtilité, trame, tromperie, truc (fam.). *II.* Clairvoyance, discernement, ingéniosité, ouverture d'esprit, pénétration, sagacité. ⇒ intelligence. *III.* ⇒ plaisanterie.

ASTUCIEUX, EUSE ■ ⇒ intelligent, malin.

ASYMÉTRIE ■ Dissymétrie, irrégularité.

ASYMÉTRIQUE ■ ⇒ irrégulier.

ATARAXIE ■ ⇒ apathie.

ATAVISME ■ ⇒ hérédité.

ATELIER ■ Boutique, chantier, fabrique, manufacture, ouvroir, usine.

ATERMOIEMENT ■ Délai, manœuvre dilatoire, retard, retardement, temporisation.

ATERMOYER ■ ⇒ retarder.

ATHÉE ■ ⇒ incroyant.

ATHÉISME ▪ Agnosticisme.

ATHLÈTE ▪ Boxeur, champion, coureur, discobole, gymnaste, lanceur, lutteur, nageur, recordman, sauteur, sportif.

ATMOSPHÈRE ▪ Air, ambiance, espace, éther, fluide, gaz, milieu.

ATOME ▪ ⇒ particule.

ATOMISER ▪ I. Disperser, fractionner, pulvériser, vaporiser. II. Vitrifier. ⇒ détruire.

ATONE ▪ ⇒ inerte.

ATONIE ▪ ⇒ langueur.

ATOURS ▪ ⇒ ornement.

ATRABILAIRE ▪ ⇒ bilieux.

ÂTRE ▪ ⇒ foyer.

ATROCE ▪ Affreux, barbare, cruel, féroce, horrible, ignoble.

ATROCITÉ ▪ ⇒ barbarie, horreur.

ATROPHIE ▪ ⇒ maigreur.

ATTABLÉ, E ▪ Assis, installé.

ATTACHANT, E ▪ ⇒ attirant, intéressant.

ATTACHE ▪ I. Au pr. : chaîne, corde, hart (vx), laisse, lien, ligament, ligature, longe, nœud. II. Fig. 1. ⇒ attachement. 2. ⇒ relation.

ATTACHÉ, E ▪ ⇒ fidèle, adjoint.

ATTACHEMENT ▪ Admiration, adoration, affection, amitié, amour, attache, complaisance (vx), dévotion, dévouement, dilection (relig.), feu, flamme, goût, idolâtrie, inclination, loyalisme, passion, sentiment, tendresse, zèle.

ATTACHER ▪ Accouer, accrocher, agrafer, amarrer, ancrer, atteler, botteler, brêler, cheviller, cramponner, enchaîner, ficeler, garrotter, harder (vén.), lier, ligoter, nouer, river, ⇒ arrêter, intéresser. V. pron. : s'accrocher, s'agriffer, s'agripper, se coller, se cramponner, se raccrocher.

ATTAQUABLE ▪ ⇒ faible.

ATTAQUANT ▪ ⇒ agresseur.

ATTAQUE ▪ I. Agression, assaut, charge ⇒ raid. II. Congestion, crise, ictus, paralysie. III. ⇒ commencement.

ATTAQUER ▪ I. Aborder, agresser, assaillir, chercher des crosses (fam.)/querelle, combattre, défier, entreprendre, se frotter à (fam.), se lancer/se précipiter contre, livrer bataille/combat, pourfendre, prendre à partie, presser, quereller, rompre en visière, surprendre. II. ⇒ ronger. III. ⇒ commencer.

ATTARDER (S') ▪ ⇒ flâner.

ATTEINDRE ▪ I. ⇒ arriver. II. ⇒ toucher. III. ⇒ rejoindre.

ATTEINTE ▪ ⇒ dommage, crise.

ATTELAGE ▪ ⇒ harnachement.

ATTELER ▪ ⇒ attacher.

ATTENANCE ▪ ⇒ dépendance.

ATTENANT ▪ ⇒ prochain.

ATTENDRE ▪ I. Demeurer/rester sur place, guetter, languir, se morfondre, patienter. II. Fam. : croquer le marmot, droguer, faire antichambre/le pied de grue/le poireau, gober des mouches, mariner, moisir, poireauter. III. ⇒ espérer, présumer.

ATTENDRIR ▪ I. Au pr. ⇒ affaiblir. II. Fig. 1. ⇒ émouvoir. 2. ⇒ fléchir.

ATTENDRISSANT, E ▪ ⇒ émouvant.

ATTENDRISSEMENT ▪ ⇒ compassion.

ATTENDU QUE ▪ ⇒ parce que.

ATTENTAT ▪ ⇒ crime.

ATTENTATOIRE ▪ ⇒ contraire.

ATTENTE ▪ Espérance, expectance, expectation (vx), expectative, présomption.

ATTENTER ■ ⇒ entreprendre.

ATTENTIF, IVE ■ Appliqué, diligent, exact, observateur, soigneux, vigilant. ⇒ respectueux.

ATTENTION ■ *I.* Application, concentration, contemplation, contention, diligence, étude, exactitude, méditation, réflexion, soin, tension d'esprit, vigilance. ⇒ curiosité. *II.* ⇒ égards. *III. Loc.* Faire attention : faire gaffe (arg.), garder de (vx), se garder de, prendre garde.

ATTENTIONNÉ, E ■ ⇒ attentif.

ATTENTISTE ■ ⇒ malin.

ATTÉNUATION ■ ⇒ diminution.

ATTÉNUER ■ ⇒ affaiblir, modérer.

ATTERRÉ, E ■ Abasourdi, abattu, accablé, catastrophé, chagriné, confondu, consterné, effondré, épouvanté, étourdi, stupéfait, surpris, triste.

ATTERRER ■ *I.* ⇒ épouvanter. *II.* Atterrir, toucher à terre. *III. Vx :* abattre, mettre à bas/à terre, rabattre.

ATTERRISSEMENT ■ ⇒ alluvion.

ATTESTATION ■ Certificat, référence, visa. ⇒ déclaration.

ATTESTER ■ *I.* ⇒ affirmer. *II.* ⇒ prouver.

ATTICISME ■ Bonnes manières, civilité, délicatesse, distinction, urbanité.

ATTIÉDIR ■ ⇒ refroidir, modérer.

ATTIÉDISSEMENT ■ ⇒ tiédeur.

ATTIFER ■ Accoutrer, adoniser, adorner, afistoler, apprêter, arranger, bichonner, embellir, endimancher, garnir, orner, pomponner, poupiner.

ATTIRAIL ■ Affaires, appareil, bagage, bataclan, bazar, chargement, équipage, équipement, fourbi, fourniment, paquet, paquetage, train.

ATTIRANCE ■ ⇒ attraction, charme.

ATTIRANT, E ■ *I.* Attractif. *II. Fig. :* attachant, attrayant, captivant, charmant, enchanteur, engageant, ensorcelant, envoûtant, fascinant, insinuant, prenant, ravissant, séduisant, sexy.

ATTIRER ■ *I. Une chose.* 1. ⇒ tirer. 2. ⇒ occasionner. *II. Un être :* affriander, affrioler, aguicher, allécher, amorcer, appachonner (arg.), appâter, charmer, gagner, séduire, tenter. *III. V. pron.* ⇒ encourir.

ATTISER ■ Accroître, activer, aggraver, aiguillonner, allumer, animer, aviver, déchaîner, donner le branle/le mouvement/le signal, emballer, embraser, enflammer, enthousiasmer, exacerber, exalter, exaspérer, exciter, faire sortir de ses gonds, fomenter, fouetter, insuffler, mettre en branle/en mouvement/hors de ses gonds, mettre de l'huile sur le feu (fam.), piquer, pousser, relever, réveiller, souffler, souffler sur les braises (fam.), stimuler, surexciter, susciter, tisonner, travailler.

ATTITRÉ, E ■ Habituel, patenté.

ATTITUDE ■ ⇒ position, procédé.

ATTOUCHEMENT ■ ⇒ tact, caresse.

ATTRACTIF, IVE ■ *I. Au pr. :* attracteur. *II. Par ext.* ⇒ attirant.

ATTRACTION ■ *I. Au pr. :* gravitation. *II. Fig. :* allèchement, attirance, attrait, séduction. ⇒ charme. *III.* ⇒ spectacle.

ATTRAIT ■ *I.* ⇒ attraction. *II.* ⇒ grâce. *III.* ⇒ charme.

ATTRAPADE, ATTRAPE ■ *I.* ⇒ piège. *II.* ⇒ plaisanterie. *III.* ⇒ tromperie.

ATTRAPER ■ *I. Neutre.* 1. ⇒ prendre. 2. ⇒ obtenir. 3. ⇒ rejoindre. 4. ⇒ toucher. 5. ⇒ entendre. *II. Péj.* 1. Une maladie ■ contracter. 2. ⇒ tromper. 3. ⇒ réprimander.

ATTRAYANT, E ■ ⇒ attirant.

ATTRIBUER ■ Adjuger, affecter,

allouer, assigner, décerner, donner, imputer, prêter, référer. *V. pron.* ⇒ approprier (s').

ATTRIBUT ■ *I.* ⇒ qualité. *II.* ⇒ symbole. *III. Gram. et log.* : prédicat.

ATTRIBUTAIRE ■ ⇒ bénéficiaire.

ATTRIBUTION ■ *I.* Allocation, affectation, assignation, imputation, lot, part. ⇒ distribution. *II.* ⇒ emploi.

ATTRISTER ■ ⇒ affliger.

ATTRITION ■ ⇒ regret.

ATTROUPEMENT ■ ⇒ rassemblement.

ATTROUPER ■ ⇒ ameuter, assembler.

AUBADE ■ *I.* ⇒ concert. *II.* ⇒ avanie.

AUBAINE ■ *I. Au pr.* ⇒ succession. *II. Par ext.* 1. ⇒ profit. 2. ⇒ chance.

AUBE ■ *I. Au pr.* 1. Aurore, avant-jour, crépuscule du matin, lever du jour/du soleil, point/pointe du jour. 2. Loc. *Dès l'aube* : dès potron-jaquet/minet. *II.* ⇒ commencement.

AUBERGE ■ ⇒ hôtel, restaurant.

AUBERGISTE ■ Hôtelier. ⇒ cabaretier.

AUCUN ■ ⇒ nul.

AUCUNS (D') ■ ⇒ plusieurs.

AUDACE ■ ⇒ hardiesse.

AUDACIEUX, EUSE ■ ⇒ courageux, arrogant.

AUDIENCE ■ *I.* ⇒ public, réception. *II.* ⇒ influence, popularité.

AUDITEUR, TRICE ■ ⇒ public.

AUDITION ■ *I.* ⇒ concert. *II.* Épreuve, essai, test.

AUDITOIRE ■ ⇒ public.

AUGE ■ Auget, bac, bassin, binée, bouloir, crèche, mangeoire.

AUGMENTATION ■ Accroissement, addition, aggravation, agrandissement, amplification, arrondissement, crois-sance, développement, élargissement, enrichissement, gradation, grossissement, intensification, multiplication, recrudescence, redoublement, renchérissement. ⇒ gonflement.

AUGMENTER ■ *I. V. intr.* 1. S'accentuer, s'accroître, s'aggraver, s'agrandir, s'amplifier, s'arrondir, croître, s'élargir, s'étendre, grandir, grossir, s'intensifier, se multiplier, redoubler. ⇒ gonfler. 2. ⇒ empirer. *II. V. tr.* : accentuer, accroître, aggraver, agrandir, ajouter à, arrondir, densifier, doubler, élargir, enfler, enrichir, étendre, graduer, grossir, hausser, intensifier, monter, multiplier, redoubler.

AUGURE ■ *I.* ⇒ devin. *II.* ⇒ présage.

AUGURER ■ ⇒ présumer, prédire.

AUGUSTE ■ *I. Adj.* ⇒ imposant. *II. Nom masc.* ⇒ clown.

AUJOURD'HUI ■ ⇒ présentement.

AUMÔNE ■ ⇒ secours.

AUMÔNIER ■ Chapelain. ⇒ prêtre.

AUMÔNIÈRE ■ Bourse, cassette, escarcelle, poche, porte-monnaie, réticule, sac.

AUPARAVANT ■ Anciennement, antérieurement, au préalable, autrefois, ci-devant (vx), dans le passé, dans le temps, déjà, jadis, naguère, préalablement, précédemment, premièrement.

AUPRÈS ■ ⇒ près, comparaison (en).

AURA, AURÉOLE ■ ⇒ nimbe.

AURÉOLER ■ *I.* Nimber. ⇒ couronner, louer.

AURORE ■ ⇒ aube.

AUSCULTATION ■ ⇒ recherche.

AUSCULTER ■ ⇒ examiner.

AUSPICE ■ *I.* ⇒ devin. *II.* ⇒ présage. *III. Au pl.* : égide, patronage, protection, sauvegarde, tutelle.

AUSSI ■ *I.* Autant, encore, également,

de même, pareillement, de plus. *II.* ⇒ ainsi.

AUSSITÔT ■ D'abord, à l'instant, d'emblée, illico (fam.), immédiatement, incessamment, incontinent, instantanément, séance tenante, soudain, soudainement, sur-le-champ, tout de suite.

AUSTÈRE ■ *I.* ⇒ rude. *II.* Abrupt, ascétique, janséniste, puritain, rigide, rigoriste, rigoureux, sévère, spartiate, stoïque. *III.* ⇒ simple.

AUSTÉRITÉ ■ Abnégation, ascétisme, jansénisme, nudité (fig.), puritanisme, renoncement, rigidité, rigueur, rudesse, sévérité, simplicité, sobriété, stoïcisme.

AUSTRAL, E ■ Antarctique, méridional, midi, sud.

AUTANT ■ *I.* ⇒ aussi. *II. Loc.* 1. Autant que ⇒ comme. 2. D'autant que ⇒ parce que.

AUTARCIE ■ ⇒ isolement.

AUTEL ■ Foyer, laraire, pierre, pyrée, table du sacrifice.

AUTEUR ■ ⇒ écrivain.

AUTHENTICITÉ ■ ⇒ bien-fondé.

AUTHENTIQUE ■ *I.* ⇒ évident, vrai. *II.* ⇒ officiel.

AUTOBIOGRAPHIE ■ ⇒ mémoires.

AUTOBUS ■ Autocar, car, patache (vx).

AUTOCHTONE ■ Aborigène, habitant, indigène, local, natif, naturel, originaire.

AUTOCRATE ■ ⇒ monarque.

AUTOCRATIE ■ ⇒ absolutisme.

AUTOCRATIQUE ■ ⇒ absolu.

AUTOCRITIQUE ■ ⇒ confession.

AUTOCUISEUR ■ Cocotte.

AUTOLÂTRIE ■ ⇒ égoïsme.

AUTOMATE ■ Androïde, robot.

AUTOMATIQUE ■ Convulsif, forcé, inconscient, instinctif, involontaire, irréfléchi, machinal, mécanique, passif, réflexe, spontané.

AUTOMÉDON ■ ⇒ cocher.

AUTOMNE ■ Arrière-saison, été de la Saint-Martin.

AUTOMOBILE ■ ⇒ voiture.

AUTOMOTRICE ■ Aérotrain, autorail, micheline, motrice.

AUTONOME ■ ⇒ libre.

AUTONOMIE ■ ⇒ liberté.

AUTOPSIE ■ Analyse, anatomie, dissection, docimasie, examen, nécropsie, vivisection.

AUTORAIL ■ ⇒ automotrice.

AUTORISATION ■ ⇒ permission.

AUTORISER ■ Accepter, accorder, acquiescer, admettre, agréer, approuver, concéder, consentir, dispenser, donner la permission *et les syn. de* PERMISSION, endurer, habiliter, laisser, passer, souffrir, supporter, tolérer.

AUTORITAIRE ■ Absolu, absolutiste, altier, cassant, catégorique, dictatorial, directif, dominateur, dur, ferme, fort, impérieux, intransigeant, irrésistible, net, péremptoire, pète-sec, pressant, tranchant, tyrannique, volontaire.

AUTORITÉ ■ *I.* Absolutisme, autoritarisme, bras de Dieu, domination, empire, férule, force, gouvernement, griffe, impérialisme, loi, main, omnipotence, pouvoir, prépotence, puissance, règne, toute-puissance. *II.* ⇒ charme, habileté, influence, qualité, tête.

AUTOUR ■ Alentour, à la ronde.

AUTREFOIS ■ À l'origine, anciennement, au temps ancien/passé, dans l'antiquité/le temps, d'antan, en ce temps-là, il y a longtemps, jadis, naguère.

AUTREMENT ■ *I.* Alias, différemment. *II.* Beaucoup plus. *III.* Sans quoi, sinon.

AUTRE(S), AUTRUI ■ Prochain, semblable.

AUTRUCHE ■ Ratite. **Par ext. :** aptéryx, casoar, émeu, kiwi, nandou.

AUVENT ■ Abri, avant-toit, banne, galerie, marquise.

AUXILIAIRE ■ ⇒ adjoint.

AVACHI, E ■ ⇒ fatigué.

AVACHISSEMENT ■ Veulerie. ⇒ faiblesse, mollesse.

AVAL ■ ⇒ caution.

AVALANCHE ■ Par ext. ⇒ pluie.

AVALER ■ *I. Au pr.* 1. Absorber, déglutir, engloutir, entonner, friper (vx), gober, humer (vx), ingérer, ingurgiter, prendre. 2. ⇒ boire. 3. ⇒ manger. *II. Fig.* 1. ⇒ croire. 2. ⇒ recevoir.

AVALISER ■ ⇒ garantir.

AVANCE ■ *I.* ⇒ acompte. *II.* ⇒ offre. *III.* ⇒ avancement. *IV. Loc.* Faire des avances : ⇒ courtiser.

AVANCÉ, E ■ *I. Une opinion :* extrémiste, libre, progressiste, révolutionnaire. *II. Une denrée* ⇒ gâté.

AVANCEMENT ■ *I. Au pr. :* avance, essor, évolution, marche, progrès, progression. *II. Par ext. :* amélioration, élévation, marche en avant, nomination, perfectionnement, progression, promotion.

AVANCER ■ *I. Au pr. :* gagner, gagner du terrain, marcher, pousser, progresser. *II. Par ext.* ⇒ affirmer.

AVANIE ■ Algarade, aubade (fam.), brimade, camouflet, couleuvres (fam.), incartade, mortification, scène, sortie. ⇒ offense.

AVANT ■ *I. Prép. :* devant. *II. Adv. :* anciennement, antérieurement, auparavant, au préalable, autrefois, ci-devant (vx), dans le passé, déjà, jadis, naguère, préalablement, précédemment, premièrement.

AVANTAGE ■ *I.* Atout, attribut, dessus, droit, prééminence, privilège, profit, succès, supériorité, utilité.

AVANTAGER ■ ⇒ favoriser.

AVANTAGEUX, EUSE ■ *I.* ⇒ profitable. *II.* ⇒ orgueilleux.

AVANT-COUREUR ■ ⇒ précurseur.

AVANT-DERNIER ■ Pénultième.

AVANT-GARDE ■ Avant-coureur, éclaireur, pointe, tête.

AVANT-GOÛT ■ Aperçu, avant-première, échantillon, essai, exemple, idée, image, pensée, perspective, tableau, topo (fam.).

AVANT-PREMIÈRE ■ Couturières, générale, répétition générale. ⇒ avant-goût.

AVANT-PROJET ■ Devis, esquisse, maquette, plan, proposition, tracé.

AVANT-PROPOS ■ ⇒ préface.

AVANT-SCÈNE ■ Proscenium.

AVANT-TOIT ■ Abri, auvent, galerie, marquise, véranda.

AVARE ■ *I.* Amasseur, avaricieux (vx), boîte-à-sous, chiche, chien, coquin, crasseux, créancier, cupide, dur, égoïste, fesse-mathieu, gobseck, grigou, grippe-sou, harpagon, intéressé, jean-foutre, ladre, lésineur, lésineux, liardeur, mégotier, mesquin, pain dur, parcimonieux, pignouf, pince-maille (vx), pingre, pisse-vinaigre, pouacre, près-de-ses-sous, prêteur sur gage, radin, rapace, rapiat, rat, regardant, regrattier, serré, shylock, sordide, taquin (vx), thésauriseur, tirelire, tire-sous, tronc, usurier, vautour, vilain.

AVARICE ■ Avidité, chiennerie, cupidité, égoïsme, ladrerie, lésine, lésinerie, mesquinerie, parcimonie, pingrerie, radinerie, rapacité, sordidité, thésaurisation, vilénie.

AVARIE ■ ⇒ dommage.

AVARIER ■ *I.* Altérer, corrompre, dénaturer, détériorer, endommager, éventer, gâter, meurtrir, perdre, pourrir, putréfier, tarer, vicier. *II. Par ext.* ⇒ **gâcher.**

AVATAR ■ ⇒ transformation.

AVEC ■ À, ainsi que, en compagnie de, en même temps, du même coup, par.

AVEN ■ ⇒ abîme.

AVENANT, E ■ ⇒ aimable.

AVENANT ■ Adjonction, codicille, modification, supplément.

AVÈNEMENT ■ Accession, apparition, arrivée, élévation, naissance, venue.

AVENIR ■ *I.* Futur, horizon, lendemain. *II.* Au-delà, autre vie, destinée, éternité, temps/vie futur(e) ⇒ **postérité.** *III. Loc.* À/dans l'avenir : demain, désormais, dorénavant, dans/par la suite, plus tard.

AVENTURE ■ *I. Au pr.* 1. ⇒ événement. 2. ⇒ entreprise. *II. Par ext.* 1. ⇒ hasard. 2. ⇒ destinée.

AVENTURER ■ Commettre, compromettre (péj.), émettre, essayer, exposer, hasarder, jouer, jouer son va-tout, se lancer, risquer, risquer le paquet (fam.), tenter. ⇒ **expérimenter.**

AVENTUREUX, EUSE ■ Aventurier, entreprenant, hasardeux, imprévoyant, osé, risqué, téméraire.

AVENTURIER, ÈRE ■ *I. Nom* ⇒ intrigant. *II. Adj.* ⇒ aventureux.

AVENUE ■ ⇒ allée, rue, voie.

AVÉRÉ, E ■ ⇒ vrai.

AVÉRER ■ ⇒ vérifier. *V. Pron.* ⇒ paraître, ressortir.

AVERS ■ Face.

AVERSE ■ ⇒ pluie.

AVERSION ■ ⇒ éloignement.

AVERTI, E ■ ⇒ capable.

AVERTIR ■ *I.* Alerter, annoncer, apprendre, aviser, crier de (vx), crier casse-cou/gare, dénoncer, dire, donner avis, éclairer, faire connaître/savoir, indiquer, informer de, instruire, mettre en demeure/en garde, montrer, notifier, porter à la connaissance, prévenir, renseigner, signaler. *II.* Klaxonner, sonner.

AVERTISSEMENT ■ *I.* Avis, communication, conseil, indication, information, instruction, monition (relig.), recommandation, renseignement, signalement, suggestion. *II. Non favorable :* admonestation, leçon, observation, remontrance, représentation, réprimande. ⇒ **reproche.** *III. Par ext.* 1. ⇒ préface. 2. ⇒ lettre. 3. ⇒ présage. 4. ⇒ **notification.**

AVERTISSEUR ■ Klaxon, signal, sirène, sonnerie, sonnette, trompe.

AVETTE ■ ⇒ abeille.

AVEU ■ Approbation, confidence, consentement, déclaration, mea culpa, reconnaissance. ⇒ **confession.**

AVEUGLANT, E ■ ⇒ évident.

AVEUGLÉ, E ■ *Fig.* ⇒ troublé.

AVEUGLEMENT ■ *I. Au pr. :* cécité. *II. Fig. :* confusion, entêtement, fascination, ignorance, obscurcissement, opiniâtreté. *III.* ⇒ trouble.

AVEUGLÉMENT ■ À l'aveugle/l'aveuglette/tâtons, sans regarder, sans voir.

AVEUGLER ■ *I. Au pr.* ⇒ boucher. *II. Fig.* 1. ⇒ éblouir. 2. ⇒ troubler.

AVEUGLETTE (À L') ■ ⇒ aveuglément.

AVEULIR ■ ⇒ affaiblir.

AVEULISSEMENT ■ ⇒ dégradation.

AVIATEUR, TRICE ■ *I.* Aéronaute, commandant de bord, navigant, navigateur, personnel navigant, P.N., pilote. *II. Par ext.* : aérostier.

AVIATION ■ *I.* Aéronautique, navigation aérienne, sports/transports aériens. *II.* Aéronavale, aéropostale, aérospatiale, aérostation, aérotechnique, armée de l'air.

AVIDE ■ *I. Au pr.* ⇒ glouton. *II. Fig.* ⇒ intéressé.

AVIDITÉ ■ Ambition, avarice, concupiscence, convoitise, cupidité, désir insatiable, gloutonnerie, goinfrerie, rapacité, vampirisme.

AVILI, E ■ ⇒ vil.

AVILIR ■ ⇒ abaisser.

AVILISSANT, E ■ ⇒ honteux.

AVILISSEMENT ■ ⇒ dégradation.

AVINÉ, E ■ ⇒ ivre.

AVION ■ I. Aéroplane, aérobus, airbus, appareil, avionnette, jet, machine, plus lourd que l'air, supersonique. *II.* Bi/mono/quadri/trimoteur/réacteur, d'appui/assaut/ bombardement/chasse/observation / ravitaillement/renseignement/ transport. *III. Fam. et/ou péj.* : cage à poules, carcasse, cercueil volant, coucou, fer à repasser, lampe à souder, libellule, pou du ciel, tacot, taxi, zinc. *IV.* ⇒ aérodyne.

AVIRON ■ *I.* Godille, pagaie, rame. *II. Par ext.* : régates.

AVIS ■ *I.* ⇒ avertissement. *II.* ⇒ opinion. *III.* ⇒ préface. *IV.* ⇒ proclamation. *V. Loc.* Donner avis ⇒ avertir.

AVISÉ, E ■ ⇒ habile, prudent.

AVISER ■ *I. V. tr.* 1. ⇒ avertir. 2. ⇒ voir. *II. V. intr.* ⇒ pourvoir. *III. V. pron.* 1. ⇒ oser. 2. ⇒ trouver. 3. ⇒ penser.

AVITAILLER ■ ⇒ pourvoir.

AVITAMINOSE ■ Béribéri, rachitisme, scorbut.

AVIVER ■ ⇒ augmenter.

AVOCAT ■ ⇒ défenseur.

AVOINE ■ *I.* Fromental. *II. Fam.* : ⇒ volée.

AVOIR ■ *I. N. m.* 1. ⇒ bénéfice. 2. ⇒ biens. *II. V. tr.* 1. Détenir, jouir de, posséder, tenir. 2. ⇒ obtenir. *III. Par ext.* 1. ⇒ tromper. 2. ⇒ vaincre.

AVOISINANT, E ■ ⇒ prochain.

AVOISINER ■ ⇒ toucher.

AVORTEMENT ■ *I. Au pr.* : arrêt/interruption volontaire de grossesse, fausse couche, I. V. G. *II. Fig.* : déconfiture, défaite, échec, faillite, insuccès, perte, revers.

AVORTER ■ Chuter, échouer, faire long feu/fiasco, foirer (fam.), louper (fam.), manquer, rater.

AVORTON ■ *I. Au pr.* : fausse couche. *II. Par ext.* 1. Embryon, fœtus, germe, graine, œuf. 2. Aztèque, freluquet, gnome, lilliputien, magot, microbe, myrmidon, nabot, nain, pot à tabac, pygmée, ragot, ragotin, rase-mottes, tom-pouce.

AVOUABLE ■ ⇒ honnête.

AVOUER ■ *I. Au pr.* : admettre, concéder, constater, confesser, confier, convenir, décharger/dégager sa conscience, déclarer, dire, reconnaître, tomber d'accord. *II. Arg.* : cracher le morceau, se déboutonner, se dégonfler, manger le morceau, se mettre à table, vider son sac.

AVULSION ■ Arrachement, déracinement, divulsion, éradication, évulsion, extirpation, extraction.

AXE ■ Arbre, essieu, ligne, pivot, vecteur.

AXER ■ ⇒ diriger.

AXIOME ■ *I.* Évidence, exactitude, postulat, proposition, prémisse, vérité. *II.* Adage, aphorisme, apophtegme, maxime, morale, pensée, sentence.

AZULERO ■ ⇒ **céramique.**

AZUR ■ Air, atmosphère, bleu, ciel, éther, firmament, voûte céleste.

AZURÉ, E ■ Azurin, bleu, bleuâtre, bleuté, céleste, céruléen, lapis-lazuli, myosotis, pervenche, saphir.

b

BABA ■ *I. Adj. :* abasourdi, comme deux ronds de flan, ébahi, étonné, stupéfait, surpris. *II. N. m.* 1. Marquise, savarin. 2. ⇒ fessier.

BABIL, BABILLAGE ■ *I.* Babillement, bavardage, gazouillement, gazouillis, lallation, ramage. *II.* Bruit, murmure. *III.* Caquet, caquetage, jacassement, jaserie.

BABILLARDE ■ Bafouille (fam.), bifton (argot milit.), lettre, message, missive, poulet (fam.).

BABILLER ■ *I.* Bavarder, gazouiller. *II. Non favorable :* cancaner, caqueter, jacasser, jaser, médire. ⇒ jaboter.

BABINES ■ *Au pr.* 1. D'un animal : lèvres, lippes. 2. De quelqu'un : badigoinces (fam.), lèvres, lippes.

BABIOLE ■ *I. Chose sans importance :* affiquet, amusement, amusette, amusoire, bagatelle, baliverne, bêtise, bibelot, bimbelot, breloque, bricole, brimborion, caprice, colifichet, connerie (vulg.), fanfreluche, fantaisie, frivolité, futilité, rien. *II. Affaire sans importance.* 1. Amusement, badinerie, bricole (fam.), broutille, futilité, jeu, plaisanterie, rien. 2. Non favorable : baliverne, bêtise, chanson, fadaise, futilité, sornette, sottise, vétille. *III. Par ext. :* amourette, badinage, chose, flirt, galanterie. ⇒ amour.

BÂBORD ■ Côté gauche.

BABOUCHE ■ Chaussure, mule, pantoufle, savate.

BAC ■ *I.* Bachot, bateau plat, embarcation, ferry-boat, toue, traille, va-et-vient. ⇒ bateau. *II.* Auge, baquet, bassin, cuve, timbre. *III.* ⇒ baccalauréat.

BACCALAURÉAT ■ Premier grade universitaire. *Fam. :* bac, bachot, peau d'âne.

BACCHANALE ■ ⇒ tohu-bohu.

BACCHANTE ■ moustache. ⇒ mégère.

BÂCHE ■ Banne, capote, couverture, toile. *Mar. :* prélart, taud.

BÂCHER ■ ⇒ couvrir.

BACILLAIRE ■ Bactérien, microbien, parasite.

BACILLE ■ *Par ext. :* bactérie, germe, microbe, virus.

BÂCLAGE ■ Expédition, gâchis, liquidation, sabotage, sabrage, torchage (fam.).

BÂCLE ■ ⇒ barre.

BÂCLER ■ Brocher, expédier, finir, gâcher, liquider, saboter, sabrer, torcher (fam.).

BACTÉRIE ■ Bacille, germe, microbe, virus.

BACTÉRIEN, ENNE ■ Bacillaire, microbien, parasite.

BADAUD ■ *I. Non favorable :* crédule, gobe-mouches (fam.), niais, nigaud, oisif, sot. *Arg. :* cave, pingouin. ⇒ **bête**. *II. Neutre :* curieux, flâneur, lèche-vitrine (fam.), promeneur.

BADAUDERIE ■ Crédulité, niaiserie, nigauderie, oisiveté, sottise. ⇒ **bêtise**.

BADERNE ■ *I. Mar. :* protection. *II. Loc. Vieille baderne 1.* Culotte de peau, peau de vache. **2.** Réac, son et lumière, vieux chose/con/machin/truc, vieille vache.

BADGE ■ ⇒ **insigne**.

BADIGEON ■ Enduit. ⇒ **peinture**.

BADIGEONNAGE ■ Barbouillage (péj.), enduit. ⇒ **peinture**.

BADIGEONNER ■ *I.* Enduire, peindre. *II. Par ext. :* barbouiller, enduire, farder, oindre, peindre, recouvrir.

BADIGOINCES ■ ⇒ **babines**.

BADIN, E ■ *I.* Drôle, enjoué, espiègle, folâtre, fou, foufou (fam.), gai, gamin, rigolo (fam). *II. Non favorable :* désinvolte, frivole, léger, libre.

BADINAGE ■ *I. Au pr. :* amusement, amusette, badinerie, batifolage, enjouement, gaieté, jeu, plaisanterie. *II.* Bluette, fleurette, flirt, galanterie, marivaudage.

BADINE ■ *I. Nom fém. :* canne, cravache, baguette, jonc, stick. *II. Nom fém. pl. :* pincettes.

BADINER ■ *I.* S'amuser, jouer, plaisanter, rigoler (fam.), taquiner. *II.* Baratiner (fam.), conter fleurette, flirter, marivauder. ⇒ **courtiser**.

BAFFE ■ ⇒ **gifle**.

BAFOUER ■ Abaisser, brocarder, fouler aux pieds, se gausser de, humilier, maltraiter, mépriser, mettre en boîte (fam.), se moquer de, outrager, se payer la tête de (fam.), persifler, railler, ridiculiser, vilipender.

BAFOUILLAGE ■ Baragouin, baragouinage, bredouillement, cafouillage, charabia, jargon. **Vulg. :** déconnage, merdoyage, merdoiement.

BAFOUILLE ■ Babillarde, bifton (argot milit.), lettre, message, missive, poulet (fam.).

BAFOUILLER ■ *I.* Balbutier, baragouiner, bégayer, bredouiller, cafouiller, déconner (grossier), s'embrouiller, jargonner, jargouiner, manger ses mots, marmonner, merdoyer (grossier), murmurer. *II. Loc. :* ça se bouscule au portillon (fam.).

BAFOUILLEUR, EUSE ■ Baragouineur, bégayeur, bredouilleur, cafouilleur. *Vulg. :* déconneur, merdoyeur.

BÂFRER ■ *Péj. :* avaler, bouffer, boustifailler, brifer, déglutir, empiffrer, s'empiffrer, engloutir, se faire péter la sous-ventrière, faire ripaille, gobichonner, goinfrer, se goinfrer, gueuletonner, s'en mettre plein la lampe, phagocyter, se taper la cloche, tortorer.

BÂFREUR ■ Bouffeur, boustifailleur, empiffreur, glouton, goinfre, goulu, gourmand, ogre, phagocyte, ripailleur, tube digestif.

BAGAGE ■ *I. Au pr.* **1.** Affaires. **2.** Attirail, barda (arg. milit.), caisse, cantine (milit.), chargement, colis, équipement, fourbi (fam.), fourniment, impedimenta, malle, paquet, paquetage (milit.), sac, valise. ⇒ **ballot**. **3.** Arroi (vx), équipage, train. *II. Par ext. :* acquis, compétence, connaissance, savoir. *III. Loc.* **1.** Avec **armes et bagages :** totalement et rapidement, sans demander son reste. **2.** Plier **bagage :** déguerpir, s'enfuir, partir rapidement.

BAGARRE ■ Altercation, baroud (milit.), bataille, combat, crosses (fam.), discussion, dispute, échauffourée, empoignade, explication, lutte, noise, querelle, rixe.

BAGARRER, SE BAGARRER ■ *I. Au*

pr. : barouder (milit.), batailler, se battre, se disputer, se quereller, chercher des crosses/noise/des noises/querelle. *II. Par ext.* : agir/discuter avec ardeur/conviction, lutter.

BAGARREUR ■ Agressif, baroudeur (milit.), batailleur, combatif, mauvais coucheur, querelleur.

BAGASSE ■ ⇒ prostituée.

BAGATELLE ■ *I. Chose* : affiquet, amusement, amusette, amusoire, babiole, baliverne, bêtise, bibelot, bimbelot, breloque, bricole, brimborion, caprice, chiffon, colifichet, fanfreluche, fantaisie, fifrelin, frivolité, futilité, rien. *II. Affaire sans importance.* 1. Amusement, badinerie, bricole (fam.), broutille, futilité, jeu, plaisanterie, rien. 2. Baliverne, bêtise, chanson, connerie (fam.), détail, enfantillage, fadaise, foutaise (fam.), hochet, jouet, rocambole, sornette, sottise, vétille. *III. Part ext.* : amourette, badinage, chose, flirt, galanterie. ⇒ amour.

BAGNARD ■ Détenu, forçat, galérien, interné, relégué, transporté.

BAGNE ■ Chiourme, détention, réclusion criminelle, grotte (arg.), pénitencier, relégation, transportation. ⇒ travaux forcés.

BAGNOLE ■ *I. Au pr.* : auto, automobile, tas de ferraille, taxi, tire (arg.), véhicule. ⇒ voiture. *II. Péj.* : clou, ferraille, poubelle, tacot.

BAGOU ■ *I. Au pr.* : babil, babillage, baratin, bavardage, bavarderie, bavasserie, boniment, caquetage, jacasserie, jaserie, jaspin, langue bien affilée/pendue, logorrhée, loquacité, papotage, parlage, parlerie, parlote, patati et patata, verbiage. ⇒ éloquence. *II. Par ext. :* ⇒ médisance.

BAGUE ■ *I.* Alliance, anneau, brillant, chevalière, diamant, jonc, marguerite, marquise, solitaire.

BAGUENAUDE ■ ⇒ promenade.

BAGUENAUDER, SE BAGUENAUDER ■ Se balader, faire un tour, flâner, lanterner, musarder, muser, prendre l'air, se promener, sortir, se traîner, se trimbaler (fam.), vadrouiller.

BAGUETTE ■ *I.* Petit bâton, tige. *II.* Frette, listel, membron, moulure. *III.* Badine, canne, cravache, houssine, jonc, stick, verge. *III. Loc.* D'un coup de baguette : par enchantement/magie/miracle.

BAHUT ■ *I. Meuble :* armoire, buffet, coffre, dressoir, huche, maie, semainier, vaisselier. *II. Arg. scol. :* école, collège, lycée. *III.* ⇒ camion. *IV. Arch. :* appui, chaperon.

BAIE ■ *I.* Anse, calanque, conche, crique, golfe, havre. *II.* Châssis, croisée, double fenêtre, fenêtre, lucarne. ⇒ ouverture. *III.* Akène, drupe, fruit, graine.

BAIGNADE ■ ⇒ bain.

BAIGNER ■ *I. V. tr.* 1. On baigne quelqu'un ou quelque chose : laver, mettre dans l'eau, mouiller, nettoyer, plonger dans l'eau, tremper. 2. Un fleuve : arroser, couler dans, irriguer, traverser. 3. La mer : entourer. 4. Par ext. : inonder, mouiller, remplir. *II. V. intr. :* immerger, nager, noyer (péj.), être plongé, tremper. *III. V. pron. :* faire trempette (fam.), se laver, nager, se nettoyer, se plonger dans l'eau, prendre un bain, se tremper.

BAIGNEUR, EUSE ■ *I. Au pr. :* nageur. *II. Par ext. :* aoûtien (fam.), curiste, touriste, vacancier.

BAIGNOIRE ■ *I.* Piscine, tub. *II. Théâtre :* avant-scène, loge, mezzanine.

BAIL ■ Amodiation, commandite, contrat, convention, fermage, location, loyer.

BÂILLEMENT ■ Fig. : échancrure, ouverture.

BAILLER ■ ⇒ donner.

BÂILLER ■ *I. Fam.* : se décrocher la mâchoire (fam.), ouvrir un four. *II. Par ext.* : être béant/entrouvert/mal ajusté/mal fermé/mal joint/mal tendu.

BAILLEUR, ERESSE ■ *I.* Propriétaire, proprio (arg.). *II.* Capitaliste, commanditaire, créancier, prêteur.

BÂILLON ■ Bandeau, muselière, tampon.

BÂILLONNER ■ *I.* Museler. *II. Fig.* : étouffer, museler, réduire au silence.

BAIN ■ *I.* Ablution, baignade, douche, toilette, trempette. *II. Le lieu.* 1. Conche, plage, rivière. 2. Bain turc, hammam, piscine, sauna, thermes. *III. Loc.* Être dans le bain : être compromis, être impliqué dans, être mouillé (fam.).

BAISE ■ ⇒ accouplement.

BAISER ■ *I. V. tr.* Accoler (vx), bécoter (fam.), biser, donner un baiser, *et les syn. de* BAISER *(nom),* embrasser, faire la bise (fam.), poser un baiser sur, sucer la pomme (fam.). *II. Par ext.* 1. **Vulg.** ⇒ **accoupler** (s'). 2. **Loc.** Se faire baiser (grossier) : être abusé /dupé/ feinté/pris/roulé/trompé, se faire avoir/posséder/prendre/rouler.

BAISER ■ n. m. *I.* Accolade, embrassade. *Fam.* : bécot, patin, poutou, suçon. *Rég.* : bec. ⇒ bise. *II. Loc.* 1. De Judas : fourberie, mensonge, trahison, traîtrise. ⇒ **hypocrisie.** 2. Lamourette : duperie, leurre, réconciliation passagère, succès sans lendemain, tromperie.

BAISSE ■ Abaissement, affaiblissement, affaissement, amoindrissement, chute, déclin, décrue, descente, diminution, effondrement, faiblissement, fléchissement, reflux.

BAISSER ■ *I.* 1. Abaisser, descendre, rabaisser, rabattre, surbaisser. 2. La tête : courber, incliner, pencher. 3. Par ext. : abattre, démarquer, diminuer,

faire un abattement, réduire. *II.* 1. **Quelqu'un** : s'affaiblir, décliner, décroître, diminuer. *Fam.* : devenir gâteux, sucrer les fraises. 2. Chuter, descendre, s'effondrer, faiblir, refluer, rétrograder.

BAKCHICH ■ ⇒ gratification.

BAL ■ *I. Au pr.* 1. Dancing, night-club, salle de bal, salon. 2. **Non favorable** : bastringue, boîte, guinche, guinguette, pince-fesses (fam.). 3. Bal champêtre : frairie, musette. *II. Par ext.* 1. Fête, réception, soirée, surprise-partie. 2. L'après-midi : cinq à sept, cocktail dansant, sauterie, thé dansant. 3. **Fam.** : boum, quelque chose, surboum, surpatte.

BALADE ■ Excursion, randonnée, sortie, tour, voyage. ⇒ **promenade.**

BALADER ■ Faire faire un tour, faire prendre l'air à, promener, sortir, trimbaler (fam. et péj.). *V. pron.* 1. Se baguenauder, errer, faire un tour, flâner, lanterner, lécher les vitrines, musarder, muser, prendre l'air, se promener, sortir, se traîner, se trimbaler, vadrouiller. 2. Par ext. : faire une excursion/du tourisme, un voyage, voir du pays, voyager.

BALADIN, INE ■ Acteur ambulant, acrobate, ballerine, bateleur, bouffon, clown, comédien, danseur, enfant de la balle, histrion, paillasse, saltimbanque.

BALAFRE ■ Cicatrice, coupure, entaille, estafilade, taillade. ⇒ **blessure.**

BALAFRER ■ Couper, entailler, taillader, tailler. ⇒ **blesser.**

BALAI ■ *I.* Aspirateur (par ext.), balayette, brosse, écouvillon, goret, guipon, faubert, houssoir, lave-pont, tête de loup, vadrouille. *II. Coup de balai* ⇒ **nettoiement, épuration.**

BALANCE ■ *I. Au pr.* 1. Pèse-bébé, pèse-grains, pèse-lettre, pesette, peson, romaine, trébuchet. 2. Bascule, poids public. 3. **De pêche** : caudrette, filet, truble. *II. Fig. :* équilibre, rapport. *III. Loc.* 1. **Mettre en balance :** comparer, favoriser. 2. **Rester/être en balance :** hésiter. 3. **Tenir en balance :** laisser dans l'incertitude, rendre hésitant. *IV. Comptabilité :* bilan, compte, différence, solde.

BALANCÉ, E (BIEN) ■ *I. Un garçon :* balèze (fam.), beau gars, bien baraqué (arg.)/bâti/proportionné, costaud. *II. Une fille :* beau brin de fille, beau châssis (arg.), belle fille, bien bâtie/faite/proportionnée/roulée (fam.)/tournée, faite au moule.

BALANCEMENT ■ *I. Au pr. :* alternance, bascule, battement, bercement, branle, branlement (vx), brimbalement, dandinement, dodelinement, flottement, fluctuation, flux et reflux, nutation, ondulation, oscillation, roulis, secouement, tangage, vacillation, va-et-vient. *II. Par ext.* 1. Flottement, hésitation. 2. **Littérature :** cadence, harmonie, rythme. *III. Fig. :* compensation, équilibre, pondération.

BALANCER ■ *I. V. tr.* 1. Agiter, bercer, branler (vx), dandiner, dodeliner, dodiner, faire aller et venir/de droite et de gauche/osciller, hocher, remuer. 2. **Par ext. :** balayer, bazarder (fam.), chasser, congédier, se débarrasser de, donner son compte à, envoyer à la balançoire/promener/valser, expulser, faire danser (fam.)/ valser (fam.), ficher/foutre (grossier)/jeter à la porte, remercier, renvoyer. 3. **Comptabilité :** couvrir, solder. 4. **Une force :** compenser, contrebalancer, équilibrer, neutraliser. *II. V. intr.* 1. **Au pr. :** aller de droite et de gauche, ballotter, brimbaler, bringuebaler, être secoué, onduler, osciller, remuer, rouler, tanguer, vaciller. 2. **Fig. :** comparer, examiner, flotter, hésiter, opposer, peser le pour et le contre. *III. Loc.* 1. **Je m'en balance :** ça m'est égal, je m'en fiche, je m'en fous, je m'en moque. 2. **Envoyer balancer :** bazarder, se décourager (au fig.), envoyer promener (fam.), liquider, renoncer à, vendre. 3.

Ça se balance : s'équilibrer, se neutraliser, se valoir.

BALANÇOIRE ■ *I.* Balancelle (par ext.), bascule, escarpolette. *II. Fig. :* baliverne, sornette.

BALAYAGE ■ ⇒ nettoiement, épuration.

BALAYER ■ *I.* Brosser, donner un coup de balai, enlever la poussière, frotter, passer le balai. ⇒ nettoyer. *II. Fig.* 1. **Une chose :** déblayer, dégager, écarter, refouler, rejeter, repousser. ⇒ chasser. 2. ⇒ retrancher.

BALAYEUR ■ Boueur, boueux, employé au petit génie.

BALAYURE ■ ⇒ débris.

BALBUTIEMENT ■ *I.* Babil, murmure. *II.* Ânonnement, bafouillage, baragouin, bégaiement, bredouillement, mussitation. *III. Fig. :* aube, aurore, commencement, début, enfance.

BALBUTIER ■ *I.* Articuler, babiller, murmurer. *II.* Ânonner, bafouiller, baragouiner, bégayer, bredouiller, hésiter, marmonner, marmotter, merdoyer (fam.), se troubler.

BALCON ■ Avancée, galerie, loggia, mezzanine.

BALDAQUIN ■ *I.* Dais. *II. Relig. :* ciborium. *III.* Ciel de lit.

BALEINE ■ *I.* Baleineau, baleinoptère, cétacé, épaulard, jubarte, mégaptère, orque, rorqual, rorque. *II. De corset :* busc.

BALEINIÈRE ■ Canot, chaloupe, embarcation. ⇒ bateau.

BALÈZE ■ *I.* Baraqué (arg.), costaud, fort, grand. *II. Loc. :* armoire à glace (fam.), fort comme un Turc.

BALISAGE ■ Guidage, radioguidage, signalement.

BALISE ■ Amer, bouée, clignotant, émetteur, feu, feu clignotant, jalon, marque, poteau, réflecteur, signal, tourelle.

BALISER ■ Flécher, indiquer, marquer, munir de balises, signaler, tracer.

BALISTE ■ ⇒ catapulte.

BALISTIQUE ■ Aérodynamique, astronautique, cinématique, cinétique, dynamique, mécanique.

BALIVEAU ■ ⇒ arbre.

BALIVERNE ■ *I.* Balançoire, billevesée, bourde, calembredaine, chanson, connerie (fam.), conte, coquecigrue, enfantillage, fable, facétie, fadaise, faribole, futilité, histoire, niaiserie, puérilité, rien, sornette, sottise. *II.* ⇒ bagatelle. *III.* ⇒ bêtise.

BALLADE ■ Chanson, lied, refrain. ⇒ poème.

BALLANT, E ■ *I. Adj. :* oscillant, pendant. *II. Loc.* Donner du ballant : détendre, donner du mou, relâcher.

BALLAST ■ *I. D'une voie :* remblai. *II. Mar.* 1. Lest. 2. Réservoir. 3. Compartiment.

BALLE ■ *I.* Ballon, éteuf, pelote. *II. Loc.* Balle au panier : basket-ball. *III.* Cartouche, chevrotine, plomb, projectile, pruneau (arg.). *IV.* Affaires, attirail, ballot, balluchon, barda (arg. milit.), caisse, cantine, colis, fourbi (fam.), paquet, paquetage (milit.), sac. *V. Fam. :* ⇒ tête. *VI. Botan. :* cosse, enveloppe, glume, glumelle.

BALLERINE ■ Danseuse, étoile, petit rat, premier sujet.

BALLET ■ Chorégraphie, danse, divertissement, spectacle de danse.

BALLON ■ *I.* Balle. *II. Loc.* 1. Ballon rond : foot, football, football-association. 2. Ballon ovale : rugby, jeu à treize/à quinze. *III.* Aéronef, aérostat, dirigeable, montgolfière, saucisse, zeppelin. *IV. Loc.* Faire ballon (fam.) : faire tintin, être déçu/privé de.

BALLONNÉ, E ■ Distendu, enflé, flatueux, flatulent, gonflé, météorisé, tendu, venteux.

BALLONNEMENT ■ Enflure, flatulence, flatuosité, gonflement, météorisation, météorisme, tension, ventosité.

BALLOT ■ *I. Au pr.* 1. Affaires, attirail, bagot (arg.), balle, balluchon, barda, caisse, cantine, chargement, colis, équipement, fourbi, pacson (arg.), paquet, paquetage, sac. ⇒ bagage. *II. Par ext. :* acquis, compétence, connaissance, savoir. *III. Fig.* ⇒ bête.

BALLOTTEMENT ■ Agitation, balancement, remuement, secousse, va-et-vient.

BALLOTTER ■ *I.* Agiter, balancer, baller (vx), cahoter, remuer, secouer. *II.* Rendre hésitant/indécis, tirailler.

BALLOTTINE ■ Galantine.

BALLUCHE, BALLUCHON ■ ⇒ ballot.

BALNÉAIRE ■ *I. Station balnéaire :* station thermale. *II.* Bord de mer.

BALOURD, E ■ Emprunté, fruste, gaffeur, gauche, grossier, lourd, lourdaud, maladroit, rustaud, rustre. ⇒ bête.

BALOURDISE ■ Gaffe, gaucherie, grossièreté, lourdeur, maladresse, rusticité, sottise, stupidité. ⇒ bêtise.

BALUSTRADE ■ Bahut, garde-corps, garde-fou, parapet, rambarde.

BAMBIN ■ Bébé, chérubin, gamin, petiot (fam.), petit. ⇒ enfant.

BAMBOCHE ■ Bamboula. ⇒ fête.

BAMBOCHEUR ■ ⇒ fêtard.

BAN ■ *I.* Proclamation, publication. *II.* Applaudissement, hurrah, ovation. *III. Loc.* Le ban et l'arrière-ban : tout le monde. *IV. Loc.* Mettre au ban de : bannir, chasser, exiler, expulser, mettre en marge de, refouler, repousser.

BANAL, E ■ I. Communal, paroissial, public. **II.** Commun, courant, ordinaire. **III.** Battu, impersonnel, insignifiant, insipide, pauvre, plat, rebattu, sans originalité, trivial, usé, vieux, vulgaire.

BANALITÉ ■ Cliché, évidence, fadaise, lapalissade, lieu commun, médiocrité, pauvreté, platitude, poncif, redite, trivialité, truisme.

BANC ■ I. Banquette, gradins, siège. **II.** Bâti, établi, table. **III. Mar. :** banquise, bas-fond, brisant, écueil, récif. **IV. Géol. :** amas, assise, couche, lit, strate.

BANCAL, E ■ I. Bancroche, boiteux, éclopé. **II. Un objet :** boiteux, branlant, déglingué (fam.), de guingois (fam.), en mauvais état. **III. Un raisonnement :** boiteux, contestable, faux, fumeux (fam.), illogique, spécieux.

BANDAGE ■ I. Appareil, attelle, bande, écharpe, ligature, minerve, orthopédie, pansement. **II.** Tension.

BANDE ■ I. Bandage, bandeau, bandelette, ceinture, pansement, sangle. ⇒ **ruban. II. Par ext.** 1. Bras, coin, détroit, isthme, langue, morceau. 2. Film, pellicule. **III.** 1. Armée, association, cohorte, compagnie, équipe, groupe, parti, troupe. 2. Clan, clique, coterie, gang, horde, ligue, meute. **IV. D'animaux :** harde, meute, troupe, troupeau.

BANDEAU ■ I. Diadème, serre-tête, tour de tête, turban. **II. Arch. :** frise, moulure, plate-bande.

BANDER ■ I. Au pr. : faire un pansement, panser, soigner. **II. Par ext.** 1. Fermer, obturer. 2. Raidir, roidir, tendre. 3. Appliquer son attention à, concentrer, tendre son esprit à. 4. Être en érection. ⇒ **jouir.**

BANDEROLE ■ Calicot, flamme, oriflamme. ⇒ **bannière.**

BANDIT ■ Apache, assassin, bon à rien, chenapan, criminel, desperado,

forban, fripouille, gangster, hors-la-loi, malandrin, malfaiteur, pirate (fam.), sacripant, terreur, voleur, voyou. ⇒ **brigand, vaurien.**

BANDITISME ■ ⇒ brigandage.

BANLIEUE ■ Agglomération, alentours, ceinture, cité-dortoir (péj.), environs, extension, faubourg, favela, périphérie, quartiers excentriques, zone suburbaine.

BANNE ■ ⇒ bâche.

BANNI, E ■ Bagnard, déporté, expatrié, exilé, expulsé, interdit de séjour, proscrit, refoulé, relégué, transporté (vx).

BANNIÈRE ■ I. Banderole, bandière, baucent, couleurs, drapeau, enseigne, étendard, fanion, flamme, guidon, gonfanon, oriflamme, pavillon, pennon. **II. Loc.** 1. **C'est la croix et la bannière :** c'est très difficile, il faut y mettre beaucoup de formes, il se fait beaucoup prier. 2. **Se ranger sous la bannière :** adhérer, adopter, participer, se ranger à l'avis. 3. **Arborer, déployer la bannière de :** afficher, donner le signal de, soulever au nom de. 4. **Se promener en bannière** (fam.) : en pan de chemise.

BANNIR ■ I. Chasser, contraindre à quitter le territoire, déporter, exclure, exiler, expatrier, expulser, frapper d'ostracisme, interdire de séjour, limoger, mettre au ban, ostraciser, proscrire, refouler, reléguer, transporter (vx). **II. Fig. :** s'abstenir de, arracher, chasser, condamner, écarter, éloigner, éviter, exclure, fuir, ôter, se priver de, proscrire, rayer, refouler, rejeter, repousser, supprimer.

BANNISSEMENT ■ I. De quelqu'un : bagne, déportation, exclusion, exil, expulsion, interdiction de séjour, limogeage, ostracisme (fig.), proscription, relégation, transportation (vx). **II. D'une chose :** abandon, abstention, abstinence, condamnation, éloignement, exclusion, proscription, rejet, suppression.

BANQUE ■ **I.** Caisse de crédit/de dépôts, établissement de crédit, comptoir. **II. Loc.** Billet de banque : argent, assignat (vx), bank-note (angl.), coupure, espèces, fonds, image (fam.), monnaie, papier, papier-monnaie. **Fam. :** fafiot, pèze, ticket.

BANQUEROUTE ■ Déconfiture, faillite, krach, liquidation, ruine.

BANQUET ■ Agapes, bombance (fam.), bombe, brifeton (fam.), festin, festivité, fête, grand repas, gueuleton (fam.), réjouissances, repas d'apparat, ripaille (péj.).

BANQUETER ■ **I. Au pr. 1.** Faire des agapes/un bon repas/un festin/la fête. **2. Fam. :** faire bombance/la bombe/ripaille, gueuletonner, s'en mettre plein la lampe, se remplir la panse, ripailler, se taper la cloche. **II. Non fav. :** bambocher, faire la bamboula/la noce/ripaille, ripailler.

BANQUETTE ■ Banc, pouf, siège.

BANQUIER ■ Cambiste, financier. ⇒ **prêteur.**

BANQUISE ■ Banc de glace, iceberg.

BAOBAB ■ Adansonia, arbre à pain.

BAPTÊME ■ **I.** Bain purificateur, engagement, immersion, onction, ondoiement, purification, régénération. **II.** Début, consécration, initiation, révélation.

BAPTISER ■ **I.** Administrer le baptême, immerger, oindre, ondoyer, purifier, régénérer. **II. Fig. :** bénir, consacrer, initier, révéler. **III.** ⇒ **appeler.**

BAQUET ■ Auge, bac, baille, barbotière, comporte, cuve, cuvier, jale, récipient, seille, seillon.

BAR ■ Bistrot (péj.), brasserie, buvette, cabaret, café, café-tabac, club, comptoir, débit de boissons, discothèque, night-club, pub (angl.), saloon (amér.), snack-bar, taverne, troquet (pop.), whisky-club, zinc. **Poisson :** loubine, loup, lubin.

BARAGOUIN ■ Baragouinage, bredouillement, cafouillage, charabia, déconnage (grossier), jargon, merdoyage (grossier), merdoiement (grossier).

BARAGOUINER ■ **I.** Bafouiller, balbutier, bégayer, bredouiller, cafouiller, déconner (grossier), s'embrouiller, jargouiner, manger ses mots, marmonner, marmotter, merdoyer (grossier), murmurer. **II. Loc. :** ça se bouscule au portillon.

BARAGOUINEUR, EUSE ■ Bafouilleur, bégayeur, bredouilleur, cafouilleur. **Grossier :** déconneur, merdoyeur.

BARAKA ■ ⇒ protection.

BARAQUE ■ **I.** Abri, appentis, baraquement, cabane, cabanon, cassine, échoppe, hangar, hutte, loge. **II.** Bicoque, boîte, boutique, cabane, crèche, crèmerie, masure.

BARAQUÉ, E ■ Armoire à glace (fam.), balancé, balèze (fam.), beau gars, belle fille, bien balancé/bâti/fait/proportionné/roulé/tourné, costaud, fait au moule, fort, fort comme un Turc, grand, membré, puissant, râblé.

BARAQUEMENT ■ **I.** ⇒ baraque. **II. Milit. :** camp, cantonnement, casernement.

BARATIN ■ Abattage, bagou, boniment, brio, charme, faconde, hâblerie, parlote.

BARATINER ■ **I.** Avoir du bagou, bavarder, chercher à convaincre/à persuader, hâbler, faire du boniment. **II.** Complimenter, entreprendre, faire du boniment/du charme/des compliments/la cour, jeter du grain (arg.), raconter des salades (arg.), séduire. ⇒ **courtiser.**

BARATINEUR, EUSE ■ Bavard, beau parleur, bonimenteur, charmeur, séducteur. ⇒ **hâbleur.**

BARBACANE ■ ⇒ **ouverture.**

BARBANT, E ■ Assommant, barbifiant, barbifique, embêtant, emmerdant (vulg.), la barbe, rasant, rasoir. ⇒ **ennuyeux.**

BARBARE ■ *I.* Arriéré, béotien, grossier, ignorant, inculte, non civilisé/policé, primitif. *II.* Bestial, brutal, brute, cruel, dur, farouche, féroce, impitoyable, inhumain, sanguinaire, truculent (vx). ⇒ **sauvage.**

BARBARIE ■ Atrocité, bestialité, brutalité, cruauté, état de nature, férocité, grossièreté, inhumanité, inconvenance, incorrection, sauvagerie, vandalisme.

BARBE ■ Barbiche, barbichette, bouc, collier, impériale, mouche, piège à poux, poils, royale.

BARBEAU ■ ⇒ **bleuet, proxénète.**

BARBECUE ■ Fourneau, rôtissoir, tournebroche.

BARBELÉ ■ *I.* Piquant. *II. Fil barbelé :* ronce. *III. Pl. :* chevaux de frise.

BARBER ■ Assommer, barbifier, embêter, emmerder (vulg.), ennuyer, raser.

BARBIER ■ Coiffeur, figaro, merlan (vx), perruquier.

BARBITURIQUE ■ Hypnotique, sédatif, somnifère, tranquillisant.

BARBON ■ Baderne, chef-d'œuvre en péril, grison, vieillard, vieille bête, vieux, vieux beau/con/schnoque.

BARBOTER ■ *I. V. intr. :* s'agiter dans, s'embourber, s'empêtrer, s'enliser, fouiller dans, patauger, patouiller, tremper/se vautrer dans. *II. V. tr. :* chaparder, chiper, piquer, prendre, soustraire, voler.

BARBOTINE ■ ⇒ **pâte.**

BARBOUILLAGE ■ Bariolage, croûte (péj.), dessin d'enfant, gribouillage, gribouillis, griffonnage, grimoire, hiéroglyphe, mauvaise peinture, pattes de mouche.

BARBOUILLER ■ Badigeonner, barioler, couvrir, embarbouiller, encrasser, enduire, gâter, gribouiller, griffonner, maculer, noircir, peindre, peinturer, peinturlurer, salir, souiller, tacher.

BARBOUILLEUR ■ *Péj.* **1. Un écrivain :** écrivailleur, écrivassier, chieur d'encre (grossier), folliculaire, gendelettre, gribouilleur, pisse-copie, plumitif. **2. Un peintre :** badigeonneur, gribouilleur, mauvais peintre, pompier, rapin.

BARBOUZE ■ ⇒ **policier.**

BARBU, E ■ Poilu, velu.

BARD ■ ⇒ **brancard, civière.**

BARDA ■ ⇒ **bagage, ballot.**

BARDAGE ■ ⇒ **protection.**

BARDE ■ *I. N. f.* Lamelle, tranche de lard. *II. N. m.* ⇒ **chanteur, poète.**

BARDER ■ *I. V. tr.* **1.** Armer, caparaçonner, couvrir, cuirasser, garnir, protéger, recouvrir. **2.** Consteller, garnir. *II. V. intr. :* aller mal, chambarder, chauffer, chier (grossier), fumer, se gâter, prendre mauvaise tournure.

BARÈME ■ Échelle, recueil, répertoire, table, tarif.

BARGE ■ ⇒ **barque.**

BARGUIGNER ■ Argumenter, discuter, hésiter, marchander.

BARIL ■ *I. Pour le vin :* barrique, demi-muid, feuillette, foudre, fût, futaille, muid, quartaut, tonne, tonneau, tonnelet. *II. Pour le poisson :* barrot, caque. *III. Par ext. :* tine, tinette.

BARIOLAGE ■ Barbouillage, bariolure, bigarrure, chamarrure, couleur, diaprure, mélange.

BARIOLÉ, E ■ Barbouillé, bigarré, chamarré, chiné, coloré, composite, diapré, divers, mélangé, multicolore, panaché, peinturluré, varié. ⇒ **taché.**

BARIOLER ■ Barbouiller, bigarrer, chamarrer, colorer, diaprer, mélanger, panacher, peinturlurer. ⇒ **peindre.**

BARMAN ■ Garçon, serveur, steward.

BAROQUE ■ *I.* Rococo. *II.* Abracadabrant, biscornu, bizarre, choquant, étrange, excentrique, extravagant, exubérant, fantaisiste, fantasque, farfelu, insolite, irrégulier, kitsch, original, singulier, surchargé.

BAROUD ■ Affaire, bagarre, barouf, bataille, combat, engagement, lutte.

BAROUDER ■ Bagarrer, batailler, se battre, combattre, en découdre, foncer, guerroyer, lutter.

BAROUDEUR ■ Ardent, aventurier, bagarreur, batailleur, combatif, courageux, fonceur, guerrier, pugnace.

BAROUF ■ Bagarre, baroud, bruit, chahut, cris, dispute, scandale, tapage, trouble, vacarme.

BARQUE ■ Bac, bachot, barcasse, barge, barquette, bélandre, bisquine, cange, canoë, canot, coble, couralin, embarcation, esquif, filadière, gig, gondole, gribane, kayak, nacelle, norvégienne, patache, périssoire, picoteux, pinasse, pirogue, plate, rigue, satteau, saugue, sinagot, taureau, tillole, toue, voirolle, youyou. ⇒ **bateau.**

BARRAGE ■ *I. Au pr. :* batardeau, digue, duit, écluse, estacade, jetée, levée, ouvrage d'art, retenue. *II. Par ext.* 1. Arrêt, barrière, borne, clôture, écran, fermeture, obstacle. 2. De **police :** cordon. 3. **De manifestants :** barricade, blocage de la circulation, bouchon, manifestation, obstruction.

BARRE ■ *I. Au pr. :* bâcle, baguette, barlotière, barreau, bâton, tige, traverse, tringle. *II. Par ext.* 1. Arbre, axe, barre à mine, chien, cottière,

davier, fourgon, levier, pince, râble, ringard, tisonnier. 2. **D'or :** lingot. 3. **Mar. :** flot, mascaret, raz. 4. **Écriture :** bâton, biffure, rature, trait. 5. **D'un bateau :** gouvernail, timonerie. 6. **D'un cheval :** ganache, mâchoires. *III. Loc.* **Avoir barre sur :** dominer, l'emporter sur.

BARREAU ■ *I. Au pr. :* arc-boutant, barre, montant, traverse. *II. Jurid. :* basoche, profession d'avocat.

BARRER ■ *I.* Arrêter, barricader, bloquer, boucher, construire/édifier un barrage, clore, clôturer, colmater, couper, endiguer, faire écran/obstacle/obstruction, fermer, former un cordon (police), obstruer, retenir. *II. Une chose, un mot :* annuler, biffer, effacer, enlever, ôter, raturer, rayer, rectifier, retirer, retrancher, soustraire, supprimer. *III. Mar. :* diriger, gouverner, mettre le cap. *IV. V. pron. Pop. :* s'en aller, se cavaler, ficher le camp, foutre le camp, mettre les bouts, se tirer.

BARREUR ■ Pilote.

BARRICADE ■ Arrêt, barrage, barrière, clôture, digue, écran, empêchement, fermeture, obstacle, obstruction, retenue, séparation. ⇒ **émeute.**

BARRICADER ■ *I.* Arrêter, bloquer, boucher, construire/édifier une barricade *et les syn. de* BARRICADE, clore, clôturer, colmater, endiguer, faire écran/obstacle/obstruction, fermer, obstruer, retenir. *II.* ⇒ **enfermer.** *III. V. pron. :* se claustrer, se cloîtrer, condamner sa porte, s'enfermer, s'isoler, refuser de recevoir/de voir, se retirer, se retrancher.

BARRIÈRE ■ *I. Au pr. :* arrêt, barrage, barricade, clôture, fermeture, garde-corps, garde-fou, haie, obstacle, palissade, séparation, stop. *II. Fig. :* arrêt, borne, empêchement, limite, obstacle.

BARRIQUE ■ ⇒ **baril.**

BARRISSEMENT, BARIT ■ ⇒ **cri.**

BARROT ■ Caque. ⇒ baril.

BARTAVELLE ■ Perdrix rouge.

BAS, BASSE ■ *I. Au pr.* : inférieur. ⇒ petit. *II. Fig.* **Péj.** : abject, avili, avilissant, crapuleux, dégradant, grivois, grossier, honteux, ignoble, immoral, impur, indigne, infâme, lâche, laid, lèche-cul (grossier), libre, licencieux, mauvais, méchant, médiocre, méprisable, mesquin, obscène, plat, porno (fam.), pornographique, rampant, ravili, servile, sordide, terre à terre, vénal, vicieux, vil, vulgaire. *III. Loc.* **1.** À bas prix : bon marché, en solde, infime, modéré, modique, petit, vil. **2.** La rivière est basse : à l'étiage. **3.** L'oreille basse : confus, honteux, humilié, mortifié, penaud. **4.** À voix basse : doucement. **5.** Une voix basse : assourdi. **6.** Le bas pays : plat. **7.** Le bas clergé/peuple : menu, petit. **8.** Basse littérature : mauvais, méchant, médiocre, minable (fam.), pauvre, piètre. **9.** Basse époque : décadente, tardive. **10.** Au bas mot : au plus faible, au plus juste, au minimum.

BAS ■ n. m. *I.* Assise, base, dessous, embase, fond, fondation, fondement, pied, socle, soubassement, support. *II. Par ext.* ⇒ chute. *III.* Chaussette, mi-bas, socquette.

BASANE ■ Alude, cuir, peau de chamois/de mouton.

BASANÉ, E ■ Bistré, bronzé, brun, café au lait, foncé, hâlé, moricaud, noir, noirâtre, noiraud.

BAS-BLEU ■ *Péj.* : femme écrivain, pédante, prétentieuse.

BAS-CÔTÉ ■ *I. Au pr.* : accotement, banquette, berme, bord, bordure, caniveau, fossé, trottoir. *II. Arch.* : collatéral, déambulatoire, nef latérale.

BASCULE ■ *I. Au pr.* : balance, poids public, romaine. *II. Jeu* : balançoire. *III. Par ext.* : capotage, chute, culbute, cul par-dessus tête, renversement, retournement, tonneau.

BASCULER ■ Capoter, chavirer, chuter, culbuter, faire passer cul par-dessus tête (fam.), pousser, renverser, tomber.

BASE ■ *I. Au pr.* : appui, assiette, assise, bas, dessous, embase, embasement, empattement, fond, fondation, fondement, pied, piètement, socle, soubassement, support. *II. Milit.* : centre, point d'appui/de départ, tête de pont. *III. Par ext.* **1.** Appui, assiette, assise, centre, condition, origine, pivot, plan, point de départ, prémisse, principe, siège, source, soutien, support. **2.** Finances : taux.

BASER ■ Appuyer, échafauder, établir, faire reposer sur, fonder, tabler.

BASER (SE) ■ S'appuyer, s'établir, se fonder, partir de, tabler sur.

BAS-FOND ■ *I. Au pr.* : cloaque, creux, dépression, endroit humide, fond, marais, marécage, ravin, sentine. *II. Fig.* **1.** Bas étage, boue, fange, pègre. **2.** Bas quartiers, quartiers pauvres, sous-prolétariat.

BASILIQUE ■ Cathédrale, église privilégiée, haut lieu du culte, monument religieux, sanctuaire.

BASQUE ■ *I.* Pan, queue, queue-de-pie. *II. Loc.* **Être pendu aux basques de quelqu'un** : abuser de, coller, être dans les jambes/au crochet de.

BASSE-COUR ■ Cabane à poules, poulailler, volière.

BASSEMENT ■ Abjectement, crapuleusement, grossièrement, honteusement, ignoblement, indignement, lâchement, méchamment, médiocrement, odieusement, platement, servilement, sordidement, vicieusement, vulgairement.

BASSESSE ■ *I.* Faiblesse, humble extraction/extrance/origine, humilité, misère, obscurité, pauvreté. *II.* Compromission, corruption, courbette, crasse, dégradation, flatterie, grossièreté, ignominie, impureté, indignité, infamie, lâcheté, platitude, ravalement, servilité, trahison, traîtrise, turpitude, vice, vilénie. ***III.*** Abaissement, abjection, aplatissement, aveulissement, avilissement, bestialité, crapulerie, laideur, malignité, méchanceté, mesquinerie, petitesse, sordidité, trivialité, vénalité, vulgarité. ***IV. Loc. :*** *Faire des bassesses* ⇒ flatter.

BASSIN ■ ***I.*** Bassine, chaudron, cuvette, récipient, tub, vase. ***II.*** Claire, étang, pièce d'eau, piscine, vasque. ***III. Mar. :*** avant-port, darse, dock. ***IV. Géogr. :*** cuvette, dépression, plaine. ***V. Anat. :*** abdomen, bas-ventre, ceinture, lombes.

BASSINANT, E ■ ⇒ ennuyeux.

BASSINER ■ ***I. Au pr. :*** chauffer un lit, réchauffer. ***II. Pop. :*** barber, barbifier, casser les pieds (fam.), emmerder (vulg.), ennuyer, faire chier (grossier)-/suer (fam.), raser.

BASTAING, BASTING ■ ⇒ madrier.

BASTIDE, BASTILLE ■ ***I.*** Château fort, prison. ***II. Fig. :*** abus, pouvoir arbitraire, privilèges.

BASTINGAGE ■ Garde-corps, garde-fou, rambarde.

BASTION ■ Casemate, défense, fortification, protection, rempart, retranchement.

BASTONNADE ■ Correction, coups de bâton, fustigation. ***Par ext. :*** ⇒ torgnole.

BASTRINGUE ■ ***I. Pop. :*** bal, dancing, guinche, guinguette, musette, pince-fesses. ***II. Par ext.*** 1. Bruit, chahut, désordre, tapage, tohu-bohu, vacarme. 2. Attirail, bataclan, bazar, bordel (grossier), désordre, fourbi, foutoir (vulg.).

BAS-VENTRE ■ Abdomen, bassin, cavité pelvienne, ceinture, hypogastre, lombes, nature (pop.), parties, parties honteuses, parties sexuelles, pubis, pudendum, sexe.

BÂT ■ ***I. Au pr. :*** brêle, brelle, cacolet, harnais, selle. ***II. Fig. :*** défaut, difficulté, embarras, gêne, souffrance.

BATACLAN ■ Attirail, bastringue, bazar, bordel (grossier), fourbi, foutoir (vulg.), frusques.

BATAILLE ■ ***I. Au pr. Milit. :*** accrochage, action, affaire, affrontement, choc, combat, escarmouche, guerre, lutte, mêlée, opération, rencontre. ***II. Par ext. :*** bagarre, échauffourée, querelle, rixe. ***III. Fig.*** 1. Concurrence, émulation, rivalité. 2. Discussion.

BATAILLER ■ ***I. Au pr. :*** affronter, agir, se bagarrer, se battre, combattre, lutter. ***II. Fig.*** 1. Pour réussir : s'accrocher, agir, bagarrer, se battre, se crever (fam.), s'échiner, foncer, lutter, rivaliser. 2. Pour convaincre : argumenter, discuter, disputer, militer.

BATAILLEUR, EUSE ■ ***I.*** Accrocheur, actif, ardent, bagarreur, combatif, courageux, fonceur, lutteur, militant. ***II.*** Bagarreur, belliqueux, irascible, querelleur.

BATAILLON ■ ***Fig. :*** accompagnement, cohorte, compagnie, escouade, régiment. ⇒ troupe. Bataillon d'Afrique : bat d'Af, biribi, disciplinaire, les durs.

BÂTARD, E ■ ***I. Au pr.*** 1. Adultérin, champi (dial.), illégitime, naturel, né de la cuisse gauche (péj.). 2. **Animaux :** corniaud, croisé, hybride, mélangé, métis, métissé. ***II. Par ext. :*** complexe, composite, mélangé, mixte.

BÂTÉ, E ■ Ignare, ignorant, prétentieux. ⇒ bête.

BATEAU ■ ***I. Au pr.*** 1. Barque, canot, chaloupe, embarcation, esquif, radeau. 2. Chaland, péniche. 3. Coquille de noix, rafiot. 4. Bâtiment, unité, voile (vx). 5. Caboteur, cargo, chalutier, courrier, dragueur, long-courrier, navire, paquebot, pétrolier, remorqueur, steamer, transatlantique, vaisseau, vapeur, voilier, yacht. 6. **Partic. :**

acon, allège, arche, bac, bachot, balancelle, balandre, baleinière, bananier, barcasse, barge, barquerolle, bathyscaphe, bélandre, berthon, bisquine, bombard, brick, brise-glace, cabotière, caïque, cange, canoë, cap-hornier, caraque, caravelle, catamaran, charbonnier, cinq-mâts, coble, coquille de noix, coraillière, coraline, cotre, couralin, criss-craft, crevettier, cutter, dandy, dinghy, doris, drakkar, ferryboat, filadière, flette, flûte, fruitier, follier, gabare, galéasse, galère, galiote, gigue, goélette, gondole, gribane, harenguier, hors-bord, houari, hydrofoil, hydroglisseur, kayak, ketch, langoustier, lougre, liberty-ship, liner, marie-salope, minéralier, morutier, nacelle, nave, nef, norvégienne, outrigger, patache, périssoire, picoteux, pinasse, pink, pirogue, plate, podoscaphe, pousse-pied, quaïche, quatre-mâts, racer, rigue, runabout, sacolève, sampan, sardinier, satteau, saugue, schooner, senau, sinagot, skiff, sloop, supertanker, tanker, tartane, taureau, thonier, tillole, toue, traille, tramp, trimaran, trois-mâts, vaurien, vedette, voirolle, wager-boat, yole, youyou. **2. Mar. milit.** : aviso, bâtiment de guerre, canonnière, contre-torpilleur, corvette, croiseur, cuirassé, destroyer, dragueur de mines, dreadnought, frégate, garde-côte, mouilleur de mines, péniche de débarquement, porte-avions, sous-marin, torpilleur, unité, vaisseau, vaisseau-amiral, vedette. **II. Fig.** 1. Attrape, blague, craque, farce, fourberie, histoire, intrigue, invention, mensonge, mystification, ruse, tromperie. 2. Dada, enfant chéri, idée fixe, lubie, manie, marotte, radotage, 3. Cliché, lieu commun.

BATELEUR ■ Acrobate, amuseur, baladin, banquiste, bouffon, charlatan, équilibriste, farceur, forain, funambule, hercule, histrion, jongleur, lutteur, opérateur, paradiste, prestidigitateur, saltimbanque, sauteur.

BATELIER ■ Gondolier, marinier, nautonier, passeur, pilote.

BATELLERIE ■ Marine/navigation/transport fluvial(e).

BAT-FLANC ■ Cloison, planche, plancher, séparation.

BATH ■ (Pop.) Agréable, beau, chic, chouette (fam.), gentil, serviable.

BATIFOLAGE ■ Amusement, amusette, amourette, badinage, badinerie, bagatelle, caprice, chose (fam.), flirt, jeu folâtre/galant/léger, lutinerie, marivaudage. ⇒ **amour.**

BATIFOLER ■ S'amuser, couniller (rég.), s'ébattre, faire le fou, folâtrer, folichonner, lutiner, perdre son temps, marivauder, papillonner.

BÂTI ■ **I. Nom masc.** : assemblage, cadre, support. **II. Adj. et loc.** Bien bâti : balancé, balèze, baraqué, bien fait/roulé, costaud, fort.

BÂTIMENT ■ **I. Au pr.** : abri, architecture, bâtisse, construction, corps de logis, édifice, gros-œuvre, habitat, habitation, immeuble, local, maison, monument. ⇒ **grange. II. Mar.** : bateau, embarcation, navire, unité, vaisseau.

BÂTIR ■ **I. Au pr.** : construire, édifier, élever, ériger, monter. **II. Fig.** : agencer, architecturer, échafauder, édifier, établir, fonder, monter.

BÂTISSE ■ Abri, appentis, bâtiment, masure. ⇒ **bâtiment, grange.**

BÂTISSEUR ■ **I.** Architecte, constructeur, entrepreneur, fondateur, maçon, promoteur. **II.** Conquérant, créateur, initiateur, instaurateur, instigateur, organisateur, père.

BÂTON ■ **I.** Baguette, barre, thyrse, tige, verge. **II.** Aiguillon, alpenstock, batte, bourdon, canne, carassonne, digon, échalas, épieu, férule, gourdin, hampe, houlette, jalon, latte, marquant, matraque, paisseau (rég.), palanche, piolet, piquet, stick, tribart, tringle, trique, tuteur. *III. Loc.* 1. À bâtons rompus : décontracté (fam.), discontinu, libre, sans suite. 2. **Bâton de maréchal** : être à son apogée/au faîte de sa carrière/au plafond/au summum. 3. **Bâton dans les roues** : difficulté, empêchement, entrave, obstacle, obstruction. 4. **Bâton de vieillesse** : aide, consolation, réconfort, soutien, support. 5. **Une vie de bâton de chaise** : agitée, débauchée, déréglée, impossible, inimitable (vx).

BATTAGE ■ *I.* Bluff, bruit, charlatanisme, publicité, réclame, vent. *II. Des céréales :* dépiquage, vannage.

BATTANT ■ *I.* Menuiserie, vantail. *II. De cloche :* marteau. *III. Arg. :* cœur. *IV.* Fonceur. ⇒ **courageux**.

BATTEMENT ■ *I.* Choc, coup, frappement, heurt, martèlement. *II.* Entracte (théâtre), interclasse (scol.), interlude, intervalle, mi-temps (sport). *III. Choc répété.* 1. **De mains** : applaudissements, bravos. 2. **D'yeux** : cillement, clignement/clins d'yeux. 3. **De cœur** : accélération, palpitation, pulsation, rythme.

BATTERIE ■ *I.* Accumulateur, accus, pile. *II.* Instruments de musique à percussion. *III. Milit.* 1. **Au pr.** : artillerie, canons, pièces à feu. 2. **Fig.** *Dresser ses batteries* (loc.) : artifices, moyens, ruses. *IV. De cuisine :* accessoires, casseroles, fait-tout, marmites, plats, poêles, ustensiles. *V. De tambour :* breloque, chamade, champ, charge, colin-tampon, diane, générale, rappel, réveil.

BATTEUR ■ ⇒ **percussionniste**.

BATTEUSE ■ Battoir, dépiqueur, égreneur, tarare, trieur, van.

BATTRE ■ *I. Au pr.* 1. Administrer/appliquer / distribuer / donner / infliger des ⇒ **coups**/une leçon/une ⇒ **volée**, châtier, corriger, frapper, gourmer (vx), houssiner (vx), lever/porter la main sur, malmener, maltraiter, punir, taper. 2. Assommer, bâtonner, bourrer,

boxer, bûcher, calotter, claquer, cravacher, en découdre, éreinter, étriller, faire sa fête, fesser, flageller, fouailler, fouetter, fouler aux pieds, fustiger (vx), gifler, lyncher, matraquer, piétiner, rosser, rouer, sangler, souffleter, talocher. 3. **Fam.** : arranger/rectifier/refaire/retoucher le portrait, assaisonner, bigorner, botter le ⇒ **fessier**, casser la figure/gueule, dérouiller, donner/filer/flanquer/foutre une danse/ ⇒ **volée**, écharper, enfoncer les côtes, épousseter, estourbir, mettre la tête au carré, passer à tabac, piler, rentrer dedans/dans le mou, sataner, satonner, secouer les grelots/les puces, soigner, sonner, tabasser, tanner, tataner, tomber dessus/sur le paletot, torcher, triquer. *II.* Avoir le dessus. ⇒ **vaincre**. *III. Loc.* 1. **Chien battu** : brimé, humilié. 2. **Yeux battus** : cernés, fatigués, avoir des poches/des valises sous les yeux (arg.). *IV.* 1. **Le fer** : façonner, forger, taper. 2. **Un tapis** : agiter, dépoussiérer, houssiner, secouer, taper. 3. **Les céréales** : dépiquer, vanner. 4. **Les œufs** : brouiller, mélanger, mêler, secouer. 5. **La monnaie** : frapper. 6. **Les mains** : applaudir, faire bravo, frapper, taper. 7. **Les cartes** : brouiller, mélanger, mêler. 8. **La campagne, le pays** : arpenter, chercher, explorer, fouiller, parcourir, rechercher, reconnaître. 9. **La campagne** (fig.) ⇒ **déraisonner**. *V.* 1. **La mer** : assaillir, attaquer, fouetter, frapper. 2. **La pluie** : cingler, claquer, fouetter, frapper, marteler, tambouriner, taper. *VI. Loc.* 1. **Le pavé** : ⇒ **errer**. 2. **En retraite** : ⇒ **abandonner, enfuir (s')**. 3. **Arg. : sa femme** : remonter sa pendule. *VII. V. intr.* 1. **Une porte** : cogner, frapper, taper. 2. **Le cœur**. *Au pr. :* avoir des pulsations, fonctionner, palpiter. *Fig. :* ⇒ **aimer**.

BATTUE ■ Chasse, rabattage.

BAUDET ■ *I. Au pr. :* âne, aliboron, bardot, bourricot, bourrique, bourriquet, grison, ministre (fam.), roussin d'Arcadie. *II. Fig.* ⇒ **bête**.

BAUDRIER ■ Bandoulière, ceinture, écharpe.

BAUDRUCHE ■ *I. Au pr. :* ballon, boyau, pellicule. *II. Fig. :* erreur, fragilité, illusion, inconsistance, prétention, vanité.

BAUGE ■ *I.* Bousillage, mortier de terre, pisé, torchis. *II. Du sanglier ou par anal. :* abri, gîte, loge, repaire, soue, souille, tanière. *III. Par ext. :* bordel (grossier), fange, fumière, souillarde, tas de fumier, taudis.

BAUME ■ *I. Au pr. :* 1. Vx : menthe. 2. Balsamique, liniment. 3. Aliboufier, benjouin, liquidambar, styrax, tolu. 4. Essence, extrait, gemme, huile, laque, onguent, résine. *II. Fig. :* adoucissement, apaisement, consolation, dictame, remède, rémission.

BAVARD, E ■ *I.* Avocat, babillard, baratineur (fam.), bonimenteur, bon grelot, bonne tapette, bruyant, discoureur, jacasseur, jaseur, loquace, moulin à paroles, parleur, phraseur, pie, pipelet, prolixe, verbeux, volubile. *II.* Cancanier, commère, concierge, indiscret, qui a la langue trop longue. *III.* ⇒ diffus.

BAVARDAGE ■ *I.* Babil, babillage, bagou, baratin, bavarderie, bavasserie, bavette, bla-bla-bla, boniment, caquetage, jacassement, jacasserie, jactance, jaserie, jaspin (arg.), logorrhée, loquacité, papotage, parlage, parlerie, parlote, patati et patata, verbalisme, verbiage. *II.* Anecdote, cancans, chronique, commérage, histoires, indiscrétion, médisance, papotage, potins, racontars, ragots.

BAVARDER ■ *I.* 1. Babiller, baratiner, bonimenter, caqueter, débiter, discourir, giberner, jaboter, jabouiner, jacasser, jaspiller (arg.), jaspiner (arg.), palabrer, papoter, parler, potiner, répandre, tailler la bavette. 2. *Péj. :* bavasser, baver, broder, cancaner, caqueter, clabauder, colporter, commérer, confabuler (vx), débiner, débi-

ter, déblatérer, dégoiser, faire battre des montagnes, faire des commérages/des histoires/des racontars/des salades, jaser, lantiponer, potiner, publier, raconter, répandre. *II.* S'abandonner, cailleter, causer, converser, deviser, échanger, s'entretenir.

BAVE ■ Écume, mucus, salive, spumosité, venin.

BAVER ■ *I. Quelqu'un :* écumer, postillonner, saliver. *II. Une chose :* couler, dégouliner, mouiller. *III. Fig.* (péj.) : bavocher, calomnier, médire, nuire, salir, souiller. *IV. Loc.* **En baver :** être éprouvé, en voir de toutes les couleurs, en roter (pop.), souffrir.

BAVEUX, EUSE ■ *I. Au pr. :* coulant, écumeux, liquide, spumescent, spument. *II. Fig.* **Quelqu'un :** fielleux, malveillant, médisant, menteur, sournois. ⇒ tartufe.

BAVURE ■ *I. Au pr. :* bavochure, macule, mouillure, tache. *II. Fig. :* erreur, imperfection, faute.

BAYER ■ Bader, être dans la lune, rêvasser, rêver.

BAZAR ■ *I. Au pr. :* galerie, magasin, marché, passage, souk. *II. Fam.* 1. Attirail, bagage, barda, bordel (grossier), fourbi, saint-frusquin. 2. *Péj. :* bahut, boîte, boutique, pétaudière. *III. Loc.* **Tout le bazar :** toute la boutique/le tremblement/le toutim. ⇒ truc.

BAZARDAGE ■ Braderie, liquidation, solde.

BAZARDER ■ Brader, se débarrasser de, fourguer, liquider, solder, vendre.

BÉANCE ■ ⇒ ouverture.

BÉANT, E ■ Grand, large, ouvert.

BÉAT, E ■ *I.* Bienheureux, calme, heureux, niais, paisible, rassasié, ravi, repu, satisfait, tranquille. *II.* ⇒ bête.

BÉATIFICATION ■ Canonisation, introduction au calendrier.

BÉATIFIER ■ Canoniser, inscrire/introduire/mettre au calendrier.

BÉATITUDE ■ Bien-être, bonheur, calme, contentement, euphorie, extase, félicité, quiétude, réplétion (péj.), satisfaction. *Au pl. :* vertus.

BEAU ■ ou BEL, BELLE adj. *I. Au pr.* 1. Qualité physique ou morale : achevé, admirable, adorable, agréable, aimable, angélique, artistique, bellissime, bien, bien tourné, bon, brillant, céleste, charmant, chic, coquet, décoratif, délicat, délicieux, distingué, divin, éblouissant, éclatant, élégant, enchanteur, esthétique, étonnant, exquis, fameux, fastueux, féerique, fin, formidable, fort, gent, gentil, glorieux, gracieux, grand, grandiose, harmonieux, idéal, imposant, incomparable, joli, magique, magnifique, majestueux, merveilleux, mignon, mirifique, noble, non-pareil, ornemental, parfait, piquant, plaisant, proportionné, pur, radieux, ravissant, remarquable, resplendissant, riche, robuste, sculptural, séduisant, somptueux, splendide, stupéfiant, sublime, superbe, supérieur. *Fam. :* balancé, bath, bellot, bien roulé, chouette, girond, terrible. 2. Qualité de l'esprit : accompli, achevé, bien, brillant, charmeur, cultivé, délicat, distingué, divin, éblouissant, éclatant, élégant, enchanteur, esthétique, étonnant, exquis, fin, formidable, fort, génial, gracieux, grand, grandiose, incomparable, magistral, magnifique, merveilleux, noble, non-pareil, parfait, piquant, plaisant, poétique, pur, ravissant, remarquable, riche, robuste, séduisant, somptueux, splendide, stupéfiant, sublime, superbe, supérieur, surprenant, unique. 3. Qualité morale : admirable, digne, élevé, estimable, généreux, glorieux, grand, honorable, juste, magnanime, magnifique, pur, saint, sublime, vertueux. 4. Du temps : calme, clair, ensoleillé, limpide, printanier, pur, radieux, serein, souriant. Beau temps : éclaircie, embellie. 5.

Notion de quantité : considérable, fort, grand, gros, important. *II. Loc.* (en emploi péj.). 1. Un beau monsieur : triste personnage/sire, vilain monsieur. 2. Un beau rhume : gros, méchant, tenace. 3. Du beau travail : de beaux draps, gâchis, mauvaise position/posture/situation, sale affaire. 4. Un beau discours : fallacieux, trompeur. 5. Une belle question : enfantin, naïf, ridicule, stupide. 6. Bel esprit : léger, mondain, prétentieux, snob, superficiel, vain. 7. De belle manière : convenablement, correctement. 8. Le plus beau : amusant, comique, drôle, étonnant, extraordinaire, fantastique, formidable, fumant (fam.), intéressant, marrant (fam.), merveilleux, plaisant, rigolo (fam.). 9. Pour les beaux yeux : gracieusement, gratuitement, par amour, pour rien. 10. Un vieux beau : barbon, grison, vieux coureur/galant/marcheur. *III. Loc.* (favorable ou neutre). 1. Le bel âge : en pleine force, force de l'âge, jeunesse, maturité. 2. Beau joueur : conciliant, large, régulier. 3. Belle humeur : aimable, enjoué, gai, rieur.

BEAU ■ n. m. Art, beauté, esthétique, perfection.

BEAUCOUP ■ *I.* Abondamment, en abondance, amplement, bien, considérablement, copieusement, diablement, énormément, à foison, force, formidablement, fort, grandement, gros, infiniment, joliment, largement, libéralement, longuement, magnifiquement, maint, moult, passionnément, plantureusement, plein, prodigieusement, à profusion, richement, en quantité, tant et plus, vivement, à volonté. *Fam. :* bésef, bigrement, bougrement, comme quatre, à gogo/tire-larigot, en veux-tu en voilà, lerche, salement, terriblement, vachement. II. Beaucoup de : abondance, foisonnement, foultitude (fam.), fourmillement, grouillement, multitude, pullulement. ⇒ quantité.

BEAU-FILS ■ Gendre.

BEAUTÉ ■ *I. Au pr.* **1. Une chose :** agrément, art, charme, délicatesse, distinction, éclat, élégance, esthétique, faste, féerie, finesse, force, forme, fraîcheur, grâce, grandeur, harmonie, joliesse, lustre, magie, magnificence, majesté, noblesse, parfum, perfection, piquant, poésie, pureté, richesse, séduction, somptuosité, splendeur, sublimité, symétrie. **2.** Adonis, tanagra. **3. Une femme :** almée, aphrodite, belle, odalisque, pin-up, star, sultane, vénus. *II. Loc.* **Grain de beauté :** mouche. *III. Pl. :* appas, charmes, sex-appeal, trésors.

BEAUX-ARTS ■ Académie, architecture, arts d'agrément/graphiques/plastiques, conservatoire.

BÉBÉ ■ *I. Au pr. :* baby, bambin, enfançon, nourrisson, nouveau-né, petit, poupon. ⇒ **enfant.** *II. Jouet :* baigneur, poupée, poupon.

BEC ■ *I.* Bouche, rostre. *II. Par ext.* **1. Géo :** cap, confluent, embouchure, promontoire. **2.** Bouche, clapet, goule, goulot, gueule. **3. Bec de gaz :** brûleur, lampadaire, réverbère. *III. Loc.* **1. Bon bec :** bavard. **2. Coup de bec :** méchanceté, médisance. **3. Bec fin :** bon vivant, connaisseur, fine gueule, gourmand, gourmet.

BÉCANE ■ *I.* Bicyclette, biclo, biclou, clou, cycle, petite reine, vélo. *II. Par ext. :* guillotine, machine.

BÉCASSE ■ *I.* Barge, courlis, échassier, huîtrier, outarde. *II. Fig. :* bécassine, bécassotte, bêtasse, cruche, empotée, gnangnan, gourde, idiote, naïve, nunuche, oie blanche, outarde, sotte, stupide. ⇒ **bête.**

BÊCHE ■ Bêchard, bêchelon, bêcheton, bêchette, bêchoir, bêchot, houlette, louchet, palot, pelle.

BÊCHER ■ *I. Au pr. :* cultiver, labourer, mésoyer, retourner. *II. Fig. Fam. :* débiner, gloser, médire, ragoter, snober, tenir à distance.

BÊCHEUR, EUSE ■ Aigri, arrogant, distant, faiseur, fier, jaloux, médisant, méprisant, orgueilleux, péteux, prétentieux, snob, vaniteux. ⇒ **bête.**

BÉCOT ■ *Fam. :* baiser, bec (rég.), bise, bisette, petit baiser, poutou.

BÉCOTER ■ *Fam. :* baiser, baisoter, biser, embrasser, faire la bise, poser un baiser sur, sucer la pomme.

BECQUÉE ■ Nourriture, pâture, pitance.

BECQUETER ou **BÉQUETER** ■ Manger, mordiller, picorer, picoter.

BEDAINE, BEDON ■ Avant-scène, ballon, barrique, bide, bonbonne, brioche, buffet, burlingue, coffiot, devant, gaster, gidouille, œuf d'autruche/de Pâques, paillasse, panse, tiroir à saucisses, tripes. ⇒ **ventre.**

BEDEAU ■ Marguillier, porte-verge, sacristain, suisse.

BEDONNANT, E ■ (Fam.) adipeux, gidouillant, grassouillet, gros, obèse, pansu, rondouillard, ventru.

BEDONNER ■ S'arrondir, devenir bedonnant, enfler, être obèse, gidouiller, gonfler, grossir, prendre de la ⇒ **bedaine.**

BÉER ■ *I.* Admirer, bayer, ouvrir le bec, regarder avec admiration / étonnement / stupéfaction / stupeur. *II.* Rêver, rêvasser. *III. Loc.* **Bouche bée** ⇒ **ébahi.**

BEFFROI ■ Campanile, clocher, jaquemart, tour.

BÉGAIEMENT ■ *I.* Bafouillage, balbutiement, bredouillement, palilalie. *II.* Commencement, début, tâtonnement.

BÉGAYER ■ Bafouiller, balbutier, bredouiller.

BÈGUE ■ Bafouilleur (péj.), bégayeur, bredouilleur (péj.).

BÉGUETER ■ ⇒ **bêler.**

BÉGUEULE ■ *I.* **Neutre :** austère,

bienséant, convenable, correct, décent, prude, raide, rigide, rigoriste, rigoureux. *II. Péj. :* affecté, effarouché, étroit, farouche, pisse-froid (fam.), prude, tartufe.

BÉGUIN ■ *I. Au pr. :* bonnet, coiffe. *II. Fig. et fam.* **1. La personne :** amoureux, flirt. **2. La chose :** amourette, aventure, caprice, flirt, pépin, touche. *III. Loc.* **1. Avoir le béguin :** être amoureux *et les syn. de* AMOUREUX, être coiffé de. **2. Faire un béguin :** avoir une amourette/un flirt, faire une touche (fam.), tomber une fille *et les syn. de* FILLE (vulg.).

BÉGUINE ■ ⇒ religieuse.

BEIGE ■ Bis, gris, jaunâtre, marron clair.

BEIGNE ■ (Pop.). *I. Avoir une beigne* ⇒ **blessure.** *II. Recevoir une beigne* ⇒ **coup, gifle.**

BEIGNET ■ Bosse, buigne, pet de nonne, soufflet.

BÊLANT, E ■ (Fig.) Bête, mélodramatique, moutonnier, stupide.

BÊLEMENT ■ *I. Au pr. :* béguètement, chevrotement, cri. *II. Fig. :* braiement, braillement, cri, criaillerie, jérémiade, niaiserie, piaillerie, plainte, rouspétance (fam.), stupidité. ⇒ **bêtise.**

BÊLER ■ *I. Au pr. :* appeler, bégueter, chevroter, crier. *II. Fig. :* braire, brailler, bramer, criailler, crier, jérémier, piailler, se plaindre, rouspéter.

BÉLIER ■ *I.* ⇒ mouton. *II.* ⇒ demoiselle.

BELLÂTRE ■ Avantageux, fat, plastron, plastronneur. ⇒ **hâbleur.**

BELLE-FILLE ■ Bru.

BELLE-MÈRE ■ *I.* **Seconde femme d'un veuf :** marâtre (péj. ou vx). *II.* Bellemaman, belle-doche (arg.).

BELLICISME ■ Amour de la guerre, culte de la guerre/de la violence, jusqu'au-boutisme (fam.).

BELLICISTE ■ Belliqueux, boute-feu, guerrier, guerroyeur, jusqu'au-boutiste, va-t'en-guerre.

BELLIGÉRANCE ■ Affrontement, conflit, état de guerre, guerre.

BELLIGÉRANT, E ■ Adversaire, affronté, aux prises, combattant, ennemi, en état de guerre, mêlé au conflit.

BELLIQUEUX, EUSE ■ *I.* Agressif, guerrier, martial. II. Bagarreur, chicaneur, chicanier, mordant, procédurier, querelleur.

BELLUAIRE ■ *I.* Bestiaire, gladiateur. *II.* Dompteur.

BELVÉDÈRE ■ *I. Naturel :* falaise, hauteur, point de vue, terrasse. *II. Construit :* gloriette, kiosque, mirador, pavillon, terrasse.

BÉNÉDICTIN ■ *I. Ascète :* cénobite, moine. ⇒ **religieux.** *II. Loc.* **1. Ordre des bénédictins :** ordre régulier, règle de saint Benoît. **2. Travail de bénédictin :** érudit, long, minutieux, soigné, parfait, persévérant.

BÉNÉDICTION ■ *I.* Baraka, faveur, grâce, protection. *II.* Abondance, bienfait, bonheur, chance, événement favorable/heureux, prospérité, succès, veine (fam.). *III. Relig.* **1.** Prière du soir, salut. **2.** Absolution, baptême, confession, confirmation, consécration, extrême-onction, mariage, onction, ordre, pénitence, sacrement. *IV. Fig. :* affection, approbation, estime, reconnaissance, vénération.

BÉNÉFICE ■ *I.* Actif, avantage, avoir, bénéf (fam.), boni, crédit, excédent, fruit, gain, gratte (fam.), guelte, produit, profit, rapport, reliquat, reste, revenant-bon, revenu, solde positif. *II.* Avantage, bienfait, droit, faveur, grâce, privilège, récompense, résultat, service, utilité. *III. Loc.* **1. Au bénéfice de :** pour le motif de, par privilège de, en raison de. **2. Sous bénéfice de :** sous condition de, sous réserve de, avec restriction de. **IV. Relig.** : abbaye, annate, canonicat, chapellenie, cure, doyenné, évêché, portion, congrue, prébende, prieuré, récréance.

BÉNÉFICIAIRE ■ **I. Adj.** : juteux (fam.), profitable, rentable. **II. Nom** : adjudicataire, attributaire, bénéficier (vx), cessionnaire, crédirentier, propriétaire, rentier.

BÉNÉFICIER ■ Jouir de, profiter de, retirer de, tirer avantage.

BÉNÉFIQUE ■ Avantageux, bienfaisant, favorable, heureux.

BENÊT ■ **Fam.** : andouille, âne, bêta, bêtassot, con, connard, corniaud, couillon (mérid.), dadais, empoté, godiche, gordiflot, demeuré, jocrisse, niais, nigaud, niguedouille, sot. ⇒ **bête**.

BÉNÉVOLE ■ À titre gracieux, complaisant, de bon gré, désintéressé, extra, gracieux, gratuit, spontané, volontaire.

BÉNÉVOLEMENT ■ De bonne grâce, de bon gré, complaisamment, de façon désintéressée, gracieusement, gratuitement, de son plein gré, spontanément, volontairement.

BÉNIGNITÉ ■ Affabilité, bienveillance, bon accueil, bonté, charité, douceur, indulgence, longanimité, mansuétude, onction. ⇒ **amabilité**.

BÉNIN, IGNE ■ **I. Quelqu'un** : accueillant, affable, aimable, bienveillant, bon, charitable, doux, indulgent, longanime (vx), plein de mansuétude/d'onction ⇒ **doux**. **II. Une chose** : 1. Bénéfique, favorable, inoffensif, propice. 2. **Méd.** Affection bénigne : léger, peu grave, sans gravité, superficiel.

BÉNIR ■ **I. Dieu** 1. Bénir Dieu : adorer, exalter, louer, glorifier, remercier, rendre grâce. 2. **Dieu bénit** : accorder, consoler, protéger, récompenser, répandre des bienfaits/des grâces. **II. Bénir quelqu'un.** 1. Attirer/implorer les faveurs/les grâces de Dieu sur, consacrer, oindre, recommander à Dieu. 2. Applaudir, dire du bien de, estimer, être reconnaissant à, exalter, glorifier, louanger, louer, remercier, vénérer. **III. Bénir une chose : 1. Un bateau** : baptiser. **2. Une circonstance** : s'en féliciter.

BENJAMIN ■ Dernier, dernier né, petit dernier, le plus jeune.

BENNE ■ **I.** Comporte, hotte, panier, récipient. **II.** Banne, berline, caisse, chariot, decauville, téléphérique, wagonnet.

BENOÎT, E ■ **I.** Bénin, bon, doux, indulgent. **II. Non favorable** : chafouin, doucereux, hypocrite, patelin, rusé, sournois, tartufe.

BENOÎTEMENT ■ **Péj.** : chafouinement, doucereusement, en dessous, hypocritement, mine de rien, sournoisement.

BENZÈNE, BENZINE ■ Dérivé du goudron, détachant, hydrocarbure, ligroïne.

BÉOTIEN, IENNE ■ Balourd, bouché (fam.), bovin, cul de plomb (fam.), culterreux (fam.), épais, grossier, inculte, lent, lourd, lourdingue (fam.), obtus, pédézouille (fam.), plouc (fam.), rustre.

BÉOTISME ■ ⇒ **rusticité**.

BÉQUILLE ■ **I.** Bâton, canne, support, soutien. **II.** Cale, étai, étançon.

BER ■ ⇒ **berceau**.

BERCAIL ■ **I. Au pr.** : abri, appentis, bergerie, hangar, parc, toit. **II. Fig.** : domicile, foyer, maison, pénates.

BERCEAU ■ **I. Au pr. 1.** Lit d'enfant : barcelonnette, bercelonnette, couffin, crèche, moïse, nacelle, panier. **2. Archit.** : arc, cintre, voûte. **3. De jardin** : brandebourg, charmille, gloriette, tonnelle. **4. Mar.** : ber, bers. **II. Fig.** :

commencement, début, endroit, lieu, naissance, origine, place.

BERCEMENT ■ *I.* ⇒ **balancement.** *II.* ***Fig.*** : adoucissant, adoucissement, apaisement, atténuation, calme, charme, consolation, douceur, enchantement, soulagement.

BERCER ■ *I.* Agiter, balancer, branler (vx), dodeliner, faire aller et venir, faire aller d'avant en arrière/en cadence, ondoyer, onduler, remuer, rythmer. *II. **Fig.*** 1. Une peine : adoucir, apaiser, atténuer, calmer, charmer, consoler, endormir, partager, soulager. 2. Se laisser bercer par : amuser, berner, emporter, endormir, flatter, illusionner, leurrer, mystifier, tromper. *II. **Loc.*** Son enfance a été bercée par : enchanter, imprégner, nourrir, remplir. *IV. **V. pron.*** : s'endormir, se faire des illusions, s'illusionner, se leurrer, se tromper, *et les formes pron. possibles des syn. de* BERCER.

BERCEUR, EUSE ■ Adoucissant, apaisant, cadencé, calmant, charmeur, consolant, consolateur, doux, enchanteur, endormeur, lénifiant, ondoyant, ondulant, rythmé.

BERCEUSE ■ *I.* Barcarolle, mélodie douce, rythme doux/lent. ⇒ **chant.** *II.* Rocking-chair.

BÉRET ■ *I.* Calot, coiffure basque, galette (fam.), toque. *II. D'étudiant :* faluche.

BERGE ■ *I. Au pr. :* berme, bord, levée, rivage, rive, talus. *II. Arg. :* ⇒ **an.**

BERGER, ÈRE ■ *I. Au pr. :* conducteur de troupeaux, gardeur, gardien, pasteur, pastoureau, pâtour, pâtre. *II. **Fig.*** : chef, conducteur, guide, pasteur, souverain.

BERGÈRE ■ Fauteuil, siège.

BERGERIE ■ *I.* Bercail, jas (rég.), parc à moutons. *II.* Bucolique, églogue, pastorale.

BERLINE ■ Auto, automobile, coach. ⇒ **voiture.**

BERGERONNETTE ■ Bergerette, hochequeue, lavandière, passereau.

BÉRIBÉRI ■ Avitaminose.

BERLINE ■ ⇒ **benne.**

BERLINGOT ■ Bêtise de Cambrai, bonbon, friandise, sucrerie.

BERLUE (AVOIR LA) ■ ⇒ **tromper (se).**

BERME ■ ⇒ **berge.**

BERNARD L'HERMITE ■ Pagure.

BERNE ■ *I. Loc.* En berne : en deuil, voilé. *II. Vx :* couverture.

BERNER ■ Abuser, amuser, attraper, décevoir, duper, enjôler, escroquer, faire croire/marcher, flouer, frauder, jouer, leurrer, monter le coup/un bateau à, mystifier, piper, railler, rouler, surprendre, trahir, tromper. *Fam. :* avoir, baiser (vulg.), blouser, bourrer la caisse/le mou, carotter, couillonner (mérid.), embabouiner, embobiner, emmener/mener en bateau, empapaouter (arg.), empaumer, enfoirer (vulg.), entuber, pigeonner.

BERNICLE ■ Patelle.

BESACE ■ ⇒ **sac.**

BESAIGUË ■ ⇒ **ciseau, marteau.**

BÉSICLES ■ ⇒ **lunettes.**

BESOGNE ■ Affaire, boulot (fam.), business, corvée, job (fam.), labeur, mission, occupation, œuvre, ouvrage, tâche, travail, turbin (fam.).

BESOGNER ■ *I.* ⇒ **travailler.** *II.* ⇒ **accoupler (s').**

BESOGNEUX, EUSE ■ Chétif, crève-la-faim (péj.), dans la dèche, décavé, déshérité, économiquement faible, fauché, gagne-petit, gueux (péj.), impécunieux, malheureux, meurt-la-faim, minable (péj.), misérable, miséreux, miteux, nécessiteux, paumé, pauvre diable/drille/type, pouilleux (péj.), purotin, ruiné.

BESOIN ■ *I. Au pr.* : appétence, appétit, désir, envie, exigence, faim, goût, insatisfaction, manque, nécessité, soif, utilité. *II. Loc.* 1. Faire besoin ⇒ nécessaire. 2. Au besoin : à la rigueur, en cas de nécessité, le cas échéant, sait-on jamais, si nécessaire. 3. Être dans le besoin : dénuement, disette, gêne, impécuniosité, indigence, manque, misère, nécessité, pauvreté, en panne, en peine. *Fam.* : débine, dèche, mistoufle, mouise, mouscaille, panade, pétrin, purée. 4. Avoir besoin de (et l'inf.)/que (et le subj.) : devoir, falloir. 5. Faire ses besoins : aller au ⇒ water-closet/à la selle/sur le pot, crotter, déféquer, évacuer, s'exonérer, faire, faire caca/la grosse/petite commission/pipi/popot (enf.), se soulager. *Vulg.* : bouser, caguer (mérid.), chier, couler/mouler un bronze, débourrer, fienter, poser un ⇒ excrément/culotte, rouler un cigare, tartir. ⇒ uriner.

BESTIAIRE ■ ⇒ belluaire.

BESTIAL, E ■ Animal, bête, brutal, brute, féroce, glouton, goujat, grossier, lubrique, sauvage.

BESTIALITÉ ■ Animalité, bas instincts, concupiscence, gloutonnerie, goujaterie, instinct animal, lubricité. ⇒ brutalité.

BESTIAUX ■ Animaux de ferme, bétail, cheptel vif.

BESTIOLE ■ Insecte, petite bête.

BEST-SELLER ■ ⇒ succès.

BÊTA, BÊTASSE ■ (Fam.) ⇒ bête.

BÉTAIL ■ *I. Au pr.* : animaux de boucherie/d'élevage/d'embouche/de ferme, bergerie, bestiaux, bêtes de somme, bovins, caprins, cheptel vif, équidés, écurie, étable, ovins, porcherie, porcins, troupeau. *II. Fig. En parlant d'hommes.* 1. Péj. : chair à canon, matériau, matière première, ménage-

rie, populace, populo. 2. **Non péj.** : foule, masse.

BÊTE ■ n. f. *I. Au pr.* : animal, batracien, bestiole, cétacé, insecte, invertébré, mammifère, oiseau, poisson, reptile, saurien, vertébré. *II. Loc.* 1. Bête à bon Dieu : coccinelle. 2. **Bête de boucherie** : âne, agneau, baby-bœuf, bœuf, cheval, chevreau, cochon, mouton, mulet, porc, veau. 3. **Bête de somme** : âne, bœuf, bourricot, chameau, cheval, dromadaire, hongre, jument, lama, mule, mulet, yack, zébu. 4. **Chercher la petite bête** : chercher le petit défaut, chercher le détail infime/minime, chercher des crosses/des poux (fam. et péj.), chercher des vétilles. *III. Fig. En parlant de quelqu'un, non favorable, avec l'adj. mauvais, méchant, sale, vilain* : animal, bonhomme, brute, butor, coco, con, fauve, fumier (grossier), gnasse, jojo, mec, moineau, monsieur, mufle, oiseau, piaf, piège, pierrot, rapace, sauvage, vache, zigoto. ⇒ type. *IV. Loc.* **C'est une bête** : aliboron, andouille, âne, animal, badaud, ballot, balluchon, balourd, baluche, baudet, bécasse, bécassot, béjaune, benêt, bêta, bourricot, bourrin, bourrique, brute, bûche, buse, butor, cloche, cochon, con, connard, corniaud, cornichon, couillon (mérid.), crétin, cruche, cruchon, cucudet, dadais, demeuré, dindon, empoté, enfoiré (vulg.), fada, fat, flandrin, force de la nature, fourneau, ganache, ganachon, gobeur, gogo, gourde, gourdiflot, guignol, idiot, imbécile, mâchoire, minus habens, moule, niais, nicodème, nigaud, niguedouille, noix, nouille, nullité, oie, oison, paltoquet, panier, panouille, paon, patafiot, patate, pauvre/simple d'esprit, pochetée, porc, prétentieux, ridicule, rustre, sagouin, salaud, saligaud, serin, simplet, tarte, tourte, trou du cul (vulg.), truffe. ⇒ **stupide.** *V. Favorable, avec l'adj. bon, brave, pas mauvais, pas méchant* : bougre, garçon, gars, gnasse (arg.), guignol (arg.), mec (arg.), pâte, zig.

⇒ **type.** *VI. Loc.* Bête noire. 1. Qu'on subit : cauchemar, croix, épouvantail, poison, pot de colle, supplice, torture, tourment. 2. À qui on fait subir : martyr, os à ronger, souffre-douleur, victime. *VII. Faire la bête à deux dos* ⇒ **accoupler (s').** *VIII. Reprendre du poil de la bête.* 1. Au phys. : bonne mine, le dessus, force, santé, vie, vigueur. 2. Au moral : agressivité, ardeur, confiance, courage, du mordant, du punch, le dessus.

BÊTE ■ adj. *I. Quelqu'un :* abruti, absurde, ahuri, ballot, balourd, baluche, bâté, béat, bébête, bécasse, bécassot, benêt, bêta, bêtasse, bêtassot, borné, bouché, bovin, con, crétin, cucu, demeuré, déraisonnable, empoté, emprunté, enflé, enfoiré (vulg.), fada, fat, pas fin/finaud, finassaud, fruste, gauche, godiche, gourde, idiot, imbécile, indigent, inepte, inintelligent, innocent, insane, insensé, jobard, lourd, lourdaud, lourdingue, maladroit, malavisé, minus, miraud, miro, naïf, niais, nigaud, niguedouille, nouille, nul, nunuche, obtus, patate, pauvre/simple d'esprit, poire, prétentieux, ridicule, rustre, tartignole, tordu, zozo. ⇒ **stupide.** *II.* Facile. *III. Loc.* 1. Se trouver tout bête : comme deux ronds de flan, confus, décontenancé, désarçonné, désemparé, entre deux chaises, gêné, idiot, interdit, interloqué, maladroit, mal à l'aise, penaud, quinaud. 2. **Quelque chose, c'est bête** : aberrant, absurde, con (fam.), cucu (fam.), dément, dingue, dommage, ennuyeux, fâcheux, fat, grotesque, idiot, impardonnable, inepte, inutile, regrettable, ridicule, sot, stupide, ubuesque, vain.

BÊTEMENT ■ *I.* Gauchement, idiotement, innocemment, lourdement, maladroitement, naïvement, niaisement, prétentieusement, ridiculement, sans réfléchir, simplement, sottement, stupidement. *II. Fig. :* bonnement, comme ça, naïvement, simplement.

BÊTIFIER ■ *I. V. intr. :* bêtiser, dire des âneries/bêtises, être gnangnan, faire l'âne/la bête/l'idiot/l'imbécile, gâtifier. *II. V. tr. :* abêtir, abrutir, rendre bête.

BÊTISE ■ *I. Comportement :* abrutissement, absurdité, ahurissement, badauderie, balourdise, bécasserie, béotisme, connerie (fam.), couillonnerie (mérid.), crétinerie, étourderie, fatuité, gaucherie, idiotie, imbécillité, indigence, ineptie, inintelligence, innocence, jobarderie, lourdauderie, lourdeur, maladresse, naïveté, niaiserie, nigauderie, paquet, pauvreté d'esprit, pochetée, prétention, ridicule, rusticité, simplicité d'esprit, sottise, stupidité. *II. Acte ou parole.* 1. Au pr. : absurdité, ânerie, balourdise, bêlement, bévue, boulette (fam.), bourde, cliché, connerie (fam.), cuir, drôlerie, écart, fadaise, faute, faux pas, folie, gaffe, gauloiserie, grossièreté, histoires, idiotie, imbécillité, impair, ineptie, insanité, lapalissade, lieu commun, maladresse, maldonne, méprise, naïveté, niaiserie, non-sens, pas de clerc, pauvreté, perle, platitude, sottise, stupidité, vanne (arg.). 2. **Neutre ou favorable, général. au pl.** : astuces, attrapes, balivernes, baratin, blague, boniments, conneries (fam.), couillonnade (mérid.), drôleries, facéties, farces, fredaine, gaillardises, gaudrioles (péj.), gauloiseries, grivoiseries (péj.), histoires drôles, histoires gauloises, histoires marseillaises, histoires paillardes, paillardises, plaisanteries, propos légers, propos lestes. 3. **Une chose sans importance** ⇒ **bagatelle.**

BÊTISIER ■ Dictionnaire de lieux communs/des idées reçues, recueil des cuirs/de perles/de sottises, sottisier.

BÉTOIRE ■ ⇒ abîme, puisard.

BÉTON ■ Aggloméré, ciment, gunite, matériau, mortier.

BÉTONNER ■ Cimenter, renforcer.

BETTE ■ Blette, carde, cardon.

BEUGLANT ■ Assommoir, bal

musette, bastringue, boîte, bouge (péj.), bousin, caboulot, café-concert, gargote, guinche, guinguette, night-club, popine (péj.), tapis-franc (vx), taverne.

BEUGLANTE ■ ⇒ cri, chant.

BEUGLEMENT ■ Appel, braiement, braillement, bramante (fam.), hurlement, gueulante (fam.), meuglement, mugissement, vocifération. ⇒ cri.

BEUGLER ■ *I. Au pr.* : appeler, brâmer, crier, meugler, mugir. *II. Fig.* : appeler, brailler, braire, crier, hurler, gueuler, vociférer. ⇒ crier.

BEURRE ■ *Loc.* 1. Comme dans du beurre : avec aisance, facilement, tout seul, comme sur des roulettes. 2. Compter pour du beurre : pour des nèfles/des prunes/rien/faire semblant. 3. Assiette au beurre : affaire juteuse, pouvoir politique. 4. Mettre du beurre dans les épinards : améliorer l'ordinaire/la situation. 5. C'est du beurre : c'est avantageux/bon/facile/une sinécure. 6. Faire son beurre : faire des bénéfices, prospérer, s'enrichir. 7. Couleur beurre frais : blanc cassé, jaune clair. 8. Petit beurre : biscuit. 9. Œil au beurre noir : coquard ou coquart, ecchymose, œil poché, tuméfaction.

BEURRIER ■ *I.* Pot à beurre, récipient. *II. Celui qui fait du beurre :* crémier, fermier, laitier.

BEUVERIE ■ Bacchanale, bombance, bombe, bringue, débauche, dégagement (milit.), fête bachique, foire, libation, noce, nouba, orgie, ribote, ribouldingue, ripaille, soûlerie, soulographie, tournée des grands ducs.

BÉVUE ■ Ânerie, balourdise, boulette, bourde, connerie (fam.), cuir, erreur, étourderie, faute, faux-pas, gaffe, impair, maladresse, maldonne, méprise, pas de clerc, perle (fam.), vanne (arg.). ⇒ bêtise.

BÉZOARD ■ ⇒ calcul.

BIAIS ■ *I.* Aspect, côté, diagonale,

ligne oblique, travers. *II.* Artifice, détour, moyen. *III. Loc.* 1. De biais : en diagonale, de travers, en travers, obliquement. 2. Par le biais de : par le détour/l'intermédiaire/le moyen/le truchement de.

BIAISER ■ *I.* Gauchir, obliquer. *II. Fig.* : atermoyer, composer, feinter, louvoyer, temporiser, tergiverser, user de procédés dilatoires.

BIBELOT ■ *I. Au pr.* : biscuit, chinoiserie, japonaiserie, objet d'art/fragile, petit objet, saxe, sèvres, souvenir. *II. Fig.* : affiquet, amusement, amusette, amusoire, babiole, bagatelle, baliverne, bêtise, bimbelot, breloque, bricole, brimborion, caprice, colifichet, fanfreluche, fantaisie, frivolité, futilité, rien.

BIBERON ■ *I. Au pr.* : flacon gradué. *II. Fig.* : ⇒ ivrogne.

BIBI ■ *I. Au pr.* Fam. : bugne, chapeau, galure, galurin. ⇒ coiffure. *II. Pron. pers.* Pop. : mézigue, moi.

BIBINE ■ ⇒ alcool.

BIBLE ■ *I. Au pr.* : écritures, Évangile, le Livre, les Saintes Écritures, le Testament (Ancien et Nouveau). *II. Par ext.* 1. Autorité, base, dogme, fondement. 2. Bréviaire, livre de chevet/de prières, manuel, ouvrage de base/fondamental/usuel.

BIBLIOGRAPHIE ■ Catalogue, liste, nomenclature, référence.

BIBLIOPHILE ■ Amateur de livres, bibliomane, collectionneur de livres, paléographe (par ext.).

BIBLIOPHILIE ■ Bibliomanie, paléographie (par ext.).

BIBLIOTHÉCAIRE ■ Archiviste, chartiste, conservateur, libraire, paléographe, rat de bibliothèque (péj.).

BIBLIOTHÈQUE ■ *I. Le lieu* : bureau, cabinet, collection, librairie. *II. Loc. Bibliothèque de gare* : kiosque. *III. Le meuble* : armoire à livres, casier, étagère, rayon, rayonnage, tablette.

BIBLIQUE ■ Hébraïque, inspiré, judaïque, révélé, sacré.

BICEPS ■ *I. Au pr. :* bicipital (adj.), biscoto (fam.), bras, muscle. *II. Par ext. :* force, puissance, vigueur.

BICHE, BICHON ■ ⇒ biquet.

BICHER ■ (Pop.) Aller, aller au poil (fam.)/bien, coller (fam.), gazer (fam.), marcher, rouler (fam.).

BICHONNAGE ■ ⇒ nettoiement.

BICHONNER ■ *I. Au pr. :* attifer, boucler, friser, parer, pomponner. *II. Fig. :* choyer, coucouner (fam.), s'empresser auprès de, entourer de soins, gâter.

BICOLORE ■ ⇒ bigarré.

BICOQUE ■ Abri, appentis, baraque, cabane, cabanon (mérid.), cassine, maison, masure, taudis (péj.).

BICORNE ■ Bicuspide. ⇒ coiffure.

BICYCLETTE ■ Bécane, biclo, biclou, clou (péj.), petite reine, vélo. ⇒ cycle.

BIDASSE ■ ⇒ soldat.

BIDE ■ *I.* ⇒ bedaine. *II.* ⇒ insuccès.

BIDET ■ *I.* Cuvette, guitare (arg.), rince-cul (vulg.). *II.* Bourrin, cannasson, cheval, cob, mule, mulet, postier.

BIDOCHE ■ *Pop. et péj. :* barbaque, cuir, mauvaise viande, semelle.

BIDON ■ *I.* Gourde. *II.* Fût, jerrycan, nourrice. *III.* Container, cuve, réservoir, touque. *IV. Fig.* ⇒ insuccès.

BIDONNANT ■ *Fam. :* boyautant, crevant, marrant, poilant, rigolo, roulant, sucré, torboyautant, tordant, transpoil.

BIDONNER (SE) ■ Se boyauter, se marrer, se poiler, rigoler, se torboyauter (arg.), se tordre de rire.

BIDONVILLE ■ Baraquement, camp, campement, favella, zone.

BIDULE ■ ⇒ truc.

BIEF ■ ⇒ canal.

BIELLE ■ Arbre, axe, balancier, bras, embiellage, manivelle, tige, transmission.

BIEN ■ Adv. de manière. *I. Tous les dérivés en -ment d'adj. d'achèvement, d'avantage, de grandeur, d'intensité, d'intérêt, de qualité, de quantité, etc., par ex. :* admirablement, adroitement, agréablement, aimablement, aisément, assurément, avantageusement, bellement, bigrement (fam.), bonnement, bougrement (fam.), commodément, complètement, confortablement, convenablement, correctement, dignement, drôlement (fam.), dûment, éloquemment, éminemment, entièrement, expressément, extrêmement, favorablement, fermement, formellement, formidablement, gracieusement, grandement, habilement, heureusement, honnêtement, honorablement, intégralement, intensément, joliment, judicieusement, largement, longuement, merveilleusement, nettement, noblement, parfaitement, passablement, pleinement, profondément, prudemment, raisonnablement, réellement, sagement, salement (fam.), totalement, utilement, vachement (fam.), vraiment. *II. Tous les compl. circ. de manière réalisés par un subst. amplifiant ou valorisant ce qu'exprime le verbe, par ex. :* de façon admirable, avec adresse/aisance/ amabilité/appétit / assurance/avantage, sans bavure (fam.), en beauté, avec bonheur / bonté/charme/confort/correction, de façon correcte, avec dignité/élégance/ éloquence, de façon complète/éminente, avec faveur/fermeté, en force, avec grâce/habileté, en long et en large, avec netteté/noblesse, de manière parfaite, avec plénitude, en profondeur, avec prudence, de façon raisonnable, en réalité, avec sagesse, en totalité, de manière utile, en vérité. *III. Devant un adj. :* absolument, complètement, dûment, entièrement, extrêmement, fameusement, formidablement, fort, intégralement, nettement, pleinement, profondément, réellement, sérieusement, totalement, tout, tout à fait, très. *IV. Loc.* 1. Il **est bien grand** : ce que/comme/qu'est-ce qu'il est grand. 2. **Bien des + un nom** : beaucoup de, une foule de, nombre de, quantité de, des tas de. 3. **Aussi bien** : d'ailleurs, du reste, en outre. 4. **Bien entendu** : évidemment. 5. **Bien** : certes.

BIEN ■ adj. inv. Au poil, bath (fam.), bon, chouette (fam.), compétent, consciencieux, distingué, droit, honnête, lucide, sérieux, sûr, sympa (fam.), sympathique ⇒ **beau**.

BIEN ■ n. m. *I. Abstrait :* beau, beauté, bon, bonheur, bonté, devoir, droit, honneur, idéal, justice, perfection, progrès, sainteté, vérité, vertu. *II. Concret, souvent au pl. :* apanage, avoir, capital, cheptel, chose, domaine, don, dot, dotation, douaire, exploitation, fonds, fortune, fruit, gain, héritage, immeuble, maison, patrimoine, portefeuille, possession, produit, propriété, récolte, rente, richesse, valeur. *III. Loc.* 1. **Le bien public** : intérêt, service. 2. **Faire du bien** : jouissance, plaisir, profit, satisfaction, soulagement, volupté. 3. **Attendre un bien** : avantage, bénéfice, bienfait, résultat, satisfaction, secours, service, soulagement, utilité. 4. **Dire du bien** : compliment, éloge, louange.

BIEN-AIMÉ, E ■ Amant, amoureux, chéri, chouchou (fam.), élu, fiancé, flirt, maîtresse, préféré. ⇒ **biquet**.

BIEN-DIRE ■ ⇒ **éloquence**.

BIEN-ÊTRE ■ *I. La sensation :* agrément, aise, béatitude, bonheur, contentement, détente, euphorie, félicité, jouissance, plaisir, quiétude, relaxation, satisfaction, sérénité, soulagement. *II. La situation :* aisance, confort, luxe, vie large.

BIENFAISANCE ■ *I.* Aide, assistance, secours. *II. Qualité :* bénignité, bienveillance, charité, générosité, huma-

nité, philanthropie, serviabilité. ⇒ **bonté**.

BIENFAISANT, E ■ *I.* Bénéfique, efficace, favorable, tutélaire. *II.* Charitable, généreux, humain, philanthropique, serviable. ⇒ **bon**.

BIENFAIT ■ *I. Qu'on donne :* aumône, bon office, cadeau, charité, don, faveur, fleur (fam.), générosité, grâce, largesse, libéralité, obole, office, plaisir, présent, service. *II. Qu'on reçoit :* avantage, bénéfice, profit, utilité. ⇒ **bienfaisance**.

BIENFAITEUR, TRICE ■ Ami, donateur, inventeur, mécène, philanthrope, protecteur, sauveur. ⇒ **bienfaisant**.

BIEN-FONDÉ ■ Authenticité, bon droit, conformité, correction, exactitude, excellence, justesse, justice, légitimité, pertinence, solidité, validité, vérité.

BIEN-FONDS ■ ⇒ **immeuble**.

BIENHEUREUX, EUSE ■ *I.* Assouvi, béat (péj.), bien aise, comblé, content, repu, satisfait. ⇒ **heureux**. *II. Nom :* béatifié, élu, saint. *III. Loc.* **Dormir comme un bienheureux** : comme un loir/une souche/un sourd.

BIENNAL, E ■ Bisannuel.

BIEN-PENSANT ■ *I.* Conformiste, intégriste, pratiquant, traditionnel. *II. Par ext. :* conservateur. Péj. : béni-oui-oui, bigot, cafard, cagot, calotin, dévot, tala (arg. scol.). ⇒ **tartufe**.

BIENSÉANCE ■ *I.* Apparences, convenance, correction, décence, honnêteté, manières, politesse, pudeur, savoir-vivre. *II.* Étiquette, protocole, usage.

BIENSÉANT, E ■ Agréable, comme il faut, congru, convenable, correct, décent, délicat, honnête, poli.

BIENTÔT ■ Dans peu de temps/quelque temps, d'ici peu, incessamment, rapidement, sans retard/tarder.

BIENVEILLANCE ■ Affabilité,

altruisme, amabilité, bon accueil, bonne volonté, bonté, complaisance, compréhension, cordialité, gentillesse, indulgence, mansuétude, obligeance, ouverture d'esprit, prévenance, sympathie. ⇒ **faveur.**

BIENVEILLANT, E ■ Accueillant, affable, affectueux, aimable, amical, bon, brave (pop.), complaisant, compréhensif, coopératif (fam.), cordial, débonnaire, favorable, fraternel, gentil, indulgent, intentionné, miséricordieux, obligeant, ouvert, prévenant, sympathique.

BIENVENU, E ■ Bien/favorablement accueilli/reçu, celui qu'on attend, ne pouvant mieux tomber, opportun, tombant à point/juste.

BIENVENUE ■ Bon accueil, bonjour, bonne étrenne, salut, salutations.

BIÈRE ■ *I.* Ale, cervoise, pale-ale. *II.* ⇒ **cercueil.**

BIÈVRE ■ *Vx :* castor.

BIFFAGE ■ Annulation, barre, mot rayé, rature, repentir, suppression, trait de plume.

BIFFE ■ ⇒ **infanterie.**

BIFFER ■ Annuler, barrer, corriger, effacer, raturer, rayer, supprimer.

BIFFIN ■ Chiffonnier, fantassin.

BIFFURE ■ Rature, rayure, repentir, retouche, trait.

BIFTECK ■ Châteaubriand, filet, grillade, rumsteck, steck, tranche, viande grillée. *Péj. :* barbaque, semelle.

BIFURCATION ■ *I.* Carrefour, division, embranchement, fourche, patted'oie. *II.* Changement d'orientation. *III.* ⇒ **séparation.**

BIFURQUER ■ *I.* Diverger, se diviser. *II.* Être aiguillé, se diriger, s'orienter.

BIGARRÉ, E ■ Bariolé, bi/multicolore, chamarré, disparate, diversifié, hétéro-

gène, mâtiné, mélangé, mêlé, varié. ⇒ **taché.**

BIGARRURE ■ Bariolage, disparité, hétérogénéité, mélange, variété.

BIGLER ■ (Pop.) *I.* Ciller, cligner des yeux, loucher, être myope, mal voir. *II.* Bader, contempler, loucher sur, mater, mirer, regarder avec attention/ envie/étonnement, zieuter.

BIGLEUX ■ Louchard (fam.), myope.

BIGOPHONE ■ ⇒ **téléphone.**

BIGORNEAU ■ Coquillage, littorine, vignot. *Fam. :* écouteur. ⇒ **téléphone.**

BIGORNER ■ (Pop.) *I. Quelqu'un :* abîmer le portrait, amocher, casser la figure/la gueule, castagner, cogner, coller une châtaigne, corriger, donner des coups, endommager, endommager le portrait, esquinter, flanquer/foutre (grossier) une correction/une dérouillée/une trempe/une volée. ⇒ **battre.** *II. Une chose :* abîmer, accrocher, amocher, aplatir, briser, casser, écraser, endommager, entrer en collision, esquinter, friser la tôle, froisser, heurter, télescoper. *III. V. pron. :* se casser la figure/la gueule, se cogner dessus, se donner des coups, se ficher/flanquer/foutre une trempe/une volée, se quereller, se taper dessus, *et les formes pron. possibles des syn. de* BATTRE.

BIGOT, BIGOTE ■ Bondieusard, cafard, cagot, calotin, cul-bénit, dévot, grenouille de bénitier, petit saint, punaise de sacristie, sacristain, tala (arg. scol.). ⇒ **tartufe.**

BIGOTERIE, BIGOTISME ■ ⇒ **tartuferie.**

BIGREMENT ■ ⇒ **beaucoup.**

BIGUE ■ Chèvre, grue, palan.

BIJOU ■ *I.* Joyau. *II.* Beauté, chefd'œuvre, merveille, perfection. *III. Loc. :* mon bijou/amour. ⇒ **biquet.**

BIJOUTERIE ■ *I.* Horlogerie, joaillerie, orfèvrerie. *II.* Chef-d'œuvre, merveille, perfection, technique parfaite, travail achevé/parfait/précis.

BIJOUTIER, ÈRE ■ Horloger, joaillier, orfèvre.

BILAN ■ I. Au pr. : balance, conclusion, état, inventaire, point, situation, tableau. **II. Loc. 1. Déposer son bilan :** capituler, être en déconfiture/difficulté/faillite/liquidation, faire la culbute/de mauvaises affaires. **2. Faire le bilan :** conclure, tirer la conclusion/les conséquences. **III. Fig. :** conséquences, résultats, séquelles, suites. **IV.** Check-up.

BILE ■ I. Atrabile (vx), fiel, glaire, humeur (vx). **II. Fig. :** amertume, colère, fiel, maussaderie, mauvais caractère, méchanceté, récriminations, venin. ⇒ **aigreur. III. Loc. 1. Échauffer la bile :** casser les pieds (fam.), chauffer les oreilles (fam.), exéder, faire sortir de ses gonds (fam.), mettre à bout/en colère/hors de soi. **2. Se faire de la bile :** avoir des idées noires, se biler (fam.), s'en faire, être pessimiste/soucieux/tourmenté, se faire du mauvais sang/du mouron (fam.)/du souci/du tourment, s'inquiéter, se préoccuper, se soucier de, se tourmenter.

BILIEUX, EUSE ■ I. Au pr. 1. Atrabilaire, hépatique, hypocondre, hypocondriaque. **2.** Jaunâtre, jaune, vert. **II. Fig. 1.** Anxieux, chagrin, inquiet, mélancolique, pessimiste, soucieux, tourmenté, troublé. **2. Péj. :** atrabilaire, bâton merdeux (fam.), coléreux, maussade, mauvais coucheur, misanthrope, ombrageux, soupçonneux, susceptible.

BILINGUE ■ I. Quelqu'un : interprète, polyglotte, traducteur, truchement. **II. Une chose :** sous-titré, synoptique.

BILLARD ■ I. Par ext. : fumoir, salle de jeux. **II. Fig. :** salle/table d'opération. **III. Loc. fam. C'est du billard :** ça va comme sur des roulettes (fam.), c'est facile, c'est de la tarte (arg.).

BILLE ■ I. Au pr. 1. Agate, boule, calot. **2. Bille de bois :** billette, morceau, tronc, tronçon. **II. Fig. :** ⇒ **tête,** visage. **III. Loc. Une bonne bille :** l'air avenant/bien intentionné/honnête/jovial/sympathique, une bonne ⇒ **tête.**

BILLET ■ I. Au pr. 1. ⇒ **lettre. 2.** Attestation, bon, carte, certificat, coupon, récépissé, reçu, ticket. **3. Billet de banque :** assignat (vx), coupure, devise, espèces, monnaie, monnaie fiduciaire, numéraire. *Arg. :* faffe, fafiot, ticket. **4.** Billet à ordre : effet, lettre de change, traite, valeur. **II. Loc. Je vous en fiche mon billet** (fam.). ⇒ **affirmer.**

BILLEVESÉES ■ Balivernes, chimères, conneries (fam.), coquecigrues, fadaises, fantaisies, fantasmagories, imaginations, sornettes, sottises, utopies.

BILLOT ■ I. Bille/bloc de bois, bitte, planche à découper/à trancher. **II.** Tin. **III.** Tronchet. **IV.** ⇒ **supplice.**

BINAIRE ■ Alternatif, alterné, à deux aspects/faces/temps/termes/unités, dichotomique, en opposition, en relation. ⇒ **binon.**

BINAGE ■ Ameublissement, bêchage, façonnage, grattage, sarclage, serfouissage.

BINARD ■ ⇒ **chariot.**

BINER ■ Aérer/ameublir/briser le sol, bêcher, cultiver, désherber, façonner, gratter, sarcler, serfouir.

BINETTE ■ I. Grattoir, houe, sarclette, sarcloir, serfouette, tranche. **II.** ⇒ **tête, visage.**

BINIOU ■ Bag-pipe (angl.), bombarde, cabrette, chabrette, chevrie, cornemuse, musette, pibrock (écossais), turlurette.

BINOCLE ■ Besicles, face-à-main, lorgnon, lunettes, pince-nez.

BINON ■ Bit, élément binaire.

BIOGRAPHIE ■ Biobibliographie, histoire personnelle, journal, mémoires, notice, prière d'insérer.

BIPENNE ■ ⇒ hache.

BIQUE ■ *I. Au pr. :* cabrette, cabri, caprin, chèvre. *II. Fig.* Péj. ⇒ mégère.

BIQUET, ETTE ■ *I. Au pr. :* chevreau, chevrette. *II. Fig.* Fam. : agneau, aimé, âme, ami, amour, ange, beau, belle, bellot, biche, bichette, bichon, bienaimé, bijou, bon, bon ami, caille, chat, chatte, cher, chéri, chevrette, chou, coco, cocotte, cœur, crotte, enfant, fille, fils, gros, joli, joujou, lapin, ma charmante, m'amie, mamour, mie, mignon, mimi, minet, minette, moineau, oiseau, petit, petite, poule, poulet, poulette, poulot, poupée, poupoule, prince, princesse, rat, raton, reine, roi, tourterelle, trésor, etc.

BIRÈME ■ ⇒ galère.

BIROUTE ■ Manche à air. ⇒ verge.

BIS ■ *I. Interj. :* bravo, encore, hourra. *II. Nom* ⇒ acclamation.

BIS, E ■ *I.* Basané, bistre, bistré, brun, brunâtre, gris, jaunâtre, marron clair. *II. Loc.* Pain bis : pain de campagne/complet/de seigle/noir.

BISAÏEUL, E ■ Arrière-grand-père/mère.

BISBILLE ■ (Fam.) Bouderie, brouillerie, dépit, désaccord, différend, discorde, dispute, fâcherie, humeur, malentendu, mésentente, querelle, trouble.

BISCORNU, E ■ *I.* Bicuspide, à deux cornes, irrégulier. *II.* Absurde, bizarre, confus, échevelé, farfelu (fam.), grotesque. ⇒ absurde.

BISCUIT ■ *I.* Biscotte, boudoir, bretzel, craquelin, croquet, croquignolle, friandise, galette, gâteau, gaufrette, gimblette, macaron, pâtisserie, petit-beurre, sablé, toast, tuilé. *II.* Pain azyme. *III.* Bibelot, porcelaine, saxe, sèvres, statuette.

BISE ■ *I.* Blizzard, vent froid/du Nord. *II.* Bécot, bisette, bisou, petit baiser, poutou.

BISEAU (EN) ■ Entaillé, oblique.

BISEAUTÉ, E ■ *I. Au pr. :* taillé en oblique. *II. Loc.* Cartes biseautées : marquées, truquées.

BISQUE ■ Consommé. ⇒ potage.

BISQUER (FAIRE) ■ (Pop.) Asticoter, ennuyer, faire endêver/enrager/maronner/râler, taquiner, vexer.

BISSAC ■ ⇒ sac.

BISSER ■ Applaudir, en redemander, faire une ovation/un triomphe, ovationner, rappeler, réclamer.

BISTOUILLE ■ ⇒ alcool.

BISTOURI ■ Couteau, lame, scalpel.

BISTOURNER ■ ⇒ châtrer.

BISTRE, BISTRÉ, E ■ ⇒ bis, e.

BISTROT ■ *I.* ⇒ cabaret. *II.* ⇒ cabaretier.

BITE, BITTE ■ *I.* Billot, bollard, borne. *II.* ⇒ verge.

BITUMAGE ■ Goudronnage, revêtement.

BITUME ■ *I. Au pr. :* asphalte, coaltar, goudron, macadam, revêtement. *II.* ⇒ prostitution.

BITUMER ■ Entretenir, goudronner, macadamiser, revêtir.

BITURE, BITTURE ■ (Pop.). *I. Loc.* À toute biture ⇒ vite. *II.* ⇒ ivresse.

BIVEAU ■ Équerre.

BIVOUAC ■ Abrivent, campement, cantonnement, castramétation, faisceaux, halte, installation de nuit.

BIVOUAQUER ■ Camper, cantonner, dresser les tentes, faire halte, former les faisceaux, installer le bivouac, planter les tentes.

BIZARRE ■ *I. Quelque chose ou*

quelqu'un (général. non favorable) : abracadabrant, abrupt, amusant, anormal, baroque, biscornu, bizarroïde (fam.), capricieux, changeant, chinois, cocasse, comique, curieux, drôle, étonnant, étrange, excentrique, extraordinaire, extravagant, fantaisiste, fantasmagorique, fantasque, fantastique, farfelu, funambulesque, grotesque, hétéroclite, impossible, incompréhensible, inattendu, inégal, inhabituel, inquiétant, insolite, maniaque, marrant (fam.), mobile, monstrueux, original, plaisant, remarquable, ridicule, rocambolesque, saugrenu, singulier, surprenant. *II. Quelqu'un* (péj.) : aliéné, autre, braque, brindezingue, cinglé, dérangé, fou, halluciné, iroquois, loufoque, lunatique, maniaque, numéro, olibrius, original, phénomène, pistolet, tout chose, type, zèbre, zigoto.

BIZARRERIE ■ *I.* Anomalie, caprice, chinoiserie, cocasserie, comportement bizarre, *et les syn. de* BIZARRE, curiosité, drôlerie, étrangeté, excentricité, extravagance, fantaisie, fantasmagorie, folie, monstruosité, originalité, ridicule, singularité. *II. De quelqu'un* (péj.) : aliénation, dérangement, folie, hallucination, loufoquerie, manie.

BIZUT, BIZUTH ■ ⇒ novice.

BIZUTER ■ ⇒ chahuter.

BLACKBOULER ■ ⇒ refuser.

BLACK-OUT ■ Obscurité. ⇒ silence.

BLAFARD, E ■ ⇒ blême, pâle.

BLAGUE ■ *I.* Poche/sac à tabac. *II.* Astuce, bobard, canular, craque, exagération, farce, galéjade, hâblerie, histoire drôle, mensonge, niche, plaisanterie, sornette. *III.* Erreur, faute, gaffe, maladresse, sottise. ⇒ bêtise.

BLAGUER ■ *I. V. tr.* : asticoter (fam.), chahuter, faire marcher, se moquer de, railler, taquiner, tourner en dérision. *II. V. intr.* 1. Au pr. : exagérer, faire des astuces (fam.), galéjer (fam.), mentir, plaisanter, raconter des blagues, *et les syn. de* BLAGUE. 2. Par ext. : bavarder, causer, passer le temps.

BLAGUEUR, EUSE ■ ⇒ hâbleur, taquin.

BLAIR ■ ⇒ nez.

BLAIRER ■ Estimer. ⇒ aimer.

BLÂMABLE ■ Condamnable, critiquable, déplorable, incriminable, répréhensible.

BLÂME ■ Accusation, anathème, animadversion, attaque, avertissement, censure, condamnation, critique, désapprobation, grief, improbation, mise à l'index, objurgation, punition, remontrance, répréhension, réprimande, réprobation, reproche, semonce, tollé, vitupération.

BLÂMER ■ Accuser, anathématiser, attaquer, censurer, condamner, critiquer, désapprouver, désavouer, donner un avertissement, donner un blâme, *et les syn. de* BLÂME, faire grief de, faire reproche de, flageller, flétrir, fustiger, improuver, incriminer, jeter la pierre, juger, pourfendre, punir, reprendre, réprimander, reprocher, réprouver, semoncer, sermonner, stigmatiser, trouver à redire, vitupérer.

BLANC, BLANCHE ■ *I. Adj.* 1. Au pr. : argenté, beurre frais, blafard, blanchâtre, blême, clair, crème, immaculé, incolore, ivoire, ivoirin, lacté, lactescent, laiteux, limpide, net, opalin, pâle, platine, propre, pur. 2. Fig. : candide, clair, immaculé, innocent, lilial, net, pur, virginal. *II. Nom. Typo.* : espace, interligne, intervalle, vide. *III. Loc.* 1. Saigner à blanc : à fond, épuiser, vider. 2. Le blanc de l'œil : cornée, sclérotique. 3. De but en blanc : de façon abrupte, directement, sans crier gare, sans préparation.

BLANC-BEC ■ Arrogant, béjaune, insolent, niais, petit merdeux (fam.), morveux, prétentieux, sot.

BLANCHAILLE ■ ⇒ fretin.

BLANCHÂTRE ■ Albugineux, blafard, blême, lacté, lactescent, laiteux, opalescent, opalin.

BLANCHET ■ ⇒ **feutre.**

BLANCHEUR ■ *I. Au pr. :* clarté, lactescence, netteté, pâleur, propreté, pureté. *II. Fig. :* candeur, innocence, pureté, virginité.

BLANCHIMENT, BLANCHISSAGE ■ Blanchissage, déalbation, décoloration, échaudage, finissage, herberie (vx.), lessivage, lessive, nettoiement, savonnage.

BLANCHIR ■ *I. Au pr.* 1. Frotter, herber, lessiver, nettoyer, savonner. 2. **Typo.** : éclaircir. 3. **Un mur** : chauler, échauder, sabler. 4. **Quelqu'un** ⇒ **blêmir.** 5. Prendre de l'âge, vieillir. *II. Fig.* ⇒ **excuser.**

BLANCHISSERIE ■ Buanderie, laverie, lavoir.

BLANCHISSEUR, EUSE ■ Buandier, lavandier, lavandière, laveur, laveuse, lessivier.

BLANC-MANGER ■ Caillé, caillebotte, gelée, yaourt, yogourt.

BLANC-SEING ■ Carte blanche, chèque en blanc, liberté de manœuvre, mandat, procuration en blanc.

BLANDICE ■ Caresse, charme, flatterie, jouissance, séduction, tentation.

BLANQUETTE ■ *I.* Ragoût. *II.* Chasselas, clairette, vin clairet.

BLASE ■ *Fam. :* nom. ⇒ **nez.**

BLASÉ, E ■ *I.* Assouvi, dégoûté, difficile, fatigué, indifférent, insensible, rassasié, repu, revenu de tout, sceptique, usé. *II. Loc. :* avoir fait le tour de tout.

BLASEMENT ■ ⇒ **dégoût.**

BLASER ■ Dégoûter, désabuser, fatiguer, laisser froid, lasser, rassasier, soûler.

BLASON ■ Armes, armoiries, chiffre, écu, écusson, cartouche, marque, panonceau, pennon, sceau.

BLASONNER ■ Orner. ⇒ **peindre.**

BLASPHÉMATEUR, TRICE ■ Apostat, impie, parjure, renieur, sacrilège.

BLASPHÉMATOIRE ■ Impie, sacrilège.

BLASPHÈME ■ Gros mot, grossièreté, impiété, imprécation, injure, insulte, jurement, juron, outrage, sacrilège.

BLASPHÉMER ■ *I. V. tr. :* injurier, insulter, maudire, se moquer de, outrager. *II. V. intr. :* jurer, proférer des blasphèmes, sacrer.

BLATÉRER ■ ⇒ **crier.**

BLATTE ■ Cafard, cancrelat.

BLAUDE ■ ⇒ **blouse.**

BLAZER ■ Flanelle, veste, veston.

BLÉ ■ Céréale, épeautre, froment, sarrasin, touselle.

BLÈCHE ■ (Arg.). ⇒ **laid.**

BLED ■ Brousse, pays perdu/sauvage, petite ville, petit village, trou.

BLÊME ■ Blafard, blanchâtre, bleu, cadavérique, décoloré, exsangue, hâve, incolore, livide, pâle, pâlot, plombé, terne, terreux, vert.

BLÊMIR ■ Blanchir, se décomposer, devenir livide, pâlir, verdir.

BLENNORRAGIE ■ Blennorrhée, gonococcie, gonorrhée. *Arg. :* castapiane, chaude-lance/pisse, chtouille, coco, coulante, coup de pied de Vénus, échauffement, goutte matutinale/militaire, naze, nazi, nœud coulant, pécole, souvenir, etc.

BLÉSEMENT ■ Zézaiement, zozotement.

BLÉSER ■ Zézayer, zozoter.

BLESSANT, E ■ Agressif, arrogant, choquant, contrariant, déplaisant, désagréable, désobligeant, grossier,

bloquer

impoli, inconvenant, injurieux, irrespectueux, mal embouché, mortifiant, offensant, piquant, vexant.

BLESSÉ, E ■ Éclopé, estropié, invalide, mutilé.

BLESSER ■ Abîmer, amocher (fam.), arranger (fam.), arranger le portrait (pop.), assommer, balafrer, battre, broyer, brûler, contusionner, corriger, couper, couronner, déchirer, écharper, écloper, écorcher, écraser, encorner, entailler, entamer, érafler, éreinter, estropier, faire une entorse, fouler, frapper, froisser, léser, luxer, maltraiter, meurtrir, mordre, mutiler, navrer (vx), percer, piquer, poignarder. *II. Loc.* La vue, les oreilles : affecter, casser, causer une sensation désagréable, déchirer, écorcher, effaroucher, irriter, rompre. *III. Fig.* 1. Atteindre, choquer, contrarier, déplaire, égratigner, faire de la peine, froisser, heurter, irriter, offenser, piquer, toucher, ulcérer, vexer. 2. Attenter à, enfreindre, être contraire à, heurter, porter atteinte, violer. 3. Causer du préjudice, faire tort, léser, nuire, porter préjudice, préjudicier. *V. pron.* Fig. : être susceptible, se formaliser, s'offenser, s'offusquer, se piquer, se vexer.

BLESSURE ■ *I.* Balafre, bleu, bobo (fam.), bosse, brûlure, choc, cicatrice, contusion, coquard, coupure, distension, ecchymose, égratignure, élongation, entaille, entorse, éraflure, éraillement, estafilade, estocade, fêlure, fracture, froissement, foulure, lésion, luxation, meurtrissure, morsure, mutilation, piqûre, plaie, taillade, trauma, traumatisme, tuméfaction. ⇒ **coup.** *II. Moral :* atteinte, brûlure, coup, coup dur, douleur, froissement, offense, pique, plaie, souffrance, trait.

BLEU, E ■ *I. Adj. :* ardoise, azur, azurin, barbeau, bleuâtre, bleuet, céleste, céruléen, lapis-lazuli, myosotis, outremer, pers, pervenche, saphir. *II. Nom masc.* 1. Azur, ciel. 2. ⇒ **novice.** 3. Coquard, ecchymose, meurtrissure,

œil au beurre noir, tuméfaction. ⇒ **coup.** *III. Loc.* 1. **Sang bleu** : noble. 2. **Fleur bleue** : sentimental, tendre. 3. **Bas-bleu** : pédante. 4. **Cordon bleu** : bonne cuisinière.

BLEUET ■ Barbeau, centaurée.

BLEUSAILLE ■ (Fam.). ⇒ **novice.**

BLIAUD, BLIAUT ■ ⇒ **blouse.**

BLINDAGE ■ Abri, bardage, boisage, bouclier, carter, cuirasse, écran, protection.

BLINDE ■ ⇒ **poutre.**

BLINDÉ ■ *N. m. :* automitrailleuse, char, char d'assaut, tank. *Adj. :* blasé, endurci, immunisé. ⇒ **ivre.**

BLINDER ■ *I.* Abriter, boiser, cuirasser, protéger, renforcer. *II. Fig. :* endurcir, immuniser, protéger, renforcer. *III. V. pron.* (Pop.) ⇒ **enivrer (s').**

BLINIS ■ Crêpe, hors d'œuvre.

BLIZZARD ■ ⇒ **vent.**

BLOC ■ *I.* Bille, masse, pavé, pièce, roche, rocher. *II.* 1. Amas, assemblage, ensemble, ouvrage, quantité, totalité, tout, unité. 2. ⇒ **coalition.** 3. Géol. : graben, horst. 4. ⇒ **prison.** 5. À/en bloc ⇒ **maximum,** totalement.

BLOCAGE ■ *I.* Arrêt, barrage, coup d'arrêt, stabilisation. *II.* Empilage, serrage. *III.* Frein, impuissance, inhibition, paralysie.

BLOCKHAUS ■ Abri, bunker, casemate, fortification, fortin, ouvrage.

BLOC-NOTES ■ ⇒ **carnet.**

BLOCUS ■ Investissement, isolement, siège.

BLOND, E ■ Blondin, blondinet, doré, lin, platiné.

BLONDE ■ ⇒ dentelle, fille.

BLONDIN ■ ⇒ **galant.**

BLOQUER ■ *I. Au pr. :* amasser, empiler, entasser, grouper, masser, rassembler, réunir. **II. Par ext. 1.** Assiéger, cerner, encercler, entourer, envelopper, fermer, investir. **2.** ⇒ **arrêter. 3. Les crédits :** geler, immobiliser, suspendre. **4. Un passage :** coincer, condamner, encombrer, obstruer. **5. Arg. scol.** ⇒ **étudier.**

BLOTTIR (SE) ■ S'accroupir, se cacher/clapir/coucher, s'enfouir, se mettre en boule/musser/pelotonner/ presser/ramasser/ recroqueviller/réfugier/replier/serrer contre/ tapir.

BLOUSANT, E ■ Bouffant. ⇒ **ample.**

BLOUSE ■ **I.** Biaude, blaude, bliaud, bourgeron, camisole, caraco, roulière, sarrau, tablier, vareuse. **II.** Chemisette, chemisier, corsage, marinière.

BLOUSER ■ **I. V. tr.** ⇒ **tromper. II. V. intr. :** bouffer, gonfler.

BLUETTE ■ Amourette, badinage, badinerie, fleurette, flirt, galanterie. ⇒ **amour.**

BLUFF ■ **I.** Audace, bagou, battage, chantage, intimidation, tromperie, vantardise. **II. Fam. :** baratin, culot, épate, esbroufe, frime. ⇒ **hâblerie.**

BLUFFER ■ **I.** Abuser, épater, faire du chantage, intimider, leurrer, tromper, se vanter. **II. Fam. :** Aller au culot, baratiner, esbroufer, faire de l'esbroufe/de l'épate/de la frime/du vent, frimer, galéger, masser. ⇒ **hâbler.**

BLUFFEUR ■ ⇒ **hâbleur.**

BLUTER ■ Passer, tamiser.

BLUTOIR ■ Bluteau, sas, tamis.

BOA ■ Serpent. **Par ext. :** anaconda, eunecte, python.

BOBARD ■ Bateau, blague, boniment, fantaisie, fausse nouvelle, mensonge, plaisanterie, ragot, tromperie, tuyau (fam.), vantardise.

BOBÈCHE ■ Coupelle. ⇒ **tête.**

BOBINE ■ **I. Au pr. :** bloquet, bobineau, broche, dévidoir, fuseau, fusette,

navette, nille, rochet, roquetin, rouleau. **II. Fig.** ⇒ **tête.**

BOBINER ■ Enrouler, envider, renvider.

BOCAGE ■ Boqueteau, bosquet, breuil, chemin creux, garenne, petit bois.

BOCAGER, ÈRE ■ Agreste, boisé, bucolique, champêtre, mythologique, pastoral.

BOCAL ■ Pot, récipient, vase.

BOCK ■ Chope, demi, verre.

BOËSSE ■ Ébarboir, grattoir.

BOËTE ■ ⇒ **aiche.**

BŒUF ■ **I. Nom :** bovidé. **II. Adj. Fig. :** colossal, énorme, extraordinaire, formidable, monstre, surprenant.

BOGHEI, BUGGY ■ ⇒ **voiture.**

BOGUE ■ Capsule, enveloppe. ⇒ **boucle.**

BOHÊME ■ **I.** Artiste, fantaisiste, indépendant, insouciant. **II. Péj. :** Asocial, débraillé, désordonné, instable, original, peu soigné, vagabond.

BOHÉMIEN, ENNE ■ Baraquin (péj.), boumian (mérid.), fils du vent, gipsy, gitan, manouche, nomade, roma ou romé, romanichel, romano (fam.), sinte ou zing, tzigane, zingaro.

BOIRE ■ **I. V. tr. 1.** Absorber, avaler, buvoter, ingurgiter, prendre. **2.** Absorber, s'imbiber de, s'imprégner de. **II. V. intr. 1. Un animal :** s'abreuver, se désaltérer, laper. **2. L'homme.** *Neutre :* se désaltérer, étancher sa soif, prendre un verre, se rafraîchir, sabler. *Fam. :* s'abreuver, absorber, arroser, s'aviner, biberonner, boutancher, buvoter, chopiner, se cocarder, écluser, entonner, éponger, godailler, s'humecter/se rincer le ⇒ **gosier,** s'imbiber, s'imprégner, lamper, se lester, lever le coude, licher, lichetroner, litroner, se mouiller, picoler, pinter, pomper, popiner, se rafraîchir, se remplir, riboter, siffler, siroter, sucer, téter, se taper/vider un verre. ⇒ **enivrer (s')**.

BOIS ■ *I.* Bocage, boqueteau, bosquet, bouquet d'arbres, breuil, chablis, châtaigneraie, chênaie, forêt, fourré, frondaison, futaie, hallier, hêtraie, marmenteau, massif d'arbres, pinède, sapinière, ségrais, sous-bois, sylve, taillis. *II.* Bille, billette, billot, bourrée, branche, brasse, brassée, brindille, bûche, bûchette, charbonnette, cotret, fagot, fagotin, falourde, fascine, margotin, rondin. *III.* Copeau, déchet, sciure. *IV. Des cervidés :* andouiller, corne, cors, dague, empaumure, époi, merrain, ramure, revenue.

BOISAGE ■ *I.* Consolidation, cuvelage, cuvellement, garnissage, muraillement, renforcement, soutènement. *II.* Cadre, chapeau, corniche, étai, montant, palplanche, semelle, sole.

BOISEMENT ■ Pépinière, plantation, repeuplement, semis.

BOISER ■ *I.* Ensemencer, garnir, planter, repeupler. *II.* Consolider, cuveler, étayer, garnir, renforcer, soutenir.

BOISERIE ■ Charpente, châssis, huisserie, lambris, menuiserie, moulure, panneau, parquet.

BOISSON ■ Apéritif, bibine (péj.), bière, bouillon, breuvage, café, chaudeau, chocolat, cidre, citronnade, cocktail, coco, cordial, décoction, digestif, drink, eau, eau de mélisse, eau-de-vie, élixir, émulsion, grog, hydromel, hypocras, infusion, julep, jus de fruit, kéfir, kwas, lait, limonade, liqueur, maté, mélange, mixture, nectar, orangeade, piquette, poiré, potion, punch, rafraîchissement, remontant, rinçure (péj.), sirop, soda, thé, tisane, vin, vulnéraire, etc. ⇒ **alcool**.

BOÎTE ■ *I. Au pr. :* bonbonnière, boîtier, cagnotte, caisse, caque, carton, case, casier, cassette, cercueil, chancelière, châsse, chocolatière, coffre, coffret, contenant, custode (relig.), drageoir, écrin, emballage, étui, malle, marmotte, nécessaire, plumier, poubelle, poudrier, récipient, reliquaire, tabatière, tirelire, tronc, trousse, valise, vanity-case. *II. Par ext.* 1. Arg. scol. : bahut, baz, collège, école, lycée, pension. 2. Administration, affaire, atelier, boutique, bureau, chantier, commerce, entreprise, firme, maison, société, usine. 3. ⇒ **cabaret**. *III. Loc.* 1. Mise en boîte ⇒ **raillerie**. 2. Boîte à sous ⇒ **avare**.

BOITER ■ *I.* Aller clopin-clopant/de travers, béquiller (fam.), boitiller, claudiquer, clocher, clopiner, se déhancher, loucher de la jambe (fam.). *II.* Brimbaler, bringuebaler, osciller. *III. Fig. :* aller cahin-caha/de travers/mal, clocher, laisser à désirer.

BOITERIE ■ Boitement, boitillement, claudication.

BOITEUX, EUSE ■ *I.* Bancal, bancroche (fam.), béquillard (fam.), claudicant, éclopé, estropié, infirme, invalide. *II.* Branlant, de travers, de traviole (fam.), esquinté, inégal, instable, sur trois pattes/pieds. *III.* Faux, incomplet, spécieux.

BOITIER ■ Écrin, étui. ⇒ **boîte**.

BOITILLANT, E ■ Dissymétrique, irrégulier, saccadé, sautillant, syncopé.

BOL ■ Coupe, jatte, récipient, tasse.

BOLCHEVIK, BOLCHEVISTE ■ Communiste, marxiste, révolutionnaire, rouge, socialiste, soviétique.

BOLCHEVISME ■ Collectivisme, communisme, marxisme, socialisme.

BOLDUC ■ Faveur, ruban. ⇒ **corde**.

BOLÉRO ■ ⇒ **danse, coiffure, veste**.

BOLET ■ Bordelais, champignon, cèpe, tête-de-nègre.

BOLIDE ■ *I. Au pr. :* aérolithe, astéroïde, corps céleste, étoile filante, météore, météorite, projectile céleste. *II.* Voiture de course.

BOLIER, BOULIER ■ ⇒ **filet**.

BOMBANCE ■ (Fam.). Bamboche, bamboula, bombe, bringue, chère lie, dégagement, foire, godaille, gogaille, java, liesse, muffée, muflée, partie, réjouissances, ronflée ⇒ **fête**, **repas**.

BOMBARDE ■ *I.* Bouche à feu, canon, mortier, pièce d'artillerie. *II.* Flageolet, hautbois, turlurette.

BOMBARDEMENT ■ Arrosage (arg.), barrage, canonnade, marmitage (fam.), mitraillade, mitraillage, tir.

BOMBARDER ■ *I.* Canonner, écraser, lancer des bombes, mitrailler, tirer. **Arg.** : arroser, canarder, marmiter. *II.* Accabler, cribler, jeter, lancer, obséder.

BOMBE ■ *I. Au pr. :* charge de plastic, engin, explosif, grenade, machine infernale, obus, projectile, torpille. *II. Fig.* ⇒ **bombance**. *III.* Crème glacée, glace, sorbet.

BOMBÉ, E ■ Arrondi, bossu, convexe, cintré, courbe, gonflé, renflé, ventru.

BOMBEMENT ■ Apostème, apostume, arrondi, bosse, bouge (techn.), convexité, cintre, courbe, dos d'âne, enflure, gonflement, renflement, tonture, ventre.

BOMBER ■ Arrondir, cambrer, cintrer, courber, enfler, gondoler, gonfler, redresser, renfler.

BON, BONNE ■ adj. *I. Au pr. :* accueillant, agréable, amical, avantageux, beau, bien, bienfaisant, bienveillant, congru, convenable, favorable, heureux, intéressant, juste, profitable, propice, propre, utile. *II. Par ext. :* acceptable, correct, excellent, exemplaire, incomparable, meilleur, moyen, parfait, passable, satisfaisant, suffisant, utilisable. *III. Une chose.* 1. Un repas : délectable, délicat, excellent, exquis, parfait, savoureux, succulent. 2. Une activité ⇒ **rémunérateur**. 3. Un sol ⇒ **fertile**. 4. Une situation : certain, enviable, solide, stable, sûr. 5. Un compte : exact, rigoureux, sérieux,

strict. 6. Un conseil : avisé, éclairé, judicieux, pondéré, prudent, raisonnable, sage, utile. 7. Un motif : admissible, convaincant, plausible, recevable, valable. 8. Un remède, un moyen : approprié, efficace, opérant, réconfortant, salutaire. 9. Activités de l'esprit : adroit, agréable, amusant, beau, bien, drôle, émouvant, habile, instructif, plaisant, spirituel, sublime, touchant. 10. Une odeur : agréable, aromatique, délicieux, exquis, suave. *IV. La quantité :* abondant, complet, considérable, grand, plein. *V. Par ironie.* Une bonne maladie : bien tassé, carabiné, mauvais, sale. *VI. Quelqu'un.* 1. Le corps : bien bâti/planté, costaud, fort, robuste, sain, solide. 2. Le caractère : accessible, accueillant, agréable, aimable, altruiste, bénin, benoît, bienfaisant, bienveillant, brave, charitable, clément, compatissant, complaisant, dévoué, doux, estimable, franc, généreux, gentil, gracieux, honnête, humain, humanitaire, indulgent, magnanime, miséricordieux, obligeant, ouvert, philanthrope, pitoyable (vx), secourable, sensible, serviable, sociable. *Non favorable :* bénin, bonasse, boniface, brave, candide, crédule, débonnaire, gogo (fam.), ingénu, innocent, naïf, paterne, simple. 3. Le comportement : beau, charitable, convenable, courageux, digne, distingué, droit, efficace, énergique, équitable, exemplaire, généreux, héroïque, honnête, honorable, judicieux, juste, louable, méritoire, modèle, moral, noble, raisonnable, utile, vertueux. *VII. Loc.* 1. Bon à, bon pour : apte, capable, convenable, correct, digne, efficace, favorable, prêt, propice, propre, utile, valable. 2. Faire bon : agréable, beau, doux, reposant. 3. Tenir bon : dur, ferme, fermement, fort, solidement. 4. Tout de bon : effectivement, réellement, sérieusement. 5. Bon à rien. ⇒ **fainéant**.

BON ■ n. m. Attestation, billet, certificat, coupon, coupure, ticket, titre.

BONACE ■ *I. Au pr.* : accalmie, calme plat, répit, tranquillité. *II. Fig.* : apaisement, calme, paix, quiétude, rémission, tranquillité, trêve.

BONASSE ■ Faible, mou, simple, timoré. ⇒ **bon** (par ext.).

BONBON ■ Berlingot, bêtises, calisson, caramel, chatterie, chocolat, confiserie, crotte de chocolat, dragée, fourrés, gourmandise, papillote, pastille, pâte de fruit, praline, sucette, sucre d'orge, sucrerie, etc.

BONBONNE ■ Bouteille, dame-jeanne, fiasque, jaquelin, jaqueline, tourie.

BONBONNIÈRE ■ *I. Au pr.* : boîte, chocolatière, coffret, drageoir. *II. Fig.* : boudoir, garçonnière, petit appartement, studio.

BOND ■ *I. Au pr.* : bondissement, cabriole, cahot, cascade, entrechat, rebond, ricochet, saut, secousse, sursaut, vol plané. *II. Par ext.* Les prix : boom, hausse.

BONDE ■ *I. D'un étang* : daraise, déversoir, empellement, tampon, vanne. *II. D'un tonneau* : bondon, bouchon, tampon.

BONDÉ, E ■ Archiplein, bourré, comble, complet, plein.

BONDER ■ Bourrer, faire le plein, remplir.

BONDIEUSERIE ■ *I.* ⇒ **tartuferie**. *II.* ⇒ **fétiche**.

BONDIR ■ Cabrioler, cahoter, cascader, s'élancer, s'élever, faire des cabrioles/des entrechats/un vol plané, gambader, rebondir, ricocher, sauter, sursauter, voltiger.

BONHEUR ■ *I. Neutre ou favorable.* **1.** Un événement : aubaine, bénédiction, faveur, fortune, heur (vx), pot (arg.), réussite, succès, veine (fam.). ⇒ **chance**. **2.** Un état : ataraxie, béatitude, bien, bien-être, calme, contentement, délices, enchantement, euphorie, extase, félicité, joie, le pied (fam.),

nirvāna, paix, plaisir, prospérité, ravissement, relaxation, satisfaction, septième ciel, sérénité, volupté, voyage (arg.). *II.* Agrément, avantage, honneur, plaisir. *III.* Épicurisme, eudémonisme, hédonisme.

BONHEUR-DU-JOUR ■ ⇒ **bureau, commode.**

BONHOMIE ■ *I.* Amabilité, bonté, douceur, facilité, familiarité, gentillesse, indulgence, simplicité. *II. Péj.* : bonasserie, finasserie, rouerie.

BONHOMME ■ *I.* Aimable, altruiste, bon, bonasse (péj.), bon enfant, brave, débonnaire, facile, gentil, obligeant, serviable, simple. *II.* ⇒ **naïf.** *III. péj.* : faux jeton (fam.), patelin, simulateur, trompeur. ⇒ **hypocrite.** *IV. Nom. Fam.* : cézigue, guignol, mec, zigue. ⇒ **type.**

BONI ■ Avantage, bénéfice, bonusmalus, excédent, gain, guelte, profit, rapport, reliquat, reste, revenant-bon, revenu, solde positif. *Fam.* : bénêf, gratte.

BONIFICATION ■ *I.* ⇒ **amélioration.** *II.* ⇒ **amendement, gratification.**

BONIFIER ■ *I. Au pr.* ⇒ **améliorer.** *II. Par ext.* ⇒ **gratifier.**

BONIMENT ■ *I.* Battage, bluff, bruit, charlatanisme, parade, publicité, réclame. *II.* Abattage, bagou, baratin, bavardage, blague, bobard, compliment, craque, discours, fadaise, hâblerie, histoire, mensonge, parlote, salade (fam.), verbiage.

BONIMENTEUR, BONISSEUR ■ *I. Au pr.* : batteur, bonneteur, camelot, charlatan, forain, rabatteur. *II. Par anal.* : baratineur, beau parleur, blagueur, bluffeur, charlatan, complimenteur, discoureur, flatteur, hâbleur, menteur, raconteur de boniments, *et les syn. de* BONIMENT.

BONITE ■ Pélamyde, thon.

BONNE ■ *I.* Bonniche (péj.), domestique, employée de maison, factoton, femme de chambre/de ménage, maritorne (péj.), servante. *II. Bonne d'enfants :* gouvernante, nurse.

BONNE-MAMAN ■ Grand-maman, grand-mère, grannie, mame, mamie, mamita, mémé.

BONNEMENT ■ De bonne foi, franchement, naïvement, réellement, simplement, sincèrement.

BONNET ■ *I.* Attifet, baigneuse, bavolet, béguin, bonnichon, charlotte, coiffe, colinette, toque, toquet. *II. D'homme.* 1. Béret, calot, chamka, coiffe, coiffure, colback, couvre-chef, passe-montagne, serre-tête, toque. 2. Particul. : barrette, calot, calotte, faluche, mortier. *III.* **Bonnet de nuit.** 1. Casque à mèche (fam.). 2. **Par anal., quelqu'un, péj. et fam.** : baderne, barbon, emmerdeur (grossier), éteignoir, vieille bête, vieux con (grossier)/machin/schnoque/truc.

BONNETERIE ■ Jersey, sous-vêtement, tricot.

BONNETEUR ■ ⇒ **bonimenteur, fripon.**

BONNETIÈRE ■ Armoire, bahut, penderie.

BON-PAPA ■ Grand-papa, grand-père, papie ou papy, pépé.

BON SENS ■ Équilibre, juste milieu, lucidité, pondération, raison.

BONSOIR ■ Adieu, au revoir, bonne nuit, salut.

BONTÉ ■ *I. Qualité morale.* 1. Abnégation, accueil, agrément, altruisme, amabilité, amitié, bénignité, bienfaisance, bienveillance, bonhomie, charité, clémence, compassion, complaisance, cordialité, dévouement, douceur, facilité d'humeur, générosité, gentillesse, gracieuseté, honnêteté, humanité, indulgence, magnanimité, mansuétude, miséricorde, obligeance, ouverture, philanthropie, pitié, servia-

bilité, sociabilité, tendresse. 2. Péj. : candeur, crédulité, débonnaireté, ingénuité, innocence, naïveté, simplicité. *II. Une chose :* agrément, avantage, beauté, bienfaisance, congruité, convenance, exactitude, excellence, force, intérêt, justice, perfection, propriété, utilité, vérité.

BON VIVANT ■ ⇒ **épicurien.**

BONZE ■ *I.* Moine bouddhiste, prêtre. *II. Fig.* (péj.) : fossile, gâteux, mandarin, pédant, pontife, vieux con, vieil imbécile, *et les syn. de* IMBÉCILE.

BOOM ■ Accroissement, augmentation, bond, hausse, prospérité, relance.

BOQUETEAU ■ ⇒ **bois.**

BORBORYGME ■ Bruit, flatulence, flatuosité, gargouillement, gargouillis, murmure confus, ronflement, ronflette (fam.), rot.

BORD ■ *I. D'une surface :* arête, bordure, contour, côté, limite, périmètre, périphérie, pourtour. *II. De la mer :* batture, côte, estran, grève, littoral, plage, rivage. *III. D'une rivière :* berge, grève, levée, rivage, rive. *IV. D'un bois :* bordure, lisière, orée. *V. D'un puits :* margelle, rebord. *VI. D'une route :* banquette, bas-côté, berme, bordure, fossé. *VII. D'un bateau* ⇒ bordage. *VIII. D'un objet :* arête, cadre, contour, entourage, extrémité, frange, grènetis, marge, marli, ourlet, tranche.

BORDAGE ■ *I.* Bord, bordé. *II. Par ext. :* bâbord, bastingage, bau, coupée, couple, hiloire, pavois, plat-bord, préceinte, rance, tribord, virure.

BORDÉE ■ *I. Au pr. :* ligne de canons, salve. *II. Fig. et fam. Loc.* 1. **Tirer une bordée :** escapade, sortie, tournée, virée. 2. **Une bordée d'injures :** avalanche, averse, brouettée, charretée, collection, déluge, orage, pelletée, pluie, tas, tombereau.

BORDEL ■ *I.* ⇒ **lupanar.** *II.* ⇒ **bruit, désordre, truc.**

BORDELAISE ■ *I.* ⇒ barrique. *II.* ⇒ bouteille.

BORDER ■ *I. Mar.* : caboter, côtoyer, longer, louvoyer. *II.* S'étendre le long de, limiter, longer. *III. Par ext.* On **borde une chose** : cadrer, encadrer, entourer, franger, garnir, ourler.

BORDEREAU ■ État, facture, justificatif, liste, note, récapitulatif, récapitulation, relevé.

BORDERIE ■ *I. Au pr.* : métairie. *II. Par ext.* : ferme, fermette.

BORDIER, ÈRE ■ *I.* Métayer. *II.* Frontalier, mitoyen.

BORDIGUE ■ ⇒ claie, enceinte.

BORDURE ■ *I.* Ajout, ajouture, agrément, cordon, feston, haie, garniture, ligne, ornement. *II.* ⇒ bord.

BORÉAL, E ■ Arctique, du nord, hyperboréen, nordique, polaire, septentrional.

BORNAGE ■ Délimitation, jalonnement, limite, tracé.

BORNE ■ *I.* Fin, limite, frontière, marque, terme. *II.* Billot, bitte, bollard, bouteroue.

BORNÉ, E ■ *I.* Cadastré, circonscrit, défini, délimité, entouré, limité, marqué, tracé. *II. Fig.* : à courte vue, bouché, étroit, limité, obtus, rétréci. ⇒ bête.

BORNER ■ *I. Au pr.* : cadastrer, circonscrire, délimiter, entourer, limiter, marquer. *II. Par ext.* : 1. Confiner à, être en limite de, terminer, toucher à. 2. Arrêter, barrer, boucher, fermer, intercepter, restreindre. *III. Fig.* : faire obstacle à, mettre un terme à, modérer, réduire. *IV. V. pron.* : se cantonner dans, se circonscrire à, se confiner dans, se contenter de, ne faire que, se limiter/se réduire/se restreindre/s'en tenir à.

BORNOYER ■ ⇒ tracer, viser.

BORT ■ ⇒ diamant.

BOSQUET ■ ⇒ bois.

BOSS ■ ⇒ patron.

BOSSAGE ■ Anglet, refend, relief, ronde-bosse, saillie.

BOSSE ■ *I. Au pr.* : apostume, beigne, bigne, cabosse, cyphose, enflure, excroissance, gibbosité, grosseur, protubérance, tumeur. *II. Fig.* 1. Arrondi, bosselure, convexité, éminence, enflure, excroissance, grosseur, protubérance, renflement. 2. ⇒ don.

BOSSELÉ ■ *I. Au pr.* : accidenté, âpre, bombé, bossu, inégal, montueux, mouvementé, pittoresque, varié. *II. Par ext.* : abîmé, cabossé, déformé, faussé, inégal, irrégulier, martelé.

BOSSELER ■ Abîmer, bossuer, cabosser, déformer, fausser, marteler.

BOSSER ■ *Fam.* : en fiche/en foutre un coup, turbiner. ⇒ travailler.

BOSSEUR ■ ⇒ travailleur.

BOSSU, E ■ *I. Au pr.* : boscot, contrefait, difforme, estropié, gibbeux, tordu. *II. Par ext.* ⇒ bosselé.

BOSSUER ■ ⇒ bosseler.

BOTANIQUE ■ Étude des végétaux, herborisation (vx).

BOTANISTE ■ Herborisateur (vx).

BOTTE ■ *I.* Balle, bouquet, bourrée, brassée, fagot, faisceau, gerbe, javelle, manoque, touffe. *II.* Bottillon, bottine, brodequin, cuissard, houseaux, snow-boot. *III. Loc.* 1. **Lécher les bottes** : courtiser, flagorner, flatter. 2. **À sa botte** : à sa dévotion, à ses ordres. 3. **Coup de botte** : coup de pied, shoot. 4. **Ça fait ma botte** : ça me convient, ça fait mon affaire, ça me va. 5. **Y laisser ses bottes** : y perdre tout, être tué. *IV. Escrime* : attaque, coup secret.

BOTTELER ■ Assembler, attacher, gerber, grouper, lier, manoquer.

BOTTER ■ *I.* Chausser. *II.* Aller, convenir, faire l'affaire, plaire, trouver chaussure à son pied. *III.* Shooter, taper.

BOTTIER ■ Chausseur. ⇒ **cordonnier.**

BOTTINE ■ ⇒ **botte, chaussure.**

BOUBOULER ■ Ululer. ⇒ **crier.**

BOUCAN ■ (Fam.) Raffut, tapage, vacarme. ⇒ **bruit.**

BOUCANÉ, E ■ *I. Au pr. :* desséché, conservé, fumé, saur, sauré, séché. *II. Par ext. :* bronzé, cuit par le soleil, desséché, noirâtre, ridé. ⇒ **basané.**

BOUCANER ■ Dessécher, durcir, conserver, cuire au soleil, fumer, sécher.

BOUCANIER ■ Aventurier, coureur/ écumeur des mers, pirate.

BOUCHAGE ■ Fermeture, obturation, occultation.

BOUCHARDE ■ ⇒ **marteau.**

BOUCHE ■ *I.* Cavité buccale. *Fam. :* avaloire, bec, boîte, goule, gueule, margoulette, moule à gaufres, museau, piège à mouches. ⇒ **gosier.** *II.* Bec, cystotome, gueule, mandibule, suçoir, trompe. *III. Fig. :* embouchure, entrée, orifice, ouverture. *IV. Loc.* Fine bouche : délicat, difficile, fin bec, gourmand, gourmet.

BOUCHÉ, E ■ *I. Au pr. :* fermé, obstrué, obturé, occulté. *II. Le temps :* bas, brumeux, couvert, menaçant. *III. Fig.* ⇒ **bête.**

BOUCHÉE ■ Becquée, goulée, lippée, morceau. *Loc.* Bouchée à la reine : timbale, vol-au-vent.

BOUCHER ■ *I. Au pr.* 1. Sens général : clore, fermer, obstruer, obturer. 2. Un tonneau : bondonner. 3. Un trou : aveugler, calfeutrer, colmater, obstruer, occulter, revercher. 4. Une voie d'eau : aveugler, étancher, étouper, tamponner. 5. Un passage : barrer, condamner, encombrer, murer. 6. La vue : intercepter, offusquer. *II. Fig. Loc. fam. En boucher un coin :* clouer le bec, épater, étonner, laisser pantois/sans voix, réduire au silence. *III. V. pron. :* s'engorger, *et les formes pron. possibles des syn. de* BOUCHER.

BOUCHER, ÈRE ■ *I. Au pr. :* chevillard, détaillant, étalier, tueur. *II. Fig.* (péj.) : bourreau, chasseur, chirurgien, militaire.

BOUCHERIE ■ *I. Au pr. :* abattoir, commerce de la viande, échaudoir, étal. *II. Fig. :* carnage, guerre, massacre, tuerie.

BOUCHE-TROU ■ *Fig.* (fam.) : doublure, extra, figurant, remplaçant, utilité.

BOUCHOLEUR ■ ⇒ **mytiliculteur.**

BOUCHON ■ *I.* Poignée de paille, tampon, tapon. *II.* Petit restaurant. ⇒ **cabaret.** *III.* Bonde, bondon, fermeture.

BOUCHONNAGE, BOUCHONNE-MENT ■ Friction, frictionnement, massage, pansage, soins.

BOUCHONNER ■ *I.* Chiffonner, froisser, mettre en bouchon, tordre. *II.* Frictionner, frotter, masser, panser, soigner.

BOUCHOT ■ Moulière, parc à moules.

BOUCHOTEUR ■ ⇒ **mytiliculteur.**

BOUCLAGE ■ *Techn. :* feed-back, rétroaction. ⇒ **fermeture.**

BOUCLE ■ *I. Au pr.* 1. Agrafe, anneau, ardillon, assemblage, attache, bélière, bogue, erse, fermeture, fermoir, fibule, vervelle. 2. Bijou, clip, dormeuse, pendant d'oreille. *II. Par ext. :* accroche-cœur, anglaises, bouclette, boudin, frisette.

BOUCLER ■ *I.* Friser, onduler. *II. V. tr.* 1. Attacher, fermer, serrer. 2. *Fam. :* Emprisonner, enfermer, mettre au clou/au gnouf/à l'ombre/au trou.

BOUCLIER ■ *I. Au pr. :* arme, broquel, écu, pavois, pelte, rondache, rondelle, targe, tortue. *II. Fig. :* abri, carapace, cuirasse, défense, palladium, protection, rempart, sauvegarde.

BOUDER ■ Battre froid, être fâché/en froid/maussade/de mauvaise humeur, faire la grimace/la tête/la moue, grogner, refuser, rechigner.

BOUDERIE ■ Brouille, brouillerie, dépit, désaccord, différend, discorde, dispute, fâcherie, humeur, malentendu, mésentente, moue, querelle, trouble.

BOUDEUR, EUSE ■ Buté, grognon, maussade, renfrogné.

BOUDIN ■ Bourrelet. ⇒ **boucle, fille.**

BOUDINÉ, E ■ Comprimé, entortillé, étouffé, étriqué, saucissonné, serré, tordu, tortillé.

BOUDOIR ■ Cabinet particulier, petit bureau/salon.

BOUE ■ *I. Au pr. :* alluvion, bourbe, braye, crotte, curure, dépôt, éclaboussure, fagne, fange, gâchis, gadoue, gadouille, immondices, jet, limon, margouillis, merde (grossier), sédiment, tourbe, vase. *II. Fig. :* abjection, abomination, bassesse, corruption, débauche, impureté, infamie, ordure, stupre, vice, vilenie.

BOUÉE ■ Balise, flotteur, gilet de sauvetage.

BOUEUR ■ Balayeur, boueux, éboueur.

BOUEUX, EUSE ■ *I. Au pr. :* bourbeux, crotteux, fagneux, fangeux, gadouilleux, limoneux, marécageux, merdeux (grossier), tourbeux, uligineux, vaseux. *II. Fig. :* abject, bas, corrompu, impur, infâme, ordurier, malodorant, trouble, vicieux. *III. Nom masc.* ⇒ **boueur.**

BOUFFANT, E ■ Ballonnant, blousant, gonflant. ⇒ **ample.**

BOUFFARDE ■ Brûle-gueule, pipe.

BOUFFE ■ *I. Adj. :* bouffon, burlesque, comique. *II. N. f.* ⇒ **cuisine.**

BOUFFÉE ■ *I. Au pr. :* accès de chaleur, courant d'air, émanation, exhalaison, haleine, halenée, souffle, vapeur. *II. Fig. :* accès, explosion, manifestation, mouvement, passage, traînée. *III. Loc.* **Par bouffées :** par accès/à-coups/intervalles.

BOUFFER ■ *I. Au pr. :* ballonner, enfler, gonfler. *II.* ⇒ **bâfrer.**

BOUFFETTE ■ Chou, coque, nœud.

BOUFFEUR ■ ⇒ **bâfreur.**

BOUFFI, E ■ *I.* Ballonné, boursouflé, empâté, enflé, gonflé, gras, gros, joufflu, mafflu, obèse, soufflé, turgescent, turgide, vultueux. *II.* ⇒ **orgueilleux.** *III.* Plein, rempli. ⇒ **ampoulé.**

BOUFFIR ■ Ballonner, boursoufler, devenir bouffi *et les syn. de* BOUFFI, enfler, engraisser, gonfler, grossir.

BOUFFISSURE ■ *I. Quelqu'un.* 1. Au *pr. :* ballonnement, bosse, boursouflure, cloque, embonpoint, empâtement, enflure, gonflement, grosseur, intumescence, obésité. 2. Fig. ⇒ **vanité.** *II. Une chose :* boursouflage, emphase, gongorisme, grandiloquence.

BOUFFON ■ *I.* Arlequin, baladin, bateleur, bouffe, clown, comique, fagotin, farceur, gugusse, histrion, matassin, nain, paillasse, pantalon, pantin, pasquin, pitre, plaisantin, polichinelle, queue-rouge, saltimbanque, trivelin, turlupin, zanni. ⇒ **fou.** *II. Adj. :* burlesque, cocasse, comique, drôle, fantaisiste, folâtre, grotesque, ridicule, rigolo, truculent.

BOUFFONNER ■ ⇒ **plaisanter.**

BOUFFONNERIE ■ Arlequinade, batelage, chose bouffonne *et les syn. de* BOUFFON, clownerie, comédie, drôlerie, farce, joyeuseté, pantalonnade, pasquinade, pitrerie, plaisanterie, trivelinade, turlupinade.

BOUGE ■ *I.* ⇒ **taudis.** *II.* ⇒ **cabaret,**

lupanar. *III. Techn.* : bombement, convexité, incurvation, renflement.

BOUGEOIR ■ *Par ext.* : binet, bobèche, brûle-tout, chandelier, chandelle, lumière, lumignon.

BOUGEOTTE ■ Dromomanie, feu au derrière (fam.).

BOUGER ■ *I. V. intr.* : s'agiter, aller et venir, avoir la bougeotte, broncher, changer de place, ciller, se déplacer, se déranger, se mouvoir, partir, remuer, ne pas rester en place, voyager. *II. V. tr.* : agiter, changer, déplacer, déranger, mouvoir, remuer.

BOUGIE ■ Chandelle, cierge, lumignon. *Arg.* : calbombe, camoufle.

BOUGON, ONNE ■ ⇒ grognon.

BOUGONNER ■ ⇒ grogner.

BOUGRAN ■ ⇒ tissu.

BOUGRE, ESSE ■ *I. Nom.* 1. Bonhomme, brave homme, drôle, gaillard, luron. 2. **Non favorable** : individu, oiseau, pistolet, quidam. ⇒ **type.** *II. Interj.* : bigre, fichtre, foutre (grossier). *III. Loc.* Bougre de : espèce de.

BOUI-BOUI ■ ⇒ bouge.

BOUIF ■ ⇒ cordonnier.

BOUILLABAISSE ■ *I. Par ext.* : chaudrée, cotriade, matelote, pauchouse, soupe de poisson. *II. Fig.* : bazar, embrouillamini, fourbi, gâchis, mélange, pastis, salade.

BOUILLANT, E ■ *Fig.* ⇒ bouillonnant.

BOUILLE ■ *I. Au pr.* 1. Pour le lait : berthe, pot, récipient, vase. 2. **Pour la vendange** : hotte. *II. Fig.* ⇒ tête.

BOUILLEUR ■ Distillateur.

BOUILLI, E ■ *I. Adj.* : cuit, ramolli, stérilisé. *II. Nom* ⇒ pot-au-feu.

BOUILLIE ■ *I. Au pr.* 1. Blanc-manger, compote, consommé, coulis, crème, décoction, gaude, marmelade, polenta, purée, sagamité. 2. **Techn.** :

barbotine, chyme (méd.), exsudat (méd.), laitance, laitier, pulpe, pultacé (méd.). *II. Fig.* ⇒ confusion.

BOUILLIR ■ *I.* Bouillonner, cuire, frémir, mijoter, mitonner. *II. Fig.* : s'agiter, bouillonner, s'échauffer, s'emporter, être en effervescence, s'exaspérer, exploser, fermenter, frémir, s'impatienter, se mettre en colère/en fureur, ronger son frein, sortir de ses gonds.

BOUILLOIRE ■ Bouillotte, coquemar, samovar.

BOUILLON ■ *I.* Bortsch, brouet, chaudeau, chaudrée, concentré, consommé, court-bouillon, potage, pot-au-feu, soupe. *II. Par ext.* : gargote (péj.), restaurant, self-service. *III. Fig.* Loc. Boire un bouillon : la tasse. ⇒ échouer.

BOUILLONNANT, E ■ Actif, ardent, bouillant, chaleureux, chaud, effervescent, emballé, embrasé, emporté, endiablé, enflammé, enthousiaste, exalté, excité, fanatique, fébrile, fervent, fiévreux, fougueux, frémissant, frénétique, furieux, généreux, impatient, impétueux, incandescent, le sang chaud/prompt/vif, passionné, prompt, spumescent, spumeux, tout feu tout flamme, tumultueux, véhément, vif, violent, volcanique.

BOUILLONNEMENT ■ *I. Au pr.* : ébullition, fermentation. *II. Fig.* : activité, acharnement, agitation, alacrité, amour, animation, ardeur, avidité, brasier, chaleur, convoitise, désir, échauffement, effervescence, emballement, embrasement, émotion, emportement, empressement, enthousiasme, éruption, exaltation, excitation, fanatisme, fébrilité, ferveur, feu, flamme, force, fougue, frémissement, frénésie, fureur, impatience, impétuosité, incandescence, lyrisme, mouvement, passion, promptitude, surexcitation, tumulte, véhémence, vie, vigueur, violence, vitalité, vivacité, volcanisme.

BOUILLONNER ■ ⇒ bouillir.

BOUILLOTTE ■ *I.* Brelan, jeu de cartes. *II.* ⇒ **bouilloire**. *III.* Boule, bouteille, cruche, cruchon. *IV. Par ext. :* brique, chaufferette, moine. *V.* ⇒ **bouille**.

BOULE ■ *I. Au pr. :* balle, ballon, bille, boulet, boulette, bulle, bulteau, cochonnet, globe, pelote, peloton, pomme, pommeau, sphère. *II. Jeu de boules :* bilboquet, billard, billard japonais, billard nicolas, boule lyonnaise, boulier, bowling, passe-boules, pétanque, quilles. *III. Loc.* 1. Se mettre en boule ⇒ **colère**. 2. Perdre la boule : le nord, la tête.

BOULER ■ *I.* Débouler, dégringoler, dévaler, s'écrouler, s'effondrer, rouler, tomber. *II.* Agiter, bouillir, fatiguer, remuer, touiller, troubler. *III. Fig. Loc. Envoyer bouler :* éconduire, envoyer promener, repousser.

BOULET ■ *I. Au pr. :* obus, projectile. *II. Fig. :* affliction, angoisse, chagrin, châtiment (péj.), désespoir, douleur, épreuve, peine (neutre ou péj.), souci, souffrance, tourment.

BOULETTE ■ *I. Au pr. :* croquette. *II. Fig.* ⇒ **erreur**.

BOULEVARD ■ Allée, avenue, cours, levée, mail, promenade, rempart, rocade.

BOULEVARDIER, ÈRE ■ *Par ext. :* à la mode, mondain, primesautier, railleur, satirique, vif, viveur (péj.).

BOULEVERSANT, E ■ ⇒ **émouvant**.

BOULEVERSÉ, E ■ *I. Quelqu'un :* abattu, agité, déconcerté, décontenancé, ébranlé, ému, paniqué (fam.), retourné, secoué, sens dessus dessous, touché, tournebéloulé, troublé. *II. Le visage, les traits :* altéré, décomposé, ravagé, tiré.

BOULEVERSEMENT ■ *I.* ⇒ **agitation**. *II.* ⇒ **changement**.

BOULEVERSER ■ *I. On bouleverse quelque chose :* 1. Abattre, agiter, brouiller, casser, changer, contester, déranger, détruire, ébranler, faire sauter, fouiller, modifier, perturber, propager la subversion, ravager, réformer, renverser, révolutionner, ruiner, saccager, troubler. 2. *Fam. :* chambarder, chambouler, farfouiller, ficher/foutre/mettre en l'air le bazar/bordel/en désordre/sens dessus dessous/en pagaille, trifouiller, tripatouiller. *II. On bouleverse quelqu'un :* déconcerter, décontenancer, ébranler, émouvoir, mettre sens dessus dessous, paniquer (fam.), retourner, secouer, toucher, tournebéloulé, troubler.

BOULIER ■ Abaque, calculateur, compteur.

BOULIMIE ■ *I. Au pr. :* appétit, faim, gloutonnerie, goinfrerie, grand-faim, insatiabilité. *II. Fig. :* appétit, ardeur, curiosité, désir.

BOULIN ■ ⇒ **poutre, trou**.

BOULINE ■ ⇒ **cordage**.

BOULINGRIN ■ Gazon, jeu de boules, parterre, tapis vert.

BOULOIR ■ ⇒ **auge**.

BOULONNER ■ *I. Au pr. :* assujettir, assurer, attacher, fixer, lier, maintenir, river, visser. *II. Fig.* ⇒ **travailler**.

BOULOT, OTTE ■ Court, courtaud, gras, grassouillet, obèse, rond, rondouillard, rondelet, trapu.

BOULOT ■ ⇒ **travail**.

BOULOTTER ■ ⇒ **manger**.

BOUM ■ ⇒ **bal, travail**.

BOUQUET ■ *I.* Brassée, gerbe. *II. Fig.* 1. C'est le bouquet : le comble, le plus beau, il ne manquait plus que ça (fam.). 2. Assemblage, assemblée, assistance, groupe, parterre, réunion. 3. Apothéose, clou, sommet, summum. *III. D'arbres* ⇒ **bois**.

BOUQUETIER, ÈRE ■ Fleuriste.

BOUQUIN ■ *I. Au pr. :* bouc, lièvre, mâle. *II. Par anal.* 1. Satyre. 2. ⇒ **livre.**

BOUQUINER ■ ⇒ accoupler (s'), lire.

BOURBEUX, EUSE ■ *I.* ⇒ **boueux.** *II.* ⇒ **impur.**

BOURBIER ■ ⇒ **marais, impureté.**

BOURBONIEN ■ ⇒ **busqué.**

BOURDALOU ■ *I.* Ruban, tresse. *II.* Urinal. *Fam. :* jules, pissoir, pot de chambre, thomas, vase de nuit.

BOURDE ■ ⇒ **bêtise, erreur.**

BOURDON ■ *I.* Cafard, découragement, ennui, mélancolie, spleen, tristesse, vague à l'âme. *II.* Bâton, canne, houlette. *III.* Cloche.

BOURDONNEMENT ■ Bruissement, bruit de ruche/sourd et continu, chuchotement, chuintement, fredonnement, froufroutement, murmure, musique, ronflement, ronron, ronronnement, vrombissement.

BOURDONNER ■ *I.* Bruire, fredonner, froufrouter, murmurer, ronfler, ronronner, vrombir. *II. Loc.* ⇒ **agacer.**

BOURG, BOURGADE ■ ⇒ **village.**

BOURGEOIS, OISE ■ *I. Au pr.* 1. Citadin, habitant des villes. 2. **Classe sociale :** biffard (arg.), cadre, dirigeant, élite, homme à l'aise, rentier, riche. 3. **Arg. :** cave, riflot. *II. Par ext.* 1. Civil. 2. Employeur, patron, singe (arg.). 3. **Au fém. :** épouse, femme. **Fam. :** gouvernement, moitié, patronne. 4. ⇒ **réactionnaire.** 5. ⇒ **policier.** *III. Péj. :* béotien, borné, commun, conformiste, conservateur, égoïste, étriqué, grossier, lourd, médiocre, nanti, pantouflard, philistin, repu, vulgaire.

BOURGEOISEMENT ■ *I.* De manière bourgeoise, *et les syn. de* BOURGEOIS. *II. Les adverbes en -ment formés avec les syn. de* BOURGEOIS.

BOURGEOISIE ■ Gens à l'aise, *et le pl. des syn. de* BOURGEOIS.

BOURGEON ■ *I. Au pr. :* bourre, bouton, bulbille, caïeu, chaton, drageon, gemme, greffe, maille, mailleton, pousse, rejet, rejeton, stolon, turion. *II. Fig. :* acné, bouton, gourme.

BOURGEONNEMENT ■ *I. Au pr. :* débourrement, démarrage, départ, pousse. *II. Fig. :* boutonnement, fleurissement.

BOURGEONNER ■ *I. Au pr. :* débourrer, jeter/mettre/pousser des bourgeons. *II. Fig. :* avoir des boutons, boutonner, fleurir.

BOURGERON ■ ⇒ **blouse.**

BOURLINGUER ■ ⇒ **naviguer.**

BOURRADE ■ ⇒ **poussée.**

BOURRAGE ■ *I. Au pr.* 1. **Action de bourrer :** approvisionnement, chargement, garnissage, empilage, remplissage, tassement. 2. **Matière :** bourre, capiton, crin, duvet, garniture, kapok, laine, rembourrage. *II. Fig.* **Bourrage de crâne :** baratin, battage, bluff, boniment, exagération, mensonge, mise en condition, persuasion, propagande, publicité.

BOURRAS ■ ⇒ **tissu.**

BOURRASQUE ■ Coup de chien/de tabac/de vent, cyclone, orage, ouragan, rafale, tempête, tornade, tourbillon, tourmente, trombe, typhon, vent.

BOURRE ■ *I. Au pr.* 1. Duvet, jarre, feutre, poil. 2. ⇒ **bourrage.** *II. Fig.* **Nom masc.** (arg.) ⇒ **policier.**

BOURREAU ■ *I.* Bras séculier (vx), exécuteur des hautes œuvres, guillotineur, monsieur de Paris, tueur. *II. Fig. :* Meurtrier, sadique, sanguinaire, tortionnaire.

BOURRELÉ, E ■ ⇒ **tourmenté.**

BOURRÈLEMENT ■ ⇒ **tourment.**

BOURRELER ■ ⇒ **tourmenter.**

BOURRELET ■ *I. Au pr. :* calfeutrage, garniture. *II. Par ext. :* boudin,

enflure, excroissance, grosseur, renflement, retroussis, saillie.

BOURRELIER ■ Bâtier, sellier.

BOURRELLERIE ■ Sellerie.

BOURRÉ, E ■ *I. Au pr. :* complet,
empli, plein, rassasié, rempli. *II. Fig.*
⇒ ivre.

BOURRÉE ■ ⇒ danse.

BOURRER ■ *I. Au pr.* 1. Sens général : approvisionner, charger, combler,
empiler, emplir, garnir, remplir, tasser. 2. Techn. : capitonner, cotonner,
empailler, fourrer, garnir, matelasser,
rembourrer. *II. Fig.* 1. Quelqu'un. De
victuailles : faire bouffer, *et les syn. de*
BOUFFER, gaver, gouger (régional.),
remplir. De travail ⇒ accabler. De
coups ⇒ battre. Le crâne : baratiner
(fam.), faire du battage, *et les syn. de*
BATTAGE, faire de la propagande/de
la publicité, bluffer, bonimenter
(fam.), endormir, exagérer, mentir,
mettre en condition, persuader. 2. Une
chose : farcir, garnir, orner, truffer.

BOURRER (SE) ■ ⇒ enivrer (s').

BOURRICHE ■ ⇒ panier.

BOURRICHON ■ (Fam.) Bonnet,
cabèche, caboche, cafetière, caillou,
cervelle, crâne. ⇒ tête.

BOURRICOT ■ Ânon, bourriquet,
petit âne. ⇒ âne.

BOURRIN ■ Canasson. ⇒ cheval.

BOURRIQUE ■ *I. Au pr.* ⇒ âne. *II.
Fig.* 1. ⇒ bête. 2. ⇒ policier.

BOURRIQUET ■ *I.* ⇒ bourricot. *II.
Techn. :* tourniquet, treuil.

BOURROIR ■ ⇒ pilon.

BOURRU, E ■ *I. Au pr. :* brut, grossier, mal dégrossi, rude. *II. Fig. :*
abrupt, acariâtre, brusque, brutal, cassant, chagrin, cru, disgracieux, hargneux, hirsute, maussade, mauvais, de
mauvaise humeur, de méchante

humeur, peu avenant, raide, rébarbatif, renfrogné, rude, sec.

BOURSE ■ *I. Objet.* : aumônière, cassette, escarcelle, gibecière, poche,
porte-monnaie, sac, sacoche. *II. Le
lieu :* corbeille, coulisse, marché, parquet. *III. Par ext. :* aide, argent,
avance, dépannage, don, facilité, prêt,
prêt d'honneur, secours, subside, subvention. *IV.* Capsule, enveloppe,
poche, sac. *V. Au pl.* 1. Parties nobles,
sac, scrotum, testicules. 2. *Arg.* : balles,
balustrines, baloches, berlingots,
bijoux de famille, billes, bonbons,
burettes, burnes, cacahuètes, choses,
claouis, clochettes, couilles, couillons,
figues, grelots, joyeuses, mes/tes/ses
deux, mirontaines, montgolfières,
œufs, olives, paire, pendantes, pré-
cieuses, rognons, roubignoles, rou-
leaux, roupettes, roustons, sonnettes,
valseuses, etc.

BOURSICOTER ■ Agioter, bricoler à
la bourse, hasarder, jouer, miser, spéculer, traficoter, trafiquer, tripoter
(péj.).

BOURSOUFLÉ, E ■ *I. Phys.* ⇒ bouffi.
II. Fig. ⇒ ampoulé.

BOURSOUFLER (SE) ■ Se ballonner,
se bouffir, se cloquer, enfler, gonfler,
grossir, se météoriser, se soulever, se
tendre, se tuméfier.

BOURSOUFLURE ■ Ampoule, apostème, apostume, ballonnement, bouffissure, boursouflement, bubon, bulle,
cloche, cloque, enflure, gonflement,
grosseur, météorisation, œdème,
phlyctène, soufflure, soulèvement,
tension, tuméfaction, tumeur, turgescence, vésicule. *Mérid. :* boufigue,
boufiole.

BOUSCULADE ■ Accrochage, chahut
(fam.), désordre, échauffourée, heurt,
mouvement, remous, secousse.

BOUSCULÉ, E ■ Agité, ballotté,
débordé, dérangé, occupé, pressé, sub-
mergé, surmené.

BOUSCULER ■ *I. Au pr.* 1. Sens général : bouleverser, chahuter (fam.), chambouler (fam.), déranger, mettre en désordre/sens dessus dessous, secouer. 2. Un adversaire : battre, chasser, culbuter, éliminer, évincer, pousser, repousser, vaincre. 3. Quelqu'un : accrocher, heurter, pousser. *II. Fig. :* agiter, aiguillonner, asticoter (fam.), avertir, donner un avertissement, exciter, exhorter, gourmander, presser, rappeler à l'ordre, secouer, stimuler tarabiscoter (fam.)

BOUSE ■ Bousin, excrément, fient, fiente, merde. ⇒ excrément.

BOUSER ■ Caguer (mérid.), chier (grossier), fienter, évacuer.

BOUSILLAGE ■ *I.* Bauge, mortier de terre, pisé, torchis. *II. Fig. :* gâchis, massacre, matraquage.

BOUSILLER ■ *I. Techn. :* bâtir, construire en bousillage, *et les syn. de* BOUSILLAGE. *II.* ⇒ abîmer.

BOUSIN ■ ⇒ bruit, cabaret.

BOUSSOLE ■ Compas, déclinatoire, rose des vents.

BOUSTIFAILLE ■ (Pop.) *I.* ⇒ nourriture. *II.* ⇒ bombance.

BOUSTIFAILLER ■ ⇒ bâfrer.

BOUSTIFAILLEUR ■ ⇒ bâfreur.

BOUT ■ *I.* ⇒ extrémité. *II.* ⇒ morceau. *III. Loc.* 1. Bout à bout : à la queue leu leu, à la suite, l'un après l'autre. 2. Le bout du sein : aréole, bouton, mamelon, tétin, téton. 3. À bout portant : à brûle-pourpoint, au débotté, directement, ex abrupto, immédiatement, sans crier gare. 4. Mettre les bouts (fam.) : décamper, décaniller, filer, se tirer. 5. Être à bout. *Phys. :* anéanti, claqué (fam.), crevé (fam.), épuisé, fatigué, rendu, rompu, sur les genoux, sur les rotules (fam.). *Moral :* anéanti, à quia, capituler, dégonflé, démoralisé, n'en pouvoir plus, être déprimé/excédé/vaincu. 6. Venir à

bout ⇒ réussir. 7. Mettre bout à bout ⇒ joindre. 8. Mener à bout : à bonne fin, à terme. 9. De cigarette : mégot. 10. De pain, de viande : miette, morceau, tranche.

BOUTADE ■ *I.* Mot, pique, plaisanterie, pointe, propos, repartie, saillie, trait. *II. Péj. :* accès, à-coup, bizarrerie, bouderie, brusquerie, caprice, extravagance, fantaisie, foucade, humeur, incartade, lubie, mauvaise humeur, méchanceté, mouvement, pique, saute, toquade.

BOUTE-EN-TRAIN ■ ⇒ farceur.

BOUTEFEU ■ Contestataire, extrémiste, fanatique, querelleur, terroriste.

BOUTEILLE ■ *I.* Balthazar, bordelaise, canette, carafe, carafon, chopine, clavelin, dame-jeanne, demie, enfant de chœur, fiasque, fillette, fiole, flacon, frontignan, gourde, impériale, jéroboam, litre, magnum, siphon, tourie. *II. Vide :* cadavre (fam.). *III. Pl.* (mar.) : W.-C.

BOUTIQUE ■ *I. Au pr.* ⇒ magasin. *II. Fig.* 1. Un lieu ⇒ boîte. 2. Des objets ⇒ bazar.

BOUTIQUIER, ÈRE ■ ⇒ marchand.

BOUTON ■ *I.* ⇒ bourgeon. *II. De porte :* bec-de-cane, loquet, poignée. *III. Électrique :* commutateur, interrupteur. *IV. Méd. :* acné, bube, chancre, excoriation, pustule, scrofule, tumeur, urtication, vérole, vésicule. ⇒ boursouflure.

BOUTON-D'ARGENT ■ Achillée, corbeille-d'argent, millefeuille, renoncule.

BOUTON-D'OR ■ Bassinet, populage, renoncule.

BOUTONNER ■ *I.* ⇒ bourgeonner. *II.* Assurer, attacher, fermer, fixer.

BOUTONNIÈRE ■ *I. Au pr. :* bride, fente, œillet, ouverture. *II. Par ext.* (méd.) : incision, ouverture.

BOUTURAGE, BOUTURE ■ *Par ext. :* Drageon, greffe, mailleton, marcotte, provin, sautelle.

BOUVEAU, BOUVELET, BOUVET, BOUVILLON ■ Jeune bœuf, taurillon, veau.

BOUVET ■ Gorget, rabot.

BOUVIER, ÈRE ■ Cow-boy (vx et partic.), gardian, gaucho, manadier, toucheur de bœufs, vacher.

BOUVIÈRE ■ Bouvril. ⇒ **étable.**

BOUVREUIL ■ Petit-bœuf, pivoine, pyrrhula.

BOVIN, INE ■ Abruti. ⇒ **bête.**

BOW-WINDOW ■ Bay-window, oriel.

BOX ■ *I.* 1. Alcôve, case, cellule, chambrette, coin, compartiment, logement, logette, réduit. **2. Des accusés :** banc, coin. *II. Pour animaux et/ou choses :* case, coin, écurie, garage, loge, réduit, remise, stalle.

BOXE ■ *I. Boxe anglaise :* art pugilistique, noble art, pugilat. *II. Boxe française :* savate.

BOXER ■ Assener un coup, cogner, marteler, tambouriner, taper. ⇒ **battre.**

BOXEUR, EUSE ■ Pugiliste, poids coq/léger/lourd/moyen/plume.

BOY ■ (anglais) Cuisinier, domestique, factoton, garçon, groom, jardinier, serviteur.

BOYAU ■ *I. Au pr. :* entrailles, tripes (animaux ou péj.), viscères. *II. Loc.* Boyau de chat : catgut. *III. Par ext.* 1. Conduit, tube, tuyau. 2. Chemin, communication, galerie, passage, tranchée.

BOYCOTTER ■ Frapper d'interdit/ d'ostracisme, interdire, jeter l'interdit, mettre à l'index/en quarantaine, refouler, refuser, rejeter, suspendre les achats/les affaires/le commerce/les échanges/les relations commerciales.

BOY-SCOUT ■ Éclaireur, louveteau, pionnier, ranger, routier, scout.

BRABANT ■ Araire, charrue.

BRACELET ■ Anneau, bijou, chaîne, gourmette, jonc, psellion.

BRACHYLOGIE ■ Brièveté, concision, densité, ellipse, laconisme, sobriété de style, style lapidaire.

BRACONNAGE ■ Chasse, délit de chasse/de pêche, piégeage.

BRACONNER ■ Chasser, écumer, pêcher, poser des collets, tendre des pièges, *et les syn. de* PIÈGE.

BRACONNIER ■ Colleteur, écumeur (fig.), piégeur, poseur/tendeur de collets/pièges, *et les syn. de* PIÈGE, raboliot, tueur, viandeur.

BRADER ■ Bazarder (fam.), liquider, mettre en solde, sacrifier, solder.

BRADERIE ■ Foire, kermesse, liquidation, marché, soldes, vente publique.

BRAHMANISME ■ Hindouisme (par ext.), métempsycose.

BRAIE ■ ⇒ **culotte.**

BRAILLARD, E ■ Criard, fort en gueule, gueulard, piaillard, pleurard, pleurnichard, pleurnicheur.

BRAILLEMENT ■ ⇒ **bramement.**

BRAILLER ■ ⇒ **crier.**

BRAIMENT ■ ⇒ **bramement.**

BRAIRE ■ ⇒ **crier.**

BRAISE ■ *I. Au pr. :* brandon, charbon de bois, tison. *II. Arg.* ⇒ **argent.**

BRAISIÈRE ■ Cocotte, daubière, faitout, huguenote, marmite.

BRAMEMENT ■ *I. Au pr. :* appel, braiment, chant, cri, plainte, voix. *II. Fig. :* braillement, criaillerie (fam.), hurlement, jérémiade, gueulante (fam.), plainte.

BRAMER ■ ⇒ **crier.**

BRAN ■ *I.* Son. *II.* Sciure. *III.* ⇒ **excrément.**

BRANCARD ■ *I. Au pr.* D'une voiture : limon, limonière, longeron, prolonge. *II. Par ext. :* bard, bayart, chaise, civière, comète, filanzane, palanquin, timon.

BRANCARDIER, ÈRE ■ Ambulancier, infirmier, secouriste.

BRANCHAGE ■ Frondaison, ramée, ramure. ⇒ **branche.**

BRANCHE ■ *I. Au pr. :* branchette, brin, brindille, brouture, courçon, crossette, ergot, flèche, gourmand, margotin, marre, palme, pampre, rameau, ramée, ramille, ramure, rouette, scion, tige. *II. D'un cerf* ⇒ bois. *III. Fig.* 1. D'une voûte : nervure. 2. **Généalogie :** ascendance, famille, filiation, lignée. 3. **D'une science :** département, discipline, division, spécialité.

BRANCHEMENT ■ *I.* Bifurcation, carrefour, fourche. *II.* Aboutage, articulation, assemblage, conjonction, conjugaison, contact, jointure, jonction, raccord, suture, union. *III. Par ext. :* changement, orientation.

BRANCHER ■ *I.* Pendre. *II.* ⇒ **joindre.**

BRANCHIES ■ Opercules, ouïes.

BRANDE ■ *I.* Bruyère, lande. *II.* Brassée, brindilles, fagot, ramée.

BRANDEBOURG ■ *I.* Broderie, cordon, galon, passementerie. *II.* Abri, berceau, fabrique, gloriette, kiosque, pavillon, tonnelle.

BRANDEVIN, BRANDY ■ ⇒ **alcool.**

BRANDILLER ■ ⇒ **agiter.**

BRANDIR ■ Agiter, *et les syn. de* AGITER, balancer, brandiller, élever, exposer, mettre en avant, montrer.

BRANDON ■ *I.* Braise, charbon, escarbille, étincelle, flambeau, tison, torche. *II. Fig. :* cause, élément, ferment, prétexte, provocation.

BRANLANT, E ■ Brimbalant, bringuebalant, cahotant, chancelant, flexible, incertain, instable, peu sûr.

BRANLE ■ *I.* ⇒ **balancement.** *II.* ⇒ **mouvement.** *III.* Hamac.

BRANLE-BAS ■ *I. Au pr. :* alarme, alerte, appel, avertissement, dispositif d'alarme/d'urgence, signal d'alarme. *II. Par ext. :* affolement, agitation, effroi, émoi, émotion, épouvante, frayeur, frousse, panique, qui-vive, transe.

BRANLEMENT ■ ⇒ **balancement.**

BRANLER ■ *I.* ⇒ **agiter.** *II.* ⇒ **chanceler.** *III.* ⇒ **caresser.**

BRAQUE ■ *I. Au pr.* Un chien : bleu de l'Ariège/d'Auvergne, chien d'arrêt/du Bengale/du Bourbonnais. *II. Quelqu'un :* brindezingue (fam.), lunatique, mauvais caractère/coucheur (fam.). ⇒ **bizarre.**

BRAQUÉ, E ■ Dressé/monté contre, obsédé, prévenu contre.

BRAQUER ■ *I. Une chose* ⇒ diriger. *II. Quelqu'un.* 1. ⇒ **contrarier.** 2. Quelqu'un contre ⇒ exciter. *III. Autom. :* obliquer, tourner, virer.

BRAQUET ■ Dérailleur, pignon.

BRAS ■ *I. Arg. :* abattis, ailes de moulin, allonge. *II. Fig.* 1. Agent, aide, bourreau, défenseur, homme, instrument, main-d'œuvre, manœuvre, soldat, travailleur. 2. **Bras droit** ⇒ **adjoint.** 3. **Vivre de ses bras :** activité, labeur. ⇒ **travail.** 4. **Le bras de Dieu :** autorité, châtiment, force, pouvoir, puissance, vengeance. 5. **Bras d'un fauteuil :** accoudoir, appui. 6. **Méc.** ⇒ **bielle.** 7. **Bras de mer :** chenal, détroit, lagune. 8. **Le bras long :** autorité, crédit, influence. 9. **Bras de chemise :** manche. 10. **Un bras de fer :** autorité, brutalité, courage, décision, force, inflexibilité, tyrannie, volonté. *III. Par ext. :* giron, sein.

BRASERO ■ Barbecue, chaufferette, kanoun.

BRASIER ■ *I. Au pr. :* feu, fournaise, foyer, incendie. *II. Fig. :* ardeur, passion.

BRASILLEMENT ■ *De la mer :* luminescence, phosphorescence, scintillement.

BRASILLER ■ *I.* Briller, étinceler, flamboyer, scintiller. *II.* ⇒ **griller.**

BRASSAGE ■ ⇒ **mélange.**

BRASSARD ■ Bande, bandeau, crêpe, signe.

BRASSER ■ *I.* ⇒ **mélanger.** *II.* Pétrir. *III.* Machiner, ourdir, remuer, traiter, tramer.

BRASSERIE ■ Bar, bouillon, buffet, drugstore, estaminet, grill, grill-room, pub, rôtisserie, self-service, taverne, wimpy. ⇒ **restaurant.**

BRASSIÈRE ■ *I. Vêtement :* cache-cœur, camisole, chemisette, gilet, liseuse. *II. Appareil :* bretelle, bricole, courroie, lanière.

BRASURE ■ Soudure.

BRAVACHE ■ Brave, bravo, capitan, falstaff, fanfaron, fendant, fier-à-bras, mâchefer, rodomont, taillefer, tranche-montagne, vantard. ⇒ **hâbleur.**

BRAVADE ■ ⇒ **défi.**

BRAVE ■ n. ⇒ **héros.**

BRAVE ■ adj. *I.* Audacieux, courageux, crâne, dévoué, généreux, hardi, héroïque, intrépide, invincible, résolu, téméraire, vaillant, valeureux. *II.* Aimable, altruiste, bon, bonasse (péj.), bonhomme, débonnaire, facile, franc, généreux, gentil, honnête, obligeant, serviable, simple. *III. Pop. ou vx :* beau, distingué, élégant.

BRAVER ■ *I. Quelqu'un.* 1. Affronter, aller au devant de, attaquer, combattre, défier, faire face à, jeter le gant, se heurter à, lutter contre, se mesurer à, s'opposer à, provoquer, relever le défi, rencontrer. 2. **Non favorable :** crâner, faire la nique à, insulter, mena-cer, se moquer de, morguer, narguer, provoquer. *II. Une chose.* 1. **Neutre :** dédaigner, défier, faire fi de, mépriser, se moquer de, narguer. 2. **Non favorable.** *Les convenances :* s'asseoir sur, jeter son bonnet par-dessus les moulins, mépriser, se moquer de, offenser, pisser au bénitier (fam.), violer.

BRAVERIE ■ *I.* ⇒ hâblerie. *II.* ⇒ luxe (vx).

BRAVO ■ *I. Adv. :* bis, encore, hourra, très bien, vivat, vive. *II. N. m.* 1. Applaudissement, hourra, vivat. 2. Assassin, tueur à gages. ⇒ **bravache.**

BRAVOURE ■ *I.* ⇒ courage. *II.* ⇒ exploit.

BREBIS ■ Agnelle, antenaise, ouaille, vacive. ⇒ **mouton.**

BRÈCHE ■ *I. Au pr. :* cassure, écornure, entame, entamure, éraflure, hoche, ouverture, passage, trou, trouée. *II. Géo. :* cluse, col, passage, port, trouée. *III. Fig. :* déficit, dommage, manque, perte, prélèvement, tort, trou.

BRÉCHET ■ Fourchette, poitrine, sternum.

BREDOUILLAGE ■ Baragouin, baragouinage, bredouillement, cafouillage, charabia (fam.), déconnage (grossier), jargon, marmonnement, marmottement, merdoyage (fam.), merdoiement (grossier).

BREDOUILLE ■ *Loc.* Revenir bredouille : capot, quinaud. ⇒ **échouer.**

BREDOUILLEMENT ■ ⇒ bredouillage.

BREDOUILLER ■ Balbutier, baragouiner, bégayer, cafouiller, ça se bouscule au portillon (fam.), déconner (grossier), s'embrouiller, jargouiner (fam.), manger ses mots (fam.), marmonner, marmotter, merdoyer (grossier), murmurer.

BREF, BRÈVE ■ *I. Adj.* 1. ⇒ court. 2. Brusque, brutal, coupant, impératif, incisif, sans appel, sec, tranchant.

II. Adv. : en conclusion, enfin, en résumé, en un mot, pour conclure, pour finir, pour en finir. *III. Nom :* bulle, rescrit.

BRÉHAIGNE ■ Inféconde, mule, stérile.

BREITSCHWANZ ■ Astrakan, karakul.

BRELAN ■ *I.* Bouillote, jeu de cartes. *II. Par ext. (vx) :* maison de jeu, tripot.

BRÊLE, BRELLE ■ *I. Au pr. :* bât, cacolet, harnais, selle. *II.* Mule, mulet. *III.* Radeau, train flottant.

BRÊLER ■ Breller. ⇒ **attacher.**

BRELOQUE ■ *I. Au pr. :* affiquet, bijou, chaîne, chaînette, colifichet, fantaisie, porte-bonheur. *II. Par ext. :* amusement, amusette, amusoire, bagatelle, bibelot, bimbelot, bricole, brimborion, caprice, fanfreluche, frivolité, futilité, rien. *III. Loc.* Battre la breloque. 1. **Quelque chose :** cafouiller, se détraquer, marcher mal. 2. **Quelqu'un :** battre la campagne, délirer, déménager, dérailler, déraisonner, divaguer, extravaguer, gâtifier, perdre l'esprit/la raison, radoter, rêver.

BRENEUX, EUSE ■ *I. Au pr. :* cochon, dégoûtant, malpropre, merdeux (vulg.), sale, souillé. *II. Fig.* ⇒ **coupable.**

BRETAILLER ■ ⇒ **ferrailler.**

BRETELLE ■ *I.* Balancines (fam.), bandeau de cuir, bandoulière, brassière, brayer, bricole, courroie, lanière. *II.* Bifurcation, embranchement, patte d'oie, raccord, trèfle.

BRETTE ■ ⇒ **épée.**

BRETTELER ■ Bretter, denteler, rayer, strier, tailler.

BRETTEUR ■ ⇒ **ferrailleur.**

BREUIL ■ Bois, broussaille, buisson, clos de haies, fourré, garenne, haie, hallier, taillis.

BREUVAGE ■ *I.* ⇒ **boisson.** *II. Par ext. :* médicament, nectar, philtre.

BREVET ■ Acte, certificat, commission, diplôme, garantie, licence.

BREVETÉ, E ■ Certifié, diplômé, garanti.

BRÉVIAIRE ■ *I. Au pr. :* bref, livre d'heures, office, psautier, rubrique. *II. Par ext. :* bible, livre de chevet.

BRIBE ■ *I. Au pr.* ⇒ **morceau.** *II. Fig. :* citation, extrait, passage, référence.

BRIC-À-BRAC ■ Attirail, bagage, barda, bazar, bordel (grossier), boutique, fourbi, foutoir (fam.), tremblement (fam.), toutim (fam.).

BRICHETON ■ (Fam.) ⇒ **pain.**

BRICOLAGE ■ ⇒ **réparation.**

BRICOLE ■ *I. Au pr. :* harnais. ⇒ **bretelle.** *II. Par ext.* 1. **Chose sans importance :** affiquet, amusement, amusette, amusoire, babiole, baliverne, bibelot, bimbelot, breloque, brimborion, caprice, colifichet, connerie (vulg.), fanfreluche, fantaisie, fifrelin, frivolité, futilité, rien. 2. **Affaire sans importance :** badinerie, baliverne, broutille, chanson, fadaise, futilité, jeu, plaisanterie, sornette, sottise, vétille. ⇒ **bêtise.** 3. Amourette, badinage, chose, flirt, galanterie. ⇒ **amour.**

BRICOLER ■ *I. Au pr. :* décorer, entretenir, gratter, jardiner, menuiser, nettoyer, orner, peindre, ravaler, refaire, restaurer. *II. Péj.* ⇒ **trafiquer.**

BRICOLEUR, EUSE ■ *I.* Amateur, habile. *II.* ⇒ **trafiquant.**

BRIDE ■ *I. De cheval :* bridon, guide, rêne. *II. Par ext. :* jugulaire, sous-mentonnière. *III.* Assemblage, serre-joint. *IV. Loc.* 1. **Lâcher la bride :** lever la contrainte, lever l'interdiction, lever l'interdit. 2. **À bride abattue, à toute bride :** à toute vitesse, à fond de train (fam.), à tout berzingue (arg. scol.), rapidement. 3. **La bride sur le cou :** décontracté, détendu, lâché. ⇒ **libre.**

BRIDER ■ *I. Un cheval* (par ext.) : atteler, seller. *II. Fig.* : attacher, comprimer, contenir, empêcher, ficeler, freiner, gêner, refréner, réprimer, serrer.

BRIDGE ■ *I.* Whist. *II.* Prothèse.

BRIDON ■ ⇒ bride.

BRIÈVEMENT ■ Compendieusement, en peu de mots, laconiquement, succinctement.

BRIÈVETÉ ■ Concision, densité, dépouillement, laconisme, précision. ⇒ brachylogie.

BRIFER ■ ⇒ bâfrer.

BRIGADE ■ Équipe, escouade, formation, groupe, peloton, quart, tour de garde/de service, troupe.

BRIGADIER ■ *I.* Caporal, chef d'escouade. *II.* Général de brigade.

BRIGAND ■ Assassin, bandit, chauffeur, chenapan, coquin, coupe-jarret, criminel, détrousseur, forban, fripouille, gangster, hors-la-loi, malandrin, malfaiteur, pillard, pirate, routier (vx), sacripant, terreur, vandale, vaurien, voleur.

BRIGANDAGE ■ Banditisme, concussion, crime, déprédation, exaction, fripouillerie, gangstérisme, pillage, pillerie, piraterie, terrorisme, vandalisme, vol.

BRIGUE ■ Cabale, complot, conjuration, conspiration, démarche, faction, ligue, manœuvre, parti.

BRIGUER ■ *I.* V. intr. ⇒ intriguer. *II. V. tr.* : ambitionner, convoiter, poursuivre, rechercher, solliciter.

BRILLANCE ■ Corruscation, éclat, intensité, luminescence, luminosité.

BRILLANT, E ■ *I. Favorable ou neutre.* 1. Au phys. : adamantin, argenté, brasillant, chatoyant, clair, coruscant, diamantin, doré, éblouissant, éclatant, étincelant, flamboyant, fulgurant, luisant, luminescent, lumineux, lustré, miroitant, phosphorescent, poli, radieux, rayonnant, resplendissant, rutilant, satiné, scintillant, soyeux. 2. Par ext. : allègre, ardent, attirant, attrayant, beau, bien, captivant, célèbre, distingué, doué, éblouissant, éclatant, élégant, étincelant, fameux, fastueux, fin, flambant, florissant, glorieux, habile, heureux, illustre, intelligent, intéressant, jeune, lucide, luxueux, magnifique, majestueux, mondain, opulent, pétillant, prospère, reluisant, remarquable, riche, séduisant, somptueux, spirituel, splendide, verveux, vif. *II. Non favorable* : clinquant, criard, superficiel, tape à l'œil, trompeur.

BRILLANT ■ *I. Favorable ou neutre* : beauté, brillance, chatoiement, clarté, éclat, faste, fulgurance, fulguration, gloire, intensité, jeunesse, lumière, luminescence, luminosité, lustre, magnificence, nitescence, phosphorescence, relief, resplendissement, ruissellement, rutilance, somptuosité, splendeur, vigueur. *II. Non favorable* : apparence, clinquant, fard, faux-semblant, oripeau, tape-à-l'œil, toc, vernis. *III.* Diamant, marguerite, marquise, rose, solitaire.

BRILLER ■ *I. Quelque chose.* 1. Aveugler, brasiller, brillanter, chatoyer, éblouir, éclater, étinceler, flamboyer, illuminer, iriser, irradier, luire, miroiter, pétiller, poudroyer, radier, rayonner, réfléchir, refléter, reluire, resplendir, rutiler, scintiller. 2. Faire briller : astiquer, briquer (fam.), cirer, polir, reluire. *II. Quelqu'un.* 1. Par sa beauté, par son éclat : charmer, éblouir, ensorceler, être mis en relief, frapper, impressionner, paraître, ravir, rayonner, resplendir, ressortir. 2. Par son comportement : se distinguer, éclabousser (péj.), l'emporter sur, faire florès/des étincelles, se faire remarquer, paraître, réussir. *III. Loc.* Faire briller un avantage : allécher, appâter, étaler, faire miroiter/valoir, manifester, montrer, promettre, séduire.

BRIMADE ■ Berne (vx), épreuve, jeu, mauvais traitement, persécution, plaisanterie, raillerie, taquinerie, tourment, vexation.

BRIMBALER, BRINGUEBALER ■ ⇒ balancer.

BRIMBORION ■ ⇒ bagatelle.

BRIMER ■ *I.* Berner, flouer, mettre à l'épreuve, railler, taquiner, tourmenter, vexer. *II.* Défavoriser, maltraiter, opprimer, priver.

BRIN ■ *I.* ⇒ branche. *II. Par ext. :* bout, fétu, fil, filament, morceau. *III. Loc.* Un brin : un doigt, une goutte, un grain, une larme, un peu, un souffle.

BRINDEZINGUE ■ ⇒ fou, ivre.

BRINDILLE ■ ⇒ branche.

BRINGUE ■ (Fam.) *I.* Agape, banquet, bamboche, bamboula, bombe, débauche (péj.), dégagement, festin, festivité, fiesta, foire, gueuleton (fam.), java (fam.), noce, partie, ripaille, réjouissance. ⇒ **bombance.** *II. Loc.* Grande bringue (péj.) : cheval, jument, femme, fille.

BRIO ■ Adresse, aisance, bonheur, brillant, chaleur, désinvolture, éclat, élégance, entrain, esprit, facilité, forme, fougue, furia, génie, maestria, maîtrise, parade, pétulance, talent, virtuosité, vivacité.

BRIOCHE ■ *I.* Fouace, fougasse, kugelhopf, massepain, pain de Gênes/de Savoie. *II.* ⇒ bedaine, tête.

BRIQUE ■ Aggloméré, briquette, chantignole.

BRIQUER ■ ⇒ frotter.

BRIS ■ *I. L'acte :* brisement, casse, démantèlement, démolition, effraction, rupture, viol. *II.* Débris, morceaux.

BRISANT ■ Écueil, rocher.

BRISCARD ■ Ancien, chevronné, vétéran.

BRISE ■ ⇒ vent.

BRISE-BISE ■ ⇒ rideau.

BRISÉES ■ *I.* Exemple, traces. *II. Loc.* Marcher sur les brisées de quelqu'un : copier, faire concurrence, imiter, plagier, rivaliser avec.

BRISE-LAMES ■ Digue, jetée, portes de flot.

BRISEMENT ■ *I. Mar. :* déferlement. *II.* ⇒ bris. *III.* Affliction, anéantissement, bouleversement, crève-cœur, déception, douleur.

BRISE-MOTTES ■ Crosskill, culti/néopacker, rotavator. ⇒ **herse.**

BRISER ■ *I. Au pr. :* abattre, aplatir, broyer, casser, défoncer, démolir, desceller, détruire, disloquer, ébouiller (mérid.), écraser, effondrer, faire éclater, forcer, fracasser, fracturer, hacher, mettre à bas/en morceaux/en pièces, pulvériser, réduire en miettes, renverser, rompre. *II. Fig.* 1. Au moral : abattre, accabler, affaiblir, affliger, anéantir, bouleverser, casser (fam.), décourager, déprimer, émouvoir, faire de la peine à, fendre le cœur. **Au phys. :** abattre, accabler, casser, disloquer, éreinter, fatiguer, harasser, harceler, moudre. 2. Dépasser, enfreindre, interrompre, renverser, rompre. *III. Loc.* Briser les chaînes : délivrer, libérer.

BRISEUR, EUSE ■ Bousilleur, brisefer, brise-tout, casseur, destructeur, iconoclaste, sans-soin.

BRISE-VENT ■ Abri, alignement d'arbres, claie, cloison, clôture, haie, mur.

BRISQUE ■ Chevron.

BRISURE ■ *I.* Brèche, cassure, clase (géol.), éclat, entaille, faille, fêlure, fente, fracture, rupture. *II.* Brin, chute, fragment, miette, morceau.

BROC ■ Bidon, pichet, pot à eau.

BROCANTE ■ Antiquités, brocantage (vx), chine, ferraille, friperie, fripes, marché aux puces, occasions, regrat (vx), vieilleries.

BROCANTER ■ Acheter, bazarder, brader, chiner, échanger, faire des affaires/des occasions, marchander, revendre, troquer, vendre.

BROCANTEUR, EUSE ■ Antiquaire, biffin (arg.), camelot, casseur, chiffonnier, chineur, ferrailleur, fripier, regrattier (vx).

BROCARD ■ *I.* Apostrophe, caricature, épigramme, flèche, insulte, interpellation, invective, lazzi, moquerie, pamphlet, persiflage, pointe, quolibet, raillerie, saillie, sarcasme, trait, vanne (arg.). ⇒ **plaisanterie.** *II.* Cerf, daim, chevreuil.

BROCARDER ■ *I. Neutre :* caricaturer, faire des plaisanteries, se moquer de, plaisanter. *II. Péj. :* apostropher, insulter, interpeller, invectiver, lâcher une vanne (arg.), lancer des lazzi, persifler, tourner en dérision/en ridicule.

BROCART ■ Brocatelle, samit, soierie, tenture, tissu.

BROCHAGE ■ Assemblage, couture, mise en presse, pliage, pliure, reliure.

BROCHE ■ *I.* Barbecue, brochette, hâtelet, lardoire, lèchefrite. *II.* Agrafe, attache, bijou, épingle, fibule.

BROCHER ■ *I.* Assembler, relier. *II. Fig. et fam.* ⇒ **bâcler.**

BROCHET ■ Bécard, brocheton, ésocidé, lanceron (vx), muskellunge, pickerel, requin d'eau douce.

BROCHURE ■ ⇒ **livre.**

BRODEQUIN ■ Bottillon, bottine, chaussure, godillot, napolitain, soulier.

BRODER ■ *I. Au pr.* ⇒ **festonner.** *II. Fig.* 1. Amplifier, agrémenter, chamarrer, développer, embellir, orner, parer. 2. ⇒ **exagérer.**

BRODERIE ■ *I.* Damas, dentelle, entre-deux, feston, filet, guipure, orfroi, smocks. *II. Fig.* ⇒ **exagération.**

BRONCHER ■ *I. Au pr. :* achopper, buter, chopper, faire un faux-pas, trébucher. *II. Fig.* 1. Commettre une erreur, faillir, hésiter, se tromper. 2. S'agiter, bouger, chahuter, ciller, contester, se déplacer, manifester, murmurer, remuer, rouspéter.

BRONCHITE ■ Broncho-pneumonie, bronchorrée, dyspnée, inflammation, toux.

BRONDIR ■ ⇒ **vrombir.**

BRONDISSEMENT ■ Bourdonnement, bruissement, ronflement, rugissement, vibration, vrombissement.

BRONZE ■ *I.* ⇒ **airain.** *II.* Buste, objet d'art, statue, statuette.

BRONZER ■ *I.* Brunir, cuivrer, dorer, hâler, noircir. *II. Par ext. :* boucaner, dessécher. ⇒ **cuire.**

BROSSE ■ *I. Sens général :* balai, décrotteuse, décrottoir, époussette, fermière, frottoir. *II. Pour chevaux :* étrille, limande. *III. Pour la barbe :* blaireau. *IV.* Ramasse-miettes. *V.* Pinceau, saie, spalter, veinette. *VI. Loc.* **Cheveux en brosse :** à la bressant.

BROSSÉE ■ *I.* ⇒ **volée.** *II.* ⇒ **défaite.**

BROSSER ■ *I. Au pr.* 1. Balayer, battre, décrotter, détacher, donner un coup de brosse, dépoussiérer, épousseter, faire reluire, frotter, polir. 2. **Un cheval :** bouchonner, étriller, panser, soigner. *II. Par ext. :* dépeindre, peindre, faire une description/un portrait, raconter. *III. Fig.* (fam.) : battre, donner, *et les syn. de* DONNER, une correction/leçon/peignée/raclée. ⇒ **volée.**

BROSSER (SE) ■ (Fam.) Faire tintin, se passer de, se priver de, renoncer à.

BROU ■ Bogue, coque, écale, enveloppe.

BROUET ■ Bouillon, chaudeau, jus, ragoût, potage, soupe.

BROUETTE ■ Cabrouet, diable, vinaigrette.

BROUHAHA ■ Bruit confus, bruits divers, confusion, rumeur, tapage, tumulte.

BROUILLAGE ■ Perturbation, trouble. ⇒ **confusion**.

BROUILLAMINI ■ Brouillement, complication, confusion, désordre, embrouillement, méli-mélo, pagaille.

BROUILLARD ■ *I. Au pr. :* brouillasse, bruine, brumaille, brumasse, brume, crachin, embrun, nuage, smog, vapeur. *II. Fig. :* obscurité, ténèbres. *III.* Brouillon, main courante.

BROUILLE ■ Bisbille, bouderie, brouillerie, dépit, désaccord, différend, discorde, dispute, fâcherie, humeur, malentendu, mésentente, querelle, rupture, trouble. ⇒ **mésintelligence**.

BROUILLÉ, E ■ *I.* En froid, fâché. *II.* Confus, disparate, incertain.

BROUILLEMENT ■ ⇒ **brouillamini**.

BROUILLER ■ *I. Au pr. :* battre, bouleverser, confondre, emmêler, empêtrer, enchevêtrer, mélanger, mêler, mettre en désordre/en pagaille/pêle-mêle, touiller. *II. Par ext. :* agiter, altérer, confondre, déranger, désunir, embrouiller, gâter, mêler, troubler. *III. V. intr. :* bafouiller, bredouiller, s'embarrasser, s'embrouiller. *IV. V. pron.* ⇒ **fâcher (se), gâter (se)**.

BROUILLERIE ■ ⇒ **brouille**.

BROUILLON, ONNE ■ Agité, compliqué, confus, désordonné, dissipé, embrouillé, étourdi, filandreux, gribouille, instable, taquin, tracassier, trublion.

BROUILLON ■ Brouillard, ébauche, esquisse, plan, schéma, topo (fam.).

BROUSSAILLE ■ Arbustes, brousse, essarts, garrigue, haie, hallier, maquis, ronce, touffe.

BROUSSE ■ Bush, savane, scrub. ⇒ **bled**.

BROUTARD ■ Agneau, chevreau, poulain, veau.

BROUTER ■ Gagner, manger, paître.

BROUTILLE ■ ⇒ **bagatelle**.

BROWNING ■ Pétard (arg.), pistolet, revolver, soufflant (arg.).

BROYER ■ *I.* Aplatir, briser, concasser, écacher, écrabouiller, écraser, égruger, mettre en morceaux, moudre, pulvériser, réduire en miettes, triturer. *II.* Croquer, déchiqueter, déchirer, mâcher, mastiquer, triturer. *III.* Abattre, anéantir, détruire, maltraiter, réduire à néant, renverser.

BROYEUR, EUSE ■ Bocard, broie, concasseur, macque, pilon.

BRU ■ Belle-fille.

BRUCELLES ■ Pinces.

BRUGNON ■ Nectarine.

BRUINE ■ ⇒ **brouillard**.

BRUIRE ■ Bourdonner, chuchoter, chuinter, crier, fredonner, froufrouter, gazouiller, gémir, grincer, murmurer, siffler.

BRUISSEMENT ■ Battement d'ailes, bourdonnement, chuchotement, chuintement, cri, fredon, fredonnement, frémissement, froufrou, gazouillement, gémissement, grincement, murmure, sifflement.

BRUIT ■ *I. Au pr.* 1. Babil, battement, borborygme, bourdonnement, brasillement, brondissement, bruissement, chanson, chant, chuintement, clameur, clapotage, clapotement, clapotis, clappement, claque, claquement, cliquetis, coup, craquement, craquètement, crépitation, crépitement, cri, criaillerie, crissement, croule, croulement, décrépitation, déflagration, détonation, écho, éclat, éclatement, explosion, fracas, froissement, frôlement, frottement, froufrou, gargouillement, gargouillis, gazouillement, gémissement, grésillement, grincement, grognement, grondement, hiement, hurlement, murmure, musique, onomatopée, pépiage, pépiement, pétarade, pétillement, râlement, ramage, ronflement, ronron, ronronnement, roulement, rumeur, sifflement, son, souffle, soupir, stridulation, susurrement, tapement, tintement, ululation, ululement, vagissement, vocifération, voix, vrombissement. **2. Fam. :** bacchanale, bagarre, barouf, bastringue, bazar, bordel, boucan, bousin, brouhaha, cacophonie, carillon, cassement de tête, chabanais, chahut, chamaille, chamaillerie, charivari, corrida, esclandre, foin, grabuge, hourvari, huée, pétard, potin, raffut, ramdam, sabbat, schproum, tapage, tintamarre, tintouin, tohu-tohu, train, tumulte, vacarme. **II. Par ext. 1. Méd. :** cornage, éructation, flatuosité, gaz, hoquet, hydatisme, pet, râle, rot, souffle, soupir, toux, vent. **2. Du pas d'un cheval :** battue. **3. Onomatopées :** aïe, aouh, bang, bêe, bim, boum, brr, clac, clic, cocorico, cot cot-codec, coincoin, couic, crac, crincrin, crrr, ding, dong, drelin-drelin, dzim-boum-boum, flac, flic, floc, froufrou, gioumpf, glouglou, hi-han, meuh, miaou, oua-ouah, paf, pan, patapouf, patatras, pif, ping, plouc, pouf, poum, splash, tac, tamtam, tic, tic-tac, tilt, vlan, zim. **III. Fig. 1.** ⇒ agitation. **2.** Anecdote, bavardage, chronique, commérage, confidence, conte, dire, éclat, fable, histoire, jacasserie, nouvelle, potin, ragot, renommée, réputation, rumeur.

BRÛLAGE ■ **I.** Écobuage. **II.** Brûlement, brûlis. **III.** Crémation, incinération.

BRÛLANT, E ■ **I. Au pr. :** bouillant, cuisant, desséchant, embrasé, torride. **II. Fig. 1.** Actuel, dangereux, déli-

cat, épineux, périlleux, plein d'intérêt, tabou. **2.** Ardent, bouillonnant, dévorant, dévoré, enflammé, enthousiaste, fervent, passionné, vif.

BRÛLE-GUEULE ■ Bouffarde, pipe.

BRÛLE-PARFUM ■ Cassolette, encensoir.

BRÛLE-POURPOINT (À) ■ À bout portant, brusquement, de but en blanc, directement, immédiatement, sans avertissement, sans crier gare, sans ménagement/préparation.

BRÛLER ■ **I. V. tr. 1. Au pr. :** attiser, brouir, calciner, carboniser, consumer, détruire par le feu, embraser, enflammer, faire cramer/flamber/roussir, flamber, griller, incendier, incinérer, réduire en cendres, rôtir. **2. Fig. :** attiser, consumer, dévorer, embraser, enfiévrer, enflammer, exciter, jeter de l'huile sur le feu, miner, passionner, ravager. **3. Par ext.** *Un condamné :* faire un autodafé, jeter au bûcher, supplicier par le feu. *Méd. :* cautériser. *Un cadavre, des ordures :* incinérer. **4. Loc.** *Brûler la politesse :* s'enfuir, filer, partir, planter là. **5. Brûler de l'encens :** aduler, flagorner, flatter. **II. V. intr. :** charbonner, se consumer, couver, cramer, flamber, roussir. **III. V. pron. :** s'ébouillanter, s'échauder, *et les formes pron. possibles des syn. de* BRÛLER.

BRÛLERIE ■ Distillerie, rhumerie.

BRÛLEUR, EUSE ■ **I. Quelqu'un. 1.** Boutefeu, brûlot, flambeur, incendiaire, pétroleur, pyromane. **2.** Bouilleur de cru, distillateur. **II. Une chose :** appareil, bec, réchaud, tuyère.

BRÛLIS ■ Brûlage, brûlement.

BRÛLOIR ■ Crématoire, fourneau, foyer, incinérateur, réchaud, torréfacteur.

BRÛLOT ■ **I. Au pr. :** torpille. **II. Fig. 1. Quelqu'un** ⇒ brûleur. **2. Quelque chose** ⇒ brûlant.

BRÛLURE ■ **I. Sur quelqu'un. 1.**

Phys., souvent par analogie : aigreur, ampoule, blessure, cloque, douleur, échaudure, échauffement, escarre, fièvre, fer chaud, feu, inflammation, irradiation, irritation, insolation, lésion, mortification, phlogose, rougeur, ulcération, urtication. **2. Moral** ⇒ **blessure.** *II. Une chose.* 1. Un vêtement : tache, trou. **2. Des végétaux** ⇒ brouissure, dessèchement.

BRUMAILLE, BRUMASSE, BRUME ■ *I. Au pr.* ⇒ brouillard. *II. Fig. :* grisaille, incertitude, obscurité, ombre, spleen, tristesse. ⇒ **mélancolie.**

BRUMEUX, EUSE ■ *I. Au pr. :* couvert, nébuleux, obscur, ouaté. *II. Fig.* 1. Neutre : mélancolique, sombre, triste. **2. Non favorable** ⇒ **sombre.**

BRUN, E ■ *I.* Auburn, bis, bistre, boucané, bronzé, brou de noix, brûlé, brunâtre, café au lait, châtain, chocolat, hâlé, kaki, marron, mordoré, tabac, terreux. *II. Une chose :* brou de noix, chêne, kaki, noyer, puce, tabac, terre, terre de sienne, tête-de-maure, tête-de-nègre. *III. Un cheval :* bai. *IV. Loc.* À la brune : crépuscule, entre chien et loup, soir.

BRUSQUE ■ *I. Quelqu'un :* abrupt, autoritaire, bourru, bref, brutal, cassant, cavalier, cru, grossier (péj.), impatient, impétueux, nerveux, prompt, raide, rébarbatif, rude, sec, vif, violent. *II. Une chose.* 1. Une pente : escarpée. **2. Un événement :** brutal, imprévu, inattendu, inopiné, précipité, rapide, soudain, subit, surprenant.

BRUSQUÉ, E ■ Inattendu, inopiné, soudain, surprenant.

BRUSQUER ■ *I. Quelqu'un.* 1. ⇒ **obliger.** 2. Envoyer promener, rabrouer, rembarrer (fam.), rudoyer, secouer. *II. Une chose :* accélérer, avancer, expédier, forcer, hâter, pousser, précipiter, presser.

BRUSQUERIE ■ ⇒ **rudesse.**

BRUT, E ■ *I. Une chose ou quelqu'un.* **1. Neutre :** à l'état de nature, élémentaire, grossier, imparfait, informe, inorganique, rudimentaire, simple. **2. Non favorable :** abrupt, balourd, barbare, bestial, brutal, épais, fruste, grossier, illettré, impoli, inculte, inintelligent, lourd, rude, sauvage, simple, stupide, vulgaire. *II. Une chose :* écru, grège, en friche, inachevé, inculte, natif, naturel, originel, primitif, pur, rustique, sauvage, vierge.

BRUTAL, E ■ Animal, âpre, barbare, bas, bestial, bourru, brusque, cru, cruel, direct, dur, emporté, entier, féroce, fort, franc, grossier, irascible, matériel, mauvais, méchant, rude, sec, vif, violent.

BRUTALISER ■ Battre, brusquer, cogner, corriger, exercer des sévices sur, faire violence à, frapper, houspiller, malmener, maltraiter, molester, passer à tabac (fam.), rosser, rouer de coups, rudoyer, tabasser, taper, torcher (fam.), tourmenter.

BRUTALITÉ ■ Animalité, âpreté, barbarie, bassesse, bestialité, brusquerie, cruauté, dureté, férocité, grossièreté, impolitesse, inhumanité, lourdeur, rudesse, rusticité, sauvagerie, stupidité, violence, vulgarité.

BRUTE ■ ⇒ **bête.**

BRUYANT, E ■ Assourdissant, braillard, criard, éclatant, gueulard (fam.), hurleur, indiscret, piaillard, ronflant, rugissant, sonore, stertoreux (méd.), tapageur, tonitruant, tumultueux. ⇒ **turbulent.**

BRUYÈRE ■ Brande, lande.

BUANDERIE ■ Blanchisserie, laverie, lavoir.

BUBON ■ ⇒ **abcès.**

BÛCHE ■ *I.* Bille, billot, branche, charbonnette, rondin, souche, tronce, tronche. *II. Fig.* 1. ⇒ **bête.** 2. ⇒ **chute.**

BÛCHER ■ n. Appentis, cave, resserre.

BÛCHER ■ v. tr. *I. Par ext.* ⇒ **battre.** *II. Fig. et fam. :* bosser, buriner, chiader, en foutre/en mettre un coup, étudier, gratter, piler, piocher, potasser, repasser, turbiner. ⇒ **travailler.**

BÛCHEUR, EUSE ■ Bœuf, bosseur, bourreau de travail, burineur, chiadeur, gratteur, travailleur, turbineur.

BUCOLIQUE ■ Agreste, campagnard, champêtre, forestier, idyllique, pastoral, paysan, rustique.

BUDGET ■ Balance, compte, comptabilité, crédit, dépense, gain, moyens, plan, prévision, recette, rentrée, répartition, revenu, salaire.

BUÉE ■ Condensation, vapeur.

BUFFET ■ *I.* Argentier, bahut, cabinet, crédence, desserte, encoignure, placard, vaisselier. *II.* Bar, buvette, café, cantine, estaminet, restaurant.

BUFFLE ■ Bœuf, karbau, syncerus, yack.

BUFFLETERIE ■ Bandoulière, baudrier, bourdalou, brayer, bride, cartouchière, ceinture, courroie, cravache, crispin, guide, harnachement, jugulaire, lanière, sellerie.

BUILDING ■ Bâtiment, bâtisse, construction, édifice, ensemble, habitat, immeuble, maison, monument, tour.

BUIS ■ Buxus, rameau.

BUISSON ■ Breuil, broussaille, épines, fourré, haie, hallier, ronce.

BULBE ■ *I.* Oignon. *II.* Coupole.

BULBEUX, EUSE ■ ⇒ **renflé.**

BULLDOZER ■ Angledozer, bouldozeur, bouteur, pelle mécanique, pelleteuse.

BULLE ■ *I.* Boule. *II.* Bref, décrétale, mandement, rescrit, sceau.

BULLETIN ■ *I.* Billet, papier. *II. Par ext.* 1. Annonce, avis, carnet, chronique, communiqué, rapport. 2. Acte, attestation, certificat, récépissé, reçu.

3. Bordereau, ordre, relevé. 4. Annales, cote, feuille, hebdomadaire, information, journal, lettre, lien, magazine, missive, périodique, revue.

BUNGALOW ■ Chartreuse, maison coloniale, véranda, villa.

BUNKER ■ ⇒ **abri, casemate.**

BURALISTE ■ Débitant, préposé, receveur.

BUREAU ■ *I. Le meuble :* bonheur-du-jour, cabinet, classeur, écritoire, pupitre, secrétaire, table de travail. *II. Le lieu :* administration, agence, boîte (arg.), burlingue (arg.), cabinet, caisse, comptoir, direction, étude, office, officine, secrétariat, service. *III.* Administration, assemblée, collège, comité, commission, conseil, direction, directoire.

BUREAUCRATE ■ (généralement péj.). Fonctionnaire, gratte-papier, gratteur, paperassier, pisse-copie, plumitif, rond-de-cuir, scribe, scribouillard.

BURETTE ■ *I. Au sing.* 1. Au pr. : aiguière, fiole, flacon. 2. Fig. ⇒ **tête.** *II. Au pl.* ⇒ **bourses.**

BURIN ■ Charnière, ciseau, drille, échoppe, guilloche, onglette, pointe.

BURINER ■ *I.* Champlever, graver. *II. Par ext. :* marquer, souligner. *III. Fig.* ⇒ **bûcher.**

BURLESQUE ■ *I. Adj.* ⇒ **comique.** *II. Nom masc. :* baroque, grandguignolesque, grotesque, tragi-comique.

BURON ■ ⇒ **cabane.**

BUSC ■ Baleine, corset, soutien.

BUSE ■ *I.* Busaigle, busard, harpaye, harpie, rapace. *II.* Bief, canal, canalisation, conduit, poterie, tuyau, tuyère. *III. Fig.* ⇒ **bête.**

BUSINESS ■ (angl.) ⇒ **affaires.**

BUSQUÉ, E ■ *I.* Arqué, bombé,

convexe, courbé. *II. Le nez :* aquilin, bourbon, bourbonien.

BUSQUER ■ Arquer, bomber, courber, rendre convexe.

BUSTE ■ *I. Au pr. :* corsage, gorge, poitrine, sein, torse. *II. Par ext.* 1. Effigie, figure, portrait, sculpture, traits. 2. **Selon la matière employée :** argile, bronze, cire, marbre, plâtre, terre cuite.

BUT ■ *I. Au pr. :* carton, cible, mille, mire, mouche, objectif, point de mire, silhouette. *II. Par ext.* 1. **Ce qui est atteint :** aboutissement, achèvement, arrivée, destination, objectif, point final, port, terme, terminus. 2. **Ce qu'on veut atteindre :** ambition, dessein, détermination, direction, fin, intention, plan, projet, propos, résolution, visée, vue. 3. **D'une action, de la vie :** cause, destination, destinée, direction, fin, finalité, fins dernières, ligne de conduite, motif, motivation, objet, raison. 4. **Sport :** arrivée, bois, coup, essai, filet, goal, marque, panier, poteau.

BUTÉ, E ■ Arrêté, braqué, bloqué, entêté, étroit, fermé, méfiant, obstiné, opiniâtre, têtu.

BUTÉE ■ Contrefort, culée, massif.

BUTER ■ *I. On bute contre une chose :* achopper, broncher, chopper, cogner, heurter, trébucher. *II. Une chose ou quelqu'un prend appui sur :* s'appuyer, s'arc-bouter, s'arrêter, se bloquer, se caler, se coincer, être épaulé/étayé/maintenu/soutenu par, prendre appui. *III. Pop.* ⇒ tuer.

BUTER (SE) ■ S'arrêter à, se bloquer, se braquer, s'entêter, se fermer, se méfier, s'obstiner, s'opiniâtrer.

BUTIN ■ *I. Au pr.* 1. Neutre : capture, confiscation, conquête, dépouille,

matériel, prise, proie, trésor de guerre, trophée. 2. Péj. : pillerie, rançon, rapine, vol. *II. Fig.* **Favorable :** aubaine, découverte, profit, provision, récolte, richesse, trouvaille.

BUTINER ■ ⇒ recueillir.

BUTOIR ■ Butée, heurtoir.

BUTOR ■ *I.* ⇒ bête. *II.* ⇒ impoli. *III.* ⇒ maladroit.

BUTTE ■ *I.* Colline, dune, éminence, erg, hauteur, inselberg, mont, monticule, motte, tertre. *II. Loc.* **Être en butte à :** donner prise à, être la cible/ le point de mire/le souffre-douleur, prêter le flanc à.

BUTTER ■ *I.* Chausser, garnir. *II. arg.* **Butter ou buter** ⇒ tuer.

BUVABLE ■ *I. Au pr. :* potable, sain, *II. Fig. :* acceptable, admissible, endurable, possible, potable, recevable, supportable ⇒ tolérable.

BUVARD ■ *I. Adj. :* absorbant. *II. Nom :* sous-main.

BUVETTE ■ Bar, bistrot (fam.), bouchon, buffet, café, café-tabac, cafétéria, cantine, débit de boissons, taverne. ⇒ brasserie, cabaret.

BUVEUR, EUSE ■ ⇒ ivrogne.

BUVOTER ■ ⇒ boire.

BY-PASS ■ Bipasse, circuit de dérivation, contournement, déviation, évitement.

BYSSUS ■ Attache, cordon, faisceau, fibre, filament, ligament, membrane, pied.

BYZANTIN, INE ■ *Fam. et par ext. :* chinois, compliqué, emberlificoté, entortillé, farfelu, futile, oiseux, pédant, tarabiscoté.

C

CAB ■ ⇒ cabriolet.

CABALE ■ *I.* Ésotérisme, herméneutique, interprétation, kabbale, occultisme. *II. Par ext.* 1. Arcane (vx), magie, mystère, sabbat, théosophie. 2. Association secrète, brigue, charivari, clique, coalition, complot, conjuration, conspiration, coterie, faction, intrigue, ligue, machination, menée, parti.

CABALER ■ Briguer, coasser, comploter, conspirer, criailler, intriguer, machiner, monter une cabale *et les syn. de* CABALE.

CABALISTIQUE ■ Abscons, ésotérique, magique, mystérieux, obscur, occulte. ⇒ secret.

CABANE ■ Abri, appentis, baraque, bicoque, buron, cabanon, cagibi, cahute, carbet, case, cassine, chalet, chaume, chaumière, chaumine, gloriette, gourbi, guitoune, hutte, loge, logette, maisonnette, masure, paillote, refuge, wigwan, yourte.

CABANER ■ Dessaler (fam.), mettre quille en l'air, renverser ⇒ chavirer.

CABARET ■ *I.* Abreuvoir, assommoir, auberge, bar, bistroquet, bistrot, bouchon, bouge, bousin, brasserie, buffet, buvette, caboulot, café, cafétéria, cambuse, comptoir, crémerie (fam.), débit, estaminet, gargote, guinguette, hôtellerie, mastroquet, popine, tabagie, tapis-franc, taverne, tournebride, troquet, zinc. *II.* 1. **Neutre** : boîte, boîte de nuit, café-concert, caveau, club, dancing, discothèque, établissement/ restaurant de nuit, music-hall, nightclub. 2. **Péj.** : bastringue, beuglant, bouiboui, tripot. *III.* Cave/plateau/service à liqueurs.

CABARETIER, ÈRE ■ Aubergiste, bistrot, buvetier, cafetier, limonadier, mannezingue, marchand de vin, mastroquet, patron, restaurateur, taulier, tavernier, tenancier, troquet.

CABAS ■ Couffe, couffin, couffle, panier, sac, sachet, sacoche.

CABASSET ■ ⇒ casque.

CABESTAN ■ ⇒ palan.

CABINE ■ *I.* Cabinet, cagibi, isoloir, réduit. *II.* Abri, cockpit, guérite, loge, poste. *III.* Compartiment, couchette.

CABINET ■ *I.* ⇒ cabine. *II.* ⇒ watercloset. *III.* Agence, bureau, étude, studio. *IV.* Bibliothèque, collection, musée, pinacothèque. *V.* Équipe ministérielle, gouvernement, ministère. *VI.* Laboratoire. *VII. De verdure* : abri, berceau, brandebourg, fabrique, gloriette, kiosque, pavillon, reposoir, tonnelle. *VIII.* Bahut, bonheur-dujour, bonnetière, buffet, bureau, meuble, secrétaire, semainier.

CÂBLE ■ *I.* Chable, chableau, chaîne, corde, filin, orin, remorque, touée. ⇒ cordage. *II.* Bleu, câblogramme, dépêche, exprès, message, pneu, télégramme, télex.

CÂBLER ■ Envoyer/expédier une dépêche, télégraphier.

CABOCHARD, E ■ n. et adj. Entêté, opiniâtre, têtu.

CABOCHE ■ ⇒ tête.

CABOSSER ■ *I. Au pr. :* bosseler, bossuer, déformer. *II. Par ext. :* battre, blesser, contusionner, meurtrir.

CABOT ■ *I.* ⇒ chien. *II.* ⇒ caporal. *III.* ⇒ cabotin. *IV.* Chabot, cotte, meunier, têtard.

CABOTAGE ■ ⇒ navigation.

CABOTEUR ■ Balancelle, chassemarée, galiote, lougre. ⇒ bateau.

CABOTIN, INE ■ adj. et n. *Péj. :* acteur, bouffon, cabot, charlatan, clown, comédien, histrion, m'as-tu-vu, ringard. ⇒ hypocrite.

CABOTINAGE ■ Affectation, charlatanisme, comédie. ⇒ hypocrisie.

CABOULOT ■ *I.* ⇒ cabaret, bistrot.

CABRÉ, E ■ *Fig.* Agressif, combatif, déterminé, farouche, ombrageux, révolté.

CABRER ■ *Par ext. :* choquer, dresser, irriter, révolter. *V. pron. :* 1. *Au pr. :* se dresser, pointer. 2. *Fig. :* se dresser, s'insurger, se lever, s'opposer, protester, résister, se révolter. 3. *Par ext. :* s'emporter, s'entêter, se fâcher, s'irriter, s'obstiner, s'opiniâtrer, se raidir.

CABRETTE ■ Bag-pipe (angl.), biniou, bombarde, chabrette, chevrie, cornemuse, musette, pibrock (écossais), turlurette.

CABRI ■ Biquet, chevreau, chevrette.

CABRIOLE ■ *I. Au pr. :* bond, culbute, entrechat, galipette, gambade, pirouette, saut, voltige. *II. Par ext.* 1. Chute, dégringolade, échec, faillite, krach. 2. Bouffonnerie, drôlerie, grimace. 3. Flagornerie, flatterie, servi-

lité. 4. Apostasie, échappatoire, pirouette, reniement, retournement, revirement.

CABRIOLET ■ *I.* Boghei, cab, tandem, tilbury, tonneau, wiski. *II.* Cadenas, menotte.

CACA ■ ⇒ excrément.

CACADE ■ Couardise, échec, foire, lâcheté, reculade.

CACHALOT ■ ⇒ cétacé.

CACHÉ, E ■ Mystérieux. ⇒ secret.

CACHE ■ *I. Nom fém. :* abri, antre, asile, cachette, coin, gîte, nid, planque, refuge, retraite, terrier, trou. *II. Nom masc. :* écran.

CACHE-CACHE ■ Cache-tampon, cligne-musette.

CACHE-COL, CACHE-NEZ ■ Cravate, écharpe, foulard.

CACHE-POUSSIÈRE ■ Bleu, blouse, surtout, tablier. ⇒ manteau.

CACHER ■ *I. Au pr. :* abriter, camoufler, celer, couvrir, déguiser, dissimuler, enfermer, enfouir, enserrer, ensevelir, enterrer, envelopper, escamoter, faire disparaître, gazer, masquer, mettre en sûreté/sous clef, mucher, murer, musser (vx), planquer (fam.), receler, recouvrir, rentrer, serrer, voiler. *II. Par ext.* 1. Arrêter la vue, aveugler, boucher, éclipser, intercepter, obscurcir, obstruer, occulter, offusquer, ombrager, pallier. 2. Agir en cachette/catimini/douce/secret/tapinois, cachotter, celer, déguiser, dissimuler, étouffer, faire des cachotteries, farder, mettre sous le boisseau, ne pas s'en vanter, sceller, taire, tenir secret, tirer un rideau/un voile, voiler. *III. V. pron. :* s'abriter/blottir/clapir/défiler (fam.)/dérober, disparaître, se dissimuler/éclipser/embusquer, éviter, fuir, se mettre à l'abri/motter (vén.)/murer/nicher/planquer (fam.)/retirer/soustraire/tapir/tenir à l'écart/terrer.

CACHE-SEXE ■ Cache-fri-fri (arg.), culotte, slip, sous-vêtement.

CACHET ■ *I.* Armes, armoiries, bulle, chiffre, empreinte, estampille, marque, monogramme, oblitération, poinçon, sceau, scellé, seing, tampon, timbre. *II.* Caractéristique, griffe, main, originalité, patte, signe. *III.* Casuel, honoraires, prix, rétribution, salaire. *IV.* Capsule, comprimé, gélule, pastille.

CACHE-TAMPON ■ ⇒ cache-cache.

CACHETER ■ *I.* Clore, coller, fermer. *II.* Estampiller, marquer, oblitérer, plomber, poinçonner, sceller, tamponner, timbrer.

CACHETTE ■ *I.* Abri, antre, asile, cache, lieu sûr, mystère, planque, refuge, retraite, secret, sûreté, terrier. *II.* **Loc.** En cachette : à la dérobée, à musse-pot, clandestinement, dans sa barbe, discrètement, en catimini/contrebande/secret/tapinois, furtivement, secrètement, sous cape.

CACHEXIE ■ Amaigrissement, ankylostomiase, carence, consomption, distomatose (vét.), étisie, fatigue, hectisie, maigreur, marasme. **Partic.** : fluorose, silicose.

CACHOT ■ Basse-fosse, cabanon, cabinet noir, casemate, cellule, coin, cul-de-basse-fosse, ergastule, geôle, in-pace, mitard (arg.), oubliette, salle de police, salle forte, violon. ⇒ prison.

CACHOTTERIE ■ Feinte, minon-minette (fam.), mystère, secret, secret de polichinelle.

CACHOTTIER, ÈRE ■ n. et adj. *I.* ⇒ secret. *II.* ⇒ sournois.

CACOCHYME ■ Débile, déficient, faible, impuissant, infirme, invalide, maladif, malingre, pituitaire, valétudinaire. ⇒ quinteux.

CACOLET ■ ⇒ bât.

CACOPHONIE ■ Bruit, chahut, charivari, confusion, désaccord, désordre, discordance, dissonance, sérénade, tapage, tintamarre, tumulte.

CADAVÉRIQUE ■ ⇒ pâle.

CADAVRE ■ Corps, dépouille mortelle, macchabée (fam.), momie, mort, reliques, restes, sujet d'anatomie.

CADEAU ■ Avantage, bakchich, bienfait, bouquet, corbeille, don, donation, dot, envoi, étrenne, fleur (fam.), générosité, gratification, largesse, libéralité, offrande, pièce, pot-de-vin, pourboire, présent, prix, souvenir, surprise.

CADENAS ■ *I.* Fermeture, loquet, serrure, sûreté, verrou. *II.* Coffret, ménagère. *III.* Arrêt.

CADENASSER ■ Barrer, clore, écrouer, emprisonner, enfermer, fermer, verrouiller.

CADENCE ■ Accord, harmonie, mesure, mouvement, nombre, rythme.

CADENCER ■ Accorder, conformer, mesurer, rythmer.

CADENETTE ■ ⇒ tresse.

CADET, ETTE ■ Benjamin, jeune, junior, puîné.

CADRAN ■ Gnomon, horloge.

CADRE ■ *I.* **Au pr.** 1. Bordure, encadrement, marie-louise, passe-partout. 2. Boisage, chambranle, châssis, coffrage, huisserie. 3. ⇒ caisse. *II.* Décor, disposition, ensemble, entourage. *III.* **Fig.** 1. Borne, limite. 2. Carcan, contrainte, corset, enveloppe.

CADRER ■ *I.* S'accorder, s'adapter, s'ajuster, s'assortir, concorder, convenir, plaire, se rapporter. *II.* **Loc.** Faire cadrer ⇒ concilier.

CADUC, UQUE ■ *I.* Annulé, cassé, démodé, dépassé, nul, obsolète, passager, périmé, périssable, précaire, suranné. *II.* Abattu, affaibli, âgé, chancelant, débile, décrépit, épuisé, fragile, impotent, usé. ⇒ vieux.

CADUCITÉ ■ *I.* **Au pr.** : débilité,

décrépitude, faiblesse, usure ⇒ **vieillesse**. *II. Jurid. :* annulation, nullité, péremption, prescription. *III.* 1. Fragilité, vanité. 2. Désuétude, obsolescence.

CAFARD, E ■ *I. Au pr. :* blatte, cancrelat. *II. Par ext.* 1. Bigot, cagot, faux dévot, imposteur, perfide. ⇒ **hypocrite**. 2. Cuistre, délateur, dénonciateur, espion, mouchard, mouche, mouton, rapporteur. *III.* Bourdon, découragement, dépression, mélancolie, nostalgie, noir, spleen, tristesse, vague à l'âme. *IV.* ⇒ **cafardeux**.

CAFARDAGE ■ Caftage, cuistrerie, délation, dénonciation, espionnage, mouchardage.

CAFARDER ■ Cafter, dénoncer, moucharder, rapporter, vendre la mèche.

CAFARDERIE ■ ⇒ **hypocrisie**.

CAFARDEUX, EUSE ■ Abattu, découragé, démoralisé, déprimé, fermé, mélancolique, nostalgique, triste.

CAFARDISE ■ ⇒ **hypocrisie**.

CAFÉ ■ *I.* Caoua, jus. *II.* ⇒ **cabaret**.

CAFETIÈRE ■ *I.* filtre, percolateur. *II.* ⇒ **tête**.

CAGE ■ *I.* Case, chanterelle, clapier, épinette, lapinière, loge, logette, oisellerie, ménagerie, mésangette, mue, niche, tournette, volière. *II.* Enceinte. ⇒ **prison**. *III.* Chaîne, fil, lien, servitude. *IV.* Boîte, boîtier.

CAGEOT ■ Billot, bourriche, caisse, caissette, emballage.

CAGIBI ■ Appentis, cabane, cabinet, cage, cagna, case, chambre, guichet, local, mansarde, penderie, placard, réduit, souillarde, soupente.

CAGNA ■ Abri, baraquement, guérite, hutte, maisonnette, tranchée. ⇒ **cabane**.

CAGNARD, E ■ Apathique, cossard, engourdi, fainéant, flemmard, indolent, inerte, lent, loche, mou, nonchalant, oisif. ⇒ **paresseux**.

CAGNEUX, EUSE ■ Bancal, bancroche, inégal, noueux, tordu, tors, tortu.

CAGNOTTE ■ *I.* Bas de laine, boîte, bourse, caisse, coffret, corbeille, crapaud, tirelire, tontine. *II.* Économie, fonds, somme.

CAGOT, OTE ■ ⇒ **cafard**.

CAGOTERIE, CAGOTISME ■ ⇒ **hypocrisie**.

CAGOULE ■ Capuchon, coule, froc. ⇒ **manteau** *(par ext.)*.

CAHIER ■ Album, bloc-notes, calepin, carnet, livre, livret, registre.

CAHIN-CAHA ■ Clopin-clopant, péniblement, tant bien que mal, va comme je te pousse.

CAHOT ■ *I.* Bond, cahotage, cahotement, heurt, mouvement, saut, secousse. *II. Par ext. :* contrariété, difficulté, obstacle, traverse, vicissitude.

CAHOTANT, E ■ Brimbalant, bringuebalant, cahoteux, mal suspendu.

CAHOTER ■ v. intr. et tr. Agiter, ballotter, brimbaler (fam.), bringuebaler (fam.), malmener, secouer, tourmenter.

CAHOTEUX, EUSE ■ Mauvais. ⇒ **cahotant**.

CAHUTE ■ ⇒ **cabane**.

CAILLASSE ■ Caillou, cailloutis, déblai, décharge, empierrement, pierre.

CAILLEBOTIS ■ *I.* Lattis, treillis. *II.* Plancher.

CAILLEBOTTER, CAILLER ■ *I.* Coaguler, condenser, durcir, épaissir, figer, geler, grumeler, prendre, solidifier. *II. Loc.* Se les cailler ou *cailler* (id.) : avoir froid.

CAILLETAGE ■ Babillage, bavardage, pépiement.

CAILLETER ■ Babiller, bavarder, jacasser, pépier.

CAILLOT ■ Flocon, floculation, grumeau.

CAILLOU ■ *I.* Caillasse, cailloutis, galet, gravier, jalet, palet, pierre, silex. *II. Fig. 1.* Cahot, contrariété, difficulté, embarras, empêchement, inconvénient, obstacle, souci, traverse, vicissitude. *2.* ⇒ tête.

CAÏMAN ■ ⇒ alligator.

CAISSE ■ *I. Au pr. :* banne, benne, billot, boîte, boîtier, cadre, cageot, caissette, caisson, coffre, colis, emballage, harasse. *II. Par ext.* 1. Coffre-fort. ⇒ **cagnotte**. 2. Bureau, comptabilité, guichet. 3. Actif, encaisse, montant, trésorerie. 4. Tambour, timbale. *5. Fam. :* coffre, estomac, poitrine.

CAISSIER, ÈRE ■ Comptable, gestionnaire, intendant, receveur, trésorier.

CAJOLER ■ ⇒ caresser.

CAJOLERIE ■ ⇒ caresse.

CAJOLEUR, EUSE ■ n. et adj. Caressant, courtisan, enjôleur, flagorneur, flatteur, peloteur. ⇒ **séducteur**.

CAL ■ Callosité, calus, cor, durillon, œil-de-perdrix, oignon.

CALAMISTRER ■ Friser, onduler.

CALAMITÉ ■ Accident, adversité, cataclysme, catastrophe, chagrin, contrariété, déboire, déception, désastre, désolation, détresse, deuil, déveine, disgrâce, drame, échec, épreuve, fatalité, fléau, guignon, infortune, insuccès, malheur, misère, orage, tourmente, tribulation, tristesse, vaches maigres.

CALAMITEUX, EUSE ■ Catastrophique, désastreux, désolant, dramatique, funeste, malheureux, triste.

CALANQUE ■ Anse, crique, golfe.

CALCINER ■ Brûler, carboniser, cuire, dessécher, griller, torréfier.

CALCUL ■ *I.* Algèbre, arithmétique, axiomatique, mathématique. *II.* Addition, algorithme, analyse, appréciation, compte, comput, computation, décompte, division, estimation, évaluation, multiplication, opération, prévision, soustraction, spéculation, supputation. *III.* Combinaison, dessein, mesure, moyen, plan, planning, projet. *IV.* Bézoard, concrétion, pierre. *V.* Arrière-pensée, préméditation.

CALCULER ■ *I. Au pr.* ⇒ **compter**. *II. Par ext. :* adapter, agencer, ajuster, apprécier, apprêter, arranger, combiner, coordonner, déterminer, estimer, établir, évaluer, méditer, peser, préméditer, prévoir, proportionner, raisonner, réfléchir, régler, supputer.

CALE ■ *I.* Coin, étai, étançon, soutien, support. *II.* Soute.

CALÉ, E ■ *I.* ⇒ instruit. *II.* Ardu, complexe, compliqué, difficile.

CALEÇON ■ *I. Fam. :* calecif. *Vx :* chausse, culotte, pantalon. *II. Par ext. :* slip.

CALEMBOUR ■ À peu près, astuce, contrepèterie, équivoque, homonymie, homophonie, janotisme, jeu de mots. ⇒ **calembredaine**.

CALEMBREDAINE ■ Baliverne, bateau, bourde, chanson, conte à dormir debout, coquecigrue, faribole, lanterne (vx), plaisanterie, sornette, sottise.

CALENDRIER ■ Agenda, almanach, annuaire, bref, chronologie, comput, éphéméride, martyrologe, ménologe, ordo, table, tableau. ⇒ **programme**.

CALEPIN ■ Aide-mémoire, cahier, carnet, mémento, recueil, répertoire.

CALER ■ *I. V. intr. :* baisser pavillon, caner, céder, filer doux, rabattre, reculer. *II. V. tr. :* ajuster, arrêter, assujettir, bloquer, étayer, fixer, serrer, soutenir, stabiliser.

CALFATER ■ Aveugler, boucher, brayer, caréner, goudronner, obturer, radouber.

CALFEUTRER ■ *I.* ⇒ boucher. *II.* ⇒ enfermer.

CALIBRE ■ Acabit, classe, genre, espèce. ⇒ dimension, qualité.

CALIBRER ■ Classer, mesurer, proportionner.

CALICE ■ *I.* ⇒ coupe. *II.* ⇒ mal. *III.* Enveloppe.

CALICOT ■ ⇒ vendeur.

CALIFOURCHON (À) ■ À cheval.

CÂLIN, E ■ ⇒ caressant.

CÂLINER ■ ⇒ caresser, soigner.

CÂLINERIE ■ ⇒ caresse.

CALLEUX, EUSE ■ Apre, dur, endurci, insensible.

CALLIGRAPHIE ■ ⇒ écriture.

CALLOSITÉ ■ ⇒ cal.

CALMANT, E ■ adj. et n. Adoucissant, analgésique, anesthésique, anodin, antalgique, antipyrétique, antispasmodique, apaisant, balsamique, consolant, hypnotique, lénifiant, lénitif, parégorique, rafraîchissant, relaxant, reposant, sédatif, vulnéraire. ⇒ narcotique.

CALMAR ■ Encornet, seiche, supion.

CALME ■ *I. Adj.* 1. ⇒ impassible. 2. ⇒ tranquille. *II. Nom pr.* 1. ⇒ tranquillité. 2. Assurance, équanimité, équilibre, flegme, maîtrise/possession de soi, patience, sagesse, sang-froid, silence. 3. Accalmie, beau fixe, beau temps, bonace, embellie. 4. Stabilité.

CALMER ■ Adoucir, alléger, apaiser, arrêter, assagir, assoupir, assourdir, assouvir, consoler, dédramatiser, dépassionner, désaltérer, désarmer, détendre, dompter, endormir, étan-

cher, éteindre, étouffer, faire taire, immobiliser, imposer silence, lénifier, maîtriser, mater, modérer, pacifier, panser, pondérer, rasséréner, rassurer, refroidir, satisfaire, soulager, tranquilliser. *V. pron.* : calmir, tomber, *et les formes pron. possibles des syn. de* CALMER.

CALOMNIATEUR, TRICE ■ *I.* Détracteur, diffamateur. *II. Par ext. :* accusateur, délateur, dénonciateur, imposteur, mauvaise/méchante langue, médisant, menteur. *Fam. :* cafteur, cancannier, corbeau (partic.), cuistre, langue de serpent/fourchue/venimeuse/de vipère, potinier, sycophante.

CALOMNIE ■ *I. Au pr. :* allégation, détraction, diffamation, horreur (fam.), imputation fausse, insinuation, mensonge, menterie (pop). *II. Par ext. :* accusation, attaque, cancan (fam.), délation, dénonciation, injure, méchanceté, perfidie, traîtrise.

CALOMNIER ■ *I.* Baver/cracher sur quelqu'un, casser du sucre sur le dos, déchirer, dénaturer les faits, diffamer, dire du mal, distiller du venin, entacher l'honneur, habiller, insinuer, mentir, noircir, parler mal/contre, répandre des calomnies *et les syn. de* CALOMNIE, traîner dans la boue, vomir son venin. *II. Par ext. :* accuser, attaquer, décrier, médire, tirer à boulets rouges (fam.), tomber sur.

CALOMNIEUX, EUSE ■ Allusif, diffamant, diffamatoire, faux, infamant, inique, injurieux, injuste, mensonger, venimeux.

CALOT ■ ⇒ coiffure, œil.

CALOTIN, E ■ ⇒ bigot.

CALOTTE ■ *I.* ⇒ bonnet. *II.* Baffe, claque, coup, gifle, giroflée, mornifle, soufflet, taloche, tape. ⇒ camouflet. *III.* Coupole, dôme, voûte. *IV.* Hémisphère, pôle. *V.* Calotte de glace, couche, épaisseur.

CALOTTER ■ ⇒ gifler.

CALQUER ■ ⇒ imiter.

CALUMET ■ ⇒ pipe.

CALUS ■ ⇒ cal.

CALVAIRE ■ *I.* Golgotha. *II. Par ext. :* affliction, chemin de croix, croix, épreuve, martyre, peine, supplice.

CALVITIE ■ *I.* Alopécie. *II.* Favus, pelade, teigne.

CAMARADE ■ *I.* Adhérent, ami, apparatchik, associé, collègue, compagnon, condisciple, confrère, connaissance, égal, labadens, partenaire. *II. Fam. :* aminche, copain, frère, pote, poteau, vieille branche/noix, zigue.

CAMARADERIE ■ Amitié, bonne intelligence, camarilla, coterie, entente, entraide, familiarité, francmaçonnerie, liaison, union, solidarité.

CAMARD, E ■ ⇒ camus.

CAMARILLA ■ ⇒ coterie.

CAMBRER ■ Arc-bouter, arquer, arrondir, busquer, cintrer, couder, courber, infléchir, plier, ployer, recourber, voûter. *V. pron. :* bomber le torse, se redresser.

CAMBRIOLER ■ ⇒ voler.

CAMBRIOLEUR ■ ⇒ voleur.

CAMBROUSE ou *CAMBROUSSE* ■ ⇒ campagne.

CAMBRURE ■ *I.* Cintrage, courbure, ensellure. *II. Méd. :* lordose. *III. Fig. :* apprêt, pose, recherche.

CAMBUSE ■ *I.* Cantine, cuisine, magasin, réfectoire. *II.* ⇒ cabaret. *III.* ⇒ cabane. *IV.* Antre, bouge, réduit, souillarde, taudis.

CAME, CAMER (SE) ■ ⇒ drogue.

CAMÉLÉON ■ ⇒ saurien.

CAMELOT ■ Bonimenteur, charlatan, marchand forain.

CAMELOTE ■ ⇒ marchandise, saleté.

CAMÉRIER, CAMERLINGUE ■ ⇒ chambellan.

CAMÉRIÈRE, CAMÉRISTE ■ Dame d'atours/d'honneur/de compagnie, femme de chambre, servante, soubrette, suivante.

CAMION ■ *I.* Chariot, fardier, voiture. *II.* Benne, bétaillère, citerne, fourgon, poids lourd, véhicule. *Fam. :* bahut, gros-cul. *III.* Pot à peinture.

CAMIONNEUR ■ Routier, transporteur.

CAMISOLE ■ Brassière, caraco, casaquin, chemise, corsage, gilet, guimpe.

CAMOUFLAGE ■ Déguisement, maquillage, occultation, masque.

CAMOUFLER ■ Cacher, celer, couvrir, déguiser, dissimuler, maquiller, masquer, pallier, renfermer, voiler.

CAMOUFLET ■ Affront, avanie, mortification, nasarde, offense, vexation. ⇒ calotte.

CAMP ■ *I.* Bivouac, campement, cantonnement, castramétation, quartier. *II.* Camping, plein air. *III.* Camp d'aviation : aérodrome, aéroport, champ, terrain. *IV.* Camp volant ⇒ bohémien. *V.* Côté, équipe, faction, groupe, parti.

CAMPAGNARD, E ■ *I. Nom :* contadin, hobereau. ⇒ paysan. *II. Adj.* 1. ⇒ agreste. 2. *Non favorable :* grossier, lourdaud, rustre.

CAMPAGNE ■ *I.* Champ, champagne, nature, pays, plaine, sillon (poét.), terre. *Fam. :* bled, brousse, cambrouse, cambrousse. *II. Par ext.* 1. Cabale, croisade, propagande, prospection, publicité, saison. 2. Combat, équipée, expédition, guerre, intervention, manœuvre, offensive, opération, voyage. 3. Chartreuse, château, cottage, domaine, ferme, maison, moulin, propriété, villégiature. 4. *Loc. Partie de campagne :* excursion, pique-nique, promenade, sortie.

CAMPANE ■ ⇒ cloche.

CAMPANILE ■ Clocher, lanterne, tour.

CAMPÉ, E ■ Assis, établi, fixé, placé, posé, posté.

CAMPEMENT, CAMPING ■ ⇒ camp.

CAMPER ■ *I.* Bivouaquer, cantonner, s'établir, s'installer, planter sa tente, séjourner. *II.* Affermir, asseoir, dresser, établir, fixer, installer, loger, mettre, placer, planter, poser, poster.

CAMPOS ■ ⇒ vacances.

CAMUS, E ■ *I. Au pr. :* aplati, camard, court, écaché, écrasé, épaté, plat, sime (vx). *II. Fig. :* confus, déconcerté, désappointé, ébahi, embarrassé, honteux, interdit, penaud, quinaud.

CANAILLE ■ ⇒ vaurien, populace.

CANAILLERIE ■ Crapulerie, friponnerie, improbité, indélicatesse, malhonnêteté, polissonnerie, saleté, trivialité, vulgarité.

CANAL ■ *I.* Adducteur, aqueduc, arroyo, arrugie, buse, caniveau, chenal, chéneau, conduit, conduite, coursier, cunette, dalle, dalot, drain, égout, émissaire, étier, fossé, gargouille, goulette goulot, goulotte, gouttière, noue, noulet, oléoduc, pipe-line, rigole, robine, roubine, saignée, sangsue, séguia, tranchée, tube, tuyau. *II. Par ext.* 1. Bief, boucau (mérid.), bras, cours d'eau, détroit, duit, embouchure, grau, lit, marigot, passage, passe, rivière. 2. Bassin, miroir/pièce d'eau. 3. Archit. : cannelure, glyphe, gorge, rainure, sillon. *III. Fig. :* agent, boîte aux lettres, entremise, filière, intermédiaire, moyen, source, voie.

CANALISATION ■ Branchement, colonne, conduite, égout, émissaire, griffon, réseau, tout-à-l'égout, tuyauterie.

CANALISER ■ *I.* ⇒ conduire. *II.* Centraliser, concentrer, diriger, grouper, rassembler, réunir.

CANAPÉ ■ Borne, causeuse, chaise longue, confident, cosy-corner, divan, fauteuil, lit, méridienne, ottomane, récamier, siège, sofa, sopha.

CANARD ■ *I.* Barbarie, cane, caneton, colvert, eider, halbran, macreuse, malard, milouin, morillon, mulard, nyroque, palmipède, pétrin, pilet, rouen, sarcelle, souchet, tadorne. *II. Par ext.* 1. Cacophonie, couac. 2. Bobard, bruit, canular, nouvelle, tuyau. 3. ⇒ journal.

CANARDER ■ ⇒ tirer.

CANASSON ■ ⇒ cheval.

CANCAN ■ Bavardage, calomnie, caquet, caquetage, clabaudage, commérage, jasement, jaserie, médisance, potin, racontar, ragot, scandale.

CANCANER ■ ⇒ médire.

CANCANIER, ÈRE ■ n. et adj. ⇒ calomniateur.

CANCER ■ Carcinome, épithéliome, fongus malin, leucémie, néoplasme, sarcome, squirrhe, tumeur.

CANCRE ■ ⇒ élève, paresseux.

CANDÉLABRE ■ ⇒ chandelier.

CANDEUR ■ Blancheur, crédulité, franchise, ingénuité, innocence, naïveté, niaiserie (péj.), pureté, simplesse, simplicité, sincérité.

CANDIDAT, E ■ ⇒ postulant.

CANDIDE ■ Blanc, crédule, franc, ingénu, innocent, naïf, naturel, puéril, pur, simple, sincère, virginal.

CANEPETIÈRE ■ Outarde.

CANER ■ Céder, flancher, reculer.

CANETTE ■ ⇒ bouteille.

CANEVAS ■ Essai, modèle, ossature, plan, pochade, scénario, squelette, synopsis, tableau ⇒ ébauche.

CANICULE ■ Chaleur, été.

CANIF ■ Couteau, grattoir, onglet.

CANINE ■ Croc, défense, dent, laniaire.

CANIVEAU ■ Conduit, rigole. ⇒ **canal.**

CANNE ■ *I.* ⇒ **bâton.** *II.* Balisier, bambou, roseau.

CANNELÉ, E ■ Creusé, mouluré, rainuré, sillonné, strié.

CANNELURE ■ Gorge, goujure, moulure, rainure, strie.

CANNIBALE ■ n. et adj. *I.* Anthropophage. *II.* Cruel, féroce, ogre, sauvage.

CANOË ■ Barque, canadien, canot, périssoire, pirogue. ⇒ **bateau.**

CANON ■ *I.* Arme, artillerie, batterie, bertha, bombarde, bouche à feu, caronade, couleuvrine, crapouillot, faucon, fauconneau, mortier, obusier, pièce d'artillerie, pierrier, veuglaire. *II.* Airain, bronze, brutal (arg.), foudre, ultima ratio regum. *III.* Catalogue, décision, idéal, modèle, module, norme, règle, type.

CAÑON ■ Col, défilé, gorge, ravin.

CANONIQUE ■ Conforme, convenable, exact, obligatoire, réglé, réglementaire, régulier.

CANONISATION ■ Béatification.

CANONISER ■ *I. Au pr. :* béatifier, déclarer canonique, mettre/inscrire au calendrier, sanctifier. *II. Par ext. :* encenser, glorifier, louer, prôner.

CANONNER ■ Arroser, battre, bombarder, canarder, pilonner, soumettre au tir.

CANOT ■ Baleinière, barque, batelet, berthon, bombard, canadien, canoë, chaloupe, embarcation, esquif, flambard, hors-bord, nacelle, périssoire, skiff, vedette, yole, youyou. ⇒ **bateau.**

CANTATE, CANTILÈNE ■ ⇒ **chant.**

CANTATRICE ■ ⇒ **chanteuse.**

CANTINE ■ *I.* ⇒ **cabaret.** *II.* Bagage, caisse, coffre, malle, portemanteau.

CANTIQUE ■ Antienne, chant, hymne, motet, noël, poème, prose, psaume, répons.

CANTON ■ Circonscription, coin, lieu, région, pays, territoire, zone.

CANTONNEMENT ■ ⇒ **camp.**

CANTONNÉ, E ■ Enfermé, isolé, renfermé.

CANTONNER ■ ⇒ **camper.** *V. pron. :* *I.* S'établir, se fortifier, s'isoler, se renfermer, se retirer. *II.* ⇒ **limiter (se).**

CANULAR ■ ⇒ **mystification.**

CANULE ■ Cannelle, cathéter, clysoir, drain, sonde.

CANULER ■ *I.* Casser les pieds, ennuyer, fatiguer, importuner. *II.* Abuser, mystifier.

CAP ■ *I.* Avancée, bec, pointe, promontoire, ras. *II.* ⇒ **extrémité.**

CAPABLE ■ Adroit, apte, averti, bon, chevronné, compétent, compétitif, dégourdi, doué, entendu, exercé, expérimenté, expert, fort, fortiche (fam.), habile, habilité, idoine, industrieux, ingénieux, intelligent, malin, puissant, qualifié, savant, talentueux, versé dans.

CAPACITÉ ■ *I.* Contenance, cubage, cylindrée, épaisseur, étendue, grosseur, mesure, portée, profondeur, quantité, tonnage, volume. *II.* Adresse, aptitude, compétence, disposition, esprit, expérience, faculté, force, génie, habileté, habilité, inclination, industrie, ingéniosité, intelligence, mérite, pouvoir, qualité, rayon (fam.), savoir, science, talent, valeur.

CAPARAÇON ■ Armure, couverture, harnais, housse.

CAPARAÇONNÉ, E ■ ⇒ **vêtu.**

CAPE ■ ⇒ **manteau.**

CAPELAN ■ ⇒ **prêtre.**

CAPHARNAÜM ■ Amas, attirail, bagage, bazar, bordel (grossier), bric-à-brac, confusion, désordre, entassement, fourbi, méli-mélo, pêle-mêle.

CAPILOTADE ■ Déconfiture, gâchis, marmelade.

CAPISTON, CAPITAINE ■ Commandant, gouverneur, lieutenant de vaisseau. ⇒ chef.

CAPITAL, E ■ ⇒ principal.

CAPITAL ■ *I.* ⇒ argent. *II.* ⇒ bien. *III.* ⇒ terre. *IV.* ⇒ établissement.

CAPITALE ■ *I.* Babel, Babylone, chef-lieu, métropole, pandémonium. *II.* ⇒ majuscule.

CAPITALISATION ■ Anatocisme.

CAPITALISTE ■ *I.* Bourgeois, libéral (par ext.), riche. *II.* ⇒ prêteur.

CAPITAN ■ ⇒ hâbleur.

CAPITEUX, EUSE ■ Alcoolisé, échauffant, enivrant, entêtant, étourdissant, exaltant, excitant, généreux, grisant, qui monte/porte à la tête, troublant.

CAPITONNER ■ Étouper, garnir, rembourrer, remplir.

CAPITULATION ■ Abandon, abdication, accommodement, armistice, cession, convention, défaite, démission, reddition, renoncement, renonciation.

CAPITULER ■ Abandonner, abdiquer, battre la chamade, céder, demander grâce/merci, se démettre, déposer/jeter bas/mettre bas/poser/rendre les armes, hisser le drapeau blanc, lâcher prise, livrer les clefs, mettre les pouces, ouvrir les portes, parlementer, se rendre, renoncer, se retirer, se soumettre.

CAPON, ONNE ■ adj. et n. Alarmiste, couard, craintif, dégonflé, flagorneur (vx), froussard, lâche, mazette, peureux, pleutre, poltron, poule mouillée, pusillanime, rapporteur, timide, timoré, trembleur. *Arg. ou fam. :* chevreuil, chiasseux, clichard, foireux,

péteux, pétochard, tafeur, tracqueur, trouillard.

CAPONNER ■ ⇒ dénoncer.

CAPORAL ■ Brigadier, cabot, crabe (arg.), gradé.

CAPORALISME ■ Absolutisme, autocratie, autoritarisme, césarisme, dictature, militarisme, pouvoir absolu/discrétionnaire, prépotence.

CAPOT ■ adj. inv. Confus, embarrassé, honteux, interdit.

CAPOTE ■ ⇒ manteau, préservatif.

CAPOTER ■ Chavirer, culbuter, se renverser, se retourner.

CAPRICE ■ *I. Au pr. :* accès, arbitraire, bizarrerie, bon plaisir, boutade, changement, chimère, coup de tête, envie, extravagance, fantaisie, folie, foucade, fougasse, gré, humeur, impatience, incartade, inconséquence, inconstance, instabilité, légèreté, lubie, lune, marotte, mobilité, mouvement, originalité, primesaut, quinte, saillie, saute d'humeur, singularité, toquade, variation, versatilité, vertigo, volonté. *II. Par ext. :* amour, amourette, béguin, dada (fam.), enfantillage, escapade, étrangeté, excentricité, frasque, fredaine, flirt, idylle, passade, pépin, toquade.

CAPRICIEUX, EUSE ■ *I. Au pr. :* arbitraire, bizarre, braque, capricant, changeant, excentrique, extravagant, fantaisiste, fantasque, fou, gâté, inconséquent, inconstant, instable, irréfléchi, irrégulier, labile, léger, lunatique, maniaque, mobile, ondoyant, original, quinteux, sautillant, variable, versatile. *II. Par ext. :* anormal, saugrenu, surprenant.

CAPSULE ■ ⇒ enveloppe.

CAPSULER ■ Boucher, cacheter, clore, fermer, obturer, sceller.

CAPTATION ■ *I. Jurid. :* détournement, dol, subornation, suggestion. *II.* Captage, prélèvement, prise.

CAPTER ■ *I.* Canaliser, conduire, prélever, pomper. *II.* Intercepter, surprendre. *III.* Rassembler, recueillir, réunir. *IV. Quelqu'un.* 1. attirer, captiver, charmer, conquérir, gagner, obtenir, vaincre. 2. péj. : abuser, accaparer, attraper, circonvenir, duper, embabouiner, embobeliner, embobiner, enjôler, fourvoyer, leurrer, surprendre, tromper.

CAPTIEUX, EUSE ■ Abusif, artificieux, déloyal, dupeur, égarant, endormant, enjôleur, fallacieux, faux, fourbe, fourvoyant, insidieux, mensonger, mystifiant, retors, roué, séduisant, sophistiqué, spécieux, trompeur.

CAPTIF, IVE ■ adj. et n. *I.* Asservi, attaché, cadenassé, contraint, détenu, écroué, emprisonné, enchaîné, enfermé, esclave, gêné, incarcéré, interné, otage, prisonnier, reclus, relégué, séquestré. *II.* Forçat, relégué, transporté.

CAPTIVANT, E ■ Attachant, attirant, charmant, charmeur, ensorcelant, ensorceleur, enthousiasmant, enveloppant, fascinant, intéressant, magique, prenant, ravissant, séduisant, vainqueur.

CAPTIVER ■ Absorber, asservir, assujettir, attacher, capter, charmer, conquérir, convaincre, dompter, enchaîner, enchanter, enjôler, ensorceler, enthousiasmer, entraîner, fasciner, gagner, intéresser, maîtriser, occuper, passionner, persuader, plaire, ravir, réduire à sa merci, saisir, séduire, soumettre, vaincre.

CAPTIVITÉ ■ ⇒ emprisonnement.

CAPTURE ■ ⇒ arrestation, butin.

CAPTURER ■ ⇒ prendre.

CAPUCHON ■ *I.* 1. Béguin, cagoule, camail, capeline, capuche, capuce, capulet, chaperon, coiffure, coqueluchon, coule, couvre-chef, cuculle. 2. Couvercle, opercule, protection. *II.*

Par ext. : caban, capote, coule, crispin, domino, duffle-coat, pèlerine.

CAPUCHONNER ■ ⇒ couvrir.

CAPUCIN, E ■ *I.* Franciscain, moine. *II. Vén.* : lièvre. *III.* Saï, sajou, singe d'Amérique.

CAPUCINADE ■ *I.* ⇒ homélie. *II.* Bigoterie, cafarderie, fausse dévotion.

CAQUE ■ Barrot. ⇒ baril.

CAQUET, CAQUETAGE ■ ⇒ bavardage.

CAQUETER ■ ⇒ bavarder.

CAR ■ Attendu que, du fait que, en effet, étant donné que, parce que, puisque, vu que.

CAR ■ Autobus, autocar, courrier, patache, pullman.

CARABIN ■ ⇒ médecin.

CARABINE ■ ⇒ fusil.

CARABINÉ, E ■ ⇒ excessif.

CARACTÈRE ■ *I.* Chiffre, écrit, écriture, empreinte, graphie, gravure, inscription, lettre, sceau, sigle, signe, symbole, texte, trait. *II. D'une chose :* attribut, cachet, caractéristique, critérium, essence, facture, indice, marque, nature, particularité, propriété, qualité, relief, sens, signe, signification, titre, ton, trait. *III. De quelqu'un :* air, allure, apparence, aspect, constitution, expression, extérieur, façons, figure, fond, génie, goût, humeur, idiosyncrasie, manière, marque, naturel, originalité, personnalité, psychologie, qualité, relief, style, tempérament, visage. *IV. Par ext.* : assurance, audace, constance, courage, détermination, dignité, empire sur soi, énergie, entêtement, fermeté, fierté, force, grandeur d'âme, héroïsme, inflexibilité, loyauté, maîtrise de soi, opiniâtreté, orgueil, résolution, stoïcisme, ténacité, trempe, valeur, volonté. *V. D'une nation :* âme, génie, mœurs, originalité, particularisme, particularité, spécificité.

CARACTÉRIEL, IELLE ■ Inadapté. ⇒ **mythomane.**

CARACTÉRISER ■ Analyser, circonstancier, constituer, définir, dépeindre, désigner, déterminer, distinguer, expliciter, indiquer, individualiser, marquer, montrer, particulariser, personnaliser, peindre, préciser, spécifier.

CARACTÉRISTIQUE ■ *I. Adj. :* déterminant, distinctif, dominant, essentiel, notable, original, particulier, patent, personnel, propre, remarquable, saillant, significatif, spécifique, symptomatique, typique, visible. *II. Nom fém. :* aspect, attribut, caractère, disposition particulière, distinction, indice, marque, originalité, particularité, propriété, qualité, signe, singularité, spécificité, trait.

CARACUL ■ Astrakan, breitschwanz.

CARAMBOLAGE ■ ⇒ **heurt.**

CARAMBOLER ■ ⇒ **heurter.**

CARAPACE ■ ⇒ **protection.**

CARAVANE ■ *I.* Caravansérail, kan, smala. *II.* ⇒ **troupe.** *III.* ⇒ **convoi.** *IV.* Remorque, roulotte.

CARAVANSÉRAIL ■ Auberge, bordj, fondouk, hôtellerie.

CARBONADE ■ Bifteck, grillade, steak.

CARBONISER ■ Brûler, calciner, charbonner, consumer, cuire, réduire en charbon, rôtir.

CARBURANT ■ ⇒ **combustible.**

CARCAN ■ *I.* Cangue, pilori. *II.* ⇒ **collier.** *III.* ⇒ **servitude.** *IV.* ⇒ **cheval.**

CARCASSE ■ *I.* Charpente, ossature, squelette. *II.* Armature, charpente, châssis, coque. *III.* Canevas, esquisse, plan, projet, topo.

CARDE, CARDON ■ Bette, blette.

CARDER ■ Battre, démêler, dénouer, peigner.

CARDINAL, E ■ ⇒ **principal.**

CARÊME ■ ⇒ **jeûne.**

CARENCE ■ *I.* Absence, défaut, défection, défectuosité, imperfection, incomplétude, indigence, insolvabilité, insuffisance, manque, manquement, oubli, pénurie, privation. *II.* Abstention, impuissance, inaction. *III. Méd. :* anémie, avitaminose. *IV.* ⇒ **pauvreté.**

CARESSANT, E ■ Affectueux, aimable, aimant, amoureux, attentionné, cajoleur, câlin, démonstratif, doux, enjôleur, expansif, flatteur, tendre, voluptueux.

CARESSE ■ *I.* Accolade, amabilités, aménités, amitiés, attentions, attouchement, baiser, becquetage, bontés, cajolerie, câlinerie, chatouille, chatouillement, chatouillis, chatterie, contact, douceurs, ébats, effleurement, égards, embrassement, enlacement, étreinte, familiarité, flatterie, frôlement, frottement, gâteries, gentillesse, geste, gouzi-gouzi, guili-guili, guiziguizi, lèchement, mamours, mignardise, mignotise, paluchage (arg.), papouille, passes (vulg.), patinage, patte de velours, pelotage, pression, prévenances, privauté, tendresse, titillation. *II. Fig. :* bain, délice, faveur, illusion, volupté.

CARESSER ■ *I. Au pr. :* accoler, attoucher, avoir des bontés, baiser, bécoter, becqueter, bichonner, bouchonner, branler (vulg.), cajoler, câliner, chatouiller, chiffonner, couvrir de caresses *et les syn. de* CARESSE, dorloter, s'ébattre, effleurer, embrasser, enlacer, étreindre, flatter, frôler, frotter, gratter (vx), lécher, manier, manger de baisers, masturber (partic.), mignarder, mignoter, palucher (arg.), passer/promener la main, patiner (vx), patouiller, peloter, presser, rebaudir (vén.), serrer, tapoter, titiller, toucher, tripoter, tripotailler, trousser. *II. Par* *ext.* 1. Bercer, se complaire, entretenir, nourrir, projeter, ressasser. 2. Aduler, amadouer, cajoler, choyer, courtiser, faire du plat, flagorner, lécher les bottes. ⇒ **flatter.**

CARGAISON ■ *I.* Charge, chargement, fret, marchandises. *II.* Bagage, collection, provision, réserve. *III.* ⇒ **quantité.**

CARGO ■ Tramp. ⇒ **bateau.**

CARGUER ■ Plier. ⇒ **serrer.**

CARICATURAL, E ■ Bouffon, burlesque, carnavalesque, clownesque, comique, contrefait, difforme, grotesque, parodique, ridicule.

CARICATURE ■ *I.* Charge, dessin, effigie, peinture, pochade, silhouette, traits. *II.* Contrefaçon, déformation, farce, grimace, parodie, raillerie, satire.

CARICATURER ■ Charger, contrefaire, croquer, parodier, railler, ridiculiser, tourner en ridicule.

CARIER ■ Abîmer, altérer, avarier, corrompre, détériorer, endommager, gâter, gangrener, infecter, nécroser, pourrir.

CARILLON ■ *I.* ⇒ **cloche.** *II.* Chahut, charivari, criaillerie, micmac, scène, tapage, tohu-bohu.

CARILLONNER ■ ⇒ **sonner, publier.**

CARMIN ■ n. m. et adj. ⇒ **rouge.**

CARNAGE ■ *I. Au pr. (vx) :* chair, nourriture, viande. *II. Par ext. :* boucherie, décimation, étripage (fam.), hécatombe, massacre, tuerie. *III. Fig. :* destruction, dévastation, extermination, gâchis, génocide, pogrom, ravage, ruine, Saint-Barthélemy.

CARNASSIER, ÈRE ■ ⇒ **carnivore.**

CARNASSIÈRE ■ Carnier, gibecière, havresac, musette.

CARNATION ■ *I. Au pr. :* apparence, coloration, couleur, mine, teint. *II. Par ext. :* chair, peau.

CARNAVAL ■ *I.* Amusement, cavalcade, célébration du mardi gras/de la mi-carême, défilé, déguisement, divertissement, mascarade, travestissement. *II.* Domino, masque. *Vx. :* carêmeprenant, chicard, chienlit.

CARNE ■ *I.* ⇒ **chair.** *II.* ⇒ **cheval.** *III.* ⇒ **virago.**

CARNET ■ Agenda, bloc-notes, cahier, calepin, journal, livret, mémento, mémoires, mémorandum, notes, registre, répertoire.

CARNIER ■ ⇒ **carnassière.**

CARNIVORE ■ *I.* Carnassier, omophage, sanguinaire. *II.* Belette, brochet, chat, chien, civette, coati, épaulard, fouine, furet, glouton, hyène, lion, loup, loutre, lycaon, mangouste, martre, mouffette, musaraigne, otocyon, ours, panda, paradoxure, protèle, puma, putois, oiseau de proie, rapaces, ratel, renard, requin, suricate, tigre, varan, zorille.

CAROGNE ■ *I.* ⇒ **chair.** *II.* ⇒ **virago.**

CAROTTE ■ *I. Par ext.* 1. Échantillon, prélèvement. 2. Chique. *II. Fig. :* artifice, carottage, duperie, escroquerie, exploitation, ficelle, filouterie, illusion, leurre, mensonge, piperie, resquille, ruse. ⇒ **tromperie.**

CAROTTER ■ ⇒ **tromper.**

CARPETTE ■ ⇒ **tapis.**

CARRÉ ■ *I. Au pr. :* quadrilatère. *II. Par ext.* 1. Carreau, case, quadrillage. 2. Jardinage : corbeille, massif, parterre, planche, plate-bande. 3. Bout, coin, morceau, pièce.

CARRÉ, E ■ *Fig. :* droit, ferme, franc, loyal, net, ouvert, sincère, vrai.

CARREAU ■ *I.* ⇒ **carrelage.** *II.* Croisée, fenêtre, glace, panneau, verre, vitre. *III.* ⇒ **coussin.** *IV.* ⇒ **trait.**

CARREFOUR ■ Bifurcation, bivoie,

croisée des chemins, croisement, embranchement, étoile, fourche, patte d'oie, rond-point.

CARRELAGE ■ Carreaux, dallage, dalles, mosaïque, sol. ⇒ **céramique**.

CARRELET ■ *I.* Ableret, araignée, filet. *II.* Aiguille, lime, règle.

CARRER (SE) ■ ⇒ **prélasser (se)**.

CARRIÈRE ■ *I.* Ardoisière, ballastière, glaisière, grésière, marbrière, marnière, meulière, mine, plâtrière, sablière. *II.* Arène, champ de courses, lice, stade. *III.* Curriculum, état, fonction, métier, occupation, profession. *IV.* Loc. **Donner carrière** : champ, cours, course, liberté.

CARRIOLE ■ ⇒ **charrette**.

CARROSSABLE ■ Praticable.

CARROSSE ■ ⇒ **coche**.

CARROSSIER ■ *I.* Charron. *II.* Couturier de la voiture, modéliste.

CARROUSEL ■ Fantasia, parade, reprise, tournoi, *et par ext.* ronde.

CARROYAGE ■ Quadrillage.

CARTABLE ■ Carton, musette d'écolier, porte-documents, portefeuille, sac, sacoche, serviette, sous-main.

CARTE ■ *I. À jouer.* **1.** As, atout, carreau, cœur, dame, manillon, pique, reine, roi, tarot, trèfle, valet. **2.** Baccara, bassette, bataille, belote, besigue, blanque, bog, bonneteau, boston, bouillotte, brelan, bridge, brisque, brusquemaille, crapette, drogue, écarté, grabuge, hoc, hombre, impériale, lansquenet, manille, mariage, mistigri, mouche, nain-jaune, pamphile, pharaon, piquet, poker, polignac, quadrille, réussite, reversi, revertier, romestecq, tarot, trente-et-un, trente-et-quarante, tri, triomphe, vingt-et-un, whist. *II. Géogr.* : atlas, carton, croquis, géorama, mappemonde, plan, planisphère, portulan, projection, représentation. *III. De correspon-*

dance : bristol, carte-lettre, lettre, paysage, pneu, pneumatique, photo, vue. *IV.* Autorisation, billet, coupe-file, laissez-passer, ticket, titre, visa. *V.* Catalogue, choix, menu, prix.

CARTEL ■ *I.* Billet, bristol, carte, papier. *II. Par ext.* **1.** Vx : convention, traité. **2.** Défi, provocation. *III.* Cartouche, encadrement, horloge, pendule, régulateur. *IV.* Association, bloc, comptoir de vente, concentration, consortium, entente, société, trust.

CARTOMANCIE ■ *Par ext.* ⇒ **divination**.

CARTOMANCIEN, ENNE ■ Diseur de bonne aventure, tireur de cartes, *et par ext.* ⇒ **devin**.

CARTON ■ *I.* ⇒ **carte**. *II.* Boîte. ⇒ **cartable**. *III.* Croquis, dessin, étude, modèle, patron, plan, projet. *IV.* ⇒ **feuille**.

CARTOUCHE ■ *I. N. m.* : blason, cadre, cartel, encadrement, mandorle. *II. N. f.* : balle, explosif, mine, munition, pétard.

CARTOUCHIÈRE ■ Giberne, musette, sac, sacoche.

CARTULAIRE ■ Chartrier, terrier.

CAS ■ *I.* Accident, aventure, circonstance, conjoncture, contingence, événement, éventualité, fait, hasard, histoire, hypothèse, matière, occasion, occurrence, possibilité, rencontre, situation. *II. Jurid.* : action, affaire, cause, crime, délit, fait, procès. *III. Loc.* **1. C'est le cas** : lieu, moment, occasion, opportunité. **2. En ce cas** : alors. **3. En aucun cas** : façon, manière. **4. Cas de conscience** : difficulté, scrupule. **5. En tout cas** : de toute façon, en toute hypothèse, quoi qu'il arrive. **6. En-cas** : casse-croûte (fam.), collation, goûter, repas léger. **7. Au cas où, En cas que** : à supposer que, en admettant que, quand, si, s'il arrivait/survenait/venait que. **8. Faire cas de** ⇒ **estimer**.

CASANIER, ÈRE ■ *I. Au pr. :* pantouflard, pot-au-feu, sédentaire, solitaire. *II. Par ext. :* bourru, ours, sauvage.

CASAQUE ■ *I.* ⇒ corsage. *II.* ⇒ manteau. *III. Des condamnés de l'Inquisition :* san-benito. *IV. Vx :* cotte, hoqueton, jaquette, sayon, soubreveste.

CASAQUIN ■ ⇒ corsage.

CASCADE, CASCATELLE ■ *I. Au pr. :* buffet d'eau, cataracte, chute, rapides. *II. Fig. :* avalanche, culbute, dégringolade, rebondissement, ricochet, saccade, succession, suite.

CASE ■ *I.* ⇒ cabane. *II.* Alvéole, carré, casier, cellule, compartiment, division, subdivision, vide.

CASEMATE ■ Abri, blockhaus, bunker, fortification, fortin, ouvrage fortifié, tourelle.

CASER ■ *I. Au pr. :* aligner, classer, disposer, installer, loger, mettre, ordonner, placer, ranger, serrer. *II. Par ext. :* établir, faire nommer, fixer, procurer un emploi.

CASERNE, CASERNEMENT ■ Baraquement, base, cantonnement, dépôt, garnison, place, quartier.

CASIER ■ *I.* Cartonnier, cases, classeur, compartiments, fichier, rayons, tiroir. *II.* Nasse.

CASQUE ■ *I. Au pr. :* armet, bassinet, bicoquet, bourguignotte, cabasset, capeline, chapeau, gamelle (arg. milit.), heaume, morion, pot de fer, salade. *II. Par ext. :* bombe, calotte, chevelure, coiffure. *III. Loc.* **Casque à mèche** : bonnet de nuit.

CASQUER ■ ⇒ payer.

CASQUETTE ■ ⇒ coiffure. *Arg. :* bâche, dèfe, desfoux (vx), gapette, grivelle, tampon.

CASSANT, E ■ *I. Au pr. :* cassable, délicat, destructible, faible, friable, fragile. *II. Par ext. :* absolu, aigre, âpre, autoritaire, bourru, brusque, dur, impérieux, inflexible, insolent, rude, sec, sévère, tranchant.

CASSATION ■ *I. Jurid. :* abrogation, annulation, dégradation (milit.), remise, renvoi. *II.* ⇒ concert.

CASSÉ, E ■ *I. Au pr.* ⇒ casser. *II. Par ext.* **Quelqu'un** : âgé, anémique, brisé, caduc, courbé, débile, décrépit, estropié, faible, infirme, tremblant, usé, vieux, voûté.

CASSE ■ *I.* Bagarre, bris, dégâts, démolition, désagrément, destruction, dommage, ennui, grabuge, perte. *II.* Bassine, lèchefrite, poêle, poêlon, récipient. ⇒ casserole. *III. Imprim. :* bardeau, casier, casseau. *IV. Loc.* **Faire un casse** (arg.) : cambrioler. ⇒ voler.

CASSE-COU ■ *I. N. m.* ⇒ danger. *II. Adj.* Audacieux, brise-tout, brûlot, cascadeur, casse-gueule, étourdi, hardi, imprudent, inconscient, irréfléchi, présomptueux, risque-tout, téméraire. *III. Loc.* **Crier casse-cou** : ⇒ avertir.

CASSE-CROÛTE ■ Acompte, amuse-gueule, casse dalle/graine, collation, croustille, en-cas, goûter, mâchon, repas froid/léger/sur le pouce, sandwich.

CASSE-GUEULE ■ *I.* ⇒ danger. *II. Péj. :* ⇒ alcool.

CASSEMENT ■ Bruit, casse-tête, ennui, fatigue, préoccupation, souci, tracas.

CASSE-PIEDS ■ ⇒ importun.

CASSE-PIPES ■ ⇒ guerre.

CASSER ■ *I. V. tr. 1. Au pr. :* abîmer, briser, broyer, concasser, craqueler, déchirer, délabrer, désagréger, détériorer, détruire, disloquer, ébrécher, éclater, écorner, écraser, effondrer, émietter, entailler, entamer, éventrer, fêler, fendiller, fendre, fracasser, fractionner, fracturer, fragmenter, morceler, piler, rompre. *2. Chir. :* comminuer. *II. Loc.* (fig.). *1.* **À tout casser** (fam.) ⇒ extraordinaire. **Casser**

les vitres : chambarder, s'emporter, faire un éclat, manifester, se mettre en colère. **Casser le morceau** : avouer, dénoncer. **Casser du sucre** ⇒ calomnier. **Casser les pieds/la tête** : assommer, assourdir, ennuyer, étourdir, fatiguer, importuner. **Casser la figure** ⇒ battre. **Casser les bras** : affaiblir, choquer, couper les bras, décourager, démolir, démoraliser, éreinter, frapper, mettre à plat. 2. **Jurid.** : abolir, abroger, annuler, infirmer, rejeter, rescinder, rompre. 3. **Milit.** : dégrader. 4. **Par ext.** : démettre, déposer, destituer, renvoyer, révoquer, supprimer, suspendre. **III.** *V. intr.* : céder, craquer, flancher, péter (fam.), tomber. **IV.** *V. pron.* ⇒ **partir**, *et les formes pron. possibles des syn. de* CASSER.

CASSEROLE ■ Casse, sauteuse, sautoir *et par ext.* bouteillon, braisière, cocotte, faitout, friteuse, lèchefrite, marmite, œufrier, pocheuse, poêle, poêlon, poissonnière, turbotière.

CASSE-TÊTE ■ *I. Au pr. :* coup-de-poing, gourdin, masse, massue, matraque, merlin, nerf de bœuf. *II.* ⇒ **cassement.**

CASSETTE ■ ⇒ **boîte.**

CASSEUR ■ *I.* Récupérateur. *II.* ⇒ **hâbleur.** *III.* ⇒ **voleur.**

CASSINE ■ Villa. ⇒ **cabane.**

CASSIS ■ *I.* Groseillier noir. *II.* Dos-d'âne, fondrière, nid-de-poule, rigole.

CASSOLETTE ■ Brûle-parfum.

CASSURE ■ *I. Au pr. :* arête, brèche, brisure, casse, crevasse, faille, fente, fissure, fracture, joint. *II. Par ext.* 1. ⇒ **débris.** 2. Coupure, disjonction, dislocation, distinction, fêlure, rupture.

CASTE ■ ⇒ **rang.**

CASTEL ■ Chartreuse, château, folie, gentilhommière, logis, manoir, pavillon, rendez-vous de chasse.

CASTOR ■ *I.* Bièvre (vx). *II.* ⇒ **coiffure.**

CASTRAMÉTATION ■ ⇒ **camp.**

CASTRAT ■ *I.* Châtré, eunuque. *II.* Chanteur, sopraniste. *III.* Chapon, châtron, hongre. ⇒ **châtré.**

CASTRATION ■ Bistournage, émasculation, ovariectomie, stérilisation, vasectomie.

CASTRER ■ ⇒ **châtrer.**

CASUEL, ELLE ■ *I. Adj. :* accidentel, contingent, éventuel, fortuit, occasionnel. *II. N. m. :* avantage, émolument, gain, honoraires, profit, rapport, rémunération, rétribution, revenu.

CASUISTE ■ *I.* Jésuite, juge, ordinaire, théologien. *II.* Sophiste. ⇒ **hypocrite.**

CASUISTIQUE ■ *I.* Théologie morale. *II.* Sophistique, subtilité. ⇒ **hypocrisie.**

CATACLYSME ■ Accident, anéantissement, bouleversement, calamité, catastrophe, crise, cyclone, débordement, déluge, désastre, désordre, destruction, dévastation, éruption volcanique, fléau, guerre, inondation, maëlstrom, ouragan, ravage, raz de marée, révolution, ruine, séisme, sinistre, tempête, tornade, tremblement de terre, troubles.

CATACOMBE ■ Carrière, cavité, cimetière, excavation, grotte, hypogée, ossuaire, souterrain.

CATADIOPTRE ■ Cataphote.

CATAFALQUE ■ Cénotaphe, chapelle ardente, décoration funèbre, estrade, mausolée, pompe funèbre.

CATALEPSIE ■ Cataplexie, extase, fixité, hypnose, immobilité, insensibilité, léthargie, mort apparente, paralysie, tétanisation.

CATALOGUE ■ *I.* Dénombrement, énumération, état, inventaire, liste, mémoire, nomenclature, recueil, relevé, répertoire, rôle. *II.* Bibliographie, collection, fichier, index, table. *III.* Livret, programme. *IV. Rel. :*

canon, martyrologe, ménologe. *V. Méd. :* codex, formulaire.

CATALOGUER ■ Classer, dénombrer, inscrire, juger (fig.).

CATAPHOTE ■ Catadioptre, réflecteur.

CATAPLASME ■ Bouillie, embrocation, emplâtre, épithème, fomentation, rigollot, rubéfiant, sinapisme, topique, vésicatoire.

CATAPULTE ■ Baliste, bricole, espringale, machine, mangonneau, onagre, scorpion.

CATARACTE ■ *I. Au pr.* ⇒ cascade. *II. Par ext. :* avalanche, déluge, écluse, torrent, trombe, vanne.

CATARRHE ■ Influenza, grippe, refroidissement, rhume de cerveau.

CATASTROPHE ■ *I.* ⇒ calamité. *II.* ⇒ dénouement. *III.* ⇒ péripétie.

CATCH ■ Lutte, pancrace, pugilat.

CATÉCHISER ■ *I. Au pr. :* endoctriner, évangéliser, initier, instruire, moraliser, persuader, prêcher. *II. Par ext.* 1. Chapitrer, gourmander, gronder, réprimander, sermonner. 2. Dresser, former, styler.

CATÉCHISME ■ *I.* Abrégé, catéchèse, instruction, recueil, rudiment. *II.* Credo, dogme, foi. *III.* Capucinade (péj.), leçon de morale, remontrance, sermon.

CATÉGORIE ■ *I.* Catégorème, concept, critère, idée. *II. Phil.* 1. **Les dix catégories d'Aristote :** action, essence, lieu, manière d'être, qualité, quantité, relation, situation, substance, temps. 2. **Kant, les quatre classes des douze catégories :** modalité, qualité, quantité, relation. *III. Par ext. :* classe, classification, couche, délimitation, division, espèce, famille, genre, groupe, nature, ordre, race, série, sorte.

CATÉGORIQUE ■ Absolu, affirmatif, clair, dogmatique, explicite, formel, franc, impératif, indiscutable, net, péremptoire, positif, précis, strict, volontaire.

CATHARSIS ■ *I.* Purgation, purge. *II.* Désinhibition, évacuation, libération.

CATHÉDRALE ■ Église, métropole, monument.

CATHOLICISME, CATHOLICITÉ ■ Christianisme, Église, papisme (péj.).

CATHOLIQUE ■ *I.* Œcuménique, universel. *II.* Baptisé, chrétien, converti, croyant, fidèle, papiste (péj.), pratiquant.

CATIMINI (EN) ■ En cachette, en douce, en secret, secrètement, en tapinois.

CATIN ■ ⇒ prostituée.

CAUCHEMAR ■ Crainte, délire, hallucination, idée fixe, obsession, peur, rêve, songe, tourment.

CAUCHEMARDESQUE ■ ⇒ effrayant.

CAUDATAIRE ■ Suivant. ⇒ flatteur.

CAUSANT, E ■ Communicatif, confiant, expansif, exubérant, loquace, ouvert.

CAUSE ■ *I. Au pr. :* agent, artisan, auteur, base, créateur, départ, explication, ferment, fondement, germe, inspiration, instigateur, mère, moteur, motif, moyen, objet, occasion, origine, principe, promoteur, raison, source, sujet. *II. Par ext. :* aboutissement, but, considération, intention, mobile, motif, pourquoi, prétexte. *III. Jurid. :* affaire, chicane, procès. *IV. Méd. :* étiologie. *V. Loc.* À cause de : en considération/raison de, par, pour.

CAUSER ■ *I. V. tr. :* allumer, amener, apporter, attirer, déterminer, donner lieu, entraîner, exciter, faire, faire naître, fomenter, inspirer, motiver, occasionner, produire, provoquer, susciter. *II. V. intr.* ⇒ bavarder.

CAUSERIE, CAUSETTE ■ *I.* ⇒ conversation. *II.* ⇒ conférence.

CAUSEUR, EUSE ■ n. et adj. Babillard, bavard, parleur. ⇒ causant.

CAUSEUSE ■ ⇒ canapé.

CAUSTICITÉ ■ ⇒ aigreur.

CAUSTIQUE ■ ⇒ mordant.

CAUTÈLE ■ Chafouinerie, défiance, finesse, habileté, prudence, roublardise, rouerie, ruse. ⇒ hypocrisie.

CAUTELEUX, EUSE ■ Adroit, chafouin, défiant, flatteur, fin, habile, roublard, roué, rusé. ⇒ hypocrite.

CAUTÈRE ■ *I.* Brûlure, escarre, exutoire, plaie artificielle, pointe de feu, ulcération. *II.* Coagulateur, galvanocautère, moxa, stérilisateur, thermocautère.

CAUTÉRISER ■ Aseptiser, brûler, nettoyer, purifier, stériliser.

CAUTION ■ *I.* Arrhes, assurance, cautionnement, consigne, dépôt, endos, gage, garantie, hypothèque, preuve, sûreté, warrant. *II. Loc.* Sujet à caution ⇒ suspect. *III.* Accréditeur, aval, garant, otage, parrain, répondant, soutien, témoin.

CAUTIONNER ■ ⇒ garantir.

CAVALCADE ■ ⇒ défilé.

CAVALCADER ■ ⇒ chevaucher.

CAVALE ■ Haquenée, jument, pouliche, poulinière. Arg. ⇒ fuite.

CAVALER ■ ⇒ courir.

CAVALERIE ■ *I.* Écurie, remonte. *II. Par anal. :* arme blindée, chars.

CAVALEUR ■ ⇒ coureur.

CAVALIER, ÈRE ■ n. et adj. *I. Nom :* amazone, écuyer, jockey, messager, postier, postillon. *II. Milit. :* argoulet, carabin, carabinier, cent-garde, chasseur, chevau-léger, cornette, cravate, cosaque, cuirassier, dragon, éclaireur, estradiot, gendarme, goumier, guide, hussard, lancier, mameluk, mousquetaire, reître, polaque, spahi, uhlan, vedette. *III.* Chevalier, écuyer, gentilhomme, noble, seigneur. *IV.* Chaperon, chevalier servant, galant, sigisbée. *V.* Déblai, retranchement, talus. *VI. Adj.* 1. **Favorable ou neutre :** aisé, dégagé, élégant, hardi, libre, souple. 2. **Non favorable :** arrogant, brusque, désinvolte, hautain, impertinent, inconvenant, insolent, leste, sans gêne.

CAVATINE ■ ⇒ chant.

CAVE ■ *I. n. f.* 1. Caveau, caverne, excavation, grotte, oubliette, silo, soussol, souterrain. 2. Chai, cellier, cuvier, vendange, vinée. 3. Enjeu, mise. *II. Adj.* ⇒ creux, naïf.

CAVEAU ■ *I.* ⇒ cave. *II.* ⇒ cabaret. *III.* Colombarium, crypte, enfer, hypogée, mausolée, niche, sépulture, tombe, tombeau.

CAVEÇON ■ Mors/muselière/sousgorge/têtière de dressage.

CAVÉE ■ ⇒ chemin.

CAVER ■ *I.* Appronfondir, creuser, fouiller, miner, sonder. *II.* Faire mise, jeter/mettre en jeu, miser.

CAVERNE ■ *I. Au pr. :* balme, baume, grotte, spélonque (vx), station archéologique. ⇒ cavité. *II. Par ext. :* antre, gîte, refuge, repaire, retraite, tanière, terrier.

CAVERNEUX, EUSE ■ Bas, grave, profond, sépulcral, sourd, voilé.

CAVIARDER ■ Barrer, biffer, censurer, effacer, supprimer.

CAVISTE ■ ⇒ sommelier.

CAVITÉ ■ Abîme, alvéole, anfractuosité, antre, aven, bassin, bétoire, brèche, canal, cave, caveau, caverne, cloup, concavité, cratère, creux, crevasse, crypte, doline, embrasure, encoignure, enfonçure, excavation, fente, fosse, fossé, galerie, gouffre, grotte, igue, loge, mine, niche, ouverture, poche, poljé, précipice, puits, rainure, ravin, strie, tranchée, trou, vide.

CÉANS ■ Dedans, ici.

CÉCITÉ ■ Amaurose, cataracte, goutte de l'œil. ⇒ **aveuglement.**

CÉDER ■ *I. V. tr. :* abandonner, accorder, aliéner, baisser les bras/pavillon, concéder, délaisser, se dessaisir, donner, livrer, passer, refiler (fam.), rétrocéder, transférer, transmettre, vendre. *II. V. intr.* 1. S'abandonner, abdiquer, acquiescer, approuver, battre en retraite/la chamade, broncher, caler, caner, capituler, composer, concéder, condescendre, consentir, se déculotter (fam.), déférer, écouter, faiblir, flancher, fléchir, s'incliner, jeter du lest, lâcher les pédales (fam.)/pied/prise, mettre les pouces, mollir, obéir, obtempérer, perdre du terrain, se plier, reculer, se rendre, renoncer, se résigner, rompre, se soumettre, succomber, transiger. 2. **Une chose :** s'abaisser, s'affaisser, casser, cesser, se courber, diminuer, s'écrouler, s'effondrer, s'enfoncer, fléchir, plier, ployer, rompre, tomber.

CÉDULE ■ Billet, fiche, liste, ordonnance, titre.

CEINDRE ■ *I.* Attacher, ceinturer, entourer, sangler, serrer. *II.* Auréoler, border, clôturer, couronner, disposer, enceindre, encercler, enclore, entourer, enserrer, envelopper, environner, palissader, placer, renfermer.

CEINTURE ■ *I.* Bande, bandelette, ceinturon, ceste, cordelière, cordon, écharpe, obi. *II.* Bandage, corset, gaine, sangle, soutien. *III.* Taille, tour de hanches. *IV.* Clôture, encadrement, entourage. *V.* Banlieue, faubourgs, zone.

CEINTURER ■ *I.* ⇒ **ceindre.** *II.* ⇒ **prendre.**

CEINTURON ■ Baudrier, porte-épée, porte-glaive.

CÉLADON ■ *I.* ⇒ **amant.** *II.* ⇒ **vert.**

CÉLÉBRATION ■ *I.* Anniversaire, cérémonie, commémoration, culte, fête, mémento, mémoire, solennité, souvenir, tombeau (litt.), triomphe. *II.* Apologie, compliment, éloge, encensement, exaltation, gloria, glorification, hosanna, louange, oraison, panégyrique, prône.

CÉLÈBRE ■ Connu, distingué, éclatant, éminent, estimé, fameux, glorieux, historique, illustre, immortel, légendaire, renommé, réputé.

CÉLÉBRER ■ *I.* Commémorer, fêter, marquer, procéder à, se réjouir, sanctifier, solenniser. *II.* Admirer, chanter, encenser, entonner, exalter, faire l'éloge, fêter, glorifier, louer, préconiser, prôner, publier, rendre hommage/les honneurs/un culte, vanter.

CÉLÉBRITÉ ■ *I.* Considération, crédit, éclat, faveur, gloire, marque, nom, notoriété, popularité, renom, renommée, réputation, succès, vogue. *II.* Éminence, personnalité, sommité, vedette.

CELER ■ ⇒ **cacher.**

CÉLERI ■ Ache.

CÉLÉRITÉ ■ Activité, agilité, diligence, hâte, empressement, précipitation, prestesse, promptitude, rapidité, vélocité, vitesse, zèle.

CÉLESTE ■ ⇒ **divin.**

CÉLIBATAIRE ■ n. et adj. Catherinette, demoiselle, garçon, homme seul, jeune homme/fille, libre, seul, solitaire, vieille fille, vieux garçon.

CELLERIER ■ ⇒ **économe.**

CELLIER ■ Hangar. ⇒ **cave.**

CELLULE ■ *I.* Carré, case, chambre, chambrette, loge, logette. *II.* ⇒ **cachot.** *III.* Alvéole. *IV.* Groupe, noyau, section.

CELLULOSE ■ Viscose.

CELTE ■ Breton, celtique, gallois, galate, gaulois.

CELTIQUE ■ Breton, celte, cornique, gaélique, gallois, gaulois, kymrique.

CÉNACLE ■ Cercle, chapelle, club, école, groupe, pléiade, réunion.

CENDRE ■ *I. Au sing.* 1. Au pr. : escarbille, fraisil, lave, lapilli, poussière, résidu, scorie, spodite. 2. Fig. ⇒ **ruine et pénitence.** *II. Au pl. :* débris, relique, restes, souvenir.

CENDRILLON ■ ⇒ **servante.**

CÈNE ■ Célébration, communion, repas mystique. ⇒ **eucharistie.**

CÉNOBITE ■ ⇒ **religieux.**

CÉNOTAPHE ■ Catafalque, mausolée, monument, sarcophage, sépulture, tombe, tombeau.

CENS ■ *I.* Décompte, dénombrement, recensement. *II.* Champart, dîme, imposition, impôt, quotité, redevance, taille.

CENSÉ, E ■ Admis, présumé, regardé comme, réputé, supposé.

CENSEUR ■ *I.* Aristarque, critique, juge. *II. Péj.* 1. Bégueule, prude. 2. Contempteur, métaphraste, pédant, zoïle. *III.* Commissaire aux comptes, questeur. *IV.* ⇒ **maître.**

CENSIER ■ Censitaire, contribuable.

CENSURE ■ *I.* Anastasie (fam.), autorisation, contrôle, filtre, imprimatur, index, veto. *II.* Animadversion, blâme, condamnation, critique, désapprobation, désaveu, examen, improbation, jugement, réprimande, réprobation. *III.* Avertissement, excommunication, interdit, monition, observations, recommandations, suspense.

CENSURER ■ *I.* Blâmer, critiquer, désapprouver, flétrir, punir, reprendre, reprocher, réprouver, tancer, trouver à redire. *II.* Barrer, biffer, caviarder, condamner, contrôler, couper, défendre, effacer, faire des coupures, gratter, improuver, interdire,

retirer, retrancher, sabrer, supprimer, taillader.

CENTAURÉE ■ Barbeau, bleuet.

CENTENAIRE ■ Antique, séculaire, vieux. ⇒ **vieillard.**

CENTON ■ Mélange, pastiche, pot-pourri, rhapsodie.

CENTRALISATION ■ Concentration, rassemblement, réunification, réunion.

CENTRALISER ■ Concentrer, ramener, rassembler, regrouper, réunir.

CENTRE ■ *I.* Axe, clef de voûte, cœur, fort, foyer, lieu géométrique, métacentre, milieu, mitan, nœud, nombril, noyau, point, sein. *II. Par ext.* 1. Base, citadelle, fondement, principe, siège. 2. Agglomération, capitale, chef-lieu, métropole. 3. Animateur, cerveau, cheville ouvrière, organe essentiel, pivot, promoteur.

CENTRER ■ Ajuster, cadrer, mettre au point, régler.

CENTUPLER ■ Agrandir, augmenter, décupler, mutiplier.

CÈPE ■ Bolet, tête de nègre.

CEPENDANT ■ *I. Adv. :* alors, au moment même, en attendant. *II. Conj. :* avec tout cela, en regard de, en tout cas, mais, malgré cela/tout, néanmoins, n'empêche que, nonobstant, pourtant, toujours est-il, toutefois. *III. Loc. conj.* Cependant que : alors/durant/pendant/tandis que, au moment où.

CÉRAMIQUE ■ Azulejo, biscuit, carreau, émail, faïence, gemmail, grès, platerie, porcelaine, poterie, terre cuite, zellige.

CERBÈRE ■ Chien de garde, concierge, garde, garde du corps, gardien, geôlier, molosse, sentinelle, surveillant. ⇒ **portier.**

CERCLE ■ *I.* Aréole, auréole, cerne, disque, halo, nimbe, périmètre, rond, rondelle. *II. Archit.* : abside, amphithéâtre, arcade, arceau, cintre, cirque, lobe, rosace, voûte. *III. Par ext.* 1. Circonférence, colure, contour, courbe, écliptique, épicycle, équateur, méridien, orbe, orbite, parallèle, tour, tropique, zodiaque, zone. 2. Circonvolution, circuit, cycle, giration, périple, révolution, rotation. 3. Anneau, armille, bague, bracelet, collier, couronne. 4. Bandage, cerceau, collerette, entourage, frette, roue. 5. Assemblée, association, chapelle, cénacle, club, école, groupe, réunion, salon, société. 6. Domaine, étendue, limite, périphérie. 7. Étreinte, piège, prison, tourbillon.

CERCLER ■ Borner, clore, consolider, courber, enclore, entourer, fermer, garnir/munir de cercles, renforcer.

CERCEUIL ■ Bière, capule (vx), coffin (rég.), sarcophage, *arg.* boîte, boîte à dominos, caisse, manteau/paletot de bois/sans manches/de sapin, sapin.

CÉRÉALE ■ *I.* Graminée. *II.* Avoine, blé, froment, maïs, millet, orge, riz, seigle, sorgho.

CÉRÉBRAL, E ■ ⇒ intellectuel.

CÉRÉMONIAL ■ ⇒ protocole.

CÉRÉMONIE ■ *I.* Célébration, cérémonial, culte, fête, liturgie, office, messe, procession, rite, sacre, sacrement, service divin/funèbre, solennité. *II.* Anniversaire, apparat, appareil, cavalcade, commémoration, cortège, défilé, gala, inauguration, parade, pompe, réception, raout ou rout (angl.). *III. Par anal., au pl.* 1. Civilités, code, convenances, courtoisie, décorum, déférence, formes, honneurs, politesses, protocole, règles, rite, usages. 2. Péj. : Affectation, chichis, chinoiseries, complications, embarras, formalités, manières.

CÉRÉMONIEUX, EUSE ■ Affecté, apprêté, compliqué, façonnier (fam.), formaliste, guindé, maniéré, mondain,

obséquieux, poli, protocolaire, recherché, révérencieux, solennel.

CERF ■ Axis, bête fauve (vén.), biche, brocard, daguet, faon, hère, sica, six/dix cors, wapiti. ⇒ cervidé.

CERISE ■ Bigarreau, cerisette, cœur de pigeon, griotte, guigne, guignon, marasque, merise, montmorency.

CERNE ■ *I.* ⇒ cercle. *II.* Bleu, marbrure, poches/valises sous les yeux.

CERNÉ, E ■ *Par ext.* : battu, bouffi, creux, fatigué, gonflé.

CERNER ■ ⇒ encercler.

CERTAIN, AINE ■ *I. Une chose :* absolu, admis, assuré, attesté, authentique, avéré, certifié, clair, confirmé, connu, constant, constaté, contrôlé, décisif, démontré, déterminé, effectif, évident, exact, fixe, fixé d'avance, flagrant, fondé, formel, franc, historique, immanquable, inattaquable, incontestable, incontesté, indéniable, indiscutable, indiscuté, indubitable, inévitable, infaillible, invariable, irrécusable, irréfutable, manifeste, mathématique, net, notoire, officiel, palpable, patent, péremptoire, positif, précis, reconnu, réel, rigoureux, sans conteste, solide, sûr, tangible, véridique, visible, vrai. *II. Quelqu'un :* affirmatif, assuré, convaincu, dogmatique, sûr.

CERTAINEMENT, CERTES ■ *I.* Absolument, exactement, formellement, incontestablement, indéniablement, indiscutablement, indubitablement. *II.* À coup sûr, avec certitude, fatalement, inévitablement, nécessairement, sûrement. *III.* Assurément, bien sûr, clairement, en vérité, évidemment, franchement, naturellement, nettement, oui, parfaitement, réellement, sans doute, vraiment.

CERTAINS ■ D'aucuns, plusieurs, quelques-uns, tels.

CERTIFICAT ■ Acte, assurance, attestation, brevet, constat, constatation, diplôme, laissez-passer, papier, parère, passeport, patente, preuve, procès-verbal, référence, témoignage.

CERTIFICATION ■ Assurance, authentification.

CERTIFIER ■ Affirmer, assurer, attester, authentifier, confirmer, constater, donner/ficher/flanquer son billet (fam.), garantir, légaliser, maintenir, témoigner, vidimer.

CERTITUDE ■ *I.* Assurance, conviction, croyance, opinion. *II.* Dogme, évidence, parole d'Évangile, sûreté. *III.* Autorité, clarté, fermeté, infaillibilité, netteté. *IV. Loc.* **Avec certitude** ⇒ **certainement.**

CERVEAU ■ *I. Au pr. :* cervelle, encéphale. *II. Par ext.* 1. Cervelle, crâne, matière/substance grise, méninges, petite tête. ⇒ **tête.** 2. Entendement, esprit, intelligence, jugement, jugeote, raison. 3. Auteur, centre, grand esprit, génie, intelligence, meneur, prophète, visionnaire.

CERVELLE ■ *Par ext.* ⇒ **cerveau.**

CERVIDÉ ■ Caribou, cervicorne, chevreuil, daim, élan, muntjac, orignal, renne, sombar. ⇒ **cerf.**

CÉSARISME ■ Absolutisme, autocratie, dictature. ■

CESSATION ■ *I. Au pr.* 1. Abandon, annulation, arrêt, disparition, fermeture, fin, liquidation, suppression. 2. Apaisement, armistice, discontinuation, discontinuité, grève, halte, interruption, pause, relâche, rémission, répit, repos, suspension, trêve, vacation. 3. Chômage, faillite. *II. Par ext.* 1. Accalmie, bonace. 2. Aboutissement, échéance, tarissement, terme, terminaison.

CESSE (SANS) ■ ⇒ **toujours.**

CESSER ■ *I. V. intr.* 1. Au pr. : s'apaiser, s'arrêter, se calmer, céder, discontinuer, disparaître, dissiper, s'effacer, s'enfuir, s'évanouir, finir, s'inter-

rompre, perdre de sa vigueur/de son intensité, se tarir, se terminer, tomber, tourner court. 2. Par ext. : abandonner, abolir, abroger, s'abstenir, achever, briser là, chômer, se déprendre, se détacher, diminuer, s'éteindre, expirer, faire grève, lâcher, mourir, passer, renoncer. 3. **Faire cesser** : abattre, anéantir, apaiser, arrêter, bannir, briser, calmer, chasser, couper court, détruire, dissiper, écarter, enlever, étouffer, faire tomber, lever, mettre le holà/un frein/un terme, ôter, rabattre, supprimer, suspendre, tuer. *II. V. tr. :* abandonner, arrêter, faire taire, interrompre, suspendre.

CESSIBLE ■ Aliénable, négociable, transférable, vendable.

CESSION ■ Abandon, abandonnement, aliénation, concession, délaissement, désaisissement, donation, renonciation, transfert, transmission, transport, vente.

CESSIONNAIRE ■ Acquéreur, bénéficiaire, crédirentier, donataire.

C'EST-À-DIRE ■ À savoir, disons, entendez, j'en conclus, j'entends, je veux dire, seulement, simplement, surtout.

CÉSURE ■ Coupe, coupure, hémistiche, pause, repos.

CÉTACÉ ■ *I.* ⇒ **baleine.** *II.* Cachalot, dauphin, marsouin, narval, souffleur.

CHABANAIS ■ ⇒ **chahut.**

CHABLER ■ ⇒ **gauler.**

CHAFOUIN, INE ■ adj. et n. Cauteleux, rusé, sournois. ⇒ **hypocrite.**

CHAGRIN, INE ■ adj. Abattu, affecté, affligé, aigre, assombri, atrabilaire, attristé, bilieux, bourru, colère, consterné, contrit, désolé, dolent, douloureux, éploré, gémissant, grimaud (vx), hypocondriaque (vx), inconsolable, inquiet, larmoyant, lugubre, maussade, mélancolique, misanthrope, morne, morose, mortifié, peiné, plaintif, sinistre, sombre, soucieux, triste.

CHAGRIN ■ n. m. *I. Au pr.* Ce qu'on éprouve : accablement, affliction, amertume, consternation, déchirement, déplaisir, désespoir, désolation, douleur, ennui, mal, malheur, misère, peine, souci, souffrance, tourment, tristesse. *II. Par ext.* 1. Accident, angoisse, contrariété, déboire, déception, dégoût, dépit, désagrément, désappointement, deuil, inquiétude, mécontentement, regret, remords, tracasserie. 2. Atrabile, bile, cafard, humeur noire, hypocondrie, maussaderie, mauvaise humeur, mélancolie, morosité, spleen.

CHAGRINER ■ Affecter, affliger, agacer, angoisser, assombrir, attrister, consterner, contrarier, contrister, décevoir, déchirer, dépiter, désappointer, désenchanter, désespérer, désoler, endeuiller, endolorir, ennuyer, fâcher, faire de la peine, faire souffrir, fendre le cœur, gêner (vx), inquiéter, mécontenter, mortifier, navrer, oppresser, peiner, percer le cœur, rembrunir, torturer, tourmenter, tracasser, tuer (fig.).

CHAHUT ■ *Fam. :* Bacchanale, bagarre, barouf, bastringue, bazar, boucan, bousin, brouhaha, bruit, cacophonie, carillon, cassement de tête, chabanais, chambard, charivari, concert, cirque, désordre, dissonance, esclandre, foin, fracas, grabuge, hourvari, huée, pétard, potin, raffut, ramdam, sabbat, scandale, sérénade, tapage, tintamarre, tintouin, tohubohu, train, tumulte, vacarme.

CHAHUTER ■ *I.* S'agiter, crier, faire du chahut, *et les syn. de* CHAHUT, manifester, perturber, protester. *II.* Bousculer, culbuter, renverser, secouer. *III.* Bizuter (fam.), brimer, lutiner, se moquer, taquiner.

CHAHUTEUR ■ ⇒ farceur.

CHAI ■ ⇒ cave. loc. : maître de chai : caviste. ⇒ **sommelier.**

CHAÎNE ■ *I.* Bijou, chaînette, châtelaine, clavier, collier, ferronnière, gourmette, jaseran, jaseron, sautoir. *II. De captif :* alganon, cabriolet, fers, liens, menottes, poucettes. *III. Par ext. :* asservissement, assujettissement, captivité, dépendance, discipline, engagement, entrave, esclavage, gêne, geôle, joug, lien, obligation, prison, servitude, sujétion, tyrannie. *IV. Fig. :* affection, alliance, attache, attachement, liaison, mariage, parenté, union. *V. Par anal. :* association, continuité, cortège, enchaînement, entrelacement, liaison, série, solidité, succession, suite. *VI. Géogr. :* cordillère, serra, sierra.

CHAÎNER ■ *I.* ⇒ mesurer. *II.* ⇒ unir.

CHAÎNON ■ Anneau, maille, maillon.

CHAIR ■ *I.* Carnation, corps, enveloppe, forme, muscle, peau, pulpe, tissu. *II. Des animaux.* 1. Venaison, viande. 2. *Péj. :* barbaque, bidoche, carne, carogne, charogne. *III. Par métaphore :* concupiscence, faiblesse, instincts sexuels, libido, luxure, nature humaine, sens, sensualité, tentation. *IV. Loc.* Œuvre de chair : accouplement, coït, congrès, copulation, fornication, procréation, rapport sexuel, reproduction, union, *fam.* baisage, baise, besogne (vx). *V.* ⇒ corps.

CHAIRE ■ *I.* Ambon, estrade, pupitre, siège, tribune. *II. Par ext. :* enseignement, prédication, professorat.

CHAISE ■ *I.* Caquetoire, chauffeuse, dormeuse. ⇒ **siège.** *II. À porteurs :* brouette, filanzane, palanquin, vinaigrette.

CHALAND ■ *I.* Balandre, barque, bélandre, bette, coche d'eau, drague, gabarre, marie-salope, ponton. ⇒ **bateau.** *II.* Acheteur, amateur, client, clientèle, pratique.

CHÂLE ■ Cachemire, carré, écharpe, fichu, pointe, sautoir, taleth (relig.).

CHALET ■ Buron, cabane, villa. ⇒ **maison.**

CHALEUR ■ *I. Au pr.* 1. Caloricité, calorification. 2. Bouffée/coup/vague de chaleur, canicule, étuve, fournaise, rayonnement, réverbération, touffeur. *II. Par ext.* 1. Des sentiments : amour, ardeur, concupiscence, désir, feu (vx), flamme, folie, libido, lubricité. 2. Des **animaux** : *Être en chaleur :* chaudier (vén.), demander/quêter/réclamer/vouloir le mâle, en vouloir, être en chasse/en folie/en rut, retourner à l'espèce, vouloir le veau (bovins). 3. **Des passions :** action, animation, animosité, ardeur, brio, cœur, cordialité, courage, élan, empressement, énergie, enthousiasme, entrain, exaltation, excitation, feu, fièvre, flamme, force, impétuosité, lyrisme, passion, promptitude, trempe, véhémence, verve, vie, vigueur, violence, vivacité, zéle.

CHALEUREUX, EUSE ■ Amical, animé, ardent, bouillant, chaud, empressé, enflammé, enthousiaste, fanatique, fervent, pressant, prompt, véhément, vif, zélé.

CHALLENGE ■ ⇒ **compétition.**

CHALOUPE ■ Baleinière, berge, bombard, coraillère, embarcation, flette, péniche. ⇒ **bateau.**

CHALOUPER ■ Se dandiner, danser, se déhancher.

CHALUMEAU ■ Flûteau, flûtiau, galoubet, pipeau, tige. ⇒ **flûte.**

CHALUTIER ■ ⇒ **bateau.**

CHAMAILLER (SE) ■ ⇒ chicaner, que- **reller.**

CHAMAILLERIE ■ ⇒ **querelle.**

CHAMAILLEUR, EUSE ■ adj. et n. ⇒ **querelleur.**

CHAMARRÉ, E ■ ⇒ **bariolé.**

CHAMARRER ■ ⇒ **orner.**

CHAMBARD ■ ⇒ chahut.

CHAMBARDEMENT ■ Bouleversement, changement, chaos, dérangement, désorganisation, fatras, fouillis, gâchis, mélange, perturbation, remueménage, renversement, révolution, saccage, tohu-bohu, transformation.

CHAMBARDER ■ Bouleverser, chambouler, changer, mettre sens dessus dessous, renverser, révolutionner, saccager, transformer.

CHAMBELLAN ■ Camérier, officier.

CHAMBOULER ■ ⇒ chambarder.

CHAMBRE ■ *I. Au pr.* 1. Antichambre, cabinet, pièce, salle. 2. Nursery. 3. Chambrée, dortoir. 4. Alcôve, cagibi, cellule, chambrette, galetas, mansarde. *II. Fam. :* cambuse, carrée, crèche, gourbi, piaule, taule, turne. *III.* Assemblée, corps, parlement, tribunal. *IV.* Alvéole, case, cavité, compartiment, creux, vide.

CHAMBRÉE ■ *I.* ⇒ chambre. *II.* Auditoire, public, réunion.

CHAMBRER ■ *I.* ⇒ enfermer. *II. Du vin :* réchauffer, tempérer. *III. Fig. :* circonvenir, endoctriner, envelopper, mettre en condition, prendre en main, sermonner.

CHAMBRIÈRE ■ *I.* Camérière, camériste, femme de chambre, servante.

CHAMEAU ■ Camélidé, chamelle, chamelon, dromadaire, méhari ⇒ **méchant.**

CHAMOIS ■ Bouquetin, mouflon, isard.

CHAMP ■ *I. Au pr.* 1. Au pl. : campagne, culture, espace, glèbe, lopin, nature, terrain, terre, terroir. 2. **Au sing. :** aspergerie, brûlis, câprière, chaume, chènevière, emblavure, essarts, fougeraie, fourragère, friche, garanchière, garenne, genêtière, genévrière, guéret, houblonnière, labour, luzernière, melonnière, pâtis, pâturage, plantation, prairie, pré, verger.

II. Arène, carrière, lice, stade. **III. Fig.** : carrière, cercle, domaine, état, matière, objet, occasion, perspective, profession, sphère, sujet. **IV. Loc. Champ de courses** : carrière, hippodrome, pelouse, turf. **2. Champ de repos** ⇒ cimetière. **3. Champ de foire** : foirail, marché. **4. Sur-le-champ** : à l'instant, aussitôt, bille en tête (fam.), comptant, ex abrupto, illico (fam.), immédiatement, instantanément, maintenant, sans délai/désemparer, sur l'heure, tout de suite, vite.

CHAMPART ■ Terrage.

CHAMPÊTRE ■ Agreste, bucolique, campagnard, pastoral, rural, rustique.

CHAMPI ■ ⇒ bâtard.

CHAMPIGNON ■ **I.** Cryptogame. **II.** Agaric, amanite, armillaire, barbe-de-capucin, bolet, boule-de-neige, cèpe, champignon de couche/de Paris, chanterelle, charbonnier, chevalier, clavaire, clitocybe, coprin, corne d'abondance, cortinaire, coucoumelle, coulemelle, entolome, farinier, fistuline, foie-de-bœuf, girolle, golmotte, helvelle, hérisson, hydne, lactaire, langue-de-bœuf, lépiote, marasme, menotte, morille, mousseron, nez-de-chat, oreille-d'ours, oreillette, oronge, phalle impudique, pied-de-mouton, pleurote, polypore, potiron, pratelle, psalliote, rosé, rousset, russule, satyre puant, souchette, tricholome, trompette-de-la-mort, truffe, vesse-de-loup, volvaire.

CHAMPION ■ **I.** Recordman, tenant, vainqueur, vedette. **II.** Combattant, concurrent, défenseur, partisan, zélateur. **III.** As, crack, gagnant, leader, maître, virtuose.

CHAMPIONNAT ■ ⇒ compétition.

CHAMPS ÉLYSÉES ■ **I.** ⇒ paradis. **II.** ⇒ enfer.

CHANCE ■ **I.** Atout, aubaine, auspice, baraka, bonheur, étoile, faveur, filon, fortune, frite (fam.), heur (vx), loterie, pêche (fam.), réussite, succès, veine. **II.** Aléa, circonstance, éventualité, hasard, occasion, possibilité, probabilité, risque, sort. **III. Loc. Par chance** : d'aventure, éventuellement, incidemment, le cas échéant, par hasard.

CHANCELANT, E ■ Branlant, faible, flageolant, hésitant, incertain, oscillant, titubant, trébuchant, vacillant.

CHANCELER ■ Basculer, branler, broncher, buter, chavirer, chopper, faiblir, flageoler, fléchir, flotter, glisser, hésiter, lâcher pied, osciller, tituber, trébucher, trembler, vaciller.

CHANCELIER ■ Archichancelier, connétable, consul, dataire, garde des Sceaux, ministre de la Justice, secrétaire.

CHANCELLERIE ■ Administration, ambassade, bureaux, consulat, daterie, ministère de la Justice, secrétariat, services.

CHANCEUX, EUSE ■ **I.** Aléatoire, aventureux, dangereux, hasardeux, incertain, risqué. **II. Fam.** : chançard, cocu, coiffé, veinard, verni. ⇒ heureux.

CHANCIR ■ ⇒ pourrir.

CHANCRE ■ Bobo, bouton, bubon, exulcération, exutoire, lésion, lupus, ulcération. ⇒ abcès.

CHANDAIL ■ Débardeur, gilet, maillot, pull-over, sweater, tricot.

CHANDELIER ■ **Par ext.** : applique, bougeoir, bras, candélabre, flambeau, girandole, lustre, martinet, torchère.

CHANDELLE ■ **I.** Bougie, cierge, flambeau, lumignon, luminaire, oribus. **II.** Feu d'artifice, fusée.

CHANGE ■ **I. Au pr.** : changement, échange, permutation, troc. **II.** Agio, agiotage, banque, bourse, commission, courtage, marché des valeurs, spéculation. **III.** Arbitrage, compensation. **IV. Loc. 1. Agent de change** : coulissier, remisier. **2. Lettre de change** : billet

à ordre, effet de commerce, traite. **3.**
Donner/prendre le change ⇒ abuser.

CHANGEANT, E ■ Arlequin, caméléon, capricant, capricieux, chatoyant,
divers, élastique, éphémère, fantaisiste, fantasque, flottant, incertain,
inconsistant, inconstant, indécis, inégal, infidèle, instable, journalier,
labile, léger, lunatique, mobile, mouvant, ondoyant, opportuniste, oscillant,
papillonnant, protéiforme, sauteur,
touche-à-tout, vacillant, variable, versatile, volage.

CHANGEMENT ■ **I.** Abandon, adaptation, aggiornamento, allotropie, altérité, alternance, alternat, amélioration,
amendement, assolement, augmentation, avatar, balancement, bascule,
cession, change, commutation,
conversion, correction, coup de balai,
déménagement, dénivellation,
dépaysement, déplacement, dérangement, détour, déviation, différence,
écart, échange, éclaircie, embellie,
émigration, évolution, expatriation,
fluctuation, gradation, immigration,
inflexion, innovation, interversion,
inversion, métamorphose, métaplasme, métaphore, métastase, métonymie, mobilité, modification, modulation, mouvement, mue, mutation,
nouveauté, novation, nuance, ondoiement, oscillation, passage, permutation, phase, rectification, réduction,
refonte, réformation, réforme, remaniement, remplacement, remue-
ménage, renouvellement, rénovation,
renversement, retournement, révolution, rotation, saute, substitution,
transfiguration, transition, transmutation, transplantation, transport, transposition, transsubstantiation, troc,
vacillement, variante, variation, vica-
riance, virage ⇒ **transformation.** **II.**
Péj. : abandon, accident, adultération,
aggravation, altération, avatar, bouleversement, caprice, corruption, déclassement, défiguration, déformation,
dégénérescence, déguisement, dénaturation, dérangement, diminution,

falsification, inconstance, infidélité,
instabilité, irrégularité, légèreté, palinodie, perversion, réduction, remous,
rétractation, retournement, revirement, saute, travestissement, valse,
versatilité, vicissitude, virevolte, volte-
face, voltige, voltigement.

CHANGER ■ **I. V. tr. 1.** Agrandir,
augmenter, bouleverser, chambarder,
chambouler, commuer, convertir, corriger, innover, métamorphoser, modifier, muer, rectifier, refondre, réformer, remanier, renouveler, rénover,
renverser, révolutionner, toucher à,
transfigurer, transformer, transmuer,
transposer, troquer. **2. Péj.** : aggraver,
altérer, contrefaire, défigurer, déformer, déguiser, dénaturer, diminuer,
fausser, réduire, travestir, truquer. **3.**
De place : alterner, bouger, copermu-
ter, déloger, déménager, déplacer,
déranger, se détourner, se dévier, écarter, émigrer, enlever, s'expatrier,
intervertir, inverser, muter, passer,
permuter, tourner bride, transférer,
transplanter, transposer, virer. ⇒
transporter. 4. De nom : débaptiser,
rebaptiser. **5. De l'argent** : convertir,
échanger. **6. D'attitude, d'opinion** : se
convertir, se dédire, évoluer, fluctuer,
papillonner, se raviser, se retourner,
retourner sa veste, se rétracter, tourner bride/casaque, varier, virer,
virevolter, voleter, voltiger. **II. V. int. 1.**
Augmenter, diminuer, empirer, évo-
luer, grandir, passer, rapetisser, tourner, vieillir. **2. Moral** : s'améliorer,
s'amender, se corriger, se modifier,
se pervertir, se transformer.

CHANOINE ■ Doyen, grand chantre,
primicier, princier, théologal.

CHANSON. ■ **I.** ⇒ chant. **II. Fig.** :
1. Babil, bruit, chant, gazouillis, murmure, ramage, refrain, roucoulement.
2. Bagatelle, baliverne, bateau, billevesée, bourde, calembredaine, conte,
coquecigrue, fadaise, faribole, lanterne, sornette, sottise. ⇒ **bêtise.**

CHANSONNIER ■ Auteur, composi-

teur, humoriste, librettiste, mélodiste.
⇒ **chanteur.**

CHANT ■ *I.* Air, aria, ariette, arioso,
aubade, ballade, barcarolle, bardit,
berceuse, blues, cantabile, cantilène,
cavatine, chanson, chansonnette, complainte, comptine, couplet, épithalame, hymne, incantation, lied, mélodie, mélopée, negro spiritual, péan,
pont-neuf, pot-pourri, psalmodie,
ranz, récitatif, refrain, rengaine, rhapsodie, ritournelle, romance, ronde,
rondeau, roulade, scie, sérénade, spiritual, tyrolienne, variation, vaudeville,
villanelle, vocera. *II.* **Liturg.** 1. Cantate, choral, messe, oratorio. 2. Antienne, cantique, grégorien, hymne,
litanie, motet, plain-chant, prose,
psaume, répons, séquence. 3. Agnus
dei, alleluia, dies irae, gloria, hosanna,
ite missa est, kyrie, magnificat, mise-
rere, noël, requiem, sanctus, tantum
ergo, te deum. *III.* Comédie lyrique/
musicale, opéra, opéra-comique, opérette, vaudeville. *IV.* Canon, choral,
chœur, duo, polyphonie, trio. *V.*
Fam. : ⇒ **chahut.** *VI.* ⇒ **chanson,**
poème.

CHANTAGE ■ Duperie, escroquerie,
extorsion, filouterie, friponnerie, prélèvement, pression, racket, tromperie,
truanderie (fam.). ⇒ **vol.**

CHANTER ■ *I.* *V. intr.* 1. Au pr. :
barytonner, bourdonner, chantonner,
cultiver/développer/travailler sa voix,
déchiffrer, fredonner, jodler, moduler,
nuancer, psalmodier, solfier, ténoriser,
vocaliser. 2. **Fam. et péj. :** beugler,
brailler, braire, bramer, chevroter,
crier, dégoiser, détonner, s'égosiller,
gringotter, hurler, machicoter, miauler, roucouler. 3. **Oiseaux :** coqueriquer, crier, gazouiller, jaser, pépier,
ramager, roucouler, siffler. ⇒ **crier.** *II.*
V. tr. 1. Au pr. : exécuter. 2. **Péj. :**
conter, dire, rabâcher, raconter, radoter, répéter. 3. **Chanter victoire :** se glorifier, louer, se vanter.

CHANTERELLE ■ *I.* Girolle. *II.* ⇒
appelant.

CHANTEUR ■ Acteur, aède, artiste,
barde, castrat, chansonnier, chantre,
choreute, choriste, citharède, coryphée, croque-note (fam.), duettiste,
exécutant, interprète, ménestrel, minnesinger, rhapsode, scalde, soliste,
troubadour, trouvère, virtuose. ⇒ **voix.**

CHANTEUSE ■ Actrice, artiste, cantatrice, diva, divette, dugazon (vx),
prima donna, vedette. ⇒ **voix.**

CHANTIER ■ *I.* Arsenal, atelier,
dépôt, entrepôt, fabrique, magasin. *II.*
⇒ **chaos.** *III.* **Loc.** En chantier : en
cours/route/train. ⇒ **commencer.**

CHANTONNER ■ ⇒ **chanter.**

CHANTRE ■ ⇒ **chanteur.**

CHAOS ■ Anarchie, bazar, bordel
(grossier), bouleversement, cataclysme,
chantier, cohue, complication, confusion, débâcle, désordre, désorganisation, discorde, foutoir (pop.), incohérence, marasme, mêlée, méli-mélo,
mic-mac (fam.), pastis, pêle-mêle, perturbation, tohu-bohu, trouble, zizanie.

CHAOTIQUE ■ ⇒ **confus.**

CHAOUCH ■ ⇒ **appariteur.**

CHAPARDER ■ ⇒ **voler.**

CHAPE ■ ⇒ **manteau.**

CHAPEAU ■ ⇒ **coiffure.**

CHAPELAIN ■ Aumônier. ⇒ **prêtre.**

CHAPELET ■ *I.* Ave maria, rosaire. *II.*
⇒ **suite.**

CHAPELLE ■ *I.* ⇒ **église.** *II.* ⇒ **coterie.**

CHAPERON ■ *I.* Duègne, gouvernante, suivante. *II.* ⇒ **coiffure.**

CHAPERONNER ■ Accompagner,
conseiller, couvrir, défendre, diriger,
garantir, garder, parrainer, patronner,
piloter, préserver, protéger, sauvegarder, suivre, surveiller, veiller sur.

CHAPITEAU ■ Cirque, tente.

CHAPITRE ▪ *I.* Article, livre, matière, objet, partie, question, section, sujet, titre. *II.* Assemblée, conseil, réunion.

CHAPITRER ▪ Blâmer, catéchiser, donner/infliger un avertissement/un blâme, faire la leçon/la morale, gourmander, gronder, laver la tête (fam.), morigéner, reprendre, réprimander, semoncer, sermonner, tancer.

CHAPTALISATION ▪ Sucrage.

CHAQUE ▪ Chacun, tout.

CHAR ▪ *I.* ⇒ chariot. *II. Char d'assaut :* blindé, tank.

CHARABIA ▪ ⇒ galimatias.

CHARADE ▪ Devinette, énigme, jeu de mots, rébus.

CHARBON ▪ Anthracite, boghead, boulet, briquette, coke, combustible, escarbille, gaillette, gailletin, grésillon, houille, lignite, noisette, poussier, tête de moineau, tourbe.

CHARBONNIER ▪ Bougnat.

CHARCUTER ▪ ⇒ découper.

CHARCUTERIE ▪ Andouille, andouillette, boudin, cervelas, cochonnaille, confit, crépinette, cuisine, fromage de cochon/d'Italie/de tête, galantine, jambon, jambonneau, jésus, lard, mortadelle, panne, pâté, plats cuisinés, porc, rillettes, rosette, salé, saucisse, saucisson.

CHARCUTIER, ÈRE ▪ Cuisinier, traiteur.

CHARDON ▪ *Fig.* ⇒ difficulté.

CHARGE ▪ *I. Au pr. :* ânée, batelée, brouettée, capacité, cargaison, chargement, charretée, contenu, emport, estive, faix, fardeau, fret, lest, mesure, poids, quantité, somme, voiturée. *II. Phys. :* poussée, pression. *III. Loc. En charge :* en fonction, en service, sous tension. *IV. Fig.* 1. Non favorable : boulet, corvée, embarras, gêne, incommodité, servitude. 2. Dépense, dette, devoir, frais, hypothèque, imposition, impôt, intérêt, obligation, prélèvement, prestation, redevance, responsabilité, servitude. 3. Accusation, inculpation, indice, présomption, preuve. 4. ⇒ caricature. 5. Canular, mystification, plaisanterie. 6. Assaut, attaque, chasse, choc, offensive, poursuite. 7. Favorable ou neutre : dignité, emploi, fonction, ministère, office, place, poste, sinécure.

CHARGÉ, E ▪ *I.* ⇒ plein. *II.* ⇒ excessif. *III.* ⇒ épais. *IV.* Baroque, fleuri, lourd, rococo, tarabiscoté, touffu.

CHARGEMENT ▪ Arrimage. ⇒ charge.

CHARGER ▪ *I. Au pr. :* arrimer, combler, disposer, embarquer, empiler, emplir, fréter, garnir, lester, mettre, placer, poser, remplir. *II. Avec excès :* accabler, couvrir, écraser, fouler, recouvrir. *III. Fig.* 1. Accuser, aggraver, calomnier, déposer contre, imputer, inculper, noircir. 2. *La mémoire :* encombrer, remplir, surcharger. 3. *D'obligations :* accabler, écraser, frapper, grever, imposer, obérer, taxer. 4. *Des faits :* amplifier, enchérir, exagérer, grossir. 5. *Un portrait :* caricaturer, forcer, outrer, tourner en ridicule. 6. *D'une fonction :* commettre, commissionner, déléguer, donner à faire, préposer à. 7. *Milit. ou vén. :* attaquer, s'élancer, foncer, fondre sur. 8. **Forme pron.** ⇒ assumer.

CHARIOT ▪ Basterne, berline, binard, briska, caisson, camion, char, charrette, diable, éfourceau, fardier, fourgon, fourragère, guimbarde, kibitké, ribaudequin, triqueballe, trinqueballe, truck.

CHARISME ▪ Don, égrégore, influence, force.

CHARITABLE ▪ ⇒ bon.

CHARITÉ ▪ ⇒ bonté.

CHARIVARI ▪ ⇒ chahut.

CHARLATAN ▪ Baraquin, bonimenteur, camelot, empirique, guérisseur, marchand forain, médicastre, morticole, rebouteux. ⇒ **hâbleur.**

CHARLATANERIE, CHARLATA-NISME ■ ⇒ **hâblerie.**

CHARMANT, E ■ Agréable, aimable, amène, amusant, attachant, attirant, beau, captivant, charmeur, enchanteur, enivrant, ensorcelant, ensorceleur, envoûtant, fascinant, galant, gentil, gracieux, grisant, intéressant, joli, merveilleux, piquant, plaisant, ravissant, riant, séducteur, séduisant, souriant.

CHARME ■ *I.* Breuvage, conjuration, enchantement, ensorcellement, envoûtement, envoûture (vx), illusion, incantation, magie, magnétisme, philtre, pouvoir, sorcellerie, sort, sortilège. *II.* Agrément, délice, intérêt, fascination, plaisir, ravissement. *III.* Ascendant, autorité, influence, prestige. *IV.* Appas, attrait, avantages, beauté, chic, chien, élégance, grâce, séduction, sex-appeal, vénusté.

CHARMÉ, E ■ Comblé, content, émerveillé, enchanté, heureux, ravi, séduit.

CHARMER ■ *I. Au pr. :* conjurer, enchanter, ensorceler, envoûter, fasciner, hypnotiser. *II. Fig.* 1. Adoucir, apaiser, calmer, tenir sous le charme. 2. Apprivoiser, attirer, chatouiller, conquérir, émerveiller, entraîner, ravir, séduire, tenter. 3. Captiver, complaire, délecter, donner dans l'œil/ dans la vue, éblouir, enlever, enthousiasmer, flatter, parler aux yeux, transporter, verser l'ambroisie/le miel.

CHARMEUR, EUSE ■ Enjôleur, ensorceleur, magicien, psylle. ⇒ **séducteur.**

CHARMILLE ■ *I.* Allée, berceau, chemin. *II.* Bocage, bosquet. *III.* Haie, palissade, palisse.

CHARNEL, ELLE ■ *I.* Corporel, naturel, physique, sexuel. *II. Par ext.* 1. Matériel, sensible, tangible, temporel, terrestre. 2. Animal, bestial, impur,

lascif, libidineux, lubrique, luxurieux, sensuel. 3. Érotique.

CHARNIER ■ *I.* ⇒ cimetière. *II.* ⇒ cloaque.

CHARNIÈRE ■ Gond, paumelle, penture.

CHARNU, E ■ Bien en chair, charneux, corpulent, dodu, épais, gras, grassouillet, potelé, replet, rond, rondouillard, rondouillet, viandé (fam.).

CHAROGNE ■ ⇒ chair.

CHARPENTE ■ *I.* ⇒ carcasse. *II.* ⇒ poutre. *III.* ⇒ composition.

CHARPENTER ■ *I. Au pr. :* charpir, cintrer, contreventer, couvrir, dégauchir, enchaîner, équarrir, lier, menuiser, soutenir, tailler. *II. Fig. :* construire, équilibrer, étayer, étoffer, façonner, projeter.

CHARPIE. ■ Pansement, plumasseau.

CHARRETIER ■ Cocher, conducteur, roulier, voiturier.

CHARRETTE ■ Carriole, char, chariot, chartil, gerbière, haquet, surtout, téléga, tombereau. ⇒ **voiture.**

CHARRIER ■ *I.* ⇒ transporter. *II.* ⇒ emporter. *III.* ⇒ exagérer.

CHARROI ■ Équipage, train, transport. ⇒ **charge.**

CHARROYER ■ ⇒ charrier.

CHARRUE ■ Araire, brabant, buttoir, cultivateur, décavaillonneuse, déchaumeuse, dombasle.

CHARTE ■ *I.* ⇒ titre. *II.* ⇒ règlement.

CHARTREUSE ■ *I.* ⇒ cloître. *II.* ⇒ pavillon.

CHASSE ■ *I. Au pr. :* affût, art cynégétique, battue, drag (vx), fauconnerie, piégeage, safari, tenderie, traque, vénerie, volerie. *II. Par ext.* ⇒ **recherche.**

CHÂSSE ■ *I.* Boîte, coffre, fierte (vx), reliquaire. *II. Arg.* ⇒ œil.

CHASSER ■ *I.* Donner la chasse, poursuivre, quêter. *II.* Balayer, bouter, congédier, débusquer, dégoter (vx), déjucher, déloger, dénicher, dissiper, écarter, éconduire, éjecter, éliminer, enlever, exclure, expulser, faire disparaître/fuir, forcer, mettre à la porte/dehors/en fuite, ostraciser, ôter, pourchasser, purger, reconduire, refouler, rejeter, remercier, renvoyer, repousser, se séparer de, supprimer, vider, vomir. *III. Un gouvernant :* bannir, démettre, déposer, détrôner, évincer, exiler. *IV. Vén. :* battre les buissons, courir, courre (vx), débucher, débusquer, dépister, forlancer, lancer, piéger, quêter, rabattre, refuir, relancer, rembucher, servir. *V.* ⇒ glisser.

CHASSEUR ■ *I.* 1. Boucanier, fauconnier, nemrod, piqueur, pisteur, quêteur, rabatteur, trappeur, veneur. 2. Amazone, chasseresse, chasseuse, diane. *II.* Groom, portier. *III. Par ext. :* braconnier.

CHÂSSIS ■ ⇒ encadrement.

CHASTE ■ *I.* Abstinent, ascétique, continent, honnête, pur, sage, vertueux, vierge. *II.* Angélique, décent, immaculé, innocent, modeste, prude, pudique, virginal.

CHASTETÉ ■ ⇒ continence.

CHASUBLE ■ Dalmatique, manteau.

CHAT, CHATTE ■ *I.* Chaton, félin, haret, matou. *II. Fam. :* chattemite, greffier, grippeminaud, mimi, minet, minette, minon, minou, mistigri, moumoute, patte-pelu, raminagrobis.

CHÂTAIGNE ■ *I. Au pr. :* macre, marron. *II. Fig.* ⇒ coup.

CHÂTEAU ■ *I.* Bastide, bastille, citadelle, donjon, fort, forteresse. *II.* Castel, chartreuse, demeure, folie, gentilhommière, hôtel, manoir, palais, pavillon, rendez-vous de chasse, résidence. *III. Château d'eau :* réservoir.

CHAT-HUANT ■ ⇒ hulotte.

CHÂTIÉ, E ■ Académique, classique, dépouillé, épuré, poli, pur.

CHÂTIER ■ *I.* Battre, corriger, patafioler (mérid.), punir, réprimer, sévir. *II.* Corriger, épurer, perfectionner, polir, raboter, rectifier, retoucher, revoir. *III.* Améliorer, guérir de.

CHÂTIMENT ■ ⇒ punition.

CHATOIEMENT ■ ⇒ reflet.

CHATOUILLEMENT ■ *I.* ⇒ caresse. *II.* Agacerie, démangeaison, excitation, impatiences, prurit, titillation. ⇒ picotement.

CHATOUILLER ■ *I.* ⇒ caresser. *II.* Agacer, démanger, exciter, gratter, horripiler, impatienter, picoter. *III. Par ext.* ⇒ charmer.

CHATOUILLEUX, EUSE ■ Délicat, douillet, sensible. ⇒ susceptible.

CHATOYANT, E ■ Brillant, changeant, coloré, étincelant, imagé, luisant, miroitant, moiré, riche, séduisant.

CHATOYER ■ Briller, étinceler, jeter des reflets, luire, miroiter, pétiller, rutiler.

CHÂTRÉ, E ■ *I.* Castrat, eunuque. *II.* Bréhaigne, bœuf, chapon, hongre, mouton, mule, mulet, porc.

CHÂTRER ■ Bistourner, bretauder, castrer, chaponner, couper, démascler (mérid.), déviriliser, émasculer, hongrer, mutiler, stériliser.

CHATTEMITE ■ ⇒ patelin.

CHATTERIE ■ *I.* ⇒ caresse. *II.* Douceur, friandise, gâterie, sucrerie.

CHAUD, E ■ *I.* Bouillant, brûlant, cuisant, étouffant, fumant, incandescent, tiède, torride. *II. Fig.* 1. Amoureux, ardent, chaleureux, décidé, délirant, déterminé, échauffé, emballé, emporté, empressé, enthousiaste, fanatique, fervent, fougueux, frénétique, passionné, pressant, vif, zélé. 2. Âpre, dur, sanglant, sévère.

CHAUD ■ ⇒ chaleur.

CHAUDRON ■ ⇒ ustensile.

CHAUDRONNERIE ■ *I.* Dinanderie. *II.* Batterie/ustensiles de cuisine.

CHAUFFAGE, CHAUFFE ■ *I.* Climatisation. *II.* Caléfaction, distillation. *III. Appareils :* bassinoire, bouillotte, brasero, calorifère, chaufferette, chauffe-pieds, cheminée, couvet, fourneau, moine, poêle, radiateur, réchaud, thermosiphon.

CHAUFFARD ■ ⇒ chauffeur.

CHAUFFER ■ v. tr. *I. Au pr. :* bassiner, braiser, brûler, calciner, cuire, faire bouillir/cuire/réduire, échauffer, embraser, étuver, griller, réchauffer, rendre chaud, rôtir, surchauffer. *II. Fig.* 1. Attiser, exciter, mener rondement, presser. 2. Bachoter, réviser. 3. ⇒ voler. *III. V. intr.* 1. S'échauffer, être sous pression. 2. ⇒ barder.

CHAUFFERETTE ■ Bassinoire, moine, réchaud.

CHAUFFEUR ■ Automédon (vx), chauffard (péj.), conducteur, écraseur (péj.), machiniste, pilote.

CHAUME ■ *I.* Éteule, glui, paille, tige. *II.* ⇒ cabane.

CHAUMIÈRE, CHAUMINE ■ ⇒ cabane.

CHAUSSE ■ *I.* Bas, culotte, gamache, grègue, guêtre, jambière. *II. Loc.* Être aux chausses de : aux trousses, harceler, poursuivre, serrer de près.

CHAUSSÉE ■ *I.* Digue, duit, levée, remblai, talus. *II.* Chemin, piste, route, rue, voie.

CHAUSSE-TRAPE ■ ⇒ piège.

CHAUSSEUR ■ ⇒ cordonnier.

CHAUSSON ■ Babouche, ballerine, charentaise, espadrille, mule, pantoufle, patin, savate.

CHAUSSURE ■ *I.* Après-ski, boots, botte, bottillon, bottine, brodequin, cothurne, escarpin, galoche, mocassin, nu-pieds, richelieu, sabot, savate, snow-boot, socque, soulier, spartiate. ⇒ chausson. *II. Fam. :* bateau, bottine, chlapin, clape, clapette, croquenot, écrase-merde, galette, godasse, godillot, grolle, latte, péniche, pompe, ribouis, sorlot, tatane.

CHAUVE ■ Dégarni, déplumé, pelé.

CHAUVE-SOURIS ■ Chiroptère, noctule, oreillard, pipistrelle, rhinolophe, rhinopome, roussette, sérotine, vampire, vespertilion.

CHAUVIN, E ■ Belliqueux, borné, cocardier, étroit, fanatique, intolérant, jingo, nationaliste, patriotard, xénophobe.

CHAUVINISME ■ Fanatisme, intolérance, jingoïsme, nationalisme, xénophobie.

CHAVIRER ■ *I. V. intr.* 1. S'abîmer, basculer, cabaner, couler, dessaler, faire naufrage, se renverser, se retourner, sombrer. 2. Chanceler, tanguer, tituber, trébucher, vaciller. 3. *Loc.* Les yeux chavirent : se révulser. *II. V. tr.* 1. Bousculer, cabaner, renverser. 2. *Loc.* Chavirer le cœur/l'estomac : barbouiller.

CHEF ■ *I.* ⇒ tête. *II.* 1. *Au pr. :* administrateur, animateur, architecte, autorité, berger, commandant, conducteur, despote (péj.), dignitaire, directeur, dirigeant, dominateur, entraîneur, fondateur, gouverneur, gradé, guide, leader, maître, meneur, pasteur, patron, responsable, stratège, tête. ⇒ tyran. 2. Consul, dictateur, président, régent. ⇒ monarque. 3. Échevin, magistrat, maire, ministre. 4. Abbé, archevêque, archimandrite, ayatollah, commandeur des croyants, dalaï-lama, évêque, imam, métropolite, pape, patriarche, supérieur. 5. Cacique, cheik, sachem. 6. Cadre, contremaître, ingénieur. 7. Cinquantenier, condottiere, doge, dynaste, polémarque, tétrarque, triérarque, vergobret. 8.

Officier : amiral, aspirant, capitaine, chef de bataillon/d'escadron, colonel, commandant, enseigne de vaisseau, général, généralissime, lieutenant, lieutenant-colonel, sous-lieutenant. **9. Sous-officier :** adjudant, adjudant-chef, brigadier, caporal, caporal-chef, maître, major, maréchal des logis, maréchal des logis-chef, quartier-maître, second-maître, sergent-chef. **10.** Chef d'orchestre, coryphée (péj.). **11.** Chef-d'œuvre ⇒ ouvrage. **III.** ⇒ cuisinier. **IV.** ⇒ matière.

CHEMIN ■ *I.* Accès, allée, artère, avenue, boulevard, cavée, chaussée, draille, drève, laie, layon, lé, ligne, passage, piste, raidillon, rampe, ravin, rocade, route, rue, sente, sentier, taxiway (aviat.), tortille. *II.* ⇒ voie. *III.* ⇒ trajet. *IV.* ⇒ méthode.

CHEMINEAU ■ ⇒ vagabond.

CHEMINÉE ■ *I.* Âtre, feu, foyer. *II.* Puits, trou.

CHEMINEMENT ■ Approche, avance, marche, progrès, progression.

CHEMINER ■ ⇒ marcher.

CHEMISE ■ *I.* ⇒ dossier. *II.* Brassière, camisole, chemisette, combinaison, linge de corps, lingerie, parure, tee-shirt.

CHEMISETTE ■ ⇒ chemise, corsage.

CHEMISIER ■ ⇒ corsage.

CHENAL ■ ⇒ canal.

CHENAPAN ■ ⇒ vaurien.

CHÊNE ■ Rouvre, tauzin, vélani. *Chêne-vert :* yeuse.

CHÉNEAU ■ ⇒ gouttière.

CHENET ■ Hâtier, landier.

CHEPTEL ■ *I. Cheptel vif :* animaux, bergerie, bestiaux, bétail, capital, écurie, étable, troupeau. *II. Cheptel mort :* capital, équipement, instruments, machines, matériel, outillage.

CHER, ÈRE ■ *I.* Adoré, adulé, affectionné, aimé, bien-aimé, chéri. *II. Une chose :* agréable, aimable, estimable, précieux, rare. *III.* Chérot, coup de barre/fusil (fam.), coûteux, dispendieux, hors de portée/de prix, inabordable, la peau des fesses (fam.), onéreux, ruineux, salé.

CHERCHER ■ *I. Un objet :* aller à la découverte/recherche/en reconnaissance, battre la campagne/les buissons, chiner, être en quête, explorer, fouiller, fourrager, fureter, quérir (vx), quêter, rechercher, troller (vén.), triturer. *II. Une solution :* s'appliquer à, se battre les flancs (fam.), calculer, consulter, demander, s'enquérir, enquêter, examiner, imaginer, s'informer, interroger, inventer, se pencher sur, penser/réfléchir à, scruter, sonder, supposer. *III.* S'efforcer, s'évertuer, tâcher, tendre, tenter, viser. *IV.* Intriguer, rechercher, solliciter. *V. Quelqu'un :* aller/envoyer/faire/venir prendre, quérir, requérir.

CHERCHEUR, EUSE ■ n. et adj. *I.* Explorateur, orpailleur. *II.* Curieux, enquêteur, érudit, fouineur, fureteur, inventeur, investigateur, savant, spécialiste. *III.* Détecteur.

CHÈRE ■ Bombance, bonne table, chère lie, gastronomie, menu, ordinaire, plaisir de la table, ripaille.

CHÈREMENT ■ *I.* ⇒ cher. *II.* Affectueusement, amoureusement, avec affection/amour/piété/sollicitude/tendresse, pieusement, tendrement.

CHÉRI, E ■ *I.* ⇒ cher. *II.* ⇒ amant.

CHÉRIR ■ ⇒ aimer.

CHERTÉ ■ ⇒ prix.

CHÉRUBIN ■ ⇒ enfant.

CHÉTIF, IVE ■ *I.* ⇒ faible. *II.* ⇒ mauvais. *III.* ⇒ misérable.

CHEVAL ■ *I.* Équidé, solipède. *II.* Étalon, foal, hongre, jument, poulain, pouliche, poney, yearling. *III. Fam.*

1. Bidet, bourrin, bourrique, canasson, carcan, carne, carogne, criquet, haridelle, mazette, oignon, rossard, rosse, rossinante, sardine, tréteau, veau, vieille bique. **2.** Coco, dada. *IV.* Cheval d'armes, de chasse/de cirque/de concours/de course/d'élevage/de fond /de parade/de remonte, cob, coureur, courtaud, crack, favori, hunter, postier, sauteur, trotteur. *V.* Cheval sauvage, mustang, tarpan. *VI.* **Vx ou poét.** : cavale, coursier, destrier, haquenée, palefroi. *VII.* Équipage, monture. *VIII.* **Races :** andalou, anglais, anglo-normand, arabe, ardennais, auvergnat, barbe, belge, berrichon, boulonnais, bourbonien, breton, camarguais, cauchois, charentais, circassien, comtois, corse, danois, flamand, genet, hanovrien, hollandais, hongrois, irlandais, kabyle, kirghise, klepper, landais, limousin, lorrain, mecklembourgeois, mongol, navarrais, normand, percheron, persan, picard, poitevin, russe, tarbais, tartare, tcherkess, turc. **D'après la couleur ⇒ robe.** *IX.* **Loc.** Allures du cheval : Amble, aubin, canter, entrepas, galop, hobin, mésair, pas, trac, train, traquenard, trot. **2.** **Cheval de bataille.** *Fig. :* argument, dada, idée fixe. **3.** **Aller/ monter à cheval ⇒ chevaucher.**

CHEVALERESQUE ■ ⇒ **généreux.**

CHEVALERIE ■ Féodalité, institution/ ordre militaire, noblesse.

CHEVALET ■ Banc, baudet, chèvre, échafaudage, support, tréteau.

CHEVALIER ■ *I.* Bachelier (vx), cavalier, écuyer, noble, paladin, preux, suzerain, vassal. *II.* **Loc.** **Chevalier d'industrie** : faisan. ⇒ **voleur.**

CHEVALIÈRE ■ Anneau, armes, armoiries, bague.

CHEVAUCHÉE ■ *I.* **Au pr. :** cavalcade, course, promenade, reconnaissance, traite, tournée. *II.* **Par ext. :** incursion, investigation, raid.

CHEVAUCHER ■ *I.* **V. intr.** **1.** Aller/

monter à cheval, caracoler, cavalcader, galoper, parader, trotter. **2.** Se croiser, empiéter, être mal aligné, mordre sur, se recouvrir. *II.* **V. tr. :** couvrir, enjamber, passer au-dessus/par-dessus, recouvrir. *III.* **Loc.** À **chevauchons** (vx) : à califourchon, à cheval, à dada (fam.).

CHEVÊCHE ■ ⇒ **hulotte.**

CHEVELU, E ■ ⇒ **poilu.**

CHEVELURE, CHEVEUX ■ *I.* Coiffure, toison. *II.* **Fam. :** crayons, crinière, crins, douilles, plumes, poils, roseaux, tifs, tignasse. ⇒ **postiche.**

CHEVILLARD ■ Boucher, commissionnaire, grossiste.

CHEVILLE ■ Clavette, esse, goujon, goupille, gournable (mar.). *Fig. :* inutilité, pléonasme, redondance, superfluité.

CHEVILLER ■ ⇒ **fixer/enfoncer.**

CHÈVRE ■ *I.* Bique, biquet, biquette, cabri, caprin, chevreau, chevrette, menon, menou. *II.* Appareil de levage, bigue, grue, treuil. ⇒ **chevalet.**

CHEVREUIL ■ Brocard, chevrette, chevrillard, chevrotin.

CHEVRON ■ ⇒ **poutre.**

CHEVRONNÉ, E ■ *I.* ⇒ **ancien.** *II* ⇒ **capable.**

CHEVROTER ■ *I.* ⇒ **trembler.** *II.* ⇒ **chanter.**

CHEZ-SOI ■ ⇒ **maison.**

CHIASSE ■ ⇒ **excrément, diarrhée.**

CHIC ■ *I.* **Nom** ⇒ **élégance, habileté.** *II.* **Adj.** ⇒ **aimable, élégant.**

CHICANE, CHICANERIE ■ *I.* Avocasserie, incident/procédé dilatoire, procédure, procès. *II.* Argutie, artifice, chinoiserie, contestation, controverse, équivoque, ergotage, ergoterie, logomachie, pointille, pointillerie, subtilité. *III.* Altercation, bagarre, bataille, bisbille, chamaillerie, chipotage, conflit, contradiction, contrariété, critique, démêlé, désaccord, différend, discordance, dispute, marchandage, mésentente, noise, passe d'armes, polémique, querelle, réprimande, scène, tracasserie.

CHICANER ■ *I.* Arguer, argumenter, avocasser, batailler, chamailler, chicoter, chipoter, chercher des crosses/noise/la petite bête/des poux/querelle, contester, contrarier, contredire, controverser, critiquer, discuter, disputer, épiloguer, ergoter, gloser, incidenter (vx), objecter, pointiller, polémiquer, provoquer, soulever un incident, tatillonner, trouver à redire, vétiller. *II.* 1. Barguigner, lésiner, marchander. 2. ⇒ **tourmenter.**

CHICANEUR, EUSE, CHICANIER, ÈRE ■ Argumenteur, avocassier, batailleur, chercheur, chicoteur, chinois, chipoteur, coupeur de cheveux en quatre, disputailleur, éplucheur d'écrevisses, ergoteur, mauvais coucheur, plaideur, pointilleux, procédurier, processif, querelleur, vétillard, vétilleur, vétilleux.

CHICHE ■ *I.* Crasseux, lésineux, parcimonieux. ⇒ **avare.** *II.* Chétif, léger, mesquin, mesuré, pauvre, sordide.

CHICHI ■ *I.* Affectation, cérémonie, embarras, façon, girie (fam.), manière, mignardise, minauderie, simagrée. *II.* Boucle/mèche de cheveux. ⇒ **postiche.**

CHICON ■ ⇒ **romaine.**

CHICOT ■ Croc, débris, dent, fragment, morceau.

CHICOTER ■ v. tr. et intr. ⇒ **chicaner.**

CHIEN ■ *I. Au pr.* 1. Canidé. 2. Chien **sauvage** : cabéru, cyon, dingo, lycaon, otocyon. 3. Chienne, chiot, lice. 4. Berger, corniaud, garde, gardien, mâtin, policier, roquet. 5. **Fam.** : cabot, cerbère, clébard, clebs, toutou. 6. **Races** : barbet, bas-rouge, basset, beagle, berger allemand/alsacien/belge/des Pyrénées, bichon, bleu d'Auvergne, bouledogue, braque, briard, briquet, bull-terrier, caniche, carlin, choupille, chow-chow, clabaud, cocker, colley, corneau, danois, dogue, épagneul, fox-terrier, griffon, groenendael, havanais, houret, king-Charles, labrador, levrette, lévrier, limier, loulou, malinois, maltais, mastiff, pékinois, pointer, ratier, saint-bernard, saint-hubert, sloughi, terre-neuve, teckel, terrier, vautre. *II. Fig.* : attrait, chic, élégance, sex-appeal.

CHIER ■ ⇒ besoins (faire ses).

CHIFFON ■ *I. Au pr.* : chiffre, défroque, drapeau (vx), drille, guenille, haillon, lambeau, loque, morceau, oripeau, peille, pilot, serpillière, souquenille. *II.* ⇒ **bagatelle.**

CHIFFONNER ■ *I.* Bouchonner, friper, froisser, manier, mettre en tampon, plisser, remuer, tripoter. *II.* Attrister, chagriner, choquer, contrarier, faire de la peine, fâcher, froisser, heurter, intriguer, meurtrir, offenser, piquer, préoccuper, taquiner, tracasser.

CHIFFONNIER, ÈRE ■ *I. Au pr. :* biffin, brocanteur, chineur, fripier, grafin, regrattier (vx), trimardeur, triqueur. *II. Par ext.* ⇒ **vagabond.** *III.* Bonheur-du-jour, bonnetière, commode, table à ouvrage, travailleuse.

CHIFFRE ■ *I.* ⇒ **nombre.** *II.* ⇒ **somme.** *III.* ⇒ **marque.**

CHIFFRER ■ *I.* ⇒ évaluer. *II.* Coder, mettre/transcrire en chiffre/code.

CHIGNER ■ Grogner, pleurer, pleurnicher, rechigner, rouspéter.

CHIGNOLE ■ ⇒ **perceuse.**

CHIMÈRE ■ ⇒ **illusion.**

CHIMÉRIQUE ■ ⇒ **imaginaire.**

CHINE ■ ⇒ **brocante, vente.**

CHINÉ, E ■ ⇒ **bariolé.**

CHINER ■ ⇒ chercher, taquiner.

CHINOIS, E ■ n. et adj. *I. Au pr. :* asiate, asiatique, jaune. *II. Fig.* ⇒ original, compliqué. *III.* ⇒ tamis.

CHINOISERIE ■ Complication, formalité. ⇒ chicane.

CHIOT ■ ⇒ chien.

CHIOURME ■ ⇒ bagne.

CHIPER ■ ⇒ voler.

CHIPIE ■ ⇒ mégère.

CHIPOTER ■ *I.* ⇒ manger. *II.* ⇒ chicaner. *III.* ⇒ hésiter.

CHIQUÉ ■ ⇒ tromperie.

CHIQUENAUDE ■ Croquignole, nasarde, pichenette.

CHIROMANCIEN, ENNE ■ ⇒ devin.

CHIRURGIEN ■ Médecin, opérateur, praticien. *Péj. :* boucher, charcutier.

CHIURE ■ ⇒ excrément.

CHOC ■ *I.* Abordage, accident, accrochage, carambolage, collision, coup, heurt, percussion, tamponnement, télescopage. *II. Milit. :* affaire, assaut, attaque, bataille, charge, combat, corps à corps, engagement, lutte, offensive. *III. Par ext.* ⇒ émotion.

CHOCOLAT ■ *I.* Cacao. *II.* Bille, bonbon, bouchée, croquette, crotte, pastille, plaque, tablette, truffe.

CHŒUR ■ Choral, chorale, manécanterie, orphéon.

CHOIR ■ ⇒ tomber.

CHOISI, E *I.* ⇒ précieux. *II.* Oint, prédestiné, *et les part. passés possibles des syn. de* CHOISIR.

CHOISIR ■ Adopter, aimer mieux, coopter, se décider pour, départager, désigner, distinguer, élire, embrasser, s'engager, faire choix, fixer son choix, jeter son dévolu, mandater, nommer, opter, plébisciter, préférer, prendre, sélecter, sélectionner, trancher, trier sur le volet.

CHOIX ■ *I. Au pr. :* acceptation, adoption, cooptation, décision, désignation, élection, nomination, prédilection, préférence, résolution, sélection, triage. *II.* Alternative, dilemme, option. *III.* Assortiment, collection, dessus du panier, échelle, éventail, prix, qualité, réunion, tri. *IV.* Morceaux choisis, recueil. ⇒ anthologie. *V.* Aristocratie, crème, élite, fine fleur, gratin, happy few.

CHOLÉRA ■ ⇒ peste, méchant.

CHÔMAGE ■ Crise, manque de travail, marasme, morte-saison.

CHÔMER ■ Arrêter/cesser/suspendre le travail, faire le pont. ⇒ fêter.

CHÔMEUR, EUSE ■ ⇒ demandeur.

CHOPINER ■ ⇒ enivrer (s').

CHOPPER ■ Achopper, broncher, buter, faire un faux pas, trébucher.

CHOQUANT, E ■ ⇒ désagréable.

CHOQUER ■ *I.* Buter, donner contre, frapper, heurter, taper. *II.* Atteindre, blesser, commotionner, contrarier, déplaire, ébranler, écorcher, effaroucher, faire mauvais effet, froisser, heurter, indigner, offenser, offusquer, mécontenter, rebuter, révolter, scandaliser, secouer, sonner mal, soulever l'indignation, traumatiser, vexer.

CHORAL, CHORALE ■ ⇒ chœur.

CHORÉGRAPHIE ■ ⇒ danse.

CHOREUTE, CHORISTE ■ ⇒ chanteur.

CHORUS (FAIRE) ■ ⇒ approuver.

CHOSE ■ ⇒ objet, truc.

CHOSIFIER ■ Dépersonnaliser, déshumaniser, réifier.

CHOUCHOU, OUTE ■ ⇒ favori.

CHOUCHOUTER, CHOYER ■ ⇒ caresser, soigner.

CHOUETTE ■ *I.* ⇒ hulotte. *II.* ⇒ beau.

CHRESTOMATHIE ■ ⇒ anthologie.

CHRÉTIEN, IENNE ■ adj. et n. *I.* Baptisé, catholique, copte, orthodoxe, protestant, schismatique. *II.* Fidèle, ouaille, paroissien. *III. Par ext.* 1. ⇒ bon. 2. ⇒ homme.

CHRONIQUE ■ *I. Adj.* ⇒ durable. *II. Nom.* 1. ⇒ histoire. 2. ⇒ article.

CHRONIQUEUR ■ ⇒ historien.

CHRONOLOGIE ■ ⇒ histoire.

CHUCHOTEMENT, CHUCHOTERIE ■ Bruit, bruissement, chuchotis, gazouillement, gazouillis, murmure, susurrement.

CHUCHOTER ■ ⇒ murmurer.

CHUINTER ■ Bléser, zézayer, zozoter.

CHUT ■ Paix, silence, taisez-vous.

CHUTE ■ *I. Au pr.* 1. Affaissement, avalanche, croulement, éboulement, écrasement, écroulement, effondrement, glissement. 2. Bûche, cabriole, carambolage, culbute, dégringolade, gadin, glissade, pelle, plongeon. *Méd.* : déplacement, descente, prolapsus, ptôse. *III.* Abdication, capitulation, déconfiture, défaite, disgrâce, échec, faillite, insuccès, renversement. *IV.* 1. Crise, décadence, déchéance, faute, péché, scandale. 2. Abattement, découragement, démoralisation, perte de confiance. 3. Baisse, dépréciation, dévaluation. 4. Bas, extrémité, fin, terminaison. 5. ⇒ abaissement. *V.* Rapide. ⇒ cascade. *VI.* ⇒ déchet.

CHUTER ■ ⇒ baisser, tomber.

CIBLE ■ But, mouche, papegai, papegeai, quintaine.

CIBOULE ■ Ciboulette, cive, civette. ⇒ tête.

CICATRICE ■ *I.* Balafre, couture, marque, signe, souvenir, stigmate, trace. *II. Par ext.* : brèche, défiguration, lézarde, mutilation.

CICATRISATION ■ Guérison, réparation, rétablissement. *Fig.* : adoucissement, apaisement, consolation, soulagement.

CICATRISER ■ *I. Au pr.* : se dessécher, se fermer, guérir. *II. Fig.* : adoucir, apaiser, consoler, soulager.

CICÉRONE ■ ⇒ guide.

CI-DEVANT ■ *I. Adv.* ⇒ avant. *II. Nom* ⇒ noble.

CIEL ■ *I.* Atmosphère, calotte/voûte céleste/des cieux, coupole/dôme du ciel, espace, éther, firmament, infini, nuages, nue (vx), univers. *II. Sing. et pl.* : au-delà, céleste empire/lambris/séjour, éden, empyrée, Jérusalem céleste, là-haut, paradis, patrie des élus, séjour des bienheureux/des élus, walhalla. *III. Par ext.* ⇒ dieu. *IV. Ciel de lit* ⇒ dais.

CIERGE ■ ⇒ chandelle.

CIGARE ■ Havane, londrès, manille, panatella, panetela, trabuco.

CIGARETTE ■ *Arg.* : cibiche, clop, mégot, pipe, sèche, smak, tige.

CI-JOINT ■ Ci-annexé, ci-inclus.

CILICE ■ *I. Au pr.* : haire. *II. Par ext.* : mortification, pénitence.

CILLER ■ *I. V. tr.* : bornoyer, cligner, clignoter, papilloter. *II. V. intr.* : broncher, s'émouvoir, marquer le coup.

CIME ■ ⇒ sommet.

CIMENT ■ Béton, liant, lien, mortier.

CIMENTER ■ Affermir, amalgamer, consolider, lier, raffermir, sceller, unir.

CIMETERRE ■ ⇒ épée.

CIMETIÈRE ■ Catacombe, champ des morts/du repos, charnier, columbarium, crypte, nécropole, ossuaire. *Arg.* : clamart, quatre-arpents.

CINÉASTE ■ Chef de production, dialoguiste, metteur en scène, opérateur, producteur, réalisateur, scénariste.

CINÉMA ■ *I.* Ciné, cinérama, cinoche (fam.), grand écran, permanent, salle, salle obscure, spectacle. *II.* ⇒ **comédie.**

CINÉMATOGRAPHIER ■ Enregistrer, filmer, photographier, prendre un film, tourner.

CINGLANT, E ■ Blessant, cruel, dur, sévère, vexant.

CINGLÉ, E, CINOQUE ■ ⇒ **fou.**

CINGLER ■ *I.* Aller, s'avancer, faire route/voile, marcher, naviguer, progresser, voguer. *II. V. tr.* 1. *Au pr.* : battre, cravacher, flageller, fouailler, fouetter, frapper, fustiger, sangler. 2. *Fig.* : attaquer, attiser, blesser, critiquer, exciter, moucher, vexer.

CINTRE ■ *I.* Arc, arcade, arceau, cerceau, courbure, ogive, voussure, voûte. *II.* Armature, coffrage. *III.* Portemanteau.

CINTRER ■ ⇒ **bomber.**

CIRCONFÉRENCE ■ ⇒ **tour, rond.**

CIRCONFLEXE ■ ⇒ **tordu.**

CIRCONLOCUTION ■ ⇒ **périphrase.**

CIRCONSCRIPTION ■ ⇒ **division.**

CIRCONSCRIRE ■ ⇒ **limiter.**

CIRCONSPECT, E ■ ⇒ **prudent.**

CIRCONSPECTION ■ Attention, calme, considération, défiance, diplomatie, discernement, discrétion, égard, habileté, ménagement, mesure, modération, politique, précaution, prévoyance, prudence, quant-à-soi, réflexion, réserve, retenue, sagesse.

CIRCONSTANCE ■ *I.* Accident, climat, condition, détail, détermination, donnée, modalité, particularité. *II.* Actualité, conjoncture, état des choses, événement, heure, moment, situation, temps. *III.* Cas, chance, coïncidence, entrefaite, épisode, éventualité, hasard, incidence, incident, occasion, occurrence, péripétie. *IV.* À-propos, contingence, opportunité.

CIRCONSTANCIÉ, E ■ ⇒ **détaillé.**

CIRCONVENIR ■ ⇒ **séduire.**

CIRCONVOLUTION, CIRCUIT ■ ⇒ **tour.**

CIRCULATION ■ *I.* ⇒ **mouvement.** *II.* ⇒ **trafic.**

CIRCULER ■ ⇒ **mouvoir (se).**

CIRER ■ Encaustiquer. ⇒ **frotter.**

CIRQUE ■ *I. Au pr.* : amphithéâtre, arène, carrière, chapiteau, colisée, hippodrome, naumachie, piste, représentation, scène, spectacle, stade, tauromachie, voltige. *II. Fig.* ⇒ **chahut.**

CISAILLE ■ Cueilloir. ⇒ **ciseau.**

CISAILLER ■ Ébarber, élaguer. ⇒ **couper.**

CISEAU ■ *I. Sing.* : bec-d'âne, bédane, berceau, besaiguë, biseau, bouchard, burin, ciselet, cisoir, ébauchoir, fermoir, gouge, gougette, grattoir, matoir, ognette, plane, poinçon, pointe, riflard, rondelle. *II. Plur.* : cisaille, cueille-fleurs, forces, mouchette, sécateur.

CISELER ■ *I.* ⇒ **tailler.** *II.* ⇒ **parfaire.**

CITADELLE ■ ⇒ **forteresse.**

CITADIN, E ■ *I. Adj.* ⇒ **urbain.** *II. Nom* ⇒ **habitant.**

CITATION ■ ⇒ **extrait.**

CITÉ ■ ⇒ **agglomération, village.**

CITER ■ *I. Au pr.* : ajourner, appeler en justice, assigner, convoquer, faire sommation/venir, intimer, mander, sommer, traduire en justice. *II. Par ext.* : alléguer, apporter, avancer, consigner, donner/fournir en exemple/référence, évoquer, indiquer, invoquer, mentionner, nommer, produire, rappeler, rapporter, signaler, viser.

CITERNE ■ ⇒ **réservoir.**

CITOYEN ■ ⇒ **habitant.**

CITRON ■ Agrume, bergamote,

cédrat, citrus, lime, limette, limon, poncire. ⇒ **agrume.**

CITROUILLE ■ ⇒ **courge.**

CIVIÈRE ■ Bard, bast, bayart, brancard, litière, oiseau.

CIVIL, E ■ *I. Adj.* 1. Civique, laïque. 2. Affable, aimable, bien élevé, convenable, correct, courtois, empressé, galant, gentil, gracieux, honnête, poli. *II. Nom :* bourgeois, pékin (fam.).

CIVILISATION ■ Avancement, culture, évolution, perfectionnement, progrès.

CIVILISÉ, E ■ ⇒ **policé.**

CIVILISER ■ ⇒ **policer.**

CIVILITÉ ■ Affabilité, amabilité, bonnes manières, convenances, correction, courtoisie, éducation, gentillesse, gracieuseté, honnêteté, politesse, raffinement, savoir-vivre, sociabilité, urbanité, usage. *Plur.* 1. Amabilités, amitiés, baisemain, bien des choses, compliments, devoirs, hommages, politesses, salutations. 2. Cérémonies.

CIVISME ■ ⇒ **patriotisme.**

CLABAUDER ■ ⇒ **médire.**

CLABAUDERIE ■ ⇒ **médisance.**

CLAIE ■ *I.* Clayon, clisse, crible, éclisse, sas, tamis, volette. *II.* Bordigue, nasse. *III.* Abri, brisevent, clôture, grille, treillage. *IV.* Hayon, panneau.

CLAIR, E ■ *I.* 1. Brillant, éclatant, limpide, luisant, lumineux, net, poli, pur, serein, transparent. 2. Clairet, clairsemé, léger, rare. 3. Aigu, argentin, vif. *II. Fig.* 1. Aisé, explicite, facile, intelligible, précis, tranché. 2. Apparent, certain, distinct, évident, manifeste, notoire, palpable, sûr. 3. Cartésien, catégorique, délié, formel, lucide, pénétrant, perspicace, sans ambiguïté, sûr, univoque.

CLAIRIÈRE ■ Clair, échappée, éclaircie, trouée.

CLAIRON ■ Clique, fanfare, trompette.

CLAIRONNER ■ ⇒ **publier.**

CLAIRSEMÉ, E ■ ⇒ **épars.**

CLAIRVOYANCE ■ ⇒ **pénétration.**

CLAIRVOYANT, E ■ *I.* ⇒ pénétrant. *II.* ⇒ **intelligent.**

CLAMER ■ ⇒ **crier.**

CLAMEUR ■ ⇒ **cri.**

CLAN ■ *I.* ⇒ tribu. *II.* ⇒ coterie. *III.* ⇒ **parti.**

CLANDESTIN, E ■ ⇒ **secret.**

CLAPET ■ Obturateur, soupape, valve.

CLAPIR (SE) ■ ⇒ **cacher (se).**

CLAQUE ■ *I.* ⇒ gifle. *II.* ⇒ lupanar.

CLAQUEMENT ■ ⇒ **bruit.**

CLAQUEMURER ■ *I.* ⇒ coffrer. *II.* ⇒ **enfermer.**

CLAQUER ■ *I. V. tr.* 1. ⇒ frapper. 2. ⇒ dépenser. 3. ⇒ fatiguer. *II. V. intr.* 1. ⇒ rompre. 2. ⇒ mourir.

CLARIFIER ■ ⇒ **éclaircir, purifier.**

CLARTÉ ■ *I.* Clair-obscur, demi-jour, éclat, embrasement, lueur, lumière, nitescence. *II. Fig.* 1. Limpidité, luminosité, pureté, transparence, visibilité. 2. Intelligibilité, netteté, perspicacité, perspicuité, précision.

CLASSE ■ *I. Au pr. :* caste, catégorie, clan, division, état, famille, gent, groupe, ordre, rang, série, standing. *II.* ⇒ école. *III.* Carrure, chic, chien, dimension, distinction, élégance, génie, présence, talent, valeur.

CLASSEMENT ■ Arrangement, bertillonnage, catalogue, classification, collocation, index, nomenclature, ordre, rangement, répertoire, statistique, taxonomie.

CLASSER ■ Arranger, assigner, attribuer, cataloguer, classifier, différencier, diviser, grouper, ordonner, placer, ranger, répartir, répertorier, séparer, sérier, subsumer, trier.

CLASSIFICATION ■ ⇒ classement.

CLASSIFIER ■ ⇒ classer.

CLASSIQUE ■ ⇒ traditionnel.

CLAUDICANT, E ■ ⇒ boiteux.

CLAUSE ■ *I.* ⇒ disposition. *II. Loc.* Clause pénale : cautionnement, dédit, dédommagement, garantie, sûreté.

CLAUSTRAL, E ■ Ascétique, cénobitique, monacal, monastique, religieux.

CLAUSTRATION ■ ⇒ isolement.

CLAUSTRER ■ ⇒ enfermer.

CLAUSULE ■ ⇒ terminaison.

CLAVECIN ■ Clavicorde, épinette, virginal.

CLEF ■ *I.* Sûreté. ⇒ passe-partout, rossignol. *II.* Explication, fil conducteur, introduction, sens, signification, solution. *III.* ⇒ dénouement.

CLÉMENCE ■ ⇒ générosité.

CLÉMENT, E ■ ⇒ indulgent.

CLERC ■ *I.* ⇒ prêtre. *II.* ⇒ savant. *III.* Actuaire, commis, employé, principal, saute-ruisseau, secrétaire, tabellion.

CLERGÉ ■ Église, ordre. *Péj. :* calotte, curaille, frocaille, prêtraille.

CLICHÉ ■ *I.* Épreuve, image, négatif, pellicule, phototype. *II.* ⇒ banalité.

CLIENT, E ■ acheteur, protégé.

CLIGNEMENT ■ ⇒ clin d'œil.

CLIGNER, CLIGNOTER ■ *I.* ⇒ ciller. *II.* ⇒ vaciller.

CLIMAT ■ *I.* Ciel, circonstances/conditions atmosphériques/climatiques/météorologiques, régime, température. *II.* Atmosphère, ambiance, environnement, milieu. ⇒ pays.

CLIMATÈRE ■ Andro/ménopause.

CLIN D'ŒIL ■ Battement, clignement, coup d'œil, œillade.

CLINICIEN ■ Praticien. ⇒ médecin.

CLINIQUE ■ ⇒ hôpital.

CLINQUANT ■ Camelote, éclat, faux, imitation, pacotille, quincaillerie, simili, verroterie.

CLIQUE ■ *I.* ⇒ orchestre. *II.* ⇒ coterie.

CLIQUETIS ■ ⇒ bruit.

CLOAQUE ■ *I. Au pr. :* bourbier, charnier, décharge, égout, margouillis, sentine, voirie. ⇒ water-closet. *II. Par ext.* 1. ⇒ abjection. 2. ⇒ bas-fond.

CLOCHARD, E ■ Chemineau, cloche, mendiant, trimard, trimardeur, vagabond.

CLOCHE ■ *I. Au pr. :* beffroi, bélière, bourdon, campane, carillon, clarine, clochette, grelot, sonnaille, timbre. *II. Poét. :* airain, bronze. *III. Par ext. :* appel, signal, sonnerie. *IV.* ⇒ boursouflure. *V.* ⇒ clochard. *VI. Adj.* ⇒ bête.

CLOCHER ■ Beffroi, bulbe, campanile, clocheton, flèche, tour.

CLOCHER ■ *I.* Aller à cloche-pied, boiter, broncher, claudiquer, clopiner. *II.* ⇒ décliner.

CLOCHETTE ■ ⇒ cloche.

CLOISON ■ ⇒ mur, séparation.

CLOISONNER ■ ⇒ séparer.

CLOÎTRE ■ *I.* Déambulatoire, patio, préau, promenoir. *II.* Abbaye, béguinage, chartreuse, communauté, couvent, ermitage, monastère, moutier, retraite, trappe.

CLOÎTRER ■ ⇒ enfermer.

CLOPINER ■ ⇒ clocher.

CLOQUE ■ ⇒ boursouflure.

CLOQUER ■ *I.* Gaufrer. ⇒ gonfler. *II.* ⇒ donner, mettre, placer.

CLORE ■ ⇒ fermer, entourer, finir.

CLOS ■ ⇒ enceinte, champ, vigne.

CLÔTURE ■ *I. Au pr. :* balustre, barbelé, barricade, barrière, chaîne, claie, échalier, enceinte, entourage, fermeture, grillage, grille, haie, herse, lice, mur, muraille, palanque, palis, palissade, treillage, treillis. *II.* ⇒ fin.

CLÔTURER ■ ⇒ entourer, finir.

CLOU ■ *I.* ⇒ pointe. *II.* ⇒ abcès. *III.* ⇒ mont-de-piété. *IV.* ⇒ bouquet.

CLOUER ■ ⇒ fixer.

CLOUTAGE ■ Assemblage, clouage, clouement, fixage, fixation, montage.

CLOWN ■ *I.* Auguste, bateleur, bouffon, gugusse, paillasse, pitre. *II.* Acrobate, artiste, fantaisiste. ⇒ farceur.

CLUB ■ ⇒ cercle.

CLUSE ■ ⇒ vallée.

CLYSTÈRE ■ ⇒ lavement.

COACCUSÉ, E ■ ⇒ complice.

COACTION ■ ⇒ contrainte.

COADJUTEUR ■ Adjoint, aide, assesseur, auxiliaire, suppléant.

COAGULER ■ v. tr. et intr. Caillebotter, cailler, congeler, figer, floculer, grumeler, prendre, solidifier.

COALISER ■ ⇒ unir.

COALITION ■ Alliance, archiconfrérie, association, bloc, cartel, collusion, confédération, entente, front, groupement, intelligence, ligue, trust, union.

COALTAR ■ ⇒ goudron.

COASSER ■ Fig. : bavarder, cabaler, clabauder, criailler, jacasser, jaser, médire.

COBAYE ■ Cavia, cochon d'Inde.

COCAGNE ■ Abondance, eldorado, paradis, pays des merveilles/de rêve, réjouissance.

COCARDE ■ ⇒ emblème.

COCARDIER, ÈRE ■ ⇒ patriote.

COCASSE ■ ⇒ risible.

COCHE ■ *I.* Berline, carrosse, chaise de poste, courrier, diligence, malle, malle-poste, patache. ⇒ voiture. *II. Coche d'eau :* bac, bachot, bateaumouche. ⇒ bateau. *III.* ⇒ porc. *IV.* ⇒ entaille.

COCHER ■ *I.* Aurige, automédon, collignon, conducteur, patachier, patachon, phaéton, postillon, roulier, voiturier, voiturin. *II. V. tr.* ⇒ entailler.

COCHON ■ *I. Au pr.* ⇒ porc. *II. Fig.* 1. ⇒ obscène. 2. ⇒ débauché.

COCHONNAILLE ■ ⇒ charcuterie.

COCHONNER ■ ⇒ gâcher.

COCHONNERIE ■ *I.* ⇒ obscénité. *II.* ⇒ saleté.

COCOTTE ■ *I.* Autocuiseur. *II.* ⇒ prostituée.

COCTION ■ ⇒ cuisson.

COCU, E ■ n. et adj. Bafoué, berné, blousé, coiffé, cornard, trompé.

COCUFIER ■ ⇒ tromper.

CODE ■ ⇒ collection, règlement.

CODIFIER ■ ⇒ régler.

COEFFICIENT ■ Facteur, pourcentage.

COÉQUIPIER ■ ⇒ partenaire.

COERCITION ■ ⇒ contrainte.

CŒUR ■ *I.* ⇒ âme. *II.* ⇒ nature. *III.* ⇒ sensibilité. *IV.* ⇒ générosité. *V.* ⇒ chaleur. *VI.* ⇒ courage. *VII.* ⇒ estomac. *VIII.* ⇒ conscience. *IX.* ⇒ mémoire. *X.* ⇒ intuition. *XI.* ⇒ centre. *XII. Loc.* 1. À cœur ouvert : avec abandon/confiance, franchement, librement. 2. De bon cœur : avec joie/plaisir, de bon gré, volontairement, volontiers. *XIII.* arg. : chouan, palpitant.

COFFRE ■ Arche (vx), bahut, boîte, caisse, caisson, cassette, coffre-fort, coffret, huche, maie, malle. *Fig. :*

culot, estomac, souffle, toupet. ⇒ **poitrine.**

COFFRER ▪ Arrêter, claquemurer, emprisonner, mettre à l'ombre/en prison, *et les syn. de* PRISON.

COFFRET ▪ ⇒ boîte.

COGITER ▪ ⇒ penser.

COGNAT ▪ ⇒ parent.

COGNÉE ▪ ⇒ hache.

COGNER ▪ *I.* ⇒ battre. *II.* ⇒ frapper. *III.* ⇒ heurter.

COGNITION ▪ ⇒ conscience.

COHABITATION ▪ Concubinage, mixité, promiscuité, voisinage.

COHÉRENCE, COHÉSION ▪ *I.* ⇒ adhérence. *II.* ⇒ liaison.

COHÉRENT, E ▪ ⇒ logique.

COHORTE ▪ ⇒ troupe.

COHUE ▪ *I.* Affluence, foule, mêlée, multitude, presse. *II.* Bousculade, confusion, désordre, tumulte.

COI, COITE ▪ *I.* ⇒ tranquille. *II.* Abasourdi, muet, sidéré, stupéfait.

COIFFE ▪ Cale (vx), cornette. ⇒ **bonnet.**

COIFFER ▪ ⇒ peigner. *V. pron. : fig.* ⇒ engouer (s').

COIFFEUR, EUSE ▪ Artiste capillaire, barbier, capilliculteur, figaro, merlan (vx), perruquier, pommadier, pommadin, testonneur (vx).

COIFFURE ▪ *I.* Atour, attifet, barrette, béret, bibi, bi/tricorne, bitos (fam.), boléro, bolivar, bonnet, cagoule, cale, calot, calotte, capuche, capuchon, carré, casque, casquette, castor, chapeau, chapelet (vx), chaperon, chapska, chéchia, coiffe, cornette, couronne, couvre-chef, cramignole (vx), diadème, escoffion, faluche, fanchon, feutre, fez, filet, fontange, foulard, galette, galure, galurin, garcette, hennin, képi, madras, mantille, mar-

motte, mitre, mortier, mouchoir, panama, passe-montagne, perruque, polo, pschent, résille, réticule, ruban, serre-tête, shako, suroît, talpack, tapebord, tarbouch, tiare, toque, tortil, tortillon, turban, voile. *II.* Accroche-cœur, aile-de-pigeon, à la chien, anglaise, bandeau, boucle, catogan, chignon, frange, macaron, nattes, queue, rouleau, torsade, tresse.

COIN ▪ *I.* Cachet, empreinte, estampille, marque, poinçon, sceau. *II.* Angle, encoignure, recoin, renfoncement, retrait. *III. Coin de la rue :* croisement, détour, tournant. *IV.* ⇒ pays. *V.* ⇒ solitude. *VI.* Bout, extrémité, morceau, partie, secteur. *VII.* Cale, patarasse.

COINCER ▪ *I.* ⇒ fixer. *II.* ⇒ prendre.

COÏNCIDENCE ▪ Concomitance, concours de circonstances, isochronisme, rencontre, simultanéité, synchronie.

COÏNCIDER ▪ ⇒ correspondre.

COÏNTÉRESSÉ, E ▪ ⇒ associé.

COÏTER ▪ ⇒ accoupler (s').

COL ▪ ⇒ cou, collet, défilé.

COLÈRE ▪ n. Agitation, agressivité, atrabile, bile, bourrasque, courroux, dépit, ébullition, effervescence, emportement, exaspération, foudres, fulmination, fureur, furie, hargne, impatience, indignation, irascibilité, ire, irritation, rage, surexcitation, violence. *Fam. :* à cran/renaud/ressang/ressaut, en boule/groume/manche/pétard/quarante/rogne, fumace.

COLÈRE, COLÉREUX, EUSE, COLÉRIQUE ▪ Adj. agité, agressif, atrabilaire, bilieux, chagrin, courroucé, emporté, exaspéré, excitable, fulminant, furieux, hargneux, impatient, irascible, irritable, monté contre, rageur, soupe au lait.

COLIFICHET ▪ ⇒ bagatelle.

COLIMAÇON ▪ ⇒ limaçon.

COLIQUE ■ *I. Au pr.* 1. Colite, crampe, débâcle, déchirement d'entrailles, dysenterie, entérite, entérocolite, épreinte, flatuosité, flux de vente (vx), indigestion, intoxication, occlusion intestinale, tenesme, tiraillement d'intestin, tranchées (vx), trouille, venette. ⇒ **diarrhée.** 2. **Néphrétique :** anurie, dysurie, hématurie. 3. **De plomb :** saturnisme. 4. **Fam. :** chiasse, cliche, courante, foire. *II. Fig.* ⇒ **importun.**

COLIS ■ ⇒ **paquet.**

COLLABORATEUR ■ ⇒ **associé.**

COLLABORATION ■ ⇒ **coopération.**

COLLABORER ■ ⇒ **participer.**

COLLANT, E ■ adhésif, gluant, glutineux, visqueux. ⇒ **importun.**

COLLATÉRAL, E ■ ⇒ **parent.**

COLLATION ■ *I.* Casse-croûte, cinq à sept, cocktail, en-cas, five o'clock, goûter, lunch, mâchon, quatre heures, rafraîchissement, réfection, régal, souper, thé. *II.* Comparaison, confrontation, correction, lecture, vérification. *III.* Attribution, distribution, remise.

COLLATIONNER ■ ⇒ **comparer.**

COLLE ■ Empois, glu, poix. ⇒ **question.**

COLLÉ, E ■ ⇒ **refusé.**

COLLECTE ■ *I.* Cueillette, ramassage, récolte. *II.* ⇒ **quête.**

COLLECTER ■ ⇒ **assembler.**

COLLECTEUR ■ *I.* ⇒ **conduit.** *II.* ⇒ **percepteur.**

COLLECTIF, IVE ■ Communautaire. ⇒ **général.**

COLLECTION ■ *I. Au pr. :* accumulation, amas, appareil, assemblage, assortiment, attirail, compilation, ensemble, foule, groupe, nombre, quantité, ramas (péj.), ramassis (péj.), réunion, tas, variété. *II. Par ext. :* album, anthologie, bibelotage, bibliothèque, catalogue, code, coquillier, discothèque, galerie, herbier, iconographie, médailler, ménagerie, musée, philatélie, pinacothèque, vitrine.

COLLECTIONNER ■ Accumuler, amasser, assembler, bibeloter, colliger, entasser, grouper, ramasser, réunir.

COLLECTIONNEUR, EUSE ■ Amateur, bibeloteur, bibliomane, bibliophile, chercheur, connaisseur, curieux, fouineur, numismate, philatéliste.

COLLECTIVISER ■ ⇒ **nationaliser.**

COLLECTIVISME ■ Autogestion, babouvisme, bolchevisme, collégialité, communisme, fourriérisme, marxisme, mutuellisme, saint-simonisme, socialisme.

COLLECTIVITÉ ■ Collège, communauté, ensemble, phalanstère, société, soviet.

COLLÈGE ■ ⇒ **corporation, lycée.**

COLLÉGIALE ■ ⇒ **église.**

COLLÉGIEN, ENNE ■ ⇒ **élève.**

COLLÈGUE ■ Associé, camarade, compagnon, confrère.

COLLER ■ *I.* ⇒ **appliquer.** *II.* ⇒ **mettre.** *III. Fam. :* ajourner, refuser.

COLLER (SE) ■ ⇒ **attacher (s').**

COLLET ■ *I.* Col, colback (fam.), collerette, encolure, fraise, gorgerette, jabot, rabat. *II.* Lacet, lacs, piège. *III. Loc.* Collet monté : affecté, guindé, revêche. ⇒ **prude.**

COLLETER ■ ⇒ **lutter, prendre.**

COLLIER ■ *I. Au pr. :* bijou, carcan, chaîne, rang de perles, rivière de diamants, sautoir, torque. *II. Par ext. :* harnais, joug. ⇒ **servitude.**

COLLIGER ■ ⇒ **réunir.**

COLLINE ■ ⇒ **hauteur.**

COLLISION ■ ⇒ **heurt, engagement.**

COLLOQUE ■ ⇒ conversation.

COLLUSION ■ ⇒ complicité.

COLMATER ■ ⇒ boucher.

COLO, COLONIALE ■ Infanterie de marine, la martiale.

COLOMBE ■ ⇒ colombin.

COLOMBIER ■ ⇒ pigeonnier.

COLOMBIN ■ *I.* Biset, colombe, goura, palombe, palonne, pigeon, pigeonneau, ramier, tourtereau, tourterelle. *II.* ⇒ excrément.

COLON ■ Agriculteur, cultivateur, exploitant, fermier, métayer, planteur, preneur.

COLONIALISME ■ Expansionnisme, impérialisme.

COLONIE ■ *I.* Ensemble, famille, groupe. *II.* Comptoir, empire, établissement, factorerie, fondation, plantation, protectorat.

COLONISATION ■ Colonialisme, expansion, hégémonie, impérialisme.

COLONISER ■ Occuper. ⇒ prendre.

COLONNE ■ *I.* Contrefort, fût, montant, pilastre, pilier, poteau, pylône, soutènement, soutien, support. *II.* Aiguille, cippe, obélisque, stèle. *III. Colonne vertébrale :* échine, épine dorsale, rachis, vertèbres. *IV.* Commando, escouade, renfort, section.

COLOPHANE ■ Arcanson.

COLORATION ■ ⇒ couleur.

COLORÉ, E ■ *I.* Barbouillé (péj.), colorié, enluminé, peinturluré, polychrome, teinté. *II.* Animé, expressif, imagé, vif, vivant.

COLORER, COLORIER ■ Barbouiller (péj.), barioler, embellir, enluminer, farder, orner, peindre, peinturlurer, rehausser, relever, teindre, teinter.

COLORIS ■ ⇒ couleur.

COLOSSAL, E ■ ⇒ gigantesque.

COLOSSE ■ ⇒ géant.

COLPORTER ■ ⇒ répandre.

COLTINER ■ ⇒ porter.

COLTINEUR ■ ⇒ porteur.

COMA ■ Assoupissement, évanouissement, insensibilité, léthargie, perte de connaissance, sommeil, sopor.

COMBAT ■ ⇒ bataille, conflit.

COMBATIF, IVE ■ Accrocheur, agressif, bagarreur, baroudeur, batailleur, belliqueux, lutteur, pugnace, querelleur, vif.

COMBATIVITÉ ■ ⇒ agressivité.

COMBATTANT, E ■ *I.* Guerrier, homme, soldat. *II. Par ext.* 1. Adversaire, antagoniste, challenger, rival. 2. Apôtre, champion, militant, prosélyte.

COMBATTRE ■ v. tr. et intr. ⇒ lutter.

COMBE ■ ⇒ vallée.

COMBINAISON ■ *I.* ⇒ cotte. *II.* ⇒ mélange. *III.* ⇒ plan.

COMBINARD ■ ⇒ malin.

COMBINE ■ *I.* Astuce, embrouille, filon, manigance, moyen, planque, système, tour, truc, tuyau. *II.* Favoritisme, passe-droit, passe-passe, piston.

COMBINER ■ *I.* Allier, arranger, assembler, associer, assortir, composer, coordonner, disposer, joindre, marier, mélanger, mêler, ordonner, réunir, unir. *II.* Agencer, calculer, concerter, construire, élaborer, gamberger (fam.), imaginer, machiner, manigancer, méditer, organiser, ourdir, préparer, spéculer, trafiquer, tramer.

COMBLE ■ *I. Adj.* ⇒ plein. *II. Nom.* 1. Au pr. : supplément, surcroît, surplus, trop-plein. 2. Par ext. : apogée, excès, faîte, fort, limite, maximum, période, pinacle, sommet, summum, triomphe, zénith. 3. Archit. : attique, couronnement, faîte, haut, mansarde, pignon, toit.

COMBLÉ, E ■ Abreuvé, accablé,

chargé, couvert, gâté, heureux, satisfait.

COMBLER ■ *I.* Emplir, remplir, saturer, surcharger. *II.* Abreuver, accabler, charger, couvrir, donner, gâter, gorger, satisfaire. *III.* Aplanir, boucher, bourrer, niveler, obturer, remblayer, remplir. *IV. Loc.* **Combler la mesure :** ⇒ **exagérer.**

COMBUSTIBLE ■ Aliment, carburant, *et par ext.* comburant, matière inflammable.

COMBUSTION ■ Calcination, crémation, incendie, incinération, inflammation, ignition, oxydation.

COMÉDIE ■ *I.* Arlequinade, bouffonerie, caleçonnade, farce, momerie, pantalonnade, pièce, proverbe, saynète, sketch, sotie, spectacle, théâtre, vaudeville. *II. Péj. :* cabotinage, cinéma, déguisement, feinte, frime, invention, mensonge, plaisanterie, simulation, tromperie, turlupinade. ⇒ **subterfuge.**

COMÉDIEN, ENNE ■ *I.* Acteur, artiste, comique, doublure, figurant, interprète, mime, pensionnaire/sociétaire de la Comédie-Française, petit/premier rôle, protagoniste, tragédien. *II.* Étoile, star, vedette. *III. Péj. :* baladin, cabot, histrion, ringard. *IV.* ⇒ **farceur, hypocrite.**

COMESTIBLE ■ *I. Nom* ⇒ **subsistance.** *II.* ⇒ **mangeable.**

COMICE ■ ⇒ **réunion.**

COMIQUE ■ *I. Nom.* 1. ⇒ **bouffon.** 2. ⇒ **écrivain.** *II. Adj.* 1. Abracadabrant, absurde, amusant, bizarre, bouffe, bouffon, burlesque, caricatural, cocasse, courtelinesque, désopilant, drôle, facétieux, falot, gai, grotesque, hilarant, inénarrable, loufoque, plaisant, ridicule, risible, saugrenu, ubuesque, vaudevillesque. 2. *Fam. :* au poil, bidonnant, boyautant, cornecul, crevant, fumant, gondolant, impayable, marrant, pilant, pissant,

poilant, rigolo, roulant, tordant, transpoil.

COMITÉ ■ Commission, soviet. ⇒ **réunion.**

COMMANDANT ■ ⇒ **chef.**

COMMANDE ■ *I.* Achat, ordre. *II. Loc.* **De commande :** affecté, artificiel, factice, feint, simulé. ⇒ **obligatoire.** *III. Au pl. :* gouvernes, poste de pilotage.

COMMANDEMENT ■ *I.* Avertissement, injonction, intimation, jussion (vx), ordre, sommation. *II. Relig. :* décalogue, devoir, loi, obligation, précepte, prescription, règle. *III.* Autorité, direction, pouvoir, puissance, responsabilité. *IV.* État-major.

COMMANDER ■ *I. V. tr.* 1. Avoir la haute main sur, contraindre, décréter, disposer, donner l'ordre, enjoindre, exiger, imposer, intimer, mettre en demeure, obliger, ordonner, prescrire, recommander, sommer. 2. Conduire, diriger, dominer, gouverner, mener. 3. Appeler, attirer, entraîner, imposer, inspirer, nécessiter, réclamer. 4. Acheter, faire/passer commande. *II. V. intr. :* dominer, être le maître, gouverner.

COMMANDITER ■ ⇒ **financer.**

COMMANDO ■ ⇒ **troupe.**

COMME ■ Ainsi que, à l'égal/à l'instar de, autant/de même/non moins/pareillement que, quand.

COMMÉMORATION ■ Anniversaire, célébration, commémoraison, fête, mémento, mémoire, rappel, remémoration, souvenir.

COMMÉMORER ■ *I.* ⇒ **fêter.** *II.* ⇒ **rappeler.**

COMMENCEMENT ■ *I.* Abc, adolescence, alpha, amorce, apparition, arrivée, attaque, aube, aurore, avènement, balbutiement, bégaiement, berceau, bord, création, début, déclenchement, décollage, démarrage, départ, ébauche, embryon, enfance, entrée, esquisse, essai, exorde, fleur, fondement, inauguration, liminaire, matin, mise en train, naissance, orée, origine, ouverture, point initial, préambule, préface, préliminaires, premier pas, prémice, primeur, prologue, racine, rudiment, seuil, source, tête. *II.* Axiome, postulat, prémisse, principe.

COMMENCER ■ *I. V. tr. :* aligner, amorcer, attaquer, débuter, déclencher, démarrer, ébaucher, embarquer, embrayer, emmancher, enfourner (fam.), engager, engrener, entamer, entonner, entreprendre, esquisser, étrenner, fonder, former, inaugurer, instituer, lancer, mener, mettre en œuvre/en route/en train, se mettre/ prendre à, ouvrir. *II. V. intr.* 1. Au pr. ⇒ partir. 2. Fig. : ânnoner, balbutier, débuter, éclater, éclore, émerger, se lever, naître, poindre, progresser, se risquer, tâtonner, *et les formes pronom. possibles des syn. de* COMMENCER.

COMMENSAL ■ ⇒ convive.

COMMENSURABLE ■ Comparable, mesurable.

COMMENTAIRE ■ *I.* Annotation, critique, exégèse, explication, glose, herméneutique, massorah, note, paraphrase, scolie. *II. Au pl.* 1. ⇒ histoire. 2. ⇒ bavardage.

COMMENTATEUR ■ Annotateur, critique, exégète, interprète, massorète, scoliaste.

COMMENTER ■ ⇒ expliquer.

COMMÉRAGE ■ ⇒ médisance.

COMMERÇANT, E ■ *I. Adj.* ⇒ achalandé. *II. Nom. :* boutiquier, commissionnaire, consignataire, débitant, détaillant, expéditeur, exportateur, fournisseur, grossiste, marchand, mercanti (péj.), négociant, stockiste, tranfiquant (péj.), transitaire.

COMMERCE ■ *I. Au pr. :* échange, négoce, offre et demande, trafic, traite (vx). *II. Par ext.* 1. Affaires, bourse, courtage, exportation, importation,

marché. 2. ⇒ magasin. 3. ⇒ établissement. *III. Péj.* 1. Bricolage, brocantage, brocante, friperie, maquignonnage. 2. ⇒ malversation. *IV. Fig. :* amitié, fréquentation, rapport, relation.

COMMERCER ■ Négocier, trafiquer.

COMMÈRE ■ *I. Au pr. :* belle-mère, marraine. *II. Fig.* ⇒ bavard.

COMMÉRER ■ ⇒ médire.

COMMETTRE ■ *I.* ⇒ remettre. *II.* ⇒ hasarder. *III.* ⇒ préposer. *IV.* ⇒ entreprendre.

COMMINATION ■ ⇒ menace.

COMMINATOIRE ■ ⇒ menaçant.

COMMIS, E ■ *I.* ⇒ employé. *II.* ⇒ vendeur. *III.* ⇒ représentant.

COMMISÉRATION ■ ⇒ pitié.

COMMISSION ■ *I.* ⇒ mission. *II.* ⇒ course. *III.* ⇒ comité. *IV.* ⇒ courtage. *V.* ⇒ gratification.

COMMISSIONNAIRE ■ ⇒ intermédiaire, messager, porteur.

COMMISSIONNER ■ ⇒ charger.

COMMISSURE ■ Fente, jonction, joint, ouverture, pli, repli.

COMMODE ■ *I. Adj.* 1. Agréable, aisé, avantageux, bien, bon, confortable, convenable, facile, favorable, fonctionnel, habitable, logeable, maniable, pratique, propre, vivable. 2. Libre, relâché. 3. Quelqu'un : accommodant, agréable, aimable, arrangeant, bon vivant, complaisant, facile, indulgent. *II. Nom : par ext.* armoire, bonheur-du-jour, bahut, bonnetière, chiffonnier, chiffonnière, coffre, semainier.

COMMODITÉ ■ *I. Au sing. :* agrément, aise, avantage, confort, facilité, utilité. *II. Au pl.* ⇒ water-closet.

COMMOTION ■ *I.* ⇒ secousse. *II.* ⇒ ébranlement. *III.* ⇒ séisme.

COMMOTIONNER ■ ⇒ choquer.

COMMUER ■ ⇒ changer.

COMMUN, E ■ **I.** Accoutumé, banal, courant, habituel, naturel, ordinaire, public, quelconque, rebattu, standard, universel, usuel, utilitaire. **II.** *Non favorable :* bas, bourgeois, épicier, grossier, inférieur, marchand, médiocre, pauvre, popu, pupulacier, populaire, prolo, prosaïque, trivial, vulgaire. **III.** *Par ext.* ⇒ **abondant.** **IV.** *Loc.* En commun : en communauté/société, de concert, ensemble.

COMMUN ■ ⇒ **peuple.** *Au pl.* : ailes, débarras, cuisines, écuries, pavillons, remises, services, servitudes.

COMMUNARD ■ Fédéré.

COMMUNAUTÉ ■ **I.** ⇒ **société.** **II.** ⇒ **congrégation.**

COMMUNE ■ Agglomération, bourg, bourgade, centre, conseil municipal, municipalité, paroisse, village, ville.

COMMUNICATIF, IVE ■ **I.** Causant, confiant, démonstratif, expansif, exubérant, ouvert, volubile. **II.** Contagieux, épidémique, transmissible.

COMMUNICATION ■ **I.** Adresse, annonce, avis, confidence, correspondance, dépêche, liaison, message, note, nouvelle, rapport, renseignement. **II.** ⇒ **relation.** **III.** Communion, échange, télépathie, transmission.

COMMUNION ■ **I.** ⇒ **union.** **II.** *Relig. :* agape, cène, échange, partage, repas mystique, viatique. ⇒ **eucharistie.**

COMMUNIQUÉ ■ ⇒ **avertissement.**

COMMUNIQUER ■ **I.** *V. intr.* **1.** Communier, correspondre, s'entendre, se mettre en communication/relation avec. **2.** Une chose. *Faire communiquer :* commander, desservir, relier. **II.** *V. tr.* **1.** Confier, découvrir, dire, divulguer, donner, échanger, écrire, enseigner, épancher, expliquer, faire connaître/partager/part de/savoir, indiquer, livrer, mander, parler, publier. **2.** Une chose : envahir, gagner, imprimer. **3.** Une maladie : inoculer, passer, transmettre.

COMMUNISME ■ ⇒ **socialisme.**

COMMUNISTE ■ n. et adj. Babouviste (vx), bolchevik, bolcheviste, partageux (vx), socialiste, soviet.

COMMUTATEUR ■ bouton, disjoncteur, interrupteur, jack, relais.

COMMUTATION ■ ⇒ **remplacement.**

COMPACT, E ■ ⇒ **épais.**

COMPAGNE ■ ⇒ **épouse.**

COMPAGNIE ■ Assemblée, collège, comité, entourage, réunion, société, troupe.

COMPAGNON ■ **I.** Acolyte, ami, associé, camarade, chevalier servant, coéquipier, collègue, commensal, compère, complice (péj.), condisciple, copain (fam.), labadens, partenaire, pote (fam.), poteau (fam.). **II.** ⇒ **travailleur.** **III.** ⇒ **gaillard.**

COMPARABLE ■ Analogue, approchant, assimilable, égal, semblable.

COMPARAISON ■ **I.** *Au pr. :* balance, collation, collationnement, confrontation, mesure, parallèle, rapprochement, recension. **II.** *Par ext. :* allusion, analogie, assimilation, image, métaphore, métonymie, parabole, similitude. **III.** *Loc.* En comparaison de : auprès/au prix/au regard de, par rapport à.

COMPARAÎTRE ■ ⇒ **présenter (se).**

COMPARER ■ Analyser, apprécier, balancer, collationner, conférer, confronter, évaluer, examiner, mesurer, mettre au niveau de/en balance/en parallèle/en regard, opposer, parangonner (vx), rapprocher, vidimer.

COMPARSE ■ Figurant ⇒ **complice.**

COMPARTIMENT ■ Alvéole, case, casier, casse, cellule, classeur, division, subdivision.

COMPARTIMENTER ■ ⇒ **séparer.**

COMPAS ■ Boussole, rose des vents.

COMPASSÉ, E ■ ⇒ **étudié.**

COMPASSION ■ Apitoiement, attendrissement, cœur, commisération, humanité, miséricorde, pitié, sensibilité.

COMPATIBILITÉ ■ ⇒ **accord.**

COMPATIBLE ■ ⇒ **conciliable.**

COMPATIR ■ ⇒ **plaindre.**

COMPATISSANT, E ■ ⇒ **bon.**

COMPATRIOTE ■ ⇒ **concitoyen.**

COMPENDIEUX, EUSE ■ ⇒ **court.**

COMPENDIUM ■ Abrégé, condensé, digest, somme. ⇒ **résumé.**

COMPENSATION ■ *I.* 1. Dédommagement, indemnisation, indemnité, récompense, réparation, retour, soulte. 2. Balance, contrepoids, égalisation, égalité, équilibre, l'un dans l'autre, moyenne, neutralisation. *II.* Consolation, correctif, récompense, revanche. *III. Loc.* **En compensation :** en échange, en revanche, mais, par contre.

COMPENSER ■ Balancer, consoler, contrebalancer, corriger, dédommager, égaliser, équilibrer, faire bon poids, indemniser, neutraliser, réparer.

COMPÈRE ■ *I.* ⇒ **compagnon.** *II.* ⇒ **complice.** *III.* Beau-père, parrain.

COMPÈRE-LORIOT ■ Chalaze, chalazion, grain d'orge, orgelet.

COMPÉTENCE ■ Attribution, autorité, pouvoir, qualité, rayon (fam.), ressort. ⇒ **capacité.**

COMPÉTENT, E ■ ⇒ **capable.**

COMPÉTITEUR, TRICE ■ ⇒ **concurrent.**

COMPÉTITION ■ Challenge, championnat, concours, concurrence, conflit, coupe, course, critérium, épreuve, match, omnium, poule. ⇒ **rivalité.**

COMPILATION ■ *I. Au pr.* 1. ⇒ **col-**lection. 2. ⇒ **mélange.** *II. Par ext.* ⇒ **imitation.**

COMPLAINTE ■ *I. Au pr.* (vx) ⇒ **gémissement.** *II. Par ext.* ⇒ **chant.**

COMPLAIRE ■ ⇒ **plaire.**

COMPLAISANCE ■ *I.* Affection, amabilité, amitié, attention, bienveillance, bonté, charité, civilité, condescendance, déférence, empressement, facilité, indulgence, obligeance, politesse, prévenance, serviabilité, soin, zèle. *II.* ⇒ **servilité, plaisir.**

COMPLAISANT, E ■ *I.* Aimable, amical, attentionné, bienveillant, bon, charitable, civil, déférent, empressé, indulgent, obligeant, poli, prévenant, serviable, zélé. *II. Péj. :* ardélion (vx), arrangeant, commode, coulant, facile, flagorneur, flatteur, godillot, satisfait, servile.

COMPLÉMENT ■ ⇒ **supplément.**

COMPLÉMENTAIRE ■ ⇒ **supplémentaire.**

COMPLET, ÈTE, ■ *II.* ⇒ **entier.** *II.* ⇒ **plein.** *III.* Absolu, exhaustif, intégral, radical, sans restriction, total.

COMPLÈTEMENT ■ Absolument, à fond, de fond en comble, de pied en cap, des pieds à la tête, du haut en bas, entièrement, in extenso, jusqu'au bout/aux oreilles, par-dessus les oreilles/la tête, ras le bol (fam.), tout à fait, tout au long.

COMPLÉTER ■ Achever, adjoindre, ajouter, améliorer, arrondir, assortir, augmenter, combler, conclure, couronner, embellir, enrichir, finir, parachever, parfaire, perfectionner, rajouter, rapporter, suppléer.

COMPLEXE ■ *I. Adj.* ⇒ **compliqué.** *II. Nom* ⇒ **obsession.** *III.* Combinat, ensemble, groupe, groupement, holding, trust.

COMPLEXÉ, E ■ ⇒ **timide.**

COMPLEXION ■ ⇒ **mine, nature.**

COMPLICATION ■ ⇒ difficulté.

COMPLICE ■ Acolyte, affidé, aide, associé, auxiliaire, baron (arg.), coaccusé, compagnon, comparse, compère, consort, fauteur, suppôt.

COMPLICITÉ ■ Accord, aide, assistance, association, collaboration, collusion, compérage, connivence, coopération, entente, entraide, implication, intelligence.

COMPLIMENT ■ *I.* ⇒ félicitation. *II.* ⇒ éloge. *III.* ⇒ discours. *IV.* ⇒ civilités.

COMPLIMENTER ■ Applaudir, approuver, congratuler, faire des civilités/politesses, féliciter, flatter, glorifier, louer, tirer son chapeau, vanter.

COMPLIQUÉ, E ■ Alambiqué, apprêté, chinois (fam.), complexe, composé, confus, contourné, difficile, embarrassé, emberlificoté (fam.), embrouillé, entortillé, implexe, intriqué (vx), obscur, quintessencié, raffiné, recherché, savant, subtil, touffu, tourmenté, trouble.

COMPLIQUER ■ Alambiquer, apprêter, brouiller, chinoiser, couper les cheveux en quatre, embarrasser, emberlificoter (fam.), embrouiller, embroussailler, emmêler, entortiller, intriquer (vx), obscurcir, quintessencier, raffiner, rendre confus.

COMPLOT ■ Association, attentat, brigue, cabale, coalition, concert, conciliabule, conjuration, conspiration, coup d'État, coup monté, faction, fomentation, intrigue, ligue, machination, menée, parti, ruse, sédition, trame.

COMPLOTER ■ v. tr. et intr. S'associer, briguer, cabaler, se coaliser, se concerter, conjurer, conspirer, intriguer, se liguer, machiner, manigancer, ourdir, projeter, tramer.

COMPLOTEUR ■ ⇒ conspirateur.

COMPONCTION ■ *I.* ⇒ regret. *II.* ⇒ gravité.

COMPORTEMENT ■ ⇒ procédé.

COMPORTER ■ Admettre, autoriser, comprendre, contenir, emporter, enfermer, impliquer, inclure, justifier, permettre, renfermer, souffrir, supporter. *V. pron. :* ⇒ conduire (se).

COMPOSANT, E ■ Composé, corps, élément, terme, unité. ⇒ partie.

COMPOSÉ, E ■ *I. Adj.* ⇒ étudié, compliqué. *II. Nom.* ⇒ composant.

COMPOSER ■ *I. V. tr.* 1. Agencer, apprêter, arranger, assembler, associer, bâtir, charpenter, ciseler, combiner, concevoir, confectionner, constituer, créer, disposer, dresser, écrire, élucubrer, faire, faufiler, former, imaginer, jeter les bases, organiser, polir, pondre, préparer, produire, rédiger, sculpter, travailler. 2. Adopter/se donner/emprunter/prendre une attitude/ une contenance, affecter, apprêter, déguiser, étudier. *II. V. intr.* 1. S'accommoder, s'accorder, s'entendre, se faire. 2. Négocier, pactiser, traiter, transiger. 3. Capituler, céder, faiblir.

COMPOSITE ■ ⇒ mêlé.

COMPOSITEUR ■ *I.* ⇒ musicien. *II.* ⇒ typographe.

COMPOSITION ■ *I. Au pr.* 1. Agencement, arrangement, assemblage, association, charpente, combinaison, constitution, construction, contexture, coupe, dessin, disposition, ensemble, formation, organisation, structure, synthèse, texture, tissure. 2. Alliage, composante, teneur. 3. Colle (fam.), concours, copie, devoir, dissertation, épreuve, examen, exercice, rédaction. *II. Par ext.* 1. Accommodement, accord, compromis, concession, transaction. 2. Caractère, disposition, humeur, pâte, tempérament. *III.* ⇒ indemnité.

COMPOST ■ Débris, engrais, feuilles mortes, fumier, humus, mélange, poudrette, terreau, terre de bruyère.

COMPOTE ■ ⇒ confiture.

CONPRÉHENSIBLE ■ ⇒ **intelligible.**

COMPRÉHENSIF, IVE ■ ⇒ **intelligent.**

COMPRÉHENSION ■ ⇒ **entendement.**

COMPRENDRE ■ *I.* Comporter, compter, contenir, embrasser, enfermer, englober, envelopper, faire entrer, impliquer, inclure, incorporer, intégrer, mêler, renfermer. *II.* **1.** ⇒ **entendre. 2.** Apercevoir, concevoir, déchiffrer, interpréter, pénétrer, saisir, sentir, traduire, trouver, voir. **Fam. :** entraver, piger. **3.** Apprendre, atteindre à, connaître, faire rentrer, s'y mettre, mordre, suivre. **4.** S'apercevoir/se rendre compte de. *III. V. pron. :* S'accorder, sympathiser, *et les formes pron. possibles des syn. de* COMPRENDRE.

COMPRESSE ■ Gaze, pansement.

COMPRESSER ■ ⇒ **presser.**

COMPRESSIBLE ■ ⇒ **élastique.**

COMPRESSION ■ *I.* ⇒ réduction. *II.* ⇒ contrainte.

COMPRIMÉ ■ ⇒ cachet, pilule.

COMPRIMER ■ ⇒ presser.

COMPRIS, E ■ Admis, assimilé, enregistré, interprété, reçu, saisi, vu.

COMPROMETTRE ■ *I.* ⇒ hasarder. *II.* ⇒ nuire.

COMPROMIS ■ Accord, amiable composition, amodiation, arbitrage, arrangement, composition, concession, conciliation, convention, cote mal taillée, entente, moyen terme, transaction.

COMPROMISSION ■ ⇒ **malversation.**

COMPTABLE ■ *I. Nom :* caissier, facturier, ordonnateur, receveur, trésorier. *II. Adj. :* garant, responsable.

COMPTE ■ *I.* Addition, calcul, dénombrement, différence, énumération, nombre, recensement, somme, statistique, total. *II.* Appoint, arrêté, avoir, balance, bénéfice, bilan, boni,

bordereau, bulletin de paie, comptabilité, débet, décompte, découvert, déficit, dépens, écriture, encaisse, facture, gain, liquidation, mécompte, mémoire, montant, précompte, rectificatif, règlement, reliquat, revenantbon, ristourne, solde, soulte, total. *III.* ***Compte rendu :*** analyse, bilan, critique, explication, exposé, memorandum, note, procès-verbal, rapport, récit, relation.

COMPTE-GOUTTES ■ Pipette.

COMPTER ■ *I. V. tr.* **1.** Calculer, chiffrer, computer, dénombrer, inventorier, mesurer, nombrer, précompter, supputer. **2.** Considérer, examiner, peser, regarder. **3.** ⇒ **payer. 4.** Énumérer, facturer, faire payer, inclure, introduire. **5.** Apprécier, considérer, estimer, évaluer, prendre, réfuter comme. **6.** Comprendre, englober, mettre au rang de. *II. V. intr.* **1.** Calculer. **2.** ⇒ **importer. 3.** Avoir l'intention, croire, espérer, estimer, former le projet, penser, projeter, se proposer de. **4.** S'attendre à, avoir/tenir pour certain/sûr, regarder comme certain/sûr.

COMPTOIR ■ *I.* ⇒ table. *II.* ⇒ établissement.

COMPULSER ■ *I.* ⇒ examiner. *II.* ⇒ feuilleter.

COMPUT ■ Ordo. ⇒ calcul.

COMPUTER ■ ⇒ compter.

CON ■ *I.* ⇒ bête. *II.* ⇒ sexe.

CONCASSER ■ ⇒ broyer, casser.

CONCASSEUR ■ ⇒ broyeur.

CONCAVE ■ *I.* ⇒ creux. *II.* ⇒ courbe.

CONCAVITÉ ■ ⇒ excavation.

CONCÉDER ■ ⇒ accorder, avouer.

CONCENTRATION ■ *I. Au pr. :* **1.** accumulation, agglomération, amas, assemblage, association, cartel, consortium, entente, groupement, rassemblement, regroupement, réunion, trust.

II. Concentration d'esprit : application, attention, contention, recherche, recueillement, réflexion, tension.

CONCENTRÉ, E ■ *I.* ⇒ condensé. *II.* ⇒ secret.

CONCENTRER ■ *I. Au pr. :* accumuler, assembler, centraliser, diriger vers, faire converger, grouper, rassembler, réunir. *II. Un liquide :* condenser, cohober, diminuer, réduire. *III. Fig. :* appliquer son énergie/son esprit/ses forces/ses moyens, canaliser, focaliser, polariser, ramener, rapporter, se recueillir, réfléchir, tendre. *IV. Ses passions :* contenir, dissimuler, freiner, refouler, renfermer, rentrer. *V. pron. :* 1. ⇒ penser. 2. ⇒ renfermer (se).

CONCEPT ■ ⇒ idée.

CONCEPTION ■ *I.* ⇒ entendement. *II.* ⇒ idée.

CONCERNER ■ S'appliquer à, dépendre de, être de la juridiction/du rayon/relatif à/du ressort, intéresser, porter sur, se rapporter à, regarder, relever de, toucher.

CONCERT ■ *I.* Aubade, audition, cassation, divertissement, récital, sérénade. *II. Fig.* ⇒ chahut. *III.* Accord, ensemble, entente, harmonie, intelligence, union. *IV. Loc. De concert :* concurremment, conjointement, de connivence, de conserve, en accord/harmonie, ensemble.

CONCERTÉ, E ■ ⇒ étudié.

CONCERTER ■ ⇒ préparer. *V. pron.* ⇒ entendre (s').

CONCESSION ■ *I.* ⇒ cession. *II.* ⇒ tombe. *III.* ⇒ renoncement.

CONCETTO, CONCETTI ■ Bon mot, pensée, mot/trait d'esprit/piquant.

CONCEVABLE ■ ⇒ intelligible.

CONCEVOIR ■ *I.* ⇒ créer. *II.* ⇒ entendre. *III.* ⇒ trouver.

CONCIERGE ■ ⇒ portier.

CONCILE ■ ⇒ consistoire, réunion.

CONCILIABLE ■ Accordable, compatible. ⇒ possible.

CONCILIABULE ■ *I.* ⇒ consistoire. *II.* ⇒ réunion. *III.* ⇒ conversation.

CONCILIANT, E ■ Accommodant, apaisant, arrageant, conciliateur, coulant, diplomate, doux, facile, traitable.

CONCILIATEUR, TRICE ■ Arbitre, intermédiaire, médiateur.

CONCILIATION ■ ⇒ compromis.

CONCILIER ■ *I.* Accorder, allier, arbitrer, arranger, mettre d'accord, raccommoder, réconcilier, réunir. *II.* Adoucir, ajuster, faire aller/cadrer/concorder, harmoniser. *III. V. pron.* ⇒ gagner.

CONCIS, E ■ Bref, dense, dépouillé, incisif, laconique, lapidaire, lumineux, nerveux, net, précis, ramassé, sec, serré, sobre, succinct. ⇒ court.

CONCISION ■ Brachylogie, brièveté, densité, laconisme, netteté, précision, sécheresse, sobriété.

CONCITOYEN, ENNE ■ Compagnon, compatriote, pays (fam.).

CONCLUANT, E ■ Convaincant, décisif, définitif, irrésistible, probant.

CONCLURE ■ *I. Une affaire :* s'accorder, achever, arranger, arrêter, clore, contracter une obligation, convenir de, couronner, s'entendre, finir, fixer, mener à bonne fin, passer/signer/traiter un arrangement/une convention/un marché/un traité, régler, résoudre, terminer. *II. Par ext.* 1. Arguer, argumenter, conduire un raisonnement, déduire, démontrer, induire, inférer, juger, opiner, prononcer un jugement, tirer une conclusion/une conséquence/une leçon. 2. *V. intr. :* décider, prendre une décision, se résoudre.

CONCLUSION ■ *I.* Arrangement, clôture, convention, couronnement, dénouement, entente, épilogue, fin, péroraison, règlement, solution, terminaison. *II.* Conséquence, déduction, enseignement, leçon, morale, moralité, résultat.

CONCOMBRE ■ Coloquinte, cornichon, cucurbitacée, zuchette.

CONCOMITANCE ■ Accompagnement, coexistence, coïncidence, rapport, simultanéité.

CONCOMITANT, E ■ Coexistant, coïncident, secondaire, simultané.

CONCORDANCE ■ *I.* ⇒ rapport. *II.* ⇒ conformité.

CONCORDAT ■ ⇒ traité.

CONCORDE ■ ⇒ union.

CONCORDER ■ ⇒ correspondre.

CONCOURIR ■ ⇒ participer.

CONCOURS ■ *I.* ⇒ compétition. *II.* ⇒ examen. *III.* ⇒ multitude. *IV.* ⇒ rencontre. *V.* ⇒ appui. *VI.* ⇒ exposition.

CONCRET, ÈTE ■ *I.* ⇒ épais. *II.* ⇒ réel. *III.* ⇒ manifeste.

CONCRÉTISER ■ ⇒ matérialiser.

CONCUBINAGE ■ ⇒ cohabitation.

CONCUBINE ■ ⇒ maîtresse.

CONCUPISCENCE ■ Amour, appétit, avidité, bestialité, chair, convoitise, cupidité, désir, faiblesse, instinct, lascivité, libido, penchant, sens, sensualité, soif de plaisir.

CONCUPISCENT, E ■ ⇒ lascif.

CONCURRENCE ■ ⇒ lutte.

CONCURRENT, E ■ n. et adj. Adversaire, candidat, challenger, champion, compétiteur, contendant (vx), émule, outsider, participant, rival.

CONCUSSION ■ ⇒ malversation.

CONDAMNABLE ■ Blâmable, critiquable, déplorable, inexcusable, répréhensible.

CONDAMNATION ■ *I. La peine :* anathématisation, arrêt, bagne, bannissement, bûcher, confiscation, damnation, décision, déportation, détention, exil, expatriation, index, indignité nationale, interdiction de séjour, interdit, peine, prison, prohibition, punition, réclusion, relégation, sanction, sentence. *II. L'action :* accusation, animadversion, attaque, blâme, censure, critique, désaveu, interdiction, procès, réprimande, réprobation.

CONDAMNÉ, E ■ Bagnard, banni, déporté, détenu, repris de justice, transporté. ⇒ prisonnier.

CONDAMNER ■ *I.* ⇒ blâmer. *II.* ⇒ obliger. *III.* ⇒ fermer.

CONDENSATION ■ Accumulation, pression, tension.

CONDENSÉ, E ■ *I. Au pr. :* concentré, réduit. *II. Fig.* ⇒ dense, court.

CONDENSER ■ ⇒ resserrer.

CONDESCENDANCE ■ *I.* ⇒ complaisance. *II.* ⇒ dédain.

CONDESCENDANT, E ■ ⇒ complaisant, dédaigneux.

CONDESCENDRE ■ *I.* ⇒ abaisser (s'). *II.* ⇒ céder. *III.* ⇒ daigner.

CONDIMENT ■ ⇒ assaisonnement.

CONDISCIPLE ■ ⇒ camarade.

CONDITION ■ *I.* ⇒ état. *II.* ⇒ rang. *III.* ⇒ disposition. *IV. Loc.* (vx). De condition ⇒ noble.

CONDITIONNER ■ Déterminer. ⇒ fixer.

CONDOLÉANCE ■ ⇒ sympathie.

CONDOM ■ ⇒ préservatif.

CONDUCTEUR, TRICE ■ ⇒ chauffeur, guide.

CONDUIRE ■ *I. Au pr. :* accompagner, chaperonner, diriger, emmener, entraîner, faire aller/venir, guider, manœuvrer, mener, piloter, promener, raccompagner, reconduire. *II. Par ext.* 1. Aboutir, amener, canaliser, déboucher. 2. Conclure, déduire, induire, introduire, raisonner. 3. Administrer, animer, commander, diriger, entraîner, exciter, gérer, gouverner, influencer, pousser, soulever. 4. Acculer, convaincre, persuader, réduire. 5. Driver. *III. V. pron. :* Agir, se comporter, se diriger, procéder, en user, vivre.

CONDUIT ▪ *I.* Boyau, canal, canalicule, canalisation, carneau, chemin, conduite, drain, écoulement, méat, tube, tubulure, tuyau. *II.* Aqueduc, buse, cheneau, collecteur, égout, goulotte, gouttière, reillère, tuyauterie.

CONDUITE ▪ *I.* ⇒ conduit. *II.* ⇒ procédé. *III.* ⇒ direction.

CONFECTION ▪ ⇒ fabrication.

CONFECTIONNER ▪ ⇒ produire.

CONFÉDÉRATION ▪ *I.* ⇒ alliance. *II.* ⇒ fédération.

CONFÉDÉRÉ, E ▪ n. et adj. ⇒ allié.

CONFÉDÉRER ▪ ⇒ unir.

CONFÉRENCE ▪ *I.* ⇒ conversation. *II.* Assemblée, colloque, congrès, conseil, consultation, entretien, réunion, séminaire, symposium, table ronde. *III. Péj. :* palabre, parlote.

CONFÉRENCIER, ÈRE ▪ ⇒ orateur.

CONFÉRER ▪ *I.* ⇒ comparer. *II.* Administrer, attribuer, déférer, donner.

CONFESSER ▪ ⇒ convenir de.

CONFESSEUR ▪ *I.* Prosélyte, témoin. *II.* Aumônier, directeur de conscience/spirituel.

CONFESSION ▪ *I. Au pr. :* autocritique, aveu, déballage (fam.), déclaration, reconnaissance. *II. Par ext. :* credo, croyance, église, foi, religion. *III.* ⇒ regret.

CONFIANCE ▪ *I. Au pr. :* 1. Aplomb, assurance, courage, culot (fam.), hardiesse, outrecuidance, présomption, toupet (fam.). 2. Foi, sécurité. *II.* ⇒ abandon. *III.* ⇒ espérance.

CONFIANT, E ▪ *I.* 1. Assuré, hardi, sûr de soi. 2. Communicatif, ouvert. *II. Péj. :* ⇒ naïf, présomptueux.

CONFIDENCE ▪ *I. Vx* ⇒ confiance. *II.* Révélation, secret.

CONFIDENT, E ▪ Affidé, ami, confesseur, dépositaire.

CONFIDENTIEL, ELLE ▪ ⇒ secret.

CONFIER ▪ Abandonner, communiquer, conférer, déléguer, faire tomber, laisser, livrer, mandater, remettre, souffler/verser dans l'oreille. *V. pron. :* s'épancher, se fier, s'ouvrir. *Fam. :* déballer, se déboutonner, *et les formes pron. possibles des syn. de* CONFIER.

CONFIGURATION ▪ ⇒ forme.

CONFINER ▪ ⇒ reléguer.

CONFINS ▪ ⇒ limite.

CONFIRMATION ▪ Affirmation, approbation, assurance, attestation, certitude, consécration, continuation, entérinement, garantie, homologation, légalisation, maintenance (vx), maintien, preuve, ratification, reconduction, renouvellement, sanction, validation, vérification.

CONFIRMER ▪ *I.* Affermir, affirmer, approuver, appuyer, assurer, attester, certifier, consacrer, cimenter, compléter, corroborer, démontrer, entériner, garantir, homologuer, légaliser, légitimer, mettre un sceau, plébisciter, prouver, ratifier, réglementer, renforcer, sanctionner, sceller, valider, vérifier. *II. Quelqu'un :* Encourager, fortifier, soutenir. *III. V. pron. :* s'avérer, *et les formes pron. possibles des syn. de* CONFIRMER.

CONFISCATION ▪ Annexion, appropriation, embargo, expropriation, gel, immobilisation, mainmise, prise, privation, saisie, suppression.

CONFISERIE ■ ⇒ **friandise.**

CONFISQUER ■ ⇒ **prendre.**

CONFITURE ■ Compote, conserve de fruits, cotignac, gelée, marmelade, orangeat, pâte, prunelée, raisiné, roquille, tournures (vx).

CONFLAGRATION ■ *I.* ⇒ **incendie.** *II.* ⇒ **guerre.**

CONFLICTUEL, ELLE ■ ⇒ **sérieux.**

CONFLIT ■ *I.* ⇒ **guerre.** *II.* Antagonisme, compétition, contestation, désaccord, dispute, lutte, opposition, rivalité, tiraillement.

CONFLUENT ■ *I. Nom :* affluent, bec, jonction, rencontre. *II. Adj. :* concourant, convergent.

CONFLUER ■ Affluer, se joindre, se rejoindre, se réunir, s'unir.

CONFONDRE ■ *I. Au pr. :* amalgamer, associer, effacer les différences, entrelacer, fondre, fusionner, identifier, mélanger, mêler, réunir, unir. *II. Par ext. :* 1. ⇒ humilier. 2. ⇒ convaincre.

CONFONDU, E ■ *I.* ⇒ **confus.** *II.* ⇒ **surpris.** *III.* ⇒ **consterné.**

CONFORMATION ■ ⇒ **forme.**

CONFORME ■ *I.* ⇒ **semblable.** *II.* ⇒ **convenable.**

CONFORMÉMENT ■ D'après, en conformité/conséquence, selon, suivant.

CONFORMER ■ ⇒ former. *V. pron. :* ⇒ soumettre (se), régler (se).

CONFORMISTE ■ Béni-oui-oui, conservateur, intégriste, orthodoxe, traditionnaliste.

CONFORMITÉ ■ Accord, affinité, analogie, concordance, convenance, correspondance, harmonie, rapport, ressemblance, similitude, sympathie, unanimité, union, unisson, unité.

CONFORT ■ Aise, bien-être, commodité, luxe, niveau de vie, standing.

CONFORTABLE ■ ⇒ **commode.**

CONFORTER ■ ⇒ **consoler.**

CONFRÈRE ■ ⇒ **collègue.**

CONFRÉRIE ■ Association, communauté, congrégation, corporation, corps, gilde, guilde, réunion.

CONFRONTATION ■ ⇒ **comparaison.**

CONFRONTER ■ ⇒ **comparer.**

CONFUS, E ■ *I.* Chaotique, confondu, désordonné, disparate, indistinct, pêle-mêle. *II. Fig.* 1. Alambiqué, amphigourique, brouillé, brouillon, cafouilleux, compliqué, embarrassé, embrouillé, entortillé, équivoque, filandreux, incertain, indécis, indéterminé, indigeste, indistinct, inintelligible, lourd, nébuleux, obscur, vague. 2. **Quelqu'un :** camus, capot, déconcerté, désolé, embarrassé, ennuyé, honteux, penaud, piteux, quinaud, sot, troublé.

CONFUSION ■ *I. Dans les choses :* anarchie, billebaude, bouillie, bouleversement, bredi-breda, brouhaha, brouillamini, cafouillage, capharnaüm, chaos, complication, cohue, cour des miracles, débâcle, débandade, dédale, désordre, désorganisation, ébranlement, embarras, embrouillamini, embrouillement, enchevêtrement, enfer, fatras, fouillis, gâchis, imbroglio, labyrinthe, mélange, mêlée, méli-mélo, obscurité, pastis, pêle-mêle, pétaudière, ramassis, remue-ménage, réseau, saccade, salade, salmigondis, tintamarre, tohu-bohu, trouble, tumulte, vague. *II. De quelqu'un.* 1. Désarroi, égarement, erreur, indécision, indétermination, méprise. 2. Dépit, embarras, gêne, honte, sottise, timidité, trouble.

CONGÉ ■ ⇒ **permission, vacances.**

CONGÉDIER ■ Balancer, casser aux gages, chasser, débarquer, débaucher, dégommer, destituer, donner sa bénédiction/ses huit jours/son compte/son congé/son exeat, écarter, éconduire, éloigner, emballer, envoyer/faire paître/valser, envoyer dinguer/péter, expédier, ficher/flanquer/foutre (grossier)/jeter/mettre à la porte, licencier, limoger, liquider, lourder (arg.), remercier, renvoyer, révoquer, saquer, vider, virer.

CONGÉLATION ■ Coagulation, gelure, réfrigération, refroidissement.

CONGELER ■ ⇒ geler, frigorifier.

CONGÉNÈRE ■ ⇒ semblable.

CONGÉNITAL, E ■ ⇒ inné.

CONGESTION ■ Afflux/coup de sang, apoplexie, attaque, cataplexie, embolie, hémorragie, ictus, pléthore, stase, tension, thrombose, transport au cerveau, turgescence.

CONGESTIONNER ■ *Fig.* : alourdir, embouteiller, encombrer.

CONGLOMÉRAT ■ Agglomérat, agglomération, agglutination.

CONGRATULER ■ ⇒ féliciter.

CONGRÉGANISTE ■ ⇒ religieux.

CONGRÉGATION ■ Communauté, compagnie, corps, ordre, réunion, société.

CONGRÈS ■ *I. Vx :* coït. *II.* ⇒ réunion. *III.* ⇒ assemblée.

CONGRU, E ■ ⇒ propre, pauvre.

CONGRUENT, E ■ ⇒ convenable.

CONIFÈRE ■ *I.* Résineux. *II.* Abiès, araucaria, cèdre, cyprès, épicéa, ginkgo, if, mélèze, pesse (vx), pin, sapin, séquoia, taxodier, thuya.

CONJECTURE ■ *I.* ⇒ présomption. *II.* ⇒ supposition.

CONJECTURER ■ *I.* ⇒ présumer. *II.* ⇒ supposer.

CONJOINDRE ■ ⇒ joindre.

CONJOINT ■ ⇒ époux.

CONJONCTION ■ *I. Au pr. :* assemblage, jonction, rencontre, réunion, union. *II.* ⇒ accouplement.

CONJONCTURE ■ ⇒ cas.

CONJUGAL, E ■ ⇒ nuptial.

CONJUGUER ■ ⇒ joindre.

CONJUNGO ■ ⇒ mariage.

CONJURATION ■ *I.* ⇒ complot. *II.* ⇒ magie. *III.* ⇒ prière.

CONJURÉ ■ ⇒ conspirateur.

CONJURER ■ *I.* ⇒ adjurer. *II.* ⇒ parer. *III.* ⇒ prier. *IV.* ⇒ charmer, chasser. *V.* ⇒ comploter.

CONNAISSANCE ■ *I. Philos.* ⇒ conscience. *II. Au pr.* 1. ⇒ idée, notion. 2. ⇒ expérience. *III. Par ext.* 1. ⇒ ami. 2. ⇒ amante.

CONNAISSEUR ■ ⇒ collectionneur.

CONNAÎTRE ■ *I. Une chose :* apercevoir, apprendre, avoir connaissance/la pratique/l'usage, entrevoir, être au courant/au fait/averti/calé/ compétent/entendu/expert/ferré/ informé/qualifié/savant, percevoir, posséder, savoir, sentir. *II. Quelqu'un :* apprécier, comprendre, juger. *III. Loc.* Faire connaître : apprendre, communiquer, dévoiler, divulguer, exposer, exprimer, extérioriser, faire entendre/savoir, informer, instruire, lancer, manifester, marquer, montrer, présenter, propager, publier, témoigner, vulgariser.

CONNECTER ■ ⇒ joindre.

CONNERIE ■ ⇒ bêtise.

CONNEXE ■ Adhérent, analogue, dépendant, joint, lié, uni, voisin.

CONNEXION, CONNEXITÉ ■ ⇒ liaison.

CONNIVENCE ■ ⇒ complicité.

CONNU, E ■ Commun, découvert, évident, notoire, officiel, présenté, proverbial, public, rebattu, révélé. ⇒ **célèbre.**

CONQUÉRANT, E ■ adj. et n. *I.* Conquistador, dominateur, fier, guerrier. ⇒ **vainqueur.** *II.* ⇒ **dédaigneux.**

CONQUÉRIR ■ ⇒ **charmer, vaincre.**

CONQUÊT ■ Acquêt, acquisition.

CONQUÊTE ■ *I.* Appropriation, assujettissement, capture, domination, gain, guerre, prise, soumission, victoire. *II. Par ext. :* amour, séduction, soumission, sympathie. *III.* Annexion, colonie, territoire.

CONSACRÉ, E ■ ⇒ **usité.**

CONSACRER ■ *I.* ⇒ **sacrer.** *II.* ⇒ **vouer.** *III.* ⇒ **confirmer.** *IV. V. pron.* ⇒ **adonner (s').**

CONSANGUIN, E ■ ⇒ **parent.**

CONSANGUINITÉ ■ Endogamie. ⇒ **parenté.**

CONSCIENCE ■ *I.* Cognition, conation, connaissance, expérience, intuition, lucidité, notion, pressentiment, sentiment. *II.* Cœur, for intérieur, honnêteté, sens moral. *III.* ⇒ **soin.**

CONSCIENCIEUX, EUSE ■ Attentif, délicat, exact, honnête, minutieux, scrupuleux, soigné, soigneux, travailleur.

CONSCIENT, E ■ Éveillé, responsable.

CONSCRIPTION ■ Appel, enrôlement, recensement, recrutement.

CONSCRIT ■ ⇒ **soldat, novice.**

CONSÉCRATION ■ ⇒ **bénédiction, confirmation, succès.**

CONSÉCUTIF, IVE ■ *I.* À la file/suite. *II.* Résultant.

CONSEIL ■ *I.* ⇒ **avertissement.** *II.* ⇒ **assemblée.** *III.* ⇒ **conseiller.** *IV.* ⇒ **résolution.** *V.* ⇒ **défenseur.**

CONSEILLER ■ v. *I.* ⇒ **diriger.** *II.* ⇒ **recommander.** *III.* ⇒ **inspirer.**

CONSEILLER, ÈRE ■ n. *I.* Conducteur, conseil, conseilleur, directeur, égérie (fém.), éveilleur, guide, inspirateur, instigateur, mentor. *II. Loc.* Conseiller municipal : vx : échevin (vx), édile, jurat (vx).

CONSENTEMENT ■ Acceptation, accord, acquiescement, adhésion, agrément, approbation, assentiment, autorisation, commun accord, complaisance, consensus, permission, unanimité.

CONSENTIR ■ *I.* S'abandonner, accéder, accepter, accorder, acquiescer, adhérer, admettre, adopter, applaudir, approuver, assentir (vx), autoriser, avoir pour agréable, céder, condescendre, donner les mains (vx), dire amen, se laisser faire, opiner, permettre, se prêter, se soumettre, souscrire, tomber d'accord, toper, vouloir bien. *II.* Accorder, octroyer.

CONSÉQUENCE ■ *I.* Conclusion, contrecoup, corollaire, effet, fruit, implication, réaction, rejaillissement, résultat, retentissement, ricochet, séquelle, suite. *II.* ⇒ **importance.** *III. Loc.* 1. De conséquence ⇒ **important.** 2. En conséquence : conséquemment, donc, par conséquent/suite. 3. En conséquence de : en vertu de.

CONSÉQUENT, E ■ *I.* ⇒ **logique.** *II. Loc. adv.* Par conséquent : ainsi, dès lors, donc, ergo, partant.

CONSERVATEUR, TRICE ■ n. et adj. ⇒ **gardien, réactionnaire.**

CONSERVATION ■ Conserve, entretien, garde, maintien, préservation, protection, sauvegarde.

CONSERVATISME ■ Droite, immobilisme, intégrisme, réaction.

CONSERVATOIRE ■ *I.* ⇒ **école.** *II.* ⇒ **musée.**

CONSERVE ■ *I.* Boucan, confit, corned-beef, pemmican, singe (fam.). *II.* De conserve ⇒ **ensemble.**

CONSERVER ■ Détenir, entretenir, garantir, garder, maintenir, ménager, préserver, protéger, réserver, sauvegarder, sauver, soigner, stocker, tenir en état.

CONSIDÉRABLE ■ ⇒ grand.

CONSIDÉRABLEMENT ■ ⇒ beaucoup.

CONSIDÉRANT ■ ⇒ motif.

CONSIDÉRATION ■ *I.* Attention, étude, examen, observation, réflexion, remarque. *II.* Circonspection, tact. *III.* Autorité, crédit, déférence, égard, estime, faveur, grâce, honneur, renommée, révérence, vénération. *IV. Loc.* En considération de : à cause de, au nom de, en faveur de, en vue de, eu égard à, par égard pour, pour.

CONSIDÉRER ■ *I.* Admirer, contempler, observer, regarder, toiser (péj.), tourner les yeux sur. *II.* Apprécier, approfondir, balancer, envisager, estimer, étudier, examiner, juger, observer, peser, voir. *III.* S'attacher, avoir égard, prendre garde, se préoccuper, songer, se souvenir, tenir compte. *IV.* Prendre pour, regarder comme, réputer, tenir pour, traiter de. *V.* Révérer, vénérer.

CONSIGNATAIRE ■ Agent, commissionnaire, correspondant, dépositaire, gardien, transitaire. ⇒ intermédiaire.

CONSIGNATION ■ ⇒ dépôt.

CONSIGNE ■ *I.* ⇒ instruction. *II.* ⇒ punition.

CONSIGNER ■ *I.* ⇒ noter. *II.* ⇒ citer. *III.* ⇒ défendre. *IV.* ⇒ enfermer.

CONSISTANCE ■ ⇒ solidité.

CONSISTANT, E ■ ⇒ solide.

CONSISTER ■ Avoir pour nature, comporter, se composer de, comprendre, être constitué/formé de, gésir (vx), reposer sur, résider dans.

CONSISTOIRE ■ Assemblée, concilia-

bule, concile, réunion, symposium, synode.

CONSOLANT, E ■ Apaisant, calmant, consolateur, consolatif, consolatoire, lénitif, réconfortant.

CONSOLATION ■ *I.* Adoucissement, allégement, apaisement, baume, bercement, réconfort, soulagement. *II.* 1. Appui, consolateur, soutien. 2. Dédommagement, joie, plaisir, satisfaction, sujet de satisfaction.

CONSOLER ■ *I. Au pr. :* apaiser, calmer, cicatriser, conforter (vx), dérider, diminuer la peine, distraire, égayer, essuyer les larmes, guérir, rasséréner, rassurer, réconforter, relever/remonter le moral, sécher les larmes, verser du baume sur le cœur/les plaies. *II. Fig. :* adoucir, alléger, assoupir, atténuer, bercer, compenser, diminuer, endormir, flatter, soulager, tromper.

CONSOLIDATION ■ ⇒ affermissement.

CONSOLIDER ■ ⇒ affermir.

CONSOMMABLE ■ ⇒ mangeable, destructible.

CONSOMMATION ■ *I.* Achèvement, couronnement, fin, terminaison. *II.* Boisson, commande, rafraîchissement.

CONSOMMÉ, E ■ *I. Adj.* ⇒ parfait. *II. Nom* ⇒ bouillon.

CONSOMMER ■ *I.* ⇒ réaliser. *II.* ⇒ finir. *III.* Absorber, boire, manger, se nourrir, user de, vivre de. *IV.* Brûler, consumer, employer.

CONSOMPTIBLE ■ Biodégradable.

CONSOMPTION ■ *I.* ⇒ langueur. *II.* ⇒ maigreur. *III.* ⇒ cachexie.

CONSONANCE ■ Assonance, concordance, contrassonance, écho, harmonie, rime.

CONSORT ■ ⇒ associé, complice.

CONSORTIUM ■ ⇒ trust.

CONSPIRATEUR ■ Comploteur,

conjuré, factieux, instigateur, intrigant, meneur, partisan, séditieux. *Vx* : cabaliste, coalisé, conjurateur, ligueur.

CONSPIRATION ■ ⇒ complot.

CONSPIRER ■ *I.* ⇒ comploter. *II.* ⇒ participer.

CONSPUER ■ ⇒ vilipender.

CONSTAMMENT ■ Assidûment, continuellement, en permanence, fermement, fréquemment, incessamment, invariablement, régulièrement, sans arrêt/cesse/désemparer/relâche, toujours.

CONSTANCE ■ *I.* 1. Courage, énergie, entêtement, fermeté, force, patience, résignation, résolution, stoïcisme, volonté. 2. Assiduité, fidélité, obstination, opiniâtreté, persévérance, régularité. *II.* Continuité, durabilité, fixité, immutabilité, invariabilité, permanence, persistance, régularité, stabilité.

CONSTANT, E ■ *I. Quelqu'un.* 1. Courageux, énergique, ferme, fort, inaltérable, inébranlable, inflexible, résigné, résolu. 2. Assidu, égal, fidèle, même, obstiné, opiniâtre, patient, persévérant, régulier. *II. Une chose.* 1. Continuel, durable, fixe, immuable, invariable, pareil, permanent, persistant, régulier, soutenu, stable, un, unique. 2. Assuré, authentique, certain, établi, évident, formel, incontestable, indubitable, patent, positif, sûr.

CONSTAT ■ Acte, procès-verbal, rapport.

CONSTATER ■ ⇒ vérifier.

CONSTELLATION ■ Pléiade. ⇒ groupe.

CONSTELLÉ, E ■ Agrémenté, brillant, étoilé, orné, parsemé, semé.

CONSTERNATION ■ ⇒ stupéfaction.

CONSTERNÉ, E ■ Abasourdi, abattu, accablé, atterré, chagriné, catastrophé, confondu, effondré, étourdi, stupéfait, surpris, triste.

CONSTERNER ■ *I.* ⇒ chagriner. *II.* ⇒ épouvanter.

CONSTIPATION ■ ⇒ opilation.

CONSTIPÉ, E ■ *Fig.* : anxieux, compassé, contraint, embarrassé, froid, guindé, solennel, triste.

CONSTITUANT, E ■ ⇒ constitutif.

CONSTITUER ■ *I. Au pr.* : assigner, composer, créer, établir, faire, former, instaurer, instituer, mettre à la tête, placer, préposer. *II. Par ext.* 1. Arranger, bâtir, charpenter, construire, disposer, édifier, élaborer, fonder, mettre en œuvre/sur pied, monter, organiser. 2. Asseoir, caractériser, consister dans, représenter.

CONSTITUTIF, IVE ■ Caractéristique, constituant, essentiel, fondamental.

CONSTITUTION ■ *I.* ⇒ composition. *II.* ⇒ nature. *III.* ⇒ règlement. *IV.* ⇒ rescrit. *V.* ⇒ loi.

CONSTRICTION ■ ⇒ contraction.

CONSTRUCTEUR ■ Architecte, bâtisseur, entrepreneur, ingénieur, maître d'œuvre, promoteur.

CONSTRUCTIF, IVE ■ ⇒ réaliste.

CONSTRUCTION ■ *I.* ⇒ bâtiment. *II.* ⇒ composition. *III.* ⇒ structure. *IV.* ⇒ expression.

CONSTRUIRE ■ ⇒ bâtir.

CONSULAT ■ Ambassade, chancellerie. *Par ext.* : représentation diplomatique.

CONSULTATION ■ *I. Méd.* : examen, visite. *II.* Enquête, plébiscite, référendum, vote.

CONSULTER ■ *I.* ⇒ examiner. *II.* ⇒ demander.

CONSUMER ■ *I.* ⇒ consommer. *II.* Absorber, anéantir, brûler, calciner, corroder, détruire, dévorer, dissiper, embraser, engloutir, épuiser, incendier, manger, oxyder, ronger, user. *III.* ⇒ abattre. *IV.* ⇒ ruiner.

CONTACT ■ *I. Fig.* ⇒ tact. *II.* ⇒ relation.

CONTACTER ■ ⇒ rencontrer.

CONTAGIEUX, EUSE ■ *I.* ⇒ pestilentiel. *II.* ⇒ communicatif.

CONTAGION ■ *I. Au pr. :* communication, contamination, infection, transmission. *II. Fig. :* diffusion, imitation, influence, propagation, virus.

CONTAINER ■ Cadre, conteneur. ⇒ contenant.

CONTAMINATION ■ *I.* ⇒ contagion. *II. Par ext.* ⇒ mélange.

CONTAMINER ■ ⇒ salir.

CONTE ■ *I.* ⇒ roman. *II.* ⇒ histoire.

CONTEMPLATEUR, TRICE ■ ⇒ penseur.

CONTEMPLATION ■ *I.* ⇒ attention. *II.* ⇒ pensée.

CONTEMPLER ■ ⇒ regarder, penser.

CONTEMPORAIN, E ■ ⇒ présent.

CONTEMPTEUR, TRICE ■ ⇒ méprisant.

CONTENANCE ■ *I.* Capacité, contenu, étendue, mesure, quantité, superficie, surface, tonnage, volume. *II.* Affectation, air, allure, aplomb, assurance, attitude, dégaine (fam.), figure, maintien, mine, port, posture, prestance.

CONTENANT ■ Boîte, bouteillon, cadre, cageot, caisse, cantine, caque, container, conteneur, emballage, enveloppe, malle, panier, plat, réceptacle, récipient, sac, touque, vaisseau (vx), vaisselle, valise, vase. ⇒ ustensile.

CONTENIR ■ *I. Capacité :* avoir, comporter, comprendre, compter, embrasser, enfermer, s'étendre, être composé de, impliquer, inclure, mesurer, posséder, receler, recevoir, renfermer, tenir.

II. Arrêter, assujettir, borner, contrôler, dominer, dompter, emprisonner, endiguer, enfermer, enserrer, limiter, maintenir, maîtriser, refouler, refréner, réprimer, retenir, tenir. *III. V. pron. :* se contraindre, se contrôler, se dominer, être maître de soi, se faire violence, se maîtriser, se modérer, se posséder, se retenir, *et les formes pron. possibles des syn. de* CONTENIR.

CONTENT, E ■ *I.* Aise, béat, enchanté, gai, heureux, joyeux, radieux, ravi, réjoui, satisfait, triomphant. *II. Content de soi :* fat, orgueilleux, présomptueux, suffisant, vaniteux.

CONTENTEMENT ■ ⇒ plaisir.

CONTENTER ■ ⇒ satisfaire. *V. pron. :* s'accommoder, s'arranger, avoir assez, se borner, faire avec, se payer de.

CONTENTIEUX, EUSE ■ Contesté, litigieux.

CONTENTION ■ *I.* ⇒ effort. *II.* ⇒ attention. *III.* ⇒ discussion.

CONTENU ■ ⇒ contenance.

CONTER ■ Décrire, dire, exposer, faire un récit, narrer, raconter, rapporter, relater, retracer.

CONTESTABLE ■ ⇒ incertain.

CONTESTATAIRE ■ ⇒ mécontent.

CONTESTATION ■ Altercation, chicane, conflit, contradiction, controverse, débat, démêlé, dénégation, désaveu, différend, difficulté, discussion, dispute, incident, instance, litige, mise en cause, objection, opposition, pointille, procédure, procès, protestation, querelle.

CONTESTE ■ *I. Vx* ⇒ contestation. *II.* Sans conteste ⇒ évidemment.

CONTESTER ■ *I.* Arguer, contredire, controverser, débattre, dénier, discuter, disputer, douter, nier, s'opposer, plaider, quereller, réclamer, récuser, refuser, résister, révoquer en doute. *II.*

Attaquer, batailler, chicaner, mettre en cause/en doute/en question, pointiller, revendiquer.

CONTEUR ■ Diseur, narrateur.

CONTEXTE ■ ⇒ texte.

CONTEXTURE ■ *I. Au pr.* ⇒ tissu. *II. Fig.* ⇒ composition.

CONTIGU, UË ■ ⇒ prochain.

CONTIGUÏTÉ ■ ⇒ proximité.

CONTINENCE ■ Abstinence, ascétisme, chasteté, modération, mortification, privation, pudeur, pudicité, pureté, sagesse, sobriété, tempérance, vertu.

CONTINENT, E ■ Abstinent, ascétique, chaste, décent, innocent, modéré, pudique, pur, sage, sobre, tempérant, vertueux, vierge.

CONTINGENCE ■ ⇒ cas.

CONTINGENT ■ *I. Nom* ⇒ part. *II. Adj. :* accidentel, casuel, conditionnel, éventuel, fortuit, incertain, occasionnel, possible.

CONTINGENTEMENT ■ ⇒ répartition.

CONTINU, E ■ Assidu, constant, continuel, d'affilée, durable, éternel, immuable, incessant, indéfectible, infini, ininterrompu, interminable, invariable, opiniâtre, permanent, perpétuel, persistant, prolongé, sans arrêt/cesse/fin/répit/trêve, sempiternel, soutenu, successif, suivi.

CONTINUATION ■ Continuité, persévérance, poursuite, prolongation, prolongement, reprise, succession, suite.

CONTINUEL, ELLE ■ *I.* ⇒ continu. *II.* ⇒ éternel.

CONTINUELLEMENT ■ ⇒ toujours.

CONTINUER ■ *I. V. tr. :* achever, allonger, augmenter, conserver, donner suite, durer, étendre, éterniser, laisser, maintenir, perpétuer, persévérer, persister, poursuivre, pousser jusqu'au bout, prolonger, reconduire, reprendre. *II. V. intr.* 1. Quelqu'un : s'acharner, s'entêter, s'obstiner, s'opiniâtrer, ne pas cesser/laisser de. 2. Une route : aller, s'étendre, se prolonger, se poursuivre. 3. Une chose : durer, se succéder, tenir.

CONTINUITÉ ■ ⇒ continuation.

CONTORSION ■ *I.* ⇒ torsion. *II.* ⇒ grimace.

CONTOUR ■ *I.* ⇒ tour. *II.* ⇒ ligne.

CONTOURNÉ, E ■ *I.* ⇒ dévié. *II.* ⇒ embarrassé.

CONTOURNER ■ ⇒ tourner.

CONTRACEPTIF ■ ⇒ préservatif.

CONTRACTER ■ *I. Au pr.* ⇒ resserrer. *II. Par ext.* 1. Une maladie : attraper, gagner, prendre. *Fam :* choper, pincer, piquer, ramasser. 2. ⇒ acquérir. 3. ⇒ endetter (s').

CONTRACTION ■ Angoisse, constriction, contracture, convulsion, crampe, crispation, impatiences, resserrement, rétraction, spasme.

CONTRADICTEUR ■ Adversaire, antagoniste, contredisant, débateur, interlocuteur, interrupteur, objecteur, opposant.

CONTRADICTION ■ *I. Philos. :* absurdité, antilogie, antinomie, barrière, contradictoire, contraste, contre-exemple, empêchement, impossibilité, incompatibilité, inconséquence, obstacle. *II.* Chicane, conflit, contestation, démenti, dénégation, désaccord, dispute, négation, objection, opposition, réfutation.

CONTRADICTOIRE ■ ⇒ opposé.

CONTRAIGNANT, E ■ ⇒ pénible.

CONTRAINDRE ■ ⇒ obliger.

CONTRAINT, E ■ *I.* ⇒ obligé. *II.* ⇒ embarrassé. *III.* ⇒ artificiel.

CONTRAINTE ■ *I. Au pr. :* autorité, coaction, coercition, compression, empêchement, entrave, force, gêne, obstacle, pression, violence. *II. Par ext.* 1. Discipline, exigence, loi, obligation, règle. 2. Affectation, pudeur, respect humain, retenue. 3. Asservissement, assujettissement, captivité, chaîne, esclavage, joug, oppression, servitude, sujétion, tutelle. **4.** Astreinte, commandement, mise en demeure, poursuite.

CONTRAIRE ■ *I. Nom :* antithèse, antonyme, contraste, inverse, négation, opposé, opposition. *II. Adj.* 1. Antinomique, antithétique, contradictoire, différent, incompatible, inverse, opposé, paradoxal. 2. Péj. : adverse, antagoniste, attentatoire, défavorable, ennemi, hostile, nuisible, préjudiciable. *III. Loc. adv.* **Au contraire :** a contrario, à l'encontre, à l'opposé, au rebours, contrairement, en revanche, loin de là, par contre, tant s'en faut, tout autrement.

CONTRARIER ■ *I. Au pr. :* agir/aller contre, barrer, combattre, contrecarrer, contredire, contrer, déranger, entraver, être contraire/en opposition/en travers, empêcher, faire empêchement/entrave/obstacle, freiner, gêner, mettre des bâtons dans les roues (fam.), nuire, s'oppposer à, repousser. *II. Fig. :* forcer, violer, violenter. *III. Péj. :* agacer, blesser, braquer, casser les pieds, causer du dépit/du mécontentement, chagriner, chicaner, chiffonner, choquer, dépiter, déranger, désespérer, désoler, embêter, ennuyer, fâcher, faire crever de dépit/ endêver, faire faire une crise/une maladie/du mauvais sang, heurter, inquiéter, irriter, mécontenter, offusquer, rembrunir, tarabuster, tracasser, troubler.

CONTRARIÉTÉ ■ ⇒ ennui.

CONTRASTE ■ ⇒ opposition.

CONTRASTER ■ Détonner, jurer, s'opposer, ressortir, trancher.

CONTRAT ■ ⇒ convention.

CONTRAVENTION ■ *I.* Entorse, infraction, violation. *II.* Amende, peine, pénalisation, pénalité, procès-verbal. **Fam. :** cheville, contredanse.

CONTRE ■ *I.* Auprès de, en face de, près de, sur. *II.* À l'encontre de, à l'opposé de, malgré, nonobstant (vx). *III. Par contre :* au contraire, en compensation, en revanche, mais.

CONTRE-AVIS ■ Annulation, avis/ indication / ordre / prescription contraire, contremandement, contrordre, décommandement.

CONTREBALANCER ■ *I.* ⇒ équilibrer. *II.* ⇒ égaler.

CONTREBANDIER ■ Fraudeur, passeur.

CONTRECARRER ■ ⇒ contrarier.

CONTRECŒUR (À) ■ À regret/son corps défendant, avec ⇒ répugnance, contre sa ⇒ volonté, malgré soi.

CONTRECOUP ■ *I. Au pr. :* choc en retour, rebondissement, répercussion, ricochet. *II. Fig. :* conséquence, éclaboussure, effet, réaction, réponse, résultat, retentissement, suite.

CONTREDIRE ■ *I. Au pr. :* aller à l'encontre, contester, dédire, démentir, désavouer, s'inscrire en faux, opposer, réfuter, répondre. *II. Par ext.* ⇒ contrarier. *III. V. pron. :* se couper (fam.), *et les formes pron. possibles des syn. de* CONTREDIRE.

CONTREDISANT, E ■ ⇒ contradicteur.

CONTREDIT ■ *I.* Réfutation. *II.* Contradiction, contradictoire, objection. *III.* **Sans contredit :** à l'évidence, assurément, certainement, de toute évidence, évidemment, sans aucun doute, sans contestation/conteste.

CONTRÉE ■ ⇒ pays.

CONTREFAÇON ■ *I.* Contrefaction, faux, fraude. *II.* Caricature, contre-épreuve, copie, démarquage, falsification, imitation, parodie, pastiche, plagiat, vol.

CONTREFAIRE ■ *I.* ⇒ faire. *II.* ⇒ imiter. *III.* Feindre. ⇒ affecter.

CONTREFAIT, E ■ ⇒ difforme, faux.

CONTREFORT ■ ⇒ colonne, appui.

CONTRE-JOUR ■ ⇒ obscurité.

CONTREMAÎTRE ■ Chef d'atelier/de brigade/d'équipe, porion, prote.

CONTREMANDER ■ Annuler, décommander, rapporter, revenir, révoquer.

CONTREPARTIE ■ *I.* ⇒ opposé. *II.* ⇒ objection.

CONTREPÈTERIE, CONTREPETTERIE ■ *Par ext.* ⇒ lapsus.

CONTRE-PIED ■ *I.* ⇒ opposé. *II. Loc. adv.* À **contre-pied** : à contre-poil/contresens/l'encontre, l'envers/l'opposé/rebrousse-poil, *et les syn. de* OPPOSÉ, à rebours, de travers.

CONTREPOIDS ■ *I.* Balancier, équilibre. *II.* ⇒ compensation.

CONTRE-POIL (À) ■ ⇒ contre-pied.

CONTREPOINT ■ ⇒ harmonie.

CONTREPOISON ■ Alexipharmaque, antidote, mithridatisation, remède.

CONTRER ■ ⇒ contrarier.

CONTRESCARPE ■ Glacis.

CONTRE-REJET ■ Enjambement, rejet.

CONTRESEING ■ ⇒ signature.

CONTRESENS ■ *I.* Erreur, faux-sens, non-sens, paradoxe. *II. Loc. adv.* À contresens ⇒ contre-pied.

CONTRETEMPS ■ *I.* ⇒ obstacle. *II.* À **contretemps** : au mauvais moment, comme un chien dans un jeu de quilles (fam.), hors de saison, inopportunément, mal à propos.

CONTREVENIR ■ ⇒ désobéir.

CONTREVENT ■ ⇒ volet.

CONTREVÉRITÉ ■ *I.* ⇒ antiphrase. *II.* ⇒ mensonge.

CONTRIBUABLE ■ *I.* Assujetti, cochon de payant (fam.), prestataire. *II. Vx :* censitaire, corvéable, taillable.

CONTRIBUER ■ ⇒ participer.

CONTRIBUTION ■ *I.* ⇒ quota. *II.* ⇒ impôt.

CONTRISTER ■ ⇒ chagriner.

CONTRIT, E ■ ⇒ honteux.

CONTRITION ■ ⇒ regret.

CONTRÔLE ■ ⇒ vérification.

CONTRÔLER ■ *I.* ⇒ vérifier. *II.* ⇒ censurer.

CONTRÔLEUR ■ ⇒ inspecteur.

CONTROUVER ■ ⇒ inventer.

CONTROVERSER ■ ⇒ discuter.

CONTUMACE ■ n. f. et adj. ⇒ défaut.

CONTUSION ■ Bleu, bosse, coquard (fam.), coup, ecchymose, hématome, lésion, mâchure, meurtrissure. ⇒ blessure.

CONVAINCRE ■ *I.* Amener, démontrer, dissuader, entraîner, expliquer, persuader, prouver, toucher. *II. Péj. :* accabler, confondre.

CONVALESCENCE ■ ⇒ rétablissement.

CONVENABLE ■ *I. Au pr. :* adapté, ad hoc, approprié, à propos, assorti, compatible, condigne (théol.), conforme, congru, congruent, convenant, de saison, expédient, fait exprès, idoine, opportun, pertinent, présentable, propice, proportionné, propre, raisonnable, satisfaisant, seyant, sortable, topique, utile. *II. Par ext. :* beau, bien, bienséant, bon, comme il faut, correct, décent, digne, fair-play, honnête, honorable, juste, poli, séant, sport.

CONVENANCE ■ *I.* Accord, adaptation, adéquation, affinité, analogie, appropriation, assortiment, compatibilité, concordance, conformité, congruence, congruité, correspondance, harmonie, idonéité, justesse, pertinence, proportion, propriété, rapport, utilité. *II. Par ext.* 1. Commodité, goût, gré, utilité. 2. Apparence, bienséance, bon ton, code, correction, décence, décorum, élégance, étiquette, façons, forme, honnêteté, politesse, protocole, règles, savoir-vivre, tact, usage.

CONVENIR ■ *I.* S'accorder, admettre, s'apparenter, avouer, concéder, confesser, constater, déclarer, dire, reconnaître, tomber d'accord. *II.* ⇒ décider. *III.* ⇒ correspondre. *IV.* ⇒ plaire. *V.* ⇒ appartenir. *VI.* ⇒ falloir. *VII. V. pron. :* ⇒ plaire (se).

CONVENTION ■ *I. Au pr. :* accommodement, accord, alliance, arrangement, capitulation, cartel, collaboration, compromis, concordat, connivence, contrat, covenant, engagement, entente, forfait, marché, pacte, promesse, protocole, traité, transaction, union. *II. Par ext.* 1. Acte, article, clause, condition, disposition, recès, règle, résolution, stipulation. 2. Axiome, hypothèse, postulat, principe, supposition. 3. Deus ex machina, fiction, lieu commun, moyen, procédé. 4. ⇒ convenance.

CONVENTIONNEL, ELLE ■ *I.* ⇒ artificiel. *II.* ⇒ traditionnel.

CONVERGER ■ ⇒ aller.

CONVERSATION ■ *I. Au pr. :* aparté, causerie, colloque, conférence, débat, devis (vx), dialogue, échange, entretien, interlocution, interview, pourparlers, propos, tête-à-tête. *II. Péj. :* babillage, badinage, bavette, causette, commérage, conciliabule, jacasserie, palabre, parlote. ⇒ bavardage.

CONVERSER ■ ⇒ parler.

CONVERSIBLE ■ ⇒ convertible.

CONVERSION ■ *I. Au pr. :* changement, convertissement, métamorphose, modification, mutation, transformation, virement. *II. Par ext.* 1. Relig. : abjuration, adhésion, apostasie, reniement, renoncement, volte-face. 2. Ralliement, retournement, révolution, tour, virage, volte.

CONVERTIBLE ■ Conversible, convertissable, modifiable, transformable.

CONVERTIR ■ ⇒ transformer. *V. pron. :* 1. ⇒ changer. 2. ⇒ renier.

CONVERTISSABLE ■ ⇒ convertible.

CONVERTISSEMENT ■ ⇒ conversion.

CONVICTION ■ ⇒ croyance.

CONVIER ■ *I. Au pr. :* appeler, convoquer, demander, inviter, mander, prier, semondre (vx), traiter. *II. Fig. :* engager, exciter, exhorter, inciter, induire, inviter, solliciter.

CONVIVE ■ *I. Fav. :* commensal, convié, hôte, invité. *II. Non fav.* ⇒ parasite.

CONVOCATION ■ *I.* Appel, assignation, avertissement, citation, indiction, invitation, semonce (vx), sommation. *II.* Incorporation, levée, mobilisation, recrutement.

CONVOI ■ *I.* Caravane, charroi, file, train. *II.* Enterrement, funérailles, obsèques.

CONVOITER ■ ⇒ vouloir.

CONVOITISE ■ ⇒ désir. *II.* ⇒ concupiscence.

CONVOLER ■ ⇒ marier (se).

CONVOQUER ■ ⇒ inviter, mander.

CONVOYER ■ ⇒ accompagner.

CONVULSION ■ *I.* Contraction, saccades, secousse, soubresaut, spasme. *II. Fig.* 1. Contorsion, distorsion, grimace. 2. Agitation, bouleversement, crise, remous, révolution, trouble.

COOPÉRATEUR, TRICE ■ ⇒ **associé.**

COOPÉRATION ■ Accord, aide, appui, collaboration, concours, contribution.

COOPÉRATIVE ■ Artel, association, kolkhose, mutuelle, sovkhose.

COOPTATION ■ ⇒ **choix.**

COOPTER ■ ⇒ **choisir.**

COORDONNER ■ ⇒ **combiner.**

COPAIN, COPINE ■ ⇒ **compagnon.**

COPIE ■ *I. Au pr. :* ampliatif, ampliation, calque, compulsoire, double, duplicata, épreuve, exemplaire, expédition, fac-similé, grosse, photocopie, reproduction, transcription. *II. Par ext.* 1. ⇒ **imitation.** 2. ⇒ **composition.**

COPIER ■ *I. Au pr.* 1. Jurid. : expédier, grossoyer, inscrire, transcrire. 2. Calquer, noter, prendre en note, recopier, relever, reproduire, transcrire. *II. Par ext.* ⇒ **imiter.**

COPIEUSEMENT ■ ⇒ **beaucoup.**

COPIEUX, EUSE ■ ⇒ **abondant.**

COPULATION ■ ⇒ **accouplement.**

COQUE ■ ⇒ **coquille.**

COQUECIGRUE ■ ⇒ **chanson.**

COQUELICOT ■ ⇒ **pavot.**

COQUET, ETTE ■ *I.* ⇒ **élégant, joli, galant.** *II.* ⇒ **important.**

COQUETTERIE ■ *I.* ⇒ **amour.** *II.* ⇒ minauderie. *III.* ⇒ **élégance.**

COQUILLE ■ *I. Au pr. :* carapace, conche (vx), conque, coque, coquillage, écaille, enveloppe, test. *II. Fig. :* erreur, faute, lapsus.

COQUIN, E ■ *I. Nom.* 1. Bandit, canaille, escroc, scélérat. ⇒ **voleur.** 2. Bélître, faquin, fripon, gredin, gueux, lâche, maraud, maroufle, mâtin, pendard, va-nu-pieds, vaurien. ⇒ **avare.** 3. Garnement, polisson. *II. Adj. :* canaille, égrillard, espiègle, gaillard, gaulois, libertin, libre, malicieux, polisson.

COR ■ *I.* ⇒ **cal.** *II. Vén. :* andouiller, bois, branche, épois, perche, rameau, ramure, trochure. *III.* Corne, cornet, huchet, olifant, schofar, trompe.

CORBEAU ■ *I.* Corbillat, corbin, corneille. *II.* ⇒ **calomniateur.**

CORBEILLE ■ *I.* Ciste, faisselle, manne, moïse, sultan, vannerie. ⇒ **panier.** *II.* ⇒ **parterre.** *III. Théâtre :* balcon, mezzanine.

CORDAGE ■ *I. Au pr. :* bastin, bitord, câble, câblot, corde, filin, grelin, guinderesse, lusin, manœuvres, merlin, quarantenier, ralingue, sciasse, trélingage. *II. Mar. :* amure, balancine, brague, bosse, bouline, cargue, chable, chableau, commande, cravate, draille, drisse, drosse, écoute, élingue, enfléchure, erse, estrope, étai, filière, funin, gambre, garcette, gerseau, guinderesse, hauban, haussière, laguis, lèvenez, marguerite, martingale, orin, pantoire, passeresse, pataras, ralingue, redresse, remorque, retenue, ride, sabaye, saisine, sauvegarde, sousbarbe, suspense, touée, tourteuse, traille, trévire, va-et-vient.

CORDE ■ Bolduc, cordelette, cordelière, cordon, étendoir, ficelle, hart (vx), lacet, laisse, lasso, lien, longe, simbleau, tendeur. ⇒ **cordage.**

CORDELIÈRE ■ ⇒ **corde, ceinture.**

CORDIAL, E ■ *I. Adj.* ⇒ **franc.** *II. Nom* ⇒ **fortifiant.**

CORDIALITÉ ■ ⇒ **bonté, franchise.**

CORDON ■ ⇒ **corde, insigne.**

CORDONNIER ■ Bottier, bouif (fam.), chausseur, gnaf (arg.), savetier.

CORIACE ■ *I.* ⇒ **dur.** *II.* ⇒ **résistant.**

CORNAC ■ ⇒ **guide.**

CORNE ■ *I. Au pr. :* défense. ⇒ **cor.** *II.* Callosité, châtaigne, kératine ⇒ **cal.**

CORNEILLE ■ Choucas, corbillat, corvidé, freux.

CORNEMUSE ■ Bag-pipe, biniou, bombarde, cabrette, chabrette, chevrie, musette, pibrock, turlurette.

CORNER ■ *I.* ⇒ **publier.** *II.* Bourdonner, claironner, siffler, sonner, tinter.

COROLLAIRE ■ ⇒ **conséquence.**

CORPORATION ■ Assemblée, association, collège, communauté, confrérie, congrégation, corps, gilde, groupement, guilde, hanse, métier, ordre, société.

CORPOREL, ELLE ■ ⇒ **physique.**

CORPS ■ *I.* ⇒ **objet, substance.** *II.* Anatomie, carcasse (fam.), chair, châssis (fam.), individu, morphologie, personne, tronc. ⇒ **cadavre.** *III.* ⇒ **congrégation, corporation.**

CORPULENCE ■ ⇒ **grosseur.**

CORPULENT, E ■ ⇒ **gros.**

CORPUSCULE ■ ⇒ **particule.**

CORRECT, E ■ *I.* ⇒ **convenable.** *II.* ⇒ **exact.** *III.* ⇒ **poli.**

CORRECTEUR, TRICE ■ Censeur, corrigeur, réviseur.

CORRECTION ■ *I.* Amélioration, amendement, biffure, correctif, modification, rature, rectification, redressement, refonte, remaniement, repentir, retouche, révision, surcharge. *II.* Adoucissement, assouplissement, atténuation, compensation, contrepoids, tempérament. *III.* ⇒ **punition.** *IV.* ⇒ **pureté.** *V.* ⇒ **civilité.**

CORRÉLATION ■ ⇒ **rapport.**

CORRESPONDANCE ■ *I.* ⇒ **rapport.** *II.* Courrier, épître, lettre. *III.* Chronique, reportage, rubrique. *IV.* Changement, relais.

CORRESPONDANT, E ■ ⇒ **journaliste.**

CORRESPONDRE ■ *I.* 1. S'accorder, aller, aller ⇒ **bien,** s'appliquer à, coïncider, coller, concorder, se conformer, convenir, être conforme à/en conformité/harmonie / rapport/symétrie, faire pendant, s'harmoniser, se prêter/rapporter/référer à, répondre, représenter, ressembler, rimer, satisfaire, synchroniser. 2. *Arg.* : bicher, botter, boumer, gazer, rouler, roulotter. *II.* Collaborer, écrire, être en relation, tenir au courant. ⇒ **communiquer.**

CORRIDOR ■ ⇒ **passage.**

CORRIGER ■ *I. Au pr.* : améliorer, amender, changer, civiliser, moraliser, perfectionner, policer, redresser, réformer, régénérer, relever, reprendre. *II. Par ext.* 1. Adoucir, atténuer, balancer, compenser, dégauchir, dulcifier, émender, équilibrer, expurger, modérer, modifier, neutraliser, pallier, racheter, rectifier, refondre, remanier, remettre sur l'enclume/le métier, réparer, reprendre, retoucher, revenir sur, réviser, revoir, tempérer. 2. ⇒ **réprimander.** 3. ⇒ **punir.** 4. ⇒ **abattre.** *III. V. pron.* : se convertir, se défaire de, se guérir, se reprendre, *et les formes pron. possibles des syn. de* CORRIGER.

CORRIGEUR ■ ⇒ **correcteur.**

CORROBORER ■ *I.* ⇒ **fortifier.** *II.* ⇒ **confirmer.**

CORRODER ■ ⇒ **ronger.**

CORROMPRE ■ *I.* ⇒ **gâter, abâtardir, altérer.** *II.* ⇒ **séduire.** *III. V. pron.* : ⇒ **pourrir.**

CORROMPU, E ■ *I.* ⇒ **pourri.** *II. Fig.* ⇒ **vicieux.**

CORROSIF, IVE ■ ⇒ **mordant.**

CORROSION ■ Brûlure, corrasion, désagrégation, destruction, érosion, ravinement, usure.

CORRUPTEUR, TRICE ■ ⇒ **mauvais.**

CORRUPTIBLE ■ ⇒ **destructible.**

CORRUPTION ■ *I.* ⇒ **altération.** *II.* ⇒ **dégradation.** *III.* ⇒ **subornation.**

CORSAGE ■ *I.* Buste, poitrine. *II.* Blouse, brassière, cache-cœur, camisole, canezou, caraco, casaque, casaquin, chemisette, guimpe, jersey.

CORSAIRE ■ Bandit, boucanier, écumeur des mers, flibustier, forban, frère de la côte, pirate, requin.

CORSER ■ ⇒ fortifier.

CORSET ■ *I. Par ext. :* bustier, gaine. *II. Fig.* ⇒ cadre.

CORTÈGE ■ ⇒ suite.

CORUSCANT, E ■ ⇒ brillant.

CORUSCATION ■ Brillance, éclat, intensité, lumière, luminescence, luminosité.

CORVÉE ■ *I.* ⇒ devoir. *II.* ⇒ travail.

CORYPHÉE ■ ⇒ chef.

CORYZA ■ Catarrhe, écoulement, inflammation, rhume de cerveau.

COSMOGONIE ■ Cosmographie, cosmologie, cosmosophie, description/interprétation de l'Univers.

COSMONAUTE ■ Astronaute, spationaute.

COSMOS ■ ⇒ univers.

COSSE ■ Écale, écalure, enveloppe, gousse, tégument.

COSSU, E ■ ⇒ riche.

COSTUME ■ ⇒ vêtement.

COSTUMER ■ ⇒ vêtir.

COSY-CORNER ■ ⇒ canapé.

COTE ■ *I.* ⇒ taxe. *II.* ⇒ impôt.

CÔTE ■ *I.* ⇒ bord. *II.* ⇒ hauteur. *III.* ⇒ montée.

CÔTÉ ■ *I.* ⇒ flanc. *II.* ⇒ aspect. *III.* ⇒ partie. *IV.* ⇒ direction. *V. Loc.* À côté ⇒ près.

COTEAU ■ ⇒ hauteur.

COTER ■ *I.* Folioter, noter, numéroter, paginer. *II.* ⇒ estimer.

COTERIE ■ Association, bande, cabale, camarilla, caste, cercle, chapelle, clan, clique, école, faction, famille, mafia, parti, secte, tribu.

COTHURNE ■ Brodequin, chaussure, socque.

COTILLON ■ *I.* ⇒ jupe. *II.* ⇒ femme. *III.* ⇒ danse.

COTISATION ■ ⇒ quote-part.

CÔTOYER ■ ⇒ longer.

COTTAGE ■ ⇒ villa.

COTTE ■ *I.* ⇒ jupe. *II.* Bleu/vêtement de travail, combinaison, salopette.

COU ■ Col, encolure.

COUARD, E ■ ⇒ capon.

COUARDISE ■ ⇒ lâcheté.

COUCHANT ■ Occident, ouest, ponant.

COUCHE ■ *I.* Crépi, croûte, enduit. *II.* Assise, banc, formation, lit, nappe, région, sphère, strate. *III.* Braie (vx), drapeau (vx), lange, linge, layette, maillot. *IV.* ⇒ catégorie. *V.* ⇒ lit. *VI.* ⇒ enfantement. *VII. Loc.* Fausse couche : avortement.

COUCHER ■ *I.* ⇒ étendre. *II.* ⇒ inscrire. *III.* ⇒ viser. *IV. V. pron. :* 1. Au pr. : s'aliter, s'allonger, se blottir, s'étendre, gésir (vx), se glisser dans le lit/sous les draps, se mettre au lit/prosterner/vautrer (péj.). 2. Fam. : aller au dodo/au page/au pageot/au pieu, se bâcher, mettre la viande dans les bâches/les bannes/les torchons/les toiles, se pager/pageoter/pagnoter/pieuter/plumarder/plumer/ventrouiller/vituler.

COUCHERIE ■ ⇒ débauche.

COUCHETTE ■ ⇒ lit.

COUCHEUR (MAUVAIS) ■ ⇒ querelleur.

COUCOU ■ *I.* ⇒ horloge. *II.* Locomotive, machine. ⇒ voiture.

COUDE ■ Angle, courbe, détour, méandre, retour, saillie, sinuosité, tour, tournant, virage.

COUDÉ, E ■ ⇒ courbe.

COUDOYER ■ ⇒ heurter, rencontrer.

COUDRE ■ *I. Au pr.* : bâtir, faufiler, linger, monter, ourler, raccommoder, rapiécier, ravauder, rentraire, repriser, surfiler, surjeter, suturer. *II. Par ext.* ⇒ joindre.

COUDRE, COUDRIER ■ Noisetier.

COUENNE ■ Lard. ⇒ peau.

COUFFE, COUFFIN, COUFFLE ■ ⇒ cabas.

COUILLE ■ *I.* ⇒ bourse. *II.* ⇒ zéro.

COUINER ■ Piailler ⇒ crier.

COULAGE ■ *I.* Coulée. *II.* ⇒ perte.

COULANT, E ■ Adj. *I.* ⇒ fluide. *II.* ⇒ naturel.

COULANT ■ n. *I.* Anneau. *II.* Pousse, rejeton, stolon.

COULER ■ *I. V. tr.* 1. ⇒ filtrer. 2. ⇒ verser. 3. ⇒ introduire. 4. Mar. : envoyer par le fond, faire sombrer, torpiller. *II. V. intr.* 1. Affluer, arroser, baigner, courir, déborder, découler, dégouliner, se déverser, s'échapper, s'écouler, émaner, s'épancher, s'extravaser, filer, fluer, fuir, gicler, jaillir, juter, refluer, se répandre, rouler, ruisseler, sourdre. 2. Dégoutter, s'égoutter, goutter, instiller, suinter, traverser. 3. Baver, exsuder, suer, transpirer. 4. Descendre, glisser, se mouvoir, passer, tomber. 5. Un bateau : s'abîmer, chavirer, s'enfoncer, s'engloutir, faire naufrage, s'immerger, se perdre, se saborder, sancir, sombrer. *III. V. pron. :* ⇒ introduire (s').

COULEUR ■ *I. Au pr. :* carnation, coloration, coloris, demi-teinte, nuance, teint, teinte, ton, tonalité. *II. Fig.* 1. Allure, apparence, aspect, brillant, caractère, éclat, force, tru-culence, vivacité. 2. ⇒ opinion. 3. ⇒ prétexte. 4. Au pl. ⇒ drapeau.

COULEUVRE ■ Anguille de haie, bisse (blas.), coronelle, élaphis, nasique, ophidien. ⇒ reptile.

COULISSIER ■ ⇒ intermédiaire.

COULOIR ■ ⇒ passage.

COUP ■ *I. Au pr.* 1. Choc, ébranlement, frappement, heurt, secousse, tamponnement. 2. Anguillade, bastonnade, botte, bourrade, calotte, charge, châtiment, chiquenaude, claque, correction, décharge, distribusion, escourgée, fessée, gifle, gourmade, horion, pichenette, sanglade, soufflet, tape. 3. *Fam.* : abattage, atout, baffe, bâfre, beigne, beignet, branlée, brossée, brûlée, castagne, châtaigne, contredanse, coquard, danse, dariole, déculottée, dérouillée, frottée, giboulée, giroflée, gnon, marron, mornifle, pain, peignée, pile, pochon, raclée, ramponneau, ratatouille, rincée, rossée, roulée, rouste, salsifis, tabac, talmouse, taloche, tampon, tannée, taquet, tarte, tatouille, torgniole, tournée, trempe, tripotée. 4. Blessure, bleu, bosse, contusion, mauvais traitements, meurtrissure, violences, voie de fait. *II. Par ext.* 1. Coup de feu : arquebusade, canonnade, charge, décharge, détonation, fusillade, salve, tir. 2. ⇒ bruit. 3. ⇒ émotion. 4. ⇒ action. *III. Loc.* 1. Coup de cœur/foudre ⇒ amour. 2. Coup de main ⇒ engagement. 3. Coup de sang ⇒ congestion. 4. Coup d'État : coup d'autorité/de force, changement, pronunciamiento, putsch, révolution. 5. Coup de tête ⇒ caprice. 6. Coup de théâtre ⇒ péripétie. 7. Coup d'œil ⇒ regard et vue. 8. À coup sûr : certainement, évidemment, sûrement. 9. Tout à coup : à l'improviste, à brûle-pourpoint, brusquement, en un instant, inopinément, soudain, subitement, subito. 10. Un coup : une fois. 11. Tirer un coup (vulg.) ⇒ accoupler (s').

COUPABLE ■ n. et adj. : Blâmable, breneux (fam.), condamnable, damnable, délictueux, délinquant, fautif, honteux, illégitime, illicite, inavouable, indigne, infâme, mauvais, peccant, pêcheur, pendable, punissable, répréhensible.

COUPANT, E ■ ⇒ tranchant.

COUPE ■ *I.* Calice, coupelle, cratère, gobelet, jatte, patère, ramequin, sébile, vase, vaisseau. *II.* ⇒ compétition. *III.* ⇒ pièce. *IV.* ⇒ plan. *V.* Césure, hémistiche, repos. *VI. Loc.* Coupe sombre : sanction. ⇒ retranchement.

COUPÉ, E ■ ⇒ court.

COUPE-FILE ■ ⇒ laissez-passer.

COUPE-JARRET ■ *I.* ⇒ tueur. *II.* ⇒ voleur.

COUPER ■ *I. Au pr. :* amputer, champlever, chanfreiner, cisailler, débillarder, découper, diviser, ébarber, élaguer, entamer, entrecouper, exciser, hacher, inciser, massicoter, reséquer, scarifier, sectionner, taillader, tailler, trancher, tronçonner. *II. Par ext.* 1. ⇒ retrancher. 2. ⇒ châtrer. 3. ⇒ traverser. 4. ⇒ mélanger. 5. ⇒ interrompre. 6. ⇒ abattre.

COUPERET ■ Coupe-coupe, hachoir, machette. ⇒ couteau.

COUPLE ■ *I. Nom fém. :* paire. *II. Nom masc.* 1. Duo, paire, tandem. 2. Époux, ménage.

COUPLET ■ *I.* ⇒ poème. *II.* ⇒ chant. *III.* ⇒ tirade.

COUPOLE ■ ⇒ dôme.

COUPON ■ *I.* ⇒ pièce. *II.* ⇒ billet.

COUPURE ■ ⇒ blessure, billet.

COUR ■ *I.* Atrium, cloître, patio, préau. *II.* ⇒ tribunal.

COURAGE ■ Ardeur, assurance, audace, bravoure, cœur, confiance, constance, cran, crânerie, décision, énergie, fermeté, force, générosité, hardiesse, héroïsme, impétuosité, intrépidité, patience, persévérance, résolution, stoïcisme, témérité, vaillance, valeur, volonté, zèle.

COURAGEUX, EUSE ■ Ardent, audacieux, brave, confiant, constant, crâne, décidé, dynamique, énergique, ferme, fonceur, fort, hardi, héroïque, impétueux, intrépide, mâle, martial, noble, patient, persévérant, résolu, stoïque, téméraire, travailleur, vaillant, volontaire, zélé.

COURANT, E ■ adj. *I.* ⇒ présent. *II.* ⇒ commun.

COURANT ■ n. *I.* ⇒ cours. *II. Loc.* 1. Être au courant ⇒ connaître. 2. Mettre/tenir au courant ⇒ informer.

COURBATU, E ■ ⇒ fatigué.

COURBE ■ *I. Adj. :* aquilin, arqué, arrondi, busqué, cambré, cassé, concave, convexe, coudé, courbé, crochu, curviligne, incurvé, infléchi, inflexe, mamelonné, rebondi, recourbé, renflé, rond, tordu, tors, tortu, tortueux, voûté. *II. Nom :* arabesque, arc, boucle, cercle, cintrage, circonférence, coude, courbure, ellipse, feston, galbe, méandre, ondulation, ovale, ove, serpentin, sinuosité, spirale, virage, volute.

COURBER ■ *I. Au pr.* 1. ⇒ fléchir. 2. ⇒ incliner. *II. Fig.* ⇒ soumettre. *III. V. pron. :* 1. Au pr. : s'arquer, s'arrondir, se busquer, se cambrer, se casser, se couder, falquer (équit.), s'incurver, s'infléchir, se recourber, se renfler, se tordre, se voûter. 2. Fig. : ⇒ humilier (s').

COURBETTE ■ ⇒ salut.

COUREUR ■ *I.* ⇒ messager. *II.* Cavaleur, juponnier, tombeur. ⇒ séducteur, débauché.

COURGE ■ Bonnet-de-prêtre/Turc, citrouille, coloquinte, concombre, courgette, cucurbitacée, giraumon, gourde, pâtisson, potiron, zuchette.

COURIR ■ *I. V. intr.* 1. Au pr. : bondir, détaler, dévorer l'espace, s'élancer, fendre l'air, galoper, se hâter, se précipiter, se presser, voler. **2. Fam.** : avoir le diable à ses trousses/le feu au derrière, brûler le pavé, caleter, se carapater, cavaler, décaniller, dropper, filer, foncer, gazer, jouer des flûtes/des gambettes/des pinceaux/des pincettes, mettre les bouts, pédaler, piquer un cent mètres, prendre ses jambes à son cou, se tirer, tracer, tricoter des pinceaux/des pincettes, trisser, trôler. **II. V. tr. 1.** ⇒ chercher. **2.** ⇒ fréquenter. **3.** ⇒ poursuivre. **4.** ⇒ répandre (se). **5.** ⇒ passer. **6.** ⇒ parcourir.

COURONNE ■ **I. Au pr.** : bandeau royal, diadème, pschent, tiare, tortil. **II. Par ext.** : guirlande. **III. Fig. 1.** Attribut, emblème, ornement, signe. **2.** Distinction, honneur, lauriers, palme, prix, récompense. **3.** Empereur, empire, État, maison, monarchie, monarque, roi, royaume, royauté, souverain, souveraineté.

COURONNEMENT ■ Sacre. ⇒ **consécration.**

COURONNER ■ **I. Au pr.** : **1.** Auréoler, nimber. **2.** Ceindre, coiffer, introniser, sacrer. **II. Par ext.** : décerner un prix/une récompense. **III. Fig. 1.** Accomplir, achever, conclure, finir, parachever, parfaire, terminer. **2.** ⇒ **blesser.**

COURRIER ■ **I.** ⇒ messager. **II.** ⇒ bateau. **III.** ⇒ correspondance.

COURROIE ■ Attache, bandoulière, bretelle, harnais, jugulaire, lanière, mancelle, raban, sangle.

COURROUX ■ ⇒ colère.

COURS ■ **I.** Carrière, chenal, courant, course, fil, mouvement. **II. Loc. Cours d'eau** : affluent, collecteur, émissaire, fleuve, gave, ravine, rivière, ru, ruisseau, torrent, voie fluviale. ⇒ canal. **III.** ⇒ promenade. **IV.** ⇒ évolution. **V.** ⇒ traité. **VI.** ⇒ leçon. **VII.** ⇒ école. **VIII.** ⇒ prix. **IX. Loc. Avoir cours** : avoir du crédit/de la vogue, déchaîner l'enthousiasme, être à la mode/dans le vent/in, faire fureur.

COURSE ■ **I.** Allées et venues, commissions, démarches. **II.** ⇒ marche. **III.** ⇒ cours. **IV.** ⇒ incursion. **V.** ⇒ trajet. **VI.** ⇒ promenade.

COURSIER ■ ⇒ cheval, messager.

COURT, E ■ **I. De taille** : bas, courtaud, étriqué, étroit, mince, minuscule, petit, rabougri, ramassé, ras, rétréci, tassé, trapu. **II. De durée** : bref, éphémère, fragile, fugace, fugitif, intérimaire, momentané, passager, périssable, précaire, pressé, prompt, provisoire, rapide, temporaire, transitoire. **III. Par ext.** : abrégé, accourci, bref, compendieux (vx), concis, condensé, contracté, coupé, dense, diminué, écourté, elliptique, haché, laconique, lapidaire, raccourci, ramassé, réduit, resserré, restreint, résumé, serré, simple, sommaire, succinct, télégraphique.

COURTAGE ■ **I. Au pr.** : commission, ducroire, pourcentage, prime, remise, rémunération. ⇒ **agio. II. Par ext.** : dessous-de-table, pot-de-vin, pourboire. ⇒ **gratification.**

COURTAUD, E ■ **I. Adj.** ⇒ court. **II. Nom** ⇒ cheval.

COURTIER ■ ⇒ intermédiaire.

COURTISAN ■ n. et adj. Homme de cour. ⇒ flatteur.

COURTISANE ■ ⇒ prostituée.

COURTISER ■ **I.** Badiner, conter fleurette, coqueter, faire des avances/la cour, galantiser (vx), marivauder, rechercher. **II. Fam.** : baratiner, causer, draguer, faire du gringue/les yeux doux, flirter, fréquenter, jeter du grain, sortir avec.

COURTOIS, E ■ ⇒ civil.

COURTOISIE ■ ⇒ civilité.

COUSETTE ■ Arpette, midinette, petite main, trottin.

COUSSIN ■ Bourrelet, carreau, coussi-net, oreiller, polochon, pouf, traversin.

COÛT ■ ⇒ prix.

COUTEAU ■ Bistouri, canif, coupe-ret, coupoir, coutelas, coutre, cutter, drayoir, eustache, lame, lancette, navaja, poignard, scalpel, scramasaxe. *Arg.* : rapière, saccagne, surin. ⇒ **poi-gnard.**

COÛTER ■ v. tr. et intr. ⇒ **valoir.**

COÛTEUX, EUSE ■ ⇒ **cher.**

COUTUME ■ ⇒ **habitude.**

COUTUMIER, ÈRE ■ *I.* ⇒ accoutumé. *II.* ⇒ habitué. *III.* ⇒ ordinaire.

COUTURIER, ÈRE ■ Modéliste, tail-leur. ⇒ **cousette.**

COUVÉE ■ Nichée, portée, produit, race.

COUVENT ■ ⇒ **cloître.**

COUVER ■ *I. Au pr.* : incuber. *II. Par ext.* 1. ⇒ nourrir. 2. ⇒ préparer. 3. *Loc.* : couver des yeux. ⇒ **regarder.**

COUVERT ■ *I.* ⇒ abri. *II.* ⇒ ombre. *III.* ⇒ maison. *IV. Loc.* 1. À couvert : à l'abri, garanti, protégé. 2. **Sous le cou-vert de** : caution/manteau/protection de.

COUVERT, E ■ Abrité, défendu, garanti, préservé, sauvegardé, vêtu.

COUVERTURE ■ *I.* Berne (vx), cha-braque, courtepointe (vx), couverte, couvrante (fam.), couvre-lit, couvre-pied, édredon, housse (vx), plaid, pon-cho, tartan. *II.* 1. Bâche, capote. 2. ⇒ garantie. 3. ⇒ toit. 4. ⇒ prétexte.

COUVEUSE ■ Couvoir, incubateur.

COUVRE-CHEF ■ ⇒ **coiffure.**

COUVRE-LIT, COUVRE-PIED ■ ⇒ couverture.

COUVRIR ■ *I. Au pr.* : appliquer/dis-poser/mettre sur, bâcher, banner, bar-der, caparaçonner, capuchonner, enduire, envelopper, habiller, recou-vrir. *II. Par ext.* 1. ⇒ protéger. 2. ⇒ cacher. 3. ⇒ vêtir. 4. ⇒ parcourir. 5. ⇒ accoupler (s'). *III. Fig.* 1. ⇒ répondre de. 2. ⇒ déguiser. 3. ⇒ remplir. 4. ⇒ dominer.

COVENANT ■ ⇒ **traité.**

CRACHAT, CRACHEMENT ■ *I.* Expectoration, expuition, salivation, sputation. *II. Arg.* : glaviot, graillon, huître, molard.

CRACHER ■ Crachailler, crachoter, crachouiller, expectorer, glaviotter, graillonner, molarder, recracher, vomir.

CRACHIN ■ ⇒ **pluie.**

CRACHOTER ■ ⇒ **cracher.**

CRAINDRE ■ *I.* S'alarmer, appréhen-der, avoir peur, être effrayé/épou-vanté, redouter. ⇒ **trembler.** *II.* ⇒ **honorer.**

CRAINTE ■ *I.* Alarme, angoisse, anxiété, appréhension, défiance, effa-rouchement, effroi, émoi, épouvante, frayeur, frousse, inquiétude, méfiance, obsession, peur, phobie, pressen-timent, terreur, transe, tremblement. *II.* Respect, révérence, vénération.

CRAINTIF, IVE ■ Angoissé, anxieux, appréhensif, effarouché, effrayé, ému, épouvanté, honteux, inquiet, jaloux, méfiant, peureux, pusillanime, révé-renciel, sauvage, scrupuleux, soupçon-neux, terrifié, timide, timoré, trem-blant, trembleur.

CRAMER ■ ⇒ **brûler.**

CRAMOISI, E ■ ⇒ **rouge.**

CRAMPE ■ *I.* ⇒ contraction. *II.* ⇒ colique.

CRAMPON ■ Agrafe, attache, croc, crochet, grappin, griffe, happe, har-peau, harpin, harpon, piton. ⇒ **impor-tun.**

CRAMPONNER ■ *I. Au pr.* ⇒ attacher. *II. Fig.* ⇒ ennuyer. *III. V. pron.* ⇒ atta-cher (s').

CRAN ■ *I.* ⇒ entaille. *II.* ⇒ fermeté.

CRÂNER ■ *I.* ⇒ braver. *II.* ⇒ poser.

CRÂNERIE ■ *I.* ⇒ hâblerie. *II.* ⇒ courage.

CRÂNEUR, EUSE ■ ⇒ hâbleur.

CRAPULE ■ *I.* ⇒ vaurien. *II.* ⇒ débauche, ivresse.

CRAPULERIE ■ Bassesse, canaillerie, friponnerie, improbité, indélicatesse, lâcheté, malhonnêteté. ⇒ **débauche**.

CRAQUE ■ ⇒ hâblerie.

CRAQUELÉ, E ■ *I.* Crevassé, desséché. *II.* Fendillé, fendu, fissuré, gercé, lézardé.

CRAQUELURE ■ Craquèlement, fendillement, fissure, gerçure, lézarde.

CRAQUEMENT ■ ⇒ bruit.

CRAQUER ■ *I.* Claquer, crouler, se détruire, s'effondrer, se rompre. *II.* Crisser, péter, pétiller, produire un ⇒ bruit.

CRASSE ■ *I. N. f.* 1. ⇒ bassesse. 2. ⇒ malpropreté. *II. Adj.* ⇒ épais.

CRASSEUX, EUSE ■ *I.* ⇒ malpropre. *II.* ⇒ sordide. *III.* ⇒ avare.

CRASSIER ■ Terril.

CRAVACHE ■ ⇒ baguette.

CRAVACHER ■ ⇒ cingler, hâter (se).

CRAVATE ■ Lavallière, régate.

CRAYON ■ ⇒ ébauche.

CRÉANCE ■ *I.* ⇒ dette. *II.* ⇒ foi.

CRÉANCIER, ÈRE ■ Crédirentier.

CRÉATEUR ■ *I.* ⇒ bâtisseur. *II.* ⇒ Dieu.

CRÉATION ■ *I.* ⇒ ouvrage. *II.* ⇒ univers.

CRÉATURE ■ *I.* ⇒ homme. *II.* ⇒ protégé.

CRÈCHE ■ *I.* ⇒ nursery. *II.* ⇒ auge.

CRÉDENCE ■ Desserte.

CRÉDIBILITÉ ■ ⇒ vraisemblance.

CRÉDIBLE ■ ⇒ sûr, vrai.

CRÉDIT ■ *I.* Avoir, solde. ⇒ bénéfice. *II.* ⇒ influence. *III.* ⇒ faveur. *IV.* ⇒ cours. *V. À crédit :* à croume (arg.)/ tempérament/terme, par mensualités.

CREDO ■ ⇒ foi.

CRÉDULE ■ ⇒ naïf, simple.

CRÉDULITÉ ■ ⇒ simplicité.

CRÉER ■ *I.* Accoucher, composer, concevoir, découvrir, donner l'être/l'existence/la vie, élaborer, enfanter, engendrer, faire, faire naître, former, imaginer, inventer, lancer, mettre au monde/en chantier/en œuvre, procréer, produire, réaliser, trouver. *II.* ⇒ occasionner. *III.* ⇒ établir.

CRÉMATION ■ ⇒ incinération.

CRÈME ■ *Fig.* ⇒ choix.

CRÉMERIE ■ *I.* Beurrerie, laiterie. *II. Arg.* ⇒ cabaret.

CRÉMEUX, EUSE ■ ⇒ gras.

CRÉNEAU ■ Embrasure, mâchicoulis, meurtrière, ouverture, parapet.

CRÉNELURE ■ Dentelure, grecque.

CRÉOLE ■ *I. Au pr. :* colonial, insulaire, tropical. *II. Par ext. :* métis.

CRÊPE ■ *I.* Blinis. *II.* ⇒ ruban.

CRÊPÉ, E ■ ⇒ frisé.

CRÊPER ■ ⇒ friser.

CRÉPITER ■ ⇒ pétiller.

CRÉPU, E ■ ⇒ frisé.

CRÉPUSCULE ■ *I. Au pr.* 1. ⇒ aube. 2. Brune, déclin/tombée du jour, entre chien et loup, rabat-jour. *II. Fig.* ⇒ décadence.

CRÉSUS ■ ⇒ riche.

CRÊTE ■ *I.* ⇒ sommet. *II.* ⇒ touffe.

CRÉTIN, E ■ ⇒ bête.

CREUSER ■ **I. Au pr.** : affouiller, approfondir, bêcher, caver, champlever, chever, défoncer, échancrer, enfoncer, évider, excaver, foncer, forer, fouiller, fouir, labourer, miner, pénétrer, percer, piocher, raviner, sonder, tarauder, terrasser. **II. Fig.** ⇒ étudier.

CREUX, CREUSE ■ **I. Au pr.** : cave, concave, courbe, encaissé, entaillé, évidé, rentrant. **II. Par ext.** 1. ⇒ profond. 2. ⇒ vide. **III. Fig.** : chimérique, futile, vain. ⇒ imaginaire.

CREUX ■ **I.** ⇒ abîme. **II.** ⇒ excavation.

CREVANT, E ■ **I.** ⇒ risible. **II.** ⇒ tuant.

CREVASSE ■ ⇒ fente.

CREVASSER ■ Craqueler, fendiller, fendre, fissurer, gercer, lézarder.

CRÈVE-CŒUR ■ ⇒ ennui.

CREVER ■ **I. V. intr.** 1. ⇒ mourir. 2. ⇒ rompre (se). **II. V. tr.** ⇒ fatiguer.

CREVETTE ■ **I. De mer** : bouc, boucot, bouquet, chevrette, palémon, salicoque. **II. D'eau douce** : gammare.

CRI ■ **I. Vx** : devise. **II. Neutre.** 1. Appel, avertissement, éclat (de voix), exclamation, son. 2. ⇒ bruit. **II. Favorable.** 1. Acclamation, alleluia, applaudissement, ban, évohé, hosanna, hourra, ovation, you-you. 2. Imploration, interjection, prière, supplication. **III. Non favorable.** 1. Charivari, clabaudage, clabaudement, clabauderie, clameur, criaillerie, crierie, glapissement, grognement, gueulement, haro, huée, hurlement, juron, piaillerie, plainte, protestation, réclamation, récrimination, rumeur, tapage, tollé, tumulte, vacarme, vocifération. 2. Gémissement, lamentation, murmure, pleur, sanglot. 3. **Vén.** : hallali, hourvari, huée, taïaut. **IV. D'animaux et par ext. d'humains** : aboi, aboiement, babil, babillage, barrissement et barrit *(éléphant)*, bêlement, béguètement

(chèvre), beuglement *(bovidés)*, braillement *(paon)*, braiement *(âne)*, bramement *(cervidés)*, caquet *(poule)*, chant, chuchotement *(moineau)*, chuintement *(chouette)*, clabaudage et clatissement *(vén. chien)*, coassement *(crapaud et grenouille)*, cocorico, coincoin *(canard)*, craillement ou graillement *(corneille)*, craquètement *(cigale, cigogne, grue)*, criaillement *(oie, paon)*, croassement *(corbeau)*, feulement *(chat, tigre)*, gazouillement, gazouillis, gémissement *(tourterelle)*, glapissement *(grue, renard)*, glouglou *(dindon)*, goussement (poule), grésillement *(grillon)*, grognement et grommellement *(ours, porc, sanglier)*, hennissement *(cheval)*, hululation et hululement *(chouette, hibou)*, hurlement *(chien, loup, ours)*, jacassement et jacasserie *(pie)*, jappement *(chien)*, jasement *(geai, pie)*, meuglement *(bovidés)*, miaulement, mugissement, pépiement, piaulement, piaulis, ramage, rauquement *(tigre)*, roucoulement, rugissement, sifflement, stridulation *(cigale)*, tirelire *(alouette)*, ululation et ululement *(chouette, hibou)*.

CRIANT, E ■ **I.** ⇒ évident. **II.** ⇒ révoltant.

CRIARD, E ■ **I.** ⇒ aigu. **II.** ⇒ voyant.

CRIBLE ■ Batée, calibreur, claie, grille, passoire, sas, tamis, tarare, trémie, trieur.

CRIBLER ■ **I.** ⇒ tamiser. **II.** ⇒ percer.

CRIC ■ Levier, vérin.

CRIÉE ■ **I.** ⇒ enchères. **II.** ⇒ vente.

CRIER ■ **I. V. intr.** 1. **Au pr.** : acclamer, appeler, avertir, clamer, dire, s'écrier, s'égosiller, s'époumoner, s'exclamer, gulminer, gueuler, héler, houper, hucher, hurler, jurer, proclamer, sacrer, tempêter, tonitruer, tonner, trompeter, vagir, vociférer. 2. **Par ext.** : gémir, implorer, se plaindre, prier, récriminer, supplier. 3. **Contre quelqu'un** : accuser, apostropher, attraper, clabauder, conspuer, couiner, criailler, se fâcher, faire de la musique, gronder, interpeller, invectiver, malchanter (vx), se plaindre de, rager, râler, se récrier, réprimander, tempêter. ⇒ **protester. 4. Animaux et par ext. humains** : aboyer, babiller, baréter *(rhinocéros, éléphant)*, barrir *(éléphant)*, béqueter *(chèvre)*, bêler *(ovidés)*, beugler *(bovidés)*, blatérer *(chameau)*, boubouler *(hibou)*, brailler *(paon)*, braire, bramer *(cervidés)*, cacaber *(perdrix)*, cacarder *(oie)*, cajoler *(geai, pie)*, caqueter, caracouler *(ramier)*, carcailler *(caille)*, chanter, chicoter *(souris)*, chuchoter *(moineau)*, chuinter *(chouette)*, clabauder *(vén. chien)*, clapir *(lapin)*, clatir *(vén. chien)*, coasser *(crapaud, grenouille)*, coqueriquer *(coq)*, coucouler *(coucou)*, couiner, courailler *(caille)*, crailler *et* grailler *(corneille)*, craquer *et* craqueter *(cigale, cigogne, grue)*, crételer *(poule)*, criailler *(oie, paon)*, croasser *(corbeau)*, feuler *(tigre)*, flûter *(merle)*, frigotter *(pigeon)*, gazouiller, gémir *(tourterelle)*, glapir *(grue, renard)*, glatir *(aigle)*, glouglouter *(dindon)*, glousser *(perdrix, poule)*, grésiller *et* grésillonner *(grillon)*, gringoter *(rossignol)*, grisoller *(alouette)*, grogner *et* grommeler *(ours, porc, sanglier)*, hennir *(cheval)*, hôler *et* huer *et* hululer *(chouette, hibou)*, hurler *(chien, loup, ours)*, jaboter *(pélican)*, jacasser *(pie)*, japper, jargonner *(jars)*, jaser *(pie)*, lamenter *(crocodile)*, margauter *et* margoter *(caille)*, meugler *(bovidés)*, miauler, mugir, nasiller *(canard)*, pépier, piailler, piauler, pituiter *(caille)*, pupuler *(huppe)*, raire *et* râler *et* raller *et* réer *(cervidés)*, ramager *(oiseaux)*, rauquer *(tigre)*, roucouler *(colombe, pigeon, ramier, tourterelle)*, rugir *(lion)*, siffler, striduler *(cigale)*, tirelirer *(alouette)*, trisser *(hirondelle)*, trompeter *(aigle, cygne, grue)*, ululer *(chouette, hibou)*. **5. Imiter le cri** : frouer *(chouette)*, rossignoler, turluter *(courlis)*. **II. V. tr. 1.** ⇒ **publier. 2.** ⇒ **affirmer.**

CRIME ■ Assassinat, attentat, brigandage, complot, délit, empoisonnement, espionnage, faute, faux, forfait, forfaiture, fraude, inceste, infraction, mal, meurtre, péché, stupre, trahison, viol. ⇒ **vol.**

CRIMINEL, ELLE ■ *I.* ⇒ homicide. *II.* ⇒ **malfaiteur. *III.*** ⇒ scélérat.

CRINIÈRE, CRINS ■ ⇒ cheveux.

CRIQUE ■ ⇒ golfe.

CRISE ■ *I. Au pr. :* accès, attaque, atteinte, bouffée, poussée, quinte. *II. Par ext.* 1. ⇒ péripétie. 2. Alarme, angoisse, danger, débâcle, dépression, détresse, difficulté, krach, malaise, manque, marasme, mévente, misère, pénurie, péril, perturbation, phase critique, récession, rupture d'équilibre, stagnation, tension, trouble.

CRISPATION ■ ⇒ contraction.

CRISPER ■ ⇒ resserrer, énerver.

CRISSEMENT ■ ⇒ bruit.

CRISSER ■ Grincer.

CRITÈRE ■ ⇒ modèle.

CRITÉRIUM ■ ⇒ compétition.

CRITIQUE ■ *I. Adj.* 1. ⇒ décisif. 2. ⇒ sérieux. *II. Nom fém.* 1. ⇒ jugement. 2. ⇒ reproche. 3. ⇒ censure. *III. Nom masc.* ⇒ censeur.

CRITIQUER ■ *I.* ⇒ blâmer. *II.* ⇒ chicaner. *III.* ⇒ discuter.

CROASSER ■ ⇒ crier.

CROC ■ *I.* ⇒ dent. *II.* ⇒ harpon.

CROCHET ■ *I.* ⇒ dent. *II.* ⇒ détour.

CROCHETER ■ ⇒ ouvrir.

CROCHU, E ■ ⇒ courbe.

CROCODILE ■ ⇒ alligator.

CROIRE ■ *I. V. tr.* 1. Accepter, admettre, cuider (vx), être convaincu de, penser, regarder/tenir comme/pour certain/sûr/véridique/vrai. 2. **Non favorable :** avaler, donner dans, gober, marcher, mordre à l'hameçon, prendre pour argent comptant, prêter l'oreille. **3. Faire croire** : abuser, faire accroire, mener en bateau, monter le coup/un bateau, tromper. **4. Croire que** : considérer, estimer, être convaincu/persuadé, se figurer, s'imaginer, juger, penser, préjuger, présumer, sembler, supposer. *II. V. intr.* : adhérer à, compter sur, se faire disciple de, faire confiance/se fier/se rallier à. *III. V. pron.* : ⇒ vanter (se).

CROISÉE ■ ⇒ carrefour, fenêtre.

CROISEMENT ■ ⇒ carrefour, métissage.

CROISER ■ *I. V. intr.* ⇒ montrer (se). *II. V. tr.* 1. Entrecroiser, entrelacer. 2. Couper, hybrider, mâtiner, mélanger, mêler, métisser. 3. Traverser. 4. ⇒ rencontrer.

CROISIÈRE ■ ⇒ voyage.

CROISSANCE ■ Accroissement, agrandissement, augmentation, avancement, crue, développement, poussée, progrès, progression.

CROÎTRE ■ S'accroître, s'agrandir, augmenter, se développer, s'élever, s'enfler, s'étendre, fructifier, gagner, grandir, grossir, monter, multiplier, pousser, prendre de la taille, profiter, progresser, prospérer, pulluler, venir.

CROIX ■ *I.* Crucifix, hosannière. *II.* ⇒ gibet.

CROQUANT ■ ⇒ paysan.

CROQUER ■ *I.* ⇒ broyer. *II.* ⇒ manger. *III.* ⇒ dépenser. *IV.* ⇒ ébaucher. *V. Loc.* Croquer le marmot ⇒ attendre.

CROQUIS ■ ⇒ ébauche.

CROTTE ■ *I.* ⇒ excrément. *II.* ⇒ boue. *III.* ⇒ ordure.

CROTTER ■ ⇒ besoins (faire ses), salir.

CROULER ■ S'abattre, s'abîmer, s'affaler, craquer, se défoncer, s'ébouler, s'écrouler, s'effondrer, se renverser, se ruiner, tomber. ⇒ affaisser (s').

CROUP ■ Diphtérie.

CROUPE ■ ⇒ derrière, sommet.

CROUPIÈRE ■ Bacul.

CROUPIR ■ ⇒ séjourner, pourrir.

CROUSTILLANT, E, CROUSTILLEUX, EUSE ■ ⇒ obscène.

CROÛTE, CROÛTON ■ *I.* ⇒ morceau. *II.* ⇒ tableau.

CROYABLE ■ ⇒ vraisemblable.

CROYANCE ■ *I.* Adhésion, assentiment, certitude, savoir. *II. Péj.* : crédulité, superstition. *III. Relig.* : confiance, conviction, doctrine, dogme, espérance, foi, religion, révélation, tradition. *IV.* Attente, conscience, créance, idée, opinion, pensée, persuasion, prévision, soupçon.

CROYANT, E ■ *I. Adj.* ⇒ religieux. *II. Nom* ⇒ fidèle.

CRU, E ■ *I.* ⇒ indigeste. *II.* ⇒ naturel. *III.* ⇒ rude. *IV.* ⇒ obscène.

CRU ■ ⇒ vin.

CRUAUTÉ ■ ⇒ barbarie.

CRUCHE ■ *I.* ⇒ pot. *II.* ⇒ bête. *III.* ⇒ lourdaud.

CRUCIAL, E ■ ⇒ décisif.

CRUCIVERBISTE ■ Mots-croisiste, verbicruciste.

CRUDITÉ ■ Brutalité, réalisme.

CRUEL, CRUELLE ■ *I.* ⇒ barbare. *II.* ⇒ insensible. *III.* ⇒ douloureux.

CRÛMENT ■ Brutalement, durement, tout de go/net, rudement, sans ménagement, sèchement.

CRYPTE ■ Caveau, chapelle, grotte, hypogée.

CRYPTONYME ■ ⇒ pseudonyme.

CUBER ■ ⇒ évaluer.

CUEILLETTE ■ Collecte, cueillage, cueillaison, cueille, cueillement, ramassage, récolte.

CUEILLIR ■ ⇒ recueillir, arrêter.

CUIR ■ *I.* ⇒ peau. *II.* ⇒ lapsus.

CUIRASSER ■ *I.* ⇒ protéger. *II.* ⇒ endurcir (s').

CUIRE ■ *I.* Bouillir, braiser, cuisiner, étuver, faire revenir/sauter, fricoter, frire, griller, mijoter, mitonner, préparer, rôtir, rissoler. *II. V. intr.* 1. ⇒ chauffer. 2. ⇒ brûler. 3. ⇒ bronzer.

CUISANT, E ■ ⇒ douloureux, vif.

CUISINE ■ *I.* Casseroles, coquerie, feux, fourneaux, marmite, office, queue de la poêle, souillarde (péj.). *II.* Chère, manger (pop.), menu, mets, ordinaire, préparation, repas, table. *III. Fam. :* becquetance, bouffe, bouffetance, cuistance, frichti, fricot, graille, popote, rata, soupe, tambouille, tortore. *IV. Fig.* ⇒ manigance.

CUISINIER, ÈRE ■ *I. Au pr. :* bonne, chef, coq, cordon bleu, hâteur (vx), maître coq, maître d'hôtel, maître queux, officier de bouche (vx), queux, rôtisseur, saucier, traiteur. *II. Fam. :* cuistancier, cuistot, empoisonneur, fricasseur, gargotier, gâte-sauce, marmiton, souillon.

CUISSE, CUISSEAU, CUISSOT ■ *Boucherie :* baron, culotte, gigot, gigue, gîte, jambon, pilon, quasi, tranche.

CUISSON ■ Caléfaction, coction, cuite, préparation.

CUISTRE ■ ⇒ pédant.

CUL ■ *I.* ⇒ derrière. *II.* ⇒ fessier. *III.* ⇒ fond.

CULBUTE ■ ⇒ cabriole.

CULBUTER ■ *I. V. tr.* 1. ⇒ abattre. 2. ⇒ enfoncer. 3. ⇒ vaincre. 4. ⇒ accoupler (s'). **Arg. et grossier :** aller au canard/aux cuisses/au radada/au tapanar, anguiller, artiller, se baguer le nœud, baiser, besogner, biter, botter, bourrer, bourriner, brosser, calecer, caramboler, caser, cheviller, cogner, dérouiller, distribuer de l'extase, écouvillonner, égoïner, embourber, enfiler, faire la bête à deux dos/la saillie tagada/une partie de jambes en l'air/zigzig, farcir, fauberger, filer un coup, fourrer, foutre (vx), grimper, guiser, limer, mener le petit au cirque, mettre une pépée en lecture, s'en mettre une sur le bout, moucher la chandelle/le petit frère, niquer, piner, planter, pointer, posséder, queuter, ramoner, râper, sabrer, sauter, taper/tirer une carte/sa chique/son coup/sa crampe/sa crampette/une pastiquette/une pétée, tremper son biscuit/son pain au lait/son panet, trancher, tringler, triquer, tromboner, troncher, verger, voir la feuille à l'envers, ziber, etc. ⇒ jouir.

CULÉE ■ ⇒ appui.

CULMINANT (POINT) ■ ⇒ apogée.

CULOT ■ *I.* ⇒ hardiesse. *II.* ⇒ confiance.

CULOTTE ■ *I. Au pr.* 1. Vx : braies, chausses, rhingrave, trousses. 2. Caleçon, flottant, short. 3. De femme : cache-fri-fri (arg.), cache-sexe, collant, dessous, lingerie, panty, parure, slip. 4. Par ext. : bermuda, bloomer, blue-jean, corsaire, fuseau, jeans, jodhpurs, knickers, knickerbockers, pantalon. 5. Arg. : bénard, bénouze, culbutant, falzar, fendard, flottard, froc, futal, grimpant, valseur. *II. Fig.* ⇒ perte.

CULOTTÉ, E ■ ⇒ impudent.

CULOTTER ■ Noircir, roder, salir, user.

CULPABILISER ■ Rendre ⇒ responsable.

CULPABILITÉ ■ Faute, imputabilité, responsabilité.

CULTE ■ *I.* Dulie, hyperdulie, iconolâtrie, latrie. ⇒ religion. *II.* ⇒ respect. *III. Loc. Rendre un culte* ⇒ honorer.

CULTISME ■ ⇒ gongorisme.

CULTIVATEUR, TRICE ■ ⇒ agriculteur.

CULTIVÉ, E ■ ⇒ instruit.

CULTIVER ■ *I.* bêcher, défricher, essarter, exploiter, faire pousser/venir, fertiliser, jardiner, labourer, mettre en culture/valeur, sarcler, semer, soigner. *II.* ⇒ former. *III.* ⇒ pratiquer. *IV.* ⇒ soigner. *V.* ⇒ fréquenter.

CULTURE ■ *I.* ⇒ agriculture. *II.* ⇒ savoir. *III.* ⇒ civilisation.

CULTUREL, ELLE ■ ⇒ didactique.

CUMUL ■ ⇒ accumulation.

CUMULER ■ ⇒ accumuler, réunir.

CUNNILINCTUS, CUNNILINGUE (FAIRE/PRATIQUER LE). ■ *Arg. :* brouter, descendre au barbu/à la cave/ au lac/au panier, donner un coup de téléphone/sa langue au chat, faire minette, glottiner (vx), gougnotter, gouiner, gousser, lécher, se mettre une fausse barbe, etc.

CUPIDE ■ ⇒ avare.

CUPIDITÉ ■ ⇒ avarice.

CURAGE ■ ⇒ nettoiement.

CURE ■ *I.* ⇒ soins. *II.* ⇒ guérison. *III.* Presbytère.

CURÉ ■ ⇒ prêtre.

CURÉE ■ *I.* ⇒ nourriture. *II.* ⇒ pillage.

CURER ■ ⇒ nettoyer.

CURETTE ■ Racle, raclette, racloir.

CURIEUSEMENT ■ Bizarrement, drôlement, étrangement.

CURIEUX, EUSE ■ *I. Adj.* 1. ⇒ soigneux (vx). 2. ⇒ indiscret. 3. ⇒ rare. 4. ⇒ intéressant. *II. Nom.* 1. ⇒ collectionneur. 2. ⇒ badaud.

CURIOSITÉ ■ *I. Neutre.* 1. Appétit, attention, avidité, intérêt, recherche, soif de connaître. 2. Nouveauté, rareté, singularité. ⇒ bibelot. *II. Non favorable :* espionnage, indiscrétion.

CURSIF, IVE ■ ⇒ rapide.

CURVILIGNE ■ ⇒ courbe.

CUVAGE ■ Cuvaison, vinification.

CUVE ■ ⇒ baquet.

CUVELAGE ■ ⇒ boisage.

CUVER ■ ⇒ digérer.

CUVETTE ■ *I.* ⇒ dépression. *II.* ⇒ baquet.

CUVIER ■ *I.* ⇒ baquet. *II.* ⇒ cave.

CYCLE ■ *I.* ⇒ vélo. *II. Vx :* célérifère, draisienne, vélocifère, vélocipède. *III.* Tandem, triplette. *IV.* ⇒ époque.

CYCLISTE ■ Coureur, cyclotouriste, randonneur. *Vx :* bicycliste, vélocimane.

CYCLOMOTEUR ■ Bécane, deux roues, meule, moto, motocyclette, pétarou, scooter, vélomoteur, *et les marques de fabrique.*

CYCLONE ■ ⇒ bourrasque.

CYCLOPÉEN, ENNE ■ ⇒ gigantesque.

CYCLOTRON ■ Accélérateur de particules.

CYLINDRE ■ Meule, rouleau.

CYNIQUE ■ ⇒ impudent.

CYNISME ■ Brutalité, immoralité, impudence. ⇒ lasciveté.

d

DAB ■ ⇒ parent, père.

DADA ■ Hobby, idée fixe, lubie, manie, marotte, mode, passe-temps, tic, violon d'Ingres, vogue.

DADAIS ■ ⇒ bêta.

DAGUE ■ ⇒ poignard.

DAGUERRÉOTYPE ■ ⇒ photographie.

DAGUET ■ ⇒ cervidé.

DAIGNER ■ Accepter, acquiescer, admettre, agréer, autoriser, condescendre à, consentir à, permettre, tolérer, vouloir bien.

DAIL ■ n. m. ou **DAILLE** n. f. faucard, fauchon, faux.

DAIM ■ Daine, dine. ⇒ cervidé.

DAIS ■ Abri, baldaquin, chapiteau, ciel, ciel de lit, lambrequin, poêle, vélum, voûte.

DALLAGE ■ ⇒ pavé, revêtement.

DALLE ■ Carreau, pierre ⇒ céramique, gouttière.

DALLER ■ Carreler, empierrer, paver, revêtir.

DALMATIQUE ■ Chasuble, tunique, vêtement sacerdotal.

DAM ■ ⇒ dommage.

DAMASQUINER ■ ⇒ incruster.

DAME ■ ⇒ femme.

DAMER ■ Tasser ⇒ presser.

DAMIER ■ Échiquier, tablier (vx).

DAMNATION ■ Châtiment. ⇒ punition.

DAMNÉ, E ■ Adj. et n. *I.* ⇒ maudit. *II.* ⇒ détestable.

DAMNER ■ ⇒ tourmenter.

DAMOISEAU, ELLE ■ *I.* ⇒ jeune homme. *II.* ⇒ fille. *III.* ⇒ galant.

DANCING ■ ⇒ bal.

DANDINEMENT ■ ⇒ balancement.

DANDINER ■ ⇒ balancer.

DANDY ■ ⇒ élégant.

DANDYSME ■ ⇒ affectation.

DANGER ■ Abîme, affaire, alarme, aléa, alerte, casse-cou/gueule, détresse, difficulté, écueil, embarras, embûche, guêpier, hasard, impasse, imprudence, inconvénient, inquiétude, mauvais pas, menace, perdition, péril, risque, S.O.S., traverse, urgence. *Arg.* : schproum, pet, pétard.

DANGEREUX ■ *I.* ⇒ mauvais. *II.* ⇒ imprudent. *III.* ⇒ sérieux.

DANSE ■ *I. Au pr.* : **1.** Ballet, chorégraphie. ⇒ bal. **2.** Allemande, boléro, branle, chaconne, contredanse, cotillon, farandole, gambille (pop.), gigue, entrechat, évolution, marche, mascarade, menuet, pavane, polka, quadrille, rigodon, ronde, saltation (vx), sarabande, sauterie, tricotets, valve. *II. Par ext.* De nombreux termes en fonction de la mode ou des coutumes régionales : blues, bossanova, boston, bourrée, calypso, carmagnole, czardas, danse du ventre, dérobée, farandole, french-cancan, fox-trot, gavotte, java, jerk, jota, matchiche, mazurka, one-step, pas de quatre, ridée, rock and roll, tango, tarantelle, etc. *III. Fig.* 1. ⇒ reproche. 2. ⇒ volée. *IV. Loc.* 1. Entrer en danse ⇒ intervenir. 2. Mener la danse ⇒ gouverner. 3. Donner une danse ⇒ battre et réprimander.

DANSANT, E ■ ⇒ rythmé.

DANSER ■ *I. Au pr. :* 1. S'agiter, baller (vx), dansotter, dindailler, faire des entrechats, gambiller, gigoter, giguer, sauter, sautiller, se trémousser, valser. 2. Dinguer, valdinguer. *II. Loc.* Ne savoir sur quel pied danser ⇒ hésiter.

DANSEUSE ■ *I. Au pr.* almée, ballerine, bayadère, chorégraphe, choriste, étoile, petit rat, sujet. *II. Par ext.* 1. Acrobate, baladin (vx). 2. Cavalière, partenaire. 3. Girl. 4. Taxi-girl.

DANTESQUE ■ *I.* ⇒ effrayant. *II.* ⇒ tourmenté.

DAPHNÉ ■ Garou, malherbe, sainbois.

DARD ■ *I.* Aiguillon, crochet. ⇒ trait. *II.* Vandoise.

DARDER ■ ⇒ lancer.

DARE-DARE ■ ⇒ vite.

DARNE ■ ⇒ tranche.

DARSE ■ ⇒ bassin.

DARTRE ■ Pityriasis. ⇒ tache.

DATE ■ *I.* An, année, époque, jour, millésime, moment, période, quantième, rubrique, temps. *II. Par ext.* ⇒ délai. *III.* Fausse date : antidaté, postdaté.

DATER ■ ⇒ vieillir, venir de.

DATION ■ ⇒ don.

DAUBER ■ ⇒ dénigrer, railler.

DAUBIÈRE ■ ⇒ braisière.

DAUPHIN ■ ⇒ cétacé.

DAVANTAGE ■ ⇒ plus.

DAVIER ■ ⇒ pince.

DÉ ■ *I.* Cube. *II.* Poker, zanzi.

DÉAMBULATION ■ ⇒ marche.

DÉAMBULER ■ ⇒ marcher.

DÉBÂCLE ■ *I. Au pr. :* 1. Bouscueil (Canada), dégel. 2. Incontinence. ⇒ diarrhée. *II. Fig. :* catastrophe, chute, culbute, débâclage, débâclement, débandade, débine (fam.), déconfiture, défaite, démolition, déroute, désastre, échec, écroulement, effondrement, faillite, fin, fuite, krach, naufrage, revers, ruine.

DÉBAGOULER ■ ⇒ proférer, vomir.

DÉBALLER ■ ⇒ montrer, confier (se).

DÉBANDADE ■ ⇒ fuite, défaite.

DÉBANDER ■ ⇒ lâcher.

DÉBANDER (SE) ■ ⇒ disperser (se).

DÉBARBOUILLER ■ ⇒ nettoyer.

DÉBARCADÈRE ■ ⇒ quai.

DÉBARDEUR ■ ⇒ porteur.

DÉBARQUEMENT ■ ⇒ arrivée.

DÉBARQUER ■ ⇒ arriver, destituer.

DÉBARRAS ■ ⇒ grenier, remise.

DÉBARRASSER ■ Alléger, arracher, balayer, déblayer, débrouiller, décharger, décoiffer, défaire, dégager, dégorger, délivrer, dépêtrer, déposséder, dépouiller, désempêtrer, désencombrer, désenlacer, désobstruer, écumer, enlever, évacuer, exonérer, extirper, extraire, filtrer, libérer, nettoyer, ôter, purger, purifier, quitter, retirer, retrancher, sarcler, soulager, soustraire, supprimer, tailler, vider. *V. pron. :* abandonner, s'acquitter/ s'affranchir de, balancer, bazarder (pop), se défaire/se dépouiller de, jeter, en finir, liquider, ôter, oublier, quitter, rejeter, vendre.

DÉBAT ■ *I.* ⇒ contestation. *II.* ⇒ discussion. *III.* ⇒ procès.

DÉBÂTIR ■ ⇒ démolir.

DÉBATTRE ■ ⇒ discuter. **V. pron. :** ⇒ démener (se).

DÉBAUCHE ■ *I. Au pr.* 1. L'acte : bacchanale, bambochade, bamboche, bamboula, beuverie, bombe, bordée, boucan, bousin, bringue, coucherie, crapule, crapulerie, débordement, déportement, dérèglement, désordre, écart de conduite, fornication, fredaine, foire, godaille, goguette, libation, lupanée, noce, nouba, orgie, partie, partouse, ribauderie, ribote, ribouldingue, riole (vx), ripaille, saturnale, scandale, soûlerie, vadrouille, vie de bâton de chaise. ⇒ fête. 2. Le comportement : abus, corruption, dépravation, dissipation, dissolution, excès, fange, galanterie, immoralité, impudicité, inconduite, incontinence, indécence, intempérance, ivrognerie, jouissance, libertinage, licence, luxure, ordure, paillardise, polissonnerie, stupre, sybaritisme, turpitude, vice, volupté. *II. Par ext. :* étalage, luxe, quantité, surabondance. ⇒ profusion.

DÉBAUCHÉ, E ■ Arsouille, bambocheur, casanova, cavaleur, cochon, corrompu, coureur, crapuleux, cynique, dépravé, déréglé, dévergondé, dissipateur, dissolu, don juan, drille, flirteur, frottadou (mérid.), godailleur, grivois, immoral, impudique, indécent, ivrogne, jouisseur, juponnier, libertin, libidineux, licencieux, lovelace, luxurieux, mauvais sujet, noceur, orgiaque, paillard, pervers, polisson, porc, putassier (grossier), ribaud, roué (vx), ruffian, satyre, sybarite, vaurien, verrat (grossier), vicieux, viveur.

DÉBAUCHER ■ ⇒ séduire, congédier.

DÉBILE ■ ⇒ bête, faible.

DÉBILITÉ ■ Abattement, aboulie, adynamie, anémie, asthénie, atonie, chétivité, consomption, délicatesse, faiblesse, fragilité, idiotie, imbécillité, impotence, impuissance, langueur, psychasthénie.

DÉBILITER ■ ⇒ affaiblir.

DÉBINE ■ ⇒ dèche.

DÉBINER ■ ⇒ dénigrer.

DÉBIT ■ ⇒ magasin, élocution.

DÉBITANT ■ ⇒ commerçant.

DÉBITER ■ *I.* ⇒ vendre. *II.* ⇒ découper. *III.* ⇒ prononcer et dire.

DÉBITEUR, TRICE ■ Débirentier.

DÉBLAI ■ *I.* Aplanissement, débarras, déblaiement, déblayage, dégagement, dépouillement, nettoyage. *II.* Débris, décharge, décombre, gravats, gravois, plâtras.

DÉBLATÉRER ■ ⇒ invectiver.

DÉBLAYER ■ ⇒ débarrasser.

DÉBLOQUER ■ ⇒ dégager.

DÉBOIRE ■ ⇒ déception.

DÉBOÎTEMENT ■ ⇒ entorse.

DÉBOÎTER ■ ⇒ disloquer.

DÉBONDER ■ *I. Au pr. :* mettre en perce, ouvrir. *II. Fig. :* éclater, épancher, se répandre, soulager, vider.

DÉBONNAIRE ■ ⇒ brave.

DÉBONNAIRETÉ ■ *I.* ⇒ bonté. *II.* ⇒ douceur.

DÉBORD ■ Dépassant, dépassement.

DÉBORDANT, E ■ *Fig. :* abondant, actif, animé, enthousiaste, expansif, exultant, fourmillant, gonflé, impétueux, pétulant, plein, prodigue, pullulant, regorgeant, rempli, surabondant, vif, vivant.

DÉBORDEMENT ■ *I. Au pr. :* cataclysme, crue, débord, déferlement, déluge, dérèglement, écoulement, diffusion, expansion, explosion, flot, flux, inondation, invasion, irruption, marée, submersion. *II. Par ext. :* abus, débauche, déchaînement, démesure, dérèglement, dévergondage, dissolution, excès, exubérance, libertinage, licence, profusion, torrent, surabondance. ⇒ **débauche.**

DÉBORDER ■ *I.* S'épancher, se déchaîner, déferler, dépasser, se déverser, échapper, éclater, s'emporter, envahir, s'épandre, exploser, faire irruption, inonder, noyer, se répandre, sortir de, submerger. *II. Par ext.* 1. Être plein/rempli de, fourmiller, regorger, surabonder. 2. Contourner, dépasser, tourner. *III. Fig. :* s'écarter/s'éloigner/sortir de. *IV.* ⇒ **emporter (s').**

DÉBOTTÉ (AU) ■ Impromptu.

DÉBOUCHÉ ■ ⇒ **sortie.**

DÉBOUCHER ■ *I.* ⇒ **ouvrir.** *II.* ⇒ **sortir** et **jeter (se).**

DÉBOURRER ■ Décharger, décongestionner, dégager, vider. ⇒ **préparer.**

DÉBOURS ■ ⇒ **dépense.**

DÉBOURSER ■ ⇒ **payer.**

DEBOUT ■ Carré, dressé, droit, en pied (beaux-arts), érigé, levé, sur pied, sur ses jambes.

DÉBOUTER ■ Ajourner, éloigner, récuser, refuser, rejeter, renvoyer, repousser.

DÉBOUTONNER (SE) ■ *Fig. I.* ⇒ **confier (se).** *II.* ⇒ **payer.**

DÉBRAILLÉ ■ ⇒ **négligé.**

DÉBRAILLER (SE) ■ ⇒ **découvrir (se).**

DÉBRANCHER, DÉBRAYER ■ ⇒ **interrompre.**

DÉBRIDER ■ *I.* Couper, exciser, inciser, ouvrir. *II. Par ext. :* déchaîner, donner libre cours.

DÉBRIS ■ Balayures, bribes, bris, casson, cendre, copeau, déchet,

décombre, défet, détritus, effondrilles, épave, ferraille, fondrilles, fragment, limaille, miette, morceau, ossement, plâtras, ramas, rebut, relique, résidu, reste, rogaton, rognure, ruine, sciure, tesson. ⇒ **déblai.**

DÉBROUILLARD, E ■ ⇒ **malin.**

DÉBROUILLARDISE ■ ⇒ **habileté.**

DÉBROUILLER ■ ⇒ distinguer, éclaircir. *V. pron. :* s'arranger, bricoler, combiner, se /démerder/dépatouiller/ dépêtrer/tirer d'affaire.

DÉBROUSSAILLER ■ *I. Au pr. :* défricher, dégager, éclaircir, essarter. *II. Fig. :* débrouiller, dégrossir.

DÉBUSQUER ■ ⇒ **chasser.**

DÉBUT ■ ⇒ **commencement.**

DÉBUTANT ■ ⇒ **novice.**

DÉBUTER ■ ⇒ **commencer.**

DÉCADENCE ■ *I.* Abaissement, affaiblissement, affaissement, chute, crépuscule, déchéance, déclin, décrépitude, dégénérescence, dégradation, dégringolade, déliquescence, dépérissement, descente, destruction, détérioration, disgrâce, écroulement, effondrement, étiolement, épave, fin, marcescence, pente, renversement, ruine. *II. Méd. :* cachexie, catabolisme, désassimilation.

DÉCAISSER ■ ⇒ **payer.**

DÉCALAGE ■ ⇒ **écart, rupture.**

DÉCALER ■ ⇒ **retarder.**

DÉCAMPER ■ ⇒ **partir.**

DÉCANTATION ■ Centrifugation, clarification, décantage, transvasement.

DÉCANTER ■ ⇒ **transvaser.**

DÉCAPER ■ ⇒ **nettoyer.**

DÉCAPITER ■ *I. Au pr. :* couper le cou/la tête, décoller, faire sauter/tomber/voler la tête, guillotiner, mettre à mort, raccourcir (arg.), supplicier,

trancher, tuer. *II. Par ext.* ⇒ **abattre.**
III. Bot. : écimer, écrêter, émonder,
étêter.

DÉCARCASSER (SE) ■ ⇒ **démener (se).**

DÉCATI, E ■ ⇒ **fané.**

DÉCAVÉ, E ■ ⇒ **ruiné.**

DÉCÉDÉ, E ■ ⇒ **mort.**

DÉCELER ■ ⇒ **découvrir.**

DÉCÉLÉRER ■ Freiner, ralentir.

DÉCENCE ■ Bienséance, bon aloi, bon
ton, chasteté, congruité, convenance,
correction, délicatesse, dignité, discrétion, éducation, gravité, honnêteté,
honneur, modestie, politesse, propreté,
pudeur, pudicité, réserve, respect,
retenue, sagesse, tact, tenue, vertu.

DÉCENT ■ Bienséant, bon, chaste,
comme il faut, congru, congruent,
convenable, correct, digne, discret,
grave, honnête, modeste, poli, propre,
pudique, raisonnable, réservé, retenu,
sage, séant, sortable, vertueux.

DÉCEPTION ■ Chagrin, déboire,
décompte (vx), déconvenue, défrise-
ment (fam.), dégrisement, dépit, désabusement, désappointement, désenchantement, désillusion, douche
(fam.), échec, ennui, infortune,
insuccès, mécompte, peine, revers.

DÉCERNER ■ ⇒ **attribuer.**

DÉCÈS ■ ⇒ **mort.**

DÉCEVANT, E ■ ⇒ **trompeur.**

DÉCEVOIR ■ ⇒ **tromper.**

DÉCHAÎNEMENT ■ ⇒ **violence.**

DÉCHAÎNER ■ *I.* ⇒ **occasionner.** *II.* ⇒
exciter. *III.* ⇒ **emporter (s').**

DÉCHANTER ■ Se modérer, perdre
ses illusions, rabattre de ses prétentions, tomber de haut.

DÉCHARGE ■ *I.* Bordée, coup, détonation, escopetterie, feu, fusillade,
mousquetade, rafale, salve, volée. *II.*
⇒ **débris.** *III.* Accusé de réception,

acquit, débarras, déchargement, diminution, quittance, quitus, récépissé,
reçu.

DÉCHARGEMENT ■ Débardage,
débarquement, livraison, mise à quai/
en chantier/en stock.

DÉCHARGER ■ *I. Au pr.* : alléger,
débarder, débarquer, débarrasser,
diminuer, enlever, libérer, ôter. *II. Par
ext.* 1. Acquitter, dégrever, dispenser,
exempter, excuser, soulager. 2. Assener, tirer. 3. Blanchir, disculper, innocenter, justifier, renvoyer d'accusation.

DÉCHARNÉ, E ■ *I.* ⇒ **maigre.** *II.* ⇒
pauvre.

DÉCHAUSSER ■ *I. Au pr.* : dégra-
voyer. *II. Par ext.* 1. Débotter. 2.
Dénuder, dépouiller, déraciner. 3.
Agr. : débutter, décavaillonner.

DÈCHE ■ Besoin, débine (fam.),
dénuement, gêne, indigence, manque
d'argent, médiocrité, misère, nécessité,
pauvreté, pénurie, purée.

DÉCHÉANCE ■ *I.* Forclusion, prescription. *II.* Abaissement, avilissement, bassesse, chute, décadence,
déclassement, déclin, décri, dégénération, dégénérescence, déposition,
déshonneur, destitution, disgrâce,
faute, flétrissure, forfaiture, honte,
ignominie, inconduite, indignité, infamie, interdiction, ruine, souillure, turpitude.

DÉCHET ■ Battitures, bris, chute,
débris, dépôt, détritus, épluchure,
freinte, lavure, lie, ordure, parcelle,
perte, pluches, raclure, ramas, rebut,
relief, reliquat, résidu, reste, rinçure.
rogaton, rognure, saleté, scorie. ⇒
excrément.

DÉCHIFFRER ■ Analyser, comprendre, décoder, découvrir, décrypter, démêler, deviner, éclaircir, épeler,
expliquer, lire, pénétrer, résoudre, saisir, traduire.

DÉCHIQUETER ■ Broyer, couper,
déchirer, découper, dépecer, dilacérer,

hacher, labourer, lacérer, mettre en charpie/lambeaux/morceaux/pièces, morceler, mordre, pulvériser, sectionner, séparer, taillader, tailler.

DÉCHIRANT, E ▪ **I.** Aigu, perçant, suraigu. **II.** Bouleversant, douloureux, émouvant, lancinant, navrant, triste.

DÉCHIREMENT ▪ **I. Au pr.** : cassure, déchirure, douleur, égratignure, éraflure, griffure, lacération, rupture, trouble. **II. Par ext.** 1. Affliction, arrachement, chagrin, douleur, épreuve, plaie, souffrance, tourment. 2. Discorde, discussion, division, trouble, zizanie.

DÉCHIRER ▪ **I. Au pr.** : carder, couper, déchiqueter, découdre, défaire, délabrer, dilacérer, diviser, écarteler, écorcher, égratigner, élargir, entamer, érafler, érailler, fendre, griffer, labourer, lacérer, mettre en charpie/lambeaux/morceaux/pièces, morceler, ouvrir, percer, rompre, taillader, tailler, traverser. ⇒ **dépecer. II. Fig.** 1. Calomnier, dénigrer, diffamer, médire, offenser, outrager. 2. Dévoiler, révéler. 3. Affliger, arracher, attrister, désoler, émouvoir, fendre le cœur, meurtrir, navrer, tourmenter.

DÉCHIRURE ▪ **I. Au pr.** : accroc, coupure, déchiqueture, échancrure, écorchure, égratignure, entaille, éraflure, éraillure, excoriation, fente, griffure, rupture, taillade. **II. Fig.** 1. Blessure, déchirement, peine. 2. Crevasse, faille, fissuration, fissure, ouverture, percée, trouée.

DÉCHOIR ▪ S'abaisser, s'affaiblir, s'amoindrir, s'avilir, baisser, se déclasser, décliner, décroître, se dégrader, dégringoler, déroger, descendre, dévier, diminuer, s'encanailler, s'enfoncer, forligner (vx), rétrograder, rouler dans, tomber, vieillir. ⇒ **dégénérer.**

DÉCHU, E ▪ **I.** Forclos, prescrit. **II.** Abaissé, affaibli, amoindri, avili, déclassé, dégénéré, déposé, diminué,

exclu, irrécupérable, maudit, mis au ban, pauvre, privé de, tombé.

DÉCIDABLE ▪ Résoluble, soluble.

DÉCIDÉ, E ▪ **I. Quelqu'un** : assuré, audacieux, brave, carré, convaincu, courageux, crâne, déterminé, ferme, fixé, franc, hardi, net, résolu, tranchant. **II. Quelque chose** : arrêté, choisi, conclu, convenu, décisif, décrété, définitif, délibéré, entendu, fixé, jugé, ordonné, prononcé, réglé, résolu, tranché, vu.

DÉCIDÉMENT ▪ Assurément, certainement, eh bien, en définitive, franchement, manifestement.

DÉCIDER ▪ **I. Décider quelque chose** : arbitrer, arrêter, choisir, conclure, convenir de, décréter, définir, délibérer de, déterminer, se déterminer à, dire, disposer, finir, fixer, juger, ordonner, se promettre, prononcer, régler, résoudre, solutionner, statuer, tirer au sort, trancher, vider. **II. Quelqu'un** : convaincre, entraîner, faire admettre à, persuader, pousser. **III. V. pron.** : Adopter un parti/une solution, finir par, se hasarder à, prendre parti, se résoudre à.

DÉCIMER ▪ ⇒ **tuer.**

DÉCISIF ▪ Capital, concluant, convaincant, critique, crucial, décidé, décisoire (jurid.), définitif, dernier, déterminé, important, irréfutable, prépondérant, principal, probant, tranchant.

DÉCISION ▪ **I. L'acte.** 1. **Individuel** : choix, conclusion, détermination, parti, résolution. 2. **Public** : arrêt, arrêté, décret, délibération, édit, jugement, ordonnance, règlement, résolution, résultat, sentence, ukase, verdict. 3. **Relig.** : bref, bulle, canon, décrétale, rescrit. **II. La faculté.** 1. Assurance, caractère, courage, énergie, fermeté, hardiesse, initiative, résolution, volonté. 2. Audace, caprice.

DÉCLAMATEUR ■ *I. Nom masc.* ⇒ orateur. *II. Adj.* ⇒ emphatique.

DÉCLAMATION ■ ⇒ éloquence, emphase.

DÉCLAMATOIRE ■ ⇒ emphatique.

DÉCLAMER ■ *I.* ⇒ prononcer. *II.* ⇒ invectiver.

DÉCLARATION ■ Affirmation, annonce, assurance, attestation, aveu, ban, communication, confession, déposition, dire, discours, énonciation, énumération, état, indication, information, manifestation, manifeste, notification, parole, proclamation, profession de foi, promesse, révélation, témoignage, version.

DÉCLARÉ (ENNEMI) ■ Intime, juré.

DÉCLARER ■ Affirmer, annoncer, apprendre, assurer, attester, avouer, certifier, communiquer, confesser, confier, découvrir, dénoncer, déposer, dévoiler, dire, s'engager, énoncer, énumérer, s'expliquer, exposer, exprimer, faire état de, indiquer, informer de, manifester, montrer, notifier, porter à la connaissance, prétendre, proclamer, professer, promettre, protester, publier, reconnaître, révéler, signaler, signifier, stipuler, témoigner. *V. pron.* : 1. Au pr. : s'avouer, se compromettre, s'expliquer, se reconnaître. 2. Fig. : apparaître, se déclencher, survenir.

DÉCLASSEMENT ■ ⇒ déchéance.

DÉCLASSÉ, E ■ ⇒ déchu.

DÉCLENCHEMENT ■ ⇒ commencement.

DÉCLENCHER ■ *I.* ⇒ mouvoir. *II.* ⇒ commencer. *III.* ⇒ occasionner.

DÉCLIN ■ *I. Au pr.* : abaissement, affaissement, baisse, chute, décadence, décours, décroissance, décroissement, décroît, diminution, fin. *II. Par ext.* : déchéance, dégénérescence, étiolement, penchant, vieillesse. *III. Fig.* : agonie, couchant, crépuscule, soir.

DÉCLINATOIRE ■ Boussole, déclinateur.

DÉCLINER ■ *I. Au pr.* : s'achever, s'affaiblir, baisser, décroître, dépérir, diminuer, disparaître, empirer, finir, languir, péricliter, se terminer, tomber. *II. Par ext.* : clocher, déchoir, dégénérer, s'écarter, s'étioler, vieillir. *III.* Écarter, éloigner, éviter, refuser, rejeter, renvoyer, repousser.

DÉCLINQUER ■ ⇒ disloquer.

DÉCLIVITÉ ■ ⇒ pente.

DÉCOCHER ■ ⇒ lancer.

DÉCOCTÉ, E ■ adj., *DÉCOCTION* n. f. ⇒ tisane.

DÉCODER ■ ⇒ traduire.

DÉCOIFFER ■ Dépeigner, ébouriffer, écheveler, hérisser.

DÉCOINCER ■ ⇒ dégager.

DÉCOLLAGE ■ ⇒ départ.

DÉCOLLER ■ ⇒ décapiter.

DÉCOLLETÉ, E ■ Dénudé, échancré, ouvert. ⇒ gorge.

DÉCOLORÉ ■ ⇒ terne.

DÉCOLORER ⇒ ternir.

DÉCOMBRES ■ Déblai, débris, décharge, démolitions, éboulis, épave, gravats, gravois, miettes, plâtras, reste, ruines, vestiges.

DÉCOMMANDER ■ ⇒ contremander.

DÉCOMPOSER ■ *I. Au pr.* : analyser, anatomiser, désagréger, désintégrer, dissocier, dissoudre, diviser, résoudre, scinder, séparer. *II. Par ext.* 1. Dépecer, désosser, disséquer. 2. Altérer, corrompre, désorganiser, faisander, gâter, mortifier, pourrir, putréfier. *III. Fig. Les traits du visage* : altérer, troubler.

DÉCOMPOSITION ■ *I. Au pr.* 1. Analyse, désintégration, dissociation, dissolution, division, séparation. 2. Altération, corruption, dégradation, désagrégation, désorganisation, gangrène, moisissure, pourriture, putréfaction. *II. Par ext.* 1. Agonie, décadence, mort. 2. Altération, convulsion, trouble.

DÉCOMPTE ■ *I. D'argent.* 1. Compte, détail. 2. Déduction, réduction, retranchement. *II.* ⇒ déception.

DÉCOMPTER ■ ⇒ retrancher.

DÉCONCERTANT, E ■ Bizarre, déroutant, embarrassant, imprévu, inattendu, inquiétant, surprenant, troublant. ⇒ étonnant.

DÉCONCERTÉ, E ■ Confondu, confus, déconfit, décontenancé, défait, déferré, démonté, dépaysé, dérouté, désarçonné, désemparé, désorienté, étourdi, inquiet, interdit, mis en boîte (fam.), pantois, paumé (fam.), penaud, quinaud, renversé (fam.), sot, stupéfait, surpris, troublé. ⇒ étonné.

DÉCONCERTER ■ Confondre, déconfire, décontenancer, déferrer, déjouer, démonter, démoraliser, dépayser, déranger, dérouter, désarçonner, désorienter, embarrasser, embrouiller, inquiéter, interdire, intimider, surprendre, troubler. ⇒ étonner.

DÉCONFIRE ■ *I.* ⇒ vaincre. *II.* ⇒ déconcerter.

DÉCONFIT, E ■ *I.* ⇒ déconcerté. *II.* ⇒ honteux.

DÉCONFITURE ■ *I.* ⇒ défaite. *II.* ⇒ ruine. *III.* ⇒ faillite.

DÉCONGESTIONNER ■ ⇒ dégager.

DÉCONNER ■ ⇒ déraisonner.

DÉCONSEILLER ■ ⇒ dissuader.

DÉCONSIDÉRER ■ ⇒ dénigrer.

DÉCONTENANCÉ ■ ⇒ déconcerté.

DÉCONTENANCER ■ ⇒ déconcerter.

DÉCONTRACTÉ, E ■ ⇒ dégagé, souple.

DÉCONVENUE ■ *I.* ⇒ déception. *II.* ⇒ mésaventure.

DÉCOR ■ *I.* Ambiance, apparence, atmosphère, cadre, décoration, milieu, paysage. *II.* Mise en scène, praticable, scène, spectacle.

DÉCORATEUR, TRICE ■ Antiquaire, architecte, ensemblier.

DÉCORATIF, IVE ■ ⇒ beau.

DÉCORATION ■ ⇒ ornement, insigne.

DÉCORER ■ ⇒ orner, récompenser.

DÉCORTIQUER ■ ⇒ éplucher.

DÉCORUM ■ ⇒ convenance.

DÉCOULEMENT ■ ⇒ écoulement.

DÉCOULER ■ Couler, se déduire, dériver, émaner, procéder, provenir, résulter, tenir à, tirer sa source/son origine de, venir de.

DÉCOUPAGE ■ *I.* Coupe, débitage, dépeçage, équarrissage. *II.* ⇒ suite.

DÉCOUPER ■ *I. Au pr. :* chantourner, charcuter (fam. et péj.), couper, débiter, déchiqueter, démembrer, dépecer, détacher, détailler, diviser, échancrer, équarrir, évider, lever, morceler, partager, trancher. *II. Par ext. :* denteler, détacher, profiler.

DÉCOUPÉ, E ■ Accidenté, crénelé, dentelé, irrégulier, sinué, sinueux, varié.

DÉCOUPLÉ, E ■ ⇒ taillé, dispos.

DÉCOURAGEANT, E ■ Affligeant, *et les dérivés possibles des syn. de* DÉCOURAGER.

DÉCOURAGEMENT ■ Abattement, accablement, anéantissement, bourdon (fam.), cafard (fam.), consternation, déception, démoralisation, déréliction, désappointement, désenchantement, désespérance, désespoir, écœurement, lassitude, tristesse.

DÉCOURAGER ■ *I.* Abattre, accabler, briser, consterner, déballonner (fam.), débiliter, décevoir, déconforter, dégonfler (fam.), dégoûter, démonter, démoraliser, désenchanter, désespérer, détourner, dissuader, doucher, écœurer, faire perdre confiance/courage, lasser, rebuter, refroidir. *II. V. pron. :* s'effrayer, renoncer, *et les formes pron. possibles des syn. de* DÉCOURAGER.

DÉCOURS ■ ⇒ déclin.

DÉCOUSU, E ■ Désordonné, disloqué, haché, heurté, illogique, incohérent, inconséquent, sans queue ni tête, sautillant.

DÉCOUVERT (À) ■ Au grand jour, à nu, clairement, franchement, ouvertement.

DÉCOUVERTE ■ Astuce (fam.), exploration, illumination, invention, trait de génie/lumière, trouvaille. ⇒ recherche.

DÉCOUVRIR ■ *I. Au pr. :* décalotter, décapuchonner, déchaperonner, décoiffer, décolleter, dégager, démasquer, dénuder, dévoiler, enlever, laisser voir, ôter. *II. Par ext.* 1. Apprendre, avouer, confesser, confier, déceler, déclarer, dénoncer, dévoiler, dire, divulguer, exposer, laisser percer/voir, lever le voile, mettre au jour, montrer, ouvrir, percer à jour, publier, révéler, trahir (péj.), vendre la mèche (fam.). 2. Apercevoir, comprendre, diagnostiquer, discerner, reconnaître, remarquer, repérer, saisir, voir. *III. Fig. :* déceler, déchiffrer, dégoter (fam.), dénicher, dépister, détecter, déterrer, deviner, éventer, lire, pénétrer, percer, repérer, trouver. *IV. V. pron.* 1. Se débrailler (péj.)/décolleter/dénuder /déshabiller/dévêtir/ exposer/mettre (à) nu/ montrer. 2. Saluer. 3. Le temps : se dégager, s'éclaircir, s'éclairer.

DÉCRASSAGE ■ ⇒ nettoiement.

DÉCRASSER ■ *I.* ⇒ nettoyer. *II.* ⇒ dégrossir.

DÉCRÉDITER ■ ⇒ dénigrer.

DÉCRÉPIT, E ■ ⇒ vieux.

DÉCRÉPITUDE ■ ⇒ vieillesse.

DÉCRET ■ *I.* ⇒ décision. *II.* ⇒ loi. *III.* ⇒ commandement.

DÉCRÉTALE ■ ⇒ rescrit.

DÉCRÉTER ■ Disposer, légiférer, ordonner. ⇒ décider et commander.

DÉCRI ■ ⇒ défaveur, déchéance.

DÉCRIER ■ ⇒ dénigrer.

DÉCRIRE ■ *I.* ⇒ tracer. *II.* ⇒ représenter.

DÉCROCHER ■ Dépendre, ôter. ⇒ reculer.

DÉCROISSANCE ■ ⇒ diminution.

DÉCROISSEMENT ■ ⇒ diminution et déclin.

DÉCROÎTRE ■ ⇒ diminuer.

DÉCRUE ■ ⇒ diminution.

DÉCRYPTER ■ ⇒ déchiffrer.

DE CUJUS ■ Testateur. ⇒ mort.

DÉDAIGNER ■ Faire fi, mépriser, mésestimer, négliger, refuser, rejeter, repousser, rire de, snober, tourner le dos.

DÉDAIGNEUX, EUSE ■ Altier, arrogant, condescendant, distant, farouche, fier, haut, hautain, impérieux, indépendant, indifférent, insolent, méprisant, moqueur, orgueilleux, protecteur, renchéri, rogue, snob, snobinard, snobinette, superbe, supérieur.

DÉDAIN ■ Air/sourire/ton protecteur, arrogance, condescendance, crânerie, déconsidération, dérision, distance, fierté, hauteur, indifférence, insolence, mépris, mésestime, moquerie, morgue, orgueil, snobisme, superbe.

DÉDALE ■ ⇒ labyrinthe.

DEDANS ■ ⇒ intérieur.

DÉDICACE ■ Consécration, envoi, invocation.

DÉDIER ■ Consacrer, dédicacer, dévouer, faire hommage, offrir, vouer.

DÉDIRE ■ Contredire, démentir, dépromettre, désavouer. *V. pron.* : annuler, se contredire, déclarer forfait, se délier, se démentir, se désavouer, se désister, manquer à sa parole, se raviser, reprendre sa parole, se rétracter, revenir sur, révoquer.

DÉDIT ■ *I.* Annulation, désistement, rétractation, révocation. *II. Jurid.* : clause pénale, sûreté. ⇒ **dédommagement.**

DÉDOMMAGEMENT ■ Compensation, consolation, dédit, dommages et intérêts, indemnité, réparation.

DÉDOMMAGER ■ Compenser, donner en dédommagement *et les syn. de* DÉDOMMAGEMENT, indemniser, payer, récompenser, remercier, rémunérer, réparer. *V. pron.* : ⇒ **rattraper (se).**

DÉDUCTION ■ *I.* Conclusion, démonstration, développement, énumération, raisonnement, récit. *II.* Extrapolation, syllogisme. *III.* Décompte, défalcation, remise, retranchement, ristourne, soustraction.

DÉDUIRE ■ *I.* ⇒ retrancher. *II.* ⇒ exposer. *III.* ⇒ inférer.

DÉESSE ■ Beauté, déité, divinité, fée, grâce, muse, nymphe, ondine, walkyrie.

DÉFAILLANCE ■ *I.* ⇒ manquement. *II.* ⇒ évanouissement.

DÉFAILLANT, E ■ ⇒ faible.

DÉFAILLIR ■ *I.* ⇒ affaiblir (s'). *II.* ⇒ évanouir (s').

DÉFAIRE ■ *I. Au pr.* 1. Neutre : déballer, débarrasser, débâtir, déboucler, déboutonner, déclouer, découdre, déficeler, dégager, dégrafer, délacer, délier, démonter, dénouer, dépaqueter, déplier, désagrafer, déshabiller, dessangler, détacher, enlever, ôter, ouvrir, quitter. 2. Non favorable :

abattre, affaiblir, bouleverser, casser, changer, démolir, déranger, détruire, faire table rase, mettre sens dessus dessous, miner, modifier, renverser, rompre, saper. *II. Par ext.* 1. **Quelqu'un** : affranchir, débarrasser, dégager, délivrer, dépêtrer (fam.), libérer. 2. **Milit.** : battre, culbuter, enfoncer, tailler en pièces, vaincre. *III. V. pron.* 1. On se défait de quelqu'un : s'affranchir, congédier, se débarrasser, se dégager, se délivrer, se dépêtrer, s'écarter, éliminer, renvoyer. 2. **D'une chose** : abandonner, aliéner, balancer (fam.), bazarder (fam.), débarrasser, délaisser, donner, écarter, échanger, jeter, laisser, laisser tomber, liquider, mettre au rancart (fam.), nettoyer, renoncer à, se séparer de, vendre. 3. Se dépouiller, se déshabiller, ôter/quitter ses vêtements. 4. S'amender, se corriger, perdre, quitter.

DÉFAIT, E ■ ⇒ déconcerté, maigre.

DÉFAITE ■ Débâcle, débandade, déconfiture, déroute, désavantage, dessous, échec, écrasement, fuite, insuccès, retraite, revers. *Fam.* : branlée, brossée, déculottée, dégelée, écrabouillement, frottée, pile, piquette, rossée, rouste. ⇒ **volée.**

DÉFAITISTE ■ ⇒ pessimiste.

DÉFALQUER ■ ⇒ retrancher.

DÉFAUT ■ *I. Jurid.* : contumace. *II. Au pr.* : absence, anomalie, carence, disette, imperfection, insuffisance, manque, pénurie, privation, rareté. ⇒ **faute.** *III. Loc.* Être en défaut ⇒ tromper (se). 2. Faire défaut ⇒ **manquer.** 3. Mettre en défaut ⇒ insuccès.

DÉFAVEUR ■ *I.* Décri, discrédit, disgrâce. *II.* Défiance, éclipse, hostilité, inimitié. *III.* Charge, débit.

DÉFAVORABLE ■ Adverse, contraire, désavantageux, ennemi, funeste, hostile, inamical, mauvais, néfaste, nuisible, opposé, péjoratif.

DÉFAVORISER ■ ⇒ désavantager.

DÉFÉCATION ■ ⇒ excrément.

DÉFECTION ■ Abandon, apostasie, carence, débandade, déroute, désertion, lâchage, trahison.

DÉFECTUEUX, EUSE ■ ⇒ imparfait.

DÉFECTUOSITÉ ■ ⇒ imperfection.

DÉFENDABLE ■ Excusable, justifiable, plaidable, soutenable.

DÉFENDEUR, DÉFENDERESSE ■ Appelé, cité, convoqué, intimé.

DÉFENDRE ■ *I. Protection.* 1. Sens général : aider, aller à la rescousse, protéger, secourir, soutenir. 2. Excuser, intercéder, intervenir, justifier, plaider, prendre en main/protection/sauvegarde, sauvegarder. 3. Milit. : abriter, couvrir, flanquer, fortifier, garantir, garder, interdire, préserver, protéger, tenir. *II. Prohibition :* inhiber (vx), interdire, prescrire, prohiber. *III.* Condamner, consigner, fermer. *IV. V. pron. :* 1. Se battre, se débattre, lutter, parer, résister, riposter, *et les formes pron. possibles des syn. de* DÉFENDRE. 2. Se justifier, réfuter, répondre.

DÉFENDU, E ■ *I.* Abrité, couvert, en défens, flanqué, fortifié, garanti, gardé, préservé, protégé, secouru, tenu. *II.* Illégal, illégitime, illicite, interdit, irrégulier, prohibé.

DÉFENSE ■ *I. L'acte.* 1. Aide, parade, protection, réaction, repli, rescousse, retraite, riposte, sauvegarde, secours. 2. Apologie, apologétique (relig.), éloge, excuse, glorification, justification, louange, plaidoirie, plaidoyer, polémique, réponse. 3. Défens (vx), embargo, inhibition, interdiction, prohibition. *II. L'ouvrage :* abri, asile, bouclier, boulevard, citadelle, couverture, cuirasse, fortification, fossé, glacis, muraille, réduit, rempart, retranchement. *III.* ⇒ défenseur.

DÉFENSEUR ■ Apôtre, avocaillon (péj.), avocassier (péj.), avocat, avoué, champion, conseil, défense, partisan, protecteur, redresseur de torts, soutien, tenant. *Arg.* : bavard, débarbot, enjuponné.

DÉFÉQUER ■ ⇒ purifier, faire ses ⇒ besoins.

DÉFÉRENCE ■ *I.* ⇒ complaisance. *II.* ⇒ égards.

DÉFÉRENT, E ■ ⇒ complaisant.

DÉFÉRER ■ *I.* ⇒ conférer. *II.* ⇒ céder. *III.* ⇒ inculper.

DÉFERLER ■ Se briser, *et les formes pron. possibles des syn. de* BRISER.

DÉFEUILLER ■ ⇒ effeuiller.

DÉFI ■ *I.* Appel, bravade, cartel, crânerie, fanfaronnade, gageure, menace, provocation, ultimatum. *II. Loc.* Mettre au défi ⇒ inviter.

DÉFIANCE ■ ⇒ crainte.

DÉFIANT, E ■ ⇒ méfiant.

DÉFICIENCE ■ ⇒ manque.

DÉFICIENT, E ■ ⇒ faible.

DÉFICIT ■ ⇒ manque.

DÉFIER ■ *I.* ⇒ braver. *II.* ⇒ inviter. *V. pron.* ⇒ méfier (se).

DÉFIGURER ■ ⇒ déformer.

DÉFILÉ ■ *I. Géogr.* 1. Sur terre : cañon, cluse, col, couloir, faille, gorge, pas, passage, port, porte. 2. De mer : bras, canal, détroit, fjord, grau, passe, pertuis. *II.* Cavalcade, colonne, cortège, file, manifestation, mascarade, monôme, procession, retraite, succession, théorie.

DÉFILER ■ *I.* ⇒ passer. *II. V. pron.* Fam. ⇒ partir.

DÉFINIR ■ *I.* ⇒ fixer. *II.* ⇒ décider.

DÉFINITIF ■ ⇒ irrévocable, final.

DÉFINITIVE (EN) ■ Au bout du compte, définitivement, en dernière analyse, en fin de compte, en un mot, finalement, pour conclure/finir/terminer, tout compte fait.

DÉFLAGRATION ■ ⇒ explosion.

DÉFLEURIR ■ v. tr. et intr. Déflorer, défraîchir, faner, flétrir.

DÉFONCER ■ ⇒ enfoncer. **V. pron.** ⇒ crouler, droguer (se).

DÉFORMATION ■ Altération, anamorphose, contorsion, difformité, faute, gauchissement, gibbosité, grimace, imperfection, incorrection, infirmité, malformation.

DÉFORMÉ, E ■ **I. Quelqu'un :** anormal, bancal, bancroche (fam.), bossu, difforme, estropié, gibbeux, infirme, tordu. **II. Une chose :** avachi, défraîchi, égueulé, fané, fatigué, usé.

DÉFORMER ■ **I.** Altérer, changer, transformer. **II.** Avachir, bistourner (techn. ou fam.), contourner, contrefaire, corrompre, courber, défigurer, dénaturer, dépraver, difformer, distordre, écorcher, estropier, fausser, gâter, gauchir, massacrer, mutiler, tordre, trahir, travestir.

DÉFOULEMENT ■ ⇒ libération.

DÉFRAÎCHI, E ■ ⇒ fatigué.

DÉFRAYER ■ ⇒ payer, occuper.

DÉFRICHER ■ ⇒ cultiver, éclaircir.

DÉFRICHEUR ■ Pionnier, précurseur.

DÉFROQUE ■ **I.** Déguisement, frusque (fam.), guenille, haillon, harde. **II. Par ext. :** carcasse, chair, corps.

DÉFUNT, E ■ adj. et n. ⇒ mort.

DÉGAGÉ, E ■ **I. Quelqu'un. 1. Favorable :** aisé, alerte, élégant, souple, vif. **2. Neutre :** affranchi, débarrassé, décontracté, libéré, relax (fam.). **3. Non favorable :** affranchi, cavalier, délibéré, désinvolte, léger, leste, libre, sans-gêne. **II. Une chose :** accessible, débarrassé, découvert, dégagé, facile, libre, ouvert.

DÉGAGEMENT ■ **I.** ⇒ indifférence. **II.** ⇒ passage.

DÉGAGER ■ v. tr. **I.** Débarrasser, déblayer, débloquer, débourrer, débroussailler, décoincer, décongestionner, découvrir, dénuder, dépouiller, désencombrer, élaguer, enlever, épurer, évacuer, extraire, ôter, retirer. **II. Par ext. :** affranchir, décharger, déconsigner, dédouaner, dégrever, dispenser, exonérer, libérer, soustraire. **III. Fam. :** s'en aller, circuler, débarrasser/vider les lieux/la place/le terrain, décamper, déguerpir, ficher/foutre (grossier) le camp, partir, sortir, se tirer de. **IV. Un concept :** avancer, distinguer, extraire, isoler, manifester, mettre en évidence, rendre évident/manifeste, séparer. **V. Une odeur :** émettre, exhaler, produire, puer, répandre, sentir. **VI. V. pron.** 1. Échapper, se libérer, quitter, rompre, se séparer. 2. Apparaître, se découvrir, s'éclaircir, émaner, émerger, s'exhaler, jaillir, se montrer, se répandre, sortir. 3. Se faire jour, se manifester, ressortir, résulter.

DÉGAINE ■ Allure, attitude, comportement, conduite, convenance, démarche, port, silhouette.

DÉGARNIR ■ **I.** Débarrasser, découvrir, déménager, démeubler, dépouiller, dépourvoir, vider. **II.** Élaguer, émonder, tailler.

DÉGÂT ■ Avarie, bris, casse, débâcle, dégradation, déprédation, destruction, détérioration, dévastation, dommage, grabuge, méfait, perte, ravage, ruine.

DÉGAUCHIR ■ Aplanir, corriger, dégourdir, dégrossir, raboter, redresser.

DÉGEL ■ Débâcle. ⇒ apaisement.

DÉGELER ■ **Fig. :** amuser, animer, dérider, faire rire/sourire, mettre de l'animation/de la vie, ranimer, réchauffer.

DÉGÉNÉRATION, DÉGÉNÉRESCENCE ■ **I. Au pr. :** Abaissement, abâtardissement, appauvrissement, avilissement, baisse, catabolisme, chute, décadence, déchéance, déclin, dégradation, détérioration, étiolement, gérontisme, perte, perversion, pervertissement. *II. Non favorable :* crétinisme, débilité, gâtisme, idiotie, imbécillité, tare.

DÉGÉNÉRÉ, E ■ adj. et n. Abâtardi, arriéré, bâtard, débile, idiot, imbécile, minus, taré.

DÉGÉNÉRER ■ S'abâtardir, s'appauvrir, s'avilir, changer, déchoir, décliner, se dégrader, déroger, se détériorer, s'étioler, forligner (vx), perdre, se pervertir, tomber, se transformer.

DÉGINGANDÉ, E ■ ⇒ disloqué.

DÉGLINGUER ■ ⇒ démolir.

DÉGLUTIR ■ ⇒ avaler.

DÉGOMMER ■ ⇒ congédier.

DÉGONFLÉ, E ■ ⇒ peureux.

DÉGORGER ■ *I.* ⇒ vomir. *II.* ⇒ débarrasser.

DÉGOTER ■ *I.* ⇒ trouver. *II.* ⇒ surpasser (se). *III. Vx* ⇒ renvoyer.

DÉGOULINER ■ ⇒ dégoutter.

DÉGOURDI, E ■ ⇒ éveillé.

DÉGOURDIR ■ ⇒ dégrossir.

DÉGOÛT ■ Abattement, allergie, amertume, anorexie, antipathie, aversion, blasement, chagrin, déboire, déception, dépit, déplaisir, désenchantement, écœurement, éloignement, ennui, exécration, haine, haut-le-cœur, honte, horreur, humiliation, inappétence, indigestion, lassitude, mélancolie, mépris, mortification, nausée, répugnance, répulsion, satiété, spleen, tristesse.

DÉGOÛTANT, E ■ n. et adj. Abject, cochon (fam.), crasseux, décourageant, dégueulasse (grossier), déplaisant, désagréable, écœurant, exécrable, fastidieux, fétide, gras, grivois, horrible, ignoble, immangeable, immonde, incongru, indécent, infect, innommable, inqualifiable, insupportable, laid, licencieux, malpropre, merdique (grossier), nauséabond, nauséeux, odieux, peu ragoûtant, puant, rebutant, repoussant, répugnant, révoltant, sale, sordide. ⇒ honteux.

DÉGOÛTÉ, E ■ ⇒ difficile.

DÉGOÛTER ■ Affadir le cœur, blaser, débecter, déplaire, détourner, dissuader, écœurer, ennuyer, fatiguer, lasser, ôter l'envie, peser, rebuter, répugner, révolter, soulever le cœur/de dégoût.

DÉGOUTTER ■ Couler, dégouliner, distiller, exhaler, fluer, ruisseler, suinter, tomber.

DÉGRADABLE ■ ⇒ destructible.

DÉGRADANT, E ■ ⇒ honteux.

DÉGRADATION ■ *I. Au pr. :* bris, casse, dégât, délabrement, déprédation, destruction, détérioration, dommage, effritement, égratignure, endommagement, éraflure, érosion, graffiti, mutilation, profanation, ruine. *II. Par ext. :* abaissement, abrutissement, aveulissement, avilissement, corruption, décadence, déchéance, décomposition, dégénération, déliquescence, dépravation, flétrissure, honte, humiliation, ignominie, perversion, prostitution, souillure, tache, tare.

DÉGRADER ■ *I. Au pr. :* abîmer, barbouiller, briser, casser, déglinguer (fam.), délabrer, démolir, détériorer, détraquer, détruire, ébrécher, endommager, égratigner, érafler, esquinter (fam.), fausser, gâter, mutiler, profaner, ruiner, saboter, salir, souiller. *II. Par ext. :* abaisser, abrutir, acoquiner, avilir, déchoir, déformer, déprimer, déshonorer, déshumaniser, dévaluer, diminuer, disqualifier, flétrir, gâter, humilier, profaner, prostituer, rabaisser, ridiculiser. *III. Géol. :* affouiller, éroder, ronger, saper. *IV. V. pron. :* s'affaiblir, s'avilir, baisser, déchoir, dégénérer, déroger, descendre, se déshonorer, diminuer, faiblir, tomber.

DÉGRAFER ■ ⇒ défaire.

DÉGRAISSER ■ ⇒ nettoyer.

DEGRÉ ■ *I.* Échelon, escalier, grade, gradin, graduation, étage, marche, marchepied, perron, rang, rangée, rayon. *II.* Paroxysme, période, phase, point, stade. *III.* Amplitude, niveau. *IV.* Classe, cran, échelon, étape, grade, niveau, position, rang. *V.* Différence, gradation, nuance. *VI. Loc.* Par **degrés** : au fur et à mesure, par échelon/étape/palier, pied à pied, de proche en proche.

DÉGRÈVEMENT ■ ⇒ diminution.

DÉGREVER ■ ⇒ soulager.

DÉGRINGOLADE ■ ⇒ chute.

DÉGRINGOLER ■ *I.* ⇒ descendre. *II.* ⇒ tomber.

DÉGRISER ■ ⇒ désillusionner.

DÉGROSSIR ■ *I.* Affiner, commencer, débourrer, débrutir, décrasser (fam.), dégauchir, dérouiller, ébaucher, éclaircir, former. *II.* Débrouiller, dégourdir, dégourmer, déniaiser, désencroûter, dessaler, initier, instruire.

DÉGROUILLER (SE) ■ ⇒ hâter (se).

DÉGUENILLÉ, E ■ Dépenaillé, haillonneux, loqueteux, négligé, va-nu-pieds.

DÉGUERPIR ■ ⇒ partir.

DÉGUISEMENT ■ *I. Au pr. :* accoutrement, carnaval, chienlit, costume, mascarade, masque, momerie, travesti, travestissement. *II. Par ext. :* artifice, camouflage, couverture, dissimulation, fard, feinte, feintise.

DÉGUISER ■ *I. Au pr. :* accoutrer, affubler, costumer, maquiller, masquer, travestir. *II. Par ext. :* arranger, cacher, camoufler, celer, changer, contrefaire, couvrir, dénaturer, dissi-

muler, donner le change, se donner une contenance, dorer la pilule (fam.), emmitoufler, envelopper, farder, habiller, gazer (vx), maquiller, pallier, plâtrer, recouvrir, taire, travestir, tromper.

DÉGUSTER ■ ⇒ savourer.

DEHORS ■ adv. et n. *I.* ⇒ extérieur. *II.* ⇒ apparence.

DÉIFICATION ■ ⇒ apothéose.

DÉIFIER ■ ⇒ louer.

DÉISME ■ Théisme.

DÉITÉ ■ Déesse, dieu, divinité, idole.

DÉJECTION ■ ⇒ excrément.

DÉJETÉ ■ ⇒ dévié.

DÉJEUNER ■ *I. V. intr.* ⇒ manger. *II. Nom* ⇒ repas.

DÉJOINDRE ■ Déboîter, démonter, désassembler, désunir, détacher, disjoindre, disloquer, diviser, scinder, séparer.

DÉJOUER ■ ⇒ empêcher.

DÉLABREMENT ■ ⇒ dégradation.

DÉLABRER ■ ⇒ détériorer.

DÉLAI ■ *I. Au pr. :* date, temps. *II. Par ext.* 1. Non favorable : atermoiement, manœuvre dilatoire, retard, retardement, temporisation. 2. Neutre : crédit, facilité, marge, moratoire, préavis, probation, prolongation, prorogation, remise, renvoi, répit, report, surséance, sursis, suspension, trêve. *III. Loc.* Sans délai : aussitôt, immédiatement, sans déport (vx), séance tenante, sur-le-champ, tout de suite, toutes affaires cessantes.

DÉLAISSEMENT ■ *I. Au pr. :* abandon, cession, défection, déguerpissement (fam.), renonciation. *II. Par ext. :* désertion, lâcheté.

DÉLAISSER ■ Abandonner, déserter, se désintéresser de, lâcher, laisser tomber, négliger, quitter, renoncer à, tourner le dos à. ⇒ **dédaigner.**

DÉLASSEMENT ■ *I.* ⇒ repos. *II.* ⇒ divertissement.

DÉLASSER ■ ⇒ reposer.

DÉLATEUR ■ ⇒ accusateur.

DÉLATION ■ ⇒ accusation.

DÉLAVER ■ ⇒ humecter.

DÉLAYAGE ■ ⇒ remplissage.

DÉLAYER ■ *I. Au pr.* : couler, détremper, diluer, dissoudre, étendre, fondre, gâcher. *II. Fig.* : allonger, noyer, paraphraser, tourner autour.

DÉLECTABLE ■ Agréable, bon, délicat, délicieux, doux, exquis, friand, savoureux.

DÉLECTATION ■ ⇒ plaisir.

DÉLECTER (SE) ■ ⇒ régaler (se).

DÉLÉGATION ■ *I.* Ambassade, députation. *II.* Attribution, mandat, procuration, représentation.

DÉLÉGUÉ ■ ⇒ envoyé.

DÉLÉGUER ■ *I.* ⇒ envoyer. *II.* ⇒ transmettre.

DÉLESTER ■ ⇒ soulager.

DÉLÉTÈRE ■ ⇒ mauvais.

DÉLIBÉRATION ■ Conseil, consultation, conservation, débat, décision, délibéré, discussion, examen, réflexion, résolution.

DÉLIBÉRÉ, E ■ *I. Adj.* 1. ⇒ dégagé. 2. ⇒ décidé. *II. Nom masc.* ⇒ délibération.

DÉLIBÉRER ■ *I.* ⇒ discuter et opiner. *II.* ⇒ décider *III.* ⇒ penser.

DÉLICAT, E ■ *I. Favorable ou neutre.* 1. Quelqu'un : agréable, aimable, bon, courtois, délicieux, discret, distingué, doux, élégant, exquis, fin, galant, gentil, gracieux, honnête, humain, joli, mignon, obligeant, pénétrant, plein de tact, poli, prévenant, probe, pur, raf-

finé, scrupuleux, sensible, soigné, subtil, tendre. 2. **Une chose** : adroit, aérien, arachnéen, beau, bon, délectable, délié, éthéré, fignolé (fam.), friand, habile, harmonieux, léché, léger, recherché, savoureux, suave, subtil, succulent, ténu, vaporeux. *II. Péj.* : 1. **Quelqu'un** : blasé, chatouilleux, chétif, compliqué, débile, difficile, douillet, efféminé, exigeant, faible, fluet, frêle, maigre, malingre, mince, ombrageux, petit, recherché, susceptible. 2. **Une chose** : complexe, dangereux, embarrassant, glandilleux (arg.), malaisé, périlleux, scabreux.

DÉLICATESSE ■ *I. Favorable.* 1. **Du caractère, du comportement** : agrément, amabilité, amour, attention, bon goût, bonté, circonspection, courtoisie, discrétion, distinction, douceur, élégance, finesse, galanterie, gentillesse, grâce, gracilité, honnêteté, humanité, joliesse, ménagement, obligeance, pénétration, politesse, prévenance, probité, pudeur, pureté, raffinement, sagacité, scrupule, sensibilité, soin, subtilité, tact, tendresse. 2. **Des actes** : adresse, dextérité, habileté, soin. 3. **D'une chose** : finesse, harmonie, légèreté, pureté, recherche, suavité, subtilité, succulence, transparence. *II. Non favorable.* 1. **De quelqu'un.** *Phys.* : débilité, faiblesse, fragilité, maigreur, mignardise, minceur, ténuité. *Caractère* : difficulté, mollesse, susceptibilité. 2. **D'une chose** : complexité, danger, difficulté, péril.

DÉLICE ■ ⇒ plaisir.

DÉLICIEUX, EUSE ■ ⇒ délectable.

DÉLICTUEUX, EUSE ■ Coupable, criminel, fautif, interdit, peccant (vx), répréhensible, susceptible de poursuites.

DÉLIÉ, E ■ *I.* ⇒ menu. *II.* ⇒ délicat. *III.* ⇒ éveillé.

DÉLIER ■ ⇒ défaire, libérer.

DÉLIMITATION ■ ⇒ bornage.

DÉLIMITER ■ *I.* ⇒ limiter. *II.* ⇒ fixer.

DÉLINQUANCE ■ Criminalité.

DÉLINQUANT, E ■ adj. et n. ⇒ coupable.

DÉLIQUESCENCE ■ *I.* ⇒ dégradation. *II.* ⇒ décadence.

DÉLIRANT, E ■ *I.* ⇒ extraordinaire. *II.* ⇒ violent.

DÉLIRE ■ *I. Au pr. :* agitation, aliénation, delirium tremens, divagation, égarement, excitation, folie, frénésie, hallucination, surexcitation. *II. Par ext.* 1. Feu sacré, inspiration. 2. Enthousiasme, exultation, frémissement, passion, trouble.

DÉLIRER ■ ⇒ déraisonner.

DÉLIT ■ ⇒ faute.

DÉLIVRANCE ■ *I.* ⇒ libération. *II.* ⇒ enfantement. *III.* ⇒ remise.

DÉLIVRER ■ *I.* ⇒ remettre. *II.* ⇒ libérer.

DÉLOGER ■ *I.* ⇒ chasser. *II.* ⇒ partir.

DÉLOYAL, E ■ *I.* ⇒ infidèle.

DÉLOYAUTÉ ■ *I.* ⇒ infidélité. *II.* ⇒ hypocrisie.

DELTA ■ ⇒ embouchure.

DÉLUGE ■ *I.* ⇒ débordement. *II.* ⇒ pluie.

DÉLURÉ, E ■ *I.* ⇒ éveillé. *II.* ⇒ hardi.

DÉMAGOGUE ■ ⇒ politicien.

DEMAIN ■ ⇒ bientôt.

DÉMANCHER ■ Briser, casser, déboîter, déclinquer, déglinguer, démancher, démantibuler, démettre, démolir, désarticuler, désemboîter, désemparer, désunir, détraquer, disloquer, diviser, écarteler, fausser, luxer. *V. pron. :* (fam.) s'agiter, se battre, se colleter, se débattre, se débrouiller, se décarcasser, se démener, se démultiplier, discuter, se donner du mal/de la peine/du tintouin, s'émouvoir,

s'empresser de, faire du vent, faire feu des quatre fers, lutter.

DEMANDE ■ *I.* Adjuration, appel, conjuration, doléance, imploration, instance, interpellation, interrogation, prière, question, quête (vx), revendication, sollicitation. *II.* Écrit, pétition, placet, réclamation, recours, requête, supplique, vœu. *III.* Candidature, démarche, désir, envie, exigence, prétention. *IV.* Mandement, ordre, sommation.

DEMANDER ■ Adresser / faire / former / formuler / présenter une demande *et les syn. de* DEMANDE, briguer, commander, consulter, cuisiner (fam.), désirer, dire, enjoindre, exiger, exprimer un désir/souhait, implorer, imposer, insister, interpeller, interroger, mander, mendier (péj.), ordonner, pétitionner, postuler, prescrire, présenter un placet/une requête/une supplique, prétendre à, prier, quémander, questionner, quêter, rechercher, réclamer, se recommander de, requérir, revendiquer, solliciter, sommer, souhaiter, supplier, vouloir.

DEMANDEUR, DERESSE ■ *I.* Appelant, requérant. *II.* Quémandeur, solliciteur, tapeur. *III. D'emploi :* chômeur, désoccupé, inactif, sans emploi/travail.

DÉMANGEAISON ■ *I.* ⇒ picotement. *II.* ⇒ désir.

DÉMANGER ■ ⇒ piquer.

DÉMANTÈLEMENT ■ ⇒ destruction.

DÉMANTELER ■ *I.* Abattre, culbuter, débâtir, déconstruire, défaire, démolir, démonter, détruire, disloquer, mettre à bas, raser, renverser. *II. Par ext.* 1. *Des institutions :* abolir, faire table rase, supprimer. 2. *Une chose :* abîmer, bousiller, briser, casser, déglinguer, démolir, démonter, détraquer, endommager, esquinter.

DÉMANTIBULER ■ ⇒ disloquer.

DÉMARCATION ■ *I.* ⇒ limite. *II.* ⇒ séparation.

DÉMARCHAGE ■ ⇒ vente.

DÉMARCHE ■ *I. Au pr. :* air, allure, aspect, dégaine (fam.), dehors, maintien, marche, mine, pas, port, tenue, tournure. *II. Par ext.* 1. Action, attitude, comportement, conduite. 2. Agissement, approche, cheminement, déplacement, tentative. ⇒ demande.

DÉMARQUER ■ ⇒ limiter.

DÉMARRAGE ■ ⇒ départ.

DÉMARRER ■ ⇒ partir, commencer.

DÉMASQUER ■ ⇒ découvrir.

DÉMÊLÉ ■ ⇒ contestation.

DÉMÊLER ■ ⇒ distinguer, éclaircir.

DÉMEMBREMENT ■ ⇒ division.

DÉMEMBRER ■ *I.* ⇒ découper. *II.* ⇒ partager.

DE MÊME QUE ■ ⇒ comme.

DÉMÉNAGER ■ *I.* ⇒ transporter. *II.* ⇒ partir. *III.* ⇒ déraisonner.

DÉMENCE ■ ⇒ folie.

DÉMENER (SE) ■ S'agiter, se battre, se colleter, se débattre, se débrouiller, se démultiplier, discuter, se donner du mal/de la peine, s'émouvoir, s'empresser de, lutter, se mouvoir/multiplier, remuer. *Fam. :* se décarcasser/démancher/donner du tintouin, faire ficelle/fissa/du vent/ feu des quatre fers/ vinaigre, se magner, pédaler, péter la flamme/le feu, remuer l'air, se secouer/trémousser/trotter.

DÉMENT, E ■ ⇒ fou.

DÉMENTI ■ ⇒ dénégation, offense.

DÉMENTIR ■ Contredire, couper, décevoir, dédire, désavouer, infirmer, s'inscrire en faux, nier, s'opposer à, opposer un démenti, *et les syn. de* DÉMENTI.

DÉMÉRITE ■ ⇒ honte.

DÉMESURE ■ ⇒ excès.

DÉMESURÉ ■ Astronomique, colossal, déraisonnable, disproportionné, éléphantesque, énorme, exagéré, excessif, exorbitant, extraordinaire, extrême, fantastique, formidable, géant, gigantesque, grand, illimité, immense, immodéré, incommensurable, infini, monstrueux, monumental, outré, pharamineux, pyramidal, tentaculaire, titanesque, vertigineux. *Arg. :* balèze, comac, gravos, maous, mastard.

DÉMETTRE ■ *I.* ⇒ disloquer. *II.* ⇒ destituer. *III.* ⇒ abdiquer.

DEMEURANT (AU) ■ Après tout, au fond, au/pour le reste, d'ailleurs, en somme.

DEMEURE ■ *I. Au pr. :* adresse, domicile, foyer, habitacle, logis, pénates (fam.). ⇒ habitation. *II. Loc.* 1. Sans demeure (vx) : délai, retard, retardement. 2. À demeure : en permanence, fixe. 3. Mettre en demeure ⇒ commander.

DEMEURÉ, E ■ ⇒ bête.

DEMEURER ■ *I.* S'arrêter, s'attarder, attendre, coller, s'éterniser, prendre racine, rester, stationner, tarder. *II.* Continuer, durer, s'entêter, lutter, se maintenir, s'obstiner, persévérer, persister, rester, subsister, survivre, tenir bon/ferme. *III.* Crécher (fam.), descendre/être/être domicilié à, gîter (fam.), habiter, jucher (fam.), loger, nicher (fam.), occuper, percher (fam.), résider, séjourner, se tenir, vivre.

DEMI-MOT ■ ⇒ insinuation.

DEMI-SEL ■ ⇒ amateur, lâche.

DÉMISSION ■ ⇒ abandon.

DÉMISSIONNER ■ ⇒ abdiquer.

DEMI-TEINTE ■ ⇒ couleur.

DÉMIURGE ■ Bienfaiteur, demi-dieu, dieu, divinité, héros, génie, grand.

DÉMOCRATE ■ Bousingot (vx et péj.), de gauche, démagogue (péj.), démocratique, démophile, égalitaire, jacobin, républicain.

DÉMOCRATIE ■ République, suffrage universel.

DÉMODÉ, E ■ ⇒ désuet.

DEMOISELLE ■ *I.* ⇒ fille. *II.* ⇒ célibataire. *III.* ⇒ femme. *IV.* Libellule. *V.* Bélier, dame, hie.

DÉMOLIR ■ *I. Au pr. :* abattre, culbuter, débâtir, déconstruire, défaire, démanteler, démonter, détruire, mettre à bas, raser, renverser. *II. Par ext.* 1. **Des institutions** : abolir, faire table rase, supprimer. 2. **Une chose** : abîmer, bousiller (fam.), briser, casser, déglinguer (fam.), démonter, détraquer, endommager, esquinter. 3. **Quelqu'un** : battre, critiquer, déboulonner, épuiser, éreinter, esquinter, perdre, ruiner, terrasser, tuer.

DÉMOLISSEUR ■ ⇒ destructeur.

DÉMOLITION ■ ⇒ destruction. *Au pl. :* Déblai, débris, décharge, décombres, éboulis, épave, gravats, gravois, miettes, plâtras, restes, ruines, vestiges.

DÉMON ■ *I.* ⇒ diable. *II.* ⇒ génie. *III.* ⇒ enthousiasme.

DÉMONIAQUE ■ *I.* ⇒ diabolique. *II.* ⇒ turbulent. *III.* ⇒ énergumène.

DÉMONSTRATIF, IVE ■ ⇒ communicatif.

DÉMONSTRATION ■ *I.* Déduction, expérience, induction, preuve, raisonnement. *II.* Civilités, étalage (péj.), expression, manifestation, marque, preuve, protestations, témoignage.

DÉMONTÉ, E ■ ⇒ déconcerté.

DÉMONTER ■ ⇒ défaire.

DÉMONTRER ■ ⇒ prouver.

DÉMORALISATION ■ ⇒ découragement.

DÉMORALISER ■ ⇒ décourager.

DÉMORDRE ■ ⇒ renoncer.

DÉMUNI, E ■ Dénué, dépouillé, dépourvu, destitué, nu, privé ⇒ pauvre.

DÉMUNIR ■ *I.* Arracher, défaire, dégager, dégarnir, dénuder, dépecer, dépiauter (fam.), dépouiller, déshabiller, dévêtir, écorcher, enlever, ôter, peler, tondre. *II. Par ext.* ⇒ voler.

DÉMYSTIFIER, DÉMYTHIFIER ■ ⇒ détromper.

DÉNATURER ■ ⇒ altérer.

DÉNÉGATION ■ Contestation, controverse, démenti, déni, désaveu, négation, refus.

DÉNI ■ *I.* ⇒ dénégation. *II.* ⇒ refus.

DÉNIAISER ■ Dépuceler ⇒ dégrossir.

DÉNICHER ■ *I. Au pr. :* braconner, chasser, débusquer, enlever. *II. Par ext. :* découvrir, trouver.

DENIER ■ *I.* ⇒ argent. *II.* ⇒ intérêt. *III.* ⇒ arrhes.

DÉNIER ■ *I.* ⇒ nier. *II.* ⇒ refuser.

DÉNIGREMENT ■ ⇒ médisance.

DÉNIGRER ■ Attaquer, calomnier, couler, critiquer (par ext.), décauser (rég.), déchiqueter, déchirer, déconsidérer, décréditer, décrier, déprécier, dépriser, déshonorer, diffamer, discréditer, médire, noircir, perdre de réputation, rabaisser, salir, tympaniser, vilipender. *Fam. :* baver, clabauder, dauber, débiner, déblatérer, dégrainer.

DÉNIVELLATION ■ Dénivelée, dénivellement, différence, rupture.

DÉNOMBREMENT ■ Catalogue, cens, compte, détail, énumération, état, évaluation, inventaire, liste, litanie, recensement, rôle, statistique.

DÉNOMBRER ■ Cataloguer, classer, compter, détailler, dresser l'état/l'inventaire/la liste/le rôle, égrener, énumérer, évaluer, faire le compte, inventorier, nombrer, recenser.

DÉNOMINATION ■ ⇒ nom.

DÉNOMMER ■ ⇒ appeler.

DÉNONCER ■ *I.* Accuser, déclarer, désigner, dévoiler, donner, indiquer, livrer, nommer, rapporter, révéler, trahir, vendre. **Fam.** S'allonger, balancer, brûler, cafarder, cafter, caponner, capouner, cracher/manger le morceau, cuistrer, donner, en croquer, fourguer, se mettre à table, moucharder, roussiner. *II.* Annoncer, déclarer, faire savoir, notifier, proclamer, publier, signifier. *III.* Annuler, renoncer, rompre. *IV.* Dénoter, faire connaître/sentir, manifester, montrer, sentir.

DÉNONCIATEUR ■ ⇒ accusateur.

DÉNONCIATION ■ ⇒ accusation.

DÉNOTER ■ ⇒ indiquer.

DÉNOUEMENT ■ Achèvement, catastrophe, bout, cauda, clef, conclusion, épilogue, extrémité, fin, queue, résolution, résultat, solution, terme.

DÉNOUER ■ ⇒ défaire.

DENRÉE ■ *I.* ⇒ marchandise. *II.* ⇒ subsistances.

DENSE ■ *I. Au pr. :* abondant, compact, condensé, dru, épais, feuillu, fort, impénétrable, pilé, plein, serré, tassé, touffu. *II. Par ext. :* compact, concis, condensé, dru, lourd, nombreux, nourri, plein, ramassé, sobre.

DENSITÉ ■ ⇒ poids.

DENT ■ *I.* Broche (vén.), canine, carnassière, croc, crochet, défense, incisive, pince, mâchelière, molaire, prémolaire, surdent. **Fam. :** Chicot, chocotte, clavier, domino, piloche, quenotte, ratiche. *II. Par anal.* 1. **Méc. :** alluchon, came, cran. 2. **Arch. :** denticule, feston. 3. **Géogr. :** aiguille, crête, pic. *III. Fig. :* animosité, haine, jalousie, rancune, ressentiment.

DENT-DE-LION ■ Pissenlit.

DENTELÉ, E ■ ⇒ découpé.

DENTELLE ■ Broderie, filet, guipure, macramé, point.

DENTELURE ■ ⇒ échancrure.

DENTIER ■ Prothèse, râtelier (fam.).

DENTITION ■ *I.* Clavier (fam.), denture (méc.). *II.* Dentier, râtelier (fam.).

DENTURE ■ Dentition, râtelier (fam.).

DÉNUDER ■ *I.* ⇒ dépouiller. *II.* ⇒ dévêtir (se).

DÉNUÉ, E ■ Démuni, dépouillé, dépourvu, destitué, nu, pauvre, privé.

DÉNUEMENT ■ ⇒ pauvreté.

DÉPANNER ■ ⇒ aider, réparer.

DÉPAREILLER ■ Amputer, déparier, désaccoupler, désapparier, désassortir, diminuer.

DÉPARER ■ ⇒ nuire à.

DÉPARIER ■ ⇒ dépareiller.

DÉPART ■ *I.* Commencement, début, origine. *II.* Appareillage, décollage, démarrage, embarquement, envoi, envol, expédition, partance. *III.* Congédiement, démission, exil, licenciement.

DÉPARTAGER ■ ⇒ choisir, juger.

DÉPARTEMENT ■ Charge, district, domaine, institut, ministère, préfecture, secteur, spécialité, sphère.

DÉPARTIR ■ *I.* ⇒ séparer. *II.* ⇒ distribuer. *III.* ⇒ renoncer.

DÉPASSÉ, E ■ ⇒ désuet.

DÉPASSEMENT ■ ⇒ excès.

DÉPASSER ■ *I. Au pr. :* 1. Déborder, devancer, doubler, gagner de vitesse, gratter (fam.), l'emporter/mordre sur, passer, trémater (mar.) 2. Forjeter, saillir, surpasser, surplomber. *II. Par ext. :* enchérir, exagérer, excéder, faire de la surenchère, franchir, s'oublier, outrepasser les bornes/les limites.

DÉPAYSEMENT ■ ⇒ changement.

DÉPAYSER ■ ⇒ dérouter.

DÉPECER ■ ⇒ découper, partager.

DÉPÊCHE ■ Avis, billet, câble, câblogramme, correspondance, courrier, lettre, message, missive, petit bleu, pli, pneu (fam.), pneumatique, télégramme, télex.

DÉPÊCHER ■ *I.* ⇒ accélérer. *II.* ⇒ envoyer. *III.* ⇒ tuer. *IV. V. pron.* ⇒ hâter (se).

DÉPEIGNER ■ Décoiffer, ébouriffer, écheveler, hérisser.

DÉPEINDRE ■ ⇒ peindre.

DÉPENAILLÉ, E ■ *I.* ⇒ déguenillé. *II.* ⇒ négligé.

DÉPENDANCE ■ *I. Log.* : analogie, causalité, conséquence, corrélation, enchaînement, interdépendance, liaison, rapport, solidarité. *II. Fig.* : appendice, complément, conséquence, effet, épisode, suite, tenants et aboutissants. *III. Par ext.* 1. Accessoire, annexe, bâtiment, communs, succursale. 2. **On est dans la dépendance de** : appartenance, asservissement, assujettissement, attachement, attenance, captivité, chaîne, contrainte, coupe, domesticité, domination, emprise, esclavage, gêne, griffe, joug, main, mainmise, merci, mouvance, obédience, obéissance, oppression, patte, pouvoir, puissance, ressort, servage, servitude, soumission, subordination, sujétion, tenure (vx), tutelle, vassalité.

DÉPENDANT, E ■ Accessoire, inférieur, interdépendant, soumis, subordonné, sujet.

DÉPENDRE ■ *I.* Appartenir à, découler de, être attaché/enchaîné/lié à/ à la merci/sous l'autorité/sous la dépendance de *et les syn. de* DÉPENDANCE, procéder/provenir/relever/résulter/de, se rattacher à, reposer sur, ressortir à, rouler sur, tenir à. *II.* Décrocher, détacher, retirer.

DÉPENS ■ Charge, compte, crochet, débours, dépense, détriment, frais, prix.

DÉPENSE ■ *I. L'endroit* : cambuse, cellier, garde-manger, office, questure, resserre, réserve. *II. L'action de dépenser.* 1. *Au pr. Neutre* : charge, contribution, cotisation, débours, déboursé, décaissement, dépens, écot, extra, faux frais, frais, impense, investissement, paiement, participation, quote-part, sortie. 2. **Non favorable** : dilapidation, dissipation, étalage, exhibition, fastuosité, gaspillage, luxe, montre, prodigalité.

DÉPENSER ■ *I. Au pr.* : débourser, payer. *II. Non favorable* : 1. Consumer, dilapider, dissiper, engloutir, escompter, faire/jouer le grand seigneur, gaspiller, jeter l'argent par les fenêtres, manger, mener grand train/la vie à grandes guides, prodiguer, se ruiner, se saigner aux quatre veines, semer son argent, vivre bien/largement/en grand seigneur/sur un grand pied. 2. **Fam.** : allonger, banquer, bouffer, carmer, casquer, cigler, claquer, croquer, décher, dépocher, dévorer, douiller, écorner son avoir, fader, faire danser les écus/picaillons/ sous, flamber, fricasser, fricoter, friper, manger ses quatre sous/son blé en herbe, passer au refile, raquer. *III. V. pron.* : se démener, se dévouer, se fatiguer.

DÉPENSIER ■ n. et adj. Dissipateur, dilapidateur, gaspilleur, gouffre, panier à salade/percé (fam.), prodigue.

DÉPERDITION ■ Affaiblissement, dégradation, dépérissement, diminution, épuisement, fuite, perte.

DÉPÉRIR ■ S'affaiblir, s'altérer, s'anémier, s'atrophier, se consumer, décliner, défaillir, se délabrer, se démolir (fam.), se détériorer, diminuer, s'étioler, se faner, languir, mourir, péricliter, sécher.

DÉPÉRISSEMENT ■ *I.* ⇒ décadence. *II.* ⇒ langueur.

DÉPÊTRER ■ ⇒ débarrasser.

DÉPEUPLÉ, E ■ ⇒ vide.

DÉPEUPLEMENT ■ *I.* Dépopulation, disparition. *II. Par ext. :* déboisement.

DÉPIAUTER ■ ⇒ dépouiller.

DÉPILER ■ Débourrer, épiler.

DÉPISTAGE ■ Chasse, repérage. ⇒ recherche.

DÉPISTER ■ ⇒ découvrir, dérouter.

DÉPIT ■ *I.* ⇒ colère. *II.* ⇒ fâcherie. *III. Loc.* En dépit de ⇒ malgré.

DÉPITER ■ Chagriner, contrarier, décevoir, désappointer, fâcher, froisser, ⇒ tromper.

DÉPLACÉ ■ Grossier, hors de propos/saison, impertinent, importun, incongru, inconvenant, incorrect, inopportun, insolent, mal élevé, malséant, malsonnant, malvenu, scabreux.

DÉPLACEMENT ■ ⇒ voyage.

DÉPLACER ■ *I. Quelque chose :* bouger, chambouler (fam.), déboîter, décaler, déclasser, déménager, démettre, déranger, dériver, détourner, excentrer, intervertir, manipuler. ⇒ transporter, changer. *II. quelqu'un :* faire valser (fam.), limoger (péj.), muter, nommer. *III. V. pron. :* aller, avancer, bouger, circuler, déambuler, se déranger, marcher, se mouvoir, venir, voyager.

DÉPLAIRE ■ Blesser, choquer, contrarier, coûter, dégoûter, ennuyer, fâcher, froisser, gêner, importuner, indisposer, offenser, offusquer, peiner, rebuter, répugner, vexer.

DÉPLAISANT, E ■ Agaçant, antipathique, blessant, contrariant, dégoûtant, désagréable, désobligeant, disgracieux, ennuyeux, fâcheux, gênant, irritant, laid, pénible, répugnant.

DÉPLAISIR ■ ⇒ ennui.

DÉPLIER ■ ⇒ étendre.

DÉPLISSER ■ Défriper, défroisser.

DÉPLOIEMENT ■ Défilé, démonstration, développement, étalage, étendue, exhibition, manifestation, manœuvre, montre.

DÉPLORABLE ■ *I.* ⇒ pitoyable. *II.* ⇒ affligeant.

DÉPLORER ■ ⇒ regretter.

DÉPLOYER ■ ⇒ étendre, montrer.

DÉPOLIR ■ Amatir, ternir.

DÉPOPULATION ■ ⇒ dépeuplement.

DÉPORTATION ■ ⇒ relégation.

DÉPORTEMENT ■ ⇒ dérèglement.

DÉPORTER ■ ⇒ reléguer, écarter.

DÉPOSER ■ *I.* ⇒ mettre. *II.* ⇒ destituer. *III.* ⇒ quitter.

DÉPOSITAIRE ■ Concessionnaire, stockiste ⇒ gardien.

DÉPOSITION ■ *I.* ⇒ déchéance. *II.* ⇒ témoignage.

DÉPOSSÉDER ■ Dépouiller, désapproprier, déshériter, dessaisir, enlever, évincer, exproprier, frustrer, ôter, priver, soustraire, spolier, supplanter.

DÉPÔT ■ *I. D'une valeur :* arrhes, avance, caution, cautionnement, consignation, couverture, ducroire, gage, garantie, provision, remise, séquestre, sûreté. *II.* Annexe, comptoir, dock, entrepôt, local, magasin, stock, succursale. *III.* Garage, gare, quai, station. *IV.* ⇒ prison. *V.* ⇒ abcès. *VI. Géol. :* agglomération, allaise, alluvion, couche, drift, javeau, limon, sédiment, strate. *VII.* Décharge, dépotoir, voirie. *VIII.* Boue, effondrilles, falun, incrustation, lie, précipité, tartre, vase. *IX.* Calamine, calcin, cendre.

DÉPOTOIR ■ Vidoir ⇒ dépôt.

DÉPOUILLE ■ *I.* ⇒ proie. *II.* ⇒ mort.

DÉPOUILLÉ, E ■ *I.* ⇒ dénué. *II.* ⇒ simple.

DÉPOUILLEMENT ■ *I.* ⇒ renoncement. *II.* ⇒ relevé.

DÉPOUILLER ■ *I. Au pr.* : arracher, défaire, dégager, dégarnir, dénuder, dépecer, dépiauter (fam.), déshabiller, dévêtir, écorcher, enlever, ôter, peler, tondre. *II. Par ext.* 1. ⇒ voler. 2. ⇒ abandonner. *III. V. pron.* : 1. Au pr. : muer, perdre. 2. Par ext. ⇒ abandonner.

DÉPOURVU, E ■ ⇒ dénué.

DÉPRAVATION ■ ⇒ dégradation.

DÉPRAVÉ, E ■ ⇒ vicieux.

DÉPRAVER ■ ⇒ gâter.

DÉPRÉCATION ■ ⇒ prière.

DÉPRÉCIATION ■ ⇒ dévalorisation.

DÉPRÉCIER ■ Abaisser, attaquer, avilir, baisser, critiquer, débiner (fam.), déconsidérer, décréditer, décrier, dégrader, dénigrer, déprimer (vx), dépriser, détracter (vx), détruire, dévaloriser, dévaluer, diffamer, diminuer, discréditer, entacher, flétrir, méconnaître, méjuger, mépriser, mésestimer, perdre, rabaisser, rabattre, ravaler, salir, ternir, vilipender.

DÉPRÉDATEUR ■ ⇒ nuisible.

DÉPRÉDATION ■ *I.* ⇒ malversation. *II.* ⇒ dommage.

DÉPRENDRE ■ ⇒ détacher, séparer.

DÉPRESSION ■ *I. Au pr.* : abaissement, affaissement, bassin, creux, cuvette, enfoncement, flache, fosse, géosynclinal, vallée. *II. Par ext.* : baisse, crise, dépréciation, diminution, marasme, pénurie, récession. *III.* ⇒ fatigue. *IV.* Méd. : abattement, adynamie, affaiblissement, alanguissement, aliénation, anémie, asthénie, coma, déprime (fam.), langueur, mélancolie, prostration, sidération, torpeur, tristesse.

DÉPRIMANT, E ■ ⇒ affligeant.

DÉPRIMER ■ *I.* ⇒ enfoncer. *II.* ⇒ déprécier. *III.* ⇒ fatiguer.

DÉPRISER ■ *I.* ⇒ déprécier. *II.* ⇒ mépriser.

DEPUIS PEU ■ Fraîchement, naguère, nouvellement, récemment.

DÉPURATIF, IVE ■ Carminatif, diaphorétique, diurétique, purgatif, rafraîchissant, sudorifique.

DÉPURATION ■ ⇒ purification.

DÉPURER ■ ⇒ purifier.

DÉPUTATION ■ ⇒ mission.

DÉPUTÉ ■ *I.* Ambassadeur, délégué, émissaire, envoyé, légat, mandataire, ministre, représentant. *II.* Élu/représentant du peuple, membre du Parlement, parlementaire.

DÉRACINEMENT ■ *I. Au pr.* : 1. Arrachage, arrachement, arrachis, défrichement. 2. Avulsion, divulsion, énucléation, éradication, évulsion, extirpation, extraction. *II. Par ext.* : déportation, émigration, exil, exode, expatriation.

DÉRACINER ■ *I. Au pr.* : abattre, arracher, déplanter, détacher, déterrer, enlever, essoucher, exterminer, extirper, extraire, sarcler. *II. Fig.* : déplacer, déporter, détruire, éloigner, exiler, expatrier, faire émigrer.

DÉRAISONNABLE ■ Absurde, dément, déséquilibré, détraqué, fou, illogique, inconscient, insensé, irraisonnable, irréfléchi, léger. ⇒ bête.

DÉRAISONNER ■ *I.* Devenir/être gaga/gâteux, délirer, divaguer, extravaguer, perdre l'esprit/la raison, radoter, rêver. *II. Fam.* : battre la breloque/la campagne, déblooquer, déconner, déménager, dérailler, pédaler dans la choucroute, perdre les pédales.

DÉRANGEMENT ■ Aliénation, bouleversement, bousculade, chambardement, changement, débâcle, déplacement, dérèglement, déroute, déséquilibre, désordre, désorganisation, ennui, gêne, incommodation, interruption, interversion, perturbation, remue-ménage, trouble. ⇒ **folie.**

DÉRANGER ■ *I.* ⇒ déplacer. *II.* ⇒ troubler. *III.* ⇒ gêner.

DÉRAPAGE ■ ⇒ glissement.

DÉRAPER ■ Chasser, glisser, patiner.

DÉRÈGLEMENT ■ Débauche, débordement, déportement, dévergondage, dévergondement, dissolution, égarement, excès, inconduite, inconséquence, iniquité, libertinage, licence. ⇒ **dérangement.**

DÉRÉGLER ■ ⇒ troubler.

DÉRIDER ■ ⇒ égayer.

DÉRISION ■ ⇒ raillerie.

DÉRISOIRE ■ ⇒ petit, ridicule.

DÉRIVATIF ■ ⇒ diversion.

DÉRIVER ■ ⇒ découler.

DERNIER, ÈRE ■ *I. Adj.* *1.* À la queue, final, ultime. *2.* Décisif, définitif, extrême, infime, irrévocable, nouveau, seul, suprême. *II. Nom :* *1.* Bout, culot (fam.), derrière, feu rouge (fam.), traînard. *2.* Benjamin, cadet.

DÉROBADE ■ ⇒ fuite.

DÉROBÉE (À LA) ■ ⇒ secrètement.

DÉROBER ■ *I. Au pr. :* s'approprier, attraper, chaparder, dépouiller, détourner, distraire, s'emparer de, enlever, escamoter, escroquer, extorquer, friponner, marauder, picorer, piper, prendre, refaire, soustraire, subtiliser. *Fam. :* barboter, carotter, chauffer, chiper, choper, chouraver, emprunter, étouffer, faucher, gripper (vx), piquer. ⇒ **voler.** *II. Par ext. :* *1.* Copier, imiter, plagier. *2.* Cacher, dissimuler, masquer, voiler. *III. V. pron. :* *1.* Se cacher, disparaître, échapper, s'éclipser, s'esquiver, éviter,

se faufiler, fuir, se perdre, se réfugier, se retirer, se sauver, se soustraire, se tirer (fam.). *2.* Éluder, esquiver, éviter, fuir, manquer à, reculer.

DÉROGATION ■ ⇒ exception.

DÉROGER ■ *I.* ⇒ déchoir. *II.* ⇒ abaisser (s').

DÉROULEMENT ■ ⇒ évolution.

DÉROULER ■ ⇒ étendre.

DÉROUTANT, E ■ Bizarre, déconcertant, embarrassant, étonnant, imprévisible, imprévu, inattendu, inespéré, stupéfiant, surprenant, troublant.

DÉROUTE ■ ⇒ défaite.

DÉROUTER ■ *I. Au pr. :* déboussoler, dépister, détourner, dévier, écarter, égarer, éloigner, faire dévier, perdre, semer (fam.). *II. Fig. :* confondre, déconcerter, décontenancer, dépayser, désorienter, embarrasser, étonner, inquiéter, mettre en difficulté/échec, surprendre, troubler.

DERRIÈRE ■ *I. Au pr. :* arrière, dos, revers. *II. Par ext. :* arrière-train, bas du dos, croupe, croupion, cul, dos, fesses, fond, fondement, postère, postérieur, reins, séant, siège. ⇒ **anus, fessier.**

DÉSABUSEMENT ■ ⇒ déception.

DÉSABUSER ■ ⇒ détromper.

DÉSACCORD ■ ⇒ mésintelligence.

DÉSACCORDER ■ Brouiller, désunir, fâcher, mettre le trouble/la zizanie, opposer.

DÉSACCOUPLER ■ Découpler, dépareiller, désapparier, dételer, séparer.

DÉSAFFECTER ■ ⇒ retrancher.

DÉSAFFECTION ■ Désintéressement, détachement. ⇒ **indifférence.**

DÉSAGRÉABLE ■ *I. Une chose.* *1.* Affreux, agaçant, blessant, choquant, contraignant, contrariant, déplaisant, désobligeant, détestable, discordant, douloureux, emmerdant (vulg.), énervant, ennuyeux, fâcheux, fastidieux, fatigant, gênant, grossier, importun, inconfortable, insupportable, intolérable, irritant, laid, mal à propos, malencontreux, malheureux, malplaisant, mauvais, moche (fam.), obscène, pénible, rebutant, regrettable, répugnant, vexant. 2. Acide, âcre, aigre, âpre, dégoûtant, écœurant, fade, fétide, incommodant, insipide, nauséabond, nauséeux, puant, putride, sale, saumâtre. *II. Quelqu'un :* acariâtre, acerbe, agaçant, antipathique, atrabilaire, bourru, brusque, désobligeant, disgracieux, fatigant, grossier, haïssable, impoli, impopulaire, ingrat, insolent, insupportable, intraitable, maussade, mauvais, méchant, mésavenant, odieux, offensant, réfrigérant, repoussant, rude, vilain.

DÉSAGRÉGATION ■ Décomposition, désintégration, destruction, dislocation, dissociation, dissolution, écroulement, effritement, morcellement, pulvérisation, rupture, séparation.

DÉSAGRÉGER ■ ⇒ décomposer.

DÉSAGRÉMENT ■ ⇒ ennui.

DÉSALTÉRER (SE) ■ ⇒ boire.

DÉSAPPARIER ■ ⇒ dépareiller.

DÉSAPPOINTEMENT ■ ⇒ déception.

DÉSAPPOINTER ■ ⇒ dépiter.

DÉSAPPRENDRE ■ ⇒ oublier.

DÉSAPPROBATEUR ■ Improbateur, réprobateur.

DÉSAPPROUVER ■ ⇒ blâmer.

DÉSARÇONNÉ, E ■ ⇒ déconcerté.

DÉSARGENTÉ, E ■ ⇒ ruiné.

DÉSARMER ■ ⇒ fléchir.

DÉSARROI ■ ⇒ trouble, émotion.

DÉSARTICULER ■ ⇒ disloquer.

DÉSASSORTIR ■ ⇒ dépareiller.

DÉSASTRE ■ ⇒ calamité.

DÉSASTREUX, EUSE ■ ⇒ funeste.

DÉSAVANTAGE ■ *I.* ⇒ infériorité. *II.* ⇒ inconvénient. *III.* ⇒ dommage.

DÉSAVANTAGER ■ Défavoriser, dépouiller, déshériter, exhéréder, frustrer, handicaper, nuire, tourner au désavantage, *et les syn. de* DÉSAVANTAGE.

DÉSAVANTAGEUX, EUSE ■ Contraire, défavorable, dommageable, ennuyeux, fâcheux, mauvais, nuisible, pernicieux.

DÉSAVEU ■ ⇒ rétractation.

DÉSAVOUER ■ *I.* ⇒ blâmer. *II.* ⇒ nier. *III.* ⇒ rétracter (se).

DÉSAXÉ, E ■ ⇒ fou.

DESCENDANCE, DESCENDANT ■ ⇒ postérité.

DESCENDRE ■ *I.* Aborder, couler, débarquer, débouler, dégringoler, dévaler, faire irruption, se jeter à bas, plonger, sauter, tomber, venir de. *II. Par ext.* 1. ⇒ abaisser (s'). 2. ⇒ demeurer.

DESCENTE ■ *I.* ⇒ incursion. *II.* ⇒ pente. *III.* ⇒ hernie.

DESCRIPTION ■ ⇒ image.

DÉSEMPARÉ, E ■ ⇒ déconcerté.

DÉSEMPLIR ■ ⇒ vider.

DÉSENCHANTÉ, E ■ Blasé, déçu, désappointé, désillusionné, las.

DÉSENCHANTEMENT ■ ⇒ déception.

DÉSÉQUILIBRÉ, E ■ ⇒ fou.

DÉSERT ■ *I. Nom masc.* 1. Au pr. : bled, erg, hamada, pampa, sahara, solitude, steppe, toundra. 2. Fig. : néant, rien, vide. *II. Adj.* ⇒ vide.

DÉSERTER ■ *I.* ⇒ délaisser. *II.* ⇒ quitter.

DÉSERTEUR ■ *I. Au pr.* : insoumis, transfuge. *II. Par ext.* : apostat, renégat, traître.

DÉSERTION ■ *I.* ⇒ défection. *II.* ⇒ insoumission.

DÉSERTIQUE ■ ⇒ aride, vide.

DÉSESPÉRANCE ■ Abattement, accablement, bourdon (fam.), cafard (fam.), consternation, déception, découragement, déréliction, désappointement, désenchantement, désespoir, écœurement, lassitude, mal du siècle, tristesse.

DÉSESPÉRANT, E ■ ⇒ accablant.

DÉSESPÉRÉ, E ■ *I.* ⇒ extrême. *II.* ⇒ misérable.

DÉSESPÉRER ■ ⇒ décourager.

DÉSESPOIR ■ *I.* ⇒ découragement. *II.* ⇒ douleur. *III.* ⇒ regret.

DÉSESTIMER ■ ⇒ mépriser.

DÉSHABILLÉ, E ■ ⇒ nu, négligé.

DÉSHABILLER ■ ⇒ dévêtir, médire.

DÉSHABITÉ, E ■ ⇒ inhabité.

DÉSHÉRITÉ, E ■ ⇒ misérable.

DÉSHÉRITER ■ Défavoriser, dépouiller, désavantager, exhéréder, frustrer, priver.

DÉSHONNÊTE ■ *I.* ⇒ malhonnête. *II.* ⇒ obscène.

DÉSHONNEUR ■ ⇒ honte.

DÉSHONORANT, E ■ ⇒ honteux.

DÉSHONORER ■ *I.* ⇒ dénigrer. *II.* ⇒ séduire.

DÉSHYDRATER ■ Lyophiliser. ⇒ sécher.

DESIDERATA ■ ⇒ lacunes, désir.

DÉSIGNER ■ *I. V. tr.* ⇒ indiquer, choisir. *II. N. m.* ⇒ styliste.

DÉSILLUSION ■ ⇒ déception.

DÉSILLUSIONNER ■ Décevoir, dégriser, désappointer, désenchanter, faire déchanter, refroidir.

DÉSINENCE ■ ⇒ terminaison.

DÉSINFECTANT ■ Déodorant. ⇒ antiseptique.

DÉSINFECTER ■ ⇒ purifier.

DÉSINFECTION ■ ⇒ assainissement.

DÉSINTÉGRATION ■ Fission, radioactivité, transmutation. ⇒ destruction.

DÉSINTÉGRER ■ ⇒ décomposer.

DÉSINTÉRESSÉ, E ■ ⇒ généreux.

DÉSINTÉRESSEMENT ■ *I.* ⇒ indifférence. *II.* ⇒ générosité.

DÉSINTÉRESSER ■ Contenter, dédommager, intéresser, payer. *V. pron.* : se moquer de, négliger, oublier. ⇒ abandonner.

DÉSINVOLTE ■ ⇒ dégagé.

DÉSINVOLTURE ■ *I.* Abandon, aisance, facilité, familiarité, légèreté. *II. Non favorable* : effronterie, grossièreté, impertinence, inconvenance, laisser-aller, liberté, négligence, privauté, sans-gêne.

DÉSIR ■ *I. Au pr.* : ambition, appel, appétence, appétit, aspiration, attente, attirance, attrait, besoin, but, caprice, convoitise, cupidité (péj.), curiosité, demande, démangeaison, desiderata, dessein, envie, espérance, espoir, exigence, faim, fantaisie, force, goût, impatience, inclination, intention, intérêt, penchant, prétention, prurit, rêve, soif, souhait, tendance, tentation, vanité, velléité, visée, vœu, volonté, vouloir. *II.* ⇒ passion.

DÉSIRABLE ■ *I.* ⇒ appétissant. *II.* ⇒ séduisant. *III.* ⇒ souhaitable.

DÉSIRER ■ ⇒ vouloir.

DÉSIREUX, EUSE ■ Affamé, altéré, assoiffé, attaché à, avide, curieux, envieux, impatient, jaloux.

DÉSISTEMENT ■ ⇒ renoncement.

DÉSISTER (SE) ■ ⇒ renoncer.

DÉSOBÉIR ■ Contrevenir, enfreindre, être insoumis, s'opposer, passer outre, se rebeller, refuser, résister, rompre, transgresser, violer.

DÉSOBÉISSANCE ■ Contravention, indiscipline, indocilité, infraction, insoumission, insubordination, mutinerie, opposition, rébellion, refus, résistance, révolte. ⇒ violation.

DÉSOBÉISSANT, E ■ Difficile, endêvé (vx et fam.), endiablé, entêté, indiscipliné, indocile, insoumis, insubordonné, intraitable, mutin, opiniâtre, rebelle, récalcitrant, réfractaire, résistant, révolté.

DÉSOBLIGEANT, ANTE ■ Blessant, choquant, déplaisant, malveillant, sec, vexant. ⇒ désagréable.

DÉSOBLIGER ■ ⇒ froisser, nuire.

DÉSOBSTRUER ■ ⇒ ouvrir.

DÉSOCCUPATION ■ ⇒ inaction.

DÉSOCCUPÉ, E, DÉSŒUVRÉ, E ■ ⇒ inactif.

DÉSŒUVREMENT ■ ⇒ inaction.

DÉSOLATION ■ ⇒ affliction.

DÉSOLER ■ ⇒ ravager, chagriner.

DÉSOPILANT, E ■ ⇒ risible.

DÉSORDONNÉ, E ■ *I.* ⇒ décousu. *II.* ⇒ illogique. *III.* Insouciant, négligent, sans-soin.

DÉSORDRE ■ Altération, anarchie, bordel (vulg.), bouleversement, bric-à-brac, chahut, chambardement, chamboulement, chaos, confusion, débandade, décousu, dégât, dérangement, déroute, désarroi, désorganisation, dissension, dissipation, embrouillement, enchevêtrement, éparpillement, fatras, flottement, fouillis, gâchis, imbroglio, incohérence, inconduite, irrégularité, licence, mélange, pagaille, panique, pêle-mêle, perturbation, pillage, querelle, révolte, révolution, sabotage, scandale, tapage, trouble, tumulte. **Fam.** : bordel, chienlit, fourbi, gabegie, margaille (mérid.), papafard, pastis, ramdam, rififi, salade, schproum.

DÉSORGANISATION ■ ⇒ dérangement.

DÉSORGANISER ■ ⇒ troubler.

DÉSORIENTER ■ *I.* ⇒ dérouter. *II.* ⇒ égarer.

DÉSORMAIS ■ ⇒ avenir (à l').

DÉSOSSÉ, E ■ ⇒ disloqué.

DESPERADO ■ ⇒ révolutionnaire.

DESPOTE ■ ⇒ tyran.

DESPOTIQUE ■ ⇒ absolu.

DESPOTISME ■ ⇒ absolutisme.

DESSAISIR ■ *I.* ⇒ déposséder. *II.* ⇒ renoncer.

DESSAISISSEMENT ■ ⇒ cession.

DESSALÉ, E ■ ⇒ éveillé, libre.

DESSÉCHANT, E ■ ⇒ brûlant.

DESSÈCHEMENT ■ *I. Au pr.* : brûlure, déshydratation, dessiccation, flétrissement. *II. Par ext.* : assainissement, assèchement, drainage, tarissement. *III. Fig. 1.* Phys. : amaigrissement, consomption, maigreur. *2.* Moral : dureté, endurcissement, sécheresse.

DESSÉCHER ■ ⇒ sécher.

DESSEIN ■ Arrière-pensée, but, conception, conseil, décision, désir, détermination, disposition, entreprise, envie, gré, idée, intention, machination, objet, parti, pensée, plan, préméditation, prétention, programme, projet, propos, proposition, résolution, visée, volonté, vue. *Loc.* À dessein. Avec intention, de propos délibéré, délibérément, en toute connaissance de cause, exprès, intentionnellement, volontairement.

DESSERRER ■ Défaire, dévisser, écarter, ouvrir, relâcher.

DESSERT ■ Fruits. ⇒ pâtisserie.

DESSERTE ■ *I.* Cure, paroisse. *II.* Buffet, crédence, dressoir, vaisselier.

DESSERVANT ■ ⇒ prêtre.

DESSERVIR ■ *I.* ⇒ nuire. *II.* Débarrasser, enlever, ôter.

DESSILLER ■ ⇒ détromper.

DESSIN ■ Canevas, coupe, design, ébauche, élévation, épure, œuvre, plan, relevé, tracé. ⇒ image.

DESSINATEUR ■ Caricaturiste, graveur, illustrateur. ⇒ styliste.

DESSINER ■ *I.* ⇒ tracer. *II. V. pron. :* 1. ⇒ saillir. 2. ⇒ profiler (se).

DESSOUS ■ *I.* ⇒ infériorité. *II.* ⇒ secret. *III. Loc.* 1. En dessous ⇒ sournois. 2. Dessous de table ⇒ gratification.

DESSUS ■ ⇒ avantage.

DESTIN ■ Aléa, avenir, destinée, fatalité, fatum, hasard, providence, sort, vie.

DESTINATION ■ ⇒ but.

DESTINÉE ■ Aventure, chance, destin, étoile, fortune, lot, partage, vie.

DESTINER ■ Garder, prédestiner, réserver, vouer.

DESTITUÉ, E ■ ⇒ dénué.

DESTITUER ■ Casser, débarquer, débouter, déchoir, dégommer (fam.), dégoter (fam.), démettre de, démissionner, dénuer de, déplacer, déposer, dépouiller, détrôner, faire sauter, limoger, mettre en disponibilité, priver, rappeler, relever de ses fonctions, révoquer, suspendre.

DESTITUTION ■ ⇒ déchéance.

DESTRIER ■ ⇒ cheval.

DESTRUCTEUR ■ n. et adj. Démolisseur, déprédateur, destructif, dévastateur, exterminateur, nuisible, ravageur, stérilisant. ⇒ saboteur.

DESTRUCTIBLE ■ Biodégradable, consommable, consomptible, consumable, corruptible, dégradable, fongible, marcescible.

DESTRUCTION ■ Abolition, affaiblissement, anéantissement, annulation, démantèlement, démolition, désagrégation, désintégration, écrasement, extermination, liquidation, prédation, ruine, sabotage.

DÉSUET, E ■ Démodé, obsolescent, obsolète, passé, périmé, suranné, vieillot, vieux.

DÉSUÉTUDE ■ ⇒ caducité, vieillesse.

DÉSUNION ■ ⇒ mésintelligence.

DÉSUNIR ■ *I.* ⇒ séparer. *II.* ⇒ saillir, se profiler.

DÉTACHEMENT ■ ⇒ renoncement.

DÉTACHER ■ *I.* ⇒ libérer. *II.* ⇒ défaire. *III.* ⇒ nettoyer.

DÉTAIL ■ *I.* ⇒ bagatelle. *II.* ⇒ dénombrement.

DÉTAILLÉ, E ■ Circonstancié, particularisé.

DÉTAILLER ■ *I.* ⇒ découper. *II.* ⇒ vendre. *III.* ⇒ prononcer.

DÉTALER ■ ⇒ enfuir (s').

DÉTECTER ■ ⇒ découvrir.

DÉTECTIVE ■ ⇒ policier.

DÉTEINDRE SUR ■ ⇒ influer.

DÉTENDRE ■ *I.* ⇒ apaiser. *II.* ⇒ calmer. *III.* ⇒ lâcher.

DÉTENIR ■ *I.* ⇒ conserver. *II.* ⇒ avoir. *III.* ⇒ emprisonner.

DÉTENTE ■ ⇒ repos.

DÉTENTION ■ ⇒ emprisonnement.

DÉTENU, E ■ ⇒ prisonnier.

DÉTÉRIORATION ■ ⇒ dommage.

DÉTÉRIORER ■ Abîmer, arranger (fam.), bousiller (fam.), briser, casser, déglinguer (fam.), délabrer, démolir, détraquer, endommager, esquinter (fam.), fausser, forcer, gâter, saboter, sabrer. ⇒ **dégrader.**

DÉTERMINATION ■ *I.* ⇒ résolution. *II.* ⇒ décision.

DÉTERMINÉ, E ■ *I.* ⇒ décidé. *II.* ⇒ parfait.

DÉTERMINER ■ *I.* ⇒ fixer. *II.* ⇒ décider. *III.* ⇒ occasionner.

DÉTERMINISME ■ ⇒ fatalisme.

DÉTERRER ■ Exhumer, ressortir, sortir de terre.

DÉTESTABLE ■ Abominable, damné, exécrable, haïssable, maudit, méprisable, odieux, sacré (par ext. et fam.).

DÉTESTER ■ ⇒ haïr.

DÉTONATION ■ ⇒ explosion.

DÉTONNER ■ ⇒ contraster.

DÉTORQUER ■ ⇒ détourner.

DÉTOUR ■ *I.* Angle, boucle, circuit, coude, courbe, crochet, déviation, écart, méandre, sinuosité, tournant. *II.* Biais, circonlocution, digression, diversion, faux-fuyant, hypocrisie, par la bande, périphrase, repli, ruse, secret, subterfuge, subtilité, tour.

DÉTOURNÉ, E ■ *I. Au pr. :* contourné, défléchi, déjeté, dévié, dévoyé, en biais, gauchi. *II. Par ext.* 1. ⇒ indirect. 2. ⇒ écarté.

DÉTOURNEMENT ■ ⇒ malversation.

DÉTOURNER ■ Abandonner, déconseiller, déplacer la question, déranger, détorquer, dissuader, distraire, divertir, écarter, éloigner, éluder, empêcher, faire dévier, obliquer, préserver, rabattre, solliciter, soustraire, tourner. ⇒ **voler.**

DÉTRACTER ■ ⇒ déprécier.

DÉTRACTEUR ■ ⇒ ennemi.

DÉTRAQUÉ ■ ⇒ fou.

DÉTRAQUER ■ *I.* ⇒ détériorer. *II.* ⇒ troubler.

DÉTRESSE ■ ⇒ malheur.

DÉTRIMENT ■ ⇒ dommage.

DÉTRITUS ■ ⇒ déchet, ordure.

DÉTROIT ■ Bras de mer, canal, chenal, défilé, gorge, manche, pas, passage, passe, pertuis.

DÉTROMPER ■ Avertir, aviser, démystifier, démythifier, désabuser, désillusionner, dessiller les yeux, éclairer, faire voir, informer, instruire, montrer, signaler, tirer d'erreur.

DÉTRÔNER ■ Fig. Casser, débarquer, dégommer, dégoter, démettre de, démissionner, déplacer, déposer, dépouiller, destituer, faire sauter, limoger, mettre en disponibilité, priver, rappeler, relever de ses fonctions, révoquer, suspendre.

DÉTROUSSER ■ ⇒ voler.

DÉTRUIRE ■ Abattre, abolir, anéantir, annuler, atomiser, bousiller (fam.), brûler, consumer, défaire, démolir, écraser, effacer, éteindre, exterminer, liquider, mettre en poudre, néantiser, pulvériser, raser, ravager, renverser, ruiner, supprimer, triturer. ⇒ **tuer.**

DETTE ■ Charge, créance, débit, déficit, devoir, emprunt, obligation, passif.

DEUIL ■ ⇒ tristesse, enterrement.

DEUXIÈME ■ Postérieur, second, suivant.

DÉVALER ■ ⇒ descendre.

DÉVALISER ■ ⇒ voler.

DÉVALUER ■ ⇒ déprécier.

DÉVALORISATION ■ Dépréciation, dévaluation.

DEVANCER ■ Aller au-devant, anticiper, avoir le pas sur, dépasser, distancer, gagner de vitesse, gratter (fam.), précéder, prendre les devants, prévenir, prévoir, surpasser.

DEVANCIER ■ ⇒ aïeul.

DEVANT ■ *I.* Avant, en avant de, face à, en présence de. *II. Loc.* Prendre les devants ⇒ devancer.

DEVANTURE ■ *I.* ⇒ façade. *II.* ⇒ étalage.

DÉVASTATEUR, TRICE ■ ⇒ destructeur.

DÉVASTATION ■ ⇒ dégât.

DÉVASTER ■ ⇒ ravager.

DÉVEINE ■ ⇒ malchance.

DÉVELOPPEMENT ■ *I.* Amplification, croissance, déploiement, éclaircissement, essor, évolution, extension, suites. *II.* Dissertation, essai, explication, narration, paraphrase, rapport, récit, tartine (fam.), tirade.

DÉVELOPPER ■ Allonger, amplifier, circonduire (vx), croître, délayer, démontrer, déployer, dérouler, éclaircir, enseigner, étendre, s'étendre, expliquer, exposer, filer, paraphraser, progresser, raconter, rapporter, traduire.

DEVENIR ■ Évoluer, se faire, se rendre, se transformer.

DÉVERGONDAGE ■ ⇒ dérèglement.

DÉVERGONDÉ, E ■ ⇒ débauché.

DÉVERSER ■ ⇒ verser.

DÉVERSOIR ■ ⇒ bonde.

DÉVÊTIR (SE) ■ Se découvrir, se dégarnir, se dénuder, se dépouiller, se déshabiller, enlever, se mettre à poil (fam.), ôter.

DÉVIATION ■ ⇒ écart, dissidence.

DÉVIDER ■ ⇒ éclaircir.

DÉVIÉ, E ■ Contourné, défléchi, déjeté, détourné, dévoyé, en biais, gauchi.

DÉVIER ■ ⇒ s'écarter.

DEVIN ■ Annonciateur, aruspice, astrologue, augure, auspice, cartoman-cien, cassandre, chiromancien, chresmologue, clairvoyant, coscinomancien, devineresse, diseur de bonne aventure, extralucide, magicien, médium, nécromancien, oniromancien, prophète, pythie, pythonisse, rhabdomancien, sibylle, somnambule, sorcier, vaticinateur, visionnaire, voyant.

DEVINER ■ *I.* ⇒ découvrir. *II.* ⇒ pressentir.

DEVINETTE ■ ⇒ énigme.

DEVIS ■ ⇒ projet, conversation.

DÉVISAGER ■ ⇒ regarder.

DEVISE ■ *I.* ⇒ symbole. *II.* ⇒ pensée. *III.* ⇒ billet.

DEVISER ■ ⇒ parler.

DÉVOILER ■ ⇒ découvrir.

DEVOIR ■ v. tr. Avoir à, être obligé, falloir, redevoir, tirer de.

DEVOIR ■ n. m. *I.* Bien, droit chemin, vertu. *II.* Corvée, exercice, pensum, tâche, travail. *III.* Charge, office. *IV.* Dette, exigence, nécessité, obligation. *V. Au pl.* ⇒ civilités.

DÉVOLU, E ■ *I.* ⇒ réservé (être). *II. Loc.* Jeter son dévolu ⇒ choisir.

DÉVORANT, E ■ ⇒ brûlant.

DÉVORER ■ *I.* ⇒ manger. *II.* ⇒ consumer. *III.* ⇒ lire.

DÉVOT ■ ⇒ religieux, bigot.

DÉVOTION ■ *I.* Dulie, latrie. ⇒ religion. *II.* ⇒ attachement.

DÉVOUÉ, E ■ ⇒ généreux.

DÉVOUEMENT ■ *I.* ⇒ attachement. *II.* ⇒ sacrifice.

DÉVOUER ■ ⇒ vouer. *V. pron.* ⇒ sacrifier (se).

DÉVOYÉ, E ■ adj. et n. *I.* ⇒ dévié. *II.* ⇒ égaré. *III.* ⇒ vaurien.

DEXTÉRITÉ ■ ⇒ habileté.

DIABLE ■ *I.* *Au pr.* : démon, démone, diablesse, diableteau, diablotin, diantre, dragon, incube, Lucifer, malin, maudit, mauvais ange, Méphistophélès, misérable, Satan, serpent, succube, tentateur. *II.* *Loc.* À la diable : à la hâte, de chiqué, en désordre/pagaille (fam.), négligemment, sans conscience/méthode/soin. *III.* Brouette, chariot, fardier.

DIABLERIE ■ Espièglerie, machination, maléfice, malice, manigance, menée, mystère, sabbat, sortilège.

DIABLOTIN ■ ⇒ diable.

DIABOLIQUE ■ Démoniaque, infernal, méchant, méphistophélique, pernicieux, pervers, sarcastique, satanique.

DIADÈME ■ *I.* ⇒ couronne. *II.* ⇒ nimbe.

DIAGNOSTIQUER ■ ⇒ reconnaître.

DIAGRAMME ■ Courbe, délinéation, graphique, plan, schéma.

DIALECTE ■ ⇒ langue.

DIALECTIQUE ■ ⇒ logique.

DIALOGUE ■ ⇒ conversation.

DIALOGUER ■ ⇒ parler.

DIAMANT ■ *I.* Brillant, joyau, marguerite, marquise, pierre, rose, solitaire. *II.* Bort, carbonado, égrisée.

DIAMÉTRALEMENT ■ ⇒ absolument.

DIANE ■ Avertissement, réveil, signal, sonnerie.

DIANTRE ■ ⇒ diable.

DIAPASON ■ Accord, niveau, registre, ton.

DIAPHANE ■ Clair, hyalin, limpide, luisant, lumineux, maigre, net, opalescent, translucide, transparent.

DIAPRÉ, E ■ Bariolé, bigarré, chatoyant, émaillé, jaspé.

DIARRHÉE ■ Colique, colite, débâcle, dysenterie, entérite, flux de ventre, lientérie. *Fam.* : cagade, chiasse, cliche, courante, foirade, foire, purée. *Vx :* caquesangue, dévoiement, tranchées, trouille, venette.

DIATRIBE ■ *I.* ⇒ reproche. *II.* ⇒ satire.

DICTATORIAL, E ■ ⇒ absolu.

DICTATURE ■ ⇒ absolutisme.

DICTER ■ ⇒ inspirer, prescrire.

DICTION ■ ⇒ élocution.

DICTIONNAIRE ■ Codex, cornucopiae (vx), encyclopédie, glossaire, gradus, lexique, nomenclature, thesaurus, trésor, usuel, vocabulaire.

DICTON ■ Adage, aphorisme, apophtegme, brocard, formule, locution, maxime, mot, parole, pensée, précepte, proverbe.

DIDACTIQUE ■ Culturel, documentaire, éducatif, formateur, instructif, pédagogique, scolaire.

DIÈTE ■ *I.* ⇒ régime. *II.* ⇒ jeûne.

DIÉTÉTICIEN, ENNE ■ Diététiste, nutritionniste.

DIÉTÉTIQUE ■ n. et adj. ⇒ hygiène.

DIEU ■ Allah, alpha et oméga, auteur, Bon Dieu, cause universelle, Créateur, déesse, déité, démiurge, démon, divinité, Esprit, Éternel, Être suprême, génie, Grand Architecte de l'Univers, Grand Être, idole, immortel, infini, Iahvé, Jahvé, Jéhovah, juge, logos, Meg (arg. et vx), Notre-Seigneur, Père, principe, providence, pur esprit, roi, Saint des saints, Sauveur, Seigneur, souverain bien, Tout-Puissant, Très-Haut, Trinité, Verbe, Yahvé.

DIFFAMANT, E, DIFFAMATOIRE ■ ⇒ calomnieux.

DIFFAMATION ■ ⇒ médisance.

DIFFAMÉ, E ■ Attaqué, calomnié, déshonoré, discrédité, malfamé, méprisé, rejeté.

DIFFAMER ■ ⇒ dénigrer, médire.

DIFFÉRENCE ■ Altérité, antinomie, caractéristique, changement, déviation, disparité, disproportion, dissemblance, dissimilitude, distance, distinction, divergence, diversité, écart, éloignement, inégalité, modification, nuance, opposition, particularité, séparation, spécificité, variante, variété.

DIFFÉRENCIATION ■ Distinction, division, séparation, transformation.

DIFFÉRENCIER ■ Apercevoir/établir/faire/marquer une différence, *et les syn. de* DIFFÉRENCE, distinguer, différer, séparer.

DIFFÉREND ■ ⇒ contestation.

DIFFÉRENT, E ■ Autre, changé, contradictoire, contraire, disjoint, disproportionné, dissemblable, distant, distinct, divergent, divers, éloigné, hétérogène, inégal, méconnaissable, modifié, mystérieux, nouveau, opposé, séparé, spécifique, tranché, transformé, varié.

DIFFÉRER ■ *I.* ⇒ distinguer (se). *II.* ⇒ retarder.

DIFFICILE ■ *I. Au pr. :* abscons, abstrait, abstrus, ardu, chinois (fam.), complexe, compliqué, confus, coriace, dégoûté, délicat, diabolique, difficultueux, dur, embarrassant, embrouillé, énigmatique, épineux, ésotérique, exigeant, illisible, impénétrable, impossible, indéchiffrable, inextricable, infaisable, ingrat, inintelligible, insupportable, intraitable, introuvable, laborieux, malaisé, pénible, obscur, rude, scabreux, sorcier, subtil, ténébreux, transcendental, trapu (fam.). *II. Par ext.* 1. Un accès : casse-cou, dangereux, escarpé, impraticable, inabordable, inaccessible, incommode, périlleux, raboteux, raide. 2. Un caractère : acariâtre, anguleux, âpre, contrariant, difficultueux, exigeant, infréquentable, intraitable, invivable, irascible, mauvais coucheur, ombrageux, querelleur, rude. 3. Un

goût : blasé, capricieux, dégoûté, délicat. 4. **Équit.** : fingard, guincheur, quinteux, ramingue, rétif, tride.

DIFFICULTÉ ■ *I. Sens général :* brouillamini, complexité, complication, confusion, danger, délicatesse, gêne, obscurité, peine, péril, subtilité. *II. Quelque chose.* 1. Contrariété, danger, embarras, empêchement, enclouure (vx), ennui, épine, friction, histoire, incident, labeur, objection, obstacle, opposition, peine, problème, résistance, souci, tiraillement, tracas, travail, traverse. 2. **Fam.** : accroc, anicroche, aria, arnaque, avaro, bec, cahot, chardon, cheveu, chiendent, chierie, embrouille, emmerde, hic, mastic, os, pépin, pet, rififi, ronce, sac de nœuds, salade, tirage.

DIFFICULTUEUX, EUSE ■ ⇒ difficile.

DIFFORME ■ Affreux, amorphe, anormal, bancroche (fam.), boiteux, bossu, cagneux, contrefait, croche (fam.), cul-de-jatte, défiguré, déformé, dégingandé, déjeté, disgracié, éclopé, estropié, hideux, horrible, informe, laid, mal bâti/fait, monstrueux, nain, rabougri, repoussant, tordu (fam.), tors.

DIFFORMITÉ ■ Déformation, disgrâce, handicap, malformation.

DIFFUS, E ■ Abondant, bavard, cafouilleux (fam.), déclamateur, délayé, désordonné, long, obscur, phraseur, prolixe, redondant, verbeux.

DIFFUSER ■ ⇒ répandre.

DIFFUSION ■ *I.* ⇒ propagation. *II.* ⇒ émission.

DIGÉRER ■ *I. Au pr. :* absorber, assimiler, élaborer, transformer. *II. Fig.* 1. Accepter, avaler, endurer, souffrir, supporter. 2. Cuire, cuver, méditer, mijoter, mûrir. *III. V. pron. :* passer.

DIGEST ■ ⇒ revue.

DIGESTE ■ Assimilable, digestible, léger, sain.

DIGESTION ■ Absorption, animalisation, assimilation, coction, déglutition, élaboration, eupepsie, ingestion, nutrition, rumination, transformation.

DIGIT ■ Binon, bit, chiffre, unité.

DIGNE ■ *I.* ⇒ honnête. *II.* ⇒ convenable. *III.* ⇒ imposant. *IV. Loc.* Être digne de ⇒ mériter.

DIGNITAIRE ■ ⇒ chef.

DIGNITÉ ■ *I.* ⇒ décence. *II.* ⇒ majesté. *III.* ⇒ honneur.

DIGON ■ ⇒ harpon.

DIGRESSION ■ À-côté, divagation, écart, épisode, excursion, excursus, hors-d'œuvre, parabase, parenthèse, placage.

DIGUE ■ *I. Au pr. :* barrage, batardeau, brise-lames, chaussée, estacade, jetée, levée, môle, musoir, obstacle, serrement. *II. Fig. :* barrière, frein, obstacle.

DILAPIDATEUR, TRICE ■ ⇒ dépensier.

DILAPIDATION ■ Coulage, déprédation, dissipation, gaspillage, perte, prodigalité.

DILAPIDER ■ ⇒ dépenser.

DILATATION ■ Ampliation, augmentation, distension, divulsion, élargissement, érection, expansion, extension, gonflement, grossissement, tumescence, turgescence.

DILATER ■ *I.* ⇒ élargir. *II.* ⇒ grossir. *III.* ⇒ réjouir.

DILEMME ■ ⇒ option.

DILETTANTE ■ ⇒ amateur.

DILETTANTISME ■ ⇒ amateurisme.

DILIGENCE ■ *I.* ⇒ activité. *II.* ⇒ attention. *III.* ⇒ coche. *IV. Loc.* 1. À la diligence de ⇒ demande de (à la). 2. Faire diligence ⇒ hâter (se).

DILIGENT, E ■ ⇒ actif, attentif.

DILUER ■ ⇒ étendre.

DIMENSION ■ Calibre, capacité, contenance, coordonnées, cotes, épaisseur, étendue, extension, force, format, gabarit, grandeur, grosseur, hauteur, jauge, largeur, longueur, mensuration, mesure, module, perspective, pointure, profondeur, proportion, puissance, surface, taille, volume.

DIMINUER ■ *I. Au pr.* On diminue une chose : abaisser, abréger, accourcir, affaiblir, affaisser, alléger, altérer, amaigrir, amenuiser, amincir, amoindrir, amputer, apetisser, atténuer, baisser, comprimer, concentrer, condenser, contracter, décharger, décroître, déduire, dégonfler, dégrossir, désenfler, diluer, diviser, ébouter, écimer, éclaircir, écourter, écrêter, effiler, élégir, enlever, entamer, équeuter, étrécir, étriquer, évider, freiner, modérer, ôter, raccourcir, ralentir, rapetisser, réduire, resserrer, restreindre, résumer, retrancher, rétrécir, rétreindre, rogner, ronger, soulager, soustraire, tronquer, user. *II. Par ext.* 1. On diminue quelqu'un : abaisser, abattre / affaiblir / atténuer / attiédir / émousser / faire tomber / modérer / rabattre / ralentir / relâcher l'ardeur / le courage, accabler, avilir, dégrader, dénigrer, déprécier, discréditer, flétrir, humilier, rabaisser, ternir. 2. Une chose diminue quelqu'un : alanguir, amoindrir, amollir, consumer, déprimer, émasculer, épuiser, exténuer, fatiguer. 3. On diminue une peine : adoucir, alléger, apaiser, calmer, consoler, endormir, étourdir, pallier, soulager. 4. On diminue l'autorité : compromettre, infirmer, miner, saper. *III. V. intr. :* baisser, se calmer, céder, cesser, déchoir, décliner, décroître, dépérir, descendre, disparaître, s'éclaircir, s'évanouir, faiblir, mollir, pâlir, perdre, rabattre, raccourcir, rapetisser, réduire, se relâcher, resserrer, tomber.

DIMINUTIF ■ Hypocoristique.

DIMINUTION ■ *I.* Abaissement, abrégement, affaissement, concentration, contraction, décroissance, décroissement, décrue, dégonflement, dégradation, déperdition, déplétion, épuisement, mutilation, ralentissement, rétreinte, soustraction, suppression, tassement. *II.* Abattement, allégement, amoindrissement, atténuation, baisse, bonification, compression, décharge, déflation, dégrèvement, dépréciation, dévalorisation, exemption, modération, moins-value, rabais, réduction, réfaction, remise, retranchement. *III.* Amaigrissement, amenuisement, amincissement, raccourcissement, soulagement.

DÎNER, DÎNETTE ■ ⇒ repas.

DIOCÈSE ■ ⇒ évêché.

DIONYSIAQUE ■ Bachique.

DIPHTÉRIE ■ Croup.

DIPLOMATE ■ *I.* ⇒ négociateur. *II.* ⇒ habile.

DIPLOMATIE ■ ⇒ politique.

DIPLÔME ■ Brevet, certificat, degré, grade, parchemin, peau d'âne (fam.), titre.

DIPSOMANE ■ ⇒ ivrogne.

DIRE ■ v. *I. Au pr. :* articuler, avertir, colporter, communiquer, débiter, déclarer, déclamer, désigner, disserter (par ext.), donner, ébruiter, énoncer, exposer, exprimer, faire, indiquer, juger, narrer, nommer, opposer, parler, proférer, prononcer, propager, publier, raconter, réciter, relater, répandre, vomir (péj.). *Fam. :* accoucher, bonnir, chanter, cloquer, enfiler, lâcher, sortir. *II. Par ext.* 1. ⇒ bavarder. 2. ⇒ médire.

DIRECT, E ■ *I.* ⇒ immédiat. *II.* ⇒ naturel.

DIRECTEMENT ■ Tout droit/de go.

DIRECTEUR, DIRECTRICE ■ *I. Au pr. :* administrateur, dirigeant, gérant, gouvernant, intendant, maître, patron, principal, proviseur, régisseur, responsable, singe (arg.), supérieur, tête. *II. Loc.* **Directeur de conscience :** confesseur, confident.

DIRECTIF, IVE ■ Normatif. ⇒ autoritaire.

DIRECTION ■ *I.* Administration, conduite, gestion, gouvernement, intendance, régie, régime, règlement. *II.* But, chemin, côté, destination, ligne, orientation, route. *III.* Gouvernail, levier de direction, timon, volant. *IV.* État-major, leadership, quartier général, siège, tête.

DIRECTIVE ■ ⇒ instruction.

DIRIGEABLE ■ ⇒ ballon.

DIRIGEANT ■ ⇒ gouvernant.

DIRIGER ■ *I.* Acheminer, aiguiller, orienter, piloter, rapporter à, tourner vers. *II.* Administrer, conduire, conseiller, gérer, gouverner, guider, maîtriser, régir, régler. *III.* Ajuster, axer, braquer, viser.

DIRIGER (SE) ■ Aller vers, cheminer, pousser, se tourner vers.

DISCERNEMENT ■ ⇒ entendement.

DISCERNER ■ *I.* ⇒ distinguer. *II.* ⇒ percevoir.

DISCIPLE ■ ⇒ élève.

DISCIPLINE ■ *I.* ⇒ ordre. *II.* ⇒ enseignement. *III.* ⇒ fouet.

DISCIPLINÉ, E ■ ⇒ obéissant.

DISCIPLINER ■ Assujettir, dompter, dresser, élever, former, plier, soumettre.

DISCONTINU, E ■ ⇒ intermittent.

DISCONTINUATION ■ Arrêt, cessation, discontinuité, intermittence, interruption, suspension.

DISCONTINUER ■ ⇒ interrompre.

DISCONTINUITÉ ■ ⇒ discontinuation.

DISCONVENANCE ■ Contradiction, contraste, désaccord, disproportion, opposition.

DISCONVENIR DE ■ ⇒ nier.

DISCORD ■ Antagonisme, chicane, contradiction, désaccord, dissension, mésintelligence, opposition, querelle.

DISCORDANCE ■ *I.* ⇒ mésintelligence. *II.* ⇒ dissonance.

DISCORDANT, E ■ Adverse, chicanier, confus, contraire, défavorable, désordonné, disproportionné, dissonant, faux, incohérent, mêlé, opposé, rebelle.

DISCORDE ■ ⇒ mésintelligence.

DISCOUREUR, EUSE ■ ⇒ bavard.

DISCOURIR ■ Bavarder, causer, débiter, déclamer, disserter, haranguer, laïusser (fam.), palabrer, parler, patrociner, pécufier (arg. scol.), pérorer, pontifier, prêcher, tartiner.

DISCOURS ■ *I. Au pr. :* adresse, allocution, causerie, compliment, conférence, conversation, déclaration ministérielle, défense, dialogue, éloge, entretien, exhortation, exposé, harangue, interlocution, laïus (fam.), oraison, palabre, paraphrase, préface, proclamation, propos, prosopopée, santé, speech (anglais), tartine (fam.), toast, topo (fam.), traité. ⇒ **bavardage**. *II. Par ext.* **1.** Débit, élocution, galimatias (péj.), langage, langue, parole. **2. Jurid. :** plaidoirie, réquisitoire. **3. Relig. :** homélie, instruction, oraison, prêche, prédication, prône, sermon.

DISCOURTOIS, E ■ ⇒ impoli.

DISCRÉDIT ■ ⇒ défaveur.

DISCRÉDITER ■ *I. Au pr. :* attaquer, baver, calomnier, clabauder (fam.), critiquer. *II. Par ext. :* dauber (fam.), débiner (fam.), déblatérer (fam.), déchiqueter, déchirer, déconsidérer, décréditer, décrier, dénigrer, déprécier, dépriser, déshonorer, diffamer, médire, noircir, rabaisser, salir, tympaniser, vilipender.

DISCRET, E ■ *I.* Circonspect, mesuré, modéré, modeste, poli, pondéré, prudent, réservé, retenu. *II.* Mis à part, retiré, secret. *III. Math. et log. :* discontinu, identifiable, indécomposable, isolable, spécifique.

DISCRÉTION ■ *I.* ⇒ retenue. *II. Loc.* À discrétion ⇒ volonté (à).

DISCRÉTIONNAIRE ■ ⇒ absolu.

DISCRIMINATION ■ ⇒ distinction.

DISCRIMINER ■ ⇒ distinguer.

DISCULPER ■ ⇒ excuser.

DISCURSIF, IVE ■ ⇒ logique.

DISCUSSION ■ *I.* Affaire, altercation, attrapage, chicane, conflit, contention (vx), contestation, controverse, déchirement, démêlé, désaccord, disceptation (vx), discorde, dispute, dissension, heurt, litige, logomachie, marchandage, noise, palabre, polémique, querelle, riotte, rixe, scène. **Fam. :** attrapade, bisbille, chamaille, chamaillerie, chamaillis, grabuge, prise de bec, schproum, vie. *II.* Critique, débat, dissertation, étude, examen, explication, face à face. ⇒ **conférence**.

DISCUTABLE ■ ⇒ incertain.

DISCUTER ■ *I.* Agiter, analyser, arguer, argumenter, bavarder, conférer, colloquer, considérer, controverser, débattre, délibérer de, démêler, se disputer, échanger des idées/des points de vue, examiner, mettre en doute/en question, négocier, parlementer, passer en revue, tenir conseil, traiter. *II.* Batailler, se chamailler, contester, criticailler, critiquer, discutailler, ergoter, s'escrimer, ferrailler, gloser, jouter, lutter, marchander, mégoter, nier, palabrer, polémiquer, se quereller, ratiociner, rompre des lances, sourciller, trouver à redire.

DISERT, E ■ Bavard, beau diseur, biendisant, diseur, éloquent, fleuri.

DISETTE ■ Absence, besoin, dèche, défaut, dénuement, famine, manque, misère, pénurie, rareté, vaches maigres (fam.). ⇒ pauvreté.

DISEUR, EUSE ■ n. et adj. *I.* ⇒ disert. *II. Loc.* Diseur de bonne aventure ⇒ voyant.

DISGRÂCE ■ ⇒ défaveur, malheur.

DISGRACIÉ, E ■ ⇒ laid.

DISGRACIEUX, EUSE ■ Déplaisant, désagréable, détestable, difforme, discourtois, fâcheux, grossier, ingrat, laid, malgracieux.

DISJOINDRE ■ *I.* ⇒ déjoindre. *II.* ⇒ écarter. *III.* ⇒ séparer.

DISJOINT, E ■ ⇒ différent.

DISJONCTION ■ *I.* Bifurcation, désarticulation, désunion, dislocation, division, divorce, écartement, éloignement, scission, séparation. *II. Gram. :* asyndète.

DISLOCATION ■ *I.* ⇒ entorse. *II.* ⇒ dispersion.

DISLOQUÉ, E ■ Brisé, cassé, déboîté, dégingandé, déglingué (fam.), déhanché, démanché (fam.), désagrégé, désarticulé, désemboîté, désossé, disjoint, divisé, écartelé, éhanché, fracturé, luxé, morcelé, rompu.

DISLOQUER ■ Briser, casser, déboîter, déclinquer, déglinguer, démancher, démantibuler, démettre, démolir, désarticuler, désemboîter, désemparer, désunir, détraquer, diviser, écarteler, fausser, luxer. *V. pron. :* 1. Une chose : se désagréger, se dissoudre, se séparer. 2. Quelqu'un : se contorsionner, se déformer, se désosser (fam.), *et les formes pron. possibles des syn. de* DISLOQUER.

DISPARAÎTRE ■ Abandonner, s'absenter, s'anéantir, se cacher, cesser d'être visible/d'exister, se coucher, décamper, se dérober, diminuer, se dissimuler, se dissiper, se dissoudre, échapper aux regards/à la vue, s'éclip-ser, s'écouler, s'effacer, s'éloigner, s'en aller, s'enfoncer, s'enfuir, s'engouffrer, s'envoler, s'épuiser, s'escamoter, s'esquiver, s'estomper, s'éteindre, être couvert/recouvert, s'évanouir, s'évaporer, finir, fuir, manquer à l'appel, mourir, se noyer dans, partir, passer, se perdre, plonger, prendre la poudre d'escampette (fam.), quitter, se retirer, se soustraire à la vue, tarir, se tirer (fam.), se voiler, se volatiliser.

DISPARATE ■ *I. Nom fém.* ⇒ opposition. *II. Adj.* ⇒ bigarré.

DISPARITÉ ■ ⇒ différence.

DISPARU, E ■ ⇒ mort.

DISPARITION ■ ⇒ éloignement.

DISPENDIEUX, EUSE ■ ⇒ cher.

DISPENSATEUR, TRICE ■ Distributeur, répartiteur.

DISPENSE ■ *I.* ⇒ immunité. *II.* ⇒ permission.

DISPENSER ■ *I.* ⇒ distribuer. *II.* ⇒ permettre. *III.* ⇒ exempter. *IV. V. pron. :* ⇒ abstenir (s').

DISPERSER ■ *I.* Disséminer, dissiper, émietter, éparpiller, jeter, parsemer, répandre, semer. *II.* Désunir, diviser, répartir, séparer. *III.* Balayer, battre, chasser, débander, mettre en déroute/ en fuite. *IV. V. pron. :* 1. Quelqu'un : se débander, s'écarter, s'égailler, s'égrener, s'enfuir, s'éparpiller, essaimer, fuir, rompre les rangs. 2. Une chose : diffuser, irradier, rayonner.

DISPERSION ■ *I.* Atomisation, dislocation, dissémination, division, écartement, émiettement, éparpillement, séparation. *II. Par ext. :* débandade, déroute, fuite, retraite. *III. Fig.* ⇒ distraction.

DISPONIBILITÉ ■ Congé. ⇒ liberté. *Au pl.* ⇒ argent.

DISPONIBLE ■ ⇒ vacant.

DISPOS, E ■ Agile, alerte, allègre, découplé, délié, en forme, éveillé, frais, gaillard, ingambe, léger, leste, ouvert, preste, reposé, sain, souple, vif, vite.

DISPOSÉ, E ■ ⇒ favorable, mûr.

DISPOSER ■ *I.* ⇒ arranger. *II.* ⇒ préparer. *III.* ⇒ décider. *IV.* ⇒ aliéner.

DISPOSITIF ■ *I.* Machine, mécanique. *II.* Agencement, arrangement, méthode, procédé. ⇒ disposition.

DISPOSITION ■ *I. De quelqu'un :* aptitude, bosse (fam.), capacité, dons, esprit, état, étoffe, facilités, fibre (fam.), goût, impulsion, inclination, instinct, mesure, moyens, orientation, penchant, prédestination, prédisposition, propension, qualités, sentiment, talent, tendance, vertu, vocation. *II. Disposition d'esprit :* condition, dessein, intention, sentiment. *III. D'une chose :* agencement, ajustement, arrangement, combinaison, composition, configuration, construction, coordination, dispositif, économie, modalités, montage, ordonnance, ordre, organisation, orientation, place, plan, position, rangement, répartition, situation. *IV. Au pl. :* arrangement, cadre, clause, condition, décision, mesure, précaution, préparatif, résolution, testament.

DISPROPORTION ■ ⇒ différence.

DISPROPORTIONNÉ, E ■ Démesuré, déséquilibré, inégal, maladroit, mal proportionné.

DISPUTE ■ ⇒ discussion.

DISPUTER ■ *I. V. intr.* ⇒ discuter. *II. V. tr.* 1. Une chose à quelqu'un : briguer, défendre, soutenir. 2. **Fam. Quelqu'un :** attraper, engueuler (vulg.), gourmander, gronder, réprimander. ⇒ tancer. *III. V. pron. :* Avoir des mots (fam.), se battre, se chamailler, se chicaner, se chipoter (fam.), échanger des mots/des paroles, se quereller, *et les formes pron. possibles des syn. de* DISPUTER.

DISPUTEUR, EUSE ■ n. et adj. Argu-

menteur, chamailleur, chicaneur, chicanier, discuteur, disputailleur, querelleur.

DISQUALIFIER ■ ⇒ dégrader.

DISQUE ■ Enregistrement, microsillon, galette (fam.), 16/33/45/78 tours.

DISSECTION ■ ⇒ anatomie.

DISSEMBLABLE ■ Différent, disparate, dissimilaire, divers, hétérogène, opposé.

DISSEMBLANCE ■ ⇒ différence.

DISSÉMINATION ■ Dispersion, division, éparpillement, propagation.

DISSÉMINER ■ ⇒ répandre.

DISSENSION, DISSENTIMENT ■ ⇒ mésintelligence.

DISSÉQUER ■ ⇒ couper, examiner.

DISSERTATION ■ *I.* ⇒ traité. *II.* ⇒ rédaction. *III.* ⇒ discussion.

DISSERTER ■ ⇒ discourir.

DISSIDENCE ■ Déviation, division, hérésie, insoumission, insurrection, rébellion, révolte, schisme, scission, sécession, séparation.

DISSIDENT, E ■ ⇒ insoumis.

DISSIMULATEUR, TRICE ■ ⇒ sournois.

DISSIMULATION ■ ⇒ feinte.

DISSIMULÉ, E ■ ⇒ sournois.

DISSIMULER ■ Atténuer, cacher, camoufler, celer, couvrir, déguiser, enfouir, envelopper, faire semblant, farder, feindre, frauder, garder secret, gazer (vx), masquer, pallier, taire, travestir, tricher, voiler. *II. V. Pron. :* ⇒ cacher (se).

DISSIPATEUR, TRICE ■ ⇒ prodigue.

DISSIPATION ■ *I.* ⇒ dépense. *II.* ⇒ distraction.

DISSIPÉ, E ■ ⇒ turbulent.

DISSIPER ■ *I.* ⇒ disperser. *II.* ⇒ dépenser. *III. V. pron. :* 1. ⇒ consumer. 2. ⇒ disparaître.

DISSOCIER ■ ⇒ séparer.

DISSOLU, E ■ ⇒ vicieux.

DISSOLUTION ■ *I.* ⇒ résolution. *II.* ⇒ dérèglement.

DISSONANCE ■ Cacophonie, charivari, contradiction, désaccord, discordance, disparate, opposition, tintamarre.

DISSONANT, E ■ ⇒ discordant.

DISSOUDRE ■ *I.* Décomposer, délayer, dissocier, fondre, liquéfier, résorber. *II.* Abroger, annihiler, annuler, arrêter, briser, casser, défaire, dénouer, faire cesser, mettre fin/un terme, résoudre, retirer les pouvoirs, rompre. *III. V. pron. :* fondre, se putréfier, se résoudre, se séparer.

DISSUADER ■ Déconseiller, décourager, dégoûter, détourner, écarter, éloigner.

DISSUASION ■ ⇒ menace.

DISSYMÉTRIQUE ■ Asymétrique ⇒ irrégulier.

DISTANCE ■ *I.* Absence, éloignement, espace, intervalle, lointain, recul. *II. Fig.* 1. Aversion, froideur, mépris, réprobation. 2. Différence, disparité, dissemblance.

DISTANCER ■ Dépasser, devancer, écarter, éloigner, espacer, forlonger, gagner sur, lâcher, passer, précéder, semer, surpasser.

DISTANT, E ■ *I.* ⇒ sauvage. *II.* ⇒ dédaigneux. *III.* ⇒ éloigné.

DISTILLER ■ *I.* Épancher, laisser couler, sécréter, suppurer. *II.* Cohober, condenser, extraire, rectifier, réduire, spiritualiser (vx), sublimer, vaporiser. *III. Fig.* 1. Épancher, répandre. 2. Dégoutter.

DISTINCT, E ■ ⇒ différent, clair.

DISTINCTIF, IVE ■ ⇒ particulier.

DISTINCTION ■ *I.* Démarcation, différence, différenciation, discrimination, diversification, division, séparation. *II.* Décoration, dignité, honneurs, égards, faveur, médaille, prérogative, respect. *III.* Classe, éclat, éducation, élégance, finesse, grandeur, manières, mérite, noblesse, panache, talent, tenue, valeur.

DISTINGUÉ, E ■ Affable, agréable, aimable, beau, bon, brillant, célèbre, courtois, de bonne compagnie/éducation, de bon ton, délicat, digne, éclatant, élégant, émérite, éminent, exquis, galant, gracieux, hors de pair, hors ligne, incomparable, poli, raffiné, rare, reconnu, remarquable, sans pareil, supérieur, transcendant.

DISTINGUER ■ Apercevoir, choisir, débrouiller, découvrir, démêler, différencier, discerner, discriminer, honorer, préférer, reconnaître, remarquer, séparer, trier. *V. pron. :* émerger, différer, faire une discrimination, faire figure, se faire remarquer/voir, s'illustrer, se montrer, paraître, se particulariser, percer, se signaler, se singulariser.

DISTORSION ■ ⇒ torsion.

DISTRACTION ■ *I.* Absence d'esprit, dispersion, dissipation, divertissement, étourderie, inadvertance, inattention, irréflexion, légèreté, omission, oubli. *II.* Ébats, jeu, récréation. ⇒ divertissement. *III. D'une chose :* démembrement, séparation.

DISTRAIRE ■ *I.* Démembrer, détacher, enlever, extraire, soustraire, prélever, retrancher, séparer. *II.* Amuser, baguenauder, débaucher, délasser, désennuyer, détourner, divertir, égayer, étourdir, récréer, sortir. *III. Non favorable* ⇒ voler.

DISTRAIT, E ■ Absent, absorbé, abstrait, dispersé, dissipé, étourdi, inappliqué, inattentif, préoccupé, rassoté (vx), rêveur, vague.

DISTRAYANT, E ■ ⇒ amusant.

DISTRIBUER ■ *I. Au pr. :* allotir, arroser (fam.), assigner, attribuer, départir, dispenser, disposer, diviser, donner, gratifier, impartir, octroyer, ordonner, partager, prodiguer, ranger, répandre, répartir, semer. *II. Par ext. :* agencer, aménager, amener, arranger, classer, classifier, coordonner, disposer, distinguer, diviser, ordonner, ranger.

DISTRIBUTEUR, TRICE ■ Dispensateur, répartiteur.

DISTRIBUTION ■ *I. Au pr. :* attribution, bienfaisance, diffusion, dilapidation (péj.), disposition, don, largesse, libéralité, partage, partition, répartition. *II. Par ext. :* agencement, aménagement, arrangement, classement, classification, disposition, ordonnance, ordre, rang, rangement. *III. Fig. :* correction, coup, raclée (fam.), volée (fam.).

DISTRICT ■ ⇒ division, charge.

DITHYRAMBE ■ ⇒ éloge.

DITHYRAMBIQUE ■ ⇒ élogieux.

DITHYRAMBISTE ■ ⇒ louangeur.

DITO ■ Idem, susdit.

DIURNE ■ ⇒ journalier.

DIVA ■ ⇒ chanteuse.

DIVAGATION ■ ⇒ digression, délire.

DIVAGUER ■ ⇒ déraisonner, errer.

DIVAN ■ ⇒ canapé.

DIVERGENCE ■ ⇒ mésintelligence.

DIVERGENT, E ■ *I.* ⇒ différent. *II.* ⇒ opposé.

DIVERGER ■ ⇒ écarter (s').

DIVERS, E ■ *I.* ⇒ changeant. *II.* ⇒ plusieurs. *III.* ⇒ varié. *IV.* ⇒ différent.

DIVERSIFICATION ■ ⇒ distinction.

DIVERSIFIER ■ Varier. ⇒ changer.

DIVERSION ■ Alibi, changement, dérivatif, distraction, divertissement, exutoire.

DIVERSITÉ ■ ⇒ différence, variété.

DIVERTIR ■ ⇒ distraire.

DIVERTISSANT, E ■ *I.* ⇒ amusant. *II.* ⇒ risible.

DIVERTISSEMENT ■ Agrément, amusement, amusette, amusoire, aubade, bagatelle, ballet, concert, déduit, délassement, distraction, diversion, ébat, interlude, intermède, jeu, marrade (fam.), partie, passe-temps, plaisir, récréation, régal, réjouissance, rigolade (fam.), sérénade, spectacle.

DIVIDENDE ■ ⇒ rétribution.

DIVIN, DIVINE ■ *I.* Céleste, occulte, surnaturel. *II.* Admirable, adorable, beau, bien, bon, charmant, délicieux, excellent, parfait, souverain, sublime, suprême.

DIVINATION ■ *I.* Augure, conjecture, horoscope, oracle, prédiction, présage, prévision, pronostic, prophétie, révélation, vision. *II.* Clairvoyance, inspiration, intuition, prescience, pressentiment, sagacité. *III.* Astrologie, bonne aventure, cartomancie, chiromancie, géomancie, mantique, nécromancie, oniromancie, ornithomancie, rhabdomancie, spiritisme, télépathie, vaticination, voyance. ⇒ magie.

DIVINISER ■ ⇒ louer.

DIVINITÉ ■ ⇒ dieu.

DIVISER ■ Cliver, cloisonner, couper, débiter, décomposer, démembrer, découper, déliter, désagréger, détailler, disjoindre, dissocier, distribuer, fendre, fractionner, fragmenter, morceler, parceller, partager, partir, scinder, sectionner, séparer, subdiviser, trancher, tronçonner.

DIVISION ■ *I.* Arrondissement, canton, circonscription, département, district, subdivision, zone. *II.* Classement, clivage, coupure, déchirement, démembrement, dichotomie, diérèse, fission, fractionnement, fragmentation, lotissement, morcellement, partie, scission, scissiparité, section, sectionnement, segmentation, séparation, subdivision. ***III.*** Désaccord, dispute, divorce, mésintelligence, querelle, rupture, schisme, scission.

DIVORCE ■ ***I.*** Répudiation, séparation. ***II.*** Contradiction, désaccord, désunion, dissension, divergence, opposition, rupture, séparation.

DIVORCER ■ ***I.*** Répudier, rompre, se démarier (pop.), se séparer. ***II. Par ext. :*** se brouiller, se désunir, se diviser, renoncer à.

DIVULGATEUR, TRICE ■ ⇒ propagateur.

DIVULGUER ■ ⇒ publier.

DIVULSION ■ ⇒ déracinement.

DJINN ■ ⇒ génie.

DOCILE ■ ⇒ doux.

DOCILITÉ ■ ⇒ douceur, obéissance.

DOCIMASIE ■ ⇒ autopsie.

DOCK ■ ***I.*** ⇒ bassin. ***II.*** ⇒ magasin.

DOCKER ■ ⇒ porteur.

DOCTE ■ ⇒ savant.

DOCTEUR ■ ⇒ médecin, théologien.

DOCTORAL, E ■ ⇒ tranchant.

DOCTRINAIRE ■ ⇒ intolérant.

DOCTRINE ■ ***I.*** ⇒ théorie. ***II.*** ⇒ savoir. ***III.*** ⇒ principes.

DOCUMENT ■ ***I.*** ⇒ renseignement. ***II.*** ⇒ titre.

DOCUMENTAIRE ■ ⇒ didactique.

DOCUMENTALISTE ■ Fichiste.

DOCUMENTATION ■ ⇒ renseignement.

DOCUMENTER ■ ***I.*** ⇒ informer. ***II.*** ⇒ renseigner.

DODELINEMENT ■ ⇒ balancement.

DODELINER, DODINER ■ ⇒ balancer.

DODU, E ■ ⇒ gras.

DOGMATIQUE, DOGMATISTE ■ Dogmatiseur. ⇒ intolérant.

DOGME ■ ***I.*** ⇒ principe. ***II.*** ⇒ foi.

DOIGT (UN) ■ loc. adv. ⇒ peu (un).

DOIGTÉ ■ ⇒ habileté.

DOIGTIER ■ Délot.

DOL ■ ⇒ tromperie.

DOLÉANCES ■ ⇒ gémissement.

DOLEAU, DOLOIRE ■ ⇒ hache.

DOLENT, E ■ ⇒ malade.

DOLORISME ■ Masochisme.

DOMAINE ■ ⇒ bien, département.

DÔME ■ Bulbe, ciel, coupole, voûte.

DOMESTICATION ■ ⇒ apprivoisement.

DOMESTICITÉ ■ ⇒ personnel.

DOMESTIQUE ■ ***I. N. m.*** 1. ⇒ serviteur, servante. 2. ⇒ maison. ***II. Adj.*** 1. ⇒ familier. 2. ⇒ apprivoisé.

DOMESTIQUER ■ ⇒ apprivoiser.

DOMICILE ■ ⇒ demeure.

DOMINANCE ■ Génotype, hérédité, phénotype.

DOMINANT, E ■ ⇒ principal.

DOMINATION ■ ⇒ autorité.

DOMINER ■ ***I. Neutre :*** asservir, assujettir, commander, couvrir, l'emporter, gouverner, léguer, prédominer, prévaloir, régir, soumettre, surpasser, triompher, vaincre. ***II. Par ext.*** non favorable : écraser, étouffer, imposer, maîtriser, subjuguer. ***III. Fig. :*** couronner, dépasser, dresser, surpasser, surplomber.

DOMINO ■ ⇒ masque.

DOMISME ■ ⇒ architecture.

DOMMAGE ■ *I.* Atteinte, avarie, casse, coup, dam, dégât, dégradation, déprédation, désavantage, détérioration, détriment, endommagement, grief (vx), injure, injustice, lésion, mal, outrage, perte, préjudice, ribordage (mar.), sinistre, tort. *II.* ⇒ **réparation.** *III. Loc.* C'est dommage : fâcheux, regrettable, triste.

DOMMAGEABLE ■ ⇒ **nuisible.**

DOMPTÉ, E ■ ⇒ **apprivoisé.**

DOMPTER ■ ⇒ **apprivoiser, vaincre.**

DOMPTEUR ■ Belluaire, dresseur.

DON ■ *I. Au pr. :* aumône, bienfait, cadeau, dation, dépannage (fam.), disposition, distribution, donation, dotation, épices (vx), étrennes, générosité, gratification, hommage, honnêteté, largesse, legs, libéralités, oblation, offrande, pot-de-vin (péj.), pourboire, présent, secours, souvenir, sportule, subside, subvention, surprise. *II. Par ext.* 1. Apanage, aptitude, art, bosse (fam.), capacité, facilité, esprit, génie, habileté, intelligence, qualité, talent. 2. Bénédiction, bienfait, faveur, grâce.

DONC ■ Ainsi, en conséquence, or, par conséquent/suite, partant.

DON JUAN ■ ⇒ **séducteur.**

DONNANT, E ■ ⇒ **généreux.**

DONNÉE ■ ⇒ **énonciation, principe.**

DONNER ■ *I.* Abandonner, accorder, administrer, apporter, assigner, attribuer, avancer, bailler (vx), céder, communiquer, concéder, conférer, confier, consacrer, consentir, distribuer, doter, douer, employer, épandre, exposer, exprimer, faire passer, fixer, fournir, gratifier de, impartir, imposer, léguer, livrer, occasionner, octroyer, offrir, partager, passer, payer, permettre, présenter, procurer, prodiguer, produire, remettre, rémunérer, répandre, répartir, rétribuer, sacrifier, tendre, transmettre, verser, vouer. **Arg. ou fam. :** abouler, allonger, cloquer, ficher, filer, foutre, mouiller.

DONZELLE ■ ⇒ **fille.**

DOPER ■ Droguer, gonfler, stimuler.

DORADE ■ Pageau, pagel, pagre.

DORÉNAVANT ■ À l'avenir, dans/par la suite, désormais.

DORLOTER ■ ⇒ **soigner.**

DORMANT, E ■ ⇒ **tranquille.**

DORMIR ■ *I. Au pr. :* 1. S'assoupir, dormailler, s'endormir, être dans les bras de Morphée, faire la sieste/un somme, fermer l'œil, reposer, sommeiller, somnoler. 2. *Fam. :* coincer la bulle, écraser, pioncer, piquer un roupillon, ronfler, roupiller, rouscailler, schloffer. *II. Fig.* 1. Négliger, oublier. 2. ⇒ **traîner.**

DORMITIF, IVE ■ ⇒ **narcotique.**

DORTOIR ■ Chambrée, dormitorium.

DOS ■ *I. N. m. :* colonne vertébrale, derrière, échine, lombes, râble, rachis, reins, revers. ⇒ **fessier.** *II. Loc.* Tourner le dos à ⇒ **délaisser.**

DOSE ■ ⇒ **quantité.**

DOSER ■ ⇒ **mélanger.**

DOSSE ■ ⇒ **planche.**

DOSSIER ■ *I.* Appui, appui-tête, *II.* 1. ⇒ **affaire, cas.** 2. Bordereau, chemise, classeur.

DOTATION ■ ⇒ **don, indemnité.**

DOTER ■ ⇒ **gratifier.**

DOUAIRIÈRE ■ ⇒ **veuve, vieille.**

DOUANIER ■ Gabelou, rat-de-cave.

DOUBLE ■ *I. Adj.* 1. Ambigu, complexe, géminé. 2. *Péj. :* dissimulé, équivoque, faux, sournois, à sous-entendu. ⇒ **hypocrite.** 3. *Par ext. :* supérieur. *II. N. m.* 1. Ampliation, contrepartie, copie, duplicata, expédition, grosse, photocopie, reproduction. 2. **Quelqu'un :** alter ego, jumeau. 3. Ectoplasme, fantôme, ombre. **4.** Besson, doublon.

DOUBLER ■ *I.* ⇒ dépasser. *II.* ⇒ remplacer. *III.* ⇒ augmenter.

DOUBLE SENS ■ ⇒ ambiguïté.

DOUBLET ■ Homonyme, paronyme.

DOUCEÂTRE ■ ⇒ doux.

DOUCEMENT ■ Délicatement, doucettement, en douceur, légèrement, lentement, mollement, mollo (fam.), mou (fam.), paisiblement, pianissimo, piano, posément, tout beau/doux.

DOUCEREUX, EUSE ■ Douceâtre, emmiellé, sucré. ⇒ doux, hypocrite.

DOUCET, ETTE ■ ⇒ doux.

DOUCETTE ■ Mâche.

DOUCEUR ■ *I. Au pr. :* délicatesse, légèreté, modération. *II. Par ext.* **1. De quelqu'un :** affabilité, agrément, amabilité, aménité, bienveillance, bonté, calme, charité, clémence, débonnaireté, docilité, gentillesse, humanité, indulgence, mansuétude, onction, patience, placidité, suavité. **2.** Bienêtre, bonheur, joie, jouissance, quiétude, satisfaction, tranquillité. *II.* ⇒ friandise. *IV. Loc.* **en douceur** ⇒ doucement.

DOUCHE ■ *I. Au pr. :* affusion, aspersion, bain, hydrothérapie. *II. Fig. :* désappointement. ⇒ déception.

DOUCINE ■ ⇒ rabot.

DOUCIR ■ ⇒ polir.

DOUÉ, E ■ ⇒ capable.

DOUELLE ■ Douve, douvelle.

DOUER ■ ⇒ gratifier.

DOUILLE ■ Cylindre, embouchoir, manchon, raccord, tube.

DOUILLET, ETTE ■ *I.* ⇒ moelleux. *II.* ⇒ sensible.

DOUILLETTE ■ ⇒ manteau.

DOULEUR ■ *I.* Algie, brûlure, cour-

bature, crampe, élancement, inflammation, irritation, mal, migraine, névralgie, point, prurit, rage de dents, rhumatisme, souffrance. *II.* ⇒ affliction.

DOULOUREUX, EUSE ■ *I. Au pr. :* endolori, sensible, souffrant, souffreteux. *II. Par ext. :* affligeant, amer, angoissant, attristant, crucifiant, cruel, cuisant, déchirant, difficile, dur, éprouvant, funeste, lamentable, lancinant, navrant, pénible, pitoyable, triste.

DOUTE ■ *I.* ⇒ incertitude. *II.* ⇒ scepticisme. *III. Loc.* **Sans doute :** à coup sûr, apparemment, assurément, certainement, probablement, selon toutes les apparences/toute vraisemblance, vraisemblablement.

DOUTER ■ ⇒ hésiter, pressentir.

DOUTEUR, EUSE ■ ⇒ incrédule.

DOUTEUX, EUSE ■ *I.* ⇒ incertain. *II.* ⇒ suspect.

DOUVE ■ *I.* ⇒ fossé. *II.* ⇒ planche.

DOUX, DOUCE ■ *I. Quelqu'un.* **1.** Affable, agréable, aimable, amène, angélique, bénin, benoît, bienveillant, bon, bonhomme, calme, clément, complaisant, conciliant, débonnaire, docile, doucet, gentil, humain, liant, malléable, modéré, pacifique, paisible, patient, sage, sociable, soumis, souple, tolérant, traitable, tranquille. **Péj. :** bonasse, coulant, doucereux, laxiste, mielleux, mièvre, paterne. **2.** Affectueux, aimant, câlin, caressant, tendre. *II. Une chose.* **1.** Agréable, bon, délectable, délicat, délicieux, exquis, onctueux, savoureux, suave, succulent, sucré. **Péj. :** douceâtre, fade, melliflue. **2.** Douillet, duveteux, fin, harmonieux, léger, mélodieux, moelleux, mollet, mou, musical, satiné, soyeux, uni, velouté. *III. Loc.* **Tout doux** ⇒ doucement.

DOXOLOGIE ■ ⇒ éloge, prière.

DOYEN ■ *I.* Aîné, ancien, chef, directeur, maître, patron, président, vétéran. **II.** ⇒ prêtre.

DRACONIEN, ENNE ■ ⇒ sévère.

DRAG ■ ⇒ chasse, voiture.

DRAGEON ■ ⇒ bourgeon, pousse.

DRAGON ■ **I.** Chimère, guivre, hydre, monstre, tarasque. **II.** ⇒ mégère.

DRAGONNE ■ ⇒ passement.

DRAGUE ■ **I.** ⇒ filet. **II.** ⇒ bateau. **III. Fam.** ⇒ cour, flirt.

DRAILLE ■ ⇒ sentier.

DRAIN ■ ⇒ conduit, tube.

DRAINER ■ ⇒ sécher, tirer.

DRAISIENNE ■ ⇒ cycle.

DRAKKAR ■ ⇒ bateau.

DRAMATIQUE ■ **I.** Scénique, théâtral. **II.** Émouvant, intéressant, passionnant, poignant, terrible, tragique. **III.** Dangereux, difficile, grave, risqué, sérieux, à suspens.

DRAMATISATION ■ ⇒ exagération.

DRAMATISER ■ ⇒ exagérer.

DRAMATURGE ■ ⇒ écrivain.

DRAME ■ **I.** Mélodrame, opéra, opéra-comique, pièce, tragédie, tragi-comédie. **II.** ⇒ calamité, malheur.

DRAPEAU ■ Banderole, bannière, couleurs, enseigne, étendard, fanion, guidon, pavillon (mar.). *Vx :* bandière, baucent, cornette, fanon, flamme, gonfalon, gonfanon, oriflamme, pennon.

DRAPER ■ ⇒ envelopper.

DRAPERIE ■ Cantonnière, rideau, tapisserie, tenture.

DRASTIQUE ■ **I.** ⇒ purgatif. **II.** ⇒ ferme.

DRÊCHE ■ ⇒ résidu.

DRÈGE ■ **I.** ⇒ filet. **II.** ⇒ peigne.

DRENNE ■ Draine, grive, jocasse, litorne, tourd, vendangette.

DRESSAGE ■ **I.** Planage, rectification. **II.** ⇒ installation. **III.** ⇒ apprivoisement. **IV.** ⇒ instruction.

DRESSÉ, E ■ **I.** ⇒ apprivoisé. **II.** ⇒ préparé. **III.** ⇒ montant.

DRESSER ■ **I.** ⇒ élever. **II.** ⇒ préparer. **III.** ⇒ instruire. **IV.** ⇒ composer. **V. Loc. :** *dresser l'oreille.* 1. ⇒ écouter, chauvir (équit.).

DRESSEUR ■ Belluaire, dompteur.

DRESSOIR ■ Buffet, étagère, vaisselier.

DRÈVE ■ ⇒ allée.

DRIFT ■ ⇒ dépôt.

DRILL ■ ⇒ exercice.

DRILLE ■ **I.** Burin, foret, mèche, trépan, vilebrequin, vrille. **II.** ⇒ gaillard. **III.** ⇒ misérable.

DRINGUELLE ■ ⇒ gratification.

DRINK ■ Glass, godet, pot, verre.

DROGMAN ■ ⇒ traducteur.

DROGUE ■ **I.** ⇒ remède. **II.** Cocaïne, haschich, héroïne, L.S.D., marijuana, morphine, narcotique, opium, stupéfiant, toxique. **III. Arg. :** acide, bigornette, blanche, came, coco, défonce, douce, dure, fée blanche/brune/verte, hasch, herbe, joint, kif, marie-jeanne, merde, naphtaline, neige, noire, pipe, piquouse, poudre, pure, respirette, schnouf, shit, stup, etc.

DROGUER ■ **I.** ⇒ soigner. **II.** ⇒ attendre. **III. V. pron. :** s'intoxiquer. **Arg. :** se camer, se défoncer, s'envaper, fliper, fumer, se piquer, se plastrer, se poudrer, prendre une petite, priser, schnoufer, se shooter, tirer sur le bambou, visionner, etc.

DROIT, E ■ **I. Au pr. :** abrupt, debout, direct, perpendiculaire, rectiligne, vertical. **II. Fig. 1. Quelqu'un :** bon, désintéressé, équitable, franc, honnête, *durable*

juste, loyal, probe, pur, sincère. **2. Une chose :** direct, judicieux, positif, sain, sensé, strict, vrai. *III. Adv. :* directement, tout de go.

DROIT ■ *I.* Barreau, basoche, code, coutume, digeste, justice, légalité, loi, morale, règlement. *II.* Contribution, imposition, impôt, redevance, taxe. *III.* Rétribution, salaire. *IV.* Autorisation, faculté, habilité, liberté, monopole, permission, possibilité, pouvoir, prérogative, privilège, usage, servitude.

DROITE ■ *I.* Dextre. *II.* ⇒ conservatisme.

DROITURE ■ ⇒ rectitude/justice.

DROLATIQUE, DRÔLE ■ *I. Adj.* ⇒ amusant, risible. *II. Nom masc.* 1. ⇒ gaillard. 2. ⇒ enfant. 3. ⇒ vaurien.

DRÔLEMENT ■ Beaucoup, bien, bizarrement, bougrement, comiquement, diablement, extrêmement, furieusement (vx), joliment, plaisamment, rudement, super (fam.), très, vachement (fam.).

DRÔLERIE ■ ⇒ bouffonnerie.

DRÔLESSE ■ ⇒ femme, mégère.

DROMADAIRE ■ Camélidé, méhari.

DROPER ■ ⇒ lâcher.

DROPPAGE ■ Largage, parachutage.

DROSSER ■ Dériver, entraîner, pousser.

DRU, E ■ *I.* ⇒ épais. *II.* ⇒ dense. *III.* ⇒ fort.

DRUGSTORE ■ ⇒ magasin

DRUIDE ■ Barde, eubage. ⇒ prêtre.

DRYADE ■ ⇒ nymphe.

DUBITATIF, IVE ■ ⇒ incrédule.

DUCASSE ■ ⇒ kermesse.

DUCROIRE ■ ⇒ garantie.

DUCTILE ■ ⇒ flexible.

DUÈGNE ■ ⇒ gouvernante.

DUEL ■ Affaire, affaire d'honneur, combat, joute, lutte, opposition, ordalie, rencontre, réparation.

DUELLISTE ■ ⇒ ferrailleur.

DUIT ■ ⇒ canal, chaussée.

DULCIFIER ■ ⇒ adoucir.

DULCINÉE ■ ⇒ amante.

DULIE ■ ⇒ culte.

DUNE ■ ⇒ hauteur.

DUPE ■ ⇒ naïf.

DUPER ■ ⇒ tromper.

DUPERIE ■ ⇒ tromperie.

DUPEUR, EUSE ■ ⇒ trompeur.

DUPLICATA, UM ■ ⇒ copie.

DUPLICITÉ ■ ⇒ hypocrisie.

DUR, E ■ *I.* Adamantin, calleux, consistant, coriace, empesé, épais, pris, résistant, rigide, solide, tendineux. *II. Quelqu'un.* **Non favorable :** autoritaire, blessant, brutal, endurci, exigeant, farouche, féroce, froid, impassible, impitoyable, implacable, indifférent, inébranlable, inexorable, inflexible, inhumain, insensible, intraitable, intransigeant, mauvais, méchant, racorni (fam.), rigoriste, sans âme/cœur/entrailles (fam.), sec, sévère, strict, terrible, vache (fam.). *III. Par ext.* 1. Âpre, inclément, inhospitalier, rigoureux, rude. 2. Difficile, dissipé, turbulent. 3. ⇒ bête. *IV. Loc.* 1. Dur d'oreille ⇒ sourd. 2. Dur à la détente ⇒ avare.

DURABILITÉ ■ Constance, continuité, éternité, fermeté, immortalité, immutabilité, indélébilité, invariabilité, longévité, permanence, persistance, résistance, solidité, stabilité, ténacité, viabilité, vivacité.

DURABLE ■ Chronique, constant, continu, endémique, enraciné, éternel, ferme, immortel, immuable, impérissable, inaltérable, inamissible, incorruptible, indélébile, indestructible, infrangible, invariable, permanent, perpétuel, persistant, profond, résistant, solide, stable, tenace, valable, viable, vivace, vivant.

DURANT ■ Au cours de, au moment de, en même temps, pendant, tandis que.

DURCIR ■ Affermir, concréter, endurcir, fortifier, indurer, raidir, tremper.

DURCISSEMENT ■ ⇒ prise.

DURÉE ■ ⇒ temps.

DURER ■ Se conserver, continuer, demeurer, n'en plus finir, s'étendre, s'éterniser, se maintenir, se perpétuer, persévérer, se prolonger, résister, se soutenir, subsister, tenir, tirer en longueur, traîner, vivre.

DURETÉ ■ *I. De quelque chose.* 1. Consistance, imperméabilité, résistance, rigidité, rudesse, solidité. **2.** Inclémence, rigueur, rudesse, sécheresse. *II. De quelqu'un :* brutalité, endurcissement, implacabilité, inhumanité, insensibilité, méchanceté, rigueur, rudesse, sécheresse de cœur, sévérité.

DURILLON ■ ⇒ cal.

DUVET ■ *I.* ⇒ poil, plume. *II.* Édredon, sac à viande (fam.)/de couchage.

DUVETEUX, EUSE ■ ⇒ doux.

DYNAMIQUE ■ Énergique ⇒ courageux.

DYNAMISME ■ ⇒ force.

DYNASTIE ■ ⇒ race.

DYSENTERIE ■ ⇒ diarrhée.

e

EAU ■ I. Aqua simplex, flot, onde, *arg. :* baille, flotte, lance, limonade. **II. Au pl.** ⇒ bain. **III. Eau-de-vie** ⇒ alcool.

ÉBAHI, E ■ Abasourdi, ahuri, bouche-bée, déconcerté, décontenancé, ébaubi, éberlué, ébouriffé, émerveillé, étonné, fasciné, interdit, médusé, penaud, pétrifié, sidéré, stupéfait, surpris, tombé des nues. *Fam. :* baba, comme deux ronds de flan, épastrouillé, épaté, estomaqué.

ÉBAHIR ■ Abasourdir, ahurir, déconcerter, ébaubir, éberluer, éblouir, épater (fam.), estomaquer, étonner, interdire, méduser, stupéfier, surprendre.

ÉBAHISSEMENT ■ ⇒ stupéfaction.

ÉBAT, ÉBATTEMENT ■ I. Au pr. : amusement, délassement, distraction, divertissement, ébats, jeu, mouvement, passe-temps, plaisir, récréation, sport. **II. Par ext.** ⇒ caresse.

ÉBATTRE (S') ■ ⇒ batifoler.

ÉBAUBI, E ■ ⇒ ébahi.

ÉBAUCHE ■ Amorce, canevas, carcasse, commencement, crayon, croquis, début, esquisse, essai, germe, griffonnement, idée, linéaments, maquette, pochade, premier jet, préparation, projet, schéma, schème, topo (fam.).

ÉBAUCHER ■ Amorcer, commencer, crayonner, croquer, dégrossir, disposer, donner l'idée, entamer, esquisser, préparer, projeter.

ÉBAUDIR ■ ⇒ égayer, réjouir.

ÉBÉNISTE ■ Marqueteur, menuisier, tabletier.

ÉBERLUÉ, E ■ ⇒ ébahi.

ÉBLOUIR ■ I. Aveugler, blesser, luire, offusquer. **II.** luire. **III.** Halluciner. ⇒ fasciner, impressionner.

ÉBLOUISSANT, E ■ I. Au pr. : aveuglant, brillant, éclatant, étincelant. **II. Fig. :** beau, brillant, étonnant, merveilleux.

ÉBLOUISSEMENT ■ I. Au pr. : aveuglement. **II. Fig. :** berlue, émerveillement, étonnement, fascination, hallucination, séduction, surprise. **III. Par ext. :** malaise, syncope, trouble, vapeurs, vertige.

ÉBOUILLANTER ■ Blanchir, échauder.

ÉBOULEMENT ■ ⇒ chute.

ÉBOULER (S') ■ ⇒ crouler.

ÉBOULIS ■ ⇒ amas.

ÉBOURIFFANT, E ■ ⇒ extraordinaire.

ÉBOURIFFÉ, E ■ I. ⇒ hérissé. **II.** ⇒ ébahi.

ÉBRANCHER ■ ⇒ élaguer.

ÉBRANLEMENT ■ I. Au pr. : choc, commotion, coup, émotion, secousse, traumatisme. **II. Par ext. :** séisme, tremblement de terre. **III. Fig.** ⇒ agitation.

ÉBRANLER ■ I. ⇒ remuer. **II.** ⇒ émouvoir. **III. V. pron. :** ⇒ partir.

ÉBRASEMENT ■ ⇒ ouverture.

ÉBRÉCHER ■ ⇒ entailler.

ÉBRIÉTÉ ■ ⇒ ivresse.

ÉBROUER (S') ■ I. Au pr. : éternuer, renifler, respirer, se secouer, souffler. **II. Fig. :** s'ébattre, folâtrer, jouer.

ÉBRUITER ■ ⇒ publier.

ÉBULLITION ■ ⇒ fermentation.

ÉCACHER ■ ⇒ écraser.

ÉCAILLE ■ ⇒ coquille.

ÉCAILLEUX, EUSE ■ Rugueux, squameux.

ÉCALER ■ ⇒ éplucher.

ÉCARLATE ■ ⇒ rouge.

ÉCARQUILLER ■ Ribouler (vx) ⇒ ouvrir.

ÉCART ■ I. Au pr. : décalage, déflexion, déviation, distance, écartement, éloignement, embardée, marge. **II. Par ext.** 1. ⇒ digression. 2. ⇒ village. 3. ⇒ variation. **III. Fig. :** aberration, débordement, dévergondage, disparate (vx), échappée, équipée, erreur, escapade, extravagance, faute, faux pas, folie, frasque, fredaine, impertinence, incartade, incorrection, irrégularité, manquement, relâchement ⇒ bêtise.

ÉCARTÉ, E ■ À l'écart, détourné, éloigné, isolé, perdu, retiré.

ÉCARTELER ■ ⇒ tourmenter.

ÉCARTEMENT ■ ⇒ écart.

ÉCARTER ■ Déjoindre, déporter, désunir, détourner, disjoindre, disperser, diviser, égarer, éliminer, éloigner, espacer, isoler, mettre à l'écart/à part/ en quarantaine, partager, partir (vx), repousser, séparer. **II. V. pron. :** biaiser, bifurquer, décliner, se déporter/ détourner, dévier, diverger, s'éloigner, gauchir, se séparer, sortir de.

ECCHYMOSE ■ ⇒ contusion.

ECCLÉSIASTIQUE ■ ⇒ prêtre.

ÉCERVELÉ, E ■ ⇒ étourdi.

ÉCHAFAUD ■ I. Bois de justice, gibet. ⇒ guillotine. **II.** Échafaudage, estrade.

ÉCHAFAUDAGE ■ I. ⇒ échafaud. **II.** ⇒ raisonnement.

ÉCHAFAUDER ■ ⇒ préparer.

ÉCHALAS ■ ⇒ bâton.

ÉCHALIER ■ ⇒ échelle, clôture.

ÉCHANCRÉ, E ■ Décolleté, ouvert.

ÉCHANCRER ■ ⇒ tailler.

ÉCHANCRURE ■ I. Coupure, crénelure, découpure, dentelure, encoche, entaille, faille, ouverture. **II.** Brèche, trouée.

ÉCHANGE ■ ⇒ change, commerce.

ÉCHANGER ■ ⇒ changer.

ÉCHANSON ■ Serdeau (vx), sommelier.

ÉCHANTILLON ■ I. Au pr. : aperçu, approximation, exemplaire, exemple, modèle, panel (partic.), spécimen. **II. Fig.** 1. ⇒ idée. 2. Démonstration, preuve.

ÉCHAPPATOIRE ■ ⇒ excuse, fuite.

ÉCHAPPÉE ■ ⇒ escapade, écart.

ÉCHAPPER ■ I. V. tr. : faire/laisser tomber, perdre. **II. V. intr. :** éviter, glisser, réchapper. **III. V. pron.** 1. Au pr. : se dérober, se dissiper, s'enfuir, s'esquiver, s'esbigner (fam.), s'évader, s'évanouir, éviter, fuir, se répandre, se sauver, sortir, s'en tirer. 2. Fig. : s'emporter, s'oublier.

ÉCHARPE ■ I. Cache-col/nez, carré,

châle, fichu, guimpe, mantille, pointe, voile. *II.* Bande, baudrier, ceinture. *III. Loc.* **En écharpe. 1.** En bandoulière. **2.** En travers, par le flanc, sur le côté.

ÉCHARPER ■ ⇒ **blesser, vaincre.**

ÉCHASSIER ■ Avocette, barge, bécasse, bécasseau, bécassine, cigogne, courlis, flamant, foulque, grue, héron, ibis, marabout, ombrette, outarde, pluvier, poule d'eau, râle, sanderling, tantale, vanneau.

ÉCHAUDER ■ *I.* ⇒ **ébouillanter.** *II.* ⇒ **tromper.**

ÉCHAUFFEMENT ■ ⇒ **altération, irritation.**

ÉCHAUFFER ■ *I.* ⇒ **chauffer.** *II.* ⇒ **enflammer.**

ÉCHAUFFOURÉE ■ ⇒ **engagement.**

ÉCHE, ESCHE ■ ⇒ **aiche.**

ÉCHÉANCE ■ Annuité, date, expiration, fin de mois, terme, trimestre.

ÉCHEC ■ ⇒ **insuccès.**

ÉCHELLE ■ *I. Au pr. :* degré, échalier, échelette, échelier, escabeau, marche, rancher (rég.). *II. Par ext. :* comparaison, dimension, mesure, proportion, rapport. *III. Fig.* ⇒ **hiérarchie.**

ÉCHELON ■ *I. Au pr. :* barreau, degré, ranche (rég.). *II. Fig.* ⇒ **grade.**

ÉCHELONNEMENT ■ Fractionnement. ⇒ **répartition.**

ÉCHELONNER ■ ⇒ **ranger.**

ÉCHEVEAU ■ ⇒ **labyrinthe.**

ÉCHEVELÉ, E ■ ⇒ **hérissé.**

ÉCHEVIN ■ ⇒ **édile.**

ÉCHINE ■ Colonne vertébrale, dos, épine dorsale, rachis.

ÉCHINER ■ *I.* ⇒ **battre.** *II.* ⇒ **fatiguer.**

ÉCHIQUIER ■ Damier, tablier (vx). *Fig.* ⇒ **imbroglio.**

ÉCHO ■ *I.* Anecdote, article, copie, histoire, nouvelle. *II.* Imitation, redoublement, réduplication, répétition, reproduction, résonance.

ÉCHOIR ■ *I.* Venir à terme. *II.* Être dévolu, être donné en partage, être réservé à, incomber, obvenir, revenir à, tomber.

ÉCHOPPE ■ ⇒ **édicule, magasin.**

ÉCHOUER ■ *I.* Accoster, se briser, s'engraver/enliser/ensabler/envaser, être drossé, faire naufrage, heurter, se perdre, sombrer, talonner, toucher le fond. *II. Par ext. :* avorter, buter, chuter, être/revenir bredouille, être recalé, manger, perdre, perdre la partie, rater, tomber, *fam. :* faire balai/baraque/long feu/fiasco/un bide/une toile, foirer, merder, prendre un bide/un bouillon/une couille/une pipe/une tasse/une veste.

ÉCLABOUSSER ■ ⇒ **salir.**

ÉCLABOUSSURE ■ ⇒ **boue.**

ÉCLAIR ■ *I.* ⇒ **lueur.** *II.* ⇒ **foudre.** *III. Loc.* Comme l'éclair ⇒ **vite.**

ÉCLAIRAGE ■ ⇒ **lumière.**

ÉCLAIRCIE ■ *I.* Embellie. *II.* ⇒ **clairière.**

ÉCLAIRCIR ■ *I. Au pr. :* faire briller, faire reluire, nettoyer, polir. *II. Fig. :* clarifier, débrouiller, déchiffrer, défricher, dégrossir, démêler, démontrer, développer, dévider, éclairer, édifier, élucider, expliquer, illustrer, informer, instruire, mettre en lumière, rendre intelligible, renseigner.

ÉCLAIRCISSEMENT ■ ⇒ **explication.**

ÉCLAIRÉ, E ■ ⇒ **instruit.**

ÉCLAIRER ■ *I. Au pr. :* embraser, illuminer, luire. *II. Fig.* **1.** ⇒ **éclaircir.** **2.** ⇒ **instruire.**

ÉCLAT ■ *I.* ⇒ **morceau.** *II.* ⇒ **bruit.** *III.* ⇒ **lueur.** *IV.* ⇒ **lustre.** *V.* Brillant, coloris, couleur.

ÉCLATANT, E ■ ⇒ **brillant.**

ÉCLATER ■ *I. Au pr. :* se briser, exploser, se rompre, sauter. *II. Par ext.* ⇒ luire. *III. Fig.* 1. ⇒ commencer. 2. ⇒ révéler (se). 3. ⇒ emporter (s'). 4. ⇒ rire.

ÉCLECTISME ■ Choix, méthode, préférence, sélection.

ÉCLIPSE ■ *I. Au pr. :* absence, disparition, interposition, obscurcissement, occultation. *II. Fig. :* affaissement, déchéance, défaillance, défaite, défaveur, échec, faillite, fiasco, ratage.

ÉCLIPSER ■ *I.* ⇒ obscurcir. *II. V. pron.* ⇒ disparaître.

ÉCLOPÉ, E ■ ⇒ boiteux.

ÉCLORE ■ ⇒ naître.

ÉCLOSION ■ Apparition, avènement, commencement, début, effloraison, efflorescence, épanouissement, floraison, manifestation, naissance, production, sortie.

ÉCLUSE ■ Barrage, bonde, fermeture, vanne.

ÉCLUSER ■ *I.* Arrêter, barrer, clore, enclaver, fermer, murer, obstruer, retenir. *II. Arg.* ⇒ boire.

ÉCŒURANT, E ■ *I.* ⇒ dégoûtant. *II.* ⇒ fade. *III.* ⇒ ennuyeux.

ÉCŒUREMENT ■ ⇒ nausée.

ÉCŒURER ■ ⇒ dégoûter, décourager.

ÉCOLE ■ *I. Au pr. :* académie, bahut (fam.), classe, collège, conservatoire, cours, établissement, faculté, gymnase, institut, institution, lycée. *II. Fig.* 1. ⇒ leçon, expérience. 2. ⇒ secte. 3. Cénacle, cercle, chapelle, club, groupe, pléiade, réunion.

ÉCOLIER ■ *I.* ⇒ élève. *II.* ⇒ novice.

ÉCONDUIRE ■ ⇒ congédier, refuser.

ÉCONOMAT ■ Cambuse, intendance, magasin.

ÉCONOME ■ *I. Nom :* administrateur, cellérier, comptable, intendant, ques-

teur. *II. Adj.* 1. Favorable : épargnant, ménager, parcimonieux, soucieux. 2. Non favorable ⇒ avare.

ÉCONOMIE ■ *I. Au pr.* 1. Au sing. : administration, bon emploi, épargne, frugalité, ménage (vx), organisation, parcimonie. 2. Non favorable ⇒ avarice. 3. Au pl. : bas de laine, boursicot, épargne, matelas, pécule, thésaurisation, tirelire, tontine. *II. Par ext.* 1. ⇒ disposition. 2. ⇒ harmonie.

ÉCONOMIQUE ■ Bon marché. ⇒ profitable.

ÉCONOMISER ■ Amasser, boursicoter, épargner, se faire un matelas (fam.), faire sa pelote, gratter (fam.), lésiner, liarder, marchander, mégotter (fam.), ménager, mettre de côté, réduire, regarder, regratter, serrer.

ÉCORCE ■ ⇒ peau, extérieur.

ÉCORCHÉ, E ■ *I.* Déchiré, dépouillé, égratigné, lacéré, mis à nu. *II. Fig. :* calomnié, exploité, rançonné, volé.

ÉCORCHER ■ *I.* ⇒ dépouiller. *II. Loc.* Écorcher les oreilles ⇒ choquer.

ÉCORCHURE ■ ⇒ déchirure.

ÉCORNER ■ ⇒ entailler.

ÉCORNIFLEUR ■ ⇒ parasite.

ÉCOSSER ■ ⇒ éplucher.

ÉCOT ■ ⇒ quota.

ÉCOULEMENT ■ *I.* Circulation, débit, débord (vx), débordement, débouché, décharge, découlement (vx), éruption, évacuation, exsudation, flux, mouvement, passage, ruissellement, sortie, stillation, stillicide, suage, suintement, vidange. *II.* ⇒ vente.

ÉCOULER ■ *I.* ⇒ vendre. *II. V. pron.* ⇒ couler/passer.

ÉCOURTER ■ ⇒ diminuer.

ÉCOUTER ■ *I.* Accueillir, boire les paroles (fam.), dresser/prêter l'oreille, être attentif/aux écoutes/indiscret, ouïr. *II. Fig.* 1. ⇒ satisfaire. 2. ⇒ obéir.

III. V. pron. : s'abandonner, s'amollir, se laisser aller, se soigner, *et les formes pron. possibles de* SOIGNER.

ÉCRABOUILLER ■ ⇒ écraser.

ÉCRAN ■ Abri, cloison, éventail, filtre, panneau, paravent, pare-étincelles/ feu, portière, protection, rideau, séparation, store, tapisserie, tenture, voilage.

ÉCRASEMENT ■ ⇒ défaite.

ÉCRASER ■ *I.* Aplatir, bousiller (fam.), briser, broyer, écacher, écarbouiller (fam.), écrabouiller (fam.), moudre. *II. Par ext.* 1. ⇒ vaincre. 2. ⇒ surcharger. 3. ⇒ fatiguer. 4. ⇒ subir, taire (se).

ÉCRÉMAGE ■ ⇒ sélection.

ÉCRÉMER ■ ⇒ sélectionner.

ÉCRIER (S') ■ ⇒ crier.

ÉCRIN ■ ⇒ boîte.

ÉCRIRE ■ *I. Au pr.* : barbouiller (péj.), calligraphier, consigner, copier, correspondre, crayonner, dactylographier, fixer, former, gratter (fam.), gribouiller, griffonner, inscrire, libeller, marquer, minuter, noter, orthographier, ponctuer, recopier, rédiger, rôler, sténographier, sténotyper, taper, tracer, transcrire. *II. Par ext.* 1. ⇒ composer. 2. ⇒ informer.

ÉCRIT ■ *I.* ⇒ libelle. *II.* ⇒ livre.

ÉCRITEAU ■ Affiche, annonce, enseigne, épigraphe, étiquette, inscription, pancarte, panneau, panonceau, placard, programme, réclame.

ÉCRITURE ■ *I. Au pr.* : graphie, graphisme, orthographe. *II. Par ext.* : calligraphie, griffe, main, manière, patte, plume, style. *III. Au pl.* : bible, évangile, épître, prophétie.

ÉCRIVAIN ■ *I. Au pr.* : auteur, auteur comique/gai/tragique, conteur, dramaturge, essayiste, homme de lettres, journaliste, littérateur, narrateur, nouvelliste, plume, polygraphe, prosateur, publiciste, romancier, styliste. ⇒ **poète.**

Péj. : barbouilleur, bas-bleu, écrivailleur, écrivaillon, écrivassier, faiseur de livres, forgeur, gendelettre, grimaud, pisse-copie, plumitif. *II. Par ext.* : calligraphe, commis aux écritures, copiste, gratte-papier, logographe, rédacteur, scribe, scribouillard (fam. et péj.), scripteur.

ÉCROUELLES ■ ⇒ scrofule.

ÉCROUER ■ ⇒ emprisonner.

ÉCROULEMENT ■ ⇒ chute.

ÉCROULER (S') ■ *I.* ⇒ crouler. *II.* ⇒ tomber.

ÉCU ■ *I.* ⇒ bouclier. *II.* ⇒ emblème.

ÉCUEIL ■ *I. Au pr.* : brisant, récif, rocher. *II. Fig.* ⇒ obstacle.

ÉCUELLE ■ ⇒ assiette.

ÉCUMANT, E ■ ⇒ écumeux.

ÉCUME ■ *I.* ⇒ mousse. *II.* ⇒ salive. *III.* ⇒ rebut.

ÉCUMER ■ *I.* ⇒ rager. *II.* ⇒ piller.

ÉCUMEUR ■ ⇒ corsaire.

ÉCUMEUX, EUSE ■ Baveux, bouillonnant, écumant, effervescent, gazeux, mousseux, spumescent, spumeux.

ÉCURER ■ ⇒ nettoyer.

ÉCUREUIL ■ Jacquet (rég.), petit-gris, polatouche, rat palmiste, xérus.

ÉCURIE ■ ⇒ étable.

ÉCUSSON ■ ⇒ emblème.

ÉCUYER ■ *I.* Cavalcadour. *II.* ⇒ noble.

ÉDEN ■ ⇒ paradis.

ÉDICTER ■ ⇒ prescrire.

ÉDICULE ■ Abri, cabane, échoppe, gloriette, guérite, kiosque. ⇒ **water-closet.**

ÉDIFIANT, E ■ ⇒ exemplaire.

ÉDIFICATION ■ ⇒ instruction.

ÉDIFICE ■ ⇒ bâtiment.

ÉDIFIER ■ *I.* ⇒ bâtir. *II.* ⇒ instruire.

ÉDILE ■ Bailli, bourgmestre, capitoul, conseiller municipal, consul, échevin, magistrat, maire, mayeur, podestat.

ÉDIT ■ ⇒ loi.

ÉDITER ■ Lancer, publier, sortir.

ÉDITION ■ *I. On édite :* composition, impression, publication, réédition, réimpression, tirage. *II. Ce qu'on édite :* collection, publication, republication, reproduction. *III. Première édition :* princeps.

ÉDITORIAL ■ ⇒ article.

ÉDREDON ■ ⇒ couverture.

ÉDUCATEUR, TRICE ■ *I. Nom :* cicérone, éveilleur, instructeur, maître, mentor, moniteur, pédagogue. ⇒ instituteur. *II. Adj. :* éducatif, formateur, pédagogique.

ÉDUCATIF, IVE ■ *I.* ⇒ éducateur. *II.* ⇒ didactique.

ÉDUCATION ■ ⇒ instruction, civilité.

ÉDULCORER ■ Adoucir, affadir, affaiblir, mitiger, sucrer, tempérer.

ÉDUQUER ■ ⇒ instruire, élever.

EFFACÉ, E ■ ⇒ modeste, terne.

EFFACEMENT ■ ⇒ retenue, suppression.

EFFACER ■ *I. Au pr. :* barrer, biffer, caviarder, démarquer, détruire, échopper, faire disparaître, faire une croix, gommer, gratter, laver, oblitérer, radier, raturer, rayer, sabrer, supprimer. *II. Fig.* 1. ⇒ obscurcir. 2. Faire oublier, *et les syn. de* OUBLIER. *III. V. pron.* ⇒ disparaître.

EFFARANT, E ■ ⇒ étonnant.

EFFAREMENT ■ ⇒ surprise.

EFFARER, EFFAROUCHER ■ ⇒ effrayer.

EFFECTIF ■ *I. N. m.* ⇒ quantité. *II. Adj.* ⇒ efficace, réel.

EFFECTIVEMENT ■ Certainement, en effet, en fait, en réalité, évidemment, positivement, réellement, sûrement.

EFFECTUER ■ ⇒ réaliser.

EFFÉMINÉ, E ■ *I.* Femelle, féminin. *II.* Émasculé, mièvre. ⇒ uranien.

EFFÉMINER ■ Féminiser. *Péj.* ⇒ affaiblir.

EFFERVESCENCE ■ *I.* ⇒ agitation. *II.* ⇒ fermentation.

EFFERVESCENT, E ■ Agité, bouillonnant, remuant. ⇒ écumeux.

EFFET ■ *I. Au pr.* 1. Action, application, conclusion, conséquence, corollaire, exécution, fin, influence, portée, réalisation, résultat, suite. 2. Amélioration, choc, impression, plaisir, sensation, soulagement, surprise. *II. Au pl.* ⇒ vêtement. *III. Loc. adv.* En effet ⇒ effectivement.

EFFEUILLER ■ Arracher, défeuiller, dégarnir, dépouiller, faire perdre/tomber. *V. pron. :* perdre, *et les formes pron. possibles des syn. de* EFFEUILLER.

EFFICACE ■ Actif, agissant, effectif, efficient, héroïque (remède), opérant, puissant, radical.

EFFICACITÉ ■ ⇒ action, rendement.

EFFIGIE ■ ⇒ image.

EFFILÉ, E ■ ⇒ mince.

EFFILER ■ *I.* Amincir, atténuer, défaire, délier, effilocher, effranger. *II.* ⇒ diminuer.

EFFLANQUÉ, E ■ ⇒ maigre.

EFFLEUREMENT ■ ⇒ caresse.

EFFLEURER ■ *I. Au pr. :* friser, frôler, passer près, raser, toucher. ⇒ caresser. *II. Fig. :* approcher, faire allusion à, suggérer, survoler.

EFFLORESCENCE ■ ⇒ floraison.

EFFLUVE ■ ⇒ émanation, fluide.

EFFONDRÉ, E ■ ⇒ consterné.

EFFONDREMENT ■ *I. Au pr.* ⇒ chute. *II. Fig.* ⇒ décadence.

EFFONDRER (S') ■ *I.* ⇒ crouler. *II.* ⇒ tomber.

EFFORCER (S') ■ ⇒ essayer.

EFFORT ■ *I. Au pr. :* ahan (vx), application, concentration, contention. *II. Par ext.* 1. ⇒ violence. 2. ⇒ hernie. 3. ⇒ peine, travail.

EFFRACTION ■ Forcement. ⇒ vol.

EFFRAIE ■ ⇒ hulotte.

EFFRANGER ■ ⇒ effiler.

EFFRAYANT, E ■ Abominable, alarmant, affolant, affreux, angoissant, apocalyptique, atterrant, cauchemardesque, cauchemardeux, dangereux (par ext.), dantesque, effarant, effarouchant, effroyable, épouvantable, excessif, formidable, hallucinant, horrible, inquiétant, mauvais, menaçant, monstrueux, pétrifiant, redoutable, terrible, terrifiant, terrorisant.

EFFRAYER ■ Alarmer, affoler, angoisser, effarer, effaroucher, épouvanter, faire peur, *et les syn. de* PEUR, halluciner, horrifier, inquiéter, menacer, pétrifier, terroriser.

EFFRÉNÉ, E ■ ⇒ excessif.

EFFRITEMENT ■ ⇒ désagrégation.

EFFRITER ■ ⇒ pulvériser.

EFFROI ■ ⇒ épouvante.

EFFRONTÉ, E ■ ⇒ hardi, impoli.

EFFRONTERIE ■ ⇒ impudence.

EFFROYABLE ■ ⇒ effrayant.

EFFUSION ■ ⇒ épanchement.

ÉGAILLER (S') ■ ⇒ disperser (se).

ÉGAL, E ■ *I. Adj.* 1. Au pr. : comparable, équivalent, jumeau, pareil, plain, plan, plat, ras, semblable. 2. Par ext. : indifférent, tranquille. *II. Loc.*

prép. À l'égal de : à l'instar, comme, de même que. *III. Nom :* alter ego, frère, jumeau, pair, pareil, semblable.

ÉGALER ■ Atteindre, balancer, contrebalancer, disputer, égaliser, équipoller, équivaloir, rivaliser, valoir.

ÉGALISER ■ Aplanir, aplatir, araser, balancer, contrebalancer, égaler, équilibrer, laminer (fig.), mettre de niveau, niveler, parangonner (fig.), raser, régulariser, unifier, unir.

ÉGALITÉ ■ *I. Au pr. :* conformité, équation, équilibre, équivalence, identité, parité, persistance, régularité, ressemblance, semblance, similitude, uniformité, unité. *II. Par ext.* ⇒ tranquillité.

ÉGARDS ■ *I. Au pr. :* assiduité, attentions, condescendance (péj.), considération, courtoisie, déférence, estime, gentillesse, hommages, ménagements, petits soins, politesse, préférence, prévenance, respect, soins, vénération. *II. Loc.* 1. À l'égard de : à l'endroit de, au sujet de, avec, en ce qui concerne, envers, pour, pour ce qui est de, s'agissant de, vis-à-vis de. 2. Avoir égard à ⇒ considérer.

ÉGARÉ, E ■ *I. Au pr.* 1. Adiré (vx), dévoyé, fourvoyé, perdu. 2. Clairsemé, dispersé, disséminé, éparpillé, épars, sporadique. *II. Fig.* ⇒ troublé.

ÉGAREMENT ■ *I.* ⇒ délire. *II.* ⇒ dérèglement. *III.* ⇒ erreur.

ÉGARER ■ *I.* ⇒ écarter. *II.* ⇒ tromper. *III.* Adirer (jurid.). ⇒ perdre.

ÉGARER (S') ■ S'abuser, se dérouter, (vx), se désorienter, se détourner, se dévoyer, s'écarter, errer, se fourvoyer, se perdre.

ÉGAYER ■ *I.* Amuser, animer, déchagriner, délasser, délecter, dérider, dépisser, dilater/épanouir la rate (fam.), distraire, divertir, ébaudir (vx), récréer, réjouir. *II.* 1. ⇒ orner. 2. ⇒ élaguer. *III. V. pron.* 1. Favorable ⇒ amuser (s'). 2. Péj. ⇒ railler.

ÉGÉRIE ■ Muse. ⇒ **conseiller.**

ÉGIDE ■ Appui, auspices, bouclier, patronage, protection, sauvegarde, surveillance, tutelle.

ÉGLISE ■ *I. L'édifice :* 1. Abbatiale, basilique, cathédrale, chapelle, collégiale, oratoire, paroisse, prieuré, sanctuaire. 2. **Par ext.** : mosquée, synagogue. ⇒ **temple.** *II. L'institution :* assemblée des fidèles, catholicité, clergé, communion des saints, sacerdoce. *III. Par ext.* ⇒ **secte.**

ÉGLOGUE ■ Bucolique, chant/poème/poésie pastoral(e)/rustique, géorgique, pastorale.

ÉGOÏSME ■ *I.* Amour de soi, amourpropre, autolâtrie, culte du moi, égocentrisme, égotisme, indifférence, individualisme, insensibilité, moi, narcissisme. *II.* ⇒ **avarice.**

ÉGOÏSTE ■ *I. Au pr. :* autolâtre, cœur sec, égocentrique, égotiste, entier, indifférent, individualiste, individuel, insensible, narcissique, personnel, sec. *II. Par ext.* ⇒ **avare.**

ÉGORGER ■ ⇒ **tuer, dépouiller.**

ÉGOSILLER (S') ■ ⇒ **crier.**

ÉGOTISME ■ ⇒ **égoïsme.**

ÉGOUT ■ ⇒ **cloaque.**

ÉGOUTTOIR ■ Cagerotte, clayon, clisse, éclisse, faisselle.

ÉGRATIGNER ■ *I. Au pr.* ⇒ **déchirer.** *II. Fig.* ⇒ **blesser.**

ÉGRATIGNURE ■ ⇒ **déchirure.**

ÉGRENER ■ Écosser, égrapper. *V. pron.* ⇒ **disperser (se).**

ÉGRILLARD, E ■ ⇒ **libre.**

ÉGROTANT, E ■ ⇒ **malade.**

ÉGRUGER ■ ⇒ **broyer.**

ÉHANCHÉ, E ■ ⇒ **disloqué.**

ÉHONTÉ, E ■ ⇒ **impudent.**

ÉJACULATION ■ Déjection, éjection, évacuation, miction, pollution, projection.

ÉJACULER ■ *Arg. et grossier :* arracher, balancer/envoyer/lâcher sa came/purée/sauce/semoule/ son venin/le yaourt, décharger, faire une carte de France, foutre (vx), juter, se soulager, vider ses ⇒ **bourses.**

ÉJECTER ■ ⇒ **jeter.**

ÉJECTION ■ ⇒ **expulsion.**

ÉLABORATION ■ Accomplissement, conception, exécution, fabrication, mise au point, perfectionnement, préparation, réalisation, travail. ⇒ **digestion.**

ÉLABORER ■ ⇒ **préparer, digérer.**

ÉLAGAGE ■ ⇒ **taille.**

ÉLAGUER ■ Couper, dégager, dégarnir, diminuer, ébrancher, éclaircir, égayer, émonder, étêter, rapetisser, supprimer, tailler, tronquer. ⇒ **retrancher.**

ÉLAN ■ *I.* Bond, coup, élancement, envolée, erre, essor, lancée, lancement, impulsion, mouvement, saut. *II. Fig. :* ardeur, chaleur, élévation, emportement, émulation, enthousiasme, entraînement, fougue, furia, vivacité, zèle. *III.* ⇒ **cervidé.**

ÉLANCÉ, E ■ ⇒ **mince.**

ÉLANCEMENT ■ ⇒ **douleur, élan.**

ÉLANCER (S') ■ Bondir, charger, débouler, s'élever, foncer, fondre, se jeter, se lancer, piquer, se précipiter, se ruer, sauter, tomber.

ÉLARGIR ■ Accroître, arrondir, augmenter, dilater, distendre, évaser, ovaliser.

ÉLARGISSEMENT ■ ⇒ **agrandissement, libération.**

ÉLASTICITÉ ■ ⇒ **souplesse.**

ÉLASTIQUE ■ *I. Au pr. :* compressible, extensible, flexible, mou, rénitent (méd.). *II. Fig.* 1. ⇒ indulgent. 2. ⇒ relâché.

ELDORADO ■ Éden, paradis, pays de Cocagne/de rêve, Pérou.

ÉLECTION ■ *I.* ⇒ choix. *II.* ⇒ préférence. *III.* ⇒ vote.

ÉLECTRISER ■ ⇒ enflammer.

ÉLECTUAIRE ■ ⇒ remède.

ÉLÉGANCE ■ *I. Au pr.* : agrément, allure, beauté, belle apparence, bonne mine, bon ton, cachet, chic, dandysme, distinction, goût, grâce, harmonie, perfection, race, sveltesse, tenue. *II. Par ext.* 1. ⇒ pureté. 2. ⇒ simplicité. 3. ⇒ habileté.

ÉLÉGANT, E ■ *I. Adj.* 1. Quelqu'un ou un groupe : agréable, beau, bien mis, chic, copurchic (fam.), coquet, de bon goût, délicat, distingué, endimanché, faraud (vx), fashionable, fringant, galant, gracieux, harmonieux, joli, parfait, pimpant, sélect, smart, sur son trente et un, svelte, tiré à quatre épingles, urf. 2. Une chose ⇒ pur. *II. Nom* : brummell, dandy, gandin, gommeux (péj.), merveilleux, mirliflore, muguet, muscadin.

ÉLÉGIAQUE ■ *I. Au pr.* : mélancolique, plaintif, tendre, triste. *II. Par ext.* : abattu, affecté, attristé, chagrin.

ÉLÉGIR ■ ⇒ diminuer.

ÉLÉMENT ■ *I.* ⇒ principe. *II.* ⇒ substance. *III.* ⇒ milieu.

ÉLÉMENTAIRE ■ ⇒ simple.

ÉLÉVATION ■ *I. Au pr.* 1. ⇒ hauteur. 2. ⇒ hausse. *II. Fig.* : dignité, éminence, grandeur, héroïsme, noblesse, sublimité, supériorité, tenue.

ÉLÈVE ■ Apprenti, cancre (péj.), collégien, disciple, écolier, étudiant, lycéen, potache. *Arg. scol.* : ancien, bicarré, bizut, carré, cocon, conscrit, grimaud (vx), tapir.

ÉLEVÉ, E ■ *I. Au pr.* ⇒ haut. *II. Par ext.* : accru, augmenté, bon, éduqué, éminent, emphatique (péj.), formé, grand, héroïque, instruit, magnifique, noble, pompeux (péj.), relevé, soutenu, sublime, supérieur, transcendant. *III. Loc.* 1. Bien élevé ⇒ civil. 2. Mal élevé ⇒ impoli.

ÉLEVER ■ *I. Au pr.* 1. Accroître, arborer, augmenter, dresser, exhausser, faire monter, hausser, lever, planter, rehausser, relever, soulever, surélever. 2. Bâtir, construire, édifier, ériger. *II. Élever un enfant* : allaiter, cultiver, éduquer, entretenir, former, instruire, nourrir. *III. Par ext. On élève quelque chose ou quelqu'un.* 1. ⇒ louer. 2. ⇒ promouvoir. *IV. On élève une objection* ⇒ prétexter. *V. V. pron.* 1. ⇒ opposer (s'). 2. ⇒ protester. 3. ⇒ monter. 4. ⇒ naître.

ÉLEVEUR ■ Emboucheur, engraisseur, herbager, nourrisseur.

ELFE ■ Esprit, follet, génie, lutin, sylphe

ÉLIMÉ, E ■ ⇒ usagé.

ÉLIMINATION ■ ⇒ suppression.

ÉLIMINER ■ Abstraire, bannir, écarter, exclure, expulser, évincer, faire abstraction de, forclore (jurid.), laisser de côté, mettre à part/en quarantaine, omettre, ostraciser, proscrire, retirer, retrancher, supprimer, sortir.

ÉLIRE ■ ⇒ choisir.

ÉLITE ■ ⇒ choix.

ÉLITISME ■ Mandarinat.

ÉLIXIR ■ Essence, quintessence. ⇒ remède.

ELLIPSE ■ *I.* ⇒ ovale. *II.* Aphérèse, apocope, brachylogie, laconisme, raccourci, syncope.

ELLIPTIQUE ■ ⇒ court.

ÉLOCUTION ■ Accent, articulation, débit, déclamation, diction, éloquence, énonciation, expression, langage, langue, parole, prononciation, style.

ÉLOGE ■ *I. Au pr.* : applaudissement, apologie, apothéose, célébration, compliment, coups d'encensoir (péj.), dithyrambe, encens, encensement, exaltation, faire-valoir, félicitation, flagornerie (péj.), glorification, justification, los (vx), louange, magnification, panégyrique. *II. Par ext.* : chant, doxologie, gloria, hosanna, oraison funèbre, prône.

ÉLOGIEUX, EUSE ■ Apologétique, apologique, dithyrambique, louangeur.

ÉLOIGNÉ, E ■ À distance, détourné, écarté, espacé, lointain, reculé.

ÉLOIGNEMENT ■ *I. Au pr.* 1. De quelqu'un : absence, disparition. 2. D'une chose : distance, intervalle, lointain, renfoncement. *II. Fig.* : antipathie, aversion, dégoût, détestation, exécration, haine, horreur, nausée, répugnance, répulsion.

ÉLOIGNER ■ ⇒ écarter. *V. pron.* : s'absenter, céder la place, disparaître, s'écarter, s'en aller, quitter.

ÉLONGATION ■ ⇒ entorse.

ÉLOQUENCE ■ Ardeur, art, bien-dire, brillant, brio, chaleur, charme, conviction, élégance, maîtrise, parole, persuasion (par ext.), rhétorique, véhémence, verve. *Péj.* : bagou, débit, déclamation, faconde, ithos, pathos.

ÉLOQUENT, E ■ ⇒ disert, probant.

ÉLU, E ■ ⇒ député, saint.

ÉLUCIDATION ■ ⇒ explication.

ÉLUCIDER ■ ⇒ éclaircir.

ÉLUCUBRATION ■ Vaticination. ⇒ fable.

ÉLUCUBRER ■ ⇒ composer.

ÉLUDER ■ ⇒ éviter.

ÉLUSIF, IVE ■ ⇒ évasif.

ÉMACIATION ■ ⇒ maigreur.

ÉMACIÉ, E ■ ⇒ maigre.

ÉMAIL ■ Décoration, émaillure, nielle.

ÉMAILLER ■ ⇒ orner.

ÉMANATION ■ *I. Au pr.* 1. Agréable ou neutre : arôme, bouffée, effluence, effluve, exhalaison, parfum, senteur. ⇒ odeur. 2. Désagréable : miasmes, odeur, remugle. ⇒ puanteur. *II. Fig.* : alter ego, créature, dérivation, disciple, épigone, manifestation, produit.

ÉMANCIPATEUR, TRICE ■ ⇒ libérateur.

ÉMANCIPATION ■ ⇒ libération.

ÉMANCIPER ■ ⇒ libérer.

ÉMANER ■ *I.* ⇒ dégager (se). *II.* ⇒ découler.

ÉMARGEMENT ■ Acquit, apostille, décharge, griffe, quittance, quitus, récépissé, reçu, signature, visa.

ÉMARGER ■ V. tr. et intr. *I.* ⇒ toucher. *II.* Apostiller, mettre sa griffe/ marque, signer, viser.

ÉMASCULATION ■ ⇒ castration.

ÉMASCULER ■ *I. Au pr.* : castrer, couper, déviriliser. ⇒ châtrer. *II. Fig.* ⇒ affaiblir.

EMBABOUINER ■ Cajoler, enjôler, flagorner. ⇒ berner.

EMBALLAGE ■ Conditionnement, empaquetage. ⇒ récipient.

EMBALLEMENT ■ ⇒ enthousiasme.

EMBALLER ■ *I.* ⇒ envelopper. *II.* ⇒ transporter. *III. V. pron.* ⇒ emporter (s').

EMBARCADÈRE ■ ⇒ quai, wharf.

EMBARCATION ■ Bachot, baleinière, barque, canoë, canot, chaloupe, esquif, nacelle, périssoire, pirogue, rafiot, skiff, vedette, yole, youyou. ⇒ bateau.

EMBARDÉE ■ ⇒ écart.

EMBARGO ■ ⇒ confiscation.

EMBARQUEMENT ■ Chargement. ⇒ départ.

EMBARQUER ■ *I.* ⇒ charger. *II. V. pron. :* 1. Monter, partir. 2. S'aventurer, s'engager, essayer, se lancer.

EMBARRAS ■ *I.* ⇒ obstacle. *II.* ⇒ ennui. *III.* ⇒ indétermination. *IV.* ⇒ timidité. *V.* ⇒ façon.

EMBARRASSANT, E ■ Difficile, encombrant, gênant, incommodant, intimidant, malaisé, obstrué, pénible.

EMBARRASSÉ, E ■ Contourné, contraint, filandreux, pâteux. ⇒ embarrasser.

EMBARRASSER ■ *I. Quelque chose* ⇒ obstruer. *II. Quelqu'un* ⇒ gêner. *III. Fig. :* arrêter, compliquer, déconcerter, dérouter, emberlificoter, embourber, embrouiller, empêcher, empêtrer, enchevêtrer, encombrer, enferrer, entortiller, entraver, gêner, importuner, incommoder, inquiéter, intimider, intriguer (vx), troubler.

EMBASTILLER ■ ⇒ emprisonner.

EMBAUCHAGE ■ Embauche, engagement, enrôlement, racolage (péj.).

EMBAUCHER ■ ⇒ engager.

EMBAUMER ■ Momifier ⇒ parfumer.

EMBAUMEUR ■ Taricheute, thanatopracteur/practor.

EMBECQUER ■ ⇒ gorger.

EMBELLIR ■ v. tr. et intr. Agrémenter, assaisonner (fam.), décorer, émailler, enjoliver, farder, flatter, garnir, idéaliser, illustrer, ornementer, parer, poétiser, rendre beau, sublimer. ⇒ orner.

EMBELLISSEMENT ■ ⇒ amélioration.

EMBERLIFICOTER ■ ⇒ embarrasser.

EMBÊTANT, E ■ ⇒ ennuyeux.

EMBÊTEMENT ■ ⇒ ennui.

EMBÊTER ■ ⇒ ennuyer.

EMBLÉE (D') ■ ⇒ aussitôt.

EMBLÉMATIQUE ■ ⇒ symbolique.

EMBLÈME ■ Armes, armoiries, bannière, blason, cocarde, devise, drapeau, écu, écusson, étendard, figure, hiéroglyphe, image, insigne, signe, symbole.

EMBOÎTEMENT ■ Aboutage, accouplement, ajustage, assemblage, emboîture, enchâssement, insertion, rapprochement, réunion, union.

EMBOÎTER ■ *I.* ⇒ insérer. *II. Loc.* Emboîter le pas ⇒ suivre.

EMBOLIE ■ ⇒ congestion.

EMBONPOINT ■ ⇒ grosseur.

EMBOUCHÉ, E (MAL) ■ ⇒ impoli.

EMBOUCHURE ■ *I. D'un instrument :* bocal, bouquin, embouchoir. *II. D'un cours d'eau :* bouches, delta, estuaire.

EMBOURBER ■ *Fig.* ⇒ embarrasser. *V. pron. :* 1. Au pr. : s'empêtrer, s'enfoncer, s'engluer, s'enliser, s'envaser, patauger, patiner. 2. Fig. : s'embrouiller, se tromper, se troubler.

EMBOUTEILLER ■ ⇒ obstruer.

EMBOUTIR ■ ⇒ heurter.

EMBRANCHEMENT ■ *I.* ⇒ fourche. *II.* ⇒ partie.

EMBRANCHER ■ ⇒ joindre.

EMBRASEMENT ■ *I.* ⇒ incendie. *II. Fig.* ⇒ fermentation.

EMBRASER ■ *I.* ⇒ enflammer. *II.* ⇒ éclairer.

EMBRASSADE, EMBRASSEMENT ■ Accolade, baisement, baiser, caresse, enlacement, étreinte, resserrement, serrement.

EMBRASSER ■ *I. Au pr.* 1. ⇒ serrer. 2. ⇒ baiser. *II. Fig.* 1. ⇒ comprendre. 2. ⇒ entendre. 3. ⇒ suivre. 4. ⇒ voir.

EMBRASURE ■ ⇒ ouverture.

EMBRAYER ■ ⇒ entreprendre.

EMBRIGADEMENT ■ Encadrement, enrôlement, racolage, recrutement.

EMBRIGADER ■ ⇒ enrôler.

EMBRINGUER ■ ⇒ entraîner.

EMBROCATION ■ ⇒ pommade.

EMBROCHER ■ Brocheter, percer.

EMBROUILLAMINI ■ ⇒ embrouillement.

EMBROUILLÉ, E ■ *I.* ⇒ compliqué. *II.* ⇒ obscur.

EMBROUILLEMENT ■ Brouillamini, brouillement, confusion, désordre, embrouillamini, emmêlement, enchevêtrement, imbroglio, incertitude, obscurcissement, ombre, voile. *Arg. ou fam. :* bin's, bisness, chtourbe, cirage, embrouille, merdier, sac de nœuds, salade.

EMBROUILLER ■ Brouiller, compliquer, confondre, embarrasser, enchevêtrer, mêler, troubler.

EMBRUMER ■ ⇒ obscurcir.

EMBRUN ■ Poudrin.

EMBRYON ■ Fœtus, germe, graine, œuf. ⇒ commencement.

EMBRYONNAIRE ■ ⇒ simple.

EMBU, E ■ ⇒ terne.

EMBÛCHE, EMBUSCADE ■ ⇒ piège.

EMBUÉ, E ■ Embu, imbibé, imprégné, mouillé, obscurci.

ÉMÉCHÉ, E ■ ⇒ ivre.

ÉMERAUDE ■ *I. Adj.* ⇒ vert. *II. Nom fém.* ⇒ gemme.

ÉMERGER ■ *I.* ⇒ sortir. *II.* ⇒ distinguer (se).

ÉMERILLONNÉ, E ■ ⇒ éveillé.

ÉMÉRITE ■ ⇒ distingué.

ÉMERVEILLÉ, E ■ ⇒ étonné.

ÉMERVEILLER ■ *I.* ⇒ fasciner. *II.* ⇒ charmer. *III.* ⇒ étonner. *IV. V. pron.* ⇒ enthousiasmer (s').

ÉMÉTIQUE ■ n. et adj. ⇒ vomitif.

ÉMETTRE ■ *I. Au pr.* ⇒ jeter. *II. Radio :* diffuser, produire, publier, radiodiffuser. *III. Fig.* ⇒ énoncer.

ÉMEUTE ■ Agitation, barricades, coup de chien, désordre, insoumission, insurrection, mutinerie, rébellion, révolte, révolution, sédition, soulèvement, trouble.

ÉMEUTIER, ÈRE ■ ⇒ factieux.

ÉMIETTER ■ ⇒ disperser.

ÉMIETTEMENT ■ ⇒ dispersion.

ÉMIGRANT ■ ⇒ émigré.

ÉMIGRATION ■ *I. Au pr. :* exode, expatriation, migration, transmigration, transplantation. *II. Par ext.* ⇒ relégation.

ÉMIGRÉ, E ■ n. et adj. Émigrant, exogène, expatrié, immigré, migrant, personne déplacée, réfugié.

ÉMIGRER ■ S'expatrier ⇒ partir.

ÉMINENCE ■ *I.* ⇒ hauteur. *II.* ⇒ saillie. *III.* ⇒ élévation. *IV. Protocolaire :* Excellence, Grandeur, Monseigneur.

ÉMINENT, E ■ ⇒ élevé, distingué.

ÉMISSAIRE ■ *I.* Agent, chargé d'affaires, envoyé. ⇒ député. *II.* ⇒ espion. *III.* ⇒ cours d'eau.

ÉMISSION ■ *I.* Écoulement, éjaculation, émanation, éruption. *II.* Diffusion, production, représentation, retransmission, transmission, vulgarisation.

EMMAGASINER ■ ⇒ accumuler.

EMMAILLOTER ■ ⇒ envelopper.

EMMÊLER ■ ⇒ mélanger.

EMMÉNAGER ■ ⇒ installer (s').

EMMENER ■ ⇒ mener.

EMMERDANT, E ■ ⇒ ennuyeux.

EMMERDEMENT ■ ⇒ ennui.

EMMERDER ■ ⇒ ennuyer.

EMMERDEUR, EUSE ■ ⇒ fâcheux.

EMMIELLÉ, E ■ ⇒ doucereux.

EMMIELLER ■ (Fig.) *I.* ⇒ adoucir. *II.* ⇒ ennuyer.

EMMITONNER ■ *I. Au pr.* ⇒ envelopper. *II. Fig.* 1. ⇒ séduire. 2. ⇒ tromper.

EMMITOUFLER ■ *I. Au pr.* ⇒ envelopper. *II. Fig.* ⇒ déguiser.

EMMURER ■ ⇒ emprisonner.

ÉMOI ■ ⇒ émotion.

ÉMOLUMENTS ■ ⇒ rétribution.

ÉMONDER ■ ⇒ élaguer.

ÉMOTIF, IVE ■ ⇒ sensible.

ÉMOTION ■ Affolement, agitation, bouleversement, choc, commotion, coup, désarroi, ébranlement, effarement, effervescence, émoi, enthousiasme, fièvre, frisson, saisissement, secousse, serrement de cœur, souleur (vx), transe, trauma, traumatisme, trouble. ⇒ sentiment.

ÉMOTIVITÉ ■ ⇒ sensibilité.

ÉMOUDRE ■ *I.* ⇒ aiguiser. *II. Loc.* Frais émoulu ⇒ sortir.

ÉMOUSSÉ, E ■ *I. Au pr.* : ébréché, écaché, émoucheté, épointé, mousse. *II. Fig.* : abattu, affaibli, amorti, blasé, diminué, obtus, usé.

ÉMOUSTILLER ■ ⇒ exciter.

ÉMOUVANT, E ■ Apitoyant, attendrissant, bouleversant, captivant, déchirant, dramatique, éloquent, empoignant, excitant, frappant, impressionnant, larmoyant (péj.), navrant, pathétique, poignant, saisissant, touchant, tragique, troublant.

ÉMOUVOIR ■ Affecter, agiter, alarmer, aller au cœur, apitoyer, attendrir, attrister, blesser, bouleverser, captiver, chavirer (fam.), consterner, déchirer, ébranler, émotionner (fam.), empoigner, enflammer, exciter un sentiment/la passion, faire vibrer, fléchir, frapper, froisser (péj.), impressionner, inquiéter, intéresser, piquer au vif, remuer, retourner, révolutionner (fam.), saisir, secouer, suffoquer, surexciter, toucher, troubler. *V. pron.* : être agité, s'insurger, réagir, *et les formes pron. possibles des syn. de* ÉMOUVOIR.

EMPAILLER ■ Naturaliser.

EMPALER ■ ⇒ percer.

EMPAQUETAGE ■ Conditionnement, emballage.

EMPAQUETER ■ ⇒ envelopper.

EMPARER (S') ■ Accaparer, s'approprier, s'assurer, s'attribuer, capter, capturer, conquérir, emporter, enlever, envahir, escroquer (péj.), faucher (fam.), intercepter, mettre le grappin (fam.)/la main sur, occuper, piquer (fam.), prendre, rafler, se rendre maître de, soulever, usurper. ⇒ **voler**.

EMPÂTÉ, E ■ ⇒ gras.

EMPÂTEMENT ■ ⇒ grosseur.

EMPÂTER (S') ■ ⇒ grossir.

EMPAUMER ■ *I.* ⇒ gouverner. *II.* ⇒ séduire.

EMPÊCHÉ, E ■ *I. Les part. passés possibles des syn. de* EMPÊCHER. *II.* ⇒ **embarrassé**.

EMPÊCHEMENT ■ ⇒ obstacle.

EMPÊCHER ■ Arrêter, bâillonner, barrer, bloquer, brider, condamner, conjurer, contraindre, contrarier, contrecarrer, contrer, couper, défendre, déjouer, dérober, dérouter, détourner, écarter, embarrasser, enchaîner, endiguer, enfermer, entraver, étouffer, exclure, éviter, faire obstacle, *et les syn. de* OBSTACLE, fermer, gêner, interdire, masquer, museler, offusquer, s'opposer à, paralyser, prévenir, prohiber, retenir, supprimer, tenir, traverser (vx).

EMPEREUR ■ ⇒ **monarque**.

EMPESÉ, E ■ I. Au pr. : amidonné, apprêté, dur. **II. Fig.** ⇒ étudié.

EMPESTER ■ ⇒ puer.

EMPÊTRER ■ ⇒ embarrasser.

EMPHASE ■ Affectation, ampoule, bouffissure, boursouflure, cérémonie, complications, déclamation, démesure, enflure, excès, grandiloquence, grands airs, hyperbole, ithos, pathos, pédantisme, pompe, prétention, solennité.

EMPHATIQUE ■ Académique, affecté, ampoulé, apprêté, bouffi, boursouflé, cérémonieux, compliqué, creux, déclamateur, déclamatoire, démesuré, enflé, gonflé, grandiloquent, guindé, hyperbolique, magnifique (vx), péda - tesque, pindarique, pompeux, pompier (fam.), prétentieux, ronflant, sentencieux, solennel, sonore, soufflé, vide.

EMPIÉTEMENT ■ ⇒ usurpation.

EMPIÉTER ■ ⇒ usurper.

EMPIFFRER (S') ■ ⇒ manger.

EMPILER ■ I. ⇒ accumuler, entasser. **II. Péj.** ⇒ tromper, voler.

EMPIRE ■ I. ⇒ autorité. **II.** ⇒ règne. **III.** ⇒ nation. **IV.** ⇒ influence.

EMPIRER ■ S'aggraver, aigrir, augmenter, s'aviver, se corser, devenir plus grave *et les syn. de* GRAVE, s'envenimer, péricliter, progresser

EMPIRIQUE ■ Expérimental, routinier.

EMPIRISME ■ ⇒ routine.

EMPLACEMENT ■ ⇒ lieu.

EMPLÂTRE ■ I. Au pr. : antiphlogistique, cataplasme, compresse, diachylon, magdaléon, résolutoire, révulsif, sinapisme. **II. Fig.** ⇒ mou.

EMPLETTE ■ Achat, acquisition.

EMPLIR ■ Bonder, bourrer, charger, combler, embarquer, encombrer, entrelarder, envahir, farcir, fourrer, garnir, gonfler, insérer, larder, occuper, remplir, saturer, se répandre dans, truffer.

EMPLOI ■ I. Attributions, charge, état, fonction, fromage (fam.), gagne-pain, ministère, occupation, office, place, poste, profession, rôle, service, sinécure, situation, travail. **II.** ⇒ usage.

EMPLOYÉ, E ■ I. Nom. 1. Au pr. : adjoint, agent, aide, auxiliaire, commis, demoiselle, fonctionnaire, garçon, préposé, salarié, subordonné. 2. Par ext. : bureaucrate, cheminot, copiste, dactylographe, écrivain, expéditionnaire, greffier, saute-ruisseau, scribe, secrétaire, sténodactylographe, sténographe, surnuméraire. **Péj. :** gale 'p, gratte-papier, lipette, plumitif, rond-de-cuir, roupiot, scribouillard. **II. Adj.** ⇒ usité.

EMPLOYER ■ ⇒ occuper.

EMPLOYEUR ■ ⇒ patron.

EMPOCHER ■ ⇒ recevoir.

EMPOIGNADE ■ ⇒ altercation.

EMPOIGNER ■ I. Au pr. ⇒ prendre. **II. Fig.** ⇒ émouvoir.

EMPOISONNEMENT ■ intoxication. ⇒ ennui.

EMPOISONNER ■ I. Au pr. : contaminer, envenimer, infecter, intoxiquer. **II. Fig.** 1. ⇒ altérer. 2. ⇒ ennuyer. 3. ⇒ puer.

EMPOISONNEUR, EUSE ■ ⇒ fâcheux.

EMPORTÉ, E ■ I. ⇒ impétueux. **II.** ⇒ colère (adj.).

EMPORTEMENT ■ I. ⇒ colère. **II.** ⇒ impétuosité.

EMPORTER ■ I. Au pr. 1. Quelqu'un ou quelque chose emporte quelque chose : charrier, charroyer, embarquer (fam.), emmener, s'en aller avec, enlever, entraîner, prendre, rouler, transporter. 2. Une récompense ⇒ obtenir. **II. Par ext. :** comporter, impliquer, renfermer. **III. Loc.** 1. L'emporter sur

⇒ **prévaloir. 2.** Une maladie l'a **emporté** : faire mourir *et les syn. de* MOURIR. *IV. V. pron. :* se cabrer, déborder, se déchaîner, éclater, s'emballer, fulminer, se gendarmer, s'irriter. *Fam. :* monter sur ses grands chevaux, prendre le mors aux dents, sentir la moutarde monter au nez, sortir de ses gonds, voir rouge.

EMPREINDRE ■ ⇒ imprimer.

EMPREINT, E ■ ⇒ plein.

EMPREINTE ■ ⇒ trace.

EMPRESSÉ, E ■ ⇒ complaisant.

EMPRESSEMENT ■ Ardeur, attention, avidité, célérité, complaisance, diligence, élan, galanterie, hâte, impatience, précipitation, presse, promptitude, soin, vivacité, zèle.

EMPRESSER (S') ■ S'affairer, courir, se démener, se dépêcher, se hâter, se mettre en quatre, se précipiter, se presser.

EMPRISE ■ Ascendant, autorité, dépendance, empiétement, empire, influence, mainmise.

EMPRISONNEMENT ■ Captivité, claustration, contrainte par corps (jurid.), détention, écrou, incarcération, internement, mise à l'ombre (fam.), prise de corps (jurid.), prison, réclusion, relégation, séquestration, transportation.

EMPRISONNER ■ Arrêter, assurer, cadenasser, claquemurer, cloîtrer, détenir, écrouer, embastiller, emmurer, encelluler, enchaîner, enfermer, incarcérer, interner, jeter, mettre à l'ombre/aux fers/sous les verrous/en prison, *et les syn. de* PRISON, retenir captif, séquestrer. *Arg. ou fam. :* bouclarer, boucler, coffrer, emballer, emballonner, embarquer, emboîter, encager, enchtiber, encrister, enfourailler, entoiler, foutre dedans, lourder.

EMPRUNT ■ ⇒ prêt, imitation.

EMPRUNTÉ, E ■ *I.* ⇒ artificiel. *II.* ⇒ embarrassé.

EMPRUNTER ■ *Par ext. I.* ⇒ user. *II.* ⇒ tirer. *III. Fig.* ⇒ voler. *IV.* ⇒ imiter.

EMPRUNTEUR, EUSE ■ Débiteur, tapeur.

EMPUANTIR ■ ⇒ puer.

EMPYRÉE ■ ⇒ ciel.

ÉMU, E ■ Affecté, affolé, agité, alarmé, apitoyé, attendri, attristé, blessé, bouleversé, captivé, consterné, déchiré, ébranlé, émotionné, empoigné, enflammé, éperdu, excité, frappé, impressionné, inquiété, pantelant, remué, retourné, révolutionné, saisi, secoué, suffoqué, surexcité, touché, troublé.

ÉMULATION ■ *I. Au pr. :* antagonisme, amour-propre, assaut, combat, compétition, concurrence, course, jalousie, lutte, rivalité, zèle. *II. Par ext. :* énergie, enthousiasme, exaltation, incitation.

ÉMULE ■ n. et adj. ⇒ rival.

ÉNAMOURER (S') ■ ⇒ éprendre (s').

ENCADREMENT ■ *I. Au pr. :* baguette, bordure, cadre, cartel, cartouche, chambranle, châssis, entourage, huisserie, listel, mandorle, marie-louise. *II. Par ext.* 1. Contrôle. 2. Hiérarchie.

ENCADRER ■ ⇒ entourer, insérer.

ENCAISSÉ, E ■ ⇒ profond.

ENCAISSEMENT ■ ⇒ perception.

ENCAISSER ■ ⇒ toucher, recevoir.

ENCAISSEUR ■ Garçon de recettes.

ENCAN ■ ⇒ enchère.

ENCANAILLER (S') ■ ⇒ déchoir.

ENCAQUER ■ ⇒ entasser.

ENCARTER ■ ⇒ insérer.

EN-CAS ■ ⇒ casse-croûte.

ENCASTRER ■ ⇒ insérer.

ENCEINDRE ■ ⇒ entourer.

ENCEINTE ■ *I.* Bordigue, ceinture, claie, clayonnage, clos, clôture, douves, enclos, fortification, fossé, glacis, mur, palis, palissade, périmètre, pourpris (vx), rempart. *II.* Amphithéâtre, arène, carrière, champ, cirque, lice.

ENCEINTE ■ *I. Adj. :* cloquée (arg.), dans une position intéressante (fam.), gestante, grosse, parturiente, prégnante. **Vétér.** : gravide, pleine. *II. N. f.* ⇒ forteresse.

ENCENS ■ *Fig.* ⇒ éloge.

ENCENSER ■ ⇒ louer.

ENCÉPHALE ■ ⇒ cerveau.

ENCERCLEMENT ■ ⇒ siège.

ENCERCLER ■ Assiéger, cerner, contourner, enfermer, entourer, envelopper, investir, serrer de toutes parts.

ENCHAÎNEMENT ■ ⇒ suite.

ENCHAÎNER ■ *I.* ⇒ attacher. *II.* ⇒ joindre. *III.* ⇒ soumettre. *IV.* ⇒ retenir.

ENCHANTÉ, E ■ ⇒ content.

ENCHANTEMENT ■ ⇒ magie.

ENCHANTER ■ ⇒ charmer.

ENCHANTEUR, TERESSE ■ ⇒ charmant.

ENCHÂSSER ■ Assembler, emboîter, encadrer, encastrer, enchatonner, fixer, monter, sertir. ⇒ insérer.

ENCHÈRE ■ Adjudication à la chandelle, criée, encan, enchères à l'américaine, folle enchère, licitation, surenchère, ultra-petita, vente, vente au plus offrant, vente publique.

ENCHÉRIR ■ *I. Au pr. :* ajouter, aller sur, augmenter, dépasser, hausser le prix, rajouter, renchérir, renvier, surenchérir. *II. Par ext. :* abonder dans le sens de, approuver.

ENCHEVÊTRÉ, E ■ ⇒ embarrassé.

ENCHEVÊTREMENT ■ ⇒ embrouillement.

ENCHEVÊTRER ■ ⇒ embrouiller. *V. pron. :* se confondre, s'embarrasser, s'embrouiller, s'emmêler, s'empêtrer, s'imbriquer, se mélanger, se mêler.

ENCHIFRENÉ, E ■ Embarrassé, enrhumé, morveux, obstrué.

ENCLAVE ■ ⇒ morceau.

ENCLAVER ■ *I.* ⇒ entourer. *II.* ⇒ fixer.

ENCLIN ■ ⇒ porté.

ENCLORE ■ ⇒ entourer.

ENCLOS ■ *I.* ⇒ jardin. *II.* ⇒ pâturage.

ENCLOUURE ■ (Fam.) ⇒ difficulté.

ENCLUME ■ Bigorne.

ENCOCHE ■ ⇒ entaille.

ENCOIGNURE ■ ⇒ angle.

ENCOLURE ■ ⇒ cou.

ENCOMBRANT, E ■ ⇒ embarrassant.

ENCOMBREMENT ■ Affuence, amas, désordre, embâcle, embarras, entassement, obstruction, surabondance, surproduction.

ENCOMBRER ■ *I.* ⇒ obstruer. *II.* ⇒ embarrasser.

ENCONTRE (À L') ■ ⇒ opposé.

ENCORE ■ ⇒ aussi.

ENCORNET ■ Calmar, seiche, supion.

ENCOURAGEANT, E ■ ⇒ prometteur.

ENCOURAGEMENT ■ Aide, aiguillon, applaudissement, approbation, appui, compliment, éloge, exhortation, incitation, prime, prix, protection, récompense, réconfort, soutien, stimulant, subvention.

ENCOURAGER ■ Aider, aiguillonner, animer, applaudir, approuver, appuyer, complimenter, conforter, déterminer, enflammer, engager, enhardir, exalter, exciter, exhorter, favoriser, flatter, inciter, porter, pousser, protéger, réconforter, soutenir, stimuler, subventionner.

ENCOURIR ■ S'attirer, être passible de (jurid.), s'exposer à, s'occasionner, risquer.

ENCRASSEMENT ■ ⇒ souillure.

ENCRASSER ■ ⇒ salir.

ENCROÛTÉ, E ■ ⇒ routinier.

ENCROÛTEMENT ■ ⇒ habitude.

ENCROÛTER (S') ■ ⇒ endormir (s').

ENCYCLIQUE ■ ⇒ rescrit.

ENCYCLOPÉDIE ■ ⇒ dictionnaire.

ENDÉMIQUE ■ ⇒ durable.

ENDETTER (S') ■ Contracter/faire des dettes, s'obérer.

ENDEUILLER ■ ⇒ chagriner.

ENDIABLÉ, E ■ ⇒ impétueux.

ENDIGUER ■ ⇒ retenir.

ENDIMANCHÉ, E ■ ⇒ élégant.

ENDIMANCHER ■ ⇒ parer.

ENDOCTRINEMENT ■ ⇒ propagande.

ENDOCTRINER ■ Catéchiser, chambrer (fam.), circonvenir, édifier, entortiller (fam.), faire la leçon, faire du prosélytisme, gagner, haranguer, influencer, prêcher, sermonner.

ENDOGAMIE ■ Consanguinité.

ENDOLORI, E ■ ⇒ douloureux.

ENDOLORIR ■ ⇒ chagriner.

ENDOMMAGEMENT ■ ⇒ dommage.

ENDOMMAGER ■ ⇒ détériorer.

ENDORMANT, E ■ ⇒ somnifère.

ENDORMI, E ■ *I.* ⇒ engourdi. *II.* ⇒ lent.

ENDORMIR ■ *I. Au pr. :* anesthésier, assoupir, chloroformer, hypnotiser. *II.*

Fig. 1. ⇒ ennuyer. 2. ⇒ soulager. 3. ⇒ tromper. *III. V. pron. :* 1. Au pr. ⇒ dormir. 2. Par ext. ⇒ mourir. 3. Fig. : s'amollir, s'encroûter, s'engourdir, s'illusionner, s'oublier, se rouiller.

ENDOS ■ ⇒ signature.

ENDOSSER ■ *I.* Accepter, assumer, avaliser, se charger, mettre, reconnaître, revêtir, signer.

ENDROIT ■ *I.* Recto. *II.* ⇒ lieu.

ENDUIRE ■ Appliquer, barbouiller, couvrir, étaler, étendre, frotter, galipoter, mastiquer, oindre, plaquer, recouvrir, revêtir, tapisser.

ENDUIT ■ Apprêt, couche, crépi, dépôt, galipot, gunite, incrustation, mastic, peinture, protection, revêtement, vernis, vernissure.

ENDURANCE ■ ⇒ résistance.

ENDURANT, E ■ *I.* ⇒ résistant. *II.* ⇒ patient.

ENDURCI, E ■ ⇒ dur.

ENDURCIR ■ ⇒ durcir, exercer. *V. pron. :* s'accoutumer, s'aguerrir, se blinder (fam.), se cuirasser, s'entraîner, s'exercer, se former, se fortifier, s'habituer, résister, se tremper.

ENDURCISSEMENT ■ *I. Au pr. :* cal, callosité, calus, cor, durillon, induration, œil-de-perdrix, racornissement. *II. Fig.* 1. **Non favorable :** dessèchement, dureté, égocentrisme, égoïsme, impénitence, insensibilité, méchanceté. 2. **Favorable :** accoutumance, endurance, entraînement, habitude, résistance.

ENDURER ■ ⇒ souffrir.

ÉNERGIE ■ ⇒ force, fermeté.

ÉNERGIQUE ■ ⇒ ferme.

ÉNERGUMÈNE ■ Agité, braillard, démoniaque, emporté, exalté, excité, extravagant, fanatique, forcené, furieux, original, passionné, possédé, violent.

ÉNERVANT, E ■ *I.* ⇒ agaçant. *II.* ⇒ ennuyeux.

ÉNERVEMENT ■ *I.* ⇒ agacement. *II.* ⇒ agitation.

ÉNERVER ■ *I. Au pr. :* affadir, affaiblir, alanguir, amollir, aveulir, efféminer, fatiguer. *II. Par ext.* 1. Agacer, crisper, excéder, horripiler, impatienter, mettre à bout, obséder, porter sur les nerfs, tourmenter. 2. Échauffer, exciter, surexciter. *III. V. pron. :* 1. S'affoler. 2. S'impatienter, *et les formes pron. possibles des syn. de* ÉNERVER.

ENFANCE ■ *I. Fig.* ⇒ commencement. *II. Loc.* En enfance ⇒ gâteux.

ENFANT ■ *I.* Amour, ange, angelot, bambin, chérubin, chiffon, diable, diablotin, drôle, enfançon, enfantelet, fillette, gamin, garçonnet, infant, innocent, nourrisson, nouveau-né, marmouset, mineur, mioche, petit, petit démon/diable/dragon/drôle/garçon, petite fille, poupon, pupille, putto (peint.). ⇒ bébé. **Arg. ou fam. :** babouin, braillard, chiard, chiffon, diable, diablotin, drôle, gars, gnard, gnasse, gone, gossaille, gosse, gosselot, gosseline, lardon, loupiot, marmaille, marmot, merdeux, mioche, miston, momaque, môme, momichon, momignard, morbac, morveux, morpion, moucheron, mouflet, moujingue, moutard, niston, petit-salé, polichinelle, polisson, poupard, salé, têtard, trousse-pet. *II. Par ext.* 1. ⇒ fils. 2. ⇒ postérité. 3. D'animaux : couvée, nichée, petits, portée, ventrée. 4. Clone (partic.). *III. Loc.* 1. **Enfant de chœur :** clergeon. 2. **Enfant de Marie** (péj.) : oie blanche, prude, rosière, sainte nitouche.

ENFANTEMENT ■ *I. Au pr. :* accouchement, couches, délivrance, heureux événement (fam.), gésine, gestation (par ext.), mal d'enfant, mise bas (vét.), mise au monde, naissance, parturition. *II. Fig. :* apparition, création, production.

ENFANTER ■ *I. Au pr. :* accoucher, donner le jour/naissance, mettre au monde. *Vétér. :* agneler, cochonner, mettre bas, pouliner, vêler. *II. Par ext.* 1. ⇒ engendrer. 2. ⇒ produire.

ENFANTILLAGE ■ Frivolité, gaminerie, légèreté, infantilisme, puérilité. ⇒ bagatelle.

ENFANTIN, E ■ Espiègle, gamin, gosse, immature, impubère, infantile, léger, mutin, puéril. ⇒ simple.

ENFER ■ *I. Au pr. :* abîme, Champs-Élysées, empire des morts, feu éternel, géhenne, infernaux séjours, léviathan, limbes, pandémonium, rives de Charon/du Styx, schéol, sombre demeure/empire/rivage/séjour, sombres bords, Tartare. *II. Par ext.* 1. ⇒ affliction. 2. ⇒ tourment.

ENFERMER ■ *I. Au pr.* **On enferme une chose ou quelqu'un :** barricader, boucler, calfeutrer, chambrer, claquemurer, claustrer, cloîtrer, coffrer (fam.), confiner, consigner, détenir, écrouer, emballer, emmurer, empêcher, emprisonner, encercler, encoffrer, enserrer, entourer, faire entrer, interner, murer, parquer, renfermer, retenir, séquestrer, serrer, verrouiller. *II. Par ext.* **Une chose enferme :** comporter, comprendre, contenir, impliquer, renfermer.

ENFERRER ■ ⇒ percer. *V. pron.* (fig.) : s'embarrasser, *et les formes pron. possibles des syn. de* EMBARRASSER.

ENFIELLER ■ ⇒ altérer.

ENFIÈVREMENT ■ ⇒ excitation.

ENFIÉVRER ■ ⇒ enflammer.

ENFILADE ■ ⇒ suite.

ENFILER ■ *I.* ⇒ percer. *II.* ⇒ entrer. *III.* ⇒ dire.

ENFIN ■ À la fin, après tout, bref, en un mot, finalement, pour finir, somme toute, tout compte fait.

ENFLAMMÉ, E ■ (Fig.) *I. Phys. :*

allumé, brûlant, empourpré, en feu, rouge. *II. Sentiments :* animé, ardent, éloquent, embrasé, enfiévré, enthousiaste, passionné, surexcité.

ENFLAMMER ■ *I. Au pr. :* allumer, attiser, brûler, embraser, ignifier, incendier, mettre le feu. *II. Fig. :* accroître, animer, augmenter, communiquer, doper, échauffer, éclairer, électriser, emporter, empourprer, enfiévrer, enlever, enthousiasmer, entraîner, envenimer, exalter, exciter, galvaniser, illuminer, irriter, passionner, pousser, provoquer, stimuler, survolter. *III. V. pron.* (fig.) : s'animer, s'emporter, se passionner.

ENFLÉ, E ■ ⇒ gonflé, emphatique.

ENFLER ■ v. tr. et intr. *I.* ⇒ gonfler. *II.* ⇒ grossir. *III.* ⇒ hausser.

ENFLURE ■ ⇒ boursouflure.

ENFOIRÉ, E ■ ⇒ bête, maladroit.

ENFONCÉ, E ■ ⇒ profond.

ENFONCEMENT ■ ⇒ excavation.

ENFONCER ■ *I. Au pr. :* 1. Cheviller, ficher, fourrer, introduire, mettre, passer, planter, plonger, piquer. 2. Abattre, affaisser, briser, crever, défoncer, déprimer, forcer, renverser, rompre. *II. Fig.* 1. Battre, culbuter, percer, renverser, rompre, surpasser, vaincre. 2. Fam. ⇒ surpasser. *III. V. pron. :* 1. ⇒ couler. 2. ⇒ entrer. 3. ⇒ absorber (s'). 4. ⇒ déchoir.

ENFONÇURE ■ ⇒ excavation.

ENFOUIR ■ ⇒ enterrer.

ENFOUISSEMENT ■ ⇒ enterrement.

ENFOURNER ■ ⇒ introduire.

ENFREINDRE ■ ⇒ désobéir.

ENFUIR (S') ■ Abandonner, s'en aller, battre en retraite, décamper, déguerpir, déloger, se dérober, détaler, disparaître, s'échapper, s'éclipser, s'éloigner, s'envoler, s'escamper (vx), s'esquiver, s'évader, faire un pouf

(péj.), filer (à l'anglaise), fuir, gagner le large, lever le pied, partir, passer, plier bagages, prendre la clef des champs/la poudre d'escampette/ses jambes à son cou, quitter la place, se retirer, se sauver, tourner le dos/les talons. *Arg. ou fam. :* se barrer / carapater / carrer / casser / cramper / criquer / débiner / esbigner / fuiter / natchaver / tailler / targer / tirer / trisser / trotter, déhaler, déhotter, déménager à la cloche de bois, démurger, dévisser, se faire la jaquette / la levure / la malle / la paire / la soie / la valise, ficher / foutre le camp, jouer des flûtes / les filles de l'air / rip, mettre les adjas / les bouts / les cannes / les loubés, ne pas demander son reste, ribouler, riper, tricoter.

ENGAGEANT, E ■ *I.* ⇒ aimable. *II.* ⇒ attirant.

ENGAGEMENT ■ *I.* Affaire, choc, collision, combat, coup de main, coup, échauffourée, escarmouche. *II.* ⇒ promesse. *III.* ⇒ relation. *IV.* Embauchage, embauche, enrôlement, recrutement.

ENGAGER ■ *I.* ⇒ introduire. *II.* ⇒ inviter. *III.* ⇒ obliger. *IV.* ⇒ fiancer. *V.* ⇒ commencer. *VI.* Embaucher, enrôler, recruter, retenir. *VII. V. pron. :* 1. ⇒ entrer. 2. ⇒ promettre. 3. Fig. : s'aventurer, se compromettre, s'embarquer, s'embarrasser, s'embourber, s'embringuer, s'encombrer, s'enfourner, entreprendre, se jeter, se lancer, se mettre en avant.

ENGEANCE ■ ⇒ race.

ENGELURE ■ Crevasse, enflure, érythème, froidure, gelure, rougeur.

ENGENDRER ■ *I. Au pr. :* concevoir, créer, donner la vie, enfanter, faire, féconder, générer, inséminer, procréer, produire, proliférer, reproduire. *II. Par ext.* ⇒ accoucher. *III. Fig.* ⇒ occasionner.

ENGIN ■ ⇒ appareil.

ENGLOBER ▪ *I.* ⇒ réunir. *II.* ⇒ comprendre.

ENGLOUTIR ▪ *I.* ⇒ avaler. *II.* ⇒ consumer. *III. V. pron.* ⇒ couler.

ENGLOUTISSEMENT ▪ ⇒ anéantissement.

ENGONCÉ, E ▪ ⇒ vêtu.

ENGORGEMENT ▪ Accumulation, congestion, obstruction, réplétion, saturation.

ENGORGER ▪ ⇒ obstruer.

ENGOUEMENT ▪ ⇒ enthousiasme.

ENGOUER (S') ▪ S'acoquiner, se coiffer, s'emballer, s'embéguiner, s'emberlucoquer, s'enjuponner, s'entêter, s'enthousiasmer, s'enticher, s'éprendre, s'infatuer, se passionner, se préoccuper, se rassoter (vx), se toquer.

ENGOUFFRER (S') ▪ ⇒ entrer.

ENGOURDI, E ▪ *I. Au pr. :* ankylosé, appesanti, assoupi, endormi, étourdi, gourd, inerte, paralysé, raide, rigide, rouillé. *II. Par ext. :* empoté, hébété, lambin, lent, léthargique.

ENGOURDIR ▪ Ankyloser, appesantir, assoupir, endormir, étourdir, paralyser, rouiller.

ENGOURDISSEMENT ▪ *I.* Alourdissement, ankylose, apathie, appesantissement, assoupissement, atonie, hébétude, indolence, lenteur, léthargie, paralysie, paresse, somnolence, stupeur, torpeur. *II.* Estivation, hibernation.

ENGRAIS ▪ *I.* ⇒ nourriture. *II.* Amendement, apport, compost, fertilisant, fertilisation, fumier, fumure, guano, limon, marne, poudrette, purin, terreau, terre de bruyère, wagage.

ENGRAISSER ▪ *I. Le sol :* améliorer, amender, bonifier, enrichir, fumer. *II. Un animal :* alimenter, embecquer, emboucher, embuquer, empâter, engraisser, gaver, gorger. *III. V. intr.*

⇒ grossir. *IV. V. pron.* Fig. ⇒ enrichir (s').

ENGRANGER ▪ ⇒ accumuler.

ENGUEULADE ▪ ⇒ reproche, injure.

ENGUEULER ▪ ⇒ injurier, réprimander.

ENGUIRLANDER ▪ *I. Au pr.* ⇒ orner. *II. Fig.* 1. ⇒ louer. 2. ⇒ injurier.

ENHARDIR ▪ ⇒ encourager.

ÉNIGMATIQUE ▪ ⇒ obscur, secret.

ÉNIGME ▪ *I.* Charade, bouts-rimés, devinette, logogriphe, mots croisés, rébus. *II. Fig.* ⇒ mystère.

ENIVRANT, E ▪ *I.* Capiteux, entêtant, fort, grisant, inébriant, inébriatif. *II. Fig. :* exaltant, excitant, troublant.

ENIVREMENT ▪ *I. Au pr.* ⇒ ivresse. *II. Fig.* ⇒ vertige.

ENIVRER ▪ *I.* ⇒ étourdir. *II. V. pron.* 1. *Arg. ou fam. :* s'alcooliser/ appuyer/ arsouiller / aviner / beurrer / biturer / blinder / bourrer / cuiter / défoncer / griser / noircir /piquer le nez / pocharder / poivrer / poivroter / soûler / tututer, avoir / prendre une biture / la bourrique / sa cocarde / son compte / une cuite / une muflée / son plumet / son pompon / une ronflée, chopiner, gobelotter, picoler, picter, pictonner, pinter, sacrifier à Bacchus/à la dive bouteille, sculpter une gueule de bois, soiffer, tafiater. ⇒ boire. 2. ⇒ enthousiasmer (s').

ENJAMBÉE ▪ ⇒ pas.

ENJAMBEMENT ▪ Contre-rejet, rejet.

ENJAMBER ▪ *I.* ⇒ marcher, franchir. *II. Fig.* ⇒ usurper.

ENJEU ▪ ⇒ mise.

ENJOINDRE ▪ ⇒ commander.

ENJÔLER ▪ ⇒ tromper.

ENJÔLEUR, EUSE ▪ ⇒ séducteur, trompeur.

ENJOLIVEMENT ■ Accessoire, enjolivure, fioriture, garniture, ornement.

ENJOLIVER ■ ⇒ orner.

ENJOUÉ, E ■ ⇒ gai.

ENJOUEMENT ■ ⇒ vivacité.

ENLACEMENT ■ ⇒ étreinte.

ENLACER ■ ⇒ serrer.

ENLÈVEMENT ■ Kidnapping, prise, rapt, ravissement (vx), razzia, violence, voie de fait.

ENLEVER ■ *I.* ⇒ lever. *II.* Arracher, kidnapper, prendre, rafler, ravir, razzier. *III.* ⇒ retrancher. *IV.* ⇒ quitter. *V.* ⇒ entraîner. *VI.* ⇒ transporter. *VII. Pass.* ⇒ mourir.

ENLISER ■ ⇒ embourber.

ENLUMINER ■ ⇒ colorer.

ENLUMINEUR ■ Miniaturiste.

ENLUMINURE ■ ⇒ miniature.

ENNÉADE ■ Neuvaine.

ENNEMI, E ■ *I. Nom :* adversaire, antagoniste, concurrent, détracteur, opposant. *II. Adj.* ⇒ défavorable.

ENNOBLIR ■ *I.* Anoblir. *II.* Améliorer, élever, grandir, idéaliser, rehausser, sublimer, surélever, transposer.

ENNUI ■ *I.* Avanie, avatar (par ext.), chiffonnement, contrariété, difficulté, embarras, embêtement, empoisonnement, épreuve, tracas. ⇒ inconvénient. *Arg. ou fam. :* anicroche, avaro, chiasse, chierie, chiotte, chtourbe, couille, embrouille, emmerde, emmerdement, emmouscaillement, mélasse, merde, merdier, merdouille, mistoufle, mouscaille, os, pain, panade, pastis, patate, pépin, sac de nœuds, salade, tuile. *II.* Bourdon, cafard, crève-cœur, dégoût (vx), déplaisir, désagrément, inquiétude, insatisfaction, lassitude, mal, malaise, mécontentement, mélancolie, nostalgie, nuage, papillons noirs, peine, souci, spleen, tristesse.

ENNUYANT, E ■ ⇒ ennuyeux.

ENNUYÉ, E ■ ⇒ fâché.

ENNUYER ■ *I. Au pr.* 1. Agacer, assombrir, assommer, cramponner, embêter, endêver, endormir, étourdir, excéder, fatiguer, importuner, indisposer, insupporter, lanciner, lasser, peser, tourmenter. 2. **Arg. ou fam. :** casser les ⇒ **bourses/** les ⇒ **pieds,** courir sur l'haricot, cramponner, emmerder, emmieller, emmouscailler, empoisonner, enquiquiner, faire chier/suer/tartir, jamber, raser, taler, tanner. *II. Par ext.* ⇒ affliger. *III. V. pron. :* se faire du ⇒ **souci,** tourner en rond, *et les formes pron. possibles des syn. de* ENNUYER.

ENNUYEUX, EUSE ⊔ *I. Adj.* 1. Assommant, contrariant, cramponnant, dégoûtant, désagréable, écœurant, embêtant, empoisonnant, endormant, énervant, ennuyant, fâcheux, fade, fastidieux, fatigant, harcelant, inquiétant, insupportable, lancinant, lent, mortel, narcotique, obsédant, pénible, pesant, rasant, rebutant, sempiternel, soporifique, triste. 2. **Arg. ou fam. :** barbant, barbifiant, bassinant, casse ⇒ **bourses/** ⇒ **pieds,** chiant, chiatique, emmerdant, rasoir, suant, tannant. *II. Nom.* ⇒ importun.

ÉNONCÉ ■ ⇒ énonciation.

ÉNONCER ■ Affirmer, alléguer, articuler, avancer, déclarer, dire, écrire, émettre, expliciter, exposer, exprimer, former, formuler, notifier, parler, proférer, prononcer, proposer, stipuler.

ÉNONCIATION ■ Affirmation, articulation, communication, donnée, élocution, énoncé, expression, formulation, proposition, stipulation.

ENORGUEILLIR (S') ■ ⇒ flatter (se).

ÉNORME ■ *I.* ⇒ démesuré. *II.* ⇒ grand. *III.* ⇒ extraordinaire.

ÉNORMÉMENT ■ ⇒ beaucoup, très.

ÉNORMITÉ ■ *I.* ⇒ grandeur. *II.* ⇒ extravagance.

ENQUÉRIR (S') ■ Chercher, demander, enquêter, étudier, examiner, s'informer, s'instruire, observer, rechercher, se renseigner.

ENQUÊTE ■ ⇒ recherche.

ENQUÊTER ■ ⇒ enquérir (s').

ENQUIQUINER ■ ⇒ ennuyer.

ENRACINER ■ ⇒ fixer.

ENRAGÉ, E ■ ⇒ violent, furieux.

ENRAGER ■ ⇒ rager.

ENRAYER ■ *I.* ⇒ freiner. *II.* ⇒ arrêter. *III.* ⇒ étouffer.

ENRÉGIMENTER ■ ⇒ enrôler.

ENREGISTREMENT ■ *I.* Archivage, immatriculation, inscription, mention, transcription. *II.* Bande, cassette, film, microsillon, 16/33/45/78 tours.

ENREGISTRER ■ ⇒ inscrire, noter.

ENRHUMÉ, E ■ Enchifrené, tousseur.

ENRICHIR ■ *I.* ⇒ augmenter, orner. *II. V. pron.* 1. S'accroître, augmenter, se développer, s'engraisser, faire fortune/son beurre, profiter. 2. Doter, embellir, garnir, orner.

ENRICHISSANT, E ■ ⇒ profitable.

ENRICHISSEMENT ■ ⇒ augmentation.

ENROBER ■ ⇒ envelopper.

ENRÔLEMENT ■ ⇒ embrigadement.

ENRÔLER ■ Embrigader, engager, enrégimenter, incorporer, lever des troupes, mobiliser, racoler, recruter.

ENROUÉ ■ ⇒ rauque.

ENROUEMENT ■ Chat dans la gorge, extinction de voix, graillement.

ENROULER ■ ⇒ rouler.

ENSANGLANTÉ, E ■ Cruenté, rougi de sang, saignant, saigneux, sanglant, sanguinolent, souillé.

ENSEIGNANT, E ■ adj. et n. ⇒ maître.

ENSEIGNE ■ *I.* Affiche, écusson, pancarte, panneau, panonceau. *II.* ⇒ drapeau.

ENSEIGNEMENT ■ *I.* ⇒ leçon. *II.* Chaire, discipline, matière, pédagogie, professorat. *III.* Apologue, fable, moralité.

ENSEIGNER ■ *I. Au pr. :* apprendre, démontrer, éclairer, éduquer, expliquer, faire connaître, former, inculquer, indiquer, initier, instruire, montrer, professer, révéler. *II. Relig. :* catéchiser, convertir, évangéliser, prêcher.

ENSEMBLE ■ *I. Adv. :* à la fois, à l'unisson, au total, conjointement, collectivement, coude à coude, d'accord, de concert, de conserve, de front, du même pas, en accord / bloc / chœur/ commun / concordance / harmonie/ même temps, simultanément, totalement. *II. Nom masc.* 1. ⇒ totalité. 2. ⇒ union. *III.* ⇒ orchestre.

ENSEMENCEMENT ■ Semailles, semis.

ENSEMENCER ■ ⇒ semer.

ENSERRER ■ *I.* ⇒ enfermer. *II.* ⇒ entourer.

ENSEVELIR ■ ⇒ enterrer.

ENSEVELISSEMENT ■ ⇒ enterrement.

ENSORCELANT, E ■ *I.* ⇒ attirant. *II.* ⇒ charmant.

ENSORCELER ■ ⇒ charmer.

ENSORCELEUR, EUSE ■ ⇒ séducteur, sorcier.

ENSORCELLEMENT ■ ⇒ magie.

ENSUITE ■ ⇒ puis.

ENSUIVRE (S') ■ ⇒ résulter.

ENTACHER ■ ⇒ salir.

ENTAILLE ■ Adent, coche, coupure, cran, crevasse, échancrure, encoche, entaillure, entamure, faille, fente, feuillure, hoche, lioube, mortaise, raie, rainure, rayure, ruinure, sillon. ⇒ **blessure.**

ENTAILLER, ENTAMER ■ *I.* Cocher, couper, creuser, diminuer, ébrécher, écorner, haver, inciser, mortaiser, toucher à. *II. Fig.* 1. ⇒ **commencer.** 2. ⇒ **entreprendre.** 3. ⇒ **vaincre.** 4. ⇒ **blesser.**

ENTASSEMENT ■ Accumulation, agglomération, amas, amoncellement, assemblage, capharnaüm, chantier, encombrement, pile, pyramide, rassemblement, réunion, tas.

ENTASSER ■ Accumuler, agglomérer, amasser, amonceler, assembler, collectionner, emmagasiner, empiler, encaquer, engerber, esquicher, gerber, mettre en pile/pilot/tas, multiplier, presser, réunir, serrer, tasser. *V. pron.* : s'écraser, *et les formes pron. possibles des syn. de* ENTASSER.

ENTENDEMENT ■ Bon sens, cerveau, cervelle, compréhension, conception, discernement, esprit, faculté, imagination, intellect, intellection, intelligence, jugement, raison, talent, tête.

ENTENDRE ■ *I. Phys. :* auditionner, écouter, percevoir, ouïr. *II. Par ext.* 1. Attraper, avoir une idée, comprendre, concevoir, embrasser, pénétrer, réaliser, se rendre compte, saisir, voir. 2. ⇒ **connaître.** 3. ⇒ **vouloir.** 4. ⇒ **consentir.** *III. V. pron.* 1. S'accorder, agir de concert, se concerter, être de connivence/d'intelligence, pactiser, s'unir. 2. S'accorder, faire bon ménage, fraterniser, sympathiser, vivre en bonne intelligence. 3. Se comprendre, s'interpréter, signifier.

ENTENDU, E ■ ⇒ **capable.**

ENTÉNÉBRER ■ ⇒ **obscurcir, affliger.**

ENTENTE ■ Compréhension. ⇒ **union.**

ENTER ■ *I.* Greffer. *II.* ⇒ **ajouter.**

ENTÉRINER ■ ⇒ **confirmer.**

ENTÉRITE ■ Colite, entérocolite.

ENTERREMENT ■ Convoi, deuil, derniers devoirs/honneurs, enfouissement, ensevelissement, funérailles, inhumation, mise en bière/au sépulcre/tombeau, obsèques, sépulture.

ENTERRER ■ Enfouir, ensevelir, inhumer, mettre/porter en terre, rendre les derniers honneurs. *V. pron. :* se cacher, se confiner, disparaître, faire/prendre retraite, s'isoler, se retirer.

ENTÊTANT, E ■ ⇒ **enivrant.**

ENTÊTÉ, E ■ ⇒ **têtu.**

ENTÊTEMENT ■ ⇒ **obstination.**

ENTÊTER ■ ⇒ **étourdir.** *V. pron.* 1. Au pr. ⇒ **engouer (s').** 2. Par ext. : s'accrocher (fam.), se cramponner (fam.), ne pas démordre (fam.), s'obstiner, persévérer, poursuivre, rester.

ENTHOUSIASMANT, E ■ ⇒ **passionnant.**

ENTHOUSIASME ■ Admiration, allégresse, ardeur, célébration, délire, démon, dithyrambe, ébahissement, emballement, émerveillement, enfièvrement, engouement, entraînement, exaltation, extase, fanatisme, feu, flamme, frénésie, fureur, génie, inspiration, ivresse, joie, lyrisme, passion, ravissement, succès, transport, triomphe, zèle.

ENTHOUSIASMER ■ ⇒ **transporter.** *V. pron. :* admirer, s'emballer, s'émerveiller, s'échauffer, s'enfièvrer, s'enflammer, s'engouer, s'enivrer, s'exalter, s'exciter, s'extasier, se pâmer, se passionner, se récrier d'admiration.

ENTHOUSIASTE ■ n. et adj. Admirateur, ardent, brûlant, chaud, dévot, emballé, emporté, enflammé, enfiévré, exalté, excité, fana (fam.), fanatique, fervent, inspiré, lyrique, mordu, passionné, zélateur.

ENTICHEMENT ■ ⇒ **toquade.**

ENTICHER (S') ■ ⇒ engouer (s').

ENTIER, ÈRE ■ *I.* Absolu, aliquote, complet, franc, global, intact, intégral, parfait, plein, plénier, sans réserve, total. *II.* ⇒ têtu.

ENTIÈREMENT ■ ⇒ absolument.

ENTITÉ ■ Abstraction, caractère, essence, être, existence, idée, nature.

ENTÔLAGE ■ ⇒ vol.

ENTÔLER ■ ⇒ voler.

ENTONNER ■ ⇒ commencer.

ENTONNOIR ■ Chantepleure.

ENTORSE ■ *I. Au pr.* : déboîtement, désarticulation, dislocation, effort, élongation, foulure, luxation. *II. Fig.* : altération, atteinte, contravention, dommage, écart, entrave, erreur, faute, manquement.

ENTORTILLAGE ■ ⇒ préciosité.

ENTORTILLÉ, E I. ⇒ tordu. *II.* ⇒ embarrassé. *III.* ⇒ obscur.

ENTORTILLER ■ *I. Au pr.* ⇒ envelopper. *II. Fig.* ⇒ séduire.

ENTOURAGE ■ Cercle, compagnie, entours, environnement, milieu, proches, société, voisinage.

ENTOURER ■ *I. Au pr.* : assiéger, border, ceindre, ceinturer, cerner, circonscrire, clore, clôturer, couronner, embrasser, encadrer, enceindre, enclaver, enclore, enfermer, enrouler, enserrer, envelopper, étreindre, fermer, garnir, hérisser, murer, resserrer. *II. Par ext.* : accabler, assister, combler, être aux petits soins, prendre soin, vénérer. *III. Géogr.* : baigner.

ENTOURS ■ ⇒ entourage.

ENTRACTE ■ *I.* ⇒ intervalle. *II.* ⇒ saynète.

ENTRAIDE ■ ⇒ secours.

ENTRAILLES ■ ⇒ viscères.

ENTRAÎNANT, E ■ ⇒ gai, probant.

ENTRAIN ■ *I.* ⇒ gaieté. *II.* ⇒ vivacité.

ENTRAÎNEMENT ■ *I. Mécan.* : engrenage, mouvement, transmission. *II. Fig.* 1. Favorable : chaleur, élan, emballement, enthousiasme, exaltation. 2. Non favorable : faiblesse, impulsion. *III.* ⇒ exercice.

ENTRAÎNER ■ *I. Au pr.* : attirer, charrier, embarquer, emporter, enlever, traîner, *II. Par ext.* 1. ⇒ inviter. 2. ⇒ occasionner. 3. ⇒ exercer. *III. V. pron.* ⇒ exercer (s').

ENTRAÎNEUR ■ ⇒ chef, instructeur.

ENTRAÎNEUSE ■ Taxi-girl.

ENTRAVE ■ ⇒ obstacle.

ENTRAVER ■ *I.* ⇒ embarrasser. *II.* ⇒ empêcher.

ENTRE ■ Au milieu de, dans, parmi.

ENTREBAÎLLER ■ ⇒ ouvrir.

ENTRECHAT ■ ⇒ cabriole.

ENTRECHOQUER ■ ⇒ choquer.

ENTRECOUPER ■ ⇒ interrompre.

ENTRECROISER ■ ⇒ croiser.

ENTRÉE ■ *I.* ⇒ accès. *II.* ⇒ ouverture. *III.* ⇒ seuil. *IV.* ⇒ vestibule. *V.* ⇒ commencement. *VI. Loc.* Entrée en matière ⇒ introduction.

ENTREFAITES (SUR CES) ■ ⇒ alors.

ENTREFILET ■ ⇒ article.

ENTREGENT ■ ⇒ habileté.

ENTRELACEMENT ■ Entrecroisement, entrelacs, lacis, réseau.

ENTRELACER ■ ⇒ serrer, tresser.

ENTRELARDER ■ (Fig.) *I.* ⇒ emplir. *II.* ⇒ insérer.

ENTREMÊLER ■ ⇒ mêler.

ENTREMETS ■ ⇒ pâtisserie.

ENTREMETTEUR ■ ⇒ intermédiaire.

ENTREMETTEUSE ■ Appareilleuse (vx), célestine, macette, maquerelle, marchande à la toilette (vx), matrone, pourvoyeuse, procureuse, sous-maîtresse, tôlière, vieille. ⇒ **proxénète**.

ENTREMETTRE (S') ■ ⇒ intervenir.

ENTREMISE ■ Arbitrage, canal, intercession, intermédiaire, interposition, intervention, médiation, ministère, moyen, organe, soins, truchement, voie.

ENTREPOSER ■ Déposer, stocker.

ENTREPÔT ■ ⇒ magasin.

ENTREPRENANT, E ■ ⇒ hardi.

ENTREPRENDRE ■ *I. Favorable ou neutre :* attaquer, avoir/prendre l'initiative, commencer, se disposer à, embrayer, enclencher, engager, engrener, entamer, essayer, se mettre à, mettre la main à, prendre à tâche, se proposer de, tenter. *II. Non favorable.* **On entreprend quelque chose contre :** attenter à/contre/sur, causer un dommage à, commettre, déclencher, déroger à, empiéter sur, perpétrer, porter atteinte/préjudice à, oser, risquer, toucher à.

ENTREPRENEUR ■ ⇒ bâtisseur.

ENTREPRISE ■ *I.* Action, affaire, aventure, chose, dessein, disposition, essai, mesures, œuvre, opération, ouvrage, plan, projet, tentative, travail. *II.* ⇒ établissement.

ENTRER ■ Accéder, aller, s'enfiler, s'enfoncer, s'engager, s'engouffrer, se faufiler, forcer, se glisser, se lancer, s'introduire, passer, pénétrer, venir.

ENTRESOL ■ Mezzanine.

ENTRE-TEMPS ■ Époque, ère, intervalle, période.

ENTRETENIR ■ ⇒ conserver/nourrir. *V. pron.* ⇒ exercer (s'), parler.

ENTRETIEN ■ *I.* ⇒ conversation. *II.* ⇒ réparation.

ENTRETOISE ■ ⇒ traverse.

ENTREVOIR ■ ⇒ voir.

ENTREVUE ■ ⇒ rencontre.

ENTUBER ■ ⇒ tromper.

ÉNUMÉRATION ■ ⇒ dénombrement.

ÉNUMÉRER ■ ⇒ dénombrer.

ENVAHIR ■ *I. Au pr.* 1. ⇒ emparer (s'). 2. ⇒ remplir. *II. Fig. :* absorber, accaparer, coincer, coller, empiéter, s'étendre à, gagner, mettre le grappin/la main sur, occuper, retenir, tenir la jambe.

ENVAHISSANT, E ■ ⇒ importun.

ENVAHISSEMENT ■ ⇒ incursion.

ENVELOPPANT, E ■ ⇒ séduisant.

ENVELOPPE ■ *I. Au pr.* 1. **Bot. :** bale ou balle, bogue, brou, capsule, cupule, écale, écalure, endocarpe, épiderme, gousse, membrane, peau, péricarpe, tégument, zeste. 2. Chape, contenant, écrin, emballage, étui, fourreau, gaine, housse, robe, vêtement. 3. **Zool. :** carapace, coquille, cuirasse, écaille, tégument, test. 4. **Anat. :** capsule, péricarde, péritoine, plèvre. *II. Fig.* ⇒ symbole.

ENVELOPPÉ, E ■ *Fig.* obscur.

ENVELOPPER ■ *I. Au pr. :* bander, couvrir, draper, emballer, embobeliner, emmailloter, emmitonner, emmitoufler, empaqueter, enrober, entortiller, entourer, guiper, habiller. *II. Fig.* 1. ⇒ cacher. 2. ⇒ encercler. 3. ⇒ comprendre.

ENVENIMER ■ ⇒ empoisonner, irriter. *V. pron.* ⇒ empirer.

ENVERGURE ■ ⇒ largeur.

ENVERS *I. Prép. :* à l'égard/l'endroit de, avec, pour, vis-à-vis de. *II. Nom.* ⇒ revers.

ENVIABLE ■ ⇒ souhaitable.

ENVI (À L') ■ À qui mieux mieux, en rivalisant.

ENVIE ■ *I. Au pr.* 1. Appétence, besoin, désir, goût, inclination, libido.

2. Non favorable : concupiscence, convoitise, cupidité, démangeaison, fringale, fureur, jalousie, lubie, rivalité. **3.** Grain de beauté, nævus. **II. Loc. 1.** Avoir envie ⇒ vouloir. **2.** Porter envie ⇒ envier.

ENVIER ■ **I.** Avoir envie, désirer, souhaiter. ⇒ **vouloir. II. Non favorable :** convoiter, haïr, jalouser, porter envie. **III. Par ext.** ⇒ **refuser.**

ENVIEUX, EUSE ■ Avide, baveux, cupide, jaloux, zoïle.

ENVIRON ■ À peu près, approximativement, à première vue, à vue de nez (fam.), bien, dans les, grossièrement, presque, un peu moins/plus, quelque.

ENVIRONNANT, E ■ Ambiant, circonvoisin, proche, voisin.

ENVIRONNEMENT ■ ⇒ **entourage, environs.**

ENVIRONNER ■ ⇒ **entourer.**

ENVIRONS ■ Abord, alentours, côté, entours (vx), environnement, périphérie, proximité, voisinage.

ENVISAGEABLE ■ ⇒ **possible.**

ENVISAGER ■ ⇒ **regarder.**

ENVOI ■ ⇒ **dédicace.**

ENVOL ■ Décollage. ⇒ **vol.**

ENVOLÉE ■ ⇒ **élan, inspiration.**

ENVOLER (S') ■ ⇒ **passer.**

ENVOÛTANT, E ■ ⇒ **attirant.**

ENVOÛTEMENT ■ ⇒ **magie.**

ENVOÛTEUR ■ ⇒ **sorcier.**

ENVOÛTER ■ **I. Au pr.** ⇒ **charmer. II. Fig.** ⇒ **gagner.**

ENVOYÉ ■ Agent, ambassadeur, attaché, chargé d'affaires, délégué, député, émissaire, héraut, homme de confiance, légat, mandataire, messager, ministre, missionnaire, parlementaire, plénipotentiaire, représentant, responsable.

ENVOYER ■ **I. Au pr. :** adresser, commettre, déléguer, dépêcher, députer, expédier, mandater. **II. Par ext.** ⇒ **jeter.**

ÉPAIS, ÉPAISSE ■ **I. Au pr. :** abondant, broussailleux, compact, concret, consistant, dense, dru, empâté, fort, fourni, gras, gros, grossier, large, profond. **II. Par ext. 1.** Béotien, crasse, lourd, pesant. **2.** Carré, charnu, court, gras, gros, massif, mastoc, râblé, ramassé, trapu. **III. Loc.** Langue épaisse ⇒ **chargée, pâteuse.**

ÉPAISSEUR ■ **I. Au pr. : 1.** Abondance, consistance, étendue, grosseur, jouée (techn.), largeur, profondeur. **2.** Compacité, densité, lourdeur, viscosité. **II.** ⇒ **bêtise.**

ÉPAISSIR ■ v. tr. et intr. ⇒ **grossir.**

ÉPAISSISSEMENT ■ ⇒ **grosseur, obscurcissement.**

ÉPANCHEMENT ■ **I. Au pr. :** dégorgement, déversement, écoulement, effusion, extravasation, hémorragie, infiltration, suffusion. **II. Par ext. :** abandon, aveu, confidence, effusion, expansion.

ÉPANCHER ■ **I.** ⇒ **verser. II. V. pron. : 1.** Au pr. ⇒ **couler. 2. Fig.** S'abandonner, se confier, se débonder, déborder, se dégorger (vx), exhaler, faire des confidences, se livrer, s'ouvrir, parler, se répandre (vx).

ÉPANDRE ■ ⇒ **verser.**

ÉPANOUI, E ■ ⇒ **réjoui.**

ÉPANOUIR ■ ⇒ **ouvrir.**

ÉPANOUISSEMENT ■ ⇒ **éclosion, plénitude.**

ÉPARGNE ■ ⇒ **économie.**

ÉPARGNER ■ **I.** ⇒ **économiser. II.** ⇒ **ménager. III.** ⇒ **éviter.**

ÉPARPILLEMENT ■ ⇒ **dispersion.**

ÉPARPILLER ■ ⇒ **disperser.**

ÉPARS, E ■ Clairsemé, constellé, dispersé, disséminé, dissocié, divisé, écarté, échevelé, égaré, éloigné, éparpillé, flottant, séparé, sporadique.

ÉPART ■ ⇒ traverse.

ÉPATANT, E ■ ⇒ extraordinaire.

ÉPATÉ, E ■ *I.* ⇒ ébahi. *II.* ⇒ camus.

ÉPATEMENT ■ ⇒ surprise.

ÉPATER ■ *I.* ⇒ ébahir. *II.* ⇒ étendre.

ÉPAULEMENT ■ ⇒ appui.

ÉPAULER ■ *Fig.* ⇒ appuyer.

ÉPAVE ■ *Fig. I.* ⇒ décombres. *II.* ⇒ ruine. *III.* ⇒ loque.

ÉPÉE ■ Alfange, arme blanche, badelaire, bancal, brand, braquemart, brette, briquet, carrelet, cimeterre, claymore, colichemarde, coupe-chou, coutelas, coutille, croisette, espadon, estoc, estocade, estramaçon, fer, flambe, flamberge, fleuret, glaive, lame, latte, palache, plommée, rapière, rondelle, sabre, spathe, yatagan.

ÉPELER ■ ⇒ déchiffrer.

ÉPERDU, E ■ ⇒ ému.

ÉPERON ■ *I. Au pr. :* ergot, molette. *II. Géogr. :* dent, plateau, pointe, saillie. *III. Fig. :* aiguillon, aiguillonnement, excitant, stimulant.

ÉPERONNER ■ ⇒ exciter.

ÉPERVIER ■ *I.* ⇒ filet. *II.* ⇒ faucon.

ÉPEURÉ, E ■ ⇒ inquiet.

ÉPHÈBE ■ ⇒ jeune.

ÉPHÉMÈRE ■ ⇒ passager.

ÉPHÉMÉRIDE ■ ⇒ calendrier.

ÉPICE ■ ⇒ assaisonnement.

ÉPICÉ, E ■ ⇒ poivré.

ÉPICERIE ■ Alimentation, casino, coop, coopérative, docks, familistère, self-service, superette, etc. ⇒ **magasin.**

ÉPICIER ■ ⇒ commerçant.

ÉPICURIEN, ENNE ■ adj. et n. *I.* Bon vivant, charnel, jouisseur, libertin (vx), libre, passionné, sensuel, sybarite, voluptueux. *II.* Luxurieux, pourceau d'Épicure.

ÉPICURISME ■ Eudémonisme, hédonisme.

ÉPIDÉMIE ■ *I.* Contagion, enzootie, épizootie (vét.). *II.* ⇒ manie.

ÉPIDÉMIQUE ■ *I.* Contagieux, épizootique (vét.), pandémique, récurrent. *II. Fig.* ⇒ communicatif.

ÉPIER ■ Espionner, être/se tenir aux aguets, filer, guetter, se mettre/se tenir à l'affût, observer, pister, surveiller.

ÉPIEU ■ ⇒ bâton.

ÉPIEUR, EUSE ■ ⇒ espion, veilleur.

ÉPIGRAMME ■ *I.* ⇒ satire. *II.* ⇒ brocard.

ÉPIGRAPHE ■ ⇒ inscription.

ÉPILER ■ Débourrer, dépiler.

ÉPILOGUE ■ ⇒ conclusion.

ÉPILOGUER ■ ⇒ chicaner.

ÉPINE ■ *I.* Aiguillon, arête, écharde, spinelle, spinule. *II. Épine dorsale :* colonne vertébrale, dos, échine, rachis. *III. Fig.* ⇒ difficulté.

ÉPINETTE ■ *I.* Cage, mue. *II.* ⇒ clavecin. *III. Rég. :* ⇒ résineux.

ÉPINEUX, EUSE ■ ⇒ difficile.

ÉPINGLE ■ *I. Au pr. :* agrafe, attache, broche, camion, clips, drapière, fibule, fichoir, pince. *II. Fig.* ⇒ gratification. *III. Loc.* 1. Tiré à quatre épingles ⇒ élégant. 2. Tirer son épingle du jeu ⇒ libérer (se).

ÉPINGLER ■ Accrocher, agrafer, attacher, fixer, poser.

ÉPINOCHER ■ ⇒ manger.

ÉPIQUE ■ *I.* ⇒ héroïque. *II.* ⇒ extraordinaire.

ÉPISODE ■ *I.* ⇒ digression. *II.* ⇒ événement. *III.* ⇒ péripétie.

ÉPISODIQUE ■ *I.* ⇒ intermittent. *II.* ⇒ secondaire.

ÉPISTOLIER, ÈRE ■ Épistolaire.

ÉPITAPHE ■ ⇒ inscription.

ÉPITHÈTE ■ *I.* Adjectif. *II. Par ext.* 1. Attribut, injure, invective, qualificatif. 2. Éloge, louange.

ÉPITOMÉ ■ ⇒ abrégé.

ÉPÎTRE ■ ⇒ lettre.

ÉPIZOOTIQUE ■ ⇒ épidémique.

ÉPLORÉ, E ■ ⇒ chagrin.

ÉPLOYER ■ ⇒ étendre.

ÉPLUCHER ■ *I.* Décortiquer, écaler, écosser, nettoyer, peler. *II.* ⇒ examiner. *III. V. pron.* ⇒ nettoyer (se).

ÉPLUCHURE ■ ⇒ déchet, reste.

ÉPOINTÉ, E ■ ⇒ émoussé.

ÉPONGER ■ ⇒ sécher.

ÉPOPÉE ■ ⇒ événement.

ÉPOQUE ■ Âge, cycle, date, ère, étape, jours, moment, monde, période, saison, siècle, temps.

ÉPOUMONER (S') ■ ⇒ crier.

ÉPOUSAILLES ■ ⇒ mariage.

ÉPOUSE ■ *I. Au pr. :* compagne, conjoint, femme. *II. Fam. :* bourgeoise, légitime, ministre, moitié.

ÉPOUSÉE ■ ⇒ mariée.

ÉPOUSER ■ *I. Au pr. :* s'allier, s'attacher à, choisir, convoler, se marier, s'unir. *II. Fig.* ⇒ embrasser.

ÉPOUSEUR ■ ⇒ fiancé.

ÉPOUSSETER ■ ⇒ nettoyer.

ÉPOUSTOUFLANT, E ■ ⇒ extraordinaire.

ÉPOUSTOUFLER ■ ⇒ étonner.

ÉPOUVANTABLE ■ ⇒ effrayant.

ÉPOUVANTAIL ■ Croquemitaine, fantôme, loup-garou, mannequin. ⇒ ogre.

ÉPOUVANTE ■ Affolement, affres, alarme, angoisse, appréhension, consternation, crainte, effroi, épouvantement (vx), frayeur, horreur, inquiétude, panique, peur, terreur.

ÉPOUVANTER ■ Affoler, alarmer, angoisser, apeurer, atterrer, consterner, effarer, effrayer, faire fuir, horrifier, inquiéter, stupéfier, terrifier, terroriser.

ÉPOUX ■ Compagnon, conjoint, mari, seigneur et maître.

ÉPRENDRE (S') ■ S'amouracher, s'attacher à, avoir le béguin/le coup de foudre, se coiffer de, s'emballer, s'embéguiner, s'embraser, s'énamourer, s'enflammer, s'engouer, s'enjouer, s'enjuponner, s'enthousiasmer, s'enticher, gober, goder (arg.), se passionner, se toquer, tomber amoureux.

ÉPREUVE ■ *I.* ⇒ expérimentation. *II.* ⇒ compétition. *III.* ⇒ malheur.

ÉPRINTE ■ ⇒ colique.

ÉPRIS, E ■ *I.* ⇒ amoureux. *II. Par ext. :* féru, fou, passionné, polarisé (fam.), séduit.

ÉPROUVANT, E ■ ⇒ pénible.

ÉPROUVÉ, E ■ ⇒ sûr.

ÉPROUVER ■ *I.* ⇒ expérimenter. *II.* ⇒ sentir. *III.* ⇒ recevoir.

ÉPUISANT, E ■ ⇒ tuant.

ÉPUISÉ, E ■ ⇒ fatigué.

ÉPUISEMENT ■ ⇒ langueur.

ÉPUISER ■ *I. Au pr. :* assécher, dessécher, mettre à sec, pomper, sécher, tarir, vider. *II. Par ext.* 1. ⇒ fatiguer. 2. ⇒ affaiblir.

ÉPURATION, ÉPUREMENT ■ *I.* ⇒ purification. *II.* Balayage, chasse aux sorcières, coup de balai, exclusion, expulsion, liquidation, purge.

ÉPURE ■ ⇒ plan.

ÉPURER ■ *I. Au pr.* : apurer (vx),
clarifier, décanter, déféquer, distiller,
expurger, filtrer, purger, purifier, raffiner, rectifier. *II. Fig.* 1. **Quelqu'un** :
expulser, supprimer, purger. 2. **Une
chose** : affiner, améliorer, châtier, perfectionner, polir.

ÉQUANIMITÉ ■ ⇒ impassibilité.

ÉQUARRIR ■ ⇒ découper, tailler.

ÉQUERRE ■ Biveau, graphomètre,
sauterelle, té.

ÉQUILIBRE ■ *I. Au pr.* : aplomb,
assiette, attitude, contrepoids, stabilité.
II. Fig. 1. Accord, balance, balancement, compensation, égalité, harmonie, juste milieu, moyenne, pondération, symétrie. 2. Entrain, forme,
plénitude, santé.

ÉQUILIBRÉ, E ■ ⇒ modéré, stable.

ÉQUILIBRER ■ Balancer, compenser,
contrebalancer, contrepeser (vx), corriger, égaler, équivaloir, neutraliser,
pondérer, répartir, tarer.

ÉQUILIBRISTE ■ ⇒ acrobate.

ÉQUIPAGE ■ *I.* ⇒ bagage. *II.* Apparat,
appareil, arsenal (fam.), arroi, attirail,
cortège, escorte, suite, train.

ÉQUIPE ■ Écurie, escouade, groupe,
team, troupe.

ÉQUIPÉE ■ *I.* ⇒ écart. *II.* ⇒ escapade.

ÉQUIPEMENT ■ ⇒ bagage.

ÉQUIPER ■ ⇒ pourvoir.

ÉQUIPIER, ÈRE ■ ⇒ partenaire.

ÉQUITABLE ■ ⇒ juste.

ÉQUITATION ■ Art équestre,
concours hippique, dressage, haute
école, hippisme, manège, steeple-
chase, voltige.

ÉQUITÉ ■ ⇒ justice.

ÉQUIVALENCE ■ ⇒ égalité.

ÉQUIVALENT, E ■ *I.* ⇒ égal. *II.* ⇒
pareil. *III.* ⇒ synonyme.

ÉQUIVALOIR ■ ⇒ égaler.

ÉQUIVOQUE ■ *I. Adj.* 1. Au pr. ⇒
ambigu. 2. Par ext. ⇒ suspect. *II. Nom
fém.* ⇒ jeu de mots.

ÉRAFLÉ, E ■ Abîmé, balafré, blessé,
déchiré, écorché, égratigné, entaillé,
éraillé, griffé, hachuré, rayé, sillonné,
strié.

ÉRAFLURE ■ ⇒ déchirure.

ÉRAILLÉ, E ■ *I. Au pr.* 1. ⇒ usé. 2. ⇒
éraflé. *II. Par ext.* ⇒ rauque.

ÈRE ■ ⇒ époque.

ÉRECTION ■ *I. Au pr.* : construction,
dressage, édification, élévation, établissement, fondation, institution, surrection, surgissement. *II. Méd.* :
dilatation, éréthisme, intumescence, raideur, redressement, rigidité, tension,
tumescence, turgescence, vultuosité.
III. Loc. Être en érection ⇒ jouir.

ÉREINTANT, E ■ ⇒ tuant.

ÉREINTEMENT ■ *I.* ⇒ fatigue. *II.*
⇒ médisance.

ÉREINTER ■ *I. Au pr.* 1. ⇒ fatiguer.
2. ⇒ battre. *II. Fig.* 1. ⇒ critiquer. 2.
⇒ médire.

ÉRÉTHISME ■ Colère, courroux,
énervement, exaltation, exaspération,
excitation, fièvre, irritation, surexcitation, tension, violence. ⇒ érection.

ERGASTULE ■ ⇒ cachot, prison.

ERGOT ■ ⇒ ongle.

ERGOTAGE ■ ⇒ chicane.

ERGOTER ■ Argumenter, atermoyer,
chicaner, couper les cheveux en
quatre (fam.), discourir, discutailler
(fam.), discuter, disputailler (fam.),
disputer, disserter, épiloguer, noyer le
poisson (fam.), pérorer, polémiquer,
rabâcher, radoter, raisonner, ratiociner, tergiverser.

ÉRIGER ■ *I.* ⇒ élever. *II.* ⇒ établir. *III.* ⇒ promouvoir.

ERMITAGE ■ *I.* Abbaye, chartreuse, cloître, couvent, monastère, prieuré, solitude. *II.* Chalet, folie, pavillon. ⇒ habitation.

ERMITE ■ *I.* Anachorète, ascète, solitaire. *II. Par ext.* **Non favorable :** insociable, misanthrope, reclus, sauvage, vieux de la montagne.

ÉRODER ■ ⇒ dégrader.

ÉROSION ■ ⇒ corrosion.

ÉROTIQUE ■ *I.* Amoureux, aphrodisiaque, excitant, galant, sensuel, voluptueux. *II. Non favorable :* cochon, licencieux, polisson, pornographique (péj.), provocateur, pygocole.

ÉROTISME ■ ⇒ volupté.

ERRANCE ■ Ambulation, aventure, course, déplacement, égarement, instabilité, flânerie, nomadisme, pérégrination, promenade, randonnée, rêverie, vagabondage, voyage.

ERRANT, E ■ *I. Géol. :* erratique. *II.* Ambulant, aventurier, égaré, flottant, fugitif, furtif, instable, mobile, mouvant, nomade, perdu, vagabond.

ERRATIQUE ■ ⇒ mouvant.

ERRE ■ ⇒ élan, marche.

ERREMENTS ■ *I.* Comportement, conduite, habitude, méthode, procédé. *II. Non favorable :* abus, bévue, dérèglement, divagation, écart, égarement, errance, erreur, faute, flottement, hésitation, impénitence, inconduite, indécision, ornière, péché, routine.

ERRER ■ *I.* Aller à l'aventure/à l'aveuglette/au hasard/çà et là, se balader (fam.), battre l'estrade/le pavé, courir les champs/les rues, déambuler, dévier de sa route/son chemin, divaguer, s'égarer, flâner, galérer (fam.), marcher, passer, se perdre, se promener, rôder, rouler sa bosse, tourner en rond, tournailler, traînasser, traîner, trimarder, vadrouiller, vagabonder, vaguer. *II.* ⇒ rêver, tromper (se).

ERREUR ■ Aberration, ânerie, bavure, bévue, blague, boulette, bourde, brioche, confusion, cuir, défaut, écart, égarement, errement, faute, fourvoiement, gaffe, illusion, lapsus, maldonne, malentendu, manquement, mécompte, mégarde, méprise, paralogisme, quiproquo, sophisme, vice de raisonnement. ⇒ bêtise.

ERRONÉ, E ■ ⇒ faux.

ERSATZ ■ ⇒ succédané.

ERSE, ERSEAU ■ ⇒ boucle.

ÉRUBESCENCE ■ ⇒ rougeur.

ÉRUCTATION ■ Exhalaison, hoquet, nausée, refoulement (fam.), renvoi, rot.

ÉRUCTER ■ ⇒ roter, proférer.

ÉRUDIT, E ■ ⇒ savant.

ÉRUDITION ■ ⇒ savoir.

ÉRUPTION ■ *I. Au pr. :* bouillonnement, débordement, ébullition, écoulement, émission, évacuation, explosion, jaillissement, sortie. *II. Méd. :* confluence, dermatose, efflorescence, inflammation, poussée, rash, vaccinelle.

ESBROUFANT, E ■ ⇒ extraordinaire.

ESBROUFE ■ ⇒ hâblerie.

ESCABEAU ■ ⇒ siège, échelle.

ESCADRON ■ ⇒ troupe.

ESCALADE ■ Ascension, grimpette (fam.), montée, varappe.

ESCALADER ■ ⇒ monter.

ESCALE (FAIRE) ■ Faire étape/halte/relâche, relâcher, toucher à un port.

ESCALIER ■ Colimaçon, degré, descente, escalator, marches, montée.

ESCAMOTER ■ ⇒ dérober, cacher.

ESCAMOTEUR ■ *I. Au pr.* : acrobate, illusionniste, jongleur, magicien, manipulateur, prestidigitateur, physicien (vx). *II. Par ext. Non favorable* ⇒ **voleur.**

ESCAMPETTE ■ *I.* ⇒ **fuite.** *II. Loc.* **Prendre la poudre d'escampette** ⇒ **enfuir (s').**

ESCAPADE ■ *I. Neutre :* absence, bordée, caprice, échappée, équipée, escampativos (fam. et vx), frasque, fredaine, fugue. *II. Non favorable* ⇒ **écart.**

ESCARBILLE ■ *I.* ⇒ **charbon.** *II.* ⇒ **poussière.**

ESCARCELLE ■ ⇒ **bourse.**

ESCARGOT ■ ⇒ **limaçon.**

ESCARMOUCHE ■ ⇒ **engagement.**

ESCARPE ■ ⇒ **vaurien.**

ESCARPÉ, E ■ Abrupt, à pic, ardu, difficile, malaisé, montant, montueux, raide, roide.

ESCARPEMENT ■ ⇒ **pente.**

ESCARPIN ■ ⇒ **soulier.**

ESCARPOLETTE ■ ⇒ **balançoire.**

ESCHE ■ ⇒ **aîche.**

ESCIENT (À BON) ■ ⇒ **sciemment.**

ESCLAFFER (S') ■ ⇒ **rire.**

ESCLANDRE ■ ⇒ **scandale.**

ESCLAVAGE ■ ⇒ **servitude.**

ESCLAVE ■ n. et adj. *I.* Asservi, assujetti, captif, dépendant, domestique, ilote, prisonnier, serf, serviteur, valet. *II. Fig. :* chien, chose, inférieur, jouet, pantin.

ESCOBAR ■ n. et adj. Fourbe, réticent, sournois. ⇒ **hypocrite.**

ESCOBARDERIE ■ *I.* ⇒ **fuite.** *II.* ⇒ **hypocrisie.**

ESCOGRIFFE ■ ⇒ **géant.**

ESCOMPTE ■ *I.* Avance. *II.* Agio, boni, prime, réduction, remise.

ESCOMPTER ■ *I.* Avancer, faire une avance, prendre un billet/un papier/ une traite à l'escompte, hypothéquer. *II.* Anticiper, attendre, compter sur, devancer, espérer, prévenir, prévoir.

ESCOPETTE ■ Espingole, tromblon.

ESCORTE ■ ⇒ **suite.**

ESCORTER ■ ⇒ **accompagner.**

ESCOUADE ■ ⇒ **troupe.**

ESCRIMER (S') ■ *I. Au pr.* ⇒ **lutter.** *II. Fig.* 1. ⇒ **essayer.** 2. ⇒ **discuter.**

ESCROC ■ ⇒ **fripon.**

ESCROQUER ■ ⇒ **voler.**

ESCROQUERIE ■ ⇒ **vol.**

ÉSOTÉRIQUE ■ ⇒ **secret.**

ÉSOTÉRISME ■ ⇒ **occultisme.**

ESPACE ■ *I.* Champ, distance, écart, écartement, éloignement, étendue, immensité, infini, intervalle, portion, superficie, surface, zone. *II.* Atmosphère, ciel, éther. ⇒ **univers.** *III.* Durée, intervalle, laps.

ESPACÉ, E ■ Distant, échelonné, éloigné, épars.

ESPACEMENT ■ Alinéa, blanc, interligne, interstice, intervalle, marge.

ESPACER ■ ⇒ **séparer.**

ESPADRILLE ■ ⇒ **chausson, soulier.**

ESPAGNOLETTE ■ ⇒ **poignée.**

ESPALIER ■ Candélabre, cordon, palissade, palmette, treillage.

ESPARCET ■ Esparcette, sainfoin.

ESPÈCE ■ *I.* ⇒ **genre.** *II.* ⇒ **sorte.** *III. Au pl.* ⇒ **argent.**

ESPÉRANCE ■ Aspiration, assurance, attente, certitude, confiance, conviction, croyance, désir, espoir, expectative, foi, illusion, perspective, prévision.

ESPÉRER ■ Aspirer à, attendre, avoir confiance, *et les syn. de* CONFIANCE, compter sur, entrevoir, escompter, faire état de, se flatter de, penser, présumer, se promettre, souhaiter, tabler sur.

ESPIÈGLE ■ Agaçant (péj.), badin, coquin, démon, diable, diablotin, éveillé, folâtre, frétillant, fripon, lutin, malicieux, malin, mâtin, mièvre (vx), mutin, pétillant, polisson, subtil, turbulent.

ESPIÈGLERIE ■ ⇒ plaisanterie.

ESPINGOLE ■ Escopette, tromblon.

ESPION ■ *I.* Affide (vx), agent, émissaire, épieur (vx), indicateur, informateur, limier. *II.* Délateur, dénonciateur, mouchard, rapporteur, traître. *Arg. :* casserole, doulos, indic, mouche, mouton, treize-à-table.

ESPIONNAGE ■ ⇒ surveillance.

ESPIONNER ■ ⇒ épier.

ESPLANADE ■ ⇒ place.

ESPOIR ■ ⇒ espérance.

ESPONTON ■ ⇒ pique.

ESPRIT ■ *I. Au pr.* 1. Âme, animation, caractère, cœur, conscience, être, homme, moi, personnalité, souffle, soupir, sujet, vie. 2. Alcool, essence, quintessence, vapeur. *II. Par ext. :* adresse, à-propos, bon sens, causticité, discernement, disposition, entendement, finesse, génie, humour, imagination, ingéniosité, intellection, intelligence, invention, ironie, jugement, jugeote (fam.), lucidité, malice, méditation, mentalité, naturel, raison, réflexion, sel, sens commun, talent, vivacité. *III. Être immatériel.* 1. Dieu, divinité. 2. Ange, démon, élu. 3. Fantôme, mânes, revenant, spectre. 4. ⇒ génie. *IV. Loc.* 1. Esprit fort ⇒ incroyant. 2. Bel esprit ⇒ spirituel. 3. Bon esprit ⇒ accommodant. 4. Mauvais esprit ⇒ insoumis (adj.). 5. Dans l'esprit de : angle, aspect, but, dessein, idée, intention, point de vue. 6. Esprit de corps : chauvinisme (péj.), solidarité.

ESQUIF ■ ⇒ embarcation.

ESQUINTER ■ *I.* ⇒ détériorer. *II. Fig.* 1. ⇒ médire. 2. ⇒ fatiguer.

ESQUISSE ■ ⇒ ébauche.

ESQUISSER ■ *I.* Crayonner, croquer, dessiner, ébaucher, pocher, tracer. *II.* Amorcer, ébaucher, indiquer.

ESQUIVER ■ ⇒ éviter. *V. pron.* ⇒ enfuir (s').

ESSAI ■ *I.* ⇒ expérimentation. *II.* ⇒ tentative. *III.* ⇒ article. *IV.* ⇒ traité.

ESSAIM ■ *Par ext.* ⇒ multitude.

ESSAIMER ■ *I. V. intr. :* se disperser, se répandre. *II. V. tr. :* émettre, produire, répandre.

ESSANGER ■ ⇒ nettoyer.

ESSARTER ■ ⇒ débroussailler.

ESSAYER ■ *I. V. tr.* ⇒ expérimenter. *II. V. intr. :* chercher à, s'efforcer à/de, s'escrimer/s'évertuer à, faire l'impossible, s'ingénier à, tâcher à/de, tâtonner, tenter de.

ESSE ■ ⇒ cheville.

ESSENCE ■ *I.* ⇒ extrait. *II.* Caractère, moelle, nature, qualité, quiddité (vx), quintessence, substance.

ESSENTIEL, ELLE ■ ⇒ principal.

ESSEULÉ, E ■ ⇒ seul.

ESSIEU ■ Arbre, axe, boggie (par ext.), pivot.

ESSOR ■ ⇒ vol, avancement.

ESSORER ■ Centrifuger, sécher, tordre.

ESSOUFFLÉ, E ■ Asthmatique (par ext.), dyspnéique (méd.), époumoné, fatigué, haletant, pantelant, poussif, rendu (fam.), suffocant.

ESSOUFFLEMENT ■ Anhélation,

dyspnée, étouffement, halètement, oppression, suffocation.

ESSOUFFLER (S') ■ Ahaner, anhéler, être ⇒ **essoufflé**.

ESSUYER ■ *I. Au pr.* 1. ⇒ nettoyer. 2. ⇒ sécher. *II. Fig.* ⇒ recevoir.

EST ■ Levant, orient.

ESTACADE ■ ⇒ digue.

ESTAFETTE ■ Courrier, coursier, envoyé, exprès, messager.

ESTAFIER ■ ⇒ tueur.

ESTAFILADE ■ ⇒ blessure.

ESTAMINET ■ ⇒ cabaret.

ESTAMPE ■ ⇒ image.

ESTAMPER ■ *I. Au pr.* ⇒ imprimer. *II. Fig.* ⇒ voler.

ESTAMPILLE ■ ⇒ marque.

ESTAMPILLER ■ ⇒ imprimer.

ESTER ■ Intenter, poursuivre, se présenter en justice.

ESTHÉTICIEN, ENNE ■ Visagiste.

ESTHÉTIQUE ■ ⇒ beau.

ESTIMABLE ■ Aimable, appréciable, beau, bien, bon, honorable, louable, précieux, recommandable, respectable.

ESTIMATION ■ Aperçu, appréciation, approche, approximation, arbitrage, calcul, détermination, devis, évaluation, expertise, prisée.

ESTIME ■ ⇒ égards.

ESTIMER ■ *I.* ⇒ aimer. *II.* Apprécier, arbitrer, calculer, coter, déterminer, évaluer, expertiser, mesurer, mettre à prix, priser, taxer. *III.* ⇒ honorer. *IV.* Compter, considérer, croire, être d'avis, faire cas, juger, penser, présumer, regarder comme, tenir pour.

ESTIVANT, E ■ Aoûtien, curiste, touriste, vacancier.

ESTOC ■ *I.* Racine, souche. *II. Vx* ⇒ race. *III.* ⇒ épée.

ESTOCADE ■ Attaque, botte, coup.

ESTOMAC ■ *I. Au pr.* 1. D'animaux : bonnet, caillette, feuillet, gésier, jabot, panse. 2. Gras-double, tripe. *II. Par ext.* ⇒ bedaine. *III. Fig. :* aplomb, cœur, courage, cran, culot.

ESTOMAQUÉ, E ■ ⇒ ébahi.

ESTOMAQUER ■ ⇒ étonner.

ESTOMPER ■ ⇒ modérer. *V. pron.* ⇒ disparaître.

ESTOQUER ■ ⇒ tuer, vaincre.

ESTOURBIR ■ ⇒ battre, tuer.

ESTRADE ■ Chaire, échafaud, échafaudage, podium, ring, scène, tribune.

ESTROPIÉ, E ■ Amputé, boiteux, cul-de-jatte, diminué physique, éclopé, essorillé (vx), handicapé, impotent, infirme, manchot, mutilé, stropiat (fam.), unijambiste.

ESTROPIER ■ ⇒ mutiler.

ESTUAIRE ■ ⇒ embouchure.

ÉTABLE ■ Abri, bercail, bergerie, bouverie, bouvril, écurie, grange, hangar, porcherie, soue, vacherie.

ÉTABLIR ■ *I.* ⇒ prouver. *II.* Amener, commencer, constituer, créer, disposer, ériger, faire régner, fonder, former, implanter, importer, installer, instaurer, instituer, institutionnaliser, introduire, introniser, mettre, nommer, organiser, placer, poser. *III.* Asseoir, bâtir, construire, édifier, fixer, fonder, jeter les fondements/les plans, placer, poser. *IV.* Camper, cantonner, loger, poster. *V. Fig.* 1. Caser, doter, marier. 2. Échafauder, forger, nouer.

ÉTABLISSEMENT ■ *I.* Agencement, constitution, création, disposition, érection, fondation, implantation, importation, installation, instauration, institution, introduction, intronisation, mise en place, nomination, organisation, placement, pose. **II.** Affaire, atelier, boîte (fam.), chantier, commerce, comptoir, emporium, entreprise, exploitation, factorerie, firme, fonds, loge (vx), maison, usine.

ÉTAGE ■ *I.* ⇒ palier. **II.** ⇒ rang.

ÉTAGÈRE ■ *I.* ⇒ tablette. **II.** *Partie :* archelle, balconnet.

ÉTAI ■ ⇒ appui.

ÉTAL ■ *I.* ⇒ table. **II.** ⇒ magasin.

ÉTALAGE ■ *I. Au pr. :* devanture, étal, éventaire, montre, vitrine. **II.** *Fig. :* montre, ostentation.

ÉTALE ■ ⇒ stationnaire.

ÉTALER ■ ⇒ étendre, montrer. *V. pron.* 1. ⇒ montrer (se). 2. ⇒ tomber.

ÉTALON ■ *I.* ⇒ cheval. **II.** ⇒ modèle.

ÉTALONNER ■ Calibrer. ⇒ vérifier.

ÉTANCHE ■ ⇒ imperméable.

ÉTANCHER ■ ⇒ sécher, assouvir.

ÉTANÇON ■ ⇒ appui.

ÉTANÇONNER ■ *I.* ⇒ appuyer. **II.** ⇒ soutenir.

ÉTANG ■ Bassin, chott, lac, lagune, marais, mare, pièce d'eau, réservoir.

ÉTAPE ■ *I. Au pr.* 1. Auberge, couchée (vx), escale, gîte, halte, hôtel, relais. 2. Chemin, journée (vx), route, trajet. **II.** *Par ext.* ⇒ phase.

ÉTAT ■ *I.* Attitude, classe, condition, destin, existence, manière d'être, point, position, situation, sort, train de vie, vie. **II.** ⇒ profession. **III.** ⇒ liste. **IV.** ⇒ gouvernement. **V.** ⇒ nation. **VI.** *Loc.* 1. État d'esprit ⇒ mentalité. 2. Faire état ⇒ affirmer.

ÉTATIFIER, ÉTATISER ■ ⇒ nationaliser.

ÉTATISME ■ ⇒ socialisme.

ÉTAT-MAJOR ■ Bureaux, commandement, G.Q.G., quartier général, staff (arg. milit.), tête. ⇒ direction.

ÉTAYER ■ *I.* ⇒ soutenir. **II.** ⇒ appuyer.

ÉTÉ ■ Beaux jours, belle saison, canicule, chaleurs, mois de Phœbus (vx), saison chaude/sèche.

ÉTEIGNOIR ■ *Fig.* ⇒ triste.

ÉTEINDRE ■ *I.* Étouffer, consumer. **II.** *Fig.* ⇒ modérer, détruire. **III.** *V. pron.* ⇒ mourir.

ÉTEINT, E ■ ⇒ terne.

ÉTENDARD ■ ⇒ drapeau.

ÉTENDRE ■ *I.* 1. Allonger, déplier, déployer, dérouler, détirer, développer, épater, éployer, étaler, étirer, mettre, napper, ouvrir, placer, poser, recouvrir, tendre. **II.** *Quelqu'un :* allonger, coucher. **III.** *Par ext.* Étendre un liquide : ajouter, allonger, augmenter, baptiser, couper, délayer, diluer, éclaircir, mouiller (du vin). **IV.** *V. pron.* 1. ⇒ occuper. 2. ⇒ coucher (se). 3. ⇒ répandre (se). 4. ⇒ durer, *et les formes pron. possibles des syn. de* ÉTENDRE.

ÉTENDU, E ■ ⇒ grand.

ÉTENDUE ■ *I.* Amplitude, champ, contenance, dimension, distance, domaine, durée, envergure, espace, grandeur, grosseur, immensité, importance, largeur, longueur, nappe, proportion, rayon, sphère, superficie, surface, volume. **II.** Ampleur, diapason, intensité, registre. **III.** Capacité, compétence, domaine.

ÉTERNEL, ELLE ■ *I.* Constant, continuel, durable, immarcescible, immémorial, immortel, immuable, impérissable, imprescriptible, inaltérable, inamissible, inamovible, incessant, indéfectible, indéfini, indélébile, indestructible, indissoluble, infini, interminable, perdurable, pérenne, pérennel, perpétuel, sempiternel. **II.** *Non favorable* ⇒ ennuyeux.

ÉTERNISER ■ *I.* ⇒ allonger. *V. pron.* 1. ⇒ demeurer. 2. ⇒ durer.

ÉTERNITÉ ■ Continuité, immortalité,

immuabilité, indestructibilité, infini, pérennité, perpétuité.

ÉTÊTER ■ ⇒ élaguer.

ÉTEULE ■ ⇒ chaume.

ÉTHER ■ ⇒ atmosphère.

ÉTHÉRÉ, E ■ ⇒ pur.

ÉTHIQUE ■ ⇒ morale.

ETHNIE ■ ⇒ tribu.

ETHNIQUE ■ *I.* Racial. *II. Par ext. :* culturel, spécifique.

ETHNOGRAPHIE ■ *Par ext. :* anthropologie, écologie, ethnologie, éthographie, éthologie.

ÉTINCELANT, E ■ ⇒ brillant.

ÉTINCELER ■ Brasiller, briller, chatoyer, luire, pétiller, scintiller.

ÉTINCELLE ■ *I. Au pr. :* escarbille, flammèche. *II. Fig.* 1. Cause. 2. Ardeur, feu sacré, flamme.

ÉTIOLEMENT ■ *I.* Marcescence. ⇒ décadence. *II.* ⇒ ruine. *III.* ⇒ langueur.

ÉTIOLER (S') ■ ⇒ dépérir.

ÉTIQUE ■ Amaigri, cachectique, cave, consomptique, décharné, desséché, efflanqué, émacié, famélique, hâve, hectique, maigre, mal nourri, sec, squelettique.

ÉTIQUETER ■ ⇒ ranger.

ÉTIQUETTE ■ *I.* ⇒ écriteau. *II.* ⇒ protocole.

ÉTIRER ■ *I.* ⇒ tirer. *II.* ⇒ étendre.

ÉTISIE ■ ⇒ maigreur.

ÉTOFFE ■ *I.* ⇒ tissu. *II. Par ext.* ⇒ matière. *III. Fig.* ⇒ disposition.

ÉTOFFÉ, E ■ ⇒ gras.

ÉTOFFER ■ ⇒ garnir.

ÉTOILE ■ *I.* ⇒ astre. *II. Fig.* 1. ⇒ destinée. 2. ⇒ artiste. *III. Par ext.* 1. Carrefour, croisée/croisement de che-

mins/routes, échangeur, patte-d'oie, rond-point, trèfle. 2. Astérisque (typo.).

ÉTOILÉ, E ■ ⇒ constellé.

ÉTONNANT, E ■ Admirable, ahurissant, anormal, beau, bizarre, bouleversant, confondant, curieux, déconcertant, drôle, ébahissant, ébaubissant (vx), éblouissant, écrasant, effarant, étourdissant, étrange, exceptionnel, extraordinaire, fantastique, formidable, frappant, génial, gigantesque, impressionnant, inattendu, incomparable, inconcevable, incroyable, inhabituel, inouï, insolite, inusité, magique, magnifique, merveilleux, miraculeux, mirifique, monstrueux, original, parfait, particulier, phénoménal, prodigieux, rare, renversant, saisissant, singulier, spécial, splendide, stupéfiant, sublime, suffocant, superbe, surprenant, troublant. *Fam. :* ébesillant, ébouriffant, épastrouillant, épatant, époilant, époustouflant, faramineux, fumant, mirobolant, pharamineux, pyramidal (vx), soufflant.

ÉTONNÉ, E ■ Abasourdi, ahuri, baba, confondu, déconcerté, désorienté, ébahi, ébaubi, éberlué, ébloui, ébouriffé, effaré, émerveillé, épaté, estomaqué, frappé, interdit, interloqué, renversé, saisi, soufflé, stupéfait, suffoqué, surpris.

ÉTONNEMENT ■ ⇒ surprise.

ÉTONNER ■ Abasourdir, ahurir, confondre, déconcerter, désorienter, ébahir, ébaubir, éberluer, éblouir, ébouriffer, effarer, émerveiller, épater, époustoufler, esbroufer, estomaquer, étourdir, frapper, impressionner, interdire, interloquer, méduser, renverser, saisir, sidérer, stupéfier, suffoquer. ⇒ **surprendre.**

ÉTOUFFANT, E ■ Accablant, asphyxiant, suffocant. ⇒ chaud.

ÉTOUFFÉ, E ■ ⇒ essoufflé, sourd.

ÉTOUFFEMENT ■ ⇒ essoufflement.

ÉTOUFFER ■ *I. Au pr. :* asphyxier,

étrangler, garrotter, noyer, oppresser, suffoquer. *II. Par ext.* Un bruit ⇒ **dominer.** *III. Fig.* : arrêter, assoupir, atténuer, briser, cacher, dissimuler, encager, enrayer, enterrer, escamoter, étourdir, gêner, juguler, mater, mettre en sommeil/une sourdine, neutraliser, passer sous silence, réprimer, retenir, subtiliser, supprimer, tortiller (fam.), tuer dans l'œuf. *IV. V. pron.* : s'engouer, *et les formes pron. possibles des syn. de* ÉTOUFFER.

ÉTOURDERIE ■ ⇒ distraction.

ÉTOURDI, E ■ adj. et n. Braque, brise-raison (vx), brouillon, distrait, écervelé, étourneau, évaporé, éventé, fou, frivole, hanneton (fam.), hurluberlu (fam.), imprudent, inattentif, inconséquent, inconsidéré, insouciant, irréfléchi, léger, malavisé, tête à l'envers/de linotte/en l'air/folle/légère (fam.).

ÉTOURDIR ■ *I. Au pr.* 1. ⇒ abasourdir. 2. Chavirer, enivrer, entêter, griser, monter/porter à la tête, soûler, taper (fam.), tourner la tête. *II. Par ext.* 1. ⇒ soulager. 2. ⇒ étouffer. *III. V. pron.* ⇒ distraire (se).

ÉTOURDISSANT, E ■ ⇒ extraordinaire.

ÉTOURDISSEMENT ■ ⇒ vertige.

ÉTOURNEAU ■ *Fig.* ⇒ étourdi.

ÉTRANGE ■ Abracadabrant, baroque, biscornu, bizarre, choquant, déplacé, farfelu, inaccoutumé, indéfinissable, inquiétant, insolite, louche, rare, saugrenu, singulier. ⇒ étonnant.

ÉTRANGER, ÈRE ■ adj. et n. *I.* Allochtone, allogène, aubain (vx), exotique, extérieur, immigrant, pérégrin (vx), réfugié, résident, touriste. *Péj.* : métèque, rasta, rastaquouère. *II. Par ext.* 1. ⇒ hétérogène. 2. ⇒ inconnu. 3. ⇒ indifférent.

ÉTRANGETÉ ■ ⇒ bizarrerie.

ÉTRANGLÉ, E ■ *I.* Asphyxié, étouffé, garrotté, strangulé. *II. Fig.* ⇒ étroit.

ÉTRANGLEMENT ■ *I. Au pr.* : étouffement, garrot, strangulation. *II. Par ext.* : resserrement.

ÉTRANGLER ■ Étouffer, garrotter, pendre, resserrer, serrer le quiqui (fam.)/la gorge, stranguler, tuer.

ÊTRE ■ *I. V. intr.* 1. Avoir l'existence, exister, régner, subsister, se trouver, vivre. 2. Loc. *Être à* ⇒ **appartenir.** *II. Nom.* 1. ⇒ homme. 2. ⇒ vie. 3. Loc. *Être suprême* ⇒ dieu.

ÉTRÉCIR ■ ⇒ resserrer.

ÉTREINDRE ■ ⇒ serrer.

ÉTREINTE ■ Embrassade, embrassement, enlacement, serrement.

ÉTRENNES ■ ⇒ don.

ÊTRES ■ ⇒ pièce.

ÉTRÉSILLON, ÉTRIER ■ ⇒ appui.

ÉTRILLE ■ ⇒ racloir.

ÉTRILLER ■ ⇒ battre, maltraiter.

ÉTRIPER ■ Éventrer, vider. ⇒ tuer.

ÉTRIQUÉ, E ■ ⇒ étroit.

ÉTRIQUER ■ ⇒ resserrer.

ÉTRIVIÈRES ■ ⇒ fouet.

ÉTROIT, E ■ *I.* Collant (vêtement), confiné, effilé, encaissé, étiré, étranglé, étréci, étriqué, exigu, fin, juste, mesquin, mince, petit, ratatiné, réduit, resserré, restreint, riquiqui, serré. *II. Fig.* 1. ⇒ bête. 2. ⇒ limité. 3. ⇒ sévère.

ÉTROITESSE ■ ⇒ petitesse.

ÉTRON ■ ⇒ excrément.

ÉTUDE ■ *I.* ⇒ article. *II.* ⇒ traité. *III.* ⇒ exercice. *IV.* ⇒ soin. *V.* ⇒ attention. *VI.* Agence, cabinet, bureau, officine. *VII.* ⇒ recherche.

ÉTUDIANT, E ■ ⇒ élève.

ÉTUDIÉ, E ■ Affecté, apprêté, arrangé, compassé, composé, concerté, contraint, empesé, forcé, gourmé, guindé, maniéré, pincé, précieux, recherché, soigné, sophistiqué, théâtral.

ÉTUDIER ■ **I.** Apprendre, bûcher, s'instruire. ⇒ **travailler. Fam. :** bloquer, bûcher, chiader, creuser, marner, piocher, potasser. **II. Par ext.** 1. ⇒ **examiner.** 2. ⇒ **exercer (s'). III. V. pron. :** s'examiner, faire attention, s'observer, s'occuper à/de.

ÉTUI ■ Coffin ⇒ **enveloppe.**

ÉTUVE ■ **I.** Autoclave, four, fournaise, tournaille. **II.** Caldarium, hammam, sauna. **III.** Séchoir.

ÉTUVER ■ ⇒ **sécher, stériliser.**

ÉTYMOLOGIE ■ Évolution, formation, origine, racine, source.

EUCHARISTIE ■ Consubstantiation, corps du Christ, hostie, pain de Dieu/de vie/vivant, impanation, sacrement, saintes espèces, transsubstantiation. ⇒ **cène, communion.**

EUNUQUE ■ ⇒ **châtré.**

EUPHÉMISME ■ ⇒ **litote.**

EUPHORIE ■ ⇒ **aise, bonheur.**

EUPHUISME ■ ⇒ **préciosité.**

EURYTHMIE ■ ⇒ **harmonie.**

ÉVACUATION ■ **I.** ⇒ **écoulement. II.** ⇒ **expulsion.**

ÉVACUER ■ ⇒ **vider.**

ÉVADÉ, E ■ ⇒ **fugitif.**

ÉVADER (S') ■ ⇒ **enfuir (s').**

ÉVALUATION ■ Appréciation, approximation, calcul, comparaison, détermination, devis, estimation, expertise, inventaire, mesure, prisée, supputation.

ÉVALUER ■ Apprécier, arbitrer, calculer, chiffrer, coter, cuber, déterminer, estimer, expertiser, fixer la valeur, jauger, juger, mesurer, nombrer, peser, priser, supputer, ventiler.

ÉVANESCENT, E ■ ⇒ **fugitif.**

ÉVANGÉLISATION ■ ⇒ **mission.**

ÉVANGÉLISER ■ ⇒ **prêcher.**

ÉVANGILE ■ ⇒ **foi.**

ÉVANOUIR (S') ■ **I. Au pr. :** avoir des vapeurs (vx), défaillir, se pâmer, tourner de l'œil (fam.), se trouver mal. **II. Fig.** 1. ⇒ **disparaître.** 2. ⇒ **passer.**

ÉVANOUISSEMENT ■ **I.** Collapsus, coma, défaillance, éclampsie, faiblesse, pâmoison, syncope, vapes (arg.), vapeurs (vx), vertige (vx). **II. Fig. :** anéantissement, disparition, effacement. ⇒ **fuite.**

ÉVAPORATION ■ ⇒ **vaporisation.**

ÉVAPORÉ, E ■ ⇒ **étourdi, frivole.**

ÉVAPORER (S') ■ (Fig.) **I.** ⇒ **disparaître. II.** ⇒ **passer.**

ÉVASEMENT ■ **I.** ⇒ **agrandissement. II.** ⇒ **ouverture.**

ÉVASER ■ ⇒ **élargir.**

ÉVASIF, IVE ■ Ambigu, détourné, dilatoire, douteux, élusif, énigmatique, équivoque, fuyant, incertain, réticent, vague.

ÉVASION ■ ⇒ **fuite.**

ÉVÊCHÉ ■ Diocèse, épiscopat, juridiction apostolique/épiscopale.

ÉVEIL ■ ⇒ **alarme.**

ÉVEILLÉ, E ■ **I.** Conscient. **II.** Actif, alerte, animé, décidé, dégourdi, délié, déluré, dessalé, diable, émerillonné, espiègle, excité, frétillant, fripon, fûté, gai, intelligent, malicieux, ouvert, remuant, vif, vif-argent, vivant.

ÉVEILLER ■ **I. Au pr. :** réveiller, tirer du sommeil. **II. Par ext.** 1. ⇒ **provoquer.** 2. ⇒ **animer.**

ÉVEILLEUR ■ ⇒ **éducateur.**

ÉVÉNEMENT ■ **I. Au pr. :** accident, action, affaire, avatar, aventure, calamité, cas, cataclysme, catastrophe, chronique, circonstance, conjoncture, dénouement, désastre, drame, épisode, épopée, fait, fait divers, histoire, incident, intrigue, issue, malheur, mésaventure, nouvelle, occasion, scandale, scène, tragédie, vicissitude. *II. Par ext.* ⇒ résultat.

ÉVENTAIL ■ *I.* Flabellum. *II.* ⇒ choix.

ÉVENTAIRE ■ ⇒ étalage.

ÉVENTÉ, E ■ *I. Au pr.* ⇒ gâté. *II. Fig.* ⇒ étourdi.

ÉVENTER ■ (Fig.) *I.* ⇒ découvrir. *II.* ⇒ gâter.

ÉVENTUALITÉ ■ ⇒ cas, possibilité.

ÉVENTUEL, ELLE ■ ⇒ incertain.

ÉVÊQUE ■ Monseigneur, pontife, prélat, primat, prince de l'Église, vicaire apostolique.

ÉVERTUER (S') ■ ⇒ essayer.

ÉVICTION ■ Congédiement, dépossession, disgrâce, élimination, éloignement, évincement, exclusion, excommunication, expulsion, licenciement, ostracisme, proscription, rejet, renvoi, révocation.

ÉVIDEMMENT ■ À coup sûr, à l'évidence, assurément, avec certitude, bien entendu, certainement, certes, de toute évidence, effectivement, en effet/fait/réalité, immanquablement, incontestablement, indubitablement, infailliblement, sans aucun doute, sans conteste/contredit/doute/faute, sûrement.

ÉVIDENCE ■ Authenticité, axiome, certitude, clarté, flagrance, lapalissade (péj.), netteté, preuve, réalité, truisme, vérité.

ÉVIDENT, E ■ Assuré, authentique, aveuglant, axiomatique, certain, clair, constant, convaincant, criant, éclatant, flagrant, formel, incontestable, indéniable, indiscutable, indubitable, irréfragable, irréfutable, limpide, manifeste, net, notoire, obvie, officiel, palpable, patent, positif, prégnant, public, sensible, sûr, transparent, véridique, visible, vrai.

ÉVIDER ■ *I.* ⇒ creuser. *II.* ⇒ tailler.

ÉVINCER ■ ⇒ déposséder, éliminer.

ÉVITER ■ *I. Une chose :* s'abstenir, cartayer, contourner, couper à (fam.), se dérober, se dispenser de, écarter, échapper à, éluder, empêcher, esquiver, fuir, se garer de, obvier à, parer, passer à travers, se préserver de, prévenir, se soustraire à. *II. Quelqu'un :* couper à (fam.), se détourner de, échapper à, s'éloigner de, fuir. *III. On évite une chose à quelqu'un :* décharger/délivrer/dispenser de, épargner, garder/libérer/préserver de, sauver à (vx).

ÉVOCATEUR, TRICE ■ ⇒ suggestif.

ÉVOCATION ■ Incantation. ⇒ rappel.

ÉVOLUÉ, E ■ ⇒ policé.

ÉVOLUER ■ Aller/marcher de l'avant, changer, se dérouler, se développer, devenir, innover, manœuvrer, marcher, se modifier, se mouvoir, progresser, réformer, se transformer.

ÉVOLUTION ■ Avancement, changement, cours, déroulement, développement, devenir, film, manœuvre, marche, métamorphose, mouvement, processus, progression, remous, transformation.

ÉVOLUTIONNISME ■ Darwinisme, lamarckisme, mutationnisme, transformisme.

ÉVOQUER ■ Aborder, appeler, décrire, effleurer, éveiller, faire allusion à, imaginer, interpeller, invoquer, montrer, rappeler, remémorer, repasser, représenter, réveiller, revivre, suggérer, susciter.

EXACERBATION ■ ⇒ paroxysme.

EXACERBÉ, E ■ ⇒ excité.

EXACERBER ■ ⇒ irriter.

EXACT, E ■ *I. Une chose :* authentique, certain, complet, conforme, congru, convenable, correct, fiable, fidèle, juste, littéral, mathématique, précis, réel, sincère, solide, sûr, textuel, véridique, véritable, vrai. *II. Quelqu'un :* assidu, attentif, consciencieux, minutieux, ponctuel, réglé, régulier, rigoureux, scrupuleux, strict, zélé.

EXACTION ■ ⇒ malversation.

EXACTITUDE ■ *I. D'une chose :* authenticité, concordance, congruence, convenance, correction, fidélité, justesse, précision, rigueur, véracité, véridicité, vérité. *II. De quelqu'un :* application, assiduité, attention, conscience professionnelle, correction, minutie, ponctualité, régularité, scrupule, sincérité, soin.

EXAGÉRATION ■ *I.* Hypertrophie. *II.* Amplification, broderie, charre (fam.), démesure, disproportion, dramatisation, emphase, enflure, exubérance, fanfaronnade, frime (fam.), galéjade, gasconnade, histoire marseillaise, hyperbole, outrance, vantardise. ⇒ hâblerie. *III.* Surévaluation. ⇒ excès.

EXAGÉRÉ, E ■ ⇒ excessif.

EXAGÉRER ■ *I. On exagère ses propos :* agrandir, ajouter, amplifier, bluffer, broder, charger, développer, donner le coup de pouce, dramatiser, enfler, en remettre, faire valoir, forcer, galéjer, gasconner, grandir, grossir, masser (fam.), ne pas y aller de main morte, outrer, pousser, rajouter, surfaire, se vanter. ⇒ hâbler. *II. On exagère dans son comportement :* Abuser, aller fort. *III. Arg. ou fam. :* attiger, charrier, chier dans la colle, déconner, dépasser/passer/outrepasser les bornes/la limite/la mesure, faire déborder le vase, frimer.

EXALTATION ■ ⇒ enthousiasme.

EXALTER ■ *I.* ⇒ louer. *II.* ⇒ exciter. *III.* ⇒ transporter. *IV. V. pron.* ⇒ enthousiasmer (s').

EXAMEN ■ *I.* ⇒ recherche. *II.* Bac, baccalauréat, bachot, brevet, certificat d'études, colle, concours, diplôme, doctorat, épreuve, interrogation, licence, test.

EXAMINER ■ Analyser, apprécier, approfondir, ausculter, comparer, compulser, considérer, consulter, contrôler, critiquer, débattre, décomposer, délibérer, dépouiller, désosser (fam.), disséquer, éplucher, éprouver, estimer, étudier, évaluer, expertiser, explorer, inspecter, instruire, interroger, inventorier, observer, palper, parcourir, peser, prospecter, reconnaître, regarder, scruter, sonder, toucher, viser, visiter, voir. ⇒ rechercher.

EXASPÉRER ■ ⇒ irriter.

EXAUCER ■ ⇒ satisfaire.

EXCAVATION ■ Antre, aven, caverne, cavité, cloup, concavité, coupure, creux, enfoncement, enfonçure, entonnoir, évidement, fente, fontis, fosse, grotte, hypogée, ouverture, puits, souterrain, tranchée, trou, vide.

EXCÉDÉ, E ■ ⇒ fatigué.

EXCÉDENT ■ ⇒ excès.

EXCÉDER ■ *I.* ⇒ dépasser. *II.* ⇒ fatiguer. *III.* ⇒ énerver.

EXCELLENCE ■ *I. Prot. :* Altesse, Éminence, Grâce, Grandeur, Hautesse (vx), Seigneurie (vx). *II.* ⇒ perfection.

EXCELLENT, E ■ ⇒ bon.

EXCELLER ■ Briller, être fort/habile à/le meilleur, surclasser, surpasser, triompher.

EXCENTRIQUE ■ n. et adj. ⇒ original.

EXCEPTÉ ■ Abstraction faite de, à la réserve/l'exception/l'exclusion de, à part, à telle chose près, exclusivement, fors (vx), hormis, hors, non compris, sauf, sinon.

EXCEPTER ■ Écarter, enlever, épargner, exclure, négliger, oublier, pardonner, retrancher.

EXCEPTION ■ *I.* Anomalie, dérogation, exclusion, particularité, réserve, restriction, singularité. *II. Loc.* À l'exception de ⇒ excepté.

EXCEPTIONNEL, ELLE ■ ⇒ rare.

EXCÈS ■ *I. D'une chose :* dépassement, disproportion, énormité, excédent, exubérance, luxe, luxuriance, plénitude, pléthore, profusion, quantité, redondance, reste, satiété, saturation, superfétation, superflu, superfluité, surabondance, surnombre, surplus, trop, trop-plein. *II. Dans un comportement :* abus, bacchanale, débordement, démesure, dérèglement, exagération, extrême, extrémisme, extrémité, immodération, immodestie, inconduite, incontinence, intempérance, luxure, orgie, outrance, prouesse, ribote, violence. ⇒ **débauche, festin.**

EXCESSIF, IVE ■ Abusif, affreux, carabiné (fam.), chargé, débridé, démesuré, déréglé, désordonné, dévorant, effrayant, effréné, effroyable, énorme, enragé, exagéré, exorbitant, extraordinaire, extrême, exubérant, forcé, fort, gros, furieux, grimaçant, gros, horrible, hyperbolique, hystérique, immodéré, immodeste, incontinent, incroyable, insensé, insupportable, intempérant, intolérable, long, luxuriant, monstrueux, outrancier, outré, prodigieux, raide, rigoureux, surabondant, terrible, trop, usuraire, violent.

EXCESSIVEMENT ■ À l'excès, outre mesure, plus qu'il ne convient/n'est convenable.

EXCIPER ■ ⇒ prétexter.

EXCISION ■ Abcision, ablation, amputation, autotomie, coupe, enlèvement, exérèse, mutilation, opération, résection, sectionnement, tomie.

EXCITABILITÉ ■ ⇒ susceptibilité.

EXCITABLE ■ ⇒ susceptible.

EXCITANT, E ■ *I.* ⇒ **fortifiant.** *II.* ⇒ **affriolant.**

EXCITATEUR, TRICE ■ n. et adj. Agitateur, animateur, fomentateur, instigateur, meneur, révolutionnaire, stimulateur. ⇒ **factieux.**

EXCITATION ■ *I. Phys. :* chaleur, fermentation, stimulus. *II. État d'excitation :* acharnement, agitation, aigreur, animation, ardeur, colère, délire, embrasement, émoi, énervement, enfièvrement, enthousiasme, éréthisme, exacerbation, exaltation, exaspération, fébrilité, fièvre, irritation, ivresse, nervosité, ravissement, surexcitation, trouble. *III. Action d'exciter :* appel, émulation, encouragement, entraînement, exhortation, fomentation, impulsion, incitation, invitation, motivation, provocation, sollicitation, stimulation, stimulus.

EXCITÉ, E ■ *I. Adj. :* agacé, agité, aguiché, allumé, animé, ardent, attisé, émoustillé, énervé, exacerbé, monté, nerveux, troublé. *II. Nom* ⇒ **énergumène.**

EXCITER ■ *I. Faire naître une réaction :* actionner, allumer, animer, apitoyer, attendrir, attirer, causer, charmer, déchaîner, déclencher, donner le branle/le mouvement/le signal, ébranler, emballer, embraser, enflammer, enivrer, enlever, enthousiasmer, exalter, faire naître, fomenter, insuffler, inviter, mettre en branle/en mouvement/de l'huile sur le feu (fam.), mouvoir, provoquer, solliciter, souffler la colère/le désordre/la haine/sur les braises, susciter. *II. On fait croître une réaction :* accroître, activer, aggraver, aigrir, aiguillonner, aiguiser, attiser, aviver, cingler, cravacher, doper, envenimer, éperonner, exacerber, exalter, exaspérer, faire sortir/mettre hors de ses gonds, fouetter, piquer, pousser, relever, réveiller, stimuler, surexciter, travailler. *III. On excite quelqu'un à quelque chose :* animer, convier, encourager, engager, entraîner, exhorter, galvaniser, inciter, instiguer, inviter, obliger, persuader, piéter (vx), porter, pousser, presser, provoquer, tenter. *IV. On excite la foule :* ameuter, électriser, enflammer, fanatiser, fomenter, soulever, transporter. *V. On excite quelqu'un :* agiter, animer, caresser, chatouiller, échauffer, émouvoir, enfiévrer, enivrer, exalter, flatter, fouetter, irriter, mettre en colère/en rogne (fam.), monter la tête, mouvoir, passionner, plaire, ranimer, remuer, soulever, surexciter, taquiner, transporter. *VI. On excite contre quelqu'un :* acharner, armer, braquer, crier haro sur/vengeance, dresser, monter, opposer, soulever. *VII. Le désir sexuel :* agacer, aguicher, allumer, attiser, bander/goder pour (arg.), émoustiller, émouvoir, troubler.

EXCLAMATION ■ ⇒ cri.

EXCLAMER (S') ■ Admirer, applaudir, s'écrier, s'étonner, se récrier.

EXCLU, E ■ Forclos, forfait.

EXCLURE ■ ⇒ éliminer, empêcher.

EXCLUSIF, IVE ■ *I.* ⇒ intolérant. *II.* ⇒ unique.

EXCLUSION ■ ⇒ expulsion.

EXCLUSIVEMENT ■ *I.* ⇒ excepté. *II.* ⇒ seulement.

EXCLUSIVITÉ ■ Scoop. ⇒ privilège.

EXCOMMUNICATION ■ Anathème, bannissement, blâme, censure, exclusion, expulsion, foudres de l'Église, glaive spirituel, interdit, malédiction, ostracisme.

EXCOMMUNIER ■ Anathématiser, bannir, blâmer, censurer, chasser, exclure, frapper, interdire, maudire, ostraciser, rejeter, renvoyer, repousser, retrancher.

EXCRÉMENT ■ *I. De l'homme.* **1. Méd. ou neutre :** besoins, crotte, déchet, défécation, déjection, excrétion, exonération, fèces, flux alvin,

garde-robe (vx), gringuenaude (vx), matières, matières alvines/fécales, méconium (nouveau-né), selles. **2. Enf. :** caca, gros, grosse commission, pot. **3. Vulg. ou arg. :** bran, brenne, bronze, chiasse, cigare, colombin, confiture, corde de puits, étron, foire, marchandise, merde, mouscaille, moutarde, paquet, pêche, purée, rondin, sentinelle. *II.* **Anim.** : bouse, chiure, colombine, crotte, crottin, fient, fiente, fumées (vén.), fumier, guano, jet, laissées (vén.), purin. *III. Par ext. :* **1.** Chassie, mite. ⇒ **morve. 2.** Boue, gadoue, immondice, ordure, poudrette, rebut, résidu.

EXCRÉTER ■ ⇒ expulser.

EXCRÉTION ■ ⇒ expulsion.

EXCROISSANCE ■ ⇒ tumeur.

EXCURSION ■ *I.* ⇒ promenade. *II.* ⇒ voyage. *III.* ⇒ digression.

EXCUSABLE ■ Admissible, défendable, justifiable, légitime, pardonnable, rémissible.

EXCUSE ■ *I. Au pr. :* allégation, amende honorable, décharge, défense, disculpation, explication, justification, motif, pardon, raison, regret, ressource. *II. Par ext. :* défaite, dérobade, échappatoire, faux-fuyant, moyen, prétexte.

EXCUSER ■ Absoudre, acquitter, admettre, alléguer, blanchir, couvrir, décharger, disculper, effacer, exempter, faire crédit, innocenter, justifier, laver, légitimer, pardonner, passer l'éponge, remettre, sauver, tolérer. *V. pron. :* demander pardon, se défendre, *et les formes pron. possibles des syn. de* EXCUSER.

EXEAT ■ Autorisation, congé, laissez-passer, permis, permission, visa.

EXÉCRABLE ■ *I.* ⇒ détestable. *II.* ⇒ haïssable.

EXÉCRATION ■ *I.* ⇒ malédiction. *II.* ⇒ éloignement.

EXÉCRER ■ ⇒ haïr.

EXÉCUTANT ■ *I.* Chanteur, choriste, concertiste, instrumentiste, musicien, virtuose. *II.* Agent, praticien, technicien.

EXÉCUTER ■ *I.* ⇒ réaliser. *II.* ⇒ tuer.

EXÉCUTEUR ■ ⇒ bourreau.

EXÉCUTION ■ *I.* ⇒ réalisation. *II.* ⇒ supplice.

EXÉGÈSE ■ ⇒ commentaire.

EXÉGÈTE ■ ⇒ commentateur.

EXEMPLAIRE ■ *I. Nom :* archétype, canon, copie, échantillon, édition, épreuve, gabarit, leçon, modèle, patron, prototype, spécimen, type. *II. Adj. :* bon, édifiant, parfait, représentatif, typique.

EXEMPLE ■ *I. Au pr. :* modèle, paradigme, parangon, règle. *II. Par ext.* 1. Contagion, édification, émulation, entraînement, imitation. 2. Aperçu, échantillon, preuve, type. 3. Citation. 4. ⇒ exemplaire. *III. Jurid. :* cas, jurisprudence, précédent. *IV. Loc.* 1. À l'**exemple de** : à l'image/l'instar, comme, de même que. 2. **Par exemple :** ainsi, comme, en revanche, entre autres, mais, notamment, par contre.

EXEMPT, E ■ Affranchi, déchargé, dégagé, dépourvu, dispensé, exonéré, franc (de port), immunisé, indemne, libéré, libre, préservé, quitte.

EXEMPTER ■ Affranchir, amnistier, décharger, dégager, dégrever, dispenser, épargner, éviter, excuser, exonérer, gracier, immuniser, libérer, préserver, tenir quitte. *V. pron. :* échapper à, *et les formes pron. possibles des syn. de* EXEMPTER.

EXEMPTION ■ *I.* ⇒ diminution. *II.* ⇒ immunité.

EXERCÉ, E ■ ⇒ adroit.

EXERCER ■ *I. On exerce une activité :* acquitter, s'acquitter de, cultiver, déployer, employer, exécuter, faire, se livrer à, mettre en action/usage/pratique, pratiquer, professer, remplir. *II. On exerce quelqu'un ou un animal :* dresser, endurcir, entraîner, façonner, former, habituer, plier. *III. V. pron. :* s'appliquer à, apprendre, s'entraîner, s'essayer, étudier, se faire la main.

EXERCICE ■ *I.* Application, apprentissage, devoir, drill, entraînement, essai, étude, évolution, instruction, manœuvre, mouvement, pratique, sport, tour de force, training, travail, vocalise. *II.* Application, commentaire, composition, conversation, copie, correction, devoir, dictée, dissertation, interrogation écrite, problème, récitation, rédaction, thème, version.

EXERGUE ■ ⇒ inscription.

EXHALAISON ■ *I.* Arôme, bouffée, effluve, émanation, évaporation, fragrance, fumée, fumet, gaz, haleine, moyette, odeur, parfum, senteur, souffle, vapeur. *II. Non favorable :* pestilence, puanteur, relent, remugle.

EXHALER ■ *I. Au pr.* 1. Dégager, embaumer, émettre, épancher, fleurer, odorer, produire, répandre, sentir. 2. **Non favorable :** empester, empuantir, puer, suer. *II. Par ext. :* exprimer, extérioriser, déverser, donner libre cours, proférer, manifester. *III. V. pron. :* émaner, s'évaporer, transpirer, *et les formes pron. possibles des syn. de* EXHALER.

EXHAUSSEMENT ■ ⇒ haussement.

EXHAUSSER ■ ⇒ hausser.

EXHAUSTIF, IVE ■ *I. Au pr. :* achevé, complet, total. *II. Fig. :* absorbant, accablant, épuisant, exténuant.

EXHÉRÉDER ■ ⇒ déshériter.

EXHIBER ■ ⇒ montrer.

EXHIBITION ■ ⇒ spectacle.

EXHORTATION ■ *I.* ⇒ encouragement. *II.* ⇒ sermon.

EXHORTER ■ ⇒ encourager.

EXHUMER ■ ⇒ déterrer, produire.

EXIGEANT, E ■ Absorbant, accaparant, délicat, difficile, dur, envahissant, insatiable, intéressé, intraitable, maniaque, pointilleux, sévère, strict, tyrannique.

EXIGENCE ■ ⇒ revendication.

EXIGER ■ ⇒ réclamer.

EXIGU, UË ■ ⇒ petit.

EXIGUÏTÉ ■ Étroitesse, médiocrité, mesquinerie, modicité, petitesse.

EXIL ■ *I.* Ban, bannissement, déportation, expatriation, expulsion, lettre de cachet (vx), ostracisme, proscription, relégation, transportation. *II.* Départ, éloignement, isolement, réclusion, renvoi, retraite, séparation.

EXILÉ, E ■ Émigré. ⇒ banni.

EXILER ■ ⇒ bannir.

EXISTANT, E ■ ⇒ actuel, présent.

EXISTENCE ■ *I.* ⇒ être. *II.* ⇒ vie.

EXISTER ■ *I.* ⇒ être. *II.* ⇒ vivre.

EXODE ■ *I.* ⇒ émigration. *II.* Abandon, départ, dépeuplement, désertion.

EXONÉRATION ■ *I.* ⇒ diminution. *II.* ⇒ immunité.

EXONÉRER ■ *I.* ⇒ exempter. *II.* ⇒ soulager.

EXORBITANT, E ■ ⇒ démesuré.

EXORCISER ■ Adjurer, chasser, conjurer, purifier, rompre le charme/l'enchantement/l'envoûtement.

EXORCISME ■ Adjuration, conjuration, délivrance, dépossession, désenvoûtement, évangile, formule cabalistique, prière, purification, supplication.

EXORCISTE ■ *I. Au pr. :* conjurateur, exorciseur. *II. Par ext. :* cabaliste, grand prêtre, mage, sorcier.

EXORDE ■ *I.* ⇒ introduction. *II.* ⇒ commencement.

EXOTIQUE ■ ⇒ étranger.

EXPANSIBLE ■ ⇒ souple.

EXPANSIF, IVE ■ ⇒ communicatif.

EXPANSION ■ *I.* ⇒ dilatation. *II.* ⇒ propagation.

EXPATRIÉ, E ■ ⇒ émigré.

EXPATRIER ■ ⇒ bannir. *V. pron.* ⇒ quitter.

EXPECTANCE, EXPECTATION, EXPECTATIVE ■ *I.* Attente, espérance, espoir, perspective. *II.* Opportunisme. ⇒ habileté.

EXPECTORATION ■ ⇒ crachement.

EXPECTORER ■ ⇒ cracher.

EXPÉDIENT, E ■ adj. ⇒ convenable.

EXPÉDIENT ■ n. Accommodement, acrobatie, échappatoire, intrigue, mesure, moyen, procédé, ressource, rétablissement, ruse, tour, truc.

EXPÉDIER ■ *I. Au pr.* ⇒ envoyer. *II. Par ext.* 1. ⇒ accélérer. 2. ⇒ congédier. 3. ⇒ tuer.

EXPÉDITEUR, TRICE ■ Consignateur, destinateur, envoyeur, expéditionnaire, exportateur. ⇒ commerçant.

EXPÉDITIF, IVE ■ ⇒ actif, rapide.

EXPÉDITION ■ *I.* ⇒ copie. *II.* ⇒ voyage. *III.* ⇒ réalisation. *IV. Milit. :* campagne, coup de main, croisade, guerre, opération, raid. *V.* Chargement, consignation, courrier, envoi, transport.

EXPÉDITIONNAIRE ■ ⇒ employé.

EXPÉRIENCE ■ *I.* ⇒ expérimentation. *II.* Acquis, connaissance, habitude, sagesse, savoir, science. *III.* Apprentissage, école, pratique, routine, usage.

EXPÉRIMENTATION ■ Application, constatation, contrôle, démonstration, épreuve, essai, étude, expérience, observation, recherche, tentative, test, vérification.

EXPÉRIMENTÉ, E ■ ⇒ capable.

EXPÉRIMENTER ■ Aventurer, constater, éprouver, essayer, étudier, goûter, hasarder, mettre à l'épreuve, observer, se rendre compte, se renseigner, risquer, tâter de, tenter, vérifier, voir.

EXPERT ■ *I. N. m. :* commissaire priseur, sapiteur (mar.). *II. Adj.* ⇒ capable.

EXPERTISE ■ ⇒ estimation.

EXPERTISER ■ ⇒ examiner.

EXPIATION ■ *I.* ⇒ réparation. *II.* ⇒ punition.

EXPIATOIRE ■ Piaculaire.

EXPIER ■ ⇒ réparer.

EXPIRATION ■ *I.* Haleine, halenée, respiration, souffle. *II.* Échéance, fin, terme.

EXPIRER ■ *I. Au pr. :* exhaler, respirer, souffler. *II. Par ext. :* s'éteindre, mourir, rendre l'âme/le dernier soupir. *III. Fig. :* cesser, disparaître, se dissiper, s'évanouir, finir, prendre fin, venir à son échéance/sa fin/son terme.

EXPLÉTIF, IVE ■ ⇒ superflu.

EXPLICABLE ■ ⇒ intelligible.

EXPLICATION ■ *I. D'un texte :* anagogie, anagogisme, appareil critique, commentaire, définition, éclaircissement, exégèse, exposé, exposition, glose, herméneutique, indication, interprétation, note, paraphrase, précision, remarque, renseignement, scolie. *II. Par ext.* 1. Cause, éclaircissement, élucidation, justification, motif, raison, version. 2. Altercation, débat, discussion, dispute, mise au point. ⇒ bagarre.

EXPLICITE ■ ⇒ clair.

EXPLICITER ■ ⇒ énoncer.

EXPLIQUER ■ *I. Au pr. :* annoncer, communiquer, déclarer, décrire, développer, dire, exposer, exprimer, faire connaître, montrer, raconter. *II. Par*

ext. 1. Une chose explique une chose : manifester, montrer, prouver, trahir. 2. On explique une chose : commenter, débrouiller, démêler, définir, éclaircir, éclairer, élucider, expliciter, faire comprendre, gloser, illustrer, interpréter, mettre au clair/au net/au point, rendre intelligible, traduire. 3. Apprendre, enseigner, montrer, rendre compte. 4. Donner/fournir des excuses/explications, justifier, motiver. *III. V. pron.* 1. Se déclarer, se disculper, se justifier, parler. 2. Aller de soi, se comprendre.

EXPLOIT ■ *I. Au pr. :* acte/action d'éclat, bravoure, conduite, fait d'armes, geste (vx), haut fait, performance, prouesse, record, trait. *II. Jurid. :* ajournement, assignation, citation, commandement, notification, procès-verbal, signification, sommation.

EXPLOITATION ■ ⇒ établissement.

EXPLOITER ■ *I. Au pr. :* faire valoir, mettre en valeur, tirer parti/profit. *II. Par ext.* 1. ⇒ abuser. 2. ⇒ voler.

EXPLOITEUR, EUSE ■ ⇒ profiteur.

EXPLORATEUR, TRICE ■ Chercheur, découvreur, navigateur, prospecteur, voyageur.

EXPLORATION ■ ⇒ voyage.

EXPLORATOIRE ■ ⇒ préalable.

EXPLORER ■ ⇒ examiner.

EXPLOSER ■ ⇒ éclater.

EXPLOSIF, IVE ■ *I.* ⇒ impétueux. *II.* ⇒ sensationnel.

EXPLOSION ■ *I.* Crépitation, déflagration, détonation, éclatement, fulmination, pétarade. *II.* Choc, commotion, désintégration, rupture, souffle. *III. Fig. :* apparition, bouffée, débordement, déchaînement, manifestation, ouragan, saute d'humeur, tempête.

EXPORTATEUR, TRICE ■ ⇒ commerçant.

EXPORTATION ■ Commerce avec l'étranger, expatriation, expédition, export-import, transit. ⇒ **commerce**.

EXPORTER ■ ⇒ **vendre**.

EXPOSÉ ■ *I.* ⇒ **rapport**. *II.* ⇒ **récit**.

EXPOSER ■ *I. Au pr.* 1. Une chose : afficher, arranger, disposer, étaler, exhiber, mettre en vue, montrer, offrir à la vue, placer, présenter, publier, tourner vers. 2. **Quelqu'un ou quelque chose** : compromettre, découvrir, mettre en danger/péril. ⇒ **hasarder**. *II. Par ext. :* circonstancier, communiquer, conter, déclarer, décrire, déduire, détailler, développer, dire, donner, écrire, énoncer, expliquer, montrer, narrer, raconter, retracer, traiter. *III. V. pron.* ⇒ **risquer**.

EXPOSITION ■ *I.* Concours, démonstration, étalage, exhibition, foire, galerie, montre, présentation, rétrospective, salon, vernissage. *II.* Ban, carcan, pilori. *III. Relig. :* ostension, porrection. *IV. Par ext.* 1. ⇒ **introduction**. 2. ⇒ **position**. 3. ⇒ **récit**.

EXPRÈS ■ n. ⇒ **messager**.

EXPRÈS ■ adv. À dessein, délibérément, intentionnellement, spécialement, volontairement.

EXPRÈS, ESSE ■ adj. Clair, explicite, formel, impératif, net, positif, précis.

EXPRESSÉMENT ■ ⇒ **absolument**.

EXPRESSIF, IVE ■ *I.* Animé, bavard, démonstratif, énergique, mobile, vif. *II. Une chose :* coloré, éloquent, manifeste, parlant, significatif, touchant, vigoureux, vivant.

EXPRESSION ■ *I. Au pr.* **Ce qu'on dit** : cliché (péj.), construction, énoncé, euphémisme, figure, forme, formule, idiotisme, image, locution, métaphore, mot, phrase, pointe, slogan, symbole, terme, touche, tour, tournure, trait, trope. *II. Manière d'être ou de se comporter.* 1. Attitude, caractère, comportement, génie, manière, phy-

sionomie, style, ton. 2. Animation, écho, émanation, incarnation, manifestation, objectivation, personnification.

EXPRIMER ■ *I. Au pr.* 1. ⇒ **extraire**. 2. ⇒ **presser**. *II. Par ext. :* dire, énoncer, expliquer, exposer, extérioriser, faire connaître/entendre/savoir, figurer, manifester, objectiver, peindre, préciser, rendre, rendre compte, représenter, signifier, souhaiter, spécifier, tourner, traduire, vouloir dire. *V. pron.* ⇒ **parler**.

EXPROPRIER ■ ⇒ **déposséder**.

EXPULSER ■ *I. Au pr. :* arracher à, bannir, chasser, déloger, éjecter, éliminer, évacuer, évincer, exclure, excommunier, exiler, expatrier, faire évacuer/sortir, licencier, ostraciser, proscrire, reconduire, refouler, renvoyer, vider (fam.). *II. Méd. :* cracher, déféquer, émettre, éructer, excréter, expectorer, scotomiser, uriner, vomir.

EXPULSION ■ *I.* Bannissement, disgrâce, éjection, élimination, évacuation, éviction, exclusion, excommunication, exil, expatriation, licenciement, ostracisme, proscription, refoulement, rejet, renvoi, vidage (fam.). *II. Méd. :* crachement, défécation, déjection, délivrance, émission, éructation, excrétion, exonération, expectoration, miction, scotomisation, vomissement.

EXPURGER ■ ⇒ **épurer**.

EXQUIS, E ■ ⇒ **délectable**.

EXSANGUE ■ ⇒ **pâle**.

EXSUDER ■ Couler, distiller, émettre, exprimer, fluer, sécréter, suer, suinter, transpirer.

EXTASE ■ *I. Favorable :* admiration, adoration, anagogie, béatitude, contemplation, émerveillement, enivrement, exaltation, félicité, ivresse, lévitation, ravissement, transport, vénération. *II. Méd. :* hystérie, névrose.

EXTASIER (S') ■ Crier au miracle, s'écrier, s'exclamer, se pâmer, se récrier. ⇒ **enthousiasmer (s').**

EXTENSIBLE ■ ⇒ souple.

EXTENSION ■ *I.* Accroissement, agrandissement, allongement, amplification, augmentation, déploiement, détente, développement, distension, élargissement, envergure, essor, étendue, étirage, expansion, généralisation, grossissement, prolongement, propagation.

EXTÉNUANT, E ■ ⇒ tuant.

EXTÉNUÉ, E ■ ⇒ fatigué.

EXTÉNUER ■ ⇒ fatiguer, affaiblir.

EXTÉRIEUR, E ■ *I. Adj. :* apparent, externe, extrinsèque, manifeste, visible. *II. Nom.* 1. Périphérie. 2. Air, allure, appareil (vx), apparence, aspect, attitude, brillant, clinquant, couleur, croûte, déguisement, dehors, éclat, écorce, enduit, enveloppe, façade, face, fard, faux-semblant, figure, forme, jour, livrée, maintien, manière, masque, mine, physionomie, pose, semblance (vx), superficie, surface, tenue, tournure, vernis, visage.

EXTÉRIORISER ■ ⇒ exprimer.

EXTERMINATION ■ ⇒ carnage.

EXTERMINER ■ *I.* ⇒ tuer. *II.* ⇒ détruire. *III.* ⇒ déraciner.

EXTERNE ■ *I. Adj.* ⇒ extérieur. *II. Nom* ⇒ médecin.

EXTINCTION ■ *I. Fig. :* abolition, abrogation, anéantissement, annulation, arrêt, cessation, décharge (jurid.), destruction, disparition, épuisement, extermination, fin, prescription, suppression *II. De voix :* aphonie.

EXTIRPATION ■ ⇒ déracinement.

EXTIRPER ■ ⇒ déraciner.

EXTORQUER ■ *I.* ⇒ obtenir. *II.* ⇒ voler.

EXTORSION ■ ⇒ malversation.

EXTRA ■ *I. Adv.* ⇒ très. *II. Adj.* ⇒ supérieur. *III. Nom.* 1. ⇒ supplément. 2. ⇒ serviteur.

EXTRACTION ■ *I.* ⇒ déracinement. *II.* ⇒ naissance.

EXTRADER ■ ⇒ livrer.

EXTRADITION ■ Livraison, transfert.

EXTRAIRE ■ *I.* Arracher, dégager, déraciner, détacher, distiller, enlever, énucléer, exprimer, extorquer, isoler, ôter, prélever, prendre, recueillir, relever, sortir, tirer. *II.* Compiler, résumer.

EXTRAIT ■ *I. Au pr. :* esprit (vx), essence, quintessence. *II. Par ext. :* abrégé, analyse, aperçu, bribe, citation, compendium, copie, digest, éléments, entrefilet, épitomé, esquisse, fragment, morceau, notice, partie, passage, plan, portion, précis, promptuaire, raccourci, récapitulation, résumé, rudiment, schéma, sommaire, topo (fam.)

EXTRAORDINAIRE ■ *I.* Accidentel, admirable, à tout casser, colossal, considérable, curieux, désopilant, drôle, du tonnerre, énorme, épatant, épique, étonnant, étrange, exceptionnel, fabuleux, fameux, fantasmagorique, fantastique, faramineux, féerique, formidable, fort, fou, funambulesque, génial, gigantesque, grand, hallucinant, hors classe/du commun/ligne, immense, incroyable, inexplicable, inhabituel, inouï, insolite, intense, inusité, magnifique, merveilleux, miraculeux, nouveau, original, particulier, pharamineux, phénoménal, prodigieux, pyramidal, rare, remarquable, retentissant, romanesque, singulier, spécial, spectaculaire, sublime, supérieur, supplémentaire, surnaturel, unique. *II. Non favorable :* abracadabrant, accidentel, affreux, ahurissant, anormal, bizarre, délirant, démesuré, ébouriffant (fam.), effrayant, énorme, époustouflant (fam.), épouvantable, esbroufant (fam.), étourdissant, excentrique, exorbitant, extravagant, fantasque, gros, grotesque, inconcevable, ineffable, inimaginable, inquiétant, intense, invraisemblable, mirobolant, mirifique, monstrueux, stupéfiant, terrible.

EXTRAPOLATION ■ Application, calcul, déduction, généralisation, hypothèse, imagination, transposition. ⇒ **supposition.**

EXTRAPOLER ■ *I.* ⇒ **imaginer.** *II.* ⇒ **transposer.**

EXTRA-TERRESTRE ■ Martien, petit homme vert, vénusien.

EXTRAVAGANCE ■ Absurdité, aliénation mentale, bizarrerie, caprice, démence, dérèglement, divagation, écart, énormité, erreur, excentricité, folie, frasque, incartade, insanité.

EXTRAVAGANT, E ■ *I.* ⇒ **insensé.** *II.* ⇒ **capricieux.** *III.* ⇒ **extraordinaire.**

EXTRAVAGUER ■ ⇒ **déraisonner.**

EXTRAVASER (S') ■ ⇒ **couler.**

EXTRÊME ■ *I. Adj.* **1. Au pr. :** dernier, final, fin fond, terminal, ultime. **2. Par ext. :** affreux, définitif, désespéré, désordonné, disproportionné, éperdu, exagéré, exceptionnel, excessif, extraordinaire, fort, furieux, grand, héroïque, immense, immodéré, inouï, intense, intensif, mortel, outré, passionné, profond, risqué, suprême, violent. *II. Nom.* **1. Sing. :** borne, bout, comble, extrémité, limite, sommet. **2.**

Général. plur. : antipode, contraire, opposé.

EXTRÊMEMENT ■ ⇒ **très.**

EXTRÊME-ONCTION ■ Derniers sacrements, sacrements de l'Église / des malades / des martyrs / des mourants, viatique.

EXTRÉMISME ■ Jusqu'au-boutisme. ⇒ **excès.**

EXTRÉMISTE ■ n. et adj. Anar (fam.), anarchiste, avancé, à gauche, contestataire, enragé, extrême droite, gauchiste, jusqu'au-boutiste, progressiste, révolutionnaire, subversif, ultra.

EXTRÉMITÉ ■ *I. Au pr. :* aboutissement, appendice, borne, bout, cap, confins, délimitation (par ext.), fin, frontière, limite, lisière, pointe, pôle (par ext.), queue, terme, terminaison, tête. ⇒ **extrême.** *II. Par ext.* ⇒ **agonie.**

EXTRINSÈQUE ■ ⇒ **extérieur.**

EXUBÉRANCE ■ *I.* ⇒ **affluence.** *II.* ⇒ **faconde.**

EXUBÉRANT, E ■ *I.* ⇒ **abondant.** *II.* ⇒ **communicatif.**

EXULCÉRATION ■ ⇒ **ulcération.**

EXULTATION ■ Allégresse, débordement, éclatement, emballement, gaieté, joie, jubilation, transports.

EXULTER ■ ⇒ **réjouir (se).**

EXUTOIRE ■ *I.* ⇒ **ulcération.** *II.* ⇒ **diversion.**

f

FABLE ■ **I. Au pr. 1.** Allégorie, anecdote, apologue, conte, fabliau, fabulation, fiction, folklore, histoire, intrigue, légende, moralité, mythe, parabole, récit, scénario, thème, trame. **2. Non favorable :** affabulation, allégation, baratin, blague, chimère, cinéma, contrevérité, craque, élucubration, fantaisie, galéjade (fam.), histoire, imagination, invention, mensonge, menterie (pop.), roman, salade, tartine, tromperie, utopie. **II. Par ext. Quelqu'un.** *Péj. :* célébrité, phénomène, ridicule, rigolade (fam.), risée, sujet/thème des conversations.

FABRICANT, E, FABRICATEUR, TRICE ■ Artisan, confectionneur, façonnier, faiseur, forgeur, industriel, manufacturier, préparateur, réalisateur.

FABRICATION ■ Agencement, confection, création, exécution, façon, façonnage, facture, montage, préparation, production, réalisation.

FABRICIEN ■ Marguillier.

FABRIQUE ■ **I. Au pr. :** atelier, laboratoire, manufacture, usine. **II. Arch. :** bâtiment/construction/édifice d'ornement. **III. Relig. 1. Quelqu'un :** conseiller, fabricien, marguillier, trésorier. **2.** conseil.

FABRIQUER ■ **I. Favorable ou neutre :** agencer, bâtir, confectionner, créer, élaborer, exécuter, façonner, faire, former, manufacturer, mettre en œuvre, modeler, monter, œuvrer, ouvrager, ouvrer, préparer, produire, réaliser, sortir, usiner. **II. Non favorable 1. Une chose :** bâcler, bricoler, torcher (fam.), torchonner (fam.). **2. Une opinion :** calomnier, falsifier, forger, inventer, médire. **3. Un événement :** fomenter, monter, susciter.

FABULATEUR, TRICE ■ ⇒ hâbleur.

FABULATION ■ ⇒ fable.

FABULER ■ ⇒ inventer.

FABULEUX, EUSE ■ **I.** Étonnant, fantastique, formidable, grandiose, incroyable, légendaire, merveilleux, mythique, mythologique, prodigieux, stupéfiant, surnaturel. ⇒ **extraordinaire. II. Non favorable :** chimérique, exagéré, excessif, fabriqué, faux, feint, fictif, imaginaire, inconcevable, incroyable, inimaginable, inventé, invraisemblable, irréel, mensonger, romanesque.

FAÇADE ■ **I. Au pr. :** avant, devant, devanture, endroit, entrée, extérieur, face, front, fronton. **II. Fig. :** apparence, dehors, extérieur, montre, surface, trompe-l'œil.

FACE ■ **I.** Avers, obvers. ⇒ visage. **II. Fig. 1.** ⇒ façade. **2.** Angle, apparence, côté, point de vue, tournure. **III. Loc. 1. À la face de :** à la vue de, en présence de, ouvertement. **2. En face de :**

à l'opposé de, devant, vis-à-vis de. **3. En face** : carrément, courageusement, par-devant, sans crainte. **4. Faire face :** envisager, faire front, s'opposer/parer/se préparer/pourvoir/répondre/satisfaire à. **5. Face à face :** de front, en face, les yeux dans les yeux, nez à nez, vis-à-vis, *et par ext. :* conversation, débat, échange, entretien, entrevue, rencontre.

FACÉTIE ■ Astuce, attrape, bouffe, bouffonnerie, canular (fam.), comédie, drôlerie, farce, galéjade, malice, mystification, niaiserie, niche, pantalonnade, plaisanterie, tour, tromperie, turlupinade. ⇒ **baliverne.**

FACÉTIEUX, EUSE ■ ⇒ **farceur.**

FÂCHÉ, E ■ Chagriné, contrarié, courroucé, ennuyé, froissé, grognon, insatisfait, irrité, malcontent, marri (vx), de mauvaise humeur, mécontent, offusqué, peiné, piqué, au regret, ulcéré, vexé.

FÂCHER ■ ⇒ **affliger, agacer. V. pron. I.** Avoir un accès/mouvement d'humeur, crier, éclater, s'emporter, se gendarmer, gronder, s'irriter, se mettre en colère, montrer les dents, prendre la mouche, sortir de ses gonds, *et les formes pron. possibles des syn. de* FÂCHER. **II.** Se brouiller/formaliser/froisser/piquer/vexer.

FÂCHERIE ■ Colère, contrariété, dépit, déplaisir, mouvement d'humeur. ⇒ **brouille.**

FÂCHEUX, EUSE ■ **I. Adj. 1.** ⇒ **affligeant. 2.** ⇒ **inopportun. II. Nom :** casse-pieds (fam.), emmerdeur (grossier), empêcheur de tourner en rond (fam.), empoisonneur, gêneur, importun, indiscret, raseur, sangsue, trublion.

FACIÈS ■ **I. Au pr.** ⇒ **visage. II. Par ext. :** aspect, configuration, morphologie, structure.

FACILE ■ **I. Quelque chose. 1. Favorable ou neutre :** abordable, accessible, agréable, aisé, à la portée, clair, commode, compréhensible, coulant, dégagé, élémentaire, enfantin, faisable, intelligible, jeu d'enfant, naturel, possible, praticable, réalisable, simple. **2. Non favorable :** banal, bête, courant, ordinaire, plat, quelconque, vulgaire. **II. Quelqu'un : 1.** ⇒ **accommodant. 2.** Débonnaire, élastique, faible, léger, libre, mou, veule.

FACILEMENT ■ Volontiers, *et les adv. en -ment formés à partir des syn. de* FACILE.

FACILITÉ ■ **I. D'une chose. 1. La qualité.** *Favorable :* accessibilité, agrément, clarté, commodité, intelligibilité, possibilité, simplicité. *Non favorable :* banalité, platitude, vulgarité. **2. Le moyen :** chance, latitude, liberté, marge, moyen, occasion, offre, possibilité. ⇒ **aide. II. De quelqu'un. 1. Favorable :** brio, dons, intelligence. ⇒ **aisance. 2. Non favorable :** complaisance, faconde, faiblesse, laisser-aller, laxisme, mollesse, paresse, relâchement.

FACILITER ■ **I.** ⇒ **aider. II.** Aplanir les difficultés, arranger, égaliser, faire disparaître/lever la difficulté, mâcher le travail/la besogne (fam.), ménager, ouvrir/tracer la voie, préparer.

FAÇON ■ **I.** ⇒ **fabrication. II.** ⇒ **ameublissement. III.** Allure, coupe, exécution, facture, forme, griffe, manière, style, technique, travail. **IV.** ⇒ **allure. V. Loc. 1. De toute façon :** en tout état de cause, immanquablement, quoi qu'il arrive, quoi qu'il en soit, qu'on le veuille ou non. **2. De façon que :** afin de/que, de manière/sorte que. **3. À sa façon :** à sa fantaisie/guise/manière/volonté. **4. En aucune façon :** cas, circonstance, manière. **5. Sans façon :** sans gêne. **VI. Au pl. 1.** ⇒ **agissements. 2.** ⇒ **affectation. 3. Loc. *Faire des façons :*** cérémonies, complications, embarras, giries, histoires, manières, politesses.

FACONDE ■ **Génér. péj. :** abondance, bagou, baratinage, bavardage, charlatanisme, éloquence, emballement, emportement, exubérance, facilité, logorrhée, loquacité, prolixité, verbiage, verbosité, verve, volubilité.

FAÇONNER ■ *I. Quelque chose :* arranger, disposer, transformer, travailler. ⇒ **fabriquer.** *II. Par ext.* 1. Le sol : aérer, bêcher, biner, cultiver, décavaillonner, gratter, herser, labourer, rouler, sarcler, scarifier, travailler. 2. Un objet d'art : composer, décorer, orner, ouvrager. 3. Quelqu'un : affiner, apprivoiser, assouplir, civiliser, dégourdir, dégrossir, dérouiller, dresser, éduquer, faire, faire l'éducation de, former, modeler, modifier, perfectionner, pétrir, polir, transformer, tremper.

FAÇONNIER, ÈRE ■ *I. Nom :* artisan, ouvrier. *II. Adj.* ⇒ **affecté.**

FAC-SIMILÉ ■ Copie, duplicata, imitation, photocopie, reproduction.

FACTEUR ■ *I. Quelqu'un.* 1. D'instruments de musique : accordeur, fabricant, luthier. 2. Adm. : agent, commis, employé, messager (vx), porteur, préposé, télégraphiste, vaguemestre. *II. Par ext.* 1. Agent, cause, coefficient, élément. 2. Math. : coefficient, diviseur, multiplicande, multiplicateur, quotient, rapport.

FACTICE ■ *I. Quelqu'un* ⇒ **affecté.** *II. Quelque chose :* artificiel, fabriqué, faux, imité, postiche.

FACTIEUX, EUSE ■ *I. Adj. :* fasciste, illégal, réactionnaire, révolutionnaire, sectaire, séditieux, subversif. *II. Nom :* agent provocateur, agitateur, cabaleur, comploteur, conjuré, conspirateur, contestataire, émeutier, excitateur, instigateur, insurgé, intrigant, meneur, mutin, partisan, rebelle, révolté, révolutionnaire, séditieux, semeur de troubles, suspect, trublion.

FACTION ■ *I. Au pr. :* agitation, brigue, cabale, complot, conjuration, conspiration, contestation, émeute, excitation, groupement, groupuscule, insurrection, intrigue, ligue, mutinerie, parti, rébellion, révolte, révolu-

tion, sédition, trouble, violence. *II. Milit. :* garde, guet. *III. Loc. Être de/en faction :* attendre, être de garde/en poste/sentinelle, faire le guet/le pet (arg.), guetter, surveiller.

FACTIONNAIRE ■ ⇒ **sentinelle.**

FACTORERIE ■ ⇒ **établissement.**

FACTOTUM *ou* **FACTOTON** ■ Homme à tout faire, homme de confiance, intendant, maître Jacques.

FACTUM ■ Diatribe, libelle, mémoire, pamphlet.

FACTURE ■ *I.* ⇒ **addition.** *II.* ⇒ **bordereau.** *III.* ⇒ **façon.**

FACTURER ■ ⇒ **compter.**

FACTURIER ■ ⇒ **comptable.**

FACULTATIF, IVE ■ À option, optionnel.

FACULTÉ ■ *I.* Collège, campus, corps professoral, école, enseignement supérieur, institut, U. E. R. *ou* unité d'enseignement et de recherche, université. *II. De quelqu'un.* 1. Sing. : aptitude, capacité, droit, force, génie, liberté, licence, moyen, possibilité, pouvoir, privilège, propriété, puissance, ressource, talent, vertu. 2. Plur. : activité, connaissance, discernement, entendement, esprit, intelligence, jugement, mémoire, parole, pensée, raison, sens, sensibilité. *III. De quelque chose :* capacité, propriété, vertu.

FADA ■ ⇒ **bête.**

FADAISE ■ ⇒ **baliverne, bêtise.**

FADE ■ *I. Au pr.* 1. Au goût : désagréable, douceâtre, écœurant, fadasse, insipide, melliflue, plat, sans relief/saveur. 2. Par ext. : délavé, pâle, terne. *II. Fig. :* affecté, conventionnel, ennuyeux, froid, inexpressif, insignifiant, langoureux, languissant, plat, sans caractère/intérêt/relief/saveur/vivacité, terne. ⇒ **affadir (s').**

FADEUR ■ *I. Au pr. :* insipidité. *II.*

Fig. : affectation, convention, ennui, insignifiance, manque de caractère/intérêt/relief/saveur/vivacité, platitude.

FAFIOT ■ ⇒ billet.

FAGNE ■ ⇒ boue.

FAGOT ■ Brande, brassée, bourrée, cotret, fagotin, faisceau, falourde, fascine, fouée, javelle, ligot, margotin, mort-bois.

FAGOTER ■ ⇒ vêtir.

FAIBLE ■ *I. Adj.* **1. Quelqu'un.** *Au phys.* : abattu, affaibli, anéanti, anémié, anémique, asthénique, asthmatique, bas, caduc, chancelant, chétif, débile, défaillant, déficient, délicat, déprimé, épuisé, étiolé, faiblard, fatigué, flagada (fam.), fluet, fragile, frêle, grêle, impotent, infirme, invalide, languissant, las, lymphatique, malingre, pâle, pâlot, patraque, rachitique, souffreteux. *Moral* : aboulique, apathique, avachi, bonasse, complaisant, débonnaire, désarmé, doux, facile, impuissant, incertain, indécis, influençable, instable, insuffisant, labile, lâche (péj.), laxiste, médiocre, mou, pusillanime, sans caractère/défense/volonté, velléitaire, veule, vulnérable. **2. Une chose** : branlant, fragile, friable, inconsistant, instable, précaire. *Un son :* bas, étouffé, imperceptible, léger. *Un travail :* insuffisant, mauvais, médiore, réfutable. *Un style :* fade, impersonnel, incolore, mauvais, médiocre, neutre. *Un sentiment :* tendre. *Une quantité :* bas, modéré, modique, petit. *Une opinion :* attaquable, critiquable, réfutable. *II. Nom masc.* **1. Quelqu'un** : aboulique, apathique, avorton, freluquet, gringalet, imbécile, mauviette, mou, pauvre type, petit, simple, vulnérable. **2. Comportement.** *Neutre ou favorable :* complaisance, goût, penchant, prédilection, tendance, tendresse. *Non favorable :* défaut, faiblesse, infériorité, vice.

FAIBLEMENT ■ Doucement, mal, mollement, à peine, peu, vaguement,

et les adv. en -ment *formés à partir des* syn. *de* FAIBLE.

FAIBLESSE ■ *I. Phys.* : abattement, adynamie, affaiblissement, anéantissement, anémie, apathie, asthénie, cachexie, débilité, défaillance, déficience, délicatesse, dépression, épuisement, étourdissement, évanouissement, fatigue, fragilité, impuissance, inanition, infériorité, infirmité, insuffisance, maigreur, pâmoison, rachitisme, syncope. *II. Moral.* **1. Neutre** : complaisance, inclination, indulgence, goût, penchant, prédilection, préférence. **2. Non favorable** : abandon, aboulie, apathie, arriération, avachissement, aveulissement, bassesse, complaisance, complicité, débonnaireté, défaillance, défaut, démission, écart, entraînement, erreur, facilité, faute, faux pas, glissade, idiotie, imbécillité, inconsistance, indécision, indigence, insignifiance, insipidité, instabilité, insuffisance, irrésolution, lâcheté, laisser-aller, laxisme, médiocrité, mollesse, partialité, petitesse, pusillanimité, veulerie.

FAIBLIR ■ *I. Phys. :* ⇒ affaiblir (s'). *II. Moral :* s'amollir, céder, fléchir, mollir, plier, ployer, se relâcher, se troubler.

FAÏENCE ■ *I. La matière :* cailloutage, céramique, terre de pipe. *II. L'objet :* assiette, azulejo, bol, carreau, carrelage, pichet, plat, pot, poterie. *III. D'après le fabricant ou le lieu de fabrique :* Bernard Palissy, Bruxelles, Gien, Jersey, Lunéville, maïolique, majolique, Marseille, Moustiers, Nevers, Quimper, Rouen, Strasbourg, Wedgwood, etc.

FAILLE ■ ⇒ brisure, fente.

FAILLIR ■ v. intr. et tr. ind. ⇒ manquer.

FAILLITE ■ *I. Au pr. :* déconfiture, dépôt de bilan. *II. Par ext. :* banqueroute, chute, crise, culbute, débâcle, défaillance, échec, fiasco, insolvabilité, krach, liquidation, marasme, ruine.

FAIM ■ **I.** Appétit, besoin, boulimie, creux, dent, disette, faim-calle/-valle (méd. et vétér.), famine, fringale, inanition, voracité. **II.** ⇒ ambition. **III. Loc.** Avoir faim *et les syn. de* FAIM. **Fam. :** avoir la dent/les crocs/l'estomac dans les talons, claquer du bec, creuser, crever la faim, la péter/sauter. ⇒ affamé.

FAINE ■ Amande, fruit, gland, graine.

FAINÉANT, E ■ adj. et n. **I. Au pr. :** bon à rien, cancre, désœuvré, inactif, indolent, lézard, musard, nonchalant, oisif, paresseux, propre-à-rien, rêveur, vaurien. **II. Fam. :** cagnard, cagne, clampin, cossard, feignant, flemmard, tire-au-cul, tire-au-flanc.

FAINÉANTER ■ ⇒ paresser.

FAIRE ■ **I.** *Un objet* ⇒ fabriquer. **II.** *Une action* ⇒ accomplir. **III.** *Une œuvre* ⇒ composer. **IV.** *Une loi* ⇒ constituer. **V.** *Des richesses* ⇒ produire. **VI.** *Un être :* reproduire. ⇒ accoucher. **VII.** *Ses besoins* ⇒ besoin. **VIII.** *Un mauvais coup* ⇒ tuer, voler. **IX. Fam. :** branler, ficher, foutre, goupiller. **X. Loc.** *(Comme avoir et être, faire a un sens très général et entre dans la composition d'un très grand nombre de loc. Voir les syn. des noms compl. d'obj. de faire entrant dans la loc.)*

FAIR-PLAY ■ Sport. ⇒ convenable.

FAISABLE ■ ⇒ facile.

FAISAN ■ ⇒ fripon.

FAISANDÉ, E ■ **Fig. :** avancé, corrompu, douteux, malhonnête, malsain, pourri.

FAISCEAU ■ **I.** *Au pr.* ⇒ fagot. **II.** *Par ext.* ⇒ accumulation.

FAISEUR, EUSE ■ adj. et n. **I.** ⇒ fabricant. **II.** ⇒ bâtisseur. **III.** ⇒ bêcheur.

FAISSELLE ■ ⇒ égouttoir.

FAIT ■ **I.** *Favorable ou neutre* ⇒ acte, affaire. **II.** *Non favorable* ⇒ faute. **III. Loc.** **1.** Dire son fait à quelqu'un : ses quatre vérités. **2.** Voie de fait : coup, violence. **3.** Haut fait : exploit, performance, prouesse. **4.** Mettre au fait ⇒ informer.

FAÎTAGE ■ Arête, charpente, comble, ferme, faîte, poutres.

FAÎTE ■ **I.** *Au pr.* ⇒ faîtage. **II.** *Par ext. :* apogée, cime, crête, haut, pinacle, point culminant, sommet, summum.

FAÎTIÈRE ■ Lucarne.

FAITOUT ■ ⇒ marmite.

FAIX ■ ⇒ fardeau.

FAKIR ■ **I.** *Au pr. :* ascète, derviche, mage, santon, yogi. **II.** *Par ext. :* prestidigitateur, thaumaturge, voyant.

FALAISE ■ Escarpement, mur, muraille, paroi, à-pic.

FALBALA ■ ⇒ affaire.

FALLACIEUX, EUSE ■ ⇒ hypocrite.

FALLOIR ■ **I.** Devoir, être indispensable/nécessaire/obligatoire, il y a lieu de. **II. Loc.** **1.** Peu s'en faut : il a failli, il s'en est manqué de peu. **2.** Tant s'en faut : au contraire, loin de. **3.** Il ne faut que : il suffit de.

FALOT ■ n. **I.** ⇒ fanal. **II.** *Arg. milit. :* conseil de guerre, tribunal.

FALOT, E ■ adj. Anodin, effacé, inconsistant, inoffensif, insignifiant, médiocre, négligeable, nul, pâle, terne.

FALSIFICATEUR ■ ⇒ voleur.

FALSIFICATION ■ ⇒ altération.

FALSIFIER ■ ⇒ altérer.

FAMÉLIQUE ■ **I.** ⇒ affamé. **II.** ⇒ besogneux. **III.** ⇒ étique.

FAMEUX, EUSE ■ **I.** ⇒ célèbre. **II.** Extraordinaire, remarquable. **III.** ⇒ bon.

FAMILIAL, E ■ Domestique, parental.

FAMILIARISER ■ ⇒ acclimater.

FAMILIARITÉ ■ *I. Favorable.* 1. ⇒ intimité. 2. ⇒ abandon. *II. Non favorable* ⇒ désinvolture.

FAMILIER, ÈRE ■ *I. Nom* ⇒ ami. *II. Adj.* 1. Quelque chose : aisé, commun, courant, domestique, habituel, facile, ordinaire, simple, usuel. 2. Quelqu'un : accessible, amical, connu, facile, gentil, intime, liant, libre, rassurant, simple, sociable, traitable. 3. Animal : acclimaté, apprivoisé, dressé, familiarisé.

FAMILLE ■ *I. Au pr.* 1. Alliance, ascendance, auteurs, branche, descendance, dynastie, extraction, filiation, généalogie, génération, hérédité, lignage, lignée, maison, parenté, parents, postérité, race, sang, siens (les), souche. 2. Bercail, couvée, entourage, feu, foyer, logis, maison, maisonnée, marmaille (péj.), ménage, nichée, progéniture, smala, toit, tribu. *II. Par ext.* : catégorie, clan, classe, collection, école, espèce, genre.

FAMINE ■ ⇒ disette.

FANAL ■ Falot, feu, flambeau, lanterne, phare.

FANATIQUE ■ adj. et n. *I. Non favorable* ⇒ intolérant. *II. Favorable.* 1. Amoureux, ardent, brûlant, chaleureux, chaud, emballé, en délire, enflammé, enthousiaste, fervent, fou, frénétique, laudateur, louangeur, lyrique, mordu, passionné, zélateur. 2. Convaincu, courageux, dévoué, enragé, gonflé (fam.), hardi, inconditionnel, jusqu'au-boutiste (fam.), téméraire. 3. Fan, groupie, idolâtre.

FANATISER ■ ⇒ exciter.

FANATISME ■ *I. Non favorable* ⇒ intolérance. *II. Favorable.* 1. Acharnement, amour, ardeur, chaleur, délire, dithyrambe, emballement, engouement, enthousiasme, exaltation, ferveur, feu, fièvre, flamme, folie, frénésie, fureur, lyrisme, passion, zèle. 2. Abnégation, acharnement, conviction, courage, dévouement, don de soi, hardiesse, héroïsme, jusqu'au-boutisme (fam.), témérité.

FANÉ, E ■ Abîmé, altéré, avachi, décati, décoloré, défraîchi, délavé, fatigué, flétri, pâli, pisseux, ridé, séché, terni, usagé, vieilli, vieux.

FANER (SE) ■ ⇒ flétrir (se).

FANFARE ■ *I. Au pr.* : clique, cors, cuivres, harmonie, lyre, nouba (partic.), orchestre, trompes. *II. Fig.* : bruit, démonstration, éclat, éloge, fracas, pompe.

FANFARON, ONNE ■ adj. et n. ⇒ hâbleur.

FANFARONNADE ■ ⇒ hâblerie.

FANFARONNER ■ ⇒ hâbler.

FANFRELUCHE ■ ⇒ bagatelle.

FANGE ■ *I.* ⇒ boue. *II.* ⇒ bauge.

FANGEUX, EUSE ■ ⇒ boueux.

FANION ■ ⇒ bannière.

FANTAISIE ■ *I.* ⇒ imagination. *II.* ⇒ humeur. *III.* ⇒ bagatelle. *IV.* ⇒ fable. *V.* ⇒ originalité.

FANTAISISTE ■ n. et adj. *I.* ⇒ amateur. *II.* ⇒ bohème.

FANTASMAGORIE ■ Grand guignol, phantasme. ⇒ spectacle.

FANTASMAGORIQUE ■ *I.* ⇒ extraordinaire. *II. Par ext.* : énorme, étonnant, extraordinaire, extravagant, fantastique, formidable, hallucinatoire, incroyable, invraisemblable, rocambolesque, sensationnel.

FANTASME ■ ⇒ imagination, vision.

FANTASMER ■ ⇒ imaginer, rêver.

FANTASQUE ■ ⇒ bizarre.

FANTASSIN ■ ⇒ soldat.

FANTASTIQUE ■ ⇒ extraordinaire.

FANTOCHE ■ n. et adj. *I.* Guignol, mannequin, marionnette, pantin, polichinelle, poupée. *II. Par ext. :* bidon (fam.), fantôme, inconsistant, inexistant, larve, sans valeur, simulacre.

FANTOMATIQUE ■ ⇒ imaginaire.

FANTÔME ■ *I. Au pr. :* apparition, double, ectoplasme, esprit, ombre, revenant, spectre, vision, zombi. *II. Par ext. :* apparence, chimère, épouvantail, illusion, phantasme, simulacre, vision.

FAQUIN ■ ⇒ maraud.

FARAMINEUX, EUSE ■ ⇒ extraordinaire.

FARANDOLE ■ ⇒ danse.

FARAUD, AUDE ■ *I.* Arrogant, fat, malin, prétentieux. *II.* ⇒ hâbleur.

FARCE ■ *I.* ⇒ hachis. *II.* ⇒ facétie.

FARCEUR, EUSE ■ *I. Favorable ou neutre :* amuseur, baladin, bateleur, blagueur, bouffon, boute-en-train, chahuteur, comédien, comique, conteur, drôle, espiègle, facétieux, gouailleur, loustic, moqueur, plaisantin, turlupin. *II. Non favorable :* fumiste, histrion, mauvais plaisant, paillasse, pitre, sauteur.

FARCI, E ■ ⇒ plein.

FARD ■ *I.* Artifice, brillant, déguisement, dissimulation, faux, trompe-l'œil. *II.* Barbouillage, couleur, fond de teint, grimage, maquillage, ornement, peinture, rouge.

FARDEAU ■ *I. Au pr. :* bagage, charge, chargement, colis, faix, poids, surcharge. *II. Fig. :* charge, croix, ennui, joug, souci, surcharge, tourment.

FARDER ■ *I. Au pr. :* embellir, faire une beauté, grimer, maquiller. *II. Fig.* 1. Couvrir, défigurer, déguiser, dissimuler, embellir, envelopper, maquiller, marquer, replâtrer, pallier, plâtrer, voiler. 2. ⇒ altérer.

FARDER (SE) ■ S'embellir, s'enduire de fard, se faire une beauté/un ravalement (fam.), se parer, *et les formes pron. possibles des syn. de* FARDER.

FARDIER ■ ⇒ voiture.

FARFADET ■ Follet, lutin, nain.

FARFELU, E ■ ⇒ bizarre.

FARFOUILLER ■ Bouleverser, brouiller, chercher, déranger, ficher (fam.), foutre (vulg.)/mettre le bordel (grossier)/désordre/en désordre/en l'air, sens dessus dessous, retourner, trifouiller (fam.), tripatouiller (fam.).

FARIBOLE ■ ⇒ bagatelle.

FARIGOULE ■ Pouliot, serpolet, thym.

FARINE ■ Fécule, maïzena, recoupette.

FARLOUSE ■ Pipit. ⇒ passereau.

FARNIENTE ■ ⇒ oisiveté.

FAROUCHE ■ *I.* ⇒ intraitable. *II.* ⇒ timide. *III.* Âpre, dur, effarouchant, fier. ⇒ sauvage.

FASCICULE ■ Brochure, cahier, libelle, livraison, livre, livret, opuscule, plaquette, publication.

FASCINANT, E ■ ⇒ agréable, séduisant.

FASCINATEUR, TRICE ■ n. et adj. ⇒ séducteur.

FASCINATION ■ *I. Au pr. :* hypnose, hypnotisme, magie. *II. Par ext. :* appel, ascendant, attirance, attraction, attrait, charme, éblouissement, enchantement, ensorcellement, envoûtement, magnétisme, séduction, trouble.

FASCINE ■ Claie, gabion. ⇒ fagot.

FASCINER ■ *I. Au pr. :* charmer, ensorceler, hypnotiser, magnétiser. *II. Par ext. :* appeler, attirer, captiver, charmer, éblouir, égarer, émerveiller, s'emparer de, enchanter, endormir, enivrer, ensorceler, envoûter, maîtriser, plaire à, séduire, troubler.

FASHIONABLE ■ ⇒ élégant.

FASTE ■ *I. Adj.* ⇒ favorable. *II. Nom* ⇒ apparat.

FASTES ■ ⇒ annales.

FASTIDIEUX, EUSE ■ ⇒ ennuyeux.

FASTUEUX, EUSE ■ ⇒ beau.

FAT ■ Arrogant, avantageux, bellâtre, content de soi, dédaigneux, fanfaron, fiérot, galant, impertinent, infatué, orgueilleux, plastron, plat, plein de soi, poseur, précieux, prétentieux, rodomont, satisfait, sot, suffisant, vain, vaniteux.

FATAL, E ■ *I. Neutre :* immanquable, inévitable, irrévocable, obligatoire. ⇒ sûr. *II. Non favorable :* déplorable, dommageable, fâcheux, funeste, létal, malheureux, mauvais, mortel, néfaste.

FATALEMENT ■ ⇒ sûrement.

FATALISME ■ Abandon, acceptation, déterminisme, passivité, renoncement, résignation.

FATALITÉ ■ *I. Neutre :* destin, destinée, éventualité, fortune, nécessité, sort. *II. Non favorable :* catastrophe, désastre, fatum, létalité, malédiction, malheur.

FATIGANT, E ■ ⇒ tuant.

FATIGUE ■ *I. Au pr. :* abattement, accablement, affaissement, déprime, épuisement, éreintement, exténuation, faiblesse, forçage, harassement, labeur, lassitude, peine, surmenage, vapes (arg.). *II. Par ext.* ⇒ ennui. *III. Méd. :* abattement, accablement, affaiblissement, alanguissement, anéantissement, asthénie, dépression, faiblesse, usure.

FATIGUÉ, E ■ *I. Quelqu'un.* 1. Phys. : accablé, assommé, avachi, brisé, claqué, courbatu, courbaturé, crevé, échiné, écrasé, épuisé, éreinté, esquinté, excédé, exténué, flagada,

flapi, fourbu, harassé, indisposé, las, mort, moulu, pompé, recru, rendu, rompu, roué de fatigue, surentraîné, sur les dents, surmené, vanné, vaseux, vasouillard, vermoulu, vidé. 3. Par ext. : abattu, abruti, accablé, assommé, blasé, brisé, cassé, dégoûté, démoralisé, déprimé, écœuré, ennuyé, excédé, importuné, lassé, saturé. *II. Quelque chose :* abîmé, amorti, avachi, déformé, défraîchi, délabré, délavé, éculé, élimé, esquinté, fané, limé, râpé, usagé, usé, vétuste, vieux.

FATIGUER ■ *I. Au pr.* Phys. : accabler, ahaner, assommer, avachir, briser, claquer, crever, déprimer, échiner, écraser, épuiser, éreinter, esquinter, estrapasser (équit.), excéder, exténuer, flapir, fouler, harasser, lasser, moudre, rompre, suer, surentraîner, surmener, trimer, tuer, vanner, vider. *II. Fig.* ⇒ ennuyer.

FATRAS ■ ⇒ amas.

FATUITÉ ■ ⇒ orgueil.

FATUM ■ ⇒ destin.

FAUBOURG ■ ⇒ banlieue.

FAUCHE ■ ⇒ vol.

FAUCHÉ, E ■ ⇒ pauvre.

FAUCHER ■ ⇒ abattre.

FAUCILLE ■ *Par ext.* ⇒ faux, serpe.

FAUCON ■ Crécerelle, émerillon, émouchet, épervier, gerfaut, hobereau, laneret, lanier. ⇒ rapace.

FAUFILER ■ ⇒ coudre.

FAUFILER (SE) ■ ⇒ introduire (s').

FAUNE ■ Chèvre-pied, satyre, sylvain.

FAUSSAIRE ■ Escroc. ⇒ fripon.

FAUSSER ■ ⇒ altérer.

FAUSSETÉ ■ Aberration, chafouinerie, déloyauté, dissimulation, duplicité, erreur, escobarderie, feinte, fourberie, hypocrisie, imposture, inexactitude, jésuitisme, mauvaise foi, mensonge, papelardise, patelinage, pharisaïsme, sophisme, sournoiserie, spéciosité, tartuferie, tromperie.

FAUTE ■ *I. Au pr.* **1.** Chute, coulpe (vx), écart, égarement, erreur, mal, peccadille, péché, vice. **2.** Contravention, crime, délit, forfaiture, infraction, manquement, mauvaise action, méfait. **3.** Bévue, énormité, erratum, ignorance, maladresse, méprise, négligence, omission. **4.** Défectuosité, imperfection, impropriété, inexactitude. **5.** Absence, défaut, lacune, manque, privation. **6. Fam. :** bavure, boulette, connerie, gaffe, loup, manque, os, paillon. *II.* Barbarisme, contresens, cuir, faux/non-sens, incorrection, lapsus, pataquès, perle, solécisme. *III. Imprimerie :* bourdon, coquille, doublage, doublon, mastic, moine. *IV. Loc.* **1.** Sans faute ⇒ évidemment. **2.** Faire faute ⇒ manquer.

FAUTEUIL ■ ⇒ siège.

FAUTEUR ■ ⇒ instigateur, complice.

FAUTIF, IVE ■ ⇒ coupable.

FAUVE ■ *I. Adj.* ⇒ jaune. *II. Nom masc. :* bête féroce/sauvage, carnassier, félidé, félin, léopard, lion, panthère, tigre.

FAUVETTE ■ Bec-figue/fin, traîne-buisson.

FAUX, FAUSSE ■ *I. Quelqu'un :* affecté, cabotin, chafouin, comédien, déloyal, dissimulé, double, emprunté, étudié, fautif, félon, fourbe, grimacier, hypocrite, imposteur, menteur, papelard, patelin, perfide, pharisien, simulé, sournois, tartufe, traître, trompeur. *II. Quelque chose :* aberrant, absurde, altéré, apocryphe, artificiel, au flan (fam.), captieux, chimérique, contrefait, controuvé, copié, emprunté, erroné, fabuleux, factice, fallacieux, falsifié, fardé, feint, imaginaire, incorrect, inexact, infidèle, inventé, mal fondé, mensonger, pastiché, plagié, postiche, pseudo, sau-grenu, simulé, supposé, toc (fam.), travesti, trompeur, truqué, usurpé, vain.

FAUX ■ *I. Nom masc.* ⇒ fausseté. *II. Nom. fém. :* dail, daillette, faucard, fauchon.

FAUX-FUYANT ■ ⇒ excuse, fuite.

FAUX-SEMBLANT ■ ⇒ affectation.

FAUX SENS ■ ⇒ faute.

FAVEUR ■ *I.* Ruban. *II.* Aide, amitié, appui, avantage, bénédiction, bénéfice, bienfait, bienveillance, bonnes grâces, bon office/procédé, bouquet, cadeau, complaisance, considération, crédit, distinction, dispense, don, égards, favoritisme, fleur (fam.), grâce, gratification, indulgence, libéralité, passe-droit, prédilection, préférence, privilège, protection, récompense, service, sympathie. *III. Faire la faveur de :* aumône, grâce, plaisir, service.

FAVORABLE ■ Accommodant, agréable, ami, avantageux, bénéfique, bénévole, bénin (vx), bienveillant, bon, clément, commode, convenable, faste, heureux, indulgent, obligeant, propice, prospère, protecteur, salutaire, secourable, sympathique, tutélaire.

FAVORI, ITE ■ *I. Adj. :* chéri, choisi, chouchou, élu, enfant gâté, mignon, préféré, privilégié, protégé. *II. Nom masc. :* côtelette, patte de lapin, rouflaquette.

FAVORISER ■ *I. Quelqu'un :* accorder, aider, avantager, douer, encourager, gratifier, pousser, prêter aide/assistance/la main, protéger, seconder, servir, soutenir. *II. Quelqu'un ou quelque chose :* faciliter, privilégier, servir.

FAVORITE ■ ⇒ amante.

FAVORITISME ■ Combine, népotisme, partialité, préférence.

FAYOT ■ *I.* ⇒ haricot. *II.* ⇒ zélé.

FAZENDA ■ Hacienda. ⇒ propriété.

FÉAL, E ■ I. Vx. : loyal. **II.** ⇒ partisan.

FÉBRILE ■ I. ⇒ fiévreux. **II.** ⇒ violent.

FÉBRILITÉ ■ ⇒ nervosité.

FÈCES ■ ⇒ excrément.

FÉCOND, E ■ I. Au pr. : abondant, fertile, fructifiant, fructueux, généreux, gras, gros, inépuisable, intarissable, plantureux, producteur, productif, prolifique, surabondant, ubéreux. **II. Par ext. :** créateur, imaginatif, inventif, riche.

FÉCONDATION ■ Conception, conjugaison, ensemencement, génération, insémination, pariade, procréation, reproduction.

FÉCONDER ■ ⇒ engendrer.

FÉCONDITÉ ■ ⇒ fertilité.

FÉDÉRATION ■ Alliance, association, coalition, confédération, consortium, ligue, société, syndicat, union.

FÉDÉRÉ, E ■ I. ⇒ allié. **II.** Communard.

FÉDÉRER ■ Affider, allier, assembler, associer, coaliser, confédérer, liguer, rassembler, réunir, unir.

FÉERIE ■ Attraction, divertissement, exhibition, fantasmagorie, fantastique, magie, merveille, merveilleux, numéro, pièce, représentation, revue, scène, séance, show, spectacle, tableau.

FÉERIQUE ■ I. ⇒ beau. **II.** ⇒ surnaturel.

FEIGNANT, E ■ ⇒ paresseux.

FEINDRE ■ I. ⇒ affecter. **II.** ⇒ inventer. **III.** ⇒ botter.

FEINT ■ ⇒ faux.

FEINTE ■ Affectation, artifice, cabotinage, cachotterie, comédie, déguisement, dissimulation, duplicité, faux-semblant, feintise, fiction, grimace, hypocrisie, invention, leurre, mensonge, momerie, pantalonnade, parade, ruse, simulation, singerie, sournoiserie, tromperie. ⇒ fausseté.

FEINTER ■ ⇒ tromper.

FÊLÉ, E ■ ⇒ fou.

FÊLER ■ ⇒ fendre.

FÉLICITATIONS ■ Applaudissement, apologie, bravo, compliment, congratulation, éloge, glorification, hourra, louange, panégyrique.

FÉLICITÉ ■ ⇒ bonheur.

FÉLICITER ■ Applaudir, approuver, complimenter, congratuler, louanger, louer. **V. pr.** ⇒ réjouir (se).

FÉLIN ■ ⇒ chat.

FELLATION (PRATIQUER LA) ■ Arg. : brouter (l'asperge/la tige), donner un coup de téléphone, faire une boule de gomme/un chapeau du commissaire/une gourmandise/une ⇒ pipe/un pompelard/un pompier/une turlute, pomper, scalper le mohican, sucer, tailler une plume, téter, tutoyer le pontife, etc.

FÉLON, ONNE ■ ⇒ infidèle.

FÉLONIE ■ ⇒ infidélité.

FÊLURE ■ Cheveu. ⇒ fente.

FÉMINISER ■ I. Efféminer. **II. Péj. :** déviriliser. ⇒ affaiblir.

FEMME ■ I. Au pr. : dame, demoiselle. **II. Par ext. 1. Neutre :** compagne, concubine, égérie, épouse, fille d'Ève, moitié (fam.), muse. ⇒ beauté. **2. Non favorable** ⇒ mégère. **3.** ⇒ fille. **4. Arg. :** bergère, fatma, floume, frangine, gonzesse, lamedé, légitime, lesbombe, linge, moukère, mousmé, nana, pépée, poule, régulière, sœur, souris, ticket, *non favorable :* bringue, cavette, damoche, fébosse, fendue, fillasse, greluche, grenouille, grognasse, laitue, langouste, mocheté, poufiasse, réclamé, rombière, saucisson, tarderie, vachasse, veau. ⇒ prostituée.

FENDILLER (SE) ■ Se craqueler, se

crevasser, se disjoindre, s'étoiler, se fêler, se fendre, se fissurer, se gercer, se lézarder.

FENDRE ■ **I.** *Sens général :* cliver, couper, disjoindre, diviser, entrouvrir, fêler, tailler. **II.** *Les pierres, le sol :* craqueler, crevasser, fêler, fendiller, fissurer, gercer, lézarder. **III.** *La foule :* écarter, entrouvrir, se frayer un chemin, ouvrir. **IV.** Loc. **Fendre le cœur :** briser/crever le cœur. **V.** **Fig.** **Se fendre de quelque chose :** se déboutonner (fam.), dépenser, donner, faire un cadeau, faire des largesses, offrir. ⇒ **payer.**

FENÊTRE ■ **I.** Ajour, baie, bow-window, châssis, croisée, oriel, vanterne (arg.). **II.** *Par ext. :* hublot, lucarne, lunette, oculus, œil-de-bœuf, tabatière, vasistas, vitre. ⇒ **ouverture.**

FENIL ■ ⇒ **grange.**

FENTE ■ Boutonnière, cassure, coupure, crevasse, déchirure, espace, excavation, faille, fêlure, fissure, gélivure, gerçure, hiatus, interstice, jour, lézarde, orifice, scissure, trou, vide. ⇒ **ouverture.**

FÉODAL ■ Moyenâgeux, seigneurial.

FÉODALITÉ ■ **I.** Moyen Âge. **II.** Abus, cartel, impérialisme, trust.

FER ■ **I.** *Sens général :* acier, métal. **II.** Loc. **1.** En fer à cheval : en épingle. **2.** De fer. *Au phys. :* fort, résistant, robuste, sain, solide, vigoureux. *Au moral :* autoritaire, courageux, dur, impitoyable, inébranlable, inflexible, opiniâtre, têtu, volontaire. **3.** Mettre aux fers : réduire en esclavage/en servitude ⇒ **emprisonner. 4.** Les quatre fers en l'air : dégringoler, se casser la figure, se casser la gueule (vulg.), tomber.

FÉRIÉ ■ Chômé, congé, pont, vacances, week-end.

FERMAGE ■ Affermage, amodiation, arrérages, colonage partiaire, ferme,

location, louage, loyer, métayage (par ext.), redevance, terme.

FERME ■ n. **I.** *Immeuble :* domaine, exploitation, exploitation agricole, fermette, fazenda, hacienda, mas, métairie, ranch. **II.** *Montant d'une location :* affermage, arrérages, fermage, louage, loyer, redevance, terme. **III.** *Sous l'Ancien Régime :* collecte des impôts, maltôte, perception des impôts. **IV.** Charpente, comble.

FERME ■ adj. **I.** *Quelque chose :* assuré, compact, consistant, coriace, dur, fixe, homogène, immuable, résistant, solide, sûr. **II.** *Par ext. :* ancré, arrêté, assuré, autoritaire, catégorique, constant, courageux, décidé, déterminé, drastique, dur, endurant, énergique, fort, impassible, imperturbable, implacable, inflexible, intraitable, intrépide, mâle, net, obstiné, résolu, rigoureux, sévère, solide, stoïque, strict, tenace, têtu, viril.

FERME, FERMEMENT ■ Avec fermeté *et suite des syn. de* FERMETÉ, de façon/manière ferme *et suite des syn. de* FERME, beaucoup, bien, bon, coriacement, constamment, courageusement, dur, dur comme fer, durement, énergiquement, fixement, fort, fortement, immuablement, impassiblement, imperturbablement, inébranlablement, inflexiblement, intrépidement, nettement, résolument, sec, sévèrement, solidement, stoïquement, sûrement, tenacement, vigoureusement, virilement.

FERMENT ■ **I.** *Au pr. :* bacille, bactérie, diastase, enzyme, levain, levure, microcoque, moisissure, zymase. **II.** **Fig.** **De discorde :** agent, cause, germe, levain, origine, principe, racine, source.

FERMENTATION ■ **I.** *Au pr. :* ébullition, échauffement, travail. **II.** **Fig. :** agitation, bouillonnement, ébullition, échauffement, effervescence, embrasement, excitation, mouvement, nervosité, préparation, remous, surexcitation.

FERMENTER ■ *I. Au pr. :* bouillir, chauffer, lever, travailler. *II. Fig. :* s'agiter, bouillonner, s'échauffer, gonfler, lever, mijoter, se préparer, travailler.

FERMER ■ *I. V. tr.* **1. Une porte, une fenêtre :** bâcler (vx), barrer, barricader, boucler, cadenasser, claquer (péj.), clore, lourder (arg.), verrouiller. **2. Un passage :** barrer, barricader, bloquer, boucher, clore, combler, condamner, faire barrage, interdire, murer, obstruer, obturer, occlure. **3. Une surface :** barricader, clore, clôturer, enceindre, enclore, enfermer, entourer. **4. Un contenant, une bouteille :** boucher, capsuler. **5. Une enveloppe :** cacheter, clore, coller, sceller. **6. Le courant :** couper, disjoncter, éteindre, interrompre, occulter. **7. Un compte, une liste :** arrêter, clore, clôturer. **8. L'horizon :** borner. *II. V. intr.* **Les magasins ferment le samedi :** chômer, faire relâche, faire la semaine anglaise, relâcher. *III. V. pron. :* **1. Une blessure :** se cicatriser, guérir, se refermer, se ressouder. **2. Fig. Sur soi :** se refuser, se replier.

FERMETÉ ■ *I. De quelque chose :* compacité, consistance, coriacité, dureté, fixité, homogénéité, immuabilité, résistance, solidité, sûreté. *II. De quelqu'un :* assurance, autorité, caractère, cœur, constance, courage, cran, décision, détermination, dureté, endurance, énergie, entêtement, estomac (fam.), exigence, force, impassibilité, inflexibilité, intransigeance, intrépidité, netteté, obstination, opiniâtreté, poigne, raideur, rectitude, résistance, résolution, ressort, rigidité, rigueur, sang-froid, sévérité, solidité, stoïcisme, ténacité, vigueur, virilité, volonté.

FERMETURE ■ *I. Le dispositif :* barrage, barreaux, barricade, barrière, bonde, clôture, enceinte, enclos, entourage, fenêtre, grillage, grille,

haie, palis, palissade, palplanches, persienne, portail, porte, portillon, store, treillage, treillis, volet. *II. L'appareil :* bondon, bouchon, capsule, clanche, clenche, crochet, disjoncteur, gâche, gâchette, loquet, robinet, serrure, vanne, verrou. *III. L'action.* **Une circulation, un passage :** arrêt, barrage, bouclage, clôture, condamnation, coupure, interruption, oblitération, obstruction, obturation, occlusion, opilation (vx), verrouillage. *IV. Fermeture momentanée :* coupure, interruption, suspension. *V. Fermeture du gaz, de l'électricité :* coupure, disjonction, extinction, interruption de fourniture. *VI. D'un pli, d'une enveloppe.* **1. L'action :** cachetage, clôture, scellement. **2. Le moyen :** bulle (vx et relig.), cachet, sceau. *VII. D'une affaire.* **1. Par autorité patronale :** lock-out. **2. Pour cause de congé :** relâche. **3. Faute de travail :** cessation, chômage, lock-out.

FERMIER, ÈRE ■ *I. Sens général :* locataire, preneur, tenancier (vx). *II. Qui cultive la terre :* agriculteur, amodiataire, colon, cultivateur, exploitant agricole, métayer, paysan.

FERMOIR ■ *I. D'un vêtement :* agrafe, attache, boucle, fermail, fermeture, fibule. *II. D'un coffret, d'une porte :* bobinette, crochet, fermeture, loquet, moraillon, serrure, verrou.

FÉROCE ■ *I. Animal :* cruel, fauve, sanguinaire, sauvage. *II. Quelqu'un.* **1. Au pr. :** barbare, brutal, cannibale, cruel, sadique, sanguinaire, sauvage, violent. **2. Fig. :** acharné, affreux, dur, épouvantable, forcené, horrible, impitoyable, implacable, inhumain, insensible, mauvais, méchant, terrible, violent.

FÉROCITÉ ■ *I. Au pr. :* barbarie, brutalité, cannibalisme, cruauté, instincts sanguinaires, sauvagerie, violence. *II. Fig. :* acharnement, cruauté, dureté, horreur, insensibilité, méchanceté, raffinement, sadisme, sauvagerie, violence.

FERRADE ■ Dénombrement du bétail, marquage, recensement, tatouage, tri.

FERRAGE ■ Appareillage métallique, assemblage en fer/métallique, ferrement, ferrure, garniture en fer, penture, protection en fer.

FERRAILLE ■ *I.* Bouts de fer, copeaux, déchets, limaille, rebuts, vieux instruments, vieux morceaux. *II.* Mitraille. *III.* Assemblage/instrument/objet métallique. *IV.* Monnaie (fam.), pièce de monnaie (fam.). *V. Loc.* 1. Tas de ferraille (péj. ou par ironie) : auto, avion, bateau, tout véhicule ou tout instrument. 2. **Mettre à la ferraille** : déclasser, jeter, mettre au rebut, réformer, ribloner. 3. **Bruit de ferraille** : cliquetis.

FERRAILLER ■ (Péj.) *I. Au pr. :* batailler, se battre, se battre à l'arme blanche, se battre en duel, battre le fer, brétailler, combattre, croiser le fer, en découdre, escrimer. *II. Fig. :* se battre, combattre, se disputer, lutter, se quereller.

FERRAILLEUR ■ *I.* Batteur à l'arme blanche, bretteur, duelliste, escrimeur, lame, spadassin (péj.). *II.* Querelleur. *III.* Brocanteur, casseur, chiffonnier, commerçant en ferraille, triqueur.

FERRÉ, E ■ *I. Au pr. :* bardé, garni de fer, paré, protégé. *II. Fig. :* calé, compétent, connaisseur, érudit, fort, grosse tête (fam.), habile, instruit, savant, tête d'œuf (fam.).

FERREMENT ■ *I.* Assemblage métallique, ensemble de pièces de métal, fer, ferrage, ferrure, instrument en fer, serrure. *II. D'un poisson :* accrochage, capture, coup, prise, touche.

FERRER ■ *I. Au pr. :* accrocher avec du fer, brocher, clouter, cramponner, engager le fer, garnir de fer, marquer au fer, parer, piquer, plomber, protéger. *II. Un poisson :* accrocher, avoir une touche, capturer, piquer, prendre, tirer.

FERRONNIER ■ Chaudronnier, forgeron, serrurier.

FERRURE ■ Assemblage en fer, charnière, ferrage, ferrement, ferronnerie, garniture de fer, instrument en fer, penture, serrure, serrurerie.

FERTÉ ■ Forteresse, place forte.

FERTILE ■ *I. Au pr. :* abondant, bon, fécond, fructueux, généreux, gros, plantureux, prodigue, productif, prolifique, riche. *II. Fig. :* imaginatif, ingénieux, inventif, rusé, subtil, superbe.

FERTILISATION ■ Amélioration, amendement, bonification, engraissement, enrichissement, fumure, marnage, mise en valeur, terreautage.

FERTILISER ■ Améliorer, amender, bonifier, cultiver, engraisser, enrichir, ensemencer, fumer, terreauter.

FERTILITÉ ■ *I. Sens général :* abondance, fécondité, générosité, prodigalité, productivité, rendement, richesse. *II. En parlant d'êtres animés :* fécondité, prolificité.

FÉRU, E ■ *De quelque chose :* chaud, engoué, enthousiaste, épris de, fou de, passionné de, polarisé par (fam.).

FÉRULE ■ *I. Au pr. :* baguette, bâton, règle. *II. Fig. :* autorité, dépendance, direction, pouvoir, règle.

FERVENT, E ■ Ardent, brûlant, chaud, dévot, dévotieux, dévoué, enthousiaste, fanatique, fidèle, intense, zélé.

FERVEUR ■ *I. Au pr. :* adoration, amour, ardeur, chaleur, communion, dévotion, effusion, élan, enchantement, enthousiasme, force, zèle. *II. Loc.* **La ferveur du moment** : engouement, faveur, mode.

FESSE ■ ⇒ fessier.

FESSÉE ■ *I. Au pr. :* correction, coup, claque, fustigation. *II. Fig. et fam. :*

déculottée, défaite, échec, honte, raclée, torchée.

FESSE-MATHIEU ■ ⇒ **avare.**

FESSER ■ Bastonner, battre, botter le train (arg.), châtier, corriger, donner des claques sur les fesses, fouetter, frapper, fustiger, punir, taper.

FESSIER ■ *I.* Arrière-train, as de pique/trèfle, bas du dos, croupe, cul, derrière, fesses, fondement, parties charnues, postérieur, raie, séant, siège, tournure. *II. Fam. :* Baba, bol, conversation, croupion, dos, fouettard, gnon, hémisphères, jumelles, joufflu, lune, malle/train arrière, pétard, popotin, postère, pot, pouf, pousse-matières, tagada, tutu, vase, verre de montre. *III. Arg. :* allumeuses, baigneur, butte, dargeot, dargif, derche, derjo, faubourg, fias, fond de commerce, gagnepain, meules, miches, noix, panier, pastèques, pétrousquin, prose, prosinard, rue aux pets, tafanard, train, trouffe, valseur, etc. ⇒ **anus.**

FESSU, E ■ Callipyge, charnu, noité (arg.), qui a de grosses fesses, *et les syn. de* FESSE, rebondi, rembourré.

FESTIN ■ Agape, banquet, gala, régal, réjouissance. *Fam. :* bombance, brifeton, gueuleton, lippée, ripaille.

FESTIVAL ■ *I. Au pr. :* festivité, fête, gala, régal. *II. De danse, de musique, de poésie :* célébration, colloque, congrès, démonstration, exhibition, foire, journées, kermesse, manifestation, organisation, présentation, représentation, récital, réunion, séminaire, symposium. *III. Par ext.* ⇒ **profusion.**

FESTIVITÉ ■ Allégresse, célébration, cérémonie, festival, fête, frairie, gala, joyeuseté, kermesse, manifestation, partie, partie fine, réjouissance, réunion.

FESTON ■ Bordure, broderie, dent, frange, garniture, guirlande, ornement, passementerie, torsade.

FESTONNER ■ v. tr. et intr. Bor-

der, brocher, broder, découper, denteler, garnir, orner.

FESTOYER ■ v. tr. et intr. Banqueter, donner un festin, faire bombance, faire bonne chère, faire fête à, faire un festin, faire la foire, fêter, gobelotter (fam.), gobichonner (fam.), gueuletonner (fam.), offrir un festin, prendre part à, manger, s'en mettre plein la lampe (fam.), recevoir, régaler, se régaler, ripailler.

FÊTARD ■ (Péj.) Arsouille (fam. et péj.), bambocheur (fam.), bon vivant, débauché, jouisseur, noceur, noctambule, rigolot, viveur.

FÊTE ■ *I.* Anniversaire, apparat, célébration, centenaire, commémoration, débauche (péj.), événement, festival, festivité, inauguration, jubilé, noces, solennité. *II.* ⇒ **festin, réunion.** *III.* Ducasse, kermesse, ferrade, frairie, nouba, pardon, *IV. Fam. ou arg. :* bamboche, bamboula, bombe, dégagement, fiesta, foire, java, noce, tournée des grands-ducs.

FÊTÉ, E ■ Chouchouté (fam.), choyé, entouré, gâté, honoré, recherché, salué.

FÊTER ■ Accueillir, arroser, célébrer, commémorer, consacrer, faire fête à, festoyer, honorer, manifester, marquer, se réjouir de, sanctifier, solenniser.

FÉTICHE ■ *I. Nom masc. :* agnus dei, amulette, bondieuserie, effigie, gri-gri, idole, image, mascotte, porte-bonheur, porte-chance, reliques, scapulaire, statuette, talisman, tephillim, totem. ⇒ **médaille.** *II. Adj.* 1. Artificiel, divinisé, idolâtre, sacré, tabou, vénéré. 2. Artificiel, factice.

FÉTICHISME ■ *I. Au pr. :* animisme, culte des fétiches, culte des idoles, idolâtrie, totémisme. *II. Fig. :* admiration, attachement, culte, idolâtrie, religion, respect, superstition, vénération. *III. Psych. :* idée fixe, perversion.

FÉTICHISTE ■ *I. Au pr. :* adepte du *ou* relatif au fétichisme, *et les syn.* de FÉTICHISME, adorateur de *ou* relatif aux fétiches, *et syn.* de FÉTICHE, superstitieux, totémiste. *II. Fig. :* admirateur, croyant, fidèle, idolâtre, religieux, superstitieux.

FÉTIDE ■ *Au pr. et fig. :* asphyxiant, corrompu, dégoûtant, délétère, désagréable, écœurant, empesté, empuanti, étouffant, excrémentiel, fécal, ignoble, immonde, innommable, infect, insalubre, malodorant, malpropre, malsain, mauvais, méphitique, nauséabond, nuisible, ordurier, pestilentiel, puant, putride, repoussant, répugnant, trouillotant (arg.).

FÉTU ■ *I. Au pr. :* brin, brindille. *II. Fig. :* bagatelle, brimborion, misère, petite chose, peu, rien.

FÉTUQUE ■ Graminée, herbe, fétuque ovine, fourrage.

FEU ■ *I. Au pr.* 1. Lieu où se produit le feu : astre, âtre, autodafé, bougie, brasero, brasier, braise, bûcher, cautère, chandelle, chaudière, cheminée, coin de feu, coin du feu, enfer, étincelle, étoile, famille, fanal, flambeau, foyer, forge, four, fournaise, fourneau, incendie, lampe, maison, météore, projecteur, signal, soleil. 2. **Manifestation du feu** : bougie, brûlure, caléfaction, calcination, cendre, chaleur, chauffage, combustion, consomption, crémation, éblouissement, échauffement, éclair, éclairage, éclat, embrasement, éruption, étincelle, feu follet, flambée, flamboiement, flamme, flammerole, fouée, fumée, fumerolle, furole, ignescence, ignition, incandescence, lave, lueur, lumière, rif (fam.), rougeur, scintillement. 3. **Par anal.** *Méd. :* démangeaison, éruption, furoncle, inflammation, irritation, prurit. 4. **Feu d'artillerie** : barrage, tir, pilonnage. 5. **Feux tricolores** : signal, signalisation, orange, rouge, vert. 6. **Avez-vous du feu** : allumettes, briquet. 7. **Faire du feu** : allumer, se chauffer.

8. **Feu du ciel** : foudre, orage, tonnerre. 9. **Feu d'artifice** : pyrotechnie. *II. Fig.* 1. **Favorable ou neutre** : action, amour, animation, ardeur, bouillonnement, chaleur, combat, conviction, désir, empressement, enthousiasme, entrain, exaltation, excitation, flamme, fougue, inspiration, passion, tempérament, vivacité, zèle. 2. **Non favorable** : agitation, emballement, colère, combat, courroux, emportement, exagération, passion, véhémence, violence. 3. **Loc.** *Feu du Ciel* : châtiment, colère/justice divine, punition.

FEUILLAGE ■ *I. Au pr. :* branchage, branches, feuillée, feuilles, frondaison, rameau, ramée, ramure, verdure. *II. Par ext. :* abri, berceau, camouflage, charmille, chevelure, dais, tonnelle.

FEUILLAISON ■ Foliation, renouvellement.

FEUILLE ■ *I. Au pr. :* feuillage, feuillée, foliole, frondaison. *II. Par ext.* 1. Carton, document, feuille de chou (péj.), feuillet, folio, journal, page, papier. 2. Fibre, lame, lamelle, plaque. *III. Pop. :* oreille. *IV. Loc.* **Dur de la feuille** : sourd, sourdingue (fam.).

FEUILLÉES ■ ⇒ water-closet.

FEUILLERET ■ ⇒ rabot.

FEUILLET ■ Cahier, feuille, folio, page, planche, pli.

FEUILLETER ■ Compulser, jeter un coup d'œil sur, lire en diagonale (fam.)/rapidement, parcourir, survoler, tourner les pages.

FEUILLETON ■ Anecdote, dramatique, histoire, livraison, nouvelle, roman.

FEUILLU, E ■ Abondant, épais, feuillé, garni, touffu.

FEUILLURE ■ Entaille, rainure.

FEULER ■ ⇒ crier.

FEULEMENT ■ ⇒ cri.

FEUTRE ■ Blanchet, étamine, molleton. **II.** ⇒ coiffure.

FEUTRÉ, E ■ **I. Au pr. :** garni, ouaté, rembourré. **II. Par ext. :** amorti, discret, étouffé, mat, ouaté, silencieux.

FEUTRER ■ **I. Au pr. :** garnir, ouater, rembourrer. **II. Par ext. :** amortir, étouffer.

FI (FAIRE) ■ ⇒ dédaigner.

FIABLE ■ ⇒ sûr.

FIACRE ■ Sapin. ⇒ voiture.

FIANÇAILLES ■ Accordailles (vx), engagement, promesse de mariage.

FIANCÉ, E ■ Accordé (vx), bien-aimé, futur, parti, prétendant, promis. **Fam. :** galant, soupirant. **Rég. :** épouseur, épouseux, prétendu.

FIANCER (SE) ■ **I. Au pr. :** s'engager, promettre mariage. **II. Par ext. :** allier, fier (se), mélanger, unir.

FIASCO ■ ⇒ insuccès.

FIASQUE ■ ⇒ bouteille.

FIBRE ■ **I. Au pr. :** byssus, chalaze, chair, fibrille, fil, filament, filet, ligament, linéament, substance, tissu. **II. Par ext.** ⇒ disposition.

FIBREUX, EUSE ■ Dur, filandreux, nerveux.

FIBROME ■ ⇒ tumeur.

FIBULE ■ ⇒ agrafe.

FICELÉ, E ■ *Fig.* ⇒ vêtu.

FICELER ■ **I. Au pr.** ⇒ attacher. **II. Fig.** ⇒ vêtir.

FICELLE ■ **I. Au pr.** ⇒ corde. **II. Fig.** 1. ⇒ ruse. 2. ⇒ procédé. 3. Quelqu'un ⇒ malin.

FICHE ■ **I.** Aiguille, broche, cheville, prise, tige. **II.** Carte, carton, étiquette, feuille, papier. **III.** Jeton, plaque.

FICHER ■ **I. Au pr.** 1. ⇒ fixer. 2. ⇒ enfoncer. 3. ⇒ mettre. 4. ⇒ faire. **II.**

Loc. Ficher dedans ⇒ tromper. **III. V. pron.** 1. ⇒ railler. 2. ⇒ mépriser.

FICHIER ■ Casier, classeur, documentation, dossier, meuble, registre.

FICHISTE ■ Documentaliste.

FICHU ■ **I. Nom masc. :** cache-cœur/col/cou, carré, châle, écharpe, fanchon, foulard, madras, mantille, marmotte, mouchoir, pointe. **II. Adj.** 1. Fâcheux, foutu (fam.), sacré. ⇒ déplaisant. 2. ⇒ perdu.

FICTIF, IVE ■ ⇒ imaginaire.

FICTION ■ ⇒ invention.

FIDÈLE ■ **I. Nom masc.** 1. Adepte, assidu, croyant, ouaille, partisan, pratiquant. 2. Antrustion, féal. **II. Adj.** 1. Quelqu'un : assidu, attaché, attentif, bon, conservateur, constant, dévoué, exact, favorable, féal, franc, honnête, loyal, persévérant, probe, régulier, scrupuleux, sincère, solide, sûr, vrai. 2. Quelque chose : conforme, correct, égal, éprouvé, exact, fiable, indéfectible, juste, réglé, sincère, sûr, véridique, vrai.

FIDÉLITÉ ■ **I.** ⇒ constance. **II.** ⇒ exactitude. **III.** ⇒ foi. **IV.** ⇒ vérité.

FIEF ■ **I. Au pr. :** censive, dépendance, domaine, mouvance, seigneurie, suzeraineté. **II. Par ext. :** domaine, spécialité.

FIEFFÉ, E ■ ⇒ parfait.

FIEL ■ **I. Au pr.** ⇒ bile. **II. Par ext.** 1. ⇒ haine. 2. ⇒ mal.

FIELLEUX, EUSE ■ Acrimonieux, amer, haineux, malveillant, mauvais, méchant, venimeux.

FIENTE ■ ⇒ excrément.

FIER, ÈRE ■ **I.** ⇒ sauvage. **II.** ⇒ dédaigneux. **III.** ⇒ grand. **IV.** ⇒ hardi.

FIER (SE) ■ **I.** ⇒ confier (se). **II.** ⇒ rapporter (se).

FIER-À-BRAS ■ ⇒ bravache.

FIERTÉ ■ *I.* ⇒ dédain. *II.* ⇒ hardiesse. *III.* ⇒ orgueil.

FIÈVRE ■ Fébricule, malaria, paludisme, pyréxie, température, suette. ⇒ émotion.

FIÉVREUX, EUSE ■ Agité, ardent, brûlant, chaud, désordonné, fébricitant, fébrile, halluciné, hâtif, inquiet, intense, malade, maladif, malsain, mouvementé, nerveux, passionné, tourmenté, troublé, violent.

FIFRE ■ ⇒ flûte.

FIFRELIN ■ ⇒ bagatelle.

FIGÉ, E ■ Coagulé, contraint, conventionnel, glacé, immobile, immobilisé, immuable, paralysé, pétrifié, raide, raidi, sclérosé, statufié, stéréotypé, transi.

FIGER ■ *I. Au pr.* 1. ⇒ caillebotter. 2. ⇒ geler. *II. Par ext.* 1. ⇒ immobiliser. 2. ⇒ pétrifier.

FIGNOLAGE ■ Arrangement, enjolivement, finition, léchage, parachèvement, polissage, raffinage, raffinement, soin.

FIGNOLER ■ ⇒ orner, parfaire.

FIGURANT ■ Acteur, comparse, doublure, panouille (fam.), passe-volant (milit. et vx), représentant, second rôle.

FIGURATION ■ Carte, copie, dessin, fac-similé, image, plan, représentation, reproduction, schéma, symbole.

FIGURE ■ *I.* 1. ⇒ visage. 2. ⇒ forme. *II. Par ext.* 1. ⇒ mine. 2. ⇒ représentation. 3. ⇒ statue. 4. ⇒ symbole. 5. ⇒ expression. 6. ⇒ image.

FIGURÉ, E ■ Imagé, métaphorique.

FIGURER ■ *I.* Avoir la forme de, être, incarner, jouer un rôle, paraître, participer, représenter, se trouver, tenir un rang. *II.* Dessiner, donner l'aspect, modeler, peindre, représenter, sculpter, symboliser, tracer. *III. V. pron.* ⇒ imaginer.

FIGURINE ■ ⇒ statue.

FIL ■ *I.* ⇒ fibre. *II.* ⇒ cours. *III.* ⇒ tranchant.

FILAMENT ■ ⇒ fibre.

FILANDREUX, EUSE ■ *I. Au pr. :* coriace, dur, fibreux, indigeste, nerveux. *II. Fig. :* ampoulé, confus, délayé, diffus, embarrassé, empêtré, enchevêtré, entortillé, fumeux, indigeste, interminable, long, macaronique.

FILASSE ■ *I. Nom fém. :* étoupe, lin. *II. Adj. :* Blond, clair, pâle, terne.

FILE ■ Caravane, chapelet, colonne, cordon, enfilade, haie, ligne, procession, queue, rang, rangée, train. ⇒ suite.

FILER ■ *I. La laine :* tordre. *II.* ⇒ lâcher. *III.* ⇒ marcher. *IV.* ⇒ suivre. *V.* ⇒ partir. *VI. Loc.* Filer doux ⇒ soumettre (se).

FILET ■ *I. Au pr.* 1. Pour la pêche : ableret, araignée, balance, bastude, bolier, bouterolle, carrelet, chalut, drague, drège, échiquier, épervier, épuisette, folle, gabarre, goujonnier, guideau, haveneau, havenet, langoustier, madrague, nasse, picot, poche, puche, ridée, rissole, sardinier, senne, thonaire, traîne, tramail, truble, vannet, vervet. 2. Pour les oiseaux : allier, araignée, lacet, lacs, pan, pan de rets, panneau, pantière, rets, ridée, tirasse. *II. Par ext.* 1. Porte-bagages, réseau. 2. Embûche, embuscade, piège, souricière.

FILIALE ■ ⇒ succursale.

FILIATION ■ *I. Au pr.* ⇒ naissance. *II. Par ext.* ⇒ liaison.

FILIÈRE ■ ⇒ hiérarchie.

FILIFORME ■ Allongé, délié, effilé, fin, grêle, longiligne, maig   ince.

FILIN ■ ⇒ cordage.

FILLE ■ *I. Au pr.* 1. Descendante, enfant, héritière. 2. Adolescente, bambine, blondinette, brin, brunette, catherinette, demoiselle, fillette, jeune fille, jeunesse, jouvencelle, nymphe, pucelle (vx), rosière (partic.), rouquine, rousse, vierge. **3. Fam.** : béguineuse, boudin, briquette, cerneau, chameau (arg. scol.), craquette, cri-cri, fée, frangine, gamine, gazelle, gerce, gisquette, gosse, gosseline, grenouille, langoustine, mignonne, minette, mistonne, môme, mominette, musaraigne, nana, nénette, nistonne, nymphette, oie blanche, oiselle, pépée, petit bout/lot/rat/sujet, petite, ponette, poulette, pouliche, poupée, prix de Diane, quille, sauterelle, souris, tendron, ticket, trottin. **4. Péj.** : bourrin, donzelle, fillasse, gigolette, gigue, gonzesse, greluche, greluchonne, guenuche, marmotte, pisseuse, typesse. *II. Par ext.* 1. ⇒ célibataire. 2. ⇒ prostituée. 3. ⇒ servante. 4. ⇒ religieuse.

FILM ■ *I. Au pr.* ⇒ pellicule. *II. Par ext.* ⇒ pièce.

FILMER ■ Enregistrer, photographier, tourner.

FILON ■ *I. Au pr.* : couche, masse, mine, source, strate, veine. *II. Fig.* 1. ⇒ chance. 2. ⇒ combine.

FILOU ■ ⇒ fripon.

FILOUTER ■ ⇒ voler.

FILS ■ *I. Au pr.* : fieux (région), fiston, fruit, garçon, gars, géniture, grand, héritier, petit, progéniture, race, rejeton, sang (poét.). ⇒ enfant. *II. Par ext.* 1. Citoyen. 2. Descendant, parent. 3. ⇒ élève. *III. Loc.* Fils de ses œuvres. 1. Autodidacte, self-mademan. 2. Conséquence, effet, fruit, résultat.

FILTRAGE ■ Clarification, filtration.

FILTRE ■ Antiparasite, blanchet, bougie, buvard, chausse, citerneau, écran, épurateur, étamine, feutre, papier, papier joseph, passoire, percolateur, purificateur. ⇒ vérification.

FILTRER ■ *I. Au pr.* : clarifier, couler, épurer, passer, purifier, rendre potable, tamiser. *II. Par ext.* 1. ⇒ vérifier. 2. ⇒ pénétrer. 3. ⇒ répandre (se). 4. ⇒ percer.

FIN ■ n. *I. Au pr.* ⇒ extrémité. *II. Par ext.* 1. Aboutissement, accomplissement, achèvement, arrêt, borne, bout, but, cessation, chute, clôture, coda, conclusion, consommation, crépuscule, décadence, décision, déclin, dénouement, dépérissement, désinence, dessert, destination, destruction, disparition, épilogue, enterrement, épuisement, expiration, extrémité, final, finale, finalité, limite, objectif, objet, perfection, péroraison, prétexte, queue, réalisation, réussite, ruine, solution, sortie, suppression, tendance, terme, terminaison, terminus, visée. 2. Agonie, anéantissement, décès, déclin, mort, trépas. *III. Loc.* 1. Une fin de non-recevoir : refus. 2. À cette fin : intention, objet, motif, raison. 3. À la fin : en définitive, enfin, finalement. 4. Faire une fin : se marier, se ranger. 5. Mettre fin à : achever, arrêter, clore, décider, dissiper, dissoudre, éliminer, expirer, faire cesser, finir, lever, parachever, se suicider, supprimer, terminer, tuer (se). 6. Sans fin : sans arrêt/cesse/interruption/repos/trêve, continu, éternel, immense, immortel, indéfini, infini, interminable, pérennisé, perpétuel, sans désemparer/discontinuer, sempiternel, toujours, *et les adv. en -ment possibles à partir des adj. de cette suite, ex. : continuellement.*

FIN ■ adv. *Fin prêt* : absolument, complètement, entièrement, tout à fait.

FIN, FINE ■ adj. *I. Au pr.* : affiné, allongé, arachnéen, beau, délicat, délié, doux, élancé, émincé, étroit, gracile, lamellaire, léger, maigre, menu, mince, petit, svelte, vaporeux. *II. Par ext.* : adroit, affiné, astucieux, averti, avisé, bel esprit, clairvoyant, délié, diplomate, distingué, élégant, excellent, finaud, futé, galant, habile, ingénieux, intelligent, malin, pénétrant, perspicace, piquant, précieux, pur, raffiné, retors, rusé, sagace, sensible, subtil, supérieur. *III. Loc.* 1. Fin mot : dernier, véritable. 2. Fin fond : éloigné, extrême, loin, lointain, reculé. 3. **Fine fleur** : élite, supérieur. 4. **Fin du fin** : nec plus ultra. 5. **Fine champagne** : brandy, cognac.

FINAL, E ■ Définitif, dernier, extrême, téléologique, terminal, ultime.

FINALEMENT ■ À la fin, définitivement, en définitive, en dernier lieu, enfin, en fin de compte, pour en finir/en terminer, sans retour, tout compte fait.

FINALITÉ ■ *I.* But, dessein, destination, fin, intentionalité, motivation, orientation, prédestination, téléologie, tendance. *II.* Adaptation, harmonie, perception. *III.* Adaptation, besoin, détermination, instinct, sélection.

FINANCE ■ *I.* Argent, ressources. *II. Au pl. :* biens, budget, caisse, comptabilité, crédit, dépense, économie, fonds, recette, trésor, trésorerie. *III. Vx :* ferme, régie. *IV.* Affaires, banque, bourse, capital, capitalisme, commerce, crédit.

FINANCEMENT ■ Développement, entretien, paiement, placement, soutien, subvention, versement.

FINANCER ■ Avancer/bailler/placer/prêter des fonds, casquer (fam.), commanditer, entretenir, fournir, payer, procurer de l'argent, régler, soutenir financièrement, subventionner, verser.

FINANCIER ■ Agent de change, banquier, boursier, capitaliste, coulissier, fermier (vx), gérant, gestionnaire, maltôtier (vx), manieur d'argent, partisan (vx), publicain, régisseur, spéculateur, traitant (vx).

FINANCIER, ÈRE ■ Bancaire, budgétaire, monétaire, pécuniaire.

FINASSER ■ Éviter, ruser, éluder/tourner la difficulté, user d'échappatoires/de faux-fuyants.

FINASSERIE ■ Finauderie, tromperie. ⇒ **ruse.**

FINAUD, E ■ ⇒ **malin.**

FINAUDERIE ■ ⇒ **finasserie.**

FINE ■ Brandy, cognac, eau-de-vie.

FINEMENT ■ Adroitement, astucieusement, délicatement, subtilement.

FINESSE ■ *I.* Délicatesse, étroitesse, légèreté, minceur, petitesse, ténuité. *II. Fig. :* acuité, adresse, artifice, astuce, clairvoyance, difficulté, diplomatie, justesse, malice, pénétration, précision, ruse, sagacité, sensibilité, souplesse, stratagème, subtilité, tact. *III. Par ext. :* beauté, délicatesse, distinction, douceur, élégance, grâce, gracilité, raffinement, sveltesse.

FINI, E ■ *I.* Borné, défini, limité. *II.* Accompli, achevé, consommé, révolu, terminé. *III.* ⇒ **fatigué.** *IV.* ⇒ **parfait.** *V. Par ext.* 1. **Quelqu'un** : condamné, fait, fichu, fieffé, foutu, mort, perdu, usé. 2. **Quelque chose** : disparu, évanoui, fait, perdu. 3. **N. m.** ⇒ **perfection.**

FINIR ■ *I. V. tr.* 1. **Neutre ou favorable** : accomplir, achever, arrêter, cesser, clore, clôturer, conclure, consommer, couper, couronner, épuiser, expédier, fignoler, interrompre, lécher, mettre fin à, parachever, parfaire, polir, régler, terminer, trancher, user, vider. 2. **Péj.** : anéantir, bâcler. *II. Par ext.* 1. ⇒ **mourir.** 2. *V. intr.* : aboutir, achever, s'arrêter, arriver, cesser, disparaître, épuiser, s'évanouir, rompre, se terminer, tourner mal.

FINISSAGE ■ Fignolage, fin, finition, perfectionnement.

FINITION ■ Accomplissement, achèvement, arrêt, fin, fion (coup de).

FIOLE ■ *I. Au pr. :* ampoule, biberon, bouteille, flacon. *II. Fig. :* bouille, figure. ⇒ tête.

FIORITURE ■ ⇒ ornement.

FIRMAMENT ■ ⇒ ciel.

FIRME ■ ⇒ établissement.

FISC ■ Finances, fiscalité, percepteur, Trésor public.

FISSION ■ Désintégration, division, séparation.

FISSURE ■ ⇒ fente.

FISSURER ■ ⇒ fendre.

FIXATION ■ *I. Au pr. :* amarrage, ancrage, attache, crampon, établissement, fixage, implantation, scellement. *II. Fig. :* détermination, limitation, réglementation, stabilisation.

FIXE ■ *I.* ⇒ stable. *II.* Appointements, mensualité, salaire.

FIXEMENT ■ En face, intensément.

FIXER ■ *I. Au pr. :* adhérer, accorer (mar.), accrocher, affermir, amarrer, ancrer, arrêter, arrimer, assembler, assujettir, assurer, attacher, boulonner, brêler, caler, centrer, cheviller, claveter, clouer, coincer, coller, consolider, cramponner, enchâsser, enclaver (techn.), enfoncer, enraciner, faire pénétrer/tenir, ficher, immobiliser, implanter, introduire, lier, maintenir, mettre, nouer, pendre, pétrifier, planter, retenir, river, riveter, sceller, suspendre, soutenir, visser. *II. Fig.* 1. Arrêter, asseoir, assigner, conclure, décider, définir, délimiter, déterminer, envisager, établir, évaluer, formuler, limiter, imposer, indiquer, marquer, normaliser, particulariser, poser, préciser, prédestiner, préfinir (jurid.), préfixer, prescrire, proposer, qualifier, réglementer, régler, régulariser, spécifier, stabiliser. 2. Attirer, captiver, choisir, conditionner, conquérir, gagner, retenir. 3. Cristalliser, graver, imprimer, peindre, sculpter. 4. ⇒ instruire. 5. ⇒ regarder. *III. V. pron. :* se caser, s'établir, établir sa résidence/ses pénates (fam.), habiter, s'implanter, s'installer, se localiser, prendre pied/racine, résider.

FIXITÉ ■ Constance, consistance, fermeté, immobilité, immutabilité, invariabilité, permanence, persistance, stabilité, suite.

FLACCIDE ■ ⇒ mou.

FLACCIDITÉ ■ ⇒ ramollissement.

FLACHE ■ ⇒ trou.

FLACON ■ Fiasque, fiole, flasque, gourde. ⇒ bouteille.

FLA-FLA ■ Affectation, chichis, chiqué, esbroufe, étalage, façons, manières, ostentation.

FLAGELLATION ■ Fouet, fustigation.

FLAGELLER ■ *I. Au pr. :* battre, châtier, cingler, cravacher, donner la discipline/le martinet/les verges, fesser, fouetter, fustiger. *II. Fig.* Attaquer, blâmer, critiquer, maltraiter, vilipender.

FLAGEOLANT, E ■ ⇒ chancelant.

FLAGEOLER ■ ⇒ chanceler.

FLAGEOLET ■ ⇒ flûte.

FLAGORNER ■ ⇒ flatter.

FLAGORNERIE ■ ⇒ flatterie.

FLAGORNEUR, EUSE ■ n. et adj. ⇒ flatteur.

FLAGRANCE ■ ⇒ évidence.

FLAGRANT, E ■ Certain, constant, constaté, éclatant, évident, incontestable, indéniable, manifeste, notoire, officiel, patent, probant, sans conteste, sur le fait, visible, vu.

FLAIR ■ *I. Au pr.* ⇒ odorat. *II. Par ext. :* clairvoyance, intuition, perspicacité. ⇒ pénétration.

FLAIRER ■ *I. Au pr.* ⇒ sentir. *II. Fig.* ⇒ pressentir.

FLAMBARD ▪ Fanfaron, vaniteux.

FLAMBANT, E ▪ Ardent, brasillant, brillant, brûlant, coruscant, éclatant, étincelant, flamboyant, fulgurant, incandescent, reluisant, resplendissant, rutilant, scintillant, superbe.

FLAMBEAU ▪ *I.* Bougie, brandon, candélabre, chandelier, chandelle, cierge, fanal, guide, lampe, lumière, oupille, phare, photophore, torche, torchère. *II.* ⇒ **chef.**

FLAMBÉ, E ▪ (Fam.). Déconsidéré, découvert, fichu, foutu (vulg.), perdu, ruiné.

FLAMBÉE ▪ ⇒ **feu.**

FLAMBER ▪ *I. Au pr.* **1.** V. intr. : brûler, cramer (fam.), s'embraser, s'enflammer, étinceler, flamboyer, scintiller. **Vx** : arder, ardoir, ardre. **2.** V. tr. : gazer, passer à la flamme, stériliser. **3.** ⇒ **briller.** *II. Fig.* V. tr. : dépenser, dilapider, jouer, perdre, ruiner, voler.

FLAMBERGE ▪ Épée, lame, rapière, sabre.

FLAMBOIEMENT ▪ *I. Au pr. :* éblouissement, éclat, embrasement, feu. *II. Fig. :* ardeur, éclat.

FLAMBOYANT, E ▪ *I. Arch. :* gothique, médiéval. *II.* ⇒ **flambant.**

FLAMBOYER ▪ *I. Au pr.* ⇒ **flamber.** *II. Fig.* ⇒ **luire.**

FLAMME ▪ *I. Au pr.* ⇒ **feu.** *II. Par ext.* ⇒ **chaleur.** *III.* ⇒ **drapeau.**

FLAMMEROLE ▪ Feu follet.

FLAN ▪ Dariole, entremets.

FLANC ▪ *I. De quelqu'un ou d'un animal* ⇒ **ventre.** *II. Par ext. :* aile, bord, côté, lof (mar.), pan.

FLANCHER ▪ *I.* ⇒ **céder.** *II.* ⇒ **reculer.**

FLANDRIN ▪ Dadais. ⇒ **bête.**

FLÂNER ▪ S'amuser, badauder, bader (mérid.), déambuler, errer, folâtrer, musarder, muser, se promener, traîner, vadrouiller. **Fam. :** baguenauder, balocher, faire flanelle, flânocher, gober les mouches, lécher les vitrines.

FLÂNERIE ▪ ⇒ **promenade.**

FLÂNEUR, EUSE ▪ n. et adj. *I. Au pr. :* badaud, bayeur, promeneur. *II. Par ext. :* désœuvré, fainéant, indolent, lambin, musard, oisif, paresseux, traînard. ⇒ **vagabond.**

FLANQUER ▪ *I. V. tr.* ⇒ **jeter.** *II. V. intr.* **1.** ⇒ **accompagner. 2.** ⇒ **protéger. 3.** ⇒ **mettre.**

FLAPI, E ▪ ⇒ **fatigué.**

FLAQUE ▪ Flache, mare, nappe.

FLASQUE ▪ ⇒ **mou.**

FLATTER ▪ *I.* Aduler, amadouer, cajoler, caresser, charmer, choyer, complaire à, complimenter, courtiser, délecter, flagorner, gratter, lécher, louanger, louer, parfaire, passer la main dans le dos, peloter, ramper, tonneler (vx), tromper. *II.* Embellir, enjoliver, idéaliser, parfaire. *III. V. pron.* **1.** Aimer à croire, s'applaudir, se donner les gants de (fam.), s'enorgueillir, se féliciter, se glorifier, s'illusionner, se persuader, se prévaloir, se targuer, tirer vanité, triompher, se vanter. **2.** Compter, espérer, penser, prétendre.

FLATTERIE ▪ Adoration, adulation, cajolerie, câlinerie, caresse, compliment, coups d'encensoir, cour, courbette, courtisanerie, douceurs, encens, flagornerie, génuflexion, hommage, hypocrisie, lèche (fam.), louange, mensonge, pelotage (fam.), plat, pommade, tromperie.

FLATTEUR, EUSE ▪ n. et adj. *I. Quelqu'un :* adorateur, adulateur, approbateur, bonimenteur, bonneteur, cajoleur, caudataire, complaisant, complimenteur, courtisan, doucereux, encenseur, enjôleur, flagorneur, génuflecteur, hypocrite, louangeur, menteur, obséquieux, patelin, séducteur, thuriféraire. *Fam. :* fayot, godillot,

lèche-bottes ⇒ fessier/pompes, lécheur.
II. Quelque chose ⇒ agréable.

FLATULENCE ■ Ballonnement, météorisation, vent, ventosité.

FLATULENT, E ■ Gazeux, venteux.

FLÉAU ■ *I.* ⇒ calamité. *II.* ⇒ punition.

FLÈCHE ■ ⇒ trait.

FLÉCHER ■ ⇒ tracer.

FLÉCHIR ■ *I. V. tr.* **1. Au pr. :** abaisser, courber, gauchir, incurver, infléchir, plier, ployer, recourber. **2. Fig.** On fléchit quelqu'un : adoucir, apaiser, apitoyer, attendrir, calmer, désarmer, ébranler, émouvoir, gagner, plier, toucher, vaincre. *II. V. intr.* **1. Au pr. :** arquer, céder, se courber, craquer, faiblir, flancher, gauchir, s'infléchir, lâcher, manquer, plier, ployer, reculer, vaciller. **2. Fig. :** s'abaisser, abandonner, s'agenouiller, capituler, céder, chanceler, faiblir, s'humilier, s'incliner, mollir, plier, se prosterner, se soumettre, succomber.

FLÉCHISSEMENT ■ *I. Au pr. :* baisse, courbure, diminution, flexion. ⇒ abaissement. *II. Fig.* ⇒ abandon.

FLEGMATIQUE ■ Apathique, blasé, calme, décontracté, détaché, froid, impassible, imperturbable, indifférent, insensible, lymphatique, maître de soi, mou, olympien, patient, placide, posé, rassis, serein, tranquille.

FLEGME ■ Apathie, calme, décontraction, détachement, égalité d'âme, équanimité, froideur, impassibilité, indifférence, insensibilité, lymphatisme, maîtrise, mollesse, patience, placidité, sang-froid, sérénité, tranquillité.

FLEMMARD, E ■ ⇒ paresseux.

FLEMMARDER ■ ⇒ traîner.

FLÉTRI, E ■ ⇒ fané.

FLÉTRIR ■ *I. Au pr. :* Altérer, décolorer, défraîchir, faner, froisser, gâter, rider, sécher, ternir. *II. Par ext. :* abaisser, abattre, avilir, blâmer, condamner, corrompre, décourager, défleurir, désespérer, déshonorer, désoler, dessécher, diffamer, enlaidir, gâter, mettre au pilori, punir, salir, souiller, stigmatiser, tarer, ternir. *III. V. pron. :* s'abîmer, passer, vieillir, *et les formes pron. possibles des syn. de* FLÉTRIR.

FLÉTRISSURE ■ *I.* ⇒ blâme. *II.* ⇒ honte.

FLEUR ■ *(Fig.) I.* ⇒ ornement. *II.* ⇒ lustre. *III.* ⇒ perfection. *IV.* ⇒ choix. *V.* ⇒ phénix. *VI. Loc.* Couvrir de fleurs ⇒ louer.

FLEURER ■ ⇒ sentir.

FLEURET ■ ⇒ épée.

FLEURETTE ■ ⇒ galanterie.

FLEURIR ■ *I. V. tr.* ⇒ orner. *II. V. intr.* **1. Au pr. :** éclore, s'épanouir. **2. Par ext. :** bourgeonner, briller, croître, se développer, embellir, enjoliver, s'enrichir, être florissant/prospère, faire florès, se former, gagner, grandir, se propager, prospérer.

FLEURON ■ ⇒ ornement.

FLEUVE ■ ⇒ cours (d'eau).

FLEXIBILITÉ ■ ⇒ souplesse.

FLEXIBLE ■ *I. Au pr. :* élastique, maniable, mou, plastique, pliable, pliant, souple. *II. Fig. :* docile, ductile, influençable, malléable, maniable, obéissant, soumis, souple, traitable.

FLEXION ■ *I.* ⇒ fléchissement. *II.* ⇒ terminaison.

FLEXUEUX, EUSE ■ ⇒ sinueux.

FLEXUOSITÉ ■ ⇒ sinuosité.

FLIBUSTIER ■ ⇒ corsaire.

FLIC ■ ⇒ policier.

FLIRT ■ *I.* ⇒ béguin. *II.* ⇒ caprice.

FLIRTER ■ ⇒ courtiser.

FLOPÉE ■ ⇒ multitude.

FLORAISON ■ Anthèse, éclosion, efflorescence, épanouissement, estivation, fleuraison.

FLORE ■ ⇒ végétation.

FLORÈS ■ *Loc.* Faire florès ⇒ fleurir et briller.

FLORILÈGE ■ ⇒ anthologie.

FLORISSANT, E ■ À l'aise, beau, brillant, heureux, prospère, riche, sain.

FLOT ■ *I. Au pr.* ⇒ marée. *II. Fig.* ⇒ multitude. *III. Plur.* ⇒ onde.

FLOTTAGE ■ Drave (Canada).

FLOTTANT, E ■ *I.* ⇒ changeant. *II.* ⇒ irrésolu.

FLOTTE ■ *I. Au pr.* : armada, équipages, escadre, flottille, force navale, marins, marine. *II. Fam.* ⇒ eau.

FLOTTEMENT ■ *I.* ⇒ hésitation. *II.* ⇒ désordre.

FLOTTER ■ V. tr. et intr. *I. Au pr.* : affleurer, émerger, être à flot, nager, surnager. *II. Par ext.* 1. Agiter, brandiller, errer, ondoyer, onduler, voguer, voler, voltiger. 2 ⇒ hésiter.

FLOU, E ■ Brouillardeux, brouillé, brumeux, effacé, fondu, fumeux, incertain, indécis, indéterminé, indistinct, lâche, léger, nébuleux, trouble, vague, vaporeux.

FLOUER ■ *I.* ⇒ tromper. *II.* ⇒ voler.

FLUCTUANT, E ■ ⇒ changeant.

FLUCTUATION ■ ⇒ variation.

FLUCTUER ■ ⇒ changer.

FLUER ■ ⇒ couler.

FLUET, ETTE ■ ⇒ menu.

FLUIDE ■ *I. Nom masc.* : courant, effluve, flux, liquide, onde. *II. Adj.* : clair, coulant, dilué, fluctuant, insaisissant, insinuant, instable, juteux, limpide, liquide, mouvant, régulier.

FLUIDITÉ ■ *Fig.* : facilité, régularité.

FLÛTE ■ Allemande, chalumeau, diaule, fifre, flageolet, flûteau, flûte de Pan, flutiau, galoubet, larigot, mirliton, ocarina, octavin, piccolo, pipeau, piffero, syrinx, traversière.

FLUX ■ *I.* ⇒ marée. *II.* ⇒ écoulement.

FLUXION ■ ⇒ gonflement.

FOCALISER ■ ⇒ concentrer.

FŒTUS ■ *I. Au pr.* : embryon, germe, œuf. *II. Par ext.* : avorton, gringalet, mauviette.

FOI ■ *I. L'objet de la foi* : conviction, créance, credo, croyance, dogme, évangile, mystique, opinion, religion. *II. La qualité.* 1. ⇒ confiance. 2. ⇒ exactitude. 3. Droiture, engagement, fidélité, franchise, honnêteté, honneur, loyauté, parole, probité, promesse, sincérité. 4. Loc. Bonne foi ⇒ franchise. Mauvaise foi ⇒ tromperie. Faire foi ⇒ prouver.

FOIRE ■ *I. Au pr.* 1. ⇒ marché. 2. ⇒ fête. 3. ⇒ exposition. *II. Fam. et vx* ⇒ diarrhée.

FOIRER ■ ⇒ trembler.

FOIREUX, EUSE ■ ⇒ peureux.

FOIS ■ Coup. ⇒ occasion.

FOISON (À) ■ *I.* ⇒ abondant. *II.* ⇒ beaucoup.

FOISONNANT, E ■ ⇒ abondant.

FOISONNEMENT ■ ⇒ affluence.

FOISONNER ■ ⇒ abonder.

FOLÂTRE ■ ⇒ gai.

FOLÂTRER ■ ⇒ batifoler.

FOLICHON, ONNE ■ ⇒ gai.

FOLICHONNER ■ ⇒ batifoler.

FOLIE ■ *I. Au pr.* : Aliénation mentale, délire, démence, dépression, dérangement, déraison, déséquilibre, égarement, extravagance, fureur, idiotie, maladie mentale, manie, névrose, psychose, rage, vésanie. *II. Par ext.* 1.

⇒ aberration. **2.** ⇒ bêtise. **3.** ⇒ obstination. **4.** ⇒ manie. **5.** ⇒ habitation.

FOLKLORE ■ Légende, mythe,
romancero, saga, tradition.

FOLLET, ETTE ■ *I.* ⇒ fou. *II.* ⇒ capricieux. *III. Loc. Esprit follet* ⇒ génie.

FOLLICULAIRE ■ ⇒ journaliste.

FOMENTER ■ ⇒ exciter.

FONCÉ, E ■ ⇒ sombre.

FONCER ■ ⇒ élancer (s').

FONCEUR, EUSE ■ Battant. ⇒ courageux.

FONCIER, ÈRE ■ *I.* ⇒ inné. *II.* ⇒
profond. *III. Nom masc. :* cadastre,
immeubles, impôt sur les immeubles.

FONCIÈREMENT ■ À fond, extrêmement, naturellement, tout à fait.

FONCTION ■ ⇒ emploi.

FONCTIONNAIRE ■ ⇒ employé.

FONCTIONNEL, ELLE ■ ⇒ pratique,
rationnel.

FONCTIONNER ■ *I.* ⇒ agir. *II.* ⇒ marcher.

FOND ■ *I. De quelque chose :* abysse,
bas, base, bas-fond, creux, cul, cuvette,
fondement. *II. Par ext.* **1.** Base, substratum, tissure, toile. **2. Peint. :**
champ, perspective, plan. **3.** Essence,
nature, naturel. **4.** ⇒ caractère. **5.** ⇒
matière. **6.** ⇒ intérieur.

FONDAMENTAL, E ■ ⇒ principal.

FONDATEUR, TRICE ■ ⇒ bâtisseur.

FONDATION ■ *I.* ⇒ établissement. *II.*
Appui, assiette, assise. ⇒ fondement.

FONDEMENT ■ *I. Au pr. :* assise,
base, fondation, infrastructure, pied,
soubassement, sous-œuvre, soutènement, soutien, substruction, substructure. *II. Par ext.* ⇒ cause. *III.* Cul,
postérieur. ⇒ anus, fessier.

FONDER ■ *I. Au pr. :* appuyer,
asseoir, bâtir, créer, élever, enter, éri-

ger, établir, instituer, lancer, mettre,
poser. *II. Par ext. :* échafauder, justifier, motiver, tabler.

FONDERIE ■ Aciérie, forge, haut
fourneau, métallurgie, sidérurgie.

FONDOUK ■ ⇒ caravansérail.

FONDRE ■ *I. V. tr.* **1.** On fond quelque
chose : désagréger, dissoudre, liquéfier, vitrifier. **2. Fig. :** adoucir, attendrir, atténuer, dégeler, diminuer, dissiper, effacer, estomper, mélanger,
mêler, unir. *II. V. intr.* **1.** S'amollir, brûler, couler, se désagréger, disparaître, se dissiper, se résorber, se
résoudre. **2. Fig. :** diminuer, maigrir.

FONDRIÈRE ■ ⇒ ornière.

FONDS ■ *I.* ⇒ terre. *II.* ⇒ établissement. *III.* ⇒ argent. *IV.* ⇒ bien.

FONGIBLE ■ ⇒ destructible.

FONTAINE ■ ⇒ source.

FONTE ■ *I.* ⇒ fusion. *II.* ⇒ type.

FORAGE ■ Recherche, sondage.

FORAIN ■ *I.* ⇒ nomade. *II.* ⇒ saltimbanque. *III.* ⇒ marchand.

FORBAN ■ ⇒ corsaire.

FORÇAT ■ ⇒ bagnard.

FORCE ■ *I. Au pr. :* capacité, dynamisme, énergie, forme, intensité,
potentiel, pouvoir, puissance, violence.
II. Par ext. **1. Force physique :** biceps,
fermeté, muscle, nerf, puissance, résistance, robustesse, santé, sève, solidité,
tonicité, verdeur, vigueur, virilité. **2.**
⇒ capacité. **3.** ⇒ contrainte. *III. Adv.* ⇒
beaucoup. *IV. Au pl.* **1.** ⇒ troupes. **2.**
Cisaille, ciseaux, tondeuse.

FORCÉ, E ■ *I.* ⇒ inévitable. *II.* ⇒ artificiel. *III.* ⇒ étudié. *IV.* ⇒ excessif. *V.*
⇒ obligatoire.

FORCÉMENT ■ ⇒ sûrement.

FORCENÉ, E ■ adj. et n. ⇒ furieux.

FORCER ■ *I.* ⇒ obliger. *II.* ⇒ ouvrir.
III. ⇒ prendre. *IV.* ⇒ détériorer.

FORCERIE ■ ⇒ serre.

FORCIR ■ ⇒ grossir.

FORCLOS, E ■ ⇒ déchu.

FORCLUSION ■ Déchéance, prescription.

FORER ■ ⇒ percer.

FORESTIER, ÈRE ■ Sylvestre, sylvicole.

FORET ■ Fraise. ⇒ perceuse.

FORÊT ■ ⇒ bois.

FORFAIRE ■ ⇒ manquer.

FORFAIT, FORFAITURE ■ *I.* ⇒ malversation. *II.* ⇒ trahison.

FORFAITAIRE ■ À prix convenu/fait, en bloc, en gros, en tout.

FORFANTERIE ■ ⇒ hâblerie.

FORGE ■ Fonderie, maréchalerie.

FORGER ■ (Fig.) *I.* ⇒ inventer. *II.* ⇒ former.

FORGERON ■ Maréchal-ferrant.

FORJETER ■ Dépasser.

FORLIGNER ■ ⇒ dégénérer.

FORMALISATION ■ Axiomatisation.

FORMALISER (SE) ■ ⇒ offenser (s').

FORMALISTE ■ adj. et n. Cérémonieux, façonnier, solennel.

FORMALITÉ ■ *I.* Convenances, démarches, forme, règle. *II. Péj. :* chinoiseries, paperasses, tracasseries.

FORMAT ■ *I.* In folio/quarto/octavo/douze/seize/dix-huit/vingt-quatre/trente-deux. *II.* ⇒ dimension.

FORMATION ■ *I.* Composition, conception, concrétion (géol.), constitution, élaboration, génération, genèse, gestation, organisation, production, structuration. *II.* ⇒ instruction. *III.* ⇒ troupe.

FORME ■ *I.* Aspect, configuration, conformation, contour, dessin, état, façon, figure, format, formule, ligne, manière, modelé, relief, silhouette, tracé. *II.* ⇒ style. *III.* ⇒ formalité. *IV.* ⇒ moule. *V. Au pl.* ⇒ façons.

FORMÉ, E ■ ⇒ adulte, pubère.

FORMEL, ELLE ■ *I.* ⇒ absolu. *II.* ⇒ clair. *III.* ⇒ évident.

FORMELLEMENT ■ ⇒ absolument.

FORMER ■ *I. Au pr. :* aménager, arranger, assembler, bâtir, composer, conformer, constituer, façonner, forger, modeler, mouler, pétrir, sculpter. *II. Par ext. :* cultiver, dégrossir, éduquer, faire, instruire, perfectionner, polir. *III.* ⇒ énoncer.

FORMICATION ■ ⇒ picotement.

FORMIDABLE ■ *I.* ⇒ extraordinaire. *II.* ⇒ terrible.

FORMULE ■ *I.* ⇒ expression. *II.* ⇒ forme.

FORMULER ■ ⇒ énoncer.

FORNICATION ■ ⇒ lascivité.

FORNIQUER ■ ⇒ accoupler (s').

FORT ■ *I. Nom masc.* ⇒ forteresse. *II. Adv.* 1. ⇒ beaucoup. 2. ⇒ très. *III. Adj.* 1. Au phys. : athlétique, bien charpenté, costaud, dru, ferme, grand, gros, herculéen, musclé, puissant, râblé, résistant, robuste, solide, vigoureux. Arg. : balèze, balouf, comac, mastard. 2. Par ext. ⇒ excessif, capable, instruit.

FORTERESSE ■ Bastille, blockhaus, bretèche (mar. vx), casemate, château, château fort, citadelle, enceinte, fort, fortification, fortin, ouvrage, place forte, repaire.

FORTIFIANT ■ *Adj. et n. m. :* analeptique, cordial, corroborant, énergétique, excitant, réconfortant, reconstituant, remontant, roborant, roboratif, stimulant, tonique.

FORTIFICATION ■ ⇒ forteresse.

FORTIFIER ■ *I.* Affirmer, armer,

consolider, équiper, renforcer. ⇒ **pro-téger**. *II.* Aider, assurer, conforter, cor-roborer, corser, réconforter, tonifier, tremper.

FORTIN ■ ⇒ forteresse.

FORTUIT, E ■ ⇒ contingent.

FORTUITEMENT ■ Accidentelle-ment, à l'occasion, occasionnellement, par hasard.

FORTUNE ■ *I.* ⇒ bien. *II.* ⇒ destinée. *III.* ⇒ hasard.

FORTUNÉ, E ■ *I.* ⇒ riche. *II.* ⇒ heu-reux.

FOSSE ■ *I.* Boyau, cavité, douve, exca-vation, fossé, fouille, rigole, saut-de-loup, tranchée. *Géol. :* abysse, dépres-sion, effondrement, géosynclinal, gouffre, graben, synclinal. *II.* ⇒ tombe. *III. Fosse d'aisances :* ⇒ water-closet.

FOSSÉ ■ *I.* ⇒ fosse. *II.* ⇒ rigole. *III.* ⇒ séparation.

FOSSILE ■ *Par ext.* ⇒ vieillard.

FOSSOYEUR ■ ⇒ destructeur.

FOU, FOLLE ■ n. et adj. *I. Au pr. :* aliéné, cerveau fêlé, dément, désaxé, déséquilibré, détraqué, furieux, hallu-ciné, hystérique, interné, malade, malade mental, maniaque, névrosé, paranoïaque, psychopathe, schizo-phrène. *II. Fam. et par ext. :* azimuté, barjo, branquignole, braque, bredin, brindezingue, chabraque, cinglé, dingo, dingue, fêlé, folasse, follet, fondu, frapadingue, frappé, hotu, jobard (arg.), jobri, louf, loufoque, louftingue, maboul, marteau, piqué, schnock, sinoque, siphoné, sonné, tapé, timbré, toc-toc, toqué, zinzin. *III. Fig.* 1. ⇒ insensé. 2. ⇒ extraordi-naire. 3. ⇒ excessif. 4. ⇒ épris. 5. ⇒ gai.

FOUAILLER ■ ⇒ cingler.

FOUCADE ■ Coup de tête, fougasse. ⇒ caprice.

FOUDRE ■ *I. Nom masc.* ⇒ tonneau.

II. Nom fém. : éclair, épars, feu du ciel, fulguration, tonnerre.

FOUDRES ■ ⇒ colère.

FOUDROYANT, E ■ *I.* ⇒ fulminant. *II.* ⇒ soudain.

FOUDROYÉ, E ■ ⇒ interdit.

FOUDROYER ■ *I.* ⇒ frapper. *II.* ⇒ vaincre.

FOUET ■ Chambrière, chat à neuf queues, discipline, étrivières, martinet.

FOUETTER ■ *I. Au pr.* 1. ⇒ cingler. 2. ⇒ frapper. *II. Par ext.* ⇒ exciter. *III. Arg.* ⇒ puer.

FOUGASSE ■ *I.* Coup de tête, fou-cade. ⇒ caprice. *II.* ⇒ brioche.

FOUGUE ■ ⇒ impétuosité.

FOUGUEUX, EUSE ■ ⇒ impétueux.

FOUILLE ■ ⇒ fosse.

FOUILLER ■ Chercher, explorer, fou-ger (vén.), fouiner, fureter, invento-rier, sonder. *Fam. :* farfouiller, four-gonner, fourrager, trifouiller, tripoter, tripatouiller, vaguer.

FOUILLIS ■ ⇒ désordre.

FOUIR ■ ⇒ creuser.

FOULARD ■ ⇒ fichu.

FOULE ■ Affluence, cohue, masse, monde, multitude, peuple, populace, presse.

FOULÉE ■ *I.* ⇒ pas. *II.* ⇒ trace.

FOULER ■ *I.* Accabler. ⇒ charger. *II.* ⇒ marcher. *III.* ⇒ presser. *IV.* ⇒ meur-trir. *V. V. pron. :* se biler (fam.), s'en faire (fam.), se fatiguer. ⇒ travailler.

FOULURE ■ ⇒ entorse.

FOUR ■ *I.* Étuve, fournaise, fournil. *II. Fig.* ⇒ insuccès.

FOURBE ■ *I.* ⇒ faux. *II.* ⇒ trompeur.

FOURBERIE ■ ⇒ tromperie.

FOURBI ■ ⇒ bazar.

FOURBIR ■ ⇒ frotter.

FOURBU, E ■ ⇒ fatigué.

FOURCHE ■ *Par ext.* : bifurcation, bivoie, bretelle, carrefour, embranchement, raccordement.

FOURCHETTE ■ Écart. ⇒ variation.

FOURCHU, E ■ Bifide.

FOURGON ■ ⇒ voiture, wagon.

FOURGONNER ■ v. tr. et intr. ⇒ fouiller.

FOURMILIÈRE ■ ⇒ multitude.

FOURMILLANT, E ■ ⇒ abondant.

FOURMILLEMENT ■ ⇒ picotement.

FOURMILLER ■ *I.* ⇒ abonder. *II.* ⇒ remuer.

FOURMIS ■ *Par ext.* ⇒ picotement.

FOURNAISE ■ *I.* ⇒ four. *II.* ⇒ brasier.

FOURNEAU ■ ⇒ réchaud.

FOURNÉE ■ ⇒ groupe.

FOURNI, E ■ *I.* Approvisionné, armé, garni, livré, muni, nanti, pourvu, servi. *II.* ⇒ épais.

FOURNIMENT ■ ⇒ bagage.

FOURNIR ■ Approvisionner, armer, assortir, avitailler, dispenser, garnir, lotir, meubler, munir, nantir, pourvoir, procurer.

FOURNISSEUR ■ ⇒ commerçant.

FOURNITURE ■ Prestation. ⇒ provision.

FOURRAGER ■ v. tr. et intr. *I.* ⇒ ravager. *II.* ⇒ fouiller.

FOURRÉ ■ Breuil, buisson, épines, haie, hallier, massif, ronces.

FOURREAU ■ ⇒ enveloppe.

FOURRER ■ *I.* ⇒ introduire. *II.* ⇒ mettre. *III.* ⇒ emplir.

FOURRURE ■ ⇒ poil.

FOURVOIEMENT ■ ⇒ erreur.

FOURVOYER (SE) ■ ⇒ égarer (s').

FOUTRE ■ *I.* ⇒ faire, mettre. *II. Vx* : ⇒ éjaculer.

FOUTU, E ■ ⇒ perdu.

FOYER ■ *I. Au pr.* : Alandier, âtre, brasier, cheminée, feu, four, fournaise, incendie. *II. Par ext.* 1. ⇒ famille. 2. ⇒ maison. 3. ⇒ salle. 4. ⇒ centre.

FRACAS ■ ⇒ bruit.

FRACASSANT, E ■ ⇒ sensationnel.

FRACASSER ■ ⇒ casser.

FRACTION ■ *I. L'action* : cassure, coupure, division, fission, fracture, partage, scission, séparation. *II. Le résultat* : aliquante, aliquote, élément, faille, fragment, morceau, parcelle, part, partie, quartier, tronçon.

FRACTIONNEMENT ■ ⇒ segmentation.

FRACTIONNER ■ ⇒ partager.

FRACTURE ■ ⇒ fraction.

FRACTURER ■ ⇒ casser.

FRAGILE ■ *I.* Cassant, friable. *II.* ⇒ faible. *III.* ⇒ périssable.

FRAGILITÉ ■ Tendreté. ⇒ faiblesse.

FRAGMENT ■ *I.* ⇒ fraction. *II.* ⇒ morceau.

FRAGMENTAIRE ■ ⇒ partiel.

FRAGMENTATION ■ ⇒ segmentation.

FRAGMENTER ■ ⇒ partager.

FRAGRANCE ■ ⇒ parfum.

FRAGRANT, E ■ ⇒ odorant.

FRAÎCHEUR ■ *I. Au pr.* : fraîche, frais, froid, humidité. *II. Par ext.* 1. ⇒ grâce. 2. ⇒ lustre.

FRAIS, FRAÎCHE ■ *I.* ⇒ froid. *II.* ⇒ nouveau. *III.* ⇒ reposé.

FRAIS ■ ⇒ dépense.

FRAISEUSE ■ ⇒ perceuse.

FRANC, FRANCHE ■ Carré (fam.), catégorique, clair, cordial, entier, libre, net, ouvert, parfait, rond (fam.), sans-façon, simple, sincère, tranché, vrai.

FRANCHIR ■ Boire l'obstacle (fam.), dépasser, enjamber, escalader, sauter, surmonter. ⇒ passer.

FRANCHISE ■ *I.* Abandon, bonne foi, confiance, cordialité, droiture, netteté, rondeur, simplicité, sincérité. *II.* ⇒ vérité. *III.* ⇒ liberté.

FRANCHISSEMENT ■ Escalade, saut. ⇒ traversée.

FRANCO ■ Gratis, gratuitement, port payé, sans frais.

FRANC-TIREUR ■ ⇒ soldat.

FRANC-MAÇON ■ ⇒ maçon.

FRANGE ■ *I.* ⇒ bord. *II.* ⇒ ruban.

FRANQUETTE (À LA BONNE) ■ *Loc. adv. :* sans façon, simplement.

FRAPPANT, ANTE ■ ⇒ émouvant.

FRAPPE ■ *I.* ⇒ marque. *II.* ⇒ fripouille.

FRAPPÉ, E ■ *I.* ⇒ ému. *II.* ⇒ fou. *III.* Congelé, frais, froid, glacé, rafraîchi, refroidi.

FRAPPER ■ *I.* Assener un coup, claquer, cogner, cosser, férir (vx), fouetter, heurter, marteler, percuter, pianoter, tambouriner, taper, tapoter, toquer. *II.* ⇒ battre. *III.* ⇒ toucher. *IV.* ⇒ émouvoir. *V.* ⇒ punir. *VI.* ⇒ refroidir.

FRASQUE ■ ⇒ fredaine.

FRATERNEL, ELLE ■ ⇒ bienveillant.

FRATERNISER ■ S'accorder, se comprendre, s'entendre, être de connivence/d'intelligence, contracter amitié, faire bon ménage, se lier, nouer amitié, pactiser, se solidariser, sympathiser, s'unir.

FRATERNITÉ ■ Accord, amitié, bonne intelligence, bons termes, camaraderie, charité, communion, compagnonnage, concert, concorde, confiance, conformité, ensemble, entente, harmonie, intelligence, sympathie, union, unisson. ⇒ solidarité.

FRAUDE ■ ⇒ tromperie.

FRAUDER ■ v. tr. et intr. *I.* ⇒ altérer. *II.* ⇒ tromper.

FRAUDULEUX, EUSE ■ ⇒ malhonnête.

FRAYER ■ *I. V. tr. :* établir, entrouvrir, percer, tracer. ⇒ ouvrir. *II. V. intr. :* aller/commercer/converser/être en relation avec, fréquenter, se frotter à/avec (fam.), hanter, pratiquer, voir, voisiner.

FRAYEUR ■ Affolement, affres, alarme, angoisse, anxiété, appréhension, consternation, crainte, effroi, épouvante, épouvantement (vx), frousse (fam.), horreur, inquiétude, panique, pétoche (fam.), peur, terreur, trac, transe, tremblement, trouille (fam.).

FREDAINE ■ Aberration, débordement, dévergondage, disparate (vx), écart, échappée, équipée, erreurs (péj.), escapade, extravagance, faute (péj.), faux pas, folie, frasque, impertinence, incartade, incorrection, irrégularité, manquement, relâchement. ⇒ bêtise.

FREDONNER ■ ⇒ chanter.

FREIN ■ *I.* ⇒ mors. *II.* ⇒ obstacle.

FREINAGE ■ Ralentissement ⇒ diminution.

FREINER ■ *I. Au pr. :* 1. Décélérer, ralentir, retenir, serrer. 2. Arrêter, bloquer, stopper. *II. Fig. :* enrayer, faire obstacle *et les syn. de* OBSTACLE. ⇒ modérer.

FRELATER ■ Abâtardir, adultérer, affaiblir, aigrir, appauvrir, atténuer, avarier, avilir, bricoler (fam.), changer, contrefaire, corrompre, décomposer, défigurer, déformer, dégénérer, dégrader, déguiser, dénaturer, dépraver, détériorer, détraquer, falsifier, farder, fausser, frauder, gâter, maquiller, modifier, salir, tarer, tronquer, truquer, vicier. ⇒ **altérer.**

FRÊLE ■ ⇒ **faible.**

FRELUQUET ■ *I.* Avorton, aztèque, demi-portion, efflanqué, faible, gringalet, mauviette, minus. *II.* ⇒ **galant.**

FRÉMIR ■ ⇒ **trembler.**

FRÉMISSANT, E ■ *I.* ⇒ **ardent.** *II.* ⇒ **tremblant.**

FRÉMISSEMENT ■ ⇒ **bruissement.**

FRÉNÉSIE ■ *I. Au pr. :* agitation, aliénation, bouillonnement, délire, delirium tremens, divagation, égarement, emportement, exaltation, excitation, fièvre, folie, hallucination, ivresse, paroxysme, surexcitation, transes. *II. Par ext.* Non favorable ⇒ **fureur.**

FRÉNÉTIQUE ■ *I.* ⇒ **furieux.** *II.* ⇒ **violent.** *III.* ⇒ **chaud.**

FRÉQUEMMENT ■ Continuellement, d'ordinaire, généralement, habituellement, journellement, maintes fois, plusieurs fois, souvent.

FRÉQUENCE ■ ⇒ **répétition.**

FRÉQUENT, E ■ ⇒ **habituel.**

FRÉQUENTATION ■ *I. Au pr. :* accointance, attache, bonne/mauvaise intelligence, bons/mauvais termes, commerce, communication, compagnie, contact, correspondance, habitude, intimité, liaison, lien, rapport, relation, société. *II. Par ext.* 1. Amour, amourette. ⇒ **amante.** 2. Assiduité, exactitude, ponctualité, régularité.

FRÉQUENTER ■ Aller/commercer/converser avec, courir (fam. et péj.), cultiver, être en relation avec, frayer, se frotter à/avec (fam.), graviter autour, hanter, pratiquer, visiter, voir, voisiner.

FRESQUE ■ *I. Au pr.* ⇒ **peinture.** *II. Fig.* ⇒ **image.**

FRET ■ *I. Au pr. :* charge, chargement, marchandise. *II. Par ext. :* batelée, capacité, cargaison, contenu, faix, fardeau, lest, nolis, poids, quantité, voiturée.

FRÉTER ■ *Mar. :* affréter, louer, noliser.

FRÉTILLANT, E ■ *I.* ⇒ **remuant.** *II.* ⇒ **fringant.**

FRÉTILLER ■ Se trémousser. ⇒ **remuer.**

FRETIN ■ *I. Au pr. :* alevin, blanchaille, frai, menuaille, nourrain, poissonnaille. *II. Fig.* ⇒ **rebut.**

FRIABLE ■ ⇒ **cassant.**

FRIAND, E ■ *I. Quelqu'un :* amateur, avide de. ⇒ **gourmand.** *II. Quelque chose :* affriolant, agréable, alléchant, appétissant, engageant, ragoûtant, savoureux, séduisant, succulent, tentant.

FRIANDISE ■ Amuse-gueule, bonbon, chatterie, confiserie, douceur, gourmandise, nanan (fam.), sucreries.

FRICASSÉE ■ *I. Au pr.* ⇒ **ragoût.** *II. Fig.* ⇒ **mélange.**

FRICASSER ■ *I. Au pr. :* braiser, cuire, cuisiner, faire revenir/sauter, fricoter, frire, griller, mijoter, mitonner, préparer, rissoler, rôtir. *II. Fig.* ⇒ **dépenser.**

FRICHE ■ *I. Au pr. :* brande, brousse, garrigue, gâtine, jachère, lande, maquis, varenne. *II. Par ext.* ⇒ **pâturage.**

FRICOT ■ *I.* ⇒ **ragoût.** *II.* ⇒ **cuisine.**

FRICOTER ■ *I. Au pr.* ⇒ **fricasser.** *II. Fig.* ⇒ **trafiquer.**

FRICTION ■ Frottement. ⇒ **mésintelligence.**

FRICTIONNER ■ *I.* Frotter, masser. *II.* Lotionner, oindre, parfumer.

FRIGIDE ■ ⇒ **froid, impuissant.**

FRIGIDITÉ ■ *I.* Flegme, froid, froideur, impassibilité, indifférence, insensibilité, mésintelligence. *II.* Apathie, impuissance, incapacité, inhibition, insuffisance, mollesse.

FRIGORIFÈRE ■ Armoire frigorifique, chambre froide, congélateur, conservateur, Frigidaire (marque déposée), frigorifique, frigorigène, glacière, réfrigérateur.

FRIGORIFIER ■ Congeler, frapper, geler, glacer, réfrigérer, refroidir, surgeler.

FRIMAS ■ Brouillard, brouillasse, bruine, brume, crachin, embrun, froid, froidure (vx), gelée, hiver, mauvais temps.

FRIME ■ ⇒ comédie, hâblerie.

FRIMOUSSE ■ (Fam.) Bec, bobine (fam.), bouille (fam.), minois, museau. ⇒ visage.

FRINGALE ■ *I. Au pr. :* appétit, avidité, besoin, boulimie, creux, dent, faim, famine, voracité. *II. Fig.* 1. ⇒ ambition. 2. ⇒ envie.

FRINGANT, E ■ Actif, agile, alerte, allègre, animé, ardent, brillant, chaleureux, dégagé, déluré, dispos, éveillé, fougueux, frétillant, gaillard, guilleret, ingambe, léger, leste, mobile, pétillant, pétulant, pimpant, primesautier, prompt, rapide, sémillant, vif, vivant.

FRINGUER ■ *I. V. tr. :* accoutrer, affubler (péj.), ajuster, arranger, costumer, couvrir, déguiser, draper, endimancher, envelopper, équiper, fagoter (péj.), ficeler (péj.), habiller, nipper, travestir. ⇒ vêtir. *II. V. intr.* ⇒ sauter.

FRINGUES ■ ⇒ vêtement.

FRIPER ■ ⇒ froisser.

FRIPIER ■ ⇒ chiffonnier.

FRIPON, FRIPONNE ■ n. et adj. *I. Au pr. :* aigrefin, bandit, bonneteur, chevalier d'industrie, coquin, coupeur de bourses, dérobeur, détrousseur, escroc, estampeur, faisan, faiseur, faussaire, faux-monnayeur, filou, flibustier, fripouille, gredin, maître-chanteur, pickpocket, pipeur, pirate, rat d'hôtel, requin, tricheur, vaurien, vide-gousset. ⇒ voleur. *II. Par ext. :* coquin, espiègle, malin, polisson.

FRIPONNERIE ■ ⇒ malhonnêteté.

FRIPOUILLE ■ Arsouille, aventurier, bandit, bon à rien, brigand, canaille, chenapan, coquin, crapule, débauché, dévoyé, drôle, fainéant, frappe, fripon, fumier (grossier), galapiat, galopin, gangster, garnement, gens de sac et de corde, gibier de potence, gouape, gouspin, maquereau, nervi, plat personnage, poisse, ribaud (vx), rossard, sacripant, salaud (grossier), sale/triste coco (fam.) / individu / personnage / type (fam.), saligaud (grossier), saloperie (grossier), scélérat, truand, vaurien, vermine, vicieux, voyou. ⇒ voleur.

FRIRE ■ ⇒ fricasser.

FRISÉ, E ■ Annelé (vx), bouclé, calamistré, crêpé, crépelé, crépu, frisotté, ondulé.

FRISER ■ *I. Au pr. :* boucler, calamistrer, canneler (vx), crêper, faire une mise en pli/une permanente, frisotter, mettre en plis, moutonner, onduler. *II. Par ext.* 1. ⇒ effleurer. 2. ⇒ risquer.

FRISSON ■ *I. Au pr. :* claquement de dents, convulsion, crispation, frémissement, frissonnement, haut-le-corps, horripilation, saisissement, soubresaut, spasme, sursaut, tremblement, tressaillement. *II. Par ext. :* bruissement, friselis, froissement, frou-frou.

FRISSONNANT, E ■ *Par ext. :* claquant des dents, frémissant, gelé, glacé, grelottant, morfondu, transi, tremblant.

FRISSONNEMENT ■ ⇒ tremblement.

FRISSONNER ■ *I. Au pr. :* avoir froid, claquer des dents, frémir, grelotter,

trembler, tressaillir. *II. Par ext. :* clignoter, scintiller, trembloter, vaciller.

FRITURE ■ *I. Au pr.* ⇒ poisson. *II.
Par ext.* ⇒ grésillement.

FRIVOLE ■ Badin, désinvolte, dissipé,
écervelé, évaporé, folâtre, futile,
inconséquent, inconstant, inepte (péj.),
insignifiant, insouciant, léger, musard,
superficiel, vain, volage.

FRIVOLITÉ ■ *I. Au pr.* **1. De
quelqu'un :** inconstance, insouciance,
légèreté, puérilité, vanité. **2. Quelque
chose :** affiquet, amusement, amusette,
amusoire, babiole, bagatelle, baliverne,
bêtise, bibelot, bimbelot, breloque, bricole, brimborion, caprice, colifichet,
connerie (vulg.), fanfreluche, fantaisie,
futilité, rien. *II. Par ext.* **1. Neutre ou
favorable :** amusement, badinerie, bricole (fam.), broutille, futilité, jeu,
mode, plaisanterie, rien. **2. Non favorable :** baliverne, bêtise, chanson,
fadaise, futilité, sornette, sottise,
vétille.

FROID, E ■ *I. Au pr. :* congelé, frais,
frappé, frisquet (fam.), froidi, glacé,
glacial, hivernal, polaire, rafraîchissant, réfrigéré, refroidi. *II. Fig.* **1.
Quelqu'un :** dédaigneux, distant, fier,
flegmatique, frais, frigide, glaçant, glacial, hostile, inamical, indifférent,
réfrigérant, renfermé. ⇒ impassible. **2.
Quelque chose** ⇒ fade.

FROID, FROIDEUR ■ *I. Au pr. :* froidure (vx). *II. Par ext.* **1.** Détachement,
flegme, frigidité, impassibilité, indifférence, mésintelligence, réserve. **2.**
Gêne, malaise.

FROISSER ■ *I. Au pr.* **1.** Aplatir, bouchonner, broyer, chiffonner, écraser,
fouler, friper, frotter, piétiner. **2.** ⇒
meurtrir. *II. Fig.* **1.** Blesser, choquer,
dépiter, déplaire à, désobliger, fâcher,
heurter, indisposer, mortifier, offenser, offusquer, piquer/toucher au vif,
ulcérer, vexer. **2.** ⇒ aigrir. **3.** ⇒ affliger. *III. V. pron. :* se fâcher, se piquer,

prendre la mouche (fam.), *et les formes
pron. possibles des syn. de* FROISSER.

FRÔLEMENT ■ *I.* ⇒ bruit. *II.* ⇒
caresse.

FRÔLER ■ *I. Au pr. :* effleurer, friser,
passer près, raser, toucher. ⇒ caresser.
II. Par ext. ⇒ risquer.

FROMAGE ■ *I. Arg. :* fromaga, frome,
fromegi, frometogome, frometon. *II.
Fig.* ⇒ sinécure. *III. Quelques déno-
minations spécifiques parmi les cen-
taines qui existent* **1.** Angelot ou
anguelot, beaufort, blanc fermier, bleu
d'Auvergne/de Bresse/du Jura, bondon, brie, bruccio, caillé, caillebotte,
camembert, cancoillotte, cantal, carré
de l'Est, cendré de l'Yonne/du Loiret,
chabichou, chaource, châteauroux,
chaumes, Chavignol (crottin de),
cheddar, chester, chevrotin, comté,
coulommiers, edam, emmenthal,
époisses, fontainebleau, fourme, fromage de monsieur ou monsieur-fro-
mage ou monsieur, fromageon,
géromé ou gérardmer, gex, gorgon-
zola, gouda, gournay, gruyère, hollande, jonchée, leerdammer, levroux,
livarot, mamirolle, maroilles, mignon,
montasio, mont-dore, munster, neuf-
châtel, parmesan, petit-suisse, pont-
l'évêque, port-salut, reblochon, roque-
fort, saint-albray, sainte-maure, saint-
marcellin, saint-nectaire, saint-paulin,
sarah, sassenage, sbrinz, stilton, tête de
maure, tomme, vacherin, vieux pané,
yaourt. **2. D'après la marque :** bon-
bel, boursin, caprice des dieux, cœur à
la crème, danone, délices de la ferme,
gervais, vache-qui-rit.

FROMENT ■ ⇒ blé.

FRONCE ■ ⇒ pli.

FRONCÉ, E ■ *I. Quelque chose :* doublé, fraisé, ondulé, plié, plissé, ruché.
II. Par ext. **1.** Chiffonné, fripé, froissé.
2. Grimaçant, raviné, ridé.

FRONCEMENT ■ *I.* ⇒ pli. *II.* Grimace, lippe, mimique, mine, moue,
plissement, rictus.

FRONCER ■ ⇒ plisser, rider.

FRONDAISON ■ *I. Au pr. :* branchage, branches, feuillage, feuillée, feuilles, rameau, ramée, ramure, verdure. *II. Par ext. :* abri, ombrages, ombre.

FRONDER ■ Attaquer, brocarder, chahuter, chansonner, critiquer. ⇒ **railler.**

FRONDEUR, EUSE ■ Contestataire, critique, dissipé, esprit fort, hâbleur, indiscipliné, moqueur, perturbateur, railleur, rebelle.

FRONT ■ *I. Au pr. :* face, figure, tête. ⇒ **visage.** *II. Par ext.* 1. ⇒ **hardiesse.** 2. ⇒ **sommet.** 3. ⇒ **lignes.** 4. ⇒ **coalition.** 5. ⇒ **façade.**

FRONTIÈRE ■ Bord, bordure, borne, bout, confins, démarcation, extrémité, fin, ligne, limes, limite, limite territoriale, marche, mur, terme.

FRONTISPICE ■ Avis, en-tête, introduction, préface.

FRONTON ■ ⇒ **tympan.**

FROTTEMENT ■ *I.* ⇒ **bruit.** *II.* ⇒ **mésintelligence.**

FROTTER ■ *I.* Astiquer, bichonner (fam.), briquer (fam.), cirer, encaustiquer, éroder, essuyer, fourbir, frictionner, froisser, lustrer, nettoyer, polir, poncer, racler, récurer. *II. V. pron. Par ext.* 1. ⇒ **fréquenter.** 2. ⇒ **attaquer.**

FROUSSARD, E ■ adj. et n. Capitulard, capon, cerf (vx), dégonflé, embusqué, foireux (fam.), Jean-fesse (fam.), Jean-foutre (fam.), lâche, lièvre, péteux (fam.), peureux, pied-plat (fam.), pleutre, poltron, poule mouillée (fam.), pusillanime, timide, trouillard (fam.).

FROUSSE ■ Affolement, affres, alarme, alerte, angoisse, appréhension, aversion, couardise, crainte, effroi, épouvante, foire (fam.), frayeur, frisson, hantise, inquiétude, lâcheté, malepeur (vx), panique, pétoche (fam.), phobie, pusillanimité, saisisse-ment, souleur (vx), terreur, trac, trouble, trouille (fam.), venette (fam.), vesse (fam.).

FRUCTIFIER ■ Abonder en, donner, être fécond, fournir, se multiplier, porter, produire, rapporter, rendre. ⇒ **croître.**

FRUCTUEUX, EUSE ■ Abondant, avantageux, bon, fécond, fertile, juteux (fam.), lucratif, payant, productif, profitable, salutaire, utile.

FRUGAL, E ■ ⇒ **sobre.**

FRUGALITÉ ■ Abstinence, modération, sobriété, tempérance.

FRUGIVORE ■ n. et adj. Herbivore, végétarien.

FRUIT ■ *I. Au pr. :* agrume, akène, baie, drupe, grain, graine. *II. Par ext.* 1. ⇒ **fils.** 2. ⇒ **profit.** 3. ⇒ **résultat.** 4. ⇒ **recette.**

FRUSQUES ■ ⇒ **vêtement.**

FRUSTE ■ Balourd (fam.), béotien, bêta (fam.), grossier, inculte, lourd, lourdaud, paysan du Danube, primitif, rude, rudimentaire, rustaud (fam.), rustique, rustre, sauvage, simple. ⇒ **paysan.**

FRUSTRATION ■ ⇒ **spoliation.**

FRUSTRER ■ Appauvrir, défavoriser, démunir, déposséder, dépouiller, désavantager, déshériter, enlever, léser, mutiler, ôter, priver, ravir, sevrer, spolier. ⇒ **voler.**

FUGACE ■ *I. Au pr. :* changeant, fugitif, fuyant, instable. *II. Par ext. :* bref, court, éphémère, momentané, passager, périssable.

FUGITIF, IVE ■ *I. Nom :* banni, en cavale, évadé, fuyard, proscrit. *II. Adj. :* bref, court, éphémère, évanescent, fugace, fuyant, inconstant, instable, mobile, mouvant, passager, transitoire, variable.

FUGUE ■ Absence, bordée, cavale, échappée, équipée, escapade, escampativos (fam. et vx), frasque, fredaine, galère (fam.).

FUIR ■ *I. V. tr.* ⇒ éviter. *II. V. intr.* 1. Abandonner, s'en aller, décamper, déguerpir, déloger, se dérober, détaler, disparaître, s'échapper, s'éclipser, s'éloigner, s'enfuir, s'envoler, s'escamper (vx), s'esquiver, s'évader, filer, gagner le large, lever le pied, passer, se retirer, se sauver. **2.** ⇒ **passer. 3.** ⇒ **couler. 4.** ⇒ **perdre. 5.** Fam. : déménager à la cloche de bois, faire un pouf, ficher/foutre le camp, jouer les filles de l'air, jouer/se tirer des flûtes/des pattes, planter un drapeau, plier bagages, prendre la clef des champs/la poudre d'escampette/ses jambes à son cou. **6.** Fuguer, galérer. **7.** ⇒ **partir.**

FUITE ■ *I. Au pr.* : **1.** Abandon, débâcle, débandade, déroute, dispersion, échappement (vx), échappée, émigration, escapade, évasion, exode, panique, sauve-qui-peut ⇒ **fugue. 2.** Fam. : belle, cavale, poudre d'escampette. *II. Par ext.* **1.** Écoulement, déperdition, hémorragie, perte. **2.** Migration, passage, vol. *III. Fig.* : défaite, dérobade, dilatoire, échappatoire, escobarderie, excuse, fauxfuyant, pantalonnade, pirouette, reculade, subterfuge, volte-face.

FULGURANCE ■ Brillance ⇒ **lueur.**

FULGURANT, E ■ *I.* Brillant, éclatant, étincelant. *II.* Foudroyant, rapide, soudain ⇒ **violent.**

FULGURATION ■ Éclair, épart, feu, foudre.

FULGURER ■ Brasiller, briller, chatoyer, étinceler, luire, pétiller, scintiller.

FULIGINEUX, EUSE ■ *I. Au pr.* : enfumé, fumeux. *II. Par ext.* : assombri, noir, noirâtre, obscur, opaque, sombre, ténébreux. *III. Fig.* ⇒ **obscur.**

FULMINATION ■ ⇒ **colère.**

FULMINANT, E ■ *I.* Foudroyant, tonitruant, vociférant. *II.* Agressif,

comminatoire, furibond, grondant, inquiétant, menaçant.

FULMINER ■ Crier, déblatérer, déclamer, s'emporter, exploser, invectiver, pester, tempêter, tonner. ⇒ **injurier.**

FUMANT, E ■ *I. Au pr.* : crachant la fumée, fuligineux, fumeux. ⇒ **chaud.** *II. Fig.* ⇒ **furieux.**

FUMÉE ■ *I. Par ext.* : buée, émanation, exhalaison, fumerolle, gaz, mofette, nuage, nuée, vapeur. *II. Fig.* **1.** Chimère, erreur, fragilité, frivolité, futilité, illusion, inanité, inconsistance, inefficacité, insignifiance, inutilité, mensonge, néant, pompe, vapeur, vent, vide. ⇒ **vanité. 2.** ⇒ **ivresse. 3.** Au pl. (vén.) ⇒ **excréments.**

FUMER ■ *I.* Boucaner, saurer. *II. Du tabac.* Péj. : mégoter, pipailler, pétuner (vx). *III. Agr.* ⇒ **améliorer.** *IV. Fig. et fam.* : bisquer, écumer, endêver, enrager, être en colère/en fureur/en pétard/en rogne, rager, râler, rogner, ronchonner, se ronger les poings.

FUMET ■ Arôme, bouquet, fragrance. ⇒ **odeur.**

FUMEUX, EUSE ■ *I.* ⇒ **fumant.** *II.* ⇒ **enivrant.** *III.* ⇒ **obscur.**

FUMIER ■ Amendement, apport, colombin, compost, engrais, fertilisation, fumure, guano, poudrette, purin, terreau, terre de bruyère. ⇒ **ordure.**

FUMISTE ■ (Fig.) *I.* ⇒ **farceur.** *II.* ⇒ **plaisant.**

FUMISTERIE ■ (Fig.) *I.* ⇒ **invention.** *II.* ⇒ **tromperie.**

FUMURE ■ ⇒ **amendement.**

FUNAMBULE ■ Acrobate, danseur de corde.

FUNAMBULESQUE ■ *I.* ⇒ **extraordinaire.** *II.* ⇒ **ridicule.**

FUNÈBRE ■ *I. Au pr.* : funéraire, macabre, mortuaire, obituaire. *II. Par ext.* ⇒ **triste.**

FUNÉRAILLES ■ *I.* Convoi, deuil, derniers devoirs/honneurs, ensevelissement, enterrement, inhumation, mise en bière/au sépulcre/au tombeau, obsèques, sépulture. *II.* Crémation, incinération.

FUNESTE ■ Calamiteux, catastrophique, déplorable, désastreux, dommageable, fâcheux, fatal, malheureux, mauvais, mortel, néfaste. ⇒ **affligeant.**

FURETER ■ *Fam. :* farfouiller, fouiller, fouiner, fourgonner, trifouiller, tripatouiller. ⇒ **chercher.**

FURETEUR, EUSE ■ Casse-pieds (fam.), chercheur, curieux, écouteur, espion, fouilleur, fouinard (fam.), fouineur, indiscret, inquisiteur, inquisitif, inquisitorial, touche-à-tout.

FURIBOND, E ■ ⇒ **furieux.**

FUREUR ■ *I.* Acharnement, agitation, déchaînement, exaspération, folie, frénésie, furie, rage, violence. ⇒ **colère.** *II. Par ext. :* 1. ⇒ **manie.** 2. ⇒ **mode.** *III. Loc.* À la fureur : ⇒ **passionnément.**

FURIE ■ *I.* ⇒ **fureur.** *II.* Dame de la halle, dragon, gendarme, grenadier, grognasse, harengère, harpie, junon, maritorne, mégère, ménade, poissarde, poufiasse, rombière, tricoteuse (vx), virago.

FURIEUX, SE ■ *I. Adj. :* acharné, agité, courroucé, déchaîné, délirant, enragé, exacerbé, exalté, excessif, frénétique, fulminant, fumant, furax, furibard, furibond, maniaque, possédé, violent. *II. Nom masc. :* énergumène, enragé, fanatique, forcené.

FURONCLE ■ Abcès, anthrax, apostème, apostume, bouton, clou, enflure, pustule, tumeur.

FURTIF, IVE ■ *I. Au pr. :* caché, clandestin, dissimulé, subreptice, secret. *II. Par ext. :* à la dérobée, discret, errant, fugace, fugitif, insinuant.

FURTIVEMENT ■ À pas de loup, en cachette, en secret, et les adv. en *-ment formés sur des syn. de* FURTIF.

FUSEAU ■ *I.* Bobine, broche. *II.* ⇒ **culotte.**

FUSÉE ■ Accélérateur, booster, impulseur, lanceur, propulseur. ⇒ **aérodyne.**

FUSELÉ, E ■ Allongé, délié, effilé, élancé, étroit, filiforme, fin, fluet, fragile, fusiforme, grêle, maigre, menu, mince, svelte, ténu.

FUSER ■ Bondir, charger, débouler, s'élancer, s'élever, foncer, fondre, glisser, se jeter, piquer, se précipiter, se répandre, se ruer, sauter, tomber.

FUSIBLE ■ *I. Adj.* Liquéfiable. *II. N. masc.* Coupe-circuit, plomb.

FUSIL ■ Arquebuse, carabine, chassepot, escopette, espingole, flingot (arg.), flingue (arg.), haquebute, lebel, mitraillette, mousquet, mousqueton, pétoire (fam.), rifle, sulfateuse (arg. et par ext.), tromblon.

FUSILLER ■ *I. Au pr. :* canarder (fam.), exécuter, passer par les armes, tuer. *II. Fig.* ⇒ **abîmer.**

FUSION ■ *I. Au pr. :* fonte, liquéfaction, réduction. *II. Par ext.* ⇒ **union.**

FUSIONNEMENT ■ ⇒ **absorption, réunion.**

FUSIONNER ■ Accoupler, agréger, allier, amalgamer, apparier, assembler, associer, assortir, confondre, conjoindre, conjuguer, coupler, enter, fondre, joindre, lier, marier, mélanger, mêler, rapprocher, rassembler, relier, réunir, souder. ⇒ **unir.**

FUSTIGER ■ *I. Au pr. :* cravacher, cingler, flageller, fouailler, fouetter, frapper, sangler. ⇒ **battre.** *II. Par ext.* ⇒ **blâmer, réprimander.**

FÛT ■ *I.* ⇒ **tonneau.** *II.* ⇒ **colonne.**

FUTAIE ■ *Par ext. :* bois, boqueteau, bosquet, bouquet d'arbres, breuil, châtaigneraie, chênaie, forêt, fourré, frondaison, hallier, hêtraie, massif d'arbres, pinède, sapinière, sous-bois, sylve, taillis.

FUTAILLE ■ ⇒ **tonneau.**

FUTÉ, E ■ Adroit, astucieux, débrouillard, dégourdi, déluré, farceur, fin, finaud, fine mouche, habile, madré, malicieux, malin, matois, roué, rusé, spirituel, trompeur. *Fam. :* combinard, démerdard, ficelle, mariolle, renard, sac à malices, vieux routier/singe.

FUTILE ■ Anodin, badin, creux, désinvolte, évaporé, frivole, inconsistant, inepte, insignifiant, insouciant, léger, puéril, superficiel, vain, vide.

FUTILITÉ ■ *I. Au pr.* **1. De quelqu'un** : enfantillage, inanité, inconsistance, insignifiance, insouciance, légèreté, nullité, puérilité, vanité, vide. **2. Quelque chose** : affiquet, amusement, amusette, amusoire, babiole, bagatelle, baliverne, bêtise, bibelot, breloque, bricole, brimborion, caprice, colifichet, connerie (vulg.), fanfreluche, fantaisie, frivolité, inutilité, rien. *II. Par ext.* **1. Neutre ou favorable** : amusement, badinerie, bricole (fam.), broutille, jeu, mode, plaisanterie, rien. **2. Non favorable** : baliverne, bêtise, chanson, fadaise, prétintaille, sornette, sottise, vétile.

FUTUR ■ *I. Au pr. :* au-delà, autre vie, avenir, devenir, destinée, éternité, lendemain, non advenu/révolu, plus tard, postérieur, postériorité, suite, temps à venir/futur, ultérieur, ultériorité, vie éternelle (par ext.). *II. Vx ou région. :* accordé (vx), bien-aimé, fiancé, prétendu (région.), promis.

FUTUROLOGIE ■ Prospective.

FUYANT, E ■ *I.* ⇒ **fuyard.** *II.* Changeant, bref, court, éphémère, évanescent, fugace, fugitif, inconstant, instable, mobile, momentané, passager, périssable, transitoire, variable. *III.* ⇒ **secret.**

FUYARD, E ■ n. et adj. Déserteur, évadé, fugitif, fuyant, lâcheur, patatrot (arg.).

g

GABARDINE ■ ⇒ **imperméable.**

GABARRE ■ *I.* ⇒ **bateau.** *II.* ⇒ **filet.**

GABARIT ■ Arceau, calibre, dimension, forme mesure, modèle, patron, tonnage.

GABEGIE ■ ⇒ **désordre.**

GABIER ■ Gars de la marine (fam.), marin, matelot, mathurin, mousse.

GABLE ■ Fronton, pignon.

GÂCHER ■ *I. Au pr.* ⇒ **délayer.** *II. Par ext.* 1. Abîmer, avarier, bâcler, barbouiller, bousiller, cochonner, déparer, dissiper, enlaidir, galvauder, gaspiller, gâter, manquer, massacrer, perdre, rater, saboter, sabouler, sabrer, saloper, saveter, torcher, torchonner. 2. Anéantir, contrarier, diminuer, ruiner, supprimer.

GÂCHEUR, EUSE ■ ⇒ **saboteur.**

GÂCHIS ■ ⇒ **désordre.**

GADE ■ Cabillaud, capelan, colin, lieu, merlan, merlu, merluche, morue, tacaud.

GADGET ■ ⇒ **truc.**

GADOUE ■ Boue, compost, débris, détritus, engrais, fagne, fange, fumier, immondices, jet, ordures, poudrette, terreau, vidange.

GAFFE ■ *I.* Bâton, perche. *II.* Balourdise, bévue, blague, bourde, erreur, faute, gaucherie, impair, maladresse, sottise. ⇒ **bêtise.**

GAFFER ■ Faire une ⇒ **gaffe.**

GAFFEUR, EUSE ■ n. et adj. ⇒ **maladroit.**

GAG ■ Blague, effet/invention/sketch comique.

GAGE ■ *I. Au sing.* 1. *Au pr.* : arrhes, aval, caution, cautionnement, couverture, dépôt, ducroire, garantie, hypothèque, nantissement, privilège, sûreté. 2. *Par ext.* : assurance, preuve, témoignage. *II. Au pl. :* appointements, émoluments, paie (paye), rétribution, salaire, traitement.

GAGER ■ *I.* Convenir, s'engager à, miser, parier, préjuger, promettre, risquer. *II.* ⇒ **affirmer.** *III.* ⇒ **garantir.**

GAGEURE ■ Défi, mise, pari, risque.

GAGNAGE ■ ⇒ **pâturage.**

GAGNANT, E ■ n. et adj. ⇒ **vainqueur.**

GAGNE-PAIN ■ ⇒ **emploi.**

GAGNER ■ *I.* ⇒ **obtenir.** *II.* ⇒ **vaincre.** *III.* ⇒ **mériter.** *IV.* ⇒ **aller.** *V.* ⇒ **arriver.** *VI.* ⇒ **avancer.** *VII.* ⇒ **distancer.** *VIII.* Amadouer, apprivoiser, attirer, capter, captiver, charmer, se concilier, conquérir, convaincre, envoûter, persuader, séduire, subjuguer.

GAI, E ■ *I. Au pr.* 1. Allègre, animé, badin, bon vivant, boute-en-train, content, enjoué, enthousiaste, entraînant, espiègle, folâtre, folichon, fou, gaillard, guilleret, heureux, hilare, jovial, joyeux, joyeux drille/luron, jubilant, mutin, réjoui, réjouissant, riant, rieur, rigoleur, souriant. **2.** Éméché, émoustillé, gris, parti. **II. Par ext. 1.** ⇒ **comique. 2.** ⇒ **libre.**

GAIETÉ ■ **I.** Alacrité, allant, allégresse, animation, ardeur, badinage, bonheur, bonne humeur, contentement, enjouement, enthousiasme, entrain, exultation, gaillardise, goguette, hilarité, joie, jovialité, jubilation, liesse, plaisir, rayonnement, réjouissance, rire, satisfaction, vivacité. **II.** Ambiance. ⇒ **fête.**

GAILLARD, E ■ **I. Adj. 1.** ⇒ **gai. 2.** ⇒ **libre. 3.** ⇒ **valide. II. Nom. 1.** Bonhomme, bougre, compagnon, costaud, drille, drôle, gars, individu, lascar, loustic, luron, mâtin (vx), titi, zig, zigoto. ⇒ **type. 2. Mar.** : dunette, roof, teugue, vibord.

GAILLARDISE ■ ⇒ **plaisanterie.**

GAILLETTE ■ ⇒ **charbon.**

GAIN ■ **I.** ⇒ **bénéfice. II.** ⇒ **rétribution.**

GAINE ■ ⇒ **enveloppe.**

GAINER ■ ⇒ **serrer.**

GALA ■ **I.** ⇒ **fête. II.** ⇒ **festin.**

GALANT, E ■ **I. Adj. 1.** Quelqu'un : aguichant, amène, avenant, de bon goût, civil, coquet, courtois, distingué, élégant, empressé, entreprenant, fin, gracieux, hardi, léger, libertin, poli, prévenant, sensuel, tendre, troublant, voluptueux. **2. Par ext.** ⇒ **érotique. II. Nom** : amant, amoureux, beau, blondin, bourreau des cœurs, cavalier, chevalier, céladon (vx), coq, coquard (vx), coureur, cupidon, damoiseau, don juan, fat (péj.), freluquet, galantin, godelureau, marcheur (péj.), minet, mirliflore, muguet (vx), play-boy, séducteur, trousseur de jupons (péj.), vert galant, vieux beau/marcheur

(péj.). **III. Loc.** Galant homme (vx) : homme de bien, honnête homme (vx).

GALANTERIE ■ **I. Favorable** : affabilité, agrément, amabilité, aménité, bonnes manières, civilité, complaisance, courtoisie, déférence, délicatesse, distinction, élégance, empressement, gentillesse, grâce, politesse, prévenance, respect, tendresse. **II. Non favorable. 1.** Coquetterie (vx), coucherie, débauche, galipettes, libertinage, prétentaine. **2.** Alcôve, drague (fam.), douceurs, fadaises, fleurette, flirt, gringue (fam.), madrigal.

GALANTINE ■ Ballottine.

GALAPIAT ■ ⇒ **vaurien.**

GALBE ■ ⇒ **courbe, ligne.**

GALE ■ **I. Au pr. Fam.** : charmante, frotte, gratte, grattelle, rogne, rouvieux (vétér.). **II. Fig.** ⇒ **méchant.**

GALÉJADE ■ ⇒ **plaisanterie.**

GALÉJER ■ ⇒ **plaisanter.**

GALÈRE ■ **I. Au pr.** : bi/trirème, galéasse, galion, galiote, mahonne, prame, réale, sultane, trière. **II. Fig.** : guêpier, pétaudière, piège, traquenard. **III. Arg. ou fam.** ⇒ **fugue.**

GALERIE ■ **I. Au pr. 1.** ⇒ **passage. 2.** ⇒ **vestibule. 3.** ⇒ **balcon. 4.** ⇒ **pièce. 5.** ⇒ **souterrain. II. Par ext. 1.** ⇒ **musée. 2.** ⇒ **collection. III. Fig.** ⇒ **public.**

GALÉRIEN ■ ⇒ **bagnard.**

GALET ■ ⇒ **pierre.**

GALETAS ■ ⇒ **grenier.**

GALETTE ■ **I. Au pr.** ⇒ **pâtisserie. II. Fig.** ⇒ **argent.**

GALEUX, EUSE ■ ⇒ **lépreux.**

GALIMAFRÉE ■ ⇒ **ragoût.**

GALIMATIAS ■ **I. Au pr.** : amphigouri, argot, baragouin, bigorne (vx), charabia, dialecte, discours embrouillé, embrouillamini, ithos, javanais, langage inintelligible, lar-

gonji, logogriphe, loucherbem, patagon, pathos, patois, phébus, pidgin,
sabir, tortillage. *II. Par ext. :* désordre,
fatras, fouillis, imbroglio, méli-mélo.

GALIPETTE ■ *I.* ⇒ cabriole. *II.* ⇒
polissonnerie.

GALLINACÉ, E ■ Argus, bartavelle,
caille, coq de bruyère, dindon, faisan, ganga, gélinote, hocco, lagopède,
paon, perdrix, pintade, poule, tatras,
tinamou.

GALOCHE ■ ⇒ sabot.

GALON ■ *I.* ⇒ passement. *II. Fam. :*
ficelle, galuche. *III.* ⇒ grade.

GALOP, GALOPADE ■ Allure, canter, course.

GALOPER ■ ⇒ courir.

GALOPIN ■ ⇒ gamin.

GALVANISER ■ ⇒ enflammer.

GALVAUDER ■ *I. V. tr.* ⇒ gâcher. *II.
V. intr.* ⇒ traîner.

GALVAUDEUX ■ ⇒ vagabond.

GAMBADE ■ ⇒ cabriole.

GAMBADER ■ ⇒ sauter.

GAMBILLER ■ ⇒ remuer, danser.

GAMELLE ■ *I.* Écuelle. *II.* ⇒ insuccès.

GAMIN, E ■ *I. Adj.* ⇒ enfantin. *II.
Nom.* 1. Gavroche, petit poulbot, titi.
⇒ enfant. 2. Apprenti, arpète, gâte-
sauce, marmiton, saute-ruisseau. 3.
Péj. : chenapan, garnement, lipette,
minet, minot, petit branleur/mor-
veux/voyou, polisson, vaurien.

GAMME ■ *Par ext.* ⇒ suite.

GANACHE ■ ⇒ bête, méchant.

GANDIN ■ ⇒ élégant.

GANG ■ ⇒ bande.

GANGLION ■ *Par ext.* ⇒ tumeur.

GANGRÈNE ■ *I. Au pr. :* mortification, nécrose, putréfaction. *II. Fig.*
⇒ pourriture.

GANGRENER ■ ⇒ gâter.

GANGSTER ■ ⇒ bandit.

GANSE ■ ⇒ passement.

GANT ■ *I.* 1. Ceste, gantelet. 2.
Mitaine, moufle. *II. Loc.* 1. Jeter le
gant ⇒ braver. 2. Mettre des gants ⇒
ménager. 3. Se donner les gants ⇒ flatter (se).

GARAGE ■ Remisage. ⇒ remise.

GARANT ■ *I. Quelque chose* ⇒ garantie. *II. Quelqu'un :* caution, correspondant, endosseur, otage, parrain, répondant, responsable.

GARANTIE ■ *I.* Arrhes, assurance,
aval, caution, cautionnement, consignation, couverture, dépôt, ducroire,
engagement, gage, garant, hypothèque, indexation, nantissement,
obligation, palladium, parrainage, préservation, responsabilité, salut, sauvegarde, soulte, sûreté, warrant. ⇒
précaution. *II.* Attestation, cachet,
certificat, estampille, poinçon.

GARANTIR ■ *I. Au pr. :* abriter, assurer, avaliser, cautionner, couvrir, épargner, gager, garder, immuniser,
mettre à couvert, précautionner/pré-
munir contre, préserver/protéger de/
contre, répondre, sauvegarder, sauver.
II. Par ext. ⇒ affirmer.

GARCE ■ ⇒ mégère.

GARÇON ■ *I.* ⇒ enfant. *II.* ⇒ fils. *III.*
⇒ célibataire. *IV.* ⇒ jeune homme. *V.*
⇒ employé. *VI.* ⇒ serveur. *VII. Garçon
de bureau* ⇒ huissier.

GARÇONNIER ■ ⇒ mâle.

GARÇONNIÈRE ■ ⇒ appartement.

GARDE ■ *I. Nom masc. :* chaouch,
gardeur, gardien, gorille, guet (vx),
huissier, piquet, sentinelle, veilleur,
vigie. *II. Nom fém.* ⇒ protection. ⇒
suite. *III. Loc.* Prendre garde ⇒ attention.

GARDE-CORPS, GARDE-FOU ■

Balustrade, barrière, lisse, parapet, rambarde.

GARDE-MALADE ■ ⇒ infirmière.

GARDER ■ *I. Au pr.* ⇒ conserver. *II. Par ext.* 1. ⇒ destiner. 2. ⇒ garantir. 3. ⇒ observer. 4. ⇒ veiller sur.

GARDER DE (SE) ■ ⇒ abstenir (s').

GARDERIE ■ ⇒ nursery.

GARDIEN, ENNE ■ *I. Au pr.* 1. ⇒ garde. 2. ⇒ veilleur. 3. ⇒ portier. 4. Argousin (vx), garde-chiourme, geôlier, guichetier, porte-clefs, surveillant. *Arg. :* crabe, gaffe, maton, matuche, youyou. *II. Par ext. :* champion, conservateur, défenseur, dépositaire, détenteur, guide, mainteneur, protecteur, tuteur. *III. Gardien de la paix* ⇒ policier. *IV.* ⇒ berger, vacher.

GARE ■ ⇒ arrêt.

GARER ■ *I.* ⇒ ranger. *II. V. pron.* ⇒ éviter.

GARGARISER (SE) ■ *Fig.* ⇒ régaler (se).

GARGOTE ■ *I.* ⇒ cabaret. *II.* ⇒ restaurant.

GARGOUILLEMENT ■ Borborygme, gargouillis, glouglou.

GARNEMENT ■ *I.* ⇒ gamin. *II.* ⇒ vaurien.

GARNI ■ *I. Nom* ⇒ hôtel. *II. Adj.* ⇒ fourni.

GARNIR ■ *I.* ⇒ emplir. *II.* ⇒ remplir. *III.* ⇒ fournir. *IV.* ⇒ orner. *V.* ⇒ rembourrer.

GARNITURE ■ *I.* ⇒ assortiment. *II.* ⇒ ornement.

GAROU ■ Daphné, malherbe, sainbois.

GARRIGUE ■ ⇒ lande.

GARROTTER ■ ⇒ attacher.

GARS ■ *Au pr. :* gaillard, garçon, jeune, jeune homme, fils, homme, mec (arg.) ⇒ type.

GASPILLAGE ■ ⇒ dilapidation.

GASPILLER ■ *I.* ⇒ dépenser. *II.* ⇒ gâcher.

GASPILLEUR, EUSE ■ ⇒ prodigue.

GASTROLÂTRE, GASTRONOME ■ ⇒ gourmand.

GÂTÉ, E ■ *I. Au pr. :* aigri, altéré, avancé, avarié, blessé, corrompu, déformé, dénaturé, détérioré, endommagé, éventé, fermenté, malade, meurtri, moisi, perdu, pourri, punais, putréfié, rance, taré, vicié. *II. Par ext.* 1. Capricieux, insupportable, mal élevé, pourri. 2. Cajolé, chéri, chouchouté, choyé, dorloté, favori, favorisé. 3. Péj. : perverti.

GÂTEAU ■ *I. Au pr.* ⇒ pâtisserie. *II. Fig.* ⇒ profit.

GÂTER ■ *I. Au pr.* Quelque chose gâte quelque chose : aigrir, altérer, avarier, brouiller, corrompre, dénaturer, détériorer, endommager, éventer, meurtrir, moisir, perdre, pourrir, putréfier, tarer, vicier. *II. Par ext.* Quelqu'un gâte ou laisse gâter quelque chose. 1. ⇒ gâcher. 2. ⇒ salir. *III. Fig.* 1. Favorable ⇒ soigner. 2. Péj. : avilir, compromettre, corrompre, défigurer, déformer, dégrader, dépraver, diminuer, enlaidir, gangrener, infecter, perdre, pervertir, pourrir, tarer. *V. pron.* ⇒ pourrir.

GÂTERIE ■ ⇒ soin.

GÂTEUX, EUSE ■ n. et adj. *I.* Affaibli, déliquescent, diminué, en enfance, radoteur. *II. Fam. :* gaga, il/elle sucre les fraises, ramolli, ramollo, vieux con/schnock.

GÂTINE ■ ⇒ lande.

GÂTISME ■ ⇒ radotage.

GAUCHE ■ *I. Nom fém. :* bâbord (mar.), senestre (vx), côté cour (à gauche de l'acteur). *II. Adj.* 1.

Quelqu'un : balourd, contraint, disgracieux, embarrassé, emprunté, gêné, inhabile, lourdaud, maladroit, malhabile, nigaud, pataud, pattu, raide, timide. ⇒ **bête. Fam.** : emmanché, empaillé, empêtré, emplumé, empoté, godiche, godichon, malagauche, manche, manchot. **2. Quelque chose** : cintré, de/en biais, de travers, dévié, oblique, tordu, voilé.

GAUCHERIE ■ ⇒ maladresse.

GAUCHIR ■ *I.* ⇒ fléchir. *II.* ⇒ écarter (s'). *III.* ⇒ biaiser.

GAUDRIOLE ■ ⇒ plaisanterie.

GAULE ■ Baguette, bâton, canne, échalas, houssine, ligne, perche, tuteur.

GAULER ■ Agiter, battre, chabler, ébranler, faire tomber, secouer.

GAULOIS, E ■ *I. Nom* : celte. *II. Adj.* 1. ⇒ libre. 2. ⇒ obscène.

GAULOISERIE ■ ⇒ plaisanterie.

GAUPE ■ ⇒ mégère.

GAUSSER (SE) ■ ⇒ railler.

GAUSSERIE ■ ⇒ raillerie.

GAVE ■ Cours d'eau, rio, rivière, ruisseau, torrent.

GAVER ■ *I. Au pr.* ⇒ engraisser. *II. Fig.* ⇒ gorger.

GAVIAL ■ ⇒ alligator.

GAVROCHE ■ ⇒ gamin.

GAZ ■ ⇒ vapeur.

GAZE ■ *I.* Barège, étoffe transparente, grenadine, mousseline, tissu léger, tulle, voile. *II.* Pansement, taffetas, tampon.

GAZER ■ *I. V. tr.* : asphyxier. *II. V. intr. (fam.)* : aller, filer, foncer, marcher. *III. Vx* ⇒ déguiser.

GAZETIER ■ ⇒ journaliste.

GAZETTE ■ ⇒ journal.

GAZON ■ ⇒ herbe, pelouse.

GAZOUILLEMENT ■ Babil, babillage, bruissement, chant, chuchotement, gazouillis, murmure, pépiement, ramage.

GAZOUILLER ■ ⇒ chanter.

GAZOUILLIS ■ ⇒ gazouillement.

GEAI ■ Passereau, rollier.

GÉANT, E ■ *I. Nom.* 1. Au pr. : colosse, cyclope, force de la nature, goliath, hercule, mastodonte, monstre, titan. 2. Fam. ou arg. : armoire à glace, balèze, cigogne, dépendeur d'andouilles, éléphant, escogriffe, girafe, grande gigue/perche, gravos, malabar, maous, mastard. 3. Par ext. : monopole, trust. 4. Fig. : champion, génie, héros, surhomme. *II. Adj.* ⇒ gigantesque.

GÉHENNE ■ *I.* ⇒ enfer. *II.* ⇒ supplice.

GEIGNARD, E ■ ⇒ plaintif.

GEINDRE ■ *I.* ⇒ gémir. *II.* ⇒ regretter.

GEL ■ Frimas. ⇒ confiscation.

GELÉ, E ■ adj. ⇒ transi.

GELÉE ■ n. *I.* Frimas, froid, froidure (vx), gel, gelée, gelée blanche, givre, glace, verglas. *II.* ⇒ confiture.

GELER ■ *I. V. tr.* 1. Au pr. : coaguler, figer, pétrifier. ⇒ frigorifier. 2. Fig. : gêner, glacer, intimider, mettre mal à l'aise, pétrifier, réfrigérer, refroidir. *II. V. intr.* 1. Au pr. Quelque chose : se congeler, se figer, givrer, se prendre. 2. Par ext. Quelqu'un : cailler (fam.), être transi, grelotter.

GÉMEAU ■ Besson, double, doublon, jumeau, ménechme, pareil, sosie.

GÉMELLER ■ ⇒ géminer.

GÉMINATION ■ Fusion, jumelage, mélange, mixité.

GÉMINÉ, E ■ ⇒ double.

GÉMINER ■ Accoupler, assembler,

fondre, fusionner, gémeller, jumeler, mélanger, réunir, unir.

GÉMIR ■ *I. Au pr.* **Quelqu'un :** appeler, crier, geindre, se lamenter, murmurer, ouillouiller (fam.), se plaindre, pleurer, récriminer, reprocher. *II. Par ext. :* peiner, souffrir. *III. Fig.* **Quelque chose** ⇒ **murmurer.**

GÉMISSANT, E ■ ⇒ plaintif.

GÉMISSEMENT ■ *I. Au pr. :* complainte (vx), cri, doléances, geignement, girie (péj.), grincement, jérémiade, lamentation, murmure, plainte, pleur, quérimonie (vx), sanglot, soupir. *II. Par ext. :* douleur, souffrance.

GEMME ■ *I.* Cabochon, corindon, diamant, escarboucle, happelourde, loupe, parangon, pierre précieuse. *II.* ⇒ résine.

GÉMONIES ■ *Loc.* **Traîner/vouer aux** *gémonies* ⇒ vilipender.

GÊNANT, E ■ Assujettissant, déplaisant, désagréable, embarrassant, emmerdant (grossier), encombrant, ennuyeux, envahissant, fâcheux, gêneur, importun, incommodant.

GENDARME ■ *I.* Brigadier, grippecoquin (vx), pandore. ⇒ **policier.** *II. Arg. :* balai, cogne, griffe, guignol, guignolet, hareng saur, hirondelle, laune, marchand de passe-lacets, schmitt. *III. Fig.* ⇒ virago.

GENDARMER (SE) ■ ⇒ fâcher (se).

GENDARMERIE ■ Maréchaussée, prévôté (vx).

GÊNE ■ *I.* Atteinte à la liberté, chaîne, charge, contrainte, difficulté, embarras, entrave, esclavage, importunité, nécessité, violence. *II.* Question, torture. *III.* ⇒ inconvénient. *IV.* ⇒ pauvreté. *V.* ⇒ obstacle. *VI. Loc.* **Sans gêne :** cavalier, désinvolte, effronté, égoïste, grossier, impoli.

GÊNÉ, E ■ ⇒ embarrassé.

GÉNÉALOGIE ■ *I.* Ascendance, descendance, extraction, extrance (vx), famille, filiation, lignée, origine, quartiers de noblesse, race, souche. *II. Des dieux :* théogonie. *III. Des animaux :* herd/stud-book, pedigree. *IV. Des végétaux :* phylogenèse, phylogénie. *V. Par ext. :* classification, dérivation, suite.

GÊNER ■ *I. Au pr.* **Phys. et moral :** angoisser, brider, contraindre, contrarier, déplaire, déranger, embarrasser, empêcher, encombrer, engoncer, entraver, faire/mettre obstacle à, importuner, incommoder, indisposer, se mettre en travers, nuire, obstruer, oppresser, opprimer, paralyser, restreindre, serrer, tourmenter. *II. Par ext. :* affecter, intimider, troubler. *III. Vx.* ⇒ torturer.

GÉNÉRAL ■ *I.* **Nom masc.** ⇒ chef. *II. Adj.* 1. Collectif, global, unanime, total, universel. 2. Commun, constant, courant, dominant, habituel, ordinaire. 3. Imprécis, indécis, vague. *III. Loc.* **En général :** communément, couramment, en règle commune/générale/habituelle/ordinaire, généralement, habituellement, à l'/d'ordinaire, ordinairement.

GÉNÉRALE ■ *Théâtre :* avant-première, couturières, répétition générale.

GÉNÉRALEMENT ■ ⇒ général (en).

GÉNÉRALISATION ■ ⇒ extension.

GÉNÉRALISER ■ ⇒ répandre.

GÉNÉRALISTE ■ Omnipraticien.

GÉNÉRALITÉ ■ Banalité, cliché, lapalissade, lieu commun, pauvreté, platitude, poncif, truisme. ⇒ **majorité.**

GÉNÉRATEUR, TRICE ■ *I. Au pr. :* auteur, créateur, géniteur, mère, père reproducteur. *II. Techn.* ⇒ alternateur.

GÉNÉRATION ■ *I.* ⇒ postérité. *II.* ⇒ production.

GÉNÉREUX, EUSE ■ *I.* **Quelqu'un :**

altruiste, ardent, audacieux, beau, bienveillant, bon, brave, charitable, chevaleresque, clément, courageux, désintéressé, dévoué, donnant, fier (vx), fort, fraternel, gentil, grand, hardi, héroïque, humain, indulgent, intrépide, large, libéral, magnanime, magnifique, mécène, munificent, noble, obligeant, de sentiments élevés, pitoyable, prodigue, sain, sensible, vaillant. *II. Quelque chose.* 1. Corsé, fort, fortifiant, réconfortant, roboratif, tonique. 2. Abondant, copieux, fécond, fertile, plantureux, productif, riche, vigoureux, vivace.

GÉNÉROSITÉ ■ *I. De quelqu'un :* abandon, abnégation, altruisme, ardeur, audace, bienfaisance, bonté, charité, clémence, cœur, courage, désintéressement, dévouement, don, don de soi, fraternité, générosité, gentillesse, grandeur d'âme, hardiesse, héroïsme, humanité, indulgence, intrépidité, largesse, libéralité, magnanimité, magnificence, miséricorde, munificence, noblesse, oubli de soi, prodigalité, sens des autres/du prochain, vaillance, valeur. *II. De quelque chose.* 1. Force, saveur, valeur. 2. Abondance, fécondité, fertilité, productivité, richesse, vigueur, vivacité. 3. ⇒ don.

GENÈSE ■ *I.* ⇒ production. *II.* ⇒ origine.

GÉNÉSIQUE ■ Génital, reproducteur, sexuel.

GÊNEUR ■ ⇒ importun.

GÉNIAL, E ■ ⇒ ingénieux.

GÉNIE ■ *I.* Ange, démon, divinité, djinn, dragon, drow, effrit, elfe, esprit familier/follet, farfadet, fée, gnome, gobelin, goule, kobold, korrigan, lutin, ondin, ondine, péri, salamandre, sylphe, sylphide, sylvains. *II.* Bosse (fam.), caractère, disposition, don, esprit, goût, imagination, nature, penchant, talent. *III. Quelqu'un :* aigle, as

(fam.), grand écrivain/homme/soldat, phénix (fam.).

GÉNISSE ■ ⇒ vache.

GÉNITAL, E ■ Génésique, reproducteur, sexuel.

GENOU ■ *I. Au pr. :* articulation, jointure, rotule. *II. Loc.* Se mettre à genoux ⇒ agenouiller (s').

GENRE ■ *I. Au pr. :* catégorie, classe, embranchement, espèce, famille, ordre, race, sorte, type, variété. *II. Par ext.* 1. Acabit, farine (fam.), nature, sorte. 2. Façon, griffe, manière, marque, mode, style. 3. Air, apparence, aspect, attitude, caractère, comportement, conduite, dégaine (fam.), extérieur, façon, ligne, tenue, touche (fam.), tournure.

GENS ■ n. m. et f. pl. *I.* Êtres, foule, hommes, individus, monde, nation, personnes, public. *II. Loc.* Gens de maison ⇒ serviteur. *III. Loc.* Gens de lettre *ou* gendelettre ⇒ écrivain.

GENTIL ■ n. Goye, idolâtre, infidèle, mécréant, païen.

GENTIL, ILLE ■ adj. *I.* ⇒ bon. *II.* ⇒ aimable.

GENTILHOMME ■ ⇒ noble.

GENTILHOMMIÈRE ■ ⇒ château.

GENTILLÂTRE ■ (péj.) ⇒ noble.

GENTILLESSE ■ *I. Au pr.* ⇒ amabilité. *II. Par ext.* 1. ⇒ mot d'esprit. 2. ⇒ tour. 3. ⇒ bagatelle. 4. ⇒ méchanceté.

GÉNUFLEXION ■ *I.* ⇒ agenouillement. *II.* ⇒ flatterie.

GEÔLE ■ ⇒ prison.

GEÔLIER ■ ⇒ gardien.

GÉOMÈTRE ■ Arpenteur, mathématicien, métreur, topographe.

GÉOMÉTRIQUE ■ Exact, logique, mathématique, méthodique, précis, régulier, rigoureux.

GÉRANCE ■ ⇒ gestion.

GÉRANT, E ■ Administrateur, agent, directeur, dirigeant, fondé de pouvoir, gestionnaire, intendant, mandataire, régisseur, tenancier.

GERBE ■ *I.* Botte. *II. Par ext.* 1. Bouquet, faisceau. 2. *Loc. Gerbe d'eau :* éclaboussure, colonne, jet.

GERBIER ■ Meule.

GERCER (SE) ■ ⇒ fendiller (se).

GERÇURE ■ ⇒ fente.

GÉRER ■ *I.* ⇒ régir. *II.* ⇒ diriger.

GERMAIN, E ■ Consanguin, utérin.

GERME ■ *I. Au pr.* 1. Embryon, fœtus, grain, graine, kyste, œuf, semence, sperme, spore. 2. ⇒ microbe. *III. Par ext. :* cause, commencement, départ, fondement, origine, principe, racine, rudiment, source. *IV. Fig.* Germe de discorde : brandon, élément, ferment, levain, motif, prétexte.

GÉRONTE ■ ⇒ vieillard.

GÉSINE ■ Accouchement, enfantement, mise bas (anim.)/au monde, parturition.

GÉSIR ■ ⇒ coucher (se).

GESTATION ■ *I. Au pr. :* génération, gravidité, grossesse, prégnation. *II. Par ext. :* genèse, production.

GESTE, GESTICULATION ■ Action, allure, attitude, conduite, contenance, contorsion, démonstration, épopée, exploit, fait, gesticulation, jeu de mains, manière, mime, mimique, mouvement, œuvre, pantomime, posture, tenue.

GESTICULER ■ ⇒ remuer.

GESTION ■ Administration, conduite, direction, économat, économie, gérance, gouverne, gouvernement, intendance, maniement, organisation, régie.

GIBBEUX, EUSE ■ ⇒ bossu.

GIBBOSITÉ ■ ⇒ bosse.

GIBECIÈRE ■ Besace, bissac, bourse, carnassière, carnier, giberne, musette, panetière, sacoche.

GIBET ■ Corde, credo (arg.), croix, échafaud, estrapade, fourches patibulaires, pilori, potence.

GIBIER ■ *I.* Bêtes fauves/noires (vén.), faune. *II. Cuis. :* venaison.

GIBOULÉE ■ ⇒ pluie.

GIBUS ■ ⇒ haut-de-forme.

GICLER ■ ⇒ jaillir.

GIFLE ■ *Fam. :* aller et retour, baffe, beigne, beignet, calotte, claque, coup, emplâtre, estafe, giroflée, jeton, mandale, mornifle, pain, rouste, soufflet, talmouse, taloche, tape, tarte, torgnole *ou* torniole, tourlousine, va-te-laver.

GIFLER ■ Battre, calotter, claquer, donner une gifle *et les syn. de* GIFLE, souffleter, taper. *Fam. :* confirmer, mornifler, talmouser, talocher, tarter, torgnoler.

GIGANTESQUE ■ Babylonien, colossal, comac (arg.), considérable, cyclopéen, démesuré, éléphantesque, énorme, étonnant, excessif, fantastique, faramineux, formidable, géant, grand, himalayen, immense, incommensurable, insondable, maous (arg.), monstre, monstrueux, monumental, pélasgique, pharamineux, prodigieux, pyramidal, tentaculaire, titanesque.

GIGOLETTE ■ Demi-mondaine, femme entretenue/légère. ⇒ fille.

GIGOLO ■ ⇒ amant.

GIGOTER ■ *I.* ⇒ remuer. *II.* ⇒ danser.

GIGUE ■ *I. Au pr.* ⇒ jambe. *II. Fig.* ⇒ géant.

GIGUER ■ Baller, gambader, sauter. ⇒ danser.

GILDE ■ ⇒ corporation.

GINGUET, ETTE ■ *I. Au pr. :* acide, aigrelet, amer, ginglard, ginglet, *glorification*

rance, reginglard, vert. *II. Par ext. :* médiocre, mesquin, sans valeur.

GIRANDOLE ■ ⇒ chandelier.

GIRATION ■ ⇒ tour.

GIRATOIRE ■ Circulaire, rotatoire.

GIRIE ■ ⇒ gémissement.

GIRL ■ ⇒ danseuse.

GIROLLE ■ Chanterelle.

GIRON ■ ⇒ sein.

GIROND, E ■ ⇒ beau.

GIROUETTE ■ *Fig.* ⇒ pantin.

GISEMENT ■ *I.* Bassin, gîte, placer, veine. *II.* ⇒ milieu.

GITAN, E ■ n. et adj. ⇒ bohémien.

GÎTE ■ *Au pr.* 1. D'un animal : abri, aire, bauge, nid, refuge, repaire, retraite, tanière, terrier. 2. D'un homme ⇒ maison. 3. ⇒ étape.

GÎTER ■ ⇒ demeurer.

GIVRE ■ ⇒ gelée.

GIVRER ■ ⇒ geler.

GLABRE ■ Imberbe, lisse, nu.

GLACE ■ *I.* ⇒ miroir. *II.* ⇒ vitre. *III.* ⇒ sorbet.

GLACÉ, E ■ *I.* ⇒ froid. *II.* ⇒ transi. *III.* ⇒ lustré.

GLACER ■ *I.* ⇒ geler. *II.* ⇒ pétrifier. *III.* ⇒ lustrer.

GLACIAL, E ■ ⇒ froid.

GLACIÈRE ■ Armoire frigorifique, chambre froide, congélateur, conservateur, Frigidaire (nom de marque), frigo (fam.), frigorifique, réfrigérateur.

GLACIS ■ *I.* ⇒ talus. *II.* ⇒ rempart.

GLADIATEUR ■ Belluaire, bestiaire, mirmillon, rétiaire.

GLAIRE ■ Bave, crachat, humeur, mucosité.

GLAISE ■ Argile, kaolin, marne, terre à brique/pipe/tuile.

GLAIVE ■ ⇒ épée.

GLANDER ■ ⇒ traîner.

GLANER ■ Butiner, cueillir, grappiller, gratter, puiser, ramasser, récolter, recueillir.

GLAPIR ■ *I.* ⇒ aboyer. *II.* ⇒ crier.

GLAPISSANT, E ■ ⇒ aigu.

GLAPISSEMENT ■ ⇒ cri.

GLAUQUE ■ ⇒ vert.

GLAVIOT ■ ⇒ crachat.

GLÈBE ■ ⇒ terre.

GLISSEMENT ■ *I. Au pr.* 1. Affaissement, chute, éboulement. 2. Dérapage, glissade. *II. Fig. :* changement, évolution, modification.

GLISSER ■ *I. V. intr.* 1. Chasser, déraper, patiner, riper. ⇒ tomber. 2. S'affaler, changer, évoluer, se modifier. 3. ⇒ échapper. *II. V. tr.* ⇒ introduire. *III. V. pron.* ⇒ introduire (s').

GLOBAL, E ■ ⇒ entier.

GLOBALEMENT ■ ⇒ totalement.

GLOBE ■ *I.* ⇒ boule. *II.* ⇒ sphère. *III.* ⇒ terre.

GLOBE-TROTTER ■ ⇒ voyageur.

GLOIRE ■ *I. Au pr.* 1. Beauté, célébrité, consécration, éclat, glorification, grandeur, hommage, honneur, illustration, immortalité, lauriers, louange, lumière, lustre, majesté, notoriété, phare, popularité, prestige, rayonnement, renom, renommée, réputation, splendeur. 2. ⇒ nimbe. *II. Par ext.* 1. ⇒ sainteté. 2. ⇒ respect.

GLORIETTE ■ ⇒ tonnelle.

GLORIEUX, EUSE ■ *I.* ⇒ illustre. *II.* ⇒ orgueilleux. *III.* ⇒ saint.

GLORIFICATION ■ ⇒ éloge.

GLORIFIER ■ ⇒ louer. *V. pron.* ⇒ flatter (se).

GLORIOLE ■ ⇒ orgueil.

GLOSE ■ *I.* ⇒ commentaire. *II.* ⇒ parodie.

GLOSER ■ *I.* ⇒ chicaner. *II.* ⇒ discuter.

GLOSSAIRE ■ ⇒ dictionnaire.

GLOUTON, ONNE ■ adj. et n. Avale-tout/tout cru, avaleur, avide, bâfreur, bouffe-tout, brifaud, crevard, galfâtre, gargamelle, gargantua, goinfre, gouliafre, goulu, gamelle, grand/gros mangeur, inassouvissable, insatiable, licheur, morfal, piffre, safre (vx), va-de-la-bouche/gueule, vorace. ⇒ **gourmand.**

GLOUTONNERIE ■ Avidité, goinfrerie, gourmandise, insatiabilité, voracité.

GLUANT, E ■ ⇒ visqueux.

GLUI ■ ⇒ chaume.

GLUME ■ ⇒ balle.

GLUTINEUX, EUSE ■ ⇒ visqueux.

GLYPHE ■ ⇒ trait.

GNOME ■ *I.* ⇒ génie. *II.* ⇒ nain.

GNOMIQUE ■ ⇒ sentencieux.

GNOSE ■ Ésotérisme. ⇒ savoir.

GOBELET ■ *I. Au pr. :* chope, godet, quart, shaker, tasse, timbale, vase, verre, vidrecome. *II. Par ext. vx :* escamoteur, fourbe, hypocrite. ⇒ **voleur.**

GOBELIN ■ ⇒ génie. *Au pl.* ⇒ tapisserie.

GOBE-MOUCHES ■ ⇒ naïf.

GOBER ■ *I.* ⇒ avaler. *II.* ⇒ croire. *III.* ⇒ éprendre (s'). *IV. Loc.* Gober les mouches. 1. ⇒ attendre. 2. ⇒ flâner.

GOBERGER (SE) ■ *I.* ⇒ manger. *II.* ⇒ railler.

GOBEUR, EUSE ■ n. et adj. ⇒ naïf.

GODAILLER ■ *I.* ⇒ plisser. *II.* ⇒ traîner.

GODELUREAU ■ ⇒ galant.

GODEMICHÉ ■ Don Juan d'Autriche, gode, olisbos.

GODER ■ *I.* ⇒ plisser. *II. Arg.* ⇒ jouir.

GODET ■ *I.* ⇒ gobelet. *II.* ⇒ pli.

GODICHE ■ n. et adj. *I.* ⇒ gauche. *II.* ⇒ bête, naïf.

GODILLE ■ ⇒ rame.

GODILLOT ■ *I.* Inconditionnel ⇒ servile. *II.* ⇒ chaussure.

GODIVEAU ■ ⇒ hachis.

GODRON ■ ⇒ pli.

GOÉMON ■ ⇒ algue.

GOGO ■ *I. Nom et adj.* ⇒ naïf. *II. Loc.* À gogo : abondamment, à discrétion/satiété/souhait/volonté, pardessus/ras bord.

GOGUENARD, E ■ Chineur, moqueur, narquois, railleur, taquin.

GOGUENARDER ■ ⇒ railler.

GOGUENARDERIE, GOGUENARDISE ■ ⇒ raillerie.

GOGUENOT ■ ⇒ water-closet.

GOGUETTE ■ ⇒ gaieté.

GOINFRE ■ n. et adj. ⇒ glouton.

GOINFRER ■ ⇒ manger.

GOLFE ■ Aber, anse, baie, calanque, conche, crique, échancrure, estuaire, fjord, ria.

GOLIATH ■ ⇒ géant.

GOMMEUX ■ n. et adj. *Fig.* ⇒ élégant.

GOMMER ■ *I.* Coller. *II.* Effacer, ôter, supprimer.

GOND ■ Charnière, crapaudine, paumelle.

GONDOLANT, E ■ ⇒ tordant.

GONDOLER ■ Onduler. ⇒ gonfler.

GONFALON, GONFANON ■ Bannière, baucent, enseigne, étendard, flamme, oriflamme. ⇒ **drapeau.**

GONFLÉ, E ■ *I. Au pr.* : ballonné, bombé, bouclé (maçonnerie), bouffant, bouffi, boursouflé, cloqué, congestionné, dilaté, distendu, empâté, enflé, gondolé, gros, hypertrophié, intumescent, joufflu, mafflu, météorisé, renflé, soufflé, tuméfié, tumescent, turgescent, turgide, ventru, vultueux. *II. Fig.* ⇒ **emphatique.**

GONFLEMENT ■ Ballonnement, bombement, bouffissure, boursouflure, cloque, débordement, dilatation, distension, empâtement, emphase (fig.), emphysème (méd.), enflure, engorgement, fluxion, grosseur, grossissement, hypertrophie, intumescence, météorisation, météorisme, œdème, renflement, tuméfaction, tumescence, turgescence, vultuosité. ⇒ **abcès.**

GONFLER ■ *I. V. intr.* : s'arrondir, augmenter, ballonner, bomber, boucler (maçonnerie), bouffer (plâtre), bouffir, boursoufler, cloquer, croître, devenir tumescent/turgescent/turgide/vultueux, s'élargir, enfler, gondoler, grossir, météoriser, renfler, se tuméfier. *II. V. tr.* : accroître, arrondir, augmenter, bouffir, boursoufler, dilater, distendre, emplir, enfler, souffler, travailler. *III. Fig.* : exagérer, grossir, surestimer, tricher, tromper.

GONGORISME ■ Affectation, cultisme, euphuisme, marinisme, préciosité, recherche.

GONOCOCCIE ■ ⇒ **blennorragie.**

GORET ■ *I.* ⇒ porc. *II.* ⇒ balai.

GORGE ■ *I. Au pr.* 1. ⇒ gosier. 2. ⇒ défilé. *II. Par ext.* : buste, décolleté, poitrine, sein. *III. Loc.* 1. Rendre gorge ⇒ redonner. 2. Faire des gorges chaudes ⇒ railler.

GORGÉE ■ Coup, gorgeon (fam.), lampée, trait.

GORGER ■ *I. Au pr.* : alimenter avec excès, bourrer, embecquer, emboquer, empiffrer, emplir, gaver, rassasier, remplir, soûler. *II. Fig.* : combler, gâter, gaver.

GORGET ■ ⇒ rabot.

GOSIER ■ *I. Par ext.* : amygdale, bouche, estomac, gorge, larynx, luette, œsophage, pharynx. *II. Fam. et arg.* : avaloir, cloison, corridor, dalle, descente, entonnoir, fusil, gargamelle, gargane, gargue, gavion, gaviot, goulot, kiki *ou* quiqui, lampas, pavé, sifflet.

GOSSE ■ ⇒ enfant.

GOTHIQUE ■ *I.* ⇒ vieux. *II.* ⇒ sauvage.

GOUAILLE ■ ⇒ raillerie.

GOUAILLER ■ v. tr. et intr. ⇒ railler.

GOUAILLEUR, EUSE ■ n. et adj. ⇒ farceur.

GOUAPE ■ ⇒ vaurien.

GOUDRON ■ *I. Au pr.* : brai, coaltar, poix. *II. Par ext.* : asphalte, bitume, macadam.

GOUET ■ ⇒ serpe.

GOUFFRE ■ ⇒ précipice.

GOUGE ■ *I.* Ciseau. *II.* ⇒ Fille, servante.

GOUJAT ■ ⇒ impoli.

GOUJATERIE ■ ⇒ impolitesse.

GOULÉE ■ ⇒ bouchée.

GOULET ■ ⇒ passage.

GOULOTTE ■ *I.* ⇒ canal. *II.* ⇒ gouttière.

GOULU, E ■ ⇒ glouton.

GOUPILLE ■ ⇒ cheville.

GOUPILLON ■ Aspergès, aspersoir.

GOURD, E ■ ⇒ engourdi.

GOURDE ■ *I. Nom fém.* : bidon, flacon. *II. Adj.* ⇒ bête.

GOURDIN ■ Bâton, matraque, rondin, trique.

GOURER (SE) ■ ⇒ tromper (se).

GOURMADE ■ ⇒ coup.

GOURMAND, E ■ *I. Favorable ou neutre :* amateur, avide, bec fin, bouche fine, fine gueule, friand, gastronome, gourmet, porté sur la bonne chère/la gueule (fam.). *II. Non favorable :* brifaud, gastrolâtre, goinfre, goulu, gueulard (vx), lécheur, lucullus, morfal, piffre, ripailleur, sybarite, vorace. ⇒ glouton.

GOURMANDER ■ ⇒ réprimander.

GOURMANDISE ■ *I.* Appétit, avidité, gastronomie, gloutonnerie (péj.), goinfrerie (péj.), plaisirs de la table, voracité (péj.). *II.* ⇒ friandise.

GOURME ■ Eczéma, impétigo.

GOURMÉ, E ■ ⇒ étudié.

GOURMER ■ ⇒ battre.

GOURMET ■ ⇒ gourmand.

GOUROU ■ ⇒ maître.

GOUSSE ■ *I.* Caïeu, cosse, écale, tête (d'ail). *II.* ⇒ lesbienne.

GOUSSET ■ ⇒ poche.

GOÛT ■ *I. Au pr.* ⇒ saveur. *II. Par ext.* 1. ⇒ attachement. 2. ⇒ inclination. 3. ⇒ style. 4. Loc. : *Goût du jour* ⇒ mode.

GOÛTER ■ ⇒ collation.

GOÛTER ■ *I.* Déguster, éprouver, essayer, estimer, expérimenter, sentir, tâter, toucher à. *II.* Adorer, aimer, apprécier, approuver, se délecter, s'enthousiasmer pour, être coiffé/entiché/fana (fam.)/fanatique/fou de, jouir de, se plaire à, raffoler de, savourer.

GOUTTEUX, EUSE ■ n. et adj. Arthritique, chiragre, diathésique, gonagre, impotent, podagre, rhumatisant.

GOUTTIÈRE ■ Chéneau, dalle, larmier, stillicide.

GOUVERNAIL ■ *I. Au pr.* 1. Barre, leviers de commande, timon. 2. Aviat. : empennage, gouverne, manche à balai. *II. Fig. :* conduite, direction, gouvernement.

GOUVERNANT ■ *I.* Cacique (péj.), chef d'État, dirigeant, maître, mandarin (péj.), monarque, potentat (péj.), premier ministre, président, responsable. *II. Au pl. :* autorités, grands, grands de ce monde, hommes au pouvoir.

GOUVERNANTE ■ Bonne d'enfants, chaperon, dame de compagnie, domestique, duègne (péj.), infirmière, nourrice, nurse, servante.

GOUVERNE ■ *I.* ⇒ règle. *II.* Aileron, empennage, gouvernail, palonnier.

GOUVERNEMENT ■ *I. Au pr.* 1. Administration, affaires de l'État, conduite, direction, gestion, maniement des affaires/hommes. 2. Cabinet, conseil, constitution, État, institutions, ministère, pouvoir, protectorat, régence, régime, règne, structures, système. 3. Absolutisme, arbitraire, despotisme, dictature, fascisme, monarchie, théocratie. 4. Démocratie, parlementarisme, république. *II. Par ext.* 1. Économie, ménage. 2. ⇒ autorité.

GOUVERNER ■ *I. Au pr. :* administrer, commander, conduire, diriger, dominer, gérer, manier, manœuvrer, mener, piloter, prévoir, régenter, régir, régner, tyranniser (péj.). *II. Par ext.* 1. Non favorable : avoir/jeter/mettre le grappin sur, empaumer, mener à la baguette/la danse/tambour battant/par le bout du nez. 2. Neutre : éduquer, élever, former, instruire, tenir.

GOUVERNEUR ■ *I.* ⇒ administrateur. *II.* ⇒ maître.

GOY ■ ⇒ infidèle.

GRABAT ■ ⇒ lit.

GRABATAIRE ■ ⇒ infirme.

GRABEN ■ ⇒ fosse.

GRABUGE ■ *I.* ⇒ discussion. *II.* ⇒ dégât.

GRÂCE ■ *I. Qualité.* 1. Au pr. : affabilité, agrément, aisance, amabilité, aménité, attrait, beauté, charme, délicatesse, douceur, élégance, finesse, fraîcheur, gentillesse, gracilité, joliesse, légèreté, poésie, sex-appeal, suavité, vénusté. 2. Beauté, déesse, divinité. 3. Par ext. (péj.) : alanguissement, désinvolture, langueur, minauderie, mollesse, morbidesse. 4. **Prot.** ⇒ **excellence. *II.*** 1. ⇒ **service.** 2. ⇒ **faveur.** 3. ⇒ **pardon.** 4. ⇒ **amnistie.** 5. ⇒ **remerciement.** *III.* **Loc.** *De bonne grâce :* avec plaisir, bénévolement, de bon gré, volontairement, volontiers.

GRACIER ■ Absoudre, acquitter, amnistier, commuer, libérer, pardonner, remettre, relaxer.

GRACIEUSETÉ ■ ⇒ gratification.

GRACIEUX, EUSE ■ Accorte, adorable, affable, agréable, aimable, amène, attirant, attrayant, avenant, bienveillant, bon, charmant, civil, courtois, délicat, distingué, élégant, empressé, facile, favorable, gentil, gracile, joli, mignon, ouvert, plaisant, poli, raffiné, riant, souriant, sympathique, tendre.

GRACILE ■ ⇒ menu, fin.

GRACILITÉ ■ Minceur ⇒ finesse, grâce.

GRADATION ■ ⇒ progression.

GRADE ■ Catégorie, classe, degré, dignité, échelon, galon, honneur, indice.

GRADER ■ Niveleuse, profileuse.

GRADIN ■ ⇒ degré.

GRADUEL, ELLE ■ ⇒ progressif.

GRADUER ■ ⇒ augmenter.

GRAFFITO, TI ■ ⇒ inscription.

GRAILLER ■ *I.* ⇒ crier. *II.* ⇒ manger. *III.* ⇒ sonner.

GRAILLON ■ *I.* ⇒ lard. *II.* ⇒ crachat.

GRAILLONNER ■ *I.* ⇒ cracher. *II.* ⇒ parler. *III.* ⇒ tousser.

GRAIN ■ *I.* ⇒ germe. *II.* ⇒ fruit. *III. Par ext.* 1. ⇒ pluie. 2. ⇒ rafale. 3. Grain de beauté : envie, nævus.

GRAINE ■ ⇒ germe.

GRAISSAGE ■ Entretien, lubrification.

GRAISSE ■ *I.* Cambouis, lipide, lubrifiant. *II.* Graille (péj.), graillon, lard, panne, saindoux.

GRAISSER ■ *I. Au pr. :* huiler, lubrifier, oindre. *II. Par ext. :* encrasser, salir, souiller.

GRAISSEUX, EUSE ■ ⇒ gras.

GRAMINÉE ■ ⇒ herbe.

GRAMMAIRE ■ Bon usage, linguistique, morphologie, norme, philologie, phonétique, phonologie, règles, structure, syntaxe.

GRAMMAIRIEN ■ *I.* Philologue. *II. Par ext. :* linguiste, puriste. **Péj. :** 1. Cuistre, grammatiste, pédant, vadius. 2. **Fém. :** bas-bleu, bélise.

GRAND, E ■ *I.* **Adj.** 1. **Favorable ou neutre :** abondant, adulte, âgé, ample, appréciable, astronomique, colossal, considérable, démesuré, élancé, élevé, étendu, fort, géant, gigantesque, grandelet, grandet, grandiose, gros, haut, immense, important, imposant, incommensurable, large, longiligne, magnifique, majeur, mûr, noble, profond, spacieux, vaste. ⇒ **beau, illustre.** 2. **Non favorable :** atroce, démesuré, effrayant, effroyable, éléphantesque, énorme, épouvantable, excessif, fier (culot/toupet), intense, monstrueux, terrible, vif, violent. 3. **Fam. :** balèze, comac, gravos, maous, mastard. *II. Nom masc.* 1. ⇒ grandeur. 2. ⇒ personnalité. 3. Grand homme, fameux, génial, glorieux, illustre, supérieur ⇒ héros. **4. Non favorable :** asperge, échalas, escogriffe. ⇒ **géant.**

GRANDEUR ■ ***I. Favorable ou neutre :*** abondance, ampleur, amplitude, bourre (fam.), distinction, élévation, étendue, excellence, force, fortune, gloire, honneur, immensité, importance, intensité, largeur, majesté, mérite, noblesse, pouvoir, puissance, stature, sublimité, taille, valeur, vastitude. ⇒ **dimension.** ***II. Non favorable :*** atrocité, énormité, gravité, monstruosité, noirceur. ***III. Loc.*** Grandeur d'âme ⇒ **générosité.** ***IV. Prot.*** ⇒ **excellence.**

GRANDILOQUENCE ■ ⇒ **emphase.**

GRANDILOQUENT, E ■ ⇒ **emphatique.**

GRANDIOSE ■ ⇒ **imposant.**

GRANDIR ■ v. tr. et intr. ⇒ **croître.**

GRAND-MÈRE ■ ***I.*** Aïeule, bonne-maman, grand'ma, grannie, mame, mamie, mamita, mémé, mère-grand (vx). ***II. Par ext.*** ⇒ **vieille.**

GRAND-PÈRE ■ ***I.*** Aïeul, bon-papa, papi, pépé, pépère. ***II. Par ext.*** ⇒ **vieillard.**

GRANGE ■ Bâtiment, fenil, grenier, hangar, magasin, pailler, remise, resserre.

GRANITÉ, E ■ Grenu.

GRANULÉ, E ■ Granulaire, granuleux.

GRAPE-FRUIT ■ Pamplemousse, pomélo.

GRAPHIQUE ■ Courbe, dessin, diagramme, nomogramme, tableau, tracé.

GRAPPE ■ ***I. Au pr. :*** pampre, raisin. ***II. Par ext.*** ⇒ **groupe.**

GRAPPILLER ■ ⇒ **glaner, voler.**

GRAPPIN ■ ***I. Au pr. :*** ancre, chat, cigale, corbeau, crampon, croc, crochet, harpeau, harpin, harpon. ***II.***

***Loc.* Jeter/mettre le grappin sur quelqu'un ou quelque chose :** accaparer, accrocher, s'emparer de, harponner, jeter son dévolu, saisir.

GRAS, GRASSE ■ ***I. Au pr.* 1. Qui a ou semble avoir de la graisse :** abondant, adipeux, bien en chair, bouffi, charnu, corpulent, dodu, épais, empâté, étoffé, fort, gras, grasset (vx), grassouillet (fam.), obèse, pansu, plantureux, plein, potelé, rebondi, replet, rond, rondelet, rondouillard (fam.), ventru. ⇒ **gros. 2.** Crémeux, onctueux, riche. **3. Qui est sali de graisse :** glissant, gluant, graisseux, huileux, pâteux, poisseux, sale, suintant, suiffeux, visqueux. ***II. Par ext.* 1.** ⇒ **obscène. 2.** ⇒ **fécond. 3.** ⇒ **moelleux.**

GRASSEYER ■ Graillonner.

GRATICULER ■ ⇒ **réduire.**

GRATIFICATION ■ Arrosage (fam.), avantage, bakchich, bonification, bonne-main (vx), bouquet, cadeau, chapeau (mar.), commission, denier à Dieu, dessous de table, don, donation, dringuelle, épices (vx), épingles (vx), étrenne, faveur, fleur, générosité, gracieuseté, guelte, largesse, libéralité, pièce, pot-de-vin, pourboire, présent, prime, récompense, ristourne, surpaye. ⇒ **boni.**

GRATIFIER ■ ***I. Favorable :*** accorder, allouer, attribuer, avantager, donner, doter, douer, faire don, favoriser, imputer, munir, nantir, pourvoir, renter (vx). ***II. Par ext.* Non favorable.** battre, châtier, corriger, frapper, maltraiter.

GRATIN ■ ⇒ **choix.**

GRATIS ■ À titre gracieux/gratuit, en cadeau/prime, franco, gracieusement, gratuitement. ***Fam. :*** à l'as, à l'œil, pour le roi de Prusse/des nèfles/des prunes/que dalle/que tchi/rien, pro deo.

GRATITUDE ■ Gré, obligation, reconnaissance.

GRATTE ▪ *I.* ⇒ profit. *II.* ⇒ gale.

GRATTE-CIEL ▪ ⇒ immeuble.

GRATTE-PAPIER ▪ ⇒ employé.

GRATTER ▪ *I. Au pr.* ⇒ racler. *II. Par ext.* 1. ⇒ jouer. 2. Bricoler, économiser, grappiller, grignoter, griveler (vx). *III.* ⇒ flatter. *IV.* Dépasser, doubler.

GRATTOIR ▪ Boësse, ébarboir. ⇒ racloir.

GRATUIT, E ▪ *I. Au pr.* : bénévole, désintéressé, gracieux. ⇒ gratis. *II. Par ext.* ⇒ injustifié.

GRATUITEMENT ▪ Gratis.

GRAU ▪ *I.* ⇒ canal. *II.* ⇒ défilé.

GRAVATS ▪ ⇒ décombres.

GRAVE ▪ *I.* ⇒ sérieux. *II.* ⇒ important.

GRAVELEUX, EUSE ▪ Libre. ⇒ obscène.

GRAVER ▪ Buriner, dessiner, empreindre, engraver, enregistrer, fixer, guillocher, imprimer, insculper, lithographier, nieller, sculpter, tracer.

GRAVEUR ▪ Ciseleur, lithographe, nielleur, pyrograveur, sculpteur, xylographe. ⇒ dessinateur.

GRAVIDE ▪ ⇒ enceinte.

GRAVIER ▪ ⇒ sable.

GRAVIR ▪ v. tr. et intr. ⇒ monter.

GRAVITATION ▪ Attraction, équilibre céleste/sidéral.

GRAVITÉ ▪ *I.* ⇒ pesanteur. *II.* ⇒ importance. *III.* Austérité, décence, dignité, componction, majesté, pompe, raideur, réserve, rigidité, sérieux, sévérité, solennité.

GRAVITER ▪ *I.* Orbiter, tourner autour. *II.* ⇒ fréquenter.

GRAVOIS ▪ ⇒ décombres.

GRAVURE ▪ ⇒ image.

GRÉ ▪ *I. Nom masc.* 1. ⇒ volonté. 2. ⇒ gratitude. *II. Loc.* 1. De bon gré : béné-volement, de plein gré, avec plaisir, de bon cœur, de bonne volonté, librement, volontairement, volontiers. ⇒ grâce. 2. Au gré de : à la merci de, selon, suivant. 3. De gré à gré ⇒ amiable.

GRÉBICHE, GRIBICHE ▪ ⇒ renvoi.

GREDIN, E ▪ adj. et n. ⇒ vaurien.

GREDINERIE ▪ ⇒ malhonnêteté.

GRÉEMENT ▪ ⇒ agrès.

GREFFE ▪ *I. Au pr.* : bouture, ente, greffon, scion. *II. Chir.* : anaplastie, autoplastie, hétéroplastie.

GREFFER ▪ *I. Au pr.* : enter. *II. Fig.* ⇒ ajouter. *III. V. pron.* ⇒ ajouter (s').

GRÉGAIRE ▪ Conformiste, docile, moutonnier.

GRÈGUES ▪ (vx) Braies, chausses, culotte, pantalon.

GRÊLE ▪ *I. Nom fém.* 1. Au pr. : grain, grêlon, grésil. 2. Fig. : abattée (fam.), averse, dégringolade (fam.), déluge, pluie. *II. Adj.* 1. ⇒ menu. 2. ⇒ faible.

GRÊLÉ, E ▪ ⇒ marqué.

GRÊLON ▪ ⇒ grêle.

GRELOT ▪ Cloche, clochette, sonnaille, sonnette, timbre.

GRELOTTER ▪ ⇒ trembler.

GRELUCHON ▪ ⇒ amant.

GRENADIER ▪ *I. Fig.* : brave à trois poils, briscard, grognard, soldat, vétéran. *II. Péj.* Une femme : dragon, gendarme, maritorne, mégère, poissarde, pouffiasse, rombière. ⇒ virago.

GRENAT ▪ *I. N. m.* : almandin, escarboucle. *II. Adj.* ⇒ rouge.

GRENIER ▪ *I.* ⇒ grange. *II.* Comble, galetas, mansarde, taudis (péj.).

GRENOUILLE ▪ Raine, rainette, roussette.

GRENU, E ▪ Granité.

GRÉSIL ■ ⇒ grêle.

GRÉSILLEMENT ■ Bruissement, crépitement, friture, parasites.

GRÉSILLER ■ *I. V. intr.* 1. Crépiter. 2. Grêler. *II. V. tr.* : brûler, contracter, dessécher, plisser, racornir, rapetisser, rétrécir.

GRÈVE ■ *I.* Arrêt, cessation/interruption/suspension du travail, coalition (vx), lock-out. *II.* ⇒ bord. *III. Loc.* Grève de la faim ⇒ jeûne.

GREVER ■ ⇒ charger.

GRIBOUILLAGE ■ ⇒ barbouillage.

GRIBOUILLE ■ ⇒ brouillon.

GRIEF ■ ⇒ reproche.

GRIFFE ■ *I. Au pr.* ⇒ ongle. *II. Fig.* ⇒ marque.

GRIFFER ■ ⇒ déchirer.

GRIFFONNAGE ■ ⇒ barbouillage.

GRIFFURE ■ Déchirure, écorchure, égratignure, éraflure, rayure.

GRIGNON ■ Bout, croûton, entame, morceau, quignon.

GRIGNOTER ■ *I.* ⇒ manger. *II.* ⇒ ronger. *III.* ⇒ gratter.

GRIGOU ■ ⇒ avare.

GRI-GRI ■ ⇒ fétiche.

GRIL ■ *I.* Barbecue, brasero, rôtissoir. *II. Loc. Être sur le gril* ⇒ impatienter (s').

GRILLADE ■ Bifteck, carbonade, steak.

GRILLE ■ *I.* Clôture, grillage. *II.* Entrée. *III.* Barreaux. *IV.* Barbelure, cheval de frise, crapaudine, herse.

GRILLER ■ *I. Au pr.* : brasiller, brûler, chauffer, cuire au gril, rôtir, torréfier. *II. Fig.* : brûler, désirer, être désireux/impatient de.

GRILL-ROOM ■ ⇒ restaurant.

GRIMAÇANT, E ■ Antipathique, contorsionné, déplaisant, désagréable, coléreux, excessif, feint, maniéré, minaudier, plissé, renfrogné, simiesque.

GRIMACE ■ *I. Au pr.* : baboue (vx), contorsion, cul de poule, lippe, mimique, mine, moue, nique, rictus, simagrée, singerie. *II. Par ext.* 1. ⇒ feinte. 2. ⇒ minauderie.

GRIMACER ■ Grigner. Faire la ⇒ grimace.

GRIMACIER, ÈRE ■ *Par ext.* ⇒ faux.

GRIMAGE ■ ⇒ fard.

GRIMAUD ■ *I. Au pr. Péj.* ⇒ élève. *II. Par ext.* 1. ⇒ écrivain. 2. ⇒ pédant.

GRIMER ■ ⇒ farder.

GRIMOIRE ■ ⇒ barbouillage.

GRIMPER ■ ⇒ monter.

GRIMPETTE ■ ⇒ montée.

GRIMPEUR, EUSE ■ *I.* Alpiniste, rochassier. *II. Ordre d'oiseaux* : ara, coucou, papegai (vx), perroquet, perruche, pic, rosalbin, todier, torcol, toucan.

GRINCER ■ ⇒ crisser.

GRINCHEUX, EUSE ■ *I.* ⇒ grogneur. *II.* ⇒ revêche.

GRINGALET ■ *Péj.* : avorton, aztèque, demi-portion, efflanqué, faible, freluquet, mauviette, minus.

GRINGOTTER ■ v. tr. et intr. Chanter, chantonner, fredonner, gazouiller, murmurer.

GRIPPE ■ *I.* Coryza, courbature fébrile, influenza, refroidissement. *II. Loc. Prendre en grippe* ⇒ haïr.

GRIPPER ■ v. tr. *I.* ⇒ prendre. *II.* ⇒ dérober. *III. V. intr. et se gripper v. pr.* : se bloquer/coincer, serrer.

GRIPPE-SOU ■ ⇒ avare.

GRIS, E ■ *I.* ⇒ terne. *II.* ⇒ ivre.

GRISAILLE ■ ⇒ tristesse.

GRISER ■ Enivrer. ⇒ **étourdir.**

GRISERIE ■ Enivrement, étourdissement, exaltation, excitation, ivresse.

GRISETTE ■ Courtisane, femme légère, lisette, lorette, manola, Mimi Pinson.

GRISON ■ *I.* ⇒ **âne.** *II.* ⇒ **vieillard.**

GRISONNANT, E ■ Poivre et sel.

GRIVE ■ ⇒ **drenne.**

GRIVÈLERIE ■ ⇒ **vol.**

GRIVOIS, E ■ Libre. ⇒ **obscène.**

GRIVOISERIE ■ ⇒ **obscénité.**

GROGGY ■ ⇒ **sonné.**

GROGNARD ■ Râleur, rouspéteur.

GROGNASSE ■ ⇒ **virago.**

GROGNE ■ Grognerie, mécontentement, récrimination, rouspétance.

GROGNER ■ Bougonner, crier, critiquer, geindre, grognonner, grommeler, gronder, groumer (fam.), marmotter, maugréer, murmurer, pester, protester, râler, ronchonner, rouspéter, semoncer.

GROGNEUR, GROGNON ■ n. et adj. Bougon, critiqueur, geignard, grincheux, grognard, grondeur, mécontent, plaignard, ronchon, ronchonneau, ronchonneur, rouspéteur.

GROMMELER ■ ⇒ **murmurer.**

GRONDEMENT ■ ⇒ **bruit.**

GRONDER ■ *I. V. intr.* ⇒ **murmurer.** *II. V. tr.* ⇒ **réprimander.**

GRONDEUR ■ n. et adj. ⇒ **grogneur.**

GROOM ■ ⇒ **chasseur.**

GROS ■ *I. Adj.* 1. Quelqu'un ou quelque chose : adipeux, ample, arrondi, ballonné, bedonnant, bombé, boulot, bouffi, boursouflé, charnu, corpulent, empâté, enflé, énorme, épais, épanoui, étoffé, fort, gonflé, gras, grossi, joufflu, large, lourd, massif, monstrueux, obèse, opulent, pansu, pesant, plein, potelé, puissant, rebondi, renflé, replet, rond, rondelet, ventripotent, ventru, volumineux. *Arg. ou fam. :* balèze, comac, gravos, mafflé, mafflu, maous, mastard, mastoc. 2. **Quelque chose :** abondant, considérable, immense, important, intense, opulent, riche, spacieux, volumineux. 3. Grossier. ⇒ **obscène.** 4. ⇒ **grand.** 5. ⇒ **riche.** 6. Loc. *Grosse affaire :* firme, groupe, holding, trust, usine. 7. Loc. *Gros temps :* agité, orageux, venteux. *II. Nom masc.* 1. Péj. : barrique, bedon, gidouillard, maous, mastodonte, paquet, patapouf, pépère, piffre, poussah, tonneau. 2. ⇒ **principal.** 3. Loc. *Gros bonnet* ⇒ **personnalité.** *III. Adv.* ⇒ **beaucoup.**

GROSSE ■ *I. Adj.* ⇒ **enceinte.** *II. Nom fém. :* copie, expédition.

GROSSESSE ■ ⇒ **gestation.**

GROSSEUR ■ *I. De quelque chose :* calibre, circonférence, dimension, épaisseur, largeur, taille, volume. *II. De quelqu'un :* adipose, bouffissure, corpulence, embonpoint, empâtement, épaississement, hypertrophie, obésité, polysarcie (méd.), rondeur, rotondité. *III.* ⇒ **abcès.**

GROSSI, E ■ ⇒ **gros.**

GROSSIER, ÈRE ■ *I.* Scatologique. ⇒ **obscène.** *II.* ⇒ **impoli.** *III.* ⇒ **rude.** *IV.* ⇒ **imparfait.** *V.* ⇒ **pesant.** *VI.* ⇒ **gros.** *VII.* ⇒ **rustaud.**

GROSSIÈREMENT ■ Brutalement, effrontément, lourdement, maladroitement. ⇒ **environ.**

GROSSIÈRETÉ ■ *I.* ⇒ **maladresse.** *II.* ⇒ **obscénité.**

GROSSIR ■ *I. V. tr.* 1. ⇒ **exagérer.** 2. ⇒ **augmenter.** *II. V. intr. :* augmenter, bâtir sur le devant (arg.), croître, se développer, devenir gros, se dilater, s'empâter, enfler, s'enfler, enforcir, engraisser, épaissir, s'épaissir, faire du lard (fam.), forcir, gonfler, se gonfler, prendre de la bedaine/de la brioche (fam.)/de l'embonpoint/de la gidouille (fam.)/du poids/de la rondeur/du ventre, se tuméfier. ⇒ **bedonner.**

GROSSISSEMENT ■ ⇒ **agrandissement.**

GROTESQUE ■ n. et adj. *I.* ⇒ burlesque. *II.* ⇒ ridicule.

GROTTE ■ *I. Au pr.* : antre, baume, caverne, cavité, excavation, rocaille (arch.). *II. Par ext.* 1. Crypte, refuge, repaire, retraite, tanière, terrier. 2. Station archéologique.

GROUILLANT, E ■ ⇒ abondant.

GROUILLEMENT ■ ⇒ multitude.

GROUILLER ■ *I.* ⇒ abonder. *II.* ⇒ remuer.

GROUPE ■ *I. Au pr.* 1. Assemblée, association, atelier, cellule, cercle, collectif, collectivité, collège, comité, commission, communauté, compagnie, confrérie, église, équipe, groupement, groupuscule, loge, phalanstère, pléiade, réunion, section, société. 2. Armée, attroupement, bande, bataillon, brigade, compagnie, escadron, escouade, peloton, poignée, quarteron, régiment, section, troupe. 3. Amas, assemblage, assortiment, collection, constellation, ensemble, essaim, fournée, grappe, noyau, paquet, pâté (de maisons), volée. 4. Clan, famille, nation, phratrie, race, tribu. *II.* ⇒ orchestre. *III.* ⇒ parti. *IV. Litt.* : chapelle, cénacle, cercle, coterie (péj.), école. *V.* Catégorie, classe, division, espèce, famille, ordre, sorte.

GROUPEMENT ■ ⇒ réunion.

GROUPER ■ *I.* ⇒ assembler. *II.* ⇒ réunir.

GRUE ■ *I.* ⇒ échassier. *II. Techn.* : bigue, chèvre, chouleur, palan.

GRUGER ■ *I.* ⇒ avaler. *II.* ⇒ ruiner. *III.* ⇒ voler. *IV.* ⇒ briser.

GRUMEAU ■ ⇒ caillot.

GRUMELER ■ ⇒ caillebotter.

GRUMELEUX, EUSE ■ Rugueux. ⇒ rude.

GRUYÈRE ■ Comté, emmenthal, vacherin.

GUÉ ■ ⇒ passage.

GUELTE ■ ⇒ gratification.

GUENILLE ■ Chiffon, défroque, haillon, harde, lambeau, loque, oripeau.

GUENON, GUENUCHE ■ *Fig.* ⇒ laideron.

GUÊPIER ■ ⇒ piège.

GUÈRE ■ À peine, médiocrement, pas beaucoup/grand-chose/souvent/trop, peu, presque pas, rarement, très peu.

GUÉRET ■ ⇒ champ.

GUÉRIDON ■ Bouillotte, rognon, table ronde, trépied.

GUÉRILLA ■ *I. Au pr.* ⇒ troupe. *II. Par ext.* ⇒ guerre.

GUÉRIR ■ *I. V. tr.* ⇒ rétablir. *II. V. intr.* ⇒ rétablir (se).

GUÉRISON ■ Apaisement, cicatrisation, convalescence, cure, rétablissement, retour à la santé, salut, soulagement.

GUÉRISSEUR ■ *I. Favorable ou neutre :* empirique (vx), mège, opérateur (vx), rebouteur, rebouteux, renoueur, rhabilleur. *II. Non favorable :* charlatan, sorcier.

GUÉRITE ■ Échauguette, échiffre, guitoune, poivrière, poste.

GUERRE ■ *I. Au pr. :* affaire, art militaire, attaque, bagarre, baroud, bataille, belligérance, boucherie, campagne, casse-gueule/pipe (fam.), champ de bataille/d'honneur, combat, conflagration, conflit, croisade, démêlé, émeute, entreprise militaire, escarmouche, expédition, guérilla, hostilité, insurrection, invasion, lutte, offensive, révolution, stratégie, tactique, troubles. *II. Fig.* 1. ⇒ animosité. 2. ⇒ conflit. *III.* 1. *Loc. Faire la guerre à* ⇒ réprimander. 2. Nom de guerre : pseudonyme.

GUERRIER, IÈRE ■ *I.* ⇒ militaire. *II. Nom* ⇒ soldat.

GUERROYER ■ Se battre, combattre, faire la guerre.

GUET ■ ⇒ surveillance.

GUET-APENS ■ Attaque, attentat, embûche, embuscade, surprise, traquenard. ⇒ piège.

GUÊTRE ■ *I.* Guêtron, houseaux, jambart, jambière, legging, molletière. *II. Par ext. :* cnémide. *III. Loc.* Laisser ses guêtres ⇒ mourir.

GUETTER ■ ⇒ épier.

GUETTEUR ■ Factionnaire. ⇒ veilleur.

GUEULARD ■ *I.* Bouche, orifice, ouverture. *II.* Braillard, criard, fort en gueule (fam.), grande gueule (fam.), hurleur, râleur, rouspéteur.

GUEULE ■ *I.* ⇒ bouche. *II.* ⇒ visage. *III.* ⇒ ouverture.

GUEULER ■ v. tr. et intr. Beugler, brailler, bramer, crier, hurler, protester, tempêter, tonitruer, vociférer.

GUEULETON ■ ⇒ festin.

GUEULETONNER ■ ⇒ bâfrer.

GUEUSER ■ ⇒ solliciter.

GUEUX, EUSE ■ n. et adj. *I. Neutre.* 1. ⇒ pauvre. 2. ⇒ mendiant. *II. Non favorable :* claque-pain, clochard, clodo, cloporte, gueusaille, gueusard, pilon (arg.), pouilleux, sabouleux, traîne-misère/savate/semelle, truand, vagabond, va-nu-pieds. ⇒ coquin.

GUICHET ■ *I.* ⇒ ouverture. *II. Par ext. :* bureau, caisse, office, officine, renseignements, station, succursale.

GUICHETIER ■ ⇒ gardien.

GUIDE ■ *I. Nom masc.* 1. Quelqu'un :

accompagnateur, chaperon, cicérone, conducteur, convoyeur, cornac (fam.), introducteur, mentor, pilote, sherpa. 2. Catalogue, dépliant, guide-âne, mémento, mode d'emploi, pense-bête, plan, recette, rollet (vx), vade-mecum. 3. *Fig.* ⇒ conseiller. *II. Nom fém.* ⇒ bride.

GUIDER ■ Aider, conduire, conseiller, diriger, éclairer, éduquer, faire les honneurs de, faire voir, gouverner, indiquer, mener, mettre sur la voie, orienter, piloter, promener.

GUIDON ■ Banderole, bannière, enseigne, étendard, fanion, oriflamme. ⇒ drapeau.

GUIGNE ■ ⇒ malchance.

GUIGNER ■ *I.* ⇒ regarder. *II.* ⇒ vouloir.

GUIGNETTE ■ ⇒ serpe.

GUIGNOL ■ *I.* ⇒ pantin. *II. Arg.* 1. ⇒ gendarme. 2. ⇒ juge. 3. ⇒ tribunal.

GUIGNON ■ ⇒ malchance.

GUILDE ■ ⇒ corporation.

GUILLERET, ETTE ■ *I.* ⇒ gai. *II.* ⇒ libre.

GUILLOTINE ■ *I.* Bois de justice, échafaud. *II. Arg. :* abbaye de monte-à-regret/de Saint-Pierre, bascule à Charlot, bécane, bute, coupe-cigare, faucheuse, louisette (vx), louison (vx), lunette, machine, massicot, mouton, panier de son, veuve.

GUILLOTINER ■ Couper/trancher la tête, décapiter, décoller, exécuter, faucher/faire tomber une tête, raccourcir, supplicier. *V. passif :* épouser/marida la veuve, éternuer dans le panier (de son), y aller du gadin.

GUIMBARDE ■ *I.* ⇒ voiture. *II.* ⇒ rabot.

GUIMPE ■ ⇒ camisole.

GUINDÉ, E ■ *I.* ⇒ étudié. *II.* ⇒ emphatique.

GUINDER ■ ⇒ raidir.

GUINDERESSE ■ ⇒ cordage.

GUINGOIS (DE) ■ *Loc. adv.* : à la va-comme-je-te-pousse, de travers/traviole (fam.), mal fichu/foutu (fam.), obliquement.

GUINGUETTE ■ *I.* ⇒ cabaret. *II.* ⇒ bal.

GUIPON ■ ⇒ balai.

GUIPURE ■ Dentelle, fanfreluche. ⇒ passement.

GUIRLANDE ■ Décor, décoration, feston, ornement.

GUISE ■ Façon, fantaisie, goût, gré, manière, sorte, volonté.

GUITARE ■ *Par ext.* : balalaïka, banjo, cithare, guimbarde (vx), guiterne, guzla, luth, lyre, mandoline, turlurette (par ext. et fam.).

GUITOUNE ■ ⇒ tente, cabane.

GUNITE ■ ⇒ enduit.

GUTTURAL, E ■ ⇒ rauque.

GYMNASE ■ *I. Sens actuel* : centre sportif, palestre, stade. *II. Par anal.* : académie, collège, école, institut, institution, lycée.

GYMNASTE ■ Acrobate, culturiste, gymnasiarque (vx), moniteur/professeur d'éducation physique/de gymnastique.

GYMNASTIQUE ■ Acrobatie, agrès, athlétisme, barres parallèles, culture/éducation/travail physique, culturisme, délassement, entraînement, exercice gymnique, mouvement, sport.

GYNÉCÉE ■ *I. Au pr. Neutre* : appartements/quartier des dames/femmes, harem, sérail, zénana. *II. Par ext. Non favorable* : bordel, quartier réservé. ⇒ lupanar.

GYNÉCOLOGUE ■ Accoucheur, obstétricien.

GYPAÈTE ■ ⇒ aigle.

h

HABILE ■ *I. Au pr.* **Phys.** : adroit, agile, exercé, leste, preste, prompt, vif. *II. Par ext.* 1. **Favorable ou neutre** : apte, astucieux (fam.), avisé, bon, calé (fam.), capable, compétent, diligent, diplomate, docte, émérite, entendu, érudit, exercé, expérimenté, expert, ferré (fam.), fin, fort, fortiche (fam.), industrieux, ingénieux, inspiré, intelligent, inventif, politique, prudent, rompu à, savant, souple, subtil, versé, virtuose. 2. **Non favorable** : débrouillard, démerdard (fam.), finaud, futé, madré, malin, matois, navigateur, opportuniste, retors, roublard, roué, rusé, vieux routier.

HABILEMENT ■ *I.* Bien, dextrement, *et les adv. en -ment dérivés des syn. de* HABILE *II.* Avec habileté, *et les syn. de* HABILETÉ.

HABILETÉ ■ *I. Du corps :* adresse, agilité, élégance, dextérité, facilité, prestesse, promptitude, souplesse, technique, tour de main, vivacité. *II. De l'esprit.* 1. **Favorable ou neutre** : adresse, aisance, aptitude, art, astuce (fam.), autorité, bonheur, brio, capacité, chic, compétence, débrouillardise, débrouille, délicatesse, dextérité, diplomatie, doigté, don, élégance, éloquence, entregent, expérience, facilité, finesse, force, industrie, ingéniosité, intelligence, invention, maestria, main, maîtrise, patience, patte (fam.), perspicacité, persuasion, politique, pratique, réalisme, savoir-faire, science, souplesse, subtilité, système D, tact, talent, technique, virtuosité 2. **Non favorable** : artifice, ficelle (fam.), finasserie, jonglerie, opportunisme, rouerie, ruse, truquage.

HABILITATION, HABILITÉ ■ ⇒ **capacité.**

HABILITER ■ ⇒ **permettre.**

HABILLÉ, E ■ ⇒ **vêtu.**

HABILLEMENT ■ ⇒ **vêtement.**

HABILLER ■ *I. Au pr. :* accoutrer, affubler (péj.), ajuster, arranger, costumer, couvrir, déguiser, draper, endimancher, envelopper, équiper, fagoter (péj.), ficeler (fig.), nipper (fam.), saper (fam.), travestir. ⇒ **vêtir.** *II. Fig.* 1. Calomnier, casser du sucre sur le dos (fam.), médire, taper sur le dos (fam.). 2. ⇒ **orner.**

HABILLEUR, EUSE ■ Dame/femme d'atours, femme/valet de chambre. ⇒ **tailleur.**

HABIT ■ *I.* ⇒ **vêtement.** *II.* 1. Frac, queue-de-morue/de-pie, tenue de cérémonie. 2. **Par ext. :** jaquette, redingote, smoking, spencer. 3. **Fig.** ⇒ **aspect.**

HABITABLE ■ ⇒ **commode.**

HABITACLE ■ *I. D'avion :* cabine, cockpit. *II. D'animaux :* abri, carapace, conque, coque, coquillage, coquille, cuirasse, gîte, refuge, retraite, spirale, test. *III. Mar. :* boîte à compas. *IV.* ⇒ **logement.**

HABITANT ■ *I. Au pr. :* aborigène, autochtone, banlieusard, bourgeois (vx), campagnard, citadin, citoyen, contadin, faubourien, hôte, indigène, insulaire, montagnard, natif, naturel, occupant, villageois. *II. Par ext.* **1.** Âme, homme, individu, personne, résident. **2. Au pl. :** faune, démographie, nation, peuple, peuplement, population.

HABITAT ■ *I.* ⇒ **milieu.** *II.* ⇒ **logement.**

HABITATION ■ *I. Au pr.* **1. Sens général :** appartement, chambre, chez-soi (fam.), demeure, domicile, gîte (fam.), home (fam.), logement, logis, maison, nid (fam.), résidence, retraite, séjour, toit (fam.). **2. De ville :** grand ensemble H.L.M., immeuble, tour. **3. De campagne :** chalet, chartreuse, château, domaine, ferme, fermette, folie (vx), gentilhommière, logis, manoir, manse (vx), mas, métairie, moulin, pavillon, propriété, rendez-vous de chasse, villa. **4.** Cahute, case, gourbi, hutte, isba, roulotte, tente. ⇒ **cabane. 5. De prestige :** hôtel particulier, palace, palais. **6. Fam. ou non favorable :** galetas, trou, turne. *II. Par ext.* **1. Relig. :** couvent, cure, doyenné, ermitage, presbytère. **2.** Abri, asile, établissement.

HABITÉ, E ■ ⇒ **peuplé.**

HABITER ■ Camper, coucher, crêcher (fam.), demeurer, s'établir, être domicilié, se fixer, gîter (fam.), hanter (fam.), loger, nicher (fam.), occuper, résider, rester, séjourner, vivre.

HABITUDE ■ *I. Au pr.* **1. Favorable ou neutre :** acclimatement, accoutumance, adaptation, aspect habituel, assuétude, attitude familière, coutume, déformation (péj.), disposition, entraînement, habitus, manière d'être/de faire/de vivre, mode, modus

vivendi, mœurs, penchant, pli, pratique, règle, rite, seconde nature, tradition, us, usage, usance (vx). **2. Non favorable :** encroûtement, manie, marotte, routine, tic. *II.* ⇒ **relation.**

HABITUÉ, E ■ Abonné (partic.), acclimaté à, accoutumé à, apprivoisé, au courant, au fait, coutumier de, dressé, éduqué, endurci, entraîné, façonné, fait à, familiarisé avec, familier de, formé, mis au pas (péj.)/au pli (fam.), plié à, rompu à, stylé.

HABITUEL, ELLE ■ Chronique, classique, commun, consacré, courant, coutumier, familier, fréquent, général, hectique (méd.), machinal, normal, ordinaire, quotidien, répété, rituel, traditionnel, usité, usuel.

HABITUELLEMENT ■ D'ordinaire, *et les adv. en -ment dérivés des syn. de* HABITUEL.

HABITUER ■ Acclimater, accoutumer, adapter, apprendre, apprivoiser, dresser, éduquer, endurcir, entraîner, façonner, faire à, familiariser, former, initier, mettre au courant/au fait de, plier à, rompre, styler.

HÂBLER ■ Affabuler, amplifier, blaguer, bluffer, cravater, exagérer, dire/faire/raconter des blagues/contes/craques (fam.)/galéjades/histoires, faire le malin, fanfaronner, frimer (fam.), galéjer (fam.), gasconner, inventer, mentir, se vanter.

HÂBLERIE ■ Blague, bluff, bravade, braverie, broderie, charlatanerie, charlatanisme, charre (fam.), conte, crânerie, craque, épate, esbroufe, exagération, fanfaronnade, farce, forfanterie, frime (fam.), galéjade, gasconnade, histoire marseillaise, jactance, mensonge, menterie (vx), rodomontade, tromperie, vanne (fam.), vantardise, vanterie (litt.).

HÂBLEUR, EUSE ■ adj. et n. *I. Neutre :* baratineur, beau parleur, bellâtre, blagueur, bluffeur, brodeur, conteur, fabulateur, fanfaron, faraud, forgeur (vx), imposteur, jaseur, malin, menteur, mythomane, vantard. *II. Fam.* avaleur, bélître, bellâtre, bordelais, bravache, capitan (vx), casseur d'assiettes, charlatan, crâneur, craqueur, esbroufeur, faiseur, falstaff, faraud, farceur, fendant, fendeur, fierà-bras, fracasse, frimeur, galéjeur, gascon, mâchefer, marius, marseillais, masseur, massier, matador, matamore, méridional, normand, olibrius, plastronneur, pourfendeur, rodomont, tranche-montagne, vanneur, vendeur d'orviétan (vx).

HACHE ■ *I. Au pr. :* 1. Bipenne, cognée. 2. Francisque, tomahawk. *II. Par ext. :* aisseau, aissette, cochoir, coupe-coupe, doleau, doloire, hachereau, hachette, hansart, herminette, merlin, serpe, tille.

HACHÉ, E ■ *Fig. :* abrupt, coupé, court, entrecoupé, heurté, interrompu, saccadé, sautillant, syncopé.

HACHER ■ *I. Au pr. :* couper, déchiqueter, découper, diviser, fendre, mettre en morceaux, trancher. *II. Par ext. :* détruire, ravager. *III. Fig. :* couper, entrecouper, interrompre. *IV. Loc.* Se faire hacher pour ⇒ **sacrifier (se)**.

HACHICH, HACHISCH, HASCHICH, HASCHISCH ■ Canabis, chanvre indien, hasch, herbe, kif, mariejeanne, marijuana.

HACHIS ■ Boulette, croquette, farce, farci, godiveau, parmentier, quenelle.

HACHURE ■ Entaille, raie, rayure, trait, zébrure.

HACHURER ■ Entailler, hacher, rayer, zébrer.

HACIENDA ■ Fazenda. ⇒ **propriété**.

HAGARD, E ■ *I.* Absent, délirant, dément, effaré, effrayé, égaré, épouvanté, fiévreux, fou, halluciné, horrifié, saisi, terrifié, terrorisé. *II.* ⇒ **sauvage**. *III.* ⇒ **troublé**.

HAGIOGRAPHIE ■ *I. Au pr. :* histoire des saints, légende dorée. *II. Par ext.* ⇒ **histoire**.

HAIE ■ *I. Au pr. :* âge (vx), bordure, bouchure, breuil, brise-vent, buisson, charmille, clôture, entourage, obstacle. ⇒ **hallier**. *II. Par ext. :* cordon, file, rang, rangée.

HAILLON ■ Affûtiaux, chiffon, défroque, guenille, harde, loque, nippe, oripeau, penaille. ⇒ **vêtement**.

HAILLONNEUX, EUSE ■ ⇒ **Déguenillé**.

HAINE ■ *I. Au pr.* 1. Acrimonie, animadversion, animosité, antipathie, aversion, détestation, exécration, fanatisme, férocité, fiel, fureur, hostilité, inimitié, intolérance, jalousie, malignité, malveillance, misanthropie, passion, querelle, rancœur, rancune, répugnance, répulsion, ressentiment, vengeance, venin. 2. Racisme, xénophobie. *II. Par ext. :* abomination, acharnement, aigreur, colère, cruauté, dégoût, dissension, exaspération, éloignement, folie, horreur, persécution, rivalité.

HAINEUX, EUSE ■ ⇒ **malveillant**.

HAÏR ■ Abhorrer, abominer, avoir en aversion/en horreur/une dent (fam.), détester, exécrer, fuir, honnir, maudire, ne pouvoir sentir, prendre en grippe, répugner à, en vouloir à.

HAIRE ■ *I. Au pr. :* cilice. *II. Par ext. :* macération, pénitence.

HAÏSSABLE ■ Abominable, antipathique, déplaisant, détestable, exécrable, insupportable, maudit, méprisable, odieux, rebutant, repoussant, répugnant, réprouvé.

HÂLÉ, E ■ Basané, bistré, boucané, bronzé, brûlé, bruni, cuivré, doré, mat.

HALEINE ■ *I. Au pr. :* anhélation, essouflement, expiration, respiration, souffle. *II. Par ext.* 1. Bouffée, brise, fumée, souffle, vent. 2. Effluve, émanation, exhalaison, fumet, odeur, parfum. *II. Loc.* 1. À perdre haleine : à perdre le souffle, longuement, sans arrêt/discontinuer. **2. Être hors d'haleine** : essouflé, haletant.

HALENER ■ *Vén.* ⇒ sentir.

HALER ■ ⇒ tirer.

HÂLER ■ Boucaner, bronzer, brûler, brunir, dorer, noircir.

HALETANT, E ■ *I. Au pr.* : époumoné, épuisé, essouflé, hors d'haleine, pantelant, pantois (vx), suffoqué. *II. Par ext.* : bondissant, précipité, saccadé. *III. Fig.* : ardent, avide, cupide (péj.), désireux, impatient.

HALÈTEMENT ■ ⇒ essouflement.

HALETER ■ Être à bout de souffle/haletant *et les syn. de* HALETANT.

HALITUEUX, EUSE ■ ⇒ humide.

HALL ■ *I.* ⇒ vestibule. *II.* ⇒ salle.

HALLE ■ *I.* Entrepôt, hangar, magasin. *II.* Foire, marché couvert.

HALLEBARDE ■ ⇒ lance.

HALLIER ■ Breuil, buisson, épines, fourré, ronce. ⇒ haie.

HALLUCINANT, E ■ ⇒ extraordinaire.

HALLUCINATION ■ *I. Par ext.* : aliénation, apparition, cauchemar, chimère, délire, démence, déraison, divagation, fantasmagorie, folie, illusion, mirage, phantasme, rêve, vision. *II. Fig.* : berlue (fam.), éblouissement, voix.

HALLUCINÉ, E ■ *I.* Aliéné, bizarre, délirant, dément, égaré, hagard, visionnaire. *II.* Affolé, angoissé, déséquilibré, épouvanté, fou, horrifié, médusé, terrifié, terrorisé.

HALLUCINER ■ ⇒ éblouir.

HALO ■ *I.* ⇒ lueur. *II.* ⇒ nimbe.

HALTE ■ *I.* Arrêt, escale, étape, interruption, pause, relais, répit, repos, station. ⇒ abri. *II.* ⇒ nursery.

HAMEAU ■ Bourg, bourgade, écart, lieu-dit *ou* lieudit, localité, village.

HAMEÇON ■ ⇒ piège.

HAMPE ■ ⇒ bâton.

HANAP ■ Calice, coupe, cratère, pot, récipient, vase.

HANCHE ■ Croupe, fémur, fesse, flanc, reins.

HANDICAP ■ *I.* ⇒ infirmité. *II.* ⇒ inconvénient.

HANDICAPER ■ ⇒ désavantager.

HANGAR ■ Abri, appentis, chartil, dépendance, fenil, garage, grange, grenier, local, remise, resserre, toit. ⇒ magasin.

HANNETON ■ Cancouële (rég.).

HANTER ■ *I.* ⇒ fréquenter. *II.* ⇒ tourmenter.

HANTISE ■ ⇒ obsession.

HAPPENING ■ *I.* Improvisation. ⇒ spectacle.

HAPPER ■ v. tr. et intr. Adhérer à, s'agriffer à, s'agripper à, s'attacher à, attraper, s'emparer de, gripper, mettre le grappin/harpon/la main sur, prendre, saisir.

HAQUENÉE ■ *I. Au pr.* ⇒ jument. *II. Par ext.* ⇒ cheval.

HARA-KIRI (SE FAIRE) ■ Se donner la mort, s'éventrer, se frapper, s'immoler, se percer le flanc, se poignarder, se sabrer, se sacrifier, se suicider, se transpercer.

HARANGUE ■ *I. Au pr.* : allocution, appel, catilinaire, discours, dissertation (péj.), exhortation, exposé, homélie (relig.), oraison (vx), péroraison, philippique, plaidoyer, prêche (relig.), proclamation, prosopopée, sermon, speech, tirade, toast. *II. Par ext.* Péj. : réprimande, semonce.

HARANGUER ■ ⇒ sermonner.

HARASSANT, E ■ ⇒ tuant.

HARASSÉ, E ■ Abattu, abruti, à bout, accablé, anéanti, annihilé, brisé, claqué (fam.), crevé (fam.), échiné, épuisé, éreinté, excédé, exténué, fatigué, flapi (fam.), las, mort (fam.), moulu (fam.), rendu (fam.), rompu (fam.), tué (fam.), vaincu, vanné (fam.), vidé (fam.).

HARASSER ■ ⇒ fatiguer.

HARCELANT, E ■ ⇒ ennuyeux.

HARCELER ■ S'acharner, agacer, aiguillonner, assaillir, assiéger, asticoter (fam.), attaquer, braver, empoisonner (fam.), ennuyer, exciter, fatiguer, gêner, importuner, inquiéter, obséder, pourchasser, poursuivre, pousser à bout, presser, provoquer, relancer, secouer, taler, talonner, taquiner, tarabuster, tirailler, tourmenter, tracasser, traquer.

HARDE ■ Harpail.

HARDER ■ *Vén. :* ⇒ attacher.

HARDES ■ *I.* ⇒ vêtement. *II.* ⇒ haillon.

HARDI, E ■ *I. Favorable ou neutre.* 1. Quelqu'un : audacieux, aventureux, brave, casse-cou, courageux, décidé, déluré, déterminé, énergique, entreprenant, fier (vx), fougueux, hasardeux, impavide, impétueux, intrépide, mâle, osé, résolu, vaillant, vigoureux. 2. Quelque chose : nouveau, original, osé. *II. Non favorable.* 1. Au pr. : arrogant, cavalier, culotté (fam.), effronté, impudent, indiscret, insolent, présomptueux, risque-tout, téméraire. 2. Relatif aux mœurs : audacieux, gaillard, impudique, leste, osé, provocant, risqué.

HARDIESSE ■ *I. Favorable ou neutre.* 1. Quelqu'un : assurance, audace, bravoure, cœur, courage, décision, détermination, énergie, esprit d'entreprise, fermeté, fougue, impétuosité, intrépidité, résolution, vaillance. 2. Quelque

chose : innovation, nouveauté, originalité. *II. Non favorable.* 1. Quelqu'un : aplomb, arrogance, audace, culot (fam.), effronterie, front, impudence, imprudence, indiscrétion, insolence, témérité, toupet. 2. Relatif aux mœurs : impudicité, inconvenance, indécence, liberté, licence.

HAREM ■ ⇒ gynécée.

HARENG ■ *I.* Bouffi, gendarme, harenguet, kipper, sauret, saurin, sprat. *II.* ⇒ proxénète.

HARENGÈRE ■ Dame de la halle, dragon, gendarme, grenadier, grognasse (grossier), maritorne, mégère, poissarde, pouffiasse (grossier), rombière (grossier), teigne, tricoteuse (vx), virago.

HARFANG ■ ⇒ hulotte.

HARGNE ■ *I.* ⇒ méchanceté. *II.* ⇒ colère.

HARGNEUX, EUSE ■ ⇒ acariâtre.

HARICOT ■ *I.* Dolic, flageolet, mangetout, soissons. *II. Fam. :* fayot, loubia, musiciens, piano du pauvre, vestiges, vestos.

HARIDELLE ■ ⇒ cheval.

HARMONIE ■ *I.* Chœur, concert, musique. ⇒ orchestre. *II.* Accompagnement, accord, arrangement, cadence, combinaison, consonance, contrepoint, euphonie, mélodie, mouvement, nombre, rondeur, rythme. *III. Fig.* 1. Entre personnes : accord, adaptation, affinité, agencement, alliance, amitié, bon esprit, communion, conciliation, concordance, concorde, conformité, correspondance, entente, équilibre, paix, réconciliation (par ext.), sympathie, unanimité, union. 2. Entre choses : balancement, beauté, cadence, cohérence, combinaison, consonance, économie des parties, élégance, ensemble, équilibre, eurythmie, grâce, harmonisation, homogénéité, nombre, orchestration, ordre, organisation, pondération, proportion, régularité, rythme, symétrie, unité.

HARMONIEUX, EUSE ■ Accordé, adapté, agréable, ajusté, balancé, beau, cadencé, cohérent, conforme, doux, élégant, équilibré, esthétique, euphonique, eurythmique, gracieux, homogène, juste, mélodieux, musical, nombreux, ordonné, organisé, pondéré, proportionné, régulier, rythmé, suave, symétrique.

HARMONISATION ■ Accompagnement, arrangement, orchestration. ⇒ harmonie.

HARMONISER ■ Accommoder, accorder, adapter, agencer, ajuster, aménager, apprêter, approprier, arranger, assembler, assortir, classer, combiner, composer, concilier, construire, coordonner, disposer, équilibrer, faire concorder, grouper, mettre ensemble, ordonner, organiser, pacifier, ranger, régler, unifier.

HARNACHÉ, E ■ *Fig.* ⇒ vêtu.

HARNACHEMENT ■ *I. Au pr. :* attelage, bricole, équipement, harnais, harnois (vx), joug. *II. Fig.* ⇒ vêtement.

HARNACHER ■ *Fig.* ⇒ vêtir.

HARNAIS ■ ⇒ harnachement.

HARO (CRIER) ■ ⇒ vilipender.

HARPAGON ■ ⇒ avare.

HARPAIL ■ Harde.

HARPAILLER ■ ⇒ injurier.

HARPE ■ ⇒ lyre.

HARPIE ■ ⇒ virago.

HARPON ■ Crampon, croc, crochet, dard, digon, foène, foëne, fouëne, grappin, harpeau, harpin.

HARPONNER ■ ⇒ prendre.

HART ■ ⇒ corde.

HASARD ■ *I. Au pr.* **1. Neutre ou non favorable :** accident, aléa, aventure, cas fortuit, circonstance, coïncidence, conjoncture, contingence, coup de dés/de pot (arg.)/du sort, destin, déveine (fam.), fatalité, fortune, impondérable, imprévu, incertitude, indétermination, malchance, manque de pot (arg.), occasion, occurrence, rencontre, risque, sort. **2. Favorable :** aubaine, chance, coup de chance/de pot (arg.), fortune, veine (fam.). *II. Par ext.* ⇒ danger. *III. Loc. adv.* **1. Par hasard :** d'aventure, par aventure/chance/raccroc, fortuitement. **2. Au hasard :** accidentellement, à l'improviste, au flan (fam.), aveuglément, à l'aveuglette, au petit bonheur, de façon/manière accidentelle / adventice / contingente / imprévisible / imprévue, inconsidérément, n'importe comment/où/quand, par raccroc.

HASARDÉ, E ■ *I.* Aléatoire, audacieux, aventuré, chanceux, dangereux, exposé, fortuit, fou, glandilleux (fam.), gratuit, hardi, hasardeux, imprudent, incertain, misé, osé, périlleux, risqué, téméraire, tenté. *II. Vx* ⇒ obscène.

HASARDER ■ *I. Au pr. :* aventurer, commettre, compromettre (péj.), se décider, émettre, essayer, exposer, jouer, jouer son va-tout, se lancer, oser, risquer, risquer le paquet (fam.), spéculer, tenter. *II. Par ext.* ⇒ expérimenter.

HASARDEUX, EUSE ■ *I.* ⇒ hardi. *II.* ⇒ hasardé.

HASCHICH, HASCHISCH ■ ⇒ hachich.

HASTE ■ *I. Au pr. :* hampe. *II. Par ext. :* carreau, lance, javelot, pique. *III.* Broche à rôtir.

HÂTE ■ *I.* ⇒ vitesse. *II. Loc.* **À la hâte, en hâte :** à la diable, à fond de train (fam.), avec promptitude, hâtivement, précipitamment, promptement, rapidement, d'urgence, vite, vivement. *Arg. :* fissa, le feu au ⇒ fessier.

HÂTER ■ *I.* ⇒ accélérer. *II.* ⇒ brusquer. *III. V. pron. :* s'activer (fam.), s'agiter, courir, cravacher, se dégrouiller (fam.), se dépêcher, s'empresser, faire diligence/fissa (arg.), se grouiller (fam.), se précipiter, se presser. *Arg. ou fam.* : aller/faire/partir ⇒ vite, bomber, se dégrouiller/démerder/grouiller/manier le ⇒ **fessier**, trotter, filocher, partir comme un lavement/un pet (sur une toile cirée), pédaler, tracer, trisser.

HÂTIF, IVE ■ *I. Favorable ou neutre :* à la minute, avancé, immédiat, précoce, prématuré, pressé, rapide. *II. Non favorable :* à la va-vite, bâclé, gâché, précipité, saboté, torché (fam.).

HAUBAN ■ ⇒ cordage.

HAUSSE ■ Accroissement, augmentation, bond, croissance, crue, élévation, enchérissement, flambée/montée des prix, haussement, majoration, montée, poussée, progression, redressement, rehaussement, relèvement, renchérissement, revalorisation, valorisation.

HAUSSEMENT ■ *I.* ⇒ hausse. *II.* Crue, élévation, exhaussement, soulèvement, surélévation. *III. Loc.* Haussement d'épaules : geste de dédain/de désintérêt/d'indifférence / de mépris, mouvement d'épaules.

HAUSSER ■ *I. Au pr.* 1. Une valeur : accroître, augmenter, élever, enchérir, faire monter, majorer, monter, rehausser, relever, remonter, renchérir, revaloriser, surenchérir. 2. Une dimension : agrandir, élever, enfler, exhausser. 3. Un objet : dresser, hisser, lever, monter, porter haut, redresser, remonter, surélever, surhausser. *II. Par ext. :* élever, exalter, porter aux nues.

HAUT, E ■ adj. *I. Au pr. :* culminant, dominant, dressé, élancé, élevé, grand, levé, long, perché, proéminent, surélevé. *II. Fig.* 1. Favorable : altier, digne, éclatant, élevé, éminent, fortuné, grand, important, noble, remarquable, supérieur, suprême. 2. Non favorable : arrogant, démesuré. ⇒ dédaigneux. 3. Neutre : aigu, fort, grand, intense, relevé, vif. 4. ⇒ profond. 5. ⇒ sonore. 6. ⇒ ancien. *III. Loc.* 1. Haut fait : acte courageux/éclatant/

héroïque/méritoire, action d'éclat. 2. Haut mal : épilepsie.

HAUT ■ n. Apogée, cime, comble, couronnement, crête, dessus, faîte, flèche.

HAUTAIN, E ■ ⇒ dédaigneux.

HAUT-DE-FORME ■ Claque, gibus, huit-reflets, tube, tuyau de poêle (fam.).

HAUTESSE ■ ⇒ excellence.

HAUTEUR ■ *I. Au pr. :* altitude, dimension, élévation, étage, étiage, hypsométrie, niveau, profondeur (de l'eau), stature, taille. *II. Par ext. :* ballon, belvédère, butte, chaîne, colline, côte, coteau, crête, dune, élévation, éminence, falaise, haut, ligne de partage des eaux, mamelon, mont, montagne, monticule, morne, motte, pic, piton, plateau, surplomb, talus, taupinière, tertre. *III. Fig.* ⇒ dédain.

HAUT-FOND ■ Atterrissement, banc, récif.

HAUT-LE-CŒUR ■ ⇒ dégoût.

HAUT-LE-CORPS ■ ⇒ tressaillement.

HAUT-PARLEUR ■ *Par ext. :* baffle, enceinte.

HÂVE ■ Émacié, maigre. ⇒ pâle.

HAVIR ■ ⇒ rôtir.

HAVRE ■ ⇒ port.

HAVRESAC ■ ⇒ sac.

HÉBERGEMENT ■ ⇒ logement.

HÉBERGER ■ ⇒ recevoir.

HÉBÉTÉ, E ■ ⇒ stupide.

HÉBÉTER ■ ⇒ abêtir.

HÉBÉTUDE ■ ⇒ engourdissement.

HÉBRAÏQUE et **HÉBREU** ■ *n. et adj.* ⇒ israélite.

HÉCATOMBE ■ *I.* ⇒ sacrifice. *II.* ⇒ carnage.

HÉDONISME ■ Épicurisme, eudémonisme, optimisme.

HÉGÉMONIE ■ ⇒ **supériorité**.

HEIMATLOS ■ Apatride, étranger, personne déplacée, sans nationalité/patrie.

HÉLER ■ ⇒ **interpeller**.

HÉLICOPTÈRE ■ ⇒ **aérodyne**.

HÉMATOME ■ ⇒ **contusion**.

HÉMICYCLE ■ ⇒ **amphithéâtre**.

HÉMISTICHE ■ Césure, coupe, pause.

HÉMORRAGIE ■ *I.* Épistaxis, hématémèse, hématurie, hémoptysie, ménorragie, métrorragie, perte, purpura, saignée, saignement. ⇒ **congestion**. *II. Fig.* ⇒ **fuite**.

HÉRAUT ■ ⇒ **messager**.

HERBAGE ■ *I.* ⇒ **herbe**. *II.* ⇒ **pâturage**.

HERBE ■ *I. Au pr. :* brome, chiendent, dactyle, fétuque, foin, folle avoine, fourrage, gazon, graminée, herbette, ivraie, laîche, ray-grass, regain, verdure, vert. *II. Par ext.* 1. Aromates, simples. 2. Alpages, champ, herbage, pâturage, prairie, pré, savane, tapis vert, verdure. ⇒ **pelouse**.

HERBEUX, EUSE ■ Enherbé, gazonneux, herbageux, herbé, herbifère, herbu, verdoyant, vert.

HERBIVORE ■ *I. Au pr. :* ruminant. *II. Par ext. :* végétarien.

HERCULE, HERCULÉEN, ENNE ■ ⇒ **fort**.

HÈRE ■ ⇒ **homme**.

HÉRÉDITAIRE ■ Ancestral, atavique, congénital, successible, transmissible.

HÉRÉDITÉ ■ *I.* Atavisme, génotype. *II.* Antécédents, ascendance, caractère ancestral, parenté, ressemblance. *III.* Héritage, legs, patrimoine, succession, transmissibilité, transmission.

HÉRÉSIE ■ Apostasie, contre-vérité, dissidence, erreur, fausseté, hétérodoxie, impiété, réforme, reniement, révolte, sacrilège, schisme, séparation.

HÉRÉTIQUE ■ Apostat, dissident, hérésiarque, hétérodoxe, impie, incroyant, infidèle, laps et relaps, réformateur, renégat, révolté, sacrilège, schismatique, séparé.

HÉRISSÉ, E ■ *I. Au pr. :* déchevelé, dressé, ébouriffé, échevelé, hirsute, hispide, horripilé, raide, rebroussé. *II. Par ext. :* chargé, couvert, entouré/farci/garni/plein/rempli/truffé de, épineux, protégé de/par. *III. Fig.* ⇒ **irrité**.

HÉRISSEMENT ■ Chair de poule, frissonnement, horripilation.

HÉRISSER ■ *I.* ⇒ **horripiler**. *II.* ⇒ **irriter**.

HÉRITAGE ■ *I. Au pr. :* douaire (vx), hoirie (vx), legs, mortaille (vx), succession. *II. Par ext.* 1. Bien, domaine, patrimoine, propriété. 2. Atavisme, hérédité.

HÉRITER ■ v. tr. et intr. Avoir en partage, échoir, recevoir, recueillir.

HÉRITIER, ÈRE ■ *I.* Ayant cause, colicitant, dépositaire, donataire, hoir (vx), légataire. *II. Par ext.* 1. ⇒ **fils**. 2. ⇒ **successeur**.

HERMAPHRODITE ■ n. et adj. Amphigame (bot.), androgyne, androgynoïde, bisexué, gynandroïde.

HERMÉNEUTIQUE ■ Commentaire, critique, exégèse, interprétation.

HERMÉTIQUE ■ *I.* ⇒ **secret**. *II.* ⇒ **obscur**.

HERMINE ■ Roselet.

HERNIE ■ Descente, effort (fam.), étranglement, évagination, éventration, grosseur (fam.), prolapsus, tuméfaction, tumeur molle.

HÉROÏ-COMIQUE ■ Bouffe, bouffon, burlesque, grotesque, macaronique, parodique.

HÉROÏNE ■ *I.* ⇒ héros. *II.* ⇒ drogue.

HÉROÏQUE ■ *I.* Chevaleresque, élevé, épique, homérique, noble, stoïque. *II. Par ext.* 1. ⇒ généreux. 2. ⇒ courageux. *III. Fig.* 1. ⇒ efficace. 2. ⇒ extrême.

HÉROÏSME ■ *I.* ⇒ générosité. *II.* ⇒ courage.

HÉROS ■ Brave, demi-dieu, démiurge, géant, grand homme/personnage, héroïne, lion, paladin, preux, superman (fam.), surhomme.

HERSE ■ Canadienne, écroûteuse, émotteuse, hérisson, norvégienne, rouleau squelette.

HERSER ■ ⇒ ameublir.

HÉSITANT, E ■ Ballotté, en balance, chancelant, confus, craintif, désorienté, douteux, embarrassé, empêché, flottant, fluctuant, incertain, indécis, indéterminé, irrésolu, oscillant, perplexe, réticent, réservé, scrupuleux, suspendu, timide, velléitaire.

HÉSITATION ■ Arrière-pensée, atermoiement, balancement, barguignage, désarroi, doute, embarras, flottement, fluctuation, incertitude, indécision, indétermination, irrésolution, louvoiement, perplexité, réserve, résistance, réticence, scrupule, tâtonnement, tergiversation, vacillation.

HÉSITER ■ Atermoyer, attendre, avoir scrupule, balancer, barboter (fam.), barguigner, broncher, chipoter, chiquer (fam.), consulter (vx), craindre de, délibérer, se demander, douter (vx), être embarrassé / empêtré (fam.)/ incertain / indécis / indéterminé / irrésolu / perplexe / réticent, flotter, se gratter (arg.), lanterner (fam.), marchander, merdoyer (fam.), ne savoir que faire/sur quel pied danser, osciller, patauger (fam.), reculer, résister, rester en suspens, sourciller, se tâter, tâtonner, temporiser, tergiverser, tortiller (fam.), vaciller, vasouiller. ⇒ balbutier.

HÉTAÏRE ■ ⇒ prostituée.

HÉTÉROCLITE ■ ⇒ irrégulier.

HÉTÉRODOXE ■ ⇒ hérétique.

HÉTÉROGÈNE ■ Allogène, allothigène, amalgamé, bigarré, composite, disparate, dissemblable, divers, étranger, hétéroclite, impur, mêlé, varié.

HÉTÉRONYME ■ Nom de guerre, pseudonyme, sobriquet, surnom.

HEUR ■ ⇒ bonheur.

HEURE ■ *I.* Plombe (arg.). ⇒ moment. *II.* ⇒ occasion. *III. Loc. Tout à l'heure.* 1. À l'instant, il y a peu. 2. Dans un moment, d'ici peu.

HEUREUSEMENT ■ ⇒ bien.

HEUREUX, EUSE ■ *I. Quelqu'un :* aisé, à l'aise, béat, benoît, bien aise, bienheureux, calme, chanceux, charmé, comblé, content, enchanté, en paix, euphorique, exaucé, favorisé, florissant, fortuné, gai, joyeux, jubilant, nanti, optimiste, prospère, radieux, ravi, réjoui, repu, riche, sans souci, satisfait, tranquille, transporté, triomphant, veinard, verni. *II. Par ext.* 1. ⇒ favorable. 2. Beau, bien venu, équilibré, habile, harmonieux, juste, original, plaisant, réussi, trouvé.

HEURISTIQUE ■ Didactique, maïeutique.

HEURT ■ *I. Au pr. :* abordage, accrochage, à-coup, aheurtement, cahot, carambolage, choc, collision, commotion, contact, coup, impact, percussion, rencontre, saccade, secousse, tamponnage, télescopage. *II. Fig. :* antagonisme, chicane, conflit, épreuve, friction, froissement, mésentente, obstacle, opposition, querelle.

HEURTÉ, E ■ *Fig. :* abrupt, accidenté, décousu, désordonné, difficile, discordant, haché, inégal, interrompu, irrégulier, raboteux, rocailleux, rude, saccadé.

HEURTER ■ *I. V. tr.* 1. *Au pr. :* aborder, bigorner (fam.), accrocher, caramboler, choquer, cogner, coudoyer, emboutir, frapper, friser/froisser (la tôle), percuter, tamponner, télescoper. **2. Fig.** : blesser, choquer, contrarier, déplaire à, écorcher, faire de la peine, froisser, offenser, offusquer, scandaliser, vexer. **3. Par ext.** : affronter, attaquer, atteindre, combattre, étonner, frapper. **II. V. intr.** : achopper, buter, chopper, cogner, cosser, donner contre, porter, rencontrer, taper. **III. V. pron.** : *Les formes pron. possibles des syn. de* HEURTER. **IV. V. récipr.** : s'accrocher, s'affronter, s'attraper, se combattre, s'entrechoquer.

HIATUS ■ *I.* Cacophonie, heurtement. *II.* Espace, fente, interruption, interstice. *III.* ⇒ lacune.

HIBOU ■ Chat-huant, grand-duc. ⇒ hulotte.

HIC ■ ⇒ difficulté.

HIDEUR ■ ⇒ laideur.

HIDEUX, EUSE ■ ⇒ laid.

HIÉRARCHIE ■ *I. Au pr.* : échelle, filière. *II. Par ext.* **1.** Autorité, commandement, ordre, rang, subordination. **2.** Cadres supérieurs, chefs, élite, notabilité. *III. Fig.* : agencement, classement, classification, coordination, distribution, échelonnement, étagement, gradation, hiérarchisation, organisation, structure, système.

HIÉRARCHISER ■ Agencer, classer, distribuer, échelonner, étager, graduer, mettre en ordre/en place, ordonner, organiser, poser, situer, structurer, subordonner, superposer.

HIÉRATIQUE ■ *I.* ⇒ sacré. *II.* ⇒ traditionnel.

HIÉROGLYPHE ■ *I. Au pr.* : hiérogramme, idéogramme. *II. Fig.* ⇒ barbouillage.

HILARANT, E ■ ⇒ risible.

HILARE ■ *I.* ⇒ gai. *II.* ⇒ réjoui.

HILARITÉ ■ ⇒ gaieté.

HIMATION ■ ⇒ manteau.

HIPPIATRE ■ Vétérinaire.

HIPPIE ■ Asocial, contestataire, marginal, non-conformiste.

HIPPODROME ■ *I. Au pr.* : champ de courses. *II. Par ext.* : arène, cirque.

HIRONDELLE ■ Hirondeau, martinet, solangane.

HIRSUTE, HISPIDE ■ ⇒ hérissé.

HIRSUTISME ■ Pilosisme.

HISSER ■ ⇒ lever.

HISTOIRE ■ *I. Au pr.* **1.** Archéologie, chronologie, diplomatique, épigraphie, généalogie, heuristique, paléographie, préhistoire, protohistoire. **2.** Annales, archives, bible, biographie, chroniques, chronologie, commentaires, confessions, description, dit (vx), évangile, évocation, fastes, geste (vx), hagiographie, mémoires, narration, peinture, récit, relation, souvenir, version, vie. **3.** Anecdote, conte, écho, épisode, fable, historiette, légende, mythologie. *II. Par ext.* ⇒ roman. *III. Fig.* **1.** ⇒ difficulté. **2.** ⇒ blague. **3.** Chicane, embarras, incident, querelle.

HISTORIEN, ENNE ■ Annaliste, auteur, biographe, chroniqueur, chronologiste, écrivain, historiographe, mémorialiste, narrateur, spécialiste de l'histoire.

HISTORIER ■ *I.* ⇒ peindre. *II.* ⇒ orner.

HISTORIQUE ■ *I. Adj.* ⇒ réel. *II. Nom masc.* ⇒ récit.

HISTRION ■ *I.* ⇒ bouffon. *II.* ⇒ plaisant.

HOBEREAU ■ ⇒ noble.

HOCHER ■ ⇒ remuer.

HOCHET ■ *I.* ⇒ vanité. *II.* ⇒ bagatelle.

HOLDING ■ ⇒ trust.

HOLOCAUSTE ■ ⇒ sacrifice.

HOMÉLIE ■ *I. Au pr. :* instruction, prêche, prône, sermon. *II. Par ext. :* abattage, allocution, capucinade (péj.), discours, engueulade (fam.), remontrance, réprimande, semonce.

HOMÉRIQUE ■ Audacieux, bruyant, épique, héroïque, inextinguible, inoubliable, mémorable, noble, sublime, valeureux.

HOMICIDE ■ *I. Nom masc.* 1. Quelqu'un : assassin, criminel, meurtrier. ⇒ tueur. 2. L'acte : assassinat, crime, égorgement, exécution, infanticide, liquidation physique, meurtre. *II. Adj. :* meurtrier, mortel.

HOMINIDÉ ■ Anthropopithèque, atlanthrope, australopithèque, pithécanthrope, sinanthrope, zinjanthrope.

HOMMAGE ■ *I. Au sing.* ⇒ offrande. *II. Au pl.* ⇒ civilité, respect.

HOMMASSE ■ Mâle, masculin.

HOMME ■ *I. L'espèce.* 1. Anthropoïde, bimane, bipède (fam.), créature, créature ambidextre/douée de raison/intelligente, être humain, hominien, homo sapiens, humain, mortel. 2. Espèce humaine, humanité, prochain, semblable, société. *II. L'individu.* 1. **Favorable ou neutre** : âme, corps, esprit, individu, monsieur, personnage, personne, quelqu'un, tête. 2. **Partic.** : bras, citoyen, habitant, naturel, ouvrier, soldat, sujet. 3. **Péj. ou arg.** : bonhomme, bougre, chrétien, coco, croquant, diable, drôle, gaillard, gazier, gonze, guignol, hère, lascar, luron, mec, moineau, numéro, oiseau, paroissien, piaf, pierrot, pistolet, quidam, zèbre, zigomard, zigoto, zigue, zouave. ⇒ **type.** *III. Par Ext.* 1. ⇒ **amant.** 2. ⇒ **époux.** *IV. Loc.* 1. **Homme de bien** : brave/galant/honnête homme, gentilhomme, gentleman, homme d'honneur/de mérite. 2. **Homme d'État** ⇒ **politicien.** 3. **Homme de lettres** ⇒ **écrivain.** 4. **Homme de loi** ⇒ **légiste.** 5. **Homme de paille** ⇒ **intermé**diaire. 6. **Homme de qualité** ⇒ **noble.** 7. **Homme lige** ⇒ **vassal** et **partisan.**

HOMOGÈNE ■ Analogue, cohérent, de même espèce/genre/nature, équilibré, harmonieux, identique, parallèle, pareil, proportionné, régulier, uni, uniforme, semblable, similaire.

HOMOGÉNÉITÉ ■ ⇒ harmonie.

HOMOLOGATION ■ Acceptation, approbation, authentification, autorisation, confirmation, décision, enregistrement, entérinement, officialisation, ratification, sanction, validation.

HOMOLOGUE ■ adj. et n. Analogue, comparable, concordant, conforme, congénère, correspondant, équivalent, frère, identique, pareil, semblable, similaire. ⇒ alter ego.

HOMOLOGUER ■ Accepter, approuver, authentifier, autoriser, confirmer, décider, enregistrer, entériner, officialiser, ratifier, sanctionner, valider.

HOMOSEXUALITÉ ■ *I. Masc. :* inversion, pédérastie, pédophilie, uranisme. ⇒ uranien. *II. Fém. :* lesbianisme, saphisme, tribaderie, tribadisme. ⇒ lesbienne.

HOMOSEXUEL, LE ■ *I.* ⇒ uranien. *II.* ⇒ lesbienne.

HONGRE ■ *I. Au pr. :* castré, châtré. *II. Par ext. :* castrat, eunuque. *III.* Cheval.

HONNÊTE ■ *I. Quelqu'un.* 1. Au pr. : brave, consciencieux, digne, droit, estimable, exact, fidèle, franc, honorable, incorruptible, insoupçonnable, intègre, irréprochable, juste, légal, licite, loyal, méritoire, moral, net, probe, propre, scrupuleux, vertueux. 2. Par ext. : accompli, civil, comme il faut, convenable, correct, de bonne compagnie, décent, distingué, honorable, modeste, poli, rangé, réservé, sage, sérieux. *II. Quelque chose.* 1. Au pr. : avouable, beau, bien, bienséant, bon, convenable, décent, louable, moral, naturel, normal, raisonnable.

2. Par ext. : catholique, convenable, décent, honorable, juste, mettable, moyen, passable, satisfaisant, suffisant. **III. Loc. Honnête homme** : accompli, gentleman, homme de bien.

HONNÊTETÉ ■ **I. Au pr.** : conscience, dignité, droiture, exactitude, fidélité, franchise, incorruptibilité, intégrité, irréprochabilité, justice, loyauté, moralité, netteté, probité, scrupule, vertu. **II. Par ext. 1.** Amitié (vx), bienséance, bienveillance, civilité, correction, décence, délicatesse, distinction, honorabilité, politesse, qualité. **2.** Chasteté, décence, fidélité, honneur, mérite, modestie, morale, pudeur, pureté, sagesse, vertu.

HONNEUR ■ **I.** Dignité, estime, fierté. **II.** Prérogative, privilège. **III.** Culte, dévotion, vénération. **IV.** ⇒ **décence. V.** ⇒ **honnêteté. VI.** ⇒ **gloire. VII.** ⇒ **respect. VIII. Au pl.** : apothéose, charge, distinction, égards, faveur, grade, hochets (péj.), hommage, ovation, poste, triomphe.

HONNIR ■ ⇒ **vilipender.**

HONORABILITÉ ■ ⇒ **honnêteté.**

HONORABLE ■ **I. Quelqu'un** : digne, distingué, estimable, méritant, noble (vx), respectable. **II. Quelque chose** : honorifique ⇒ **honnête.**

HONORAIRES ■ ⇒ **rétribution.**

HONORER ■ Adorer, avoir/célébrer/rendre un culte, craindre, déifier, encenser, estimer, glorifier, gratifier d'estime/de faveur/d'honneur, magnifier, respecter, révérer, saluer la mémoire, tenir en estime. **V. pron.** : s'enorgueillir, se faire gloire.

HONORIFIQUE ■ Flatteur, honorable.

HONTE ■ **I. Neutre** : confusion, crainte, embarras, gêne, humilité, pudeur, réserve, respect humain, retenue, timidité, vergogne (vx). **II. Non favorable 1.** Abaissement, abjection, affront, bassesse, dégradation, démérite, déshonneur, flétrissure, humilia-

tion, ignominie, indignité, infamie, opprobre, scandale, turpitude, vilenie. **2.** Dégoût de soi, regrets, remords, repentir. **III. Loc. Fausse honte** ⇒ **timidité.**

HONTEUX, EUSE ■ **I. Neutre. Quelqu'un. 1. Au pr.** : camus (vx), capot (fam.), confus, consterné, contrit, déconfit, gêné, penaud, quinaud, repentant. **2. Par ext.** : caché, craintif, embarrassé, timide. **II. Non favorable.** Une action : abject, avilissant, bas, coupable, dégoûtant, dégradant, déshonorant, écœurant, humiliant, ignoble, ignominieux, immoral, inavouable, indigne, infamant, infâme, lâche, méprisable, obscène, ordurier, sale, scandaleux, trivial, turpide, vexatoire.

HÔPITAL ■ **I. Au pr.** : asile, clinique, hospice, hosto (arg.), hôtel-Dieu, lazaret, maison de retraite/de santé, maternité, policlinique, préventorium, refuge. **II. Par ext. : 1.** Ambulance, antenne chirurgicale, dispensaire, infirmerie. **2.** Crèche, maternité. **3.** Sanatorium, solarium.

HORDE ■ **I.** ⇒ **peuplade. II.** ⇒ **troupe.**

HORION ■ ⇒ **coup.**

HORIZON ■ **I. Au pr.** : champ, distance, étendue, panorama, paysage, perspective, vue. **II. Fig.** ⇒ **avenir.**

HORLOGE ■ **I. Au pr.** : cadran, carillon, cartel, chronomètre, comtoise, coucou, jaquemart, pendule, régulateur, réveil, réveille-matin. **II. Par ext.** : cadran solaire, clepsydre, gnomon, sablier.

HORMIS ■ ⇒ **excepté.**

HOROSCOPE ■ ⇒ **prédiction.**

HORREUR ■ **I. Sentiment qu'on éprouve** : aversion, cauchemar, dégoût, détestation, effroi, éloignement, épouvante, épouvantement, exécration, haine, répugnance, répulsion, saisissement, terreur, ⇒ **peur,** *et les suffixes de* PHOBIE *(ex. : hydropho-*

bie). *II. Un acte :* abjection, abomination, atrocité, crime, honte, ignominie, infamie, laideur, monstruosité,
noirceur. *III. Au pl.* 1. Dire des hor-
reurs : calomnies, méchancetés, pis
que pendre, vilenies. 2. ⇒ obscénité.

HORRIBLE ■ *I.* ⇒ affreux. *II.* ⇒
effrayant. *III.* ⇒ laid.

HORRIFIANT, E ■ ⇒ terrible.

HORRIFIER ■ ⇒ épouvanter.

HORRIPILATION ■ ⇒ hérissement.

HORRIPILER ■ Agacer, asticoter
(fam.), énerver, exaspérer, faire sortir
de ses gonds (fam.), hérisser, impatienter, mettre hors de soi, prendre
à contre-poil (fam.), à rebrousse-poil
(fam.).

HORS ■ *I. Adv.* Dehors. *II. Prép.*
⇒ excepté.

HORS-D'ŒUVRE ■ *I. Au pr. :* amuse-
gueule, blinis, crudités, kémia,
zakouski. *II. Fig.* ⇒ digression.

HORS-LA-LOI ■ ⇒ bandit, maudit.

HORTICULTURE ■ ⇒ jardinage.

HOSPICE ■ ⇒ hôpital.

HOSPITALIER, ÈRE ■ Accueillant,
affable, aimable, amène, avenant, charitable, empressé, généreux, ouvert,
sympathique.

HOSPITALITÉ ■ *I.* Abri, asile, logement, refuge. *II.* Accueil, réception.

HOSTIE ■ ⇒ eucharistie, victime.

HOSTILE ■ ⇒ défavorable.

HOSTILITÉ ■ *I.* ⇒ guerre. *II.* ⇒ haine.

HÔTE, HÔTESSE ■ *I. Celui qui
accueille.* 1. Amphitryon, maître de
maison. 2. Aubergiste, cabaretier, gargotier (fam.), gérant, hôtelier, logeur,
propriétaire, restaurateur, taulier
(arg.), tavernier (fam.), tenancier. *II.
Celui qui est accueilli.* 1. ⇒ convive. 2.
⇒ pensionnaire. 3. ⇒ habitant.

HÔTEL ■ *I.* ⇒ maison. *II.* ⇒ immeuble.

III. Auberge, cambuse (péj.), caravansérail, crèche (fam.), garni, gîte, hôtellerie, logis, maison de passe (péj.),
meublé, motel, palace, pension de
famille, relais, taule (arg.). *IV. Hôtel
de ville :* mairie, maison commune/de
ville. *V. Hôtel borgne* ⇒ lupanar.

HÔTELIER ■ ⇒ hôte.

HOTTE ■ Hottereau, hotteret ⇒
panier.

HOUE ■ Binette, bineuse, déchaussoir,
fossoir, hoyau, marre, tranche. *Par
ext. :* ⇒ bêche.

HOUILLE ■ ⇒ charbon.

HOUILLÈRE ■ Charbonnage.

HOULE ■ ⇒ vague.

HOULETTE ■ ⇒ bâton.

HOULEUX, EUSE ■ *Fig.* ⇒ troublé.

HOUPPE ■ Aigrette, floche, freluche,
houpette, huppe, pompon, touffe, toupet. ⇒ passement.

HOUPPELANDE ■ Cape, douillette,
pelisse, robe de chambre.

HOURVARI ■ ⇒ tohu-bohu.

HOUSEAUX ■ ⇒ guêtre.

HOUSPILLER ■ *I.* ⇒ secouer. *II.* ⇒
maltraitrer. *III.* ⇒ réprimander.

HOUSSE ■ ⇒ enveloppe.

HOUSSINE ■ ⇒ baguette.

HOUSSINER ■ ⇒ battre.

HOUSSOIR ■ ⇒ balai, plumeau.

HOVERCRAFT ■ Aéroglisseur, naviplane.

HOYAU ■ ⇒ houe.

HUBLOT ■ ⇒ fenêtre, ouverture.

HUCHE ■ Maie.

HUCHER ■ ⇒ crier.

HUÉE ■ Bruit, chahut, charivari, cri,
tollé.

HUER ■ ⇒ vilipender.

HUGUENOT, OTTE ■ n. et adj. ⇒ protestant.

HUILE ■ *I. Fig.* ⇒ personnalité. *II. Loc.* 1. Mettre de l'huile dans les rouages : aider, faciliter, favoriser. 2. Jeter/mettre de l'huile sur le feu : attiser, envenimer, exciter, inciter/pousser à la chicane/dispute. 3. Huile de coude : effort, peine, soin, travail. 4. Faire tache d'huile ⇒ répandre (se).

HUILER ■ ⇒ graisser.

HUILEUX, EUSE ■ ⇒ gras.

HUISSIER ■ Aboyeur, acense (vx), appariteur, chaouch, garçon de bureau, gardien, introducteur, massier, portier, surveillant, tangente (arg.).

HUÎTRE ■ *I.* Belon, fine de claire, marennes, perlot, pied de cheval, portugaise. *II. Perlière :* méléagrine, pintadine.

HULOTTE ■ Chat-huant, chevêche, chouette, corbeau de nuit, dame-blanche, effraie, harfang, hibou, huette, strix.

HUMAIN ■ *I. Adj. :* accessible, altruiste, bienfaisant, bienveillant, bon, charitable, clément, compatissant, doux, généreux, humanitaire, philanthrope, pitoyable, secourable, sensible. *II. Nom masc.* ⇒ homme.

HUMANISER ■ ⇒ policer.

HUMANISME ■ Atticisme, classicisme, civilisation, culture, goût, hellénisme, sagesse, sapience, savoir.

HUMANISTE ■ Lettré, libre-penseur, philosophe, sage.

HUMANITAIRE ■ ⇒ humain.

HUMANITÉ ■ *I.* ⇒ bonté. *II.* ⇒ homme.

HUMBLE ■ *I.* ⇒ modeste. *II.* ⇒ petit.

HUMECTER ■ *I. Au pr. :* abreuver, arroser, bassiner, délaver, emboire (vx), humidifier, imbiber, imprégner, mouiller. *II. Techn. :* bruir, humidier, hydrater, madéfier.

HUMER ■ *I.* ⇒ sentir. *II.* ⇒ avaler.

HUMEUR ■ *I. Disposition d'esprit.* 1. Favorable ou neutre : attitude, désir, envie, esprit, fantaisie, goût, gré, idée, manière d'être, naturel, prédilection, volonté. 2. Non favorable : aigreur, bizarrerie, caprice, extravagance, fantaisie, folie, impatience, irrégularité, irritation, lubie, manie, mécontentement, misanthropie, passade, vertigo. ⇒ fâcherie. *II.* ⇒ liquide, sécrétion.

HUMIDE ■ Aqueux, détrempé, embrumé, embué, fluide, frais, halitueux (vx), humecté, humidifié, hydraté, imbibé, imprégné, liquide, moite, mouillé, suintant, uliginaire, uligineux.

HUMIDIFIER ■ ⇒ humecter.

HUMIDITÉ ■ *I.* Brouillard, brouillasse, bruine, brume, fraîcheur, moiteur, mouillure, rosée, serein. *II.* Degré hygrométrique, imprégnation, infiltration, saturation, suintement.

HUMILIANT, E ■ ⇒ honteux.

HUMILIATION ■ *I. On humilie ou on s'humilie :* abaissement, aplatissement (fam.), confusion, dégradation, diminution, honte, mortification. *II. Ce qui humilie :* affront, avanie, blessure, camouflet, dégoût, gifle, honte, opprobre, outrage, vexation.

HUMILIER ■ Abaisser, accabler, avilir, confondre, courber sous sa loi/volonté, dégrader, donner son paquet (fam.), doucher (fam.), écraser, faire honte, gifler, inférioriser, mater, mettre plus bas que terre, mortifier, moucher (fam.), offenser, opprimer, rabaisser, rabattre, ravaler, souffleter, vexer. *V. pron. :* baiser les pieds, courber le dos/le front, fléchir/plier/ployer le genou, s'incliner, lécher les bottes (fam.)/le cul (grossier), se mettre à plat ventre (fam.), se prosterner, ramper,

*et les formes pron. possibles des syn.
de* HUMILIER.

HUMILITÉ ■ **I. *Favorable ou neutre* :**
componction, modestie, soumission,
timidité. **II. *Non favorable*.** 1. Bassesse, obséquiosité, platitude, servilité.
2. Abaissement, obscurité. ⇒ humiliation. **III. *Par ext.* :** abnégation, déférence, douceur, effacement, réserve,
respect, simplicité.

HUMORISTE ■ Amuseur, caricaturiste, comique, fantaisiste, farceur, ironiste, moqueur, pince-sans-rire, plaisantin, railleur, rieur.

HUMORISTIQUE ■ ⇒ risible.

HUMOUR ■ ⇒ esprit, plaisanterie.

HUPPE ■ ⇒ houppe.

HUPPÉ, E ■ ⇒ riche.

HURE ■ Groin, museau. ⇒ tête.

HURLEMENT ■ ⇒ cri.

HURLER ■ v. tr. et intr. ⇒ crier.

HURLUBERLU, E ■ ⇒ étourdi.

HUTINET ■ ⇒ mail.

HUTTE ■ ⇒ cabane.

HYACINTHE ■ Jacinthe.

HYALIN, E ■ ⇒ transparent.

HYBRIDATION ■ ⇒ métissage.

HYBRIDE ■ adj. et n. ⇒ métis.

HYBRIDER ■ ⇒ croiser.

HYDRATER ■ ⇒ humecter.

HYDRE ■ ⇒ dragon.

HYDROGRAPHIE ■ Océanographie.

HYGIÈNE ■ Confort, diététique, grand
air, propreté, régime, salubrité, santé,
soin.

HYMEN ■ ⇒ mariage, virginité.

HYMNE ■ **I. *Nom masc.* :** air, chant,
marche, musique, ode, péan, stances.
II. *Nom fém.* : antienne, cantique,

chœur, choral, prose, psaume,
séquence.

HYPERBOLE ■ ⇒ exagération.

HYPERBOLIQUE ■ **I.** ⇒ excessif. **II.**
⇒ emphatique.

HYPERBORÉEN, ENNE ■ ⇒ nordique.

HYPERESTHÉSIE ■ ⇒ sensibilité.

HYPERTROPHIE ■ ⇒ gonflement.

HYPNOSE, HYPNOTISME ■ Catalepsie, envoûtement, état second, léthargie, magnétisation, narcose, sommeil,
somnambulisme.

HYPNOTIQUE ■ ⇒ narcotique.

HYPNOTISER ■ **I.** ⇒ endormir. **II.**
⇒ fasciner.

HYPNOTISEUR ■ Magnétiseur.

HYPOCONDRE ou **HYPO-
CONDRIAQUE** ■ ⇒ bilieux.

HYPOCONDRIE ■ ⇒ mélancolie.

HYPOCRISIE ■ **I. *Le défaut* :** affectation, baiser de Judas, bigoterie, cafarderie, cafardise, cagotisme, cagotterie,
chafouinerie (fam.), cautèle,
déloyauté, dissimulation, duplicité,
escobarderie, fausseté, félonie, flatterie, fourberie, jésuitisme, machiavélisme, papelardise, patelinage,
pelotage, pharisaïsme, pruderie, pudibonderie, simulation, tartuferie.
II. *L'acte* : cabotinage, comédie,
double-jeu, faux-semblant, feinte,
fraude, grimace, jonglerie, mascarade,
mensonge, momerie, pantalonnade,
simagrée, singerie, sournoiserie, trahison, tromperie, vicelardise.

HYPOCRITE ■ Affecté, artificieux,
baveux, bigot, cabot, cabotin, cafard,
cagot, caméléon, captieux, cauteleux,
comédien, déloyal, dissimulateur, dissimulé, double-jeu, doucereux, escobar, fallacieux, faux, félon, flatteur,
fourbe, grimacier, imposteur, insidieux, insinuant, jésuite, judas, matois,
matou, menteur, mielleux, papelard,
patelin, patte-pelu (vx), peloteur, pha-

risaïque, pharisien, prude, pudibond, renard, retors, sainte-nitouche, simulateur, sournois, spécieux, sucré, tartufe, tortueux, trompeur, visqueux. *Fam.* : chafouin, derge, faux-derche, faux-jeton, vicelard.

HYPOGÉ, E ■ adj. Souterrain.

HYPOGÉE ■ n. m. Cave, caveau, crypte, sépulture, souterrain, tombe, tombeau.

HYPOTHÈQUE ■ Gage, privilège, sûreté. ⇒ garantie.

HYPOTHÉQUER ■ Donner en ⇒ hypothèque, grever.

HYPOTHÈSE ■ *I.* ⇒ supposition. *II.* ⇒ principe.

HYPOTHÉTIQUE ■ ⇒ incertain.

HYSTÉRIE ■ Pithiatisme. ⇒ nervosité.

HYSTÉRIQUE ■ Pithiatique. ⇒ nerveux.

i

IAMBE ■ ⇒ poème.

ICI ■ Céans, en cet endroit, en ce lieu.

ICI-BAS ■ En ce monde, sur terre.

ICTÈRE ■ Cholémie, hépatite, jaunisse.

IDÉAL ■ n. *I. Favorable :* aspiration, canon, modèle, parangon, perfection, prototype, type. *II. Non favorable :* fumée, imagination, moulin à vent, rêve, utopie, viande creuse.

IDÉAL, E ■ adj. Absolu, accompli, chimérique, élevé, exemplaire, idyllique, illusoire, imaginaire, inaccessible, merveilleux, parfait, pur, rêvé, souverain, sublime, suprême, transcendant, utopique.

IDÉALISATION ■ Embellissement, enjolivement, poétisation, transposition.

IDÉALISER ■ ⇒ embellir.

IDÉE ■ *I.* Archétype, concept, connaissance, conscience, notion. *II.* ⇒ ébauche. *III.* ⇒ invention. *IV.* ⇒ modèle. *V.* Aperçu, avant-goût, conception, échantillon, élucubration (péj.), essai (vx), exemple, image, intention, pensée, perspective, réflexion, vue. *VI.* ⇒ opinion. *VII.* Loc. 1. Idée fixe : chimère, dada (fam.) hantise, manie, marotte, monomanie, obsession. ⇒ imagination. 2. Avoir dans l'idée : avoir dans la tête/l'intention.

IDEM ■ De même, dito, ibidem, infra, itou (fam.), supra, susdit.

IDENTIFICATION ■ ⇒ reconnaissance.

IDENTIFIER ■ ⇒ reconnaître.

IDENTIQUE ■ ⇒ semblable.

IDENTITÉ ■ Pedigree (fam.). ⇒ similitude.

IDÉOLOGIE ■ ⇒ opinion.

IDIOME ■ ⇒ langue.

IDIOT, E ■ *I.* Arriéré, débile, demeuré, minus, minus habens. *II.* ⇒ stupide. *III.* ⇒ bête.

IDIOTIE ■ *I.* Aliénation, arriération, débilité mentale, imbécillité.

IDIOTIFIER ■ ⇒ abêtir.

IDIOTISME ■ ⇒ expression.

IDOINE ■ ⇒ convenable.

IDOLÂTRE ■ ⇒ païen.

IDOLÂTRER ■ ⇒ aimer.

IDOLÂTRIE ■ *I.* ⇒ religion. *II.* ⇒ attachement.

IDOLE ■ ⇒ dieu.

IDYLLE ■ *I.* ⇒ pastorale. *II.* ⇒ caprice.

IDYLLIQUE ■ ⇒ idéal.

IGNARE ■ n. et adj. ⇒ ignorant.

IGNIFUGE ■ Anticombustible,

incombustible, ininflammable, réfractaire.

IGNITION ■ ⇒ combustion.

IGNOBLE ■ *I.* ⇒ bas. *II.* ⇒ dégoûtant.

IGNOMINIE ■ ⇒ honte.

IGNOMINIEUX, EUSE ■ ⇒ honteux.

IGNORANCE ■ Abrutissement, analphabétisme, ânerie, balourdise, bêtise, candeur, crasse, imbécillité, impéritie, impuissance, incapacité, incompétence, incompréhension, inconscience, inconséquence, inculture, inexpérience, ingénuité, innocence, insuffisance, lacune, méconnaissance, naïveté, nullité, obscurantisme, simplicité, sottise.

IGNORANT, E ■ Abruti, aliboron (fam.), analphabète, âne, arriéré, balourd, baudet, béjaune, bête, bourrique (fam.), cancre, candide, croûte (fam.), étranger à, ganache (péj.), ignare, ignorantin, ignorantissime, illettré, impuissant, incapable, incompétent, incompréhensif, inconscient, inculte, inexpérimenté, ingénu, inhabile, malhabile, non informé/initié, nul, primitif, profane, sans connaissance/instruction/savoir, sot.

IGNORÉ, E ■ ⇒ inconnu.

IGNORER ■ ⇒ méconnaître, ne pas ⇒ savoir.

ILLÉGAL, E, ILLÉGITIME ■ *I.* ⇒ défendu. *II.* ⇒ irrégulier.

ILLETTRÉ, E ■ ⇒ ignorant.

ILLICITE ■ ⇒ défendu.

ILLICO ■ ⇒ aussitôt.

ILLIMITÉ, E ■ ⇒ immense.

ILLISIBLE ■ Abracadabrant, entortillé, incompréhensible, indéchiffrable, inintelligible, obscur, sans queue ni tête.

ILLOGIQUE ■ Aberrant, absurde, alogique, anormal, contradictoire, dément, déraisonnable, désordonné, faux, incohérent, inconséquent, indu, invraisemblable, irrationnel, paradoxal.

ILLUMINATION ■ *I.* ⇒ lumière. *II.* ⇒ inspiration.

ILLUMINÉ, E ■ *Fig. I.* ⇒ inspiré. *II.* ⇒ visionnaire.

ILLUMINER ■ ⇒ éclairer.

ILLUSION ■ *I. Au pr.* 1. ⇒ hallucination. 2. ⇒ erreur. *II. Par ext. :* amusement, charme, chimère, duperie, enchantement, fantasmagorie, fantôme, féerie, fiction, fumée, hochet, leurre, idée, image, imagination, irréalité, magie, manipulation, mirage, prestidigitation, prestige, reflet, rêve, rêverie, semblant, simulation, songe, tour de passe-passe, utopie, vanité, vision.

ILLUSIONNER ■ ⇒ tromper.

ILLUSIONNISTE ■ Acrobate (par ext.), escamoteur, jongleur, magicien, manipulateur, physicien (vx), prestidigitateur.

ILLUSOIRE ■ Chimérique, conventionnel, fabriqué, fantaisiste, faux, feint, fictif, imaginaire, imaginé, inexistant, inventé, irréel, mythique, romanesque, supposé, truqué, utopique, vain. ⇒ trompeur.

ILLUSTRATEUR ■ ⇒ dessinateur.

ILLUSTRATION ■ *I. Au pr.* ⇒ image. *II. Par ext. :* célébrité, consécration, démonstration, éclat, exemple, gloire, glorification, grandeur, honneur, immortalité, lauriers, lumière, lustre, notoriété, phare, popularité, rayonnement, renom, renommée, réputation, splendeur.

ILLUSTRE ■ Brillant, célèbre, connu, consacré, distingué, éclatant, fameux, glorieux, grand, honorable, immortel, légendaire, noble, notoire, populaire, renommé, réputé.

ILLUSTRÉ ■ ⇒ revue.

ILLUSTRER ■ *I.* Clarifier, débrouiller, déchiffrer, démontrer, développer, éclairer, élucider, expliquer, informer, instruire, mettre en lumière, rendre intelligible, renseigner. ⇒ **éclaircir.** *II.* ⇒ **prouver.**

ÎLOT ■ *I.* Javeau. *II. Par ext. :* amas, assemblage, bloc, ensemble, groupe, pâté.

ILOTE ■ *I.* ⇒ bête. *II.* ⇒ ivrogne.

ILOTISME ■ *I.* ⇒ bêtise. *II.* ⇒ ivresse.

IMAGE ■ *I. Au pr.* 1. ⇒ représentation. 2. Aquarelle, aquatinte, bois gravé, bosse, buste, caricature, chromo (péj.), croquis, décalcomanie, dessin, eauforte, effigie, enseigne (par ext.), estampe, figure, figurine, forme, fresque, gouache, graphique, gravure, héliogravure, icône, illustration, litho, lithographie, médaillon, mine de plomb, miniature, nu, ombre, peinture, photo, plan (par ext.), planche, portrait, pyrogravure, reflet, réplique, reproduction, schéma, sépia, signe, statue, statuette, tableau, tête, tracé (par ext.), vignette, vue, xylographie. 3. Bande dessinée, cartoon, comics. *II. Par ext.* 1. Cinéma, télévision. 2. Allégorie, catachrèse, cliché, comparaison, figure, métaphore, métonymie, parabole, symbole, synecdoque. 3. ⇒ idée. 4. ⇒ ressemblance. 5. ⇒ description. 6. ⇒ symbole. 7. ⇒ illusion.

IMAGÉ, E ■ Coloré, figuré, métaphorique, orné.

IMAGER ■ Adorner, agrémenter, ajouter, broder, colorer, décorer, égayer, émailler, embellir, enjoliver, enluminer, enrichir, farder, fignoler, fleurir, garnir, historier, ornementer, parer, rehausser. ⇒ **orner.**

IMAGINABLE ■ ⇒ intelligible.

IMAGINAIRE ■ Allégorique, chimérique, conventionnel, creux, fabriqué, fabuleux, fantaisiste, fantasmagorique, fantastique, fantomatique, faux, feint, fictif, idéal, illusoire, imaginé, inexistant, inventé, irréel, légendaire, mensonger, mythique, onirique, prétendu, rêvé, romancé, romanesque, supposé, théorique, truqué, utopique, visionnaire.

IMAGINATIF, IVE ■ ⇒ ingénieux.

IMAGINATION ■ *I. Faculté de l'esprit.* 1. **Neutre :** conception, évasion, extrapolation, fantaisie, idée, improvisation, inspiration, invention, inventivité, notion, rêverie, supposition. 2. **Non favorable :** divagation, élucubration, extravagance, fantasme, puérilité, vaticination, vision. *II. Objet représenté.* 1. ⇒ illusion. 2. ⇒ fable.

IMAGINER ■ Chercher, combiner, concevoir, conjecturer, construire, créer, découvrir, envisager, évoquer, extrapoler, fabriquer, fantasmer, se figurer, forger, former, gamberger (arg.), improviser, inventer, se représenter, rêver, songer, supposer, trouver.

IMBATTABLE ■ ⇒ irrésistible.

IMBÉCILE ■ ⇒ bête.

IMBÉCILLITÉ ■ ⇒ bêtise, idiotie.

IMBERBE ■ Glabre, lisse, nu.

IMBIBER ■ *I.* Abreuver, arroser, bassiner, délaver, emboire (vx), humecter, humidifier, imprégner, mouiller. *II. Techn. :* bruir, humidier, hydrater, madéfier. *III. V. pron. :* boire, pomper, *et les formes pron. possibles des syn. de* IMBIBER.

IMBIBITION ■ ⇒ absorption.

IMBRICATION ■ ⇒ suite.

IMBRIQUER ■ ⇒ insérer.

IMBROGLIO ■ *I.* Brouillamini, brouillement, confusion, désordre, embrouillamini, embrouillement, emmêlement, enchevêtrement, incertitude, obscurcissement, ombre, voile. *II.* ⇒ intrigue.

IMBU, E ■ ⇒ pénétré.

IMBUVABLE ■ *Fig.* ⇒ intolérable.

IMITATEUR, TRICE ■ Compilateur, contrefacteur (péj.), copieur, copiste, fausseur (péj.), mime, moutonnier (péj.), parodiste, pasticheur, plagiaire, simulateur, singe (péj.), suiveur.

IMITATION ■ *I. L'acte d'imiter :* copiage, démarcage *ou* démarquage, esclavage, grégarisme, mime, servilité, simulation, singerie. *II. L'objet :* calque, caricature, charge, compilation, contrefaçon (péj.), copiage, copie, décalcage, démarcage *ou* démarquage, double, emprunt, fac-similé, image, parodie, pastiche, plagiat, répétition, reproduction, semblant, simulacre, toc (fam.).

IMITER ■ Calquer, caricaturer, compiler, contrefaire, copier, décalquer, démarquer, emprunter, s'inspirer de, jouer, mimer, parodier, pasticher, picorer, piler (péj.), pirater (péj.), plagier, répéter, reproduire, simuler, singer (péj.), transcrire.

IMMACULÉ, E ■ ⇒ pur.

IMMANENT, E ■ ⇒ immédiat.

IMMANQUABLE ■ ⇒ inévitable.

IMMANQUABLEMENT ■ À coup sûr, à tous les coups, pour sûr, inévitablement, *et les adv. en -ment formés à partir des syn. de* INÉVITABLE.

IMMARCESCIBLE ■ ⇒ irrévocable.

IMMATÉRIEL, ELLE ■ Aérien, incorporel, léger, impalpable, intemporel, intouchable, pur esprit. ⇒ spirituel.

IMMATRICULATION ■ Enregistrement, identification, inscription, insertion, numéro matricule, repère.

IMMATRICULER ■ Enregistrer, identifier, inscrire, insérer, marquer, numéroter, repérer.

IMMATURE ■ *I.* ⇒ enfantin. *II.* ⇒ retardé.

IMMATURITÉ ■ ⇒ retard.

IMMÉDIAT, E ■ Direct, immanent, imminent, instantané, présent, prochain, prompt, subit, sur-le-champ.

IMMÉDIATEMENT ■ ⇒ aussitôt.

IMMÉMORIAL, E ■ Vieux.

IMMENSE ■ Ample, colossal, cyclopéen, démesuré, effrayant, énorme, formidable, géant, gigantesque, grandiose, grandissime, gros, illimité, immensurable (vx), imposant, incommensurable, indéfini, infini, monumental, prodigieux, profond, vaste. ⇒ grand.

IMMENSITÉ ■ Abîme, amplitude, espace, étendue, grandeur, infini, infinité, infinitude, multitude, quantité.

IMMERGER ■ ⇒ plonger.

IMMEUBLE ■ Bâtiment, bien, bienfonds, building, caserne (péj.), construction, édifice, ensemble, fonds, grand ensemble, gratte-ciel, H.L.M., hôtel, local, maison, palace, palais, propriété. ⇒ habitation.

IMMIGRATION ■ Arrivée, déplacement, entrée, exil, exode, gain de population, migration, mouvement, nomadisme, peuplement, venue.

IMMINENCE ■ Approche, instance, point critique, proximité.

IMMINENT, E ■ Critique, immédiat, instant, menaçant, prochain, proche.

IMMISCER (S') ■ ⇒ intervenir.

IMMIXTION ■ ⇒ intervention.

IMMOBILE ■ *I. Neutre :* arrêté, calme, en repos, ferme, figé, fixe, immuable, impassible, inactif, inébranlable, inerte, insensible, invariable, planté, rivé, stable, stationnaire, statique, sur place, tranquille. *II. Non favorable.* 1. **Quelqu'un :** cloué, figé, interdit, interloqué, médusé, paralysé, pétrifié, sidéré, stupéfait, stupéfié, stupide. 2. **De l'eau :** croupie, croupissante, dormante, gelée, stagnante. 3. **Un**

véhicule : arrêté, à l'arrêt, calé, en panne, grippé, stoppé.

IMMOBILISATION ■ *I.* Gel. ⇒ **confiscation.** *II.* ⇒ **immobilité.**

IMMOBILISER ■ *I. Un véhicule :* arrêter, bloquer, caler, stopper. *II. Un objet :* affermir, assujettir, assurer, attacher, bloquer, clouer, coincer, ficher, fixer, maintenir immobile *et les syn.* de IMMOBILE, planter, retenir, river, solidifier, tenir, visser. *III. Fig. :* clouer, cristalliser, enchaîner, endormir, figer, fixer, freiner, geler, mobiliser, paralyser, pétrifier, scléroser.

IMMOBILISME ■ Conservatisme, intégrisme, réaction.

IMMOBILITÉ ■ Ankylose, calme, fixité, immobilisme, immuabilité, impassibilité, inactivité, inertie, paralysie, piétinement, repos, stabilité, stagnation.

IMMODÉRÉ, E ■ ⇒ **excessif.**

IMMODESTE ■ *I.* ⇒ **inconvenant.** *II.* ⇒ **obscène.**

IMMODESTIE ■ ⇒ **lasciveté.**

IMMOLATION ■ ⇒ **sacrifice.**

IMMOLER ■ ⇒ **sacrifier.**

IMMONDE ■ ⇒ **malpropre.**

IMMONDICE ■ ⇒ **ordure.**

IMMORAL, E ■ ⇒ **débauché.**

IMMORALITÉ ■ Amoralité, corruption, cynisme, débauche, dépravation, dévergondage, dissolution, immoralisme, laxisme, liberté des mœurs, libertinage, licence, lubricité, obscénité, stupre, vice.

IMMORTALISER ■ Conserver, éterniser, fixer, pérenniser, perpétuer, rendre éternel/impérissable/inoubliable, transmettre.

IMMORTALITÉ ■ *I.* Autre vie, éternité, survie, vie future. *II.* ⇒ **gloire.**

IMMORTEL, ELLE ■ *I. Adj.* ⇒ **éternel.** *II. Nom :* académicien.

IMMOTIVÉ, E ■ ⇒ **injustifiable.**

IMMUABLE ■ ⇒ **durable.**

IMMUNISER ■ *I.* Mithridatiser. ⇒ **inoculer.** *II.* ⇒ **garantir.**

IMMUNITÉ ■ *I. D'une charge :* décharge, dispense, exemption, exonération, franchise, inamovibilité, inviolabilité, irresponsabilité, libération, liberté, prérogative, privilège. *II. Méd. :* accoutumance, mithridatisation, préservation, protection, vaccination.

IMMUTABILITÉ ■ Constance, fixité, immuabilité, invariabilité, pérennité.

IMPACT ■ *I.* But, choc, collision, coup, heurt. *II. Par ext. :* bruit, conséquence, effet, retentissement.

IMPAIR ■ ⇒ **maladresse.**

IMPALPABLE ■ *I.* ⇒ **immatériel.** *II.* ⇒ **intouchable.**

IMPARDONNABLE ■ Inexcusable, injustifiable, irrémissible. ⇒ **irrémédiable.**

IMPARFAIT, E ■ Approximatif, avorté, défectueux, déficient, difforme, discutable, ébauché, embryonnaire, fautif, grossier, imprécis, inabouti, inachevé, incomplet, indigent, inégal, insuffisant, lacunaire, loupé (fam.), manqué, mauvais, médiocre, négligé, raté, restreint, rudimentaire, vague, vicieux.

IMPARTIAL, E ■ ⇒ **juste.**

IMPARTIALITÉ ■ ⇒ **justice.**

IMPARTIR ■ ⇒ **distribuer.**

IMPASSE ■ *I. Au pr. :* cul-de-sac, voie sans issue. *II. Fig. :* danger, difficulté, mauvais pas. ⇒ **obstacle.**

IMPASSIBILITÉ ■ Apathie, ataraxie, calme, constance, dureté, équanimité, fermeté, flegme, froideur, immobilité, impartialité, impavidité, impénétrabilité, imperturbabilité, indifférence, insensibilité, intrépidité, philosophie, placidité, sang-froid, stoïcisme, tranquillité.

IMPASSIBLE ■ Apathique, calme, constant, décontracté, dur, équanime, ferme, flegmatique, froid, immobile, impartial, impavide, impénétrable, imperturbable, implacable, indifférent, inébranlable, inflexible, insensible, intrépide, maître de soi, marmoréen, philosophe, placide, relax (fam.), stoïque, tranquille.

IMPATIENCE ■ *I. Au pr. :* avidité, brusquerie, désir, empressement, fièvre, fougue, hâte, impétuosité, inquiétude, précipitation. *II. Par ext.* 1. Agacement, colère, énervement, exaspération, irascibilité, irritabilité, irritation. 2. Supplice, torture. 3. Au pl. ⇒ picotement.

IMPATIENT, E ■ ⇒ pressé.

IMPATIENTER ■ ⇒ énerver. *V. pron. :* se départir de son calme, être sur des charbons ardents/sur le gril, perdre patience, ronger son frein, sortir de ses gonds, se mettre en colère *et les syn. de* COLÈRE, se tourmenter.

IMPATRONISER (S') ■ ⇒ introduire (s').

IMPAVIDE ■ ⇒ intrépide.

IMPAYABLE ■ ⇒ risible.

IMPECCABLE ■ *I.* ⇒ irréprochable. *II.* ⇒ parfait.

IMPÉCUNIEUX, EUSE ■ ⇒ pauvre.

IMPÉCUNIOSITÉ ■ ⇒ pauvreté.

IMPEDIMENTUM, A ■ *I.* ⇒ bagage. *II.* ⇒ obstacle.

IMPÉNÉTRABLE ■ ⇒ secret.

IMPÉNITENT, E ■ ⇒ incorrigible.

IMPENSABLE ■ ⇒ invraisemblable.

IMPÉRATIF, IVE ■ ⇒ absolu.

IMPERCEPTIBLE ■ Atomique, faible, illisible, impalpable, impondérable, inaudible, indiscernable, infime, inodore, insaisissable, insensible, insignifiant, invisible, léger, microscopique, minime, minuscule, petit, subtil.

IMPERFECTION ■ Défaut, défectuosité, démérite, difformité, faible, faiblesse, grossièreté, inachèvement, incomplétude, infirmité, insuffisance, lacune, loup, malfaçon, manque, péché mignon/véniel, petitesse, ridicule, tache, tare, travers, vice.

IMPÉRIALISME ■ Colonialisme, expansionnisme. ⇒ **autorité.**

IMPÉRIEUX, EUSE ■ *I. Au pr. :* absolu, altier, autoritaire, catégorique, contraignant, dictatorial, dominateur, formel, impératif, irrésistible, obligatoire, péremptoire, pressant, rigoureux, sérieux, strict, tranchant, tyrannique, urgent. *II. Par ext.* ⇒ **dédaigneux.**

IMPÉRISSABLE ■ ⇒ éternel.

IMPÉRITIE ■ *I.* ⇒ incapacité. *II.* ⇒ **maladresse.**

IMPERMÉABILITÉ ■ *I.* ⇒ dureté. *II.* ⇒ indifférence.

IMPERMÉABLE ■ *I. Adj.* 1. Au pr. : étanche, hors d'eau. 2. *Fig. :* imperméable, inaccessible, insensible. ⇒ **indifférent.** *II. Nom :* caoutchouc, ciré, duffle-coat, gabardine, macfarlane, manteau de pluie, pèlerine, trenchcoat, waterproof.

IMPERSONNEL, ELLE ■ ⇒ indifférent.

IMPERTINENCE ■ ⇒ impolitesse.

IMPERTINENT, E ■ *I.* ⇒ déplacé. *II.* ⇒ **arrogant.** *III.* ⇒ irrévérencieux. *IV.* ⇒ **sot.**

IMPERTURBABLE ■ ⇒ impassible.

IMPÉTRANT, ANTE ■ Bénéficiaire, lauréat.

IMPÉTRER ■ ⇒ obtenir.

IMPÉTUEUX, EUSE ■ Ardent, bouillant, brusque, déchaîné, déferlant, effréné, emporté, endiablé, explosif, de feu, fier, fort, fougueux, frénétique, furieux, inflammable, pétulant, précipité, prompt, torrentueux, véhément, vertigineux, vif, violent, volcanique.

IMPÉTUOSITÉ ■ Ardeur, bouillonnement, brusquerie, déchaînement, déferlement, élan, emballement, emportement, exaltation, feu, fierté, fièvre, flamme, force, fougue, frénésie, furie, hâte, impatience, pétulance, précipitation, promptitude, rush, tourbillon, transport, véhémence, violence, vivacité.

IMPIE ■ ⇒ incroyant.

IMPIÉTÉ ■ Agnosticisme, apostasie, athéisme, blasphème, froideur, hérésie, incrédulité, incroyance, indifférence, infidélité, inobservance, irréligion, libertinage, libre-pensée, paganisme, péché, profanation, sacrilège, scandale.

IMPITOYABLE, IMPLACABLE ■ *I.* ⇒ dur. *II.* ⇒ inflexible.

IMPLANT ■ Pellet.

IMPLANTATION ■ *I.* ⇒ établissement. *II.* ⇒ fixation.

IMPLANTER ■ ⇒ fixer, établir.

IMPLEXE ■ ⇒ compliqué.

IMPLICATION ■ Accusation, conséquence, complicité, compromission, responsabilité. ⇒ suite.

IMPLICITE ■ Allant de soi, convenu, inexprimé, sous-entendu, tacite.

IMPLIQUER ■ *I.* Compromettre. *II.* ⇒ comprendre (dans), renfermer.

IMPLORATION ■ ⇒ prière.

IMPLORER ■ ⇒ prier.

IMPOLI, E ■ Brutal, butor, cavalier, déplacé, désagréable, désinvolte, discourtois, effronté, goujat, grossier, impertinent, importun, impudent, incivil, inconvenant, incorrect, indéli-

cat, indiscret, injurieux, insolent, irrespectueux, irrévérencieux, leste, malappris, mal élevé/embouché/léché/poli, malhonnête, malotru, malséant, malsonnant, maroufle (vx), mufle, offensant, ordurier, rude, rustique, sans-gêne, vulgaire. *Fam. :* galapiat, gougnafier, huron, iroquois, ostrogot, paltoquet, peigne-cul, pignouf, rasta, rastaquouère, rustaud.

IMPOLITESSE ■ Brutalité, désinvolture, discourtoisie, goujaterie, grossièreté, impertinence, importunité, incivilité, incongruité, inconvenance, incorrection, indélicatesse, indiscrétion, insolence, irrespect, irrévérence, malhonnêteté, mauvaise éducation, manque de savoir-vivre, muflerie, rusticité, sans-gêne, vulgarité.

IMPONDÉRABLE ■ *I. Nom* ⇒ hasard. *II. Adj.* ⇒ imperceptible.

IMPORTANCE ■ *I. Au pr. :* conséquence, considération, étendue, grandeur, gravité, intérêt, nécessité, poids, portée, puissance, valeur. *II. Par ext.* 1. ⇒ influence. 2. ⇒ orgueil.

IMPORTANT, E ■ adj. et n. *I. Au pr. :* appréciable, à prendre en considération/estime, capital, conséquent (pop.), considérable, coquet (fam.), corsé, crucial, décisif, de conséquence, de poids, d'importance, dominant, éminent, essentiel, étendu, fondamental, fort, grand, grave, gros, haut, incalculable, inestimable, influent, insigne, intéressant, le vif du débat/sujet, lourd, majeur, mémorable, nécessaire, notable, pierre angulaire, principal, rondelet, substantiel, utile, valable. *II. Par ext.* 1. Urgent, pressé. 2. ⇒ affecté et orgueilleux.

IMPORTATION ■ ⇒ introduction.

IMPORTER ■ *I. V. tr. :* commercer, faire venir, introduire. *II. V. intr.* 1. Compter, entrer en ligne de compte ⇒ intéresser. 2. Peu m'importe : peu me chante/chaut.

IMPORTUN, E ■ Accablant, agaçant,

déplaisant, désagréable, de trop, embarrassant, embêtant, encombrant, énervant, ennuyeux, envahissant, étourdissant, excédant, fâcheux, fatigant, gênant, gêneur, incommodant, incommode, indésirable, indiscret, inopportun, insupportable, intempestif, intolérable, intrus, malséant, messéant, obsédant, officieux, pesant. **Fam.** : ardélion, bassinant, casse ⇒ **bourses/**⇒ **fessier/**⇒ **pieds**, colique, collant, crampon, emmerdant, gluant, hurluberlu, lantiponnant, mouche du coche, plaie, pot de colle, raseur, rasoir, sangsue, tannant, tuant.

IMPORTUNER ■ *I.* ⇒ tourmenter. *II.* ⇒ ennuyer. *III.* ⇒ gêner.

IMPOSANT, E ■ Auguste, colossal, considérable, digne, écrasant, élevé, énorme, étonnant, fantastique, formidable, grand, grandiose, grave, impressionnant, magistral, magnifique, majestueux, monumental, noble, notoire, olympien, pompeux (péj.), prudhommesque (péj.), respectable, royal, solennel, stupéfiant, superbe.

IMPOSER ■ *I.* ⇒ prescrire. *II.* ⇒ obliger. *III.* ⇒ impressionner. *IV.* **Loc.** En imposer. 1. ⇒ tromper. 2. ⇒ dominer. *V.* **V. pron.** : ⇒ introduire (s').

IMPOSITION ■ ⇒ impôt.

IMPOSSIBILITÉ ■ ⇒ impuissance.

IMPOSSIBLE ■ *I.* *Quelque chose :* absurde, chimérique, contradictoire, difficile, épineux, fou, illusoire, impensable, impraticable, inabordable, inaccessible, inadmissible, inapplicable, incompatible, inconcevable, inconciliable, inexcusable, inexécutable, infaisable, insensé, insoluble, insupportable, irréalisable, utopique, vain. *II.* *Quelqu'un* ⇒ difficile.

IMPOSTE ■ Vasistas. ⇒ ouverture.

IMPOSTEUR ■ Charlatan, dupeur, esbroufeur, fallacieux, fourbe, mystificateur, perfide, simulateur, trompeur, usurpateur. ⇒ hâbleur, hypocrite.

IMPOSTURE ■ *I.* ⇒ hâblerie. *II.* ⇒ fausseté. *III.* ⇒ tromperie.

IMPÔT ■ Centimes additionnels, charge, contribution, cote, droit, fiscalité, imposition, levée, patente, prestation, redevance, surtaxe, taxation, taxe, tribut. *Vx* : champart, corvée, dîme, gabelle, maltôte, taille, tonlieu.

IMPOTENT, E ■ ⇒ infirme.

IMPRATICABLE ■ *I.* *Au pr.* : dangereux, difficile, impossible, inabordable, inaccessible, inapplicable, inexécutable, infranchissable, interdit, inutilisable, irréalisable, malaisé, obstrué. *II.* *Fig.* : infréquentable, insociable, insupportable, invivable.

IMPRÉCATION ■ ⇒ malédiction.

IMPRÉCIS, E ■ ⇒ vague.

IMPRÉCISION ■ Approximation, flou, vague. ⇒ indétermination.

IMPRÉGNATION ■ ⇒ absorption.

IMPRÉGNÉ, E ■ ⇒ pénétré.

IMPRÉGNER ■ *I.* *Au pr.* : baigner, bassiner, détremper, humecter, imbiber, pénétrer, tremper. *II.* *Fig.* : animer, communiquer, déteindre sur, envahir, imprimer, inculquer, infuser, insuffler, marquer, pénétrer. *III.* *V. pron.* : 1. *Au pr.* : absorber, boire, s'imbiber, prendre l'eau. 2. *Fig.* : acquérir, assimiler, apprendre.

IMPRENABLE ■ À toute épreuve, blindé, inaccessible, inentamable, inexpugnable, invincible, invulnérable.

IMPRESSION ■ *I.* ⇒ édition. *II.* ⇒ effet. *III.* ⇒ sensation. *IV.* ⇒ opinion. *V.* **Loc.** Faire impression ⇒ impressionner.

IMPRESSIONNABLE ■ ⇒ sensible.

IMPRESSIONNANT, E ■ Ahurissant, bouleversant, brillant, confondant, déroutant, effrayant, émouvant, étonnant, étourdissant, extraordinaire, formidable, frappant, imposant, incroyable, inimaginable, merveilleux, prodigieux, renversant, saisissant, sensationnel, spectaculaire, surprenant, troublant.

IMPRESSIONNER ■ I. Au pr. : affecter, agir sur, bouleverser, éblouir, ébranler, émouvoir, étonner, faire impression, frapper, en imposer, influencer, intimider, parler à, toucher, troubler. **II. Non favorable** (fam.) : éclabousser, épater, esbroufer, jeter de la poudre aux yeux, en mettre plein la vue.

IMPRÉVISIBLE, IMPRÉVU, E ■ I. ⇒ inespéré. **II. ⇒** soudain.

IMPRÉVOYANCE ■ ⇒ irréflexion.

IMPRÉVOYANT, E ■ Écervelé, étourdi, évaporé, imprudent, inconséquent, insouciant, irréfléchi, léger, négligent, tête de linotte/en l'air.

IMPRÉVU, E ■ À l'improviste, impromptu, inattendu, inespéré, inopiné, soudain.

IMPRIMÉ ■ n. m. Brochure, écrit, libelle, tract. **⇒** livre.

IMPRIMER ■ I. Au pr. : composer, éditer, empreindre, estamper, estampiller, fixer, frapper, gaufrer, graver, marquer, mettre sous presse, publier, tirer. **II. Fig. :** animer, appliquer, communiquer, donner, imprégner, inculquer, inspirer, insuffler, marquer, pénétrer, transmettre, typer.

IMPROBABLE ■ I. ⇒ aléatoire. **II. ⇒** invraisemblable.

IMPROBATION ■ ⇒ blâme.

IMPRODUCTIF, IVE ■ ⇒ stérile.

IMPROMPTU ■ I. Adv. : à la fortune du pot (fam.), à l'improviste, au pied levé, de manière imprévisible/inopinée, sans crier gare, sans préparation, sur-le-champ. **II. Nom :** happening, improvisation. **III. Adj. :** de premier jet, imaginé, improvisé, inventé.

IMPROPRE ■ I. Quelque chose : inadapté, inadéquat, inconvenant, incorrect, inexact, mal/peu approprié/propre à, saugrenu, vicieux. **II. Quelqu'un :** inapte, incapable, incompétent, mal/peu propre à, rebelle à.

IMPROPRIÉTÉ ■ ⇒ incongruité.

IMPROUVER ■ ⇒ blâmer.

IMPROVISATION, IMPROVISÉ, E ■ ⇒ impromptu.

IMPROVISER ■ ⇒ imaginer.

IMPROVISTE (À L') ■ Au débotté/dépourvu, inopinément, sans crier gare, subitement, tout à coup/à trac.

IMPRUDENCE ■ Audace, bévue, étourderie, faute, hardiesse, imprévoyance, irréflexion, légèreté, maladresse, méprise, négligence, témérité.

IMPRUDENT, E ■ I. Audacieux, aventureux, casse-cou, écervelé, étourdi, fautif, hasardeux, imprévoyant, inattentif, inconsidéré, insensé, irréfléchi, léger, maladroit, malavisé, négligent, présomptueux, risque-tout, téméraire. **II.** Dangereux, hasardeux, osé, périlleux, risqué. **⇒** hasardé.

IMPUDENCE ■ Aplomb, arrogance, audace, cœur, culot (fam.), cynisme, effronterie, front, grossièreté, hardiesse, impudeur, impudicité, inconvenance, indécence, indiscrétion, insolence, liberté, licence, outrecuidance, témérité, toupet.

IMPUDENT, E ■ Arrogant, audacieux, culotté (fam.), cynique, déhonté, effronté, éhonté, grossier, hardi, impudique, inconvenant, indécent, indiscret, insolent, licencieux, outrecuidant, sans gêne/vergogne, téméraire.

IMPUDEUR ■ ⇒ impudence.

IMPUDICITÉ ■ ⇒ lasciveté.

IMPUDIQUE ■ I. ⇒ lascif. **II. ⇒** obscène.

IMPUISSANCE ■ I. Au pr. : aboulie, affaiblissement, affaissement, ankylose, débilité, engourdissement, faiblesse, impossibilité, inaptitude, incapacité, incompétence, inhibition, insuffisance, invalidité, paralysie, torpeur. *II. Méd.* : agénésie, anaphrodisie, frigidité, incapacité, infécondité, stérilité.

IMPUISSANT, E ■ *I. Au pr.* : aboulique, affaibli, ankylosé, débile, désarmé, engourdi, faible, impotent, improductif, inapte, incapable, incompétent, inefficace, infertile, inhibé, inopérant, insuffisant, invalide, neutralisé, paralysé. *II. Méd.* : eunuque, frigide (seul. fém.), infécond, stérile.

IMPULSIF, IVE ■ ⇒ spontané.

IMPULSION ■ *I.* ⇒ mouvement. *II.* ⇒ disposition.

IMPUNÉMENT ■ *I.* Sans ⇒ contrainte. *II.* Sans ⇒ dommage. *III.* Sans ⇒ punition.

IMPUNITÉ ■ Licence. ⇒ liberté.

IMPUR, E ■ *I. Quelqu'un* : abject, avilissant, bas, dégradant, déshonoré, dévoyé, honteux, immoral, impudique, indécent, indigne, infâme, infect, lascif, malhonnête, malpropre, obscène, pécheur, repoussant, sale, sensuel, trivial, trouble, vicieux, vil. *II. Quelque chose.* 1. Neutre ⇒ mêlé. 2. Non favorable : avarié, bas, boueux, bourbeux, contaminé, corrompu, déshonnête, empesté, empuanti, falsifié, fangeux, frelaté, immonde, immoral, infect, insalubre, malsain, obscène, pollué, putride, sale, souillé, taré.

IMPURETÉ ■ *I.* Abjection, bassesse, corruption, déshonneur, faute, fornication, immoralité, imperfection, impudicité, indécence, indignité, infamie, lasciveté, malpropreté, noirceur, obscénité, péché, sensualité, stupre, turpitude, vice. *II.* Boue, bourbe, bourbier, déjection, immondice, infection, insalubrité, macule, ordure, saleté, salissure, souillure, tache.

IMPUTABLE ■ ⇒ attribuable, dû.

IMPUTATION ■ *I.* ⇒ accusation. *II.* ⇒ affectation.

IMPUTER ■ ⇒ attribuer.

INABORDABLE ■ *I. Au pr.* : abrupt, à pic, dangereux, élevé, escarpé, hors d'atteinte, impénétrable, inaccessible. *II. Par ext.* 1. Cher, coûteux, exorbitant, hors de portée/prix. 2. Incognoscible, inconnaissable, insondable. *III. Fig.* 1. Imperméable, indifférent, insensible. 2. Bourru, brutal, distant, fier, insociable, insupportable, mal/ peu gracieux, prétentieux, rébarbatif, revêche, rude.

INACCEPTABLE ■ Inadmissible, insupportable, intolérable, irrecevable, récusable, refusable, révoltant.

INACCESSIBLE ■ ⇒ inabordable.

INACCOUTUMÉ, E ■ *I.* ⇒ irrégulier. *II.* ⇒ nouveau.

INACHEVÉ, E ■ ⇒ imparfait.

INACTIF, IVE ■ *I. Au pr.* 1. Neutre : chômeur, demandeur d'emploi, désoccupé, désœuvré, inoccupé, sans emploi/travail. 2. Non favorable : croupissant, endormi, fainéant, oiseux (vx), oisif, paresseux. *II. Par ext.* ⇒ inerte.

INACTION et *INACTIVITÉ* ■ *I.* Apathie, assoupissement, engourdissement, immobilité, indolence, inertie, lenteur, mollesse, torpeur. *II.* Croupissement, désœuvrement, fainéantise, oisiveté, paresse, passivité. *III.* Chômage, congé, marasme, ralentissement, stagnation, suspension. *IV.* Farniente, loisir, repos, sieste, sommeil, vacance, vacances, vacations (jurid.).

INACTUEL, ELLE ■ ⇒ anachronique.

INADAPTÉ, E ■ *I.* Caractériel, déprimé, difficile, émotif, inhibé, insociable, instable, introverti, mal dans sa peau (fam.), mythomane, paumé (fam.), sauvage. *II.* Impropre, inadéquat, incommode, mal, *et les part. passés possibles de* ADAPTER.

INADÉQUAT, E ■ ⇒ inadapté.

incarnat

INADMISSIBLE ■ ⇒ intolérable.

INADVERTANCE ■ ⇒ inattention.

INALIÉNABLE ■ Incessible, invendable, non ⇒ cessible.

INALTÉRABLE ■ ⇒ durable.

INALTÉRÉ, E ■ ⇒ pur.

INAMICAL ■ ⇒ défavorable.

INAMOVIBLE ■ *I.* ⇒ éternel. *II.* ⇒ stable.

INANIMÉ, E ■ ⇒ mort.

INANITÉ ■ ⇒ vanité.

INANITION ■ *I.* ⇒ faim. *II.* ⇒ langueur.

INAPAISABLE ■ Implacable, incalmable, inextinguible, inguérissable, insatiable, perpétuel, persistant.

INAPAISÉ, E ■ Inassouvi, insatisfait. ⇒ mécontent.

INAPPÉTENCE ■ *I.* Anorexie. *II.* ⇒ indifférence.

INAPPLIQUÉ, E ■ ⇒ inattentif.

INAPPRÉCIABLE ■ ⇒ précieux.

INAPTE ■ ⇒ impropre.

INAPTITUDE ■ ⇒ incapacité.

INASSOUVI, E ■ Inapaisé, insatisfait. ⇒ mécontent.

INASSOUVISSABLE ■ ⇒ glouton.

INATTAQUABLE ■ Impeccable, imprenable, inaccessible, inaltérable, incorruptible, indestructible, intouchable, invincible, invulnérable, irréprochable, résistant, solide.

INATTENDU, E ■ *I.* ⇒ soudain. *II.* ⇒ inespéré.

INATTENTIF, IVE ■ Absent, distrait, écervelé, étourdi, inappliqué, insoucieux, léger, négligent, oublieux.

INATTENTION ■ Absence, dissipation, distraction, divagation, étourderie, évagation, faute, imprudence, inadvertance, inconséquence, incurie, indifférence, inobservation, insouciance, irréflexion, laisser-aller, légèreté, manquement, mégarde, méprise, négligence, nonchalance, omission, oubli, relâchement.

INAUGURATION ■ Baptême, commencement, consécration, début, dédicace, étrenne, ouverture, première, sacre (vx), vernissage.

INAUGURER ■ Baptiser, célébrer l'achèvement/le commencement/le début, consacrer, dédicacer, étrenner, ouvrir.

INAVOUABLE ■ ⇒ honteux.

INCALCULABLE ■ *I. Au pr. :* considérable, démesuré, énorme, extraordinaire, illimité, immense, important, inappréciable, incommensurable, indéfini, infini, innombrable, insoluble. *II. Loc.* Conséquence incalculable : grave, imprévisible.

INCANDESCENT, E ■ ⇒ chaud.

INCANTATION ■ ⇒ magie, chant.

INCAPABLE ■ *I. Adj. :* ignorant, imbécile, impropre, impuissant, inapte, incompétent, inepte, inhabile, inopérant, insuffisant, maladroit, malhabile, nul, vain, velléitaire. *II. Nom :* ganache, ignorant, imbécile, impuissant, lavette, mazette, médiocre, nullité, pauvre type, ringard, triste individu/sire, zéro.

INCAPACITÉ ■ *I. Au pr. :* engourdissement, ignorance, imbécillité, impéritie, impuissance, inaptitude, incompétence, ineptie, infirmité, inhabileté, insuffisance, maladresse, nullité. *II. Méd.* 1. Invalidité. 2. ⇒ impuissance. *III. Jurid. :* déchéance, interdiction, minorité.

INCARCÉRATION ■ ⇒ emprisonnement.

INCARCÉRER ■ ⇒ emprisonner.

INCARNAT, E ■ ⇒ rouge.

INCARNATION ■ ⇒ **ressemblance.**

INCARNER ■ ⇒ **symboliser.**

INCARTADE ■ *I.* ⇒ **écart.** *II.* ⇒ **avanie.**

INCASSABLE ■ ⇒ **solide.**

INCENDIAIRE ■ n. et adj. Bandit, brûleur, chauffeur (vx), criminel, pétroleur, pyromane.

INCENDIE ■ *I. Au pr.* : brasier, brûlement (vx), combustion, conflagration, destruction par le feu, embrasement, feu, ignition, sinistre. *II. Fig.* : bouleversement, conflagration, guerre, révolution.

INCENDIER ■ ⇒ **brûler.**

INCERTAIN, E ■ *I. Quelque chose* : aléatoire, ambigu, apparent, aventureux, branlant, brouillé, chancelant, changeant, conditionnel, confus, conjectural, contestable, contingent, discutable, douteux, équivoque, éventuel, faible, flottant, flou, fluctuant, fragile, hasardé, hypothétique, ignoré, illusoire, imprévu, improbable, inconnu, indéfini, indéterminé, indiscernable, instable, litigieux, louche, nébuleux, obscur, oscillant, peu sûr, précaire, présumé, prétendu, problématique, risqué, spécieux, supposé, suspect, suspendu, vacillant, vague, vaporeux, variable, vasouillard. *II. Quelqu'un* : dubitatif, ébranlé, embarrassé, falot, hésitant, indécis, irrésolu, labile, perplexe, velléitaire, versatile.

INCERTITUDE ■ *I. De quelque chose* : ambiguïté, chance, contingence, embrouillement, équivoque, éventualité, faiblesse, flottement, fluctuation, fragilité, hasard, inconstance, obscurité, précarité, vague, variabilité. *II. De quelqu'un* : anxiété, ballottement, changement, crise, désarroi, doute, embarras, flottement, fluctuation, hésitation, indécision, indétermination, inquiétude, instabilité, irrésolution, oscillation, perplexité,

scrupule, tâtonnement, tergiversation, versatilité.

INCESSAMMENT ■ *I.* ⇒ **bientôt.** *II.* ⇒ **toujours.**

INCESSANT, E ■ Constant, continu, continué, continuel, éternel, ininterrompu, intarissable, permanent, perpétuel, reconduit, sempiternel, suivi.

INCESSIBLE ■ ⇒ **inaliénable.**

INCIDEMMENT ■ Accessoirement, accidentellement, en passant, entre parenthèses, éventuellement, occasionnellement, par hasard.

INCIDENCE ■ ⇒ **suite.**

INCIDENT ■ *I. Nom* : accroc, anicroche, aventure, cas, chicane, circonstance, difficulté, dispute, embarras, ennui, entrefaite, épisode, événement, éventualité, obstacle, occasion, occurrence, péripétie. *II. Adj.* 1. ⇒ **accessoire.** 2. Gram. : incise.

INCIDENTER ■ (vx) ⇒ **chicaner.**

INCINÉRATION ■ Crémation, combustion, destruction par le feu.

INCINÉRER ■ ⇒ **brûler.**

INCISER ■ ⇒ **couper.**

INCISIF, IVE ■ ⇒ **mordant.**

INCISION ■ Coupure. ⇒ **excision.**

INCITATEUR, TRICE ■ ⇒ **instigateur.**

INCITER ■ ⇒ **inviter.**

INCIVIL, E ■ ⇒ **impoli.**

INCIVILITÉ ■ ⇒ **impolitesse.**

INCLASSABLE ■ ⇒ **original, unique.**

INCLÉMENCE ■ ⇒ **rigueur.**

INCLÉMENT, E ■ ⇒ **rigoureux.**

INCLINAISON ■ *I.* ⇒ **obliquité.** *II.* ⇒ **pente.**

INCLINATION ■ *I. Au pr.* ⇒ **inclinaison.** *II. Fig.* 1. Appétit, aspiration, attrait, désir, disposition, envie, faible, faiblesse, goût, instinct, penchant, pente, préférence, propension, tendance. 2. ⇒ **attachement.**

INCLINÉ, E ■ En pente, oblique, pentu. ⇒ **incliner.**

INCLINER ■ *I. V. intr.* : obliquer, pencher. *II. V. tr.* 1. Au pr. : abaisser, baisser, courber, fléchir, infléchir, obliquer, pencher, plier, ployer. 2. **Fig.** : attirer, inciter, porter, pousser. *III. V. pron.* 1. Se prosterner, saluer, *et les formes pron. possibles des syn. de* INCLINER. 2. ⇒ **humilier (s') 3.** ⇒ **céder.**

INCLURE ■ ⇒ **introduire.**

INCOERCIBLE ■ ⇒ **irrésistible.**

INCOGNITO ■ *I. Adv.* : à titre privé, discrètement, en cachette, secrètement. *II. Nom* : anonymat. *III. Adj.* ⇒ **anonyme.**

INCOHÉRENCE ■ ⇒ **désordre.**

INCOHÉRENT, E ■ ⇒ **absurde.**

INCOLORE ■ ⇒ **pâle.**

INCOMBER ■ ⇒ **revenir.**

INCOMBUSTIBLE ■ Anticombustible, ignifuge.

INCOMMENSURABLE ■ ⇒ **immense.**

INCOMMODANT, E ■ ⇒ **désagréable.**

INCOMMODE ■ *I.* ⇒ **difficile.** *II.* ⇒ **importun.**

INCOMMODÉ, E ■ Dérangé, embarrassé, empoisonné, étourdi, fatigué, gêné, importuné, indisposé, intoxiqué, malade, mal à l'aise, patraque (fam.), troublé.

INCOMMODER ■ ⇒ **gêner.**

INCOMMODITÉ ■ ⇒ **inconvénient.**

INCOMMUNICABLE ■ ⇒ **ineffable.**

INCOMPARABLE ■ *I.* Unique. ⇒ **bon.** *II.* ⇒ **distingué.**

INCOMPATIBILITÉ ■ ⇒ **opposition.**

INCOMPATIBLE ■ Antinomique, antipathique, antithétique, autre, contradictoire, contraire, désassorti, discordant, dissonant, exclusif de, inconciliable, inharmonieux, opposé.

INCOMPÉTENCE ■ ⇒ **incapacité.**

INCOMPÉTENT, E ■ ⇒ **incapable.**

INCOMPLET, E ■ ⇒ **imparfait.**

INCOMPRÉHENSIBLE ■ ⇒ **inintelligible.**

INCOMPRÉHENSIF, IVE ■ ⇒ **ignorant.**

INCOMPRÉHENSION ■ ⇒ **ignorance.**

INCOMPRESSIBLE ■ Irréductible.

INCOMPRIS, E ■ Méconnu. ⇒ **inconnu.**

INCONCEVABLE ■ *I.* ⇒ **inintelligible.** *II.* ⇒ **invraisemblable.**

INCONCILIABLE ■ ⇒ **incompatible.**

INCONDITIONNEL, ELLE ■ *I.* ⇒ **absolu.** *II.* ⇒ **flatteur.**

INCONDUITE ■ ⇒ **débauche.**

INCONFORT ■ *I.* ⇒ **inconvénient.** *II.* ⇒ **malaise.**

INCONFORTABLE ■ ⇒ **désagréable.**

INCONGRU, E ■ ⇒ **déplacé.**

INCONGRUITÉ ■ *I.* Cynisme, désinvolture, grossièreté, impudicité, inconvenance, incorrection, indécence, liberté, licence, malpropreté, manque d'éducation/de tenue, mauvaise tenue, saleté, sans-gêne. ⇒ **impolitesse.** *II.* ⇒ **vent.**

INCONNU, E ■ Caché, clandestin, dissimulé, énigmatique, étranger, ignoré, impénétrable, inaccessible, incompris, inédit, inexpérimenté, inexploré, inouï, irrévélé, méconnu, mystérieux, nouveau, obscur, occulte, oublié, secret, ténébreux, voilé.

INCONSCIENCE ■ Absence, irresponsabilité, légèreté. ⇒ **indifférence.**

INCONSCIENT, E ▪ *I. Nom* ⇒ subconscient. *II. Adj.* ⇒ insensé.

INCONSÉQUENCE ▪ ⇒ dérèglement.

INCONSÉQUENT, E ▪ *I.* ⇒ malavisé.
II. ⇒ illogique.

INCONSIDÉRÉ, E ▪ ⇒ malavisé.

INCONSISTANCE ▪ ⇒ faiblesse.

INCONSISTANT, E ▪ ⇒ mou.

INCONSTANCE ▪ *I.* ⇒ infidélité. *II.*
⇒ instabilité.

INCONSTANT, E ▪ ⇒ changeant.

INCONTESTABLE ▪ ⇒ évident.

INCONTESTABLEMENT ▪ ⇒ évidemment.

INCONTESTÉ, E ▪ ⇒ certain.

INCONTINENCE ▪ *I.* Débâcle, énuré-
sie. ⇒ diarrhée. *II.* ⇒ débauche.

INCONTINENT, E ▪ *I. Adj.* ⇒ excessif. *II. Adv.* ⇒ aussitôt.

INCONTRÔLABLE ▪ Invérifiable. ⇒
libre.

INCONVENANCE ▪ ⇒ incongruité.

INCONVENANT, E ▪ Choquant,
déplacé, déshonnête, grossier, immodeste, impoli, importun, indécent,
indu, leste, libre, licencieux, mal
élevé, malséant, malsonnant, messéant
(vx). ⇒ obscène.

INCONVÉNIENT ▪ Aléa, danger,
déplaisir, dérangement, désavantage,
difficulté, ennui, gêne, handicap,
importunité, incommodité, inconfort,
pierre d'achoppement, servitude, sujétion, traverse.

INCORPORATION ▪ *I.* ⇒ mélange. *II.*
⇒ réunion.

INCORPORER ▪ ⇒ associer.

INCORRECT, E ▪ *I.* ⇒ faux. *II.* ⇒
déplacé.

INCORRECTION ▪ ⇒ incongruité.

INCORRIGIBLE ▪ Endurci, impé-

nitent, inamendable, indécrottable,
irrécupérable, récidiviste.

INCORRUPTIBLE ▪ ⇒ probe.

INCRÉDULE ▪ *I.* Défiant, douteur,
dubitatif, perplexe, pyrrhonien, sceptique, soupçonneux. *II.* ⇒ incroyant.

INCRÉDULITÉ ▪ ⇒ scepticisme.

INCRIMINER ▪ ⇒ inculper.

INCROYABLE ▪ *I. Adj.* ⇒ invraisemblable. *II.* Jeune beau, élégant, gandin,
merveilleux, muscadin.

INCROYANCE ▪ ⇒ scepticisme.

INCROYANT, E ▪ Agnostique, anti-
religieux, athée, esprit fort, impie,
incrédule, indévot (vx), indifférent,
irréligieux, libertin (vx), libre penseur,
mécréant, païen, profane, sceptique.
⇒ infidèle.

INCRUSTATION ▪ Inlay (chir.). ⇒
dépôt.

INCRUSTER ▪ Damasquiner, nieller,
orner, sertir. *V. pron.* ⇒ introduire (s').

INCULPATION ▪ Accusation, charge,
imputation.

INCULPÉ, E ▪ adj. et n. Accusé,
chargé, inculpable, prévenu, suspect.

INCULPER ▪ Accuser, arguer de
(jurid.), charger, déférer/inférer au
parquet/au tribunal, dénoncer, déposer une plainte/s'élever contre, faire
le procès de, incriminer, mettre en
cause, se plaindre de, porter plainte,
poursuivre.

INCULQUER ▪ *I.* ⇒ enseigner. *II.* ⇒
imprimer.

INCULTE ▪ *I.* ⇒ stérile. *II.* ⇒ rude.

INCURABLE ▪ adj. et n. Cas désespéré, condamné, fini, grabataire, handicapé physique, inguérissable, irrémédiable, irrévocable, malade chronique, perdu, valétudinaire.

INCURIE ▪ ⇒ inattention.

INCURSION ▪ *I. Au pr. :* course (vx),

débarquement, débordement, déferlement, déluge, descente, envahissement, exploration, ingression, inondation, invasion, irruption, pointe, raid, razzia, reconnaissance, submersion. *II. Par ext.* 1. ⇒ voyage. 2. ⇒ intervention.

INCURVÉ, E ■ ⇒ courbe.

INCURVER ■ ⇒ fléchir.

INDÉCENCE ■ ⇒ impudence.

INDÉCENT, E ■ *I.* ⇒ obscène. *II.* ⇒ inconvenant.

INDÉCHIFFRABLE ■ *I.* ⇒ illisible. *II.* ⇒ secret. *III.* ⇒ obscur.

INDÉCIS, E ■ *I.* ⇒ vague. *II.* ⇒ indéterminé.

INDÉCISION ■ ⇒ indétermination.

INDÉCROTTABLE ■ ⇒ incorrigible.

INDÉFECTIBLE ■ ⇒ éternel, fidèle.

INDÉFINI, E ■ ⇒ immense, vague.

INDÉFINISSABLE ■ *I.* ⇒ ineffable. *II.* ⇒ vague.

INDÉLÉBILE ■ ⇒ ineffaçable.

INDÉLICAT, E ■ ⇒ malhonnête.

INDÉLICATESSE ■ ⇒ vol.

INDEMNE ■ ⇒ sauf.

INDEMNISATION ■ *I.* ⇒ indemnité. *II.* ⇒ réparation.

INDEMNISER ■ ⇒ compenser.

INDEMNITÉ ■ *I. Au pr. :* allocation, casuel, compensation, dédommagement, dommages et intérêts, dotation, pécule, wergeld (vx). *II. Par ext. :* émolument, liste civile, prestation, rémunération, rétribution, salaire, surestarie (mar.), traitement.

INDÉNIABLE ■ ⇒ évident.

INDÉPENDAMMENT ■ ⇒ outre.

INDÉPENDANCE ■ ⇒ liberté.

INDÉPENDANT, E ■ ⇒ libre.

INDESCRIPTIBLE ■ ⇒ ineffable.

INDÉSIRABLE ■ ⇒ importun.

INDESTRUCTIBLE ■ *I.* ⇒ éternel. *II.* ⇒ solide.

INDÉTERMINATION ■ Embarras, hésitation, imprécision, incertitude, indécision, irrésolution, perplexité, procrastination, scrupule.

INDÉTERMINÉ, E ■ Embarrassé, hésitant, incertain, indécis, indéterminable, irrésolu, perplexe. ⇒ vague.

INDEX ■ ⇒ table.

INDICATEUR, TRICE ■ *I. Nom* ⇒ espion. *II. Adj. :* ⇒ indicatif.

INDICATIF, IVE ■ Approchant, approximatif, sans garantie.

INDICATION, INDICE ■ Charge, dénonciation, piste. ⇒ signe.

INDICIBLE ■ ⇒ ineffable.

INDIFFÉRENCE ■ *I.* Apathie, désaffection, désintéressement, désinvolture, éloignement, froideur, imperméabilité, inappétence, inconscience, incuriosité, indolence, insouciance, laxisme, mollesse, nonchalance, tiédeur. *II.* Ataraxie, calme, dégagement (vx), détachement, équanimité, flegme, impassibilité, neutralité, sérénité.

INDIFFÉRENT, E ■ *I. Ce qui est indifférent à quelqu'un.* 1. ⇒ égal. 2. ⇒ insignifiant. *II. Quelqu'un :* apathique, blasé, désintéressé, désinvolte, détaché, distant, égoïste, flegmatique, froid, glacé, impassible, imperméable, impersonnel, inaccessible, indolent, inexpressif, insensible, insouciant, laxiste, neutre, nonchalant, passif, résigné, sourd, tiède, tolérant. ⇒ incroyant.

INDIGENCE ■ ⇒ pauvreté.

INDIGÈNE ■ n. et adj. Aborigène, autochtone, local, natif, naturel, originaire. ⇒ habitant.

INDIGENT, E ■ ⇒ pauvre.

INDIGESTE ■ *I. Au pr.* : inassimilable, lourd. *II. Fig.* ⇒ **pesant.**

INDIGESTION ■ *Par ext.* ⇒ **dégoût.**

INDIGNATION ■ ⇒ **colère.**

INDIGNE ■ *Quelque chose :* abominable, bas, déshonorant, exécrable, odieux, révoltant, trivial.

INDIGNÉ, E ■ ⇒ **outré.**

INDIGNER ■ ⇒ **irriter.**

INDIGNITÉ ■ *I.* ⇒ **déchéance.** *II.* ⇒ **offense.**

INDIQUER ■ Accuser, annoncer, assigner, citer, découvrir, dénoncer, dénoter, désigner, déterminer, dévoiler, dire, divulguer, enseigner, exposer, faire connaître/savoir, fixer, guider, marquer, montrer, nommer, représenter, révéler, signaler, signifier. ⇒ **tracer.**

INDIRECT, E ■ *I.* Compliqué, coudé, courbé, de biais, détourné, dévié, oblique, sinueux. *II.* Allusif, digressif, évasif, évocateur, médiat, sous-entendu.

INDISCERNABLE ■ *I.* ⇒ **imperceptible.** *II.* ⇒ **semblable.**

INDISCIPLINABLE, INDISCIPLINÉ, E ■ ⇒ **indocile.**

INDISCIPLINE ■ Contestation, désobéissance, désordre, fantaisie, indocilité, insoumission, insubordination, opiniâtreté, rébellion, refus d'obéissance, résistance, révolte.

INDISCRET, ÈTE ■ *I. Quelque chose* ⇒ **voyant.** *II. Quelqu'un :* casse-pieds (fam.), curieux, écouteur, espion, fâcheux (vx), fouinard, fouineur, fureteur, importun, inquisiteur, inquisitif, inquisitorial, insistant, intrus, touche-à-tout, voyeur.

INDISCRÉTION ■ *I.* ⇒ **curiosité.** *II.* ⇒ **révélation.**

INDISCUTABLE ■ ⇒ **évident.**

INDISCUTÉ, E ■ ⇒ **certain.**

INDISPENSABLE ■ ⇒ **nécessaire.**

INDISPONIBLE ■ *I.* Pas ⇒ **libre.** *II.* ⇒ **malade.** *III.* ⇒ **occupé.**

INDISPOSÉ, E ■ *I. Phys.* ⇒ **fatigué.** *II. Par ext. :* agacé, choqué, contrarié, fâché, hostile, mécontent, prévenu, vexé.

INDISPOSER ■ *I.* ⇒ **aigrir.** *II.* ⇒ **fatiguer.**

INDISPOSITION ■ ⇒ **malaise.**

INDISSOLUBLE ■ ⇒ **éternel.**

INDISTINCT, E ■ ⇒ **vague.**

INDIVIDU ■ *I.* Particulier, personne, unité. *II.* ⇒ **homme, type.** *III.* ⇒ **spécimen.**

INDIVIDUALISER ■ ⇒ **caractériser.**

INDIVIDUALISME ■ ⇒ **égoïsme.**

INDIVIDUALITÉ ■ ⇒ **personnalité.**

INDIVIDUEL, ELLE ■ Distinct, particulier, personnel, privé, propre, singulier, spécial, spécifique, unique.

INDIVISIBLE ■ Insécable, irréductible. ⇒ **un.**

INDIVISION ■ Communauté, copropriété.

INDOCILE ■ Désobéissant, dissipé, entêté, fermé, frondeur, indisciplinable, indiscipliné, indomptable, insoumis, insubordonné, passif, rebelle, récalcitrant, réfractaire, regimbant, regimbeur, rétif, révolté, rude, subversif, têtu, vicieux, volontaire.

INDOCILITÉ ■ ⇒ **indiscipline.**

INDOLENCE ■ *I.* ⇒ **apathie.** *II.* ⇒ **paresse.** *III.* ⇒ **mollesse.**

INDOLENT, E ■ *I.* ⇒ **mou.** *II.* ⇒ **paresseux.** *III.* ⇒ **apathique.** *IV.* ⇒ **insensible.**

INDOLORE ■ ⇒ **insensible.**

INDOMPTABLE ■ ⇒ **indocile.**

INDOMPTÉ, E ■ ⇒ **sauvage.**

INDU, E ■ *I.* ⇒ illogique. *II.* ⇒ inconvenant.

INDUBITABLE ■ ⇒ évident.

INDUCTION ■ *I.* Analogie, généralisation, inférence, ressemblance. *II.* Action, excitation, influx, production.

INDUIRE ■ *I.* ⇒ inférer. *II.* ⇒ inviter. *III. Loc.* Induire en erreur ⇒ tromper.

INDULGENCE ■ *I. Fav. :* 1. Bénignité, bienveillance, bonté, charité, clémence, compréhension, douceur, humanité, longanimité, magnanimité, mansuétude, miséricorde, patience, tolérance. **2.** Excuse, exemption, faveur, grâce, pardon, rémission. *II. Péj. :* complaisance, faiblesse, laisser aller/faire, laxisme.

INDULGENT, E ■ *I.* Bénin, bienveillant, bon, charitable, clément, compréhensif, doux, exorable, favorable, généreux, large, longanime, magnanime, miséricordieux, patient, permissif, tolérant. *II. Péj. :* complaisant, élastique, laxiste, faible.

INDUSTRIALISER ■ Développer, équiper, mécaniser, outiller.

INDUSTRIE ■ *I.* ⇒ usine. *II.* ⇒ habileté.

INDUSTRIEL ■ Entrepreneur, fabricant, manufacturier, PDG (par ext.), usinier.

INDUSTRIEUX, EUSE ■ *I.* ⇒ capable. *II.* ⇒ habile.

INÉBRANLABLE ■ ⇒ constant.

INÉDIT, E ■ ⇒ nouveau.

INEFFABLE ■ *I. Au pr. :* extraordinaire, incommunicable, indéfinissable, indescriptible, indicible, inénarrable, inexprimable, intransmissible, inracontable, irracontable. *II. Par ext.* 1. ⇒ risible. 2. Céleste, divin, sacré, sublime.

INEFFAÇABLE ■ *I. Au pr. :* immarcescible, impérissable, inaltérable, indélébile. *II. Par ext.* : éternel, immortel, indestructible.

INEFFICACE ■ *I.* Improductif, impuissant, infructueux, inopérant, inutile, nul, stérile, vain. *II.* Anodin, platonique.

INEFFICACITÉ ■ *Les dérivés possibles de* ⇒ inefficace.

INÉGAL, E ■ *I.* ⇒ irrégulier. *II.* ⇒ changeant. *III.* ⇒ différent.

INÉGALABLE ■ ⇒ parfait.

INÉGALITÉ ■ ⇒ différence.

INÉLÉGANCE ■ Goujaterie, lourdeur. ⇒ maladresse.

INÉLÉGANT, E ■ *I. Au pr. :* balourd, grossier, laid, lourd, lourdaud, lourdingue (fam.), ridicule. *II. Fig. :* indélicat.

INÉLUCTABLE ■ ⇒ inévitable.

INÉNARRABLE ■ *I.* ⇒ ineffable. *II.* ⇒ risible.

INEPTE ■ *I.* ⇒ bête. *II.* ⇒ incapable.

INEPTIE ■ *I.* ⇒ bêtise. *II.* ⇒ incapacité.

INÉPUISABLE ■ *I.* Continu, durable, éternel, fécond, indéfini, intarissable. ⇒ abondant.

INERTE ■ Abandonné, apathique, atone, dormant, flaccide, flasque, froid, immobile, improductif, inactif, insensible, latent, lent, mort, mou, passif, stagnant.

INERTIE ■ *I.* ⇒ inaction. *II.* ⇒ résistance. *III.* Équipement, machinisme, outillage.

INESPÉRÉ, E ■ Fortuit, imprévu, inattendu, inopiné, insoupçonné, subit, surprenant.

INESTHÉTIQUE ■ ⇒ laid.

INESTIMABLE ■ *I. Au pr.* ⇒ précieux. *II. Par ext.* ⇒ important.

INÉVITABLE ■ Assuré, certain, écrit, fatal, forcé, habituel, immanquable, imparable, inéluctable, inexorable, infaillible, logique, nécessaire, obligatoire, prédéterminé, rituel, sûr, vital.

INEXACT, E ■ ⇒ faux.

INEXACTITUDE ■ À peu près, contrefaçon, contresens, contrevérité, erreur, fausseté, faute, faux, faux-sens, imperfection, impropriété, incorrection, infidélité, mensonge, paralogisme.

INEXCUSABLE ■ ⇒ injustifiable.

INEXÉCUTION ■ Inobservation. ⇒ violation.

INEXERCÉ, E ■ Inexpérimenté, inhabile, maladroit. ⇒ inexpérimenté.

INEXISTANT, E ■ *I.* ⇒ nul. *II.* ⇒ imaginaire.

INEXORABLE ■ ⇒ inflexible.

INEXPÉRIENCE ■ ⇒ maladresse.

INEXPÉRIMENTÉ, E ■ Apprenti, apprenti-sorcier, béjaune (péj.), gauche, ignorant, incompétent, inexercé, inhabile, jeune, maladroit, malhabile, novice, profane.

INEXPLICABLE ■ *I.* Énigmatique, miraculeux, mystérieux. *II.* ⇒ obscur.

INEXPLORÉ, E ■ Ignoré, inconnu, inexploité, nouveau, vierge.

INEXPIABLE ■ ⇒ injustifiable.

INEXPRESSIF, IVE ■ Atone, froid, vague. ⇒ terne.

INEXPRIMABLE ■ ⇒ ineffable.

INEXPRIMÉ, E ■ ⇒ implicite.

INEXPUGNABLE ■ ⇒ imprenable.

INEXTENSIBLE ■ Barré, borné, défini, fermé, fini, limité.

IN EXTENSO ■ Complètement, d'un bout à l'autre, en entier, entièrement, intégralement, totalement.

INEXTINGUIBLE ■ Ardent, continu, excessif, inassouvissable, insatiable, intarissable, invincible, violent.

INEXTIRPABLE ■ Ancré, enraciné, fixé, indéracinable, invincible, tenace.

INEXTRICABLE ■ Confus, dédaléen, désordonné, difficile, embrouillé, emmêlé, enchevêtré, entrecroisé, indéchiffrable, mêlé, obscur.

INFAILLIBILITÉ ■ ⇒ certitude.

INFAILLIBLE ■ ⇒ inévitable.

INFAILLIBLEMENT ■ À coup sûr, à tous les coups, *et les adv. en -ment dérivés des syn. de* INFAILLIBLE.

INFAMANT, E ■ ⇒ honteux.

INFÂME ■ *I.* ⇒ bas. *II.* ⇒ honteux. *III.* ⇒ malpropre.

INFAMIE ■ *I.* ⇒ honte. *II.* ⇒ injure. *III.* ⇒ horreur.

INFANTERIE ■ Biffe, fantabosse, griffe, grive, reine des batailles. *De marine :* la colo/coloniale/martiale.

INFANTILE ■ ⇒ enfantin.

INFATIGABLE ■ Costaud, dur, endurci, fort, inassouvi, incessant, increvable (fam.), indomptable, inlassable, invincible, résistant, robuste, solide, tenace, vigoureux, zélé.

INFATUATION ■ ⇒ orgueil.

INFATUÉ, E ■ Enflé, épris, gonflé, orgueilleux, vaniteux.

INFATUER (S') ■ ⇒ engouer (s').

INFÉCOND, E ■ ⇒ stérile.

INFÉCONDITÉ ■ ⇒ impuissance.

INFECT, E ■ *I.* ⇒ dégoûtant. *II.* ⇒ mauvais.

INFECTER ■ *I.* Abîmer, contaminer, corrompre, empoisonner, gangrener, gâter, intoxiquer. *II.* ⇒ puer.

INFECTION ■ Altération, contagion, contamination, corruption, empoisonnement, gangrène, infestation, intoxication, pestilence, puanteur.

INFÉODER (S') ■ ⇒ soumettre (se).

INFÉRENCE ■ ⇒ **induction.**

INFÉRER ■ Arguer (vx), conclure, déduire, dégager, induire, raisonner, tirer.

INFÉRIEUR, E ■ adj. ⇒ **bas.**

INFÉRIEUR ■ n. *I.* Humble, petit, second, subalterne, subordonné. *II.* Domestique, esclave. *III. Fam. et péj.* : porte-pipe, sous-fifre/ordre/verge.

INFÉRIORISER ■ *I.* ⇒ **humilier.** *II.* ⇒ **réduire.**

INFÉRIORITÉ ■ Désavantage, dessous, handicap.

INFERNAL, E ■ *I.* ⇒ **diabolique.** *II.* ⇒ **méchant.** *III.* ⇒ **intolérable.**

INFERTILE ■ ⇒ **stérile.**

INFESTATION ■ ⇒ **infection.**

INFESTER ■ ⇒ **ravager, abonder.**

INFIDÈLE ■ *I. Adj.* : adultère, déloyal, félon, inexact, judas, malhonnête, parjure, perfide, renégat, scélérat, traître, trompeur. ⇒ **faux.** *II. Nom* : 1. Apostat, hérétique, laps, relaps, schismastique. ⇒ **païen.** 2. Islam : giaour, roumi. 3. Israël : goy, goym (pl.).

INFIDÉLITÉ ■ Abandon, déloyauté, félonie, inconstance, lâchage, manquement, parjure, perfidie, scélératesse, trahison, traîtrise, tromperie. *II.* ⇒ **inexactitude.**

INFILTRATION ■ Entrisme, noyautage, pénétration.

INFILTRER (S') ■ ⇒ **pénétrer.**

INFIME ■ Bas, dernier, élémentaire, inférieur, insignifiant, menu, microscopique, minime, minuscule, modique, moindre, négligeable, nul, parcimonieux, petit, sommaire.

INFINI, E ■ *I. Adj.* : absolu, continu, énorme, éternel, illimité, immense, incalculable, incommensurable, inconditionné, inépuisable, interminable, perdurable, perpétuel, sans bornes, universel. *II. Nom* ⇒ **immensité.**

INFINIMENT ■ *I.* ⇒ **beaucoup.** *II.* ⇒ **très.**

INFINITÉ ■ ⇒ **quantité.**

INFINITÉSIMAL, E ■ Atomique, imperceptible, microscopique, minuscule, négligeable, voisin de zéro. ⇒ **infime.**

INFIRME ■ adj. et n. *I.* Amputé, difforme, estropié, grabataire, gueule cassée, handicapé, impotent, invalide, malade, malbâti, mutilé, paralytique, stropiat, valétudinaire. *II.* ⇒ **faible.** *III.* ⇒ **incurable.**

INFIRMER ■ Abolir, abroger, affaiblir, amoindrir, annuler, battre en brèche, briser, casser, défaire, démentir, détruire, ôter sa force/valeur, pulvériser, réfuter, rejeter, ruiner.

INFIRMERIE ■ ⇒ **hôpital.**

INFIRMIÈRE ■ *I. Au pr.* : aide-médicale, assistante, garde-malade, nurse, soignante. *II. Par ext.* 1. Fille/sœur de charité. 2. Fille de salle.

INFIRMITÉ ■ Atrophie, boiterie, cécité, débilité, défaut, difformité, diminution physique, faiblesse, handicap, imperfection, impotence, impuissance, incapacité, incommodité, invalidité, mutilation, surdité.

INFLAMMABLE ■ *I. Au pr.* : combustible, ignifiable. *II. Fig.* ⇒ **impétueux.**

INFLAMMATION ■ ⇒ **irritation.**

INFLÉCHI, E ■ ⇒ **courbe.**

INFLÉCHIR ■ ⇒ **fléchir.**

INFLÉCHISSEMENT ■ ⇒ **modification.**

INFLEXIBLE ■ Constant, dur, entêté, ferme, impitoyable, implacable, indomptable, inébranlable, inexorable, intraitable, intransigeant, invincible, irréductible, persévérant, raide, rigoureux, sévère.

INFLEXION ■ ⇒ son.

INFLIGER ■ ⇒ prescrire.

INFLUENÇABLE ■ *I.* ⇒ faible. *II.* ⇒ flexible.

INFLUENCE ■ Action, aide, appui, ascendant, attirance, attraction, autorité, crédit, domination, effet, efficacité, empire, empreinte, emprise, fascination, force, importance, incitation, inspiration, intercession, mainmise, manipulation, mouvance, poids, pouvoir, prépondérance, pression, prestige, puissance, rôle, suggestion, tyrannie (péj.). ⇒ charme.

INFLUENCER ■ ⇒ influer.

INFLUENT, E ■ Actif, agissant, autorisé, efficace, fort, important, le bras long (avoir), prépondérant, puissant.

INFLUENZA ■ ⇒ grippe.

INFLUER (SUR) ■ Agir/avoir de l'effet sur, cuisiner (fig. et fam.), déteindre sur, entraîner, exercer, faire changer, influencer, matraquer, modifier, peser/se répercuter sur, prévenir, retourner, suggestionner, tourner.

INFORMATEUR, TRICE ■ Agent, correspondant. ⇒ espion.

INFORMATICIEN, ENNE ■ Analyste, programmeur.

INFORMATION ■ *I.* ⇒ recherche. *II.* ⇒ nouvelle. *III.* ⇒ renseignement.

INFORMATIQUE ■ Bureautique, infographie, robotique, téléinformatique, télématique, télétraitement, traitement automatique.

INFORME ■ ⇒ difforme.

INFORMER ■ Annoncer, apprendre, avertir, aviser, déclarer, documenter, donner avis, donner part (dipl.), éclaircir, éclairer, écrire, enseigner, faire connaître/part de/savoir, instruire, mander, mettre au courant/au fait, notifier, porter à la connaissance, prévenir, publier, raconter, rapporter, rendre compte, renseigner, tenir au courant. *V. pron.* ⇒ enquérir (s').

INFORTUNE ■ ⇒ malheur.

INFORTUNÉ, E ■ ⇒ misérable.

INFRACTION ■ ⇒ violation.

INFRANCHISSABLE ■ Impassable, impraticable, insurmontable, invincible, rebelle.

INFRANGIBLE ■ Dur, ferme, incassable, résistant, solide.

INFRÉQUENTABLE ■ ⇒ difficile.

INFRÉQUENTÉ, E ■ Abandonné, délaissé, dépeuplé, désert, désolé, écarté, inhabité, perdu, retiré, sauvage, solitaire, vierge.

INFRUCTUEUX, EUSE ■ ⇒ stérile.

INFUS, E ■ ⇒ inné.

INFUSER ■ *I.* ⇒ verser. *II.* ⇒ tremper. *III.* ⇒ transmettre.

INFUSION ■ ⇒ tisane.

INGAMBE ■ *I.* ⇒ dispos. *II.* ⇒ valide.

INGÉNIER (S') ■ ⇒ essayer.

INGÉNIEUX, EUSE ■ Adroit, astucieux (fam.), capable, chercheur, délié, fin, génial, habile, imaginatif, inventif, malin, sagace, spirituel, subtil.

INGÉNIOSITÉ ■ ⇒ habileté.

INGÉNU, E ■ ⇒ simple.

INGÉNUITÉ ■ ⇒ simplicité.

INGÉRENCE ■ ⇒ intervention.

INGÉRER ■ ⇒ avaler. *V. pron. :* 1. ⇒ intervenir. 2. ⇒ introduire (s').

INGESTION ■ ⇒ absorption.

INGRAT, E ■ *I. Quelqu'un.* 1. Au pr. : égoïste, oublieux. 2. Par ext. : amer, désagréable, difficile, disgracieux, laid, mal fichu (fam.)/formé/foutu (vulg.)/ tourné. *II. Quelque chose :* aride, caillouteux, désertique, difficile, infructueux, peu productif, sec, stérile.

INGRATITUDE ■ Égoïsme, méconnaissance, oubli.

INGRÉDIENT ■ Agrément, apport, assaisonnement, épice.

INGUÉRISSABLE ■ ⇒ incurable.

INGURGITER ■ ⇒ avaler.

INHABILE ■ ⇒ maladroit.

INHABILETÉ ■ ⇒ maladresse.

INHABITABLE ■ ⇒ malsain.

INHABITÉ, E ■ Abandonné, délaissé, dépeuplé, désert, désertique, déshabité, désolé, inoccupé, mort, sauvage, solitaire, vacant, vide, vierge.

INHABITUEL, ELLE ■ ⇒ rare.

INHALATION ■ *I.* Aspiration, inspiration, respiration. *II.* Fumigation.

INHALER ■ Absorber, aspirer, avaler, inspirer, respirer.

INHÉRENCE ■ ⇒ adhérence.

INHÉRENT, E ■ Adhérent, aggloméré, agrégé, annexé, appartenant, associé, attaché, consécutif, indissoluble/inséparable de, inné, intérieur, joint, lié.

INHIBER ■ Défendre, empêcher, interdire, prohiber, proscrire.

INHIBITION ■ *I.* ⇒ obstacle. *II.* ⇒ défense.

INHOSPITALIER, ÈRE ■ *I. Un lieu :* inabordable, inaccessible, inaccueillant, inconfortable, ingrat, inhabitable, invivable, peu engageant, rude, sauvage, stérile. *II. Quelqu'un :* acrimonieux, désagréable, disgracieux, dur, inhumain, misanthrope, rébarbatif.

INHUMAIN, E ■ Abominable, affreux, atroce, barbare, bestial, cauchemardesque, contrefait, cruel, dénaturé, diabolique, difforme, dur, épouvantable, féroce, immonde, infernal, luciférien, mauvais, méchant, impitoyable, insensible, monstrueux, odieux, sanguinaire, sans cœur/entrailles (fam.)/pitié, terrifiant.

INHUMANITÉ ■ Atrocité, barbarie, bestialité, cruauté, dureté, férocité, insensibilité, monstruosité, sadisme, satanisme.

INHUMATION ■ ⇒ enterrement.

INHUMER ■ Enfouir, ensevelir, enterrer, mettre/porter en terre, rendre les derniers devoirs/honneurs.

INIMAGINABLE ■ ⇒ invraisemblable.

INIMITABLE ■ Achevé, impayable (fam.), incomparable, nonpareil, original, parfait, sans pareil, unique.

INIMITIÉ ■ ⇒ haine.

ININTELLIGENT, E ■ Abruti, arriéré, borné, bouché, étroit, fermé, idiot, innocent, lourd, obtus, opaque, pesant, rétréci, stupide. ⇒ bête.

ININTELLIGIBLE ■ Abscons, abstrus, ambigu, amphigourique, confus, contradictoire, difficile, énigmatique, incompréhensible, inconcevable, mystérieux, nébuleux. ⇒ obscur.

ININTERROMPU, E ■ ⇒ continu.

INIQUE ■ ⇒ injuste.

INIQUITÉ ■ *I.* ⇒ injustice. *II.* ⇒ dérèglement. *III.* ⇒ turpitude.

INITIAL, E ■ Commençant, débutant, élémentaire, fondamental, originaire, originel, premier, primitif, primordial, rudimentaire.

INITIALE ■ Capitale, lettre d'antiphonaire/d'imprimerie, lettrine, majuscule.

INITIATEUR, TRICE ■ adj. et n. *I. Au pr. :* mystagogue. ⇒ innovateur. *II. Par ext.* ⇒ maître.

INITIATION ■ *I.* Mystagogie. ⇒ réception. *II.* ⇒ instruction.

INITIATIVE ■ *I.* ⇒ proposition. *II.* ⇒ décision. *III. Loc.* Syndicat d'initiative : bureau/centre/office d'accueil/

d'information/de renseignements/de tourisme.

INITIER ■ *I.* ⇒ recevoir. *II.* ⇒ instruire.

INJECTER ■ Administrer, infiltrer, infuser, inoculer, introduire.

INJONCTION ■ Commandement, consigne, décret, diktat, édit, impératif, mandement, mise en demeure, ordre, prescription, sommation, ukase, ultimatum.

INJURE ■ *I. Un acte :* affront, attaque, avanie, blessure, calomnie, dommage, manquement, offense, outrage, tort. *II. Un propos :* engueulade (fam.), fulmination, gros mots, grossièreté, imprécation, infamie, insulte, invective, mots, offense, paroles, pouilles, sottise, vilenie.

INJURIER ■ Agonir, blesser, chanter pouilles, dire des injures, fulminer, harpailler (vx), insulter, invectiver, maudire, offenser, outrager, traiter de. *Fam. :* crosser, engueuler, enguirlander, glavioter sur.

INJURIEUX, EUSE ■ *I.* ⇒ offensant. *II.* ⇒ injuste.

INJUSTE ■ Abusif, arbitraire, attentatoire, déloyal, faux, illégal, illégitime, immérité, inacceptable, inadmissible, indu, inéquitable, inique, injurieux (vx), injustifiable, injustifié, irrégulier, léonin, malfaisant, mal fondé, mauvais, partial, sans fondement, scélérat, usurpé.

INJUSTICE ■ Abus, arbitraire, déloyauté, déni de justice, erreur, favoritisme, illégalité, improbité, inégalité, iniquité, irrégularité, malveillance, noirceur, partialité, passe-droit, prévention, privilège, scélératesse, vice de forme.

INJUSTIFIABLE, INJUSTIFIÉ, E ■ Arbitraire, fautif, gratuit, immotivé, impardonnable, indu, inexcusable, inexpiable, infâme, inqualifiable. ⇒ injuste.

INLASSABLE ■ *I.* ⇒ infatigable. *II.* ⇒ patient.

INNÉ, E ■ Atavique, congénital, foncier, héréditaire, inconscient, infus, instinctif, natif (vx), naturel, originel, personnel, profond, viscéral. ⇒ inhérent.

INNOCENCE ■ *I.* ⇒ pureté. *II.* ⇒ simplicité.

INNOCENT, E ■ *I. Adj.* 1. ⇒ inoffensif. 2. ⇒ simple. *II. Nom* ⇒ enfant.

INNOCENTER ■ ⇒ excuser.

INNOMBRABLE ■ ⇒ nombreux.

INNOMMABLE ■ ⇒ dégoûtant.

INNOVATEUR, TRICE ■ adj. et n. Créateur, découvreur, fondateur, inaugurateur, initiateur, inspirateur, introducteur, inventeur, novateur, pionnier, précurseur, promoteur, réformateur, rénovateur, restaurateur.

INNOVATION ■ ⇒ changement.

INNOVER ■ *I.* ⇒ changer. *II.* ⇒ inventer.

INOBSERVANCE, INOBSERVATION ■ ⇒ violation.

INOCCUPÉ, E ■ *I.* ⇒ inactif. *II.* ⇒ vacant.

INOCULATION ■ *I.* Immunisation, piqûre, sérothérapie, vaccination. *II.* Contagion, contamination, infestation, transmission.

INOCULER ■ *I.* Immuniser, piquer, vacciner. *II. Par ext.* ⇒ transmettre.

INODORE ■ *I. Au pr. :* fade, imperceptible, neutre, sans odeur. *II. Fig.* ⇒ insignifiant.

INOFFENSIF, IVE ■ Anodin, bénin, bon, calme, désarmé, doux, fruste, impuissant, innocent, inodore, insignifiant, négligeable, neutralisé, pacifique, paisible, tranquille.

INONDATION ■ *I. Au pr. :* débordement, submersion. *II. Fig.* 1. ⇒ incursion. 2. ⇒ multitude.

INONDER ■ Arroser, déborder, envahir, immerger, mouiller, noyer, occuper, pénétrer, recouvrir, se répandre, submerger, tremper.

INOPÉRANT, E ■ ⇒ inefficace.

INOPINÉ, E ■ *I.* ⇒ inespéré. *II.* ⇒ subit.

INOPINÉMENT ■ ⇒ soudain.

INOPPORTUN, E ■ Défavorable, déplacé, fâcheux, hors de propos/saison, intempestif, mal, malséant, mauvais, messéant, prématuré, regrettable.

INOUBLIABLE ■ Célèbre, fameux, frappant, glorieux, grandiose, gravé, historique, illustre, immortalisé, imprimé, ineffaçable, insigne, marqué, mémorable, perpétué, retentissant, saillant.

INOUÏ, E ■ *I.* ⇒ extraordinaire. *II.* ⇒ nouveau.

IN-PACE ■ ⇒ cachot.

INQUALIFIABLE ■ Abject, abominable, bas, honteux, ignoble, inavouable, inconcevable, inconvenant, indigne, innommable, odieux, trivial.

INQUIET, ÈTE ■ *I. Au pr.* ⇒ remuant. *II. Par ext. :* affolé, agité, alarmé, angoissé, anxieux, apeuré, atterré, chagrin, craintif, crispé, effaré, effarouché, effrayé, embarrassé, ennuyé, épeuré, épouvanté, impatient, insatisfait, interrogateur, mal à l'aise, perplexe, peureux, préoccupé, sombre, soucieux, sur le qui-vive, tendu, terrifié, terrorisé, tourmenté, tracassé, transi, traqué, troublé.

INQUIÉTANT, E ■ Affolant, agitant, alarmant, angoissant, atterrant, effarant, effarouchant, effrayant, embarrassant, ennuyeux, épouvantable, grave, intimidant, menaçant, patibulaire, peu rassurant, préoccupant, sinistre, sombre, stressant, terrifiant, troublant.

INQUIÉTER ■ Affoler, agiter, alarmer, alerter, angoisser, apeurer, chagriner, donner le trac (fam.), effaroucher, effrayer, embarrasser, émotionner, ennuyer, épouvanter, faire peur, menacer, mettre mal à l'aise/en difficulté/en peine/sur le qui-vive, rendre craintif, réveiller, secouer, terrifier, terroriser, tourmenter, tracasser, traquer, travailler, troubler. *V. pron. :* appréhender, avoir ⇒ peur, se faire de la bile/du mauvais sang/du ⇒ souci, et les formes pron. possibles des syn. de INQUIÉTER.

INQUIÉTUDE ■ *I.* Angoisse, anxiété, appréhension, crainte, émotion, ennui, malaise, peine, préoccupation, scrupule, souci, stress, supplice, tension, trac, transe, trouble. *II.* Alarme, alerte. *III.* Affolement, agitation, désarroi, effarement, effroi, épouvante, panique, peur, terreur.

INQUISITEUR, INQUISITIF, IVE ■ ⇒ indiscret.

INQUISITION ■ ⇒ recherche.

INQUISITORIAL, E ■ ⇒ indiscret.

INRACONTABLE ■ ⇒ ineffable.

INSAISISSABLE ■ ⇒ imperceptible.

INSALUBRE ■ ⇒ malsain.

INSANE ■ ⇒ insensé.

INSANITÉ ■ ⇒ sottise.

INSATIABLE ■ *I.* ⇒ glouton. *II.* ⇒ intéressé.

INSATISFACTION ■ ⇒ ennui.

INSATISFAIT, E ■ ⇒ fâché.

INSCRIPTION ■ *I.* Affiche, déclaration, devise, enregistrement, épigramme, épigraphe, épitaphe, exergue, graffiti, graffito, immatriculation, légende, mention, plaque, transcription. *II.* Adhésion.

INSCRIRE ■ *I.* Afficher, consigner, copier, coucher par écrit, écrire, enregistrer, enrôler, graver, immatriculer, imprimer, indiquer, insérer, marquer, matriculer, mentionner, noter, porter, répertorier, reporter, transcrire. *II. V. pron.* ⇒ **adhérer.** *III.* **Loc. S'inscrire en faux** ⇒ **contredire.**

INSÉCABLE ■ Indivisible, irréductible.

INSECTE ■ Archiptère, aptérygote, coléoptère, diptère, hyménoptère, lépidoptère, névroptère, orthoptère, rhynchote, thysanoure.

INSENSÉ, E ■ *I.* Aberrant, abracadabrant, absurde, déraisonnable, excessif, extravagant, farfelu, immodéré, impossible, inepte, insane, irrationnel, irréfléchi, ridicule, saugrenu, sot, stupide. ⇒ **bête.** *II.* Affolé, aliéné, dément, déséquilibré, désaxé, détraqué, écervelé, fêlé, idiot, inconscient, irresponsable. ⇒ **fou.**

INSENSIBILISATION ■ Analgésie, anesthésie.

INSENSIBILISER ■ Anesthésier, calmer, chloroformer, endormir, lénifier, soulager.

INSENSIBILITÉ ■ *I.* ⇒ **apathie.** *II.* ⇒ **dureté.**

INSENSIBLE ■ *I.* **Quelqu'un. 1. Phys. :** anesthésié, apathique, endormi, engourdi, inanimé, inconscient, indolent (méd.), indolore, léthargique, mort, neutre, paralysé. **2. Moral :** aride, calme, cruel, de marbre, détaché, dur, égoïste, endurci, froid, impassible, imperméable, imperturbable, impitoyable, implacable, indifférent, indolent, inexorable, inhumain, marmoréen, sec. *II.* **Quelque chose :** imperceptible, insignifiant, léger, négligeable, progressif.

INSÉPARABLE ■ *I.* **Au pr. :** accouplé, agrégé, apparié, attaché, concomitant, conjoint, consubstantiel, dépendant, fixé, indissociable, indivis, indivisible, inhérent, insécable, joint, lié, marié, non isolable, noué, rivé,

simultané, synchrone, soudé, uni. *II.* **Par ext. 1.** Éternel, inévitable. **2.** ⇒ **ami.**

INSÉRER ■ Emboîter, encadrer, encarter, encastrer, enchâsser, enchatonner, enter, entrelarder (fam.), greffer, imbriquer, implanter, incruster, inscrire, intercaler, interfolier, mettre, sertir. ⇒ **introduire.**

INSERT ■ Insertion. ⇒ **annonce.**

INSIDIEUX, EUSE ■ ⇒ **trompeur.**

INSIGNE ■ *I.* **Adj.** ⇒ **remarquable.** *II.* **Nom :** badge, cordon, couronne, crachat (fam.), cravate, croix, décoration, écharpe, écusson, emblème, fourragère, gri-gri (fam.), hochet (péj.), livrée, macaron, marque, médaille, plaque, rosette, ruban, sceptre, signe distinctif, symbole, verge.

INSIGNIFIANCE ■ ⇒ **faiblesse.**

INSIGNIFIANT, E ■ *I.* **Quelqu'un :** chétif, effacé, falot, frivole, futile, inconsistant, médiocre, ordinaire, petit, piètre, quelconque, terne, vain. *II.* **Quelque chose :** anodin, banal, excusable, exigu, fade, incolore, indifférent, infime, inodore, insipide, léger, malheureux (fig.), menu, mesquin, mince, misérable, modique, négligeable, nul, ordinaire, quelconque, sans conséquence/importance / intérêt/ portée / saveur / valeur, véniel.

INSINUANT, E ■ *I.* ⇒ **adroit.** *II.* ⇒ **hypocrite.**

INSINUATION ■ *I.* **Favorable ou neutre :** allégation, avance, conciliation, introduction, persuasion, suggestion. *II.* **Non favorable :** accusation, allusion, attaque, calomnie, demi-mot, perfidie, propos, sous-entendu.

INSINUER ■ *I.* ⇒ **introduire.** *II.* ⇒ **inspirer.** *III.* ⇒ **médire.** *IV. V. pron.* ⇒ **introduire (s')**

INSIPIDE ■ ⇒ **fade.**

INSIPIDITÉ ■ Fadeur. ⇒ **sottise.**

INSISTANCE ■ ⇒ **instance.**

INSISTANT, E ■ ⇒ indiscret.

INSISTER ■ ⇒ appuyer.

INSOCIABLE ■ ⇒ sauvage.

INSOLENCE ■ ⇒ arrogance.

INSOLENT, E ■ ⇒ arrogant.

INSOLITE ■ *I.* ⇒ étrange. *II.* ⇒ inusité.

INSOLUBLE ■ ⇒ impossible.

INSOLVABILITÉ ■ ⇒ faillite.

INSOLVABLE ■ Décavé (fam.), défaillant, démuni, endetté, en état de cessation de paiement, failli, impécunieux, indigent, obéré, ruiné, sans ressources.

INSOMNIE ■ ⇒ veille.

INSONDABLE ■ ⇒ secret.

INSOUCIANCE ■ *I.* Apathie, ataraxie, détachement, flegme, optimisme. *II.* Étourderie, frivolité, imprévoyance, incuriosité, indifférence, indolence, irresponsabilité, je m'en fichisme/foutisme, légèreté, négligence, nonchalance, oubli.

INSOUCIANT, E ■ *I. Favorable ou neutre :* bon vivant, insoucieux, optimiste, Roger-Bontemps, sans souci, va-comme-ça-peut (fam.)/je-te-pousse (fam.), vive-la-joie. *II. Non favorable :* apathique, étourdi, flegmatique, frivole, imprévoyant, indifférent, indolent, insoucieux, irresponsable, je-m'en-fichiste (fam.), je-m'en-foutiste (fam.), léger, négligent, nonchalant, oublieux.

INSOUMIS ■ n. *I.* Déserteur, mutin, objecteur de conscience, séditieux. *II.* Dissident, guérillero, maquisard, partisan, rebelle, réfractaire, résistant.

INSOUMIS, E ■ adj. *I. Quelqu'un :* désobéissant, factieux, frondeur, indépendant, indiscipliné, indompté, insurgé, mutin, rebelle, récalcitrant, réfractaire, rétif, révolté, sauvage, séditieux. ⇒ indocile. *II. Un pays :* dissident, indépendant, révolté.

INSOUMISSION ■ Désobéissance, désertion, fronde, indiscipline, insubordination, mutinerie, rébellion, révolte, ruade, sédition.

INSOUPÇONNABLE ■ *I.* ⇒ honnête. *II.* ⇒ surprenant.

INSOUPÇONNÉ, E ■ Inattendu. ⇒ nouveau.

INSOUTENABLE ■ *I.* ⇒ invraisemblable. *II.* ⇒ intolérable.

INSPECTER ■ ⇒ examiner.

INSPECTEUR ■ Contrôleur, enquêteur, réviseur, vérificateur, visiteur.

INSPECTION ■ ⇒ visite.

INSPIRATEUR, TRICE ■ *I.* ⇒ conseiller. *II.* ⇒ instigateur.

INSPIRATION ■ *I. Au pr. :* absorption, aspiration, inhalation, prise, respiration. *II. Fig.* 1. Délire, divination, enthousiasme, envolée, esprit (relig.), fureur poétique, grâce, illumination, intuition, invention, muse, prophétie (relig.), révélation, souffle, talent, trouvaille, veine, verve. 2. Conseil, exhortation, incitation, influence, insinuation, instigation, motivation, persuasion, suggestion.

INSPIRÉ, E ■ Enthousiaste, exalté, fanatique, illuminé, mystique, poète, prophète, visionnaire. ⇒ habile.

INSPIRER ■ *I. Au pr. :* aspirer, avaler, inhaler, insuffler, introduire, priser, respirer. *II. Fig. :* allumer, animer, aviver, commander, conduire, conseiller, déterminer, dicter, diriger, donner, émoustiller, encourager, enfiévrer, enflammer, imposer, imprimer, insinuer, instiguer, instiller, insuffler, persuader, provoquer, souffler, suggérer.

INSTABILITÉ ■ Balancement, ballottement, changement, déséquilibre, fluctuation, fragilité, inadaptation, incertitude, inconstance, mobilité, motilité, mouvance, nomadisme, oscillation, précarité, roulis, tangage, turbulence, variabilité, variation, versatilité, vicissitude.

INSTABLE ■ *I.* ⇒ changeant. *II.* ⇒ remuant.

INSTALLATION ■ *I. De quelque chose :* aménagement, arrangement, dressage, équipement, établissement, mise en place, montage. *II. De quelqu'un :* intronisation, investiture, mise en place, nomination, passation des pouvoirs.

INSTALLER ■ *I. Au pr. :* accommoder, aménager, arranger, camper, caser, disposer, équiper, établir, loger, mettre, placer, poser. *II. Par ext. :* nommer, introniser, investir. *III. V. pron. :* s'asseoir, camper, emménager, s'enraciner, s'établir, se fixer, se loger, pendre la crémaillère, prendre pied.

INSTANCE ■ *I.* Effort, insistance, prière, requête, sollicitation. *II. Jurid.* 1. Action, procédure, procès, recours. 2. Juridiction. *III. Par ext. :* attente, imminence, souffrance.

INSTANT ■ n. ⇒ moment.

INSTANT, E ■ adj. *I.* ⇒ imminent. *II.* ⇒ pressant.

INSTANTANÉ, E ■ ⇒ immédiat.

INSTANTANÉMENT ■ ⇒ aussitôt.

INSTAR (À L') ■ À l'exemple/à l'imitation/à la manière de, comme.

INSTAURATEUR, TRICE ■ ⇒ instigateur.

INSTAURATION ■ Constitution, établissement, fondation, mise en place, organisation.

INSTAURER ■ ⇒ établir.

INSTIGATEUR, TRICE ■ Agitateur, cause, cheville ouvrière, conseiller, dirigeant, excitateur, fauteur (péj.), incitateur, inspirateur, instaurateur, meneur, moteur, promoteur, protagoniste, responsable.

INSTIGATION ■ ⇒ inspiration.

INSTIGUER ■ ⇒ inspirer.

INSTILLER ■ *I.* ⇒ verser. *II.* ⇒ inspirer.

INSTINCT ■ *I.* ⇒ disposition. *II.* ⇒ inclination.

INSTINCTIF, IVE ■ ⇒ involontaire.

INSTITUER ■ ⇒ établir.

INSTITUT ■ *I.* ⇒ académie. *II.* Assemblée, association, centre, centre de recherche, collège, congrégation, corps savant, école, faculté, fondation, institution, laboratoire, organisme, société, université.

INSTITUTEUR ■ Éducateur, enseignant, initiateur, instructeur, maître d'école, moniteur, pédagogue, précepteur, professeur.

INSTITUTION ■ *I.* ⇒ établissement. *II.* ⇒ institut. *III.* ⇒ règlement. *IV.* ⇒ école.

INSTITUTIONNALISER ■ ⇒ établir.

INSTITUTIONNEL, ELLE ■ ⇒ traditionnel.

INSTRUCTEUR ■ Conseiller technique, entraîneur, manager, moniteur. ⇒ instituteur, maître.

INSTRUCTIF, IVE ■ Bon, culturel, édifiant, éducatif, enrichissant, formateur, pédagogique, profitable.

INSTRUCTION ■ *I. Au pr.* 1. Apprentissage, dégrossissage (péj.), dressage (péj.), édification, éducation, endoctrinement (péj.), enrichissement, enseignement, études, formation, information, initiation, institution (vx), noviciat, pédagogie, recyclage, scolarisation, scolarité. 2. Bagages, connaissances, culture, lettres, savoir, science. *II. Par ext.* 1. Avertissement, avis, consigne, didascalie, directive, leçon, mandat, mandement (relig.), mot d'ordre, ordre, recommandation. 2. ⇒ savoir. 3. Jurid. : enquête. ⇒ recherche.

INSTRUIRE ■ *I. Mettre quelqu'un au courant :* apprendre, avertir, aviser, donner connaissance, éclaircir de (vx), éclairer, édifier, expliquer, faire connaître/savoir, faire part de, fixer, informer, initier, renseigner, révéler. **II. Apporter une connaissance :** apprendre, catéchiser, dresser, éduquer, élever, endoctriner, enseigner, exercer, former, gouverner (vx), habituer, initier, inculquer, instituer (vx), mettre au courant/au fait de, nourrir, plier, préparer, rompre, styler. **III. Jurid. :** donner suite, enquêter, examiner. **IV. V. pron.** ⇒ étudier.

INSTRUIT, E ■ Cultivé, docte, éclairé, érudit, expérimenté, fort, informé. ⇒ savant. **Fam. :** 1. Calé, ferré, fortiche, grosse tête, tête d'œuf. 2. Dans le coup/la course, au parfum.

INSTRUMENT ■ **I. Au pr. :** accessoire, affutiaux, appareil, bidule (fam.), chose (fam.), engin, machin (fam.), machine, matériel, outil, truc (fam.), ustensile, zinzin (fam.). **II. Fig.** ⇒ moyen.

INSU (À L') ■ À la dérobée, dans le dos, en cachette, en dessous, par-derrière, par surprise.

INSUBORDINATION ■ ⇒ indiscipline.

INSUBORDONNÉ, E ■ ⇒ indocile.

INSUCCÈS ■ Aléa, avortement, chute, déconvenue, défaite, échec, faillite, fiasco, four, infortune, mauvaise fortune, perte, ratage, revers, ruine, tape, traverse. **Fam. :** bide, bouillon, gamelle, pelle, pile, plouf, veste.

INSUFFISANCE ■ ⇒ incapacité.

INSUFFISANT, E ■ **I. Quelque chose :** congru (vx), court, défectueux, déficient, exigu, faible, imparfait, incomplet. **II. Quelqu'un :** déficient, faible, ignorant, inapte, incapable, inférieur, médiocre, pauvre.

INSUFFLER ■ ⇒ inspirer.

INSULTANT, E ■ ⇒ offensant.

INSULTE ■ **I.** ⇒ injure. **II.** ⇒ offense.

INSULTER ■ **I. V. tr. :** agonir, attaquer, blesser, crier raca sur, harpailler, humilier, injurier, offenser, offusquer, outrager, porter atteinte à. **II. V. intr. :** blasphémer, braver.

INSUPPORTABLE ■ **I. Quelque chose** ⇒ intolérable. **II. Quelqu'un** ⇒ difficile.

INSUPPORTER ■ ⇒ ennuyer.

INSURGÉ, E ■ n. et adj. Agitateur, émeutier, insoumis, meneur, mutin, rebelle, révolté, révolutionnaire.

INSURGER (S') ■ ⇒ révolter (se).

INSURMONTABLE ■ Impossible, inéluctable, infranchissable, insurpassable, invincible, irrésistible.

INSURPASSABLE ■ ⇒ parfait.

INSURRECTION ■ Agitation, chouannerie, émeute, fronde, insoumission, jacquerie, levée de boucliers, mouvement insurrectionnel, mutinerie, rébellion, résistance à l'oppresseur, révolte, révolution, sédition, soulèvement, troubles.

INSURRECTIONNEL, ELLE ■ **I. Neutre :** rebelle, révolutionnaire. **II. Non favorable :** séditieux.

INTACT, E ■ **I.** ⇒ entier. **II.** ⇒ pur. **III.** ⇒ probe. **IV.** ⇒ sauf.

INTANGIBLE ■ **I. Au pr.** ⇒ intouchable. **II. Par ext.** ⇒ sacré.

INTARISSABLE ■ ⇒ inépuisable.

INTÉGRAL, E ■ ⇒ entier.

INTÉGRALEMENT ■ ⇒ totalement.

INTÉGRALITÉ ■ ⇒ totalité.

INTÉGRATION ■ Radicalisation, unification. ⇒ absorption.

INTÈGRE ■ ⇒ probe.

INTÉGRER ■ **I.** Assimiler, associer, comprendre, incorporer, réunir, unir. **II.** Entrer, être admis.

INTÉGRISTE ■ ⇒ réactionnaire.

INTÉGRITÉ ■ *I.* ⇒ pureté. *II.* ⇒ probité.

INTELLECT ■ ⇒ entendement.

INTELLECTUEL, ELLE ■ *I. Adj.* ⇒ psychique. *II. Nom.* 1. Au sing. : cérébral, clerc, grosse tête, mandarin. 2. Plur. : intelligentsia, intellos.

INTELLIGENCE ■ *I. Au pr. :* abstraction, âme, capacité, cerveau, clairvoyance, compréhension, conception, discernement, entendement, esprit, facultés, finesse, génie (par ext.), idée (fam.), ingéniosité, intellect, jugement, lucidité, lumière, ouverture d'esprit, pénétration, pensée, perception, perspicacité, profondeur, raison, réflexion, sagacité, subtilité, tête, vivacité. *II. Par ext.* 1. ⇒ complicité. 2. ⇒ union. *III.* Loc. Être d'intelligence avec ⇒ entendre (s').

INTELLIGENT, E ■ Adroit, astucieux, capable, clairvoyant, compréhensif, éclairé, entendu, éveillé, fin, fort, habile, ingénieux, intuitif, inventif, judicieux, lucide, malin, ouvert, pénétrant, pensant, perspicace, profond, raisonnable, sagace, sensé, subtil, vif.

INTELLIGIBILITÉ ■ Accessibilité, clarté, compréhension, évidence, facilité, limpidité, luminosité.

INTELLIGIBLE ■ Accessible, clair, compréhensible, concevable, concis, déchiffrable, distinct, évident, explicable, facile, imaginable, interprétable, limpide, lumineux, net, pénétrable, précis, visible.

INTEMPÉRANCE ■ Abus, débauche, débord, débordement, dérèglement, excès, gloutonnerie, goinfrerie, gourmandise, incontinence, ivrognerie, laisser-aller, libertinage, vice, violence.

INTEMPÉRANT, E et *INTEMPÉRÉ, E* ■ ⇒ excessif.

INTEMPÉRIE ■ Dérèglement (vx), froid, mauvais temps, orage, pluie, tempête, vent.

INTEMPESTIF, IVE ■ *I.* ⇒ inopportun. *II.* ⇒ importun.

INTEMPOREL, ELLE ■ ⇒ immatériel.

INTENABLE ■ ⇒ intolérable.

INTENDANCE ■ *I.* ⇒ administration. *II.* ⇒ direction.

INTENDANT ■ Administrateur, économe, factoton, factotum, régisseur. ⇒ gérant.

INTENSE, INTENSIF, IVE ■ ⇒ extrême.

INTENSIFICATION ■ ⇒ augmentation.

INTENSIFIER ■ ⇒ augmenter.

INTENSITÉ ■ Accentuation, acmé (méd.), activité, acuité, aggravation, amplitude, augmentation, brillance, efficacité, exaspération, force, grandeur, paroxysme, puissance, renforcement, véhémence, violence, virulence.

INTENTER ■ Actionner, attaquer, commencer, enter, entreprendre.

INTENTION ■ *I.* ⇒ volonté. *II.* ⇒ but.

INTENTIONNÉ, E ■ ⇒ bienveillant.

INTENTIONNEL, ELLE ■ Arrêté, calculé, conscient, décidé, délibéré, étudié, prémédité, préparé, projeté, réfléchi, volontaire, voulu.

INTENTIONNELLEMENT ■ ⇒ volontairement.

INTERACTION ■ ⇒ réaction.

INTERASTRAL, E ■ Interplanétaire, intersidéral, interstellaire.

INTERCALER ■ Ajouter, annexer, encarter, encartonner, enchâsser, glisser, insérer, interligner, interpoler, interposer, introduire, joindre.

INTERCÉDER ■ ⇒ intervenir.

INTERCEPTER ■ *I.* ⇒ interrompre. *II.* ⇒ prendre.

INTERCESSEUR ■ ⇒ intermédiaire.

INTERCESSION ■ ⇒ entremise.

INTERCHANGEABLE ■ ⇒ amovible.

INTERDÉPENDANCE ■ Assistance mutuelle, dépendance réciproque, solidarité.

INTERDICTION ■ *I.* ⇒ défense. *II.* ⇒ déchéance.

INTERDIRE ■ *I.* ⇒ défendre. *II.* ⇒ empêcher. *III.* ⇒ fermer.

INTERDISCIPLINAIRE ■ Multi/pluridisciplinaire.

INTERDIT ■ n. Anathème, censure, défense, inhibition, prohibition, tabou.

INTERDIT, E ■ adj. *I. Quelque chose* ⇒ défendu. *II. Quelqu'un :* ahuri, capot (fam.), confondu, confus, court, déconcerté, déconfit, décontenancé, ébahi, ébaubi, embarrassé, épaté, étonné, foudroyé, interloqué, médusé, muet, pantois, penaud, pétrifié, renversé, sans voix, sidéré, stupéfait, stupide, surpris, tout chose (fam.), troublé.

INTÉRESSANT, E ■ Alléchant, attachant, attirant, attrayant, avantageux, beau, bon, brillant, captivant, charmant, comique, curieux, désirable, dramatique, étonnant, fascinant, important, intrigant, palpitant, passionnant, piquant, plaisant, ravissant, remarquable.

INTÉRESSÉ, E ■ *I. Non favorable :* avide, convoiteux, insatiable, mercenaire, vénal. *II. Neutre ou favorable :* attaché, attiré, captivé, concerné, ému, fasciné, intrigué, passionné, piqué, retenu, séduit, touché.

INTÉRESSER ■ *I. Au pr. :* animer, s'appliquer, attacher, captiver, chaloir (vx), concerner, émouvoir, faire à, importer, intriguer, passionner, piquer, regarder, toucher. *II. Par ext.* ⇒ associer. *III. V. pron. :* Aimer, avoir de la curiosité, cultiver, pratiquer, prendre à cœur/intérêt, se préoccuper de, se soucier de, suivre.

INTÉRÊT ■ *I. Au pr. (matériel) :* agio, annuité, arrérages, commission, denier (vx), dividende, dommage, escompte, gain, loyer, prix, profit, rapport, rente, revenu, taux, usure. *II. Par ext. (moral).* 1. ⇒ curiosité. 2. ⇒ sympathie.

INTÉRIEUR ■ n. *I.* Dedans. *II.* ⇒ maison. *III. Fig. :* 1. Fond de l'âme/du cœur, in petto, intimité, sein. 2. Centre, corps, fond, tuf.

INTÉRIEUR, E ■ adj. Central, domestique, familial, inclus, interne, intime, intrinsèque, profond.

INTÉRIM ■ Intervalle, provisoire, remplacement, suppléance.

INTÉRIMAIRE ■ *I. Adj.* ⇒ passager. *II. Nom* ⇒ remplaçant.

INTERLOCUTEUR, TRICE ■ ⇒ personnage.

INTERLOPE ■ ⇒ suspect.

INTERLOQUÉ, E ■ ⇒ interdit.

INTERLUDE, INTERMÈDE ■ *I. Au pr.* 1. ⇒ divertissement. 2. ⇒ saynète. *II. Par ext.* ⇒ intervalle.

INTERMÉDIAIRE ■ *I. Nom.* 1. ⇒ entremise. 2. Accordeur (vx), alter ego, avocat, entremetteur, facteur (vx), fondé de pouvoir, homme de paille (péj.), intercesseur, interprète, médiateur, négociateur, prête-nom, procureur, représentant, truchement. 3. Ambassadeur, antenne, chargé d'affaires/de mission, consul, correspondant, plénipotentiaire, représentant. 4. Chevillard, commissionnaire, commisvoyageur, consignataire, courtier, expéditeur, exportateur, grossiste, mandataire, représentant, transitaire, voyageur de commerce. *Péj. :* maquignon, trafiquant. 5. Médium. 6. Boîtier (parlement). 7. ⇒ transition. *II. Adj.* ⇒ mitoyen.

INTERMINABLE ■ ⇒ long.

INTERMITTENCE ■ ⇒ interruption.

INTERMITTENT, E ■ Arythmique,

clignotant, discontinu, épisodique, inégal, interrompu, irrégulier, larvé, rémittent, saccadé, variable.

INTERNAT ■ ⇒ pension.

INTERNATIONAL, E ■ Cosmopolite, général, mondial, œcuménique, universel.

INTERNE ■ *I. Adj.* ⇒ intérieur. *II. Nom.* 1. Pensionnaire, potache. 2. Carabin (fam.), médecin.

INTERNÉ, E ■ adj. et n. *I.* ⇒ fou. *II.* ⇒ bagnard.

INTERNEMENT ■ ⇒ emprisonnement.

INTERNER ■ ⇒ enfermer.

INTERPELLATION ■ ⇒ sommation.

INTERPELLER ■ Apostropher, appeler, demander, s'enquérir, évoquer, héler, interroger, questionner, réclamer, requérir, sommer.

INTERPLANÉTAIRE ■ ⇒ interastral.

INTERPOLER et **INTERPOSER** ■ ⇒ intercaler. *V. pron.* ⇒ intervenir.

INTERPOSITION ■ Entremise, ingérence, intercalation, interpolation, intervention, médiation.

INTERPRÉTABLE ■ ⇒ intelligible.

INTERPRÉTATION ■ *I. Au pr. :* commentaire, exégèse, explication, glose, herméneutique, métaphrase, paraphrase, traduction, version. *II. Par ext. :* distribution, expression, jeu.

INTERPRÈTE ■ *I.* ⇒ traducteur. *II.* ⇒ comédien. *III.* ⇒ porte-parole.

INTERPRÉTER ■ *I.* ⇒ expliquer. *II.* ⇒ traduire. *III.* ⇒ jouer.

INTERROGATEUR, TRICE ■ *I.* ⇒ inquiet. *II.* ⇒ investigateur.

INTERROGATION et **INTERROGATOIRE** ■ Appel, colle (fam.), demande, épreuve, examen, information, interpellation, interview, question, questionnaire.

INTERROGER ■ *I.* ⇒ demander. *II.* ⇒ examiner.

INTERROMPRE ■ *I.* Abandonner, arrêter, barrer, briser, cesser, décrocher, déranger, discontinuer, entrecouper, finir, hacher, intercepter, mettre fin/un terme, proroger, rompre, séparer, supprimer, suspendre, trancher, troubler. *II.* Couper, débrancher, débrayer, disjoncter.

INTERRUPTEUR, TRICE ■ *I. Quelqu'un :* contestataire, contradicteur. *II. Électrique :* commutateur, disjoncteur, trembleur, va-et-vient.

INTERRUPTION ■ Arrêt, cessation, coupure, discontinuation, discontinuité, halte, hiatus, intermède, intermission (vx), intermittence, interstice, intervalle, intervalle, lacune, panne, pause, relâche, rémission, répit, rupture, saut, solution de continuité, suspension, vacance, vacances, vacations (jurid.).

INTERSECTION ■ Arête, bifurcation, carrefour, coupement, coupure, croisée, croisement, embranchement, fourche, ligne.

INTERSIDÉRAL, E ■ ⇒ interastral.

INTERSTICE ■ *I.* ⇒ espace. *II.* ⇒ fente.

INTERVALLE ■ *I. Au pr.* ⇒ espace. *II. Par ext. :* arrêt, entracte, intermède, moment, période, périodicité, récréation, suspension. ⇒ interruption.

INTERVENIR ■ *I. Au pr. :* agir, donner, s'entremêler, s'entremettre, entrer en action/en danse (fam.)/en jeu/en scène, fourrer/mettre son nez (fam.), s'immiscer, s'ingérer, intercéder, s'interposer, jouer, se mêler de, mettre la main à, négocier, opérer, parler pour, secourir. *II. Par ext.* ⇒ produire (se).

INTERVENTION ■ *I. Au pr. :* aide, appui, concours, entremise, immixtion, incursion, ingérence, intercession, interposition, interventionnisme, intrusion, médiation, ministère, office. **II. Par ext.** ⇒ opération.

INTERVERSION ■ *I. Au pr. :* changement, extrapolation, métathèse, mutation, permutation, transposition. *II. Par ext. :* contrepèterie.

INTERVERTIR ■ ⇒ transposer.

INTERVIEW ■ *I.* ⇒ conversation. *II.* ⇒ article.

INTERVIEWER ■ Enquêter, entretenir, interroger, questionner, tester.

INTESTIN ■ Boyau, duodénum, hypogastre, transit, tripaille (fam.), tripe (fam.), tube digestif, viscère.

INTESTIN, E ■ *Loc.* **Lutte/querelle intestine :** civil, intérieur, intime.

INTIMATION ■ Appel, assignation, avertissement, convocation, déclaration, injonction, mise en demeure, sommation, ultimatum.

INTIME ■ *I. Adj.* 1. ⇒ intérieur. 2. ⇒ secret. *II. Nom* ⇒ ami.

INTIMER ■ ⇒ notifier.

INTIMIDANT, E ■ ⇒ inquiétant.

INTIMIDATION ■ ⇒ menace.

INTIMIDER ■ Apeurer, bluffer, désemparer, effaroucher, effrayer, émouvoir, faire peur/pression, gêner, glacer, en imposer à, impressionner, inhiber, inquiéter, menacer, paralyser, terroriser, troubler.

INTIMITÉ ■ Abandon, amitié, attachement, camaraderie, commerce, confiance, contact, familiarité, fréquentation, liaison, liberté, naturel, secret, simplicité, union.

INTITULER (S') ■ ⇒ qualifier (se).

INTOLÉRABLE ■ Accablant, aigu, atroce, désagréable, douloureux, ennuyeux, excédant, excessif, fatigant, gênant, horrible, imbuvable, importun, impossible, inacceptable, inadmissible, inconcevable, infernal, insoute-nable, insupportable, intenable, odieux, scandaleux.

INTOLÉRANCE ■ *I. Au pr. :* cabale, esprit de parti, étroitesse d'esprit/ d'opinion/de pensée/de vue, fanatisme, fureur, haine, intransigeance, parti pris, rigidité, sectarisme, violence. *II. Méd. :* allergie, anaphylaxie, idiosyncrasie, sensibilisation.

INTOLÉRANT, E ■ Autoritaire, doctrinaire, dogmatique, enragé, étroit, exalté, exclusif, fanatique, farouche, frénétique, furieux, intraitable, intransigeant, irréductible, possessif, rigide, rigoriste, sectaire, sévère, systématique, violent. ⇒ tranchant.

INTONATION ■ ⇒ son.

INTOUCHABLE ■ *I. Adj.* 1. Au pr. : immatériel, impalpable, intactile (philos.), intangible. 2. Par ext. : immuable, sacro-saint, traditionnel. *II. Nom :* paria.

INTOXICATION ■ *I.* Empoisonnement. *II.* ⇒ propagande.

INTOXIQUER ■ ⇒ infecter.

INTRAITABLE ■ Acariâtre, désagréable, désobéissant, difficile, dur, entêté, entier, exigeant, farouche, fermé, fier, impitoyable, impossible, indomptable, inébranlable, inflexible, inhumain, intransigeant, irréductible, obstiné, opiniâtre, raide, revêche, tenace.

INTRANSIGEANCE ■ ⇒ intolérance.

INTRANSIGEANT, E ■ *I.* ⇒ intolérant. *II.* ⇒ intraitable.

INTRÉPIDE ■ Audacieux, brave, courageux, crâne, déterminé, ferme, fier, généreux, hardi, impavide, imperturbable, inébranlable, osé, résolu, téméraire, vaillant, valeureux.

INTRÉPIDITÉ ■ ⇒ courage.

INTRIGANT, E ■ adj. et n. Arriviste, aventurier, condottiere, diplomate, faiseur, fin, habile, picaro, souple, subtil.

INTRIGUE ■ *I. Au pr. :* 1. Affaire, agissement, complication, complot, conspiration, dessein, embarras, expédient, fomentation, machiavélisme, machination, manège, manigance, manœuvre, menée, micmac (fam.), rouerie, stratagème, stratégie, tripotage. 2. Brigue, cabale, ligue, parti. *II. Par ext. 1.* ⇒ **relation. 2. Litt. :** action, affabulation, anecdote, découpage, fable, fabulation, histoire, imbroglio, intérêt, nœud, péripétie, scénario, sujet, synopsis, thème, trame.

INTRIGUER ■ *I. V. tr.* ⇒ **embarrasser. II. V. intr. :** briguer, cabaler, comploter, conspirer, embarrasser (vx), machiner, manigancer, manœuvrer, ourdir, ruser, tramer, tresser, tripoter.

INTRINSÈQUE ■ ⇒ **intérieur.**

INTRODUCTEUR, TRICE ■ ⇒ **novateur.**

INTRODUCTION ■ *I. Au pr. (action d'introduire).* 1. **Quelque chose :** acclimatation, apparition, importation, infiltration, insertion, intromission, intrusion, irruption. 2. **Quelqu'un :** admission, arrivée, avènement, entrée, installation, intervention, présentation, recommandation. *II. Par ext. 1.* Avant-propos, début, entrée en matière, exorde, exposition, ouverture, préface, préliminaire, prélude, présentation, protase. 2. Apprentissage, initiation, préparation. 3. **Méd. :** cathétérisme, intussusception.

INTRODUIRE ■ *I. Au pr. :* conduire, couler, enfoncer, enfourner, engager, entrer, faire entrer/passer, ficher, fourrer, glisser, greffer, imbriquer, implanter, importer, inclure, incorporer, infiltrer, insérer, insinuer, insuffler, intercaler, mettre dans, passer, plonger, rentrer. *II. Par ext. 1.* Acclimater, adopter, cautionner, donner/fournir sa caution/sa garantie, garantir, incorporer, inculquer, lancer, ouvrir les portes, parrainer, patronner, pistonner (fam.), se porter garant, pousser, présenter, produire. 2. ⇒ établir. 3. **Techn. :** cuveler, infuser, injecter, inoculer, sonder. *III. V. pron. :* s'acclimater, se caser, se couler, entrer, s'établir, se faufiler, se fourrer (fam.), se glisser, s'immiscer, s'impatroniser, s'imposer, s'incruster, s'infiltrer, s'ingérer, s'insinuer, s'installer, s'introniser, se mêler/passer dans, resquiller.

INTROMISSION ■ ⇒ **introduction.**

INTRONISATION ■ ⇒ **installation.**

INTRONISER ■ ⇒ **établir.**

INTROSPECTION ■ Analyse, autocritique, bilan, examen de conscience, observation, psychanalyse, réflexion, regard intérieur, retour sur soi.

INTROUVABLE ■ Caché, disparu, énigmatique, envolé, évanoui, inaccessible, indécouvrable, insoluble, invisible, perdu, précieux, rare, sans égal/pareil, secret, unique.

INTRUS, E ■ ⇒ **importun.**

INTRUSION ■ *I.* ⇒ **introduction.** *II.* ⇒ **intervention.**

INTUITIF, IVE ■ ⇒ **sensible.**

INTUITION ■ *I. Au pr. :* âme, cœur, connaissance, flair, instinct, sens, sentiment, tact. *II. Par ext.* ⇒ **pressentiment.**

INTUMESCENCE ■ ⇒ **gonflement.**

INTUMESCENT, E ■ ⇒ **gonflé.**

INUSABLE ■ ⇒ **résistant.**

INUSITÉ, E ■ Anormal, bizarre, curieux, déconcertant, désuet, désusité (vx), étonnant, exceptionnel, extraordinaire, hardi, inaccoutumé, inhabituel, inouï, insolite, inutilisé, neuf, nouveau, original, osé, rare, singulier.

INUTILE ■ Absurde, creux, en l'air, frivole, futile, improductif, inefficace, inemployable, infécond, infructueux, insignifiant, négligeable, nul, oiseux, perdu (vx), sans but/fonction/objet, stérile, superfétatoire, superflu, vain, vide.

INUTILEMENT ■ En vain, pour des prunes (fam.), pour le roi de Prusse (fam.), pour rien, vainement.

INUTILITÉ ■ *I.* ⇒ futilité. *II.* ⇒ vanité.

INVALIDE ■ n. et adj. ⇒ infirme.

INVALIDER ■ ⇒ abolir.

INVALIDITÉ ■ *I.* Nullité ⇒ prescription. *II.* ⇒ infirmité.

INVARIABLE ■ ⇒ durable.

INVARIANT, E ■ ⇒ stable.

INVASION ■ ⇒ incursion.

INVECTIVE ■ ⇒ injure.

INVECTIVER ■ Attaquer, crier, déblatérer (fam.), déclamer, fulminer, pester, tempêter, tonner. ⇒ injurier.

INVENDABLE, INVENDU, E ■ Bouillon (fam.), rossignol.

INVENTAIRE ■ *I.* ⇒ liste. *II.* ⇒ dénombrement.

INVENTER ■ *I. Neutre ou favorable :* s'aviser de, bâtir, chercher, composer, concevoir, créer, découvrir, échafauder, engendrer, fabriquer, forger, imaginer, improviser, innover, supposer, trouver. *II. Non favorable :* affabuler, arranger, broder, conter, controuver (vx), fabriquer, fabuler, feindre, forger, insinuer, mentir. ⇒ hâbler.

INVENTEUR ■ *I.* Découvreur, trouveur. ⇒ chercheur. *II.* ⇒ hâbleur.

INVENTIF, VE ■ ⇒ ingénieux.

INVENTION ■ *I. Au pr.* ⇒ découverte. *II. Par ext. (non favorable) :* affabulation, artifice, bourde, calomnie, chimère, combinaison, comédie, craque (fam.), duperie, expédient, fabrication, fabulation, fantaisie, feinte, fiction, fumisterie, galéjade, histoire, idée, imagination, irréalité, légende, mensonge, rêve, roman, saga, songe, tromperie.

INVENTORIER ■ *I.* ⇒ dénombrer. *II.* ⇒ examiner.

INVÉRIFIABLE ■ Incontrôlable, indémontrable.

INVERSÉ, E ■ ⇒ opposé.

INVERSEMENT ■ Réciproquement, vice-versa.

INVERSER ■ ⇒ transposer.

INVERSION ■ *I. Au pr. :* anastrophe, changement, déplacement, dérangement, hyperbate, interversion, renversement, retournement, transposition. *II.* Anomalie, anormalité, dépravation, désordre, homosexualité.

INVERTI, E ■ ⇒ uranien.

INVERTIR ■ ⇒ renverser.

INVESTIGATEUR, TRICE ■ n. et adj. Chercheur, curieux, enquêteur, examinateur, inquisiteur, interrogateur, questionneur (vx), scrutateur.

INVESTIGATION ■ ⇒ recherche.

INVESTIR ■ *I. Au pr. (milit.) :* assiéger, bloquer, boucler, cerner, contrôler, disposer autour, emprisonner, encercler, enfermer, envelopper, environner, fermer, prendre au piège, quadriller. *II. Par ext.* 1. ⇒ installer. 2. ⇒ pourvoir. 3. ⇒ placer.

INVESTISSEMENT ■ *I.* Aide, apport, engagement, financement, impense, mise, participation, placement. *II.* Blocus, contrôle, quadrillage, siège.

INVESTITURE ■ ⇒ installation.

INVÉTÉRÉ, E ■ ⇒ incorrigible.

INVINCIBLE ■ ⇒ irrésistible.

INVIOLABILITÉ ■ ⇒ immunité.

INVIOLABLE ■ ⇒ sacré.

INVISIBLE ■ ⇒ imperceptible.

INVITATION ■ *I.* Appel, convocation, demande, invite, signe. *II.* ⇒ excitation.

INVITÉ, E ■ ⇒ convive.

INVITER ■ *I. Favorable ou neutre :* appeler, attirer, conseiller, convier, convoquer, demander, engager, faire asseoir, faire appel/signe, prier à/de, retenir à, solliciter, stimuler. *II. Non favorable :* appeler à, défier, engager, entraîner, exciter, exhorter, inciter, induire, mettre au défi, porter/pousser à, presser, provoquer, solliciter.

INVIVABLE ■ ⇒ difficile.

INVOCATION ■ Adjuration, appel, dédicace, demande, litanie, prière, protection, sollicitation, supplication.

INVOLONTAIRE ■ Accidentel, automatique, convulsif, forcé, inconscient, instinctif, irréfléchi, machinal, mécanique, naturel, passif, réflexe, spontané.

INVOQUER ■ *I.* ⇒ évoquer. *II.* ⇒ prier. *III.* ⇒ prétexter.

INVRAISEMBLABLE ■ Bizarre, ébouriffant, étonnant, étrange, exceptionnel, exorbitant, extraordinaire, extravagant, fantastique, formidable, impensable, impossible, improbable, inconcevable, incrédible, incroyable, inimaginable, inintelligible, insoutenable, paradoxal, renversant (fam.), rocambolesque.

INVRAISEMBLANCE ■ Bizarrerie, contradiction, énormité, étrangeté, extravagance, impossibilité, improbabilité, incrédibilité, paradoxe.

INVULNÉRABILITÉ ■ ⇒ résistance.

INVULNÉRABLE ■ *Par ext.* 1. D'un être : costaud, dur, fort, imbattable, immortel, increvable, invincible, puissant, redoutable, résistant. 2. D'une chose ⇒ imprenable.

IRASCIBILITÉ ■ ⇒ colère.

IRASCIBLE ■ ⇒ colère (adj.).

IRE ■ ⇒ colère.

IRISÉ, E ■ Chromatisé, iridescent, nacré, opalin.

IRONIE ■ *I.* ⇒ esprit. *II.* ⇒ raillerie.

IRONIQUE ■ Blagueur (fam.), caustique, goguenard, gouailleur, humoristique, moqueur, narquois, persifleur, railleur, sarcastique, voltairien.

IRONISER ■ ⇒ railler.

IRONISTE ■ ⇒ humoriste.

IRRADIATION ■ Diffusion, divergence, émission, propagation, radiation, rayonnement.

IRRADIER ■ ⇒ rayonner.

IRRATIONNEL, ELLE ■ ⇒ illogique.

IRRÉALISABLE ■ ⇒ impossible.

IRRÉALITÉ ■ ⇒ invention.

IRRECEVABLE ■ Erroné, faux, impossible, inacceptable, inaccordable, inadmissible, injuste.

IRRÉCONCILIABLE ■ Brouillé, divisé, ennemi, opposé.

IRRÉCUPÉRABLE ■ *I.* ⇒ déchu. *II.* ⇒ perdu.

IRRÉCUSABLE ■ Clair, éclatant, évident, indiscutable, irréfragable, irréfutable.

IRRÉDUCTIBLE ■ *I.* Incompressible. *II.* ⇒ inflexible. *III.* ⇒ intraitable.

IRRÉEL, ELLE ■ ⇒ imaginaire.

IRRÉFLÉCHI, E ■ Audacieux, capricant, capricieux, déraisonnable, écervelé, emballé, emporté, étourdi, imprévoyant, impulsif, inconsidéré, insensé, léger, machinal, mécanique. ⇒ involontaire.

IRRÉFLEXION ■ Distraction, étourderie, imprévoyance, impulsion, inattention, inconséquence, précipitation.

IRRÉFRAGABLE et **IRRÉFUTABLE** ■ Avéré, catégorique, certain, corroboré, démontré, établi, évident, exact, fixe, formel, incontestable, indiscutable, invincible, irrécusable, logique, notoire, péremptoire, positif, probant, prouvé, sûr, véridique, véritable, vrai.

IRRÉGULARITÉ ■ *I.* Aspérité, bosse, creux, grain, saillie. *II.* Accident, altération, anomalie, asymétrie, bizarrerie, caprice, défaut, défectuosité, désordre, déviation, difformité, discontinuité, disproportion, dissymétrie, écart, erreur, étrangeté, excentricité, exception, faute, illégalité, inégalité, intermittence, loufoquerie, manquement, monstruosité, particularité, passedroit, perturbation, perversion, singularité, variabilité.

IRRÉGULIER ■ Franc-tireur. ⇒ **insoumis.**

IRRÉGULIER, ÈRE ■ Aberrant, accidentel, anomal, anormal, arbitraire, asymétrique, baroque, biscornu, bizarre, convulsif, décousu, déréglé, désordonné, déviant, difforme, discontinu, dissymétrique, erratique, étonnant, extraordinaire, fautif, fortuit, hétéroclite, illégal, illégitime, inaccoutumé, incorrect, inégal, inhabituel, injuste, insolite, intermittent, interrompu, inusité, irrationnel, monstrueux, particulier, peccant, phénoménal, saccadé, singulier, syncopé, variable.

IRRÉLIGIEUX, EUSE ■ ⇒ **incroyant.**

IRRÉMÉDIABLE ■ Fatal, incurable, irréparable, nécessaire, perdu.

IRRÉMISSIBLE ■ Impardonnable, inexcusable. ⇒ **irrémédiable.**

IRREMPLAÇABLE ■ Unique. ⇒ **précieux.**

IRRÉPARABLE ■ Définitif, funeste, malheureux, néfaste. ⇒ **irrémédiable.**

IRRÉPRÉHENSIBLE ■ ⇒ **irréprochable.**

IRRÉPRESSIBLE ■ ⇒ **irrésistible.**

IRRÉPROCHABLE ■ Accompli, droit, honnête, impeccable, inattaquable, irrépréhensible, juste, moral, parfait, sans défaut/reproche/tare.

IRRÉSISTIBLE ■ Capable, fort, envoûtant, évident, excessif, imbat-

table, incoercible, indomptable, influent, invincible, irrépressible, irrévocable, percutant, persuasif, séduisant, tenace, violent.

IRRÉSOLU, E ■ Embarrassé, en suspens, entre le zist et le zest (fam.), flottant, fluctuant, hésitant, incertain, indécis, indéterminé, lanternier (fam.), mobile, perplexe, suspendu, vacillant, vague.

IRRÉSOLUTION ■ ⇒ **indétermination.**

IRRESPECT ■ ⇒ **irrévérence.**

IRRESPECTUEUX, EUSE ■ ⇒ **irrévérencieux.**

IRRESPIRABLE ■ ⇒ **mauvais.**

IRRESPONSABLE ■ ⇒ **insensé.**

IRRÉVÉRENCE ■ Audace, grossièreté, impertinence, impolitesse, incongruité, inconvenance, insolence, irrespect, maladresse, manque d'égards/de respect.

IRRÉVÉRENCIEUX, EUSE et **IRRÉVÉRENT, E** ■ Audacieux, grossier, impertinent, impoli, incongru, inconvenant, injurieux, insolent, insultant, irrespectueux, maladroit, malappris, mal embouché, vulgaire.

IRRÉVERSIBLE, IRRÉVOCABLE ■ Arrêté, décidé, définitif, fixe, formel, immarcescible, inadmissible, ne varietur, péremptoire, résolu, sans appel.

IRRIGATION ■ ⇒ **arrosage.**

IRRIGUER ■ ⇒ **arroser.**

IRRITABILITÉ ■ ⇒ **susceptibilité.**

IRRITABLE ■ *I.* ⇒ colère (adj.). *II.* ⇒ **susceptible.**

IRRITANT, E ■ *I. Au pr. :* agaçant, déplaisant, désagréable, énervant, enrageant, provocant, vexant. *II. Par ext.* 1. Âcre, échauffant, suffocant. 2. Excitant, stimulant.

IRRITATION ■ *I.* ⇒ colère. *II.* Brûlure, démangeaison, échauffement, érubescence, exacerbation, exaspération, inflammation, prurit, rougeur, rubéfaction, tourment. *III.* Exaltation, exaspération, excitation, surexcitation.

IRRITÉ, E ■ À cran, agacé, aigri, blessé, contrarié, courroucé, crispé, énervé, enflammé, enragé, exaspéré, excédé, fâché, furibond, furieux, hérissé, horrifié, hors de soi, impatienté, indigné, nerveux, piqué, tanné, vexé.

IRRITER ■ *I. Au pr. :* brûler, démanger, enflammer, envenimer, exacerber, exaspérer, rubéfier. *II. Fig.* 1. ⇒ exciter. 2. Agacer, aigrir, blesser, contrarier, crisper, donner/taper sur les nerfs, énerver, exaspérer, excéder, fâcher, hérisser, horripiler, impatienter, indigner, jeter hors de soi/de ses gonds, mettre en colère/hors de soi, piquer, tourmenter. *III. V. pron. :* bouillir, se cabrer, s'émouvoir, s'emporter, se fâcher, s'impatienter, se mettre en colère, se monter, piquer une colère/rage/rogne (fam.), sortir de ses gonds.

IRRUPTION ■ ⇒ incursion.

ISLAMIQUE ■ Coranique, mahométan, musulman.

ISOLATION ■ Calorifugation, insonorisation. ⇒ isolement.

ISOLÉ, E ■ *I.* ⇒ écarté. *II.* ⇒ seul.

ISOLEMENT ■ *I. De quelqu'un :* abandon, claustration, cloître, délaissement, déréliction, éloignement, esseulement, exil, isolation, quarantaine, retranchement, séparation, solitude. *II. Par ext.* 1. Autarcie, séparatisme. 2. Non-conformisme. 3. Autisme.

ISOLER ■ ⇒ écarter.

ISRAÉLITE ■ n. et adj. Hébraïque, hébreu, israélien, judaïque, juif, peuple élu, sémite, sémitique. **Pop. et péj. :** schmoutz, youpin, youtre.

ISSU, E ■ ⇒ né.

ISSUE ■ *I.* ⇒ sortie. *II.* ⇒ résultat.

ITÉRATIF, IVE ■ Fréquent, fréquentatif, rabâché, recommencé, renouvelé, répété.

ITÉRATION ■ ⇒ répétition.

ITHOS ■ ⇒ galimatias.

ITINÉRAIRE ■ ⇒ trajet.

ITINÉRANT, E ■ ⇒ voyageur.

IVOIRIN, E ■ Albâtre, blanc, blanchâtre, chryséléphantin, opalin, porcelaine.

IVRAIE ■ *I. Au pr. :* chiendent, herbe, ray-grass, vorge, zizanie. *II. Fig. :* chicane, dispute, méchanceté, mésentente.

IVRE ■ *I. Au pr.* 1. **Neutre :** aviné, bu, gai, gris, grisé, imbriaque, pris de boisson. 2. **Fam. et arg :** brinde-zingue, cuit, cuité, dans les vignes du Seigneur, éméché, émoustillé, en goguette, entre deux vins, gelé, givré, hachesse, mort, noir, parti, pinté, pompette. 3. **Non favorable :** beurré, blindé, bourré, cané, cassé, défoncé, fadé, hourdé, mûr, muraille, paf, pété, plein, poivré, rétamé, rond, schlass, soûl. *II. Par ext. :* exalté, transporté, troublé.

IVRESSE ■ *I. Au pr.* 1. **Neutre :** boisson, crapule, débauche, dipsomanie, ébriété, enivrement, éthylisme, fumées de l'alcool/du vin, griserie, hébétude, ilotisme, intempérance, ivrognerie. 2. **Fam. et arg. :** biture, cocarde, cuite, défonce, muflée, pétée, pistache, poivrade, ribote, ronflée, soulographie. *II. Fig.* 1. ⇒ vertige. 2. Enchantement, enthousiasme, exaltation, excitation, extase, joie, volupté.

IVROGNE, IVROGNESSE ■ *I.* Alcoolique, buveur, débauché, dipsomane, dipsomaniaque, éthylique, intempérant. *II. Fam. :* Arsouille, bacchante, bibard, biberon, boit-sans-soif, cuitard, éponge, ilote (vx), lécheur, licheur, outre, pilier de bistrot/cabaret/café/estaminet, picoleur, pochard, pochetron, poivrier, poivrot, sac-à-vin, siffleur, soiffard, soûlard, soûlas (vx), soulaud, soulographe, suppôt de Bacchus, téteur, tonneau, vide-bouteilles.

IVROGNERIE ■ ⇒ ivresse.

j

JABOT ■ *I. Par ext. :* cravate, dentelle. *II.* ⇒ estomac.

JABOTER ■ *I. Non favorable.* 1. Babiller, baratiner, bavarder, bonimenter, cailleter, caqueter, débiter, discourir, jabouiner, jacasser, jacter, jaspiller (arg.), jaspiner (arg.), papoter (fam.), parler, raconter. 2. Baver, broder, cancaner, clabauder, colporter, commérer, débiner (fam.), déblatérer, faire battre des montagnes, faire des commérages/des histoires/des racontars, jaser, lantiponner (fam.), potiner, publier, répandre. *II. Favorable ou neutre :* s'abandonner, causer, converser, deviser, échanger, s'entretenir, faire la causette (fam.)/la conversation/un brin de causette (fam.).

JACASSE, JACASSEUR ■ Babillard, baratineur (fam.), bavard, bon grelot (fam.), bonimenteur, bonne tapette (fam.), bruyant, cancanier, commère, concierge, discoureur, jaseur, loquace, parleur, phraseur, pipelet, prolixe, verbeux, volubile.

JACASSEMENT, JACASSERIE ■ ⇒ bavardage.

JACASSER ■ ⇒ jaboter.

JACHÈRE ■ Brande, brousse, friche, garrigue, gâtine, lande, maquis, varenne.

JACINTHE ■ Hyacinthe.

JACOBIN ■ n. et adj. *I.* ⇒ révolutionnaire. *II. Par ext.* ⇒ ultra.

JACQUERIE ■ ⇒ révolte.

JACTANCE ■ *I.* ⇒ orgueil. *II.* ⇒ hâblerie.

JACTER ■ ⇒ jaboter.

JADIS ■ ⇒ autrefois.

JAILLIR ■ Apparaître, bondir, couler, se dégager, se dresser, s'élancer, s'élever, fuser, gicler, partir, pointer, rejaillir, saillir, sortir, sourdre, surgir.

JAILLISSEMENT ■ ⇒ éruption.

JALE ■ ⇒ baquet.

JALON ■ ⇒ repère.

JALONNEMENT ■ ⇒ bornage.

JALONNER ■ ⇒ tracer.

JALOUSER ■ ⇒ envier.

JALOUSIE ■ *I.* ⇒ envie. *II.* ⇒ émulation. *III.* ⇒ volet.

JALOUX, OUSE ■ *I.* ⇒ envieux. *II.* ⇒ désireux.

JAMAIS (À, POUR) ■ Définitivement, en aucun temps, éternellement, irrévocablement, pour toujours, saint-glinglin, sans retour.

JAMBE ■ *I. D'un homme.* 1. Membre inférieur. 2. *Fam. :* bâtons, bouts, brancards, cannes, échasses, flûtes, fumerons, gambettes, gambilles, gigots, gigues, guibolles, guiches, guisots, jambettes, pattes, piliers, pilons, pinceaux, pincettes, poteaux, quilles. *II. D'un animal* ⇒ patte.

JAMBIÈRE ■ ⇒ guêtre.

JANSÉNISTE ■ n. et adj. Austère, étroit, moraliste, puritain, rigoureux.

JAPPEMENT ■ ⇒ aboi.

JAPPER ■ ⇒ aboyer.

JAQUETTE ■ *I.* ⇒ veste. *II.* ⇒ uranien.

JARDIN ■ *I. Au pr. :* clos, closerie, courtil (vx), enclos, espace vert, hortillonnage, jardinet, parc, potager, square, verger. *II. Par ext. :* 1. Éden, eldorado, paradis. 2. ⇒ nursery.

JARDINAGE ■ Arboriculture, culture maraîchère, horticulture, maraîchage.

JARDINER ■ ⇒ cultiver.

JARDINIER ■ Arboriculteur, fleuriste, horticulteur, maraîcher, pépiniériste, rosiériste.

JARDINISTE ■ Architecte/décorateur paysager, paysagiste.

JARGON ■ Argot, baragouin, bigorgne (vx), charabia, dialecte, galimatias, gazouillis, jar, javanais, jobelin, joual, langue verte, largonji, loucherbem, patagon, patois, pidgin, sabir, verlan, vers-l'en.

JASER ■ *I.* ⇒ jaboter. *II.* ⇒ médire.

JASEUR, EUSE ■ ⇒ bavard.

JASPÉ, E ■ ⇒ marqueté.

JATTE ■ Bol, coupe, récipient, tasse.

JAUGER ■ *I. Au pr.* 1. ⇒ mesurer. 2. ⇒ évaluer. *II. Fig.* ⇒ juger.

JAUNE ■ Blond, chamois, citron, doré, fauve, flavescent, isabelle, jonquille, kaki, ocre, safran, saure, topaze.

JAUNIR ■ Blondir, dorer, javeler.

JAUNISSE ■ Hépatite, ictère.

JAVA ■ ⇒ fête.

JAVELINE, JAVELOT ■ ⇒ trait.

JÉRÉMIADE ■ ⇒ gémissement.

JÉSUITISME ■ ⇒ hypocrisie.

JÉSUS ■ ⇒ saucisson.

JET ■ *I. Au pr.* 1. Coup, émission, éruption, jaillissement, lancement, projection, propulsion. 2. ⇒ pousse. 3. ⇒ avion. *II. Fig.* ⇒ ébauche.

JETÉE ■ ⇒ digue.

JETER ■ *I.* Abandonner, balancer, se débarrasser/défaire de, détruire, dispenser, éjecter, émettre, éparpiller, envoyer, ficher (fam.), flanquer (fam.), joncher, lancer, mettre, parsemer, pousser, précipiter, projeter, propulser, rejeter, répandre, semer. *II. Loc.* 1. **Jeter bas/à terre :** esbalancer (mérid.) ⇒ abattre. 2. **Jeter son dévolu sur** ⇒ choisir. *III. V. pron. :* 1. ⇒ élancer (s'). 2. Aboutir, déboucher, se déverser, finir à/dans.

JEU ■ *I.* ⇒ plaisir. *II.* ⇒ jouet. *III.* ⇒ politique. *IV.* ⇒ interprétation. *V.* ⇒ assortiment. *VI. Loc.* 1. **Jeu d'esprit** ⇒ supposition. 2. **Jeu de mots :** anagramme, anastrophe, à-peu-près, calembour, contrepèterie, coq-à-l'âne, équivoque, janotisme, mot d'esprit, mots croisés, plaisanterie, rébus, turlupinade. 3. **Mettre en jeu** ⇒ user de.

JEUN (À) ■ Ventre creux/vide.

JEUNE ■ *I. Adj. :* adolescent, junior, juvénile, neuf, nouveau, vert. *II. Nom :* 1. J3 (vx), jeunes gens, jeunesse, moins de vingt ans, teenagers. 2. **Jeune fille** ⇒ fille. 3. **Jeune homme :** adonis, benjamin, blondin, cadet, damoiseau, éphèbe, garçon, gars, jeunet, jeunot, jouvenceau, miston, môme, muguet (vx), play-boy. **Péj. :** béjaune, blanc-bec, colombin, freluquet, godelureau, greluchon, lipette, loulou, loubard, minet, minot, niasse, nière, petit branleur, etc.

JEÛNE ■ *I. Neutre :* abstinence, carême, diète, grève de la faim, pénitence, privation, quatre-temps, ramadan, renoncement, restriction, vigile. **II.** *Favorable* : frugalité, modération, sobriété, tempérance. **III.** *Non favorable* ⇒ **manque.**

JEUNESSE ■ Adolescence, juvénilité, printemps de la vie, verdeur, vingt ans.

JOAILLIER ■ Bijoutier, orfèvre.

JOBARD, E ■ ⇒ naïf.

JABARDER ■ ⇒ tromper.

JOBARDERIE ■ ⇒ bêtise.

JOCRISSE ■ n. et adj. ⇒ bête.

JOIE ■ *I.* ⇒ gaieté. *II.* ⇒ plaisir.

JOINDRE ■ *I. Quelque chose ou quelqu'un (au pr.) :* aboucher, abouter, accoler, accoupler, ajointer, ajuster, allier, anastomoser (méd.), annexer, appointer, approcher, articuler, assembler, associer, attacher, brancher, braser, chaîner, combiner, conjoindre, conjuguer, connecter, corréler, coudre, embrancher, enchaîner, entrelacer, épisser, greffer, incorporer, jumeler, juxtaposer, lier, marier, rabouter, raccorder, rallier, rapporter, rapprocher, rassembler, rattacher, relier, réunir, souder, unir. *II. Par ext.* 1. ⇒ accoster. 2. ⇒ rejoindre.

JOINT, JOINTURE ■ *I.* Aboutage, anastomose (méd.), articulation, assemblage, commissure, conjonction, conjugaison, contact, fente, jonction, raccord, rencontre, réunion, soudure, suture, union. ⇒ **abouchement.** *II.* ⇒ **moyen.** *III.* ⇒ **drogue.**

JOINTOYER ■ Ruiler.

JOLI, E ■ *I.* ⇒ accorte. *II.* ⇒ agréable. *III.* ⇒ aimable. *IV.* ⇒ beau. *V.* ⇒ bien. *VI.* ⇒ élégant.

JOLIESSE ■ ⇒ délicatesse.

JONC ■ *I.* ⇒ baguette. *II.* ⇒ bague.

JONCHER ■ ⇒ recouvrir.

JONCTION ■ Bifurcation, carrefour, fourche. ⇒ **joint.**

JONGLER ■ ⇒ trafiquer.

JONGLERIE ■ ⇒ habileté.

JONGLEUR ■ ⇒ troubadour.

JOUE ■ *I.* Abajoue, bajoue, méplat, pommette. *II. Fam. :* babine, babouine, badigoince.

JOUER ■ *I. V. intr.* 1. ⇒ amuser (s'). 2. ⇒ mouvoir (se). *II. V. tr.* 1. Créer, faire du théâtre, interpréter, mettre en scène. ⇒ représenter. 2. ⇒ tromper. 3. ⇒ spéculer. 4. ⇒ hasarder. 5. ⇒ railler. 6. ⇒ feindre. 7. ⇒ imiter. 8. D'un instrument de musique : gratter (péj.), pianoter, pincer, racler (péj.), sonner, souffler, toucher. 9. Un morceau de musique : attaquer, enlever, exécuter, interpréter, massacrer (péj.). *III. V. pron. :* 1. ⇒ mépriser. 2. ⇒ railler. 3. ⇒ tromper.

JOUET ■ *I. Au pr.* ⇒ bagatelle. *II. Fig.* ⇒ victime.

JOUFFLU, E ■ Bouffi, gonflé, mafflé, mafflu, poupard, poupin, rebondi.

JOUG ■ *Fig.* ⇒ subordination.

JOUIR ■ *I.* ⇒ avoir, profiter de, régaler (se). *II.* Connaître la volupté *et les syn. de volupté* ⇒ éjaculer. *III.* Arg. et grossier : bander, bicher, s'éclater, s'envoyer en l'air, se faire briller/reluire, godailler, goder, partir, planer, prendre son fade/panard/pied/taf. Partic. 1. Femmes : couler, juter, mouiller, ne plus se sentir pisser. 2. Hommes : avoir la canne/gaule/tringle/trique/le tricotin, l'avoir au garde-à-vous/dure/en l'air/raide, etc. et ⇒ accoupler (s').

JOUIR DE ■ *I.* ⇒ posséder. *II.* ⇒ profiter de. *III.* Déguster, goûter, se repaître, savourer. ⇒ **régaler (se).**

JOUISSANCE ■ *I.* Possession, propriété, usage, usufruit. *II.* ⇒ plaisir.

JOUISSEUR, EUSE ■ ⇒ épicurien.

JOUR ■ *I.* Journée, quantième. ⇒ aube.

II. *Par ext.* 1. ⇒ lumière. 2. ⇒ ouverture. 3. ⇒ moyen. **III.** *Au pl.* 1. ⇒ vie. 2. ⇒ époque. **IV.** *Loc.* 1. Point/pointe du jour ⇒ aube. 2. Voir le jour ⇒ naître.

JOURNAL ■ *I.* Bulletin, canard (péj.), feuille, feuille de chou (péj.), gazette, hebdomadaire, illustré, magazine, organe, périodique, presse, quotidien. ⇒ revue. **II.** ⇒ récit. **III.** ⇒ mémoires.

JOURNALIER, ÈRE ■ *I. Nom* ⇒ travailleur. **II.** *Adj.* 1. Au pr. : de chaque jour, diurnal, diurne, journal, quotidien. 2. ⇒ changeant.

JOURNALISTE ■ Bobardier (péj.), chroniqueur, commentateur, correspondant, courriériste, critique, échotier, éditorialiste, envoyé spécial, feuilletoniste, feuilliste (péj.), folliculaire (péj.), gazetier (vx), informateur, journaleux (péj.), nouvelliste, pamphlétaire, pisse-copie (péj.), polémiste, publiciste, rédacteur, reporter, salonnier, speaker.

JOURNÉE ■ *I.* ⇒ jour. **II.** ⇒ étape. **III.** ⇒ rétribution.

JOUTE ■ *I.* ⇒ tournoi. **II.** ⇒ lutte.

JOUTER ■ ⇒ lutter.

JOUTEUR ■ ⇒ lutteur.

JOUVENCEAU ■ ⇒ jeune.

JOUXTER ■ ⇒ toucher.

JOVIAL, E ■ ⇒ gai.

JOVIALITÉ ■ ⇒ gaieté.

JOYAU ■ *I.* Bijou, parure. **II.** ⇒ beauté.

JOYEUSETÉ ■ ⇒ plaisanterie.

JOYEUX, EUSE ■ Jubilant ⇒ gai.

JUBÉ ■ Ambon.

JUBILANT, E ■ ⇒ gai.

JUBILATION ■ ⇒ gaieté.

JUBILER ■ ⇒ réjouir (se).

JUCHER ■ ⇒ percher.

JUCHOIR ■ ⇒ perchoir.

JUDAS ■ *I.* ⇒ infidèle. **II.** ⇒ ouverture.

JUDICIAIRE ■ Juridique, procédurier (péj.).

JUDICIEUX, EUSE ■ ⇒ bon.

JUDO ■ Jiu-jitsu.

JUGE ■ *I.* Alcade (esp.), arbitre, cadi (arabe), gens de robe, guignol (arg.), héliaste, inquisiteur (péj.), justicier, magistrat, official (rel.), préteur (vx), prévôt, robin (péj.), viguier. **II.** Vengeur. **III.** ⇒ censeur.

JUGEMENT ■ *I.* Arrêt, décision, décret, verdict. **II.** ⇒ opinion. **III.** ⇒ censure. **IV.** ⇒ raison. *V. Partic.* Psychostasie.

JUGEOTE ■ ⇒ raison.

JUGER ■ *I.* Apprécier, arbitrer, choisir, conclure, considérer, coter, croire, décider, départager, déterminer, dire, discerner, distinguer, envisager, estimer, évaluer, examiner, expertiser, imaginer, jauger, mesurer, noter, penser, peser, porter une appréciation/un jugement, prononcer un arrêt/une sentence, sonder les reins et les cœurs, soupeser, statuer, trancher, trouver, voir. **II.** ⇒ blâmer.

JUGULAIRE ■ Bride, mentonnière.

JUGULER ■ ⇒ arrêter.

JUIF, JUIVE ■ n. et adj. ⇒ israélite.

JUMEAU, ELLE ■ n. et adj. Besson, double, free-martin (vétér.), gémeau, menechme, pareil, sosie, univitellin.

JUMELAGE ■ ⇒ assemblage.

JUMELER ■ ⇒ joindre.

JUMELLE ■ ⇒ lunette.

JUMENT ■ Cavale, haquenée, mulassière, pouliche, poulinière.

JUPE ■ Cotillon, cotte, jupon, kilt, paréo, tutu.

JUREMENT ■ *I.* ⇒ serment. **II.** Blasphème, cri, exécration, imprécation, juron, outrage.

JURER ■ *I.* ⇒ **affirmer.** *II.* ⇒ **décider.** *III.* ⇒ **promettre.** *IV.* ⇒ **contraster.** *V.* Blasphémer, outrager, proférer des jurons, sacrer, tempêter.

JURIDICTION ■ Autorité, circonscription, compétence, for (vx), judicature, ressort, territoire.

JURIDIQUE ■ ⇒ **judiciaire.**

JURISCONSULTE ■ ⇒ **légiste.**

JURISPRUDENCE ■ ⇒ **loi.**

JURISTE ■ ⇒ **légiste.**

JURON ■ ⇒ **jurement.**

JURY ■ ⇒ **tribunal.**

JUS ■ Sauce, suc. ⇒ **liquide.**

JUSANT ■ ⇒ **marée.**

JUSQU'AU-BOUTISME ■ ⇒ **extrémisme.**

JUSTE ■ *I. Au pr. :* adéquat, approprié, bon, conforme, convenable, correct, droit, équitable, exact, fondé, honnête, impartial, intègre, justifiable, justifié, légitime, loyal, motivé, précis, propre, raisonnable. *II. Par ext.* ⇒ **vrai.** *III.* ⇒ **étroit.** *IV. Adv. :* exactement, précisément, tout à fait.

JUSTE MILIEU ■ ⇒ **équilibre.**

JUSTESSE ■ Authenticité, convenance, correction, exactitude, précision, propriété, raison, rectitude, vérité.

JUSTICE ■ *I.* Droiture, équité, impartialité, intégrité, légalité, objectivité, probité. *II.* ⇒ **droit.** *III. Loc.* Faire justice ⇒ **punir.**

JUSTICIER, ÈRE ■ Redresseur de torts, vengeur, zorro (fam.). ⇒ **juge.**

JUSTIFIABLE ■ ⇒ **excusable.**

JUSTIFICATIF ■ ⇒ **preuve.**

JUSTIFICATION ■ *I.* Apologétique, apologie. ⇒ **éloge.** *II.* Affirmation, argument, confirmation, constatation, démonstration, établissement, gage, illustration (vx), motif, pierre de touche. ⇒ **preuve.**

JUSTIFIÉ, E ■ ⇒ **juste.**

JUSTIFIER ■ *I.* Absoudre, acquitter, admettre, alléguer, blanchir, couvrir, décharger, disculper, effacer, excuser, exempter, innocenter, laver, légitimer. *II.* Fonder, motiver. *III.* ⇒ **prouver.**

JUTER ■ *I.* ⇒ **couler.** *II.* ⇒ **éjaculer.**

JUTEUX, EUSE ■ *I.* ⇒ **fluide.** *II.* ⇒ **fructueux.**

JUVÉNILE ■ Actif, ardent, bien allant, gai, jeune, pimpant, plein d'ardeur/d'entrain/de vie, vert, vif.

JUVÉNILITÉ ■ Activité, allant, ardeur, entrain, gaieté, jeunesse, jouvence (vx), verdeur, vivacité.

JUXTAPOSER ■ Adjoindre, ajouter, annexer, assembler, associer, combiner, jumeler, marier, rapprocher, rassembler, rattacher, relier, réunir, unir. ⇒ **joindre.**

JUXTAPOSITION ■ ⇒ **adjonction.**

k

KABBALE ■ ⇒ cabale.

KAKI, E ■ Brun, chamois, fauve, flavescent, grège, jaune, marron, ocre, saure.

KANDJAR ■ ⇒ poignard.

KAYAK ■ Canoë, canot, périssoire.

KEEPSAKE ■ Album, livre-album, livre d'images, recueil.

KÉPI ■ Casquette, chapska, coiffure, shako.

KERMESSE ■ Ducasse, festival, festivité, frairie, réjouissance. ⇒ fête.

KÉROSÈNE ■ Carburant, pétrole.

KETCH ■ ⇒ bateau.

KIBBOUTZ ■ Exploitation/ferme collective.

KIDNAPPER ■ *I. Au pr. :* enlever, faire disparaître, séquestrer. *II. Par ext.* ⇒ voler.

KIDNAPPING ■ *I. Au pr. :* enlèvement/rapt d'enfant. *II. Par ext. :* enlèvement, rapt, ravissement (vx), séquestration, violence, voie de fait.

KIF ■ Haschisch ⇒ drogue.

KILT ■ Philibeg.

KINÉSITHÉRAPEUTE ■ Masseur, physiothérapeute, soigneur.

KIOSQUE ■ *I.* Belvédère, gloriette. *II.* ⇒ édicule. *III.* ⇒ pavillon.

KIPPER ■ ⇒ hareng.

KITCHENETTE ■ Coin cuisine, cuisine, office, petite cuisine.

KITSCH ■ À/de papa, baroque, hétéroclite, pompier, rétro.

KLAXON ■ Avertisseur, signal sonore, trompe.

KLEPTOMANE ■ ⇒ voleur.

KNOCK-OUT ■ Assommé, étendu pour le compte, évanoui, groggy (par ext.), hors de combat, inconscient, K.-O.

KNOUT ■ Bastonnade, fouet, verges.

KOBOLD, KORRIGAN ■ ⇒ génie.

KOUAN-HOUA ■ Langue mandarine, mandarin.

KRACH ■ *I. Au pr. :* déconfiture, dépôt de bilan, faillite. *II. Par ext. :* banqueroute, chute, crise, culbute, débâcle, échec, fiasco, liquidation, marasme, ruine.

KRAK ■ Bastide, château, citadelle, crac, ensemble fortifié, fort, forteresse, fortification, ouvrage fortifié, place forte.

KRISS ■ ⇒ poignard.

KYRIELLE ■ ⇒ suite.

KYSTE ■ Corps étranger, grosseur, induration, ulcération. ⇒ abcès.

l

LÀ ■ À cet endroit, à cette place, en ce lieu, ici.

LABEL ■ ⇒ marque.

LABEUR ■ Activité, besogne, corvée, occupation, ouvrage, peine, tâche, travail.

LABILE ■ Changeant, déconcertant, débile, faible, fragile, frêle, glissant, insaisissable, instable, périssable, piètre, précaire.

LABORATOIRE ■ Arrière-boutique, atelier, cabinet, officine.

LABORIEUX, EUSE ■ *I.* ⇒ difficile. *II.* ⇒ pénible. *III.* ⇒ travailleur.

LABOUR ■ *I. Au pr. :* billonnage, décavaillonnage, défonçage, façon, labourage, retroussage, scarifiage. *II. Par ext.* ⇒ champ, terre.

LABOURER ■ *I. Au pr. :* décavaillonner, défoncer, façonner, fouiller, ouvrir, remuer, retercer, retourner, scarifier, tercer, travailler. *II. Fig.* ⇒ déchirer.

LABOUREUR ■ ⇒ agriculteur et paysan.

LABYRINTHE ■ *I. Au pr. :* dédale, lacis, méandre. *II. Fig. :* complication, confusion, détours, écheveau, enchevêtrement, maquis, multiplicité, sinuosités.

LAC ■ Bassin, chott, étang, lagune, marais, mare, pièce d'eau, réservoir.

LACER ■ Attacher, ficeler, fixer, nouer, serrer.

LACÉRATION ■ Déchiquetage, déchirement, destruction, dilacération, division, mise en lambeaux/morceaux/pièces.

LACÉRER ■ ⇒ déchirer.

LACET ■ *I.* ⇒ corde. *II.* ⇒ filet.

LÂCHAGE ■ ⇒ abandon.

LÂCHE ■ *I.* Capon, cerf, couard, embusqué, froussard, lâcheur, peureux, pied-plat, pleutre, poltron, poule mouillée, pusillanime, rampant, timide, tremblant, trouillard, veule ⇒ vil. *Fam. :* capitulard, chiffe, copaille, couille-molle, dégonflé, demi-sel, enfoiré, fausse-couche, foireux, jean-fesse/foutre, gonzesse, lavette, lopette, salope. *II. Une chose :* débandé, desserré, détendu, flaccide, flottant, relâché. ⇒ souple.

LÂCHÉ, E ■ ⇒ négligé.

LÂCHER ■ *I. Au pr.* 1. Débander, décramponner, desserrer, détacher, détendre, filer, laisser aller, relâcher. 2. Droper, larguer, parachuter. *II. Par ext.* 1. ⇒ dire. 2. ⇒ accorder. 3. ⇒ abandonner. 4. ⇒ quitter. 5. ⇒ distancer. *III. Loc.* Lâcher pied ⇒ reculer.

LÂCHETÉ ■ *I.* Couardise, faiblesse,

foire, frousse, mollesse, peur, poltronnerie, pusillanimité, trouille, veulerie. *II.* ⇒ bassesse.

LACIS ■ ⇒ labyrinthe, réseau.

LACONIQUE ■ ⇒ court.

LACS ■ ⇒ filet.

LACUNAIRE ■ ⇒ imparfait.

LACUNE ■ *I.* Déficience, desiderata, ignorance, insuffisance, manque, omission, oubli, suppression. *II.* Espace, fente, fissure, hiatus, interruption, méat, solution de continuité, trou.

LADRE ■ *I.* ⇒ avare. *II.* ⇒ lépreux.

LADRERIE ■ *I. Au pr. :* lazaret, léproserie, maladrerie. *II. Fig. :* sordidité ⇒ avarice.

LAGUNE ■ Liman, moere ⇒ étang.

LAÏC, LAÏQUE ■ Agnostique, indépendant, neutre, séculier. ⇒ laïque.

LAÏCITÉ ■ Agnosticisme, neutralité, pluralisme, tolérance.

LAID, LAIDE ■ *I. Quelque chose,* 1. Abominable, affreux, atroce, dégoûtant, déplaisant, désagréable, disgracieux, effrayant, effroyable, hideux, horrible, ignoble, inesthétique, informe, moche (fam.), monstrueux, repoussant, vilain. 2. Bas, déshonnête, immoral, indigne, malhonnête, malséant, mauvais, obscène, répugnant, sale, vil. *II. Quelqu'un :* défiguré, déformé, difforme, disgracié, disgracieux, enlaidi, hideux, inélégant, ingrat, mal bâti/fait/fichu/foutu. *Fam. :* blèche, dégueu, dégueulasse, moche, ringard, tarte, tartignole, tartouillard, toc, tocard.

LAIDERON ■ Guenon, guenuche, maritorne, monstre, remède à l'amour. ⇒ virago.

LAIDEUR ■ *I.* Aspect/corps/visage ingrat, difformité, disgrâce, hideur. *II.* Horreur, obscénité, saleté, vilénie ⇒ bassesse.

LAIE ■ *I.* ⇒ sanglier. *II.* ⇒ allée. *III.* ⇒ marteau.

LAINE ■ Riflard ⇒ poil.

LAINEUX, EUSE ■ *I.* Doux, duveteux, épais, isolant. *II.* Lanice (vx), lanifère, lanigère, lanugineux. *Par ext. :* poilu, velouté.

LAÏQUE, LAÏC ■ n. et adj. Convers, lai, séculier. ⇒ laïc.

LAISSE ■ ⇒ attache.

LAISSER ■ *I.* ⇒ abandonner. *II.* ⇒ quitter. *III.* ⇒ confier. *IV.* ⇒ transmettre. *V.* ⇒ aliéner. *VI.* ⇒ souffrir. *VII. Loc.* Ne pas laisser de ⇒ continuer.

LAISSER-ALLER ■ Négligence ⇒ abandon.

LAISSEZ-PASSER ■ Coupe-file, navicert (mar.), passavant, passe-debout, passeport, permis, sauf-conduit, visa.

LAITIER, ÈRE ■ Crémier.

LAITON ■ Archal.

LAÏUS ■ ⇒ discours.

LALLATION ■ ⇒ babillage.

LAMBEAU ■ ⇒ morceau.

LAMBIN, E ■ ⇒ lent.

LAMBINER ■ ⇒ traîner.

LAME ■ *I.* Feuille, feuillet, lamelle, morceau, plaque. *II.* Baleine de corset, busc. *III.* ⇒ épée. *IV.* ⇒ vague. *V. Loc.* Fine lame ⇒ ferrailleur.

LAMENTABLE ■ ⇒ pitoyable.

LAMENTATION ■ ⇒ gémissement.

LAMENTER (SE) ■ ⇒ gémir.

LAMINAGE ■ Aplatissement, étirage.

LAMINER ■ Aplatir, étirer, réduire. ⇒ user.

LAMINOIR ■ Étireuse, presse.

LAMPE ■ *I.* Carcel, verrine (mar.) ⇒ lanterne. *II. Arg. :* calbombe, camoufle, loubarde, loupiote, pétoche.

LAMPER ■ ⇒ boire.

LAMPION ■ ⇒ lanterne.

LANCE ■ Angon, dard, épieu, framée, guisarme, hallebarde, haste, javeline, javelot, pertuisane, pique, sagaie, sarisse, vouge.

LANCÉE ■ ⇒ élan.

LANCEMENT ■ ⇒ publication.

LANCER ■ *I. Au pr.* : catapulter, darder, lâcher, larguer, projeter. ⇒ jeter. *II. Par ext.* 1. Bombarder, déclencher, décocher, émettre, envoyer, exhaler, faire partir, répandre. 2. ⇒ introduire. 3. ⇒ éditer. *III. V. pron.* ⇒ élancer (s').

LANCINANT, E ■ ⇒ piquant, ennuyeux.

LANCINER ■ ⇒ tourmenter.

LANDE ■ Brande, brousse, friche, garrigue, gâtine, jachère, maquis, varenne.

LANDIER ■ Chenêt, hâtier.

LANGAGE ■ ⇒ langue.

LANGE ■ ⇒ couche.

LANGOUREUX, EUSE ■ Alangui, amoureux, doucereux, languide, languissant, mourant, sentimental.

LANGUE ■ Argot, dialecte, expression, idiolecte, idiome, langage, parler, parlure, patois, sabir, vocabulaire. ⇒ jargon.

LANGUEUR ■ Abattement, accablement, adynamie, affaiblissement, alanguissement, anéantissement, anémie, apathie, assoupissement, atonie, consomption, découragement, dépérissement, dépression, ennui, épuisement, étiolement, étisie, faiblesse, inactivité, inanition, indolence, léthargie, marasme, mollesse, morbidesse, nonchalance, paresse, prostration, stagnation, torpeur.

LANGUIDE ■ ⇒ langoureux.

LANGUIR ■ *I. Au pr.* : s'en aller, décliner, dépérir, dessécher, s'étioler. *II. Par ext.* 1. ⇒ attendre. 2. ⇒ souffrir. 3. Stagner, traîner, végéter.

LANGUISSANT, E ■ *I.* ⇒ langoureux. *II.* ⇒ fade.

LANIÈRE ■ ⇒ courroie.

LANTERNE ■ *I. Au pr.* : falot, fanal, feu, lamparo, lampe, lampion, loupiote, lumière, lumignon, phare, pharillon, réverbère, veilleuse. *II. Par ext.* ⇒ refrain.

LANTERNER ■ *I. V. tr.* ⇒ tromper. *II. V. intr.* 1. ⇒ retarder. 2. ⇒ traîner.

LAPALISSADE ■ ⇒ vérité.

LAPER ■ ⇒ boire.

LAPIDAIRE ■ ⇒ court.

LAPIDER ■ *I.* ⇒ tuer. *II.* ⇒ vilipender.

LAPS ■ *I. N. m.* : ⇒ espace. *II. Adj. (vx)* ⇒ infidèle.

LAPSUS ■ Contrepèterie, cuir, erreur, faute, janotisme, liaison-mal-t-à-propos, pataquès, perle, valise.

LAQUAIS ■ ⇒ serviteur.

LAQUE ■ ⇒ résine.

LAQUER ■ ⇒ peindre.

LARBIN ■ *I.* ⇒ servile. *II.* ⇒ serviteur.

LARCIN ■ ⇒ vol.

LARD ■ Bacon, couenne, crépine, graillon (péj.), lardon, panne.

LARDER ■ *I.* ⇒ percer. *II.* ⇒ emplir. *III.* ⇒ railler.

LARES ■ ⇒ pénates.

LARGAGE ■ Droppage, lâcher, parachutage. ⇒ abandon.

LARGE ■ *I. Adj.* 1. ⇒ grand. 2. ⇒ indulgent. 3. ⇒ généreux. *II. Nom.* 1. ⇒ mer. 2. ⇒ largeur. *III. Loc.* Gagner/ prendre le large ⇒ partir.

LARGEMENT ■ ⇒ beaucoup.

LARGESSE ■ *I.* ⇒ générosité. *II.* ⇒ don.

LARGEUR ■ *I. Au pr.* : ampleur, calibre, carrure, diamètre, dimension, empan, envergure, étendue, évasure, grandeur, grosseur, laize, large, lé, module, portée. *II. Par ext.* : indulgence, largesse, libéralisme, libéralité, ouverture d'esprit.

LARGUER ■ *I.* ⇒ lâcher. *II.* ⇒ renvoyer.

LARME ■ Chagrin, eau (vx), émotion, gémissement, goutte, larmoiement, mal, perle, pleur, pleurnichement, pleurnicherie, sanglot, souffrance.

LARMOYANT, E ■ ⇒ émouvant.

LARMOYER ■ ⇒ pleurer.

LARRON ■ ⇒ voleur.

LARVE ■ *Fig. I.* ⇒ fantoche. *II.* ⇒ ruine.

LARVÉ, E ■ ⇒ manqué.

LAS, LASSE ■ ⇒ fatigué.

LASCAR ■ ⇒ gaillard.

LASCIF, IVE ■ *I.* Amoureux, caressant, charnel, chaud, concupiscent, doux, érotique, folâtre, gamin, godeur (arg.), léger, leste, libertin, polisson, sensuel, suave, voluptueux. *II. Par ext. et péj.* : concupiscent, débauché, immodeste, impudique, impur, indécent, libidineux, licencieux, lubrique, luxurieux, paillard, porno, pornographique, salace, vicelard, viceloque. ⇒ obscène.

LASCIVETÉ, LASCIVITÉ ■ *I.* Chaleur, commerce charnel, concupiscence, érotisme, libertinage, polissonnerie, sensualité, suavité, volupté. *II. Par ext. et péj.* : débauche, fornication, gâterie, immodestie, impudicité, impureté, indécence, licence, lubricité, luxure, paillardise, pornographie, salacité, vicelardise (arg.).

LASSER ■ *I.* ⇒ fatiguer. *II.* ⇒ ennuyer. *III. V. pron.* ⇒ décourager (se).

LASSITUDE ■ *I.* ⇒ abattement. *II.* ⇒ fatigue. *III.* ⇒ ennui. *IV.* ⇒ découragement.

LATENT, E ■ ⇒ secret.

LATITUDE ■ ⇒ liberté.

LATRINES ■ ⇒ water-closet.

LAUDATEUR, TRICE, LAUDATIF, IVE ■ ⇒ louangeur.

LAURÉAT, E ■ ⇒ vainqueur.

LAURIERS ■ ⇒ gloire.

LAVABO ■ *I.* Aiguière, aquamanille, fontaine, lave-mains. *II.* ⇒ water-closet.

LAVAGE ■ Ablution, bain, blanchiment, blanchissage, décantage, décantation, dégorgement, douche, lavement, lavure, lessive, lixiviation, nettoyage, purification, purgation.

LAVANDIÈRE ■ ⇒ laveuse.

LAVEMENT ■ *I.* Bouillon pointu (vx), clystère, remède. *II.* ⇒ lavage.

LAVER ■ *I. Au pr.* : abluter (vx), absterger, aiguayer, baigner, blanchir, débarbouiller, décrasser, décrotter, dégraisser, détacher, déterger, doucher, essanger, étuver, frotter, guéer, lessiver, lotionner, nettoyer, purifier, récurer, rincer. *II. Par ext.* 1. ⇒ effacer. 2. ⇒ excuser.

LAVEUSE ■ Blanchisseuse, buandière, lavandière, lessivière.

LAVOIR ■ ⇒ buanderie.

LAXATIF, IVE ■ n. et adj. ⇒ purge.

LAXISME ■ *I.* ⇒ indulgence. *II.* ⇒ faiblesse.

LAYETTE ■ Bonneterie, linge, trousseau.

LAYON ■ ⇒ sentier.

LAZARET ■ ⇒ ladrerie.

LAZZI ■ ⇒ plaisanterie.

LEADER ■ *I.* ⇒ chef. *II.* ⇒ article.

LEADERSHIP ■ Décision, direction, hégémonie, initiative, tête.

LEASING ■ Crédit-bail, location-vente.

LÈCHE-CUL, LÉCHEUR, EUSE ■ ⇒ flatteur.

LÉCHER ■ *I.* Licher, pourlécher, sucer. *II. Par ext.* 1. ⇒ caresser, flatter. 2. ⇒ parfaire. 3. ⇒ cunnilinctus (faire un).

LEÇON ■ *I. Au pr. :* classe, conférence, cours, enseignement, instruction. *II. Par ext.* 1. ⇒ avertissement. 2. ⇒ texte.

LECTEUR, TRICE ■ *I.* Anagnoste, liseur. *II.* Pick-up.

LECTURE ■ Déchiffrage, déchiffrement, décryptage, reconnaissance.

LÉGAL, E ■ ⇒ permis.

LÉGALISER ■ ⇒ confirmer.

LÉGALITÉ ■ ⇒ régularité.

LÉGAT ■ Nonce, prélat, vicaire apostolique. ⇒ ambassadeur.

LÉGATAIRE ■ ⇒ héritier.

LÉGATION ■ ⇒ mission.

LÉGENDAIRE ■ ⇒ illustre.

LÉGENDE ■ *I.* Conte, fable, folklore, histoire, mythe, mythologie, saga, tradition. *II.* ⇒ inscription.

LÉGER, ÈRE ■ *I.* Aérien, allégé, délesté, éthéré, gracile, grêle, impalpable, impondérable, menu, subtil, vaporeux, volatil. *II.* ⇒ dispos. *III.* ⇒ délicat. *IV.* ⇒ insignifiant. *V.* ⇒ changeant. *VI.* ⇒ libre. *VII.* ⇒ frivole. *VIII.* ⇒ galant. *IX.* ⇒ vide.

LÉGÈREMENT ■ *I.* À la légère, inconsidérément, sommairement. *II.* Frugalement, sobrement. *III.* Délicatement, doucement, en douceur, imperceptiblement.

LÉGÈRETÉ ■ *I.* ⇒ souplesse. *II.* ⇒ grâce. *III.* ⇒ insouciance.

LÉGIFÉRER ■ Administrer, arrêter, codifier, décréter, édicter, faire des lois, mettre en place, ordonner, prescrire, régler, réglementer.

LÉGION ■ *I.* ⇒ troupe. *II.* ⇒ multitude.

LÉGIONNAIRE ■ ⇒ soldat.

LÉGISLATEUR, LÉGISLATION ■ Droit, loi, parlement, textes.

LÉGISLATURE ■ Mandat, mission.

LÉGISTE ■ Conseiller, député, homme de loi, jurisconsulte, juriste.

LÉGITIME ■ *I. Adj.* ⇒ permis. *II.* ⇒ juste. *III.* ⇒ époux, épouse.

LÉGITIMER ■ ⇒ permettre, excuser.

LÉGITIMISTE ■ ⇒ royaliste.

LÉGITIMITÉ ■ ⇒ bien-fondé.

LEGS ■ ⇒ don.

LÉGUER ■ ⇒ transmettre.

LEITMOTIV ■ *I.* ⇒ thème. *II.* ⇒ refrain.

LÉMURE ■ ⇒ spectre.

LENDEMAIN ■ ⇒ avenir.

LÉNIFIANT, E, LÉNITIF, IVE ■ ⇒ calmant.

LÉNIFIER ■ ⇒ adoucir.

LENT, E ■ Alangui, apathique, arriéré, balourd, calme, difficile, endormi, engourdi, épais, flâneur, flegmatique, flemmard, gnangnan (fam.), indécis, indolent, inerte, irrésolu, lambin, long, lourd, lourdaud, mollasse, mou, musard, nonchalant, paresseux, pataud, pénible, pesant, posé, retardataire, stagnant, tardif, temporisateur, traînant, traînard, tranquille.

LENTEMENT ■ Doucement, insensiblement, mollo (fam.), piano.

LENTEUR ■ *I.* ⇒ retard. *II.* ⇒ prudence. *III.* ⇒ paresse. *IV.* ⇒ stupidité.

LÈPRE ■ ⇒ maladie.

LÉPREUX, EUSE ■ *I.* Ladre, malade. *II.* Galeux, scrofuleux. *III.* Décrépit, ruiné.

LÉPROSERIE ■ ⇒ ladrerie.

LESBIENNE ■ *I.* Homosexuelle, invertie. *II.* Litt. : sapho, tribade (péj.). *III.* Arg. et grossier : bottine, brouteuse, gerbeuse, gouine, gougnasse, gougne, gougnotte, gousse, langue/patte de velours, liane, tire-bouton, visiteuse, vrille, etc.

LÉSER ■ *I.* ⇒ blesser. *II.* ⇒ nuire.

LÉSINE ■ ⇒ avarice.

LÉSINER ■ ⇒ économiser.

LÉSINEUR, EUSE ■ ⇒ avare.

LÉSION ■ ⇒ dommage, blessure.

LESSIVE ■ ⇒ purification et lavage.

LESSIVER ■ ⇒ laver.

LEST ■ ⇒ charge.

LESTE ■ ⇒ dispos, impoli, libre.

LESTER ■ ⇒ pourvoir.

LÉTAL, E ■ ⇒ mortel.

LÉTHARGIE ■ ⇒ *I.* ⇒ sommeil. *II.* ⇒ torpeur.

LETTRE ■ *I.* Billet, carte, correspondance, courrier, dépêche, deux/ quelques lignes, épître, message, missive, mot, pli. *Relig.* : bref, bulle, encyclique, mandement, monitoire, rescrit. *II. Fam.* : babillarde, bafouille, billet doux, poulet, tartine. *III.* ⇒ caractère. *IV Loc.* 1. À la lettre : au mot, littéralement, mot à mot. 2. Homme de lettres ⇒ écrivain. *V. Au pl.* 1. ⇒ correspondance. 2. ⇒ littérature. 3. ⇒ savoir.

LETTRÉ, E ■ adj. et n. ⇒ savant.

LETTRINE ■ ⇒ majuscule.

LEURRE ■ Amorce, appât, appeau, dandinette, tromperie. ⇒ aiche.

LEURRER ■ ⇒ tromper.

LEVAIN ■ ⇒ ferment.

LEVANT ■ ⇒ orient.

LEVÉE ■ ⇒ digue.

LEVER ■ *I. Au pr.* : dresser, élever, enlever, guinder, haler, hausser, hisser, monter, redresser, relever, retrousser, trévirer (mar.). *II. Par ext.* 1. ⇒ tirer. 2. ⇒ retrancher. 3. ⇒ percevoir. 4. ⇒ abolir. *III. V. intr.* ⇒ fermenter. *IV. Loc.* 1. Lever des troupes ⇒ enrôler. 2. Lever le pied ⇒ enfuir (s').

LEVIER ■ Anspect, commande, manette, pédale.

LÈVRE ■ *I. Au pr.* : babines, badigoinces (fam.), ballots (arg.), labre, lippe. *II. Par ext.* ⇒ bord. *III. Petites lèvres* : nymphes.

LEVURE ■ ⇒ ferment.

LEXIQUE ■ ⇒ dictionnaire.

LÉZARD ■ ⇒ saurien.

LÉZARDE ■ ⇒ fente.

LÉZARDER ■ ⇒ paresser.

LIAISON ■ *I. Au pr.* : accointance, affinité, alliance, association, attache, cohérence, cohésion, communication, connexion, connexité, contact, convenance, filiation, lien, rapport, union. *II. Par ext.* 1. ⇒ relation. 2. ⇒ transition.

LIANT, E ■ ⇒ sociable.

LIARDER ■ ⇒ économiser.

LIARDEUR, EUSE ■ ⇒ avare.

LIASSE ■ ⇒ tas.

LIBATION ■ ⇒ beuverie.

LIBELLE ■ Brochure, calotte (vx), diatribe, épigramme, factum, invective, pamphlet, pasquin, pasquinade, placard, satire.

LIBELLÉ ■ ⇒ texte.

LIBELLER ■ ⇒ écrire.

LIBELLULE ■ Demoiselle.

LIBÉRAL, E ■ Non-directif. ⇒ **généreux.**

LIBÉRALITÉ ■ *I.* ⇒ **générosité.** *II.* ⇒ **don.**

LIBÉRATEUR, TRICE ■ n. et adj. Affranchisseur, défenseur, émancipateur, rédempteur, sauveur.

LIBÉRATION ■ Affranchissement, défoulement, dégagement, délivrance, élargissement, émancipation, évacuation, rachat, rédemption.

LIBÉRER ■ Affranchir, débarrasser, débloquer, décharger, défaire de, défouler, dégager, délier, délivrer, dépêtrer, désenchaîner, détacher, dételer, élargir, émanciper, évacuer, quitter de (vx), racheter, rédimer, relâcher, relaxer, relever, soustraire à, tenir quitte. *V. pron.* : dénoncer, prendre la tangente (fam.), rompre, secouer le joug, tirer son épingle du jeu (fam.), *et les formes pron. possibles des syn. de* LIBÉRER.

LIBERTAIRE ■ n. et adj. Anarchiste.

LIBERTÉ ■ *I.* Autonomie, disponibilité, franchise, indépendance. *II.* Choix, droit, faculté, latitude, libre arbitre, licence, impunité (par ext.), permission, pouvoir. ⇒ **possibilité.** *III.* ⇒ **abandon.** *IV.* ⇒ **libération.** *V.* ⇒ **intimité.** *VI.* ⇒ **désinvolture.**

LIBERTIN, E ■ n. et adj. *I.* ⇒ incroyant. *II.* ⇒ libre. *III. Par ext.* **1.** Neutre : épicurien, esthète, sardanapale, sybarite, voluptueux. **2.** Non favorable ⇒ **débauché.**

LIBERTINAGE ■ ⇒ débauche.

LIBIDINEUX, EUSE ■ ⇒ lascif.

LIBRE ■ *I. Au pr.* : autonome, affranchi, aisé, déboutonné (fam.), décontracté (fam.), dégagé, délié, émancipé, exempt, franc, incontrôlable, indépendant, souverain. *II. Par ext.* **1.** Cavalier, coquin, corsé, cru, décolleté, dégourdi, dessalé, égrillard, épicé, familier, folichon, gai, gaillard,

gaulois, graveleux, grivois, grossier, guilleret, hardi, inconvenant, léger, leste, libertin, licencieux, obscène, osé, polisson, poivré, rabelaisien, raide, scabreux, vert. **2.** ⇒ **dégagé. 3.** ⇒ **vacant. 4.** ⇒ **familier.** *III. Loc.* Libre penseur ⇒ **incroyant.**

LIBRE-SERVICE ■ Drugstore, grande surface, self-service, supérette, supermarché.

LIBRETTISTE ■ Parolier.

LICE ■ Arène, carrière, champ clos/de bataille, cirque, stade.

LICENCE ■ *I.* ⇒ **liberté.** *II.* ⇒ **permission.**

LICENCIEMENT ■ Congédiement, départ, destitution, lock-out, mise au chômage/à la porte, renvoi, révocation.

LICENCIER ■ ⇒ congédier.

LICENCIEUX, EUSE ■ ⇒ libre.

LICHER ■ v. tr. et intr. *I.* ⇒ lécher. *II.* ⇒ boire.

LICITE ■ ⇒ permis.

LIE ■ *I.* ⇒ sédiment. *II.* ⇒ rebut.

LIEN ■ *I.* ⇒ attache. *II.* ⇒ liaison. *III. Au pl.* ⇒ prison.

LIER ■ *I.* ⇒ attacher. *II.* ⇒ joindre. *III.* ⇒ obliger.

LIESSE ■ ⇒ gaieté.

LIEU ■ *I. Au pr.* **1.** Canton, coin, emplacement, endroit, localité, parage, part, place, point, position, poste, séjour, site, situation, terrain, théâtre. **2.** Matière, objet, occasion, sujet. *II. Par ext.* ⇒ **pays.** *III. Loc.* **1.** Avoir lieu ⇒ **produire (se). 2.** Donner lieu ⇒ **occasionner. 3.** Il y a lieu ⇒ falloir. **4.** Tenir lieu ⇒ **remplacer. 5.** Lieu commun : bateau, topique. ⇒ **poncif. 6.** Lieux d'aisances ⇒ **water-closet.**

LIÈVRE ■ Bossu, bouquet, bouquin, capucin, hase, léporidé, levraut.

LIGAMENT ■ Attache, byssus, tendon.

LIGATURE ■ ⇒ attache.

LIGNAGE ■ *I.* ⇒ race. *II.* ⇒ parenté.

LIGNE ■ *I. Au pr.* : barre, droite, hachure, raie, rayure, segment, strie, trait. *II. Par ext.* 1. Contour, galbe, linéament, modénature, port, profil, silhouette, tracé, trait. 2. **Techn.** : cordeau, simbleau. 3. ⇒ forme. 4. ⇒ chemin. 5. Front, théâtre d'opérations. 6. Chemin de fer, voie ferrée. 7. ⇒ lignée. 8. ⇒ direction. 9. ⇒ orthodoxie.

LIGNÉE ■ Descendance, dynastie, famille, généalogie, lignage, ligne, maison, race, sang, souche, suite, tronc.

LIGOTER ■ ⇒ attacher.

LIGUE ■ *I.* ⇒ parti. *II.* ⇒ intrigue. *III.* ⇒ alliance.

LIGUER ■ ⇒ unir.

LILLIPUTIEN, ENNE ■ n. et adj. ⇒ nain.

LIMAÇON ■ *I.* Colimaçon, gastéropode, limace. *II.* Cagouille (rég.), escargot.

LIMBES ■ ⇒ enfer.

LIME ■ *I.* Demi-ronde, queue-de-rat, râpe, riflard, rifloir, tiers-point. *II.* ⇒ citron.

LIMER ■ *I.* ⇒ parfaire. *II.* ⇒ revoir.

LIMIER ■ ⇒ policier.

LIMITATION ■ Numerus clausus ⇒ réduction.

LIMITE ■ Borne, bout, confins, démarcation, extrémité, fin, ligne, marche, terme. ⇒ frontière.

LIMITÉ, E ■ Borné, étroit, fini, localisé, réduit.

LIMITER ■ Arrêter, borner, cantonner, circonscrire, contingenter, délimiter, démarquer, localiser, plafonner, réduire, restreindre. *V. pron.* : se contenter de, s'en tenir à, *et les formes pron. possibles des syn. de* LIMITER.

LIMITROPHE ■ ⇒ prochain.

LIMOGEAGE ■ Défaveur, déplacement, destitution, disgrâce, éloignement, mise à la retraite/au rancart/sur la touche, mutation.

LIMOGER ■ ⇒ destituer.

LIMON ■ *I.* Alluvion, boue, bourbe, fange, glèbe, schorre, terre, tourbe, vase. *II.* ⇒ citron.

LIMONADE ■ Citronnade, diabolo, soda.

LIMONADIER ■ ⇒ cabaretier.

LIMPIDE ■ *I.* ⇒ transparent. *II.* ⇒ clair. *III.* ⇒ intelligible. *IV.* ⇒ pur.

LIMPIDITÉ ■ *I.* ⇒ clarté. *II.* ⇒ pureté.

LINCEUL ■ Drap, linge, suaire, voile.

LINÉAMENT ■ *I.* ⇒ ligne. *II.* ⇒ ébauche.

LINGE, LINGERIE ■ Dessous, trousseau.

LINGUISTIQUE ■ Dialectologie, didactique des langues, étymologie, grammaire, lexicographie, lexicologie, morphologie, onomastique, philologie, phonétique, phonologie, science du langage, sémantique, sémiotique, stylistique, syntaxe, toponymie.

LINIMENT ■ ⇒ pommade.

LINON ■ Batiste, fil, lin, toile.

LINOTTE ■ ⇒ étourdi.

LIPPE ■ *I.* ⇒ lèvre. *II.* ⇒ grimace.

LIPPÉE ■ ⇒ repas.

LIQUÉFIER ■ ⇒ fondre.

LIQUEUR ■ Alcool, boisson, digestif, spiritueux.

LIQUIDATION ■ *I.* ⇒ vente. *II.* ⇒ faillite. *III.* ⇒ suppression.

LIQUIDE ■ *I. Adj.* ⇒ fluide. *II. Nom.* 1. Boisson. 2. Humeur, liqueur.

LIQUIDER ■ *I.* ⇒ vendre. *II.* ⇒ détruire.

LIQUIDITÉS ■ ⇒ argent.

LIRE ■ *I.* Anonner (péj.), déchiffrer, épeler. *II.* Bouquiner, dévorer, dépouiller, feuilleter, parcourir. *III.* Deviner, expliquer. ⇒ découvrir.

LISÉRÉ ■ ⇒ lisière.

LISERON ■ Belle-de-jour, convolvulus, salsepareille, volubilis.

LISEUR, EUSE ■ n. et adj. Lecteur.

LISIBLE ■ Clair, compréhensible, déchiffrable.

LISIÈRE ■ Bande, bord, bordure, extrémité, frontière, limite, liséré, orée.

LISSE ■ Doux, égal, glabre, glacé, laqué, lustré, poli, satiné, uni, verni.

LISSER ■ ⇒ polir.

LISTE ■ Bordereau, cadre, canon, catalogue, cédule, dénombrement, énumération, état, index, inventaire, kyrielle, martyrologe, mémoire, ménologe, nomenclature, relevé, répertoire, rôle, série, suite, tableau.

LIT ■ *I. Au pr. :* couche, couchette, couette, divan, grabat (péj.), hamac, târa. *II. Fam. :* bâche, dodo, carrée, châlit, foutoir, goberge, paddock, page, pageot, pagne, pagnot, pieu, plumard, plume, portefeuille, pucier, schlof. *III. Par ext.* 1. ⇒ canal. 2. ⇒ couche. 3. ⇒ mariage.

LITANIES ■ *I.* ⇒ prière. *II.* ⇒ dénombrement.

LITEAU ■ Listel, moulure, tasseau.

LITHOGRAPHIE ■ ⇒ image.

LITIÈRE ■ Basterne, brancard, chaise à porteurs, civière, filanzane, manchy, palanquin.

LITIGE ■ ⇒ contestation.

LITIGIEUX, EUSE ■ ⇒ incertain.

LITOTE ■ Antiphrase, atténuation, diminution, euphémisme.

LITTÉRAIRE ■ *Par ext.* ⇒ artificiel.

LITTÉRAL, E ■ ⇒ exact.

LITTÉRALEMENT ■ À la lettre, au pied de la lettre, exactement, fidèlement, mot à mot, précisément.

LITTÉRATEUR ■ ⇒ écrivain.

LITTÉRATURE ■ Art d'écrire, belles-lettres, édition, expression/production littéraire, poésie, prose, roman, théâtre.

LITTORAL ■ ⇒ bord.

LITURGIE ■ Cérémonial, culte, rituel, service divin/religieux.

LIVIDE ■ ⇒ pâle.

LIVRAISON ■ *I.* Arrivage, port. *II.* ⇒ livre.

LIVRE ■ *I.* Album, atlas, bouquin, brochure, écrit, elzévir, fascicule, imprimé, incunable, livraison, livret, opuscule, ouvrage, plaquette, publication, recueil, registre, tome. ⇒ volume.

LIVRER ■ Abandonner, céder, confier, délivrer, donner, engager, extrader, lâcher, porter, remettre, rendre, trahir. *V. pron. :* s'adonner, *et les formes pron. possibles des syn. de* LIVRER.

LIVRET ■ *I.* ⇒ cahier. *II.* ⇒ livre.

LIVREUR, EUSE ■ ⇒ porteur.

LOCAL ■ ⇒ bâtiment.

LOCALISATION ■ ⇒ reconnaissance.

LOCALISER ■ ⇒ limiter.

LOCALITÉ ■ ⇒ agglomération.

LOCATAIRE ■ Fermier, preneur.

LOCATION ■ *I.* ⇒ fermage. *II.* ⇒ leasing. *III.* ⇒ réservation.

LOCK-OUT ■ ⇒ licenciement.

LOCOMOTION ■ Déplacement, transport.

LOCOMOTIVE ■ Automotrice, coucou, locomotrice, machine, motrice.

LOCUTION ■ ⇒ expression.

LOGE ■ *I.* Box, cage, stalle. *II.* ⇒ cabane. *III.* ⇒ établissement. *IV.* ⇒ cellule. *V.* ⇒ pièce. *VI.* *Loge maçonnique* : atelier, carré long, temple. *VII.* Conciergerie.

LOGEABLE ■ *I.* ⇒ commode. *II.* ⇒ vaste.

LOGEMENT ■ *I.* *Au pr.* : 1. Appartement, demeure, domicile, garçonnière, gîte, habitacle (vx), habitation, logis, maison, pénates, pied-à-terre, résidence, séjour, studio. 2. Cantonnement, casernement, hébergement. *II.* *Par ext.* : cabane, habitat, urbanisme.

LOGER ■ *I.* *V. intr.* ⇒ demeurer. *II.* *V. tr.* ⇒ placer.

LOGEUR, EUSE ■ ⇒ hôte.

LOGIQUE ■ *I.* *Nom.* 1. Bon sens, dialectique, raison, raisonnement, sens commun. 2. ⇒ nécessité. *II.* *Adj.* : cartésien, cohérent, conséquent, discursif, exact, géométrique, judicieux, juste, méthodique, naturel, nécessaire, raisonnable, rationnel, serré, suivi, vrai.

LOGIS ■ *I.* ⇒ maison. *II.* ⇒ hôtel.

LOGOGRIPHE ■ *I.* ⇒ énigme. *II.* ⇒ galimatias.

LOGOMACHIE ■ Verbalisme ⇒ discussion.

LOI ■ *I.* *Au pr.* 1. Code, droit, justice, législation. 2. Acte, arrêt, arrêté, constitution, décision, décret, décret-loi, édit, jurisprudence, ordonnance, sénatus-consulte. *II.* *Par ext.* 1. Obligation, ordre, prescription, principe, règle, règlement. 2. ⇒ autorité.

LOINTAIN, E ■ ⇒ éloigné.

LOINTAIN ■ ⇒ éloignement.

LOISIBLE ■ ⇒ permis.

LOISIR ■ *I.* ⇒ inaction. *II.* ⇒ permission.

LONG, LONGUE ■ *I.* *Au pr.* : allongé, barlong, étendu, longiligne, oblong. *II.* Éternel, infini, interminable, longuet (fam.). *III.* *Par ext.* 1. ⇒ lent. 2. ⇒ ennuyeux.

LONGANIMITÉ ■ ⇒ patience.

LONGE ■ ⇒ attache.

LONGER ■ *I.* *Quelqu'un* : aller le long, côtoyer, raser. *II.* *Quelque chose* : border, être/s'étendre le long.

LONGERON ■ ⇒ poutre.

LONGÉVITÉ ■ Durée, macrobie.

LONGRINE ■ Traverse ⇒ poutre.

LONGTEMPS, LONGUEMENT ■ Beaucoup, en détail, lentement, minutieusement, tout au long.

LONGUEUR ■ Durée, étendue, grandeur, lenteur.

LOPE, ETTE ■ ⇒ uranien.

LOPIN ■ ⇒ morceau.

LOQUACE ■ ⇒ bavard.

LOQUACITÉ ■ *I.* ⇒ bavardage. *II.* ⇒ faconde.

LOQUE ■ Chiffon, défroque, épave, fragment, guenille, haillon, lambeau, oripeau, penaillon.

LOQUET ■ Ardillon, bobinette, loqueteau, serrure, targette, verrou.

LOQUETEUX, EUSE ■ *I.* ⇒ déguenillé. *II.* ⇒ pauvre.

LORGNER ■ *I.* ⇒ regarder. *II.* ⇒ vouloir.

LORGNETTE ■ ⇒ lunette.

LORGNON ■ Besicle, binocle, face-à-main, lunette, monocle, pince-nez.

LORSQUE ■ ⇒ quand.

LOT ■ *I.* ⇒ part. *II.* ⇒ destinée.

LOTERIE ■ Arlequin, bingo, hasard, jeu, loto, sweepstake, tirage, tombola, totocalcio.

LOTIONNER ■ ⇒ laver.

LOTIR ■ *I.* ⇒ fournir. *II.* ⇒ partager.

LOTISSEMENT ■ ⇒ morceau.

LOTTE ■ Baudroie, crapaud de mer.

LOUABLE ■ ⇒ méritant.

LOUAGE ■ Amodiation, bail, cession, ferme, location.

LOUANGE ■ ⇒ éloge.

LOUANGER ■ ⇒ louer.

LOUANGEUR, EUSE ■ adj. et n. Admirateur, adulateur, approbateur, caudataire, complimenteur, courtisan, dithyrambiste, encenseur, flagorneur, flatteur, glorificateur, laudateur, laudatif, loueur, thuriféraire.

LOUCHE ■ ⇒ ambigu, suspect.

LOUCHER ■ *I.* Bigler. *II.* Guigner, lorgner. *III. Fig.* ⇒ vouloir.

LOUCHEUR, EUSE ■ Bigle, bigleux, louchard, louchette, louchon.

LOUER ■ *I. On loue quelque chose :* affermer, amodier, arrenter, arrêter, céder/donner/prendre à louage/en location. *II. On loue quelque chose ou quelqu'un :* admirer, apothéoser, auréoler, bénir, canoniser, caresser, célébrer, chanter les louanges, complimenter, couvrir de fleurs, déifier, diviniser, élever, encenser, enguirlander de fleurs, exalter, flagorner (péj.), flatter, glorifier, louanger, magnifier, passer la pommade (fam.), porter aux nues/au pinacle, préconiser, prôner, rehausser, relever, tresser des couronnes, vanter.

LOUFOQUE ■ ⇒ fou.

LOUP ■ Bar, loubine.

LOUPE ■ *I.* Compte-fils, lentille. *II.* ⇒ tumeur. *III.* ⇒ gemme.

LOUPER ■ ⇒ manquer.

LOURD, E ■ *I. Quelque chose.* 1. Phys. ⇒ pesant. 2. Moral : accablant, douloureux, dur, écrasant, grave, pénible. *II.*

Quelqu'un. 1. ⇒ gros. 2. ⇒ bête. 3. ⇒ lent. 4. ⇒ maladroit. *III. Par ext.* ⇒ indigeste.

LOURDAUD, E ■ adj. et n. Balourd, butor, campagnard, cruche, cuistre, fruste, ganache, gauche, grossier, gougnafier, lent, maladroit, péquenaud, plouc, sot, stupide. ⇒ bête.

LOURDERIE, LOURDEUR ■ ⇒ stupidité.

LOUSTIC ■ ⇒ gaillard, plaisant.

LOUVE ■ Anspect, levier, moufle, palan.

LOUVOIEMENT ■ ⇒ hésitation.

LOUVOYER ■ ⇒ biaiser.

LOVELACE ■ Don juan, séducteur.

LOVER (SE) ■ ⇒ rouler (se).

LOYAL, E ■ ⇒ vrai.

LOYALISME ■ ⇒ attachement.

LOYAUTÉ ■ *I.* ⇒ honnêteté. *II.* ⇒ vérité.

LOYER ■ *I.* Fermage, intérêt, prix, montant, taux, terme, valeur. *II.* ⇒ récompense.

LUBIE ■ ⇒ caprice.

LUBRICITÉ ■ ⇒ lasciveté.

LUBRIFIANT ■ Cire, graisse, graphite, huile, mica, talc, vaseline.

LUBRIFIER ■ ⇒ graisser.

LUBRIQUE ■ ⇒ lascif.

LUCARNE ■ Faîtière, imposte, œil-de-bœuf, ouverture, tabatière. ⇒ fenêtre.

LUCIDE ■ *I.* ⇒ pénétrant. *II.* ⇒ intelligent.

LUCIDITÉ ■ *I.* ⇒ intelligence. *II.* ⇒ pénétration.

LUCRATIF, IVE ■ ⇒ fructueux.

LUCRE ■ Cupidité. ⇒ profit.

LUETTE ■ Uvule.

LUEUR ■ Aube, aurore, brasillement, clarté, éclair, éclat, étincelle, feu, flamme, fulgurance, illumination, luisance, lumière, nitescence, phosphorescence, radiance, rayon, scintillement, trace. ⇒ reflet.

LUGE ■ *Par ext. :* bobsleigh, traîneau.

LUGUBRE ■ ⇒ triste.

LUIRE ■ Brasiller, briller, chatoyer, éblouir, éclairer, éclater, étinceler, flamboyer, fulgurer, jeter des feux, miroiter, papilloter, poudroyer, rayonner, reluire, resplendir, rutiler, scintiller.

LUISANT, E ■ *I.* ⇒ lumineux. *II.* ⇒ lustré.

LUMIÈRE ■ *I. Au pr.* ⇒ lueur. *II. Par ext.* 1. Jour, soleil, vie. 2. Éclairage. ⇒ lanterne. *III. Fig.* 1. Beauté, génie, illumination, illustration, splendeur. ⇒ gloire. 2. ⇒ intelligence.

LUMINESCENT, E ■ ⇒ phosphorescent.

LUMINEUX, EUSE ■ *I. Au pr. :* ardent, brillant, chatoyant, clair, éblouissant, éclatant, étincelant, flamboyant, fulgurant, luisant, phosphorescent, resplendissant, rutilant. *II. Par ext.* 1. Ensoleillé, gai, limpide, radieux. 2. Frappant, génial. ⇒ intelligible.

LUMINOSITÉ ■ ⇒ clarté.

LUNATIQUE ■ ⇒ capricieux.

LUNCH ■ ⇒ collation.

LUNETTE ■ *I.* Jumelles, longue-vue, lorgnette, microscope, télescope. *II. Au pl. :* bernicles (arg.), besicles (vx), binocle, carreaux (fam.), conserves (vx), face-à-main, lorgnon, pince-nez, vélo (arg.), verres.

LUPANAR ■ *Fam. :* Abbaye-des-s'offre-à-tous, baisodrome, baisoir, bob, bobinard, bocard, boîte, B.M.C. (milit.), bordeau (vx), bordel, bouge, bouiboui, bouic, bourdeau (vx), bousbir,

boxon, bric, cabane, chose, clandé, claque, dictère (litt.), dictérion (litt.), grand numéro (vx), gynécée (par ext.), harem (par ext.), hôtel borgne/louche/de passe, lanterne rouge (vx), maison close/de débauche/de passe/de plaisir/de tolérance, mauvais lieu, mirodrome, pince-cul, pouf, quartier chaud/réservé (partic.), salon de plaisir/mondain, taule d'abattage, tringlodrome, volière, etc.

LUPUS ■ ⇒ ulcération.

LURON, ONNE ■ ⇒ gaillard.

LUSTRATION ■ ⇒ purification.

LUSTRE ■ *I. Au pr. :* brillant, clinquant (péj.), eau, éclat, feu, fleur, fraîcheur, luisant, orient, poli, relief, resplendissement. *II. Par ext. :* gloire, illustration, magnificence, panache, prestige, rayonnement, splendeur. *III.* Plafonnier, suspension.

LUSTRÉ, E ■ Brillant, cati, chatoyant, ciré, glacé, laqué, lissé, luisant, moiré, poli, satiné, vernissé.

LUSTRER ■ Apprêter, calandrer, cirer, cylindrer, frotter, glacer, laquer, lisser, moirer, peaufiner (fam.), polir, satiner, vernir.

LUTH ■ Cistre, guitare, mandoline, mandore, théorbe. *Par ext. :* ⇒ lyre.

LUTIN ■ *I.* ⇒ génie. *II.* ⇒ espiègle.

LUTINER ■ ⇒ taquiner.

LUTTE ■ *I.* Boxe, catch, close-combat, combat, jiu-jitsu, judo, karaté, pancrace, pugilat. *II.* Antagonisme, compétition, concurrence, duel, escrime, joute, opposition, querelle, rivalité, tournoi. *III.* ⇒ bataille. *IV.* ⇒ conflit.

LUTTER ■ *I.* S'acharner, affronter, attaquer, bagarrer, batailler, se battre, se colleter, combattre, se débattre, se défendre, se démener, disputer de, s'efforcer, en découdre, s'escrimer, être aux prises, s'évertuer, ferrailler, guerroyer, se heurter, jouter, se mesurer à/avec, résister, rivaliser, rompre des lances. *II.* ⇒ **militer.**

LUTTEUR, EUSE ■ *I.* Antagoniste. *II.* Athlète, bateleur, hercule, jouteur.

LUXATION ■ ⇒ **entorse.**

LUXE ■ *I. Au pr. :* apparat, braverie (vx), éclat, faste, magnificence, opulence, pompe, splendeur, somptuosité, tralala (fam.). *II. Par ext. :* abondance, confort, débauche, excès, gaspillage, luxuriance, ostentation, richesse, superflu, superfluité, surabondance. ⇒ **profusion.**

LUXER ■ ⇒ `disloquer.`

LUXUEUX, EUSE ■ Abondant, confortable, éclatant, fastueux, magnifique, opulent, pompeux, princier, riche, royal, somptueux, splendide.

LUXURE ■ ⇒ **lasciveté.**

LUXURIANCE ■ ⇒ **affluence.**

LUXURIANT, E ■ ⇒ **abondant.**

LUXURIEUX, EUSE ■ ⇒ **lascif.**

LYCÉE ■ Bahut, bazar, boîte (fam.), collège, cours, école, gymnase, institut, institution, pension.

LYCÉEN, ENNE ■ ⇒ **élève.**

LYMPHATIQUE ■ ⇒ **faible.**

LYMPHE ■ Humeur, liqueur, sève.

LYNCHER ■ Battre, écharper, frapper, prendre à partie, rosser, rouer de coups, supplicier, tuer.

LYOPHILISER ■ Déshydrater.

LYPÉMANIE ■ Abattement, chagrin, délire, folie, idées noires, mélancolie, tristesse.

LYRE ■ *I. Au pr. :* cithare, harpe, heptacorde, pentacorde, psaltérion, tétracorde. *II. Par ext. :* 1. ⇒ **poésie.** 2. ⇒ **luth.**

LYRISME ■ *I.* ⇒ **poésie.** *II.* ⇒ **luth.** *III. Par ext. :* ⇒ **enthousiasme.**

m

MACABRE ■ ⇒ funèbre.

MACADAM ■ ⇒ asphalte.

MACADAMISAGE ■ Empierrement, goudronnage, réfection, revêtement.

MACAQUE ■ ⇒ magot.

MACARON ■ *I.* ⇒ insigne. *II.* ⇒ pâtisserie. *III.* ⇒ tresse.

MACARONIQUE ■ ⇒ héroï-comique.

MACÉDOINE ■ ⇒ mélange.

MACÉRATION ■ *I.* ⇒ mortification. *II.* ⇒ tisane.

MACÉRER ■ *I. Au pr.* ⇒ tremper. *II. Fig. :* crucifier, humilier, mater, mortifier.

MÂCHER ■ *I. Au pr. :* broyer, chiquer, mâchonner, manger, mastiquer. *II. Fig.* ⇒ préparer.

MACHIAVÉLISME ■ *I.* ⇒ politique. *II.* ⇒ ruse.

MACHIN ■ ⇒ truc.

MACHINAL, E ■ ⇒ involontaire.

MACHINATION ■ ⇒ menée.

MACHINE ■ *I.* ⇒ appareil, locomotive. *II.* ⇒ moyen, ruse.

MACHINISTE ■ *I.* ⇒ mécanicien. *II.* ⇒ chauffeur.

MÂCHOIRE ■ *I. Au pr. :* barres (de cheval), bouche, carnassière (de chat), clavier (arg.), dentition, dents, denture, ganache, mandibule (fam.), margoulette (fam.), maxillaire, râtelier (fam.), sous-barbe. *II. Fig.* ⇒ bête.

MÂCHONNER ■ ⇒ mâcher.

MÂCHURER ■ ⇒ salir.

MAÇON ■ Limousin (vx). ⇒ bâtisseur.

MAÇON (FRANC-) ■ *I.* Franc-mac (péj.), frangin (fam.) frère, frère trois points, frimasson (vx), libre-penseur, philalèthe (vx), rose-croix. *II.* Apprenti, compagnon, maître, dix-huitième, trentième, trente et unième/deuxième/troisième.

MAÇONNER ■ *I. Au pr. :* bâtir, cimenter, construire, édifier, élever, réparer, revêtir. *II. Par ext. :* boucher, condamner, fermer, murer, obstruer, sceller.

MAÇONNERIE (FRANC-) ■ *Par ext. : I.* ⇒ camaraderie. *II.* ⇒ solidarité.

MACROBIE ■ ⇒ longévité.

MACROCOSME ■ ⇒ univers.

MACULE ■ ⇒ tache.

MACULER ■ ⇒ salir.

MADONE ■ ⇒ vierge.

MADRAS ■ ⇒ fichu.

MADRÉ, E ■ *I. Au pr.* ⇒ marqueté. *II. Par ext.* ⇒ malin.

MADRIER ■ ⇒ poutre.

MADRIGAL ■ ⇒ galanterie.

MAESTRIA ■ ⇒ habileté.

MAESTRO ■ ⇒ musicien.

MAFFLÉ, E MAFFLU, E ■ ⇒ joufflu.

MAFIA, MAFFIA ■ ⇒ coterie.

MAGASIN ■ *I. Lieu de vente :* bazar, boutique, bric-à-brac, chantier, commerce, comptoir, débit, dépôt, drugstore, échoppe, entrepôt, établissement, étal, fonds de commerce, grande surface, halle, officine, pavillon, stand, succursale. *II. Lieu de stockage :* arsenal, chai, dépôt, dock, entrepôt, factorerie, hangar, manutention, réserve, resserre, silo.

MAGAZINE ■ ⇒ revue.

MAGICIEN ■ Alchimiste, astrologue, devin, enchanteur, ensorceleur, envoûteur, mage, nécromancien, nécromant, psychopompe, sorcier, thaumaturge.

MAGICIENNE ■ *I.* Alcine, armide, circé, fée, sibylle, sirène. *II.* ⇒ devineresse.

MAGIE ■ Alchimie, apparition, archimagie, astrologie, cabale, charme, conjuration, diablerie, divination, enchantement, ensorcellement, envoûtement, évocation, fantasmagorie, fascination, géomancie, goétie, grand art, hermétisme, horoscope, incantation, maléfice, nécromancie, occultisme, philtre, pratique occulte/ secrète, prestige, rhabdomancie, rite, sorcellerie, sort, sortilège, spiritisme, thaumaturgie, théurgie.

MAGIQUE ■ ⇒ surnaturel.

MAGISTRAL, E ■ ⇒ parfait.

MAGISTRAT ■ *I.* ⇒ édile. *II.* ⇒ juge.

MAGISTRATURE ■ Charge, fonction, judicature (vx), ministère.

MAGMA ■ ⇒ mélange.

MAGNANIME ■ ⇒ généreux.

MAGNANIMITÉ ■ ⇒ générosité.

MAGNAT ■ ⇒ personnalité.

MAGNÉTISER ■ ⇒ fasciner.

MAGNÉTISME ■ ⇒ fascination.

MAGNIFICENCE ■ *I.* ⇒ lustre. *II.* ⇒ luxe.

MAGNIFIER ■ *I.* ⇒ louer. *II.* ⇒ honorer.

MAGNIFIQUE ■ *I.* ⇒ beau. *II.* ⇒ généreux. *III.* ⇒ emphatique.

MAGOT ■ ⇒ trésor.

MAGOT ■ *I.* Crapoussin, macaque, monstre de laideur, nain, sapajou, singe. *II.* Bas de laine, crapaud, éconocroques (fam.), économies, épargne, trésor.

MAGOUILLE ■ ⇒ tripotage.

MAIE ■ Huche, pétrin.

MAIGRE ■ *I.* Amaigri, amenuisé, aminci, cachectique, carcan, carcasse, cave, creusé, creux, débile, décavé, décharné, décollé, défait, désossé, desséché, diaphane, efflanqué, émacié, étique, étroit, famélique, fantôme, fluet, grêle, gringalet, hâve, maigrelet, maigrichon, maigriot, rachitique, sec, sécot, spectre, squelette, squelettique, tiré. *Fam. :* casse-croûte de clébard, échalas, grande bringue, haridelle, long comme un jour sans pain, manche à balai, momie, planche à pain, sac d'os. *II.* ⇒ pauvre. *III.* ⇒ stérile.

MAIGREUR ■ 1. Amaigrissement, asarcie, atrophie, cachexie, consomption, dépérissement, dessèchement, émaciation, étisie, marasme, rachitisme. 2. Fragilité, gracilité, minceur.

MAIGRIR ■ S'allonger, amaigrir, s'amaigrir, s'atrophier, se défaire, dépérir, s'émacier, fondre, mincir, se momifier, se ratatiner (fam.).

MAIL ■ *I.* ⇒ promenade. *II.* Batte,

hutinet, maillet, mailloche, maillotin, marteau, masse.

MAILLE ■ *I.* Anneau, chaînon, maillon. *II.* Boucle, point.

MAILLET ■ ⇒ mail.

MAILLON ■ Anneau, chaînon, maille.

MAILLOT ■ *I.* Chandail, débardeur, gilet, pull-over, sweater, tee-shirt, tricot. *II.* ⇒ couche.

MAIN ■ *I. Fam.* : battoir, cuiller, dextre, empan, louche, menotte, paluche, patte, pince, pogne, poing, senestre. *II. Fig.* 1. Action, effet, œuvre. 2. Aide, appui, autorité, main-forte. *III.* ⇒ écriture. *IV. Loc.* 1. En sous-main ⇒ secrètement. 2. Avoir la main heureuse ⇒ réussir. 3. Donner la main ⇒ aider. 4. Donner les mains ⇒ consentir. 5. Forcer la main ⇒ obliger. 6. Mettre la main ⇒ intervenir. 7. Se faire la main ⇒ exercer (s'). 8. Main-d'œuvre ⇒ travailleur 9. Main-forte ⇒ appui.

MAINMISE ■ *I.* ⇒ influence. *II.* ⇒ confiscation.

MAINT ■ adj. et adv. *I.* ⇒ beaucoup. *II.* ⇒ plusieurs. *III.* ⇒ nombreux.

MAINTENANT ■ Actuellement, à présent, aujourd'hui, de nos jours, d'ores et déjà, en ce moment, présentement.

MAINTENEUR ■ ⇒ gardien.

MAINTENIR ■ *I.* ⇒ soutenir. *II.* ⇒ conserver. *III.* ⇒ retenir. *IV. V. pron. :* ⇒ subsister.

MAINTIEN ■ Air, allure, attitude, comportement, conduite, contenance, dégaine (fam.), démarche, extérieur, façon, figure, ligne, manière, mine, port, posture, présentation, prestance, tenue, tournure.

MAIRE ■ Bailli, bourgmestre. ⇒ édile.

MAIRIE ■ Hôtel de ville, maison commune/de ville, municipalité.

MAIS ■ Cependant, en compensation, en revanche, néanmoins, par contre.

MAISON ■ *I.* Appartement, chez-soi, couvert, demeure, domicile, habitacle, foyer, gîte, home, intérieur, lares, logement, logis, nid, pénates, résidence, séjour, toit. ⇒ **habitation.** *II.* ⇒ **immeuble.** *III.* Domestique (vx), ménage, standing, train de maison/de vie. *IV.* ⇒ **famille.** *V.* ⇒ **race.** *VI. Loc.* 1. Maison centrale/d'arrêt/ de force/de correction ⇒ prison. 2. Maison de commerce ⇒ établissement. 3. Maison de rapport ⇒ immeuble. 4. Maison de santé ⇒ hôpital. 5. Maison close/de tolérance ⇒ lupanar.

MAISONNÉE ■ ⇒ famille.

MAISONNETTE ■ Cabane, cabanon, case, chaume, chaumière, chaumine, folie, gloriette, hutte, maison.

MAÎTRE ■ *I.* ⇒ propriétaire. *II.* ⇒ patron. *III.* Barbacole (fam. et péj.), censeur, conseiller d'éducation, éducateur, enseignant, enseigneur (vx), fouette-cul (fam. et péj.), gouverneur, instituteur, instructeur, magister, maître d'école, moniteur, pédagogue, pédant (péj.), pet de loup (péj.), pion (péj.), précepteur, préfet des études, professeur, régent (vx), répétiteur, surveillant, universitaire. *Partic.* : directeur de conscience, gourou, initiateur, mystagogue, starets. *IV.* ⇒ artiste. *V.* ⇒ virtuose. *VI.* ⇒ gouvernant. *VII.* ⇒ arbitre. *VIII. Adj.* ⇒ principal. *IX. Loc.* 1. Maître de maison ⇒ hôte. 2. Maître d'étude ⇒ surveillant. 3. Maître queux ⇒ cuisinier. 4. Maître-chanteur : ⇒ fripon. 5. Maître de chai ⇒ sommelier.

MAÎTRESSE ■ *I.* ⇒ amante. *II.* Concubine, fil à la patte (fam.), liaison.

MAÎTRISE ■ *I.* ⇒ habileté. *II.* ⇒ manécanterie.

MAÎTRISER ■ ⇒ vaincre.

MAJESTÉ ■ Beauté, dignité, éclat, excellence, gloire, grandeur, gravité, magnificence, pompe, prestige, souveraineté, splendeur, superbe.

MAJESTUEUX, EUSE ■ ⇒ imposant.

MAJORATION ■ ⇒ hausse.

MAJORER ■ ⇒ hausser.

MAJORITÉ ■ *I.* Âge adulte, émancipation, maturité. *II.* Le commun, foule, généralité, la plupart, la pluralité, le plus grand nombre, masse, multitude.

MAJUSCULE ■ Capitale, initiale, lettrine, miniature, sigle.

MAL ■ ⇒ mauvais.

MAL ■ *I.* Affliction, amertume, calamité, calice, croix, damnation, désolation, difficulté, douleur, ennui, épreuve, fiel, inconvénient, mortification, plaie, souffrance, tribulation, tristesse. *II.* Crime, défaut, faute, imperfection, insuffisance, malfaçon, méchanceté, péché, perversion, perversité, tare, vice. *III.* ⇒ dommage. *IV.* ⇒ maladie. *V.* ⇒ malheur. *VI.* ⇒ peine. *VII. Loc.* 1. Mal de mer : ⇒ nausée. 2. Mal du pays : ennui, nostalgie, regret, spleen, vague à l'âme.

MALADE ■ *I. Nom.* 1. Client, égrotant, grabataire, infirme, patient, valétudinaire. 2. ⇒ fou. *II. Adj.* 1. Au pr. : abattu, alité, atteint, cacochyme, chétif, déprimé, dolent, égrotant, incommodé, indisponible, indisposé, fatigué, fiévreux, maladif, mal en point, mal fichu, malingre, morbide, pâle, patraque, rachitique, scrofuleux, souffrant, souffreteux. 2. Par ext. : altéré, anormal, avarié, démoli, détraqué, en mauvais état, gâté, pourri, vicié.

MALADIE ■ *I.* Affection, attaque, atteinte, crise, dérangement, épreuve, incommodité, indisposition, infirmité, mal, malaise, mal-être (vx), morbidité, rechute, récidive, traumatisme, trouble. *II.* Aboulie, absinthisme, achromatopsie, acné, acromégalie, actinomycose, adénite, adénome, adipose, adynamie, agraphie, aï, albinisme, alcoolisme, aliénation mentale,

alopécie, amaurose, amblyopie, aménorrhée, amétropie, amnésie, amygdalite, anasarque, anévrisme, angine, ankylose, ankylostomiase, anthrax, aortite, aphasie, aphte, apoplexie, appendicite, artério-sclérose, artérite, arthrite, arthritisme, ascite, aspermatisme, aspermie, asthénie, asthme, astigmatisme, asystolie, ataxie, athérome, athrepsie, atonie intestinale/musculaire, atrophie, avitaminose, balanite, béribéri, blennorragie, blépharite, botulisme, boulimie, bradypepsie, bronchite, broncho-pneumonie, brûlure, cachexie, caféisme, cancer, cardite, carie dentaire/des os, carnification, cataracte, catarrhe, cécité, charbon, chlorose, choléra, chorée, cirrhose, colibacillose, colite, coma, condylome, congestion cérébrale/pulmonaire, conjonctivite, consomption, coqueluche, coryza, coxalgie, croup, cyanose, cystite, dartre, delirium tremens, démence, dermatose, diabète, diphtérie, duodénite, dysenterie, dysménorrhée, dyspepsie, éclampsie, écrouelles, echtyma, eczéma, éléphantiasis, embarras gastrique, embolie, emphysème, encéphalite, endocardite, endonéphrite, engorgement, engouement, entérite, épididymite, épilepsie, ergotisme, érysipèle, érythème, esquinancie, étisie, exanthème, exophtalmie, fibrome, fièvre, fièvre miliaire/puerpérale, filariose, fluxion de poitrine, folie, folliculite, furonculose, gale, gangrène, gastrite, gelure, gingivite, glaucome, gomme, gonorrhée, gourme, goutte, gravelle, grippe, helminthiase, hémolyse, hépatisme, hépatite, hernie, herpès, herpétisme, hydrargyrisme, hydropisie, hygroma, hyperchlorhydrie, hypocondrie, hypoglossite, hystérie, hystérite, ichtyose, ictère, iléus, impétigo, infarctus, influenza, insolation, intertrigo, iritis, jaunisse, kératite, laryngite, lèpre, leucophlegmasie, lichen, lithiase, lupus, lymphangite, lymphatisme, maladie bleue/de Parkinson/pédiculaire/du sommeil, malaria, manie, mastoïdite, mélancolie, méningite, mentagre, métrite, millet, muguet, mycose, myélite, myocardite, myopie, néphrite, névrite, névrose, nyctalopie, obstruction/occlusion intestinale, œdème, œsophagite, ophtalmie, orchite, oreillons, ostéite, ostéo-malacie, ostéomyélite, otite, ovarite, ozène, paludisme, pancréatite, paramnésie, paratyphoïde, parotidite, pelade, pellagre, péricardite, périostite, péripneumonie, périsplénite, péritonite, pérityphlite, peste, pharyngite, pharyngo-laryngite, phlébite, phlegmasie, phosphorisme, phtiriase, pierre, pityriasis, pleurésie, pleurite, pleuro-pneumonie, plique, pneumonie, poliomyélite, porrigo, pourpre, presbytie, psittacose, psora, psoriasis, psychasténie, psychose, punaisie, purpura, pyélite, rachitisme, rage, ramollissement cérébral, rash, rétinite, rhinite, rhumatisme, rhume, roséole, rougeole, rubéole, salpingite, saturnisme, scarlatine, schizophrénie, scorbut, scrofule, sidérose, silicose, sinusite, spinaventosa, splénite, sporotrichose, stéatose, stomatite, synovite, syphilis, tabès, teigne, tétanos, thrombose, trachéite, trachome, trichinose, trichophytie, trombidiose, trophonévrose, trypanosomiase, tuberculose, typhlite, typho-bacillose, typhoïde, typhus, ulite, urétérite, vaginite, varicelle, variole, vérole (vulg.), vitiligo, vomitonegro, vulvite, vulvo-vaginite, xérodermie, zona.

MALADIF, IVE ■ ⇒ malade.

MALADRERIE ■ ⇒ ladrerie.

MALADRESSE ■ *I.* Défaut, gaucherie, impéritie, inélégance, inexpérience, inhabileté, lourderie (vx), lourdeur, malhabileté. *II.* Ânerie, balourdise, bêtise, bévue, boulette, bourde, brioche, erreur, étourderie, fausse manœuvre, faute, faux pas, gaffe, gaucherie, grossièreté, impair, imprudence, inadvertance, ineptie, naïveté, pas de clerc, pavé de l'ours, sottise.

MALADROIT, E ■ *I. Quelqu'un :*

andouille, ballot, balourd, butor, couenne, empaillé, empoté, emprunté, enfoiré (arg.), gaffeur, gauche, gnaf (fam.), godiche, godichon, gourde, inexpérimenté, inhabile, jocrisse, lourd, lourdaud, malavisé, malhabile, malitorne, manchot, massacreur, mazette, novice, pataud, propre à rien, sabot, saboteur, sabreur, savate, savetier. *II. Quelque chose :* faux, gauche, grossier, inconsidéré, lourd.

MALAISE ■ Dérangement, embarras, empêchement, ennui, gêne, honte, incommodité, inconfort, indisposition, inquiétude, mal, maladie, mal-être (vx), mésaise (vx), nausée, pesanteur, souffrance, timidité, tourment, tristesse, trouble, vapeur, vertige.

MALAISÉ, E ■ ⇒ difficile.

MALANDRIN ■ Bandit, brigand, canaille, chauffer (vx), détrousseur, forban, malfaiteur, pendard, pillard, rôdeur, routier (vx), scélérat, truand, vagabond, vaurien. ⇒ voleur.

MALAPPRIS ■ n. et adj. ⇒ impoli.

MALARIA ■ Fièvre, paludisme.

MALAVISÉ, E ■ Bavard, borné, casse-pieds (fam.), étourdi, fâcheux, illogique, importun, imprudent, inconséquent, inconsidéré, inconsistant, indiscret, intrus, maladroit, sot. ⇒ bête.

MALAXER ■ ⇒ pétrir.

MALBÂTI, E ■ Bancal, bancroche (fam.), contrefait, déjeté, difforme, disgracieux, estropié, infirme, informe, laid, mal bâti/fait/fichu/foutu/ tourné, monstrueux, tors.

MALCHANCE ■ *I.* Mauvais sort. ⇒ malheur. *II. Fam. :* cerise, débine, déveine, frite, guigne, guignon, mélasse, merde, mouscaille, pêche, pépin, pestouille, poisse, scoumoune, tasse, tuile, vape.

MALCONTENT, E ■ ⇒ mécontent.

MALDISANT, E ■ ⇒ médisant.

MALDONNE ■ ⇒ erreur.

MÂLE ■ *I. Au pr. :* garçonnier, géniteur, hommasse (péj.), homme, masculin, reproducteur, viril. *II. Par ext. :* courageux, énergique, ferme, fort, hardi, noble, vigoureux. *III. Animaux :* bélier, bouc, bouquin, brocard, cerf, coq, étalon, jars, lièvre, malard, matou, sanglier, singe, taureau, verrat.

MALÉDICTION ■ *I. Au pr. :* anathème, blâme, blasphème, condamnation, damnation, déprécation, excommunication, exécration, imprécation, jurement, réprobation, vœu. *II. Par ext.* ⇒ malchance.

MALÉFICE ■ Charme, diablerie, enchantement, ensorcellement, envoûtement, fascination, influence, magie, malheur, mauvais œil, philtre, possession, sorcellerie, sort, sortilège.

MALÉFIQUE ■ ⇒ mauvais.

MAL ÉLEVÉ, E ■ ⇒ impoli.

MALENCONTRE ■ ⇒ mésaventure.

MALENCONTREUX, EUSE ■ Contrariant, déplorable, désagréable, désastreux, dommageable, ennuyeux, fâcheux, malheureux, malvenu, nuisible, pernicieux, regrettable, ruineux.

MALENTENDU ■ Confusion, désaccord, dispute, équivoque, erreur, imbroglio, mécompte, méprise, quiproquo.

MALFAÇON ■ ⇒ imperfection.

MALFAISANCE ■ ⇒ méchanceté.

MALFAISANT, E ■ ⇒ mauvais.

MAL FAIT, E ■ ⇒ malbâti.

MALFAITEUR, MALFRAT ■ Apache, assassin, bandit, brigand, criminel, gangster, gredin, larron (vx), rôdeur, scélérat. ⇒ voleur.

MALFAMÉ, E ■ Borgne (fam.), déconsidéré, diffamé, discrédité, louche, suspect.

MALFORMATION ■ Anomalie, défaut, déformation, difformité, gibbosité, infirmité, monstruosité, vice.

MALGRACIEUX, EUSE ■ Disgracieux, grossier, incivil, mal embouché, revêche, rogue, rude.

MALGRÉ ■ *I. Au mépris de :* contre, en dépit de, n'en déplaise à, nonobstant. *II. Malgré tout :* absolument, quand même, tout de même.

MALGRÉ QUE ■ Bien/en dépit que, quoique.

MALHABILE ■ ⇒ maladroit.

MALHABILETÉ ■ ⇒ maladresse.

MALHEUR ■ Accident, adversité, affliction, calamité, cataclysme, catastrophe, chagrin, coup/cruauté du destin/sort, désastre, détresse, deuil, disgrâce, douleur, drame, échec, épreuve, fatalité, fléau, inconvénient, infortune, mal, malédiction, mauvaise fortune/passe, méchef (vx), mélasse, mésaventure, misère, orage, peine, perte, rafale, revers, ruine, traverse, tribulation. ⇒ malchance.

MALHEUREUX, EUSE ■ *I. Quelqu'un :* accablé, éprouvé, frappé, indigent, infortuné, malchanceux, misérable, miséreux, pauvre, piteux, pitoyable, triste. *II. Quelque chose.* 1. Affligeant, calamiteux, cruel, déplorable, désagréable, désastreux, difficile, dur, fâcheux, fatal, funeste, lamentable, maléfique, malencontreux, maudit, néfaste, noir, pénible, préjudiciable, regrettable, rude, satané, triste. 2. Insignifiant, négligeable, pauvre, petit, vil.

MALHONNÊTE ■ *I. Adj. :* 1. Déloyal, déshonnête, frauduleux, improbe, indélicat, infidèle, injuste, marron, tricheur, véreux. 2. Grossier, immoral, impoli, impudent, impudique, incivil, inconvenant, incorrect, indécent, indigne, laid, malappris, malpropre, méchant. *II. Nom :* canaille, escroc, faisan, fripon, fripouille, trafiquant. ⇒ voleur.

MALHONNÊTETÉ ■ *I.* Canaillerie, concussion, déloyauté, déshonnêteté, escroquerie, falsification, forfaiture, fraude, friponnerie, fripouillerie, gredinerie, indélicatese, indignité, malversation, mauvaise foi, tricherie, tripotage, vol. *II.* Grossièreté, immoralité, impolitesse, impudeur, impudicité, incivilité, inconvenance, incorrection, indécence, laideur, malpropreté, méchanceté.

MALICE ■ *I.* ⇒ méchanceté. *II.* ⇒ plaisanterie.

MALICIEUX ■ *I.* ⇒ mauvais. *II.* ⇒ malin.

MALIGNITÉ ■ ⇒ méchanceté.

MALIN, IGNE ■ *I. Sens affaibli :* adroit, astucieux, attentiste, combinard, débrouillard, dégourdi, déluré, farceur, ficelle, fin, finaud, fine mouche, fortiche (fam.), futé, habile, madré, malicieux, mariole (fam.), matois, narquois, navigateur, opportuniste, renard, roublard, roué, rusé, sac à malices, spirituel, trompeur, vieux routier. *II. Non favorable* ⇒ mauvais. *III. Faire le malin. Fam. :* bêcher, crâner, frimer, la ramener. ⇒ hâbler.

MALINGRE ■ *I.* ⇒ faible. *II.* ⇒ malade.

MALINTENTIONNÉ, E ■ ⇒ malveillant.

MALLE ■ *I.* Bagage, caisse, cantine, chapelière, coffre, colis, mallette, marmotte, valise. *II.* ⇒ coche.

MALLÉABILITÉ ■ *I.* ⇒ obéissance. *II.* ⇒ souplesse.

MALLÉABLE ■ *I. Au pr. :* doux, ductile, élastique, extensible, façonnable, flexible, liant, mou, plastique, pliable, souple. *II. Fig. :* docile, doux, facile, gouvernable, maniable, obéissant.

MALLETTE ■ Attaché-case, baise-en-ville (fam.), fourre-tout, valise.

MALMENER ■ ⇒ maltraiter.

MALODORANT, E ■ ⇒ puant.

MALOTRU ■ Béotien, gougnafier, goujat, grossier, huron, impoli, iroquois, mal élevé, mufle, peigne-cul, plouc, rustre. sagoin, truand.

MAL PLACÉ, E ■ ⇒ déplacé.

MALPLAISANT, E ■ Agaçant, antipathique, blessant, contrariant, dégoûtant, déplaisant, désagréable, désobligeant, disgracieux, ennuyeux, fâcheux, gênant, irritant, laid, pénible, répugnant.

MAL POLI, E ■ ⇒ impoli.

MAL PROPORTIONNÉ, E ■ Démesuré, déséquilibré, disproportionné, inégal, maladroit.

MALPROPRE ■ *I. Adj. et nom :* 1. Cochon, crasseux, crotté, dégoûtant, encrassé, gluant, immonde, infect, maculé, morveux, négligé, pouilleux, répugnant, sale, sanieux, sordide, terreux, visqueux. 2. Grossier, immoral, impur, inconvenant, indécent, infâme, malhonnête, ordurier. ⇒ obscène. 3. Insalubre, pollué, souillé. 4. Arg. : cracra, cradingue, crado, cradoc, crapoteux, craspect, crassouillard, dégueu, dégueulasse, merdeux, merdique. 5. ⇒ impropre. *II. Nom :* cochon, pouacre, pourceau, sagouin, salaud, saligaud, salope, salopiot, souillon.

MALPROPRETÉ ■ *I. Au pr. :* crasse, immondice, impureté, ordure, patine, saleté. *II. Par ext. :* cochonnerie, dégoûtation, grossièreté, immoralité, impureté, inconvenance, indécence, indélicatesse, infamie, malhonnêteté, obscénité, saleté, saloperie.

MALSAIN, E ■ *I. Au pr.* 1. Quelqu'un ⇒ malade. 2. Quelque chose : contagieux, impur, inhabitable, insalubre, nuisible, pestilentiel. *II. Par ext. :* dangereux, déplacé, faisandé, funeste, immoral, licencieux, morbide, pornographique, pourri.

MAL SATISFAIT, E ■ Contrarié, ennuyé, fâché, grognon, insatisfait, malcontent, mécontent.

MALSÉANT, E, MALSONNANT, E
■ Choquant, déplacé, déshonnête, discordant, grossier, immodeste, impoli, importun, incongru, inconvenant, indécent, leste, libre, licencieux, mal à propos, mal élevé, messéant (vx), saugrenu. ⇒ **obscène**.

MALTRAITER ■ Abîmer, accommoder, arranger, bafouer, battre, bourrer, brimer, brutaliser, brusquer, critiquer, crosser, éreinter, étriller, faire un mauvais parti, frapper, houspiller, lapider, malmener, mâtiner (fam.), molester, ravauder, rudoyer, secouer, tarabuster, traîner sur la claie, traiter mal/sévèrement/de turc à More, tyranniser, vilipender, violenter.

MALVEILLANCE ■ Agressivité, animosité, antipathie, calomnie, désobligeance, diffamation, haine, hostilité, indisposition, inimitié, malignité, mauvais esprit/vouloir, mauvaise volonté, méchanceté, médisance, rancune, ressentiment.

MALVEILLANT, E ■ Agressif, aigre, antipahtique, désobligeant, fielleux, haineux, hostile, malévole (vx), malin, malintentionné, mauvais, méchant, rancunier, venimeux, vipérin.

MALVENU, E ■ ⇒ déplacé.

MALVERSATION ■ Brigandage, compromission, concussion, corruption, déprédation, détournement, dilapidation, escroquerie, exaction, extorsion, forfaiture, fraude, infidélité, magouillage, magouille, micmac, péculat, pillage, prévarication, rapine, simonie, subornation, subtilisation, tour de passe-passe, trafic d'influence, tripatouillage, tripotage. ⇒ **vol**.

MAMELLE ■ ⇒ sein.

MAMELON ■ *I.* ⇒ sein. *II.* ⇒ hauteur. *III.* ⇒ sommet.

MANAGEMENT ■ ⇒ administration.

MANAGER ■ *I. N. m.* : administrateur, directeur, entraîneur, impresario. *II. V. tr.* ⇒ administrer.

MANANT ■ *I.* ⇒ paysan. *II.* ⇒ rustique.

MANCHE ■ *I.* Bras, emmanchure, entournure, manchette, manicle. *II.* Belle, partie, revanche. *III.* ⇒ mendicité (arg.).

MANCHETTE ■ *I.* Poignet. *II.* Titre, vedette.

MANDARIN ■ *I.* ⇒ bonze. *II.* Kouan-houa, langue mandarine.

MANDARINAT ■ Élitisme, malthusianisme. *Par ext.* : favoritisme, népotisme.

MANDAT ■ *I.* ⇒ procuration. *II.* ⇒ instruction.

MANDATAIRE ■ *I.* ⇒ intermédiaire. *II.* ⇒ envoyé.

MANDATER ■ ⇒ choisir.

MANDEMENT ■ Avis, bref, bulle, écrit, édit, formule exécutoire, injonction, instruction, mandat, ordonnance, ordre, rescription, rescrit.

MANDER ■ *I.* Appeler, assigner, citer, convoquer, ordonner. *II.* ⇒ informer.

MANDIBULE ■ Bouche, mâchoire, maxillaire.

MANDUCATION ■ *I. Au pr.* : absorption, déglutition, ingestion, insalivation, mastication, sustentation (vx). *II. Relig.* : communion, eucharistie.

MANÉCANTERIE ■ Chœur, chorale, école, groupe, maîtrise, psallette.

MANÈGE ■ *I. Équit.* : carrière, centre d'équitation, dressage, reprise. *II.* Chevaux de bois. *III.* Agissements, artifice, astuce, combinaison, complot, comportement, détours, hypocrisie, intrigue, machination, manigance, manœuvre, menées, micmac, moyens détournés, plan, ruse, tractation, trame, tripatouillage (fam.).

MANETTE ■ Clef, levier, maneton, poignée.

MANGEABLE ■ *I. Au pr.* : comestible, consommable, possible. ⇒ bon. *II.*

Par ext. : délectable, ragoûtant, sapide, savoureux, succulent.

MANGEAILLE ■ ⇒ nourriture.

MANGEOIRE ■ *I. Au pr. :* auge, crèche, râtelier. *II. Par ext. :* musette.

MANGER ■ *I. Au pr. :* absorber, s'alimenter, avaler, consommer, ingérer, se nourrir, prendre, se refaire, se restaurer, se sustenter. *II. Animaux :* brouter, broyer, croquer, déglutir, dévorer, gober, grignoter, paître, pâturer, picorer, ronger, viander (vén.). *III. Par ext.* 1. Collationner, déguster, déjeuner, dîner, entamer, faire bonne chère/chère lie, festoyer, goûter, gruger (vx), mâcher, mastiquer, se mettre à table, se rassasier, se repaître, savourer, souper. 2. **Manger mal ou peu :** chipoter, épinocher, grappiller, grignoter, mangeoter, pignocher. *IV. Fam. :* affûter ses meules, attaquer, bâfrer, becqueter, bouffer, boulotter, se bourrer, boustifailler, brichetonner, brifer, se caler les joues, casser la croûte/la graine, s'en coller/s'en foutre/s'en mettre dans le fusil/jusqu'à la garde/jusqu'aux yeux/plein la gueule/plein la lampe/plein la panse/une ventrée, claper, croustiller, croûter, débrider, s'empiffrer, s'emplir/se garnir/se remplir l'estomac/le jabot/la panse/le sac/le ventre, s'en donner jusqu'à la garde/par les babines, s'enfiler, s'enfoncer, engloutir, faire bombance/miam-miam/ripaille, gargoter (vx), se gaver, gnafrer, se goberger, gobichonner, godailler, se goinfrer, se gorger, grailler, gueuletonner, ingurgiter, s'en jeter derrière la cravate, jouer/travailler de la mâchoire/des mandibules, se lester, se mettre dans le buffet/le coffre/le cornet/l'estomac/le gésier/la gidouille/le gosier/le jabot/la panse/le sac/la sacoche/la tirelire/le ventre, se morfaler, se morganer, se piffrer, ripailler, se taper la cloche/une gnafrée/goinfrée/ventrée, tordre, tortiller, tortorer. *V. Fig.* 1. ⇒ **consumer.** 2. ⇒ **dépenser.** 3. ⇒ **ronger.** 4. ⇒ **ruiner.**

MANGER ■ ⇒ nourriture.

MANIABLE ■ *I. Au pr. :* ductile, flexible, malléable, mou, souple. *II. Par ext.* 1. **Quelque chose :** commode, pratique. 2. **Quelqu'un :** docile, doux, facile, malléable, obéissant, souple, traitable.

MANIAQUE ■ n. et adj. *I. Au pr. :* aliéné, dément, détraqué, fou, frénétique, furieux, lunatique, toqué. *II. Par ext.* 1. Bizarre, capricieux, fantaisiste, fantasque, obsédé, original, ridicule, singulier. 2. Exigeant, méticuleux, pointilleux, vétilleux.

MANIE ■ *I. Au pr. :* aliénation, délire, démence, égarement, folie, frénésie, furie, hantise, idée fixe, monomanie, obsession. *II. Par ext. :* bizarrerie, caprice, dada, démangeaison, épidémie, fantaisie, fièvre, frénésie, fureur, goût, habitude, maladie, manière, marotte, monomanie, péché mignon, rage, tic, toquade, turlutaine.

MANIEMENT ■ *I. Au pr. :* emploi, manipulation, manœuvre, usage, utilisation. *II. Par ext. :* administration, direction, fonctionnement, gestion, gouvernement.

MANIER ■ *I. Au pr.* 1. **Neutre :** avoir en main/entre les mains, façonner, malaxer, manipuler, manœuvrer, modeler, palper, pétrir, tâter, toucher, triturer. 2. **Fam. ou péj. :** patiner (vx), patouiller, patrouiller, peloter, trifouiller, tripatouiller, tripoter. *II. Par ext.* 1. **On manie quelqu'un :** conduire, diriger, gouverner, manœuvrer, mener. 2. **Des biens :** administrer, gérer, manipuler, mettre en œuvre. 3. **Des idées :** agiter, traiter, user de, utiliser. *III. V. pron.* s'activer, s'agiter, courir, se dégrouiller, se dépêcher, s'empresser, faire diligence/fissa, se grouiller, se hâter, se précipiter, se presser, se remuer.

MANIÈRE ■ *I.* ⇒ façon. *II.* ⇒ sorte. *III.* ⇒ style. *IV. Loc.* **Manière d'être** ⇒ qualité.

maniéré

MANIÉRÉ, E ■ ⇒ précieux.

MANIÉRISME ■ ⇒ préciosité.

MANIFESTANT, E ■ Contestataire, mécontent, porteur de banderoles/pancartes, protestataire.

MANIFESTATION ■ *I.* ⇒ déclaration. *II.* ⇒ rassemblement.

MANIFESTE ■ adj. Avéré, certain, clair, criant, décidé, éclatant, évident, flagrant, formel, indéniable, indiscutable, indubitable, notoire, palpable, patent, positif, public. ⇒ réel.

MANIFESTE ■ n. Adresse, avis, déclaration, proclamation, profession de foi.

MANIFESTER ■ *I.* ⇒ exprimer. *II.* ⇒ déclarer. *III.* ⇒ montrer (se). *IV.* ⇒ protester.

MANIGANCE ■ Agissements, brigue, combinaison, combine, complot, cuisine, détour, diablerie, intrigue, machination, manège, manœuvre, menée, micmac, trame.

MANIGANCER ■ Aménager, arranger, brasser, briguer, combiner, comploter, conspirer, cuisiner, intriguer, machiner, manœuvrer, mener, mijoter, monter, nouer, ourdir, préparer, tisser, tramer, tresser.

MANIPULATEUR, TRICE ■ *I.* Aide, assistant, opérateur, préparateur. *II.* ⇒ illusionniste.

MANIPULATION ■ *I.* Opération, traitement. *II.* ⇒ influence.

MANIPULER ■ ⇒ manier.

MANNE ■ *I.* ⇒ affluence. *II.* Banne, corbeille, panier, panière, vannerie.

MANNEQUIN ■ *I.* ⇒ modèle. *II.* ⇒ épouvantail. *III.* ⇒ pantin.

MANŒUVRE ■ *I. Nom fém.* 1. ⇒ mouvement. 2. ⇒ cordage. 3. ⇒ agissements. 4. ⇒ manège. *II. Nom masc.* ⇒ travailleur.

MANŒUVRER ■ *I.* ⇒ manier. *II.* ⇒ conduire. *III.* ⇒ gouverner.

MANŒUVRIER ■ ⇒ négociateur.

MANOIR ■ *I.* ⇒ maison. *II.* ⇒ château.

MANOMÈTRE ■ Cadran, indicateur.

MANQUE ■ *I. Au pr.* 1. Absence, besoin, carence, crise, défaillance, défaut, déficience, dénuement, disette, embarras, imperfection, indigence, insuffisance, jeûne, lacune, omission, paupérisme, pauvreté, pénurie, privation. 2. Déficit, trou. *II. Fig.* ⇒ manquement.

MANQUÉ, E ■ Avorté, fichu, foutu, larvé, loupé, perdu, raté.

MANQUEMENT ■ Carence, connerie (fam.), défaillance, défaut, délit, désobéissance, écart, erreur, faute, infraction, insubordination, irrégularité, manque, oubli, péché, violation.

MANQUER ■ *I. V. intr.* 1. Quelqu'un : se dérober, disparaître, s'éclipser, être absent/disparu/manquant, faillir (vx), faire défaut/faute/faux bond, se soustraire. ⇒ échouer. 2. On manque à une obligation : déchoir, se dédire, déroger, s'écarter, enfreindre, fauter, forfaire, pécher contre, tomber, trahir. 3. On manque à la politesse ⇒ offenser. 4. On manque d'être/de faire : être sur le point/tout près de, faillir, penser, risquer. 5. On ne manque pas d'être : laisser. 6. On ne manque pas d'aller/d'être/de faire : négliger, omettre, oublier. 7. On manque la classe : s'absenter, faire l'école buissonnière, sécher (fam.). 8. Quelque chose manque : s'en falloir, faire défaut. 9. Le sol : se dérober. 10. Le pied : glisser. *II. V. tr. :* abîmer, esquinter, gâcher, laisser échapper, louper, mal exécuter/faire, perdre, rater.

MANSARDE ■ Chambre de bonne, combles, galetas, grenier, solier (vx).

MANSUÉTUDE ■ ⇒ douceur.

MANTEAU ■ *I. Au pr. :* balandran (vx), burnous, caban, cache-misère (péj.), cache-poussière, caftan, cape, capote, carrick, casaque (vx), chape, chlamyde, cuir, djellaba, duffle-coat, douillette, gandoura, gabardine, haïk, himation, houppelande, imperméable, limousine, macfarlane, mackintosh, mandille (vx), mante (vx), mantelet (vx), manteline (vx), paletot, pallium, pardessus, pardosse (fam.), pèlerine, pelisse, poncho, raglan, redingote, roquelaure (vx), rotonde, sagum (vx), saie, tabard, toge, trois-quarts, ulster, water-proof. *II. Fig.* abri, couvert, couverture, enveloppe, gaze, masque, prétexte, semblant, voile. *III. Loc.* **Sous le manteau** : clandestinement, discrètement, en sous-main, frauduleusement, secrètement.

MANTILLE ■ Carré, coiffure, dentelle, écharpe, fichu, voile.

MANUEL ■ Abrégé, aide-mémoire, cours, livre, mémento, ouvrage, poly (fam.), polycopié, précis, recueil, traité.

MANUFACTURE ■ ⇒ usine.

MANUFACTURER ■ ⇒ produire.

MANUFACTURIER ■ ⇒ industriel.

MANUSCRIT ■ ⇒ texte.

MANUTENTION ■ ⇒ magasin.

MANUTENTIONNAIRE ■ Cariste.

MAPPEMONDE ■ ⇒ carte.

MAQUEREAU ■ ⇒ proxénète.

MAQUETTE ■ *I.* ⇒ ébauche. *II.* ⇒ modèle.

MAQUIGNON ■ *I.* ⇒ trafiquant. *II.* ⇒ intermédiaire.

MAQUIGNONNAGE, MAQUILLAGE ■ Artifice, dissimulation, escroquerie, fraude, manœuvre, marchandage, rouerie, trafic. ⇒ **tromperie.**

MAQUIGNONNER ■ ⇒ trafiquer.

MAQUILLER ■ *I.* ⇒ altérer. *II.* ⇒ déguiser. *III.* ⇒ farder. *IV. V. pron.* ⇒ farder (se).

MAQUIS ■ *I.* ⇒ lande. *II.* ⇒ labyrinthe.

III. Insurrection, organisation, réseau de partisans, résistance.

MAQUISARD ■ Franc-tireur, guérillero, partisan.

MARABOUT ■ *I.* Cigogne à sac, leptopilus. *II.* Aigrette, garniture, plume. *III.* Koubba, mausolée, sanctuaire, tombeau. *IV.* Prêtre, sage, saint, thaumaturge, vénérable. *V. Par ext. :* sorcier.

MARAÎCHER, ÈRE ■ adj. et n. *I.* Agriculteur, horticulteur, jardinier. *II. Loc.* **Culture maraîchère** ⇒ **jardinage.**

MARAIS ■ *I. Au pr. :* claire, étang, fagne, mare, marécage, maremme, marigot, palud, palude, palus, polder, tourbière. *II. Fig. :* bas-fond, boue, bourbier, fange, marécage. *III.* Culture maraîchère, hortillonnage. ⇒ **jardinage.**

MARASME ■ *I.* ⇒ **crise, stagnation.** *II.* ⇒ langueur. *III.* ⇒ maigreur.

MARÂTRE ■ *I. Au pr. :* belle-mère, petite mère. *II. Par ext.* (péj.) ⇒ virago.

MARAUD, E ■ Bélître, bonhomme, canaille, chenapan, coquin, drôle, drôlesse, faquin, fripouille, garnement, goujat, grossier, maroufle, racaille, rastaquouère, rebut, sacripant, salopard. ⇒ **voleur.**

MARAUDAGE, MARAUDE ■ ⇒ vol.

MARAUDER ■ ⇒ voler.

MARAUDEUR, EUSE ■ Chapardeur, fourrageur, fricoteur, griveton, pillard. ⇒ **voleur.**

MARBRE ■ Albâtre, brocatelle, carrare, cipolin, dolomie, griotte, lumachelle, ophite, paros, pentelique, sarancolin, serpentine, turquin.

MARBRÉ, E ■ Bigarré, jaspé, marqueté, veiné.

MARBRURE ■ Jaspure, racinage, veinure.

MARC ■ Alcool, brandevin, eau-de-vie.

MARCASSIN ■ Bête noire, cochon, pourceau, sanglier.

MARCESCENCE ■ ⇒ décadence.

MARCESCENT, E, MARCESSIBLE ■ ⇒ destructible.

MARCHAND, E ■ Boutiquier, camelot, charlatan (péj.), chineur, colporteur, commerçant, forain, fournisseur, négociant, porte-balle, revendeur, vendeur.

MARCHANDAGE ■ ⇒ discussion.

MARCHANDER ■ ⇒ discuter.

MARCHANDISE ■ Article, camelote (péj.), denrée, fourniture, pacotille (péj.), produit, provenances, stock.

MARCHE ■ *I.* ⇒ limite. *II.* Allure, cheminement, déambulation, course, démarche, dromomanie (méd.), enjambées, erre (vx), flânerie, footing, foulées, locomotion, pas, reptation, train. *III.* Avancement, conduite, déplacement, développement, évolution, façon, fonctionnement, forme, progrès, progression, tour, tournure. *IV.* ⇒ procédé.

MARCHÉ ■ *I.* Bazar, bourse, braderie, foirail, foire, halle, souk. *II.* ⇒ convention. *III. Loc.* À bon marché : au juste prix, au rabais, en réclame/solde.

MARCHER ■ *I. Au pr.* 1. Aller, arpenter, arquer (fam.), aller, avancer, cheminer, crapahuter (fam.), déambuler, enjamber, évoluer, flâner, fouler, progresser, se promener, trimer (vx), venir. 2. Fonctionner, tourner. 3. ⇒ passer. *II. Par ext.* ⇒ prospérer.

MARCHEUR, EUSE ■ Chemineau, excursionniste, flâneur, passant, piéton, promeneur, trimardeur.

MARCOTTE ■ ⇒ bouture.

MARE ■ Étang, flache, flaque, pièce d'eau.

MARÉCAGE ■ ⇒ marais.

MARÉCAGEUX, EUSE ■ ⇒ boueux.

MARÉCHAL-FERRANT ■ Forgeron.

MARÉCHAUSSÉE ■ ⇒ gendarmerie.

MARÉE ■ *I. Au pr. :* èbe, flot, flux, jusant, perdant, reflux. *II.* ⇒ poisson.

MARGE ■ *I.* ⇒ bord. *II.* ⇒ délai.

MARGINAL, E ■ *I.* Asocial, hippie, non-conformiste. *II.* ⇒ secondaire.

MARGOUILLIS ■ *I.* ⇒ boue. *II.* ⇒ mélange.

MARGOULETTE ■ ⇒ gosier.

MARGOULIN ■ ⇒ trafiquant.

MARI ■ ⇒ époux.

MARIAGE ■ *I.* Alliance, antiflage (arg.), conjungo (pop.), hymen, hyménée, lit, ménage, union. *II.* Bénédiction nuptiale, célébration, cérémonie, consentement mutuel, cortège, épousailles, hymen, marida (arg.), noce, sacrement.

MARIÉE ■ Conjointe, épousée, jeune femme.

MARIER ■ ⇒ joindre. *V. pron. :* contracter mariage/une union, convoler, épouser, s'établir, faire une fin (fam.), s'unir à.

MARIN ■ *I. Nom :* col bleu, loup de mer, marsouin, mataf, matelot, mathurin, moussaillon, mousse, navigateur, novice. *II. Adj. :* abyssal, benthique, maritime, nautique, naval, pélagien, pélagique.

MARINER ■ *I.* ⇒ attendre. *II.* ⇒ tremper.

MARINIER ■ ⇒ batelier.

MARINISME ■ ⇒ préciosité.

MARIONNETTE ■ ⇒ pantin.

MARITIME ■ ⇒ marin.

MARIVAUDAGE ■ ⇒ préciosité.

MARIVAUDER ■ Baratiner (fam.),

batifoler, conter fleurette, coqueter, flirter, minauder, papillonner, roucouler.

MARKETING ■ Étude des marchés, marchandisage, marchéage, mercatique, merchandising.

MARMAILLE ■ ⇒ enfant.

MARMELADE ■ ⇒ confiture

MARMITE ■ *I.* Bouteillon *et* bouthéon (milit.), braisière, cocotte, daubière, faitout, huguenote. *II. Fam. :* bombe, obus.

MARMITON ■ ⇒ cuisinier.

MARMONNEMENT, MARMOTTEMENT ■ ⇒ bredouillage.

MARMONNER, MARMOTTER ■ ⇒ murmurer.

MARMOT ■ ⇒ enfant.

MARNER ■ *I.* ⇒ améliorer. *II.* ⇒ travailler.

MARONNER ■ ⇒ rager.

MAROTTE ■ ⇒ manie.

MARQUANT, E ■ ⇒ remarquable.

MARQUE ■ *I.* Attribut, cachet, caractère, chiffre, coin, distinction, estampille, étiquette, façon, frappe, gage, griffe, indication, jeton, label, monogramme, note, sceau, sigle, signe, signet, timbre. *II.* Amer (mar.), empreinte, indice, repère, reste, tache, témoignage, trace, trait. *III.* ⇒ blason.

MARQUÉ, E ■ *I.* Grêlé, picoté. *II.* ⇒ prononcé. *III.* ⇒ remarquable. *IV.* ⇒ pénétré.

MARQUER ■ *I.* ⇒ imprimer. *II.* ⇒ indiquer. *III.* ⇒ écrire. *IV.* ⇒ montrer. *V.* ⇒ paraître.

MARQUETÉ, E ■ Bariolé, bigarré, diapré, jaspé, madré, marbré, moucheté, ocellé, piqueté, pommelé, taché, tacheté, tavelé, tigré, truité, veiné, vergeté.

MARQUETERIE ■ *I. Au pr. :* ébénisterie, mosaïque. *II. Fig.* ⇒ mélange.

MARRAINE ■ Commère.

MARRON ■ n. ⇒ châtaigne.

MARRON ■ adj. *I.* ⇒ sauvage. *II.* ⇒ suspect. *III.* ⇒ malhonnête.

MARTEAU ■ *I.* Asseau, assette, batte, besaiguë, bigorne, boucharde, ferretier, laie, mail, maillet, mailloche, martel (vx), masse, massette, matoir, merlin, pétard, picot, rustique, smille. *II. Marteau-pilon :* aplatissoir, martinet. *III.* Heurtoir. *IV. Fig.* ⇒ fou.

MARTÈLEMENT ■ Battement.

MARTELER ■ *I. Au pr.* ⇒ frapper. *II. Fig.* 1. ⇒ tourmenter. 2. ⇒ prononcer.

MARTIAL, E ■ ⇒ militaire.

MARTINET ■ *I.* ⇒ fouet. *II.* ⇒ hirondelle. *III.* ⇒ marteau.

MARTINGALE ■ ⇒ truc.

MARTYR, E ■ ⇒ victime.

MARTYRE ■ ⇒ supplice.

MARTYRISER ■ ⇒ tourmenter.

MARXISME ■ ⇒ socialisme.

MASCARADE ■ *I.* Carnaval, chienlit, défilé, déguisement, masque, momerie. *II.* ⇒ hypocrisie.

MASCARET ■ *I. Au pr. :* barre. *II. Fig.* ⇒ multitude.

MASCOTTE ■ ⇒ fétiche.

MASCULIN ■ ⇒ mâle.

MASOCHISME ■ Dolorisme.

MASQUE ■ *I.* Cagoule, déguisement, domino, loup, touret de nez (vx), travesti. *II.* ⇒ visage. *III. Fig.* ⇒ manteau.

MASQUER ■ *I.* ⇒ déguiser. *II.* ⇒ cacher.

MASSACRANT, E ■ ⇒ revêche.

MASSACRE ■ ⇒ carnage.

MASSACRER ■ *I.* ⇒ tuer. *II.* ⇒ gâcher.

MASSACREUR, EUSE ■ *I.* ⇒ maladroit. *II.* ⇒ tueur.

MASSE ■ *I.* ⇒ amas. *II.* ⇒ totalité. *III.* ⇒ poids. *IV.* ⇒ fonds. *V.* ⇒ multitude. *VI.* ⇒ peuple. *VII.* ⇒ marteau. *VIII.* ⇒ massue. *IX.* ⇒ bâton.

MASSER ■ *I.* ⇒ frictionner. *II.* ⇒ assembler.

MASSEUR, EUSE ■ Kinésithérapeute, physiothérapeute, soigneur.

MASSIF ■ ⇒ bois.

MASSIF, IVE ■ *I.* ⇒ pesant. *II.* ⇒ gros.

MASSUE ■ Bâton, casse-tête, gourdin, masse, masse d'armes, matraque, plommée.

MASTIQUER ■ ⇒ mâcher.

MASTOC ■ ⇒ pesant.

MASTURBATION ■ Manustupration, onanisme, plaisir/pollution solitaire. ⇒ caresse. *Arg.* : branlette, douce, paluche, pignole, pogne, rassis, sègue, veuve-poignet.

MASTURBER ■ ⇒ caresser.

MASURE ■ ⇒ taudis.

MAT, E ■ *I.* ⇒ terne. *II.* ⇒ sourd.

MÂT ■ Antenne, beaupré, espar, perche, support, vergue.

MATAMORE ■ ⇒ hâbleur.

MATASSIN ■ Acrobate, bouffon, clown, comédien, danseur, funambule, paillasse, pitre.

MATCH ■ ⇒ compétition, rencontre.

MATELAS ■ Coite, couette, coussin, paillot. *Péj.* : galette, grabat, paillasse.

MATELASSER ■ ⇒ rembourrer.

MATELOT ■ ⇒ marin.

MATELOTE ■ ⇒ bouillabaisse.

MATER ■ *I.* ⇒ macérer. *II.* ⇒ vaincre. *III.* ⇒ humilier.

MATÉRIALISATION ■ ⇒ réalisation.

MATÉRIALISER ■ Accomplir, concrétiser, dessiner, réaliser, rendre sensible/visible, représenter, schématiser.

MATÉRIALISME ■ Agnosticisme, atomisme, hylozoïsme, marxisme, mécanisme, positivisme, radicalisme, réalisme, relativisme.

MATÉRIALISTE ■ Agnostique, atomiste, marxiste, mécaniste, positiviste, radical, réaliste.

MATÉRIALITÉ ■ ⇒ réalité.

MATÉRIAU ■ ⇒ matière.

MATÉRIEL ■ ⇒ outillage.

MATÉRIEL, ELLE ■ *I.* ⇒ réel. *II.* ⇒ manifeste. *III.* ⇒ sensuel.

MATERNITÉ ■ ⇒ hôpital.

MATHÉMATIQUE ■ *I. Adj.* ⇒ précis. *II. Nom sing. ou pl.* ⇒ calcul.

MATIÈRE ■ *I.* Corps, élément, étoffe, matériau, solide, substance. *II.* Article, base, chapitre, chef, fable, fond, fondement, motif, objet, point, propos, sujet, texte, thème. *III.* Cause, prétexte, sujet. *IV.* ⇒ lieu. *V. Loc.* Matières fécales ⇒ excrément.

MATIN ■ *I.* Aube, aurore, crépuscule du matin, lever du jour, matinée, petit jour, point du jour. *II. Loc.* : au chant du coq, de bon matin, de bonne heure, dès potron-minet, tôt.

MÂTIN, E ■ *Vx* : *I.* ⇒ coquin. *II.* ⇒ gaillard.

MATINAL, E ■ Lève-tôt, matineux, matutinal.

MÂTINÉ, E ■ ⇒ mêlé.

MATINÉE ■ ⇒ matin.

MATOIS, E ■ ⇒ malin, hypocrite.

MATOISERIE ■ ⇒ ruse.

MATRAQUAGE ■ ⇒ propagande.

MATRAQUE ■ ⇒ casse-tête.

MATRAQUER ■ *I.* ⇒ battre. *II.* ⇒ influer.

MATRICE ■ *I.* ⇒ utérus. *II.* ⇒ registre.

MATRICULE ■ *I.* ⇒ liste. *II.* ⇒ registre.

MATRIMONIAL, E ■ ⇒ nuptial.

MATRONE ■ *I.* ⇒ femme. *II.* Accoucheuse, sage-femme.

MATURATION ■ Mûrissage, mûrissement, véraison.

MÂTURE ■ Gréement.

MATURITÉ ■ ⇒ plénitude.

MAUDIRE ■ Anathématiser, blâmer, condamner, détester, s'emporter contre, excommunier, exécrer, rejeter, réprouver, vouer aux gémonies.

MAUDIT, E ■ *I. Au pr. :* bouc émissaire, damné, déchu, excommunié, frappé d'interdit/d'ostracisme, galeux, hors-la-loi, interdit, outlaw, paria, pestiféré, rejeté, repoussé, réprouvé. *II. Par ext.* ⇒ détestable.

MAUGRÉER ■ ⇒ murmurer.

MAUSOLÉE ■ ⇒ tombe.

MAUSSADE ■ *I.* ⇒ renfrogné. *II.* ⇒ triste.

MAUVAIS, E ■ *I. Phys. :* avarié, contagieux, corrompu, dangereux, délétère, détérioré, dommageable, empoisonné, hostile, insalubre, irrespirable, maléfique, malfaisant, malsain, méphitique, morbide, nauséabond, nocif, nuisible, peccant (vx), pernicieux, pestilentiel, préjudiciable, toxique, vénéneux, venimeux. *II. Par ext. :* affreux, agressif, blâmable, caustique, chétif, corrompu, corrupteur, criminel, cruel, démoniaque, désagréable, déshonorant, détestable, diabolique, erroné, exécrable, fatal, fautif, fielleux, funeste, haïssable, horrible, immoral, infect, insuffisant, malicieux, malin, manqué, méchant, médiocre, misérable, monstrueux, néfaste, noir, pervers, pitoyable, raté, ringard (arg.),

roublard, sadique, satanique, scélérat, sévère, sinistre, sournois, tocard (fam.), torve, venimeux, vicieux, vilain. ⇒ laid.

MAUVIETTE ■ *I.* ⇒ alouette. *II.* ⇒ gringalet.

MAXIME ■ Adage, aphorisme, apophtegme, dicton, dit, dogme, formule, moralité, on-dit, pensée, précepte, principe, proverbe, règle, sentence.

MAXIMUM ■ *I. Nom :* limite, mieux, plafond, plus, sommet, summum, terme, totalité. *II. Loc.* Au maximum : à bloc, au plus haut degré/point, le plus possible.

MAZOUT ■ Fuel, gasoil, gazole, huile lourde.

MÉANDRE ■ *I.* ⇒ sinuosité. *II.* ⇒ ruse.

MÉAT ■ ⇒ ouverture.

MÉCANICIEN, ENNE ■ Chauffeur, conducteur, garagiste, machiniste, mécano, ouvrier, spécialiste.

MÉCANIQUE ■ adj. ⇒ involontaire.

MÉCANIQUE ■ n. ⇒ appareil.

MÉCANISER ■ *I. Au pr. :* automatiser, équiper, industrialiser, motoriser. *II. Par ext. :* rendre habituel/machinal/routinier, robotiser. *III. Fam. et fig.* ⇒ taquiner.

MÉCANISME ■ *I.* Agencement, combinaison, fonctionnement, organisation, processus. *II.* Appareillage, mécanique, organes.

MÉCÈNE ■ ⇒ protecteur.

MÉCHANCETÉ ■ *I. Le défaut :* agressivité, causticité, cruauté, dépravation, dureté, envie, fiel, hargne, jalousie, malice, malignité, malveillance, mauvaiseté (vx), nocivité, noirceur, perversité, rosserie, sadisme, scélératesse, vacherie (fam.), venin, vice. *II. L'acte :* calomnie, coup d'épingle, crasse, espièglerie, farce, malfaisance, médisance, noirceur, perfidie, saleté, tour, tourment, vilénie. **Fam. :** couleuvre, crosse, gentillesse, mistoufle, saloperie, vachardise, vacherie.

MÉCHANT, E ■ *I. Au pr.* : acariâtre, acerbe, acrimonieux, affreux, agressif, bourru, brutal, corrosif, criminel, cruel, dangereux, démoniaque, désagréable, désobligeant, diabolique, dur, félon, fielleux, haineux, hargneux, indigne, infernal, ingrat, injuste, insolent, insupportable, intraitable, jaloux, malfaisant, malicieux, malin, malintentionné, malveillant, maussade, médisant, mordant, noir, nuisible, odieux, perfide, pervers, rossard, sans-cœur, satanique, scélérat, sinistre, turbulent, venimeux, vilain, vipérin. *II. Fam.* : bouc, carcan, carne, chameau, charogne, chipie, choléra, coquin, démon, furie, gale, ganache, harpie, masque, mégère, méphistophélès, ogre, peste, poison, rosse, salaud, sale bête, satan, serpent, sorcière, suppôt de Satan, teigne, tison, vachard, vache, vipère. *III. Par ext.* : malheureux, mauvais, médiocre, misérable, nul, pauvre, petit, pitoyable, rien.

MÈCHE ■ *I.* ⇒ vrille. *II. Fig.* : 1. ⇒ connivence. 2. ⇒ secret.

MÉCOMPTE ■ *I.* ⇒ déception. *II.* ⇒ erreur.

MÉCONNAISSABLE ■ ⇒ différent.

MÉCONNAÎTRE ■ Déprécier, ignorer, méjuger, se méprendre, mépriser, mésestimer, négliger, sous-estimer.

MÉCONNU, E ■ ⇒ inconnu.

MÉCONTENT, E ■ *I.* Choqué, contrarié, déçu, dépité, ennuyé, fâché, fumasse (fam.), grognon, inapaisé, inassouvi, insatisfait, malcontent, râleur. *II.* Contestataire, écolo, hippie, houligan, kitsch, opposant, protestataire, provo.

MÉCONTENTEMENT ■ ⇒ ennui.

MÉCONTENTER ■ Fâcher ⇒ agacer.

MÉCRÉANT, E ■ ⇒ incroyant.

MÉDAILLE ■ *I.* Monnaie, pièce, plaque, insigne, médaillon. *II. Par ext.* : 1. Agnus dei, scapulaire ⇒ fétiche. 2. ⇒ récompense.

MÉDAILLON ■ *I.* ⇒ médaille. *II.* ⇒ tableau. *III.* ⇒ image.

MÉDECIN ■ *I. Au pr.* : accoucheur, auriste, cardiologue, chirurgien, clinicien, dermatologiste, généraliste, gynécologue, neurologue, obstétricien, oculiste, ophtalmologue, oto-rhino-laryngologiste, pédiatre, phlébologue, praticien, psychiatre, radiologue, stomatologiste, urologue. *II. Par ext.* : docteur, doctoresse, externe, interne, major, spécialiste. *III. Fam.* : carabin, esculape, la Faculté, toubib. *IV. Vx* : archiatre, mire, physicien, thérapeute. *V. Péj.* : charlatan, docteur Knock, médicastre, morticole.

MÉDECINE ■ *I.* ⇒ purge. *II.* La Faculté.

MÉDIAT, E ■ ⇒ indirect.

MÉDIATEUR, TRICE ■ ⇒ intermédiaire.

MÉDIATION ■ Amodiation, arbitrage, bons offices, conciliation, entremise, intervention.

MÉDIATOR ■ Plectre.

MÉDICAL, E ■ Médicinal, thérapeutique.

MÉDICAMENT ■ ⇒ remède.

MÉDICAMENTER ■ ⇒ soigner.

MÉDICATION ■ ⇒ soins.

MÉDICINAL, E ■ Médical, thérapeutique.

MÉDIOCRE ■ Assez bien, banal, bas, chétif, commun, étriqué, exigu, faible, humble, imparfait, inférieur, insignifiant, insuffisant, maigre, méchant, mesquin, mince, minime, modéré, modeste, modique, moyen, négligeable, ordinaire, pâle, passable, pauvre, petit, piètre, piteux, pitoyable, plat, quelconque, riquiqui, satisfaisant, suffisant, supportable, terne, tocard (fam.).

MÉDIOCRITÉ ■ ⇒ faiblesse.

MÉDIRE ■ Arranger, attaquer, babiller, baver sur, bêcher, cancaner, casser du sucre, clabauder, commérer, critiquer, croasser, dauber, débiner, déblatérer, décauser (rég.), déchirer, décrier, dégoiser, dégréner (arg.), dénigrer, déprécier, déshabiller, détracter, diffamer, dire des méchancetés/pis que pendre, éreinter, esquinter, gloser, habiller, insinuer, jaser, mettre en capilotade/en pièces, nuire, potiner, ragoter, répandre, satiriser, taper, vilipender.

MÉDISANCE ■ Anecdote, atrocité, attaque, bavardage, calomnie, cancan, caquetage, clabaudage, clabauderie, chronique, commentaire, commérage, coup de dent/de langue/de patte, délation, dénigrement, détraction, diffamation, éreintement, horreurs, méchanceté, on-dit, persiflage, potin, propos, racontage, racontar, ragot, rumeur, venin.

MÉDISANT, E ■ **I**. Diffamatoire. **II**. Caqueteur, délateur, dénigreur, dépréciateur, détracteur, diffamateur, langue d'aspic/de serpent/venimeuse/de vipère/vipérine, maldisant (vx), mauvaise/méchante langue.

MÉDITATIF, IVE ■ **I**. ⇒ pensif. **II**. ⇒ penseur.

MÉDITATION ■ **I**. ⇒ attention. **II**. ⇒ pensée.

MÉDITER ■ **I**. V. intr. ⇒ penser. **II**. V. tr. ⇒ projeter.

MÉDUSÉ, E ■ **I**. ⇒ ébahi. **II**. ⇒ interdit.

MÉDUSER ■ ⇒ étonner.

MEETING ■ ⇒ réunion.

MÉFAIT ■ ⇒ faute.

MÉFIANCE ■ Crainte, défiance, doute, incrédulité, prévention, prudence, qui-vive, réserve, rétiveté, scepticisme, soupçon, suspicion, vigilance.

MÉFIANT, E ■ **I**. *Non favorable* : chafouin, craintif, défiant, dissimulé, ombrageux, soupçonneux, timoré. **II**. *Neutre* ⇒ prudent.

MÉFIER (SE) ■ Se défier, être/se tenir sur ses gardes, faire gaffe (fam.), se garder.

MÉGALOMANIE ■ ⇒ orgueil.

MÉGARDE ■ ⇒ inattention.

MÉGÈRE ■ Bacchante, carne, carogne, catin, chabraque, chameau, charogne, chienne, chipie, choléra, commère, cotillon, dame de la halle, diablesse, dragon, drôlesse, fébosse, fourneau, furie, garce, gaupe, gendarme, grenadier, grognasse, harengère, harpie, hérisson, junon, maquerelle, maritorne, matrone, ménade, ménesse, piegrièche, pisse-vinaigre, poison, poissarde, pouffiasse, rébecca, rombière, sibylle, sorcière, souillon, teigne, toupie, tricoteuse, trumeau, vadrouille (vx), vieille bique/vache, virago.

MÉGOT ■ ⇒ cigarette.

MÉGOTER ■ ⇒ économiser.

MEILLEUR, E ■ Choix, crème, élite, excellence, fleur, gratin, quintessence. ⇒ supérieur.

MÉJUGER ■ ⇒ mépriser.

MÉLANCOLIE ■ **I**. *Au pr.* : abattement, accablement, aliénation, amertume, angoisse, atrabile, cafard, chagrin, dépression, déréliction, désolation, humeur noire, hypocondrie, langueur, lypémanie, mal du pays, navrance, neurasthénie, noir, nostalgie, papillons noirs, peine, regret, spleen, tristesse, trouble, vague à l'âme. **II**. *Par ext.* : brume, grisaille, nuage, ombre.

MÉLANCOLIQUE ■ **I**. ⇒ triste. **II**. ⇒ bilieux.

MÉLANGE ■ **I**. *Neutre* : accouplement, alliage, alliance, amalgamation, amalgame, amas, assemblage, association, assortiment, bariolage, bigarrure, brassage, combinaison, complexité, composé, composition, coupage, couplage, croisement, délayage, dosage, fusion, hétérogénéité, hybridation, imprégnation, incorporation, macédoine, magma, malaxage, mariage, marqueterie, métissage, mixtion, mixture, mosaïque, panachage, panmixie, rapprochement, réunion, syncrétisme, tissu, tissure, union, *II. Non favorable* : bric-à-brac, brouillamini, cacophonie, chaos, cocktail, confusion, désordre, disparité, embrouillamini, emmêlement, enchevêtrement, entortillement, entrelacement, entremêlement, fatras, fouillis, fricassée, imbrication, imbroglio, margouillis, mêlé-cassis, mêlée, méli-mélo, micmac, pastis, patouillis, pêle-mêle, promiscuité, salade, salmigondis. *III. Litt.* 1. Centon, compilation, habit d'arlequin, placage, pot-pourri, recueil, rhapsodie, ripopée. 2. *Au pl.* : miscellanea, miscellanées, morceaux choisis, variétés. ⇒ **anthologie.**

MÉLANGER, MÊLER ■ Abâtardir, accoupler, agglutiner, agiter, allier, amalgamer, assembler, associer, assortir, barioler, battre, brasser, brouiller, combiner, composer, confondre, couper, coupler, croiser, doser, embrouiller, emmêler, enchevêtrer, entrelacer, entrelarder, entremêler, fatiguer, fondre, fouetter, fusionner, incorporer, introduire, joindre, malaxer, manipuler, marier, mâtiner, mettre, mixtionner, panacher, rapprocher, réunir, saupoudrer, touiller. ⇒ **unir.**

MÊLÉ, E ■ *I.* Bâtard, bigarré, composite, impur, mâtiné, mixte. *II.* Embarrassé. *III.* Embroussaillé. *IV. Les part. passés des syn. de* MÊLER.

MÊLÉE ■ ⇒ **bataille.**

MÉLI-MÉLO ■ ⇒ **mélange.**

MELLIFLUE ■ ⇒ **doucereux.**

MÉLODIE ■ Accents, air, aria, ariette, cantabile, cantilène, chanson, chant, harmonie, incantation, lied, mélopée, pièce, poème, récitatif.

MÉLODIEUX, EUSE ■ ⇒ **harmonieux.**

MÉLODRAME ■ ⇒ **drame.**

MELON ■ Cantaloup, charentais, pépon, péponide, sucrin. ⇒ **pastèque.**

MÉLOPÉE ■ ⇒ **mélodie.**

MEMBRANE ■ ⇒ **tissu.**

MEMBRE ■ *I.* ⇒ **partie.** *II.* Actionnaire, adhérent, affilié, associé, correspondant, cotisant, fédéré, inscrit, recrue, sociétaire, soutien, sympathisant. *III.* ⇒ **sexe.**

MÊME ■ *I. Adv.* : aussi, de plus, encore, en outre, précisément, voire. *II. Pron.* Le même ⇒ **semblable.** *III. Loc. conj.* De même que ⇒ **comme.** *IV. Adj.* Analogue, égal, ejusdem farinae, équivalent, ex aequo, identique, pareil, semblable, similaire, tel.

MÉMENTO ■ Agenda, aide-mémoire, almanach, bloc-notes, calepin, carnet, éphémérides, guide, guide-âne, pense-bête/précis, vade-mecum. ⇒ **note.**

MÉMOIRE ■ *I. Au pr.* : anamnèse, conservation, empreinte, recognition, remembrance (vx), réminiscence, ressouvenance, ressouvenir, savoir, souvenance, souvenir, trace. *II. Par ext.* 1. ⇒ **rappel.** 2. ⇒ **commémoration.** 3. ⇒ **réputation.**

MÉMOIRE ■ *I. Au sing.* 1. ⇒ **liste.** 2. ⇒ **compte.** 3. ⇒ **traité.** 4. ⇒ **récit.** *II. Au pl.* : annales, autobiographie, chronique, commentaire, confession, essai, journal, mémorial, récit, révélations, souvenirs, voyages.

MÉMORABLE ■ ⇒ **remarquable.**

MÉMORANDUM ■ ⇒ **note.**

MÉMORIAL ■ *I.* ⇒ **récit.** *II.* ⇒ **mémoires.**

MÉMORIALISTE ■ ⇒ **historien.**

MENAÇANT, E ■ Agressif, comminatoire, dangereux, fulminant, grondant, imminent, inquiétant, sinistre.

MENACE ■ *I.* Avertissement, bravade, chantage, commination, défi, dissuasion, fulmination, grondement, intimidation, provocation, réprimande, rodomontade, sommation, ultimatum. *II.* Danger, péril, point noir, spectre.

MENACER ■ *I.* ⇒ braver. *II. Loc.* Menacer de ⇒ présager.

MÉNAGE ■ *I.* ⇒ économie. *II.* ⇒ famille. *III.* ⇒ maison.

MÉNAGEMENT ■ *I.* ⇒ circonspection. *II. Au pl.* ⇒ égards.

MÉNAGER■ *I. Au pr.* 1. ⇒ économiser. 2. ⇒ user de. 3. ⇒ préparer. 4. ⇒ procurer. *II. Par ext.* Ménager quelqu'un : épargner, être indulgent, mettre des gants, pardonner à, prendre des précautions, respecter, traiter avec ménagement *et les syn. de* MÉNAGEMENT.

MÉNAGERIE ■ Animalerie, zoo.

MENDIANT, E ■ Chanteur des rues, chemineau, clochard, cloche, clodo, indigent, mendigot, miséreux, nécessiteux, parasite, pauvre, pilon (arg.), quémandeur, sabouleux, truand, vagabond. ⇒ gueux.

MENDICITÉ ■ Charité publique. *Arg. :* manche, mangave.

MENDIER ■ ⇒ solliciter.

MENÉE ■ *I.* Agissement, complot, diablerie, fomentation, intrigue, machination, manœuvre. ⇒ **ruse.** *II.* Pratique, trame.

MENER ■ *I.* Amener, emmener, promener, ramener, remener, remmener. ⇒ **conduire.** *II.* ⇒ gouverner. *III.* ⇒ traiter.

MÉNESTREL ■ ⇒ troubadour.

MÉNÉTRIER ■ ⇒ violoniste.

MENEUR, ■ *I.* ⇒ chef. *II.* ⇒ **protagoniste.**

MENHIR ■ Peulven.

MÉNOPAUSE ■ Climatère, retour d'âge.

MENOTTE ■ *I. Au sing.* ⇒ main. *II. Au pl. :* bracelets, cabriolet, cadenas, cadènes (arg.), poucettes.

MENSONGE ■ *I.* Antiphrase, bourrage de crâne, contrevérité, craque, fausseté, menterie. ⇒ hâblerie. *II.* ⇒ vanité. *III.* ⇒ invention *IV.* ⇒ feinte.

MENSONGER, ÈRE ■ ⇒ faux.

MENSTRUATION, MENSTRUES ■ *I.* Flux cataménial/menstruel/périodique, ménorrhée, règles. *II. Fam. :* affaires, époques, indisposition, mois, trucs. *III. Arg. :* anglais, arcagnats, courrier de Rome (vx), doches, mensualités, ours, ragnagnas.

MENSURATION ■ ⇒ mesure.

MENTAL, E ■ ⇒ psychique.

MENTALITÉ ■ Caractère, esprit, état d'esprit, moral, opinion publique, pensée.

MENTERIE ■ ⇒ mensonge.

MENTEUR, EUSE ■ *I. Adj.* ⇒ faux. *II. Nom* ⇒ hâbleur.

MENTION ■ ⇒ rappel.

MENTIONNER ■ *I.* ⇒ citer. *II.* ⇒ inscrire.

MENTIR ■ Abuser, altérer/dissimuler/déguiser/fausser la vérité, dire/faire un mensonge, feindre, induire en erreur. ⇒ hâbler.

MENTOR ■ ⇒ conseiller.

MENU ■ n. *I.* Carte. *II.* Festin, mets, ordinaire, régal, repas.

MENU, E ■ adj. Délicat, délié, élancé, fin, fluet, gracile, grêle, mièvre, mince, subtil, ténu. ⇒ petit.

MENUISERIE ■ *I. Par ext. :* ébénisterie, parqueterie, tabletterie. *II.* Huisserie.

MENUISIER ■ *Par ext. :* ébéniste, parqueteur, tabletier.

MÉPHITIQUE ■ *I.* ⇒ puant. *II.* ⇒ mauvais.

MÉPRENDRE (SE) ■ ⇒ tromper (se).

MÉPRIS ■ ⇒ dédain.

MÉPRISABLE ■ ⇒ vil.

MÉPRISANT, E ■ Arrogant, bêcheur, contempteur, dédaigneux, fat, fier, hautain, orgueilleux.

MÉPRISE ■ *I.* ⇒ malentendu. *II.* ⇒ inattention.

MÉPRISER ■ *I. Quelqu'un* ⇒ dédaigner. *II. Quelque chose :* braver, décrier, déprécier, dépriser, désestimer, dévaluer, faire fi/litière, se ficher de, fouler aux pieds, honnir, jongler avec, se jouer de, méconnaître, méjuger, mésestimer, se moquer de, narguer, rabaisser, ravaler, se rire de, tourner le dos.

MER ■ *I. Au pr. :* eaux, flots, large, océan, onde. *II. Fam. :* baille, grande tasse. *III. Fig.* ⇒ abondance.

MERCANTI ■ ⇒ trafiquant.

MERCANTILE ■ Cupide. ⇒ profiteur.

MERCENAIRE ■ *I. Au pr. :* aventurier, condottiere, reître, soldat, stipendié. *II. Par ext.* (adj.) : avide, cupide, intéressé, vénal.

MERCI ■ *I.* ⇒ miséricorde. *II. Loc.* Être à la merci de ⇒ dépendre.

MERCURE ■ Cinabre, hydrargyre, serpent de Mars, serpent vert, vif-argent.

MERCURIALE ■ ⇒ reproche.

MERDE ■ ⇒ excrément.

MERDEUX, EUSE ■ *I.* ⇒ malpropre. *II.* ⇒ enfant.

MÈRE ■ *I. Au pr. :* maman, marâtre (péj.), mère poule. *II. Arg. :* dabesse, dabuche, daronne, doche, maternelle. *III. Par ext. :* cause, génitrice, matrice, origine, source.

MÉRITANT, E ■ Bon, digne, estimable, honnête, louable, méritoire, valeureux, vertueux.

MÉRITE ■ ⇒ qualité.

MÉRITER ■ *I. Favorable :* être digne de, gagner à. *II. Non favorable :* commander, demander, encourir, imposer, réclamer, valoir.

MÉRITOIRE ■ ⇒ méritant.

MERVEILLE ■ ⇒ prodige.

MERVEILLEUX ■ *I.* ⇒ surnaturel. *II.* ⇒ élégant.

MERVEILLEUX, EUSE ■ *I.* ⇒ beau. *II.* ⇒ extraordinaire.

MÉSAISE ■ Besoin, difficulté, gêne, malaise. ⇒ pauvreté.

MÉSAVENTURE ■ Accident, avarie, avaro (fam.), avatar (par ext.), déconvenue, incident, malchance, malencontre, malheur, méchef (vx), pépin (fam.), tuile (fam.), vicissitude.

MÉSENTENTE ■ ⇒ mésintelligence.

MÉSESTIME ■ ⇒ dédain.

MÉSESTIMER ■ ⇒ mépriser.

MÉSINTELLIGENCE ■ Brouille, brouillerie, désaccord, désunion, différend, discord (vx), discordance, discorde, dispute, dissension, dissentiment, dissidence, divergence, division, friction, froid, frottement, incompatibilité, incompréhension, mésentente, nuage, orage, pique, querelle, rupture, tension, trouble, zizanie.

MESQUIN, E ■ *I.* ⇒ avare. *II.* ⇒ pauvre. *III.* ⇒ étroit.

MESQUINERIE ■ ⇒ bassesse.

MESS ■ ⇒ réfectoire.

MESSAGE ■ *I.* ⇒ lettre. *II.* ⇒ communication. *III.* Pneu, sans-fil, télégramme, télex.

MESSAGER, ÈRE ■ *I. Au pr.* : agent, commissionnaire, coureur (vx), courrier, coursier, envoyé, estafette, exprès, facteur, héraut, mercure, porteur, saute-ruisseau, transporteur. *II. Par ext.* ⇒ **précurseur.**

MESSAGERIE ■ Courrier, poste, transport.

MESSE ■ *I.* Célébration, cérémonie, culte, obit, office, saint sacrifice, service divin. *II.* Chant, liturgie, musique, rite, rituel. *III.* Absoute, complies, laudes, matines, none, prime, salut, sexte, ténèbres, tierce, vêpres.

MESSÉANT, E ■ ⇒ **inconvenant.**

MESURABLE ■ Commensurable, comparable, identifiable,

MESURE ■ *I. Au pr.* 1. Appréciation, calcul, mensuration, mesurage, métré. 2. ⇒ **dimension.** *II. Par ext.* 1. ⇒ **rythme.** 2. ⇒ **règle.** 3. ⇒ **retenue.** 4. ⇒ **préparatif.** 5. Loc. À mesure ⇒ **proportion (à).**

MESURÉ, E ■ ⇒ **prudent.**

MESURER ■ *I. Au pr.* : arpenter, cadastrer, calibrer, chaîner, compter, corder, cuber, doser, jauger, métrer, régler, sonder, toiser. *II. Par ext.* 1. ⇒ **évaluer.** 2. ⇒ **proportionner.** 3. ⇒ **régler.** *III. V. intr.* : avoir, développer, faire. *IV. V. pron.* : ⇒ **lutter.**

MÉSUSER ■ Exagérer, méconnaître. ⇒ **abuser.**

MÉTAIRIE ■ ⇒ **ferme.**

MÉTAL ■ Acier, aluminium, argent, chrome, cobalt, cuivre, étain, fer, manganèse, mercure, nickel, platine, plomb, plutonium, radium, tungstène, uranium, vanadium, etc.

MÉTALLURGISTE ■ *I.* Métallo. *II.* Ajusteur, chaudronnier, fondeur, forgeron, fraiseur, riveteur, soudeur.

MÉTAMORPHOSE ■ ⇒ **transformation.**

MÉTAMORPHOSER ■ ⇒ **transformer.**

MÉTAPHORE ■ *I.* ⇒ **image.** *II.* ⇒ **symbole.**

MÉTAPHYSIQUE ■ *I. N. f.* : ontologie. *II. Adj.* : abstrait, transcendant.

MÉTATHÈSE ■ ⇒ **transposition.**

MÉTAYER, ÈRE ■ *Par ext.* ⇒ **fermier.**

MÉTEMPSYCHOSE ■ ⇒ **renaissance.**

MÉTÉORE ■ Aérolithe, astéroïde, astre, bolide, comète, étoile filante, météorite.

MÉTÈQUE ■ ⇒ **étranger.**

MÉTHODE ■ Art, code, combinaison, démarche, discipline, dispositif, façon, formule, ligne de conduite, manière, marche à suivre, mode, moyen, ordre, organisation, pratique, procédé, procédure, recette, règle, rubrique (vx), secret, stratégie, système, tactique, technique, théorie, voie.

MÉTHODIQUE ■ *I.* ⇒ **réglé.** *II.* ⇒ **logique.**

MÉTICULEUX, EUSE ■ ⇒ **minutieux.**

MÉTIER ■ *I.* ⇒ **profession.** *II.* ⇒ **appareil.**

MÉTIS, ISSE ■ *I. Animaux ou plantes* : bâtard, corneau, corniaud, hybride, mâtiné, mulard, mule, mulet. *II. Hommes* : eurasien, mulâtre, octavon, quarteron, sang-mêlé, zambo.

MÉTISSAGE ■ Coupage, croisement, hybridation, mélange.

MÈTRE ■ ⇒ **rythme.**

MÉTROPOLE ■ ⇒ **capitale.**

METS ■ Bonne chère, brouet (péj.), chère, cuisine, fricot (fam.), menu, nourriture, plat, repas, soupe (fam.).

METTABLE ■ *I.* ⇒ **honnête.** *II.* ⇒ **passable.**

METTRE ■ *I. Au pr.* : 1. Appliquer, apposer, appuyer, bouter (vx), camper, caser, cloquer (arg.), coller, déposer, disposer, empiler, enfoncer, engager, établir, exposer, ficher (fam.), fixer, flanquer (fam.), fourrer (fam.), foutre (grossier), glisser, imposer, insérer, installer, introduire, loger, opposer, placer, planter, plonger, poser, poster, ranger, remettre, serrer. *II. Par ext.* ⇒ vêtir. *III. Loc.* 1. Se mettre à ⇒ commencer. 2. Se mettre à genoux ⇒ agenouiller (s'). 3. Mettre à la porte/dehors ⇒ congédier. 4. Mettre devant/en avant ⇒ présenter. 5. Mettre en cause ⇒ inculper. *IV V. pron. :* 1. ⇒ vêtir (se). 2. Se mettre en rapport ⇒ aboucher (s') 3. Se mettre en quatre ⇒ empresser (s'). 4. Se mettre dans ⇒ occuper (s').

MEUBLE ■ ⇒ mobilier.

MEUBLÉ ■ ⇒ hôtel.

MEUBLER ■ *I.* ⇒ fournir. *II.* ⇒ orner.

MEUGLER ■ ⇒ mugir.

MEULE ■ *I.* Barge, gerbier, moyette, pailler. *II.* Broyeur, concasseur. *III.* Affiloir, aiguisoir.

MEULER ■ ⇒ affiler.

MEURT-DE-FAIM ■ ⇒ pauvre.

MEURTRE ■ ⇒ homicide.

MEURTRIER, ÈRE ■ ⇒ homicide.

MEURTRIÈRE ■ ⇒ ouverture.

MEURTRIR ■ *I. Au pr.* 1. Battre, blesser, cabosser, cogner, contusionner, frapper, froisser, malmener, mettre en compote/en marmelade/un œil au beurre noir, pocher, rosser, taper. 2. Cosser, cotir, écraser, fouler, mâcher, mâchurer, taler. *II. Fig. :* faire de la peine, peiner, torturer, tourmenter.

MEURTRISSURE ■ ⇒ contusion.

MEUTE ■ ⇒ troupe.

MÉVENTE ■ ⇒ crise.

MEZZANINE ■ Entresol ⇒ balcon.

MIASME ■ ⇒ émanation.

MICMAC ■ ⇒ manigance.

MICROBE ■ *I. Au pr. :* amibe, bacille, bactérie, ferment, germe, spirille, vibrion, virgule, virus. *II. Fig.* ⇒ nain.

MICROSCOPE ■ ⇒ lunette.

MICROSCOPIQUE ■ ⇒ petit.

MIDINETTE ■ Apprentie, arpette, cousette, couturière, modiste, ouvrière, petite-main, trottin.

MIELLEUX, EUSE ■ *I.* ⇒ doucereux.

MIETTE ■ ⇒ morceau.

MIEUX ■ ⇒ plus.

MIEUX (À QUI MIEUX) ■ À bouche que veux-tu, à l'envi, tant et plus.

MIÈVRE ■ *I.* ⇒ joli. *II.* ⇒ affecté. *III.* ⇒ menu.

MIÈVRERIE ■ ⇒ affectation.

MIGNARD, E ■ ⇒ minaudier.

MIGNARDISE ■ ⇒ minauderie.

MIGNON, ONNE ■ ⇒ joli.

MIGNOTER ■ ⇒ caresser.

MIGRATION ■ Montaison, transhumance. ⇒ émigration.

MIJAURÉE ■ ⇒ pimbêche.

MIJOTER ■ *I. V. intr.* ⇒ cuire. *II. V. tr.* ⇒ préparer.

MILICE ■ ⇒ troupe.

MILIEU ■ *I. Au pr.* 1. ⇒ centre. 2. Biotope, élément, espace, gisement, habitat, patrie, terrain. 3. Ambiance, atmosphère, aura, cadre, climat, condition, décor, écologie, entourage, environnement, lieu, société, sphère. *II. Par ext.* ⇒ monde. *III. Arg. :* mitan.

MILITAIRE ■ *I. Adj. :* belliqueux, guerrier, martial, polémologique, soldatesque (péj.), stratégique, tactique. *II. Nom.* 1. ⇒ chef, soldat. 2. Arg. : crevure, gradaille. *III. Loc. Art militaire :* polémologie.

MILITANT ■ *I.* ⇒ **partisan.** *II.* ⇒ **combattant.**

MILITARISME ■ Bellicisme, caporalisme.

MILITER ■ Agir, participer, prendre part. ⇒ **lutter.**

MILLE ■ ⇒ **quantité.**

MILLÉNAIRE ■ ⇒ **ancien.**

MILLIARD, MILLIASSE, MILLIER, MILLION ■ ⇒ **quantité.**

MIME ■ *I. Nom fém.* 1. **Au pr. :** jeu muet, mimique, pantomime, 2. **Par ext. :** attitudes, contorsions, expression, gestes, gesticulation, manières, signes, singeries. *II. Nom masc. :* acteur/artiste/comédien muet, clown.

MIMER ■ ⇒ **imiter.**

MIMIQUE ■ ⇒ **geste.**

MINABLE ■ ⇒ **misérable.**

MINAUDER ■ ⇒ **affrioler.**

MINAUDERIE ■ Affectation, agacerie, chichi, coquetterie, façon, grâces, grimace, manières, mignardise, mine, simagrée, singerie.

MINAUDIER, ÈRE ■ Affecté, enjôleur, gnangnan (fam.), grimacier, maniéré, mignard, poseur.

MINCE ■ *I. Neutre :* allongé, délicat, délié, effilé, élancé, étroit, filiforme, fin, fluet, fragile, fuselé, gracile, grêle, maigre, menu, petit, pincé, svelte, ténu. *II. Non favorable :* insignifiant, médiocre, négligeable.

MINCEUR ■ ⇒ **finesse.**

MINE ■ *I.* Air, apparence, bouille (fam.), complexion, contenance, expression, extérieur, face, façon, figure, fiole (fam.), maintien, minois, physionomie, physique, teint, tête, visage. ⇒ **couleur.** *II. Loc.* **Faire bonne/mauvaise mine** ⇒ **accueil.** *III.* Carrière, fosse, galerie, puits, souterrain. *IV.* Charbonnage, houillère. *V.* Filon, fonds, gisement, *VI.* Cartouche, engin, expolsif, piège.

MINER ■ *I.* **Au pr. :** affouiller, caver, creuser, éroder, fouiller, fouir, gratter, ronger, saper. *II. Fig. :* abattre, affaiblir, attaquer, brûler, consumer, corroder, défaire, désintégrer, détruire, diminuer, ruiner, user.

MINEUR ■ Galibot, haveur, herscheur, porion, raucheur, sapeur.

MINEUR, E ■ Impubère. ⇒ **petit.**

MINIATURE ■ *I.* **Au pr. :** dessin, enluminure, peinture, portrait. *II. Loc.* **En miniature :** en abrégé, en raccourci, en réduction.

MINIATURISTE ■ Enlumineur.

MINIME ■ ⇒ **petit.**

MINIMISER ■ *I.* ⇒ **calmer.** *II.* ⇒ **réduire.**

MINISTÈRE ■ *I.* **Au pr.** 1. Charge, emploi, fonction. 2. Cabinet, conseil/corps ministériel/des ministres, département, gouvernement, maroquin, portefeuille. *II. Par ext.* ⇒ **entremise.**

MINISTÉRIEL, ELLE ■ *I.* Exécutif, gouvernemental, officiel. *II. Loc.* **Officier ministériel ;** avoué, commissaire priseur, huissier, notaire.

MINISTRE ■ *I.* **Au pr.** (vx) : exécutant, instrument, serviteur. *II.* Ecclésiastique, pasteur, prédicant. ⇒ **prêtre.**

MINOIS ■ ⇒ **visage.**

MINOTERIE ■ Meunerie, moulin.

MINUSCULE ■ ⇒ **petit.**

MINUS HABENS ■ Minus. ⇒ **bête.**

MINUTE ■ *I.* ⇒ **moment.** *II.* ⇒ **original.**

MINUTER ■ ⇒ **écrire.**

MINUTIE ■ ⇒ **soin.**

MINUTIEUX, EUSE ■ Appliqué, attentif, consciencieux, difficile, exact, exigeant, formaliste, maniaque, méticuleux, pointilleux, pointu, scrupuleux, soigneux, tatillon, vétilleux.

MIOCHE ■ *I.* ⇒ enfant. *II.* ⇒ bébé.

MIRACLE ■ ⇒ prodige.

MIRACULEUX, EUSE ■ ⇒ surnaturel.

MIRAGE ■ *I. Au pr.* : image, mirement, phénomène, reflet. *II. Par ext. :* apparence, chimère, illusion, mensonge, rêve, rêverie, trompe-l'œil, tromperie, vision. *III. Fig. :* attrait, séduction.

MIRE ■ *I. N. m. :* apothicaire ⇒ médecin. *II. N. f.* Loc. *Point de mire* ⇒ but.

MIRER ■ *I.* ⇒ viser. *II.* ⇒ regarder.

MIRIFIQUE ■ ⇒ extraordinaire.

MIRLITON ■ ⇒ flûte.

MIROBOLANT, E ■ ⇒ extraordinaire.

MIROIR ■ *I. Au pr. :* courtoisie, glace, psyché, réflecteur, rétroviseur, speculum, trumeau. *II. Fig.* ⇒ représentation.

MIROITANT, E ■ ⇒ brillant.

MIROITEMENT ■ ⇒ reflet.

MIROITER ■ ⇒ luire.

MIS, E ■ ⇒ vêtu.

MISANTHROPE ■ Atrabilaire, bourru, chagrin, farouche, insociable, ours, sauvage, solitaire.

MISANTHROPIE ■ Anthropophobie, apanthropie, aversion, haine.

MISCELLANEA, MISCELLANÉES ■ ⇒ mélanges.

MISE ■ *I.* Cave, enjeu, masse, poule. ⇒ investissement *II.* ⇒ vêtement. *III.* Loc. 1. De mise ⇒ valable. 2. Mise bas (vét.) : accouchement, agnelage, délivrance, part, parturition, poulinement, vêlage, vêlement. 3. Mise en demeure ⇒ injonction. 4. mise à jour : refonte ⇒ recyclage.

MISER ■ Allonger, caver, coucher, investir, jouer, mettre, parier, placer, ponter, renvier, risquer.

MISÉRABLE ■ *I. Adj.* 1. **Quelque chose :** déplorable, fâcheux, honteux, insignifiant, lamentable, malheureux, mauvais, méchant, méprisable, mesquin, piètre, pitoyable, regrettable, triste, vil. 2. **Quelqu'un :** besogneux, chétif, désespéré, indigent, infortuné, minable, miteux. ⇒ **pauvre.** *II. Nom :* bandit, claquedent, clochard, cloche, coquin, croquant, gueux, hère, marmiteux, miséreux, paria, pauvre diable/drille/type, pouilleux, purotin, sabouleux, traîne-misère, va-nu-pieds.

MISÈRE ■ *I.* ⇒ malheur. *II.* ⇒ pauvreté. *III.* ⇒ rien.

MISÉREUX, EUSE ■ ⇒ misérable.

MISÉRICORDE ■ *I.* Absolution, clémence, grâce, indulgence, merci, pardon, pitié, quartier. *II.* Selle, siège, tabouret.

MISÉRICORDIEUX, EUSE ■ ⇒ bon.

MISSEL ■ Antiphonaire, paroissien.

MISSILE ■ Engin, fusée.

MISSION ■ *I.* Ambassade, besogne, charge, commission, délégation, députation, légation, mandat. *II.* Action, but, destination, fonction, rôle, vocation. *III.* ⇒ occupation. *IV.* Apostolat, évangélisation. *V. Loc.* **Chargé de mission :** délégué, député, émissaire, envoyé, exprès, mandataire, représentant.

MISSIVE ■ ⇒ lettre.

MITAINE ■ Gant, moufle.

MITEUX, EUSE ■ ⇒ misérable.

MITIGER ■ ⇒ modérer.

MITONNER ■ *I. V. intr.* ⇒ cuire. *II. V. tr.* ⇒ préparer.

MITOYEN, ENNE ■ D'héberge, intermédiaire, médial, médian, moyen, voisin.

MITOYENNETÉ ■ ⇒ proximité.

MITRAILLER ■ ⇒ tirer.

MITRAILLETTE *Par ext.* ⇒ fusil.

MIXTE ■ ⇒ mêlé.

MIXTION ■ ⇒ mélange.

MIXTIONNER ■ ⇒ mélanger.

MIXTURE ■ ⇒ mélange.

MOBILE ■ adj. *I.* ⇒ mouvant. *II.* ⇒ changeant

MOBILE ■ n. *I.* ⇒ cause. *II.* ⇒ moteur. *III.* ⇒ soldat.

MOBILIER ■ Ameublement, équipement ménager, ménage, meubles.

MOBILISATEUR, TRICE ■ ⇒ motivant.

MOBILISATION ■ Appel, conscription, rappel.

MOBILISER ■ *I.* Appeler, enrégimenter, enrôler, lever, rappeler, recruter, requérir, réquisitionner. *II.* ⇒ immobiliser.

MOBILITÉ ■ *I.* ⇒ changement. *II.* ⇒ instabilité.

MOCHE ■ ⇒ laid.

MODALITÉ, ■ *I.* Circonstance, façon, manière, mode, moyen, particularité. ⇒ qualité. *II. Au pl.* ⇒ disposition.

MODE ■ *I. N. m.* ⇒ qualité. *II. N. f.* 1. Couture, engouement, épidémie, fashion, fureur, goût, habitude, mœurs, pratique, snobisme, style, ton, usage, vague, vent, vogue. 2. Convenance, façon, fantaisie, manière, volonté. 3. ⇒ vêtement.

MODÈLE ■ *I. N. m.* 1. Archétype, canon, critère, échantillon, étalon, exemple, formule, gabarit, idéal, idée, image, original, paradigme, parangon, précédent, prototype, référence, type, unité, 2. Carton, croquis, esquisse, étude, maquette, moule, pattern, patron, plan, schéma, spécimen, topo. 3. Académie, mannequin, pose. *II. Adj.* ⇒ parfait.

MODELÉ ■ ⇒ forme.

MODELER ■ *I.* ⇒ sculpter. *II.* ⇒ former. *III. V. pron.* ⇒ régler (se).

MODÉRATION ■ *I.* Circonspection, convenance, discrétion, douceur, frugalité, juste milieu, ménagement, mesure, modérantisme, réserve, retenue, sagesse, sobriété, tempérance. *II.* Adoucissement, assouplissement, mitigation, réduction.

MODÉRÉ, E ■ *I. Neutre :* abstinent, continent, désuet, doux, économe, équilibré, frugal, mesuré, modeste, moyen, pondéré, prudent, raisonnable, sage, sobre, tempérant, tempéré. *II. Non favorable :* bas, faible, médiocre.

MODÉRER ■ *I.* Adoucir, affaiblir, (vx), amortir, apaiser, arrêter, assouplir, atténuer, attiédir, borner, calmer, contenir, corriger, diminuer, édulcorer, estomper, éteindre, freiner, mesurer, mitiger, pallier, ralentir, régler, réprimer, tamiser, tempérer. *II. V. pron. :* déchanter, en rabattre, mettre de l'eau dans son vin, se retenir, se tenir à quatre, *et les formes pron. possibles des syn. de* MODÉRER.

MODERNE ■ *I.* ⇒ nouveau. *II.* ⇒ actuel.

MODERNISER ■ ⇒ renouveler.

MODESTE ■ *I. Quelqu'un :* chaste, décent, discret, effacé, humble, prude, pudique, réservé. *II. Quelque chose :* limité, médiocre, modéré, modique, moyen, pauvre, petit, simple, uni.

MODESTIE ■ *I.* ⇒ retenue. *II.* ⇒ décence.

MODICITÉ ■ Exiguïté, modestie, petitesse.

MODIFICATION ■ Adaptation, addition, aggravation, agrandissement, altération, artefact, changement, correction, dérogation, différence, extension, falsification, infléchissement, métamorphose, progression, ralentissement, rectification, refonte, remaniement, revision, transformation, variation.

MODIFIER ■ ⇒ changer.

MODIQUE ■ *I.* ⇒ médiocre. *II.* ⇒ petit.

MODULATION ■ ⇒ son.

MODULER ■ ⇒ adapter.

MOELLE ■ ⇒ substance.

MOELLEUX, EUSE ■ *I.* Confortable, douillet, doux, duveteux, élastique, mollet, mou, pulpeux, rembourré. *II.* Agréable, gracieux, souple. *III.* Gras, liquoreux, mollet, onctueux, savoureux, velouté.

MOELLON ■ ⇒ pierre.

MŒURS ■ *I. Au pr.* 1. ⇒ habitude. 2. ⇒ moralité. 3. ⇒ nature. *II. Par ext.* ⇒ caractère.

MOFETTE, MOUFETTE ■ Émanation, exhalaison, fumée, fumerolle, gaz, grisou.

MOI ■ ⇒ personnalité.

MOINDRE ■ ⇒ petit.

MOINE ■ *I.* ⇒ religieux. *II.* ⇒ toupie. *III.* ⇒ chaufferette.

MOINEAU ■ *I. Au pr. :* passereau, piaf, pierrot. *II. Fig.* ⇒ type.

MOINS (AU) ■ À tout le moins, du moins, pour le moins, tout au moins.

MOIRE ■ ⇒ reflet.

MOIRER ■ ⇒ lustrer.

MOÏSE ■ ⇒ berceau.

MOISIR ■ *I. Au pr.* ⇒ pourrir. *II. Fig.* ⇒ attendre.

MOISSON ■ Fruit, récolte.

MOISSONNER ■ ⇒ recueillir.

MOITE ■ ⇒ humide.

MOITEUR ■ ⇒ tiédeur.

MOLASSE ■ ⇒ mou.

MÔLE ■ Brise-lames, digue, embarcadère, jetée, musoir.

MOLÉCULE ■ ⇒ particule.

MOLESTER ■ *I.* ⇒ tourmenter. *II.* ⇒ maltraiter.

MOLLESSE ■ *I. Au pr.* 1. Non favorable : abattement, affaiblissement, apathie, atonie, avachissement, cagnardise, indolence, langueur, mollasserie, nonchalance, paresse, relâchement, somnolence. 2. Neutre ou favorable : abandon, faiblesse, grâce, laisser-aller, morbidesse. 3. Flaccidité. *II. Part ext.* ⇒ volupté.

MOLLET, ETTE ■ *I.* ⇒ mou. *II.* ⇒ moelleux.

MOLLETIÈRE ■ ⇒ guêtre.

MOLLETONNÉ, E ■ Capitonné, doublé, fourré, pelucheux, rembourré.

MOLLIR ■ *I. V. intr.* ⇒ faiblir. *II. V. tr.* ⇒ fléchir.

MOMENT ■ *I.* Date époque, heure, instant, intervalle, jour, minute, saison, seconde, tournant. *II.* ⇒ occasion.

MOMENTANÉ, E ■ ⇒ passager.

MOMERIE ■ *I.* ⇒ mascarade. *II.* ⇒ comédie. *III.* ⇒ hypocrisie.

MOMIFIER ■ *I.* Dessécher, embaumer. *II.* ⇒ abêtir.

MONACAL, E ■ ⇒ monastique.

MONARCHISTE ■ ⇒ royaliste.

MONARQUE ■ Autocrate, césar, chef, despote, dynaste, empereur, grand mogol, kaiser, khan, majesté, potentat, prince, ras, roi, seigneur, shah, souverain, sultan, tyran. *Péj. :* principicule, roitelet, tyranneau.

MONASTÈRE ■ ⇒ cloître.

MONASTIQUE ■ Claustral, conventuel, monacal, monial, régulier.

MONCEAU ■ ⇒ amas.

MONDAIN ■ *I. N. m. :* boulevardier

(vx), homme du monde, snob. **II. Adj. :** 1. ⇒ **terrestre.** 2. Frivole, futile, léger.

MONDE ■ **I. Au pr.** ⇒ **univers. II. Fig.** 1. ⇒ **société.** 2. ⇒ **multitude.** 3. ⇒ **époque. III. Par ext. :** aristocratie, beau linge (fam.), beau/grand monde, faubourg Saint-Germain (vx), gentry, gotha, gratin, haute société, milieu, société, tout-Paris, vieille France.

MONDIAL, E ■ ⇒ **universel.**

MONITEUR, TRICE ■ **I.** ⇒ **maître. II.** ⇒ **instructeur.**

MONITOIRE ■ ⇒ **rescrit.**

MONNAIE ■ ⇒ **argent.**

MONNAYER ■ ⇒ **vendre.**

MONOCORDE ■ ⇒ **monotone.**

MONOGRAMME ■ ⇒ **signature.**

MONOGRAPHIE ■ ⇒ **traité.**

MONOLOGUE ■ **I. Au pr. :** aparté, discours, monodie, tirade. **II. Par ext. :** radotage, soliloque.

MONOLOGUER ■ Soliloquer.

MONOMANIE ■ ⇒ **manie.**

MONOPOLE ■ Duopole, oligopole, régie. ⇒ **privilège.**

MONOPOLISER ■ ⇒ **accaparer.**

MONOTONE ■ Assoupissant, endormant, ennuyeux, monocorde, plat, traînant, triste, uniforme.

MONOTONIE ■ Uniformité. ⇒ **tristesse.**

MONSIEUR ■ **I.** ⇒ **homme. II.** ⇒ **personnalité.**

MONSTRE ■ **I. Nom.** ⇒ **phénomène.** 2. ⇒ **scélérat. II. Adj.** ⇒ **monstrueux.**

MONSTRUEUX, EUSE ■ **I. Neutre.** 1. ⇒ **gigantesque.** 2. ⇒ **grand. II. Non favorable.** 1. ⇒ **irrégulier.** 2. ⇒ **démesuré.** 3. ⇒ **mauvais.**

MONSTRUOSITÉ ■ **I.** ⇒ **malformation. II.** ⇒ **grandeur.**

MONT ■ Aiguille, ballon, belvédère, butte, chaîne, cime, colline, cordillère, crêt, crête, croupe, dent, djebel, élévation, éminence, hauteur, mamelon, massif, morne, montagne, pic, piton, pointe, puy, rocher, serra, sierra, sommet.

MONTAGE ■ ⇒ **assemblage.**

MONTAGNE ■ **I.** ⇒ **mont. II.** ⇒ **quantité.**

MONTAGNEUX, EUSE ■ Accidenté, élevé, escarpé, montagnard, montueux, orographique.

MONTANT ■ **I. N. m. :** ⇒ **somme. II. Adj. :** ascendant, assurgent, dressé, escarpé, vertical. ⇒ **abrupt.**

MONT-DE-PIÉTÉ ■ **I.** Crédit municipal. **II. Fam. :** clou, ma tante.

MONTÉE ■ **I.** Ascension, escalade, grimpée. **II.** Accroissement, augmentation, crue, envahissement, invasion. **III.** Côte, grimpette, pente, raidillon, rampe. **IV.** ⇒ **escalier. V. Loc.** Montée des prix ⇒ **hausse.**

MONTER ■ **I. V. intr.** 1. Quelqu'un monte : aller, s'élever, s'embarquer, entrer, se guinder, se hisser, voler. 2. Quelque chose monte ⇒ **augmenter. II. V. tr.** 1. **Au pr. :** escalader, gravir, grimper. 2. **Par ext. :** élever, exhausser, hausser, lever, rehausser, relever, remonter, surélever, surhausser. 3. **Fig. :** combiner, constituer, établir, organiser, ourdir. ⇒ **préparer. III. V. pron. :** ⇒ **valoir.**

MONTICULE ■ ⇒ **hauteur.**

MONTRE ■ **I.** ⇒ **étalage. II.** Chiqué, démonstration, dépense, effet, étalage, exhibition, mise en scène, ostentation, parade, spectacle. **III.** Bassinoire, bracelet-montre, chronographe, chronomètre, montre-bracelet, oignon, savonnette. **Fam. :** coucou, patraque, tocante.

MONTRER ■ *I. Au pr.* **1.** Arborer, déballer, déployer, désigner, développer, étaler, exhiber, exposer, indiquer, présenter, représenter. **2.** Découvrir, dégager, dénuder, dessiner, donner, faire/laisser deviner, manifester, porter, soumettre. *II. Fig.* **1.** Décrire, démasquer, dépeindre, dévoiler, évoquer, offrir, mettre dans, peindre, raconter. **2.** Démontrer, dire, écrire, établir, prouver, signaler, souligner. **3.** Annoncer, attester, déceler, dénoncer, dénoter, enseigner, exhaler, instruire, produire, témoigner. **4.** Accuser, affecter, afficher, affirmer, déclarer, faire briller/entendre/voir, faire montre de, marquer, respirer. *III. V. pron. :* Apparaître, croiser, être, parader, paraître, surgir, *et les formes pron. possibles des syn. de* MONTRER.

MONTUEUX, EUSE ■ ⇒ montagneux.

MONTURE ■ *I.* ⇒ cheval. *II.* Assemblage, montage.

MONUMENT ■ *I.* ⇒ bâtiment. *II.* ⇒ tombeau. *III.* ⇒ souvenir.

MONUMENTAL, E ■ ⇒ gigantesque.

MOQUER (SE) ■ *I.* ⇒ railler. *II.* ⇒ mépriser.

MOQUERIE ■ ⇒ raillerie.

MOQUEUR, EUSE ■ *I.* ⇒ hâbleur. *II.* ⇒ taquin.

MORAL, E ■ *I.* ⇒ probe. *II.* ⇒ psychique. *III.* ⇒ mentalité.

MORALE ■ *I.* Déontologie, devoir, éthique, honnêteté, probité, vertu. *II.* Admonestation, capucinade (péj.), leçon, parénèse (vx). *III.* Réprimande. *IV.* Apologue, maxime, moralité.

MORALISER ■ Assainir. ⇒ sermonner.

MORALITÉ ■ *I.* ⇒ morale. *I.* Bonnes mœurs, conscience, mœurs, sens moral. *III.* Affabulation, conclusion, enseignement, maxime, morale, sentence. *IV.* Honorabilité, réputation.

MORBIDE ■ *I.* ⇒ malade. *II.* ⇒ malsain.

MORBIDESSE ■ *I.* ⇒ grâce. *II.* ⇒ mollesse.

MORCEAU ■ *I.* Battiture, bloc, bouchée, bout, bribe, chanteau, chicot, chiffon, croûton, darne, débris, découpure, détail, division, échantillon, éclat, élément, entame, épave, fragment, gringuenaude, lambeau, lichette, lingot, loquette, masse, membre, miette, motte, parcelle, part, particule, partie, pièce, portion, quartier, quignon, relief, retaille, rogaton, rognure, rondelle, segment, tesson, tranche, tronçon. *II.* Coin, enclave, lopin, lot, lotissement, parcelle. *III.* ⇒ passage. *IV.* ⇒ pièce. *V. Loc.* Morceaux choisis : analecte, anthologie, chrestomathie, compilation.

MORCELER ■ ⇒ partager.

MORCELLEMENT ■ ⇒ segmentation.

MORDANT ■ *I. N. m. :* ⇒ aigreur, vivacité. *II. Adj. :* acéré, acide, acrimonieux, aigre, aigu, amer, caustique, corrosif, effilé, incisif, mauvais, méchant, moqueur, mordicant, piquant, poivré, rongeur, satirique, vif.

MORDICUS ■ ⇒ opiniâtrement.

MORDRE ■ *I. Au pr. :* broyer, croquer, déchiqueter, déchirer, dilacérer, lacérer, mâchonner, mordiller, serrer. *II. Par ext. :* attaquer, détruire, entamer, ronger, user. *III. Fig.* ⇒ comprendre.

MORDU, E ■ ⇒ fanatique.

MORFILER ■ ⇒ affiler.

MORFONDRE (SE) ■ ⇒ attendre.

MORFONDU, E ■ *I.* ⇒ transi. *II.* ⇒ faché.

MORGUE ■ *I.* ⇒ orgueil. *II.* Amphithéâtre, athanée, dépositoire, institut médico-légal, salle de dissection.

MORGUER ■ ⇒ braver.

MORIBOND, E ■ Agonisant, crevard (fam. et péj.), mourant.

MORIGÉNER ■ ⇒ réprimander.

MORNE ■ *I.* ⇒ triste.

MOROSE ■ *I.* ⇒ renfrogné. *II.* ⇒ triste.

MOROSITÉ ■ ⇒ tristesse.

MORS ■ Filet, frein.

MORSURE ■ ⇒ blessure.

MORT ■ *I. N. f.* 1. Au pr. : anéantissement, décès, dernier sommeil/soupir, disparition, extinction, fin, grand voyage, malemort (vx), perte, nuit/repos/sommeil éternel (le), tombe, tombeau, trépas. 2. La Camarde, la Faucheuse, la Parque. 3. Par ext. ⇒ ruine. *II. N. m.* : cadavre, corps, de cujus, dépouille, esprit, macchab (fam.), macchabée (fam.), mânes, ombre, restes, restes mortels, trépassé, victime. *III. Adj.* : canné (arg.), décédé, défunt, disparu, feu, inanimé, naze (arg.), passé, trépassé, tué, *et les part. passés possibles de* ⇒ mourir.

MORTALITÉ ■ Létalité, mortinatalité.

MORTEL ■ *I. N. m.* : ⇒ homme. *II. Adj.* : 1. Destructeur, fatal, létal, meurtrier, mortifère. 2. ⇒ fatal. 3. ⇒ extrême. 4. ⇒ ennuyeux.

MORTELLEMENT ■ *I.* À mort, à la mort. *II.* À fond, extrêmement.

MORTIFICATION ■ *I. Au pr.* : abstinence, ascèse, ascétisme, austérité, continence, jeûne, macération, pénitence. *II. Par ext.* : affront, camouflet, couleuvre, crève-cœur, déboire, dégoût, déplaisir, dragée, froissement, humiliation, pilule, soufflet, vexation.

MORTIFIER ■ *I.* ⇒ humilier. *II.* ⇒ affliger. *III.* ⇒ macérer.

MORTUAIRE ■ ⇒ funèbre.

MORUE ■ *I.* Cabillaud, gade, gadidé, merluche, merlu. *II.* Haddock, stockfish. *III.* ⇒ prostituée.

MORVE ■ Mouchure, roupie. ⇒ saleté.

MOT ■ *I.* Appellation, dénomination, expression, particule, terme, verbe, vocable. *II.* ⇒ parole. *III.* ⇒ lettre. *IV.* ⇒ pensée. *V. Loc.* 1. Mot à mot : à la lettre, littéralement, mot pour mot, textuellement. 2. Bon mot, jeu de mots, mot d'esprit, mot pour rire : anecdote, bluette, boutade, calembour, concetti, concetto, contrepèterie, coq-à-l'âne, dit, épigramme, gentillesse, plaisanterie, pointe, quolibet, saillie, trait.

MOTET ■ ⇒ cantique.

MOTEUR ■ *I.* Appareil, engin, force motrice, machine, mécanique, moulin (fam.), principe actif. *II. Fig.* : agent, âme, animateur, cause, directeur, incitateur, inspirateur, instigateur, meneur, mobile, motif, origine, principe, promoteur, ressort.

MOTIF ■ *I.* Agent, attendu, cause, comment, considérant, excuse, explication, fin, finalité, impulsion, intention, mobile, motivation, occasion, origine, pourquoi, prétexte, principe, raison, sujet. *II.* Leitmotiv, matière, propos, thème.

MOTION ■ ⇒ proposition.

MOTIVANT, E ■ Excitant, mobilisateur, incitant, stimulant.

MOTIVER ■ ⇒ occasionner.

MOTO ■ Gros cube ⇒ cyclomoteur.

MOTRICE ■ *I.* ⇒ moteur. *II.* ⇒ locomotive.

MOTRICITÉ ■ ⇒ mouvement.

MOTUS ■ Chut, paix, pas un mot, silence, taisez-vous.

MOU ■ n. ⇒ poumon.

MOU, MOLLE ■ adj. *I. Quelque chose.* 1. Neutre : amolli, cotonneux, détendu, doux, ductile, élastique, fangeux, flaccide, flasque, flexible, lâche, malléable, maniable, moelleux, mollet, pâteux, plastique, ramolli, relâché, rénitent (méd.), souple, spongieux, subéreux, tendre. 2. Non favorable : avachi, flasque, mollasse. ⇒ visqueux.

II. Quelqu'un : **1.** Abattu, aboulique, amorphe, apathique, atone, avachi, aveuli, bonasse, cagnard, chiffe, dysboulique, efféminé, emplâtre, endormi, faible, femmelette, flemmard, inconsistant, indolent, inerte, lâche, languissant, loche, lymphatique, mollasse, mollasson, nonchalant, velléitaire, veule, voluptueux. ⇒ **paresseux. 2. Fam.** : flagada, gnangnan, moule, nouille, panade, soliveau, toton, toupie.

MOUCHARD, E ■ *I. Quelqu'un* : **1.** Délateur, dénonciateur, espion, faux-frère, indicateur, rapporteur, sycophante, traître. ⇒ **espion. 2. Arg.** : cafard, cafetière, cafteur, capon, casserole, cuistre, doulos, indic, mouche, mouton, treize-à-table. *II. Un appareil* : contrôleur, enregistreur, manomètre.

MOUCHARDAGE ■ ⇒ accusation.

MOUCHARDER ■ ⇒ dénoncer.

MOUCHE ■ *I. Fig.* **1.** ⇒ espion. **2.** ⇒ mouchard. *II. Loc.* Mouche à miel ⇒ abeille.

MOUCHER ■ *I.* ⇒ nettoyer. *II.* ⇒ humilier.

MOUCHETÉ ■ ⇒ marqueté.

MOUCHOIR ■ Pochette, tire-jus (fam.). ⇒ fichu.

MOUDRE ■ ⇒ broyer.

MOUE ■ ⇒ grimace.

MOUFLE ■ *I.* Gant, mitaine, miton.

MOUILLAGE ■ *I.* Coupage. *II.* ⇒ amarrage.

MOUILLÉ, E ■ ⇒ humide.

MOUILLER ■ *I. Au pr.* : abreuver, arroser, asperger, baigner, délaver, détremper, doucher, éclabousser, emboire embuer, humecter, humidifier, imbiber, inonder, laver, madéfier, oindre, rincer, saucer, saturer, transpercer, tremper. *II. Du vin* : baptiser, couper, diluer, mêler. *III. Mar.* : ancrer, desservir, donner fond, embosser, stopper. *IV. V. pron.* : se compromettre, prendre des risques, tremper dans une affaire, *et les formes pron. possibles des syn. de* MOUILLER.

MOUILLETTE ■ ⇒ quignon.

MOULE ■ *I. N. f.* (fig.) ⇒ **mou.** *II. N. m.* : **1.** Caseret, faisselle, gaufrier, tourtière. **2. Techn.** : banche, carcasse, chape, empreinte (partic.) forme, gueuse, lingotière, matrice, mère, modèle, surmoule, virole.

MOULER ■ *I.* ⇒ former. *II.* ⇒ serrer.

MOULIN ■ Meunerie, minoterie.

MOULU, E ■ ⇒ fatigué.

MOULURE ■ *I.* Modénature, profil. *II.* Anglet, archivolte, armilles, astragale, bague, baguette, bandeau, bandelette, billette, boudin, bourseau, cannelure, cavet, cimaise, congé, cordon, doucine, échine, entrelacs, feuille d'acanthe, filet, gorge, listel, nervure, ove, palmette, perle, piédouche, plate-bande, plinthe, quart-de-rond, rais-de-cœur, réglet, sacome, scotie, talon, tore, tringle.

MOURANT, E ■ *I.* ⇒ moribond. *II.* ⇒ langoureux.

MOURIR ■ *I. Au pr.* **1.** S'en aller, cesser de vivre, décéder, se détruire, disparaître, s'endormir, s'éteindre, être emporté / enlevé / rappelé / ravi / tué, exhaler son âme, expirer, finir, partir, passer, passer le pas/dans l'autre monde/de vie à trépas, perdre la vie, périr, rendre l'âme/le dernier soupir/ l'esprit/son dernier souffle, succomber, se tarir, tomber, tomber au champ d'honneur, trépasser, trouver la mort, y rester. **2. Anim. ou péj.** : crever. **3. Poét.** : avoir vécu, descendre aux enfers/au tombeau/dans la tombe, s'endormir dans les bras de Dieu/du Seigneur/de la mort, fermer les paupières/les yeux, finir / terminer ses jours/sa vie, paraître devant Dieu, payer le tribut à la nature, quitter ce monde/cette vallée de larmes. **4. Fam. :** aller ad patres/chez les taupes/sous les fleurs, s'en aller/partir/sortir entre quatre planches/les pieds devant, avaler sa chique/son bulletin/son extrait de naissance, boire le bouillon d'onze heures, calancher, canner, casser sa pipe, champser, claboter, clamecer, clampser, claquer, crever, cronir, dégeler, déposer le bilan, dessouder, dévisser, éteindre sa lampe/son gaz, faire couic/le grand voyage/sa malle/son paquet/sa valise, fermer son pébroc, lâcher la rampe/les pédales, laisser ses guêtres/ses houseaux, manger les mauves/les pissenlits par la racine, passer l'arme à gauche, perdre le goût du pain, ramasser ses outils, rendre les clefs, tourner le coin. **II. Par ext. 1.** ⇒ finir. **2.** ⇒ souffrir.

MOUSQUET, MOUSQUETON ■ ⇒ fusil.

MOUSSAILLON, MOUSSE ■ ⇒ marin.

MOUSSE ■ **I. N. f. : 1.** Bulles, crème, écume, flocon, floculation, neige, spumosité, **2.** Lichen, usnée. **II. N. m.** ⇒ marin.

MOUSSE ■ Adj. ⇒ émoussé.

MOUSSELINE ■ Singalette, tarlatane.

MOUSSON ■ ⇒ vent.

MOUSTACHE ■ Bacchantes, charmeuses, moustagaches. *Zool. :* vibrisses.

MOUSTIQUE ■ Anophèle, cousin, maringouin, stégomie.

MOUTON ■ **I. Au pr. :** agneau, agnelle, antenais, bélier, bête à laine, broutart, ouaille, ovidé, ovin, robin (fam.), vassiveau. ⇒ **brebis. II. Fig. 1.** ⇒ mouchard. **2.** ⇒ saleté. **III. Loc.** Peau de mouton. **1.** Basane. **2.** Canadienne, moumoute (fam.), paletot.

MOUTONNER ■ ⇒ friser.

MOUTONNIER, ÈRE ■ ⇒ grégaire.

MOUVANCE ■ *Vx :* tenure. ⇒ **dépendance.**

MOUVANT, E ■ Agité, ambulant, animé, changeant, erratique, flottant, fluctueux, fluide, fugitif, instable, mobile, ondoyant ondulant, onduleux, remuant, roulant, volant.

MOUVEMENT ■ **I. D'une chose. 1.** Action, agitation, balancement, ballant, ballottement, battement, bouillonnement, branle, branlement, brimbalement, cadence, cahotement, changement, chavirement, circulation, cours, course, déplacement, élan, évolution, flottement, fluctuation, flux, frémissement, frétillement, frisson, glissement, houle, impulsion, lancée, libration, marche, mobilité, motilité, motricité, navette, onde, ondoiement, ondulation, oscillation, pulsation, reflux, remous, rotation, roulis, tangage, tourbillon, tournoiement, trajectoire, transport, tremblement, trépidation, turbulence, vacillation, va-et-vient, vague, valse, vibration, vol. **2.** ⇒ **fermentation. 3.** ⇒ **trouble. 4.** ⇒ **variation. 5.** ⇒ rythme. **6.** ⇒ évolution. **II. De quelqu'un. 1. Au pr. :** activité, agitation, course, ébats, évolutions, exercice, geste, marche, remuement. **2. Par ext.** Mouvement de l'âme/du cœur : affection, amour, compassion, comportement, conation, conduite, effusion, élan, émoi, émotion, enthousiasme, envolée, impulsion, passion, réaction, réflexe, sentiment, tendance, transport.

MOUVEMENTÉ, E ■ **I.** ⇒ accidenté. **II.** ⇒ animé.

MOUVOIR ■ **I. Quelque chose :** actionner, agiter, animer, bouger, déclencher, déplacer, ébranler, faire agir/aller/marcher, manœuvrer, mettre en activité/action/branle/mouvement/œuvre, pousser, propulser, secouer. **II. Quelqu'un :** émouvoir, exciter, inciter, porter, pousser. **III. V. pron. :** Aller, aller et venir, avancer, bouger, circuler, couler, courir, déambuler, se déplacer, fonctionner, jouer, glisser, marcher, se promener, se remuer, rouler, se traîner.

MOYEN ■ n. *I. Au pr.* : biais, chemin, combinaison, demi-mesure, détour, expédient, façon, filon, fin, formule, instrument, intermédiaire, issue, joint, machine (vx), manière, marche à suivre, mesure, méthode, opération, ouverture, palliatif, plan, procédé, procédure, système, tactique, truc, voie. *II. Fig.* : béquille, marche-pied, matériau, organe, outil, porte, ressort, tremplin, viatique. *III. Au pl.* : capacité, disposition, don, expédient, facilité, faculté, force, intelligence, mémoire, occasion, possibilité, pouvoir, prétexte, recette, ruse, stratagème, vivacité d'esprit. *IV. Loc.* 1. Au moyen de : à l'aide de, avec, grâce à, moyennant, par. **2. Par le moyen de** : canal, entremise, intermédiaire, instrument, truchement.

MOYEN, ENNE ■ adj. *I. Au pr.* ⇒ mitoyen. *II. Par ext.* 1. Banal, commun, courant, faible, intermédiaire, juste, médiocre, modéré, modeste, modique, ordinaire, passable, quelconque, terne. 2. Acceptable, correct, honnête, honorable, passable, tolérable.

MUCOSITÉ ■ Glaire, humeur, morve, mouchure, mucus, pituité, sécrétion, suc, suint.

MUER ■ ⇒ transformer.

MUET, MUETTE ■ *I.* ⇒ silencieux. *II.* ⇒ interdit.

MUFLE ■ *I.* ⇒ museau. *II.* ⇒ impoli.

MUFLERIE ■ ⇒ impolitesse.

MUGIR ■ *I. Au pr.* : beugler, meugler, *II. Fig.* ⇒ crier.

MUGISSEMENT ■ ⇒ beuglement.

MUID ■ ⇒ tonneau.

MULÂTRE ■ ⇒ métis.

MULE ■ *I.* ⇒ chausson. *II.* ⇒ métis.

MULET ■ *I. Poisson* : muge. *II.* ⇒ métis.

MULTICOLORE ■ Polychrome.

MULTIDISCIPLINAIRE ■ Inter/ pluridisciplinaire.

MULTIPLE ■ *I.* ⇒ varié. *II.* ⇒ nombreux.

MULTIPLICATION ■ ⇒ reproduction.

MULTIPLICITÉ ■ ⇒ multitude.

MULTIPLIER ■ *I.* Accroître, agrandir, amplifier, augmenter, centupler, cuber, décupler, doubler, entasser, exagérer, grossir, hausser, majorer, nonupler, octupler, peupler, propager, quadrupler, quintupler, répéter, reproduire, semer, septupler, sextupler, tripler, vingtupler. *II. V. pron.* : croître, engendrer, essaimer, foisonner, fourmiller, peupler, procréer, proliférer, se propager, provigner, pulluler, se reproduire.

MULTITUDE ■ Abondance, affluence, afflux, amas, armée, avalanche, averse, cohue, concours de peuple, débordement, déluge, diversité, encombrement, essaim, fleuve, flopée, flot, foison, forêt, foule, foultitude (fam.), fourmilière, fourmillement, grouillement, infinité, inondation, kyrielle, légion, mascaret, masse, mer, monde, multiplicité, nombre, nuée, peuple, pluralité, populace, potée (fam.), presse, pullulement, quantité, rassemblement, régiment, ribambelle, tapée (fam.), tas, torrent, tourbe, tourbillon, tripotée (fam.), troupe, troupeau, vulgaire.

MUNI, E ■ ⇒ fourni.

MUNICIPALITÉ ■ ⇒ mairie.

MUNIFICENCE ■ ⇒ générosité.

MUNIFICENT, E ■ ⇒ généreux.

MUNIR ■ *I.* ⇒ fournir. *II. V. pron.* : s'armer, s'équiper, se pourvoir, se précautionner, se prémunir, prendre.

MUR ■ *I.* Brise-vent, cloison, clos, clôture, façade, garde-fou, muret, murette, parapet, paroi. *II.* Courtine, enceinte, fortification, muraille, rempart. *III.* ⇒ obstacle.

MÛR, E ■ Décidé, disposé, paré, prêt, propre à, susceptible de.

MURAILLE ■ *I.* ⇒ mur. *II.* ⇒ rempart.

MURER ■ ⇒ fermer.

MÛRIR ■ *I. V. intr.* 1. Au pr. : aoûter, dorer, s'épanouir, grandir, venir à maturité. 2. Fig. : cuire, se faire. *II. V. tr.* : approfondir, combiner, concerter, digérer, étudier, méditer, mijoter, peser, préméditer, préparer, réfléchir, repenser, supputer.

MÛRISSAGE ■ Maturation, mûrissement.

MURMURE ■ *I.* ⇒ bruit. *II.* ⇒ rumeur. *III.* ⇒ gémissement.

MURMURER ■ *I. V. intr.* : bougonner, bourdonner, broncher, fredonner, geindre, gémir, grognasser, grogner, grognonner, grommeler, gronder, marmonner, marmotter, maronner, maugréer, se plaindre, protester, ragonner (fam.), râler (fam.), rogner, rognonner (fam.), ronchonner. *II. V. tr.* : chuchoter, dire, marmonner, marmotter, susurrer.

MUSARD, E ■ ⇒ frivole, paresseux.

MUSARDER ■ ⇒ flâner.

MUSCAT ■ Frontignan, lacryma-christi, malaga, picardan.

MUSCLE ■ ⇒ force.

MUSCLÉ, E ■ *I. Au pr.* : athlétique, musculeux. *II. Par ext.* : baraqué, bien bâti/charpenté/constitué/découplé/fait, costaud, fort, mâle, puissant, râblé, robuste, solide, trapu, vigoureux, viril.

MUSE ■ ⇒ poésie.

MUSEAU ■ *I. Au pr.* : bouche, boutoir, groin, mufle, tête, truffe. *II. Fig.* ⇒ visage.

MUSÉE ■ Cabinet, collection, conservatoire, galerie, glyptothèque, muséum, pinacothèque, protomothèque, salon.

MUSELER ■ ⇒ taire (faire).

MUSER ■ ⇒ flâner.

MUSETTE ■ *I.* ⇒ cornemuse. *II.* ⇒ bal. *III.* ⇒ gibecière.

MUSÉUM ■ ⇒ musée.

MUSICAL, E ■ ⇒ harmonieux.

MUSICIEN, ENNE ■ *I.* Artiste, chanteur, choriste, chef-d'orchestre, compositeur, coryphée, croque-note (vx et péj.), exécutant, instrumentiste, joueur, maestro, maître de chapelle, mélomane, musicastre (péj.), musico (fam.), soliste, virtuose. *II. Au pl.* : clique, ensemble, fanfare, jazz-band, maîtrise, orchestre, orchestre philharmonique, quatuor, quintette, trio.

MUSIQUE ■ *I.* ⇒ harmonie. *II.* ⇒ orchestre.

MUSOIR ■ ⇒ môle.

MUSQUÉ, E ■ ⇒ précieux.

MUTATION ■ ⇒ changement.

MUTER ■ ⇒ déplacer.

MUTILER ■ Altérer, amoindrir, amputer, briser, casser, castrer, châtrer, circoncire, couper, déformer, dégrader, éborgner, écharper, émasculer, essoriller, estropier, exciser, léser, massacrer, raccourcir, rendre infirme, tronquer. ⇒ blesser, frustrer.

MUTIN ■ *I. N. m.* : 1. ⇒ révolté. 2. ⇒ insurgé. *II. Adj.* : espiègle.

MUTINER (SE) ■ ⇒ révolter (se).

MUTINERIE ■ *I.* ⇒ émeute. *II.* ⇒ révolte.

MUTISME ■ ⇒ silence.

MUTITÉ ■ Aphasie, audi/surdimutité, mutisme.

MUTUEL, ELLE ■ Bilatéral, partagé, réciproque, synallagmatique.

MUTUELLE ■ ⇒ syndicat.

MYGALE ■ Arachnide, aranéide, araignée, argyronète, épeire, faucheur, faucheux, galéode, latrodecte, lycose, malmignate, ségestrie, tarentule, tégénaire, théridion, thomise.

MYOPE ■ *Fam.* : bigle, bigleux, miro.

MYRIADE ■ ⇒ quantité.

MYRMIDON ■ ⇒ nain.

MYSTAGOGUE ■ ⇒ initiateur.

MYSTÈRE ■ *I. Au pr.* : arcane, énigme, magie, obscurité, inconnu, voile. ⇒ secret. *II. Par ext.* 1. ⇒ vérité. 2. ⇒ prudence.

MYSTÉRIEUX, EUSE ■ *I.* ⇒ secret. *II.* ⇒ obscur.

MYSTICISME ■ Communication, contemplation, dévotion, extase, illuminisme, mysticité, oraison, sainteté, spiritualité, union à Dieu, vision.

MYSTIFICATION ■ Blague, canular. ⇒ tromperie.

MYSTIFIER ■ ⇒ tromper.

MYSTIQUE ■ *I. Adj.* 1. ⇒ secret. 2. symbolique. 3. ⇒ religieux. *II. N. f.* : ⇒ foi.

MYTHE, MYTHOLOGIE ■ ⇒ légende.

MYTHIQUE ■ ⇒ fabuleux.

MYTHOMANE ■ *I.* Caractériel. *II. Fig.* ⇒ hâbleur. *III. Par ext.* 1. ⇒ menteur. 2. ⇒ hâbleur.

MYTILICULTEUR ■ Boucholeur, bouchoteur.

n

NABAB ■ Aisé, argenteux (pop.), boyard (fam.), calé (vx), capitaliste, cossu (fam.), cousu d'or (fam.), crésus (fam.), florissant, fortuné, galetteux (fam.), gros (fam.), heureux, huppé (fam.), milliardaire, millionnaire, milord (fam.), multimillionnaire, nanti, opulent, parvenu, pécunieux, ploutocrate (péj.), possédant, pourvu, prince, prospère, renté, rentier, richard (péj.), riche, richissime, rupin (fam.), satrape (péj.).

NABOT ■ ⇒ nain.

NACELLE ■ *I.* Barque, canot, embarcation, esquif, nef (vx). ⇒ **bateau.** *II.* Cabine, cockpit, habitacle.

NACRÉ, E ■ Chromatisé, irisé, moiré, opalin.

NAEVUS ■ Envie, grain de beauté.

NAGER ■ *I.* Baigner, flotter, naviguer, surnager, voguer. *II.* ⇒ **ramer.** *III. Loc.* Nager dans l'opulence : avoir du foin dans ses bottes, en avoir plein les poches, être riche *et les syn. de* RICHE, ne pas se moucher du coude, remuer l'argent à la pelle.

NAGUÈRE ■ *I.* ⇒ autrefois. *II.* Il y a peu, récemment.

NAÏADE ■ Déesse, dryade, hamadryade, hyade, napée, neek ou nixe (german.), néréide, nymphe, océanide, oréade.

NAÏF, NAÏVE ■ *I. Favorable ou neutre.* 1. ⇒ **naturel.** 2. ⇒ **simple.** 3. ⇒ **spontané.** *II. Non favorable :* bonhomme, crédule, dupe, gille, gobemouches, gobeur, godiche, gogo, innocent, jeune (fam.), jobard, niais, nunuche, oiselle, oison, pigeon, poire, simplet, zozo. **Arg. :** cave, nave, pante. ⇒ **bête.**

NAIN, NAINE ■ adj. et n. *I. Au pr. :* lilliputien, myrmidon, pygmée. *II. Non favorable :* avorton, bout d'homme, freluquet, gnome, homoncule, magot, microbe, nabot, pot à tabac, ragot, ragotin, rasemottes, tom-pouce.

NAISSANCE ■ *I. Au pr. :* nativité, venue au monde. *II. Par ext. :* accouchement, apparition, ascendance, avènement, commencement, début, éclosion, état, extraction, extrance (vx), filiation, génération, genèse, germination, jour, maison, nom, origine, parage (vx.) source. ⇒ **enfantement.**

NAÎTRE ■ *I. Au pr. :* venir au monde, voir le jour. *II. Par ext.* 1. ⇒ **venir de.** 2. ⇒ **commencer.** 3. Apparaître, éclore, s'élever, se former, se lever, paraître, percer, poindre, sourdre, surgir, survenir. *III. Loc.* Faire naître : allumer, amener, apporter, attirer, causer, créer, déterminer, donner lieu, engendrer, entraîner, éveiller, exciter, faire, fomenter, inspirer, motiver, occasionner, produire, provoquer, susciter.

NAÏVETÉ ■ *I. Favorable ou neutre :* abandon, bonhomie, candeur, droiture, franchise, ingénuité, innocence, naturel, simplesse, simplicité. *II. Non favorable :* crédulité, jobarderie, niaiserie. ⇒ **bêtise.**

NANISME ■ Achondroplasie.

NANTI, E ■ *I.* ⇒ **fourni.** *II.* Aisé, à l'aise, cossu (fam.), florissant, fortuné, heureux, muni, opulent, parvenu, possédant, pourvu, prospère, renté. ⇒ **riche.**

NANTIR DE ■ Armer, assortir, fournir, garnir, meubler, munir, pourvoir, procurer.

NANTISSEMENT ■ Aval, caution, cautionnement, couverture, dépôt, gage, garantie, hypothèque, privilège sûreté.

NAPPE ■ ⇒ **couche.**

NAPPER ■ ⇒ **recouvrir.**

NARCISSISME ■ ⇒ **égoïsme.**

NARCOSE ■ *Par ext. :* assoupissement, coma, engourdissement, hypnose, léthargie, sommeil, somnolence, sopor (méd.).

NARCOTIQUE ■ n. et adj. *I.* Assommant, assoupissant, dormitif, hypnotique, sédatif, somnifère, soporatif, soporeux, soporifère, soporifique, sécurisant, tranquillisant. *II.* Adoucissant, analgésique, anesthésique, antalgique, antipyrétique, antispasmodique, apaisant, balsamique, calmant, consolant, lénifiant, lénitif, parégorique, rafraîchissant, relaxant, reposant, vulnéraire. ⇒ **drogue.**

NARGUER ■ Affronter, aller audevant de, attaquer, braver, défier, faire face à, se heurter à, jeter le gant, lutter contre, menacer, se mesurer à, se moquer de, morguer, offenser, s'opposer à, pisser au bénitier (grossier), provoquer, relever le défi, rencontrer.

NARINE ■ Museau, naseau, nez, orifice nasal, trou de nez (fam.).

NARQUOIS, E ■ *I. Au pr.* ⇒ **goguenard,** taquin. *II. Par ext.* 1. ⇒ **hâbleur.** 2. Farceur, ficelle, fin, finaud, fine mouche, futé, malicieux, matois, renard, roublard, roué, rusé, sac à malices (fam.). ⇒ **malin.**

NARRATEUR, TRICE ■ Auteur, conteur, diseur. ⇒ **écrivain.**

NARRATION ■ *I.* Composition française, dissertation, rédaction. *II.* Anecdote, compte rendu, exposé, exposition, factum (jurid. ou péj.), histoire, historiette, historique, journal, mémorial, nouvelle, rapport, récit, relation, tableau.

NARRER ■ Conter, décrire, dire, exposer, faire un récit, raconter, rapporter, relater, retracer.

NASEAU ■ ⇒ **narine.**

NASILLER ■ ⇒ **parler.**

NASSE ■ ⇒ **piège.**

NATIF, NATIVE ■ *I.* Issu de, né, originaire de, venu de. *II. Vx :* congénital, infus, inné, naturel, personnel. ⇒ **inhérent.**

NATION ■ Cité, collectivité, communauté, entité, État, gent, patrie, pays, peuple, population, puissance, race, république, royaume, territoire.

NATIONALISER ■ Collectiviser, étatifier, étatiser, réquisitionner.

NATIONALISME ■ Chauvinisme (péj.), civisme, patriotisme.

NATIONALISTE ■ Chauvin (péj.), cocardier (péj.), patriotard (péj.), patriote, patriotique.

NATIVITÉ ■ Noël. ⇒ **naissance.**

NATTE ■ ⇒ **tresse.**

NATTER ■ ⇒ **tresser.**

NATURALISATION ■ Acclimatation, acclimatement, adoption, taxidermie.

NATURALISER ■ Conserver, empailler.

NATURALISME ■ ⇒ réalisme.

NATURALISTE ■ *I.* Botaniste, minéralogiste, zoologiste. *II.* Empailleur, taxidermiste.

NATURE ■ *I.* ⇒ univers. *II.* ⇒ essence. *III.* ⇒ genre. *IV.* ⇒ vérité. *V. Par ext. :* caractère, carcasse (fam.), cœur, complexion, constitution, diathèse, disposition, esprit, état, génie, humeur, idiosyncrasie, inclination, mœurs, naturel, pâte (fam.), penchant, personnalité, santé, tempérament, trempe, vitalité.

NATUREL, ELLE ■ *I. Nom.* 1. ⇒ nature. 2. Aborigène, habitant, indigène. 3. ⇒ aisance. *II. Adj.* 1. ⇒ aisé. 2. ⇒ inné. 3. Écologique ⇒ brut. 4. Authentique, commun, cru, direct, naïf, natif, nature, normal, propre, simple, spontané.

NATURISTE ■ Culturiste, nudiste.

NAUFRAGE ■ ⇒ perte, ruine.

NAUFRAGEUR ■ ⇒ saboteur.

NAUSÉABOND, E ■ *I.* Abject, cochon (fam.), dégueulasse (grossier), dégoûtant, écœurant, grossier, horrible, ignoble, immangeable, immonde, infect, innommable, insupportable, malpropre, merdique (grossier), nauséeux, peu ragoûtant, rebutant, repoussant, sale, sordide. *II.* Empesté, empuanti, fétide, méphitique, nidoreux, pestilentiel, puant, punais.

NAUSÉE ■ *I. Au pr. :* écœurement, envie de rendre/vomir, haut-le-cœur, mal de cœur/de mer, soulèvement d'estomac, vomissement. *II. Par ext.* ⇒ dégoût. *III. Fig.* ⇒ éloignement.

NAUSÉEUX, EUSE ■ ⇒ nauséabond.

NAUTIQUE, NAVAL, E ■ ⇒ marine.

NAUTONIER ■ *I. Au pr. :* barreur, capitaine (par ext.), homme de barre, lamaneur, locman, nocher, pilote, timonier. *II. Par ext. :* conducteur, directeur, guide, mentor, responsable.

NAVET ■ *I.* Chou-rave, rutabaga, turnep. *II. Péj.* ⇒ peinture.

NAVETTE ■ *I.* Bac, ferry-boat, va-et-vient. *II.* Allée et venue, balancement, branle, course, navigation, voyage.

NAVIGATION ■ *I.* Batellerie, bornage, cabotage, long-cours, manœuvre, marine. ⇒ pilotage.

NAVIGUER ■ Bourlinguer, caboter, cingler, croiser, évoluer, faire route, fendre les flots, filer, nager, piloter, sillonner, voguer, voyager.

NAVIPLANE ■ Aéroglisseur, hovercraft.

NAVIRE ■ ⇒ bateau.

NAVRER ■ *I.* Affecter, affliger, agacer, angoisser, assombrir, attrister, chagriner, consterner, contrarier, contrister, décevoir, déchirer, dépiter, désappointer, désenchanter, désespérer, désoler, endeuiller, endolorir, ennuyer, fâcher, faire de la peine, faire souffrir, fendre le cœur, gêner (vx), inquiéter, mécontenter, mortifier, oppresser, peiner, percer le cœur, rembrunir, torturer, tourmenter, tracasser, tuer (fig.). *II. Vx* ⇒ blesser.

NÉ, E ■ Apparu, avenu, créé, descendu de, éclos, enfanté, engendré, formé, incarné, issu de, natif de, originaire de, sorti de, venu de.

NÉANMOINS ■ Avec tout cela, cependant, en regard de, en tout cas, mais, malgré cela, malgré tout, n'empêche que, nonobstant (vx), pourtant, toujours est-il, toutefois.

NÉANT ■ *I. Nom.* 1. Au pr. : espace infini, vacuité, vide. 2. Fig. : bouffissure, boursouflure, chimère, enflure, erreur, fatuité, fragilité, frivolité, fumée, futilité, infatuation, illusion, inanité, inconsistance, insignifiance, inutilité, mensonge, prétention,

vanité, vapeur, vent, vide. *II. Adv.*
⇒ **rien.**

NÉBULEUX, EUSE ■ *I. Au pr. :*
assombri, brumeux, chargé, couvert,
embrumé, épais, nuageux, voilé. *II.*
Fig. : abscons, abstrus, amphigourique, cabalistique, caché, complexe,
compliqué, confus, difficile, diffus,
douteux, énigmatique, en jus de boudin (fam.), entortillé, enveloppé, équivoque, ésotérique, filandreux, flou,
fumeux, hermétique, impénétrable,
incompréhensible, inexplicable, inextricable, inintelligible, insaisissable,
louche, mystérieux, nuageux, obscur,
secret, sibyllin, touffu, trouble, vague,
vaseux, voilé.

NÉBULOSITÉ ■ *I.* ⇒ **nuage.** *II.* ⇒
obscurité.

NÉCESSAIRE ■ *I. Nom* ⇒ **trousse.** *II.*
Adj. : apodictique, essentiel, impératif,
important, indispensable, logique, précieux, primordial, utile. ⇒ **inévitable.**

NÉCESSITÉ ■ *I.* Destin, déterminisme, fatalité, logique. *II.* ⇒ **besoin.**
III. ⇒ **pauvreté.** *IV.* ⇒ **gêne.** *V.* ⇒
devoir. *VI.* ⇒ **obligation.**

NÉCESSITER ■ *I.* Appeler, mériter,
requérir. ⇒ **réclamer.** *II.* ⇒ **occasionner.**
III. ⇒ **obliger.**

NÉCESSITEUX, EUSE ■ *I.* Appauvri,
besogneux, clochard, démuni, disetteux (vx), économiquement faible,
famélique, fauché, gêné, gueux (péj.),
humble, impécunieux, indigent,
loqueteux, malheureux, mendiant,
meurt-de-faim, misérable, miséreux,
nu, pauvre, pouilleux (péj.), prolétaire,
va-nu-pieds. *II. Fam. :* crève-la-faim,
marmiteux, mendigot, panné, paumé,
pilon, purée, purotin.

NÉCROMANCIEN, ENNE ■ *I.* ⇒
devin. *II.* ⇒ **magicien.**

NÉCROPOLE ■ Catacombe, champ
des morts/du repos, charnier, cimetière, colombarium, crypte, ossuaire.

NECTAR ■ ⇒ **boisson.**

NECTARINE ■ Brugnon.

NEF ■ ⇒ **nacelle.**

NÉFASTE ■ Déplorable, dommageable, fâcheux, fatal, funeste, malheureux, mauvais, mortel.

NÉGATIF, IVE ■ ⇒ **nul.**

NÉGATION ■ *I.* Négative. *II. Par*
ext. : annulation, condamnation,
contradiction, contraire, nihilisme,
refus.

NÉGLIGÉ, E ■ *I. Adj.* 1. ⇒ **abandonné.**
2. Débraillé, dépenaillé, dépoitraillé,
lâché, peu soigné/soigneux, relâché.
⇒ **malpropre.** *II. Nom :* déshabillé,
petite tenue, salopette, tenue d'intérieur.

NÉGLIGEABLE ■ ⇒ **médiocre.**

NÉGLIGENCE ■ *I.* ⇒ **abandon.** *II.* ⇒
inattention. *III.* ⇒ **paresse.**

NÉGLIGENT, E ■ Désordonné, insouciant, oublieux, sans-soin. ⇒ **paresseux.**

NÉGLIGER ■ *I.* ⇒ **abandonner.** *II.* ⇒
omettre.

NÉGOCE ■ ⇒ **commerce.**

NÉGOCIABLE ■ *I.* ⇒ **cessible.** *II.* ⇒
valable.

NÉGOCIANT ■ ⇒ **commerçant.**

NÉGOCIATEUR ■ Agent, ambassadeur, arbitre, chargé d'affaires/de mission, conciliateur, délégué, député,
diplomate, entremetteur, intermédiaire, manœuvrier, ministre plénipotentiaire, monsieur « bons offices »
(fam.), parlementaire, truchement.

NÉGOCIATION ■ *I. Neutre :* conversation, échange de vues, pourparler,
tractation, transaction. *II. Non favo-*
rable : marchandage.

NÉGOCIER ■ *I.* ⇒ **parlementer.** *II.* ⇒
traiter. *III.* ⇒ **transmettre.** *IV.* ⇒ **vendre.**

NÈGRE ■ *I. Au pr. :* africain, homme
de couleur, mélanoderme, noir. *Péj. :*
moricaud, noiraud. *II. Fig.* ⇒ **associé.**

NEMROD ■ ⇒ chasseur.

NÉOPHYTE ■ ⇒ novice.

NÉPOTISME ■ ⇒ favoritisme.

NERF ■ *I. Au pr.* ⇒ tendon. *II. Par ext.* ⇒ force.

NERVEUX, EUSE ■ *I.* Filandreux, tendineux. *II.* Agité, brusque, émotif, énervé, excité, fébrile, hystérique, impatient, inquiet, irritable, névrosé, névrotique. *III.* ⇒ concis. *IV.* ⇒ vif.

NERVOSITÉ ■ *I.* ⇒ agitation. *II.* Agacement, énervement, éréthisme, exaspération, fébrilité, surexcitation. *III. Par ext. :* athétose, hystérie, nervosisme, névrose, névrosisme.

NERVURE ■ Filet, ligne, moulure, pli.

NET, NETTE ■ *I.* ⇒ pur. *II.* ⇒ clair. *III.* ⇒ visible. *IV.* ⇒ vide.

NETTETÉ ■ *I.* ⇒ propreté. *II.* ⇒ vérité.

NETTOIEMENT, NETTOYAGE ■ Abrasion, assainissement, balayage, bichonnage, blanchiment, blanchissage, brossage, coup de balai, curage, débarbouillage, décantation, décapage, décrassage, dégraissage, dérochage, époussetage, épuration, épurement, essuyage, filtrage, fourbissage, lavage, lessivage, ménage, purification, rangement, ravalement, récurage, sablage, savonnage, vidange.

NETTOYER ■ *I.* Abraser, approprier, assainir, astiquer, balayer, battre, bichonner (fam.), blanchir, bouchonner, briquer (fam.), brosser, cirer, curer, débarbouiller, décaper, décrasser, décrotter, dégraisser, dépoussiérer, dérocher, dérouiller, dessuinter, détacher, déterger, draguer, écurer, enlever la saleté, éplucher, épousseter, essanger, essuyer, étriller, faire la toilette, filtrer, fourbir, frotter, gratter, housser, laver, lessiver, monder, moucher, polir, poncer, purifier, purger, rapproprier, racler, ravaler, récurer, rincer, sabler, savonner, toiletter, torcher, torchonner, vanner, vidanger. *II.*

⇒ débarrasser. *III. V. pron. :* s'ajuster, se coiffer, faire sa toilette/sa plume (fam.), procéder à ses ablutions *et les formes pron. possibles des syn. de* NET-TOYER.

NEUF, NEUVE ■ *I.* ⇒ nouveau. *II.* ⇒ novice. *III.* ⇒ original.

NEURASTHÉNIE ■ ⇒ mélancolie.

NEUTRALISER ■ ⇒ étouffer.

NEUTRALITÉ ■ Impartialité, indifférence, laïcité, non-intervention.

NEUTRE ■ ⇒ indifférent.

NEUVAINE ■ Ennéade.

NEVEU ■ *Au pl.* ⇒ postérité.

NÉVRALGIE ■ Migraine. ⇒ douleur.

NÉVROSE, NÉVROSISME ■ ⇒ nervosité.

NÉVROSÉ, E ■ ⇒ nerveux.

NEZ ■ *I. Au pr.* 1. Arg. : appendice, baigneur, blair, blase, fanal, fer à souder, organe, quart de brie, reniflant, renifloir, pif, pitard, piton, tarbouif, tarbusse, tarin, trompe. 2. Du chien : museau, truffe. *II. Par ext.* 1. ⇒ visage. 2. ⇒ odorat. 3. ⇒ pénétration. *III. Loc.* 1. Montrer le nez ⇒ montrer (se). 2. Mettre le nez dehors ⇒ sortir. 3. Fourrer/mettre son nez ⇒ intervenir. 4. Mener par le bout du nez ⇒ gouverner.

NIAIS, E ■ *I.* ⇒ bête. *II.* ⇒ naïf.

NIAISERIE ■ *I. De quelqu'un.* 1. ⇒ bêtise. 2. ⇒ simplicité. *II. Une chose* ⇒ bagatelle.

NICHE ■ *I.* ⇒ cavité. *II.* Attrape, blague, espièglerie, facétie, farce, malice, tour. ⇒ plaisanterie.

NICHER ■ Nidifier. ⇒ demeurer.

NID ■ *I. Au pr. :* aire, couvoir. *II. Fig.* ⇒ maison.

NIER ■ *I. Au pr. :* contester, contredire, démonter, dénier, se défendre de, désavouer, disconvenir, s'inscrire en faux, mettre en doute. *II. Par ext.* ⇒ refuser.

NIGAUD, E ■ adj. et n. ⇒ bête.

NIGAUDERIE ■ ⇒ bêtise.

NIHILISME ■ ⇒ scepticisme.

NIHILISTE ■ adj. et n. ⇒ révolutionnaire.

NIMBE ■ Aura, auréole, cercle, cerne, couronne, diadème, gloire, halo.

NIMBER ■ ⇒ couronner.

NIPPE ■ ⇒ vêtement.

NIPPER ■ ⇒ vêtir.

NIQUE (FAIRE LA) ■ ⇒ railler.

NIRVĀNA ■ ⇒ paradis.

NITOUCHE (SAINTE) ■ ⇒ patelin.

NIVEAU ■ *I. Au pr. :* cote, degré, étage, hauteur, palier, plan. *II. Fig. :* échelle, standing, train de vie.

NIVELER ■ Aplanir, araser, combler, égaliser, unifier, uniformiser.

NIVELLEMENT ■ Aplanissement, arasement, égalisation, laminage, simplification, unification.

NOBILIAIRE ■ *I. N. m. :* armorial, généalogie. *II. Adj. :* aristocratique, généalogique.

NOBLE ■ n. et adj. *I.* Aristocrate, boyard, cavalier, chevalier, ci-devant (vx), écuyer, effendi (turc), gentilhomme, grand, hidalgo (esp.), homme bien né/de condition/d'épée/de qualité/titré, junker (Prusse), né, patricien, seigneur, staroste (Pologne). *II. Péj. :* aristo, gentillâtre, hobereau, noblaillon, nobliau. *III. Par ext.* 1. ⇒ élevé. 2. ⇒ généreux. 3. ⇒ beau.

NOBLESSE ■ *I. Au pr. :* aristocratie, élite, gentry, lignage, lignée, naissance, noblaillerie (péj.), qualité, sang bleu. *II. Par ext.* 1. ⇒ élévation. 2. ⇒ générosité. 3. ⇒ choix.

NOCE ■ *I.* ⇒ mariage. *II.* ⇒ festin. *III.* ⇒ débauche.

NOCEUR ■ ⇒ débauché.

NOCHER ■ ⇒ pilote.

NOCIF, IVE ■ ⇒ mauvais.

NOCIVITÉ ■ Malignité, toxicité.

NOCTAMBULE ■ ⇒ fêtard.

NODOSITÉ ■ Excroissance, loupe, nodule, nœud, nouure, renflement, tubercule.

NOËL ■ Nativité.

NŒUD ■ *I. Au pr.* ⇒ attache. *II. Par ext.* 1. ⇒ péripétie. 2. ⇒ centre. 3. ⇒ articulation.

NOIR, E ■ *I. Nom* ⇒ nègre. *II. Adj.* 1. ⇒ obscur. 2. ⇒ triste. 3. ⇒ méchant.

NOIRÂTRE ■ Enfumé, hâlé, noiraud. ⇒ basané et boucané.

NOIRCEUR ■ *I. Au pr.* ⇒ obscurité. *II. Fig.* ⇒ méchanceté.

NOIRCIR ■ *I. V. tr. :* 1. Mâchurer. 2. ⇒ dénigrer. *II. V. intr.* ⇒ élancer (s').

NOISE ■ ⇒ discussion.

NOISETIER ■ Coudre, coudrier.

NOISETTE ■ Aveline.

NOIX ■ *I.* Cerneau. *II. Arg.* ⇒ fessier.

NOLISER ■ ⇒ fréter.

NOM ■ *I.* Appellation, blase (arg.), dénomination, désignation, état-civil, label, marque, mot, patronyme, prénom, pseudonyme, sobriquet, surnom, terme, titre, vocable. *II. Gram. :* substantif. *III. Par ext.* ⇒ réputation.

NOMADE ■ n. et adj. Ambulant, changeant, errant, forain, instable, mobile, vagabond. ⇒ bohémien.

NOMBRE ■ *I. Au pr. :* chiffre, numéro, quantième. *II. Par ext.* 1. ⇒ quantité. 2. ⇒ harmonie.

NOMBRER ■ *I.* ⇒ évaluer. *II.* ⇒ dénombrer.

NOMBREUX, EUSE ■ *I.* Fort, innombrable, maint, multiple. ⇒ abondant. *II.* ⇒ harmonieux.

NOMBRIL ■ Ombilic. ⇒ centre.

NOMENCLATURE ■ ⇒ liste.

NOMINATION ■ Affectation, choix, désignation, élévation, installation, mouvement, promotion, régularisation, titularisation.

NOMMER ■ *I.* ⇒ appeler. *II.* ⇒ affecter. *III.* ⇒ indiquer. *IV.* ⇒ choisir.

NON ■ ⇒ rien.

NON-ACTIVITÉ ■ Chômage, congé, disponibilité, inactivité, oisiveté, réserve, retraite.

NONCE ■ Légat, prélat, vicaire apostolique. ⇒ ambassadeur.

NONCHALANCE, NONCHALOIR ■ *I.* ⇒ mollesse. *II.* ⇒ paresse. *III.* ⇒ indifférence.

NONCHALANT, E ■ ⇒ paresseux.

NONNE, NONNAIN ■ Béguine, carmélite, congréganiste, dame, fille, mère, moniale, nonnette, novice, religieuse, sœur.

NONOBSTANT ■ (vx) Au mépris de, contre, en dépit de, malgré, n'en déplaise à. ⇒ cependant.

NON-SENS ■ Absurdité, contradiction, contresens, erreur, faute, galimatias, tautologie. ⇒ bêtise.

NON-VALEUR ■ Fruit sec, incapable, inconsistant, inexistant, lamentable, minable (fam.), nul, nullité, pauvre type, sans mérite, sans valeur, zéro.

NORD ■ *I.* Arctique, borée, septentrion. *II. Loc.* Perdre le nord. 1. ⇒ affoler (s'). 2. ⇒ tromper (se).

NORDIQUE ■ Arctique, boréal, hyperboréen, nordiste, septentrional.

NORIA ■ Sakièh.

NORMAL, E ■ Aisé, arrêté, calculé, décidé, déterminé, exact, fixé, inné, mesuré, méthodique, naturel, ordonné, organisé, ponctuel, raison-nable, rationnel, rangé, régulier, systématique.

NORMALISATION ■ *I.* Alignement, régularisation. *II.* Automatisation, codification, division du travail, formulation, rationalisation, spécialisation, stakhanovisme, standardisation, taylorisation, taylorisme.

NORMALISER ■ Aligner, automatiser, codifier, conformer à, mesurer, mettre aux normes *et les syn. de* NORME, modeler, réglementer, tracer. ⇒ fixer.

NORMATIF, IVE ■ Directif.

NORME ■ Arrêté, canon, charte, code, cote, convention, coutume, formule, ligne, loi, mesure, modèle, ordre, précepte, prescription, protocole, règle, règlement. ⇒ principe.

NOSTALGIE ■ Ennui, mal du pays, spleen. ⇒ regret.

NOSTALGIQUE ■ ⇒ triste.

NOTABILITÉ ■ *I. Au pr. :* figure, grand, monsieur, notable, personnage, personnalité, puissant, quelqu'un, sommité, vedette. *II. Fam. :* baron, bonze, gros, gros bonnet, grosse légume, huile, huile lourde, important, légume, lumière, magnat (péj.), mandarin, manitou, pontife, satrape (péj.), V.I.P.

NOTABLE ■ *I. Adj. :* brillant, considérable, distingué, éclatant, émérite, épatant (fam.), étonnant, extraordinaire, formidable, frappant, glorieux, important, insigne, marquant, marqué, mémorable, parfait, particulier, rare, remarquable, saillant, saisissant, signalé, supérieur. *II. Nom* ⇒ notabilité.

NOTAIRE ■ Officier ministériel, tabellion.

NOTATION ■ ⇒ pensée.

NOTE ■ *I. À titre privé.* 1. ⇒ addition. 2. Analyse, annotation, aperçu, apostille, appréciation, avertissement, commentaire, compte rendu, critique, esquisse, explication, exposé, glose, introduction, mémento, mémorandum, notule, observation, pièces, postscriptum, préface, rapport, récit, réflexion, relation, remarque, renvoi, scolie, topo. *II. À titre public ou officiel* : annonce, avertissement, avis, communication, communiqué, déclaration, indication, information, lettre, message, notification, nouvelle, ordre, proclamation, publication, renseignement.

NOTER ■ *I. Au pr.* : annoter, apostiller, consigner, copier, écrire, enregistrer, inscrire, marginer, marquer, relever. *II. Par ext.* 1. Apprécier, classer, coter, distribuer/donner une note, jauger, juger, voir. 2. ⇒ observer.

NOTICE ■ *I.* ⇒ abrégé. *II.* ⇒ préface.

NOTIFICATION ■ Annonce, assignation, avertissement, avis, communication, déclaration, exploit, information, instruction, intimation, lettre, mandement, message, signification.

NOTIFIER ■ Annoncer, aviser, communiquer, déclarer, dénoncer, faire connaître/part de/savoir, informer, intimer, mander, ordonner, rendre compte, signifier, transmettre.

NOTION ■ *I. Au sing.* 1. ⇒ idée. 2. ⇒ abstraction. *II. Au pl.* 1. Clartés, compétence, connaissances, éléments, rudiments, teinture, vernis. 2. ⇒ traité.

NOTOIRE ■ ⇒ manifeste.

NOTORIÉTÉ ■ ⇒ réputation.

NOUBA ■ *I.* ⇒ fête. *II.* ⇒ orchestre.

NOUÉ, E ■ ⇒ ratatiné.

NOUER ■ *I.* ⇒ attacher. *II.* ⇒ préparer.

NOURRAIN ■ ⇒ fretin.

NOURRI, E ■ *Fig.* ⇒ riche.

NOURRICE ■ Berceuse, bonne d'enfant, nounou, nurse.

NOURRICIER, ÈRE ■ ⇒ nourrissant.

NOURRIR ■ *I. Au pr.* 1. Quelqu'un :

alimenter, allaiter, donner à manger, élever, entretenir, faire manger, gaver (fam.), gorger (fam.), rassasier, ravitailler, régaler (fam.), restaurer, soutenir, sustenter. 2. **Un animal :** affourager, agrainer, alimenter, élever, embecquer, engaver, engraisser, entretenir, faire paître, paître, repaître. *II. Fig.* 1. Alimenter, couver, entretenir, exciter, fomenter. 2. ⇒ instruire. *III. V. pron.* ⇒ manger.

NOURRISSANT, E ■ Généreux, nourricier, nutritif, riche, roboratif, solide, substantiel.

NOURRISSON ■ ⇒ bébé.

NOURRITURE ■ *I. Des hommes.* 1. Aliment, allaitement, becquée (fam.), chère, cuisine, manger (pop.), manne, mets, pain, pitance, ration, repas, soupe (pop.), subsistance, substance, vie, vivre. 2. **Fam. :** bectance, bouffe, boustifaille, croûte, étouffe-chrétien/cochon, fripe, graille, graine, mangeaille, provende, tambouille, tortore. *II. Des animaux :* aliment, bacade, becquée, curée (vén.), embouche, engrais, pâtée, pâture, pouture, ration.

NOUVEAU, ELLE ■ *I. Au pr. :* Actuel, à la page/mode, dans le vent, d'aujourd'hui, dernier, dernier cri, différent, frais, in (fam.), inaccoutumé, inconnu, inédit, inhabituel, inouï, insolite, insoupçonné, inusité, jeune, moderne, neuf, original, récent, révolutionnaire, ultra moderne, vert. *II. Par ext.* 1. ⇒ second. 2. ⇒ novice. *III. Loc.* 1. De nouveau : derechef, encore. 2. Homme nouveau, nouveau riche ⇒ parvenu. 3. Nouveau-né ⇒ bébé.

NOUVEAUTÉ ■ Actualité, changement, curiosité, fraîcheur, innovation, jeunesse, mode, originalité, primeur.

NOUVELLE ■ *I.* Anecdote, bruit, écho, fable, rubrique, rumeur, vent. *Fam. :* bobard, canard, canular, tuyau (crevé). *II.* Annonce, flash, information, insert, scoop. *III.* ⇒ roman.

NOUVELLEMENT ■ Depuis peu, récemment.

NOUVELLISTE ■ ⇒ journaliste.

NOVATEUR, TRICE ■ n. et adj. ⇒ innovateur.

NOVICE ■ *I. Adj. :* candide (par ext.), commençant, débutant, inexpérimenté, jeune, neuf, nouveau. *II. Nom :* apprenti, béjaune (péj.), bizut (arg. scol.), blanc-bec (péj.), bleu, bleubite (arg.), bleusaille, conscrit, débutant, écolier, jeune, néophyte.

NOVICIAT ■ ⇒ instruction.

NOYADE ■ Hydrocution, submersion.

NOYAU ■ *I.* ⇒ centre. *II.* ⇒ origine. *III.* ⇒ groupe.

NOYAUTER ■ ⇒ pénétrer.

NOYER ■ *I. Quelqu'un* ⇒ tuer. *II. Quelque chose* ⇒ inonder. *III. V. pron.* 1. Au pr. : s'asphyxier par immersion, boire à la grande tasse (pop.), couler, disparaître, s'enfoncer, s'étouffer, périr. 2. Fig. ⇒ perdre (se).

NU, E ■ *I. Au pr. :* à poil (fam.), découvert, dénudé, déplumé (fam.), dépouillé (fam.), déshabillé, dévêtu, dévoilé, en costume d'Adam (fam.), en petit Saint-Jean (fam.), impudique (péj.), in naturalibus, le cul/le derrière/les fesses à l'air/au vent, tout nu, sans voiles. *II. Par ext.* 1. Abandonné, dégarni, désert, vide. 2. Blanc, net, pur. 3. ⇒ pauvre. *III. Loc.* À nu : à découvert, tel quel, tel qu'il/elle est. *IV. Nom :* académie, beauté, modèle, nudité, plastique, peinture, sculpture, sujet, tableau.

NUAGE ■ *I. Au pr. :* brume, brouillard, cirrus, cumulus, nébulosité, nimbus, nue, nuée, stratus, vapeurs, voile. *II. Par ext.* 1. ⇒ obscurité. 2. ⇒ mésintelligence. 3. ⇒ ennui.

NUAGEUX, EUSE ■ ⇒ obscur.

NUANCE ■ *I. Au pr.* ⇒ couleur. *II. Fig.* ⇒ différence.

NUANCÉ, E ■ ⇒ varié.

NUANCER ■ *I. Au pr. :* assortir, bigarrer, dégrader des couleurs, graduer, moduler, nuer (vx). *II. Par ext. :* atténuer, mesurer, modérer, pondérer.

NUBILE ■ Adolescent, fait, formé, fruit vert, mariable, pubère.

NUBILITÉ ■ ⇒ puberté.

NUDISME ■ Naturisme.

NUDITÉ ■ ⇒ nu.

NUE, NUÉE ■ ⇒ nuage.

NUIRE ■ *I. À quelqu'un :* attenter à, blesser, calomnier, compromettre, contrarier, déconsidérer, défavoriser, désavantager, désobliger, desservir, discréditer, faire du mal/tort, gêner, léser, médire, parler à tort et à travers/contre, porter atteinte/préjudice/tort, préjudicier, violer les droits. *II. À quelque chose :* déparer, endommager, faire mauvais effet, jurer, ruiner.

NUISIBLE ■ Contraire, corrupteur, dangereux, défavorable, délétère, déprédateur, désavantageux, dommageable, ennemi, fâcheux, funeste, hostile, insalubre, maléfique, malfaisant, malsain, mauvais, néfaste, nocif, pernicieux, préjudiciable, toxique. ⇒ mauvais.

NUIT ■ Sorgue (arg.). ⇒ obscurité.

NUL, NULLE ■ *I. Adj. indéf. :* aucun, néant, négatif, personne, rien, zéro. *II. Adj. qual.* 1. Quelque chose : aboli, annulé, caduc, infirmé, inexistant, invalidé, lettre morte, non avenu, périmé, prescrit, sans effet/valeur, suranné, tombé en désuétude. 2. Quelqu'un : fruit sec, incapable, inconsistant, inexistant, lamentable, minable (fam.), non-valeur, nullard, nullité, pauvre type, raté, sans mérite/valeur, zéro. ⇒ ignorant.

NULLITÉ ■ ⇒ nul.

NUMÉRAIRE ■ ⇒ argent.

NUMÉRO ■ *I.* Chiffre, cote, folio, gribiche, matricule, rang. *II.* ⇒ **spectacle.** *III.* ⇒ **type.**

NUMÉROTER ■ Chiffrer, coter, folioter, paginer.

NUPTIAL, E ■ Conjugal, hyménéal, matrimonial.

NURSE ■ *I.* ⇒ **gouvernante.** *II.* ⇒ **nourrice.**

NURSERY ■ *I.* Crèche, nourricerie (vx), pouponnière. *II.* Garderie, halte, jardin d'enfants, maternelle.

NUTRITIF, IVE ■ ⇒ **nourrissant.**

NUTRITION ■ Alimentation, assimilation, digestion, métabolisme.

NUTRITIONNISTE ■ Diététicien, diététiste.

NYMPHE ■ *I. Au pr. :* déesse, dryade, hamadryate, hyade, naïade, nappée, neek ou nixe (german.), néréide, océanide, oréade. *II. Par ext.* ⇒ **fille.** *III.* Chrysalide. *IV. Au pl. :* petites lèvres.

O

OASIS ■ *Fig.* : abri, refuge. ⇒ **solitude.**

OBÉDIENCE ■ ⇒ **obéissance.**

OBÉIR ■ *I. Neutre* : accepter, admettre, céder, se conformer à, courber la tête/le dos/l'échine (péj.), écouter, être obéissant, fléchir, s'incliner, s'inféoder, observer, obtempérer, plier, se ranger à, rompre, se soumettre, suivre. *II. Non favorable* ⇒ **subir.**

OBÉISSANCE ■ *I.* Allégeance, assujettissement, dépendance, discipline, joug, observance (relig.), soumission, subordination, sujétion. *II.* Docilité, esprit de subordination, fidélité, malléabilité, obédience (vx), plasticité, servilité.

OBÉISSANT, E ■ Assujetti, attaché, discipliné, docile, doux, fidèle, flexible, gouvernable, malléable, maniable, sage, soumis, souple.

OBÉRER ■ Charger, endetter, grever.

OBÉSITÉ ■ Adiposité. ⇒ **grosseur.**

OBJECTER ■ v. tr. et intr. *I.* ⇒ **répondre.** *II.* ⇒ **prétexter.**

OBJECTIF ■ *I. Nom* ⇒ **but.** *II. Adj.* 1. ⇒ **réel.** 2. ⇒ **vrai.**

OBJECTION ■ Antithèse, contestation, contradiction, contrepartie, contrepied, critique, difficulté, discussion, obstacle, opposition, protestation, réfutation, remarque, réplique, réponse, représentation, reproche.

OBJECTIVER ■ ⇒ **exprimer.**

OBJECTIVITÉ ■ ⇒ **justice.**

OBJET ■ *I. Au pr. (matériel)* : chose, corps, outil, ustensile. ⇒ **bibelot, instrument.** *II.* Cause, concept, sujet, thème. *III.* ⇒ **but.**

OBJURGATION ■ ⇒ **reproche.**

OBLATION ■ ⇒ **offrande.**

OBLIGATION ■ *I. Neutre* : charge, dette, engagement, lien, nécessité. ⇒ **devoir.** *II. Favorable* ⇒ **gratitude.** *III. Non favorable* : assujettissement, astreinte, condamnation, contrainte, enchaînement, entrave, exigence, force, urgence, violence.

OBLIGATOIRE ■ Contraignant, contraint, de commande, forcé, indispensable, inévitable, nécessaire, obligé, ordonné, requis.

OBLIGÉ, E ■ *I. Neutre* : dû, engagé, immanquable, lié, nécessaire, obligatoire, tenu. *II. Favorable (de quelqu'un)* : débiteur, redevable. *III. Non favorable* : assujetti, astreint, condamné, contraint, enchaîné, forcé, requis, violenté.

OBLIGEANCE ■ ⇒ **amabilité.**

OBLIGEANT, E ■ ⇒ **serviable.**

OBLIGER ■ *I. Neutre* : engager, lier. *II. Favorable* ⇒ **aider.** *III. Non favorable* : assujettir, astreindre, atteler, brusquer, condamner, contraindre, enchaîner, exiger, forcer, forcer la main, imposer, réduire à, violenter.

OBLIQUE ■ *I.* ⇒ incliné. *II.* ⇒ indirect.

OBLIQUEMENT ■ De biais, en crabe, en diagonale/écharpe/travers.

OBLIQUER ■ ⇒ détourner (se).

OBLIQUITÉ ■ Déclinaison, inclinaison, infléchissement, pente.

OBLITÉRATION ■ Obstruction, obturation, occlusion, occultation, opilation.

OBLITÉRER ■ *I.* ⇒ effacer. *II.* ⇒ obstruer.

OBLONG, UE ■ ⇒ long.

OBNUBILATION ■ ⇒ obscurcissement.

OBNUBILÉ, E ■ ⇒ obsédé.

OBNUBILER ■ ⇒ obscurcir.

OBOLE ■ ⇒ secours.

OBOMBRER ■ *I.* ⇒ obscurcir. *II.* ⇒ ombrager.

OBREPTICE ■ Dissimulé, furtif, inventé, mensonger, omis, subreptice.

OBSCÈNE ■ Blessant, cochon (fam.), croustillant, croustilleux, cru, cynique, dégoûtant, dégueulasse (vulg.), déshonnête, égrillard, épicé, frelaté, gaulois, gras, graveleux, grivois, grossier, hasardé (vx), immonde, immoral, impudique, impur, inconvenant, indécent, lascif, leste, libre, licencieux, lubrique, malpropre, offensant, ollé-ollé, ordurier, osé, pimenté, poivré, polisson, pornographique, provocant, risqué, salace, sale, salé, scabreux, scandaleux, scatologique, trivial.

OBSCÉNITÉ ■ Cochonceté (fam.), cochonnerie (fam.), coprolalie, cynisme, gauloiserie, gravelure, grivoiserie, grossièreté, immodestie, immoralité, impudicité, impureté, incongruité, inconvenance, indécence, licence, malpropreté, polissonnerie, pornographie, saleté, trivialité, vicelardise (arg.), vulgarité.

OBSCUR, E ■ *I. Au pr.* : assombri, crépusculaire, foncé, fuligineux, nocturne, noir, obscurci, occulté, ombreux, opaque, profond, sombre, ténébreux, terni. *II. Fig.* 1. Abscons, abstrus, amphigourique, apocalyptique, brumeux, cabalistique, caché, cafouilleux (fam.), complexe, compliqué, confus, difficile, diffus, douteux, emberlificoté (fam.), embrouillé, enchevêtré, énigmatique, en jus de boudin, entortillé, enveloppé, équivoque, ésotérique, filandreux, flou, fumeux, hermétique, impénétrable, incompréhensible, indéchiffrable, inexplicable, inextricable, inintelligible, insaisissable, louche, mystérieux, nébuleux, nuageux, secret, sibyllin, touffu, trouble, vague, vaseux, voilé. 2. ⇒ inconnu. 3. Le temps : assombri, brumeux, chargé, couvert, embrumé, épais, nébuleux, nuageux, voilé.

OBSCURATION ■ ⇒ obscurcissement.

OBSCURCIR ■ *I. Au pr.* : abaisser/baisser/diminuer la lumière, assombrir, cacher, couvrir, éclipser, embrumer, enténébrer, foncer, mâchurer, noircir, obombrer, obnubiler (vx), occulter, offusquer (vx), opacifier, ternir, voiler. *II. Fig.* : attrister, éclipser, effacer, enterrer, faire disparaître/pâlir, troubler.

OBSCURCISSEMENT ■ Assombrissement, aveuglement, épaississement, noircissement, obnubilation, obscuration, occultation, offuscation.

OBSCURITÉ ■ *I. Au pr.* : Contre-jour, nébulosité, noirceur, nuit, ombre, opacité, ténèbres. *II. Fig.* 1. Confusion. ⇒ mystère. 2. ⇒ bassesse.

OBSÉCRATION ■ ⇒ prière.

OBSÉDANT, E ■ ⇒ ennuyeux.

OBSÉDÉ, E ■ Assiégé, braqué, charmé (vx), envoûté, hanté, harcelé, maniaque, obnubilé, persécuté, polarisé, tourmenté, *et les mots formés avec le suffixe -mane, ex. : opiomane.*

OBSÉDER ■ *I.* ⇒ assiéger. *II.* ⇒ tourmenter.

OBSÈQUES ■ ⇒ enterrement.

OBSÉQUIEUX, EUSE ■ ⇒ servile.

OBSÉQUIOSITÉ ■ ⇒ servilité.

OBSERVATEUR, TRICE ■ *I.* ⇒ attentif. *II.* ⇒ témoin.

OBSERVATION ■ *I.* Analyse, étude, examen, introspection, scrutation. ⇒ expérimentation. *II.* Observance (relig.). ⇒ obéissance. *III.* ⇒ remarque. *IV.* ⇒ reproche. *V. Au pl.* ⇒ pensées.

OBSERVER ■ *I.* Accomplir, s'acquitter de, se conformer à, être fidèle à, exécuter, faire, garder, pratiquer, remplir, rendre, respecter, satisfaire à, suivre, tenir. *II.* Avoir à l'œil, dévisager, épier, étudier, examiner, fixer, gafiller (fam.) noter, suivre du regard, surveiller. ⇒ regarder.

OBSESSION ■ Assujettissement, cauchemar, complexe, crainte, hallucination, hantise, idée fixe, manie, monomanie, peur, phobie, préoccupation, psychose, scrupule, souci, tentation, vision.

OBSOLÈTE, OBSOLESCENT, E ■ ⇒ désuet.

OBSTACLE ■ *I. Au pr. :* barrage, barricade, barrière, brook, cloison, défense, digue, écluse, écran, mur, rideau, séparation. *II. Fig. :* Accroc, achoppement, adversté, anicroche, aria, bec, blocage, contrariété, contretemps, défense, difficulté, écueil, embarras, empêchement, encombre, ennui, entrave, frein, gêne, hic, hourvari (vx), impasse, impedimenta, inhibition, interdiction, obstruction, opposition, os (fam.), pierre d'achoppement, rémora (vx), résistance, restriction, traverse, tribulations.

OBSTINATION ■ *I.* Acharnement, aheurtement (vx), assiduité, constance, exclusive, fermeté, insistance, persévérance, persistance, pertinacité, résolution, ténacité. *II.* Entêtement, folie, indocilité, opiniâtreté, parti pris, préjugé. ⇒ manie.

OBSTINÉ, E ■ ⇒ têtu.

OBSTINER (S') ■ ⇒ continuer.

OBSTRUCTION ■ *I.* ⇒ oblitération. *II.* ⇒ résistance.

OBSTRUER ■ Barrer, bloquer, embarrasser, embouteiller, encombrer, encrasser, engorger, fermer. ⇒ boucher. *Méd. :* oblitérer, opiler.

OBTEMPÉRER ■ ⇒ obéir.

OBTENIR ■ *I. Au pr. :* accrocher (fam.), acheter, acquérir, arracher, attraper, avoir, capter, conquérir, décrocher (fam.), emporter, enlever, extorquer (péj.), faire, gagner, impétrer (jurid.), forcer, prendre, se procurer, recevoir, recueillir, remporter, soutirer. *II. Par ext.* ⇒ produire.

OBTURATION ■ ⇒ oblitération.

OBTURER ■ ⇒ boucher.

OBTUS, E ■ *I. Au pr.* ⇒ émoussé. *II. Par ext.* ⇒ inintelligent.

OBVIER ■ ⇒ parer.

OCCASION ■ *I.* Cas, chance, circonstance, coïncidence, conjoncture, événement, éventualité, facilité, fois, hasard, heure, incidence, instant, moment, occurrence, opportunité, possibilité, rencontre, temps, terrain. *II.* ⇒ lieu. *III.* Affaire, article usagé/sacrifié, aubaine, rossignol (péj.), seconde main, solde.

OCCASIONNEL, ELLE ■ ⇒ temporaire.

OCCASIONNER ■ Amener, appeler, apporter, attirer, causer, créer, déchaîner, déclencher, déterminer, donner/fournir lieu/occasion, engendrer, entraîner, être la cause de, faire, motiver, nécessiter, porter, prêter à, procurer, produire, provoquer, susciter, traîner.

OCCIDENT ■ Couchant, ouest, ponant (vx).

OCCIRE ■ ⇒ tuer.

OCCLUSION ■ *I.* ⇒ fermeture. *II. Méd.* ⇒ opilation.

OCCULTE ■ ⇒ secret.

OCCULTER ■ ⇒ cacher.

OCCULTISME ■ *I.* Ésotérisme, gnose, grand art, hermétisme, illumination, illuminisme, kabbale, magie, mystère, psychagogie, psychomancie, radiesthésie, sciences occultes, spiritisme, télépathie, théosophie, théurgie. *II. Par ext. :* alchimie, cartomancie, chiromancie, divination, mantique, messe noire, nécromancie, sabbat, sorcellerie.

OCCUPATION ■ Activité, affaire, affairement, assujettissement, besogne, carrière, charge, emploi, engagement, fonction, loisirs, métier, mission, ouvrage, passe-temps, profession, service, travail.

OCCUPÉ, E ■ Absorbé, accablé, accaparé, actif, affairé, assujetti, chargé, écrasé, employé, engagé, indisponible, pris, tenu.

OCCUPER ■ *I. Au pr.* 1. ⇒ prendre. 2. ⇒ tenir. 3. ⇒ demeurer. *II. Fig. :* 1. Absorber, captiver, polariser. 2. Atteler à, employer, prendre. 3. Accaparer, défrayer. 4. Accabler, importuner. 5. Condamner (un lieu). 6. Coloniser, envahir. *III. V. pron. :* s'absorber, s'acharner, s'adonner, agir, s'appliquer, s'attacher, s'atteler, besogner (fam.), se consacrer, s'employer, s'entremettre, s'escrimer, étudier, faire, se mêler de, se mettre à/dans, travailler, vaquer, veiller.

OCCURRENCE ■ ⇒ cas.

OCÉAN ■ ⇒ mer.

OCÉANOGRAPHE ■ Hydrographe.

OCELLÉ, E ■ ⇒ marqueté.

OCTROYER ■ ⇒ accorder.

OCULISTE ■ Ophtalmologiste, ophtalmologue, spécialiste de la vue/des yeux.

ODEUR ■ *I. Neutre ou favorable :* arôme, bouquet, effluence, effluve, émanation, exhalaison, fragrance, fumet, haleine, parfum, senteur, trace (vén.), vent (vén.). *II. Non favorable :* empyreume, fraîchin, relent, remugle. ⇒ puanteur.

ODIEUX, EUSE ■ ⇒ haïssable.

ODORANT, E ■ Aromatique, capiteux, effluent, embaumé, fleurant, fragrant, odoriférant, odorifère, odorifique, parfumé, suave, suffocant.

ODORAT ■ Flair, front subtil (vén.), nez, odoration, olfaction.

ODORER ■ ⇒ sentir.

ODORIFÉRANT, E ■ ⇒ odorant.

ODYSSÉE ■ ⇒ voyage.

ŒCUMÉNIQUE ■ ⇒ universel.

ŒIL ■ *I. Au pr. :* globe oculaire. **Arg. :** calot, carreau, chasse, clignotant, clinc, coquillard, gobille, globule, mirette, quinquet, robert, vitreux. *II. Par ext.* 1. Prunelle, pupille, vision, vue. ⇒ regard. 2. ⇒ ouverture. 3. Bourgeon, bouton, excroissance, marcotte, nœud, pousse. *III. Loc.* 1. À l'œil : gratis, gratuitement, pour rien. 2. Avoir l'œil ⇒ surveiller. 3. Œil de perdrix : ⇒ cal.

ŒILLADE ■ ⇒ regard.

ŒILLÈRE ■ *Fig.* ⇒ préjugé.

ŒUF ■ *I. Au pr. :* 1. Germe, lente, oosphère, ovocyte, ovotide, ovule. 2. Coque, coquille. *II. Fig.* ⇒ origine.

ŒUVRE ■ *I.* ⇒ action. *II.* ⇒ ouvrage. *III.* ⇒ travail.

ŒUVRER ■ ⇒ travailler.

OFFENSANT, E ■ Amer, blessant,

désagréable, dur, grossier, impertinent, infamant, injurieux, insultant, outrageant, outrageux, sanglant, vexant.

OFFENSE ■ Affront, atteinte, avanie, blessure, camouflet, couleuvre (fam.), coup, démenti, impertinence, indignité, infamie, injure, insolence, insulte, outrage.

OFFENSER ■ *I.* Atteindre dans sa dignité/son honneur, blesser, choquer, être inconvenant/incorrect envers, faire affront/offense, froisser, humilier, injurier, insulter, manquer à, offusquer, outrager, piquer au vif, vexer. *II. V. pron. :* se blesser, se choquer, se draper dans sa dignité, se fâcher, se formaliser, se froisser, se gendarmer, se hérisser, s'offusquer, se piquer, se scandaliser, se vexer.

OFFENSEUR ■ ⇒ agresseur.

OFFENSIF, IVE ■ Agressif, brutal, violent.

OFFENSIVE ■ ⇒ attaque.

OFFICE ■ *I.* ⇒ emploi. *II.* ⇒ devoir. *III.* ⇒ organisme. *IV.* ⇒ service. *V. Nom* ⇒ cuisine. *VI. Loc.* Bons offices ⇒ service.

OFFICIANT ■ Célébrant, desservant.

OFFICIEL, ELLE ■ Administratif, admis, authentique, autorisé, connu, consacré, de notoriété publique, force de loi, notoire, public, réel, solennel.

OFFICIER ■ ⇒ chef, militaire.

OFFICIEUX, EUSE ■ *I.* ⇒ serviable. *II.* ⇒ privé.

OFFICINE ■ Pharmacie. ⇒ magasin.

OFFRANDE ■ Aumône, cadeau, charité, denier, don, donation, holocauste, hommage, oblation, participation, présent, quote-part, sacrifice.

OFFRE ■ Avance, démarche, enchère, ouverture, pollicitation (jurid.), promesse, proposition, soumission, surenchère.

OFFRIR ■ *I.* Avancer, dédier, donner, faire une offre/ouverture/proposition, présenter, proposer, soumettre, soumissionner. ⇒ montrer. *II. V. pron. :* 1. Se donner satisfaction, se farcir (arg.), se payer. 2. S'exhiber ⇒ paraître. 3. Se dévouer, s'exposer, s'immoler, se proposer, se sacrifier, se soumettre, se vouer.

OFFUSQUER ■ *I.* ⇒ obscurcir. *II.* ⇒ cacher. *III.* ⇒ éblouir. *IV.* ⇒ choquer. *V. V. pron.* ⇒ offenser (s').

OGIVE ■ ⇒ cintre.

OGRE, OGRESSE ■ *I. Au pr. :* anthropophage, croquemitaine, épouvantail, géant, goule, lamie, loup-garou, père filant, père Fouettard, vampire. *II. Par ext.* ⇒ bâfreur.

OIGNON ■ *I.* Bulbe, échalote. *II.* Cor au pied, durillon, induration, œil-de-perdrix. *III.* ⇒ montre.

OINDRE ■ *I.* ⇒ graisser. *II.* ⇒ frictionner. *III.* ⇒ sacrer.

OISEAU ■ *I. Au pr. :* 1. Gibier à plumes, oiselet, oiselle, oisillon, volaille, volatile. 2. ⇒ colombin, échassier, gallinacé, grimpeur, palmipède, passereau, rapace. *II. Par ext.* 1. ⇒ bête. 2. ⇒ type.

OISEUX, EUSE ■ *I.* ⇒ inactif. *II.* ⇒ inutile.

OISIF, IVE ■ ⇒ inactif.

OISILLON ■ ⇒ oiseau.

OISIVETÉ ■ Farniente, paresse. ⇒ inaction.

OLÉAGINEUX, EUSE ■ Huileux, oléifère, oléifiant.

OLFACTION ■ ⇒ odorat.

OLIBRIUS ■ *I.* ⇒ hâbleur. *II.* ⇒ original. *III.* Type.

OLIGARCHIE ■ Argyrocratie, aristocratie, ploutocratie, synarchie.

OLIVE ■ Picholine.

OLYMPE ■ ⇒ ciel, paradis.

OLYMPIEN, ENNE ■ *I.* ⇒ imposant. *II.* ⇒ tranquille.

OMBILIC ■ Nombril.

OMBRAGE ■ *I.* ⇒ ombre. *II.* ⇒ jalousie.

OMBRAGER ■ *I.* Couvrir, obombrer, ombrer, protéger. *II.* ⇒ cacher.

OMBRAGEUX, EUSE ■ *I.* ⇒ méfiant. *II.* 1. ⇒ susceptible, quinteux.

OMBRE ■ *I. Au pr.* 1. Couvert, ombrage, pénombre. 2. ⇒ obscurité. *II. Par ext.* 1. Apparence. 2. ⇒ fantôme.

OMBRELLE ■ En-cas, parasol.

OMBRER ■ ⇒ ombrager.

OMBREUX, EUSE ■ ⇒ sombre.

OMETTRE ■ Abandonner, laisser, manquer de, négliger, oublier, passer, sauter, taire.

OMISSION ■ Abandon, absence, bourdon (typo.), faute, inattention, lacune, manque, négligence, oubli, paralipse, prétérition, prétermission, réticence.

OMNIPOTENCE ■ ⇒ autorité.

OMNIPOTENT, E ■ ⇒ puissant.

OMNIPRATICIEN, ENNE ■ Généraliste.

OMNIPRÉSENCE ■ Ubiquité.

OMNISCIENCE ■ ⇒ savoir.

OMNISCIENT, E ■ ⇒ savant.

ONAGRE ■ ⇒ âne.

ONANISME ■ ⇒ masturbation.

ONCTION ■ ⇒ douceur.

ONCTUEUX, EUSE ■ *I. Au pr.* ⇒ gras. *II. Par ext.* ⇒ doux.

ONDE ■ *I.* Eau, flots, vague. *II.* ⇒ fluide.

ONDÉE ■ ⇒ pluie.

ONDOYANT, E ■ *I.* ⇒ ondulé. *II.* ⇒ changeant. *III.* ⇒ varié.

ONDOYER ■ *I.* ⇒ flotter. *II.* ⇒ baptiser.

ONDULATION ■ ⇒ sinuosité.

ONDULÉ, E ■ Courbe, flexueux, ondoyant, ondulant, ondulatoire, onduleux, serpentant, sinueux.

ONDULER ■ *I.* ⇒ friser. *II.* ⇒ flotter.

ONÉREUX, EUSE ■ ⇒ cher.

ONGLE ■ *I.* Ergot, griffe, onglon, sabot, serre. *II. Vén. :* harpe, herpe, main.

ONGUENT ■ *I.* ⇒ pommade. *II.* ⇒ parfum.

ONIRIQUE ■ Rêvé. ⇒ imaginaire.

OPACIFIER ■ ⇒ obscurcir.

OPACITÉ ■ ⇒ obscurité.

OPALIN, INE ■ ⇒ blanchâtre.

OPAQUE ■ ⇒ obscur.

OPÉRA ■ Drame lyrique, grand opéra, opéra-bouffe, opéra-comique, opérette, oratorio, vaudeville.

OPÉRANT, E ■ ⇒ efficace.

OPÉRATEUR ■ *I.* Cadreur, caméraman, manipulateur. *II. Par ext.* ⇒ guérisseur.

OPÉRATION ■ *I.* ⇒ action. *II.* ⇒ entreprise. *III.* ⇒ calcul. *IV.* Ablation, amputation, intervention. *V.* ⇒ expédition.

OPÉRER ■ ⇒ agir.

OPHTALMOLOGISTE ■ ⇒ oculiste.

OPILATION ■ Constipation, oblitération, obstruction, occlusion.

OPILER ■ ⇒ boucher.

OPINER ■ *I.* Délibérer, donner son avis/opinion, voter. *II. Loc.* Opiner du bonnet/du chef ⇒ consentir.

OPINIÂTRE ■ ⇒ têtu.

OPINIÂTREMENT ■ Avec entêtement, farouchement, fermement, mordicus, obstinément.

OPINIÂTRER (S') ■ ⇒ buter (se).

OPINIÂTRETÉ ■ *I.* ⇒ obstination. *II.* ⇒ fermeté. *III.* ⇒ persévérance.

OPINION ■ *I. Au pr. :* appréciation, avis, critique, estime, façon/manière de penser/ voir, idée, impression, jugement, oracle, pensée, point de vue, position, principe, sens, sentiment, thèse, vue. *II.* ⇒ foi. *III. Par ext. :* couleur, doctrine, idées, idéologie.

OPPORTUN, E ■ ⇒ convenable.

OPPORTUNISME ■ ⇒ habileté.

OPPORTUNISTE ■ ⇒ malin.

OPPORTUNITÉ ■ *I.* Nécessité, obligation, utilité. *II.* ⇒ occasion.

OPPOSANT, E ■ adj. et n. ⇒ ennemi.

OPPOSÉ, E ■ *I. Adj. :* adverse, affronté, antagoniste, antithétique, contradictoire, contraire, divergent, en face, ennemi, incompatible, inconciliable, inverse, symétrique. *II. Nom :* antipode, antithèse, antonyme, contraire, contrepartie, contre-pied, encontre, opposite, rebours, symétrique. *III. Loc.* À l'opposé. 1. Au contraire, à l'encontre, en revanche, par contre. 2. En face.

OPPOSER ■ *I.* ⇒ dire. *II.* ⇒ mettre. *III.* ⇒ comparer. *IV.* ⇒ prétexter. *V. V. pron. :* 1. S'affronter, braver, contrarier, contrer, désobéir, se dresser/s'élever contre, empêcher, lutter, mettre son veto, refuser. ⇒ résister. 2. Être en opposition, s'exclure, se heurter, répugner.

OPPOSITE ■ *I.* ⇒ opposé. *II. Loc.* À l'opposite : en face/vis-à-vis de.

OPPOSITION ■ *I.* Antagonisme, anticlimax, antinomie, antipathie, antithèse, antonymie, combat, conflit, contradiction, contraste, défiance, désaccord, différence, discordance, disparate, dispute, dissemblance, dissension, dissidence, dissimilitude, dissonance, divergence, duel, heurt, hostilité, incompatibilité, lutte, protestation, réaction, refus, réfutation, réplique, riposte, rivalité, veto. *II.* ⇒ obstacle. *III.* ⇒ résistance. *IV.* ⇒ différence.

OPPRESSANT, E ■ ⇒ accablant.

OPPRESSER ■ *I.* ⇒ étouffer. *II.* ⇒ presser. *III.* ⇒ surcharger.

OPPRESSEUR ■ Despote, dictateur, dominateur, envahisseur, occupant, persécuteur, potentat, tortionnaire, tout-puissant, tyran, usurpateur.

OPPRESSIF, IVE ■ Opprimant, tyrannique.

OPPRESSION ■ *I.* ⇒ absolutisme. *II.* ⇒ essoufflement.

OPPRIMER ■ ⇒ brimer.

OPPROBRE ■ ⇒ honte.

OPTER ■ ⇒ choisir.

OPTIMISME ■ ⇒ insouciance.

OPTIMISTE ■ adj. et n. ⇒ insouciant.

OPTION ■ *I.* Alternative, dilemme. ⇒ choix. *II.* ⇒ préférence.

OPTIONNEL, ELLE ■ ⇒ facultatif.

OPTIQUE ■ ⇒ vue.

OPULENCE ■ *I.* ⇒ affluence. *II.* ⇒ richesse.

OPULENT, E ■ ⇒ riche.

OPUSCULE ■ ⇒ livre.

OR ■ ⇒ richesse.

ORACLE ■ *I.* ⇒ prédiction. *II.* ⇒ vérité. *III.* ⇒ opinion.

ORAGE ■ *I. Au pr.* ⇒ bourrasque. *II. Par ext.* 1. ⇒ malheur. 2. ⇒ mésintelligence. 3. ⇒ trouble.

ORAGEUX, EUSE ■ *Fig.* ⇒ troublé.

ORAISON ■ *I.* ⇒ prière. *II.* ⇒ discours. *III. Oraison funèbre* ⇒ éloge.

ORAL, E ■ ⇒ verbal.

ORANGE ■ ⇒ agrume.

ORATEUR ■ Avocat, causeur, cicéron, conférencier, débateur, foudre d'éloquence, logographe (vx et péj.), parleur, prédicant, prédicateur, tribun. **Péj.** : baratineur, déclamateur, discoureur, harangueur, rhéteur.

ORATOIRE ■ ⇒ église.

ORATORIO ■ ⇒ opéra.

ORBE ■ ⇒ rond.

ORBITE ■ *I.* ⇒ rond. *II.* ⇒ cercle.

ORCHESTRATION ■ Arrangement, harmonisation, instrumentation.

ORCHESTRE ■ Clique, ensemble, fanfare, formation, groupe, harmonie, jazz, lyre, musique, nouba, octuor, orphéon, quatuor, quintette, septuor, sextuor, trio.

ORCHESTRER ■ *I. Au pr.* : arranger, harmoniser, instrumenter. *II. Fig.* : amplifier, clamer, divulguer, faire savoir, répandre.

ORDINAIRE ■ *I. Adj.* 1. Accoutumé, coutumier, familier, habituel, invétéré, traditionnel. 2. ⇒ **commun.** 3. ⇒ **moyen.** *II. Nom* : alimentation, chère, cuisine, menu, pitance, ration, repas, table.

ORDINAIREMENT ■ À l'accoutumée, à l'/d'/pour l'ordinaire, communément, de coutume, généralement, le plus souvent, d'habitude, habituellement, usuellement, volontiers.

ORDO ■ Comput.

ORDONNANCE ■ *I.* ⇒ ordre. *II.* ⇒ jugement. *III.* ⇒ règlement.

ORDONNANCEMENT ■ Méthode, organisation, processus, programme, suite.

ORDONNÉ, E ■ ⇒ réglé.

ORDONNER ■ *I.* ⇒ agencer. *II.* ⇒ commander.

ORDRE ■ *I.* Agencement, alignement, arrangement, assemblage, classement, classification, disposition, distribution, économie, ordonnance, ordonnancement, plan, structure, succession, suite, symétrie, système. *II.* ⇒ règle. *III.* Discipline, harmonie, hiérarchie, méthode, morale, organisation, paix, police, subordination, tranquillité. *IV.* ⇒ classe. *V.* ⇒ genre. *VI.* ⇒ rang. *VII.* ⇒ congrégation. *VIII.* ⇒ corporation. *IX.* ⇒ instruction. *X.* ⇒ commandement. *XI. Loc.* 1. Donner ordre ⇒ pouvoir. 2. Ordre du jour ⇒ programme.

ORDURE ■ Balayures, bourre, bourrier, caca, chiure, crasse, débris, déchets, détritus, excrément, fange, fient, fiente, fumier, gadoue, gringuenaude, immondices, impureté, malpropreté, margouillis, merde, nettoyure, poussière, rebut, résidu, saleté, salissure, saloperie, sanie, scorie, vidure.

ORDURIER, ÈRE ■ ⇒ obscène.

ORÉE ■ ⇒ bord.

OREILLE ■ *I.* Ouïe. *Arg.* : cliquette, escalope, esgourde, étagère à mégots, étiquette, feuille, manette, pavillon, plat à barbe, portugaise. *II.* ⇒ poignée.

OREILLER ■ Chevet, coussin, polochon, traversin.

ORFÈVRE ■ Bijoutier, joaillier.

ORGANE ■ *I.* ⇒ sens. *II.* ⇒ journal, revue. *III.* ⇒ sexe.

ORGANISATION ■ *I.* ⇒ agencement. *II.* ⇒ organisme.

ORGANISER ■ ⇒ Régler, préparer.

ORGANISME ■ Administration, bureau, constitution, corps, ensemble, établissement, formation, office, organisation, service.

ORGASME ■ Mâle : éjaculation. **Génér.** : jouissance, spasme, volupté. **Fam.** : épectase, extase, feu d'artifice, grandes orgues, grand frisson, paradis, petite mort, 14 juillet, secousse, septième ciel, etc. ⇒ **jouir.**

ORGELET ■ Chalaze, chalazion, compère-loriot, grain d'orge, hordéole.

ORGIAQUE ■ Dépravé. ⇒ **débauché.**

ORGIE ■ *I.* ⇒ **débauche.** *II.* ⇒ **profusion.**

ORGUEIL ■ Amour-propre, arrogance, dédain, estime de soi, fatuité, fierté, gloriole, hauteur, immodestie, importance, infatuation, jactance, mégalomanie, morgue, ostentation, outrecuidance, pose, présomption, prétention, raideur, suffisance, superbe, supériorité, vanité.

ORGUEILLEUX, EUSE ■ Altier, arrogant, avantageux, bouffi, content de soi, crâneur, dédaigneux, faraud, fat, fier, flambard, glorieux, gobeur, hautain, important, infatué, m'as-tu-vu, méprisant, ostentatoire, outrecuidant, paon, pénétré de soi, plastronneur, plein de soi, poseur, présomptueux, prétentieux, puant, satisfait de soi, sourcilleux, suffisant, superbe, vain, vaniteux.

ORIENT ■ *I.* Est, levant. *II.* ⇒ lustre.

ORIENTATION ■ *I.* ⇒ direction. *II.* ⇒ position.

ORIENTER ■ *I.* ⇒ diriger. *II. V. pron.* ⇒ retrouver (se).

ORIFICE ■ ⇒ ouverture.

ORIFLAMME ■ ⇒ gonfanon.

ORIGINAIRE ■ Aborigène, autochtone, indigène, issu de, natif, naturel, né à/de, d'origine, originel, sorti/venu de.

ORIGINAL, E ■ *I. Adj.* 1. Au pr. : différent, distinct, distinctif, inaccoutumé, inclassable, incomparable, inédit, initial, insolite, jamais vu, neuf, nouveau, originel, premier, primitif, princeps, sans précédent, singulier, spécifique, unique, vierge, virginal. 2. **Par ext.** : amusant, bizarre, braque, chinois (fam.), cocasse, curieux, déconcertant, drolatique, drôle, étonnant, étrange, excentrique, exception-nel, extraordinaire, extravagant, fantasque, hardi, indépendant, non-conformiste, maniaque, paradoxal, particulier, personnel piquant, pittoresque, plaisant, rare, remarquable, spécial, surprenant. *II. Nom.* 1. Acte authentique, minute. 2. ⇒ **texte.** 3. Prototype. ⇒ **modèle.** 4. Bohème, chinois, excentrique, fantaisiste, maniaque, numéro, olibrius, personnage, phénomène, type.

ORIGINALITÉ ■ *I. Favorable ou neutre :* cachet, chic, drôlerie, fraîcheur, hardiesse, indépendance, non-conformisme, nouveauté, personnalité, piquant, pittoresque. *II. Non favorable :* bizarrerie, cocasserie, étrangeté, excentricité, extravagance, manie, paradoxe, singularité.

ORIGINE ■ *I.* Base, berceau, cause, début, départ, embryon, enfance, fondement, genèse, germe, motif, nid, noyau, œuf, point de départ, prédéterminant, principe, racine, raison, semence, source. ⇒ **commencement.** *II.* ⇒ **naissance.** *III. Gram. :* dérivation, étymologie.

ORIGINEL, ELLE ■ ⇒ originaire.

ORIPEAU ■ ⇒ loque.

ORNEMENT ■ Accessoire, affiquet, affûtiaux (fam.), agrément, ajustement, apprêt, atour, bijou, bossette, broderie, chamarrure, décoration, détail, enjolivement, enjolivure, enrichissement, falbala, fanfreluche, figure, fioriture, fleur, fleuron, garniture, motif, ornementation, parement, parure, tapisserie.

ORNEMENTAL, E ■ ⇒ beau.

ORNER ■ Adorner, agrémenter, ajouter, assaisonner, barder, broder, chamarrer, colorer, décorer, disposer, égayer, émailler, embellir, empanacher, enguirlander, enjoliver, enluminer, enrichir, farder, fignoler, fleurir, garnir, habiller, historier, imager, jarreter, meubler, ornementer, ourler, parer, passementer, pavoiser, pomponner, rehausser, revêtir, tapisser. ⇒ **peindre.**

ORNIÈRE ▪ *I. Au pr. :* fondrière, nid de poule, trou. ⇒ **trace.** *II. Fig.* ⇒ **routine.**

ORPHELIN, INE ▪ *I. Nom :* pupille. *II. Adj.* (fig.) : abandonné *et les part. passés possibles des syn. de* ABANDONNER, frustré/privé de.

ORPHÉON ▪ *I.* ⇒ **orchestre.** *II.* ⇒ **chœur.**

ORTHODOXE ▪ ⇒ **vrai.**

ORTHODOXIE ▪ *I. Au pr.* ⇒ **vérité.** *II. Par ext. :* conformisme, doctrine, ligne, norme, règle, régularité.

ORTHOGRAPHIER ▪ ⇒ **écrire.**

ORTHOPHONIE ▪ Logopédie.

OS ▪ *Par ext. :* ossements. ⇒ **carcasse.**

OSCILLATION ▪ *I. Au pr. :* nutation, vibration. ⇒ **balancement.** *II. Fig.* ⇒ **variation.**

OSCILLER ▪ *I. Au pr.* ⇒ **balancer.** *II. Fig.* ⇒ **hésiter.**

OSÉ, E ▪ *I.* ⇒ **hardi.** *II.* ⇒ **hasardé.**

OSER ▪ S'aventurer, s'aviser de, entreprendre, se hasarder, se lancer, se permettre, prendre son courage à deux mains, se résigner, y aller (fam.). ⇒ **hasarder.**

OSSATURE ▪ ⇒ **carcasse.**

OSSEMENTS ▪ *I.* ⇒ **os.** *II.* ⇒ **restes.**

OSSUAIRE ▪ ⇒ **cimetière.**

OSTENSIBLE ▪ ⇒ **visible.**

OSTENTATION ▪ *I.* ⇒ **montre.** *II.* ⇒ **orgueil.**

OSTRACISER ▪ *I.* ⇒ **bannir.** *II.* ⇒ **éliminer.**

OTAGE ▪ *I.* ⇒ **garant.** *II.* ⇒ **prisonnier.**

ÔTER ▪ *I.* ⇒ **tirer.** *II.* ⇒ **prendre.** *III.* ⇒ **quitter.** *IV.* ⇒ **retrancher.**

OUAILLE ▪ *I. Au pr.* ⇒ **brebis.** *II. Par ext.* ⇒ **fidèle.**

OUBLI ▪ *I. Au pr.* 1. Amnésie. 2. ⇒ **omission.** *II. Par ext.* 1. ⇒ **pardon.** 2. ⇒ **ingratitude.**

OUBLIÉ, E ▪ ⇒ **inconnu.**

OUBLIER ▪ Désapprendre, manquer, négliger, omettre. ⇒ **abandonner.**

OUBLIETTES ▪ ⇒ **cachot.**

OUBLIEUX, EUSE ▪ ⇒ **ingrat.**

OUEST ▪ ⇒ **occident.**

OUI ▪ Assurément, bien, bien sûr, bon, certainement, certes, dame, évidemment, à merveille, optime, oui-da, parfait, parfaitement. *Fam. :* cinq sur cinq, d'ac, positif.

OUÏE ▪ ⇒ **oreille.**

OUÏES ▪ Branchies.

OUÏR ▪ ⇒ **entendre.**

OURAGAN ▪ *I. Au pr.* ⇒ **bourrasque.** *II. Fig.* ⇒ **trouble.**

OURDIR ▪ *I. Au pr. :* tisser, tramer, tresser. *II. Fig. :* aménager, arranger, brasser, combiner, comploter, conspirer, machiner, manigancer, monter, nouer, préparer, tisser, tramer, tresser.

OURLER ▪ ⇒ **border.**

OURLET ▪ ⇒ **bord.**

OURS ▪ *Par ext.* ⇒ **sauvage.**

OUTIL ▪ ⇒ **instrument.**

OUTILLAGE ▪ Cheptel, équipement, instruments, machine, matériel, outils.

OUTILLER ▪ ⇒ **pourvoir.**

OUTLAW ▪ ⇒ **maudit.**

OUTRAGE ▪ *I.* ⇒ **offense.** *II.* ⇒ **dommage.**

OUTRAGEANT, E, OUTRAGEUX, EUSE ▪ ⇒ **offensant.**

OUTRAGER ▪ ⇒ **offenser.**

OUTRANCE ■ *I.* ⇒ excès. *II. Loc.* À outrance : outre mesure.

OUTRANCIER, ÈRE ■ ⇒ excessif.

OUTRE, EN OUTRE, OUTRE CELA ■ De/en plus, indépendamment, par-dessus le marché.

OUTRÉ, E ■ *I.* ⇒ excessif. *II.* Beau d'indignation, horrifié, indigné, le souffle coupé, offensé, révolté, scanda-lisé, suffoqué.

OUTRECUIDANCE ■ *I.* ⇒ arrogance. *II.* ⇒ orgueil.

OUTRECUIDANT, E ■ n. et adj. *I.* ⇒ arrogant. *II.* ⇒ orgueilleux.

OUTRE-MESURE ■ À outrance.

OUTREPASSER ■ ⇒ dépasser.

OUTRER ■ v. tr. et intr. ⇒ exagérer.

OUTSIDER ■ ⇒ concurrent.

OUVERT, E ■ *I. Au pr. :* béant, libre. *II. Fig.* 1. ⇒ franc. 2. ⇒ intelligent.

OUVERTURE ■ *I. Au pr. :* 1. Ajour, aperture, baie, béance, bouche, bou-lin, brèche, châssis, chatière, croisée, dégagement, ébrasement, ébrasure, échappée, embrasure, entrée, évase-ment, évasure, évent, excavation, fenestron, fenêtre, fente, gorge, gou-lot, gueulard, gueule, guichet, imposte, issue, jour, judas, lucarne, lumière, lunette, oculus, œil, oriel, orifice, passage, percée, pertuis, porte, regard, sortie, souillard, soupirail, sto-mate (botan), trou, trouée, varaigne (marais), vasistas, vue. 2. **Méd. :** émonctoire, méat. 3. Archère, barba-cane, meurtrière, rayère. 4. **Mar. :** écubier, hublot, sabord. *II. Par ext.* 1. ⇒ commencement. 2. ⇒ prélude. 3. ⇒

offre. 4. ⇒ moyen. *III. Loc.* Ouverture d'esprit : largeur d'esprit.

OUVRAGE ■ *I.* ⇒ travail. *II.* ⇒ livre. *III.* Chef-d'œuvre, composition, créa-tion, essai, étude, œuvre, production, produit. *IV. Milit. :* bastille, bastion, blockhaus, citadelle, défense, dehors, fort, fortification, fortin, redoute, rem-part.

OUVRAGER, OUVRER ■ ⇒ travailler.

OUVRIER ■ *I.* ⇒ artisan. *II.* ⇒ travail-leur.

OUVRIR ■ *I.* Crocheter, déboucher, déboutonner, débrider, décacheter, déclore (vx), défoncer, dégager, désen-combrer, désobstruer, déverrouiller, ébraser, écarquiller, écarter, éclore, élargir, enfoncer, entrebâiller, entrou-vrir, épanouir, évaser, fendre, forcer, frayer, inciser, percer, scarifier, tirer. *II.* ⇒ étendre. *III.* ⇒ commencer. *IV.* Aérer. *V.* Creuser, crevasser, éventrer, trouer. *VI. V. pron.* ⇒ confier (se).

OUVROIR ■ ⇒ atelier.

OVALE ■ *I. Adj. :* courbe, ellipsoïde, oblong, ové, oviforme. *II. Nom :* ellipse, mandorle, ove.

OVALISER ■ ⇒ agrandir.

OVATION ■ ⇒ acclamation.

OVATIONNER ■ Faire une ovation. ⇒ acclamer.

OVIN, E ■ Ovidé. ⇒ mouton.

OVULE ■ Embryon, germe, œuf.

OXYDER ■ Brûler, détériorer, détruire, ronger, rouiller.

P

PACAGE ■ ⇒ pâturage.

PACIFIER ■ Adoucir, apaiser, arranger, calmer, retenir, tranquilliser.

PACIFIQUE, PACIFISTE ■ ⇒ paisible.

PACOTILLE ■ ⇒ marchandise.

PACTE ■ *I.* ⇒ convention. *II.* ⇒ traité.

PACTISER ■ *I.* ⇒ entendre (s'). *II.* ⇒ composer.

PACTOLE ■ ⇒ richesse.

PAGAILLE ■ ⇒ désordre.

PAGE ■ *I.* ⇒ feuille. *II.* ⇒ passage.

PAGINER ■ ⇒ coter.

PAGNE ■ Paréo.

PAGURE ■ Bernard l'hermite.

PAIE ■ *I.* ⇒ rétribution. *II.* ⇒ paiement.

PAIEMENT, PAYEMENT ■ *I. Au pr. :* appointements, attribution, cachet, commission, émoluments, honoraires, indemnité, jeton, paie, salaire, solde, solution (jurid.), traitement, transfert, versement, virement. *II. Fig.* ⇒ récompense.

PAÏEN, ENNE ■ n. et adj. Agnostique, athée, gentil, hérétique, idolâtre, impie, incrédule, incroyant, infidèle, irréligieux, mécréant, renégat.

PAILLARD, E ■ ⇒ lascif.

PAILLARDISE ■ ⇒ lasciveté.

PAILLASSE ■ *I. N. f.* ⇒ matelas. *II. N. m.* ⇒ clown.

PAILLE ■ *I.* ⇒ chaume. *II. Loc. :* Homme de paille ⇒ intermédiaire.

PAILLER ■ ⇒ meule.

PAIN ■ *I. Au pr. :* baguette, boule, bricheton (fam.), couronne, flûte, miche, muffin, pistolet. *II. Par ext.* 1. Aliment, nourriture, pitance. 2. Brique, lingot.

PAIR ■ ⇒ égal.

PAIRE ■ ⇒ couple.

PAISIBLE ■ Aimable, béat, calme, doux, modéré, pacifique, pacifiste, pantouflard (péj.), pénard (fam.), placide, quiet, serein. ⇒ tranquille.

PAÎTRE ■ *I. V. tr.* ⇒ nourrir. *II. V. intr. :* brouter, gagner (vx), herbeiller, manger, pacager, pâturer, viander (vén.).

PAIX ■ *I. Nom.* 1. *Au pr. :* apaisement, béatitude, bonheur, calme, concorde, entente, fraternité, harmonie, repos, sérénité, silence, tranquillité, union. 2. *Par ext. :* accord, armistice, conciliation, entente, pacification, pacte, réconciliation, traité. *II. Interj. :* bouche close/cousue, chut, motus (fam.), silence.

PALABRE ■ *I.* ⇒ discussion. *II.* ⇒ discours.

PALABRER ■ *I.* ⇒ discuter. *II.* ⇒ discourir.

PALACE ■ ⇒ hôtel.

PALADIN ■ ⇒ chevalier.

PALAIS ■ Casino, castel, château, demeure, palace. ⇒ immeuble.

PALAN ■ ⇒ treuil.

PÂLE ■ *I. Au pr.* : blafard, blanchâtre, blême, bleu, cadavérique, décoloré, étiolé, exsangue, hâve, incolore, livide, opalin, pâlot, plombé, terne, terreux, vert. *II. Par ext.* ⇒ malade.

PALEFRENIER ■ Garçon d'écurie, lad, valet.

PALEFROI ■ Cheval, coursier, destrier, monture.

PALETOT ■ ⇒ manteau.

PALIER ■ *I. Au pr.* : carré, étage, repos. *II. Par ext.* ⇒ phase.

PALINGÉNÉSIE ■ ⇒ renaissance.

PALINODIE ■ ⇒ rétractation.

PÂLIR ■ ⇒ blêmir.

PALIS ■ *I.* ⇒ pieu. *II.* ⇒ clôture.

PALISSADE ■ ⇒ clôture.

PALLADIUM ■ ⇒ garantie.

PALLIATIF ■ ⇒ remède.

PALLIER ■ *I.* ⇒ cacher. *II.* ⇒ modérer. *III.* ⇒ pourvoir à.

PALMIPÈDE ■ *I.* Anatidé, fuligule. *II.* Albatros, canard, cormoran, cygne, fou, goéland, gorfou, macreuse, manchot, milouin, morillon, mouette, oie, pélican, pétrel, pilet, pingouin, sarcelle, sphénisque, sterne, tadorne, tourmentin.

PALOMBE ■ ⇒ colombin.

PALPABLE ■ *I.* ⇒ sensible. *II.* ⇒ manifeste.

PALPER ■ ⇒ toucher.

PALPITANT, E ■ ⇒ intéressant.

PALPITER ■ ⇒ trembler.

PALUDIER, ÈRE ■ Salinier, saunier.

PAMER (SE) ■ *I. Au pr.* ⇒ évanouir (s'). *II. Fig.* ⇒ entousiasmer (s').

PÂMOISON ■ ⇒ évanouissement.

PAMPHLET ■ *I.* ⇒ satire. *II.* ⇒ libelle.

PAMPHLÉTAIRE ■ ⇒ journaliste.

PAMPLEMOUSSE ■ ⇒ agrume.

PAN ■ *I.* ⇒ partie. *II.* ⇒ flanc.

PANACÉE ■ ⇒ remède.

PANACHAGE ■ ⇒ mélange.

PANACHE ■ *I.* ⇒ plumet. *II.* ⇒ lustre. *III. Loc.* 1. Faire panache ⇒ culbuter. 2. Avoir du panache ⇒ allure.

PANACHÉ, E ■ *I.* ⇒ bariolé. *II.* ⇒ mêlé.

PANACHER ■ ⇒ mêler.

PANCARTE ■ *I.* ⇒ affiche. *II.* ⇒ écriteau.

PANCRACE ■ ⇒ lutte.

PANDÉMIQUE ■ ⇒ épidémique.

PANÉGYRIQUE ■ ⇒ éloge.

PANETIÈRE ■ ⇒ gibecière.

PANIER ■ *I. Le contenant :* banne, bannette, banneton, bourriche, cabas, cloyère, corbeille, corbillon, gabion, hotte, manne, mannequin, mannette, paneton, panière, tendelin. *II. Le contenu :* panerée. *III.* Crinoline, fauxcul, tournure, vertugadin. *IV. Loc.* 1. Dessus du panier ⇒ choix. 2. Panier à salade : voiture cellulaire.

PANIQUE ■ ⇒ épouvante.

PANIQUER ■ ⇒ trembler.

PANNE ■ *I. Au pr. :* barde, couenne, lard. *II.* Accident, accroc, arrêt, incident, interruption. *III.* ⇒ poutre. *IV. Loc. Mettre en panne* ⇒ stopper.

PANNEAU ■ *I.* ⇒ écriteau. *II.* ⇒ filet.

PANORAMA ■ ⇒ vue.

PANSE ■ ⇒ abdomen, bedaine.

PANSEMENT ■ Compresse.

PANSER ■ ⇒ soigner.

PANTAGRUÉLIQUE ■ ⇒ abondant.

PANTALON ■ *I.* ⇒ culotte. *II.* ⇒ pantin.

PANTALONNADE ■ *I.* ⇒ fuite. *II.* ⇒ feinte. *III.* ⇒ subterfuge.

PANTELANT, E ■ *I.* ⇒ essoufflé. *II.* ⇒ ému.

PANTELER ■ ⇒ respirer.

PANTIN ■ *I. Au pr. :* arlequin, bamboche, burattino, clown, fantoche, guignol, jouet, joujou, mannequin, margotin, marionnette, pantalon, polichinelle, poupée, pupazzo. *II. Par ext. :* fantôme, girouette, rigolo, saltimbanque, sauteur, toton, toupie, zéro.

PANTOIS ■ ⇒ interdit.

PANTOMIME ■ *I.* ⇒ mime. *II.* ⇒ geste.

PANTOUFLARD, E ■ *I.* ⇒ sédentaire. *II.* ⇒ paisible.

PANTOUFLE ■ ⇒ chausson.

PAON ■ *I. Au pr. :* oiseau de Junon. *II. Fig.* ⇒ orgueilleux.

PAONNER ■ Étaler, faire la roue, parader, se pavaner, poser.

PAPA ■ *I.* ⇒ père. *II. Loc.* 1. À la papa : ⇒ tranquille. 2. À/de papa : ⇒ kitsch.

PAPAL, E ■ *Par ext. :* intégriste, papalin (péj.), papimane (péj.), papiste, ultramontain.

PAPE ■ Chef de l'Église, évêque universel, pasteur suprême, Saint-Père, Sa Sainteté, serviteur des serviteurs du Christ, souverain pontife, successeur de saint Pierre, Très Saint-Père, vicaire de Jésus-Christ.

PAPELARD, E ■ ⇒ patelin.

PAPELARDISE ■ ⇒ hypocrisie.

PAPIER ■ *I. Non favorable :* papelard, paperasse. *II. Par ext.* ⇒ article. *III. Loc.* Papier-monnaie : argent, billet, espèces, numéraire, ticket (arg.).

PAPILLONNER ■ S'agiter, se débattre, se démener, flirter, folâtrer, marivauder, voler, voltiger.

PAPILLOTANT, E ■ Agité, clignotant, flottant, instable, mobile, mouvant.

PAPILLOTE ■ Bigoudi.

PAPILLOTER ■ *I.* ⇒ luire. *II.* ⇒ vaciller. *III.* ⇒ ciller.

PAPOTAGE ■ Bavardage, cancan, caquetage, commérage, jasement, ragot, verbiage.

PAPOTER ■ Babiller, bavarder, cancaner, caqueter, commérer, faire des commérages/ragots.

PAQUEBOT ■ ⇒ bateau.

PAQUET ■ *I. Au pr. :* balle, ballot, balluchon, barda, bouchon de linge, colis, pacson (arg.), paquetage, tapon. ⇒ bagage. *II. Fig.* 1. Masse, pile, quantité, tas. 2. ⇒ bêtise. *III. Loc.* 1. Mettre/risquer le paquet : aller à fond, attaquer, faire le nécessaire, hasarder, risquer. 2. Faire son paquet (fam.) ⇒ mourir. 3. Donner son paquet ⇒ humilier.

PAQUETAGE ■ ⇒ bagage.

PARABOLE ■ Allégorie, apologue, fable, histoire, image, morale, récit, symbole.

PARACHEVER ■ *I.* ⇒ finir. *II.* ⇒ parfaire.

PARACHUTER ■ Droper, lâcher, larguer.

PARADE ■ *I.* ⇒ revue. *II.* ⇒ montre. *III.* Argument, en-cas, esquive, feinte, garniture, moyen, précaution, prévention, protection, sécurité. *IV. Loc.* Faire parade ⇒ parer (se).

PARADER ■ ⇒ montrer (se).

PARADIGME ■ ⇒ exemple.

PARADIS ■ *I. Au pr.* : Brahma-Loke, céleste séjour, champs Élysées, ciel, éden, élysée, Jérusalem céleste, monde meilleur, nirvâna, oasis, olympe, sein de Dieu, Walhalla. *II. Par ext.* : balcon, dernières galeries, pigeonnier, poulailler.

PARADISIAQUE ■ Bienheureux, céleste, délectable, divin, heureux, parfait.

PARADOXAL, E ■ ⇒ invraisemblable.

PARADOXE ■ Antiphrase, antithèse, bizarrerie, boutade, contradiction, contraire, contrevérité, énormité.

PARAGE ■ *I.* ⇒ lieu. *II.* ⇒ naissance.

PARAGRAPHE ■ ⇒ partie.

PARAÎTRE ■ *I. Au pr.* : apparaître, s'avérer, avoir l'air/l'aspect, se manifester, marquer, se montrer, s'offrir, sembler, sentir, simuler, passer pour, percer, poindre, pointer, se présenter, surgir. *II. Par ext.* ⇒ distinguer (se). *III. Loc.* Faire paraître : éditer, publier.

PARALLÈLE ■ *I. Adj.* ⇒ semblable. *II. Nom* ⇒ rapprochement.

PARALOGISME ■ ⇒ sophisme.

PARALYSÉ, E ■ n. et adj. *I.* ⇒ engourdi. *II.* ⇒ paralytique.

PARALYSER ■ *I.* ⇒ engourdir. *II.* ⇒ arrêter. *III.* ⇒ empêcher. *IV.* ⇒ pétrifier.

PARALYSIE ■ *I. Au pr.* : ankylose, catalepsie, hémiplégie, induration, insensibilisation, paraplégie, parésie. *II. Par ext.* : arrêt, blocage engourdissement, entrave, immobilisme, neutralisation, obstruction, ralentissement, sclérose, stagnation.

PARALYTIQUE ■ Estropié, grabataire, hémiplégique, impotent, infirme, paralysé, paraplégique, perclus.

PARANGON ■ *I.* ⇒ exemple. *II.* ⇒ modèle.

PARAPET ■ Abri, balustrade, garde-corps/fou, mur, muraille, muret, murette.

PARAPHE ■ Apostille, griffe, seing (vx), signature, visa.

PARAPHRASE ■ *I.* ⇒ développement. *II.* ⇒ explication.

PARAPHRASER ■ Amplifier, commenter, développer, éclaircir, expliquer, gloser, imiter.

PARAPLUIE ■ *I.* Boy, en-cas, en-tout-cas, tom-pouce. *II. Fam.* : pébroc, pépin, riflard.

PARASITE ■ *I. Adj.* ⇒ superflu. *II. Nom masc.* : 1. ⇒ pou, vermine, ver. 2. *Fig.* : écornifleur, pillard, pique-assiette. *III. Techn.* : artefact.

PARASOL ■ Abri, en-cas, en-tout-cas, ombrelle.

PARATONNERRE ■ *I.* Parafoudre. *II.* ⇒ protection.

PARAVENT ■ *Fig.* : abri, bouclier, prétexte.

PARC ■ *I.* ⇒ jardin. *II.* ⇒ pâturage. *III. Loc.* 1. Parc zoologique : jardin d'acclimatation, ménagerie, zoo.

PARCELLAIRE ■ Cadastre, plan.

PARCELLE ■ *I.* ⇒ morceau. *II.* ⇒ partie.

PARCE QUE ■ À cause que (fam.), attendu que, car, d'autant que, en effet, puisque, vu que.

PARCHEMIN ■ *I.* ⇒ diplôme. *II.* ⇒ titre.

PARCHEMINÉ, E ■ ⇒ ridé.

PARCIMONIE ■ *I.* ⇒ économie. *II.* ⇒ avarice.

PARCIMONIEUX, EUSE ■ *I. Favorable* ⇒ économe. *II. Non favorable* ⇒ avare.

PARCOURIR ■ *I. Au pr.* : battre, couvrir, sillonner. *II. Par ext.* 1. ⇒ lire. 2. ⇒ regarder.

PARCOURS ■ *I.* ⇒ trajet. *II.* ⇒ pâturage.

PARDESSUS ■ ⇒ manteau.

PARDON ■ *I.* Abolition (vx), absolution, acquittement, amnistie, grâce, indulgence, jubilé (relig.), miséricorde, oubli, remise, rémission. *II.* 1. ⇒ fête. 2. ⇒ pèlerinage. *III. Par ext.* ⇒ excuse.

PARDONNABLE ■ ⇒ excusable.

PARDONNER ■ *I.* ⇒ excuser. *II.* ⇒ souffrir. *III.* ⇒ ménager.

PAREIL, EILLE ■ Adéquat, comparable, égal, équipollent, équipotent, équiprobable, équivalent, identique, jumeau, même, parallèle, semblable, synonyme, tel.

PAREMENT ■ *I.* ⇒ ornement. *II.* ⇒ revers. *III.* ⇒ surface.

PARENT ■ Agnat (jurid.), allié, ancêtre, apparenté, cognat (jurid.), collatéral, consanguin, cousin, dabe (fam.), frère, germain, mère, oncle, père, proche, procréateur, siens (les), tante, utérin.

PARENTÉ ■ *I. Au pr. :* affinité, alliance, apparentement, consanguinité, famille, lignage, parentage (vx), parentèle (vx et péj.). *II. Par ext.* 1. Phratrie. 2. ⇒ rapport.

PARENTHÈSE ■ ⇒ digression.

PARER ■ *I. On pare quelqu'un ou quelque chose :* adoniser, adorner, afistoler, apprêter, arranger, attifer, bichonner, embellir, endimancher, garnir, orner, pomponner, poupiner. *II. On pare un coup :* conjurer, détourner, esquiver, éviter, faire face à, obvier à, prévenir. *III. V. pron. :* 1. *Les formes pron. possibles des syn.* de PARER. 2. Faire étalage/montre/parade de.

PARÉSIE ■ ⇒ paralysie.

PARESSE ■ Fainéantise, indolence, inertie, laisser-aller, lenteur, lourdeur, mollesse, négligence, nonchalance, oisiveté. *Fam. :* cagne, cosse, flemme, rame.

PARESSER ■ *I.* ⇒ sommeiller. *II.* ⇒ traîner. *III. Fam. :* coincer la bulle, couniller (rég.), glander, ne pas s'en faire, se la couler douce.

PARESSEUX, EUSE ■ n. et adj. *I.* Aboulique, indolent, mou, négligent, nonchalant. *II. Fam. :* branleur, branlotin, bulleur, cagnard, clampin, cancre, cossard, fainéant, feignant, feignasse, flemmard, lézard, momie, musard, ramier, rossard, tire au cul/ flanc. *III. Mammifère :* aï, unau.

PARFAIRE ■ Arranger, châtier, ciseler, enjoliver, fignoler, finir, lécher, limer, parachever, peaufiner, perler, polir, raboter, raffiner, revoir, soigner.

PARFAIT, E ■ *I. Adj. :* absolu, accompli, achevé, bien, complet, consommé, déterminé, excellent, extra, fameux, fieffé, fini, franc, hors ligne, idéal, impeccable, incomparable, inimitable, insurpassable, irréprochable, magistral, merveilleux, modèle, non pareil (vx), pommé, renforcé, réussi, royal, sacré, super (fam.), superfin, supérieur, surfin, très bien. ⇒ bon. *II. Adv.* ⇒ oui.

PARFOIS ■ ⇒ quelquefois.

PARFUM ■ *I. Substance :* aromate, baume, eau, essence, extrait, huile, nard, onguent. *II.* Arôme, bouquet, fumet, fragrance. ⇒ odeur.

PARFUMER ■ *I. On parfume quelqu'un :* oindre. ⇒ frictionner. *II. Quelqu'un ou quelque chose parfume l'air :* aromatiser, dégager, embaumer, exhaler, fleurer, imprégner, répandre.

PARI ■ Gageure, mise, risque.

PARIA ■ *I.* ⇒ misérable. *II.* ⇒ maudit.

PARIER ■ ⇒ gager.

PARIÉTAL, E ■ Rupestre.

PARIEUR ■ Joueur, turfiste.

PARITÉ ■ *I.* ⇒ égalité. *II.* ⇒ rapprochement.

PARJURE ■ ⇒ infidèle.

PARKING ■ Garage, parc, parcage, stationnement.

PARLANT, E ■ Bavard, éloquent, expressif, exubérant, loquace, vivant.

PARLEMENT ■ Assemblée, chambre, représentation nationale.

PARLEMENTAIRE ■ *I.* ⇒ envoyé. *II.* ⇒ député.

PARLEMENTER ■ Agiter, argumenter, débattre, discuter, négocier, traiter.

PARLER ■ *I. V. tr.* **On parle une langue.** *1. Neutre :* employer, s'exprimer, pratiquer. *2. Non favorable :* bafouiller, baragouiner, écorcher, jargonner. *II. V. intr.* 1. *Au pr. Avec des nuances fam. ou péj. :* accoucher, articuler, bâiller, baratiner, baver, bêler, bonir, chevroter, débagouler, débiter, déblatérer, dégoiser, dire, giberner, graillonner, gueuler, jacter, jaser, jaspiner, murmurer, nasiller, proférer/prononcer des mots/paroles, rabâcher, radoter, soliloquer. 2. *Par ext. On parle avec quelqu'un ou en public :* bavarder, causer, confabuler, conférer, consulter, converser, déclamer, deviser, dialoguer, discourir, discuter, s'entretenir, s'expliquer, haranguer, improviser, pérorer (péj.), porter/ prendre la parole. *III. Loc.* 1. **Parler de :** faire allusion à, toucher à, traiter de. 2. **Parler pour** ⇒ intervenir. *IV. Nom.* 1. ⇒ langue. 2. ⇒ parole.

PARLEUR ■ Baratineur (fam.), causeur, discoureur, diseur, harangueur, jaseur, loquace, orateur, péroreur, phraseur (péj.), pie (péj.), prolixe, verbeux.

PARLOTE ■ ⇒ conversation.

PARMI ■ Au milieu de, dans, de, entre.

PARODIE ■ À la manière de, caricature, charge, glose, imitation, pastiche, travestissement.

PARODIER ■ Caricaturer, charger, contrefaire, imiter, pasticher, travestir.

PARODISTE ■ ⇒ imitateur.

PAROI ■ Bajoyer, claustra, cloison, éponte, face, galandage, galandis, mur, muraille, séparation.

PAROISSE ■ Circonscription, commune, église, feux, hameau, village.

PAROISSIEN, ENNE ■ *I. Quelqu'un.* 1. *Neutre :* fidèle, ouaille. 2. **Non favorable** ⇒ type. *II.* Eucologe, livre d'heures/de messe/de prières, missel.

PAROLE ■ *I.* Apophtegme, assurance, circonlocution, compliment, discours, élocution, éloquence, engagement, expression, grossièreté, injure, jactance, langage, mot, outrage, parabole, parler, promesse, propos, sentence, verbe, voix. ⇒ foi. *II. Loc.* 1. **Donner sa parole** ⇒ promettre. 2. **Porter/prendre la parole** ⇒ parler.

PAROLIER ■ Auteur, chansonnier, librettiste, poète.

PARONYME ■ Doublet, homonyme.

PAROXYSME ■ Accès, au plus fort, comble, crise, exacerbation, maximum, recrudescence, redoublement, sommet, summum.

PARPAILLOT, OTE ■ n. et adj. *I. Au pr.* (péj.) : calviniste, protestant. *II. Par ext.* : agnostique, anticlérical, athée, impie, incrédule, incroyant, indifférent, infidèle, irréligieux, mécréant, non pratiquant.

PARPAING ■ Aggloméré, bloc, brique, hourdis, moellon, pierre.

PARQUER ■ ⇒ enfermer.

PARQUET ■ *I.* ⇒ tribunal. *II.* ⇒ plancher.

PARRAIN ■ *I. Au pr. :* compère, témoin, tuteur. *II. Par ext. :* caution, garant, introducteur.

particularité

PARRAINAGE ■ Auspice, caution, garantie, patronage, protection, tutelle.

PARRAINER ■ ⇒ appuyer.

PARSEMÉ, E ■ ⇒ semé.

PARSEMER ■ *I.* ⇒ semer. *II.* ⇒ recouvrir.

PART ■ *I. Au pr.* 1. Contingent, lot, lotissement, partage, prorata, quotité. *Arg. :* fade, pied, taf. 2. ⇒ partie. 3. ⇒ portion. 4. ⇒ lieu. *II. Loc.* 1. À part ⇒ excepté. 2. D'autre part ⇒ plus (de). 3. Faire part ⇒ informer. 4. Avoir/prendre part ⇒ participer.

PARTAGE ■ *I.* ⇒ distribution. *II.* ⇒ part.

PARTAGÉ, E ■ *I. Par ext. :* commun, mutuel, réciproque. *II. Fig. :* brisé, déchiré, divisé, écartelé.

PARTAGEABLE ■ Secable, *et les dérivés possibles de* ⇒ partager.

PARTAGER ■ *I. Au pr. :* attribuer, couper, débiter, découper, dédoubler, démembrer, départager, départir, dépecer, dispenser, distribuer, diviser, donner, fractionner, fragmenter, lotir, morceler, partir (vx), scinder, sectionner, séparer, subdiviser. *II. Fig. :* aider, associer, communiquer, compatir, entrer dans les peines/les soucis, épouser, éprouver, mettre en commun, participer, prendre part.

PARTANCE ■ Appareillage, départ, embarquement, sous pression.

PARTANT ■ Ainsi, donc, en conséquence, par conséquent.

PARTENAIRE ■ Acolyte, adjoint, affidé, aide, allié, alter ego, ami, associé, coéquipier, collègue, compagnon, complice (péj.), copain (fam.), correspondant, équipier, joueur, second.

PARTERRE ■ *I.* Corbeille, massif, pelouse, planche, plate-bande. *II.* ⇒ public.

PARTI ■ *I.* Brigue, cabale, camp, clan, coalition, faction, faisceau, groupe, ligue, phalange, rassemblement, secte. *II.* ⇒ intrigue. *III.* ⇒ troupe. *IV.* ⇒ résolution. *V.* ⇒ profit. *VI.* ⇒ profession. *VII.* ⇒ fiancé.

PARTIAL, E ■ Abusif, arbitraire, déloyal, faux, illégal, illégitime, influencé, injuste, irrégulier, partisan, passionné, préconçu, prévenu, scélérat, tendancieux.

PARTIALITÉ ■ Abus, arbitraire, déloyauté, injustice, irrégularité, parti pris, préférence, préjugé, prévention, scélératesse.

PARTICIPANT, E ■ *I.* ⇒ adhérent. *II.* ⇒ concurrent.

PARTICIPATION ■ *I. L'acte :* adhésion, aide, appui, collaboration, complicité, concours, connivence (péj.), contribution, coopération, engagement, part, partage, soutien. *II. L'objet :* apport, commandite, contribution, mise de fonds, part, souscription. *III. Par ext. :* actionnariat. *IV.* ⇒ quota.

PARTICIPER ■ *I. On participe à :* adhérer, aider, apporter, appuyer, assister, s'associer, avoir intérêt/part, collaborer, concourir, contribuer, coopérer, encourager, s'engager, entrer dans la danse (fam.)/le jeu, être de, être complice/de connivence (péj.), être intéressé, figurer, fournir, s'immiscer, se joindre, se mêler, se mettre de la partie, partager, prendre part, soutenir, tremper dans (péj.). *II. On participe de :* tenir.

PARTICULARISÉ, E ■ Circonstancié, défini, détaillé, déterminé, distingué, fixé, individualisé, singularisé, spécialisé, spécifié.

PARTICULARISER ■ ⇒ fixer.

PARTICULARISME ■ Attitude, coutume, originalité, propriété. ⇒ particularité.

PARTICULARITÉ ■ Anecdote, anomalie, attribut, caractéristique, circonstance, différence, exception, individualité, modalité, particularisme, propre, propriété, singularité, trait.

PARTICULE ■ *I.* Atome, corpuscule, molécule, poudre, poussière. *II. Gram. :* affixe, mot, préfixe, suffixe.

PARTICULIER, ÈRE ■ *I. Adj.* 1. Caractéristique, distinct, distinctif, extraordinaire, original, propre à, remarquable, singulier, spécial. 2. ⇒ **individuel.** *II. Nom :* individu, unité. ⇒ **homme.** *III. Loc.* 1. En particulier ⇒ **particulièrement.** 2. Cas particulier : circonstance. 3. Point particulier : précis.

PARTICULIÈREMENT ■ Éminemment, en particulier, notamment, principalement, singulièrement, spécialement, surtout.

PARTIE ■ *I. Au pr. :* bout, branche, bribe, compartiment, composant, côté, division, élément, embranchement, fraction, membre, morceau, pan, parcelle, part, particule, pièce, portion, rameau, ramification, secteur, subdivision, tranche, tronçon. *II. D'une œuvre :* acte, alinéa, article, chant, chapitre, division, époque, morceau, mouvement (mus.), paragraphe, passage, point, scène, section, titre. *III.* ⇒ **divertissement.** *IV.* ⇒ **rencontre.** *V.* ⇒ **profession.** *VI.* ⇒ **qualité.** *VII.* ⇒ **plaideur.** *VIII. Au pl.* ⇒ **sexe.**

PARTIEL, ELLE ■ Fragmentaire, incomplet, relatif, sectoriel.

PARTI PRIS ■ ⇒ **préjugé.**

PARTIR ■ *I. Au pr. :* abandonner, s'en aller, battre en retraite, brûler la politesse (péj.), changer de place, décamper, se défiler, déguerpir, déloger, démarrer, se dérober, détaler, disparaître, s'ébranler, s'échapper, s'éclipser, s'éloigner, émigrer, s'expatrier, ficher/foutre (grossier) le camp, filer, fuir, gagner/prendre le large/la porte/ la sortie, prendre congé/ses jambes à son cou/le large/la porte, se réfugier, se retirer, s'en retourner, se sauver, se séparer. *Fam. :* se barrer/calter/carapater/ casser/cavaler/débiner, débarrasser le plancher, décaniller, déhaler, déhotter, déménager, démurger, dérober, dévisser, s'esbigner, se faire la levure/la malle/la valise, filer à l'anglaise, filocher, galérer, jouer les filles de l'air/rip, mettre les adjas/les bouts/les loubés/les voiles, natchaver, prendre la poudre d'escampette/ses cliques et ses claques, riper, se tailler/ tirer/trisser/trotter, tirer sa révérence. *II.* ⇒ **sortir.** *III.* ⇒ **commencer.** *IV. Vx* ⇒ **partager.**

PARTISAN, E ■ *I. Adj.* ⇒ **partial.** *II. Nom.* 1. Adepte, adhérent, affidé, affilié, allié, ami, disciple, fanatique (péj.), féal, fidèle, homme lige, militant, propagandiste, prosélyte, recrue, satellite, sectateur, séide, séquelle (vx et péj.), siens (les), supporter, suppôt (péj.). 2. ⇒ **résistant.**

PARTOUT ■ Urbi et orbi.

PARTURITION ■ ⇒ **gésine.**

PARURE ■ *I.* ⇒ **ajustement.** *II.* ⇒ **ornement.**

PARVENIR ■ *I.* ⇒ **arriver.** *II.* ⇒ **venir.** *III. Fig.* ⇒ **réussir.**

PARVENU, E ■ n. et adj. Agioteur, arriviste, figaro, homme arrivé/nouveau, nouveau riche, rasta, rastaquouère.

PARVIS ■ Façade. ⇒ **place.**

PAS ■ *I. Nom.* 1. Par ext. : enjambée, foulée, marche. 2. Du cheval : appui. 3. ⇒ **trace.** 4. ⇒ **passage.** 5. ⇒ **défilé.** 6. ⇒ **détroit.** 7. ⇒ **seuil.** 8. Fig. : avance, essai, étape, jalon, progrès. *II. Loc.* 1. Avoir/prendre le pas sur : avantage, droit, préséance. 2. Faux pas : chute, écart, erreur, faiblesse, faute, glissade. 3. Pas de clerc ⇒ **bêtise.** *III. Adv. :* aucunement, goutte (vx), mie (vx), mot, point, rien.

PASQUIN ■ ⇒ **bouffon.**

PASSABLE ■ Acceptable, admissible, assez bien/bon, correct, médiocre, mettable, moyen, possible, potable, suffisant, supportable.

PASSADE ■ Amourette, aventure, béguin, caprice, fantaisie, flirt, galanterie, liaison, passionnette.

PASSAGE ■ *I. Au pr. :* 1. Allée, artère, avenue, chemin, rue, traboule, venelle, voie. 2. Chenal, détroit, embouquement, goulot, gué, isthme, passe. 3. Col, gorge, pas, port, seuil, trouée. 4. Corridor, couloir, dégagement, galerie, lieu, ouverture. 5. Vén. : passée. 6. Boyau, communication. *II. Fig. :* circonstance, conjoncture, moment, passe. *III.* Alinéa, endroit, extrait, fragment, morceau, page, paragraphe, strophe. *IV.* ⇒ **transition.**

PASSAGER, ÈRE ■ *I. Adj. :* court, de courte durée, éphémère, fragile, fugitif, fuyard, incertain, intérimaire, momentané, précaire, provisoire, temporaire, transitoire. *II. Nom* ⇒ **voyageur.**

PASSANT, E ■ *I. Nom :* flâneur, promeneur. *II. Adj. :* fréquenté, passager.

PASSAVANT, PASSE ■ Acquit-à-caution, passe-debout, laissez-passer, octroi, permis.

PASSE ■ *I. N. m. :* ⇒ **passe-partout.** *II. N. f.* ⇒ **passage, défilé.** *III. Loc.* Être en passe de : état, position, situation, sur le point.

PASSÉ ■ *I. Nom :* histoire, temps anciens/révolus, tradition. ⇒ **autrefois.** *II. Prép. :* après, au-delà de. *III. Adj.* 1. Accompli, ancien, antécédent, défunt, mort, révolu. 2. Abîmé, altéré, amorti, avachi, décoloré, déformé, défraîchi, délabré, délavé, démodé, désuet, esquinté, fané, fatigué, flétri, gâté, pâli, pisseux, ridé, séché, terni, usagé, usé, vieilli, vieux.

PASSE-DROIT ■ *I.* ⇒ **privilège.** *II.* ⇒ **injustice.**

PASSÉISTE ■ ⇒ **réactionnaire.**

PASSEMENT, PASSEMENTERIE

■ Agrément, aiguillette, brandebourg, broderie, chamarrure, chenille, cordon, cordonnet, crépine, crête, croquet, dentelle, dragonne, embrasse, épaulette, feston, filet, frange, galon, ganse, garniture, gland, gros-grain, guipure, houppe, lézarde, macramé, pampille, passepoil, picot, résille, ruban, rufflette, soutache, torsade, tresse.

PASSE-PARTOUT ■ *I.* Arg. : carouble, oiseau, rossignol. ⇒ **clef.** *II.* Scie.

PASSE-PASSE ■ *I. Au pr. :* attrape, escamotage, ficelle, fourberie, illusion, magie, tour, tromperie, truc. *II. Par ext.* ⇒ **combine.**

PASSEPORT ■ Autorisation, laissez-passer, sauf-conduit, visa.

PASSER ■ *I. V. intr.* 1. Au pr. : aller, changer, circuler, courir, défiler, dépasser, disparaître, se dissiper, s'écouler, s'effacer, s'enfuir, s'envoler, s'évanouir, s'évaporer, évoluer, fuir, marcher, se rendre à. 2. Fig. : accepter, cacher, concéder, couler/glisser sur, écarter, excuser, négliger, omettre, pardonner, permettre, taire, tolérer. 3. Par ext. ⇒ **mourir,** *et les formes pron. possibles des syn. de* FLÉTRIR. 4. En passer par ⇒ **soumettre (se).** *II. V. tr.* 1. Au pr. : enjamber, escalader, franchir, sauter, traverser. 2. Fig. : cribler, filtrer, tamiser. *III. Loc.* 1. Passer le temps/ la vie : consumer, couler, employer, gaspiller (péj.), occuper, perdre (péj.), traîner (péj.). 2. **Passer un examen :** subir. 3. **Passer un mot :** laisser, omettre, oublier, sauter. 4. **Passer les limites :** combler, exagérer, excéder, outrepasser, outrer. 5. **Passer l'entendement** ⇒ **surprendre.** 6. **Faire passer :** acheminer, convoyer, donner, faire parvenir, remettre, transiter, transmettre, transporter. 7. **Passer un vêtement :** enfiler, mettre. 8. **Passer une maladie :** amener, communiquer. 9. **Passer par les armes** ⇒ **fusiller.** *IV. V. pron. :* 1. Advenir, arriver, avoir lieu, se dérouler, s'écouler, s'produire. 2.

Les formes pron. possibles des syn. de
PASSER. **3. On se passe de quelque chose** : s'abstenir, se dispenser de, éviter, se garder de, s'intedire de, négliger de, se priver de, refuser à, renoncer à, se retenir de.

PASSEREAU ▪ Accenteur, alouette, becfigue, bec-fin, bergeronnette, bouvreuil, bruant, calao, chardonneret, colibri, corbeau, corneille, cotinga, engoulevent, étourneau, farlouse, fauvette, fourmilier, fournier, geai, gobemouche, grimpereau, griset, grive, gros-bec, hirondelle, jacamar, jaseur, linot, linotte, loriot, mainate, martinet, ménure, merle, mésange, moineau, momot, moucherolle, ortolan, paradisier, passeriforme, passerine, pie, pie-grièche, pinson, pipit, proyer, quiscale, rémiz, roitelet, rossignol, rouge-gorge, rouge-queue, rousserole, rubiette, salangane, sansonnet, séleucide, sirli, sittelle, tarin, tète-chèvre, tisserin, traîne-buisson, traquet, troglodyte, troupiale, tyran, verdier.

PASSERELLE ▪ ⇒ pont.

PASSE-TEMPS ▪ Agrément, amusement, délassement, distraction, divertissement, jeu, occupation, plaisir, récréation.

PASSEUR ▪ ⇒ batelier.

PASSIBLE ▪ ⇒ susceptible.

PASSIF ▪ *I. N. m. :* perte. *II. Adj.* ⇒ inerte.

PASSIM ▪ Çà et là, en différents endroits, par-ci par-là.

PASSION ▪ *I. Neutre ou favorable :* admiration, adoration, adulation, affection, amour, appétit, ardeur, béguin, chaleur, culte, élan, emballement, enthousiasme, flamme, goût, inclination, passade, penchant, sentiment, trouble, vénération. *II. Non favorable :* ambition, avarice, avidité, caprice, convoitise, délire, désir, éréthisme, exaltation, excitation, emportement, ensorcellement, envoûtement, faible, fanatisme, fièvre, folie, frénésie, fureur, furie, habitude, haine, maladie, manie, rage, tarentule, ver rongeur, vice. *III. Litt. :* animation, chaleur, émotion, feu, flamme, lyrisme, pathétique, sensibilité, vie.

PASSIONNANT, E ▪ Affolant, attachant, beau, brûlant, captivant, délirant, dramatique, électrisant, émouvant, empoignant, enivrant, enthousiasmant, excitant, intéressant.

PASSIONNÉ, E ▪ ⇒ enthousiaste.

PASSIONNÉMENT ▪ Beaucoup, follement, à la folie / fureur, furieusement.

PASSIONNER ▪ Animer, attacher, captiver, électriser, empoigner, enfiévrer, enflammer, enivrer, enthousiasmer, exalter, exciter, intéresser. *V. pron. :* aimer, s'emballer, s'embraser, s'enflammer, s'engouer, s'enivrer, s'enticher, s'éprendre, prendre feu, raffoler.

PASSIVITÉ ▪ ⇒ inaction.

PASSOIRE ▪ Couloire, crible, filtre, passe-thé, tamis.

PASTÈQUE ▪ Melon d'eau/d'Espagne, pépon, péponide.

PASTEUR ▪ *I.* ⇒ berger. *II.* ⇒ prêtre.

PASTEURISATION ▪ Aseptisation, stérilisation, upérisation.

PASTEURISER ▪ Aseptiser, stériliser.

PASTICHE ▪ *I.* ⇒ imitation. *II.* ⇒ parodie.

PASTICHER ▪ ⇒ imiter.

PASTILLE ▪ Bonbon, boule, cachet, comprimé, gélule, tablette.

PASTORAL, E ▪ Bucolique, champêtre, paysan, rural, rustique.

PASTORALE ▪ Bergerette, bergerie, bucolique, églogue, idylle, moutonnerie (péj.), pastourelle.

PASTOUREAU ▪ ⇒ berger.

PATACHE ▪ *I.* ⇒ coche. *II.* ⇒ voiture.

PATAQUÈS ■ ⇒ lapsus.

PATATE ■ *I.* Pomme de terre. *II. Loc.* (fam.). **En avoir gros sur la patate** : sur le cœur/l'estomac.

PATATRAS ■ Pan, patapouf, vlan.

PATAUD, E ■ ⇒ gauche.

PATAUGER ■ *I. Au pr.* : barboter, s'enliser, gadouiller, patouiller, patrouiller, piétiner. *II. Fig.* S'embarrasser, s'embrouiller, s'empêtrer, nager, se perdre.

PÂTE ■ *I. Par ext.* : barbotine, bouillie, colle, mortier. *II. Au pl.* : caneloni, cheveux d'ange, coquillettes, langues d'oiseau, lasagne, macaroni, nouilles, ravioli, spaghetti, tagliatelle, tortelloni, vermicelle.

PÂTÉ ■ *I.* ⇒ tache. *II.* Amas, assemblage, ensemble, groupe, îlot. *III. Cuis.* : bouchée à la reine, croustade, friand, godiveau, hachis, mousse de foie, rissole, terrine, tourte, vol-au-vent.

PÂTÉE ■ ⇒ nourriture.

PATELIN, INE ■ Archipatelin, benoît, bonhomme, chafouin, chattemite, doucereux, faux, flatteur, insinuant, melliflue, mielleux, onctueux, papelard, patelineur, patte-pelu, peloteur, rusé, saint-nitouche, tartufe, trompeur. ⇒ hypocrite.

PATELIN ■ *I.* ⇒ village. *II.* ⇒ pays.

PATELINAGE ■ *I.* ⇒ fausseté. *II.* ⇒ hypocrisie.

PATELINER ■ ⇒ amadouer.

PATENÔTRE ■ Chapelet, oraison dominicale, pater, pater noster, prière.

PATENT, E ■ ⇒ manifeste.

PATENTE ■ *I.* Autorisation, brevet, commission, diplôme, lettres patentes, licence. *II.* Contribution, impôt.

PATENTÉ, E ■ ⇒ attitré.

PATÈRE ■ Crochet, portemanteau.

PATERNE ■ ⇒ doucereux.

PATERNEL, ELLE ■ ⇒ tutélaire.

PÂTEUX, EUSE ■ *I.* ⇒ épais. *II.* ⇒ embarrassé.

PATHÉTIQUE ■ *I. Adj.* ⇒ émouvant. *II. N. m.* : éloquence, émotion pathos.

PATHOLOGIQUE ■ Maladif, morbide.

PATHOS ■ *I.* ⇒ éloquence. *II.* ⇒ galimatias.

PATIBULAIRE ■ ⇒ inquiétant.

PATIEMMENT ■ Avec ⇒ patience, pas à pas, petit à petit, *et les adv. en -ment dérivés des syn. de* PATIENT.

PATIENCE ■ *I.* Calme, constance, courage, douceur, endurance, flegme, indulgence, lenteur, longanimité, longueur de temps, persévérance, persistance, résignation, sang-froid, tranquillité. *II.* Réussite, tour de cartes.

PATIENT, E ■ *I. Adj.* : bouleux (équit.), calme, constant, débonnaire, doux, endurant, flegmatique, indulgent, inlassable, longanime, persévérant, résigné. *II. Nom* : client, malade, sujet.

PATIENTER ■ ⇒ attendre.

PATIN ■ Raquette, semelle, socque.

PATINE ■ *I. Au pr.* : concrétion, crasse, croûte, dépôt, oxydation, vert-de-gris. *II. Par ext.* : ancienneté, antiquité, marque.

PATINETTE ■ Trottinette.

PÂTIR ■ ⇒ souffrir.

PÂTIS ■ Friche, herbage, lande, pacage, pâquis, parc, parcours. ⇒ pâturage.

PÂTISSERIE ■ *I.* Biscuiterie, confiserie, salon de thé. *II.* Allumette, baba, barquette bavaroise, beignet, biscuit, bouchée, bretzel, brioche, cake, casse-museau, chanoinesse, chausson, chou à la crème, coque, cornet, cramique, craquelin, croissant, croquembouche, croquignole, dariole, dartois, dessert, éclair, far, feuilletage, feuilleté, flan, frangipane, galette, gâteau, gaufre, gimblette, gosette, macaron, madeleine, marquise, meringue, merveille, mille-feuille, moka, oublie, pain d'épices, paris-brest, petit four, pièce montée, plaisir, profiterole, raton, religieuse, saint-honoré, savarin, talmouse, tarte, tartelette, vitelot.

PÂTISSIER, ÈRE ■ Confiseur, mitron, patronnet, traiteur.

PÂTISSON ■ Artichaut de Jérusalem, bonnet de prêtre, courge.

PATOIS ■ ⇒ langue.

PATOUILLER ■ ⇒ patauger, manier.

PÂTOUR ■ ⇒ berger.

PATRAQUE ■ ⇒ malade.

PÂTRE ■ ⇒ berger.

PATRIARCAL, E ■ Ancestral, ancien, antique, familial, paternel, simple, traditionnel, vertueux.

PATRIARCHE ■ ⇒ vieillard.

PATRICIEN ENNE ■ n. et adj. ⇒ noble.

PATRIE ■ Cité, communauté, État, nation, pays.

PATRIMOINE ■ Apanage, bien, domaine, fortune, héritage, legs, propriété, succession.

PATRIOTE ■ *I.* Civique, militariste, nationaliste, patriotique. *II. Péj. :* chauvin, cocardier, patriotard.

PATRIOTISME ■ *I.* Civisme, militarisme, nationalisme. *II. Péj. :* chauvinisme, cocorico, esprit de clocher.

PATRISTIQUE ■ Patrologie.

PATRON, ONNE ■ *I. Au pr. :* boss, bourgeois, directeur, employeur, maître, négrier (péj.), singe (péj.). *II. Par ext.* 1. ⇒ protecteur. 2. ⇒ chef.

PATRON ■ ⇒ modèle.

PATRONAGE ■ *I.* Appui, auspice, égide, invocation, parrainage, protection, recommandation, secours, support, vocable. *II.* Club, garderie, gymnase.

PATRONNER ■ *I.* ⇒ introduire. *II.* ⇒ protéger.

PATROUILLER ■ *I.* ⇒ patauger. *II.* Exercer une surveillance, parcourir, surveiller.

PATTE ■ *I. Au pr. :* jambe, pied, pince, serre. *II. Par ext.* 1. ⇒ main. 2. ⇒ habileté. *III. Loc.* Patte-d'oie 1. ⇒ carrefour. 2. ⇒ ride.

PÂTURAGE ■ Alpage, champ, champeau, corral, embouche, enclos, friche, gagnage, herbage, kraal, lande, pacage, pâquis, parc, parcours, pasquier, passage, pâtis, pâture, prairie, pré, viandis (vén.).

PÂTURE ■ *I.* ⇒ nourriture. *II.* ⇒ pâturage.

PÂTURER ■ v. intr. et tr. ⇒ paître.

PAUMÉ, E ■ ⇒ inadapté.

PAUMER ■ ⇒ perdre.

PAUPÉRISME ■ Appauvrissement, dénuement, manque, misère. ⇒ pauvreté.

PAUSE ■ *I. Au pr. :* abattement, arrêt, entracte, halte, interclasse, interruption, intervalle, mi-temps, récréation, suspension. *II. Par ext.* 1. ⇒ repos. 2. ⇒ silence.

PAUVRE ■ adj. et n. *I. Au pr.* Quelqu'un : appauvri, besogneux, clochard, crève-la-faim, démuni, déshérité, disetteux (vx), économiquement faible, famélique, fauché, gêné, gueux, humble, impécunieux, indigent, loqueteux, malheureux, marmiteux, mendiant, mendigot, meurt-de-faim, misérable, miséreux, nécessiteux, nu, panné, pouilleux, prolétaire, purée, purotin, sans-le-sou, sans-un, traîne-misère/savates/semelles, va-nu-pieds. *II. Par ext.* 1. Un événement : déplorable, malheureux, pitoyable. **2. Un sol** : aride, chétif, ingrat, maigre, modeste, sec, stérile. **3. Un aspect** : anémié, carencé, congru, décharné, dénué, dépourvu, maigre, mesquin, minable, miteux, nu, privé, râpé, rikiki (fam.), sec, squelettique. **III. Loc. 1.** Pauvre d'esprit ⇒ simple. **2.** Pauvre diable/drille/hère/type ⇒ misérable.

PAUVRETÉ ■ **I. Au pr.** De quelqu'un : besoin, carence, crotte (fam.), débine (fam.), dèche, défaut, dénuement, détresse, disette, embarras, gêne, gueuserie (péj.), impécuniosité, indigence, malheur, manque, mésaise (vx), misère, mistoufle, mouise, mouscaille, nécessité, panade, panne, paupérisme, pénurie, pétrin, pouillerie (péj.), privation, purée (fam.), ruine. **II. Par ext. 1.** Anémie, aridité, défaut, disette, faiblesse, maigreur, manque, médiocrité, pénurie, stérilité. **2.** Banalité, platitude, sécheresse.

PAVAGE et **PAVEMENT** ■ ⇒ pavé.

PAVANER (SE) ■ Faire le beau/de l'épate (fam.)/la roue, se montrer, se panader, paonner, parader, poser, se rengorger.

PAVÉ ■ **I. Au pr.** : carreau, dalle, galet, pierre. **II. Par ext. 1.** Assemblage de pierres, carrelage, dallage, pavage, pavement, pichat (rég. et partic.), revêtement, rudération (partic.) **2.** ⇒ rue. **3.** ⇒ route.

PAVER ■ Carreler, couvrir, daller, recouvrir, revêtir.

PAVILLON ■ **I.** ⇒ drapeau. **II.** ⇒ tente. **III.** Abri, aile, belvédère, bungalow, chalet, chartreuse, cottage, fermette, folie, gloriette, habitation, kiosque, maison, muette, rotonde, villa.

PAVOISER ■ **I.** ⇒ orner. **II.** ⇒ réjouir (se).

PAVOT ■ Coquelicot, œillette, olivette.

PAYANT, E ■ **I.** Coûteux, onéreux, pécuniaire. **II.** Avantageux, fructueux, juteux (fam.), profitable, valable.

PAYE ou **PAIE** ■ **I.** ⇒ paiement. **II.** ⇒ rétribution.

PAYEMENT ■ ⇒ paiement.

PAYER ■ **I. On donne à quelqu'un une valeur en espèces ou en nature. 1.** Favorable ou neutre : appointer, arroser (fam.), contenter, défrayer, désintéresser, indemniser, récompenser, rembourser, rémunérer, rétribuer, satisfaire. **2. Non favorable** : acheter, arroser, corrompre, soudoyer, stipendier. **II. On paie une somme** : acquitter, avancer, compter, débourser, décaisser, dépenser, donner, financer, se libérer, liquider, mandater, ordonnancer, régler, remettre, solder, souscrire, verser. **Arg. ou fam.** : aligner, allonger, banquer, bourser, carmer, casquer, cigler, cracher, se déboutonner, décher, dépocher, douiller, éclairer, fader, se fendre, les lâcher, passer au refile, raquer. **III. Par ext.** : faire un cadeau, offrir, régaler. **IV. Fig. 1.** ⇒ récompenser. **2.** ⇒ punir. **V. V. pron. : 1.** ⇒ offrir (s'). **2.** ⇒ contenter (se).

PAYEUR ■ Comptable, trésorier.

PAYS ■ **I. Au pr.** : bled (fam.), bord, bourg, bourgade, campagne, ciel, cité, climat, clocher (fam.), coin, commune, contrée, cru, empire, endroit, État, foyer, lieu, nation, origine, parage, paroisse, patelin (fam.), patrie, peuple, plage, province, région, république, rivage, royaume, sol, territoire, terroir, trou (fam. et péj.), zone. ⇒ terre. **II. Par ext.** : compatriote, concitoyen.

PAYSAGE ■ **I. Au pr.** : campagne, décor, site, vue. **II.** Bergerie, bucolique, peinture/scène champêtre/pastorale/rustique, verdure.

PAYSAGISTE ■ ⇒ jardiniste.

PAYSAN, ANNE ■ **I. Nom. 1. Neutre** : agriculteur, campagnard, cultivateur, contadin (vx), éleveur, fellah, fermier, homme de la campagne/des champs, jacques (vx), koulak, laboureur, manant (vx), moujik, rural, terrien, vilain (vx), villageois. **2. Non favorable ou argot :** bellure, bouseux, cambrousard, cambrousier, croquant, cul-terreux, glaiseux, pécore, pedzouille, peigne-cul, péquenot, péquenouille, pétrousquin, pignouf, plouc, ploum, rustaud, rustre. *II. Adj. :* agreste, campagnard, frugal, fruste, grossier, rural, rustique, simple, terrien.

PÉAN ■ ⇒ hymne.

PEAU ■ *I. Au pr.* 1. Derme, épiderme, tégument. 2. Couenne, croupon, cuir. 3. Écorce, épicarpe, pellicule, pelure, zeste. *II. Par ext. :* agnelin, basane, bisquain, chagrin, chamois, chevreau, chevrotin, cosse, crocodile, fourrure, galuchat, lézard, maroquin, parchemin, pécari, porc, serpent, vélin, velot.

PECCADILLE ■ ⇒ faute.

PÊCHE ■ Halieutique. ⇒ poisson.

PÉCHÉ ■ *I. Au pr. :* avarice, colère, envie, gourmandise, luxure, orgueil, paresse. *II. Par ext. :* attentat, chute, coulpe (vx), crime, errement, faute, impénitence, imperfection, impiété, impureté, mal, manquement, offense, peccadille, sacrilège, scandale, souillure, stupre, tache, transgression, vice.

PÉCHER ■ Broncher (fam.), chuter, clocher (fam.), commettre une faute/un péché, faillir, manquer, offenser, tomber.

PÊCHER ■ *Fig.* ⇒ trouver.

PÉCHEUR, ERESSE ■ ⇒ coupable.

PÊCHEUR, EUSE ■ Marin, morutier, sardinier, terre-neuvas.

PÉCORE ■ *I. Au pr. :* animal, bête, cheptel vif. *II. Fig.* (péj.) : chipie, oie, outarde, pecque, péronnelle, pie-grièche, pimbêche, pintade. ⇒ bête.

PÉCULAT ■ ⇒ malversation.

PÉCULE ■ ⇒ économie.

PÉCUNIEUX, EUSE ■ ⇒ riche.

PÉDAGOGIE ■ ⇒ instruction.

PÉDAGOGIQUE ■ Didactique, éducateur, formateur, scolaire.

PÉDAGOGUE ■ *I. Au pr.* ⇒ maître. *II. Péj.* ⇒ pédant.

PÉDALE ■ *I. Au pr. :* levier, manivelle, palonnier, pédalier. *II. Loc.* ⇒ *Perdre les pédales :* esprit, fil, moyens, sang-froid. *III.* Cyclisme. *IV.* ⇒ uranien.

PÉDANT, E ■ *I. Nom. :* baderne, basbleu, bel esprit, bonze, censeur, cuistre, fat, faux savant, grammatiste, grimaud, magister, pédagogue, pion, pontife, poseur, régent, savantasse. *II. Adj. :* affecté, dogmatique, fat, magistral, pédantesque, pontifiant, poseur, solennel, sot, suffisant. ⇒ ridicule.

PÉDANTISME ■ Affectation, cuistrerie, dogmatisme, fatuité, pédanterie, pose, sottise, suffisance. ⇒ prétention.

PÉDÉRASTE ■ ⇒ uranien.

PÉDÉRASTIE ■ ⇒ homosexualité.

PÉDICULE ■ Pédoncule, pied, queue, stipe, tige.

PÈGRE ■ ⇒ populace.

PEIGNE ■ *I.* Crasseux (arg.), démêloir. *II.* Drège.

PEIGNER ■ *I.* Arranger, brosser, coiffer, démêler, testonner (vx). *II.* Carder, houpper. *III. Fig.* ⇒ soigner. *IV. V. pron. :* 1. Au pr. : *les formes pron. possibles des syn. de* PEIGNER. 2. **Fig.** ⇒ battre (se).

PEINDRE ■ *I. Un tableau.* 1. Neutre : brosser, camper, croquer, exécuter une peinture *et les syn. de* PEINTURE, figurer, peinturer, pignocher, pocher, portraire, portraiturer, représenter. 2. Armorier, blasonner, enluminer, historier, ornementer, orner. 3. Non favorable : barbouiller, barioler, peinturlurer, torcher. *II. Une surface quelconque :* badigeonner, bronzer, graniter, laquer, repeindre, ripoliner, vernir. *III. Fig.* **1. Non favorable :** farder, maquiller, travestir. **2. Neutre :** conter, décrire, dépeindre, dessiner, exprimer, faire apparaître/voir, montrer, raconter, représenter, traduire. *IV. V. pron.* ⇒ **montrer (se).**

PEINE ■ *I.* Châtiment, condamnation, correction, expiation, pénalité, punition, sanction, supplice. *II.* Chagrin, collier de misère, crève-cœur, croix, déplaisir, difficulté, douleur, embarras, épreuve, mal, malheur, souci, souffrance, tourment, tracas. *III.* Abattement, affliction, agonie (vx), amertume, angoisse, anxiété, désolation, détresse, douleur, ennui (vx), gêne, inquiétude, malheur, misère, tristesse. *IV.* Ahan (vx), effort, labeur, tâche, travail, tribulation. *V. Relig. :* dam, damnation, enfer, pénitence, purgatoire. *VI. Loc.* **À/sous peine de :** astreinte, contrainte, menace, obligation.

PEINER ■ *I. V. tr. :* affecter, affliger, attrister, chagriner, déplaire, désobliger, fâcher, meurtrir. *II. V. intr. :* s'appliquer, besogner, s'efforcer, s'évertuer, se fatiguer, gémir, souquer, trimer.

PEINTRE ■ *I. En bâtiment :* badigeonneur. *II.* Animalier, aquarelliste, artiste, enlumineur, fresquiste, miniaturiste, orientaliste, pastelliste, paysagiste, portraitiste, rapin (fam.). *III. Péj. :* barbouilleur, pompier. *IV.* Classique, cubiste, expressionniste, fauviste, impressionniste, intimiste, nabi, naïf, naturaliste, non-figuratif, pointilliste, préraphaélite, réaliste, romantique, surréaliste, symboliste, tachiste.

PEINTURE ■ *I. Au pr. :* badigeon, barbouille (péj.), ravalement, recouvrement, revêtement. *II.* Aquarelle, crayon, décor, détrempe, diptyque, ébauche, enluminure, esquisse, estampe, étude, fresque, fusain, gouache, lavis, maquette, mine de plomb, pastel, plafond, pochade,

polyptyque, retable, sanguine, sépia, sgraffite, tableau, toile, triptyque, trumeau. *Péj. :* barbouillage, croûte, gribouillage, navet. *III.* Académie, allégorie, bataille, bambochade, bergerie, caricature, fresque, genre, intérieur, marine, maternité, nature morte, nu, panorama, paysage, portrait, sous-bois, verdure, vue. *IV.* Classicisme, cubisme, dadaïsme, divisionnisme, expressionnisme, fauvisme, futurisme, impressionnisme, modern style, naturalisme, pointillisme, préraphaélisme, romantisme, réalisme, surréalisme, tachisme.

PEINTURLURER ■ Barbouiller, colorer, colorier. ⇒ **peindre.**

PÉJORATIF, IVE ■ ⇒ **défavorable.**

PELADE ■ Alopécie, calvitie (par ext.), dermatose, ophiase, teigne.

PELAGE ■ Fourrure, livrée, manteau, mantelure, peau, poil, robe, toison.

PÉLAGIQUE ■ Pélagien. ⇒ **marin.**

PÉLARGONIUM ■ Géranium.

PÉLASGIQUE ■ ⇒ **gigantesque.**

PELÉ, E ■ Chauve, dégarni, démuni, dépouillé, épilé, épluché, nu, râpé, ras, teigneux (péj.), tondu, usé.

PÊLE-MÊLE ■ n. et adv. *I.* ⇒ **désordre.** *II.* ⇒ **mélange.** *III.* ⇒ **vrac (en).**

PELER ■ v. tr. et intr. Bretauder, dépouiller, écorcer, éplucher, gratter, ôter, râper, raser, tondre.

PÈLERIN, E ■ *I. Au pr. :* dévot, fidèle. *II. Par ext. :* excursionniste, touriste, visiteur, voyageur. *III. Fig. et péj.* ⇒ **type.**

PÈLERINAGE ■ *I. Au pr. :* culte, dévotion, jubilé, pardon, sanctuaire. *II. Par ext.* ⇒ **voyage.**

PÈLERINE, PELISSE ■ *I.* Cape, capuchon, fourrure, houppelande, veste. *II. Relig. :* camail, mosette. *III.* ⇒ **manteau.**

PELLE ■ ⇒ bêche.

PELLET ■ Implant.

PELLETERIE ■ ⇒ peau.

PELLICULE ■ *I.* Enveloppe, lamelle. ⇒ peau. *II.* Bande, cliché, film.

PELLUCIDE ■ Translucide, transparent.

PELOTAGE ■ Batifolage, flirt, galanterie. ⇒ caresse.

PELOTE ■ *I.* Boule, manoque, maton, peloton, sphère. *II.* Balle, rebot. *III. Loc.* 1. Faire sa pelote ⇒ économiser. 2. Faire la pelote (arg. milit.) : être brimé/puni, tourner en rond.

PELOTER ■ *I. Au pr.* : bobiner, enrouler, rouler. *II.* Batifoler, chatouiller, chiffonner, lutiner, patiner (vx), tripoter. ⇒ caresser. *III. Fig.* ⇒ flatter.

PELOTEUR, EUSE ■ adj. et n. *Fig.* : enjôleur, flagorneur, flatteur, minaudier. ⇒ hypocrite.

PELOTON ■ *I.* ⇒ pelote. *II.* ⇒ groupe. *III.* ⇒ troupe.

PELOTONNER (SE) ■ ⇒ replier (se).

PELOUSE ■ *I.* Boulingrin, gazon, tapis vert, vertugadin. *II.* ⇒ prairie.

PELU, E, PELUCHÉ, E, PELUCHEUX, EUSE ■ ⇒ poilu.

PELURE ■ ⇒ peau.

PÉNALISATION, PÉNALITÉ ■ ⇒ punition.

PÉNATES ■ *I. Au pr.* : dieux de la cité/domestiques/du foyer/lares/protecteurs/tutélaires. *II. Par ext.* : abri, demeure, foyer, habitation, logis, maison, refuge, résidence.

PENAUD, E ■ Confus, contrit, déconcerté, déconfit, embarrassé, gêné, honteux, humilié, interdit, l'oreille basse, pantois, piteux.

PENCHANT ■ *I. Au pr.* : colline, côte, coteau, déclin, déclivité, inclinaison,

obliquité, pente, thalweg, versant. *II. Fig.* 1. Affection, amour, aptitude, attrait, désir, disposition, faible, faiblesse, génie, goût, habitude, impulsion, inclination, instinct, nature, passion, sympathie, tendre, tendresse, vocation. 2. **Non favorable** : défaut, prédisposition, propension, vice.

PENCHER ■ *I. V. tr.* ⇒ abaisser. *II. V. intr.* : avoir du dévers, chanceler, se coucher, décliner, descendre, déverser, être en oblique/surplomb, obliquer, perdre l'équilibre. *III. V. pron.* : ⇒ incliner (s').

PENDABLE ■ Abominable, condamnable, coupable, damnable, détestable, grave, impardonnable, inexcusable, inqualifiable, laid, mauvais, méchant, répréhensible, sérieux.

PENDANT, E ■ *I. Adj.* 1. **Jurid.** : en cours, en instance. 2. Affaissé, affalé, avachi, avalé, ballant, fatigué, flasque, tombant. *I. Nom.* 1. Boucle, dormeuse, girandole, pendentif, pendeloque, sautoir. 2. Accord, contrepartie, égal, semblable, symétrie, symétrique. *III. Prép.* : au cours de, au milieu de, cependant, dans, de, durant, en.

PENDANT QUE ■ Au moment où, cependant que, lorsque, quand, tandis que.

PENDARD, E ■ ⇒ vaurien.

PENDELOQUE, PENDENTIF ■ ⇒ pendant.

PENDERIE ■ Armoire, cabinet, garderobe, meuble, placard.

PENDILLER, PENDOUILLER, PENDRE ■ *I. V. intr.* : appendre, brandiller, être avachi/suspendu, flotter, retomber, tomber, traîner. *II. V. tr.* 1. **Au pr.** : brancher, lanterner, mettre à la lanterne, étrangler. 2. Accrocher, attacher, fixer, suspendre.

PENDULE ■ *I. N. m.* : balancier, régulateur. *II. N. f.* : cartel, comtoise, dégoulinante (arg.), horloge, pendulette, régulateur.

PÊNE ■ Ardillon, cheville, gâche, gâchette, serrure, verrou.

PÉNÉTRABLE ■ Abordable, accessible, clair, compréhensible, devinable, facile, intelligible, passable, perméable, saisissable.

PÉNÉTRANT, E ■ *I.* Acéré, aigu, aiguisé, coupant, tranchant. *II. Fig. :* aigu, astucieux (fam.), clairvoyant, délicat, délié, divinateur, éclairé, fin, fort, habile, intelligent, lucide, mordant, ouvert, perçant, perspicace, profond, sagace, spirituel, subtil, vif.

PÉNÉTRATION ■ *I.* Acuité, astuce, clairvoyance, délicatesse, divination, finesse, flair, habileté, intelligence, lucidité, mordant, nez, ouverture d'esprit, perspicacité, profondeur, psychologie, sagacité, subtilité, vivacité. *II.* Entrisme, infiltration, noyautage.

PÉNÉTRÉ, E ■ *I. Quelqu'un est pénétré de quelque chose :* confit (péj.), convaincu, imbu, imprégné, marqué, plein, rempli, trempé. *II. Un secret est pénétré :* compris, découvert, deviné.

PÉNÉTRER ■ *I. V. intr. :* accéder, aller, s'aventurer, avoir accès, se couler, s'embarquer, s'enfoncer, s'engager, entrer, envahir, se faufiler, fendre, forcer, se glisser, s'infiltrer, s'insinuer, s'introduire, se loger, mordre sur, noyauter, passer, plonger. *II. V. tr.* 1. Au pr. *Pénétrer quelque chose :* atteindre, baigner, filtrer, imbiber, imprégner, infiltrer, inonder, passer, percer, transpercer, traverser, tremper, visiter. 2. Fig. *Pénétrer quelqu'un :* émouvoir, toucher, transir. 3. Fig. *On pénètre une idée :* apercevoir, approfondir, comprendre, connaître, découvrir, démêler, deviner, entendre, mettre au jour, percevoir, pressentir, réfléchir, saisir, scruter, sentir, sonder. *III. V. pron.* 1. Absorber, boire. 2. Se combiner, se comprendre, se mêler. 3. ⇒ **comprendre.**

PÉNIBLE ■ *I. Phys. :* ardu, assujettissant, astreignant, cassant (fam.), contraignant, difficile, difficultueux, dur, éprouvant, éreintant, fatigant, ingrat, laborieux, tenaillant, tuant. *II. Par ext.* Moral : affligeant, amer, angoissant, âpre, atroce, attristant, cruel, déplorable, désolant, douloureux, dur, embarrassant, ennuyeux, épineux, funeste, gênant, grave, lamentable, lourd, mauvais, mortel, navrant, pesant, poignant, rude, tendu, torturant, tourmenté, triste.

PÉNICHE ■ Chaland, embarcation. ⇒ **bateau.**

PÉNINSULE ■ Avancée, langue, presqu'île.

PÉNIS ■ ⇒ **sexe.**

PÉNITENCE ■ *I.* Abstinence, austérité, cendres, contrition, discipline, expiation, jeûne, macération, mortification, regret, repentir, résipiscence, satisfaction. *II.* Confession. *III.* ⇒ **punition.**

PÉNITENCIER ■ *I.* ⇒ **bagne.** *II.* ⇒ **prison.**

PÉNITENT, E ■ *I. Nom :* ascète, flagellant, jeûneur, pèlerin. *II. Adj. :* contrit, marri, repentant.

PÉNITENTIAIRE ■ Carcéral.

PENNE ■ Aile, aileron, empennage, plume, rectrice, rémige.

PÉNOMBRE ■ Clair-obscur, demi-jour, ombre.

PENSANT, E ■ ⇒ **pensif.**

PENSÉE ■ *I. Au pr.* 1. Phil. : âme, cœur, compréhension, entendement, esprit, facultés mentales, imagination, intellect, intelligence, penser, raison, sentiment. 2. Avis, cogitation, concept, conception, contemplation, dessein, élucubration (péj.), idée, intention, méditation, opinion, point de vue, préoccupation, projet, raisonnement, réflexion, rêverie, souvenir, spéculation. *II. Par ext.* 1. Au sing. : adage, aphorisme, apophtegme, axiome, devise, dicton, dit, ébauche, esquisse, jugement, maxime, mot, parole, plan, propos, proverbe, représentation, sentence, vérité. **2. Au pl.** : considérations, méditations, notations, notes, observations, propos, remarques, souvenirs.

PENSER ■ v. *I. V. intr.* **1.** Cogiter, comprendre, se concentrer, contempler, délibérer, envisager, examiner, se faire un jugement/une opinion, gamberger (arg.), juger, méditer, peser, raisonner, se recueillir, réfléchir, se représenter, rêver, rouler dans sa tête (fam.), ruminer (fam.), songer, spéculer, voir. **2.** Évoquer, imaginer, rappeler, se souvenir. **3.** S'aviser de, faire attention à, prendre garde à, se préoccuper de, prévoir. *II. V. tr.* : admettre, concevoir, croire, estimer, imaginer, juger, présumer, projeter, supposer, soupçonner. *III. Loc.* **Penser suivi de l'inf. 1.** Croire, espérer, se flatter de. **2.** Faillir, manquer. **3.** Avoir l'intention/ en projet/en vue, compter, projeter.

PENSER ■ n. ⇒ pensée.

PENSEUR ■ Contemplateur, contemplatif, méditatif, moraliste, philosophe.

PENSIF, IVE ■ Absent, absorbé, abstrait, contemplatif, méditatif, occupé, préoccupé, rêveur, songeur, soucieux.

PENSION ■ *I.* ⇒ pensionnat. *II.* Allocation, bourse, dotation, retraite, revenu, subside. *III. Loc.* **Pension de famille** ⇒ hôtel.

PENSIONNAIRE ■ *I.* Acteur, actionnaire, comédien, sociétaire. *II.* Élève, hôte, interne, pupille.

PENSIONNAT ■ Collège, cours, école, institution, internat, lycée, maison d'éducation, pension.

PENSIONNER ■ Arrenter (par ext.), entretenir, octroyer, pourvoir, renter, retraiter, subventionner.

PENSUM ■ ⇒ punition.

PENTE ■ *I. Au pr.* : abrupt, brisis, côte, déclination (vx), déclivité, descente, dévers, escarpement, glacis, grimpette, inclinaison, montée, obliquité, penchant, raidillon, rampe, talus, thalweg, versant. *II. Fig.* : entraînement, inclination, propension, tendance. ⇒ penchant.

PENTURE ■ Ferrure, paumelle.

PÉNULTIÈME ■ Avant-dernier.

PÉNURIE ■ *I.* ⇒ manque. *II.* ⇒ pauvreté.

PÉPIE ■ ⇒ soif.

PÉPIEMENT ■ Chant, cri, gazouillement, gazouillis, ramage.

PÉPIER ■ Chanter, crier, gazouiller, jacasser, piauler.

PÉPINIÈRE ■ *I. Au pr.* : arboriculture, horticulture, sylviculture. *II. Loc.* **Mettre en pépinière** : en jauge. *III. Fig.* : couvent, école, mine, origine, séminaire, source.

PÉPINIÉRISTE ■ Arboriculteur, arboriste, horticulteur, jardinier, sylviculteur.

PÉQUENAUD, AUDE et *PÉQUENOT* ■ ⇒ paysan.

PERÇANT, E ■ *I. Au pr.* : aigu, aiguisé, pénétrant, piquant, pointu. *II. Fig.* **1.** Taraudant, térébrant. **2.** Yeux perçants : brillants, mobiles, vifs. **3.** Son perçant : aigu, bruyant, clairet, criard, déchirant, éclatant, fort, strident, violent. **4.** Froid perçant : aigre, aigu, mortel, pénétrant, vif. **5.** Esprit perçant : éveillé, intelligent, lucide, pénétrant, perspicace, vif.

PERCÉE ■ *I. Au pr.* : brèche, chemin, clairière, déchirure, éclaircie, orne, ouverture, passage, sentier, trouée. *II. Milit.* : avance, bousculade, enfoncement, irruption, raid.

PERCEPTEUR ■ *I.* Agent du fisc, collecteur, comptable du trésor, comptable public, receveur. **Vx et péj.** :

gabelou, maltôtier, rat de cave, traiteur.

PERCEPTIBLE ■ Audible, clair, évident. ⇒ **visible**.

PERCEPTION ■ *I.* Collecte, levée, recouvrement, rentrée. *II.* Encaissement, recette. *III.* Affection, conception, discernement, entendement, idée, impression, intelligence, sens, sensation.

PERCER ■ *I. V. tr.* 1. Au pr. : blesser, creuser, crever, cribler, darder (vx), déchirer, embrocher, empaler, encorner, enferrer, enfiler, enfoncer, enfourcher, entamer, excaver, éventrer, forer, larder, ouvrir, pénétrer, perforer, piquer, poinçonner, pointer, sonder, tarauder, transpercer, traverser, tremper, trouer, vriller. 2. *Fig.* **Quelqu'un** : comprendre, déceler, découvrir, développer, pénétrer, prévoir, saisir. *II. V. intr.* 1. **Quelque chose perce** : s'ébruiter, se déceler, s'éventer, filtrer, se manifester, se montrer, se répandre, transpirer. ⇒ **paraître**. 2. **Quelqu'un perce** ⇒ **réussir**. *III. Loc.* Percer le cœur ⇒ **affliger**.

PERCEUSE ■ Chignole, foreuse, fraiseuse, perçoir, perforatrice, perforeuse, taraud, taraudeuse, tarière, vilebrequin. ⇒ **vrille**.

PERCEVABLE ■ ⇒ **visible**.

PERCEVOIR ■ *I.* ⇒ **voir**. *II.* ⇒ **entendre**. *III.* Apercevoir, appréhender, concevoir, découvrir, deviner, discerner, distinguer, éprouver, flairer, prendre connaissance, remarquer, saisir, sentir. *IV.* Empocher, encaisser, lever, prélever, prendre, ramasser, recouvrir, recueillir, retirer, soutirer/tirer de l'argent, toucher.

PERCHE ■ *I. Au pr. :* balise, bâton, bouille, croc, échalas, écoperche, gaffe, gaule, houssine, latte, perchis, rame, rouable. *II. Par ext.* 1. Girafe, micro. 2. Juchoir, perchoir. *III. Fig.* ⇒ **géant**.

PERCHER ■ *I. V. intr.* : brancher, demeurer, jucher, loger, nicher, se poser. *II. V. tr.* : accrocher, placer, poser, suspendre.

PERCHIS ■ ⇒ **perche**.

PERCHOIR ■ Abri, juchoir, poulailler, volière.

PERCLUS, E ■ Ankylosé, engourdi, gourd, impotent, inactif, inerte, infirme, lourd, paralysé, paralytique, raide, roide, souffrant, souffreteux.

PERCOLATEUR ■ Cafetière, filtre.

PERCUSSION ■ Choc, coup, heurt, impulsion.

PERCUSSIONNISTE ■ Batteur, cymbalier, cymbaliste, timbalier.

PERCUTANT, E ■ ⇒ **irrésistible**.

PERCUTER ■ ⇒ **heurter**.

PERDANT ■ n. Jusant, reflux.

PERDANT, E ■ adj. et n. Battu, vaincu.

PERDITION ■ ⇒ **perte**.

PERDRE ■ *I. Sens passif :* s'affaiblir, aliéner, s'amortir, s'appauvrir, s'atrophier, dégénérer, démériter, se démunir, se dépouiller, déposer, échouer, être en deuil/privé de, maigrir, manquer de, quitter, renoncer. *II. Sens actif.* 1. **Neutre** : adirer (jurid.), égarer, laisser traîner, oublier, paumer (fam.). 2. **Non favorable** : causer un dommage, désorienter, détruire, dissiper, fausser, gâcher, galvauder, gaspiller, gâter, ruiner. *III. Par ext. :* être percé, fuir. *IV. Fig.* **Perdre quelqu'un** : corrompre, damner, débaucher, déconsidérer, décrier, démolir, déshonorer, désorienter, détourner, dévoyer, disqualifier, égarer, fourvoyer. *V. Loc.* 1. **Perdre du terrain** : battre en retraite, céder, fuir, reculer. 2. **Perdre son temps** : s'amuser, baguenauder, batifoler, lézarder, musarder, paresser, traîner. *Fam. :* couniller, glander, glandouiller. 3. **Perdre la tête** : s'affoler, perdre les pédales (fam.). **4. Perdre l'esprit** ⇒ **déraisonner. 5.** Perdre **l'estime** : démériter, être en disgrâce, s'user. **6. Perdre de vue** : laisser tomber, oublier, rompre. *VI. V. pron.* : **1.** ⇒ **disparaître. 2.** S'altérer, décroître, diminuer, faiblir, se relâcher. **3.** Se cacher, se couler, se dérober. **4. Un bruit** : s'amortir, s'étouffer, mourir. **5. Un bateau** : s'abîmer, couler, s'enfoncer, s'engloutir, sombrer. **6. Un fleuve** : se jeter. **7. Fig. : Quelqu'un. Neutre** : s'abîmer, s'absorber, s'anéantir, se fondre, se sacrifier. **Non favorable** : se corrompre, se débaucher, se dévoyer, s'embarrasser, s'embrouiller, se fourvoyer, se noyer.

PERDREAU, PERDRIX ■ *I.* Bartavelle, coq/poule de bruyère/des bois/des montagnes, ganga, gélinotte, grouse, lagopède, pouillard, tétras. *II.* ⇒ **policier.**

PERDU, E ■ *I. Un lieu* : désert, détourné, écarté, éloigné, isolé, lointain, *II. Quelque chose* : abîmé, disparu, égaré, endommagé, gâché, gâté, inutile. *III. Un animal* : égaré, errant, haret (chat). *IV. Quelqu'un.* **1. Neutre** : absent, dépaysé, distrait, égaré, plongé dans ses pensées. **2. Non favorable** : condamné, désespéré, fini, frappé à mort irrécupérable, mort. **3. Fam.** : cuit, dans les choux, fichu, flambé, foutu, frit, paumé, rétamé. *V. Loc.* **Perdu de débauche, fille perdue** : corrompu, débauché.

PERDURABLE ■ ⇒ **éternel.**

PÈRE ■ *I. Au pr.* : auteur, géniteur, papa, paternel (fam.). *Arg.* : dabe, daron, vieux. *II. Par ext.* **1.** Aïeul, ancêtre, ascendant, chef, origine, patriarche, souche, tige. **2.** ⇒ **protecteur. 3.** Créateur, Dieu, fondateur, inventeur. *III. Loc.* **1. Père conscrit** : édile, sénateur, **2. Saint-Père** ⇒ **pape. 3. Père de l'Église** ⇒ **théologien. 4. Beau-père** : parâtre.

PÉRÉGRIN, E ■ adj. et n. Étranger,

excursionniste, nomade, passager, pèlerin, touriste, voyageur.

PÉRÉGRINATION ■ ⇒ **voyage.**

PÉRÉGRINER ■ ⇒ **voyager.**

PÉREMPTION ■ ⇒ **prescription.**

PÉREMPTOIRE ■ ⇒ **tranchant.**

PÉRENNITÉ ■ *I.* ⇒ **éternité.** *II.* ⇒ **perpétuité.**

PÉRÉQUATION ■ ⇒ **répartition.**

PERFECTIBLE ■ Améliorable, amendable, corrigible, réparable.

PERFECTION ■ *I.* Achèvement, consommation, couronnement, entéléchie (philos.), épanouissement, excellence, fin, fini, fleur, maturité, parachèvement, précellence. *II.* Absolu, beau, bien, bonté, idéal, nec plus ultra, qualité, sainteté, succulence, summum. *III. Quelqu'un* ⇒ **phénix.**

PERFECTIONNEMENT ■ Achèvement, affinement, amélioration, avancement, correction, couronnement, polissage, progrès, retouche.

PERFECTIONNER ■ ⇒ **améliorer.**

PERFIDE ■ *I.* ⇒ **infidèle.** *II.* ⇒ **rusé.**

PERFIDIE ■ *I.* ⇒ **infidélité.** *II.* ⇒ **ruse.**

PERFORER ■ ⇒ **percer.**

PERFORMANCE ■ Exploit, record, succès.

PERFORMANT, E ■ Compétitif, satisfaisant.

PERFUSION ■ Goutte à goutte, transfusion.

PÉRICLITER ■ ⇒ **décliner.**

PÉRIL ■ ⇒ **danger.**

PÉRILLEUX, EUSE ■ *I. Au pr.* : alarmant, critique, dangereux, difficile, hasardeux, menaçant, risqué. *II. Fig.* : audacieux, aventureux, brûlant, délicat, osé, scabreux.

PÉRIMÉ, E ■ ⇒ **désuet.**

PÉRIMÈTRE ■ Bord, circonférence, contour, distance, enceinte, extérieur, limite, périphérie, pourtour, tour.

PÉRIODE ■ *I. N. m. :* apogée, comble, degré, maximum, paroxysme, point culminant, summum, zénith. *II. N. f. :* 1. Âge, consécution, cycle, durée, époque, ère, étape, intervalle, phase. 2. Balancement, couplet, éloquence, morceau, phrase.

PÉRIODICITÉ ■ ⇒ intervalle.

PÉRIODIQUE ■ *I. Nom* ⇒ revue. *II. Adj.* ⇒ réglé.

PÉRIPATÉTICIEN ■ n. et adj. Aristotélicien, philosophe.

PÉRIPATÉTICIENNE ■ ⇒ prostituée.

PÉRIPATÉTISME ■ Aristotélisme, doctrine/philosophie/théories d'Aristote.

PÉRIPÉTIE ■ Avatar, catastrophe, coup de théâtre, crise, dénouement, épisode, événement, incident, nœud, trouble. ⇒ changement.

PÉRIPHÉRIE ■ *I.* ⇒ périmètre. *II.* Alentour, banlieue, environs, faubourg, zone.

PÉRIPHRASE ■ Ambages, circonlocution, circuit de paroles, détour, discours, euphémisme, précautions oratoires, tour.

PÉRIPLE ■ Circumnavigation, expédition, exploration, tour, tournée, voyage.

PÉRIR ■ ⇒ mourir.

PÉRISSABLE ■ Caduc, corruptible, court, éphémère, fragile, fugace, incertain, instable, mortel, passager, précaire.

PÉRISSOIRE ■ Canoë, canot, embarcation. ⇒ bateau.

PÉRISTYLE ■ Colonnade, galerie, façade, portique, vestibule.

PERLE ■ *I. Par ext. :* boule, goutte, grain. *II. Fig.* 1. ⇒ phénix. 2. ⇒ lapsus.

PERLER ■ *I. V. tr. :* exécuter/faire à la perfection, parfaire, soigner. *II. V. intr. :* apparaître, dégouliner (fam.), dégoutter, s'écouler, emperler, goutter, suinter.

PERMANENCE ■ *I.* Constance, continuité, durabilité, éternité, fixité, identité, invariabilité, invariance, pérennité, stabilité. *II.* Bureau, local, salle, service, siège.

PERMANENT, E ■ ⇒ durable.

PERMÉABLE ■ ⇒ pénétrable.

PERMETTRE ■ *I. On permet quelque chose :* accepter, accorder, acquiescer, admettre, agréer, approuver, autoriser, concéder, consentir, dispenser, donner, endurer, habiliter, laisser, passer, souffrir, supporter, tolérer. *II. Quelque chose permet quelque chose :* aider à, autoriser, comporter, laisser place à, légitimer, rendre possible. *III. V. pron. :* s'accorder, s'aviser de, dire, s'enhardir à, faire, oser, prendre la liberté de.

PERMIS ■ ⇒ permission.

PERMIS, E ■ Accordé, admis, admissible, agréé, autorisé, consenti, dans les formes/les mœurs/les normes/l'ordre/les règles, légal, légitime, libre, licite, loisible, possible, réglementaire, régulier, toléré.

PERMISSIF, IVE ■ ⇒ indulgent.

PERMISSION ■ *I.* Acceptation, accord, acquiescement, adhésion, agrément, approbation, autorisation, aveu (litt.), concession, consentement, dispense, droit, habilitation, latitude, liberté, licence, loisir, permis, possibilité, tolérance. ⇒ laissez-passer. *II.* Campos, congé.

PERMUTABLE ■ Commutable, vicariant.

PERMUTATION ■ ⇒ change.

PERMUTER ■ v. tr. et intr. ⇒ changer.

PERNICIEUX, EUSE ■ ⇒ mauvais.

PÉRONNELLE ■ ⇒ pécore.

PÉRORAISON ■ ⇒ conclusion.

PÉRORER ■ ⇒ discourir.

PERPENDICULAIRE ■ *I. Adj.* : normal, orthogonal, vertical. *II. Nom* : apothème, hauteur, médiatrice.

PERPÉTRER ■ ⇒ entreprendre.

PERPÉTUEL, ELLE ■ *I.* ⇒ éternel. *II.* Constant, continuel, fréquent, habituel, incessant, permanent.

PERPÉTUELLEMENT ■ Sans arrêt/ cesse/trêve, souvent, toujours, *et les adv. en -ment dérivés des syn. de* PERPÉTUEL.

PERPÉTUER ■ Continuer, éterniser, faire durer, immortaliser, maintenir, reproduire, transmettre. *V. pron.* : Durer, se reproduire, rester, survivre, *et les formes pron. possibles des syn. de* PERPÉTUER.

PERPÉTUITÉ ■ *I.* Durée indéfinie, éternité, pérennité, perpétuation. *II. Loc.* À perpétuité : à perpète (arg.), définitivement, irrévocablement, éternellement, pour toujours.

PERPLEXE ■ ⇒ indéterminé.

PERPLEXITÉ ■ ⇒ indétermination.

PERQUISITION ■ Descente de police, enquête, fouille, investigation, recherche, reconnaissance, visite domiciliaire.

PERQUISITIONNER ■ Descendre, enquêter, fouiller, rechercher, visiter.

PERRON ■ Degré, entrée, escalier, montoir, seuil.

PERROQUET, PERRUCHE ■ ⇒ grimpeur.

PERRUQUE ■ Cheveux, coiffure, moumoute (fam.), postiche, tignasse (par ext. et péj.).

PERRUQUIER ■ Coiffeur, figaro, merlan (péj.).

PERS, E ■ Glauque, olivâtre, verdâtre. ⇒ vert.

PERSÉCUTER ■ ⇒ tourmenter.

PERSÉCUTEUR, TRICE ■ *I. Adj.* : cruel, importun, incommode, intolérant. *II. Nom* : despote, oppresseur, tyran.

PERSÉCUTION ■ *I.* ⇒ brimade. *II.* ⇒ tyrannie.

PERSÉVÉRANCE ■ Acharnement, attachement, constance, continuité, courage, endurance, énergie, entêtement, esprit de suite, fermeté, fidélité, fixité, insistance, maintenance, obstination, opiniâtreté, patience, persistance, pertinacité, suite, ténacité, volonté.

PERSÉVÉRANT, E ■ Acharné, attaché, buté (péj.), constant, courageux, endurant, énergique, entêté, ferme, fidèle, fixe, obstiné, opiniâtre, patient, persistant, tenace, têtu, volontaire.

PERSÉVÉRER ■ ⇒ continuer.

PERSIENNE ■ ⇒ volet.

PERSIFLAGE ■ ⇒ raillerie.

PERSIFLER ■ ⇒ railler.

PERSISTANCE ■ Durée. ⇒ constance.

PERSISTANT, E ■ *I. Quelqu'un* ⇒ persévérant, *II. Une chose* : constant, continu, durable, fixe, indélébile, permanent, perpétuel, soutenu.

PERSISTER ■ *I.* ⇒ continuer. *II.* ⇒ subsister.

PERSONNAGE ■ *I.* ⇒ homme. *II.* ⇒ personnalité. *III. Non favorable* : citoyen, coco, individu, paroissien, zèbre, zigoto. *IV. De théâtre* : arlequin, barbon, bouffon, capitan, comédien, comparse, coquette, héroïne, héros, ingénue, interlocuteur, jeune premier, paillasse, pasquin, protagoniste, rôle.

PERSONNALISER ■ ⇒ caractériser.

PERSONNALITÉ ■ *I. Phil.* 1. Être,

individualité, moi, nature, soi. **2.** Caractère, constitution, originalité, personnage, personne, tempérament. *II. Au pr.* **1.** Figure, grand, monsieur, notabilité, notable, personnage, puissant, quelqu'un, sommité, vedette. **2. Fam.** : baron, bonze, gros bonnet, grosse légume, huile, huile lourde, important, légume, lumière, magnat (péj.), mandarin, manitou, pontife, satrape, V. I. P. *II. Par ext. :* égocentrisme, égoïsme, entêtement, narcissisme, volonté.

PERSONNE ■ *I.* Corps, créature, être, homme, individu, mortel, particulier, quidam. *II. Au pl.* ⇒ **gens.**

PERSONNEL ■ n. Aide, domesticité, domestique, journalier, main-d'œuvre, maison, ouvrier, service, valetaille (péj.).

PERSONNEL, ELLE ■ adj. *I.* ⇒ **individuel.** *II.* ⇒ **original.** *III.* ⇒ **égoïste.**

PERSONNIFICATION ■ *I.* ⇒ **allégorie.** *II.* ⇒ **ressemblance.**

PERSONNIFIER ■ ⇒ **symboliser.**

PERSPECTIVE ■ *I. Au pr.* ⇒ **vue.** *II. Fig.* ⇒ **probabilité.**

PERSPICACE ■ Clair, clairvoyant, débrouillard, éveillé, fin, intelligent, lucide, pénétrant, perçant, sagace, subtil.

PERSPICACITÉ ■ Acuité, clairvoyance, discernement, finesse, flair, habileté, intelligence, jugement, lucidité, pénétration, sagacité, subtilité.

PERSPICUITÉ ■ Clarté, netteté.

PERSUADER ■ Amadouer, catéchiser, conduire à, convaincre, décider, déterminer, dire à, entraîner, exciter, exhorter, faire croire/entendre à, gagner, inculquer, insinuer, inspirer, prêcher, savoir prendre, séduire, toucher, vaincre.

PERSUASIF, IVE ■ Convaincant, éloquent, insinuant, percutant.

PERSUASION ■ *I.* ⇒ **croyance.** *II.* ⇒ **inspiration.** *III.* ⇒ **habileté.**

PERTE ■ *I. On perd quelqu'un :* deuil, éloignement, mort, privation, séparation. *II. On perd quelque chose.* **1.** Amission (jurid.), déchéance, déficit, dégât, dommage, préjudice, privation, sinistre. **2. Au jeu** (fam.) : culotte, frottée, lessivage, lessive, raclée. **3. D'une qualité** : altération, déchéance, discrédit. **4. De connaissance** : évanouissement, syncope. *III. Le fait de perdre.* **1.** Coulage, déchet, déperdition, discale, freinte, fuite, gâchage, gaspillage, **2.** Défaite, insuccès. **3.** Passif. *IV. Par ext.* : anéantissement, damnation, décadence, dégénérescence, dégradation, dépérissement, extinction, naufrage, perdition, ruine.

PERTINACITÉ ■ Entêtement, obstination, opiniâtreté, ténacité.

PERTINENCE ■ *I.* ⇒ **à-propos.** *II.* ⇒ **convenance.**

PERTINENT, E ■ Approprié, à propos, bienséant, congru, convaincant, convenable, correct, dans l'ordre, judicieux, juste, séant.

PERTUIS ■ *I.* ⇒ **ouverture** *II.* ⇒ **détroit.**

PERTUISANE ■ Hallebarde, lance.

PERTURBATEUR, TRICE ■ Agitateur, contestataire, émeutier, révolutionnaire, séditieux, trublion.

PERTURBATION ■ *I.* ⇒ **dérangement.** *II.* ⇒ **trouble.**

PERTURBER ■ ⇒ **troubler.**

PERVERS, E ■ *I.* ⇒ **méchant.** *II.* ⇒ **vicieux.**

PERVERSION ■ *I.* Abjection, altération, anomalie, avilissement, corruption, débauche, dégradation, dépravation, dérangement, dérèglement, détraquement, égarement, folie, méchanceté, perversité, pervertissement, stupre, vice. *II.* Bestialité, coprophilie, exhibitionnisme, fétichisme, masochisme, nécrophilie, pédophilie, sadisme, sado-masochisme, satanisme, taphophilie. *Arg.* : éducation anglaise, horreurs, passions, trucs, vicelardise.

PERVERSITÉ ■ Malice, malignité, perfidie. ⇒ **perversion**.

PERVERTIR ■ Altérer, changer, corrompre, débaucher, dégénérer, dénaturer, dépraver, déranger, détériorer, détraquer, dévoyer, empoisonner, encanailler, fausser, gâter, séduire, troubler, vicier.

PESANT, E ■ *I. Au pr.* : lourd, massif, mastoc, pondéreux. *II. Fig.* 1. Phys. : alourdi, appesanti, indigeste, lourd. 2. D'esprit ⇒ stupide *III. Par ext.* 1. Encombrant, épais, gros, grossier, important, surchargé. 2. Désagréable, douloureux, ennuyeux, importun.

PESANTEUR ■ *I. Au pr.* : attraction, gravitation, gravité, poids. *II. Par ext.* 1. Phys. : engourdissement, lourdeur, malaise. 2. D'esprit : lenteur. ⇒ stupidité.

PESÉE ■ *I. Au pr.* : pesage. *II. Fig.* : approfondissement, examen.

PESER ■ *I. V. tr.* 1. Au pr. : soupeser, tarer, trébucher (vx). 2. Par ext. : apprécier, approfondir, balancer, calculer, comparer, considérer, déterminer, estimer, étudier, évaluer, examiner, juger. *II. V. intr.* 1. Peser ou faire peser contre/sur : accabler, alourdir, aggraver, appesantir, appuyer, assombrir, charger, grever, incomber, opprimer, pousser, retomber. 2. On pèse sur les intentions de quelqu'un : exercer une influence, influencer, intimider. 3. Quelque chose pèse à quelqu'un : coûter, dégoûter, ennuyer, étouffer, fatiguer, importuner, peiner.

PESSIMISME ■ Défaitisme. ⇒ **inquiétude**.

PESSIMISTE ■ Alarmiste, atrabilaire, bilieux, broyeur de noir, cassandre, chouette (fam.), craintif, défaitiste, désespéré, hypocondre, inquiet, maus-

sade, mélancolique, neurasthénique, paniquard (fam.), sombre.

PESTE ■ *I. Au pr.* : choléra, pétéchie. *II. Fig.* ⇒ **méchant**.

PESTER ■ Fulminer, fumer (fam.), grogner, invectiver, jurer, maudire, maugréer.

PESTICIDE ■ Débroussaillant, fongicide, herbicide, insecticide, raticide.

PESTIFÉRÉ, E ■ adj. et n. *I. Par ext.* : brebis galeuse, galeux. *II. Fig.* ⇒ **maudit**.

PESTILENCE ■ ⇒ **infection**.

PESTILENTIEL, ELLE ■ *I. Au pr.* : pestifère, pestilent. *II. Par ext.* : contagieux, corrupteur, dégoûtant, délétère, épidémique, fétide, infect, malsain, méphitique, pernicieux, puant, putride, vicié.

PET ■ ⇒ **vent**.

PÉTALE ■ ⇒ **feuille**.

PÉTARADE ■ *I. Au pr.* ⇒ **vent**. *II. Par ext.* : bruit, canonnade, déflagration, détonation, explosion.

PÉTARD ■ *I. Fig.* : bruit, scandale, sensation. *II. Arg.* 1. ⇒ **pistolet**. 2. ⇒ **fessier**.

PÉTER ■ *I. Au pr.* : faire un vent *et les syn.* de VENT, se soulager, venter. Arg. ou fam. : avoir une fuite, débourrer, flouser, lâcher un cran, loufer, perlouser, pétarader, vesser. *II. Par ext.* 1. Casser, crever, se détraquer, éclater, exploser, pétiller, se rompre, sauter. 2. Échouer, faire long feu, louper, rater.

PÉTEUX, EUSE ■ *I.* ⇒ **peureux**. *II.* ⇒ **présomptueux**.

PÉTILLANT, E ■ *Fig.* : agile, brillant, chatoyant, enflammé, éveillé, intelligent, léger, leste.

PÉTILLER ■ *I. Au pr.* : crépiter, décrépiter, péter. *II. Fig.* : briller, chatoyer, étinceler, flamboyer, jaillir, scintiller.

PETIT, E ■ I. Adj. 1. Au pr. : chétif, court, courtaud, délicat, écrasé, exigu, menu, microscopique, minuscule, ténu. **2. Par ext. :** dérisoire, étriqué, étroit, faible, humble, imperceptible, infime, infinitésimal, léger, maigre, malheureux, méchant, mineur, minime, modique, moindre, rikiki (fam.), sommaire, succinct. **3. Non favorable :** bas, borné, étroit, mesquin, piètre, vil. **4. Favorable :** coquet, douillet, gentil, joli. **II. Nom. 1. Favorable ou neutre** ⇒ enfant. **2. Non favorable :** avorton, bout d'homme, crapoussin, criquet, demi-portion, extrait, gnome, gringalet, marmouset, microbe, miniature, minus, myrmidon, nabot, nain, puce, pygmée. **3. Au pl. :** couvée, portée, progéniture, ventrée. **III. Loc. 1. Petit à petit** ⇒ peu à peu. **2. Petite main** ⇒ midinette. **3. Petit nom :** diminutif, nom de baptême, prénom. **4. Petits soins** ⇒ égards.

PETITEMENT ■ Bassement, chichement, mesquinement, odieusement, parcimonieusement, vilement, *et les adv. en -ment dérivés des syn. de* PETIT.

PETITESSE ■ I. Au pr. : étroitesse, exiguïté, modicité. **II. Par ext. :** bassesse, défaut, faiblesse, ladrerie, lésinerie, médiocrité, mesquinerie, saleté, vilenie.

PÉTITION ■ Demande, instance, placet, prière, réclamation, requête, sollicitation, supplique.

PÉTOCHE ■ ⇒ peur.

PÉTRI, E ■ I. Broyé, façonné, foulé, malaxé, mélangé, modelé. **II. Loc. Pétri d'orgueil :** bouffi, gonflé, puant, rempli.

PÉTRIFIÉ, E ■ I. ⇒ ébahi. **II.** ⇒ interdit.

PÉTRIFIER ■ I. Au pr. : changer en pierre, durcir, fossiliser, lapidifier. **II. Fig. :** clouer, ébahir, effrayer, épouvanter, étonner, figer, fixer, geler, glacer, méduser, paralyser, river, saisir, stupéfier, terrifier, transir.

PÉTRIR ■ I. Au pr. : brasser, fraiser, fraser, malaxer. **II. Par ext. :** broyer, gâcher, mélanger. **III. Fig. :** assouplir, éduquer, façonner, former, manier, manipuler, modeler.

PÉTROLE ■ Bitume liquide, huile, huile de pierre, hydrocarbure, kérosène, naphte, or noir.

PÉTROLEUR, EUSE ■ n. et adj. Brûleur, incendiaire.

PÉTULANCE ■ Ardeur, brio, chaleur, exubérance, fougue, furia, impétuosité, promptitude, turbulence, vitalité, vivacité.

PÉTULANT, E ■ I. ⇒ impétueux. **II.** ⇒ turbulent.

PEU ■ I. Brin, doigt, filet, goutte, grain, guère, larme, lueur, mie, miette, nuage, pointe, soupçon, tantinet. **II. Loc. 1. De peu :** de justesse, de près. **2. Peu à peu :** doucement, graduellement, insensiblement, de jour en jour, lentement, à mesure, pas à pas, petit à petit, progressivement. **3. Peu de chose :** bagatelle, misère, rien. **4. Dans peu :** bientôt, dans un proche avenir, incessamment. **5. À peu près :** environ.

PEUPLADE ■ Ethnie, groupe, horde, race, tribu. ⇒ peuple.

PEUPLE ■ I. Favorable ou neutre : foule, masse, monde ouvrier, multitude, paysannat, population, prolétariat. **II. Non favorable :** canaille, commun, plèbe, populace, populaire, populo, racaille, roture, tourbe, troupeau, vulgaire. **III. Par ext. 1.** ⇒ nation. **2. Relig. :** fidèles, troupeau, ouailles.

PEUPLÉ, E ■ Fourni, fréquenté, habité, populaire, populeux, surpeuplé, vivant.

PEUPLEMENT ■ Biocénose, biote, faune, flore, habitat, occupation.

PEUPLER ■ *I.* ⇒ remplir. *II.* ⇒ multiplier.

PEUPLIER ■ Grisard, liard, tremble, ypréau.

PEUR ■ *I.* Affolement, affres, alarme, alerte, angoisse, appréhension, aversion, couardise, crainte, effroi, épouvante, frayeur, frisson, frousse, hantise, inquiétude, lâcheté, malepeur (vx), panique, phobie, pusillanimité, répulsion, saisissement, souleur (vx), terreur, trac, trouble. *II.* Agora/claustro / éreutho/hydro/photo/zoophobie. *III.* **Arg. ou fam.** : cagade, chiasse, chocottes, flubes, foies, foirade, foire, grelots, grelotte, jetons, moules, pétasse, pétoche, pétrouille, tracsir, traquette, trouille, venette, vesse. *IV.* **Loc.** 1. Avoir peur ⇒ **craindre, trembler.** 2. Faire peur : apeurer, effaroucher, effrayer, épeurer, épouvanter, intimider, menacer.

PEUREUX, EUSE ■ adj. et n. Couard, craintif, dégonflé, foireux, froussard, lâche, ombrageux, péteux, poltron, pusillanime, trouillard. ⇒ **capon.**

PEUT-ÊTRE ■ Possible, probablement.

PHALANGE ■ *I.* ⇒ parti. *II.* ⇒ troupe.

PHALLUS ■ ⇒ sexe.

PHANTASME ■ *I.* ⇒ imagination. *II.* ⇒ vision.

PHARAMINEUX, EUSE ■ ⇒ extraordinaire.

PHARE ■ Balise, fanal, feu, lanterne, sémaphore.

PHARISAÏQUE ■ ⇒ hypocrite.

PHARISAÏSME ■ ⇒ hypocrisie.

PHARISIEN, ENNE ■ n. et adj. Faux dévot, faux jeton (fam.). ⇒ **hypocrite.**

PHARMACIE ■ Drugstore, officine.

PHARMACIEN, ENNE ■ **Fam.** : apothicaire, pharmacole, potard.

PHASE ■ Apparence, aspect, avatar, changement, degré, échelon, étape, forme, palier, partie, période, stade, succession, transition.

PHÉBUS ■ *I.* ⇒ soleil. *II.* ⇒ enthousiasme. *III.* ⇒ galimatias.

PHÉNIX ■ Aigle, as, fleur, génie, idéal, modèle, nec plus ultra, parangon, perfection, perle, prodige, reine, roi, trésor.

PHÉNOMÉNAL, E ■ ⇒ extraordinaire.

PHÉNOMÈNE ■ *I.* **Quelque chose.** 1. Au pr. : apparence, épiphénomène, fait, manifestation. 2. Merveille, miracle, prodige. *II.* **Quelqu'un.** 1. Favorable ⇒ phénix. 2. Non favorable : excentrique, original. 3. **Méd.** : monstre. *III.* **Loc.** Phénomène sismique : catastrophe, séisme, tremblement de terre.

PHILANTHROPE ■ n. et adj. Bienfaisant, bienfaiteur de l'humanité, bon, charitable, donnant, généreux, humanitariste, humanitariste, large, libéral, ouvert.

PHILANTHROPIE ■ Amour, bienfaisance, charité, générosité, humanité, largesse, libéralité, ouverture.

PHILIPPIQUE ■ ⇒ satire.

PHILISTIN, E ■ n. et adj. ⇒ profane.

PHILOLOGIE ■ Critique, érudition, grammaire comparée, linguistique.

PHILOSOPHE ■ *I.* **Nom.** 1. ⇒ sage. 2. ⇒ penseur. *II.* **Adj.** 1. Au pr. : philosophique. 2. Par ext. : calme, ferme, impavide, indulgent, optimiste, réfléchi, résigné, retiré, sage, satisfait, sérieux, stoïque, tranquille.

PHILOSOPHER ■ Discuter, étudier, méditer, raisonner, spéculer.

PHILOSOPHIE ■ *I.* **Au pr.** : dialectique, épistémologie, esthétique, éthique, logique, métaphysique, méthodologie, morale, ontologie, téléologie, théologie. **II. *Les théories.*** 1. Doctrine, école, idée, pensée, principe, système, théorie. **2.** Académie, agnosticisme, animalisme, aristotélisme, associationnisme, atomisme, boudhisme, brahmanisme, cartésianisme, christianisme, confucianisme, conceptualisme, criticisme, cynisme, déterminisme, dogmatisme, dualisme, dynamisme, éclectisme, éléatisme, empirisme, épicurisme, essentialisme, eudémonisme, évolutionnisme, existentialisme, fatalisme, fidéisme, finalisme, formalisme, gnosticisme, hédonisme, hégélianisme, humanisme, humanitarisme, hylozoïsme, idéalisme, idéologie, immanentisme, immatérialisme, indéterminisme, individualisme, intellectualisme, kantisme, marxisme, matérialisme, mécanisme, monadisme, monisme, mysticisme, naturalisme, néocriticisme, néo-platonisme, néo-thomisme, nihilisme, nominalisme, optimisme, palingénésie, pancalisme, panlogisme, panthéisme, péripatétisme, personnalisme, pessimisme, phénoménisme, phénoménologie, platonisme, pluralisme, positivisme, pragmatisme, probabilisme, pyrrhonisme, pythagorisme, rationalisme, réalisme, relativisme, scepticisme, scolastique, scotisme, sensualisme, socratique, solipsisme, sophisme, spiritualisme, spinozisme, stoïcisme, structuralisme, subjectivisme, substantialisme, symbolisme, syncrétisme, taoïsme, thomisme, transcendantalisme, utilitarisme, vitalisme, volontarisme, yogi, zen. **III. *Par ext. :*** calme, égalité d'humeur, équanimité, force d'âme, indulgence, modération, raison, résignation, sagesse, tolérance.

PHILOSOPHIQUE ■ ⇒ philosophe.

PHILTRE ■ Aphrodisiaque, boisson magique, charme, breuvage, décoction, infusion, magie, sorcellerie.

PHLEGMON ■ ⇒ abcès.

PHLOGISTIQUE ■ *I. Nom :* calcina-tion, combustion, comburation. **II. Adj. :** combustible, comburant.

PHOBIE ■ ⇒ peur.

PHOCÉEN, ENNE ■ Marseillais, massaliote, phocidien.

PHONIQUE ■ Acoustique, audible, sonore, vocal.

PHONO et **PHONOGRAPHE** ■ *Par ext. :* chaîne acoustique/hi-fi/stéréo, électrophone, machine parlante, pick-up, tourne-disque.

PHOQUE ■ Chien/lion/loup/veau marin, cystiphore, moine, otarie.

PHOSPHORESCENCE ■ Brasillement, fluorescence, luminescence, photoluminescence, radiation.

PHOSPHORESCENT, E ■ Brasillant, brillant, étincelant, fluorescent, luisant, luminescent, lumineux, photogène.

PHOTOCOPIE ■ Duplication, reprographie.

PHOTOGRAPHIE ■ Cliché, daguerréotype, diapositive, épreuve, image, instantané, photocopie, photogramme, photomaton, portrait, pose, tirage.

PHRASE ■ *I. Au pr. :* discours, énoncé, formule, lexie, locution, période, proposition, sentence, syntagme, tirade. **II. *Par ext. :*** bavardage, circonlocution, circonvolution, cliché, enflure, phraséologie.

PHRASÉOLOGIE ■ *I. Au pr. :* style, terminologie, vocabulaire. **II. *Par ext.*** (péj.) : bavardage, belles/bonnes paroles, boniment, chimère, creux, emphase, enflure, ithos, logorrhée, pathos, pompe, utopie, vide.

PHRASEUR ■ n. et adj. Babillard, baratineur (fam.), bavard, bonimenteur, déclamateur, parleur, pie (fam.), rhéteur.

PHTISIE ■ Consomption (vx), étisie, mal de poitrine (pop.), tuberculose.

PHTISIQUE ■ adj. et n. Consomptif, poitrinaire, tuberculeux.

PHYSIONOMIE ■ Air, apparence, aspect, attitude, caractère, contenance, expression, face, faciès, figure, manière, masque, mimique, mine, physique, traits, visage. ⇒ tête.

PHYSIQUE ■ *I. Adj. :* charnel, corporel, matériel, naturel, organique, physiologique, réel, sexuel (par ext.), somatique. *II. Nom masc.* 1. ⇒ physionomie. 2. ⇒ mine. *III. Nom fém. :* acoustique, aérodynamique, aérologie, astrophysique, biophysique, calorimétrie, cinématique, cryoscopie, dioptrique, dynamique, électricité, électrodynamique, électromagnétisme, électronique, hydraulique, hydrodynamique, hydrostatique, magnétisme, mécanique, mécanique ondulatoire, optique, optométrie, statique, thermodynamique.

PIAFFER ■ ⇒ piétiner.

PIAILLARD, E ■ ⇒ braillard.

PIAILLEMENT, PIAULEMENT ■ ⇒ cri.

PIAILLER ■ ⇒ crier.

PIANOTER ■ *I.* ⇒ jouer. *II.* ⇒ frapper.

PIAULER ■ ⇒ crier.

PIC ■ *I.* ⇒ mont. *II.* ⇒ sommet. *III. Loc.* À pic. 1. ⇒ escarpé. 2. ⇒ propos (à).

PICAILLE, PICAILLON(S) ■ ⇒ argent.

PICHENETTE ■ ⇒ chiquenaude.

PICHET ■ ⇒ pot.

PICKPOCKET ■ ⇒ voleur.

PICK-UP ■ ⇒ phonographe.

PICORER ■ *I. Au pr.* 1. ⇒ manger. 2. ⇒ voler. *II. Fig.* ⇒ imiter.

PICOTÉ, E ■ *I.* ⇒ piqué. *II.* ⇒ marqué.

PICOTEMENT ■ Chatouillement, démangeaison, formication, fourmillement, fourmis, impatiences, mordication (vx), piqûre, prurigo, prurit, urtication.

PICOTER ■ *I. Au pr.* ⇒ piquer. *II. Fig.* ⇒ taquiner.

PIE ■ *I.* Agace, agasse, ageasse. *II. Fig. :* avocat, avocat sans cause, babillard, bavard, jacasseur, phraseur.

PIÈCE ■ *I. D'un appartement :* alcôve, antichambre, billard, boudoir, cabinet, carrée (fam.), chambre, cuisine, débarras, dépense, entrée, êtres, fumoir, galerie, galetas, hall, jardin d'hiver, lingerie, living-room, loge, mansarde, office, réduit, piaule (fam.), réduit, resserre, salle, salle à manger, salle de bains, salle de séjour, salon, souillarde, taule (arg.), toilettes, turne (fam.), vestibule, water-closet, W.-C. *II. De tissu :* coupe, coupon. *III. De monnaie :* écu, jaunet, louis, napoléon, thune (arg.). *IV. De vin* ⇒ tonneau. *V. D'eau :* bassin, canal, étang, lac, miroir, vivier. *VI. D'artillerie :* bombarde, bouche à feu, canon, caronade, couleuvrine, crapouillot, émerillon, faucon, mortier, obusier, pierrier. *VII. Spectacle :* ballet, caleçonnade (péj.), comédie, dit, drame, farce, féerie, fête, film, impromptu, intermède, mystère, opéra, opéra-bouffe, opérette, pantomime, pastorale, saynète, show, sotie, tragédie, tragi-comédie. *VIII. De musique :* cantate, caprice, composition, concerto, exercice, fugue, lied, morceau, ouverture, sérénade, sonate, suite, symphonie. *IX. De vers* ⇒ poème. *X. Par ext.* 1. ⇒ partie. 2. ⇒ morceau. 3. ⇒ gratification. 4. Document, note, preuve, titre.

PIED ■ *I. De l'animal* 1. ⇒ patte. 2. ⇒ ongle. *II. De l'homme, arg. ou fam. :* arpion, badigeon, fumeron, griffe, haricot, latte, nougat, panard, patte, paturon, pédibus, peton, pince, pinceau, pinglot, pingouin, reposoir, ribouis, rigadin, ripaton, trottignolle. *III. Par ext.* 1. Assise, bas, chevet, fondement. ⇒ base. 2. Anapeste, choriambe, dactyle, ïambe, mètre, spon-

dée, syllabe, tribraque, trochée. **3.**
Byssus. ⇒ **pédicule.**

PIED-À-TERRE ■ Appartement, garçonnière, halte, logement, relais.

PIÉDESTAL ■ Base, piédouche,
plinthe, scabellon, socle, support.

PIED-PLAT ■ *I.* ⇒ **lâche.** *II.* ⇒ **vaurien.**

PIÈGE ■ *I. Au pr. :* amorce, appât,
appeau, arbalète, attrape, chatière,
chausse-trape, collet, dardière, filet,
gluau, glu, hameçon, hausse-pied,
lacet, lacs, miroir à alouettes, mésangette, moquette, nasse, panneau, pas-
de-loup, piège à loup, pipeaux, ratière,
reginglette, souricière, taupière, tendelle, trappe, traquenard, traquet, trébuchet, turlutte. *II. Fig. :* artifice,
attrape-nigaud, chausse-trape, écueil,
embûche, embuscade, feinte, guêpier,
guet-apens, leurre, machine, panneau,
piperie (vx), ruse, souricière, surprise,
traquenard.

PIÉGER ■ *I.* ⇒ **chasser.** *II.* ⇒ **prendre.**

PIERRE ■ *I. Au pr. :* boulder, caillasse,
cailloux, dalle, galet, gemme, gravier,
minéral, moellon, palet, parpaing,
pavé, pierraille, roc, roche, rocher. *II.*
1. **Arch. :** claveau, clef (de voûte),
vousseau, voussoir. **2. À bâtir :** ardoise,
cliquart, coquillart, granit, grès, lambourde, liais, marbre, meulière, porphyre, travertin, tuf, tuffeau. **3. Précieuse :** agate, aigue-marine, alabandine, améthyste, béryl, brillant, calcédoine, chrysolithe, chrysoprase, corindon, cornaline, diamant, émeraude,
escarboucle, girasol, grenat, hépatite,
hyacinthe, jacinthe, jade, jargon, jaspe,
lapis-lazuli, lazulite, malachite, onyx,
outremer, péridot, quartz, rubis, sanguine, saphir, spinelle, topaze, tourmaline, turquoise, zircon. **4. Reconstituée :** aventurine, doublet, happelourde, strass. **5. Industr. :** bauxite,
gypse, minerai, pechblende, périgueux, silex. **6.** Aérolithe, bolide,
météorite. **7. Méd. :** bézoard, calcul,
concrétion, gravier, hippolithe.

PIERREUX, EUSE ■ Caillouteux, graveleux, rocailleux, rocheux.

PIERROT ■ *I. Au pr. :* masque, pantin. *II. Par ext.* **1.** Moineau, oiseau.
2. Drôle, homme, individu, niais, zig,
zigoto.

PIETÀ ■ Mater dolorosa, Vierge aux
douleurs/aux sept douleurs/douloureuse.

PIÉTAILLE ■ *I.* Biffe (arg.), fantassin, infanterie. *II.* Foule, multitude,
peuple, piétons.

PIÉTÉ ■ *I.* ⇒ **religion.** *II.* ⇒ **respect.**

PIÉTINER ■ *I. V. intr. :* s'agiter, frapper/taper du pied, patauger, piaffer,
piler du poivre (fam.), trépigner. *II.
V. tr. :* fouler, marcher sur.

PIÉTON ■ Biffin (arg.), fantassin, piétaille.

PIÈTRE ■ Chétif, dérisoire, faible,
insignifiant, médiocre, mesquin,
minable, misérable, miteux, pauvre,
petit, ridicule, sans valeur, singulier,
triste.

PIEU ■ *I. Au pr. :* bâton, échalas,
épieu, pal, palis, pilot, pilotis, piquet,
poteau, rame. *II. Arg.* ⇒ **lit.**

PIEUX, EUSE ■ *I. Favorable :* croyant,
dévot, édifiant, fervent, mystique, religieux, respectueux, zélé. *II. Non favorable :* bigot, cafard, cagot, hypocrite,
tartufe. *III. Loc.* **Vœu pieux :** hypocrite, inutile, utopique, vain.

PIF ■ *Fam.* ⇒ **nez.**

PIGEON ■ *I. Au pr. :* ⇒ **colombin.** *II.
Fig.* ⇒ **naïf.**

PIGEONNIER ■ *I. Au pr. :* colombier,
fuie, volet, volière. *II. Par ext.* **1.** Grenier, mansarde. **2. Théâtre :** paradis,
poulailler.

PIGMENT ■ Couleur, grain, pigmentation, tache.

PIGMENTÉ, E ■ Agrémenté, coloré,
fleuri, orné, tacheté.

PIGNADE ■ Pinède.

PIGNOCHER ■ *I.* Faire le/la difficile, grappiller, manger sans appétit, mordiller, picorer. *II.* Bricoler, lécher. *III.* ⇒ peindre.

PIGNON ■ ⇒ comble.

PIGNOUF ■ *I.* ⇒ avare. *II.* Grossier, malapris, mal élevé, rustre. *III.* *Péj.* ⇒ paysan.

PILASTRE ■ Antre, colonne, montant, pile, pilier, soutènement, soutien, support.

PILE ■ *I. Au pr.* ⇒ amas. *II. Fig.* 1. ⇒ insuccès. 2. ⇒ volée. 3. ⇒ revers.

PILER ■ Broyer, concasser, corroyer, pulvériser, triturer. *II. Loc.* Piler du poivre ⇒ piétiner.

PILIER ■ *I. Au pr.* ⇒ colonne. *II. Fig.* : défenseur, soutien.

PILLAGE ■ Brigandage, concussion, curée, déprédation, détournement, exaction, malversation, maraudage, maraude, pillerie, plagiat, prédation, rapine, razzia, sac, saccage, saccagement, volerie.

PILLARD, E ■ Brigand, corsaire, détrousseur, écumeur, maraudeur, pandour, pilleur, pirate, plagiaire, ravageur, ravisseur, routier (vx), saccageur, sangsue, usurpateur, voleur.

PILLER ■ *I. Au pr.* : assaillir, butiner (vx), dépouiller, dérober, détrousser, dévaliser, écrémer, écumer, marauder, pirater, prendre, ravager, ravir, saccager, usurper, voler. *II. Fig.* ⇒ imiter.

PILON ■ *I.* Broyeur. *II.* Bourrou, dame, demoiselle, hie. *III.* Jambe de bois.

PILONNER ■ Bombarder, cogner, écraser, frapper, marteler.

PILORI ■ *I. Au pr.* : carcan, poteau. *II. Par ext.* : mépris, vindicte. *III. Loc.* Clouer/mettre au pilori : flétrir, signaler à l'indignation/au mépris/à la vindicte.

PILOSISME ■ Hirsutisme.

PILOTAGE ■ Conduite, direction, guidage, lamanage, navigation, téléguidage.

PILOTE ■ *I. Au pr.* : barreur, capitaine au long cours, homme de barre, lamaneur, locman, nautonier, nocher, timonier. *II. Par ext.* : conducteur, directeur, guide, mentor, responsable.

PILOTER ■ *I.* ⇒ conduire. *II.* ⇒ diriger.

PILOTIS ■ ⇒ pieu.

PILULE ■ *I. Au pr.* : bol, boule, boulette, dragée, globule, grain, granule, granulé, ovule. *II.* Cachet, comprimé, gélule, implant, pellet. *III.* Désagrément, échec, mortification.

PIMBÊCHE ■ Bêcheuse, caillette, chichiteuse, chipie, mijaurée, pécore, perruche, pie-grèche.

PIMENT ■ *I. Au pr.* : aromate, assaisonnement, paprika, poivron. *II. Par ext.* 1. Intérêt, saveur, sel. 2. Charme, chien, sex-appeal.

PIMENTÉ, E ■ ⇒ obscène.

PIMENTER ■ *I. Au pr.* : assaisonner, épicer, relever. *II. Fig.* : agrémenter, ajouter, charger.

PIMPANT, E ■ *I.* ⇒ alerte. *II.* ⇒ juvénile. *III.* ⇒ élégant.

PINACLE ■ *I.* Apogée, comble, faîte, haut, sommet. *II. Loc.* Porter au pinacle ⇒ louer.

PINACOTHÈQUE ■ Collection, galerie, musée.

PINAILLAGE ■ ⇒ argutie.

PINAILLER ■ Chercher la petite bête, ergoter, pignocher, ratiociner.

PINARD ■ ⇒ vin.

PINCE ■ *I.* 1. Barre à mine, levier, pied-de-biche, rossignol. 2. Bec de corbeau/corbin, tenailles. 3. *Chir.* : clamp, davier, forceps. 4. Bercelle, brucelles.

5. *Arg.* : dingue, jacque, plume. *II.* Fronce, pli. *III.* ⇒ patte.

PINCÉ, E ■ *Par ext. I.* ⇒ étudié. *II.* ⇒ mince.

PINCEAU ■ *I. Au pr.* : blaireau, brosse, pied-de-biche, queue-de-morue. *II. Par ext.* 1. ⇒ touffe. 2. ⇒ style.

PINCE-FESSES ■ ⇒ bal.

PINCE-NEZ ■ Besicle, binocle, lorgnon.

PINCER ■ *I. Au pr.* ⇒ presser. *II. Par ext.* ⇒ piquer. *III. Fig.* ⇒ prendre.

PINCE-SANS-RIRE ■ ⇒ plaisant.

PINCETTE ■ *I. Au sing.* : pince, tenaille. *II. Au pl.* ⇒ pique-feu.

PINDARIQUE ■ Ampoulé, emphatique.

PINÈDE ■ Bois/forêt/plantation de pins, pignada, pignade, pineraie, pinière.

PINGOUIN ■ Guillemot, macareux, manchot, mergule.

PING-PONG ■ Tennis de table.

PINGRE ■ adj. et n. ⇒ avare.

PINTE ■ Chope, chopine, demi, fillette, roquille, setier.

PINTER ■ v. tr. et intr. Boire, s'imbiber, ingurgiter, picoler, pomper, téter. ⇒ boire, enivrer (s').

PIOCHE ■ Bigot, houe, pic, piémontaise, piolet.

PIOCHER ■ *I. Au pr.* : creuser, fouiller, fouir. *II. Fig.* 1. Besogner, bûcher, chiader (fam.), étudier, peiner, travailler. 2. ⇒ prendre.

PION, NE ■ ⇒ surveillant.

PIONCER ■ ⇒ dormir.

PIONNIER ■ Bâtisseur, créateur, défricheur, promoteur, protagoniste, squatter.

PIOT ■ ⇒ vin.

PIPE ■ Bouffarde, brûle-gueule, cachotte, calumet, chibouque, cigarette (par ext. arg.), houka, jacob, kalioun, narguilé.

PIPEAU ■ *I.* ⇒ flûte. *II.* ⇒ piège.

PIPELET ■ ⇒ portier.

PIPE-LINE ■ Canal, canalisation, conduite, oléoduc, tube, tuyau.

PIPER ■ *I. V. intr.* 1. Au pr. : crier, frouer, glousser, pépier, piauler. 2. Loc. Ne pas piper. ⇒ taire (se). *II. V. tr.* : attraper, leurrer, prendre, séduire, tromper, truquer.

PIPERIE ■ Duperie, fourberie, leurre, perfidie, tromperie, truquage. ⇒ piège.

PIPETTE ■ Compte-gouttes, tâte-vin.

PIPEUR, EUSE, ERESSE ■ n. et adj. Filou, fourbe, tricheur. ⇒ voleur.

PIPI ■ ⇒ urine.

PIPIT ■ Farlouse. ⇒ passereau.

PIQUANT ■ *I. Au pr.* : aiguille, aiguillon, ardillon, épine, pointe. ⇒ pique. *II. Par ext.* 1. De quelqu'un : agrément, beauté, charme, enjouement, finesse, sex-appeal. 2. De quelque chose : assaisonnement, condiment, intérêt, mordant, pittoresque, sel.

PIQUANT, E ■ *I. Au pr.* : acéré, perforant, pointu. *II. Fig.* 1. Un froid ⇒ vif. 2. Un propos : acerbe, acide, aigre, amer, caustique, malicieux, moqueur, mordant, satirique, vexant. 3. Une douleur : aigu, cuisant, douloureux, lancinant, poignant, térébrant. 4. Favorable : agréable, amusant, beau, bon, charmant, curieux, enjoué, excitant, fin, inattendu, intéressant, joli, mutin, plaisant, pittoresque, spirituel, vif.

PIQUE ■ *I. Au pr.* : dard, esponton, hallebarde, lance, pertuisane. *II. Par ext.* : aigreur, allusion, blessure, brouille, brouillerie, dépit, épine, invective, méchanceté, mésintelligence, mot, parole, piquant.

PIQUÉ, E ■ I. Entamé, mangé aux vers, percé, picoté, piqueté, rongé, troué, vermoulu. **II.** Vexé. **III.** Acide, aigre, corrompu, gâté, tourné. **IV.** Cinglé, dérangé, fou, timbré, toqué.

PIQUE-ASSIETTE ■ Écornifleur, écumeur de tables, parasite.

PIQUE-FEU ■ Badines, fourgon, pincettes, ringard, tisonnier.

PIQUE-NIQUE ■ Déjeuner sur l'herbe, partie de campagne, repas en plein air, surprise-partie.

PIQUE-NIQUER ■ Fam. : saucissonner.

PIQUER ■ I. Au pr. : aiguillonner, darder, enfoncer, éperonner, larder, percer. **II. Par ext.** 1. Attaquer, mordre, ronger, trouer. 2. **Méd. :** immuniser, vacciner. 3. Moucheter, parsemer, piqueter, tacheter. 4. Attacher, fixer, capitonner, contrepointer, coudre, épingler, faufiler. 5. Brûler, cuire, démanger, gratter, picoter, pincer, poindre (vx), saisir. **III. Fig.** 1. Non favorable : agacer, aigrir, atteindre, blesser, critiquer, égratigner, ennuyer, fâcher, froisser, irriter, offenser, taquiner, vexer. 2. **Favorable :** chatouiller, éveiller, exciter, impressionner, intéresser, intriguer. **IV. Fam.** 1. ⇒ voler. 2. **Piquer un coupable :** coincer, cueillir, pincer, prendre, saisir. ⇒ arrêter. **V. Loc. Piquer des deux :** aller, s'élancer, foncer. **VI. V. pron. :** 1. ⇒ pourrir. 2. Se fâcher, se formaliser, se froisser, s'offenser, s'offusquer, prendre la mouche, se vexer. 3. S'opiniâtrer, prendre à cœur/au sérieux. 4. Affecter, se glorifier de, prétendre, se vanter.

PIQUET ■ I. ⇒ pieu. **II.** Garde.

PIQUETÉ, E ■ Marqueté, piqué, tacheté.

PIQUETER ■ I. Borner, jalonner, marquer, tracer. **II.** ⇒ piquer.

PIQUETTE ■ I. Au pr. : boisson, boite, buvande, criquet, halbi, kéfir, poiré.

II. Non favorable : bibine, gnognote, petite bière, vinasse. **III. Fam. :** déculottée, dérouillée, frottée, leçon, pile, rossée, rouste, volée.

PIQÛRE ■ ⇒ picotement.

PIRATE ■ I. Au pr. : boucanier, corsaire, écumeur, flibustier, forban. **II. Fig. :** bandit, escroc, filou, requin. ⇒ voleur.

PIRATER ■ I. Au pr. ⇒ piller. **II.** ⇒ imiter.

PIRATERIE ■ Flibuste. ⇒ vol.

PIRE ■ adj. et adv. Pis, plus mal/mauvais *et les syn. de* MAUVAIS.

PIROGUE ■ Canoë, canot, embarcation, pinasse, yole. ⇒ bateau.

PIROUETTE ■ I. Au pr. : moulinet, toton, toupie. **II. Par ext. :** acrobatie, cabriole, galipette, saut, saut périlleux. **III. Fig. :** changement, faux-semblant, retournement, revirement, tour de passe-passe, volte-face.

PIROUETTER ■ ⇒ tourner.

PIS ■ ⇒ pire.

PIS ■ Mamelle, tétine.

PISCINE ■ Baignoire, bain, bassin, pièce d'eau, réservoir, thermes.

PISSE ■ Eau, urine, pipi, pissat.

PISSENLIT ■ Dent-de-lion, fausse chicorée.

PISSER ■ I. V. intr. 1. Au pr. : ⇒ uriner. 2. Par ext. : couler, fuir, suinter. **II. V. tr.** 1. Au pr. : évacuer, faire, perdre. 2. Fig. : compiler, produire, rédiger.

PISSOTIÈRE ■ ⇒ urinoir.

PISTE ■ I. ⇒ trace. **II.** ⇒ sentier. **III.** ⇒ chemin. **IV. Aviat. :** chemin de roulement, taxiway.

PISTER ■ Dépister, épier, filer, guetter, prendre en chasse/filature, rechercher, suivre, surveiller.

PISTOLET ■ I. Arme, browning, colt,

parabellum, revolver. *II. Arg. :* arque-buse, artillerie, bouledogue, calibre, clarinette, feu, flingot, flingue, pétard, pétoire, poinçonneuse, riboustin, rigolo, seringue, soufflant, sulfateuse. *III.* ⇒ type.

PISTON ■ *Fig. :* appui, coup de bros-se/de pinceau/de pouce, intervention, parrainage, patronage, protection, recommandation, soutien.

PISTONNER ■ Appuyer, intervenir, parrainer, patronner, pousser, proté-ger, recommander, soutenir.

PITANCE ■ Casse-croûte, nourriture, pâtée, rata, ration, subsistance.

PITEUX, EUSE ■ ⇒ pitoyable.

PITIÉ ■ *I. Favorable ou neutre :* api-toiement, attendrissement, bonté, cha-rité, cœur, commisération, compas-sion, compréhension, humanité, indulgence, mansuétude, miséricorde, sensibilité, sympathie. *II. Par ext. :* grâce, merci. *III. Non favorable :* dédain, mépris.

PITON ■ *I. Au pr. :* aiguille, émi-nence, pic, sommet. *II. Fam.* ⇒ nez.

PITOYABLE ■ *I. Favorable :* compa-tissant, généreux, humain, indulgent, miséricordeux. ⇒ bon. *II. Non favo-rable :* catastrophique, décourageant, déplorable, douloureux, funeste, lamentable, mal, malheureux, mau-vais, médiocre, méprisable, minable, misérable, moche, navrant, pauvre, pénible, piteux, triste. *III. Par ext. :* attendrissant, émouvant, larmoyant.

PITRE ■ Acrobate, baladin, bateleur, bouffon, clown, comédien, comique, escamoteur, gugus, jocrisse, matassin, paillasse, pasquin, plaisant, rigolo, sal-timbanque, singe, turlupin, zig, zigo-mard, zigoto.

PITRERIE ■ Acrobatie, bouffonnerie, clownerie, comédie, facétie, grimace, joyeuseté, pasquinade, plaisanterie, singerie, sottise, tour, turlupinade.

PITTORESQUE ■ *I. Adj.* Par ext. : accidenté, beau, captivant, charmant, coloré, enchanteur, folklorique, inté-ressant, original, piquant, typique. *II. Nom. :* caractère, coloris, couleur locale, folklore, originalité.

PIVOT ■ *I. Au pr. :* axe, tourillon. *II. Par ext. :* appui, base, centre, origine, racine, soutien, support. *III. Fig. :* cheville ouvrière, instigateur, organi-sateur, responsable.

PIVOTER ■ ⇒ tourner.

PLACAGE ■ *I.* L'action de plaquer : application, garnissage, revêtement. *II.* Le matériau : garniture, revêtement. *III. Fig.* ⇒ abandon.

PLACARD ■ *I.* Armoire, buffet, pen-derie. *II.* Affiche, avis, écriteau, feuille, libellé, pancarte.

PLACARDER ■ ⇒ afficher.

PLACE ■ *I.* Agora, esplanade, forum, parvis, placette, rond-point, square. *II. Milit. :* citadelle, forteresse. *III.* Emplacement, endroit, espace, lieu, terrain. *IV.* Charge, condition, dignité, emploi, fonction, métier, position, poste, rang, situation. *V.* Agencement, arrangement, installation. *VI.* Éti-quette, protocole. *VII.* Fauteuil, siège.

PLACEMENT ■ Investissement, mise de fonds.

PLACENTA ■ Arrière-faix, cotylédon, délivrance, délivre.

PLACER ■ *I. Au pr. :* abouter, adosser, agencer, ajuster, aposter, appliquer, arranger, asseoir, bouter, camper, caser, charger, classer, cloquer (arg.), coucher, déposer, disposer, dresser, échelonner, élever, ériger, établir, exposer, ficher, fixer, flanquer, four-rer, installer, interposer, localiser, loger, mettre, nicher, ordonner, plan-ter, poser, ranger, remiser, serrer, situer. *II. Par ext.* **1. Quelqu'un dans un emploi, à un rang :** attacher à, caser, constituer, instituer, mettre. **2. Quelque chose à une fonction :** assigner, fonder. **3. De l'argent :** investir, mettre, prêter, risquer. **4.** ⇒ **vendre.**

PLACET ■ ⇒ **requête.**

PLACIDE ■ Calme, décontracté, doux, flegmatique, froid, imperturbable, indifférent, modéré, pacifique, paisible, quiet, serein, tranquille.

PLACIDITÉ ■ Calme, douceur, flegme, froideur, indifférence, modération, quiétude, sang-froid, sérénité.

PLACIER, ÈRE ■ Commis voyageur, courtier, démarcheur, démonstrateur, placeur, représentant, vendeur, voyageur.

PLAFOND ■ *I. Au pr. :* plancher. *II. Par ext. :* caisson, lambris, soffite, solive, voûte.

PLAFONNEMENT ■ ⇒ **réduction.**

PLAFONNER ■ *I. V. tr. :* garnir. *II. V. intr. :* atteindre la limite, culminer, marquer le pas. ⇒ **réduire.**

PLAGE ■ Bain/bord de mer, côte, grève, marine (vx).

PLAGIAIRE ■ Compilateur, contrefacteur, copiste, écumeur, imitateur, larron, pillard, pilleur, usurpateur.

PLAGIAT ■ Calque, compilation, contrefaçon, copie, démarquage, emprunt, imitation, larcin, pastiche, pillage, usurpation.

PLAGIER ■ ⇒ **imiter.**

PLAID ■ Couverture, poncho, tartan.

PLAIDER ■ *I. V. intr. :* défendre/introduire une cause/une instance/une procédure/un procès, intenter un procès. *II. V. tr. :* défendre, soutenir.

PLAIDEUR, EUSE ■ Accusateur, chicaneur (péj.), colitigant, contestant, défenseur, demandeur, partie, plaignant.

PLAIDOIRIE ■ Action, défense, plaid (vx), plaidoyer.

PLAIDOYER ■ Apologie, défense, éloge, justification. ⇒ **plaidoirie.**

PLAIE ■ *I.* Ulcération. ⇒ **blessure.** *II.* ⇒ **calamité.**

PLAIGNANT, E ■ ⇒ **plaideur.**

PLAIN, PLAINE ■ ⇒ **égal.**

PLAINDRE ■ *I. Au pr. :* s'apitoyer, s'attendrir, compatir, prendre en pitié. *II. Par ext.* ⇒ **regretter.** *III. V. pron. :* 1. ⇒ **gémir.** 2. ⇒ **inculper.**

PLAINE ■ Bassin, campagne, champ, champagne, étendue, nappe, pampa, pénéplaine, rase campagne, steppe, surface, toundra, vallée.

PLAINTE ■ *I.* ⇒ **gémissement.** *II.* ⇒ **reproche.** *III. Loc.* Porter plainte ⇒ **inculper.**

PLAINTIF, IVE ■ Dolent, geignant, geignard, gémissant, larmoyant, plaignard, pleurard, pleurnichant, pleurnichard, pleurnicheur.

PLAIRE ■ Aller, agréer, attirer, botter, captiver, chanter, charmer, chatouiller, complaire, contenter, convenir, dire, enchanter, exciter, faire plaisir, fasciner, flatter, gagner, intéresser, parler, ravir, réjouir, revenir, satisfaire, séduire, sourire. *V. pron. :* aimer, s'amuser, s'appliquer, s'assortir, se complaire, se délecter, se divertir, se donner, être à l'aise, goûter, s'intéresser, se trouver bien, *et les formes pron. possibles des syn. de* PLAIRE.

PLAISANCE ■ Agrément, amusement, divertissement, loisir, luxe, plaisir.

PLAISANT, E ■ *I. Adj. :* agréable, aimable, amusant, attirant, attrayant, badin, beau, bon, captivant, charmant, comique, curieux, divertissant, engageant, excitant, facétieux, falot (vx), folâtre, folichon (fam.), enchanteur, gai, gentil, goguenard, gracieux, humoriste, intéressant, joli, joyeux, piquant, récréatif, rigolo (fam.), séduisant, spirituel, sympathique. ⇒ **risible.**

II. Nom : baladin, blagueur, bon vivant, bouffon, boute-en-train, clown, comique, facétieux, farceur, fumiste, gaillard, histrion, impertinent, loustic, moqueur, pasquin, pince-sans-rire, pitre, plaisantin, polichinelle, railleur, ridicule, rigolo, saltimbanque, turlupin, zigoto.

PLAISANTER ■ **I. V. intr. :** s'amuser, badiner, batifoler, blaguer, bouffonner, charrier (fam.), folâtrer, galéjer (fam.), se gausser, mentir, rigoler (fam.), rire. **II. V. tr. :** asticoter (fam.), blaguer, charrier, chiner, se moquer, railler, taquiner, tourner en ridicule, turlupiner.

PLAISANTERIE ■ Amusoire, astuce, attrape, badinage, badinerie, bagatelle, bateau, bêtise, bon mot, bourde, boutade, calembour, calembredaine, canular, charge, clownerie, comédie, espièglerie, facétie, farce, gaillardise, galéjade, gaudriole (fam.), gauloiserie, gausse, gentillesse, goguenardise, gouaillerie, hâblerie, humour, joyeuseté, lazzi, malice, moquerie, mot pour rire, mystification, niche, pasquinade, pièce, pirouette, pitrerie, poisson d'avril, quolibet, raillerie, rocambole, saillie, satire, taquinerie, tour, turlupinade, vanne (arg.), zwanze (belgianisme). ⇒ obscénité.

PLAISANTIN ■ ⇒ plaisant.

PLAISIR ■ **I. Au pr. 1.** Agrément, aise, bien-être, bonheur, charme, complaisance, contentement, délectation, délices, distraction, divertissement, ébats, épicurisme, euphorie, félicité, gaieté, hédonisme, jeu, joie, jouissance, passe-temps, plaisance (vx), récréation, régal, réjouissance, satisfaction. ⇒ volupté. **2.** Assouvissement, concupiscence, lasciveté, libido, luxure, orgasme, sensualité. **3. Arg. :** fade, panard, pied, pinglot, taf. ⇒ jouir. **4. Par ext.** ⇒ bienfait. **II. Loc. 1.** Faire le plaisir de : amitié, faveur, grâce, service. **2. Prendre plaisir à** ⇒ aimer.

PLAN ■ **I.** Hauteur, niveau, perspective. **II.** Canevas, carte, carton, coupe, crayon, croquis, dessin, diagramme, ébauche, élévation, épure, esquisse, ichnographie, levé, maquette, modèle, schéma, schème. **III.** Batterie, calcul, combinaison, dessein, disposition, entreprise, idée, martingale, organisation, planning, stratégie, tactique. ⇒ projet. **IV.** Cadre, carcasse, charpente, économie, ordre, squelette. **V. D'un avion :** aile, empennage, voilure.

PLAN, PLANE ■ Aplani, égal, nivelé, plat, uni.

PLANCHE ■ **I. Au pr. :** ais, bardeau, chanlatte, dosse, douelle, douve, latte, madrier, palplanche, parquet, planchette, sapine, volige. **II. Par ext. 1.** ⇒ image. **2. Au pl. :** balle, scène, spectacle, théâtre, tréteaux. **3.** Corbeille, massif, parterre, plate-bande.

PLANCHER ■ **I. Au pr. :** parquet, plafond (vx). **II. Par ext. :** échafaud, échafaudage, estrade, plate-forme, platelage.

PLANER ■ **I. Au pr.** ⇒ voler. **II. Fig. :** superviser, survoler, voir.

PLANÈTE ■ Astre, étoile.

PLANIFICATION ■ ⇒ programme.

PLANIFIER ■ Calculer, diriger, établir, faire des calculs/projets, orchestrer, organiser, prévoir, projeter, tirer des plans.

PLANISPHÈRE ■ Géorama, mappemonde, mercator, projection plane. ⇒ carte.

PLANNING ■ ⇒ programme.

PLANQUE ■ **I.** ⇒ cachette. **II.** ⇒ combine.

PLANQUER ■ ⇒ cacher.

PLANT ■ **I.** ⇒ tige. **II.** ⇒ plantation.

PLANTATION ■ **I. L'action :** boisement, peuplement, plantage (vx), reboisement, repiquage. **II. Le lieu :** amandaie, bananeraie, boulaie, buissaie, caféière, cannaie, câprière, cerisaie, charmille, charmoie, châtaigneraie, chênaie, cotonnerie, coudraie, figuerie, fraisière, frênaie, hêtraie, mûreraie, noiseraie, olivaie, oliveraie, olivette, orangerie, ormaie, oseraie, palmeraie, peupleraie, pignada, pignade, pinède, platanaie, poivrière, pommeraie, potager, prunelaie, roseraie, safranière, sapinière, saulaie, tremblaie, vanillerie, verger, vigne, vignoble.

PLANTE ■ Arbre, arbuste, céréale, graminée, herbe, légumineuse, liane, simple, végétal.

PLANTER ■ *I. Au pr. :* boiser, cultiver, ensemencer, peupler, reboiser, repeupler, repiquer, semer. *II. Par ext.* 1. Enfoncer, faire entrer, ficher, fixer, implanter, introduire, mettre. 2. Aposter, arborer, camper, dresser, élever, poser. *III. Loc.* **Planter là :** abandonner, laisser, plaquer, quitter. *IV. V. pron. :* s'arrêter, se dresser, se poster.

PLANTOIR ■ Taravelle (rég.).

PLANTON ■ Ordonnance, sentinelle, soldat.

PLANTUREUX, EUSE ■ Abondant, copieux, corsé, dodu, gras, fécond, fertile, luxuriant, opulent, prospère, riche.

PLAQUAGE ■ ⇒ abandon.

PLAQUE ■ *I.* Crapaudine, contre-cœur, contre-feu. *II.* ⇒ **lame.** *III.* ⇒ **inscription.**

PLAQUER ■ *I. Au pr. :* aplatir, appliquer, coller, contre-plaquer. *II. Fam. :* abandonner, balancer, lâcher, laisser choir/tomber, planter là, quitter.

PLAQUETTE ■ Brochure, livraison, livret, revue.

PLASTICITÉ ■ *I. De quelque chose :* malléabilité, mollesse, souplesse. *II. De quelqu'un* ⇒ **obéissance.**

PLASTIQUE ■ *I. Nom :* forme, modelage, modelé, sculpture, statuaire. *II. Adj. :* flexible, malléable, mou, sculptural.

PLASTRONNER ■ v. tr. et intr. ⇒ **poser.**

PLASTRONNEUR ■ ⇒ **orgueilleux.**

PLAT ■ *I.* Mets, morceau, pièce, spécialité, tian (mérid.). *II.* Compotier, légumier, ravier, vaisselle.

PLAT, E ■ *I. Au pr.* 1. Égal, plain, ras, uni. 2. Aplati, camard, camus, dégonflé, écaché, mince. *II. Fig.* 1. Banal, décoloré, fade, froid, médiocre, mesquin, pauvre. 2. Bas, servile, vil.

PLATEAU ■ *Par ext. :* planches, scène, théâtre, tréteaux.

PLATE-BANDE ■ Ados, corbeille, massif, parterre, planche.

PLATE-FORME ■ *I. Au pr. :* balcon, belvédère, échafaud, estrade, étage, galerie, palier, plancher, terrasse. *II. Milit. :* banquette, barbette. *III. Par ext. :* plateau, wagon plat. *IV. Fig.* ⇒ **programme.**

PLATITUDE ■ *I. De quelqu'un :* aplatissement, avilissement, bassesse, courbette, grossièreté, humilité, insipidité, obséquiosité, petitesse, sottise, vilenie. *II. De quelque chose :* banalité, fadaise, fadeur, lieu commun, médiocrité, truisme.

PLATONICIEN, ENNE ■ n. et adj. Essentialiste, idéaliste.

PLATONIQUE ■ *I. Au pr. :* ⇒ **platonicien.** *II. Par ext. :* chaste, éthéré, formel, idéal, pur, théorique.

PLATONISME ■ Essentialisme, idéalisme.

PLÂTRAS ■ Débris, décharge, décombres, gravats.

PLÂTRÉ, E ■ Artificiel, couvert, déguisé, dissimulé, fardé, faux, feint, simulé.

PLÂTRER ■ *I. Au pr. :* couvrir,

enduire, garnir, sceller. *II. Agr.* :
amender. *III. Fig.* ⇒ déguiser. *IV.
V. pron.* : ⇒ farder (se).

PLAUSIBILITÉ ■ Acceptabilité,
admissibilité, apparence, possibilité,
probabilité, recevabilité, vraisemblance.

PLAUSIBLE ■ Acceptable, admissible,
apparent, concevable, crédible,
croyable, pensable, possible, probable,
recevable, vraisemblable.

PLAY-BACK ■ Présonorisation.

PLAY-BOY ■ ⇒ amant.

PLÈBE ■ *I. Au pr.* : foule, peuple,
population, prolétariat. *II. Non favorable* : populace, populo, racaille.

PLÉBÉIEN, ENNE ■ *I. Nom* : prolétaire. *II. Adj.* : ordinaire, populaire.

PLÉBISCITE ■ Appel au peuple/à
l'opinion publique, consultation populaire, référendum, vote.

PLÉBISCITER ■ *I.* ⇒ choisir. *II.* ⇒
confirmer.

PLECTRE ■ Médiator.

PLÉIADE ■ Foule, grand nombre,
groupe, multitude, phalange.

PLEIN, PLEINE ■ *I. Au pr.* : bondé,
bourré, chargé, comble, complet, couvert, débordant, farci, ras, rempli,
saturé. *II. Par ext.* : 1. Abondant,
ample, arrondi, dense, dodu, étoffé,
gras, gros, massif, plantureux, potelé,
rebondi, replet, rond. 2. Empreint de,
respirant. *III. Non favorable*. 1. ⇒
ivre. 2. **Plein de soi** : bouffi, égoïste,
enflé, enivré, infatué, orgueilleux. 3.
Bourré, gavé, regorgeant, repu. *IV.*
Entier, total, tout.

PLEINEMENT ■ Absolument, beaucoup, tout à fait, très, *et les adv. en
-ment dérivés des syn. de* PLEIN.

PLÉNIER, ÈRE ■ Complet, entier,
total.

PLÉNIPOTENTIAIRE ■ ⇒ ambassadeur.

PLÉNITUDE ■ *I.* Abondance,
ampleur, contentement, intégrité,
satiété, satisfaction, saturation, totalité.
II. Âge mûr, épanouissement, force de
l'âge, maturité.

PLÉONASME ■ Battologie, cheville,
datisme, périssologie, redondance,
répétition, tautologie.

PLÉTHORE ■ Abondance, engorgement, excès, réplétion, saturation, surabondance, surplus.

PLÉTHORIQUE ■ ⇒ abondant.

PLEUR ■ *I.* ⇒ larme. *II.* ⇒ pleurs.

PLEURANT, E, PLEURARD, E ■ ⇒
pleureur.

PLEURER ■ *I. V. intr.* 1. Gémir,
répandre/verser des larmes, sangloter.
2. **Fam.** : brailler, braire, chialer, chigner, crier, hurler, larmoyer, miter,
pleurnicher, vagir, zerver. 3. **Fig.** :
s'apitoyer, se lamenter. *II. V. tr.* :
déplorer, plaindre, regretter.

PLEUREUR, EUSE ■ n. et adj. Braillard (péj.), chagrin, geignant, geignard, gémissant, larmoyant, pleurant,
pleurard, pleurnichant, pleurnichard,
pleurnicheur, vagissant.

PLEURS ■ Cris, gémissements, hur-
lements, lamentations, plaintes, san-
glots, vagissements. ⇒ larme.

PLEUTRE ■ n. et adj. ⇒ lâche.

PLEUVOIR ■ *I. Au pr.* : bruiner, couler, dégringoler (fam.), flotter (fam.),
pisser (fam.), pleuvasser, pleuviner,
pleuvoter, pluviner, tomber. *II. Fig.* :
abonder, pulluler.

PLI ■ *I. Au pr.* : bouillon, couture,
froissure, fronce, froncis, godage,
godet, godron, ourlet, pince, rabat,
relevé, rempli, repli, retroussis,
troussis. *II. Par ext.* 1. **De terrain** :
accident, anticlinal, arête, cuvette,
dépression, dôme, éminence, plisse-

ment, sinuosité, synclinal, thalweg. **2. Du corps** : bourrelet, commissure, fanon, froncement, pliure, poche, repli, ride, saignée. *III. Fig.* **1.** ⇒ lettre. **2.** ⇒ habitude.

PLIABLE ▪ *I. Au prés.* : flexible, pliant, souple. *II. Fig.* ⇒ pliant.

PLIANT, PLIANTE ▪ Accommodant, complaisant, docile, facile, faible (péj.), flexible, malléable, maniable, mou, obéissant, souple.

PLIE ▪ Carrelet.

PLIER ▪ *I. V. tr.* **1. Au pr. Quelque chose** : abaisser, arquer, corner, couder, courber, doubler, enrouler, fausser, fermer, fléchir, infléchir, plisser, ployer, recourber, rouler, tordre. **2. Fig. Quelqu'un** : accoutumer, assouplir, assujettir, discipliner, dompter, enchaîner, exercer, façonner, opprimer. *II. V. intr.* : abandonner, s'affaisser, céder, faiblir, fléchir, lâcher, mollir, reculer, renoncer. *III. V. pron.* : s'abaisser, abdiquer, s'accommoder, s'adapter, s'assujettir, céder, se conformer, se courber, se former, s'habituer, s'incliner, se prêter, se rendre, se résigner, se soumettre.

PLISSÉ, E ▪ *I. Quelque chose.* **1. Neutre** : doublé, fraisé, froncé, ondulé, plié, ruché. **2. Non favorable** : chiffonné, fripé, froissé, grimaçant, grippé. *II. La peau* : froncé, parcheminé, raviné, ridé.

PLISSEMENT ▪ ⇒ pli.

PLISSER ▪ *I. V. tr.* : doubler, fraiser, froncer, plier, rucher. *II. V. intr.* : faire/prendre des plis, godailler, goder, gondoler, grigner, onduler.

PLOMB ▪ *I. Au pr.* : saturne. *II. Par ext.* **1.** Balle, charge, chevrotine, cendre, cendrée, dragée, grenaille, menuise, pruneau (fam.). **2.** Sceau. **3.** Coupe-circuit, fusible.

PLOMBÉ, E ▪ ⇒ pâle.

PLONGEON ▪ *I. Au pr.* : chute, immersion, saut. *II. Fig.* **1.** Révérence, salut. **2.** Chute, disgrâce, disparition, échec, faillite, mort.

PLONGER ▪ *I. V. tr.* : baigner, enfoncer, enfouir, immerger, introduire, jeter, mettre, noyer, précipiter, tremper. *II. V. intr.* : descendre, disparaître, piquer, sauter. *III. V. pron.* : s'abîmer, s'absorber, s'abstraire, apprendre, s'enfouir, entrer, se livrer, se perdre.

PLOUTOCRATE ▪ ⇒ riche.

PLOUTOCRATIE ▪ Oligarchie, synarchie, timocratie.

PLOYER ▪ *I. V. tr.* : accoutumer, assujettir, courber, fléchir, plier. *II. V. intr.* : céder, faiblir, fléchir, s'incliner.

PLUIE ▪ *I. Au pr.* : abat, abattée (fam.), avalanche, averse, brouillasse, bruine, cataracte, crachin, déluge, drache, eau, flotte, giboulée, goutte, grain, lavasse (vx), nielle, ondée, orage, poudrin (mar.), rincée (fam.), saucée (fam.). *II. Fig.* : abondance, arrosement, avalanche, débordement, déluge, multitude, nuée, pléiade, quantité.

PLUMAGE ▪ Livrée, manteau, pennage, plumes.

PLUME ▪ *I. Au pr.* : duvet, pennage, penne, plumage, rectrice, rémige, tectrice. *II. Par ext.* **1.** Aigrette, casoar, panache, plumet, touffe. **2.** ⇒ écriture. **3.** ⇒ écrivain. **4.** ⇒ style. **5.** ⇒ cheveux.

PLUMEAU ▪ Balai, balayette, houssoir, plumail, plumard.

PLUMER ▪ Déplumer, dépouiller, enlever, ôter.

PLUMET ▪ Aigrette, casoar, garniture, houppe, houppette, ornement, panache, touffe, toupet.

PLUMITIF ▪ *I.* ⇒ employé. *II.* ⇒ écrivain.

PLUPART (LA) ▪ ⇒ majorité.

PLURALITÉ ■ *I.* Diversité, multiplicité. *II.* ⇒ majorité.

PLURIDISCIPLINAIRE ■ Inter/ multidisciplinaire.

PLURIVALENT, E ■ Polyvalent.

PLUS ■ *I.* Davantage, encore, mieux, principalement, surtout, sur toute chose. *II.* **Loc.** 1. **En plus :** en prime, par-dessus le marché. 2. **De plus :** au demeurant, au reste, aussi, au surplus, d'ailleurs, d'autre part, du reste, encore, en route, et puis, outre cela, par-dessus le marché. 3. **Au plus :** au maximum.

PLUSIEURS ■ adj. et pron. indéf. Aucuns, d'aucuns, beaucoup, certains, différents, divers, maint, quelques.

PLUS-VALUE ■ Accroissement, amélioration, augmentation, excédent, gain, valorisation.

PLUTÔT ■ De préférence, préférablement.

PLUVIEUX, EUSE ■ Brouillasseux (fam.), bruineux, humide.

PNEU, PNEUMATIQUE ■ *I.* Bandage, boudin (arg.), boyau. *II.* Bleu, dépêche, exprès, petit bleu, télégramme.

POCHADE ■ ⇒ tableau.

POCHARD, E ■ ⇒ ivrogne.

POCHARDER ■ ⇒ enivrer (s').

POCHE ■ *I. Au pr. :* bourse, gousset, pochette. *Arg. :* fouille, fouillouse, glaude, profonde, vague, valade. *II. Par ext.* 1. Emballage, sac, sachet, sacoche. 2. **Anat. :** bourse, cavité, diverticule, jabot, saillie. 3. Apostème, apostume, bouffissure, enflure, gonflement, renflement, repli.

POCHER ■ *I.* ⇒ meurtrir. *II.* ⇒ peindre. *III.* Faire cuire, plonger/saisir dans l'eau/l'huile bouillante.

PODAGRE ■ n. et adj. *I. Au pr. :* goutteux, rhumatisant. *II. Par ext. :* boiteux, impotent, infirme.

PODOMÈTRE ■ Compte-pas, odomètre.

POÊLE ■ *I.* Dais, drap, pallium, voile. *II.* Appareil de chauffage, fourneau, godin, mirus, salamandre. *III. Vx :* chambre.

POÊLE ■ Creuset, patelle, plaque, poêlon.

POÈME ■ Acrostiche, à-propos, ballade, bergerie, blason, bouquet, bouts-rimés, bucolique, cantate, cantilène, cantique, canzone, centon, chanson, chanson de geste/de toile, chant, comédie, complainte, dialogue, distique, dithyrambe, dizain, douzain, églogue, élégie, épigramme, épithalame, épître, épopée, fable, fabliau, geste, haïkaï, héroïde, huitain, hymne, ïambe, idylle, impromptu, lai, lied, macaronée, madrigal, nome, ode, odelette, œuvre, opéra, ouvrage, palinod, palinodie, pantoum, pastourelle, pièce, poésie, priapée, psaume, quatrain, rhapsodie, romance, rondeau, rotruenge, satire, satyre, septain, sille, silves, sirvente, sizain, sonnet, stance, stichomythie, strophe, tenson, tercet, thrène, tragédie, trilogie, triolet, verset, vilanelle, virelai.

POÉSIE ■ *I.* Lyrisme. *II.* Inspiration, lyre, muse, parnasse. *III.* Art, beauté, charme, envoûtement. *IV.* Cadence, mesure, métrique, musique, prosodie, rythme, versification. *V.* ⇒ poème.

POÈTE ■ *I. Au pr. :* aède, auteur, barde, chanteur, chantre, écrivain, félibre, jongleur, ménestrel, minnesinger, rhapsode, scalde, troubadour, trouvère. *II. Par ext.* 1. **Favorable :** amant/favori/nourrisson des Muses/du Parnasse, fils/enfant/favori d'Apollon, héros/maître/nourrisson du Pinde, prophète, voyant. 2. **Fam. ou non favorable :** cigale, mâche-laurier, métromane, poétereau, rêveur, rimailleur, rimeur, versificateur.

POÉTIQUE ■ Beau, idéal, imagé, imaginatif, lyrique, noble, sensible, sentimental, sublime, touchant.

POÉTISER ■ ⇒ embellir.

POGROM ■ Carnage, destruction, émeute, extermination, génocide, liquidation, massacre, meurtre, razzia.

POIDS ■ *I. Au pr.* 1. Compacité, densité, épaisseur, force, lourdeur, masse, pesanteur, poussée, pression. 2. As, carat, centi/déca/déci/hecto/kilo/milligramme, drachme, étalon, grain, gramme, livre, marc, mine, once, quintal, scrupule, sicle, statère, talent, tonne. 3. Jauge, tare, titre. *II. Par ext. :* bloc, charge, chargement, faix, fardeau, masse, surcharge. *III. Fig.* 1. ⇒ importance. 2. ⇒ souci.

POIGNANT, E ■ Douloureux, dramatique, émouvant, empoignant, impressionnant, navrant, passionnant, piquant, prenant.

POIGNARD ■ Acier (litt.), baïonnette (partic.), couteau, dague, fer (litt.), kandjar, kriss, lame, miséricorde (vx), navaja, stylet. *Arg. :* bince, cure-dent, eustache, kniffe, laguiolle, lame, lingue, pointe, rapière, ratiche, saccagne, scion, sorlin, surin, vingt-deux, ya, yatagan.

POIGNARDER ■ Assassiner, blesser, darder (vx), égorger, frapper, larder, meurtrir (vx), saigner, suriner (arg.), tuer.

POIGNE ■ *I. Au pr. :* main, pogne (fam.), poing, prise. *II. Par ext. :* autorité, brutalité, énergie, fermeté.

POIGNÉE ■ *I. Au pr. :* bec-de-canne, béquille, bouton de porte, crémone, espagnolette, manette, pied-de-biche. *II. Par ext.* ⇒ groupe. *III. Loc.* Poignée de main : salut, shakehand.

POIGNET ■ ⇒ main.

POIL ■ *I.* Barbe, chevelure, cheveu, cil, moustache, sourcil. *II.* Bourre, crin, duvet, fourrure, jarre, laine, pelage, soie, toison, vibrisse. ⇒ robe. *Loc.* 1. À poil ⇒ nu. 2. Au poil ⇒ bien.

POILU ■ *I. Adj. :* barbu, chevelu, moustachu, pelu, peluché, pelucheux, pileux, pubescent, velu, villeux. *II. Nom :* briscard, combattant, pioupiou, soldat, vétéran.

POINÇON ■ *I. Au pr. :* alène, ciseau, coin, épissoir, mandrin, marprime, matrice, pointeau, style, stylet, tamponnoir. *II. Par ext. :* estampille, garantie, griffe, marque.

POINÇONNER ■ ⇒ percer.

POINDRE ■ *I. V. intr. :* paraître, pointer, sortir, surgir. ⇒ pousser. *II. V. tr.* ⇒ piquer.

POING ■ ⇒ main.

POINT ■ *I. Au pr.* 1. Abscisse, centre, convergence, coordonnée, cote, emplacement, endroit, foyer, hauteur, lieu, ordonnée, origine, position, repère, situation, sommet, source. 2. *Astron.* : aphélie, apogée, apside, nadir, nœud, périgée, périhélie, zénith. *II. Fig.* 1. Aspect, côté, face, manière, opinion, optique, perspective, sens. 2. Commencement, début, départ, instant, moment. 3. État, situation. 4. Apogée, comble, degré, faîte, intensité, période, sommet, summum. 5. Broderie, couture, dentelle, tapisserie, tricot. 6. Marque, note, signe. 7. D'un discours : article, chef, cœur, disposition, essentiel, matière, nœud, question, sujet. 8. Brûlure, coup, douleur, piqûre. *III. Loc.* 1. De point en point : entièrement, exactement, textuellement, totalement. 2. Point par point : méthodiquement, minutieusement. 3. Le point du jour : aube, crépuscule. 4. À point : à propos, juste, opportunément.

POINT ■ ⇒ pas.

POINTAGE ■ Contrôle, enregistrement, vérification.

POINT DE VUE ■ *I.* ⇒ vue. *II.* ⇒ opinion.

POINTE ■ *I. Objet.* 1. Broquette, clou, poinçon, rivet, semence. 2. Ardillon, barbelé, chardon, cuspide, épine, mucron, picot, piquant. *II.* Aiguille, bec, bout, cap, cime, extrémité, flèche, pic, point culminant, sommet, sommité. *III.* Cache-cœur, carré, châle, couche, fichu, foulard. *IV. Fig.* 1. Avant-garde. 2. Allusion, épigramme, gaillardise, ironie, jeu d'esprit/de mots, moquerie, pique, pointillerie (vx), quolibet, raillerie, trait d'esprit. 3. Soupçon, trace.

POINTEAU ■ Poinçon, régulateur, soupape.

POINTER ■ *I.* Contrôler, enregistrer, marquer, noter, vérifier. *II.* Braquer, contre-pointer, diriger, orienter, régler, viser. *III.* Apparaître, arriver, paraître, venir. *IV.* ⇒ **percer.** *V.* ⇒ **voler.**

POINTILLÉ ■ (Vx) Argutie, bisbille, chicane, contestation, minutie, picoterie, pointillerie, querelle, sornette.

POINTILLER ■ v. tr. et intr. *I.* Dessiner/graver/marquer/peindre avec des points. *II. Vx* ⇒ **chicaner.**

POINTILLEUX, EUSE ■ Chatouilleux, chinois (fam.), difficile, exigeant, formaliste, irascible, maniaque, minutieux, susceptible, vétilleux.

POINTU, E ■ *I. Au pr. :* acéré, acuminé, affiné, affûté, aigu, appointé, effilé, piquant, subulé. *II. Fig. :* 1. Acide, aigre, vif. ⇒ **pointilleux.**

POINTURE ■ Dimension, forme, grandeur, modèle, taille.

POIRE ■ *I. Au pr. :* bergamote, besi, beurré, blanquette, bon-chrétien, catillac, crassane, cuisse-madame, doyenné, duchesse, hâtiveau, liard, louise-bonne, madeleine, marquise, mignonne, mouille-bouche, muscadelle, passe-crassane, rousselet, saint-germain, toute-bonne, william. *II. Fig. :* dupe, imbécile, naïf, pigeon, sot. ⇒ **bête.**

POIREAU ■ *I. Fam. :* 1. Asperge du pauvre. 2. Mérite agricole. *II. Loc.* Faire le poireau ⇒ **attendre.**

POIREAUTER, POIROTER ■ ⇒ **attendre.**

POISON ■ *I. Au pr. :* aconitine, appât, apprêt, acqua-toffana, arsenic, bouillon d'onze heures (fam.), ciguë, curare, gobbe, mort-aux-rats, narcotique, poudre de succession, strychnine, toxine, toxique, vénéfice, venin, virus. *II. Fig. :* mégère, peste, saleté, saloperie (vulg.), venin. ⇒ **virago.**

POISSARD, ARDE ■ *I. Adj. :* bas, commun, grossier, truand, populacier, vulgaire. *II. N. f.* ⇒ **virago.**

POISSE ■ Déveine, ennui, gêne, guigne, guignon, malchance, misère.

POISSER ■ *I.* Couvrir, encrasser, enduire, engluer, salir. *II. Arg.* arrêter, attraper, mettre sous les verrous, prendre.

POISSEUX, EUSE ■ Agglutinant, collant, gluant, gras, salé, visqueux.

POISSON ■ *I.* 1. Bathoïde, chondrostéen, squaloïde, téléostéen. 2. Alevin, blanchaille, fretin, friture, marée, menuaille, menuise, pêche. *Fam. :* poiscaille, poissonnaille. *II.* Able, ablette, aigle de mer, aiglefin, aiguillat, alose, amie, ammodyte, anchois, ange-de-mer, anguille, bar, barbarin, barbeau, barbillon, barbue, baudroie, bécard, black-bass, blennie, bonite, bouffi, brème, brochet, brocheton, cabillaud, cabot, calicobat, capelan, capitaine, carassin, carpe, carrelet, chabot, chevesne, chimère, chondrostome, coffre, colin, congre, corégone, cotte, cyprin, diable, dorade, émissole, éperlan, épinoche, épinochette, espadon, esturgeon, exocet, féra, flet, flétan, gade, gardèche, gardon, girelle, gobie, gonnelle, goujon, gourami, grémille, griset, grondin, guai, gymnote, haddock, hareng, harenguet, hippocampe, hotu, humantin, labre, lamie, lamproie, lançon, lavaret, limande, loche, loricaire, lotte, loup, lubin, lune, macroure, maigre, maillet, mante, maquereau, marteau, melanocetus, mendole, merlan, merluche, merlus, mérou, meunier, milan, milandre, miraillet, môle, morue, muge, mulet, mulle, murène, omble, ombre, ombrine, orphie, pagel, pagre, pastenague, pégase, pélamide, pèlerin, perche, picarel, pilote, piranha, plie, poisson-chat, polyptère, prêtre, raie, rascasse, rémora, requin, ronce, rouget, roussette, sandre, sar, sardine, saumon, scalaire, scare, scie, sciène, scorpène, serran, silure, sole, spatule, sphyrème, sprat, squatine, sterlet, surmulet, syngnathe, tacaud, tanche, tarpon, taupe, tétrodon, thon, torpille, touille, tourd, tranchoir, trigle, truite, turbot, turbotin, uranoscope, vairon, vandoise, vive, zancle, zée.

POISSONNAILLE ■ Fretin, menuaille, menuise, nourrain.

POISSONNIER, ÈRE ■ Mareyeur.

POITRINAIRE ■ n. et adj. Cachectique, phtisique, tuberculeux.

POITRINE ■ Buste, carrure, cœur, corsage, décolleté, gorge, mamelle, pectoraux, poitrail, poumon, thorax, torse. *Fam. :* bréchet, caisse, coffre. ⇒ **sein.**

POIVRÉ, E ■ *I.* Assaisonné, épicé, relevé. *II. Fig.* 1. Fort, gaulois, grivois, piquant, salé. ⇒ **obscène.** 2. ⇒ **ivre.**

POIVROT, OTE ■ ⇒ ivrogne.

POIX ■ Calfat, colle, galipot, goudron, ligneul.

POKER ■ Dés, zanzi.

POLAIRE ■ Antarctique, arctique, austral, boréal. ⇒ **froid.**

POLARISER ■ Attirer. ⇒ **concentrer.**

PÔLE ■ Axe, bout, sommet.

POLÉMIQUE ■ Apologétique, controverse, débat, discussion, dispute, guerre.

POLÉMIQUER ■ ⇒ discuter.

POLÉMISTE ■ ⇒ journaliste.

POLI, E ■ *I.* Affable, aimable, amène, beau, bien élevé, bienséant, cérémonieux (péj.), châtié, civil, civilisé, complaisant, convenable, correct, courtois, décent, diplomate, éduqué, galant, gracieux, honnête, obséquieux (péj.), policé, raffiné, respectueux, révérencieux. *II.* Astiqué, brillant, briqué, calamistré, clair, étincelant, frotté, lisse, luisant, lustré, uni, verni.

POLICE ■ Commissariat, P. J., poste. ⇒ **gendarmerie.** *Arg. :* arnaque, crist, flicaille, maison bourman/j't'arqueprince/parapluie/pébroque/poulaga/poulardin, nardu, poulaille, quart, raille, renifle, rousse, sonne.

POLICÉ, E ■ *I. Quelqu'un :* civilisé, dégrossi, éduqué, évolué, formé, poli, raffiné. *II. Quelque chose :* organisé, réglementé.

POLICER ■ Adoucir, civiliser, corriger, éduquer, former, humaniser, organiser, polir, raffiner, réglementer.

POLICIER ■ *I. Neutre :* ange gardien, agent de police, commissaire, C.R.S., détective, garde, garde du corps, gardien de la paix, gendarme, inspecteur, limier, motard, policeman, sergent de ville, vigile. *II. Arg. :* argousin, argue, barbouze, bédi, bertelot, boër, bourman, bourre, bourrique, cabestan, cogne, condé, drauper, enfourgonné, espion, flic, flicard, frimeur, grippe, guignol, guignolet, hareng saur, hirondelle, lardu, laune, mannequin, marchand de lacets, mouche, pèlerine, perdreau, pestaille, piaf, poulaga, poulardin, poulet, poultock, quart, raille, roussin, sbire, schmitt, tige, vache, volaille.

POLICLINIQUE ■ ⇒ hôpital.

POLIR ■ *I. Au pr. :* adoucir, aléser, aplanir, astiquer, brunir, débrutir, doucir, dresser, égaliser, égriser, fourbir, frotter, glacer, gratteler, gréser, limer, lisser, lustrer, planer, poncer, raboter, ragréer, roder. *II. Par ext. :* aiguiser, châtier, ciseler, corriger, fignoler, finir, former, lécher, limer, parachever, parfaire, perfectionner, soigner. *III. Fig. :* adoucir, affiner, apprivoiser, assouplir, civiliser, cultiver, débarbouiller, dégrossir, dérouiller (fam.), éduquer, épurer, former, orner.

POLISSAGE ■ ⇒ polissure.

POLISSON, ONNE ■ *I. Nom :* galapiat, galopin, gamin, vaurien. *II. Adj. :* 1. Canaille, coquin, débauché, dissipé, égrillard, espiègle, gaillard, galant, gaulois, libertin, libre, licencieux, paillard. 2. ⇒ turbulent.

POLISSONNER ■ *I.* Badiner, gaudrioler (fam.), plaisanter. *II.* Marauder, vagabonder.

POLISSONNERIE ■ Badinage, bouffonnerie, dévergondage (péj.), espièglerie, gaillardise, galanterie, galipette, gauloiserie, libertinage, liberté, licence, paillardise, plaisanterie, puérilité, sottise.

POLISSURE ■ Brunissage, éclaircissage, finissage, finition, grésage, polissage, ponçage, rectification.

POLITESSE ■ Affabilité, amabilité, aménité, bonnes manières, bon ton, cérémonial, civilité, complaisance, convenance, correction, courtoisie, décence, déférence, distinction, éducation, égards, galanterie, gracieuseté, honnêteté, savoir-vivre, tact, urbanité, usage.

POLITICIEN, ENNE ■ *I.* Gouvernant, homme d'État/public, politicard (péj.), politique. *II.* Démagogue, politicard.

POLITIQUE ■ *I. Nom masc.* ⇒ politicien. *II. Nom fém.* 1. Au pr. : affaires publiques, choses de l'État, État, gouvernement, pouvoir. 2. Par ext. : adresse, calcul, diplomatie, finesse, habileté, jeu, machiavélisme (péj.), manège (péj.), négociation, patience,

prudence, ruse (péj.), sagesse, savoir-faire, souplesse, stratégie, tactique, temporisation, tractation. 3. **Formes :** anarchie, aristocratie, autocratie, bi/monocamérisme, bonapartisme, césarisme, cléricalisme, colonialisme, démagogie (péj.), démocratie, dictature, fascisme, fédéralisme, féodalisme, féodalité, gérontocratie, hitlérisme, impérialisme, militarisme, monarchie constitutionnelle/de droit divin, nazisme, ochlocratie, oligarchie, ploutocratie, politicaillerie (péj.), république, système parlementaire, technocratie. 4. **Doctrines :** absolutisme, anarchisme, autonomisme, bolchevisme, capitalisme, collectivisme, communisme, dirigisme, égalitarisme, étatisme, individualisme, internationalisme, libéralisme, malthusianisme, marxisme, monarchisme, nationalisme, national-socialisme, pangermanisme, panislamisme, paupérisme, régionalisme, royalisme, séparatisme, socialisme, totalitarisme, unionisme, unitarisme. *III. Adj. Par ext. :* adroit, avisé, calculateur, diplomate, fin, habile, machiavélique (péj.), manœuvrier, négociateur, patient, prudent, renard (péj.), rusé, sage, souple.

POLLUER ■ Corrompre, dénaturer, gâter, profaner, salir, souiller, tarer, violer.

POLLUTION ■ *I.* Corruption, dénaturation, profanation, salissement, souillure. *II.* ⇒ masturbation.

POLOCHON ■ Oreiller, traversin.

POLTRON, ONNE ■ n. et adj. Couard, foireux, froussard, lâche, péteux, peureux, pleutre, poule mouillée, pusillanime, timide. ⇒ capon.

POLYPE ■ ⇒ tumeur.

POLYTECHNIQUE ■ *Arg. :* carva, pipo, X.

POLYVALENT, E ■ Plurivalent.

POMMADE ■ *I. Au pr. :* baume, cold-cream, crème, embrocation, lanoline, liniment, onguent, pâte, populeum, uve (vx), vaseline. *II. Par ext. :* brillantine, cosmétique, gomina. *III. Fig. :* compliment, flagornerie, flatterie.

POMMADER ■ Brillantiner, cosmétiquer, enduire, farder, gominer, graisser, lisser.

POMME ■ *I. Au pr. :* api, calville, canada, capendu, châtaigne, fenouille, golden, rambour, reine-des-reinettes, reinette, teint-frais-normand, winterbanana. *II. Par ext. :* boule, pommeau, pommette. *III. Fig. :* figure, frimousse, tête.

POMME DE TERRE ■ Hollande, marjolaine, parmentière, princesse, quarantaine, saucisse, topinambour, truffe blanche/rouge, vitelotte. *Fam. :* cartoufle, crompire, patate.

POMMELER (SE) ■ Se marqueter, moutonner, se tacheter.

POMPE ■ ⇒ luxe.

POMPER ■ *I.* ⇒ tirer. *II.* ⇒ absorber. *III.* ⇒ boire. *IV. Fig.* ⇒ épuiser.

POMPETTE ■ ⇒ ivre.

POMPEUX, EUSE ■ ⇒ emphatique.

POMPIER ■ *I. Nom :* soldat du feu. *II.* ⇒ fellation. *III. Adj.* (péj.). ⇒ emphatique.

POMPONNER ■ Astiquer, attifer, bichonner, bouchonner, farder, orner, parer, soigner, toiletter.

PONANT ■ Couchant, occident, ouest.

PONCEAU ■ *I.* Arche, passerelle, pontil (vx). *II.* ⇒ pavot.

PONCER ■ Astiquer, décaper, frotter, laquer, polir.

PONCIF ■ Banalité, bateau (fam.), cliché, idée reçue, lieu commun, topique (philos.), truisme, vieille lune (fam.), vieillerie.

PONCTION ■ ⇒ prélèvement.

PONCTUALITÉ ■ Assiduité, exacti-tude, fidélité, minutie, régularité, sérieux.

PONCTUATION ■ Accent, crochet, deux points, guillemet, parenthèse, point, point virgule, point d'exclamation/d'interrogation/de suspension, tiret, virgule.

PONCTUEL, ELLE ■ Assidu, exact, fidèle, minutieux, réglé, régulier, religieux, scrupuleux, sérieux.

PONCTUER ■ Accentuer, diviser, indiquer, insister, marquer, scander, séparer, souligner.

PONDÉRATION ■ ⇒ équilibre.

PONDÉRÉ, E ■ ⇒ modéré.

PONDÉRER ■ *I.* ⇒ équilibrer. *II.* ⇒ calmer.

PONDÉREUX, EUSE ■ Dense, lourd, pesant.

PONDRE ■ *Fig.* ⇒ composer.

PONT ■ *I.* Appontement, aqueduc, passerelle, ponceau, pontil (vx), viaduc, wharf. *II. D'un bateau :* bau, bordage, bordé, dunette, embelle, gaillard, passavent, spardeck, superstructure, tillac.

PONTER ■ Gager, jouer, mettre au jeu, miser, parier, placer, risquer.

PONTIFE ■ *I. Relig. :* bonze, évêque, grand prêtre, hiérophante, pape, pasteur, prélat, vicaire. *II. Par ext.* (péj.) : baderne, mandarin, m'as-tu-vu (fam.), pédant, poseur.

PONTIFIANT, E ■ Doctoral, empesé, emphatique, emprunté, majestueux, pécufiant (arg. scol.), pédant, prétentieux, solennel.

PONTIFIER ■ Discourir, parader, se pavaner, pécufier (arg. scol.), poser, présider, prôner, se rengorger, trôner.

POOL ■ Communauté, consortium, entente, groupement, Marché commun.

POPOTE ■ *I.* Cuisine, mangeaille,

menu, repas, soupe. *II. Par ext. :* ménage. *III.* Bouillon, cantine, carré, foyer, mess, restaurant. *IV. Adj. :* casanier, mesquin, pot-au-feu, terre à terre.

POPOTIN ■ *Arg.* ⇒ fessier.

POPULACE ■ Basse pègre, canaille, écume, foule, lie, masse, multitude, pègre, peuple, plèbe, populaire, populo, prolétariat, racaille, tourbe, vulgaire.

POPULACIER, ÈRE ■ Bas, commun, faubourien, ordinaire, plébéien, populaire, vil, vulgaire.

POPULAIRE ■ *I. Favorable ou neutre.* aimé, apprécié, commun, connu, considéré, démocrate, démocratique, estimé, prisé, public, recherché, répandu. *II. Non favorable* ⇒ populacier. *III. Litt. :* populiste.

POPULARISER ■ Faire connaître, propager, répandre, vulgariser.

POPULARITÉ ■ Audience, célébrité, considération, éclat, estime, faveur, gloire, illustration, notoriété, renom, renommée, réputation, sympathie, vogue.

POPULATION ■ ⇒ peuple.

POPULEUX, EUSE ■ Dense, fourmillant, grouillant, nombreux, peuplé.

POPULISTE ■ ⇒ populaire.

PORC ■ *I. Au pr. :* 1. Coche, cochon, cochonnet, goret, porcelet, porcin, pourceau, suidé, truie, verrat. 2. Babiroussa, marcassin, pécari, phacochère, sanglier, solitaire. *II. Par ext.* ⇒ charcuterie. *III. Fig. :* débauché, dégoûtant, glouton, gras, gros, grossier, obscène, ordurier, sale.

PORCELAINE ■ *Par ext. I.* Bibelot, vaisselle. *II.* Biscuit, chine, saxe, sèvres.

PORCELET ■ ⇒ porc.

PORC-ÉPIC ■ *Fig.* ⇒ revêche.

PORCHE ■ Abri, auvent, avant-corps, entrée, hall, portail, portique, vestibule.

PORCHERIE ■ Abri, étable, soue, toit.

PORCIN, E ■ ⇒ porc.

PORE ■ Fissure, interstice, intervalle, orifice, ouverture, stomate, trou.

POREUX, EUSE ■ Fissuré, ouvert, percé, perméable, spongieux.

PORION ■ Agent de maîtrise, chef de chantier, contremaître, gueule noire (fam.), mineur, surveillant.

PORNOGRAPHIE ■ Grossièreté, immoralité, impudicité, indécence, licence, littérature obscène/vulgaire, obscénité, pygoculture (fam.).

PORNOGRAPHIQUE ■ ⇒ obscène.

POROSITÉ ■ Perméabilité.

PORT ■ *I. Géogr. :* cluse, col, pas, passage, passe. *II.* Air, allure, aspect, contenance, dégaine (fam.), démarche, ligne, maintien, manière, prestance, représentation, touche, tournure. *III.* Abri, anse, bassin, cale sèche/de radoub, darse, dock, débarcadère, embarcadère, escale, havre, hivernage, quai, rade, relâche, wharf. *IV.* Affranchissement, taxe, transport.

PORTAIL ■ ⇒ porte.

PORTATIF, IVE ■ Commode, léger, mobile, petit, portable, transportable.

PORTE ■ *I. Au pr. :* accès, barrière, dégagement, entrée, guichet, herse, huis, introduction, issue, lourde (fam.), ouverture, porche, portail, portière, portillon, poterne, propylée, seuil, sortie, trappe. *II. Fig. :* accès, échappatoire, introduction, issue, moyen. *III. Loc.* 1. **Jeter/mettre à la porte :** chasser, congédier, déboulonner, éconduire, expulser, jeter/mettre dehors, renvoyer. 2. **Prendre la porte** ⇒ partir.

PORTÉ, E ■ Attiré, conduit, déterminé, disposé, enclin, encouragé, engagé, entraîné, excité, incité, induit, invité, poussé, provoqué, sujet.

PORTE À PORTE ■ Chine, colportage. ⇒ **vente.**

PORTE-BAGAGES ■ Filet, galerie, sacoche.

PORTE-BALLE ■ Camelot, colporteur, coltineur, commis-voyageur, marchand ambulant/forain, portefaix. ⇒ **porteur.**

PORTE-BONHEUR ■ Fétiche, gri-gri, mascotte, porte-chance/veine.

PORTÉE ■ *I.* Chattée, chiennée, cochonnée, couvée (par ext.), famille, fruit, nichée, petits, produits, progéniture. *II.* Aptitude, étendue, force, niveau. *III.* Action, conséquence, effet, importance, suite. *IV.* Charge, entretoise, largeur, résistance.

PORTEFAIX ■ Coltineur, crocheteur, faquin (vx), fort des halles, porteur. ⇒ **porte-balle.**

PORTEFEUILLE ■ *I. Au pr. :* cartable, carton, classeur, enveloppe, étui, porte-documents/lettres, serviette. **Arg. ou fam. :** filoche, larfeuil, lazingue, porte-lazagne. *II. Par ext. :* charge, département, fonction, maroquin, ministère.

PORTEMANTEAU ■ Crochet, patère, perroquet.

PORTE-MONNAIE ■ Aumônière, bourse, gousset, portefeuille, réticule. **Arg. ou fam. :** artichaut, artiche, crabe, crapaud, crapautard, morlingue, porte-lazagne.

PORTE-PAROLE ■ Alter ego, entremetteur, fondé de pouvoir, interprète, organe, représentant, truchement.

PORTER ■ *I. V. tr.* 1. Un fardeau : coltiner, promener, soutenir, supporter, tenir, transporter, trimbaler, véhiculer. **2. Une décoration :** arborer, avoir, exhiber. **3. D'un lieu à un autre :** apporter, exporter, importer, rapporter. **4. Un fruit :** engendrer, produire.

5. Un sentiment : attacher à, exprimer, manifester, présenter. **6. Quelque chose à son terme :** achever, finir, parachever, parfaire, pousser. **7.** ⇒ **soutenir. 8.** ⇒ **occasionner. 9.** ⇒ **montrer. 10.** ⇒ **promouvoir. 11.** ⇒ **inviter. 12.** ⇒ **inscrire.** *II. V. intr.* 1. Appuyer, peser, poser, reposer sur. **2. Par ext. :** accrocher, frapper, heurter, toucher. **3.** Atteindre son but, faire de l'effet, toucher. *III. Loc.* 1. Porter sur les nerfs ⇒ **agacer. 2.** Porter à la tête : enivrer, entêter, étourdir, griser, soûler. **3. Porter à la connaissance** ⇒ **informer. 4. Porter plainte** ⇒ **inculper.** *IV. V. pron. :* 1. Aller, courir, se diriger, s'élancer, se lancer, se précipiter, se transporter. **2. À une candidature :** se présenter, répondre. **3. Les regards, les soupçons :** chercher, graviter, s'orienter. **4. À des excès :** se livrer.

PORTEUR ■ *I. D'un message :* commissionnaire, courrier, coursier, estafette, facteur, livreur, messager, télégraphiste. *II. De colis :* coltineur, commissionnaire, coolie, crocheteur, débardeur, déchargeur, déménageur, docker, faquin (vx), fort des halles, laptot, manutentionnaire, nervi (vx), portefaix, sherpa. *Nom fém. :* canéphore.

PORTIER, ÈRE ■ *I. Au pr. :* chasseur, concierge, gardien, huissier, suisse, tourier, tourière, veilleur. *II. Péj. :* bignole, cerbère, chasse-chien, clapignole, cloporte, concepige, dragon, lourdier, pibloque, pipelet, pipelette.

PORTIÈRE ■ *I.* Rideau, tapisserie, tenture, vitrage. *II.* ⇒ **porte.**

PORTION ■ Bout, division, dose, fraction, fragment, lopin, lot, morceau, parcelle, part, partie, pièce, quartier, ration, section, tranche, tronçon.

PORTIQUE ■ Colonnade, galerie, narthex, parvis, péristyle, pœcile, porche, porte, pronaos.

PORTRAIRE ■ ⇒ **peindre.**

PORTRAIT ■ *I. Au pr. :* autoportrait,

buste, crayon, croquis, effigie, image, peinture, photo, photographie, silhouette, tableau. *II. Par ext.* 1. Figure, visage. 2. Description, représentation, ressemblance.

PORTRAITURER ■ ⇒ peindre.

POSE ■ *I. Au pr.* De quelque chose : application, coffrage, mise en place. *II. Par ext.* De quelqu'un. 1. Attitude, position. 2. Non favorable : affectation, façons, manières, prétentions, recherche, snobisme.

POSÉ, E ■ Calme, froid, grave, lent, modéré, mûr, muri, pondéré, prudent, rassis, réfléchi, sage, sérieux.

POSER ■ *I. V. tr.* 1. Au pr. : apposer, appuyer, asseoir, bâtir, camper, disposer, dresser, établir, étaler, étendre, fixer, fonder, installer, jeter, mettre, placer, planter, poster. 2. Fig. : affirmer, avancer, énoncer, établir, évoquer, faire admettre, formuler, soulever, soutenir, supposer. *II. V. intr.* 1. Neutre : être appuyé, reposer. ⇒ porter. 2. Non favorable : crâner, se contorsionner, coqueter, se croire, se draper, faire le beau/le malin/le mariole (fam.)/la roue/le zouave, se pavaner, plastronner, se rengorger, snober. *III. V. pron.* 1. Au pr. : atterrir, se jucher, se nicher, se percher. 2. Fig. : s'affirmer, se donner pour, s'ériger en, s'imposer comme.

POSEUR, EUSE ■ n. et adj. Affecté, fat, maniéré, m'as-tu-vu, minaudier, pédant, prétentieux, snob. ⇒ orgueilleux.

POSITIF, IVE ■ *I.* ⇒ évident. *II.* ⇒ réel. *III.* ⇒ réaliste.

POSITION ■ *I. Au pr. :* assiette, coordonnées, disposition, emplacement, exposition, gisement, inclinaison, lieu, orientation, orientement (mar.), place, point, positionnement, site, situation. *II. De quelqu'un.* 1. Aplomb, assiette, attitude, équilibre, mouvement, pose, posture, station. 2. Emploi, établissement, état, fonction, métier, occupa-

tion, situation. 3. Attitude, engagement, idée, opinion, parti, profession de foi, résolution.

POSITIVEMENT ■ Matériellement, précisément, réellement, véritablement, vraiment.

POSITIVISME ■ Agnosticisme, relativisme.

POSSÉDANT, E ■ *I.* ⇒ riche. *II.* ⇒ propriétaire.

POSSÉDÉ, E ■ n. et adj. *I.* ⇒ énergumène. *II.* ⇒ furieux.

POSSÉDER ■ *I.* ⇒ avoir. *II.* ⇒ jouir. *III.* ⇒ connaître. *IV. V. pron.* ⇒ vaincre (se).

POSSESSEUR ■ ⇒ propriétaire.

POSSESSIF, IVE ■ Captatif, exclusif. ⇒ intolérant.

POSSESSION ■ *I. Le fait de posséder :* acquisition, appartenance, appropriation, détention, disposition, installation, jouissance, maîtrise, occupation, propriété, richesse, usage. *II. L'objet :* avoir, bien, colonie, conquête, domaine, douaire (vx), établissement, fief, immeuble, propriété, tenure (vx), territoire.

POSSIBILITÉ ■ *I. De quelque chose :* alternative, cas, chance, crédibilité, éventualité, vraisemblance. *II. Pour quelqu'un :* droit, facilité, faculté, liberté, licence, loisir, moyen, occasion, potentialité, pouvoir, virtualité.

POSSIBLE ■ Acceptable, accessible, admissible, buvable (fam.), commode, concevable, conciliable, contingent, convenable, envisageable, éventuel, facile, faisable, futur, permis, praticable, prévisible, probable, réalisable, sortable, supportable, virtuel, vivable, vraisemblable.

POSTE ■ *I.* Auberge, étape, relais. *II.* Courrier, P.T.T.

POSTE ■ *I.* Affût, antenne, avant-poste, observatoire, préside, vigie. *II.*

Charge, emploi, fonction, responsabilité. *III. Loc.* 1. **Poste de pilotage** : gouvernes, habitacle. 2. **Poste d'essence** : distributeur, pompe, station-service. 3. **Poste de secours** : ambulance, antenne chirurgicale. 4. **Poste de radio, de télévision** : appareil, récepteur, T.S.F. (vx).

POSTER ■ Aposter, embusquer, établir, installer, loger, mettre à l'affût/en place/en poste, placer, planter.

POSTÉRIEUR ■ *I. Adj. :* consécutif, futur, posthume, ultérieur. *II. Nom* ⇒ **fessier.**

POSTÉRITÉ ■ *I.* Collatéraux agnats/cognats, descendance, descendants, enfants, famille, fils, génération future, héritiers, lignée, neveux, race, rejetons, souche, successeurs. *II.* Avenir, futur, immortalité, mémoire.

POSTHUME ■ Outre-tombe.

POSTICHE ■ *I. Adj. :* ajouté, artificiel, factice, faux, rapporté. *II. Nom masc. :* chichi, mouche, moumoute (fam.), perruque. *III. Nom fém. :* baliverne, boniment, mensonge, plaisanterie.

POSTILLON ■ *I.* Cocher, conducteur. *II.* Salive.

POSTULANT ■ Aspirant, candidat, demandeur, impétrant, poursuivant, prétendant, quémandeur (péj.), solliciteur, tapeur (péj.).

POSTULAT ■ Convention, hypothèse, principe.

POSTULER ■ ⇒ **solliciter.**

POSTURE ■ ⇒ **position.**

POT ■ Cruche, jacquelin, jaqueline, jarre, marmite, pichet, potiche, récipient, terrine, ustensile, vase. ⇒ **bouille.**

POTABLE ■ *I. Au pr. :* bon, buvable, pur, sain. *II. Fam. :* acceptable, passable, possible, recevable, valable.

POTAGE ■ *Au pr. :* bisque, bouillon, consommé, eau de vaisselle (péj.), julienne, lavasse (péj.), lavure (péj.), minestrone, oille (vx), pot (vx), soupe, velouté.

POT-AU-FEU ■ *I.* Bœuf à la ficelle (par ext.)/gros sel/bouilli, bouillon gras, olla-podrida, oille (vx), pot, pot-bouille (vx), soupe. *II.* ⇒ **popote.**

POT-DE-VIN ■ ⇒ **gratification.**

POTEAU ■ ⇒ **pieu.**

POTELÉ, E ■ Charnu, dodu, gras, grassouillet, gros, plein, poupard, poupin, rebondi, rembourré, rempli, replet, rond, rondelet.

POTENCE ■ ⇒ **gibet.**

POTENTAT ■ ⇒ **monarque.**

POTENTIEL ■ ⇒ **force.**

POTICHE ■ Cache-pot, poterie, vase.

POTIER ■ Céramiste, faïencier, porcelainier.

POTIN ■ *I.* ⇒ **médisance.** *II.* ⇒ **tapage.**

POTINER ■ ⇒ **médire.**

POTION ■ ⇒ **remède.**

POTIRON ■ ⇒ **courge.**

POT-POURRI ■ ⇒ **mélange.**

POU ■ Lécanie, mélophage, psoque, tique. *Arg. :* go, grenadier, loupaque, morbac, morpion, mousquetaire gris, toto.

POUACRE ■ adj. et n. *I.* Dégoûtant, écœurant, malpropre, puant, répugnant, sale, vilain. *II.* ⇒ **avare.**

POUCE ■ *I. Au pr. :* doigt, gros orteil. *II. Loc.* 1. **Donner un coup de pouce** ⇒ **aider, exagérer.** 2. **Mettre les pouces** ⇒ **céder.** 3. **Sur le pouce** : à la hâte, en vitesse, rapidement.

POUCETTES ■ ⇒ **menottes.**

POUDRE ■ *I.* ⇒ **poussière.** *II. Loc.* 1. **Jeter de la poudre aux yeux** ⇒ **impressionner.** 2. **Mettre en poudre** ⇒ **détruire.**

POUDRER ■ Couvrir, enfariner, farder, garnir, recouvrir, saupoudrer.

POUDREUSE ■ *I.* Coiffeuse, table à toilette. *II.* Pulvérisateur, soufreuse.

POUDREUX, EUSE ■ Cendreux, poussiéreux, sablonneux.

POUFFER ■ ⇒ rire.

POUILLES ■ *I.* ⇒ injures. *II. Loc.* Chanter pouilles : engueuler (fam.), gronder, injurier, invectiver, quereller, réprimander.

POUILLEUX, EUSE ■ ⇒ misérable.

POULAILLER ■ *I.* Cabane/cage/toit à poules, volière. *II.* ⇒ paradis.

POULAIN ■ ⇒ cheval.

POULE ■ *I. Au pr.* 1. Cocotte (fam.), gallinacée, géline (vx), poularde, poulet, poulette. **2.** Poule sauvage : faisane, gelinotte, perdrix, pintade. **3.** Poule d'eau : foulque, gallinule, porphyrion, sultane. **4.** Poule mouillée ⇒ poltron. *II. Fig.* : cocotte, fille. ⇒ prostituée. *III.* Compétition, enjeu, jeu, mise.

POULET ■ *I. Au pr.* : chapon, coq, poulette, poussin ⇒ poule. *II. Fig.* ⇒ lettre.

POULICHE ■ ⇒ jument.

POULS ■ *I. Au pr.* : battements du cœur. *II. Loc.* Tâter le pouls ⇒ sonder.

POUMON ■ *I. Par ext.* : bronches, poitrine. *II. Arg.* : éponges. *III. Boucherie* : foie blanc, mou.

POUPARD, E ■ *I. Nom* ⇒ bébé. *II. Adj.* : charnu, coloré, dodu, frais, gras, grassouillet, gros, joufflu, plein, potelé, poupin, rebondi, rembourré, rempli, replet, rond, rondelet.

POUPÉE ■ *I. Au pr.* : baigneur, bébé, poupard, poupon. *II. Par ext.* : figurine, mannequin. *III. Fig.* 1. Pansement. 2. Étoupe, filasse. 3. *Techn.* : mâchoire, mandrin.

POUPIN, INE ■ ⇒ poupard.

POUPON ■ ⇒ bébé.

POUPONNIÈRE ■ ⇒ nursery.

POUR ■ *I.* À la place de, au prix de, contre, en échange de, moyennant. *II.* Comme, en fait/en guise/en manière/en tant que. *III.* En ce qui est de, quant à. *IV.* À destination/en direction de, vers. *V.* Pendant. *VI.* À, à l'égard de, en faveur de, envers. *VII. Loc.* 1. Remède pour : contre. 2. Être pour : en faveur/du côté/du parti de. *VIII. Suivi de l'inf.* : afin de, à l'effet de, de manière à, en vue de.

POURBOIRE ■ ⇒ gratification.

POURCEAU ■ ⇒ porc.

POURCENTAGE ■ Intérêt, marge, rapport, tantième, taux.

POURCHASSER ■ ⇒ poursuivre.

POURFENDEUR ■ ⇒ bravache.

POURFENDRE ■ *I.* ⇒ attaquer. *II.* ⇒ blâmer.

POURLÉCHER ■ ⇒ lécher. *V. pron.* : ⇒ régaler (se).

POURPARLER ■ Conférence, conversation, échange de vues, négociation, tractation.

POURPOINT ■ Casaque, justaucorps.

POURPRE ■ *I. Adj.* ⇒ rouge. *II. Nom.* 1. Masc. ⇒ rougeur. 2. Fém. Cardinalat, dignité cardinalice/impériale/souveraine/suprême, royauté.

POURQUOI ■ *I. Adv. interrog.* : à quel propos/sujet, pour quelle cause/raison, pour quel motif, dans quelle intention. *II. Loc. conj.* : aussi, c'est pour cela/ce motif/cette raison, c'est pourquoi, conséquemment, en conséquence, subséquemment (vx).

POURRI, E ■ *Au pr.* : abîmé, altéré, avarié, corrompu, croupi, décomposé, détérioré, faisandé, gâté, moisi, naze (arg.), piqué, putréfié, putride, rance. *II. Fig.* : compromis, contaminé, corrompu, dégradé, dévalorisé, dévalué, gangrené, malsain, perdu, taré, vil.

POURRIR ▪ I. V. intr. : s'abîmer, s'altérer, s'avarier, chancir, se corrompre, croupir, se décomposer, se détériorer, se faisander, se gâter, moisir, se piquer, se putréfier, rancir, tomber en pourriture *et les syn. de* POURRITURE, tourner. *II. V. tr. :* abîmer, avarier, contaminer, désagréger, gâter, infecter, ronger.

POURRITURE ▪ I. Au pr. : altération, contamination, corruption, décomposition, désagrégation, destruction, détérioration, malandre, moisissement, moisissure, pourrissement, putréfaction, rancissement, rancissure. *II. Par ext.* 1. Au pr. et fig. : carie, gangrène. 2. *Fig.* : concussion, corruption.

POURSUITE ▪ I. Au pr. : chasse, course, pourchas (vx), quête, recherche. *II. Jurid. :* accusation, action, assignation, démarche, intimation, procédure, procès. *III. Par ext. :* continuation, reprise.

POURSUIVRE ▪ I. Au pr. : chasser, courir, donner la chasse, être aux trousses (fam.), foncer sur, forcer, forlancer (vén.), harceler, importuner, pourchasser, presser, relancer, rembucher (vén.), serrer, suivre, talonner, traquer. *II. Fig.* 1. **Non favorable :** aboyer/s'acharner contre, accuser, actionner contre, hanter, obséder, persécuter, taler, tanner, tourmenter. 2. **Favorable ou neutre :** aspirer à, briguer, prétendre à, rechercher, solliciter. *III. Par ext. :* aller, conduire/mener à son terme, continuer, passer outre/son chemin, persévérer, pousser, soutenir l'effort. *IV. V. pron. :* continuer, durer, *et les formes pron. possibles des syn. de* POURSUIVRE.

POURTANT ▪ Cependant, mais, néanmoins, pour autant, toutefois.

POURTOUR ▪ Bord, ceinture, cercle, circonférence, circuit, contour, extérieur, périmètre, périphérie, tour.

POURVOI ▪ Action, appel, pétition, recours, requête, révision, supplique.

POURVOIR ▪ I. V. intr. : assurer, aviser à, entretenir, faire face/parer/subvenir/suffire à, pallier (trans.). *II. V. tr. :* alimenter, approvisionner, armer, assortir, avitailler, donner, doter, douer, équiper, établir, fournir, garnir, gratifier, investir, lester, mettre en possession, munir, nantir, orner, outiller, procurer, revêtir, subvenir, suppléer. *III. V. pron. :* 1. S'approvisionner, se monter, se munir. 2. Avoir recours, se porter, recourir.

POURVOYEUR, EUSE ▪ Alimentateur, commanditaire, fournisseur, servant.

POURVU QUE ▪ À condition de/que, à supposer/espérons/il suffit que, si.

POUSSE ▪ Bouture, branche, brin, brout, drageon, germe, jet, marcotte, provin, recru, rejet, rejeton, scion, surgeon, talle, tendron, turion. ⇒ **bourgeon.**

POUSSE-CAFÉ ▪ Alcool, armagnac, cognac, digestif, eau-de-vie, liqueur, marc, rhum, tafia.

POUSSÉE ▪ I. Au pr. : bourrade, coup, élan, épaulée, impulsion, pression, propulsion. *II. Par ext.* 1. De la foule : bousculade, cohue, presse. 2. **Méd. :** accès, aggravation, augmentation, crise, éruption, montée. 3. **Archit. :** charge, masse, pesée, poids, résistance.

POUSSER ▪ I. V. tr. 1. Au pr. : abaisser, baisser, balayer, bourrer, bousculer, bouter, chasser, culbuter, drosser (mar.), éloigner, enfoncer, esbalancer (mérid.), heurter, jeter hors, lancer, projeter, propulser, refouler, rejeter, renvoyer, repousser, souffler. 2. **Fig. :** aider, aiguillonner, animer, attirer, conduire, conseiller, contraindre, décider, déterminer, diriger, disposer, embarquer, emporter, encourager, engager, entraîner, exciter, faire agir, favoriser, inciter, incliner, induire, instiguer, inviter, porter, solliciter, stimuler, tenter. **3. Une action :** accentuer, accroître, approfondir, augmenter, développer, faire durer, forcer, prolonger. **4. Le feu :** attiser, augmenter, forcer. **5. Un cri :** crier, émettre, faire, jeter, proférer. **6. Un soupir :** exhaler, lâcher. **II. V. intr. 1.** Aller, avancer, se porter. **2.** Croître, se développer, grandir, poindre, pointer, pulluler, sortir, venir. **III. V. pron. :** avancer, conquérir, se lancer, se mettre en avant/en vedette.

POUSSIÈRE ■ Balayure, cendre, débris, détritus, escarbille, ordures, pollen (bot.), poudre (vx), restes.

POUSSIÉREUX, EUSE ■ **I. Au pr. :** gris, poudreux, sale. **II. Par ext. :** ancien, archaïque, démodé, vétuste, vieilli, viellot, vieux, vieux jeu.

POUSSIF, IVE ■ Asthmatique, catharreux, dyspnéique, époumoné, essoufflé, haletant, palpitant, pantelant.

POUSSIN ■ ⇒ poulet.

POUTRE ■ **I. Vx :** jument, pouliche. **II.** Ais, arbalétrier, bastaing, blinde, boulin, chantignolle, chevêtre, chevron, colombage, contrefiche, corbeau, corniche, coyau, croisillon, décharge, entrait, entretoise, étançon, faîtage, ferme, flèche, jambage, jambe, jambette, lambourde, lierne, linteau, longeron, longrine, madrier, panne, poinçon, poitrail, poteau, potelet, sablière, solive, tasseau, tournisse. **Mar. :** barrot, bau, bauquière, vaigre.

POUVOIR ■ Être apte/à même de/à portée de/capable/en mesure/ en situation/susceptible de, avoir la capacité / le droit / la latitude / la licence / la permission / la possibilité de, savoir.

POUVOIR ■ **I. Qualité de quelqu'un :** aptitude, art, ascendant, autorité, capacité, charme, crédit, don, empire, faculté, habileté, influence, maîtrise, possession, possibilité, puissance, valeur. **II. De faire quelque chose :** droit, latitude, liberté, licence, permission, possibilité. **III. Jurid. :** attribu-

tion, capacité, commission, délégation, droit, juridiction, mandat, mission, procuration. **IV. Sous le pouvoir de :** coupe, dépendance, disposition, férule, influence, main, patte. **V. Polit. :** administration, autorité, commandement, État, gouvernement, puissance, régime.

PRAIRIE ■ Alpage, champ, herbage, lande, noue, pacage, pampa, pâtis, pâture, pré, savane, steppe, toundra. ⇒ pâturage.

PRATICABLE ■ ⇒ possible.

PRATICIEN, ENNE ■ Clinicien, chirurgien, exécutant, médecin traitant.

PRATIQUE ■ **I. Adj. :** adapté, applicable, astucieux (fam.), commode, efficace, exécutable, facile, faisable, fonctionnel, ingénieux, logeable, maniable, positif, possible, pragmatique, praticable, profitable, réalisable, réaliste, utile, utilisable, utilitaire. **II. Nom fém. 1.** Achalandage, acheteur, acquéreur, client, clientèle, fidèle, fréquentation, habitué. **2. Relig.** Les personnes : assistance, fidèle, ouaille, paroissien, pratiquant. **3. Relig.** Le fait de pratiquer : culte, dévotion, dulie, exercice, latrie, observance. **4.** Accomplissement, acte, action, agissement, application, conduite, connaissance, coutume, exécution, exercice, expérimentation, expérience, façon d'agir, familiarisation, familiarité, habitude, mode, procédé, procédure, routine, savoir, savoir-faire, usage, vogue.

PRATIQUER ■ **I. On pratique quelque chose :** accomplir, adopter, connaître, cultiver, employer, s'entraîner à, éprouver, exécuter, exercer, expérimenter, faire, jouer, se livrer à, procéder à, utiliser. **II. Par ext. 1.** Ménager, ouvrir. **2.** S'appliquer à, garder, mettre en application/en œuvre/en pratique, observer, professer, suivre. **3.** Fréquenter, hanter, visiter, voir.

PRÉ ■ ⇒ prairie.

PRÉALABLE ■ **I. Adj. :** antérieur,

exploratoire, premier, préparatoire, primitif. *II. Nom masc.* : antécédent, condition, préalable, préavis, précaution, préliminaire. ⇒ **préambule.** *III. Loc.* **Au préalable** : d'abord, auparavant, avant, préalablement.

PRÉAMBULE ■ Avant-propos, avertissement, avis, commencement, début, entrée en matière, exorde, exposition, introduction, liminaire, préalable, préface, préliminaire, prélude, prolégomène, prologue.

PRÉAU ■ Abri, cour, couvert, gymnase.

PRÉAVIS ■ Avertissement, congé, délai, signification.

PRÉBENDE ■ Bénéfice, part/portion congrue, profit, revenu, royalties.

PRÉBENDIER ■ *Par ext.* ⇒ profiteur.

PRÉCAIRE ■ Aléatoire, chancelant, court, éphémère, fragile, incertain, instable, passager.

PRÉCARITÉ ■ Fragilité, incertitude, instabilité.

PRÉCAUTION ■ *I. Au pr.* : action préventive, disposition, filtrage, garantie, mesure, prophylaxie, vérification. *II. La manière d'agir* : attention, circonspection, détour, diplomatie, discrétion, économie, ménagement, prévoyance, prudence, réserve.

PRÉCAUTIONNER (SE) ■ S'armer, s'assurer, se garder, se garder à carreau (fam.), se mettre en garde, se prémunir, veiller au grain (fam.).

PRÉCAUTIONNEUX, EUSE ■ *I.* ⇒ prudent. *II.* Attentif, minutieux, prévenant, soigneux.

PRÉCÉDEMMENT ■ Antérieurement, auparavant, ci-devant (vx).

PRÉCÉDENT, E ■ *I. Adj.* : antécédent, antérieur, citérieur, devancier, précurseur, prédécesseur. *II. Nom masc.* : analogie, exemple, fait analogue/antérieur, référence.

PRÉCÉDER ■ Annoncer, dépasser, devancer, diriger, distancer, marcher devant, passer, placer devant, prendre les devants/le pas, prévenir.

PRÉCEPTE ■ Aphorisme, apophtegme, commandement, conseil, dogme, enseignement, formule, instruction, leçon, loi, maxime, morale, opinion, prescription, principe, proposition, recette, recommandation, règle.

PRÉCEPTEUR, TRICE ■ Éducateur, gouvernante, gouverneur (vx), instituteur, instructeur, maître, pédagogue, préfet des études, professeur, régent (vx), répétiteur.

PRÊCHE ■ Discours, homélie, instruction, prône. ⇒ sermon.

PRÊCHER ■ Annoncer, catéchiser, conseiller, enseigner, évangéliser, exhorter, instruire, moraliser, préconiser, prôner, prononcer un sermon, recommander, remontrer, sermonner.

PRÊCHEUR ■ Orateur, prédicant, prédicateur, sermonnaire (péj.).

PRÉCIEUX, EUSE ■ *I. Quelque chose* : avantageux, beau, bon, cher, inappréciable, inestimable, introuvable, irremplaçable, parfait, rare, riche, utile. *II. Quelqu'un.* 1. *Favorable* : compétent, efficace, important, utile. 2. Affecté, difficile, efféminé, emprunté, maniéré. *III. Litt.* : affecté, affété, choisi, emphatique, galant, gandin, maniéré, mignard, muscadin, musqué, recherché.

PRÉCIOSITÉ ■ Affectation, afféterie, concetti, cultisme, entortillage, euphuisme, galanterie, gongorisme, manière, maniérisme, marinisme, marivaudage, mignardise, raffinement, recherche, subtilité.

PRÉCIPICE ■ *I. Au pr.* : abîme, anfractuosité, aven, cavité, crevasse, gouffre. *II. Fig.* : catastrophe, danger, désastre, malheur, ruine.

PRÉCIPITAMMENT ■ À boule vue (vx), à la va-vite, à vau-de-route (vx), brusquement, dare-dare, en courant, en vitesse, à fond de train, rapidement, vite.

PRÉCIPITATION ■ *I.* Affolement, brusquerie, empressement, fougue, frénésie, impatience, impétuosité, irréflexion, légèreté, pagaïe, panique, presse, promptitude, rapidité, soudaineté, violence, vitesse, vivacité. *II.* Brouillard, chute d'eau/de grêle/de neige/de pluie. *III. Chimie :* floculation.

PRÉCIPITÉ, E ■ *I.* ⇒ hâtif. *II.* ⇒ haletant.

PRÉCIPITER ■ *I. Au pr. :* anéantir, faire tomber, jeter, pousser, ruiner. *II. Par ext. :* accélérer, avancer, bâcler, bousculer, brusquer, dépêcher, expédier, forcer, hâter, pousser, presser, trousser. *III. V. pron. :* s'abattre, accourir, s'agiter, assaillir, courir, se dépêcher, dévaler, s'élancer, embrasser, s'empresser, s'engouffrer, entrer, foncer, fondre, se hâter, se lancer, piquer une tête, piquer/tomber sur.

PRÉCIS, E ■ Abrégé, absolu, bref, catégorique, certain, clair, concis, congru, court, défini, détaillé, déterminé, développé, distinct, exact, explicite, exprès, fixe, formel, fort, franc, géométrique, juste, mathématique, net, particulier, pile, ponctuel, raccourci, ramassé, réduit, résumé, rigoureux, serré, sommaire, sonnant, tapant.

PRÉCIS ■ Abrégé, aide-mémoire, analyse, code, codex, compendium, épitomé, résumé, sommaire, vademecum.

PRÉCISER ■ Abréger, clarifier, définir, détailler, déterminer, distinguer, donner corps, énoncer, établir, expliciter, expliquer, fixer, particulariser, raccourcir, ramasser, réduire, résumer, serrer, souligner, spécifier. *V. pron. :* se caractériser, se dessiner, *et les formes pron. possibles des syn. de* PRÉCISER.

PRÉCISION ■ *I. Au sing. :* caractérisation, clarté, concision, définition, détermination, exactitude, justesse,

mesure, méticulosité, netteté, rigueur, sûreté. *II. Au pl. :* constat, compte rendu, détails, développement, explication, faits, information, procès-verbal, rapport.

PRÉCOCE ■ ⇒ hâtif.

PRÉCOCITÉ ■ Avance, hâte, rapidité.

PRÉCOMPTE ■ Retenue.

PRÉCOMPTER ■ ⇒ retenir.

PRÉCONÇU, E ■ Anticipé, préétabli, préjugé.

PRÉCONISER ■ *I.* ⇒ louer. *II.* ⇒ recommander.

PRÉCURSEUR ■ Ancêtre, annonciateur, avant-coureur, devancier, fourrier, initiateur, inventeur, messager, prédécesseur, prophète.

PRÉDATEUR ■ Destructeur, nuisible, pillard.

PRÉDATION ■ *I.* ⇒ pillage. *II.* ⇒ destruction.

PRÉDÉCESSEUR ■ *I. Au sing.* ⇒ précurseur. *II. Au pl.* ⇒ ancêtres.

PRÉDESTINATION ■ ⇒ prédisposition.

PRÉDESTINÉ, E ■ ⇒ voué.

PRÉDESTINER ■ Appeler, décider, destiner, distinguer, élire, fixer d'avance, marquer, protéger, réserver, vouer.

PRÉDICANT ■ *I.* ⇒ ministre. *II.* ⇒ prédicateur. *III.* ⇒ orateur.

PRÉDICAT ■ Attribut, proposition, qualité.

PRÉDICATEUR ■ Apôtre, doctrinaire, missionnaire, orateur sacré, prêcheur, prédicant, sermonnaire.

PRÉDICATIF, IVE ■ Apodictique, attributif, catégorique, qualificatif.

PRÉDICATION ■ ⇒ sermon.

PRÉDICTION ■ Annonce, augure, avenir, bonne aventure (pop.), conjecture, divination, horoscope, oracle, présage, prévision, promesse, pronostic, prophétie, vaticination.

PRÉDILECTION ■ Affection, faiblesse, faveur, goût, préférence.

PRÉDIRE ■ Annoncer, augurer, conjecturer, deviner, dévoiler, dire l'avenir/la bonne aventure, présager, prévoir, promettre, pronostiquer, prophétiser, vaticiner.

PRÉDISPOSER ■ Amadouer, amener, incliner, mettre en condition/en disposition, préparer.

PRÉDISPOSITION ■ Aptitude, atavisme, condition, disposition, hérédité, inclination, penchant, prédestination, prédétermination, tendance, terrain favorable.

PRÉDOMINANCE ■ Avantage, dessus, précellence, prééminence, préexcellence, préférence, prépondérance, primauté, supériorité, suprématie.

PRÉDOMINANT, E ■ ⇒ principal.

PRÉDOMINER ■ Avoir l'avantage/la prédominance *et les syn. de* PRÉDOMINANCE, être le plus important *et les syn. de* IMPORTANT, l'emporter sur, exceller, prévaloir, régner.

PRÉÉMINENCE ■ ⇒ prédominance.

PRÉEMPTION ■ Préférence, priorité, privilège.

PRÉEXCELLENCE ■ Précellence. ⇒ **prédominance.**

PRÉEXISTENCE ■ Antériorité.

PRÉFACE ■ Argument, avant-propos, avertissement, avis/discours préliminaire, exorde, introduction, liminaire, notice, préambule, préliminaire, présentation, prodrome (vx), proème (vx), prolégomènes, prologue.

PRÉFECTURE ■ Chef-lieu, département.

PRÉFÉRABLE ■ Meilleur, mieux, supérieur.

PRÉFÉRABLEMENT ■ De/par préférence, plutôt.

PRÉFÉRÉ, E ■ Attitré, choisi, chouchou (fam.), favori, privilégié.

PRÉFÉRENCE ■ *I. Pour quelqu'un :* acception (vx), acceptation, affection, attirance, choix, élection, faible, faiblesse, favoritisme, partialité, prédilection. *II. Pour quelque chose :* avantage, choix, option, privilège.

PRÉFÉRER ■ Adopter, aimer mieux, avoir une préférence *et les syn. de* PRÉFÉRENCE, chérir, choisir, considérer comme meilleur, distinguer, estimer le plus, incliner/pencher en faveur de/pour.

PRÉFIGURER ■ ⇒ présager.

PRÉHISTOIRE ■ *I.* Archéologie, paléontologie, protohistoire. *II.* Mésolithique, néolithique, paléolithique.

PRÉHISTORIQUE ■ *I.* ⇒ préhistoire. *II. Par ext.* (fam.) : ancien, antédiluvien, démodé, suranné.

PRÉJUDICE ■ Atteinte, dam, désagrément, désavantage, détriment, dommage, injustice, lésion, mal, tort.

PRÉJUDICIABLE ■ Attentatoire, dommageable, funeste, malfaisant, malheureux, nocif, nuisible.

PRÉJUDICIER ■ Blesser, nuire, porter préjudice *et les syn. de* PRÉJUDICE.

PRÉJUGÉ ■ A priori, erreur, idée préconçue/toute faite, jugement préconçu/téméraire, œillère, opinion préconçue/toute faite, parti pris, passion, préconception, préoccupation (vx), prévention, supposition.

PRÉJUGER ■ V. tr. et intr. ⇒ présager.

PRÉLART ■ Bâche, toile.

PRÉLASSER (SE) ■ S'abandonner, se camper, se carrer, se détendre, se goberger (fam.), se laisser aller, pontifier, se relaxer, se reposer, trôner, se vautrer (péj.).

PRÉLAT ■ Archevêque, cardinal, dignitaire, évêque, monseigneur, monsignor, nonce, patriarche, pontife, primat, prince de l'Église, protonotaire apostolique, vicaire général.

PRÉLÈVEMENT ■ *I. Au pr. :* coupe, ponction, prise. *II. Fig. :* contribution, dîme, impôt, réquisition, retenue, saignée, saisie, soustraction.

PRÉLEVER ■ Couper, détacher, enlever, extraire, imposer, lever, ôter, percevoir, rafler, réquisitionner, retenir, retrancher, rogner, saisir, soustraire. ⇒ prendre.

PRÉLIMINAIRE ■ Avant-propos, avertissement, avis, commencement, contacts, essai, exorde, introduction, jalon, liminaire, préambule, préface, prélude, présentation, prodrome (vx), prologue.

PRÉLUDE ■ *I. Au pr. :* ouverture, prologue. *II. Par ext.* ⇒ préliminaire. *III. Fig. :* annonce, avant-coureur, avant-goût, commencement, lever.

PRÉLUDER ■ Annoncer, commencer, essayer, s'exercer, improviser, se préparer.

PRÉMATURÉ, E ■ *I.* Anticipé, avancé, avant terme. *II.* Hâtif, précoce, rapide.

PRÉMÉDITATION ■ Arrière-pensée, calcul. ⇒ projet.

PRÉMÉDITÉ, E ■ ⇒ intentionnel.

PRÉMÉDITER ■ Calculer, étudier, méditer, préparer, projeter, réfléchir.

PRÉMICES ■ Avant-goût, commencement, début, genèse, origine, primeur, principe.

PREMIER, ÈRE ■ *I. Adj.* 1. *Au pr. :* antérieur, initial, liminaire, originaire, original, originel, préoriginal, prime, primitif, principe, prochain. 2. *Par ext. :* capital, dominant, en tête, indispensable, meilleur, nécessaire, prépondérant, primordial, principal, supérieur. *II. Nom.* 1. Aîné, ancêtre, auteur, initiateur, introducteur, inventeur, pionnier, premier-né, promoteur. 2. **Arg. scol. :** cacique, major.

PREMIÈREMENT ■ D'abord, avant tout, avant toute chose, en premier, en premier lieu, primo.

PRÉMISSE ■ Affirmation, axiome, commencement, hypothèse, proposition.

PRÉMONITION ■ ⇒ pressentiment.

PRÉMUNIR ■ Armer, avertir, garantir, munir, préserver, protéger, vacciner. *V. Pron. :* se garder, se garer, se précautionner, *et les formes pron. possibles des syn. de* PRÉMUNIR.

PRENANT, E ■ *Fig. :* attachant, captivant, charmant, émouvant, intéressant, passionnant, pathétique.

PRENDRE ■ *I. Au pr.* 1. Neutre : atteindre, attraper, étreindre, gripper (vx), saisir, tenir. 2. **Par ext. Non favorable :** accaparer, agripper, s'approprier, arracher, s'attribuer, aveindre (vx), confisquer, écumer, s'emparer de, empoigner, emporter, enlever, intercepter, mettre l'embargo sur, ôter, rafler, ramasser, ravir, récolter, retirer, soutirer. ⇒ voler. 3. **Arg. ou fam. :** choper, goinfrer, griffer, morfler, paumer, rabioter, ratiboiser, ratisser, souffler. *II. Prendre quelque chose de :* extraire, ôter, piocher, puiser, sortir, tirer. *III. Milit. :* capturer, coloniser, conquérir, enlever, envahir, forcer, occuper, réduire. *IV. On prend quelqu'un.* 1. *Au pr. :* appréhender, arrêter, s'assurer de, attraper, avoir, capturer, ceinturer, colleter, crocher, cueillir, s'emparer de, piéger, mettre la main au collet/dessus, se saisir de, surprendre. 2. **Arg. ou fam. :** accrocher, agrafer, alpaguer, anschlusser, argougner, choper, coincer, cravater, crocheter, cueillir, embarquer, embusquer, faire harponner, piger, pincer, piper, piquer, poisser. 3. *Par ext. :* amadouer, apprivoiser, entortiller, persuader, séduire. *V. On prend une nourriture, un remède :* absorber, avaler,

boire, consommer, *et les syn. de*
ABSORBER. *VI.* ⇒ choisir. *VII.* ⇒
vêtir. *VIII.* ⇒ contracter. *IX.* ⇒ percevoir. *X.* ⇒ geler. *XI.* ⇒ regarder. *XII.*
⇒ occuper. *XIII. Loc.* 1. Prendre bien :
s'accommoder. 2. Prendre mal : se
fâcher, interpréter de travers. 3.
Prendre à tâche ⇒ entreprendre. 4.
Prendre langue : s'aboucher. ⇒ parler.
5. Prendre part ⇒ participer. 6. Prendre
sur soi : se dominer. ⇒ charger (se).
7. Prendre pour un autre : confondre,
croire, se méprendre, regarder
comme, se tromper. 8. Prendre pour
aide : s'adjoindre, s'associer, s'attacher,
embaucher, employer, engager, retenir. 9. Prendre une direction : s'embarquer, emprunter, s'engager. 10.
Prendre un air : adopter, affecter, se
donner, se mettre à avoir, pratiquer.
11. Prendre un emploi : embrasser,
entrer dans.

PRENDRE À (SE) ■ Se mettre à. ⇒
commencer.

PRENEUR, EUSE ■ n. et adj. Acheteur, acquéreur, cheptelier, fermier,
locataire.

PRÉNOM ■ Nom de baptême, petit
nom.

PRÉNUPTIAL, E ■ Anténuptial.

PRÉOCCUPATION ■ Agitation,
angoisse, cassement de tête, difficulté,
ennui, inquiétude, obsession, occupation, peine, soin, sollicitude, souci,
tourment, tracas.

PRÉOCCUPÉ, E ■ Absorbé, abstrait,
anxieux, attentif, distrait, inquiet,
méditatif, occupé, pensif, songeur,
soucieux.

PRÉOCCUPER ■ Absorber, agiter,
attacher, chiffonner, donner du souci
et les syn. de SOUCI, ennuyer, hanter,
inquiéter, obséder, tourmenter, tracasser, travailler, trotter dans la tête.
V. pron. : considérer, s'inquiéter de,
s'intéresser à, s'occuper de, penser à,
se soucier de.

PRÉPARATIF ■ Appareil (vx), apprêt,
arrangement, branle-bas, dispositif,
disposition, mesure, précaution, préparation.

PRÉPARATION ■ *I. De quelque
chose :* apprêt, assaisonnement, composition, confection, façon. *II. Par
ext. :* acheminement, arrangement,
art, calcul, ébauche, esquisse, étude,
introduction, organisation, plan,
préméditation, projet. *III.* ⇒ transition.
IV. De quelqu'un : apprentissage,
éducation, formation, instruction,
stage.

PRÉPARATOIRE ■ ⇒ préalable.

PRÉPARER ■ *I. Préparer quelque
chose.* 1. Au pr. : accommoder, apprêter, arranger, disposer, dresser, mettre,
organiser. 2. Cuisine : assaisonner, barder, brider, cuire, cuisiner, farcir, fricoter, mijoter, mitonner, parer,
plumer, truffer, vider. 3. La terre :
amender, ameublir, bêcher, cultiver, déchaumer, défricher, façonner, fumer, herser, labourer, rouler.
II. Fig. 1. Favorable ou neutre : aplanir, calculer, combiner, concerter, concevoir, déblayer, ébaucher, échafauder, élaborer, étudier, faciliter, former,
frayer, goupiller (fam.), mâcher (fam.),
méditer, ménager, munir, nourrir,
organiser, prédisposer, projeter. 2. Non
favorable : conspirer, couver, machiner, monter, nouer, ourdir, préméditer, tramer. 3. Un examen : bachoter
(péj.), chiader, piocher, potasser, travailler. 4. Quelque chose prépare
quelque chose : annoncer, faciliter,
présager, produire, provoquer, rendre
possible. 5. On prépare quelque chose
pour quelqu'un : destiner, réserver.
6. On prépare un effet : amener, ménager, mettre en scène. 7. Préparer
quelqu'un : aguerrir, débourrer, éduquer, entraîner, former, instruire,
rendre capable de/prêt à. *III.
V. pron. :* 1. Quelqu'un : s'apprêter, se
cuirasser, se disposer, se mettre en
demeure/en état/en mesure de. 2.
Faire sa toilette, s'habiller, se parer.

3. Quelque chose : Être imminent, menacer. **4.** *Les formes pron. possibles des syn. de* PRÉPARER.

PRÉPONDÉRANCE ▪ Autorité, domination, hégémonie, maîtrise, pouvoir, prédominance, prééminence, prépotence, préséance, primauté, supériorité, suprématie.

PRÉPONDÉRANT, E ▪ Dirigeant, dominant, influent, maître, prédominant, prééminent, premier, supérieur.

PRÉPOSÉ, E ▪ n. et adj. ⇒ **employé.**

PRÉPOSER ▪ Charger, commettre, confier, constituer, déléguer, employer, installer, mettre à la tête de/en fonctions.

PRÉPOTENCE ▪ Pouvoir absolu, puissance. ⇒ **prépondérance.**

PRÉROGATIVE ▪ Attribut, attribution, avantage, don, droit, faculté, honneur, juridiction, pouvoir, préséance, privilège.

PRÈS ▪ *I. Adv. :* à côté, adjacent, à deux pas, à petite distance, à proximité, attenant, aux abords, avoisinant, contigu, contre, en contact, limitrophe, mitoyen, proche, touchant, voisin. *II. Loc. adv.* **De près :** à bout portant, à brûle-pourpoint, à ras, avec soin, bord à ,bord. *III. Loc. prép.* **Près de.** 1. Aux abords de, au bord de, à côté de, à deux doigts/pas de, auprès de, autour de, avec, contre, joignant, jouxte, proche de, voisin de. 2. Sur le point de. *IV. Loc.* 1. **À peu près :** approximativement, approchant, assez, bien, comme qui dirait (fam.), dans les, environ, pas tout à fait, presque. 2. **À peu de chose(s) près :** à un cheveu, presque. 3. **À cela près :** ⇒ **excepté,** mis à part, sauf.

PRÉSAGE ▪ Annonce, augure, auspices, avant-coureur, avant-goût, avertissement, avis, conjecture, marque, menace, porte-bonheur/malheur, prédiction, préfiguration, prélude,

prémonition, prodrome, promesse, pronostic, prophétie, signe, symptôme.

PRÉSAGER ▪ *I. Quelque chose ou quelqu'un présage :* annoncer, augurer, avertir, marquer, menacer, porter bonheur/malheur, préfigurer, préluder, promettre. *II. Quelqu'un présage :* conjecturer, flairer, prédire, préjuger, pressentir, présumer, prévoir, pronostiquer, prophétiser.

PRESBYTÈRE ▪ Cure, maison curiale.

PRESCIENCE ▪ ⇒ **prévision.**

PRESCRIPTION ▪ *I. Jurid. :* invalidation, invalidité, nullité, péremption, usucapion. *II.* Arrêté, commandement, décision, décret, disposition, édit, indication, indiction, instruction, ordonnance, ordre, précepte, promulgation, recommandation, règle.

PRESCRIRE ▪ Arrêter, commander, décider, décréter, dicter, disposer, donner ordre, édicter, enjoindre, fixer, imposer, indiquer, infliger, ordonner, réclamer, recommander, requérir, vouloir.

PRÉSÉANCE ▪ Pas. ⇒ **prérogative.**

PRÉSENCE ▪ *I. Au pr.* 1. Essence, existence. 2. Assiduité, régularité. 3. Assistance. *II. Loc.* **En présence de :** à la/en face de, devant, par-devant (vx), vis-à-vis de.

PRÉSENT ▪ n. *I.* ⇒ **don.** *II.* Actualité, réalité.

PRÉSENT (À) ▪ loc. ⇒ **présentement.**

PRÉSENT, E ▪ adj. Contemporain, courant, existant, immédiat, moderne. ⇒ **actuel.**

PRÉSENTABLE ▪ Acceptable, convenable, digne, sortable (fam.).

PRÉSENTATEUR, TRICE ▪ ⇒ **animateur.**

PRÉSENTATION ▪ *I.* ⇒ **exposition.** *II.* ⇒ **préface.**

PRÉSENTEMENT ▪ Actuellement, à

présent, aujourd'hui, de nos jours, de notre temps, d'ores et déjà, en ce moment, maintenant.

PRÉSENTER ■ *I. V. intr.* Loc. *Présenter bien/mal :* avoir l'air, marquer *II. V. tr.* 1. **On présente quelqu'un :** faire admettre / agréer/connaître, introduire. 2. **On présente quelque chose :** aligner, amener, arranger, avancer, dessiner, diriger, disposer, exhiber, exposer, faire voir, fournir, mettre en avant/en devanture/en évidence/en valeur, montrer, offrir, produire, proposer, servir, soumettre, tendre, tourner vers. *III. V. pronon. :* 1. **Au pr. :** arriver, comparaître, se faire connaître, paraître. 2. **Se présenter à un examen :** passer, subir. 3. **À une candidature :** se porter. 4. **Une chose se présente :** apparaître, s'offrir, survenir, tomber, traverser, *et les formes pron. possibles des syn. de* PRÉSENTER.

PRÉSERVATIF ■ *I.* Capote (anglaise), condom, contraceptif, diaphragme, gelée, pessaire, pilule, pommade (contraceptive), stérilet. Fam. : burnous, chapeau, laine, manteau, précaution, etc. *II.* ⇒ **remède.**

PRÉSERVATION ■ Abri, conservation, défense, épargne, garantie, garde, maintien, protection, sauvegarde.

PRÉSERVER ■ Abriter, assurer, conserver, défendre, épargner, éviter, exempter, garantir, garder, garer, maintenir, parer, prémunir, protéger, sauvegarder, sauver, soustraire.

PRÉSIDENCE ■ Autorité, conduite, conseil, direction, gestion, magistrature suprême, tutelle.

PRÉSIDENT, E ■ Chef, conseiller, directeur, magistrat, tuteur.

PRÉSIDER ■ v. intr. et tr. Conduire, diriger, gérer, occuper la place d'honneur/le premier rang, régler, siéger, veiller à.

PRÉSOMPTION ■ *I.* ⇒ **orgueil.** *II.* Attente, conjecture, hypothèse, jugement, opinion, préjugé, pressentiment, prévision, supposition. *III.* Charge, indice.

PRÉSOMPTUEUX, EUSE ■ Ambitieux, arrogant, audacieux, avantageux, content de soi, fat, fier, hardi, imprudent, impudent, infatué, irréfléchi, optimiste, orgueilleux, outrecuidant, prétentieux, suffisant, superbe, téméraire, vain, vaniteux, vantard. Fam. : péteux, ramenard.

PRESQUE ■ À demi, à peu près, approximativement, comme, environ, peu s'en faut, quasi, quasiment.

PRESQU'ÎLE ■ Péninsule.

PRESSANT, E ■ *I.* Ardent, chaleureux, chaud, contraignant, excitant, impératif, impérieux, important, insistant, instant, nécessaire, pressé, puissant, rapide, suppliant, tourmentant, urgent.

PRESSE ■ *I.* Affluence, concours, foule, multitude. *II.* Calandre, fouloir, laminoir, pressoir, vis. *III.* ⇒ **journal.** *IV.* Empressement, hâte.

PRESSÉ, E ■ *I.* ⇒ **pressant.** *II.* ⇒ **court.** *III.* Alerte, diligent, empressé, impatient, prompt, rapide, vif.

PRESSENTIMENT ■ *I. Non favorable :* appréhension, crainte, prémonition, signe avant-coureur/prémonitoire. *II. Favorable ou neutre :* avant-goût, avertissement, divination, espérance, espoir, idée, impression, intuition, présage, présomption, sentiment.

PRESSENTIR ■ *I. Non favorable :* appréhender, s'attendre à, craindre, se douter de, flairer, soupçonner, subodorer. *II. Favorable ou neutre.* 1. *Au pr. :* augurer, deviner, entrevoir, espérer, pénétrer, prévoir, repérer, sentir. 2. Loc. *Laisser pressentir :* annoncer, présager. 3. **Par ext.** *Pressentir quelqu'un :* contacter, interroger, sonder, tâter, toucher.

PRESSER ■ *I. Au pr.* 1. Appliquer,

appuyer, broyer, compresser, comprimer, damer, écraser, embrasser, entasser, épreindre (vx), esquicher, étreindre, exprimer, fouler, froisser, oppresser, peser, plomber, pressurer, resserrer, serrer, taller, tasser. **2. La main, le bras** : caresser, masser, pétrir, pincer, serrer, toucher. **II. Fig. 1. Presser quelqu'un** : accabler, aiguillonner, assaillir, assiéger, attaquer, bousculer, brusquer, conseiller, contraindre, engager, exciter, faire pression/violence, harceler, hâter, inciter, insister auprès, inviter, obliger, persécuter, poursuivre, pousser, talonner, tourmenter. **2. Presser une affaire** : accélérer, activer, chauffer, dépêcher, forcer, précipiter. **III. V. intr.** : urger (fam.). **IV. V. pron.** : **1.** Se blottir, s'embrasser. **2.** Aller vite, courir, se dépêcher. **3.** *Les formes pron. possibles des syn. de* PRESSER.

PRESSING ■ ⇒ teinturerie.

PRESSION ■ **I. Au pr.** : compression, constriction, effort, force, impression (vx), impulsion, poussée. **II. Par ext. 1.** Attouchement, caresse, étreinte, serrement. **2.** Action, chantage, contrainte, empire, influence, intimidation, menace.

PRESSOIR ■ **I. Au pr.** : fouloir, maillotin, moulin à huile. **II. Par ext.** : cave, cellier, hangar, toit. **III. Fig.** : exploitation, oppression, pressurage.

PRESSURER ■ **I. Au pr.** ⇒ presser. **II. Fig.** : écraser, épuiser, exploiter, faire cracher/suer, imposer, maltraiter, opprimer, saigner.

PRESTANCE ■ Air, allure, aspect, contenance, démarche, maintien, manières, mine, physique, port, taille, tournure.

PRESTATAIRE ■ ⇒ contribuable.

PRESTATION ■ **I.** Aide, allocation, apport, charge, fourniture, imposition, impôt, indemnité, obligation, prêt, redevance. **II.** Cérémonie, formalité.

PRESTE ■ Adroit, agile, aisé, alerte, diligent, dispos, éveillé, habile, léger, leste, prompt, rapide, vif.

PRESTESSE ■ Adresse, agilité, aisance, alacrité, diligence, habileté, légèreté, promptitude, rapidité, vitesse, vivacité.

PRESTIDIGITATEUR, TRICE ■ Acrobate, artiste, escamoteur, illusionniste, jongleur, magicien, manipulateur, truqueur.

PRESTIDIGITATION ■ Escamotage, illusion, jonglerie, magie, passe-passe, tour, truc, truquage.

PRESTIGE ■ **I.** ⇒ magie. **II.** ⇒ illusion. **III.** ⇒ influence. **IV.** ⇒ lustre.

PRESTIGIEUX, EUSE ■ Admirable, éblouissant, étonnant, extraordinaire, fascinant, formidable, glorieux, honoré, magique, merveilleux, miraculeux, prodigieux, renommé, renversant.

PRESTO ■ À toute allure/biture (fam.)/vitesse, à fond de train (fam.), illico, prestement, rapidement, vite.

PRÉSUMÉ, E ■ Hypothétique, présomptif, supposé.

PRÉSUMER ■ Augurer, attendre, s'attendre à, conjecturer, préjuger, présager, pressentir, présupposer, prétendre, prévoir, soupçonner, supposer.

PRÉSUPPOSER ■ ⇒ supposer.

PRÊT ■ **I. Au pr.** : aide, avance, bourse, crédit, dépannage, emprunt, facilité, prime, subvention. **II. Milit.** : paie, solde, traitement.

PRÊT, E ■ ⇒ mûr.

PRÉTENDANT, E ■ n. et adj. **I.** Aspirant, candidat, impétrant, postulant, solliciteur. **II.** Amant, amateur, amoureux, courtisan, épouseur, fiancé, futur (pop.), poursuivant, prétendu (vx), promis, soupirant.

PRÉTENDRE ■ **I.** Affirmer, alléguer, avancer, déclarer, dire, garantir, présumer, soutenir. **II.** Demander, entendre, exiger, réclamer, revendiquer, vouloir. **III.** Ambitionner, aspirer à, se flatter de, lorgner, tendre à/vers, viser à.

PRÉTENDU, E ■ I. Apparent, faux, soi-disant, supposé. **II. Vx ⇒ fiancé.**

PRÊTE-NOM ■ Homme de paille (péj.), intermédiaire, mandataire, représentant, taxi (péj.).

PRÉTENTIEUX, EUSE ■ I. ⇒ orgueilleux. II. ⇒ présomptueux.

PRÉTENTION ■ I. Favorable ou neutre. 1. Condition, exigence, revendication. **2.** Ambition, désir, dessein, espérance, visée. **II. Non favorable :** affectation, apprêt, arrogance, bouffissure, crânerie, embarras, emphase, fatuité, forfanterie, orgueil, pédantisme, pose, présomption, vanité, vantardise, vanterie.

PRÊTER ■ I. Au pr. : allouer, avancer, fournir, mettre à la disposition, octroyer, procurer. **II. Par ext. :** attribuer, donner, imputer, proposer, supposer.

PRÊTER (SE) ■ I. On se prête à ⇒ consentir **II.** Quelque chose se prête à ⇒ **correspondre.**

PRÉTÉRIT ■ I. Au pr. : passé. **II. Par ext. :** aoriste, imparfait, parfait.

PRÉTÉRITION ■ I. Omission, oubli. **II. Rhétor. :** paralipse, prétermission.

PRÊTEUR, EUSE ■ n. et adj. Actionnaire, bailleur, banquier, capitaliste, commanditaire. ⇒ **usurier.**

PRÉTEXTE ■ Allégation, apparence, argument, cause, couleur, couvert, couverture, échappatoire, excuse, faux-fuyant, faux-semblant, lieu, manteau, matière, mot, ombre, raison, refuite, semblant, subterfuge, supposition, voile.

PRÉTEXTER ■ Alléguer, arguer de, s'autoriser de, exciper de, avancer, élever une objection, faire croire, invoquer, mettre en avant, objecter, opposer, prendre pour prétexte *et les syn. de* PRÉTEXTE, simuler, supposer.

PRÉTOIRE ■ Aréopage, cour, parquet, salle d'audience, tribunal.

PRÊTRE ■ I. Au pr. : clerc, desservant, ecclésiastique, ministre du culte, pontife. **II. Christianisme. 1.** Abbé, archiprêtre, aumônier, chanoine, chapelain, coadjuteur, confesseur, curé, directeur de conscience, doyen, ecclésiastique, ministre, padre, papas, pasteur, pénitencier, père, pléban, plébain, pope, révérend, vicaire. **2. Péj. :** capelan, curaillon, cureton, corbeau, prédicant, prestolet, ratichon, sermonnaire. **III. Judaïsme :** lévite, ministre, rabbin. **IV. Islam. Par ext. :** ayatollah, iman, mahdi, mollah, muezzin, mufti. **V. Religions d'Asie :** bonze, brahmane, lama, mahatma, pandit, talapoin. **VI. Religions de l'Antiquité :** aruspice, augure, barde, corybante, curète, druide, épulon, eubage, fécial, flamine, galle, hiérogrammate, hiérophante, luperque, mage, mystagogue, ovate, pontife, quindecemvir, sacrificateur, salien, saronide, septemvir, victimaire. **VII. ⇒ chef.**

PRÊTRESSE ■ Bacchante, druidesse, pythie, pythonisse, vestale.

PRÊTRISE ■ État/ministère ecclésiastique/religieux, ordre, sacerdoce.

PREUVE ■ I. Affirmation, argument, confirmation, constatation, conviction, critère, critérium, démonstration, établissement, gage, illustration (vx), justification, motif, pierre de touche. **II.** Charge, corps du délit, document, empreinte, fait, indice, justificatif, marque, signe, témoignage, trace. **III.** Épreuve judiciaire, jugement de Dieu, ordalie, probation.

PREUX ■ adj. et n. Brave, courageux, vaillant, valeureux. ⇒ **chevalier.**

PRÉVALOIR ■ Avoir l'avantage, dominer, l'emporter, prédominer, primer, supplanter, surpasser, triompher. **V.**

pron. : 1. **Neutre ou favorable** : alléguer, faire valoir, tirer avantage/parti. 2. **Non favorable** : se draper dans, s'enorgueillir, faire grand bruit/grand cas de, se flatter, se glorifier, se targuer, tirer vanité, triompher.

PRÉVARICATEUR, TRICE ■ ⇒ profiteur.

PRÉVARICATION ■ *I.* ⇒ trahison. *II.* ⇒ malversation.

PRÉVARIQUER ■ ⇒ voler.

PRÉVENANCES ■ ⇒ égards.

PRÉVENANT, E ■ Affable, agréable, aimable, attentionné, avenant, complaisant, courtois, déférent, empressé, gentil, obligeant, poli, serviable.

PRÉVENIR ■ *I. Au pr.* 1. **Neutre** : détourner, devancer, empêcher, éviter, obvier à, parer, précéder, préserver. 2. **Non favorable** : indisposer, influencer. *II. Par ext.* : alerter, annoncer, avertir, aviser, crier casse-cou (fam.), dire, donner avis, faire savoir, informer, instruire, mettre au courant/au parfum (fam.)/en garde.

PRÉVENTIF, IVE ■ *I.* ⇒ prophylactique. *II.* ⇒ préservatif.

PRÉVENTION ■ *I.* Antipathie, défiance, grippe, parti pris. ⇒ préjugé. *II.* Arrestation, détention, emprisonnement, garde à vue. *III.* ⇒ prophylaxie.

PRÉVENU, E ■ adj. et n. Accusé, cité, inculpé, intimé (vx).

PRÉVISIBLE ■ ⇒ probable.

PRÉVISION ■ *I. L'action de prévoir :* anticipation, clairvoyance, connaissance, divination, prescience, pressentiment, prévoyance. *II. Ce qu'on prévoit.* 1. **Au pr.** : calcul, conjecture, croyance, hypothèse, probabilité, pronostic, supposition. 2. Budget, devis, étude, plan, projet. 3. **Par ext.** : attente, espérance, prédiction, présage, prophétie, vaticination (péj.).

PRÉVOIR ■ Anticiper, s'attendre à, augurer, calculer, conjecturer, décider, deviner, entrevoir, étudier, flairer, imaginer, organiser, penser à tout, percer l'avenir, prédire, préparer, présager, pressentir, pronostiquer, prophétiser, vaticiner (péj.).

PRÉVOYANCE ■ Attention, clairvoyance, diligence, perspicacité, précaution, prévention, prudence, sagesse.

PRÉVOYANT, E ■ Attentionné, avisé, clairvoyant, diligent, inspiré, perspicace, précautionneux, prudent, sage.

PRIER ■ *I. Au pr.* : adorer, s'adresser à, s'agenouiller, crier vers, invoquer. *II. Par ext.* 1. Adjurer, appeler, conjurer, demander, implorer, insister, presser, réclamer, requérir, solliciter, supplier. 2. Convier, inviter.

PRIÈRE ■ *I. Au pr.* : acte, cri, demande, déprécation, dévotion, éjaculation, élévation, intercession, invocation, litanie, méditation, mouvement de l'âme, neuvaine, obsécration, oraison, oraison jaculatoire, orémus, patenôtre. *II. Formes* : absoute, adoration, angélus, ave, bénédicité, bréviaire, canon, chapelet, complies, confiteor, credo, de profundis, doxologie, grâces, heures, libera, matines, mémento, messe, none, offertoire, oraison dominicale/jaculatoire, pater, préface, salut, salutation angélique, salve Regina, sexte, tierce, vêpres. *III. Par ext.* 1. Adjuration, appel, conjuration, imploration, instance, requête, supplication, supplique. 2. Invitation, sollicitation.

PRIEUR ■ Abbé, bénéficier, doyen, supérieur.

PRIEURÉ ■ Abbaye, bénéfice, cloître, couvent, doyenné, église, monastère, moutier.

PRIMAIRE ■ Élémentaire, premier, primitif. ⇒ simple.

PRIMAUTÉ ■ ⇒ supériorité.

PRIME ■ adj. ⇒ premier.

PRIME ■ n. *I.* ⇒ gratification. *II.* ⇒ récompense.

PRIMER ■ *I. V. intr. :* dominer, l'emporter, gagner sur, prévaloir. *II. V. tr.* ⇒ surpasser.

PRIMESAUTIER, ÈRE ■ ⇒ spontané.

PRIMEUR ■ *I. Au sing. :* commencement, étrenne, fraîcheur, nouveauté. *II. Au pl.* ⇒ prémices.

PRIMITIF, IVE ■ adj. et n. *I.* Ancien, archaïque, archéen. *II.* Brut, initial, originaire, original, originel, premier, primaire. *III.* Élémentaire, fruste, grossier, inculte, naïf, naturel, rudimentaire, rustique, rustre, simple.

PRIMORDIAL, E ■ *I.* Premier, primitif. *II.* Capital, essentiel, important, indispensable, initial, liminaire, nécessaire, obligatoire, premier. ⇒ principal.

PRINCE ■ *I. Au pr.* 1. Chef d'État, empereur, majesté, monarque, roi, souverain. 2. Altesse, archiduc, cardinal, dauphin, diadoque, évêque, grand d'Espagne, grand-duc, hospodar, infant, kronprinz, landgrave, maharadjah, margrave, monseigneur, Monsieur, rajah, rhingrave, sultan. *II. Par ext. :* maître, seigneur.

PRINCEPS ■ Original, premier.

PRINCESSE ■ Altesse, archiduchesse, dauphine, grande-duchesse, infante, Madame, Mademoiselle, rani, sultane.

PRINCIER, ÈRE ■ Fastueux, luxueux, somptueux.

PRINCIPAL, E ■ *I. Adj. :* capital, cardinal, central, décisif, dominant, élémentaire, essentiel, fondamental, grand, important, indispensable, maître, maîtresse, prédominant, prééminent, primordial, sérieux, vital, vrai. *II. Nom.* 1. Base, but, centre, chef, cheville, clé, clou, corps, fait, fonds, gros, point, quintessence, substance, tout, vif. 2. Directeur, proviseur, régent (vx).

PRINCIPALEMENT ■ Avant tout, par-

ticulièrement, singulièrement, surtout, tout d'abord.

PRINCIPE ■ *I. Au pr.* 1. Agent, âme, archétype, auteur, axe, cause, centre, commencement, créateur, début, départ, esprit, essence, facteur, ferment, fondement, idée, origine, pierre angulaire, raison, source. 2. Abc, axiome, base, convention, définition, doctrine, donnée, élément, hypothèse, postulat, prémisse, rudiment. *II. Par ext.* 1. Dogme, loi, maxime, norme, opinion, précepte, règle, système, théorie. 2. Catéchisme, morale, philosophie, religion.

PRINTANIER, ÈRE ■ Clair, frais, gai, jeune, neuf, nouveau, vernal, vif.

PRINTANISATION ■ Vernalisation.

PRINTEMPS ■ *I. Au pr. :* renouveau, *II. Fig.* ⇒ jeunesse.

PRIORITÉ ■ Antériorité, avantage, précellence, préemption, primauté, primeur, privilège.

PRIS, E ■ ⇒ occupé.

PRISABLE ■ Aimable, appréciable, estimable, respectable.

PRISE ■ *I. Au pr. :* butin, capture, conquête, proie. *II.* Coup de filet, enlèvement, occupation, rafle. *III.* Coagulation, durcissement, solidification. *IV. Loc.* 1. Prise de bec : dispute, querelle. 2. Prise de tabac : pincée. 3. Avoir prise : action, barre, emprise, moyen. 4. Être aux prises ⇒ lutter.

PRISÉE ■ ⇒ évaluation.

PRISER ■ *I.* Apprécier, donner du prix, estimer, faire cas. *II. Du tabac :* aspirer, humer, pétuner, prendre.

PRISME ■ *I.* Parallélépipède, polyèdre. *II.* Dispersion, réfraction, spectre.

PRISON ■ *I. Au pr. :* cellule, centrale, centre/établissement pénitentiaire, chambre de sûreté, chartre (vx), dépôt, fers, forteresse, geôle, maison d'arrêt/centrale/de correction/de force/de jus-

procédé

tice/pénitentiaire/de redressement, salle de police, pénitencier. ⇒ **cachot**. *II*. **Arg.** : bal, ballon, bigne, bing, bloc, boîte, cabane, cage, canton, carluche, centrouze, chtar, chtibe, clou, durs, gnouf, mitard, ombre, ours, placard, planque, ratière, taule, trou, violon. *III*. Ergastule, in-pace, latomie, plomb. *IV*. Détention, emprisonnement, liens (litt.), prévention, réclusion.

PRISONNIER, ÈRE ■ *I. Au pr.* : captif, détenu, interné. *II. Par ext.* : bagnard, déporté, esclave, otage, relégué, séquestré, transporté (vx). *III. Arg.* : taulard.

PRIVATION ■ *I. Au pr.* : absence, défaut, manque, perte, restriction, suppression, vide. *II. Par ext.* **1. Favorable ou neutre** : abstinence, ascétisme, continence, dépouillement, jeûne, macération, renoncement, sacrifice. **2. Non favorable** : besoin, gêne, indigence, insuffisance, misère, pauvreté.

PRIVAUTÉ ■ *I.* Familiarité, liberté, sans-gêne. *II.* ⇒ **Caresse**.

PRIVÉ, E ■ *I.* Individuel, intime, libre, particulier, personnel. *II. Loc.* À titre privé : incognito, officieux. *III. Vx* : apprivoisé, domestique. *IV.* Appauvri, déchu, démuni, dénué, dépossédé, dépouillé, dépourvu, déshérité, frustré, sevré.

PRIVER ■ *I. Quelqu'un de sa liberté* : asservir, assujettir, ôter. *II. Quelqu'un de quelque chose* : appauvrir, démunir, déposséder, dépouiller, déshériter, enlever, frustrer, ravir, sevrer, spolier, voler. *III. Par ext.* : empêcher, interdire. *IV. V. pron.* : s'abstenir, se faire faute de, renoncer à, *et les formes pron. possibles des syn. de* PRIVER.

PRIVILÈGE ■ Apanage, attribution, avantage, bénéfice, concession, droit, exclusivité, exemption, faveur, franchise, honneur, immunité, indult (relig.), monopole, passe-droit, pouvoir, préférence, prérogative.

PRIVILÉGIÉ, E ■ Avantagé, choisi, élu, favori, favorisé, fortuné, heureux, gâté, nanti, pourvu, préféré, riche.

PRIVILÉGIER ■ ⇒ **favoriser**.

PRIX ■ *I. Au pr.* **1.** Cherté, cotation, cote, cours, coût, estimation, évaluation, montant, taux, valeur. **2.** Coupe, couronne, diplôme, médaille, oscar, récompense. *II. Par ext.* : addition, bordereau, devis, étiquette, facture, mercuriale, tarif.

PROBABILITÉ ■ Apparence, chance, conjecture, perspective, plausibilité, possibilité, prévisibilité, prospective, vraisemblance.

PROBABLE ■ Apparent, plausible, possible, prévisible, vraisemblable.

PROBANT, E ■ Certain, concluant, convaincant, décisif, démonstratif, éloquent, entraînant, évident, indéniable, indiscutable, logique, péremptoire, sans réplique.

PROBATION ■ *I.* ⇒ **délai**. *II.* ⇒ **preuve**.

PROBE ■ Comme il faut, délicat, digne, droit, fidèle, honnête, incorruptible, intact, intègre, juste, loyal, moral, pur, respectable, vertueux.

PROBITÉ ■ Conscience, délicatesse, droiture, fidélité, honnêteté, incorruptibilité, intégrité, justice, loyauté, morale, prud'homie (vx), rectitude, vertu.

PROBLÉMATIQUE ■ Aléatoire, ambigu, chanceux (fam.), conjectural, difficile, douteux, équivoque, hypothétique, incertain, suspect.

PROBLÈME ■ Difficulté, question.

PROCÉDÉ ■ *I. Neutre* : allure, attitude, comportement, conduite, dispositif, façon, formule, manière, marche, martingale, méthode, moyen, pratique, procédure, recette, secret, style, truc. *II. Non favorable.* **1. Sing. ou pl.** : artifice, bric-à-brac, cliché, convention, ficelle. **2. Pl.** : agissements, errements.

PROCÉDER ■ *I. Au pr.* 1. Agir, se conduire. 2. Avancer, débuter, marcher, opérer. *II. Procéder de :* découler, dépendre, dériver, émaner, s'ensuivre, partir, provenir, tirer son origine, venir. *III. Procéder à :* célébrer, faire, réaliser.

PROCÉDURE ■ *I. Au pr. :* action, instance, instruction, poursuite, procès. *II. Par ext.* 1. Chicane, complication, querelle. 2. Paperasserie.

PROCÉDURIER, ÈRE ■ ⇒ processif.

PROCÈS ■ *I.* Affaire, audience, cas, cause, débats, litige, litispendance. ⇒ procédure. *II. Loc.* On fait le procès de : accuser, attaquer, condamner, critiquer, mettre en cause, vitupérer.

PROCESSIF, IVE ■ Chicaneur, chicanier, mauvais coucheur (fam.), procédurier.

PROCESSION ■ Cérémonie, cortège, défilé, file, marche, pardon, queue, suite, théorie, va-et-vient.

PROCESSUS ■ Développement, évolution, fonction, marche, mécanisme, procès, progrès, prolongement, suite.

PROCÈS-VERBAL ■ *I. Au pr. :* acte, compte rendu, constat, rapport, recès, relation. *II. Par ext. :* amende, contravention.

PROCHAIN ■ Autrui, les autres.

PROCHAIN, E ■ *I. Dans l'espace :* adjacent, à touche-touche, attenant, avoisinant, circonvoisin, contigu, environnant, joignant, jouxtant, limitrophe, proche, rapproché, touchant, voisin. *II. Dans le temps :* immédiat, imminent, proche, rapproché.

PROCHE ■ *I. Adj.* ⇒ prochain. *II.* ⇒ parent. *III. Adv. et péj.* ⇒ près.

PROCLAMATION ■ *I.* Avis, ban (vx), déclaration, décret, dénonciation, divulgation, édit, publication, rescrit. *II.* Appel, manifeste, profession de foi, programme.

PROCLAMER ■ Affirmer, annoncer, chanter (péj.), clamer, confesser, crier, déclarer, dénoncer, dévoiler, divulguer, ébruiter, énoncer, professer, prononcer, publier, reconnaître, révéler.

PROCRÉATEUR ■ ⇒ parent.

PROCRÉATION ■ Accouchement, enfantement, formation, génération, mise au jour/au monde, parturition, production, reproduction.

PROCRÉER ■ Accoucher, créer, donner le jour, enfanter, engendrer, former, mettre au jour/au monde, produire.

PROCURATEUR ■ Gouverneur, magistrat, proconsul.

PROCURATION ■ Mandat, pouvoir.

PROCURER ■ *I. Quelqu'un procure :* assurer, donner, envoyer, faire obtenir, fournir, livrer, ménager, moyenner (vx), munir, nantir, pourvoir, prêter, trouver. *II. Quelque chose procure :* attirer, causer, faire arriver, mériter, occasionner, offrir, produire, provoquer, valoir. *III. V. pron. :* acquérir, se concilier, conquérir, se ménager, obtenir, quérir, racoler, recruter, *et les formes pron. possibles des syn. de* PROCURER.

PROCUREUR ■ n. Accusateur public (vx), avocat général, magistrat, ministère public, substitut.

PROCUREUR, EUSE ■ adj. et n. (vx) Entremetteur, entremetteuse, intermédiaire. ⇒ proxénète.

PRODIGALITÉ ■ *I. Au pr. :* bonté, désintéressement, générosité, largesse, libéralité. *II. Par ext. :* abondance, dépense, dissipation, exagération, excès, gâchis, gaspillage, luxe, orgie, profusion, somptuosité, surabondance.

PRODIGE ■ *I. Quelque chose.* 1. Merveille, miracle, phénomène, signe. 2. Chef-d'œuvre. *II. Quelqu'un :* génie, phénomène, virtuose. ⇒ phénix.

PRODIGIEUX, EUSE ■ Admirable,

colossal, confondant, considérable, épatant, époustouflant, étonnant, extraordinaire, fabuleux, faramineux (fam.), génial, gigantesque, magique, merveilleux, miraculeux, mirobolant, monstre, monstrueux, phénoménal, prestigieux, renversant, surnaturel, surprenant.

PRODIGE ■ *I. Nom.* Non favorable : bourreau d'argent (fam.), dilapidateur, dissipateur, gaspilleur, mange-tout (vx), panier percé (fam.). *II. Adj.* 1. Favorable ou neutre : bon, charitable, désintéressé, généreux, large, libéral. 2. Non favorable : dépensier, désordonné. *III. Loc.* Prodigue en : abondant, fécond, fertile, prolixe.

PRODIGUER ■ *I. Non favorable :* consumer, dilapider, dissiper, gâcher, gaspiller, jeter à pleines mains. *II. Favorable ou neutre.* 1. Quelqu'un prodigue : accorder, dépenser, déployer, distribuer, donner, épancher, exposer, montrer, répandre, sacrifier, verser. 2. Quelque chose prodigue : abonder en, donner à profusion, regorger de. *III. V. pron. :* se consacrer, se dépenser, se dévouer, *et les formes pron. possibles des syn. de* PRODIGUER.

PRODROME ■ *I.* Avant-coureur, message, messager, signe, symptôme. ⇒ **préliminaire.** *II.* ⇒ **préface.**

PRODUCTEUR, TRICE ■ *I. Au pr. :* auteur, créateur, initiateur, inventeur. *II. Par ext. :* agriculteur, cultivateur, éleveur, fournisseur, industriel.

PRODUCTIF, IVE ■ Créateur, fécond, fertile, fructueux. ⇒ **profitable.**

PRODUCTION ■ *I. L'action de produire :* apparition, création, éclosion, enfantement, fabrication, génération, genèse, mise en chantier/en œuvre, venue. *II. Ce qui est produit.* 1. Écrit, film, œuvre, ouvrage, pièce. 2. Croît, fruit, produit, rendement, résultat. 3. Activité, besogne, ouvrage, travail. 4. Exhibition, performance, spectacle. 5. Dégagement, émission, formation.

PRODUCTIVITÉ ■ ⇒ **rendement.**

PRODUIRE ■ *I. Au pr.* 1. Un document : déposer, exhiber, exhumer, fournir, montrer, présenter. 2. Un argument : administrer, alléguer, apporter, invoquer, mettre en avant. 3. Un témoin : citer, faire venir, introduire. *II. Par ext.* 1. Quelqu'un ou quelque chose produit : amener, apporter, causer, composer, concevoir, confectionner, créer, cultiver, déterminer, donner le jour/naissance/la vie, élaborer, enfanter, engendrer, fabriquer, faire, faire fructifier/naître/venir, forger, manufacturer, obtenir, occasionner, préparer, provoquer, sortir, tirer de. 2. Quelque chose produit : abonder en, donner, fournir, fructifier, porter, rapporter, rendre. 3. Quelque chose produit sur quelqu'un : agir, exercer, frapper, marquer, provoquer. 4. Techn. : dégager, émettre, exhaler, former. *III. V. pron. :* 1. On se produit : apparaître, se donner en spectacle, s'exhiber, se mettre en avant/en vedette, se montrer, venir. 2. Quelque chose se produit : s'accomplir, advenir, arriver, avoir lieu, se dérouler, échoir, intervenir, s'offrir, s'opérer, se passer, se présenter, surgir, survenir, se tenir, tomber.

PRODUIT ■ *I. Au pr. :* bénéfice, croît, fruit, gain, production, profit, rapport, recette, récolte, rendement, rente, résultat, revenu, usufruit. *II. Par ext.* 1. Aliment, denrée, marchandise. 2. Clone, enfant, progéniture, race, rejeton. *III. Fig. :* conséquence, effet, résultante, résultat, suite.

PROÉMINENCE ■ Mamelon, saillie.

PROÉMINENT, E ■ Apparent, arrondi, ballonné, bossu, en avant, en relief, gonflé, gros, haut, protubérant, renflé, saillant, turgescent, turgide, vultueux.

PROFANATEUR, TRICE ■ ⇒ **vandale.**

PROFANATION ■ Abus, avilissement, blasphème, dégradation, irrespect,

irrévérence, outrage, pollution, sacrilège, vandalisme, viol, violation.

PROFANE ■ adj. et n. *I. Au pr. :*
laïc, mondain, temporel. *II. Par ext.* 1.
Neutre : étranger, ignorant, novice. 2.
Non favorable : béotien, bourgeois, philistin.

PROFANER ■ Avilir, dégrader, dépraver, polluer, salir, souiller, violer.

PROFÉRER ■ *I.* Articuler, déclarer,
dire, émettre, exprimer, jeter, pousser, prononcer. *II. Péj. :* blasphémer,
cracher, débagouler, éructer, exhaler,
vomir.

PROFESSER ■ *I.* ⇒ déclarer. *II.* ⇒ pratiquer. *III.* ⇒ enseigner.

PROFESSEUR ■ ⇒ maître.

PROFESSION ■ *I.* Art, carrière,
charge, emploi, état, fonction, gagne-
pain, métier, occupation, parti (vx),
partie, qualité, situation, spécialité. *II.*
Affirmation, confession, credo, déclaration, manifeste. ⇒ **proclamation.**

PROFESSORAT ■ ⇒ enseignement.

PROFIL ■ *I. Au pr. :* contour, ligne,
linéament, modénature (arch.). *II. Par
ext.* 1. Aspect, silhouette. 2. Figure,
portrait, visage.

PROFILER ■ Caréner, découper, dessiner, projeter, représenter, tracer. *V.
pron. :* apparaître, se découper, se dessiner, paraître, se projeter, se silhouet-
ter.

PROFIT ■ *I.* Acquêt, aubaine, avantage, bénéfice, bien, butin, casuel,
émolument, enrichissement, faveur,
fruit, gain, intérêt, lucre (péj.), parti,
prébende, progrès, récolte, revenant-
bon, surplus, traitement, utilité. *II.*
Fam. : gâteau, gratte, pelote, resquille,
tour de bâton. *III. Loc.* **Au profit de :**
au bénéfice/en faveur/à l'intention/
dans l'intérêt/dans l'utilité de.

PROFITABLE ■ Assimilable, avantageux, bon, économique, efficace, enrichissant, fructueux, juteux (fam.),

lucratif, payant, productif, rémunérateur, rentable, sain, salutaire, utile.

PROFITER ■ *I. On profite de quelque
chose :* bénéficier de, exploiter, jouir
de, se servir de, spéculer sur, tirer
parti de, utiliser. *II. On profite en :*
s'accroître, apprendre, avancer,
croître, grandir, grossir, progresser,
prospérer. *III. Par ext.* ⇒ **rapporter.**

PROFITEUR, EUSE ■ Accapareur,
affameur, agioteur, exploiteur, fricoteur, maltôtier (vx), mercantile,
prébendier, prévaricateur, sangsue,
spéculateur, spoliateur, trafiquant,
traitant (vx), usurier.

PROFOND, E ■ *I. Au pr. :* bas, creux,
encaissé, enfoncé, grand, lointain. *II.
Par ext. :* caverneux, épais, grave, gros,
obscur, sépulcral. *III. Fig. :* abstrait,
abstrus, aigu, ardent, beau, calé (fam.),
complet, difficile, élevé, ésotérique,
essentiel, éthéré, extatique, extrême,
foncier, fort, grand, haut, immense,
impénétrable, intelligent, intense,
intérieur, intime, métaphysique, mystérieux, pénétrant, perspicace, puissant, savant, secret.

PROFONDEUR ■ *I. Au pr. :* dimension, distance, étendue, importance,
mesure. *II. Par ext. :* abysse, creux,
enfoncement, épaisseur, fond, hauteur, largeur, lointain, longueur, perspective. *III. Fig. :* abstraction, acuité,
ardeur, beauté, difficulté, élévation,
ésotérisme, extase, extrémité, force,
grandeur, hauteur, immensité, impénétrabilité, intelligence, intensité,
intériorité, intimité, mystère, pénétration, perspicacité, plénitude, puissance, science, secret.

PROFUS, E ■ ⇒ abondant.

PROFUSION ■ *I.* Abondance,
ampleur, débauche, débordement,
démesure, encombrement, étalage,
excès, festival, flot, foison, foisonnement, foule, largesse, libéralité, luxe,
luxuriance, masse, multiplicité, orgie,
prodigalité, pullulement, superflu,

superfluité, surabondance. *II. Loc.* À **profusion** : à foison, à gogo (fam.), en pagaille (fam.), à vomir (péj.).

PROGÉNITURE ■ Descendance, enfants, famille, fils, génération, géniture, héritier, petit, produit, race, rejeton.

PROGRAMME ■ *I. Au pr.* : affiche, annonce, ordre du jour, prospectus. *II.* Donnée, instruction, listage, listing, logiciel, multiprogrammation, processeur, progiciel. *III. Par ext.* : calendrier, dessein, emploi du temps, planification, planning, plate-forme, projet.

PROGRAMMER ■ Établir, lister. ⇒ **adapter.**

PROGRÈS ■ *I. Au pr.* : accroissement, aggravation (péj.), amélioration, amendement (vx), approfondissement, ascension, augmentation, avancement, cheminement, croissance, développement, essor, évolution, gain, marche, maturation, montée, mouvement, perfectionnement, procès, processus, progression, propagation. *II.* Civilisation, marche en avant, modernisme, technique.

PROGRESSER ■ *I. Au pr.* : aller, avancer, cheminer. ⇒ **marcher.** *II. Par ext.* : s'accroître, s'améliorer, s'amender, croître, se développer, s'étendre, être en/faire des progrès *et les syn. de* PROGRÈS, évoluer, gagner monter, mûrir, se perfectionner. *III. Péj.* : s'aggraver, empirer.

PROGRESSIF, IVE ■ Adapté, ascendant, calculé, croissant, graduel, modéré, modulé, normalisé, régulier, rythmé, tempéré.

PROGRESSION ■ Accroissement, acheminement, ascendance, ascension, augmentation, avance, courant, cours, croissance, développement, évolution, gradation, marche, mouvement, raison (math.), succession, suite. ⇒ **marche, progrès.**

PROGRESSISTE ■ À gauche, gauchiste, novateur, réformiste. ⇒ **socialiste.**

PROGRESSIVEMENT ■ Graduellement. ⇒ **peu à peu.**

PROGRESSIVITÉ ■ ⇒ **régulation.**

PROHIBÉ, E ■ Censuré, défendu, en contrebande, illégal, illicite, interdit, tabou.

PROHIBER ■ Censurer, condamner, défendre, empêcher, exclure, inhiber, interdire, proscrire.

PROHIBITIF, IVE ■ *I. Au pr.* : dirimant. *II. Par ext.* : abusif, arbitraire, exagéré, excessif.

PROHIBITION ■ Censure, condamnation, défense, inhibition, interdiction, interdit, proscription.

PROIE ■ *I. Au pr.* : butin, capture, dépouille, prise. *II. Par ext.* : esclave, jouet, pâture, victime.

PROJECTEUR ■ Phare, réflecteur, scialytique, spot, sunlight.

PROJECTILE ■ *Au pr.* : balle, bombe, boulet, cartouche, dragée (arg.), fusée, mitraille, obus, pruneau (arg.), roquette, torpille.

PROJECTION ■ *I.* ⇒ **jet.** *II.* ⇒ **représentation.**

PROJET ■ *I. Au pr.* : canevas, carton, dessin, devis, ébauche, esquisse, étude, maquette, plan, planning, programme, schéma, topo (fam.). *II. Par ext.* **1. Neutre** : but, calcul, conseil (vx), dessein, entreprise, idée, intention, pensée, résolution, spéculation, vue. **2. Non favorable** : combinaison, combine, complot, conspiration, machination, préméditation, utopie.

PROJETER ■ *I. Au pr.* : éjecter, envoyer, expulser, jeter, lancer. *II. Fig.* : cracher, vomir. *III.* Comploter, conspirer, ébaucher, esquisser, étudier, faire/former des projets *et les syn. de* PROJET, gamberger (arg.), médi-

ter, penser, préméditer, préparer, se proposer de, rouler dans sa tête, songer à, tirer des plans, tirer des plans sur la comète (fam.).

PROLAPSUS ■ Abaissement, chute, descente, distension, ptôse, relâchement.

PROLÉGOMÈNES ■ Introduction, préface, prémisses, principes, propositions.

PROLEPSE ■ Anticipation, objection, prénotion, réfutation.

PROLÉTAIRE ■ Indigent, ouvrier, pauvre, paysan, plébéien, salarié, travailleur.

PROLÉTARIAT ■ ⇒ peuple.

PROLIFÉRATION ■ ⇒ reproduction.

PROLIFÉRER ■ Apparaître, engendrer, envahir, foisonner, se multiplier, procréer, produire, pulluler, se reproduire.

PROLIFIQUE ■ Envahissant, fécond, fertile, foisonnant, générateur, productif, prolifère, reproducteur.

PROLIXE ■ Bavard, diffus, expansif, exubérant, long, loquace, oiseux, rasoir (fam.), verbeux.

PROLIXITÉ ■ Bavardage, diffusion, exubérance, faconde, longueur, loquacité.

PROLOGUE ■ *I.* ⇒ préface. *II.* ⇒ préliminaire. *III.* ⇒ prélude.

PROLONGATION ■ Allongement, augmentation, continuation, délai, prorogation, suite, sursis.

PROLONGEMENT ■ Accroissement, allongement, appendice, conséquence, continuation, développement, extension, rebondissement, suite.

PROLONGER ■ Accroître, allonger, augmenter, continuer, développer, étendre, éterniser, faire durer/traîner, poursuivre, pousser, proroger.

PROMENADE ■ *I. L'acte.* 1. Au pr. :

circuit, course, croisière, échappée, errance, excursion, flânerie, randonnée, tour, voyage. 2. Fam. : baguenaude, balade, déambulation, vadrouille, virée. 3. Méd. : Dromomanie. *II. Le lieu :* allée, avenue, boulevard, cours, galerie, jardin, mail, parc, promenoir.

PROMENER ■ *I.* ⇒ mener. *II.* ⇒ porter. *III.* ⇒ retarder. *IV.* ⇒ tromper. *V. v. pron. :* se balader (fam.), cheminer, circuler, déambuler, errer, flâner, marcher, musarder, prendre l'air, sortir, vadrouiller, voyager.

PROMENEUR, EUSE ■ Dromomane (fam.), flâneur, marcheur, passant.

PROMENOIR ■ Arcades, cloître, clos, déambulatoire, galerie, préau. ⇒ promenade.

PROMESSE ■ *I. Au pr.* 1. Neutre : assurance, déclaration, engagement, foi, protestation, serment, vœu. 2. Non favorable : serment d'ivrogne, surenchère. *II. Jurid. :* billet, contrat, convention, engagement, pollicitation, sous-seing privé. *III. Par ext.* 1. Fiançailles. 2. Annonce, espérance, signe, vent.

PROMETTEUR, EUSE ■ Aguichant, aguicheur, encourageant, engageant.

PROMETTRE ■ *I. Au pr. :* assurer, certifier, donner sa parole, s'engager, jurer, s'obliger. *II. Par ext.* 1. Affirmer, assurer, faire briller/espérer/miroiter. 2. Annoncer, laisser prévoir, prédire, présager, vouer.

PROMIS, E ■ Fiancé.

PROMISCUITÉ ■ Assemblage, confusion, familiarité, mélange, mitoyenneté, pêle-mêle, voisinage.

PROMONTOIRE ■ Avancée, belvédère, cap, éminence, falaise, hauteur, pointe, saillie.

PROMOTEUR, TRICE ■ Animateur, auteur, cause, centre, créateur, excitateur, initiateur, innovateur, inspirateur, instigateur, organisateur, pionnier, point de départ, protagoniste, réalisateur.

PROMOTION ■ *I. Au pr. :* accession, avancement, élévation, émancipation, mouvement, nomination. *II. Par ext. :* année, classe, cuvée (fam.).

PROMOUVOIR ■ *I.* Bombarder (fam.), élever, ériger, faire avancer, mettre en avant, nommer, porter, pousser. *II.* Animer, encourager, favoriser, provoquer, soutenir.

PROMPT, E ■ *I. Favorable ou neutre :* actif, adroit, agile, allègre, bref, court, diligent, empressé, fougueux, immédiat, impétueux, leste, pétulant, preste, rapide, soudain, vif. *II. Non favorable :* brusque, coléreux, emporté, expéditif, hâtif, impérieux, irascible, ombrageux, soupe au lait (fam.), susceptible, tride (équit.).

PROMPTEMENT ■ À fond de train (fam.), presto (fam.), vite, *et les adv. dérivés des syn. de* PROMPT.

PROMPTITUDE ■ Activité, agilité, célérité, dextérité, diligence, empressement, fougue, hâte, impétuosité, pétulance, prestesse, rapidité, vitesse, vivacité.

PROMULGUER ■ Décréter, divulguer, édicter, émettre, faire connaître/savoir, publier.

PRÔNE ■ Discours, enseignement, homélie, prêche. ⇒ **sermon.**

PRÔNER ■ Affirmer, assurer, célébrer, faire connaître, louer, prêcher, préconiser, proclamer, publier, vanter.

PRONOM ■ Démonstratif, indéfini, interrogatif, personnel, possessif, relatif, substitut.

PRONONCÉ, E ■ *I.* Accentué, accusé, marqué, souligné, visible. *II.* Arrêté, ferme, formel, irréversible, irrévocable, résolu.

PRONONCER ■ *I. Au pr. :* articuler,

dire, émettre, énoncer, exprimer, formuler, proférer. *II.* Affirmer, arrêter, déclarer, décréter, formuler, infliger, juger, ordonner, rendre. *III. De façon particulière.* 1. **Favorable ou neutre :** accentuer, appuyer, chuchoter, débiter, déclamer, détacher, détailler, dire recto tono, faire sentir/sonner, marquer, marteler, psalmodier, réciter, scander. 2. **Non favorable :** avaler ses mots, bafouiller, balbutier, bégayer, bléser, bredouiller, chuinter, escamoter ses mots, grasseyer, mâchonner, manger ses mots, nasiller, nasonner, zézayer, zozoter. *IV. V. pron. :* choisir, conclure à, se décider, se déterminer, se résoudre, *et les formes pron. possibles des syn. de* PRONONCER.

PRONONCIATION ■ *I. Favorable ou neutre :* accent, accentuation, articulation, débit, élocution, façon/manière de prononcer *et les syn. de* PRONONCER, iotacisme, lambdacisme, phrasé, prononcé, rhotacisme, sigmatisme. *II. Non favorable :* balbutiement, bégaiement, blésement, blésité, bredouillement, chuintement, grasseyement, lallation, nasillement, nasonnement, zézaiement.

PRONOSTIC ■ Annonce, apparence, conjecture, jugement, prédiction, présage, prévision, prophétie, signe.

PRONOSTIQUER ■ Annoncer, conjecturer, juger, prédire, présager, prévoir, prophétiser.

PRONUNCIAMIENTO ■ Coup d'État, manifeste, proclamation, putsch, rébellion, sédition.

PROPAGANDE ■ Battage (péj.), blabla (péj.), bourrage de crâne (péj.), campagne, croisade, endoctrinement, intoxication, matraquage, persuasion, propagation, prosélytisme, publicité, racolage, retape, tam-tam (fam.).

PROPAGANDISTE ■ ⇒ **propagateur.**

PROPAGATEUR, TRICE ■ Apôtre, divulgateur, doctrinaire, évangélisateur, missionnaire, propagandiste, prosélyte, rabatteur, révélateur.

PROPAGATION ■ *I. Neutre :* augmentation, communication, circulation, développement, diffusion, dissémination, effulgence, expansion, extension, marche, mise en mouvement, multiplication, progrès, progression, rayonnement, reproduction, vulgarisation. *II. Non favorable :* aggravation, contagion, contamination, épidémie, invasion, irradiation, transmission. *III.* Apostolat, propagande, prosélytisme.

PROPAGER ■ Colporter, communiquer, diffuser, disséminer, divulguer, enseigner, faire accepter/connaître/courir/savoir, multiplier, populariser, prêcher, prôner, publier, répandre, reproduire. *V. pron. :* s'accréditer, augmenter, circuler, courir, déferler, s'étendre, gagner, irradier, *et les formes pron. possibles des syn. de* PROPAGER.

PROPENSION ■ Disposition, inclination, naturel, penchant, pente, tempérament, tendance.

PROPHÈTE ■ Augure, devin, gourou, nabi, pythonisse, starets, vaticinateur, voyant.

PROPHÉTIE ■ Annonce, conjecture, divination, inspiration, oracle, prédiction, prévision, vaticination.

PROPHÉTIQUE ■ Annonciateur, avant-coureur, conjectural, divinateur, inspiré, préliminaire.

PROPHÉTISER ■ Annoncer, conjecturer, deviner, faire des oracles, prédire, prévoir, vaticiner.

PROPHYLACTIQUE ■ Antiseptique, assainissant, hygiénique, préservatif, préventif, protecteur.

PROPHYLAXIE ■ Antisepsie, asepsie, assainissement, hygiène, précaution, préservation, prévention, protection.

PROPICE ■ Amical, à-propos, beau, bénin, bien, bien disposé, bienfaisant, bienséant, bon, convenable, favorable, opportun, propitiatoire, propre, salutaire, utile.

PROPORTION ■ *I.* Accord, analogie, beauté, comparaison, convenance, correspondance, dimension, dose, équilibre, eurythmie, harmonie, justesse, mesure, modénature (arch.), pourcentage, rapport, régularité, symétrie. *II. Loc.* 1. À proportion de : à l'avenant/mesure/raison, proportionnellement, suivant. 2. **En proportion de** : au prorata, en comparaison, en raison, eu égard, relativement, selon, suivant.

PROPORTIONNÉ, E ■ *I. Quelqu'un :* assorti, beau, bien balancé/baraqué (fam.)/bâti/fait/fichu (fam.)/foutu (fam.)/moulé/pris/roulé (fam.)/taillé, convenable, en harmonie, équilibré, harmonieux, mesuré, pondéré, régulier. *II. Quelque chose :* au prorata, corrélatif, en rapport, logique, symétrique.

PROPORTIONNEL, ELLE ■ Au prorata, en rapport, relatif.

PROPORTIONNER ■ Accommoder, approprier, assortir, calculer, doser, établir, mélanger, mesurer, mettre en état, préparer, rapporter, répartir.

PROPOS ■ *I. Au pr. :* but, dessein, intention, pensée, résolution. *II. Par ext.* 1. Matière, objet, sujet, thème. 2. Badinage, badinerie, bagatelle, baliverne, balourdise, banalité, baratin (fam.), bavardage, bêtise, bla-bla-bla, blague, boniment, boutade, bruit, cajolerie, calembredaine, calomnie, chanson, cochonnerie, commentaire, commérage, conversation, discours, douceurs, enjôlerie, entretien, fadaise, faribole, gaillardise, galanterie, gaudriole, gauloiserie, grivoiserie, histoire, insanité, insinuation, médisance, obscénité, papotage, parole, phrase, polissonnerie, qu'en-dira-t-on, saleté, sottise, trait, turlutaine, vantardise, vanterie, vilenie. *III. Loc.* 1. **À propos de** : à l'occasion de, concernant, relatif à. **2. À tout propos** : à chaque instant, à tous les coups, à tout bout de champ. **3. Mal à propos** : à contretemps, de façon/manière inopportune/intempestive, hors de saison, sans raison/sujet. **4. Bien à propos** : à pic, à point, à point nommé, à temps, au poil (fam.), comme marée en carême, opportunément, pile. **5. Être à propos de/que** : bon, convenable, expédient, juste, opportun.

PROPOSER ■ Avancer, conseiller, faire une proposition *et les syn.* de PROPOSITION, mettre en avant, offrir, présenter, soumettre. *V. pron.* : 1. ⇒ **projeter.** 2. *Les formes pron. possibles des syn.* de PROPOSER.

PROPOSITION ■ *I. Au pr.* : marché, offre, ouverture, ultimatum (péj.). *II. Jurid.* : loi, motion, projet, résolution. *III. Par ext.* 1. Dessein, intention. 2. Conseil, initiative. *IV. Logique* : affirmation, allégation, aphorisme, assertion, axiome, conclusion, conversion, corollaire, démonstration, expression, hypothèse, jugement, lemme, maxime, négation, paradoxe, postulat, précepte, prémisse, principe, théorème, thèse.

PROPRE ■ *I. Adj.* 1. Adéquat, ad hoc, approprié, apte, bon, capable, congru, convenable, de nature à, étudié/fait pour, habile à, idoine, juste, prévu. 2. Distinctif, exclusif, individuel, intrinsèque, particulier, personnel, spécial, spécifique. 3. À la lettre, littéral, même, textuel. 4. Astiqué, blanc, blanchi, briqué (fam.), calamistré (fam.), clair, correct, débarbouillé, décent, décrassé, décrotté, élégant, entretenu, essuyé, frais, frotté, gratté, immaculé, lavé, lessivé, présentable, propret, pur, récuré, rincé, savonné, soigné, tenu. *II. Nom* : apanage, distinction, particularité, propriété, qualité, signe, spécificité.

PROPREMENT ■ À propos, bien, convenablement, correctement, en fait, exactement, pratiquement, précisément, soigneusement, stricto sensu, véritablement.

PROPRETÉ ■ *I. Au pr.* : clarté, décence, élégance, fraîcheur, netteté, pureté. *I. Par ext.* 1. Hygiène, soin, toilette. 2. Ménage, nettoyage, récurage.

PROPRIÉTAIRE ■ Actionnaire, bailleur, capitaliste, détenteur, hôte, locateur (vx), logeur, maître, possédant, possesseur, probloque (fam.), propio (fam.), titulaire, vautour (péj.).

PROPRIÉTÉ ■ *I. L'acte* : jouissance, possession, usage. *II. Au pr.* : avoir, bien, bien-fonds, capital, domaine, exploitation, fazenda, ferme, habitation, hacienda, héritage, immeuble, latifundium, maison, monopole, patrimoine, ranch, terre, titre. *III.* Attribut, caractère, essence, faculté, nature, particularité, pouvoir, puissance, qualité, vertu. *IV.* Adéquation, congruité, convenance, efficacité, exactitude, justesse, véridicité, vérité.

PROPULSER ■ *I.* ⇒ **jeter.** *II.* ⇒ **mouvoir.**

PROPULSION ■ Effort, élan, force, poussée.

PRORATA ■ Proportion, quote-part, quotité.

PROROGATION ■ Ajournement, délai, moratoire, prolongation, renouvellement, renvoi, sursis, suspension.

PROROGER ■ Accorder un délai/une prorogation *et les syn.* de PROROGATION, ajourner, atermoyer, faire durer/traîner, prolonger, remettre, renvoyer, repousser, retarder, suspendre.

PROSAÏQUE ■ Banal, bas, commun, grossier, matériel, ordinaire, simple, terre à terre, trivial, vulgaire.

PROSATEUR ■ ⇒ **écrivain.**

PROSCRIPTION ■ Bannissement, élimination, éviction, exil, expulsion, interdiction, interdit, ostracisme, répression.

PROSCRIRE ■ *I. Au pr. :* bannir, chasser, éliminer, éloigner, exiler, expulser, faire disparaître, frapper de proscription *et les syn. de* PROSCRIPTION, refouler, rejeter. *II. Par ext. :* abolir, censurer, condamner, défendre, frapper d'interdit, interdire, mettre à l'index, prohiber, rejeter.

PROSCRIT, E ■ ⇒ banni.

PROSÉLYTE ■ *I. Au pr. :* adepte, catéchumène, converti, initié, néophyte, nouveau venu. *II. Par ext. :* apôtre, disciple, fidèle, missionnaire, partisan, sectateur, zélateur.

PROSÉLYTISME ■ ⇒ zèle.

PROSODIE ■ Déclamation, mélodie, métrique, règles, versification.

PROSOPOPÉE ■ ⇒ discours.

PROSPECTER ■ Chercher, enquêter, étudier, examiner, parcourir, rechercher.

PROSPECTEUR, TRICE ■ ⇒ explorateur.

PROSPECTION ■ ⇒ recherche.

PROSPECTIVE ■ ⇒ futurologie.

PROSPECTUS ■ Affiche, annonce, avertissement, avis, brochure, dépliant, feuille, imprimé, papillon, programme, publicité, réclame, tract.

PROSPÈRE ■ Arrivé, beau, heureux, florissant, fortuné, nanti, pourvu, riche.

PROSPÉRER ■ Avancer, croître, se développer, s'enrichir, s'étendre, faire ses affaires/son beurre (fam.), fleurir, marcher, se multiplier, progresser, réussir.

PROSPÉRITÉ ■ *I.* Abondance, aisance, béatitude, bénédiction, bien-être, bonheur, chance, félicité, fortune, réussite, richesse, santé, succès, veine (fam.). *II.* Accroissement/augmenta-

tion des richesses, activité, développement, essor, pléthore, progrès.

PROSTERNATION ■ ⇒ révérence.

PROSTERNÉ, E ■ *I. Au pr. :* agenouillé, baissé, courbé, incliné. *II. Fig.* Contrit, modeste, pieux, repentant, soumis, suppliant. ⇒ servile.

PROSTERNER (SE) ■ *I.* S'agenouiller, s'allonger, se coucher, se courber, s'étendre, fléchir le genou, s'incliner, se jeter à terre. *II.* S'abaisser, adorer, s'aplatir, faire amende honorable, flagorner, s'humilier.

PROSTITUÉE ■ *I.* Belle-de-nuit, callgirl, cocotte, courtisane, créature, croqueuse, dégrafée, demi-mondaine, dictériade, femme/fille encartée/de joie/légère/de mauvaise vie/de mauvaises mœurs/publique/de rien/soumise, fleur de macadam/trottoir, geisha (partic.), hétaïre, horizontale, linge, marchande d'amour/d'illusion, moukère (partic.), pallage, péripatéticienne, professionnelle, racoleuse, respectueuse, ribaude, sirène. *II. Arg. et/ou péj. :* amazone, bagasse, bifteck, bordille, bourin, cagnasse, cateau, catiche, catin, cavette, chabraque, colis, conasse, coureuse, crevette, daufière, dérobeuse, dessous, doublarde, entôleuse, éponge, fillasse, frangine, gadou, gagneuse, galoupe, garce, gâtée, gaupe, gigolette, gironde, gonzesse, goton (vx), gouge, goyau, grue, langouste, langoustine, lard, leveuse, Louis, Louis XV, lutainpème, maquerelle, marcheuse, marmite, marmotte, ménesse, michetonneuse, morue, moulin, nana, paillasse, pavute, peau, persilleuse, pétasse, pierreuse, ponette, poniffe, poufiasse, poule, pouliche, prostipute, putain, putanette, putasse, pute, radasse, radeuse, régulière, rouchie, roulure, souris, tabouret, tapin, tapineuse, taxi, tocasse, traînée, tréteau, trimardeuse, tripasse, truqueuse, turbineuse, turf, turfeuse, volaille, wagon, etc.

PROSTITUER ■ *I.* Abaisser, avilir,

corrompre, débaucher, dégrader, déshonorer, dévoyer, galvauder, livrer, mettre à l'encan, vendre. *II. Arg. :* atteler, driver, maquer, maquereauter, mettre à la ⇒ **prostitution.** *III. V. pron. :* aller/être/venir à, faire la ⇒ **prostitution,** en démoudre/écraser/ faire/mouler, marcher, michetonner, putasser, tapiner, trimarder, truquailler, truquer, turbiner, etc.

PROSTITUTION ■ *Arg.* Abattage, asperges, asphalte, bisness, biss, bitume, commerce/métier/trafic de ses charmes/de son corps, macadam, moulin, pain de fesses/des Jules, proxénétisme, putainerie, putanat, putasserie, puterie, racolage, rade, retape, ruban, tapin, tapinage, traite (des blanches), trottoir, truc, turbin, turf, etc.

PROSTRATION ■ *I.* Abattement, accablement, anéantissement, dépression, effondrement, épuisement, faiblesse, hébétude, inactivité, langueur, léthargie. *II.* ⇒ **prosternation.**

PROSTRÉ, E ■ Abattu, accablé, anéanti, effondré, torpide.

PROTAGONISTE ■ Acteur, animateur, boute-en-train, initiateur, instigateur, interlocuteur, interprète, meneur, pionnier, promoteur.

PROTECTEUR, TRICE ■ *I. Nom :* 1. Aide, ange gardien, appui, asile, bienfaiteur, champion, chevalier servant, défenseur, gardien, mécène, patron, père, providence, soutien, support, tuteur. 2. ⇒ **proxénète.** *II. Adj.* 1. Favorable ⇒ **tutélaire.** 2. Non favorable : condescendant, dédaigneux.

PROTECTION ■ *I. L'action.* 1. Au pr. : aide, appui, assistance, conservation, couverture, défense, garantie, garde, sauvegarde, secours, soutien, support, tutelle. 2. *Relig. :* auspice, baraka, bénédiction, égide, invocation, patronage. 3. **Méd. :** immunisation, immunité, prophylaxie. 4. ⇒ **encouragement.** *II. Ce qui protège :* abri,

armure, asile, bardage, bastion, blindage, bouclier, boulevard, capuchon, carapace, cloche, clôture, couvercle, couverture, cuirasse, écran, enveloppe, fortifications, fourreau, gaine, gardecorps, garde-fou, glacis, grillage, grille, masque, ombre, paratonnerre, paravent, plastron, rempart, rideau, soutien, tablier.

PROTÉGÉ, E ■ Client, créature (péj.), favori, pistonné.

PROTÉGER ■ *I. Au pr. :* abriter, accompagner, aider, armer, assister, assurer, barder, blinder, convoyer, couvrir, cuirasser, défendre, escorter, flanquer, fortifier, garantir, munir, ombrager, parer, préserver, sauvegarder, veiller à. *II. Par ext. :* appuyer, encourager, favoriser, patronner, pistonner (fam.), recommander, soutenir. *III. V. pron. :* être en garde contre, se garer, se mettre à couvert, parer à, prendre garde à, *et les formes pron. possibles des syn. de* PROTÉGER.

PROTÉIFORME ■ ⇒ **changeant.**

PROTESTANT, E ■ n. et adj. *I.* Anabaptiste, anglican, baptiste, calviniste, conformiste, congrégationaliste, évangélique, évangéliste, fondamentaliste, luthérien, mennonite, méthodiste, mormon, piétiste, presbytérien, puritain, quaker, réformé. *II.* Ceux du dedans, cévenol, huguenot, momier, parpaillot, réfugié, religionnaire.

PROTESTANTISME ■ Église anglicane/baptiste/des saints du dernier jour/ évangélique / presbytérienne / réformée, luthéranisme, Réforme, *et les dérivés possibles en -isme des syn. de* PROTESTANT.

PROTESTATION ■ *I. Au pr. :* assurance, déclaration, démonstration, promesse, témoignage. *II. Par ext. :* appel, clameur, contre-pied, cri, criaillerie, critique, dénégation, désapprobation, murmure, objection, plainte, réclamation, refus, réprobation, vitupération. **Fam.** : coup de gueule, gueulement, rouscaille, rouspétance.

PROTESTER ■ *I. V. tr.* : affirmer, assurer, promettre. *II. V. intr.* : arguer, attaquer, clabauder, contester, criailler, crier après/contre, désapprouver, dire, s'élever contre, s'exclamer, se gendarmer, grogner, s'indigner, manifester, marmonner, marmotter, murmurer, objecter, s'opposer, se plaindre de, se rebeller, se rebiffer, réclamer, se récrier, récriminer, récuser, regimber, résister, ronchonner, tenir tête, vitupérer. **Fam.** : gueuler, râler, renauder, rouscailler, rouspéter, ruer dans les brancards.

PROTOCOLE ■ *I.* Accord, acte, concordat, convention, formulaire, procès-verbal, résolution, traité. *II.* Bienséance, cérémonial, cérémonies, convenances, décorum, étiquette, formes, ordonnance, préséance, règlement, règles, rite.

PROTOHISTOIRE ■ ⇒ préhistoire.

PROTOTYPE ■ Archétype, étalon, modèle, original, premier exemplaire, princeps, type.

PROTUBÉRANCE ■ *I. Au pr.* : apophyse, apostume, bosse, excroissance, gibbosité, saillie, tubérosité. *II. Par ext.* : élévation, éminence, mamelon, monticule, piton, tertre.

PROTUBÉRANT, E ■ ⇒ proéminent.

PROU ■ *I. Vx* : amplement, beaucoup, suffisamment. *II. Loc.* Peu ou prou : plus ou moins.

PROUESSE ■ *I.* Bravoure, vaillance. *II.* ⇒ exploit.

PROUVÉ, E ■ Avéré, confirmé, constaté, évident.

PROUVER ■ *I. Au pr.* On prouve quelque chose : démontrer, établir, faire apparaître/comprendre/croire/reconnaître/voir comme vrai, illustrer, justifier, montrer. *II. Par ext.* Quelque chose ou quelqu'un prouve quelque chose : affirmer, annoncer, attester, confirmer, corroborer, déceler, faire foi, faire/laisser voir, indiquer, manifester, marquer, révéler, témoigner.

PROVENANCE ■ Commencement, fondement, origine, principe, racine, source.

PROVENDE ■ ⇒ provision.

PROVENIR ■ Découler, dériver, descendre, émaner, être issu, naître, partir, procéder, remonter, résulter, sortir, tenir, tirer, venir.

PROVERBE ■ *I.* Adage, aphorisme, dicton, maxime, pensée, sentence. *II.* Saynète, scène, pièce.

PROVERBIAL, E ■ Connu, gnomique, sentencieux, traditionnel, typique, universel.

PROVIDENCE ■ *I.* Bonté, Ciel, Créateur, destin, Dieu, divinité, protecteur, secours. *II.* Aide, appui, protection, secours, support.

PROVIDENTIEL, ELLE ■ Bon, divin, heureux, opportun, protecteur, salutaire.

PROVINCE ■ Circonscription/division administrative/territoriale, État, généralité, gouvernement, marche, pays, région.

PROVISEUR ■ Directeur, principal, supérieur.

PROVISION ■ *I. Au pr.* 1. Amas, approvisionnement, avance, dépôt, encas, fourniture, munition (vx), réserve, réunion, stock. 2. Au pl. : Aliments, denrée, provende, ravitaillement, viatique, victuailles, vivres. *II. Par ext.* 1. **Jurid.** : acompte, allocation, avance, caution, dépôt, garantie. 2. Au pl. : commissions, courses.

PROVISOIRE ■ ⇒ passager.

PROVOCANT, E ■ *Au pr.* : agressif, batailleur, belliqueux, irritant, querelleur. *II. Par ext.* : 1. Agaçant, aguichant, coquet, effronté, excitant, hardi. **2.** ⇒ **obscène.**

PROVOCATEUR, TRICE ■ Agitateur, agresseur, excitateur, fauteur, meneur.

PROVOCATION ■ Agression, appel, attaque, défi, excitation, incitation, menace.

PROVOQUER ■ *I. Au pr.* On provoque quelqu'un à : amener, disposer, encourager, entraîner, exciter, inciter, instiguer, porter, pousser, préparer, solliciter. *II. Par ext.* **1. Non favorable :** agacer, aiguillonner, appeler, attaquer, braver, défier, harceler, irriter, narguer. **2. Un désir :** aguicher, allumer. *III.* Quelque chose ou quelqu'un provoque quelque chose : amener, animer, appeler, apporter, attirer, causer, créer, déchaîner, déclencher, donner lieu, enflammer, éveiller, exciter, faire naître/passer, favoriser, inspirer, occasionner, produire, promouvoir, soulever, susciter.

PROXÉNÈTE ■ *Arg. :* **Masc. :** barbe, barbeau, barbichon, barbillon, barbiquet, bizet, broche, daufier, dauphin, demi-sel, dos bleu, entremetteur, fiche, gig, gigolo, gigolpince, hareng, jules, julot, lanternier (vx), laquereaumuche, mac, maquereau, maquet, marle, marlou, marloupin, marloupiot, matz, mec, mecton, poiscaille, poisse, poisson, protecteur, proxo, sauret, souteneur, tôlier (vx). **Fém. :** abbesse, appareilleuse (vx), célestine, dame Claude, maca, macette, madame, maquerelle, marchande à la toilette (vx), matrone, pourvoyeuse, procureuse, sous/mac/maîtresse/maquerelle, tôlière, vieille.

PROXÉNÉTISME ■ *I.* Traite des blanches. *II. Arg. :* maquereautage, marloupinage, pain de fesses/des Jules, etc. ⇒ **prostitution.**

PROXIMITÉ ■ *I. Dans l'espace :* alentours, confins, contact, contiguïté, environs, mitoyenneté, voisinage. *II. Dans le temps :* approche, immi-

nence, rapprochement. *III. Par ext. :* degré, parenté. *IV. Loc. adv.* À proximité : auprès, aux alentours/environs, près de, proche.

PRUDE ■ *I. Neutre :* chaste, honnête, modeste, pudique. *II. Non favorable :* bégueule, chaisière, chameau/dragon de vertu, chipie, collet monté, cul bénit, oie blanche, pudibond, puritain, sainte-nitouche. ⇒ **hypocrite.**

PRUDENCE ■ *I. Au pr. :* attention, circonspection, discernement, doigté, lenteur, ménagement, politique, précaution, prévoyance, prud'homie (vx), réflexion, sagesse, vertu. *II. Par ext.* **1.** ⇒ **mystère. 2.** Cautèle, dissimulation, faux-semblant, machiavélisme, mystère.

PRUDENT, E ■ *I. Au pr. :* attentif, averti, avisé, calme, circonspect, défiant, discret, expérimenté, habile, inspiré, mesuré, modéré, précautionneux, prévoyant, prud'homme, réfléchi, réservé, sage, sérieux. *II. Par ext.* **Non favorable :** inconsistant, neutre, pusillanime, timoré. *III. Loc.* Il serait prudent : bon, de circonstance, sage.

PRUD'HOMIE ■ ⇒ **prudence.**

PRUD'HOMME ■ ⇒ **prudent.**

PRUNE ■ Agen, diaprée, rouge, ente, impériale, madeleine, mignonne, mirabelle, perdrigon, précoce de Tours, pruneau, prune de Monsieur, quetsche, reine-claude, sainte-catherine.

PRUNELLE ■ Œil, pupille, regard.

PRURIGO, PRURIT ■ *I. Au pr. :* chatouillement, démangeaison. ⇒ **picotement.** *II. Fig.* ⇒ **désir.**

PSALLETTE ■ ⇒ **manécanterie.**

PSALMODIE ■ Chant, plain-chant, psaume.

PSALMODIER ■ *I.* ⇒ **prononcer.** *II.* ⇒ **chanter.**

PSALMODIQUE ■ Monocorde, monotone, uniforme.

PSAUME ■ Antienne, cantique, chant sacré, complies, heures, laudes, matines, office, poème, vêpres, verset.

PSEUDO ■ ⇒ faux.

PSEUDONYME ■ Cryptonyme, hétéronyme, nom de guerre/de plume/de théâtre, surnom.

PSYCHÉ ■ Glace, miroir.

PSYCHIQUE ■ Intellectuel, mental, moral, psychologique, spirituel.

PSYCHOLOGIE ■ *I.* ⇒ pénétration. *II.* ⇒ caractère.

PSYCHOLOGIQUE ■ ⇒ psychique.

PSYCHOSE ■ Confusion mentale, délire, démence, folie, hallucination, manie, mélancolie, obsession, paranoïa, ramollissement cérébral, schizophrénie.

PUANT, E ■ *I. Au pr. :* dégoûtant, empesté, empuanti, fétide, hircin, infect, malodorant, méphitique, nauséabond, nidoreux, pestilentiel, punais. *II. Fig.* 1. Impudent, honteux. 2. ⇒ orgueilleux.

PUANTEUR ■ *I.* Empyreume, fétidité, infection, mauvaise odeur, odeur fétide/infecte/repoussante, pestilence, relent, remugle.

PUBÈRE ■ Adolescent, formé, nubile, pubescent, réglée.

PUBERTÉ ■ Adolescence, âge bête/ingrat, formation, nubilité, pubescence.

PUBESCENT, E ■ *I.* Duveté, duveteux, poilu, velu. *II.* ⇒ pubère.

PUBLIC ■ n. m. *I.* Assemblée, assistance, audience, auditeurs, auditoire, chambrée, foule, galerie, parterre, salle, spectateurs. *II. Loc.* En public ⇒ publiquement.

PUBLIC, IQUE ■ adj. *I. Un lieu :* banal, collectif, communal, communautaire, fréquenté, ouvert, populaire, vicinal. *II. Quelque chose :* affiché, annoncé, célèbre, colporté, commun, communiqué, dévoilé, divulgué, ébruité, évident, exposé, manifeste, national, notoire, officiel, ostensible, propagé, publié, reconnu, renommé, répandu, révélé, universel, vulgarisé. *III. Jurid. :* authentique. *IV. Loc.* Fille publique ⇒ prostituée.

PUBLICATION ■ *I.* Annonce, ban, dénonciation, divulgation, proclamation, promulgation. *II.* Apparition, édition, lancement, parution, reproduction, sortie. *III.* Collection, écrit, livraison, ouvrage.

PUBLICISTE ■ ⇒ journaliste.

PUBLICITÉ ■ Affichage, annonce, battage, boom (fam.), bourrage de crâne (péj.), bruit, intoxication, lancement, réclame, renommée, retentissement, slogan, tam-tam (fam.). ⇒ propagande.

PUBLIER ■ *I. Au pr. :* afficher, annoncer, battre le tambour (fam.), carillonner, célébrer, chanter, claironner (fam.), clamer, communiquer, crier sur les toits (fam.), déclarer, dénoncer, dire, divulguer, ébruiter, édicter, emboucher la trompette (fam.), émettre, étaler, exprimer, faire connaître, lancer, louer, manifester, mettre en pleine lumière, prêcher, préconiser, proclamer, promulguer, prôner, propager, rendre public, répandre, trompeter (fam.), vanter. ⇒ découvrir, révéler. *II. Par ext. :* écrire, éditer, faire, faire paraître, imprimer, sortir.

PUBLIQUEMENT ■ Au grand jour, devant tout le monde, en public, manifestement, notoirement, officiellement, ostensiblement, tout haut, universellement.

PUCEAU, PUCELLE ■ ⇒ vierge.

PUCELAGE ■ ⇒ virginité.

PUDEUR ■ *I. Au pr. :* bienséance, chasteté, décence, délicatesse, discrétion, honnêteté, modestie, pudicité, réserve, respect, retenue, sagesse. *II. Par ext.* : confusion, embarras, honte.

PUDIBOND, E ▪ *I.* Prude, timide. ⇒ **pudique.** *II.* ⇒ **hypocrite.**

PUDIBONDERIE ▪ ⇒ **hypocrisie.**

PUDICITÉ ▪ ⇒ **décence.**

PUDIQUE ▪ *I. Favorable* : chaste, décent, délicat, discret, honnête, modeste, réservé, retenu, sage. *II. Non favorable* : prude, pudibond, hypocrite.

PUER ▪ Empester, empuantir, exhaler/répandre une odeur désagréable/fétide/nauséabonde/répugnante, infecter, sentir mauvais/le fraîchin/le renfermé. ⇒ **sentir.**

PUÉRIL, E ▪ Enfantin, infantile, frivole, futile, mièvre, niais, vain.

PUÉRILITÉ ▪ Badinerie, baliverne, enfantillage, frivolité, futilité, mièvrerie, niaiserie, vanité.

PUGILAT ▪ *Au pr.* : boxe, catch, judo, lutte, pancrace. *II. Par ext.* : bagarre, peignée, rixe.

PUGILISTE ▪ Athlète, boxeur, catcheur, judoka, lutteur.

PUGNACE ▪ Accrocheur, agressif, bagarreur, combatif, lutteur, querelleur, vindicatif.

PUGNACITÉ ▪ ⇒ **agressivité.**

PUÎNÉ, E ▪ Cadet, junior.

PUIS ▪ *I.* Alors, après, ensuite. *II. Loc.* Et puis : au/du reste, d'ailleurs, de plus, en outre.

PUISARD ▪ Bétoire, égout, fosse, puits perdu.

PUISER ▪ *I. Au pr.* : baqueter, pomper, pucher, tirer. *II. Fig.* : emprunter, glaner. ⇒ **prendre.**

PUISQUE ▪ Attendu que, car, comme, dès l'instant où, dès lors que, du moment que, étant donné que, parce que, pour la raison que, vu que.

PUISSANCE ▪ *I. De quelque chose* : capacité, efficacité, énergie, faculté, force, intensité, possibilité, pouvoir. *II. De quelqu'un, physique* : vigueur, virilité. *III. Par ext.* 1. Autorité, bras séculier, dépendance, domination, droit, empire, grandeur, influence, loi, omnipotence, prépondérance, prépotence, souveraineté, toute-puissance. 2. Couronne, empire, État, nation, pays. 3. ⇒ **qualité.**

PUISSANT, E ▪ *I. Au pr.* : capable, considérable, efficace, énergique, fort, grand, haut, influent, intense, omnipotent, prépondérant, prépotent, redoutable, riche, souverain, tout-puissant. *II. Par ext.* 1. Éloquent, profond, violent. 2. Vigoureux, viril. 3. ⇒ **gros.** *III. Nom* ⇒ **personnalité.**

PUITS ▪ *I. Au pr.* : aven, bure, buse, cavité, citerne, excavation, fontaine, gouffre, oubliette, source, trou. *II. Loc.* Puits de science : abîme, mine.

PULL-OVER ▪ Chandail, débardeur, maillot, tricot.

PULLULEMENT ▪ ⇒ **multitude.**

PULLULER ▪ *I.* ⇒ **abonder.** *II.* ⇒ **multiplier (se).**

PULMONAIRE ▪ adj. et n. Phtisique. ⇒ **tuberculeux.**

PULPE ▪ Bouillie, chair, tourteau.

PULPEUX, EUSE ▪ ⇒ **moelleux.**

PULSATION ▪ ⇒ **battement.**

PULSION ▪ ⇒ **tendance.**

PULVÉRISATEUR ▪ Atomiseur, nébuliseur, poudreuse, spray, vaporisateur.

PULVÉRISATION ▪ *I. Au pr.* : atomisation, évaporation, sublimation, volatilisation. *II. Fig.* : anéantissement, désagrégation, destruction, éclatement, émiettement, éparpillement.

PULVÉRISER ■ *I. Au pr. :* broyer, désagréger, écraser, effriter, égruger, émier (vx), émietter, moudre, piler, porphyriser, réduire, triturer. *II. Par ext. :* atomiser, projeter, volatiliser. *III. Fig. :* anéantir, battre, bousiller (fam.), briser, détruire, écarbouiller (fam.), écrabouiller (fam.), mettre/réduire en bouillie/cendres/charpie/miettes/morceaux.

PUMA ■ Cougouar.

PUNAISE ■ Nèpe, pentatome.

PUNCH ■ Efficacité, énergie, force, riposte, vigueur, vitalité.

PUNIR ■ *I.* Battre, châtier, condamner, corriger, faire justice/payer, flétrir, frapper, infliger une peine/sanction, patafioler (mérid.), redresser, réprimer, sanctionner, sévir. *II. Arg.* 1. **Scol. :** coller, consigner, mettre en colle. 2. **Milit. :** ficher/foutre/mettre dedans/la paille au cul. 3. ⇒ **battre.**

PUNITION ■ *I. Au pr. :* châtiment, condamnation, correction, dam (vx), damnation, expiation, leçon, peine, pénalisation, pénalité, pénitence, répression, sanction. ⇒ **volée.** *II. Par ext. :* calamité, fléau. *III. Genres de punitions.* 1. Carcan, coup, échafaud, fouet, fustigation, garcette, gibet, knout, pilori, question (vx), schlague, supplice, torture. 2. Arrêt, emprisonnement, internement, prison. 3. Bonnet d'âne, cachot, coin, colle, consigne, devoir supplémentaire, fessée, gifle, lignes, martinet, pain sec, pensum, piquet, privation de dessert/de sortie, retenue. 4. Coup-franc, gage, penalty.

PUPILLE ■ *I.* Enfant, fils adoptif, orphelin. *II.* ⇒ **prunelle.**

PUR, E ■ *I. Au pr.* **Quelque chose :** absolu, affiné, blanc, complet, inaltéré, naturel, net, parfait, propre, purifié, simple. *II. Par ext.* 1. **Moral :** angélique, archangélique, authentique, beau, candide, chaste, continent, délicat, désintéressé, droit, franc, honnête, immaculé, impeccable, innocent, intact, intègre, lilial, pudique, sage, saint, vertueux, vierge, virginal. 2. **Un sentiment :** aérien, ailé, clair, éthéré, idéal, immatériel, limpide, platonique, séraphique. 3. **Un son :** argentin, clair, cristallin. 4. **Un langage :** châtié, correct, élégant. 5. Assaini, filtré, raffiné, rectifié, tamisé, transparent.

PURÉE ■ *I. Au pr. :* bouillie, coulis, estoufade, garbure. *II. Fig. :* débine, dèche, misère, mistoufle, mouise, mouscaille, panade, pauvreté.

PUREMENT ■ Exclusivement, seulement, simplement, uniquement.

PURETÉ ■ *I. Au pr. :* authenticité, blancheur, clarté, correction, fraîcheur, intégrité, limpidité, netteté, propreté. *II. Par ext. :* candeur, chasteté, continence, délicatesse, droiture, honnêteté, impeccabilité, ingénuité, innocence, perfection, pudeur, vertu, virginité. *III. Fig. :* calme, sérénité. *IV. Du style :* adéquation, correction, élégance, perpiscuité, propriété, purisme.

PURGATIF ■ ⇒ **purge.**

PURGATIF, IVE ■ Apéritif (vx), cathartique, dépuratif, drastique, évacuant, évacuatif, hydragogue, laxatif, minoratif.

PURGATION ■ ⇒ **purge.**

PURGATOIRE ■ Expiation, purification.

PURGE ■ *I. Au pr. :* aloès, armoise, calomel, casse, catharsis, citrate de magnésie, coloquinte, croton, eau-de-vie allemande, ellébore, épurge, euphorbe, globulaire, gratiole, jalap, laxatif, limonade purgative, médecine, médicinier, nerprun, purgatif, purgation, rhubarbe, ricin, scammonée, séné, sulfate de soude, sureau. *II. Par ext.* ⇒ **purification.**

PURGER ■ ⇒ **purifier.**

PURIFICATION ■ *I.* Ablution, affinage, assainissement, blanchissage, clarification, décantation, défécation, dépuration, désinfection, élimination, épuration, épurement, lessive, lustration, nettoyage, purge, raffinage. **II. Relig. :** baptême, chandeleur, présentation.

PURIFIER ■ Absterger, affiner, assainir, balayer, clarifier, débarrasser, décanter, déféquer, dégager, dégorger, dépurer, désinfecter, déterger, épurer, filtrer, fumiger, laver, lessiver, nettoyer, purger, raffiner, rectifier.

PURIN ■ ⇒ engrais, fumier.

PURISME ■ *I.* ⇒ pureté. *II.* Affectation, afféterie, pointillisme, préciosité, rigorisme.

PURITAIN, AINE ■ n. et adj. *I.* ⇒ protestant. *II.* Austère, chaste, étroit, intransigeant, janséniste, prude, pudibond, pur, rigoriste, sectaire.

PUROTIN ■ ⇒ pauvre.

PURPURIN, E ■ Garance, pourpre, pourprin. ⇒ rouge.

PUR-SANG ■ ⇒ cheval.

PURULENT, E ■ Chassieux, coulant, infecté, sanieux.

PUS ■ Boue, chassie, collection, ichor, sanie.

PUSILLANIME ■ Capon, couard, craintif, faible, froussard, lâche, peureux, pleutre, poltron, prudent, sanscœur, timide, timoré, trembleur, trouillard (fam.).

PUSILLANIMITÉ ■ ⇒ peur.

PUSTULE ■ Abcès, adénite, apostéme, apostume, bouton, bube, bubon, chancre, clou, confluence, dépôt, écrouelle (vx), élevure (vx), éruption, furoncle, grosseur, kyste, phlegmon, scrofule, tourniole, tumeur. ⇒ **boursouflure.**

PUTATIF, IVE ■ Estimé, présumé, supposé.

PUTE, PUTAIN ■ ⇒ prostituée.

PUTRÉFACTION ■ ⇒ pourriture.

PUTRÉFIABLE ■ ⇒ putrescible.

PUTRÉFIER (SE) ■ ⇒ pourrir.

PUTRESCIBLE ■ Corruptible, pourrissable, putréfiable.

PUTRIDE ■ Putrescent. ⇒ pourri.

PUTSCH ■ Coup d'État, coup de main, pronunciamiento, soulèvement.

PYGMÉE ■ *I. Au pr. :* négrille. *II. Par ext.* ⇒ nain.

PYLÔNE ■ ⇒ colonne.

PYRAMIDAL, E ■ *I.* ⇒ gigantesque. *II.* ⇒ extraordinaire.

PYRRHONISME ■ Doute, scepticisme.

PYTHAGORISME ■ Ascétisme, hermétisme, métempsychose, végétalisme.

PYTHON ■ *Par ext. :* anaconda, boa, eunecte. ⇒ serpent.

PYTHIE, PYTHONISSE ■ ⇒ devin.

q

QUADRAGÉNAIRE ■ n. et adj. Homme dans la force de l'âge/en pleine force/fait/mûr, quarantaine (fam.).

QUADRAGÉSIME ■ Carême.

QUADRANGLE, QUADRANGULAIRE ■ ⇒ quadrilatère.

QUADRATURE ■ *Loc.* **Quadrature du cercle** : contradiction, faux problème, gageure, impossibilité.

QUADRILATÈRE ■ Carré, losange, parallélogramme, quadrangle, quadrangulaire, rectangle, trapèze.

QUADRILLAGE ■ Carroyage. ⇒ **investissement.**

QUADRILLE ■ *I. Nom fém. :* carrousel, équipe, peloton, reprise, troupe. *II. Nom masc. :* branle, cancan, contredanse, cotillon, figure.

QUADRILLER ■ *I.* Carreler. *II.* ⇒ **investir.**

QUADRUPLER ■ *Par ext. :* accroître, augmenter, développer, donner de l'expansion/extension/importance, multiplier, mutiplier par quatre, valoriser.

QUAI ■ *I. Au pr. :* appontement, débarcadère, dock, embarcadère, levée, môle, wharf. *II. Par ext. :* plateforme, trottoir.

QUAKER, ERESSE ■ n. et adj. *Par ext. :* fanatique, protestant, puritain, rigoriste, sectataire.

QUALIFICATIF, IVE ■ n. et adj. Adjectif, attribut, caractéristique, désignation, épithète, qualité.

QUALIFICATION ■ *I. Au pr. :* appellation, dénomination, désignation, épithète, nom, qualité, titre. *II. Par ext. :* aptitude, compétence, confirmation, expérience, garantie, habileté, savoirfaire, tour de main.

QUALIFIÉ, E ■ Apte, autorisé, capable, certifié, compétent, confirmé, diplômé, expérimenté, garanti, habile.

QUALIFIER ■ *I.* Appeler, dénommer, désigner, déterminer, intituler, nommer, traiter de. *II.* Autoriser, confirmer, homologuer, garantir. *III. V. pron.* : Se classer, se distinguer, et *les formes pron. possibles des syn. de* QUALIFIER.

QUALITÉ ■ *I. De quelque chose :* acabit (fam.), aloi, attribut, calibre, caractère, catégorie, choix, contingence, espèce, essence, marque, modalité, mode, propriété, spécificité. *II. De quelqu'un.* 1. Aptitude, autorité, avantage, bourre (fam.), calibre (fam.), capacité, caractère, compétence, disposition, don, faculté, mérite, nature, particularité, représentativité, talent, valeur, vertu. 2. Condition, fonction, grandeur, noblesse, nom, puissance, qualification, titre, vertu. **3. Métier**, partie, spécialité. ***III.*** ⇒ **perfection**.

QUAND ■ Alors que, au moment où/que, comme, encore que, lorsque.

QUANT À ■ À propos de, de son côté, pour ce qui est de, pour sa part, relativement à.

QUANTIÈME ■ Date, jour.

QUANTIFIER ■ Appliquer/attribuer/donner une quantité/valeur, chiffrer, mesurer.

QUANTITÉ ■ ***I. Au pr.*** : capacité, charge, contenance, débit, dépense, dose, durée, effectif, extension, grandeur, longueur, masse, mesure, nombre, poids, quotité, somme, surface, unité, valeur, volume. ***II. Par ext.*** **1. Petite quantité** : bout, bribe, brin, doigt, goutte, grain, nuage, parcelle, pincée, poignée, point, pouce, rien, soupçon. **2. Grande quantité** : abondance, accumulation, affluence, armée, arsenal, avalanche, averse, bénédiction, bloc, cargaison, chiée (grossier), collection, concours, contingent, débauche, déboulée, déluge, encombrement, ensemble, entassement, essaim, fleuve, flopée (fam.), flot, foison, forêt, foule, foultitude (fam.), fourmillement, grêle, immensité, infinité, jonchée, kyrielle, légion, luxe, masse, mer, mille, milliard, milliasse, million, moisson, monceau, monde, montagne, muflée (fam.), multiplicité, multitude, myriade, nombre, nuée, pluie, potée, pullulement, régiment, renfort, ribambelle, série, tapée (fam.), tas, traînée, tripotée.

QUARANTAINE ■ ***I.*** Confinement, isolation, isolement ***II.*** Boycottage, interdit, mise à l'écart/l'index, ostracisme, proscription.

QUART ■ ***I.*** Gobelet, récipient, timbale. ***II.*** Garde, service, veille.

QUARTAUT ■ Barrique, fût, futaille, tonneau, tonnelet.

QUARTIER ■ ***I. Au pr.*** : fraction, morceau, partie, pièce, portion, tranche. ***II. De lune :*** croissant, phase. ***III.*** Échéance, terme, trimestre. ***IV.*** Camp, campement, cantonnement, caserne, casernement. ***V.*** Arrondissement, district, faubourg, ghetto, médina, mellah, région, secteur. ***VI. Vén. :*** gîte, tanière. ***VII. Loc.*** **Pas de quartier :** grâce, ménagement, merci, miséricorde, pitié, vie sauve.

QUARTZ ■ Améthyste, aventurine, cristal de roche/hyalin, gneiss, granit, grès, jaspe, micaschiste, œil de chat, quartzite, sable, silice.

QUASI ■ ***I. Nom :*** cuisse/tranche de veau. ***II. Adv. :*** à peu près, comme, pour ainsi dire, presque.

QUATRAIN ■ Couplet, épigramme, impromptu, pièce, poème, strophe.

QUATRE (SE METTRE EN) ■ S'agiter, se décarcasser, se démancher, se démener, se dépenser, se donner du mal/de la peine/du tintouin, s'écarteler, s'employer, se remuer.

QUATUOR ■ Ensemble, formation, orchestre, quartette.

QUELCONQUE ■ Banal, commun, courant, insignifiant, médiocre, n'importe lequel, ordinaire, plat, vague.

QUELQUE ■ ***I. Adj.*** **1. Au sing. Devant un nom** *(quelque aventure)* : certain. **2. Au pl. :** divers, un certain nombre, un groupe, plusieurs, une poignée, une quantité. ***II. Adv.*** **1. Devant un adj.** *(quelque grands que soient)* : pour, si. **2. Devant un nombre :** dans les, environ.

QUELQUEFOIS ■ Parfois, rarement, de temps à autre, de temps en temps.

QUÉMANDAGE ■ Demande, mendicité, sollicitation.

QUÉMANDER ■ v. tr. et intr. Demander, importuner, mendier, quêter, rechercher, solliciter, taper.

QUÉMANDEUR, EUSE ■ Demandeur, importun, mendiant, mendigot, pilier d'antichambre, quêteur, quêteux, solliciteur, tapeur.

QU'EN-DIRA-T-ON ■ Anecdote, bavardage, bruit, calomnie, cancan, chronique, clabaudage, commérage, médisance, potin, ragot, rumeur.

QUENELLE ■ Godiveau.

QUERELLE ■ Affaire, algarade, altercation, attaque, bagarre, bataille, batterie (vx), bisbille, brouille, chamaillerie, chambard, charivari, combat, chicane, constestation, débat, démêlé, désaccord, différend, discorde, dispute, dissension, division, échauffourée, émeute, empoignade, esclandre, grabuge, guerre, noise, plaid (vx), prise de bec, rixe, tempête, tracasserie.

QUERELLER ■ Attaquer, attraper, bataller, chamailler, chanter pouilles, chercher chicane/noise/des poux/querelle, chicaner, chipoter, disputer, gourmander, gronder, houspiller, réprimander, tancer. *V. pron. :* Se battre, discuter, s'empoigner, se prendre aux cheveux, *et les formes pron. possibles des syn. de* QUEREL-LER.

QUERELLEUR, EUSE ■ n. et adj. Agressif, batailleur, boute-feu, casseur, chamailleur, chicaneur, chicanier, criard, difficile, discutailleur, discuteur, disputeur, ferrailleur, hargneux, hutin (vx), mauvais coucheur, mauvaise tête, pie-grièche, tracassier.

QUERIR ■ Chercher, se procurer, rechercher, solliciter.

QUESTEUR ■ Administrateur, censeur, économe, intendant, trésorier.

QUESTION ■ *I. Vx :* épreuve, géhenne, gêne, supplice, torture. *II.* Charade, colle (fam.), demande, devinette, énigme, épreuve, examen, information, interrogation. *III.* Affaire, article, chapitre, controverse, délibération, difficulté, discussion, interpellation, matière, point, problème, sujet.

QUESTIONNAIRE ■ Consultation, déclaration, enquête, formulaire, sondage, test.

QUESTIONNER ■ Consulter, cuisiner (fam.), demander, s'enquérir, enquêter, éprouver, interroger, interviewer, mettre sur la sellette (fam.), poser des questions, scruter, sonder, tâter, tester.

QUESTURE ■ Administration, économat, intendance.

QUÊTE ■ *I.* Collecte, ramassage. *II.* Enquête, recherche.

QUÊTER ■ *I. Vén. :* chasser, chercher, suivre. *II.* Demander, mendier, quémander, rechercher, réclamer, solliciter.

QUEUE ■ *I. Au pr.* 1. D'un animal : appendice caudal, balai, couette, fouet. 2. Bot. : pédicule, pédoncule, pétiole, tige. *II. Par ext. (d'un vêtement) :* pan, traîne. *III. Fig. :* arrière, bout, coda, conclusion, dénouement, fin, sortie. *IV. D'une casserole :* manche. *V.* Attente, file, foule. *VI. Vulg. :* ⇒ sexe.

QUIBUS ■ Argent, espèces, fortune, moyens.

QUICONQUE ■ *I.* N'importe qui, qui que ce soit. *II. Loc.* Mieux que qui-conque : personne.

QUIDAM ■ Homme, individu, personne.

QUIET, ÈTE ■ Apaisé, béat, benoît, calme, coi, paisible, rasséréné, rassuré, reposé, serein, tranquille.

QUIÉTUDE ■ Accalmie, apaisement, assurance (vx), ataraxie, béatitude, bien-être, bonace, calme, douceur, paix, rasérénément, repos, sérénité, tranquillité.

QUINAUD, E ■ Confus, décontenancé, dépité, embarrassé, honteux, supris. ⇒ bête.

QUINCAILLE (vx) et **QUINCAILLE-RIE** ■ **I.** Billon, petite monnaie. **II.** Décolletage, ferblanterie, métallerie, taillanderie. **III.** *Péj.* clinquant, pacotille.

QUINCONCE ■ **I.** Assemblage, dispositif, échiquier, quatre-coins. **II.** Allée, place, square.

QUINQUET ■ **I.** Godet, lampe, lumignon, veilleuse. **II.** ⇒ œil.

QUINTESSENCE ■ **I.** *Au pr.* : alcool, essence, extrait. **II.** *Par ext.* : meilleur, moelle, nec plus ultra, principal, quiddité, raffinement, substantifique moelle, suc.

QUINTESSENCIÉ, E ■ Affecté, alambiqué, baroque, compliqué, contorsionné, précieux, raffiné, recherché, sophistiqué, subtil.

QUINTESSENCIER ■ Distiller, purifier, raffiner, sophistiquer, subtiliser.

QUINTETTE ■ Ensemble, formation, orchestre.

QUINTEUX, EUSE ■ Acariâtre, atrabilaire, bizarre, braque, cacochyme, capricant, capricieux, changeant, difficile, guincheur (équit.), fantasque, inégal, instable, lunatique, ombrageux, rétif, ramingue (équit.).

QUIPROQUO ■ Bêtise, bévue, brouillamini, chassé-croisé, coq-à-l'âne, erreur, gaffe, imbroglio, intrigue, malentendu, méprise.

QUITTANCE ■ Acquit, apurement, décharge, libération, quitus, récépissé, reçu.

QUITTE ■ Débarrassé, dégagé, délivré, dispensé, exempté, libéré, libre.

QUITTER ■ **I.** *Vx* : abandonner, céder, laisser. **II.** *On quitte une activité.* **1.** Neutre : abandonner, abdiquer, changer, délaisser, se démettre de, déposer, dételer, lâcher, laisser, partir, résigner, se séparer de. **2.** Non favorable : abjurer, apostasier, renier, rompre, sacrifier. **III.** *On quitte un*

lieu : s'absenter, s'en aller, changer, déguerpir, déloger, démarrer, déménager, déserter, s'éloigner, émigrer, s'enfuir, évacuer, s'évader, s'expatrier, fuir, lever le siège, partir, passer, sortir, vider les lieux. **IV.** *On quitte un vêtement* : se débarrasser/défaire/dépouiller de, se dénuder, se déshabiller, se dévêtir, enlever, se mettre à poil (fam.), ôter, poser, tomber (fam.). **V.** *Loc.* Quitterla terre/le monde/la vie : disparaître, partir. ⇒ **mourir.**

QUITUS ■ Acquit, décharge, quittance, récépissé, reçu.

QUI VIVE ■ *Interj.* : halte, qui va là.

QUI-VIVE ■ *Nom* : affût, aguets, alarme, alerte, éveil, guet, signal, veille.

QUOI ■ **I.** Laquelle, lequel, lesquelles, lesquels, quel, quelle, quels. **II.** **1.** De quoi : dont. **2.** Faute de quoi, sans quoi : autrement, sinon. **3.** Il y a de quoi : lieu, matière, motif, raison, sujet. **4.** Il a de quoi : avoir, biens, capital, fortune, ressources, revenus. ⇒ **richesse.** **III.** *Interj.* : comment, tiens, vous dites.

QUOIQUE ■ Bien/encore/malgré que, pour, tout.

QUOLIBET ■ Apostrophe, brocard, huée, lardon (vx), pique, plaisanterie, pointe, raillerie.

QUORUM ■ Majorité, nombre.

QUOTA, QUOTE-PART ■ Allocation, attribution, cens, contingent, contribution, cotation, cote, cotisation, écot, fraction, imposition, impôt, lot, montant, part, portion, pourcentage, quantité, quotité, répartition.

QUOTIDIEN, ENNE ■ **I.** *Adj.* **1.** Au pr. : de chaque jour, journalier. **2.** Par ext. : accoutumé, banal, continuel, fréquent, habituel, normal, ordinaire, réitéré. **II.** *Nom* ⇒ **journal.**

QUOTITÉ ■ ⇒ quota.

r

RABÂCHAGE ■ ⇒ radotage.

RABÂCHER ■ v. tr. et intr. ⇒ répéter.

RABAIS ■ Baisse, bonification, diminution, escompte, remise, ristourne, tant pour cent.

RABAISSER ■ *I.* ⇒ abaisser. *II.* ⇒ baisser.

RABAT-JOIE ■ Trouble-fête. ⇒ triste.

RABATTEUR, EUSE ■ ⇒ propagandiste.

RABATTRE ■ *I.* ⇒ abaisser. *II.* ⇒ baisser. *III.* ⇒ diminuer. *IV.* ⇒ repousser. *V. Loc.* En rabattre ⇒ modérer (se).

RABIBOCHAGE ■ *I.* ⇒ réparation. *II.* ⇒ réconciliation.

RABIOT ■ ⇒ supplément.

RABIOTER ■ ⇒ prendre.

RÂBLE ■ ⇒ dos.

RÂBLÉ, E ■ ⇒ ramassé.

RABOT ■ Bouvet, colombe, doucine, feuilleret, gorget, guillaume, guimbarde, jablière, jabloir, mouchette, riflard, tarabiscot, varlope.

RABOTER ■ *I. Au pr. :* aplanir, corroyer, dégauchir, polir, varloper. *II. Fig. :* châtier, corriger, parachever, polir, revoir.

RABOTEUX, EUSE ■ ⇒ rude.

RABOUGRI, E ■ ⇒ ratatiné.

RABOUTER ■ ⇒ joindre.

RABROUER ■ ⇒ repousser.

RACAILLE ■ ⇒ populace.

RACCOMMODAGE ■ Rafistolage (fam.), rapiéçage, ravaudage, réparation, reprise, rhabillage, stoppage.

RACCOMMODEMENT ■ Accommodement, accord, fraternisation, réconciliation, rapatriage (vx), rapprochement, replâtrage.

RACCOMMODER ■ *I. Au pr. :* raccoutrer, rafistoler (fam.), rapetasser, rapiécer, rapiéceter, ravauder, remmailler, rentraire, réparer, repriser, resarcir, restaurer, retaper, stopper. *II. Fig.* ⇒ réconcilier.

RACCOMPAGNER ■ ⇒ reconduire.

RACCORD, RACCORDEMENT ■ ⇒ joint, transition.

RACCORDER ■ ⇒ joindre, unir.

RACCOURCI ■ Abrégé, traverse.

RACCOURCIR ■ ⇒ diminuer.

RACCROC (PAR) ■ ⇒ hasard.

RACCROCHER ■ ⇒ rattraper.

RACE ■ Ancêtres, ascendance, branche, classe, couche, couvée (fam.), descendance, dynastie, engeance, espèce, ethnie, extraction, extrance, famille, filiation, fils, génération, graine, hérédité, héritiers, ligne, lignée, maison, origine, postérité, rejetons, sang, sorte, souche, tige. **Vx. :** agnats, cognats, estoc, gent, hoirs, lignage, parage, parentage.

RACHAT ■ *I. Au pr. :* recouvrement, réemption, réméré. *II. Par ext. :* délivrance, expiation, rédemption, salut.

RACHETER ■ v. tr. *I.* ⇒ libérer. *II.* ⇒ réparer. *III. V. pron. :* se libérer, se rattraper, se rédimer, se réhabiliter. ⇒ réparer.

RACHIS ■ ⇒ épine (dorsale).

RACHITISME ■ ⇒ maigreur.

RACINE ■ *I. Au pr. :* bulbe, caïeu, chevelu, estoc, étoc, griffe, oignon, pivot, radicelle, radicule, rhizome, souche, stolon, tubercule. *II. Fig.* ⇒ origine.

RACLÉE ■ ⇒ torgnole.

RACLER ■ *I. Au pr. :* curer, enlever, frayer (vétér.), frotter, gratter, nettoyer, râper, râtisser, riper, ruginer, sarcler. *II. Fig.* ⇒ jouer.

RACLOIR ■ *I.* Curette, racle, raclette. *II.* Étrille, strigile.

RACOLAGE ■ Embrigadement, enrôlement, retape. ⇒ prostitution.

RACOLER ■ Embrigader, engager, enrégimenter, enrôler, incorporer, lever des troupes, mobiliser, recruter.

RACONTAR ■ *I.* ⇒ médisance. *II.* ⇒ roman.

RACONTER ■ *I.* Bailler (vx), bonnir (arg.), conter, débiter, décrire, détailler, développer, dire, expliquer, exposer, narrer, peindre, rapporter, réciter, relater, rendre compte, retracer, tracer. *II.* ⇒ médire.

RACORNI, E ■ ⇒ ratatiné.

RADAR ■ Détecteur, mouchard (fam.).

RADE ■ *I.* ⇒ port. *II. Loc.* Laisser en rade ⇒ abandonner.

RADEAU ■ Brelle. ⇒ bateau.

RADICAL, E ■ Complet, drastique, foncier, fondamental. ⇒ absolu.

RADIESTHÉSISTE ■ Rhabdomancien, sourcier.

RADIER ■ Barrer, biffer, caviarder, démarquer, détruire, effacer, faire disparaître, faire une croix, gommer, gratter, laver, raturer, rayer, sabrer, supprimer.

RADIEUX, EUSE ■ *I.* Beau, brillant, éclatant, ensoleillé, épanoui, étincelant, heureux, joyeux, lumineux, radiant, rayonnant. *II.* Content, ravi, satisfait.

RADIN, E ■ ⇒ avare.

RADINER ■ ⇒ arriver, venir.

RADIO ■ *I.* Radiodiffusion, radiophonie, téléphonie sans fil, T.S.F. *II. Par ext.* 1. Ondes. 2. Poste, transistor. 3. Diffusion, émission, informations, journal parlé, mass media.

RADOTAGE ■ Gâtisme, rabâchage, rabâcherie (vx), répétition, verbiage.

RADOTER ■ ⇒ déraisonner.

RADOUBER ■ Réparer. ⇒ calfater.

RADOUCISSEMENT ■ ⇒ amélioration.

RAFALE ■ *I. Mar. :* bourrasque, coup de chien/de tabac/de vent, grain, risée, tempête, tornade, tourbillon, trombe. *II.* ⇒ décharge.

RAFFERMIR ■ ⇒ affermir.

RAFFERMISSEMENT ■ ⇒ affermissement.

RAFFINAGE ■ ⇒ purification.

RAFFINÉ, E ■ Affecté (péj.), affiné, alambiqué (péj.), aristocratique, connaisseur, délicat, distingué, élégant, fin, gracieux, parfait, précieux, pur, quintessencié, recherché, subtil, subtilisé (vx).

RAFFINEMENT ■ *I.* ⇒ finesse. *II.* ⇒ affectation.

RAFFINER ■ *I.* ⇒ épurer. *II.* ⇒ améliorer.

RAFFOLER ■ *I.* ⇒ aimer. *II.* ⇒ goûter.

RAFFUT ■ ⇒ tapage.

RAFISTOLAGE ■ ⇒ réparation.

RAFISTOLER ■ ⇒ réparer.

RAFLE ■ Coup de filet, descente de police. ⇒ prise.

RAFLER ■ *I.* ⇒ enlever. *II.* ⇒ voler.

RAFRAÎCHIR ■ *I.* ⇒ refroidir. *II.* Ravaler, raviver. *III.* ⇒ réparer. *IV.* ⇒ tailler. *V.* *V. pron.* ⇒ boire.

RAFRAÎCHISSEMENT ■ *I.* ⇒ boisson. *II. Du temps.* 1. Refroidissement. 2. Adoucissement.

RAGAILLARDIR ■ ⇒ réconforter.

RAGE ■ *I. Au pr. :* hydrophobie (vx). *II. Par ext.* 1. ⇒ fureur. 2. ⇒ manie. *III. Loc.* Faire rage. ⇒ sévir.

RAGER ■ Bisquer, écumer, endêver, enrager, être en colère/en fureur/en rogne, fumer (fam.), maronner, maugréer, râler, rogner, ronchonner, se ronger les poings, rouspéter.

RAGEUR, EUSE ■ ⇒ colère.

RAGOT ■ *I.* ⇒ médisance. *II.* ⇒ nain.

RAGOÛT ■ Blanquette, bourguignon, brussoles, capilotade, cassoulet, chipolata, civet, compote, daube, fricassée, fricot, galimafrée, gibelotte, haricot de mouton, hochepot, matelote, miroton, navarin, oille (vx), olla-podrida, ratatouille, salmigondis, salmis, salpicon. *Péj. :* ragougnasse, rata, tambouille.

RAGOÛTANT, E ■ Affriolant, agréable, alléchant, appétissant, engageant, friand, savoureux, séduisant, succulent, tentant.

RAID ■ Attaque, commando, coup de main, descente, expédition (punitive), incursion, opération, représailles.

RAIDE ■ *I. Au pr. :* droit, empesé, ferme, inflexible, rigide, roide, sec, tendu. *II. Par ext.* 1. Affecté, ankylosé, contracté, engourdi, guindé, solennel. 2. ⇒ escarpé. 3. ⇒ rude. 4. ⇒ excessif. 5. ⇒ libre.

RAIDEUR ■ *I. Au pr. :* ankylose, engourdissement, rigidité, tension. *II. Fig.* ⇒ affectation.

RAIDILLON ■ ⇒ montée.

RAIDIR ■ Abraquer, bander, contracter, durcir, guinder, souquer, tendre, tirer.

RAIDISSEMENT ■ ⇒ affermissement.

RAIE ■ Bande, ligne, rayure, strie, striure, trait, vergeture, zébrure.

RAIFORT ■ Radis noir.

RAILLER ■ S'amuser de, bafouer, berner, blaguer, brocarder, charrier, chiner, cribler/larder/fusiller de brocards/d'épigrammes, dauber, s'égayer de, entreprendre, faire des gorges chaudes/la figue/la nique, faire marcher, se ficher/foutre de, fronder, se gausser de, se goberger de, gouailler, ironiser, jouer, larder, mettre en boîte, montrer du doigt, moquer, nasarder, se payer la tête, persifler, plaisanter, ridiculiser, rire, satiriser, vanner, vilipender. *Vx :* draper, gaber, se gaudir de, goguenarder.

RAILLERIE ■ *I. Au pr. :* dérision, gausserie (vx), gauguenarderie (vx), goguenardise, gouaillerie, humour, ironie, malice, mise en boîte, moquerie, persiflage, ricanement, risée, sarcasme, satire, trait. *II. Par ext.* ⇒ brocard.

RAILLEUR, EUSE ■ ⇒ taquin.

RAINURE ■ Adent, coche, coupure, cran, crevasse, échancrure, encoche, entaille, entaillure, entamure, faille, fente, feuillure, hoche, jable, lioube, mortaise, raie, rayure, sillon.

RAISIN ■ *I.* Cépage, grappe. *II.* Aligoté, aramon, cabernet, chasselas, clairette, corinthe, gamay, gouet, grenache, gros plant, madeleine, malaga, malvoisie, merlot, morillon, muscadet, muscat, olivette, picpouille, pinot, riesling, sémillon, silvaner, tokay, traminer.

RAISON ■ *I.* ⇒ entendement. *II.* Bon goût, bon sens, jugement, jugeote, juste milieu, modération, philosophie, pondération, sagesse. *III.* ⇒ raisonnement. *IV.* ⇒ cause. *V.* Dédommagement, réparation, satisfaction.

RAISONNABLE ■ *I.* Intelligent, judicieux, pensant, rationnel, sage. *II.* Acceptable, bon, convenable, fondé, honnête, juste, légitime, logique, modéré, naturel, normal, pondéré, sensé.

RAISONNEMENT ■ *I.* ⇒ raison. *II.* Analyse, apagogie, argument, déduction, démonstration, dialectique, dilemme, échafaudage, induction, inférence, ratiocination (péj.), sorite, syllogisme, synthèse.

RAISONNER ■ *I. V. intr. :* argumenter, calculer, discuter, disputer, penser, philosopher, ratiociner (péj.), sophistiquer. *II. V. tr.* 1. Quelque chose : calculer, éprouver, examiner. 2. Quelqu'un ⇒ admonester.

RAJEUNIR ■ ⇒ renouveler.

RAJEUNISSEMENT ■ Jouvence. ⇒ renouvellement.

RAJOUTER ■ *I.* ⇒ ajouter. *II.* ⇒ exagérer.

RÂLE ■ Râlement. ⇒ agonie.

RALENTIR ■ *I.* ⇒ freiner. *II.* ⇒ modérer.

RALENTISSEMENT ■ ⇒ diminution.

RÂLER ■ *I.* ⇒ protester. *II.* ⇒ rager.

RÂLEUR, EUSE ■ ⇒ mécontent.

RALLIEMENT ■ *I.* ⇒ conversion. *II.* ⇒ rassemblement.

RALLIER ■ *I.* ⇒ assembler. *II.* ⇒ rejoindre.

RALLONGE ■ ⇒ supplément.

RALLONGER ■ Accroître, allonger, ajouter, augmenter, déployer, détirer, développer, étendre, étirer, prolonger, proroger, tendre, tirer.

RALLUMER ■ ⇒ ranimer.

RAMAGE ■ Chant, gazouillement, gazouillis, pépiement.

RAMAS ■ Amas, bric-à-brac, fatras, ramassis, ravaudage, ravauderie, rhapsodie.

RAMASSAGE ■ ⇒ cueillette.

RAMASSÉ, E ■ *I.* Blotti, lové, pelotonné, recroquevillé, replié, tapi. *II.* Courtaud, massif, mastoc, râblé, râblu, trapu.

RAMASSER ■ *I.* Amasser, assembler, capter, capturer, collectionner, prendre, rafler, rassembler, récolter, recueillir, relever, réunir. *II.* ⇒ resserrer. *III. V. pron.* ⇒ replier (se).

RAMASSIS ■ *I.* ⇒ amas. *II.* ⇒ ramas.

RAMBARDE ■ *I.* ⇒ rampe. *II.* ⇒ balustrade.

RAME ■ *I.* Aviron, godille, pagaie. *II.* ⇒ perche. *III.* Convoi, train.

RAMEAU ■ *I.* ⇒ branche. *II.* ⇒ cor. *III.* ⇒ ramification.

RAMÉE ■ ⇒ branche.

RAMENER ■ *I.* ⇒ mener. *II.* ⇒ réduire. *III.* ⇒ rétablir.

RAMER ■ Canoter, godiller, nager, pagayer.

RAMIER ■ *I. Au pr. :* biset, colombe, goura, palombe, palonne, pigeon, pigeonneau, tourtereau, tourterelle. ⇒ colombin. *II. Fig.* ⇒ paresseux.

RAMIFICATION ■ Bout, branche, bribe, compartiment, côté, division, élément, embranchement, fraction, membre, morceau, pan, parcelle, part, partie, pièce, portion, rameau, secteur, subdivision, tranche, tronçon.

RAMIFIER (SE) ■ ⇒ séparer (se).

RAMOLLI, E ■ *I.* ⇒ mou. *II.* ⇒ gâteux.

RAMOLLIR ■ ⇒ amollir.

RAMOLLISSANT, E ■ Émollient.

RAMOLLISSEMENT ■ *I.* Avachissement, flaccidité. *II.* ⇒ radotage.

RAMPANT, E ■ ⇒ servile.

RAMPE ■ Balustrade, garde-fou, rambarde. ⇒ montée.

RAMPER ■ *I.* Se couler, glisser, s'introduire. *II.* ⇒ flatter.

RAMURE ■ *I.* ⇒ branche. *II.* ⇒ cor.

RANCARD ■ ⇒ rendez-vous.

RANCART ■ ⇒ rebut.

RANCE ■ ⇒ aigre.

RANCŒUR ■ ⇒ ressentiment.

RANÇONNER ■ ⇒ voler.

RANCUNE ■ ⇒ ressentiment.

RANCUNIER, ÈRE ■ Haineux, malveillant, rancuneux, vindicatif.

RANDONNÉE ■ ⇒ tour, promenade.

RANG ■ Caste, catégorie, classe, condition, degré, échelon, étage, état, file, haie, lieu, ligne, liste, ordre, place, queue, rangée, situation, volée.

RANGÉ, E ■ ⇒ réglé.

RANGÉE ■ ⇒ rang.

RANGEMENT ■ *I.* ⇒ classement. *II.* ⇒ nettoiement.

RANGER ■ Aligner, arranger, caser, classer, disposer, distribuer, échelonner, entreposer, étiqueter, garer, grouper, mettre en ordre/place/rang, ordonner, placer, séparer, sérier, serrer.

RANIMER ■ Animer, augmenter, encourager, exalter, exciter, raffermir, rallumer, ravigoter, raviver, réchauffer, régénérer, rehausser, relever, remonter, rénover, ressusciter, rétablir, retaper, retremper, réveiller, revigorer, revivifier, vivifier.

RAPACE ■ *I. N. m.* : aegypiidé, aquilidé, bubonidé, falconidé, strigidé, vulturidé. **1. Diurne** : aigle, autour, balbuzard, bondrée, busaigle, busard, buse, circaète, condor, crécerelle, écoufle, émerillon, émouchet, épervier, faucon, gerfaut, griffon, gypaète, harpie, hobereau, laneret, lanier, milan, orfraie, pandion, percnoptère, sarcoramphe, secrétaire, serpentaire, spizaète, uraète, urubu, vautour. **2. Nocturne** : bubo, chat-huant, chevêche, chouette, duc, effraie, harfang, hibou, hulotte, scops, strix. *II. Adj.* ⇒ avare.

RAPACITÉ ■ Ambition, avidité, banditisme, convoitise, cruauté, cupidité, désir insatiable, goinfrerie, vampirisme. ⇒ avarice.

RÂPÉ, E ■ ⇒ usagé.

RÂPER ■ Egruger, pulvériser.

RAPETASSER ■ ⇒ raccommoder.

RAPETISSER ■ ⇒ diminuer.

RÂPEUX, EUSE ■ ⇒ rude.

RAPIDE ■ *I. Nom masc.* ⇒ cascade. *II. Adj.* : **1.** Actif, agile, alerte, cursif, diligent, empressé, enlevé, expéditif, fulgurant, immédiat, leste, pressé, preste, prompt, véloce, vif. ⇒ vite. **2.** Bâclé, hâtif, précipité, sommaire.

RAPIDEMENT ■ ⇒ vite.

RAPIDITÉ ■ Agilité, célérité, diligence, hâte, précipitation, presse, prestesse, promptitude, soudaineté, vélocité, vitesse, vivacité.

RAPIÉCER ■ ⇒ raccommoder.

RAPIÈRE ■ ⇒ épée.

RAPINE ■ Brigandage, déprédation, exaction, gain illicite, pillage. ⇒ vol.

RAPPEL ■ *I. Au pr.* : appel, évocation, commémoration, mémento, mémoire, mention, souvenance, souvenir. *II.* ⇒ acclamation. *III.* Mobilisation. *IV. Loc.* Battre le rappel. **1. Au pr.** : amasser, appeler, assembler, concentrer, grouper, lever, masser, mobiliser, racoler, *rappeler*

rallier, ramasser, rassembler, réunir. **2.**
Par ext. : chercher, se rappeler, se souvenir.

RAPPELER ■ **I.** Commémorer, évoquer, mentionner, retracer. **II.** ⇒ destituer. **III.** ⇒ acclamer. **IV.** ⇒ recouvrer.
V. ⇒ ressembler à. **VI. V. pron. :**
se recorder (vx), se remembrer (vx),
se remémorer, se ramentevoir (vx),
remettre, retenir, revivre, revoir, se
ressouvenir/souvenir.

RAPPLIQUER ■ ⇒ arriver.

RAPPORT ■ **I.** Accord, affinité, analogie, concomitance, concordance,
connexion, connexité, convenance,
corrélation, correspondance, dépendance, harmonie, liaison, lien,
parenté, pertinence, proportion, rapprochement, relation, ressemblance,
similitude, trait. **II.** ⇒ bénéfice. **III.**
Alliance, commerce, communication,
contact, fréquentation, intelligence,
union. **IV.** Analyse, bulletin, compte
rendu, description, exposé, procès-verbal, récit, relation, témoignage, topo.
V. Au pl. ⇒ accouplement.

RAPPORTER ■ **I. Au pr. :** apporter,
ramener, remettre à sa place, rendre.
⇒ porter. **II. Par ext. 1.** ⇒ joindre. **2.** ⇒
raconter. **3.** ⇒ dénoncer. **4.** ⇒ répéter. **5.**
⇒ citer. **6.** ⇒ diriger. **7.** ⇒ produire. **8.**
⇒ abolir. **III. V. pron. :** **1.** En croire,
se fier à, se référer, s'en remettre, se
reposer sur. **2.** ⇒ ressembler.

RAPPORTEUR, EUSE ■ ⇒ mouchard.

RAPPROCHEMENT ■ **I. Au pr. :**
amalgame, assemblage, assimilation,
comparaison, parallèle, parangon,
parité, proximité, rapport, recoupement, réunion. **II. Par ext. 1.** ⇒
réconciliation. **2.** ⇒ similitude.

RAPPROCHER ■ Accoler, amalgamer,
approcher, assimiler, attirer, avancer,
comparer, grouper, joindre, lier, presser, rapporter, réunir, serrer, unir.

RAPT ■ ⇒ enlèvement.

RARE ■ Accidentel, clair, clairsemé,
curieux, difficile, distingué, étrange,
exceptionnel, extraordinaire, inaccoutumé, inconnu, inhabituel, introuvable, inusité, précieux, remarquable,
unique.

RARÉFACTION ■ Amoindrissement,
appauvrissement, déperdition, diminution, disparition, dispersion, dissémination, éclaircissement, épuisement,
rarescence, rareté, tarissement.

RARÉFIER ■ ⇒ réduire.

RARETÉ ■ **I.** Curiosité, phénomène.
II. Défaut, disette, insuffisance,
manque, pénurie.

RAS, E ■ **I.** ⇒ égal. **II.** ⇒ pelé.

RASER ■ **I.** ⇒ peler. **II.** ⇒ démolir. **III.**
⇒ effleurer. **IV.** ⇒ ennuyer.

RASEUR, RASOIR ■ Agaçant, ardélion (vx), assommant, bassinant, collant, crampon, de trop, embarrassant,
embêtant, encombrant, énervant,
ennuyeux, envahissant, étourdissant,
excédant, fâcheux, fatigant, gênant,
gêneur, gluant, hurluberlu, importun,
indiscret, inopportun, insupportable,
intrus, lantiponant (fam.), mouche du
coche, obsédant, officieux, pesant,
plaie, pot de colle, tannant, tuant.
Grossier : casse ⇒ bourses/pieds,
chiant, chiatique, emmerdant,
emmouscaillant.

RASSASIÉ, E ■ Assouvi, bourré,
contenté, dégoûté, gavé, gorgé, le
ventre plein, repu, satisfait, saturé,
soûl, sursaturé.

RASSASIER ■ Apaiser, assouvir, bourrer, calmer, contenter, donner son
aise/son content, gaver, gorger, saturer, soûler.

RASSEMBLEMENT ■ Affluence,
agglomération, assemblée, association,
attroupement, bande, concentration,
concours, foule, groupement, manifestation, masse, meeting, multitude,
parti, ralliement, regroupement, rencontre, réunion, troupe.

RASSEMBLER ■ ⇒ assembler.

RASSÉRÉNER ■ ⇒ tranquilliser.

RASSIS, E ■ ⇒ posé.

RASSURER ■ ⇒ tranquilliser.

RATATINÉ, E ■ Desséché, flétri, noué, pelotonné, rabougri, racorni, ramassé, recroquevillé, replié, ridé, tassé.

RATATOUILLE ■ ⇒ ragoût.

RATÉ ■ Bon à rien, fruit sec, traîne-savate.

RÂTEAU ■ Arc, fauchet, fauchon, rouable.

RATER ■ *I.* ⇒ manquer. *II.* ⇒ échouer.

RATIFICATION ■ ⇒ approbation.

RATIFIER ■ ⇒ confirmer.

RATIOCINATION ■ ⇒ argutie.

RATIOCINER ■ ⇒ ergoter.

RATION ■ Bout, division, dose, fraction, fragment, lot, morceau, part, partie, pièce, portion, quartier, tranche.

RATIONALISATION ■ Automatisation, division du travail, planification, normalisation, spécialisation, stakhanovisme, standardisation, taylorisation, taylorisme.

RATIONALISME ■ ⇒ réalisme.

RATIONNEL, ELLE ■ Cartésien, cohérent, conséquent, exact, fonctionnel, géométrique, judicieux, juste, logique, méthodique, naturel, nécessaire, raisonnable, serré, suivi, vrai.

RATIONNEMENT ■ *I.* ⇒ réduction. *II.* ⇒ régime.

RATIONNER ■ ⇒ réduire.

RATTACHEMENT ■ ⇒ réunion.

RATTACHER ■ ⇒ réunir.

RATTRAPER ■ *I.* ⇒ rejoindre. *II.* ⇒ réparer. *III. V. pron. :* 1. Se racheter, se réhabiliter, réparer, se reprendre, se ressaisir, se retourner. 2. Se dédom-

mager, gagner, prendre sa revanche, se raccrocher, se racquitter (vx), s'y retrouver, se revancher (vx), se sauver, s'en sortir, s'en tirer.

RATURE ■ Biffure, gommage, grattage, raturage, repentir, retouche.

RATURER ■ ⇒ effacer.

RAUQUE ■ Enroué, éraillé, guttural, de mêlé-cass, de rogomme.

RAVAGE ■ Atteinte, avarie, casse, catastrophe, dégât, dégradation, déprédation, détérioration, dommage, grief (vx), mal, perte, préjudice, sinistre, tort.

RAVAGER ■ Anéantir, bouleverser, désoler, détruire, dévaster, dévorer, endommager, fourrager, gâter, infester, piller, ruiner, saccager.

RAVAGEUR, EUSE ■ *I.* ⇒ destructeur. *II.* ⇒ séducteur.

RAVALEMENT ■ *I.* ⇒ bassesse. *II.* ⇒ nettoiement.

RAVALER ■ *I.* ⇒ abaisser. *II.* ⇒ nettoyer.

RAVAUDAGE ■ ⇒ raccommodage.

RAVAUDER ■ ⇒ raccommoder.

RAVI, E ■ ⇒ content.

RAVIGOTER ■ ⇒ réconforter.

RAVIN ■ Lit de rivière/torrent, ravine, val, vallée, vallon.

RAVINEMENT ■ Affouillement, érosion.

RAVINER ■ ⇒ creuser.

RAVIR ■ *I.* ⇒ enlever. *II.* ⇒ prendre, *III.* ⇒ charmer. *IV.* ⇒ transporter.

RAVISER (SE) ■ Se dédire, changer d'avis, revenir sur sa décision/parole/ promesse.

RAVISSANT, E ■ Agréable, aimable, amène, attirant, beau, captivant, charmant, enchanteur, enivrant, ensorcelant, fascinant, gracieux, grisant, intéressant, joli, merveilleux, piquant, séduisant.

RAVISSEMENT ■ *I.* ⇒ enlèvement. *II.* ⇒ transport. *III.* ⇒ bonheur.

RAVITAILLEMENT ■ ⇒ provision.

RAVITAILLER ■ ⇒ pourvoir.

RAVIVER ■ *I.* ⇒ rafraîchir. *II.* ⇒ ranimer.

RAYÉ, E ■ *I.* ⇒ éraflé. *II.* ⇒ zébré.

RAYER ■ *I.* ⇒ effacer. *II.* ⇒ abîmer.

RAYÈRE ■ ⇒ ouverture.

RAYON ■ *I.* Jet, rai, trait. *II.* Apparence, lueur, lumière. *III.* Degré, étagère, planche, rayonnage, tablette. *IV.* Étalage, éventaire, stand.

RAYONNANT, E ■ *I.* ⇒ radieux. *II.* En étoile, radié, rayonné.

RAYONNEMENT ■ *I.* ⇒ lustre. *II.* ⇒ propagation.

RAYONNER ■ *I.* Se développer, éclater, irradier, se propager. *II.* ⇒ luire.

RAYURE ■ Balafre, entaille, strie, *et les dérivés possibles en -ure de* ⇒ rayé.

RAZZIA ■ *I.* ⇒ incursion. *II.* ⇒ pillage.

RÉACTEUR ■ Propulseur, pulso / stato / turboréacteur, turbine.

RÉACTION ■ ⇒ réflexe.

RÉACTIONNAIRE ■ n. et adj. Conservateur, de droite, fasciste, immobiliste, misonéiste, obscurantiste, rétrograde. *Fam. :* facho, réac.

RÉAGIR ■ *I.* ⇒ répondre. *II.* ⇒ résister.

RÉALE ■ ⇒ galère.

RÉALISABLE ■ Accessible, facile, faisable, permis, possible, praticable, prévisible, probable, virtuel.

RÉALISATION ■ Accomplissement, accouchement, création, effet, exécution, œuvre, production.

RÉALISER ■ *I. Au pr. :* accomplir, achever, actualiser, atteindre, combler, commettre, concrétiser, consommer, effectuer, exécuter, faire, opérer, pratiquer, procéder à, remplir. *II. Par ext.* 1. Brader, liquider, solder, vendre. 2. ⇒ entendre.

RÉALISME ■ *I.* Crudité, tranche de vie, vérisme. *II.* Matérialisme, naturalisme, positivisme. *III.* Opportunisme, pragmatisme, utilitarisme.

RÉALISTE ■ Concret, cru, matérialiste, naturaliste, opportuniste, positif, pragmatique, terre à terre, utilitaire.

RÉALITÉ ■ *I.* Certitude, exactitude, réalisme, vérité. *II.* Chose, être, évidence, existence, fait, fond, monde, nature, objet, réel. *III. Loc.* En réalité : au fond, en fait, en effet, réellement.

RÉBARBATIF, IVE ■ ⇒ revêche.

REBATTU, E ■ Banal, commun, connu, éculé, fatigué, réchauffé, ressassé, trivial, usé, vulgaire.

REBELLE ■ adj. et n. *I.* ⇒ indocile. *II.* ⇒ insoumis. *III.* ⇒ révolté.

REBELLER (SE) ■ ⇒ révolter (se).

RÉBELLION ■ ⇒ révolte.

REBIFFER (SE) ■ ⇒ résister.

REBIQUER ■ ⇒ retrousser.

REBONDI, E ■ ⇒ gras, gros.

REBONDIR ■ *I.* ⇒ sauter. *II.* ⇒ recommencer.

REBONDISSEMENT ■ ⇒ retour.

REBORD ■ ⇒ bord.

REBOT ■ Pelote basque.

REBOURS ■ *I.* ⇒ opposé. *II. Loc.* À/au rebours : à contre-pied, à contre-poil, à contresens, à l'encontre de, à l'inverse de, à l'opposé de, à rebrousse-poil, au contraire de.

REBOUTEUR ■ ⇒ guérisseur.

REBROUSSÉ, E ■ ⇒ hérissé.

REBUFFADE ■ ⇒ refus.

RÉBUS ■ *I. Au pr.* : charade, devinette, énigme, logographe, mots croisés. *II. Fig.* : mystère, secret.

REBUT ■ *I. Au pr.* ⇒ **refus.** *II. Par ext.* : balayure, bas-fond, déchet, écume, excrément, fond du panier, lie, menu fretin, ordure, quantité négligeable, racaille, rancart, reste, rogaton, rognure.

REBUTANT E ■ *I.* ⇒ **ennuyeux.** *II.* ⇒ **repoussant.**

REBUTER ■ *I.* ⇒ **repousser.** *II.* ⇒ **décourager.**

RÉCALCITRANT, E ■ Désobéissant, entêté, fermé, frondeur, indisciplinable, indiscipliné, indocile, indomptable, insoumis, insubordonné, intraitable, opiniâtre, rebelle, réfractaire, regimbant regimbeur, révolté, rétif, rude, têtu, vicieux, volontaire.

RECALER ■ *I.* ⇒ **ajourner.** *II.* ⇒ **refuser.**

RÉCAPITULATION ■ ⇒ **sommaire.**

RÉCAPITULER ■ ⇒ **résumer.**

RECELER ■ *I.* ⇒ **cacher.** *II.* ⇒ **contenir.**

RECENSEMENT ■ *I.* ⇒ **compte.** *II.* ⇒ **dénombrement.**

RECENSER ■ ⇒ **dénombrer.**

RECENSION ■ ⇒ **comparaison.**

RÉCENT, E ■ ⇒ **nouveau.**

RÉCÉPISSÉ ■ ⇒ **reçu.**

RÉCEPTACLE ■ ⇒ **contenant.**

RÉCEPTION ■ *I. Au pr.* : admission, initiation, intronisation, investiture. *II.* Accueil, hospitalité. ⇒ **abord.** *III.* Bridge, cérémonie, cinq-à-sept, cocktail, déjeuner, diffa, dîner, five o'clock (tea), gala, garden-party, raout *ou* rout, soirée, surprise-partie, thé, veillée.

RECÈS, RECEZ ■ ⇒ **convention.**

RÉCESSION ■ *I.* ⇒ **crise.** *II.* ⇒ **recul.**

RECETTE ■ *I.* Fruit, gain, produit, profit. ⇒ **bénéfice.** *II.* ⇒ **méthode.** *III.* ⇒ **procédé.**

RECEVABLE ■ ⇒ **acceptable.**

RECEVOIR ■ *I. Au pr.* 1. Favorable ou neutre : acquérir, encaisser, obtenir, percevoir, prendre, tirer. ⇒ **toucher.** 2. Non favorable : attraper, avaler, boire, écoper, embourser, empocher, encaisser, éprouver, essuyer, prendre, récolter, souffrir, subir, trinquer. *II. Par ext.* 1. Accueillir admettre, donner l'hospitalité/une réception *et les syn.* de RÉCEPTION, héberger, traiter. 2. Donner audience. 3. Accepter, agréer, initier, reconnaître.

RÉCHAUFFER ■ ⇒ **ranimer.**

RÊCHE ■ ⇒ **rude.**

RECHERCHE ■ *I. Au pr.* 1. Battue, chasse, exploration, fouille, investigation, poursuite, quête. 2. *Jurid.* : enquête, information, inquisition (vx), instruction. 3. Étude, examen, expérience, expérimentation, observation, recension, sondage, spéculation, tâtonnement. 4. Auscultation, percussion, succussion. *II. Par ext.* ⇒ **affectation.** *III.* ⇒ **préciosité.**

RECHERCHÉ, E ■ *I.* ⇒ **compliqué.** *II.* ⇒ **étudié.**

RECHERCHER ■ ⇒ **chercher.**

RECHIGNER ■ ⇒ **renâcler.**

RECHUTE, RÉCIDIVE ■ ⇒ **reprise.**

RÉCIDIVER ■ ⇒ **recommencer.**

RÉCIDIVISTE ■ Cheval de retour (fam.), endurci, relaps.

RÉCIF ■ Écueil, haut-fond.

RÉCIPIENDAIRE ■ Bénéficiaire, impétrant.

RÉCIPIENT ■ Boîte, bouteille, container, contenant, emballage, vase. ⇒ **ustensile.**

RÉCIPROQUE ■ ⇒ **mutuel.**

RÉCIT ■ *I.* Anecdote, compte rendu,

dit (vx), exposé, exposition, factum (jurid. ou péj.), histoire, historiette, historique, journal, mémoires, mémorial, narration, nouvelle, périple, rapport, relation, tableau. *II.* Annales, chronique, conte, légende, mythe, odyssée, roman. *III.* ⇒ fable.

RÉCITAL ■ Aubade, audition, sérénade. ⇒ concert.

RÉCITATIF ■ ⇒ mélodie.

RÉCITER ■ *I.* ⇒ dire. *II.* ⇒ prononcer.

RÉCLAMATION ■ Appel, clameur, cri, demande, doléance, exigence, pétititon, plainte, prétention, protestation, récrimination, requête, revendication.

RÉCLAME ■ Affichage, annonce, battage, boom (fam.), bourrage de crâne (péj.), bruit, lancement, propagande, publicité, renommée, retentissement, slogan, tam-tam (fam.).

RÉCLAMER ■ *I. V. tr.* 1. Appeler, avoir besoin, commander, demander, exiger, mériter, nécessiter, rendre nécessaire, requérir, supposer, vouloir. 2. Contester, prétendre, répéter (jurid.), revendiquer. 3. ⇒ solliciter. *II. V. intr.* : aboyer, gémir, se plaindre, protester, râler, se récrier, récriminer. *III. V. pron.* : en appeler, invoquer, se recommander.

RECOIN ■ *I. Au pr.* ⇒ coin. *II. Fig.* : pli, repli, secret.

RÉCOLER ■ Collationner, comparer, contrôler, éprouver, étalonner, repasser, revoir, s'assurer de, se rendre compte de, tester, voir.

RÉCOLLECTION ■ ⇒ recueillement.

RÉCOLTE ■ Annone (vx). ⇒ cueillette, produit.

RÉCOLTER ■ ⇒ recueillir.

RECOMMANDABLE ■ ⇒ estimable.

RECOMMANDATION ■ *I.* ⇒ appui. *II.* ⇒ instruction. *III.* Avis, avertissement, conseil.

RECOMMANDER ■ *I.* ⇒ appuyer. *II.* ⇒ demander. *III.* Avertir, conseiller, dire, exhorter, prêcher, préconiser, prôner.

RECOMMENCEMENT ■ ⇒ retour.

RECOMMENCER ■ *I. V. tr.* ⇒ refaire. *II. V. intr.* : se ranimer, se raviver, rebiffer, rebondir, se réchauffer, récidiver, redoubler, refaire, refleurir, réitérer, remettre, renaître, renouveler, rentamer, repartir, répéter, repiquer, reprendre, se reproduire, se réveiller, revenir.

RÉCOMPENSE ■ *I. Au pr.* : bénéfice, compensation, dédommagement, gratification, loyer, paiement, pourboire, prime, prix, rémunération, rétribution, salaire, tribut. *II. Par ext.* : accessit, citation, couronne, décoration, diplôme, médaille, mention, oscar, prix, satisfecit. ⇒ insigne.

RÉCOMPENSER ■ *I.* ⇒ dédommager. *II.* Citer, couronner, décorer, distinguer, payer, reconnaître.

RÉCONCILIATION ■ Accommodement, accord, fraternisation, raccommodement, rambin (fam.), rapatriage (vx), rapprochement, replâtrage.

RÉCONCILIER ■ Accorder, concilier, raccommoder, rapatrier (vx), rapprocher, réunir. Fam. : rabibocher, rambiner, rapapillonner. *V. pron.* : Se pardonner, se rajuster, se remettre bien ensemble, renouer, reprendre ses relations, revenir, *et les formes pron. possibles des syn. de* RÉCONCILIER.

RECONDUCTIBLE ■ Renouvelable.

RECONDUCTION ■ ⇒ renouvellement.

RECONDUIRE ■ *I. Neutre* : accompagner, conduire, escorter, raccompagner, ramener. *II. Non favorable* : chasser, éconduire, expulser, mettre à la porte. *III. Par ext.* ⇒ renouveler.

RÉCONFORT ■ *I.* ⇒ aide. *II.* ⇒ soulagement.

RÉCONFORTANT, E ■ *I.* Adoucissant, apaisant, calmant, consolant, consolateur, consolatif, consolatoire, lénitif. *II.* Analeptique, cordial, corroborant, excitant, fortifiant, reconstituant, remontant, roboratif, stimulant, tonique.

RÉCONFORTER ■ Aider, conforter, consoler, ragaillardir, ranimer, ravigoter, raviver, refaire, relever le courage/les forces/le moral, remettre, remonter, réparer, requinquer, restaurer, rétablir, retaper, revigorer, soutenir, stimuler, sustenter.

RECONNAISSABLE ■ Discernable, distinguable, identifiable.

RECONNAISSANCE ■ *I. Au pr. :* découverte, examen, exploration, inspection, investigation, observation, recherche, recognition. *II. Par ext.* 1. ⇒ gratitude. 2. ⇒ reçu.

RECONNAÎTRE ■ *I. Au pr. :* connaître, constater, discerner, distinguer, identifier, remettre, retrouver, trouver, vérifier. *II. Par ext.* 1. ⇒ examiner. 2. ⇒ convenir. 3. ⇒ soumettre (se). 4. ⇒ récompenser. *III. V. pron. :* retrouver (se).

RECONQUÉRIR ■ ⇒ recouvrer.

RECONSIDÉRER ■ ⇒ revoir.

RECONSTITUANT ■ n. et adj. ⇒ réconfortant.

RECONSTITUER ■ ⇒ rétablir.

RECONSTRUIRE ■ ⇒ rétablir.

RECONVERSION ■ Conversion, mutation, recyclage, transformation.

RECORD ■ ⇒ performance.

RECOQUILLER (SE) ■ ⇒ replier (se).

RECORS ■ Assistant. ⇒ témoin.

RECOUPEMENT ■ Comparaison, liaison, parallèle, parangon, rapport, rapprochement.

RECOUPER (SE) ■ S'accorder, aller, concorder, se conformer, convenir, correspondre, être conforme à/en conformité/en harmonie/en rapport /en symétrie, faire pendant, s'harmoniser, se rapporter, se référer, répondre, représenter, ressembler, rimer (fam.), satisfaire, synchroniser.

RECOUPETTE ■ Farine, son.

RECOURBÉ, E ■ ⇒ courbe.

RECOURIR ■ ⇒ user.

RECOURS ■ *I.* ⇒ ressource. *II.* Appel, demande, pourvoi, requête. *III. Loc.* Avoir recours ⇒ user.

RECOUVREMENT ■ ⇒ perception.

RECOUVRER ■ *I.* Rattraper, ravoir, reconquérir, récupérer, regagner, reprendre, ressaisir, retrouver. *II.* Encaisser, percevoir, recevoir, toucher.

RECOUVRIR ■ *I.* Cacher, coiffer, couvrir, dissimuler, ensevelir, envelopper, masquer, napper, voiler. *II.* Appliquer, enduire, enrober, étendre, habiller, joncher, parsemer, paver, revêtir, tapisser. *III. V. pron. :* chevaucher, s'imbriquer, se superposer, *et les formes pron. possibles des syn. de* RECOUVRIR.

RÉCRÉATIF, IVE ■ ⇒ amusant.

RÉCRÉATION ■ *I.* ⇒ divertissement. *II.* ⇒ repos. *III.* ⇒ pause.

RECRÉER ■ ⇒ distraire.

RÉCRIER (SE) ■ *I.* ⇒ crier. *II.* ⇒ protester. *III.* ⇒ enthousiasmer (s').

RÉCRIMINATION ■ ⇒ reproche.

RÉCRIMINER ■ ⇒ répondre.

RECROQUEVILLER (SE) ■ *I.* ⇒ resserrer (se). *II.* ⇒ replier (se).

RECRU, E ■ adj. Accablé, assommé, avachi, brisé, courbatu, courbaturé, épuisé, excédé, exténué, fatigué, fourbu, harassé, las, moulu, rendu, rompu, roué de fatigue, surentraîné, surmené. *Fam. :* cané, claqué, crevé, échiné, éreinté, esquinté, flapi, flingué, hachesse, mort, pompé, sur les dents/les genoux/les rotules, vanné, vaseux, vermoulu, vidé.

RECRUDESCENCE ■ Accroissement, augmentation, hausse, progrès, redoublement, regain, renforcement, reprise, revif.

RECRUE ■ n. f. *I.* ⇒ soldat. *II.* ⇒ membre.

RECRUTEMENT ■ ⇒ conscription.

RECRUTER ■ Embrigader, engager, enrégimenter, enrôler, incorporer, lever des troupes, mobiliser, racoler.

RECTIFICATION ■ ⇒ correction.

RECTIFIER ■ Amender, changer, corriger, modifier, redresser, réformer, rétablir, revoir.

RECTILIGNE ■ ⇒ droit.

RECTITUDE ■ Droiture, exactitude, fermeté, honnêteté, justesse, justice, logique, rigueur.

REÇU ■ Acquit, bulletin, état, décharge, quittance, quitus, récépissé, reconnaissance.

RECUEIL ■ *I.* ⇒ collection. *II.* Album, ana, analectes, anthologie, atlas, bouquin, brochure, catalogue, chrestomathie, code, écrit, fascicule, florilège, herbier, livraison, livre, livret, manuel, opuscule, ouvrage, plaquette, portulan (mar. vx), publication, registre, répertoire, tome, volume.

RECUEILLEMENT ■ *I.* Adoration, contemplation, ferveur, méditation, piété, récollection, retraite. *II.* Application, componction, concentration, réflexion.

RECUEILLIR ■ Acquérir, amasser, assembler, avoir, butiner, capter, colliger, cueillir, effruiter, engranger, gagner, glaner, grappiller, hériter, lever, moissonner, obtenir, percevoir, prendre, quêter, ramasser, rassembler, recevoir, récolter, retirer, réunir, tirer,

toucher. *V. pron.* 1. ⇒ penser. 2. ⇒ renfermer (se). 3. ⇒ absorber (s').

RECUL, RECULADE ■ *I.* Récession, reculement, repoussement, retrait, rétrogradation, rétrogression. *II.* Décrochage, repli, retraite. *III.* Reflux. *IV.* Éloignement, régression, retard. *V.* ⇒ distance.

RECULÉ, E ■ ⇒ éloigné.

RECULER ■ *I. V. tr.* 1. Décaler, déplacer, repousser. 2. Accroître, agrandir, étendre. 3. Ajourner, différer, retarder. *II. V. intr. :* abandonner, battre en retraite, caler, caner (fam.), céder, culer, décrocher, faire machine/marche arrière, flancher, fléchir, foirer (fam.), lâcher pied, perdre du terrain, refluer, refouler, régresser, se rejeter, se replier, rétrograder, rompre.

RÉCUPÉRER ■ *I.* ⇒ recouvrer. *II.* ⇒ remettre (se).

RÉCURER ■ Approprier, assainir, astiquer, balayer, battre, bichonner (fam.), blanchir, bouchonner, briquer (fam.), brosser, cirer, curer, débarbouiller, débarrasser, décaper, décrasser, décrotter, dégraisser, dérocher, dérouiller, déterger, écurer, enlever la crasse/la saleté, étriller, faire le ménage, fourbir, frotter, housser, laver, lessiver, monder, purifier, rapproprier, racler, ravaler, savonner, toiletter, torcher, torchonner, vanner.

RÉCURRENT, E ■ Itératif, récursif, redondant, réduplicatif, réitératif, répétitif.

RÉCUSER ■ *I.* ⇒ refuser. *II.* ⇒ repousser.

RECYCLAGE ■ Aggiornamento, mise à jour, réinsertion, réorientation.

RÉDACTEUR, TRICE ■ *I.* ⇒ journaliste. *II.* ⇒ secrétaire.

RÉDACTION ■ *I.* Composition, écriture, établissement, formule, libellé. ⇒ texte. *II.* Composition française, dissertation, narration. ⇒ récit.

REDDITION ■ ⇒ capitulation.

RÉDEMPTEUR, TRICE ■ ⇒ sauveur.

RÉDEMPTION ■ Délivrance, expiation, rachat, salut.

REDEVABLE ■ Assujetti, débiteur, imposable, obligé, tributaire.

REDEVANCE ■ ⇒ charge.

RÉDHIBITION ■ ⇒ abrogation.

RÉDIGER ■ ⇒ écrire.

REDINGOTE ■ *I.* Lévite. ⇒ manteau. *II.* ⇒ habit.

REDIRE ■ *I.* ⇒ répéter. *II. Loc.* Trouver à redire ⇒ critiquer.

REDITE, REDONDANCE ■ *I.* ⇒ répétition. *II.* ⇒ pléonasme. *III.* ⇒ superfluité.

REDONDANT, E ■ *I.* ⇒ diffus. *II.* ⇒ superflu. *III.* ⇒ récurrent.

REDONNER ■ Dégorger, rembourser, remettre, rendre, rendre gorge, repasser (fam.), restituer, rétrocéder.

REDOUBLEMENT ■ Accroissement, agrandissement, aggravation, augmentation, amplification, crise, croissance, développement, exacerbation, grossissement, intensification. ⇒ paroxysme.

REDOUBLER ■ ⇒ augmenter.

REDOUTABLE ■ ⇒ terrible.

REDOUTER ■ S'alarmer, appréhender, avoir peur, être effrayé, être épouvanté, trembler.

REDRESSEMENT ■ ⇒ correction.

REDRESSER ■ *I.* Défausser. ⇒ rectifier. *II.* ⇒ réprimander. *III.* ⇒ lever. *IV. Équit.* les oreilles (pour le cheval) : chauvir.

RÉDUCTION ■ *I. Au pr. :* 1. Accourcissement, allégement, amenuisement, amoindrissement, atténuation, compression, diminution, graticulation, limitation, plafonnement, raccourcissement, rationnement, rapetissement, resserrement, restriction, rétrécissement, schématisation, simplification. 2. ⇒ remise. 3. Abrégé, diminutif, miniature. *II. Par ext.* 1. Pacification, soumission. 2. ⇒ abaissement.

RÉDUIRE ■ *I. Au pr. :* 1. Abaisser, abréger, accourcir, affaiblir, amoindrir, amortir, atténuer, baisser, changer, comprimer, condenser, contingenter, diminuer, écorner, écourter, élégir, fondre, graticuler, inférioriser, limiter, minimer, minimiser, modérer, plafonner, rabaisser, raccourcir, ramener, rapetisser, raréfier, rationner, renfermer, resserrer, restreindre, simplifier. 2. Dédramatiser, dépassionner. ⇒ calmer. *II. Par ext.* 1. ⇒ économiser. 2. ⇒ vaincre.

RÉDUIT ■ Bouge, cabane, cabine, cabinet, cagibi, cahute, cellule, chambrette, galetas, loge, logette, mansarde, niche, retraite, souillarde, soupente.

RÉEL, RÉELLE ■ Actuel, admis, assuré, authentique, certain, concret, démontré, effectif, établi, exact, factuel, fondé, historique, incontestable, incontesté, indiscutable, indubitable, juste, matériel, objectif, palpable, patent, positif, réalisé, reçu, sérieux, sincère, solide, tangible, véridique, véritable, visible, vrai.

RÉELLEMENT ■ Bel et bien, bonnement, certainement, dans le fait, de fait, effectivement, efficacement, en effet, en fait, en réalité, objectivement, véritablement, vraiment.

RÉEXPÉDIER ■ ⇒ retourner.

RÉFACTION ■ ⇒ diminution.

REFAIRE ■ *I. Au pr. :* 1. Bisser, recommencer, réitérer, répéter, reprendre. 2. Rajuster, reconstruire, recréer, récrire, réédifier, rééditer, refondre, reformer, renouveler, réparer, reproduire, restaurer, rétablir. *II. Fig.* 1. ⇒ réconforter. 2. ⇒ tromper. 3. ⇒ voler.

RÉFECTION ■ ⇒ réparation.

RÉFECTOIRE ■ Cambuse, cantine, mess, popote, salle à manger.

RÉFÉRENCE ■ *I.* ⇒ renvoi. *II.* ⇒ attestation.

RÉFÉRENDUM ■ Consultation, élection, plébiscite, scrutin, suffrage, votation, vote, voix.

RÉFÉRER ■ *I.* ⇒ attribuer. *II. V. pron.* ⇒ rapporter (s'en).

REFILER ■ Bazarder, fourguer. ⇒ donner.

RÉFLÉCHI, E ■ *I.* ⇒ posé. *II.* ⇒ prudent.

RÉFLÉCHIR ■ *I.* ⇒ renvoyer. *II.* ⇒ penser.

RÉFLECTEUR ■ Catadioptre, cataphote.

REFLET ■ *I. Au pr. :* brillance, chatoiement, coruscation, étincellement, lueur, miroitement, moire, réflexion, ruissellement, rutilance, scintillement. *II. Par ext.* ⇒ représentation.

REFLÉTER ■ *I.* ⇒ renvoyer. *II.* ⇒ représenter.

RÉFLEXE ■ *I.* Automatisme, interaction, mouvement, réaction. *II.* Coup d'œil, présence d'esprit, sang-froid.

RÉFLEXION ■ *I.* Diffusion, rayonnement, reflet, réverbération. *II.* ⇒ attention. *III.* ⇒ idée. *IV.* ⇒ pensée. *V.* ⇒ remarque.

REFLUER ■ *I.* ⇒ répandre (se). *II.* ⇒ reculer.

REFLUX ■ ⇒ marée.

REFONDRE ■ ⇒ refaire.

REFONTE ■ Réécriture, réédition, remaniement. ⇒ reprise.

RÉFORMATEUR, TRICE ■ Rénovateur.

RÉFORME ■ ⇒ changement.

RÉFORMER ■ *I.* ⇒ corriger. *II.* ⇒ retrancher. *III.* ⇒ refaire.

REFOULEMENT ■ *I.* Autocensure, inhibition, interdit. *II.* ⇒ expulsion.

REFOULER ■ *I.* ⇒ repousser. *II.* ⇒ chasser. *III.* ⇒ renfermer.

RÉFRACTAIRE ■ ⇒ indocile.

REFRAIN ■ Antienne, chanson, chant, lanterne, leitmotiv, rengaine, répétition, ritournelle, scie, turlurette, turlutaine.

REFRÉNER ■ ⇒ réprimer.

RÉFRIGÉRATEUR ■ Chambre froide, congélateur, conservateur, Frigidaire (marque), frigorifère, frigorifique, frigorigène, glacière.

RÉFRIGÉRER ■ ⇒ frigorifier.

REFROIDIR ■ *I. Au pr. :* attiédir, congeler, frapper, frigorifier, glacer, rafraîchir, réfrigérer, tiédir. *II. Fig.* ⇒ calmer.

REFROIDISSEMENT ■ *I.* ⇒ congélation. *II.* ⇒ grippe.

REFUGE ■ *I.* ⇒ abri, cabane. *II.* ⇒ halte. *III.* ⇒ ressource.

RÉFUGIÉ, E ■ ⇒ émigré.

RÉFUGIER (SE) ■ *I.* ⇒ blottir (se). *II.* ⇒ partir.

REFUS ■ Blackboulage, déni, fin de non-recevoir, négation, rebuffade, rebut, regimbement, rejet, renvoi, veto.

REFUSÉ, E ■ Ajourné, battu, blackboulé, collé, recalé, retapé, retoqué.

REFUSER ■ *I.* ⇒ refusé. *II.* Débouter, décliner, dédaigner, défendre, dénier, écarter, éconduire, éloigner, exclure, évincer, nier, récuser, remercier, renvoyer, repousser. *III.* ⇒ congédier.

RÉFUTATION ■ ⇒ objection.

RÉFUTER ■ Aller à l'encontre, confondre, contester, contredire, démentir, désavouer, s'inscrire en faux, opposer, répondre.

REGAGNER ■ Rattraper, récupérer, recouvrer.

REGAIN ■ ⇒ recrudescence.

RÉGAL ■ *I.* ⇒ divertissement. *II.* ⇒ festin. *III.* ⇒ plaisir.

RÉGALER ■ *I.* ⇒ réjouir. *II.* ⇒ festoyer. *III. Fam.* ⇒ maltraiter. *IV. V. pron. :* se délecter, déguster, faire bombance *et les syn. de* BOMBANCE, festiner, festoyer, fricoter, se gargariser, se goberger, goûter, jouir, se pourlécher/repaître, savourer, se taper la cloche.

REGARD ■ *I.* Coup d'œil, œillade, yeux. ⇒ œil. *II. Loc.* 1. Attirer le regard : attention. 2. Au regard de : en comparaison de. 3. En regard ⇒ vis-à-vis.

REGARDANT, E ■ ⇒ avare.

REGARDER ■ *I.* Admirer, attacher son regard, aviser, considérer, contempler, couver des yeux/du regard, dévisager, dévorer des yeux, envisager, examiner, fixer, guigner, inspecter, jeter les yeux, lorgner, mirer, observer, parcourir, promener les yeux/le regard, reluquer, remarquer, scruter, toiser, voir. **Fam.** : bigler, bigner, bignoler, mater. *II.* ⇒ concerner. *III. Loc.* Regarder comme : compter, considérer, estimer, juger, prendre, présumer, réputer.

RÉGÉNÉRATION ■ ⇒ renaissance.

RÉGÉNÉRER ■ ⇒ corriger.

RÉGENT ■ *I.* ⇒ maître. *II.* ⇒ pédant.

RÉGENTER ■ Administrer, commander, conduire, diriger, dominer, gérer, gouverner, manier, manœuvrer, mener, piloter, régir, régner, tyranniser (péj.).

RÉGIE ■ *I.* ⇒ administration. *II.* ⇒ direction.

REGIMBER ■ *I.* ⇒ ruer. *II.* ⇒ résister.

REGIMBEUR, EUSE ■ n. et adj. ⇒ indocile.

RÉGIME ■ *I.* ⇒ administration. *II.* ⇒ direction. *III.* ⇒ gouvernement. *IV.* Conduite, cure, diète, jeûne, rationnement, règle.

RÉGIMENT ■ *I.* ⇒ troupe. *II.* ⇒ multitude.

RÉGION ■ Bled (fam.), campagne, coin, contrée, endroit, lieu, nation, origine, parage, patelin (fam.), pays, province, rivage, royaume, sol, terre, territoire, terroir, zone.

RÉGIR ■ Diriger, gérer. ⇒ gouverner.

RÉGISSEUR ■ ⇒ gérant.

REGISTRE ■ *I.* Brouillard, écritures, grand livre, journal, livre, main-courante, matrice, matricule, minutier, pouillé (relig. vx), répertoire. *II.* Échelle, tessiture. *III.* Caractère, ton, tonalité.

RÈGLE ■ *I.* Canon, commandement, convention, coutume, formule, gouverne, ligne, loi, mesure, norme, ordre, précepte, prescription, théorie. ⇒ **principe.** *II.* ⇒ **protocole.** *III.* ⇒ **règlement.** *IV.* ⇒ **exemple.** *V.* Alidade, carrelet, comparateur, compas, équerre, sauterelle, té, vernier. *VI. Au pl.* ⇒ menstruation.

RÉGLÉ, E ■ *I. Quelque chose :* arrêté, calculé, décidé, déterminé, fixé, normal, périodique, systématique, uniforme. *II. Quelqu'un :* exact, mesuré, méthodique, ordonné, organisé, ponctuel, rangé, régulier, sage.

RÈGLEMENT ■ *I.* Arrêté, canon, charte, code, consigne, constitution, décret, discipline, édit, institution, loi, mandement, ordonnance, prescription, règle, réglementation, statut. *II.* Accord, arbitrage, arrangement, convention, protocole. *III.* Arrêté, liquidation, paiement, solde. *IV. Relig. :* observance.

RÉGLEMENTAIRE ■ ⇒ permis.

RÉGLEMENTER ■ ⇒ légiférer.

RÉGLER ■ *I.* Ajuster, aligner, conformer à, diriger, mesurer, modeler, modérer, tracer, tirer. *II.* ⇒ décider. *III.* ⇒ finir. *IV.* ⇒ payer. *V.* Codifier, normaliser, organiser, réglementer. ⇒ fixer. *VI. V. pron.* : se conformer, se soumettre, *et les formes pron. possibles des syn. de* RÉGLER.

RÈGNE ■ *I.* Dynastie, empire, époque, gouvernement, monarchie, pouvoir, souveraineté. ⇒ autorité. *II.* Monde, royaume, univers.

RÉGNER ■ *I.* ⇒ gouverner. *II.* ⇒ être.

REGORGER ■ *I.* ⇒ abonder. *II.* ⇒ déborder. *III.* ⇒ répandre (se).

RÉGRESSER ■ ⇒ reculer.

RÉGRESSION ■ ⇒ recul.

REGRET ■ *I.* Doléance, lamentation, mal du pays, nostalgie, plainte, soupir. *II.* Attrition, componction, contrition, désespoir, peine, pénitence, remords, repentance, repentir, résipiscence, ver rongeur. *III.* Déception.

REGRETTABLE ■ *I.* ⇒ affligeant. *II.* ⇒ inopportun.

REGRETTER ■ *I.* Avoir du déplaisir/du regret, geindre, se lamenter, s'en mordre les doigts/les poings/les pouces, pleurer, se repentir. *II.* Déplorer, désapprouver, plaindre.

REGROUPEMENT ■ ⇒ rassemblement.

REGROUPER ■ ⇒ assembler.

RÉGULARISATION ■ ⇒ normalisation.

RÉGULARISER ■ ⇒ fixer.

RÉGULARITÉ ■ *I. De quelque chose* : authenticité, concordance, congruence, convenance, correction, fidélité, justesse, légalité, précision, rigueur, véracité, véridicité, vérité. *II.* Aisance, facilité, fluidité. *III. De quelqu'un* : application, assiduité, attention, conscience professionnelle, correction, exactitude, minutie, ponctualité, scrupule, sincérité, soin.

RÉGULATION ■ Contrôle, dispatching, équilibrage, normalisation, progressivité. ⇒ répartition.

RÉGULIER ■ n. ⇒ religieux.

RÉGULIER, ÈRE ■ adj. *I.* ⇒ réglé. *II.* ⇒ exact.

RÉGURGITER ■ ⇒ vomir.

RÉHABILITATION ■ Justification.

RÉHABILITER ■ ⇒ rétablir.

REHAUSSEMENT ■ ⇒ majoration.

REHAUSSER ■ *I. Au pr.* ⇒ hausser. *II. Fig.* 1. Augmenter, ranimer, relever. 2. ⇒ assaisonner. 3. Échampir, embellir, ennoblir, faire ressortir/valoir, mettre en valeur, réchampir, relever. 4. ⇒ louer.

RÉIFIER ■ ⇒ chosifier.

REIN ■ *I. Au sing.* : lombes, râble, rognon. *II. Au pl.* : bas du dos, croupe, dos. *III. Par ext.* ⇒ derrière.

RÉINCARNATION ■ ⇒ renaissance.

REINE ■ Dame, souveraine.

RÉINSÉRER ■ ⇒ rétablir.

RÉINSERTION, RÉINTÉGRATION ■ ⇒ rétablissement.

RÉINTÉGRER ■ *I.* ⇒ rétablir. *II.* ⇒ revenir.

RÉITÉRER ■ *I.* ⇒ refaire. *II.* ⇒ répéter.

REÎTRE ■ *I.* ⇒ mercenaire. *II.* ⇒ soudard.

REJAILLIR ■ *I.* ⇒ jaillir. *II.* ⇒ retomber.

REJET ■ *I.* ⇒ pousse. *II.* ⇒ refus. *III.* Contre-rejet, enjambement.

REJETER ■ *I.* ⇒ jeter. *II.* ⇒ repousser. *III.* ⇒ reporter. *IV. V. pron.* ⇒ reculer.

REJETON ■ *I.* ⇒ pousse. *II.* ⇒ fils. *III.* ⇒ postérité.

REJOINDRE ■ Atteindre, attraper, gagner, joindre, rallier, rattraper, regagner, retrouver, tomber dans.

RÉJOUI, E ■ Bon vivant, boute-en-train, content, épanoui, gai, guilleret, heureux, hilare, joyeux, riant, rieur, Roger-Bontemps, vive-la-joie, *et les part. passés possibles des syn. de* RÉJOUIR.

RÉJOUIR ■ Amuser, charmer, contenter, dérider, dilater/épanouir le cœur, divertir, ébaudir (vx), égayer, enchanter, ensoleiller, faire plaisir, illuminer, mettre en joie, plaire, ravir, régaler, rendre joyeux. *V. pron. :* s'applaudir, avoir la fierté, bicher (fam.), boire du petit-lait (fam.), se délecter, être heureux, exulter, se féliciter, se frotter les mains, se gaudir (vx), jubiler, pavoiser, rire, triompher, *et les formes pron. possibles des syn. de* RÉJOUIR.

RÉJOUISSANCE ■ Agape, amusement, distraction, divertissement, ébaudissement (vx), fête, jubilation, liesse, noce, partie, plaisir.

RÉJOUISSANT, E ■ ⇒ gai.

RELÂCHE ■ *I.* ⇒ repos. *II. Loc. adv.* Sans relâche ⇒ toujours.

RELÂCHÉ, E ■ *I. Neutre :* affaibli, commode, facile, libéré, libre, mitigé. *II. Non favorable :* amoral, débauché, dissolu, élastique, immoral, inappliqué, inattentif, libertin, négligent.

RELÂCHEMENT ■ *I.* ⇒ repos. *II.* ⇒ négligence.

RELÂCHER ■ *I. Au pr.* 1. On relâche une chose : décontracter, desserrer, détendre, lâcher. ⇒ diminuer. 2. Quelqu'un : élargir, libérer, relaxer. *II. Par ext. :* adoucir, ramollir, tempérer. *III. Mar. :* accoster, faire escale. ⇒ toucher. *IV. V. pron. :* s'amollir, diminuer, faiblir, se laisser aller, se négliger, se perdre.

RELAIS ■ Halte, mansion (vx), poste. ⇒ hôtel.

RELANCE ■ ⇒ reprise.

RELANCER ■ ⇒ poursuivre.

RELAPS, E ■ ⇒ hérétique.

RELATER ■ ⇒ raconter.

RELATIF, IVE ■ ⇒ proportionnel.

RELATION ■ *I. Quelque chose.* 1. ⇒ histoire. 2. Compte rendu, procès-verbal, rapport, témoignage, version. ⇒ récit. 3. Analogie, appartenance, connexion, corrélation, dépendance, liaison, lien, rapport. *II. Entre personnes.* 1. ⇒ ami. 2. Accointance, attache, bonne/mauvaise intelligence, bons/mauvais termes, commerce, communication, contact, correspondance, engagement, fréquentation, habitude, liaison, lien, rapport, société. 3. Amour, commerce, flirt, intrigue, liaison, marivaudage, rapport, union.

RELAX, E ■ *I.* ⇒ dégagé. *II.* ⇒ souple.

RELAXATION ■ ⇒ repos.

RELAXER ■ ⇒ relâcher.

RELAYER ■ ⇒ remplacer.

RELÉGATION ■ Bannissement, déportation, exil, interdiction de séjour, internement, transportation. ⇒ bagne.

RELÉGUER ■ *I. Quelque chose :* abandonner, écarter, jeter, mettre au rebut/au rancart. *II. Quelqu'un :* assigner à résidence, bannir, confiner, déporter, exiler, interdire de séjour, interner, transporter.

RELENT ■ Empyreume, fétidité, infection, mauvaise odeur, odeur fétide/infecte/repoussante, pestilence, puanteur, remugle. ⇒ odeur.

RELÈVE ■ ⇒ remplacement.

RELEVÉ ■ Bordereau, compte, dépouillement, extrait, facture, sommaire.

RELEVÉ, E ■ *I. Au pr. :* accru, augmenté, élevé, haussé. *II. Par ext. :* emphatique (péj.), héroïque, magnifique, noble, pompeux (péj.), soutenu, sublime, transcendant.

RELÈVEMENT ■ *I.* ⇒ **hausse.** *II.* Redressement, rétablissement. *III.* Retroussis.

RELEVER ■ v. tr. et intr. *I.* Écarter, recoquiller, remonter, retrousser, soulever, trousser. ⇒ **lever.** *II.* ⇒ **ramasser.** *III.* ⇒ **hausser.** *IV.* ⇒ **rétablir.** *V.* ⇒ **assaisonner.** *VI.* ⇒ **corriger.** *VII.* ⇒ **rehausser.** *VIII.* ⇒ **noter.** *IX.* ⇒ **louer.** *X.* ⇒ **réprimander.** *XI.* ⇒ **souligner.** *XII.* ⇒ **libérer.** *XIII.* ⇒ **remplacer.** *XIV.* ⇒ **rétablir (se).** *XV.* ⇒ **dépendre.** *XVI.* ⇒ **réparer.**

RELIEF ■ *I. Au sing.* 1. ⇒ **forme.** 2. ⇒ **bosse.** 3. ⇒ **lustre.** *II. Au pl.* ⇒ **reste.**

RELIER ■ *I.* ⇒ **joindre.** *II.* ⇒ **unir.**

RELIGIEUSE ■ *I.* Abbesse, béguine, bonne sœur, congréganiste, converse, dame/fille/sœur (de la charité/de Saint Vincent de Paul/de la Sagesse, etc.), mère, moniale, nonnain, nonne, nonnette, novice, postulante, prieure, professe, supérieure, tourière. *II.* Bernardine, capucine, carmélite, clarisse, dominicaine, franciscaine, petite sœur des pauvres, trinitaire, visitandine.

RELIGIEUX, EUSE ■ *I. Adj.* 1. Au pr. : croyant, dévot, dévotieux, juste, mystique, pieux, pratiquant, spirituel. 2. Par ext. ⇒ **ponctuel.** 3. Claustral, conventuel, monastique, sacré. *II. Nom masc.* : 1. Anachorète, cénobite, clerc, cloîtrier, congréganiste, convers, ermite, hospitalier, mendiant, oblat, prêcheur, régulier. 2. Abbé, aumônier, cellerier, chanoine régulier, hebdomadier, portier, postulant, préfet, prieur, procureur, profès, provincial, révérend, supérieur. 3. Frater (fam.), frère, frocard (péj.), moine, moinillon, monial, novice, penaillon (vx et péj.), père. 4. Antonin, assomptionniste, augustin, barnabite, basilien, bénédictin, bernardin, caloyer, camaldule, capucin, carme, chartreux, cistercien,

dominicain, eudiste, franciscain, jésuite, lazariste, mariste, mekhitariste, minime, olivétain, oratorien, prémontré, récollet, rédemptoriste, servite, silvestrin, sulpicien, théatin, trappiste.

RELIGION ■ *I. Au pr.* 1. Adoration, attachement, croyance, culte, dévotion, doctrine, dogme, dulie, ferveur, foi, latrie, mysticisme, piété, pratique, zèle. 2. Péj. : religiosité. 3. Astrolâtrie, déisme, idolâtrie, panthéisme, théisme. *II. Par ext.* ⇒ **opinion.**

RELIGIONNAIRE ■ ⇒ protestant.

RELIGIOSITÉ ■ ⇒ religion.

RELIQUAIRE ■ Châsse, coffret, fierte.

RELIQUAT ■ ⇒ reste.

RELIQUE ■ *I.* ⇒ reste. *II.* ⇒ fétiche.

RELUIRE ■ Brasiller, briller, chatoyer, éblouir, éclairer, éclater, étinceler, flamboyer, fulgurer, jeter des feux, miroiter, poudroyer, rayonner, resplendir, rutiler, scintiller.

RELUISANT, E ■ ⇒ brillant.

RELUQUER ■ ⇒ regarder.

REMÂCHER ■ ⇒ répéter.

RÉMANENCE ■ ⇒ survivance.

REMANIEMENT ■ ⇒ Modification.

REMANIER ■ *I.* ⇒ changer. *II.* ⇒ revoir.

REMARQUABLE ■ Brillant, considérable, éclatant, émérite, épatant, étonnant, extraordinaire, formidable, frappant, glorieux, important, insigne, marquant, marqué, mémorable, notable, parfait, particulier, rare, saillant, saisissant, signalé, supérieur. ⇒ **distingué.**

REMARQUE ■ Allusion, annotation, aperçu, commentaire, considération, critique, note, objection, observation, pensée, réflexion, remontrance, réprimande, reproche.

REMARQUER ■ *I.* ⇒ regarder. *II.* ⇒ voir.

REMBARRER ■ ⇒ repousser.

REMBLAI ■ ⇒ talus.

REMBLAYER ■ Boucher, combler, hausser.

REMBOURRER ■ Bourrer, capitonner, garnir, matelasser.

REMBOURSEMENT ■ Amortissement, couverture, drawback, paiement, restitution, rétrocession, reversement.

REMBOURSER ■ Amortir, couvrir, défrayer, dépenser, indemniser, payer, redonner, rendre, restituer, reverser.

REMBRUNI, E ■ Assombri, contrarié, peiné. ⇒ triste.

REMÈDE ■ *I. Au pr. :* acupuncture, antidote, bain, baume, bouillon, calmant, cataplasme, compresse, confection, cure, décoction, diète, douche, drogue, électuaire, élixir, emplâtre, émulsion, enveloppement, épithème, extrait, friction, fumigation, gargarisme, grog, implantation, infusion, inhalation, injection, instillation, insufflation, intrait, lavage, lavement, massage, médecine, médicament, médication, mithridate, onguent, opiat, orviétan, palliatif, panacée, pansement, pansement gastrique, perfusion, piqûre, placebo, pommade, ponction, potion, préparatif, préparation, préservatif, purgation, purge, rayons, rééducation, régime, relaxation, respiration artificielle, révulsif, saignée, scarification, sérum, sinapisme, spécialité, spécifique, suralimentation, thériaque, tisane, topique, transfusion, ventouse, vésicatoire. *II. Fig. :* expédient, moyen, ressource, solution, soulagement.

REMÉDIER ■ Arranger, corriger, guérir, obvier, pallier, parer, pourvoir, préserver, réparer, sauver.

REMEMBREMENT ■ Regroupement, tènement.

REMEMBRER ■ *I.* ⇒ assembler. *II.* ⇒ réunir.

REMÉMORER ■ Évoquer, rappeler, redire, repasser, ressasser.

REMENER ■ Remmener. ⇒ ramener.

REMERCIEMENT ■ Action de grâces, ex-voto, merci, témoignage de reconnaissance.

REMERCIER ■ *I. Au pr. :* bénir, dédommager (par ext.), dire merci, gratifier, louer, rendre grâce, savoir gré, témoigner de la reconnaissance. *II. Fig. :* casser aux gages, chasser, congédier, destituer, donner sa bénédiction/campos/congés/ses huit jours/son compte/son congé/son exeat, écarter, éconduire, éloigner, expédier, jeter/mettre à la porte, licencier, liquider, remercier, renvoyer, révoquer, sacquer, se séparer de. *Fam. :* balancer, débarquer, emballer, envoyer faire paître/valser, envoyer dinguer/péter, ficher/flanquer/foutre à la porte, vider.

REMETTRE ■ *I. Au pr. :* ramener, rapporter, réintégrer, replacer. ⇒ rétablir. *II. Par ext.* 1. Commettre, confier, consigner, délivrer, déposer, donner, faire tenir, laisser, livrer, passer, poster, recommander. 2. Rendre, restituer, retourner. ⇒ redonner. 3. Abandonner, se dessaisir de. 4. Se rappeler, reconnaître, se ressouvenir, se souvenir. 5. Mettre, redresser, relever, rétablir. 6. Raccommoder, réduire, remboîter, replacer. 7. Accorder, concilier, rabibocher (fam.), raccommoder, rapapilloter (fam.), rapatrier (vx), rapprocher, réconcilier, réunir. 8. Absoudre, pardonner. 9. Ajourner, atermoyer, attendre, différer, donner un délai, renvoyer, reporter, retarder, surseoir, suspendre. 10. Allonger, exagérer, rajouter. *III. V. pron. :* 1. Aller mieux, entrer/être en convalescence, guérir, se ranimer, recouvrer/retrouver la santé, se relever, se rétablir. **2.** Se calmer, retrouver ses esprits/son calme/ son sang-froid, se tranquilliser. **3.** *Les formes pron. possibles des syn. de* REMETTRE. **4. Loc. S'en remettre à quelqu'un** : s'abandonner, se confier, déférer à, donner mandat/procuration, en appeler, faire confiance à, se fier à, s'en rapporter à, se reposer sur.

RÉMINISCENCE ■ Mémoire, remembrance (vx), ressouvenance, ressouvenir, résurgence, souvenance, souvenir, trace.

REMISE ■ *I. Au pr. :* attribution, délivrance, dépôt, don, livraison. *II. Par ext.* **1.** Bonification, cadeau, commission, déduction, diminution, discount, escompte, guelte, prime, rabais, réduction, sou du franc. **2.** Absolution, amnistie, grâce, merci, pardon, rémission. **3.** Ajournement, atermoiement, délai, renvoi, retardement, sursis, suspension. *III.* Abri, cabane, chartil, débarras, garage, hangar, local, resserre.

REMISER ■ *I. Au pr. :* caser, garer, ranger, serrer. *II. Par ext. :* remettre, repousser.

REMISIER ■ ⇒ intermédiaire.

RÉMISSIBLE ■ ⇒ excusable.

RÉMISSION ■ *I.* Abolition (vx), absolution, acquittement, amnistie, apaisement, indulgence, jubilé (relig.), miséricorde, oubli, pardon. ⇒ **remise.** *II.* Accalmie, rémittence. ⇒ **repos.**

REMMENER ■ Emmener, enlever, ramener, rapporter, remener, retirer, tirer.

REMONTANT ■ Analeptique, cordial, corroborant, digestif, excitant, fortifiant, réconfortant, reconstituant, roboratif, stimulant, tonique.

REMONTE-PENTE ■ Tire-fesses.

REMONTER ■ *I.* Aider, conforter, consoler, électriser, galvaniser, raffermir, ragaillardir, ranimer, ravigoter, raviver, réconforter, refaire, relever le courage/les forces/le moral, remettre, réparer, requinquer (fam.), restaurer, rétablir, retaper, revigorer, soutenir, stimuler, sustenter. *II.* Élever, exhausser, hausser, relever. *III.* Ajuster, mettre en état, monter, réparer.

REMONTRANCE ■ *I.* ⇒ reproche. *II. Loc.* **Faire une remontrance** ⇒ réprimander.

REMONTRER ■ ⇒ reprocher.

REMORDS ■ Attrition, componction, conscience, contrition, désespoir, peine, pénitence, repentance, repentir, reproche, résipiscence, ver rongeur.

REMORQUAGE ■ *I.* Dépannage. *II.* Touage, traction.

REMORQUER ■ ⇒ traîner.

RÉMOULEUR ■ Affuteur, aiguiseur, repasseur.

REMOUS ■ *I.* Agitation, balancement, ballottement, battement, branle, branlement, cadence, cahotement, fluctuation, frémissement, frisson, houle, impulsion, mouvement, onde, ondoiement, ondulation, oscillation, pulsation, roulis, tangage, tourbillon, tourbillonnement, tournoiement, va-et-vient, vague, valse, vibration, vortex. *II.* ⇒ fermentation. *III.* ⇒ trouble. *IV.* ⇒ rythme. *V.* ⇒ variation. *VI.* ⇒ évolution.

REMPAILLER ■ Canner, empailler, garnir, pailler, réparer.

REMPART ■ *I. Au pr. :* avant-mur, banquette, bastion, berme, boulevard, enceinte, escarpe, escarpement, forteresse, fortification, glacis, mur, muraille, parapet. *II. Fig. :* bouclier, cuirasse. ⇒ **protection.**

REMPLAÇANT, E ■ Adjoint, agent, aide, alter ego, doublure, intérimaire, lieutenant, relève, représentant, substitut, successeur, suppléant, supplétif.

REMPLACEMENT ■ *I. De quelqu'un ou quelque chose :* changement, commutation, échange, intérim, rechange, relève, roulement, subrogation, substitution, succession, suppléance. *II. Une chose :* ersatz, succédané.

REMPLACER ■ Changer, commuter, détrôner (fam.), doubler, échanger, enlever, relayer, relever, renouveler, représenter, servir de, subroger, substituer, succéder, supplanter, suppléer, tenir lieu de/place de. *V. pron. :* alterner, *et les formes pron. possibles des syn. de* REMPLACER.

REMPLI, E ■ *I. Au pr. :* bondé, bourré, comble, complet, débordant, empli, employé, farci, garni, gavé, gorgé, hérissé, muni, occupé, plein, ras, rassasié, repu, saturé. *II. Fig. :* bouffi, enflé, enivré, gonflé, imbu, infatué, pénétré, pétri.

REMPLIR ■ *I. Au pr. :* bonder, bourrer, charger, combler, couvrir, embarquer, embourrer, emplir, encombrer, envahir, farcir, garnir, gonfler, insérer, meubler, occuper, ouiller, peupler, rembouger, se répandre dans, saturer, truffer. *II. Par ext.* 1. Abreuver, gorger, inonder. 2. Animer, enflammer, enfler, enivrer, gonfler. 3. Baigner, envahir, parfumer. 4. Acquitter, exécuter, exercer, faire, fonctionner, observer, réaliser, répondre à, satisfaire à, tenir.

REMPLISSAGE ■ Fig. : boursouflure, creux, cheville, délayage, fioriture, inutilité, pléonasme, redondance, superfluité, vide.

REMPLUMER (SE) ■ *I.* Se ragaillardir, se ravigoter, se relever, se remettre, se remonter, réparer ses forces, se requinquer (fam.), se rétablir, se retaper (fam.), se revigorer. *II.* Engraisser, forcir, grossir, reprendre du poil de la bête (fam.).

REMPORTER ■ Accrocher (fam.), acquérir, arracher, attraper, avoir, capter, conquérir, décrocher (fam.), emporter, enlever, faire, gagner, obtenir, prendre, recueillir, soutirer (péj.).

REMUANT, E ■ Actif, agile, agité, animé, déchaîné, déluré, éveillé, excité, fougueux, frétillant, fringant, guilleret, ingambe, inquiet, instable, leste, mobile, nerveux, pétulant, prompt, rapide, sautillant, tempétueux, trépignant, turbulent, vif, vivant.

REMUE-MÉNAGE ■ Activité, affairement, affolement, agitation, alarme, animation, billebaude (vx), bouillonnement, branle-bas, bruit, chambardement (fam.), changement, dérangement, désordre, effervescence, excitation, flux et reflux, grouillement, hâte, incohérence, mouvement, orage, précipitation, remous, remuement, secousse, tempête, tohu-bohu, tourbillon, tourmente, trouble, tumulte, turbulence, va-et-vient.

REMUEMENT ■ ⇒ remue-ménage.

REMUER ■ *I. v. tr.* 1. Au pr. : agiter, balancer, ballotter, brandiller, brandir, brasser, bercer, déplacer, déranger, ébranler, secouer. 2. Une partie du corps : battre, branler, ciller, cligner, crouler (la queue, vén.), dodeliner, hocher, rouler, tortiller, tricoter. 3. Brouiller, fatiguer, malaxer, pétrir, touiller, tourner, travailler. 4. Bouleverser, effondrer, fouiller, mouvoir, retourner. 5. Fig. : atteindre, attendrir, bouleverser, ébranler, émouvoir, exciter, pénétrer, toucher, troubler. *II. V. intr. :* s'agiter, se balancer, bouger, broncher, chanceler, ciller, se dandiner, se décarcasser, se démancher (fam.), se démener, se dépenser, dindailler (rég.), s'évertuer, fourmiller, frétiller, frissonner, flotter, gambiller, gesticuler, gigoter, grouiller, se manier, ondoyer, onduler, osciller, se répandre, sauter, sursauter, tanguer, se tortiller, trembler, trépider, vaciller.

REMUGLE ■ Relent. ⇒ odeur.

RÉMUNÉRATEUR, TRICE ■ Avantageux, bon, fructueux, juteux (fam.), lucratif, payant, productif, profitable, rentable.

RÉMUNÉRATION ■ Appointement, avantage, casuel, commission, dédommagement, émolument, gages, gain, gratification, honoraires, indemnité, intérêt, loyer, paie, pige, prêt, prime, récompense, rétribution, salaire, solde, traitement. ⇒ **bénéfice.**

RÉMUNÉRER ■ Dédommager, récompenser, rétribuer. ⇒ **payer.**

RENÂCLER ■ *I. Au pr.* : aspirer, renifler. *II. Fig.* : rechigner, renauder, répugner à. ⇒ **résister.**

RENAISSANCE ■ *I.* Métempsychose, palingénésie, printemps, progrès, réapparition, régénération, réincarnation, renouveau, renouvellement, résurrection, retour, réveil, réviviscence. *II.* Humanisme, quattrocento.

RENAÎTRE ■ ⇒ revivre.

RENARD, E ■ *I. Au pr.* : fennec, goupil (fam.). *II. Fig.* 1. ⇒ **malin.** 2. ⇒ **hypocrite.**

RENARDER ■ Amorcer, duper, leurrer, ruser, tromper.

RENAUDER ■ ⇒ renâcler.

RENCHÉRI, E ■ *I. Au pr.* : accru, augmenté, grossi, haussé, intensifié. *II. Fig.* : altier, arrogant, condescendant, dédaigneux, distant, fier, haut, hautain, impérieux, insolent, méprisant, moqueur, orgueilleux, protecteur, rogue, superbe, supérieur.

RENCHÉRIR ■ *I. Au pr.* : ajouter, aller sur, augmenter, dépasser, enchérir, hausser, majorer, monter, rajouter, rehausser, relever, remonter, revaloriser, surenchérir. *II. Par ext.* : amplifier, bluffer, broder, charger, donner le coup de pouce (fam.), dramatiser, enfler, en remettre, exagérer, faire valoir, forcer, galéjer, grandir, grossir, ne pas y aller de main morte (fam.), outrer, pousser, rajouter, surfaire, se vanter. ⇒ **hâbler.**

RENCHÉRISSEMENT ■ ⇒ hausse.

RENCOGNER ■ Coincer, pousser/repousser dans un coin, serrer.

RENCONTRE ■ *I. Au pr.* 1. De quelque chose : coïncidence, concours, conjonction, conjoncture, croisement, hasard, occasion, occurrence. 2. De personnes : confrontation, entrevue, face à face, rendez-vous, retrouvailles, réunion, tête à tête. *II. Par ext.* 1. Attaque, bataille, choc, combat, échauffourée, engagement, heurt. 2. Affaire d'honneur, duel. 3. Choc, collision, tamponnement, télescopage. 4. Compétition, épreuve, match, partie. 5. Aventure, cas, circonstance, événement, éventualité, fait, hypothèse, matière, possibilité, situation. 6. Loc. *À la rencontre* : au-devant.

RENCONTRER ■ *I. Au pr.* : apercevoir, coudoyer, croiser, être mis en présence de, tomber sur. *II. Par ext.* 1. S'aboucher, contacter, faire la connaissance de, joindre, prendre rendez-vous, toucher, voir. 2. Atteindre, parvenir à, toucher. 3. Achopper, buter, chopper, cogner, donner contre, heurter, porter, taper.

RENDEMENT ■ Bénéfice, effet, efficacité, efficience, gain, production, productivité, produit, profit, rapport, rentabilité, revenu.

RENDEZ-VOUS ■ *I. Au pr.* : assignation, audience, entrevue, jour. *Fam.* : rambot, rambour, rancard. *II. Par ext.* Péj. : dépotoir, réceptacle.

RENDRE ■ *I. Au pr.* 1. ⇒ **redonner.** 2. ⇒ **remettre.** 3. ⇒ **livrer.** *II. Par ext.* 1. ⇒ **produire.** 2. ⇒ **exprimer.** 3. ⇒ **renvoyer.** 4. ⇒ **vomir.** *III. Loc.* 1. **Rendre compte** ⇒ **raconter.** 2. **Rendre l'âme** ⇒ **mourir.** 3. **Rendre la pareille** ⇒ **répondre.**

RENDU, E ■ Accablé, assommé, avachi, brisé, courbatu, courbaturé, épuisé, excédé, exténué, fatigué, fourbu, harassé, las, moulu, rompu, roué de fatigue, surentraîné, surmené. ⇒ **recru.**

RÊNE ■ Bride, bridon, guide.

RENÉGAT, E ■ Apostat, déloyal, félon, hérétique, infidèle, judas, parjure, perfide, schismatique, traître, transfuge. ⇒ **païen.**

RENFERMÉ, E ■ ⇒ secret.

RENFERMER ■ *I. Au pr.* 1. On enferme quelque chose ou quelqu'un : boucler, calfeutrer, chambrer, claque-murer, claustrer, cloîtrer, coffrer (fam.), confiner, consigner, détenir, emballer, emmurer, emprisonner, encercler, encoffrer, enfermer, enser-rer, entourer, faire entrer, interner, murer, parquer, séquestrer, serrer, ver-rouiller. 2. Quelque chose renferme quelque chose : comporter, com-prendre, contenir, emporter, impli-quer, receler. *II. Par ext.* 1. Ravaler, refouler, renfoncer, réprimer. 2. ⇒ réduire. *III. V. pron. :* se concentrer, se recueillir, se replier sur soi, *et les formes pron. possibles des syn. de* REN-FERMER.

RENFLÉ, E ■ *I. Au pr. :* ballonné, bombé, bouffant, bouffi, boursouflé, bulbeux, cloqué, congestionné, dilaté, distendu, empâté, enflé, épais, gib-beux, gondolé, gonflé, gros, hypertro-phié, mafflu, mamelu, météorisé, obèse, rebondi, rond, soufflé, tuméfié, tumescent, turgescent, turgide, urcéolé, ventru, vultueux. *II. Fig.* ⇒ emphatique.

RENFLEMENT ■ ⇒ bosse.

RENFLOUER ■ *Fam.* ⇒ aider.

RENFONCEMENT ■ Alcôve, anfrac-tuosité, antre, cave, caveau, caverne, cavité, coin, cratère, creux, crevasse, crypte, dépression, doline, embrasure, encoignure, enfonçure, excavation, fosse, gouffre, grotte, loge, niche, poche, trou.

RENFONCER ■ *I.* ⇒ enfoncer. *II.* ⇒ renfermer.

RENFORCÉ, E ■ *I.* ⇒ solide. *II.* ⇒ parfait.

RENFORCEMENT ■ ⇒ affermisse-ment.

RENFORCER ■ *I. Au pr. :* armer, blin-der, couvrir, cuirasser, défendre, enforcir, équiper, flanquer, fortifier, garantir, maroufler (partic.), munir, parer, préserver, protéger, sauvegar-der. *II. Par ext.* 1. Aider, appuyer, assurer, conforter, réconforter, trem-per. 2. Affermir, ajouter, consolider, étayer, grossir. 3. Accentuer, accroître, agrandir, enfler, exalter.

RENFORT ■ → aide.

RENFROGNÉ, E ■ Acariâtre, boudeur, bourru, chagrin, grincheux, maussade, morose, rabat-joie, rechigné, revêche.

RENGAINE ■ Antienne, aria, banalité, chanson, dada, leitmotiv, rabâchage, redite, refrain, répétition, scie, tube (fam.).

RENGAINER ■ ⇒ rentrer.

RENGORGER (SE) ■ Faire le beau/l'important/la roue. ⇒ **poser.**

RENIEMENT ■ ⇒ abandon.

RENIER ■ Abandonner, abjurer, apos-tasier, se convertir, désavouer, méconnaître, nier, se parjurer (péj.), renoncer, retourner sa veste, se rétrac-ter.

RENIFLARD ■ Purgeur, robinet, sou-pape (fam.).

RENIFLER ■ *I. Au pr.* 1. V. intr. : aspi-rer, s'ébrouer, renâcler. 2. V. tr. : flai-rer, priser, sentir. *II. Fig.* ⇒ répu-gner à.

RENOM ■ ⇒ renommée.

RENOMMÉ, E ■ adj. Célèbre, connu, estimé, illustre, réputé, vanté.

RENOMMÉE ■ n. Célébrité, considéra-tion, gloire, honneur, mémoire, nom, notoriété, popularité, postérité, publi-cité, renom, réputation, rumeur/voix publique, vogue.

RENONCEMENT ■ *I.* Abandon, abstinence, concession, désappropriation, désistement, renonciation, résignation (jurid.). *II.* Abnégation, altruisme, délaissement (vx), dépouillement, désintéressement, détachement, sacrifice.

RENONCER ■ *I. V. intr. :* abandonner, abdiquer, abjurer, s'abstenir, céder, cesser, changer, se défaire de, se délier, se démettre, démissionner, en démordre, se départir, déposer, se dépouiller, se désaccoutumer, se dessaisir, se détacher, dételer (fam.), se détourner, dire adieu, divorcer (fig.), s'écarter, jeter le manche après la cognée (fam.), laisser, se passer de, perdre, se priver de, quitter, remettre, renier, répudier, résigner, se retirer, sacrifier. *II. V. tr.* ⇒ renier.

RENONCIATION ■ Abandon, abdication, abjuration, abstention, apostasie, démission, sacrifice.

RENONCULE ■ Bassinet, bouton-d'argent/d'or, douve, ficaire, grenouillette.

RENOUER ■ Rattacher, refaire, rejoindre, reprendre. ⇒ réconcilier (se).

RENOUVEAU ■ ⇒ renaissance.

RENOUVELABLE ■ Reconductible.

RENOUVELER ■ *I.* Bouleverser, chambarder (fam.), chambouler (fam.), changer, convertir, corriger, innover, métamorphoser, modifier, muer, rectifier, refondre, réformer, remanier, rénover, révolutionner, toucher à, transfigurer, transformer, transmuer, transposer. *II.* Donner une impulsion/une vigueur nouvelle, moderniser, rajeunir, ranimer, raviver, recommencer, redoubler, régénérer, réveiller. *III.* Proroger, reconduire. *IV.* Faire de nouveau, refaire, réitérer, répéter. *V.* Renouer, ressusciter (fig.), rétablir. *VI.* ⇒ remplacer. *VII. V. pron.* ⇒ recommencer.

RENOUVELLEMENT ■ Accroissement, changement, prorogation, rajeu-

nissement, recommencement, reconduction, régénération, remplacement, renouveau, rénovation, rétablissement, transformation. ⇒ renaissance.

RÉNOVATEUR, TRICE ■ Réformateur.

RÉNOVATION ■ Amélioration, changement, réforme, régénération, réhabilitation, renouvellement, réparation, restauration, résurrection (fig.), transformation. ⇒ renouvellement.

RÉNOVER ■ ⇒ renouveler.

RENSEIGNEMENT ■ *I. Au pr. :* 1. Avis, communication, confidence, donnée, éclaircissement, indication, indice, information, lumière, nouvelle, précision, révélation. 2. Arg. : condé, duce, rembour, rencard, tube, tuyau. *II. Par ext. :* document, documentation, dossier, fiche, sommier.

RENSEIGNER ■ *I.* Avertir, dire, documenter, édifier, fixer, informer, instruire, moucharder (fam. et péj.). *II. Arg. :* affranchir, brancher, mettre au parfum, parfumer, rembourrer, rencarder, tuyauter.

RENTABILITÉ ■ ⇒ rendement.

RENTABLE ■ ⇒ rémunérateur.

RENTAMER ■ ⇒ recommencer.

RENTE ■ Arrérages, intérêt, produit, revenu, viager.

RENTIER ■ ⇒ riche.

RENTRÉE ■ *I.* ⇒ retour. *II.* Encaissement, perception, recette, recouvrement.

RENTRER ■ *I.* ⇒ revenir. *II.* Cacher, escamoter, rengainer, renquiller (fam.). *III. Loc.* Rentrer sa colère/sa haine/ses larmes/sa rage : avaler, dissimuler, refouler.

RENVERSANT, E ■ ⇒ surprenant.

RENVERSÉ, E ■ ⇒ surpris.

RENVERSEMENT ■ *I. Au pr. :* anastrophe, exstrophie (méd.), interversion, retournement, révolution, transposition. *II. Par ext. :* anéantissement, bouleversement, chambardement (fam.), chamboulement (fam.), chute, écroulement, ruine.

RENVERSER ■ *I. Au pr.* 1. Intervertir, inverser, invertir, révolutionner, saccager, subvertir, transposer, troubler. 2. Fam. : chambarder, chambouler. 3. Bousculer, démonter, désarçonner, envoyer au tapis (fam.), étendre, mettre sens dessus dessous, terrasser. *II. Par ext.* 1. Abattre, basculer, briser, broyer, culbuter, déboulonner (fam.), défaire, dégommer (fam.), démolir, détrôner, détruire, enfoncer, foudroyer, jeter bas, ruiner, saper, vaincre. 2. ⇒ **répandre.** 3. Coucher, incliner, pencher.

RENVIER ■ Enchérir, mettre au-dessus.

RENVOI ■ *I. Jurid. :* ajournement, annulation, cassation, destitution, dissolution, infirmation, invalidation, péremption d'instance, réhabilitation, relaxe, remise, report, rescision, résiliation, résolution, révocation, sursis. *II.* Congé, congédiement, destitution, exclusion, exil, expulsion, licenciement, mise à pied, révocation. *III.* Annotation, appel de note, apostille, astérisque, avertissement, gribiche, lettrine, marque, modification, référence. *IV.* Éructation, rapport (vx), régurgitation, rot (fam.).

RENVOYER ■ *I. Au pr. :* casser aux gages, chasser, congédier, se défaire de, dégoter (vx), destituer, disgracier, donner congé/ses huit jours/son compte / son congé / son exeat, écarter, éconduire, éloigner, envoyer promener, exclure, expédier, ficher/flanquer/foutre (grossier)/jeter/mettre à la porte/dehors, licencier, liquider, mettre à pied, remercier, révoquer. ⇒ **repousser. Fam. :** balayer, débarquer, donner sa bénédiction/son paquet, emballer, envoyer dinguer/faire fiche/faire foutre/paître/péter/valser, larguer, raouster, sacquer, valouser,

vider. *II.* Refuser, rendre, retourner. *III.* Faire écho, réfléchir, refléter, rendre, répercuter, reproduire, transmettre. *IV.* Relancer. *V.* Ajourner, annuler, différer, remettre, retarder.

REPAIRE ■ *I.* Aire, antre, bauge, breuil, fort, gîte, nid, refuge, ressui, retraite, soue, tanière, terrier, trou. *II.* Abri, asile, cache, cachette, lieu sûr, refuge, retraite.

REPAÎTRE ■ *I.* ⇒ manger. *II.* ⇒ nourrir. *III. V. pron. :* 1. ⇒ manger. 2. ⇒ régaler (se). 3. ⇒ jouir de.

RÉPANDRE ■ *I. Au pr.* 1. Arroser, couvrir, déverser, disperser, disséminer, ensemencer, épandre, éparpiller, épartir (vx), essaimer, étendre, jeter, joncher, parsemer, passer, paver, renverser, semer, verser. 2. Dégager, développer, diffuser, éclairer, embaumer, ensemencer, émettre, exhaler, fleurer, parfumer. *II. Par ext.* 1. Accorder, dispenser, distribuer, donner, épancher. 2. Distiller, faire régner, jeter, provoquer. 3. Colporter, diffuser, dire, divulguer, ébruiter, étendre, éventer, généraliser, lancer, populariser, propager, publier, tambouriner, universaliser, vulgariser. ⇒ **médire.** *III. V. pron. : au pr.* 1. Un liquide : couler, courir, déborder, découler, dégorger, dégouliner (fam.), se déverser, s'échapper, s'écouler, émaner, s'épancher, s'épandre, s'extravaser, filer, filtrer, fluer, fuir, gagner, gicler, jaillir, refluer, rouler, ruisseler, sourdre, suinter. 2. Un gaz : se dégager, emplir. 3. Des personnes, des choses : abonder, envahir, pulluler, se reproduire. *Fig.* 1. S'accréditer, circuler, courir, s'étendre, faire tache d'huile, gagner, se propager, voler. 2. Déborder, éclater. 3. Fréquenter, hanter, se montrer, sortir.

RÉPANDU, E ■ *I.* Diffus, épars, étendu, profus. *II.* Commun, connu, dominant, public.

RÉPARABLE ■ Arrangeable. ⇒ **perfectible.**

RÉPARATION ■ *I. Au pr. :* amélioration, bouchement, bricolage, consolidation, entretien, raccommodage, radoub, rafistolage, réfection, remontage, renformis, replâtrage, reprise, ressemelage, restauration, rhabillage, soins. *II. Par ext.* 1. Amende honorable, excuse, expiation, rachat, raison, redressement, rétractation, satisfaction. 2. Compensation, dédommagement, désintéressement, dommages et intérêts, indemnisation, indemnité, restitution.

RÉPARER ■ *I. Au pr. :* améliorer, arranger, bricoler (fam.), consolider, dépanner, moderniser, obturer, rabibocher (fam.), rabobiner (fam.), raccommoder, raccoutrer, radouber, rafistoler, rafraîchir, ragréer, rajuster, rapetasser, rapiécer, rarranger (fam.), ravauder, recarreler, recoudre, recrépir, redresser, refaire, réfectionner, relever, remanier, remettre à neuf, remodeler, remonter, rempiéter, renformir, rénover, rhabiller, stopper. *II. Par ext.* 1. Compenser, corriger, couvrir, dédommager, effacer, expier, replâtrer, reprendre, repriser, ressemeler, restaurer, rétablir, retaper, réviser, indemniser, payer, racheter, rattraper, remédier à, suppléer à. 2. Redresser les torts, venger.

REPARTIE ■ Boutade, drôlerie, mot, pique, réplique, réponse, riposte, saillie, trait.

REPARTIR ■ *I.* ⇒ **répondre.** *II.* ⇒ **retourner.** *III.* ⇒ **recommencer.**

RÉPARTIR ■ *I.* Allotir, assigner, attribuer, classer, contingenter, départir, dispenser, disposer, distribuer, diviser, donner, impartir, lotir, octroyer, ordonner, partager, prodiguer, proportionner à, ranger, rationner, répandre, semer, *II.* Disperser, disséminer, échelonner, étaler.

RÉPARTITEUR ■ Dispensateur, distributeur, ordonnateur.

RÉPARTITION ■ *I.* Assiette, attribution, coéquation, contingent, contingentement, diffusion, distribution, don, partage, péréquation, quote-part, ration, répartement. *II.* Agencement, aménagement, classement, classification, disposition, distribution, échelonnement, fractionnement, ordonnance, ordre, rang, rangement. ⇒ **régulation.**

REPAS ■ *I.* Agape, banquet, bonne chère, bribe, casse-croûte, Cène (relig.), chère lie (vx), collation, déjeuner, dîner, dînette, en-cas, festin, gala, gaudeamus (vx), gogaille (vx), goûter, graillon (péj.), lunch, mangeaille (péj.), médianoche, menu, nourriture, ordinaire, panier, pique-nique, pitance, plat, réfection, régal, réjouissance, repue (vx), réveillon, ripaille, sandwich, soupe, souper. ⇒ **nourriture, fête.** *II. Arg. ou fam. :* bamboche, bamboula, bectance, bombance, bombe, bouffe, bouftance, boustifaille, brifeton, bringue, casse-graine, clape, croque, croustance, croustille, croûte, dîne, frichti, gaufre, godaille, graille, gueuleton, jaffe, lippée, mâchon, manger, picotin, rata, tambouille, tortore, ventrée.

REPASSER ■ *I.* Retourner, revenir. *II.* Affiler, affûter, aiguiser, donner du fil/du tranchant, émorfiler, émoudre. *III.* Défriper, lisser, mettre en forme. *IV.* Refiler, remettre. *V.* Évoquer, remémorer, se remettre en mémoire, retracer. *VI.* Apprendre, étudier, potasser (fam.), relire, répéter, reviser, revoir.

REPÊCHER ■ *Fig. :* aider, dépanner, donner un coup de main/de piston (fam.)/de pouce, donner la main à, sauver, secourir, sortir/tirer d'affaire/d'un mauvais pas, soutenir, tendre la main à, venir à l'aide/à la rescousse/au secours.

REPENSER ■ Considérer, penser, remâcher, repasser, ressasser, revenir.

REPENTANT, E ■ Contrit, marri, pénitent.

REPENTIR ■ Attrition, componction, confession, confiteor, contrition, douleur, mea-culpa, regret, remords, repentance, résipiscence.

REPENTIR (SE) ■ ⇒ regretter.

RÉPERCUSSION ■ Choc, contrecoup, incidence, réflexion, renvoi, retentissement. ⇒ suite.

RÉPERCUTER ■ Faire écho, réfléchir, refléter, rendre, renvoyer, reproduire, transmettre.

REPÈRE ■ Amer (mar.), coordonnée, empreinte, indice, jalon, marque, piquet, taquet, trace.

REPÉRER ■ *I. Au pr. :* borner, jalonner, marquer, piqueter. *II. Par ext. :* apercevoir, comprendre, déceler, déchiffrer, découvrir, dégoter (fam.), dénicher, dépister, détecter, déterrer, deviner, discerner, éventer, lire, pénétrer, percer, remarquer, saisir, trouver, voir.

RÉPERTOIRE ■ Bordereau, catalogue, dénombrement, énumération, état, index, inventaire, liste, mémoire, nomenclature, relevé, rôle, série, suite, table, tableau.

RÉPERTORIER ■ *I.* ⇒ classer. *II.* ⇒ inscrire.

RÉPÉTÉ, E ■ ⇒ habituel.

RÉPÉTER ■ *I. Au pr. :* bourdonner (fam.), dire à nouveau, exprimer, faire écho/chorus, inculquer, insister, itérer (vx), prêcher, rabâcher, raconter, radoter, rapporter, rebattre, recorder (vx), redire, réitérer, remâcher, rendre, ressasser, revenir sur, ruminer, seriner. *II. Par ext.* 1. Apprendre, bachoter (péj.), étudier, potasser (fam.), repasser, reviser, revoir. 2. Copier, emprunter, imiter, rajuster, recommencer, refaire, renouveler, reprendre, reproduire, restaurer, rétablir. 3. Multiplier,

réfléchir, reproduire. ⇒ répercuter. *III. V. pron.* ⇒ recommencer.

RÉPÉTITEUR, TRICE ■ ⇒ maître.

RÉPÉTITIF, IVE ■ ⇒ récurrent.

RÉPÉTITION ■ *I. Au pr.* 1. Écho, rabâchage, rabâcherie, radotage, récurrence, redite, redondance, refrain, rengaine, reprise, scie. 2. Fréquence, rechute, récidive, recommencement, réitération, resucée (fam.), retour. 3. Leçon, cours, révision. 4. ⇒ reproduction. *II. Litt. :* accumulation, allitération, anaphore, antanaclase, assonance, battologie, cadence, doublon, homéotéleute, itération, métabole, paronomase, périssologie, pléonasme, redoublement, réduplication, tautologie.

REPEUPLER ■ *I.* Regarnir, réensemencer, replanter. *II.* Aleviner, empoissonner. *III.* Alimenter, approvisionner, assortir, fournir, garnir, munir, nantir, pourvoir, procurer, réapprovisionner, réassortir, suppléer.

REPIQUAGE ■ Boisement, plantage (vx), plantation, peuplement, reboisement, transplantation.

REPIQUER ■ ⇒ replanter, recommencer.

RÉPIT ■ *I.* Latence, rémission. *II.* ⇒ délai. *III.* ⇒ repos. *IV.* ⇒ tranquillité.

REPLACER ■ ⇒ rétablir.

REPLANTER ■ Mettre en terre, planter, repiquer, transplanter.

REPLET, ÈTE ■ Abondant, adipeux, bien en chair, bouffi, charnu, corpulent, courtaud, dodu, épais, empâté, fort, gras, grasset (vx), grassouillet, gros, obèse, onctueux, pansu, plantureux, plein, potelé, rebondi, rond, rondelet, rondouillard, ventru.

RÉPLÉTION ■ Abondance, excès, plénitude, pléthore, saturation, satiété, surabondance, surcharge.

REPLI ■ *I. De terrain :* accident, anticlinal, arête, cuvette, dépression, dôme, éminence, plissement, sinuosité, synclinal, thalweg, vallon. *II. Du corps :* bourrelet, commissure, fanon, fronce, pliure, poche, ride, saignée. *III.* Cachette, coin, recoin, trou. *IV.* Décrochage, recul, reculade, reculement, reflux, repliement, retraite.

REPLIEMENT ■ *I.* Autisme, introversion, reploiement. *II.* ⇒ **repli**.

REPLIER (SE) ■ *I.* Se blottir, se courber, s'invaginer, s'inverser, se pelotonner, se ramasser, se recoquiller, se recroqueviller, se tordre, se tortiller. *II.* Se recueillir, réfléchir, se renfermer. *III.* Battre en retraite, capituler, lâcher, reculer, rétrograder. ⇒ **abandonner**.

RÉPLIQUE ■ *I.* Boutade, critique, objection, repartie, riposte. *II.* Discussion, observation, protestation. *III.* Copie, double, doublure, duplicata, fac-similé, faux, image, imitation, jumeau, modèle, pareil, répétition, représentation, reproduction.

RÉPLIQUER ■ ⇒ **répondre**.

REPLOIEMENT ■ ⇒ **repliement**.

RÉPONDANT ■ Caution, endosseur, garant, otage, parrain, responsable.

RÉPONDRE ■ *I. V. tr. :* dire, donner la réplique/son paquet (fam. et péj.), objecter, payer de retour, prendre sa revanche, raisonner, récriminer, réfuter, rembarrer, rendre la monnaie de sa pièce, rendre la pareille, repartir, répliquer, rétorquer, se revancher (vx), riposter, river son clou (fam.). *II. V. intr.* 1. S'accorder, concorder, correspondre, satisfaire. 2. Affirmer, assurer, attester, certifier, déclarer, garantir, promettre, protester, soutenir. *III.* 1. **Répondre à** : obéir, produire, réagir. 2. **Répondre de** : couvrir, s'engager, garantir. *IV. V. pron. :* 1. Correspondre, être en rapport de symétrie, être à l'unisson. 2. Échanger, *et les formes pron. possibles des syn. de* RÉPONDRE.

RÉPONSE ■ *I. Au pr. :* objection, repartie, réplique, riposte. *II. Par ext. :* apologie, explication, justification, oracle, récrimination, rescrit, rétorsion, solution, verdict.

REPORT ■ ⇒ **renvoi**.

REPORTAGE ■ ⇒ **article**.

REPORTER ■ n. ⇒ **journaliste**.

REPORTER ■ v. *I.* Attribuer, rapporter, rejeter, retourner, reverser. *II.* Décalquer, transposer. *III.* Attendre, remettre, renvoyer. ⇒ **ajourner**. *IV.* ⇒ **porter**. *V.* ⇒ **transporter**. *VI. V. pron. :* 1. Se référer, revenir, se transporter. 2. *Les formes pron. possibles des syn. de* REPORTER.

REPOS ■ *I.* Arrêt, campos, cessation, cesse, congé, délassement, détente, entracte, étape, halte, immobilité, inaction, inactivité, inertie, jour chômé/férié, loisir, méridienne, pause, récréation, relâche, relâchement, relaxation, rémission, répit, retraite, semaine anglaise, sieste, trêve, vacances. *II.* ⇒ **sommeil**. *III.* Accalmie, bonace, calme, dégel, paix, quiétude, silence, tranquillité. *IV.* Coupe, interruption, latence. ⇒ **palier**.

REPOSANT, E ■ Adoucissant, apaisant, calmant, consolant, délassant, distrayant, lénifiant, lénitif, relaxant, sédatif. ⇒ **bon**.

REPOSÉ, E ■ Détendu, en forme, frais, *et les part. passés des syn. de* REPOSER.

REPOSER ■ *I. Au pr. :* s'appuyer sur, avoir pour base/fondement, dépendre de, être basé/établi/fondé sur. ⇒ **poser**. *II. Par ext.* 1. ⇒ **dormir**. 2. ⇒ **trouver** (se). *III. V. pron. :* 1. S'abandonner, s'arrêter, se délasser, dételer (fam.), se détendre, se laisser aller, se mettre au vert (fam.), récupérer (fam.), se relaxer, reprendre haleine, souffler. 2. *Loc.* **Se reposer sur** : se fier à, se rapporter à, se référer à, s'en remettre à.

REPOUSSANT, E ■ Abject, affreux,

antipathique, dégoûtant, désagréable, difforme, effrayant, effroyable, exécrable, fétide, hideux, horrible, infect, laid, monstrueux, odieux, puant, rébarbatif, rebutant, répulsif. ⇒ **répugnant**.

REPOUSSER ■ *I. Au pr. :* bannir, blackbouler, bouter (vx), chasser, culbuter, écarter, éconduire, évincer, rabattre, rabrouer, rebuter, rechasser, récuser, refouler, refuser, rejeter, renvoyer, répudier. ⇒ **pousser. Fam. :** emballer, envoyer au bain/au diable/ aux chiottes/aux plottes/baller/ bouler/ chier/dinguer/paître/péter/ promener/sur les roses, envoyer se faire dorer/ foutre/mettre, rembarrer. *II. Par ext.* 1. Abandonner, décliner, dire non, éliminer, exclure, mettre son veto, objecter, récuser, réfuter, rejeter. 2. Dégoûter, déplaire, écœurer, exécrer, mépriser, rebuter, répugner. 3. **Fam.** ⇒ **sentir**.

RÉPRÉHENSIBLE ■ Accusable, blâmable, condamnable, coupable, critiquable, déplorable, punissable, reprochable.

REPRENDRE ■ *I. Au pr.* 1. ⇒ retirer. 2. ⇒ recouvrer. 3. Remmancher (fam.), renouer. ⇒ réparer. 4. ⇒ **continuer.** *II. Par ext.* 1. ⇒ résumer. 2. ⇒ revoir. 3. ⇒ réprimander. 4. ⇒ recommencer. 5. ⇒ rétablir (se). *III. V. pron. :* 1. Se corriger, se défaire de, se guérir de, réagir, se rétracter. 2. ⇒ **recommencer**.

REPRÉSAILLES ■ *I. Au pr. :* châtiment, œil pour œil dent pour dent, punition, réparation, rétorsion, riposte, talion. *II. Par ext. :* colère, némésis, ressentiment, revanche, vendetta, vengeance.

REPRÉSENTANT ■ *I.* Agent, correspondant, délégué, envoyé, mandataire, missionnaire (vx), porte-parole, prête-nom, truchement. *II.* Avocat, avoué, conseil, défenseur. *III.* ⇒ **député.** *IV.* ⇒ **envoyé.** *V.* Ambassadeur, chargé d'affaires, consul, député, diplomate, haut-commissaire, légat, ministre,

nonce, persona grata, résident. *VI.* Commis voyageur, courtier, démarcheur, intermédiaire, placier, visiteur, voyageur de commerce. *VII.* Échantillon, individu, modèle, type.

REPRÉSENTATIF, IVE ■ ⇒ **typique**.

REPRÉSENTATION ■ *I. Au pr.* 1. Allégorie, copie, description, dessin, diagramme, effigie, emblème, figure, graphique, image, imitation, plan, portrait, reproduction, schéma, symbole, traduction. 2. ⇒ **spectacle.** *II. Fig.* 1. Écho, miroir, projection, reflet. 2. Admonestation, avertissement, blâme, doléance, objection, objurgation, observation, remontrance, reproche, semonce, sermon. 3. Délégation, mandat.

REPRÉSENTATIVITÉ ■ ⇒ **qualité**.

REPRÉSENTER ■ *I. Au pr.* 1. ⇒ montrer. 2. Désigner, dessiner, évoquer, exhiber, exprimer, figurer, indiquer, symboliser. 3. Copier, imiter, refléter, rendre, reproduire, simuler, 4. Peindre, photographier, portraire, portraiturer. 5. Décrire, dépeindre, tracer. *II. Par ext.* 1. Donner, incarner, interpréter, jouer, mettre en scène, mimer, personnifier. 2. ⇒ **reprocher.** 3. ⇒ **remplacer**.

RÉPRESSIF, IVE ■ Absolu, arbitraire, autoritaire, correctif, dictatorial, directif, ferme, intransigeant, péremptoire, punitif, tyrannique.

RÉPRESSION ■ ⇒ **punition**.

RÉPRIMANDE ■ ⇒ **reproche**.

RÉPRIMANDER ■ *I. Au pr. :* admonester, avertir, blâmer, catéchiser, censurer, chapitrer, condamner, corriger, critiquer, désapprouver, désavouer, dire son fait, donner un avertissement/ un blâme/un coup de semonce, faire une réprimande/ un reproche *et les syn. de* REPROCHE, flageller, flétrir, fustiger, gourmander, gronder, houspiller, improuver, incriminer, infliger une réprimande/un reproche *et les* *syn.* de REPROCHE, moraliser, morigéner, quereller, redresser, relever, reprendre, réprouver, semoncer, sermonner, stigmatiser, tancer, trouver à redire, vitupérer. *II. Arg. ou fam.* : arranger, attraper, chanter pouilles, crier, disputer, donner une avoine/une danse/un galop/un savon, donner sur les doigts/sur les ongles, emballer, engueuler, enguirlander, enlever, faire la fête/la guerre à, laver la tête, mettre au pas, moucher, remettre à sa place, sabouler, savonner, secouer, secouer les poux/les puces, sonner les cloches, tirer les oreilles.

RÉPRIMER ■ Arrêter, brider, calmer, châtier, commander, comprimer, contenir, contraindre, empêcher, étouffer, mettre le holà, modérer, refouler, refréner, retenir, sévir. ⇒ **punir.**

REPRIS DE JUSTICE ■ Cheval de retour, condamné, interdit de séjour, récidiviste.

REPRISE ■ *I.* ⇒ répétition. *II.* Continuation, poursuite, recommencement, relance, revigoration. *III.* Raccommodage. ⇒ réparation. *IV.* Amélioration, amendement, correctif, correction, modification, mouture, rectification, refonte, remaniement, retouche, révision. *V.* Round.

REPRISER ■ Raccommoder, raccoutrer, rafistoler (fam.), rapetasser, rapiécer, rapiéceter, ravauder, remmailler, rentraire, réparer, repriser, resarcir, restaurer, retaper, stopper.

RÉPROBATEUR, TRICE ■ Désapprobateur, improbateur.

RÉPROBATION ■ Accusation, anathème, animadversion, attaque, avertissement, blâme, censure, condamnation, critique, désapprobation, grief, improbation, malédiction, mise à l'écart/à l'index/en quarantaine, objurgation, punition, remontrance, répréhension, réprimande, semonce, tollé, vitupération. ⇒ **reproche.**

REPROCHE ■ Accusation, admonestation, avertissement, blâme, censure, critique, désapprobation, diatribe, grief, mercuriale, objurgation, observation, plainte, récrimination, remarque, remontrance, réprimande, réquisitoire, semonce. ⇒ **réprobation.** *Fam.* : avoine, chicorée, engueulade, postiche, savon, suif, tabac.

REPROCHER ■ Accuser de, blâmer, censurer, condamner, critiquer, désapprouver, désavouer, faire grief, faire honte, faire reproche de *et les syn. de* REPROCHE, improuver, imputer à faute, incriminer, jeter au nez (fam.), jeter la pierre, remontrer, reprendre, représenter, réprouver, stigmatiser, taxer de, trouver à redire. ⇒ **réprimander.**

REPRODUCTEUR, TRICE ■ Étalon, géniteur, souche.

REPRODUCTION ■ *I. Au pr.* 1. Fécondation, génération, multiplication, peuplement, prolifération, repeuplement. 2. Calque, copie, double, doublure, duplicata, duplication, imitation, itération, photocopie, polycopie, répétition, réplique. *II. Par ext.* 1. ⇒ image. 2. ⇒ représentation. 3. ⇒ **publication.**

REPRODUIRE ■ *I. Au pr.* 1. Engendrer, féconder, multiplier, produire, renouveler, repeupler. 2. Calquer, copier, décalquer, démarquer, emprunter, jouer, mimer, pasticher, plagier. ⇒ **imiter.** 3. Photocopier, reprographier. *II. Par ext.* 1. ⇒ renvoyer. 2. ⇒ refaire. 3. ⇒ représenter. *III. V. pron.* : 1. Engendrer, multiplier, se perpétuer, procréer, proliférer, se propager, repeupler, sporuler. ⇒ **recommencer.**

RÉPROUVÉ, E ■ Bouc émissaire, damné, déchu, excommunié, frappé d'interdit/d'ostracisme, galeux, hors-la-loi, interdit, maudit, mis en quarantaine, outlaw, rejeté, repoussé.

RÉPROUVER ■ *I.* ⇒ blâmer. *II.* ⇒ maudire. *III.* ⇒ reprocher.

REPTATION ■ *Fig.* ⇒ servilité.

REPTILE ■ *I.* Chélonien, crocodilien, ophidien, prosaurien, saurien. *II.* ⇒ alligator, saurien, serpent, tortue.

REPU, E ■ Assouvi, bourré (fam.), dégoûté, le ventre plein (fam.), rassasié, saturé, soûl, sursaturé.

RÉPUBLIQUE ■ Démocratie, État, gouvernement, nation.

RÉPUDIATION ■ ⇒ divorce.

RÉPUDIER ■ ⇒ repousser.

RÉPUGNANCE ■ Antipathie, aversion, dégoût, détestation, écœurement, éloignement, exécration, haine, haut-le-cœur, horreur, nausée, peur, répulsion.

RÉPUGNANT ■ Abject, affreux, cochon (fam.), crasseux, décourageant, dégoûtant, dégueulasse (fam.), déplaisant, désagréable, écœurant, exécrable, fétide, gras, grivois, grossier, honteux, horrible, ignoble, immangeable, immonde, immoral, incongru, inconvenant, indécent, infâme, infect, innommable, inqualifiable, insupportable, laid, licencieux, maculé, malhonnête, malpropre, merdique (grossier), nauséabond, nauséeux, obscène, odieux, ordurier, peu ragoûtant, porno (fam.), pornographique, puant, rebutant, repoussant, répulsif, révoltant, sale, sordide.

RÉPUGNER ■ *I.* Dégoûter, déplaire, faire horreur, inspirer de la répugnance *et les syn. de* RÉPUGNANCE, REBUTER. *II.* S'élever contre, être en opposition, s'opposer, rechigner, refuser, renâcler, renifler (fam.). *III.* ⇒ repousser.

RÉPULSION ■ ⇒ répugnance.

RÉPUTATION ■ Autorité, célébrité, considération, crédit, estime, gloire, honneur, lustre, mémoire, nom, notoriété, popularité, prestige, renom, renommée, résonance, vogue.

RÉPUTÉ, E ■ ⇒ célèbre.

RÉPUTER ■ Compter, considérer, estimer, juger, prendre, présumer, regarder comme.

REQUÉRANT, E ■ ⇒ demandeur.

REQUÉRIR ■ *I.* Appeler, avoir besoin, commander, demander, exiger, mériter, nécessiter, prescrire, réclamer, rendre nécessaire, supposer, vouloir. *II.* Adresser/faire/formuler/présenter une requête *et les syn. de* REQUÊTE, commander, dire, enjoindre, exiger, exprimer un désir/une requête/un souhait/un vœu, implorer, mander, ordonner, postuler, prier, réclamer, solliciter, souhaiter, vouloir.

REQUÊTE ■ Appel, demande, démarche, imploration, instance, invitation, invocation, pétition, placet (vx), pourvoi, prière, quête (vx), réquisition, réquisitoire, sollicitation, supplication, supplique.

REQUIN ■ *I. Au pr.* ⇒ squale. *II. Fig.* 1. ⇒ bandit. 2. ⇒ fripon.

REQUIS, E ■ Demandé, nécessaire, obligatoire, prescrit, sollicité.

RÉQUISITION ■ *I.* Blocage, embargo, mainmise. *II.* ⇒ requête.

RÉQUISITIONNER ■ ⇒ prélever.

RÉQUISITOIRE ■ *Par ext. :* admonestation, blâme, censure, critique, désapprobation, engueulade (fam.), mercuriale, objurgation, observation, plainte, récrimination, remarque, remontrance, réprimande, reproche, semonce.

RESCAPÉ, E ■ Indemne, miraculé, sain et sauf, sauf, sauvé, survivant, tiré d'affaires.

RESCINDER ■ Annuler, casser, déclarer de nul effet/nul et non avenu.

RESCOUSSE ■ Aide, appoint, appui, assistance, collaboration, concours, coup d'épaule, égide, intervention, main-forte, secours, soutien, support.

RESCRIT ■ Bref, bulle, canon, constitution, décrétale, encyclique, mandement, monitoire, réponse.

RÉSEAU ■ *I. Au pr. :* entrelacement, entrelacs, filet, lacs, résille, réticule, tissu. *II. Fig. :* complication, confusion, enchevêtrement, labyrinthe, lacis.

RÉSECTION ■ Ablation, amputation, décapsulation, excision, exérèse, suppression.

RÉSÉQUER ■ Amputer, couper, enlever, sectionner, supprimer, trancher.

RÉSERVATION ■ Location.

RÉSERVE ■ *I.* ⇒ restriction. *II.* Accumulation, amas, approvisionnement, avance, dépôt, disponibilités, économies, en-cas, épargne, fourniture, matelas (fam.), munition (vx), provision, ravitaillement, stock, viatique, victuailles, vivres, volant. *III.* Boutique, dépôt, entrepôt, établissement, magasin, resserre, silo. *IV.* ⇒ réservoir. *V.* Bienséance, calme, chasteté, circonspection, componction, congruité, convenance, correction, décence, délicatesse, dignité, discrétion, froideur, gravité, honnêteté (vx), honte (par ext.), maîtrise de soi, ménagement, mesure, modération, modestie, politesse, prudence, pruderie (péj.), pudeur, pudibonderie (péj.), pudicité, quant-à-soi, respect, retenue, révérence, sagesse, sobriété, tact, tempérance, tenue, vertu. *VI. Loc.* À la **réserve de** : abstraction faite de, à l'exception de, à l'exclusion de, à part, à telle chose près, excepté, exclusivement, fors (vx), hormis, hors, non compris, sauf, sinon.

RÉSERVÉ, E ■ Calme, chaste, circonspect, contenu, convenable, correct, décent, délicat, digne, discret, distant, froid, grave, honnête (vx), maître de soi, mesuré, modéré, modeste, poli, pondéré, prude (péj.), prudent, pudi-

bond (péj.), pudique, retenu, sage, secret, silencieux, simple, sobre, tempérant. ⇒ hésitant.

RÉSERVÉ (ÊTRE) ■ Échoir, être destiné, dévolu/donné en partage, incomber/revenir à, *et les formes pron. possibles des syn. de* RÉSERVER.

RÉSERVER ■ *I.* Destiner, garder, prédestiner, vouer. *II.* Conserver, économiser, entretenir, garantir, garder, maintenir, ménager, préserver, protéger, retenir, sauvegarder, sauver, soigner, tenir en état. *III.* ⇒ arrêter.

RÉSERVOIR ■ *I.* Barrage, étang, lac artificiel, plan d'eau, réserve, retenue. *II.* Château d'eau, citerne, cuve, timbre. *III.* Gazomètre, silo. *IV.* Aquarium, vivier. *V.* Ballast, container.

RÉSIDENCE ■ Adresse, demeure, domicile, logement, maison, séjour, siège. ⇒ habitation.

RÉSIDER ■ *I. Au pr.* 1. ⇒ demeurer. 2. ⇒ habiter. *II. Par ext.* 1. ⇒ consister. 2. Occuper, siéger, tenir.

RÉSIDU ■ *I.* Boue, copeau, fond, lie, limaille, saburre (méd.), sédiment, tartre. *II.* ⇒ débris. *III.* ⇒ déchet. *IV.* ⇒ excrément. *V.* ⇒ ordure. *VI.* Cadmie, calamine, cendre, mâchefer, scorie. *VII.* Bagasse, bran, grignons, marc, pulpes, tourteau. *VIII.* ⇒ reste.

RÉSIGNATION ■ *I. Favorable ou neutre :* abandon, abnégation, altruisme, constance, délaissement (vx), dépouillement, désintéressement, détachement, patience, philosophie, renonciation, sacrifice, soumission. *II. Non favorable :* apathie, démission, désespérance, fatalisme.

RÉSIGNÉ, E ■ ⇒ soumis.

RÉSIGNER ■ Abandonner, abdiquer, se démettre, démissionner, se désister, quitter, renoncer. *V. pron. :* s'abandonner, accepter, s'accommoder, céder, consentir, s'incliner, passer par, se plier, se résoudre, se soumettre.

RÉSILIATION ■ ⇒ abrogation.

RÉSILIER ■ Abandonner, abolir, abroger, anéantir, annuler, casser, détruire, effacer, éteindre, faire cesser/disparaître, faire table rase, infirmer, invalider, prescrire, rapporter, rescinder, résoudre, révoquer, supprimer.

RÉSILLE ■ ⇒ réseau.

RÉSINE ■ Arcanson, baume, cire végétale, colophane, galipot, gemme, gomme, laque, sandaraque, sandragon, térébenthine, vernis.

RÉSINEUX ■ ⇒ conifère.

RÉSIPISCENCE ■ Attrition, componction, contrition, désespoir, pénitence, regret, remords, repentance, repentir, ver rongeur.

RÉSISTANCE ■ *I. Favorable ou neutre.* 1. Dureté, endurance, fermeté, force, invulnérabilité, rénitence (méd.), solidité, ténacité. 2. Accroc, difficulté, obstacle, opposition, réaction, refus. 3. Défense, insurrection, lutte. *II. Non favorable :* désobéissance, entêtement, force d'inertie, inertie, mutinerie, obstruction, opiniâtreté, opposition, rébellion, regimbement, réluctance, sabotage, sédition.

RÉSISTANT, E ■ adj. *I. Favorable ou neutre.* 1. Au pr. : endurant, increvable (fam.), fort, invulnérable, nerveux, robuste, rustique, solide, tenace, vivace. 2. Par ext. : dur, inusable, rénitent (méd.). *II. Non favorable :* 1. Désobéissant, dur, opiniâtre, rebelle, réluctant, têtu. 2. Coriace, tendineux.

RÉSISTANT ■ n. Dissident, F.F.I., franc-tireur, F.T.P., insoumis, maquisard, partisan, patriote.

RÉSISTER ■ *I. Au pr. :* s'arc-bouter, se cabrer, contester, contrarier, contrecarrer, se débattre, se défendre, se dresser, faire face, s'insurger, lutter, se mutiner, s'obstiner, s'opposer, se pié-

ter (vx), protester, se raidir, réagir, se rebeller, se rebiffer, récalcitrer (fam.), rechigner, refuser, se refuser à, regimber, renâcler, répondre, repousser, se révolter, rouspéter, ruer dans les brancards (fam.), tenir, tenir bon/ferme, tenir tête. *II. Par ext. :* souffrir, soutenir, supporter, survivre, tenir le coup.

RÉSOLU, E ■ *I.* Résous. *II.* 1. **Quelqu'un :** assuré, audacieux, brave, carré, constant, convaincu, courageux, crâne, décidé, déterminé, énergique, ferme, fixé, franc, hardi, net, opiniâtre, tranchant. 2. **Quelque chose :** arrêté, choisi, conclu, convenu, décidé, décisif, décrété, délibéré, entendu, fixé, irrévocable, jugé, ordonné, prononcé, réglé, tranché, vu.

RÉSOLUBLE ■ Décidable, soluble.

RÉSOLUMENT ■ Courageusement, décidément, délibérément, de pied ferme, énergiquement, fermement, franchement, hardiment, *et les adv. en -ment formés à partir des syn. de* RÉSOLU.

RÉSOLUTION ■ *I. Au pr.* 1. Décomposition, division, réduction, séparation, transformation. 2. Abolition, diminution, disparition, relâchement, résorption. 3. Annulation, destruction, dissolution, rédhibition, rescision, résiliation, révocation. 4. Analyse, opération, résultat, solution. 5. Achèvement, bout, clef, coda, conclusion, épilogue, extrémité, fin, queue, terme. *II. Par ext.* 1. But, choix, conseil (vx), désir, dessein, détermination, disposition, exigence, intention, pacte, parti, projet, propos, proposition, souhait, vœu, volition, volonté. 2. Audace, caractère, constance, courage, cran, décision, détermination, énergie, entêtement (péj.), fermeté, force d'âme, hardiesse, initiative, obstination, opiniâtreté (péj.), ressort, ténacité, volonté, vouloir.

RÉSONANCE ■ *I. Au pr. :* écho, résonnement (vx), retentissement, réverbération, son, sonorité. *II. Fig.* ⇒ **réputation.**

RÉSONNANT, E ■ Ample, assourdissant, bruyant, carillonnant, éclatant, fort, gros, haut, plein, retentissant, sonore, vibrant.

RÉSONNER ■ Bruire, faire du bruit, faire écho, rebondir, renvoyer, retentir, tinter, vibrer.

RÉSORBER, RÉSOUDRE ■ *I. Au pr.* 1. ⇒ **dissoudre.** 2. ⇒ **abolir.** 3. Analyser, calculer, dénouer, deviner, en finir, faire disparaître, solutionner, trancher, trouver, vider. *II. Par ext.* ⇒ **décider.** *III. V. pron. :* 1. Adopter un parti/une solution, conclure, décider, s'exécuter, faire le pas/le saut, finir par, franchir le Rubicon, se hasarder à, pourvoir à, prendre parti, prendre son parti, en venir à. 2. *Les formes pron. possibles des syn. de* RÉSOUDRE.

RESPECT ■ *I. Au sing.* 1. Considération, courtoisie, déférence, égard, estime, gloire, honneur, révérence, vénération. 2. Affection, culte, piété. 3. Amour-propre, pudeur, réserve. *II. Au plur. :* civilités, devoirs, hommages, salutations.

RESPECTABLE ■ Auguste, considéré, correct, digne, estimable, grave, honnête, honorable, majestueux, méritant, noble, parfait, prestigieux, sacré, vénérable, vertueux.

RESPECTER ■ *I. Au pr. :* adorer, avoir/célébrer/rendre un culte, avoir des égards envers/pour, estimer, glorifier, honorer, magnifier, révérer, saluer la mémoire, tenir en estime, vénérer. *II. Par ext. :* conserver, épargner, garder, obéir à, observer.

RESPECTUEUX, EUSE ■ *I.* Affectueux, attaché, attentif, attentionné, déférent, pieux, poli. *II.* Craintif, humble, soumis.

RESPIRATION ■ Anhélation, aspiration, expiration, haleine, inhalation, souffle.

RESPIRER ■ *I. Au pr. :* anhéler, s'ébrouer, exhaler, expirer, haleter, inhaler, inspirer, panteler, pousser (vét.), souffler, soupirer. ⇒ **aspirer.** *II. Fig.* 1. ⇒ **vivre.** 2. ⇒ **montrer.**

RESPLENDIR ■ Brasiller, briller, chatoyer, éblouir, éclairer, éclater, étinceler, flamboyer, fulgurer, jeter des feux, luire, miroiter, poudroyer, rayonner, reluire, rutiler, scintiller.

RESPLENDISSANT, E ■ ⇒ **beau.**

RESPONSABILITÉ ■ *I.* ⇒ **garantie.** *II.* Culpabilité, implication, imputabilité.

RESPONSABLE ■ *I. Adj.* 1. Comptable. ⇒ **garant.** 2. Condamnable, coupable, fautif, pendable, punissable, répréhensible. 3. ⇒ **conscient.** *II. Nom* ⇒ **envoyé.**

RESQUILLE ■ ⇒ **tromperie.**

RESQUILLER ■ Écornifler, se faufiler, frauder, tricher. ⇒ **tromper.**

RESSAISIR (SE) ■ *I.* ⇒ **retrouver (se).** *II.* ⇒ **rattraper (se).**

RESSASSER ■ ⇒ **répéter.**

RESSAUT ■ ⇒ **saillie.**

RESSEMBLANCE ■ *I.* Accord, affinité, analogie, association, communauté, comparaison, conformité, connexion, contiguïté, convenance, correspondance, harmonie, homologie, lien, parenté, relation, similitude, voisinage. *II.* Apparence, image, imitation, incarnation, personnification, réplique, semblance (vx).

RESSEMBLANT, E ■ ⇒ **semblable.**

RESSEMBLER ■ S'apparenter, approcher de, avoir des traits communs/un rapport à/avec, confiner à, correspondre, être la copie/l'image/le portrait/la réplique de, participer de, procéder de, rappeler, se rapporter à, se rapprocher de, tenir de, tirer sur.

RESSENTIMENT ■ Aigreur, amertume, animosité, colère, dégoût, dent (fam.), haine, hostilité, rancœur, rancune, vindicte. ■

RESSENTIR ■ ⇒ sentir.

RESSERRE ■ ⇒ réserve.

RESSERRÉ, E ■ Encaissé, étranglé, étroit.

RESSERREMENT ■ Astriction, constriction, contraction, crispation, étranglement, rétrécissement

RESSERRER ■ *I. Au pr.* ⇒ serrer. *II. Par ext.* 1. Abréger, amoindrir, comprimer, condenser, contracter, crisper, diminuer, étrangler, étrécir, étriquer, rétrécir. 2. Presser, rapprocher, refermer, tasser. 3. ⇒ résumer. *III. V. pron. :* se ratatiner, se recroqueviller, se retirer, se rétracter, *et les formes pron. possibles des syn. de* RESSERRER.

RESSORT ■ *I. Par ext.* 1. ⇒ moteur. 2. ⇒ moyen. 3. Ardeur, audace, bravoure, cœur, courage, cran, crânerie, décision, dynamisme, endurance, énergie, fermeté, force, hardiesse, héroïsme, impétuosité, intrépidité, résolution, vaillance, valeur, volonté, zèle. *II. Loc.* Être du ressort de. 1. Attribution, autorité, compétence, domaine, pouvoir. 2. ⇒ sphère.

RESSORTIR ■ *I.* Avancer, déborder, dépasser, mordre sur, passer, saillir. *II. Par ext.* 1. Dépendre de. ⇒ résulter. 2. Apparaître, apparoir (vx ou jurid.), s'avérer, être avéré, se révéler.

RESSORTIR À ■ ⇒ dépendre.

RESSORTISSANT ■ *I.* Assujetti, justiciable. *II.* Aborigène, autochtone, citoyen, contadin, habitant, indigène, natif, naturel.

RESSOURCE ■ *I. Au sing.* 1. Arme, atout, connaissance, excuse, expédient, moyen, planche de salut, recours, refuge, remède, ressort, secours. 2. Façon, méthode, procédé, système, truc. *II. Au pl.* 1. ⇒ faculté. 2. Argent, avantage, bourse, casuel, dota-

tion, économies, fabrique (vx et relig.), finances, fonds, fortune, fruit, gain, indemnité, intérêt, pension, portion congrue (vx et relig.), prébende (par ext.), rapport, recette, rente, rentrée, retraite, richesse, salaire, usufruit.

RESSOUVENIR (SE) ■ ⇒ rappeler (se).

RESSUSCITER ■ *I. V. tr.* ⇒ rétablir (se). *II. V. intr.* ⇒ revivre.

RESSUYER ■ Éponger, étancher, sécher.

RESTANT ■ ⇒ reste.

RESTAURANT ■ Auberge, bouillon (vx), buffet, cabaret, cafeteria, caféterie, cantine, crémerie (fam.), feu de bois, gargote (péj.), grillade, grill-room, hostellerie, hôtellerie, mess, pizzeria, popote, relais, restauration, restoroute, rôtisserie, self-service, taverne, trattoria. ⇒ brasserie.

RESTAURATEUR, TRICE ■ *I.* Aubergiste, gargotier (péj.), hôte, hôtelier, marchand de soupe (péj.), rôtisseur, traiteur. *II.* Réparateur, rhabilleur.

RESTAURATION ■ *I.* ⇒ renaissance. *II.* Amélioration, embellissement, reconstruction, réfection, réparation, rhabillage. *III.* Hôtellerie.

RESTAURER ■ *I.* Alimenter, donner à manger, entretenir, faire manger, nourrir, rassasier, soutenir, sustenter. *II.* ⇒ réparer. *III.* ⇒ rétablir. *IV.* ⇒ réconforter.

RESTE ■ *I. Au sing. :* complément, demeurant, différence, excédent, excès, reliquat, résidu, solde, soulte, surplus. *II. Au pl.* 1. Déblai, débris, décharge, déchet, décombres, démolitions, éboulis, épave, gravats, gravois, miettes, plâtras, restant, vestiges. 2. Cadavre, cendres, mort, ossements, poussière, reliques. 3. Arlequin (pop.), desserte, épluchures, pelures, regrat (vx), reliefs, reliquats, rogatons. *III. Loc.* 1. Au/du reste : d'ailleurs, de plus, et puis. 2. Tout le reste : bataclan, et cetera, toutim, tremblement. ⇒ bazar.

RESTER ■ *I.* ⇒ demeurer. *II.* ⇒ subsister.

RESTITUER ■ *I.* ⇒ redonner. *II.* ⇒ rétablir.

RESTITUTION ■ ⇒ réparation.

RESTREINDRE ■ Borner, cantonner, circonscrire, contingenter, délimiter, limiter, localiser, réduire.

RESTREINT, E ■ ⇒ étroit.

RESTRICTIF, IVE ■ Diminutif, limitatif, prohibitif, répressif.

RESTRICTION ■ *I.* ⇒ réduction. *II.* Économie, empêchement, épargne, parcimonie, rationnement, réserve, réticence.

RÉSULTANTE ■ ⇒ produit.

RÉSULTAT ■ Aboutissement, achèvement, bilan, but, conclusion, conséquence, contrecoup, décision, dénouement, effet, événement, fin, fruit, issue, portée, produit, quotient, résultante, réussite, score, solution, somme, succès, suite, terminaison.

RÉSULTER ■ *I.* Découler, dépendre, s'ensuivre, entraîner, être issu, naître, procéder, provenir, ressortir, sortir/venir de. *II. Loc.* Il résulte de : apparaître, apparoir (vx ou jurid.), se déduire, se dégager, impliquer, ressortir, tenir.

RÉSUMÉ ■ *I. Adj.* : abrégé, amoindri, bref, concis, court, cursif, diminué, écourté, laconique, lapidaire, limité, raccourci, rapetissé, réduit, resserré, restreint, simplifié, sommaire, succinct. *II. Nom masc.* : abrégé, abréviation, aide-mémoire, analyse, aperçu, argument, bréviaire, compendium, digest, diminutif, éléments, épitomé, esquisse, extrait, manuel, notice, plan, précis, promptuaire, raccourci, récapitulation, réduction, rudiment, schéma, sommaire, somme, synopsis, topo (fam.).

RÉSUMER ■ Abréger, analyser, condenser, diminuer, écourter, préci-

ser, ramasser, récapituler, réduire, reprendre, resserrer, synthétiser.

RÉSURRECTION ■ ⇒ renaissance.

RÉTABLIR ■ *I. Au pr.* : ramener, reconstituer, reconstruire, refaire, relever, remettre, réparer, replacer, restaurer, restituer. *II. Par ext.* 1. Réadapter, réhabiliter, réinsérer, réinstaller, réintégrer. 2. Améliorer, arranger, guérir, rambiner (arg.), ranimer, réconforter, rendre la santé, sauver. *III. V. pron.* : guérir, recouvrer la santé, se relever, se remettre, reprendre des forces, ressusciter, en revenir, s'en tirer, *et les formes pron. possibles des syn. de* RÉTABLIR.

RÉTABLISSEMENT ■ *I.* Amélioration, convalescence, guérison, recouvrement, relèvement, remise. ⇒ restauration. *II.* Réadaptation, réhabilitation, réinsertion, réintégration.

RETAPE ■ *I.* ⇒ propagande. *II.* ⇒ prostitution.

RETAPER ■ *I.* ⇒ réparer. *II.* ⇒ réconforter.

RETARD ■ *I. Au pr.* : ajournement, atermoiement, manœuvre dilatoire, retardement, temporisation. *II. Par ext.* 1. Lenteur, piétinement, ralentissement. 2. Décalage, délai, remise. 3. Immaturité. *III. Loc.* En retard. 1. Arriéré, sous-développé. 2. Archaïque, démodé, périmé. 3. À la bourre (fam.), à la queue, à la traîne, en arrière.

RETARDATAIRE ■ *I.* ⇒ retard. *II.* ⇒ retardé.

RETARDÉ, E ■ Ajourné, arriéré, attardé, débile, débile mental, demeuré, diminué, handicapé, idiot, immature, inadapté, inintelligent, reculé, retardataire, retenu, tardif, taré.

RETARDEMENT ■ ⇒ retard.

RETARDER ■ Ajourner, arrêter, arriérer (vx), atermoyer, attendre, décaler, différer, éloigner, faire lanterner/traîner, prolonger, promener, proroger, ralentir, reculer, remettre, renvoyer, reporter, repousser, surseoir à, temporiser, traîner.

RETENIR ■ *I. Au pr.* 1. Conserver, détenir, garder, maintenir, réserver. 2. Confisquer, déduire, précompter, prélever, rabattre, saisir. ⇒ **retrancher.** 3. Accorer (mar.), accrocher, amarrer, arrêter, attacher, brider, clouer, coincer, comprimer, consigner, contenir, contraindre, emprisonner, enchaîner, endiguer, fixer, freiner, immobiliser, modérer, ralentir, serrer la vis (fam.), tenir, tenir de court/en brassières (fam.)/en lisière/en tutelle. *II. Par ext.* ⇒ **rappeler (se).** *III. Loc.* **Retenir ses larmes** : dévorer, étouffer, ravaler, réprimer. *IV. V. pron.* ⇒ **modérer (se).**

RETENTIR ■ Faire écho, rebondir, renvoyer, résonner, tinter, vibrer.

RETENTISSANT, E ■ *I. Au pr. :* ample, assourdissant, bruyant, carillonnant, éclatant, fort, gros, haut, plein, résonnant, sonore, vibrant. *II. Par ext. :* célèbre, connu, éclatant, éminent, fameux, fracassant, illustre, légendaire, notoire, renommé, réputé, sensationnel, terrible (fam.), tonitruant. ⇒ **extraordinaire.**

RETENTISSEMENT ■ Bruit, publicité. ⇒ **succès.**

RETENU, E ■ Adj. *Au pr. :* calme, chaste, circonspect, contenu, convenable, correct, décent, délicat, digne, discret, distant, froid, grave, honnête (vx), maître de soi, mesuré, modéré, modeste, poli, pondéré, prude (péj.), prudent, pudibond (péj.), pudique, réservé, sage, secret, silencieux, simple, sobre, tempérant. *II. Par ext. :* collé (fam.), consigné, puni.

RETENUE ■ n. *I.* Bienséance, calme, chasteté, circonspection, componction, congruité, convenance, correction, décence, délicatesse, dignité, discrétion, effacement, froideur, gravité, honnêteté (vx), honte (par ext.), maî-

trise de soi, ménagement, mesure, modération, modestie, politesse, prudence, pruderie (péj.), pudeur, pudibonderie (péj.), pudicité, quant-à-soi, réserve, respect, révérence, sagesse, sobriété, tact, tempérance, tenue, vertu. *II.* Barrage, étang, lac artificiel, plan d'eau, réserve, réservoir. *III.* Colle (fam.), consigne, punition. *IV.* Précompte. ⇒ **confiscation.**

RÉTICENCE ■ *I.* ⇒ **silence.** *II.* ⇒ **sous-entendu.** *III.* ⇒ **restriction.**

RÉTICENT, E ■ ⇒ **hésitant.**

RÉTICULE ■ *I.* Aumônière, portemonnaie, sac. *II.* ⇒ **réseau.**

RÉTIF, IVE ■ Désobéissant, difficile, entêté, frondeur, hargneux, indisciplinable, indiscipliné, indocile, indomptable, insoumis, insubordonné, passif, quinteux, ramingue (équit.), rebelle, récalcitrant, rêche, réfractaire, regimbant, regimbeur, révolté, rude, têtu, vicieux, volontaire.

RETIRÉ, E ■ À l'écart, désert, détourné, écarté, éloigné, isolé, perdu, secret, solitaire.

RETIRER ■ *I. Au pr.* ⇒ **tirer.** *II. Par ext.* 1. Percevoir, reprendre, soustraire, soutirer, toucher. ⇒ **prendre.** 2. Enlever, extraire, ôter, quitter. *III. V. pron. :* 1. S'enterrer, faire retraite. ⇒ **partir.** 2. ⇒ **renoncer.** 3. ⇒ **resserrer (se).** 4. *Les formes pron. possibles des syn.* de RETIRER.

RETOMBÉE ■ ⇒ **suite.**

RETOMBER ■ *I. Au pr.* ⇒ **tomber.** *II. Par ext.* 1. Rechuter, récidiver, recommencer. 2. Se rabattre, redescendre, rejaillir, ricocher. ⇒ **pendre.**

RÉTORQUER ■ ⇒ **répondre.**

RETORS, ORSE ■ Artificieux, astucieux, cauteleux, chafouin, combinard, ficelle, fin, finaud, fine mouche, futé, madré, malin, matois, renard, roublard, roué, sac à malices, trompeur, vieux routier. ⇒ **hypocrite, rusé.**

RÉTORSION ▪ *I.* ⇒ réponse. *II.* ⇒ vengeance.

RETOUCHE ▪ ⇒ correction.

RETOUCHER ▪ *I.* ⇒ corriger. *II.* ⇒ revoir.

RETOUR ▪ *I. Au pr.* 1. ⇒ tour. 2. Changement, réapparition, rebondissement, recommencement, regain, renaissance, renouveau, renouvellement, rentrée, répétition, réveil, rythme. *II. Par ext.* 1. Alternance, évolution, fluctuation, nutation, oscillation, retournement, variation. 2. ⇒ ruse. 3. Échange, réciprocité, rétroaction, ricochet. *III. Loc.* **Payer de retour** ⇒ **répondre.**

RETOURNEMENT ▪ *I. Au pr. :* conversion. *II. Par ext.* 1. Cabriole, changement, reniement, renversement. 2. ⇒ variation.

RETOURNER ▪ *I. V. intr. :* aller, s'éloigner, rentrer, repartir, revenir. ⇒ partir. *II. V. tr.* 1. Bêcher, fouiller, labourer, remuer, verser (vx). 2. Bouleverser, émouvoir, troubler. 3. Faire retour, réexpédier, refuser, renvoyer. 4. Regagner, réintégrer, rejoindre. 5. ⇒ transformer. *III. V. pron. :* 1. ⇒ rattraper (se). 2. *Les formes pron. possibles des syn.* de RETOURNER.

RETRACER ▪ *I.* Conter, débiter, décrire, détailler, développer, dire, expliquer, exposer, narrer, peindre, raconter, rapporter, réciter, relater, rendre compte, tracer. *II.* Commémorer, évoquer, faire revivre, mentionner, rappeler.

RÉTRACTATION ▪ Abandon, abjuration, annulation, changement d'opinion, désaveu, palinodie, reniement, réparation d'honneur, retournement, retournement de veste (fam.).

RÉTRACTER (SE) ▪ *I. Au pr. :* se ratatiner, se recroqueviller, se resserrer, se retirer. *II. Par ext. :* annuler, se contredire, déclarer forfait, se dédire, se délier, se démentir, se désavouer, se

désister, manquer à sa parole, se raviser, reprendre sa parole, revenir sur, révoquer.

RETRAIT ▪ *I.* Décrochage, décrochement, éloignement, évacuation, recul, reculade, reculement, reflux, régression, repli, retraite, rétrogradation, rétrogression. *II.* ⇒ abolition.

RETRAITE ▪ *I.* ⇒ recul. *II.* ⇒ abri. *III.* ⇒ solitude. *IV.* ⇒ revenu. *V. Loc.* **Battre en retraite** ⇒ **reculer.**

RETRANCHEMENT ▪ *I. Au pr.* 1. Coupe, déduction, défalcation, diminution, réfaction, soustraction, suppression. 2. Épuration, exclusion, excommunication. 3. Élagage, taille. 4. Ablation, amputation, résection, sectionnement. 5. Abréviation, aphérèse, élimination. *II. Par ext. :* abri, barricade, bastion, circonvallation, contrevallation, défense, fortification, ligne, tranchée.

RETRANCHER ▪ *I. Au pr.* 1. Couper, décomper, déduire, défalquer, démembrer, distraire, élaguer, émonder, enlever, exclure, expurger, imputer, lever, ôter, prélever, prendre, rabattre, retirer, rogner, séparer, soustraire, supprimer, tirer. 2. Amputer, mutiler, réséquer. *II. Par ext.* 1. Abréger, accourcir, biffer, châtier, corriger, purger, tronquer. 2. Balayer, censurer, désaffecter, épurer, exclure, excommunier, ostraciser, réformer. *III. V. pron. :* 1. Se défendre, se fortifier, se mettre à l'abri, se protéger, se rabattre, se retirer. 2. *Les formes pron. possibles des syn.* de RETRANCHER.

RÉTRÉCI, E ▪ *I. Au pr. :* contracté, diminué, étranglé, étréci, étroit, exigu, resserré. *II. Fig.* ⇒ borné.

RÉTRÉCIR ▪ *I. V. tr. :* contracter, diminuer, étrangler, étrécir, reprendre, resserrer. *II. V. intr. :* dessécher, grésiller, raccourcir, racornir, se ratatiner (fam.), se resserrer, se retirer.

RÉTRÉCISSEMENT ▪ Contraction,

contracture, diminution, étranglement, raccourcissement, racornissement, resserrement.

RETREMPER ■ Encourager, exalter, exciter, fortifier, raffermir, ranimer, ravigoter, raviver, réchauffer, relever, remonter, ressusciter, rétablir, retaper, réveiller, revigorer, revivifier, vivifier.

RÉTRIBUER ■ ⇒ payer.

RÉTRIBUTION ■ *I. Au pr. :* appointements, cachet, commission, courtage, dividendes, droits d'auteur, émoluments, fixe, gages, gain, gratification, honoraires, indemnité, jeton de présence, jour, journée, liste civile, marge, mensualité, mois, paie, paye, paiement, pige, pourboire, pourcentage, prêt, salaire, semaine, solde, tantième, traitement, vacation. ⇒ bénéfice, rémunération. *II. Par ext.* ⇒ récompense.

RÉTROACTIF, IVE ■ Antérieur, passé, récapitulatif, rétrospectif.

RÉTROACTION ■ Autorégulation, feed-back, réaction.

RÉTROCÉDER ■ Redonner, rembourser, remettre, rendre, restituer.

RÉTROCESSION ■ ⇒ remboursement.

RÉTROGRADATION ■ ⇒ recul.

RÉTROGRADE ■ Arriéré, conservateur, immobiliste, intégriste, obscurantiste, réactionnaire.

RÉTROGRADER ■ *I. Au pr.* ⇒ reculer. *II. Par ext.* ⇒ baisser.

RÉTROSPECTIVE ■ Flash-back.

RETROUSSER ■ Écarter, rebiquer (fam.), recoquiller, relever, remonter, soulever, trousser. ⇒ lever.

RETROUVAILLES ■ ⇒ rencontre.

RETROUVER ■ *I. Au pr.* 1. Reconquérir, recouvrer, récupérer, regagner, reprendre, ressaisir. 2. Atteindre, attraper, gagner, joindre, rallier, rattraper, regagner, rejoindre,

tomber sur. *II. Par ext. :* distinguer, identifier, reconnaître, remettre, trouver. *III. V. pron. :* 1. S'orienter, se reconnaître. 2. Se redresser, se remettre, se reprendre, se ressaisir. 3. *Les formes pron. possibles des syn. de* RETROUVER.

RETS ■ ⇒ filet.

RÉUNION ■ *I. De choses.* 1. Accumulation, adjonction, agglomération, agrégation, amalgame, anastomose (méd.), annexion, assemblage, combinaison, concentration, confusion, conjonction, convergence, entassement, groupement, incorporation, jonction, mélange, rapprochement, rassemblement, rattachement, synthèse, union. 2. Accord, adhérence, alliance, enchaînement, fusion, liaison, mariage, rencontre. 3. Amas, bloc, bouquet, chapelet, choix, collection, couple, ensemble, faisceau, gerbe, groupe, masse, salade (fam.), tas. *II. De personnes.* 1. Assemblée, assise, assistance, auditoire, briefing, carrefour, cénacle, comice, comité, commission, compagnie, concours, conférence, confrérie, congrégation, congrès, conseil, consistoire, débat, groupe, groupement, meeting, rassemblement, rencontre, rendez-vous, séance de travail, séminaire, symposium, table ronde. 2. Colonie, communauté, confédération, fédération, population, société, syndicat. 3. Aréopage, chambre, chapitre, concile, conclave, consistoire, états généraux, sénat, soviet, synode, tenue. 4. Bal, bridge, cinq-à-sept, coktail, fête, garden-party, raout *ou* rout (angl.), réception, sauterie, soirée, surprise-partie, thé. 5. **Non favorable :** chœur, clan, clique, coalition, complot, conciliabule, coterie, junte, quarteron, ramas, ramassis.

RÉUNIR ■ *I. Des choses.* 1. Accumuler, additionner, agencer, amasser, entasser, mélanger, mêler, raccorder, rassembler, recomposer, relier, rejoindre, remembrer, unir. 2. Agglomérer, agglutiner, agréger, amalgamer, annexer, assembler, bloquer, combiner, concentrer, conglober, conglomérer, conglutiner, épingler, fondre, grouper, intégrer, joindre, rapprocher, rattacher, rejoindre. **3.** Accoupler, adjoindre, appareiller, apparier, faire adhérer, mettre ensemble, synthétiser. **4.** Canaliser, capter, centraliser, classer, codifier, collectionner, colliger, cumuler, recueillir. **5.** Concilier, confondre, englober. *II. Des personnes :* aboucher, assembler, associer, convoquer, grouper, inviter, rassembler. *III. V. pron. :* 1. S'associer, concourir, confluer, se fondre, fusionner. 2. S'attabler, se rencontrer, se retrouver. 3. *Les formes pron. possibles des syn. de* RÉUNIR.

RÉUSSI, E ■ Accompli, bien venu, heureux. ⇒ **parfait.**

RÉUSSIR ■ *I. Quelque chose :* s'acclimater, s'accomplir, avancer, bien tourner, fleurir, fructifier, marcher, plaire, prendre, prospérer. *II. Quelqu'un :* aboutir, achever, arriver, avoir la main heureuse/du succès, bien marcher, briller, faire carrière, faire du/son chemin, faire florès/fortune, finir par, gagner, mener à bien, parvenir, percer, rupiner (fam.), s'en tirer, triompher, venir à bout.

RÉUSSITE ■ *I.* Bonheur, chance, gain, triomphe, veine, victoire. ⇒ **succès.** *II.* Patience (jeu).

REVALORISATION ■ Accroissement, augmentation, bond, élévation, enchérissement, hausse, haussement, majoration, montée des prix, progression, relèvement, valorisation.

REVALORISER ■ Accroître, augmenter, élever, faire monter, enchérir, hausser, majorer, monter, réévaluer, rehausser, relever, remonter, renchérir, surenchérir.

REVANCHE ■ *I.* Compensation, consolation, dédommagement, répa-

ration, retour. *II.* Châtiment, némésis, œil pour œil, dent pour dent, punition, représaille, ressentiment, rétorsion, riposte, talion, vendetta, vengeance. *III. Loc.* **En revanche** : à côté, au contraire, en contrepartie, en outre, en récompense, en retour, inversement, mais, par contre.

REVANCHER (SE) ■ Châtier, corriger, laver, punir, redresser, réparer, riposter, sévir, se venger, vider une querelle.

RÊVASSER ■ ⇒ rêver.

RÊVE ■ *I. Au pr. :* onirisme, songe, vision. *II. Par ext.* 1. Rêvasserie, rêverie, songerie. 2. Cauchemar, phantasme. 3. Ambition, espérance. ⇒ **désir.** 4. Conception, idée, imagination, spéculation. 5. Château en Espagne, chimère, fiction, illusion, mirage, utopie.

RÊVÉ, E ■ ⇒ idéal.

REVÊCHE ■ *I. Quelque chose :* rêche, rude. *II. Quelqu'un :* abrupt, acariâtre, âcre, aigre, âpre, bourru, difficile, dur, grincheux, grognon, hargneux, intraitable, massacrant, porc-épic, quinteux, rébarbatif, rebours (vx), rêche, renfrogné, rogue, rude.

RÉVEIL ■ *I.* ⇒ horloge. *II.* ⇒ renaissance.

RÉVEILLE-MATIN ■ ⇒ horloge.

RÉVEILLER ■ *I.* Éveiller, sonner le branle-bas (fig. et fam.), tirer du sommeil. *II.* ⇒ ranimer.

RÉVEILLON ■ ⇒ repas.

RÉVÉLATEUR, TRICE ■ Accusateur, caractéristique, déterminant, distinctif, essentiel, particulier, personnel, propre, saillant, significatif, spécifique, symptomatique, typique.

RÉVÉLATION ■ Aveu, confidence, déclaration, divulgation, indiscrétion, initiation, instruction, mise au courant/au parfum (fam.).

RÉVÉLER ■ *I. Au pr.* 1. Arborer,

déballer, déployer, désigner, développer, étaler, exhiber, exposer, indiquer, présenter, représenter. **2.** Découvrir, dégager, dénuder, dessiner, donner, faire/laisser deviner, manifester. **3.** Apprendre, avouer, confesser, confier, déceler, déclarer, découvrir, dénoncer, dévoiler, dire, divulguer, exposer, laisser percer/voir, lever le voile, mettre au jour, montrer, s'ouvrir, percer à jour, publier, trahir (péj.), vendre la mèche (fam.). **4.** Apercevoir, comprendre, discerner, reconnaître, remarquer, repérer, saisir, voir. **II. Fig. 1.** Décrire, démasquer, dépeindre, dévoiler, évoquer, mettre dans, offrir, peindre, raconter. **2.** Démontrer, dire, écrire, établir, prouver, signaler, souligner. **3.** Annoncer, attester, déceler, dénoncer, dénoter, enseigner, exhaler, instruire, produire, témoigner. **4.** Accuser, affecter, afficher, affirmer, déclarer, faire briller/entendre/montre de/voir, marquer, respirer. **III. V. pron.** *:* apparaître, éclater, être, paraître, ressortir, surgir, *et les formes pron. possibles des syn. de* RÉVÉLER.

REVENANT ■ Apparition, double, ectoplasme, esprit, fantôme, lémure, ombre, spectre, vision.

REVENANT-BON ■ ⇒ bénéfice.

REVENDEUR, EUSE ■ ⇒ marchand.

REVENDICATION ■ Adjuration, appel, conjuration, demande, démarche, desiderata, désir, doléance, exigence, imploration, instance, interpellation, interrogation, pétition, placet, plainte, prétention, prière, protestation, question, quête (vx), réclamation, recours, récrimination, requête, sollicitation, sommation, souhait, supplique, vœu, volonté.

REVENDIQUER ■ Adresser/faire /former/formuler/présenter une revendication *et les syn. de* REVENDICATION, briguer, demander, désirer, dire, enjoindre, exiger, exprimer un désir/une revendication/un souhait, implorer, imposer, insister, interpel-

ler, interroger, mander, mendier (péj.), ordonner, pétitionner, se plaindre, postuler, prescrire, présenter un cahier de doléances/un placet/une requête/une revendication/une supplique, prétendre à, prier, protester, quémander, questionner, quêter (vx), rechercher, réclamer, récriminer, requérir, solliciter, sommer, souhaiter, supplier, vouloir.

REVENIR ■ **I. Au pr.** *:* faire demi-tour, se rabattre, rallier, se ramener (fam.), rappliquer (fam.), rebrousser chemin, reculer, refluer, regagner, réintégrer, rejoindre, rentrer, reparaître, repasser, retourner, retourner en arrière/sur ses pas. **II. Par ext. 1.** S'occuper de, se remettre à, reprendre, retourner à. ⇒ **recommencer. 2.** ⇒ **revoir. 3.** Afférer, incomber, retomber sur. **III. Loc. 1. Revenir sur sa parole** : annuler, se contredire, déclarer forfait, se dédire, se délier, se démentir, se désavouer, se désister, manquer à sa parole, se rétracter. **2. Revenir sur quelque chose** ⇒ répéter. **3. Revenir de loin** ⇒ rétablir (se). **4. Revenir à quelqu'un** ⇒ plaire. **5. Revenir à tel prix** ⇒ valoir. **6. Revenir à de meilleurs sentiments** : s'amender, se convertir. ⇒ réconcilier (se).

REVENU ■ Allocation, arrérages, avantage, casuel, commende (relig. et vx), dividende, dotation, fermage, fruit, gain, intérêt, loyer, mense (vx), métayage, pension, prébende, produit, profit, rapport, recette, redevance, rente, rentrée, retraite, royalties, salaire, tontine, usufruit, viager. ⇒ bénéfice.

RÊVER ■ **I.** Faire des rêves. **II. Par ext.** *:* bayer, béer, être distrait, rêvasser, songer. **Fam.** : bayer aux corneilles, être dans les nuages, visionner. **III. Fig. 1.** Ambitionner, aspirer à, convoiter, désirer, rechercher, souhaiter. ⇒ **vouloir. 2.** Fantasmer, forger, imaginer, méditer, projeter, réfléchir, spéculer. ⇒ **penser. 3. Non favorable** : divaguer. ⇒ **déraisonner.**

RÉVERBÉRATION ■ Diffusion, rayonnement, reflet, réflexion.

RÉVERBÈRE ■ *Vx :* bec de gaz, lanterne.

RÉVERBÉRER ■ Diffuser, faire écho, réfléchir, refléter, rendre, renvoyer, répercuter, reproduire, transmettre.

RÉVÉRENCE ■ *I. Au pr.* **1.** Considération, courtoisie, déférence, égard, estime, honneur, respect, vénération. **2.** Affection, culte, piété. **3.** Amour-propre, pudeur, réserve. *II. Par ext. :* courbette, hommage, inclination de tête, plongeon (fam.), prosternation, prosternement, salamalec (péj.), salut.

RÉVÉRENCIEUX, EUSE ■ Cérémonieux, déférent, humble, obséquieux (péj.), poli, respectueux, révérenciel (vx).

RÉVÉRER ■ Adorer, avoir/célébrer/rendre un culte, déifier, encenser, estimer, glorifier, gratifier d'estime/de faveur/d'honneur, honorer, magnifier, respecter, saluer la mémoire, tenir en estime.

RÊVERIE ■ *I.* ⇒ rêve. *II.* ⇒ illusion.

REVERS ■ *I.* Derrière, dos, doublure, envers, parement, pile, rebras, repli, retroussis, verso. *II.* Accident, aventure fâcheuse, déboire, déception, désillusion, échec, épreuve, infortune, insuccès, malchance, malheur, orage, traverse, vicissitude. ⇒ défaite.

REVERSER ■ ⇒ rembourser.

REVÊTEMENT ■ *I.* Asphaltage, boisage, carrelage, chape, chemise, crépi, cuirasse, dallage, enduit, enveloppe, parement, pavage, protection. *II.* **1.** Asphalte, enrobé, goudron, macadam. **2.** Quick, tarton, terre-battue. **3.** Téflon.

REVÊTIR ■ *I.* ⇒ vêtir. *II.* ⇒ recouvrir. *III.* ⇒ orner. *IV.* ⇒ pourvoir.

REVÊTU, E ■ *I.* ⇒ vêtu. *II.* Armé, blindé, couvert, cuirassé, défendu, flanqué, fortifié, garanti, muni, paré, préservé, protégé.

RÊVEUR, EUSE ■ *I.* Absent, absorbé, abstrait, contemplatif, dans les nuages, méditatif, occupé, pensif, préoccupé, songeur, soucieux. *II.* Imaginatif, utopiste.

REVIGORER ■ Aider, conforter, consoler, ragaillardir, ranimer, ravigoter, raviver, réconforter, refaire, relever le courage/les forces/le moral, remettre, remonter, réparer, requinquer (fam.), restaurer, rétablir, retaper, soutenir, stimuler, sustenter.

REVIREMENT ■ Cabriole, palinodie, pirouette, retournement, volte-face. ⇒ chargement.

REVISER ■ *I.* ⇒ revoir. *II.* ⇒ réparer. *III.* ⇒ répéter.

REVISEUR ■ Censeur, correcteur, corrigeur, lecteur.

REVISION ■ *I.* ⇒ vérification. *II.* ⇒ amélioration.

RÉVISIONNISTE ■ Déviationniste, réformiste, réviso (fam.).

REVIVIFIER ■ Animer, augmenter, encourager, exalter, exciter, raffermir, ranimer, ravigoter, raviver, réchauffer, rehausser, relever, remonter, ressusciter, rétablir, retaper, retremper, réveiller, revigorer, vivifier.

REVIVRE ■ *I. Au pr. :* renaître, se renouveler, respirer, ressusciter. *II. Fig. :* évoquer. ⇒ rappeler (se).

RÉVOCATION ■ *I.* Abolition, abrogation, annulation, contrordre, dédit. *II. De quelqu'un :* congédiement, destitution, licenciement, renvoi, suspension.

REVOIR ■ *I. Au pr. :* examiner, reconsidérer, revenir sur, reviser. *II. Par ext.* **1.** Châtier, corriger, fatiguer, limer, polir, raboter, raccommoder, rapetasser, rapiécer, ravauder, rectifier, réformer, remanier, reprendre, retoucher. **2.** ⇒ rappeler (se). **3.** ⇒ répéter.

RÉVOLTANT, E ■ Bouleversant, choquant, criant, dégoûtant, indigne.

RÉVOLTE ■ Action, agitation, chouannerie, contestation, désobéissance, dissidence, ébullition, effervescence, faction, fermentation, feu, guerre civile, insoumission, insubordination, insurrection, jacquerie, lutte, mouvement, mutinerie, opposition, putsch, rébellion, résistance, révolution, rouspétance (fam.), sécession, sédition, soulèvement, subversion, trouble, violence. ⇒ *émeute.*

RÉVOLTÉ, E ■ *I.* Activiste, agitateur, contestataire, dissident, émeutier, factieux, insoumis, insurgé, meneur, mutin, rebelle, réfractaire, révolutionnaire, séditieux. *II.* ⇒ *outré.*

RÉVOLTER ■ Choquer, dégoûter, écœurer, fâcher, indigner, rebecquer, soulever. *V. pron. :* 1. Au pr. : entrer en lutte, s'insurger, se mutiner, se rebeller, résister, se soulever. **2. Par ext. :** se cabrer, contester, crier au scandale, désobéir, se dresser/s'élever contre, être rempli d'indignation, se fâcher, s'indigner, refuser, regimber, renâcler.

RÉVOLU, E ■ Accompli, achevé, déroulé, écoulé, fini, passé, sonné (fam.), terminé.

RÉVOLUTION ■ *I. Au pr. :* circuit, courbe, cycle, rotation. *II. Par ext.* 1. Bouleversement, cataclysme, chambardement, changement, convulsion, incendie, raz-de-marée, renversement, tourmente. 2. ⇒ *révolte.*

RÉVOLUTIONNAIRE ■ *I.* Agitateur, contestataire, desperado, insurgé, militant, novateur, rebelle, séditieux, subversif, terroriste. ⇒ *révolté. II.* Activiste, anarchiste, communard, gauchiste, jacobin, libéral (vx), nihiliste, progressiste, républicain (vx), révisionniste. *III.* ⇒ *nouveau.*

RÉVOLUTIONNER ■ *I.* Agiter, bouleverser, chambarder, changer, remplacer. ⇒ *renverser. II.* ⇒ *émouvoir.*

REVOLVER ■ ⇒ *pistolet.*

RÉVOQUER ■ *I.* Casser, débarquer (fam.), débouter, déchoir, dégommer (fam.), dégoter (fam.), démettre de, démissionner, dénuer de, déplacer, déposer, dépouiller, destituer, détrôner, faire sauter (fam.), limoger, mettre en disponibilité, priver, rappeler, relever de ses fonctions, suspendre. *II.* ⇒ *abolir. III. Loc.* Révoquer en doute : contester, douter de, mettre en doute, nier, rejeter, suspecter.

REVUE ■ *I.* Catalogue, cens, compte, dénombrement, détail, énumération, état, évaluation, inventaire, liste, litanie, recensement, rôle, statistique. *II.* Défilé, parade, prise d'armes. *III.* ⇒ **spectacle.** *IV.* Annales, bihebdomadaire, bimensuel, bimestriel, bulletin, cahier, digest, gazette, hebdomadaire, illustré, journal, livraison, magazine, mensuel, organe, périodique, publication, trimestriel.

RÉVULSIF, IVE ■ *I. Adj. :* vésicant. *II. N. m. :* cataplasme, rigollot, rubéfiant, sinapisme, vésicatoire.

RHABILLER ■ ⇒ *réparer.*

RHAPSODE ■ ⇒ *poète.*

RHAPSODIE ■ *I.* ⇒ **mélange.** *II.* ⇒ **ramas.**

RHÉTEUR ■ ⇒ *orateur.*

RHÉTORIQUE ■ ⇒ *éloquence.*

RHUM ■ Alcool, eau-de-vie, ratafia, tafia.

RHUMATISANT, E ■ *Vx :* chiragre, goutteux, impotent, podagre.

RHUMATISME ■ Arthrite, arthrose, douleurs, goutte, lumbago, polyarthrite, sciatique.

RHUME ■ Catarrhe, coryza, coup de froid, enchifrènement (fam.), grippe, refroidissement, rhinite, toux.

RIANT, E ■ *I.* ⇒ réjoui. *II.* ⇒ gracieux.

RIBAMBELLE ■ ⇒ suite.

RIBAUD, E ■ *I.* ⇒ vaurien. *II.* ⇒ prostituée.

RIBOTE ■ Godaille (vx), noce, orgie. ⇒ débauche.

RICANEMENT ■ ⇒ raillerie.

RICANER ■ ⇒ rire.

RICANEUR, EUSE ■ Contempteur, méprisant, moqueur.

RICHE ■ *I. Quelqu'un :* aisé, calé (vx), capitaliste, crésus, florissant, fortuné, heureux, huppé, milliardaire, millionnaire, multimillionnaire, nanti, opulent, parvenu, pécunieux, ploutocrate (péj.), possédant, pourvu, prospère, renté, rentier, richard (péj.), richissime, satrape (péj.). *Fam. :* argenteux, boyard, cossu, cousu d'or, galetteux, gros, milord, nabab, rothschild, rupin. *II. Quelque chose.* 1. ⇒ fertile. 2. Abondant, copieux, éclatant, fastueux, luxueux, magnifique, nourri, plantureux, somptueux. ⇒ beau. 3. Raffiné, nourrissant, roborant, roboratif, succulent.

RICHESSE ■ *I. Au pr.* 1. Moyens, or, pactole, ressources, trésor. ⇒ argent. 2. Aisance, avoir, biens, ce qu'il faut, de quoi, fortune, opulence, prospérité. *II. Par ext.* 1. Abondance, apparat, beauté, confort, débauche (par ext.), éclat, excès, faste, luxe, majesté, magnificence, opulence, pompe, profusion, somptuosité, splendeur, surabondance. 2. ⇒ fertilité.

RICOCHER ■ ⇒ sauter.

RICOCHET ■ *I. Au pr.* ⇒ saut. *II. Fig. :* choc en retour, conséquence, éclaboussure, effet, rebondissement, retour. ⇒ suite.

RICTUS ■ ⇒ grimace.

RIDE ■ *I. Au pr. :* creux, ligne, patted'oie, pli, raie, ridule, sillon. *II. Par ext. :* fente, gerçure, inégalité, onde, plissement, rainure, rayure, strie.

RIDÉ, E ■ *I. Quelque chose.* 1. Neutre : doublé, fraisé, froncé, ondulé, plié, plissé ruché. 2. **Non favorable :** chiffonné, fripé, froissé, grimaçant, grippé. *II. La peau :* froncé, parcheminé, raviné.

RIDEAU ■ *I.* Banne, brise-bise, cantonnière, ciel de lit, conopée (liturg.), courtine, draperie, étoffe, moustiquaire, portière, store, tenture, toile, voilage, voile. *II.* Écran, ligne, obstacle, tablier.

RIDER ■ *I. Au pr. :* froncer, marquer, plisser, raviner, sillonner. *II. Fig.* 1. Convulser, crisper. 2. Flétrir, ravager. 3. Rabougrir, ratatiner.

RIDICULE ■ *I. Adj. :* absurde, amusant, bête, bizarre, bouffon, burlesque, caricatural, cocasse, comique, dérisoire, drôle, farfelu, funambulesque, incroyable, insensé, grotesque, loufoque, pédant, prudhommesque, saugrenu, sot, ubuesque. ⇒ risible. *II. Nom masc.* 1. *Quelqu'un :* bouffon, galantin, gandin, jocrisse, m'as-tu-vu, mijaurée, pecque, plaisantin, précieux, rigolo (fam.). ⇒ plaisant. 2. *Un comportement :* défaut, imperfection, travers.

RIDICULISER ■ Affubler, bafouer, brocarder, caricaturer, chansonner, dégrader, draper, habiller, moquer, railler, rire de, tourner en dérision/ en ridicule.

RIEN ■ *I. Adv. :* aucunement, pas, point. *Vx :* goutte, grain, mie. *II. Interj.* 1. Néant, négatif, non. 2. **Arg. ou fam. :** balle-peau, bernique, ceinture, de la briquette, des clopinettes/ clous/dattes/nèfles, du beurre au ⇒ fessier/à l'intendance/en branche/en broche, du flan, lap, la peau, macache, mon ⇒ fessier/⇒ sexe, nada, nib, nibergue, nisco, oualou, peau de zébi/de zob, pollop, pouic, que dalle/ tchi, râpé, tintin. *III. Nom masc.* 1. Absence, inanité, misère, néant, peu de chose, vide, zéro. 2. ⇒ bagatelle.

RIEUR, RIEUSE ■ Bon vivant, boute-en-train, content, enjoué, épanoui, gai, guilleret, heureux, hilare, joyeux, réjoui, riant, rigolard, rigolo, Roger-Bontemps, vive-la-joie.

RIGIDE ■ *I. Au pr.* : dur, empesé, engoncé, inflexible, guindé, raide. *II. Fig.* : ascétique, austère, étroit, grave, implacable, inhumain, insensible, janséniste, puritain, rigoriste, rigoureux, sec, sévère, spartiate.

RIGIDITÉ ■ *I. Au pr.* : consistance, dureté, raideur, résistance, solidité. *II. Fig.* : ascétisme, austérité, gravité, implacabilité, inclémence, inflexibilité, insensibilité, jansénisme, puritanisme, rigorisme, rigueur, rudesse, sécheresse, sévérité.

RIGOLADE ■ ⇒ divertissement.

RIGOLE ■ Caniveau, cassis, coupure, fossé, goulotte, lapiaz, lapié, ruisseau, ruisselet, ruisson, saignée, sangsue, séguia. ⇒ canal.

RIGOLER ■ *I.* ⇒ badiner. *II.* ⇒ plaisanter. *III.* ⇒ rire.

RIGOLO, OTE ■ *I.* Amusant, comique, drôle, marrant (fam.), plaisant, poilant (fam.), torboyautant (fam.), tordant. ⇒ risible. *II.* ⇒ plaisant. *III.* ⇒ pistolet.

RIGORISME ■ ⇒ rigidité.

RIGOUREUSEMENT ■ Absolument, âprement, étroitement, exactement, formellement, logiquement, mathématiquement, précisément, scrupuleusement, strictement, totalement, *et les adv. en -ment formés à partir des syn. de* RIGOUREUX.

RIGOUREUX, EUSE ■ *I. Quelqu'un.* ⇒ rigide. *II. Quelque chose.* 1. Neutre : certain, exact, géométrique, implacable, juste, logique, mathématique, méticuleux, nécessaire, ponctuel, précis, serré, strict. 2. Non favorable : âpre, cruel, draconien, excessif, froid, glacial, inclément, rude, sévère.

RIGUEUR ■ *I. Non favorable.* 1. Âpreté, cruauté, dureté, inclémence.

2. Frimas, froid, intempérie. 3. ⇒ rigidité. *II. Favorable ou neutre :* fermeté, rectitude. ⇒ précision.

RIME ■ *I.* ⇒ consonance. *II.* ⇒ vers.

RIMER ■ *I.* ⇒ versifier. *II.* ⇒ correspondre.

RIMEUR ■ ⇒ poète.

RINCÉE ■ ⇒ pluie.

RINCER ■ *I.* ⇒ mouiller. *II.* ⇒ laver.

RING ■ Estrade, planches, podium.

RIPAILLE ■ Bâfre, bâfrée, bamboche, bombance, bombe, ribote. ⇒ repas.

RIPAILLER ■ *I.* ⇒ festoyer. *II.* ⇒ manger.

RIPOPÉE ■ ⇒ mélange.

RIPOSTE ■ *I.* ⇒ réponse. *II.* ⇒ vengeance.

RIPOSTER ■ ⇒ répondre.

RIQUIQUI ■ *I. Nom masc.* 1. Alcool, brandevin, eau-de-vie, esprit-de-vin, mêlé, mêlé-cass (pop.), mêlé-cassis, tord-boyaux (fam.). 2. Auriculaire, petit doigt. *II. Adj. :* étriqué, mesquin, minable, parcimonieux, pauvre. ⇒ petit.

RIRE ■ v. intr. *I. Au pr.* 1. Se dérider, se dépoiler, éclater de rire, s'esclaffer, glousser, pleurer de rire, pouffer, rioter (vx), sourire. 2. Fam. : se bidonner/boyauter/dilater la rate, se fendre la gueule/la margoulette/la pêche/la pipe/ la poire/la pomme/la terrine/la tronche, se gondoler/marrer/poiler/tirebouchonner/tordre, s'en payer une tranche, rigoler. *II. Par ext.* 1. S'amuser, se divertir, s'égayer, s'en payer (fam.), prendre du bon temps, se réjouir, rigoler. 2. Badiner, baratiner (fam.), jouer, plaisanter. *III. Loc. Rire de quelqu'un :* brocarder, dédaigner, mépriser, se moquer, narguer, nasarder (vx), railler, ricaner, ridiculiser, tourner en ridicule.

RIRE ■ n. *I. Au pr. :* éclat, enjouement, fou rire, hilarité, rigolade (fam.). ⇒ **gaieté.** *II. Par ext.* : raillerie, ricanement, rictus, ris, risée, risette, sourire, souris.

RISÉE ■ *I.* ⇒ **rire.** *II.* ⇒ **raillerie.** *III.* ⇒ **rafale.**

RISIBLE ■ *I.* Amusant, bouffon, cocasse, comique, désopilant, drolatique, drôle, drôlet, exhilarant, farce, farfelu, fou, hilarant, humoristique, impayable, ineffable, inénarrable, plaisant, ridicule. *II. Fam.* : bidonnant, boyautant, canularesque, courtelinesque, crevant, gondolant, gonflant, marrant, poilant, rigolo, roulant, tordant, transpoil, ubuesque.

RISQUE ■ *I.* ⇒ **danger.** *II.* ⇒ **hasard.**

RISQUÉ, E ■ *I.* Aléatoire, audacieux, aventureux, chanceux, dangereux, exposé, fou, glandilleux (arg.), gratuit, hardi, hasardé, hasardeux, imprudent, incertain, misé, osé, périlleux, téméraire, tenté. *II.* Scabreux. ⇒ **obscène.**

RISQUER ■ *I. Au pr.* : affronter, aventurer, braver, commettre, compromettre (péj.), courir le hasard/le risque *et les syn. de* RISQUE, se décider, défier, émettre, engager, entreprendre, éprouver, essayer, exposer, friser, frôler, hasarder, jouer, jouer gros jeu/son va-tout, se lancer, mettre en danger/en jeu/le prix, risquer le pacsif/pacson/paquet (fam.), tenter. *II. Par ext.* ⇒ **expérimenter.**

RISQUE-TOUT ■ ⇒ **casse-cou.**

RISSOLER ■ Cuire, dorer, gratiner, mijoter, rôtir.

RISTOURNE ■ Bonification, déduction, diminution, escompte, guelte, prime, quelque chose (fam.), rabais, réduction, remise, sou du franc, tant pour cent.

RIT, RITE ■ *I. Au pr.* 1. ⇒ **cérémonie.** 2. ⇒ **protocole.** *II. Par ext.* ⇒ **habitude.**

RITOURNELLE ■ Antienne, chanson,

chant, leitmotiv, rabâchage (péj.), refrain, rengaine, répétition, scie.

RITUEL ■ n. *I. Au pr.* : pénitentiel, pontifical, processionnal, sacramentaire. *II. Par ext.* 1. ⇒ **rite.** 2. Livre, recueil. ⇒ **collection.**

RITUEL, ELLE ■ adj. ⇒ **traditionnel.**

RIVAGE ■ *I.* ⇒ **bord.** *II.* ⇒ **pays.**

RIVAL, E ■ *I. Au pr.* : adversaire, antagoniste, combattant, compétiteur, concurrent, égal, émulateur, émule, ennemi, opposant. *II. Par ext.* ⇒ **amant.**

RIVALISER ■ *I.* ⇒ **égaler.** *II.* ⇒ **lutter.**

RIVALITÉ ■ Antagonisme, combat, compétition, concours, concurrence, conflit, émulation, jalousie, joute, lutte, opposition, tournoi.

RIVE ■ ⇒ **bord.**

RIVER ■ *I.* ⇒ **fixer.** *II.* ⇒ **attacher.**

RIVERAIN, E ■ Adjacent, attenant, avoisinant, circonvoisin, contigu, environnant, immédiat, joignant, limitrophe, prochain, proche, rapproché, voisin.

RIVET ■ *I.* ⇒ **pointe.** *II.* ⇒ **attache.**

RIVIÈRE ■ *I. Au pr.* : affluent, canal, collecteur, cours d'eau, émissaire, fleuve, gave, oued, ravine, ru, ruisseau, torrent, tributaire, voie fluviale. *II. Loc.* Rivière de diamants ⇒ **collier.**

RIXE ■ Affrontement, altercation, bagarre, bataille, batterie (vx), combat, coups et blessures, crêpage de chignons, crosses (fam.), dispute, échauffourée, lutte, mêlée, noise, pétard (arg.), pugilat, querelle.

ROBE ■ *I. Au pr.* : aube, cafetan, chiton, déshabillé, djellaba, épitoge, fourreau, froc, gandoura, haïk, peignoir, péplum, rochet, sari, simarrre, soutane, surplis, toilette, tunique. ⇒ **vêtement.** *II. Par ext.* 1. ⇒ **poil.** 2. ⇒ **enveloppe.** 3. Du cheval : alezan, alezan brun/doré, arzel, aubère, bai, bai brun/

clair, baillet, balzan, blanc, blanc argenté, brun, cavecé, châtain, clair, fauve, gris, gris moucheté, isabelle, louvet, marron, miroité, moreau, moucheté, noir, noir jais, pie, pinchard, pommelé, rouan, rubican, saure, souris, tigré, tisonné, tourdille, truité, zain.

ROBINET ■ By-pass, callibristi (vx ou rég.), chantepleure, doisil, dousil, douzil, fausset, prise, purgeur, reniflard, vanne.

ROBINETTERIE ■ *Par ext. :* sanitaire, tuyauterie.

ROBORATIF, IVE ■ ⇒ remontant.

ROBOT ■ Androïde, automate, engin cybernétique/à commande automatique, machine de Vaucanson.

ROBUSTE ■ Costaud, dru, ferme, fort, fort comme un chêne/comme un Turc (fam.), grand, gros, herculéen, inébranlable, infatigable, malabar, musclé, puissant, râblé, résistant, solide, vigoureux, vivace.

ROBUSTESSE ■ ⇒ solidité.

ROC ■ ⇒ roche.

ROCADE ■ ⇒ voie.

ROCAILLEUX, EUSE ■ *I. Au pr. :* caillouteux, graveleux, pierreux, rocheux. *II. Par ext.* ⇒ rude.

ROCAMBOLE ■ *I.* ⇒ plaisanterie. *II.* ⇒ bagatelle.

ROCAMBOLESQUE ■ Abracadabrant, bizarre, drôle, ébouriffant, étonnant, étrange, exceptionnel, exorbitant, extraordinaire, extravagant, fantastique, formidable, impensable, impossible, improbable, inconcevable, incroyable, inimaginable, insoutenable, invraisemblable, paradoxal, renversant.

ROCHE, ROCHER ■ Bloc, boulder, caillasse, caillou, galet, minéral, moellon, parpaing, pavé, roc, sédiment. ⇒ pierre.

ROCHET ■ Aube, froc, mantelet, surplis.

ROCHEUX, EUSE ■ ⇒ rocailleux.

ROCOCO ■ *I. Au pr. :* rocaille. *II. Par ext. :* ancien, antique, baroque, caduc, chargé, de mauvais goût, démodé, désuet, lourd, passé, périmé, sans valeur, suranné, surchargé, toc (fam.), vieilli, vieillot, vieux.

RODER ■ ⇒ polir.

RÔDER ■ Aller à l'aventure/à l'aveuglette/au hasard/çà et là, se balader (fam.), battre l'estrade/le pavé, courir les champs/les rues, courir, déambuler, dévier de sa route/son chemin, divaguer, s'égarer, errer, flâner, marcher, se perdre, se promener, rouler sa bosse, tournoyer, traînasser, traîner, trimarder, vadrouiller, vagabonder, vaguer.

RÔDEUR, EUSE ■ Chemineau, ribleur (vx), vagabond ⇒ malfaiteur.

RODOMONT ■ ⇒ hâbleur.

RODOMONTADE ■ Blague, bluff, bravade, braverie, broderie, charlatanerie, conte, crânerie, craque, exagération, fanfaronnade, farce, forfanterie, galéjade, gasconnade, hâblerie, histoire marseillaise, jactance, mensonge, menterie (vx), vantardise, vanterie.

ROGATON ■ *I.* ⇒ reste. *II.* ⇒ rognure.

ROGNER ■ *I. Au pr.* ⇒ retrancher. *II. Fam.* ⇒ murmurer.

ROGNURE ■ Balayure, bris, chute, copeau, débris, déchet, décombre, détritus, fragment, limaille, miette, morceau, rebut, recoupe, résidu, reste, rogaton, roustissure, sciure, tesson.

ROGUE ■ *I.* Abrupt, acariâtre, âcre, aigre, âpre, bourru, difficile, dur, hargneux, intraitable, massacrant, porcépic, quinteux, rébarbatif, rebours (vx), rêche, renfrogné, revêche, rude. *II.* ⇒ arrogant.

ROI ■ *I.* ⇒ monarque. *II. Fig.* ⇒ phénix.

RÔLE ■ *I.* Bordereau, catalogue, énumération, tableau. ⇒ liste. *II.* Emploi, figuration, figure, fonction, personnage, utilité. *III.* Attribution, charge, devoir, métier, mission, vocation.

ROMAINE ■ *I.* Balance, fléau, peson. *II.* Chicon, laitue, salade, verdure.

ROMAN ■ *I. Au pr.* : chronique, conte, fable, feuilleton, histoire, narration, nouvelle, récit. *II. Par ext.* : affabulation, bateau, bobard, bourde, cancan, chanson, colle, craque, farce, hâblerie, invention, invraisemblance, mensonge, racontar, ragot.

ROMANCE ■ ⇒ chant.

ROMANCER ■ Affabuler, amplifier, arranger, blaguer, broder, composer, conter, dire/faire/raconter des blagues/ contes / craques / galéjades/histoires, échafauder, exagérer, faire le malin, fanfaronner forger, galéjer (fam.), hâbler, inventer, mentir, se vanter.

ROMANCIER, ÈRE ■ Feuilletoniste. ⇒ écrivain.

ROMANESQUE ■ *I. Quelque chose.* ⇒ extraordinaire. *II. Quelqu'un* : chevaleresque, émotif, hypersensible, imaginatif, impressionnable, romantique, rêveur, sensible, sensitif, sentimental.

ROMANICHEL, ELLE ■ Baraquin (péj.), bohémien, boumian, fils du vent, gipsy, gitan, nomade, roma, romani, romé, romano, sinte, tzigane, zing, zingaro.

ROMANTIQUE ■ ⇒ romanesque.

ROMBIÈRE ■ ⇒ virago.

ROMPRE ■ *I. V. tr.* 1. Briser, broyer, casser, couper, déchirer, désunir, détruire, disloquer, disperser, faire éclater, fendre, forcer, fracasser, fractionner, fracturer, interrompre, morceler. 2. Abolir, annuler, arrêter, barrer, défaire, dissoudre, empêcher, interrompre, suspendre, troubler. 3. Se dégager de, dénoncer, dénouer, déroger à, manquer à. ⇒ libérer (se). 4. ⇒ habituer. 5. ⇒ désobéir. *II. V. intr.* 1. Abandonner, battre en retraite, caler, caner (fam.), céder, culer, décrocher, faire machine/marche arrière, flancher, fléchir, foirer (fam.), lâcher pied, reculer, refluer, refouler, se rejeter, se replier, rétrograder. 2. Casser, céder, claquer, craquer, crever, éclater, s'étoiler, se fendre, péter (fam.), se rompre. *III. Loc.* Rompre des lances ⇒ lutter.

ROMPU, E ■ *I. Quelqu'un.* 1. Phys. : accablé, assommé, avachi, brisé, claqué, courbatu, courbaturé, crevé, échiné, écrasé, épuisé, éreinté, esquinté, excédé, exténué, fatigué, flapi, fourbu, harassé, las, mort, moulu, pompé, recru, rendu, roué de fatigue, scié, surentraîné, sur les dents, surmené, vanné, vaseux, vermoulu, vidé. 2. Par ext. : abattu, abruti, accablé, anéanti, assommé, blasé, brisé, cassé, dégoûté, démoralisé, déprimé, écœuré, ennuyé, excédé, importuné, lassé, saturé. *II. Quelque chose.* 1. Aplati, brisé, broyé, cassé, défoncé, déglingué, démoli, descellé, détruit, disloqué, ébouillé (fam.), écaché, éclaté, écrasé, en miettes, fracassé, morcelé. 2. Brusque, convulsif, discontinu, haché, heurté, irrégulier, saccadé, sautillant, syncopé, trépidant.

RONCE ■ *I.* Barbelé. *II.* Épine, mûrier, roncier.

RONCHON, RONCHONNOT ■ Bougon. ⇒ grognon.

RONCHONNEMENT ■ Grogne, grognement, mécontentement, murmure, plainte, protestation, rouspétance.

RONCHONNER ■ *I.* Bougonner, bourdonner, broncher, gémir, geindre, grognasser, grogner, grognonner, grommeler, gronder, marmonner, marmotter, maronner, maugréer, murmurer, se plaindre, protester, ragonner (fam.). *II.* Bisquer, écumer, endêver, enrager, être en colère/en fureur/en rogne (fam.), fumer (fam.), râler, rager, rogner, rognonner (fam.), se ronger les poings, rouspéter.

ROND ■ n. *I. Au pr.* : cercle, cerne, circonférence, orbe, orbite. *II. Par ext.* : boule, cerceau, courbe, cylindre, disque, globe, rondelle, sphère, sphéroïde.

ROND, RONDE ■ adj. *I. Au pr.* : circulaire, cylindrique, orbiculaire, sphérique. *II. Par ext.* 1. ⇒ gras. 2. ⇒ gros. 3. ⇒ courbé. *III. Fig.* 1. ⇒ franc. 2. ⇒ ivre.

ROND-DE-CUIR ■ ⇒ employé.

RONDE ■ ⇒ visite.

RONDE (À LA) ■ Alentour, autour, aux alentours, aux quatre coins, dans l'entourage/le voisinage.

RONDEAU ■ ⇒ chant.

RONDELET, ETTE ■ *I. Au pr.* **Quelqu'un** : boulot, charnu, dodu, gras, grosset, rebondi, rondouillard (fam.), rondouillet (fam.). ⇒ gras. *II. Fig.* **Quelque chose** : appréciable, coquet. ⇒ important.

RONDELLE ■ ⇒ tranche.

RONDEMENT ■ *I.* Franchement, loyalement. *II.* Lestement, promptement. ⇒ vite.

RONDEUR ■ *I. Au pr.* : convexité, rotondité. *II. Fig.* 1. Embonpoint. ⇒ grosseur. 2. Bonhomie, bonne foi, cordialité, franchise, jovialité, loyauté, netteté, simplicité, sincérité.

RONDOUILLARD, E, RONDOUILLET, ETTE ■ ⇒ rondelet.

ROND-POINT ■ Carrefour, croisée des chemins, étoile, patte-d'oie, place, square.

RONFLANT, E ■ *I.* ⇒ sonore. *II.* ⇒ emphatique.

RONFLEMENT ■ ⇒ bourdonnement.

RONFLER ■ *I.* Bourdonner, bruire, fredonner, froufrouter, murmurer, ronronner, vrombir. *II.* ⇒ dormir.

RONGER ■ *I. Au pr.* : dévorer, grignoter, manger, mouliner, piquer. *II. Par ext.* : affouiller, altérer, attaquer, brûler, consumer, corroder, dégrader, désagréger, détruire, diminuer, dissoudre, entamer, éroder, gangrener, miner, mordre, pourrir, ruiner. *III. Fig.* ⇒ tourmenter.

RONGEUR, EUSE ■ Corrosif, insidieux, lancinant. ⇒ mordant.

RONRON ■ ⇒ bourdonnement.

RONRONNER ■ ⇒ ronfler.

ROQUENTIN ■ ⇒ vieillard.

ROQUET ■ ⇒ chien.

ROSACE ■ ⇒ vitrail.

ROSE ■ *I. n. m.* : Arch. : rosace. *II. Adj.* 1. Lilas, saumon. 2. **Loc. en/pas rose** : agréable, drôle, facile, gai.

ROSEAU ■ *I. Au pr.* : arundo, canne, massette, phragmite. *II. Par ext.* : calame, chalumeau, mirliton, pipeau.

ROSÉE ■ Aiguail (rég.).

ROSIÈRE ■ ⇒ vierge.

ROSSARD, E ■ *I.* Balleur, bon à rien, cagnard, cancre, clampin, cossard, feignant, feignasse, lézard, momie, ramier, tire-au-cul, tire-au-flanc. ⇒ paresseux. *II.* ⇒ méchant.

ROSSE ■ *I. Nom* ⇒ cheval. *II. Adj.* ⇒ méchant.

ROSSÉE ■ ⇒ volée.

ROSSER ■ ⇒ battre.

ROSSERIE ■ *I. Le défaut* : cruauté, dureté, hargne, jalousie, malice, malignité, malveillance, mauvaiseté, méchanceté, noirceur, perversité, scélératesse, vacherie (fam.). *II. L'acte* : calomnie, couleuvre, coup d'épingle, crasse, crosse, espièglerie, farce, gentillesse, médisance, mistoufle, noirceur, perfidie, saleté, saloperie, taquinerie, tour, tourment, vacherie. *III.* Épigramme, mot, pique, plaisanterie, pointe, saillie, trait.

ROSSIGNOL ■ *I.* Pouillot, rougequeue. *II.* Crochet, pince. ⇒ **clef, passepartout.** *III.* ⇒ **occasion.**

ROSSINANTE ■ Haridelle, rosse, sardine (arg.), tréteau. ⇒ **cheval.**

ROT ■ ⇒ renvoi.

RÔT ■ ⇒ rôti.

ROTATIF, IVE, ROTATOIRE ■ Giratoire, tournant.

ROTATION ■ ⇒ tour.

ROTER ■ *I. Au pr. :* éructer, faire un rot, se soulager. *II. Loc. fam.* En roter : en baver, en voir de toutes les couleurs. ⇒ **souffrir.**

RÔTI ■ n. Pièce de bœuf/porc/veau, rosbif, rôt.

RÔTI, E ■ adj. Grillé, havi, rissolé, saisi, torréfié.

RÔTIE ■ n. Canapé, frottée (pop.), rissolette, toast.

RÔTIR ■ *I.* Cuire, cuisiner, frire, griller, havir, rissoler, roustir, torréfier. *II. Par ext. :* bronzer, brûler, chauffer.

RÔTISSERIE ■ ⇒ restaurant.

ROTONDITÉ ■ *I.* ⇒ rondeur. *II.* ⇒ grosseur.

ROTURE ■ ⇒ peuple.

ROTURIER, ÈRE ■ *I. Nom* ⇒ paysan. *II. Adj.* 1. Ordinaire, plébéien, populaire, prolétaire, simple. 2. ⇒ **vulgaire.**

ROUBIGNOLE ■ ⇒ bourse.

ROUBLARD, E ■ *I. Sens affaibli :* adroit, astucieux, combinard, débrouillard, dégourdi, déluré, farceur, ficelle, fin, finaud, fine mouche, futé, habile, madré, malicieux, malin, matois, narquois, renard, roué, rusé, sac à malices, spirituel, trompeur, vieux routier. *II. Non favorable* ⇒ **mauvais.**

ROUBLARDISE ■ ⇒ cautèle.

ROUCOULER ■ *I. Au pr. :* caracouler. ⇒ **chanter.** *II. Fig. :* aimer, baratiner (fam.), batifoler, caqueter, conter fleurette, faire sa cour, flirter, jeter du grain (fam.), marivauder, papillonner.

ROUE ■ Engrenage, moulinet, poulie, volant.

ROUE (FAIRE LA) ■ Faire le beau, se pavaner, se rengorger. ⇒ **poser.**

ROUÉ, E ■ *I.* ⇒ fatigué. *II.* ⇒ malin. *III.* ⇒ rusé. *IV.* ⇒ débauché.

ROUELLE ■ ⇒ tranche.

ROUER ■ ⇒ battre.

ROUERIE ■ ⇒ ruse.

ROUGE ■ *I. Au pr. :* amarante, andrinople, bordeaux, brique, capucine, carmin, carotte, cerise, cinabre, coquelicot, corail, corallin, cramoisi, cuivré, écarlate, écrevisse, érubescent, feu, fraise, garance, géranium, grenat, groseille, gueules (blason), incarnadin, incarnat, lie-de-vin, nacarat, orangé, ponceau, pourpre, purpuracé, purpurin, rosé, roux, rubis, safrané, sang, sanglant, tomate, vermeil, vermillon, vineux, zinzolin. *II. Par ext. :* coloré, congestionné, couperosé, empourpré, enfiévré, enflammé, enluminé, érubescent, flamboyant, incandescent, pourpré, rougeaud, rougeoyant, rouget, rubescent, rubicond, rubigineux, rutilant, sanguin, vultueux. *III. Nom.* 1. ⇒ rougeur. 2. ⇒ honte.

ROUGEUR ■ *I.* ⇒ rouge. *II.* Couperose, énanthème, érubescence, érythème, exanthème, feu, inflammation, rubéfaction. *III. Fam. :* fard, soleil.

ROUGIR ■ *I. V. intr. :* devenir rouge, piquer un fard (fam.)/un soleil (fam.). *II. V. tr. :* colorer, dorer, ensanglanter, rendre rouge.

ROUGISSANT, E ■ *Par ext.* ⇒ timide.

ROUILLER (SE) ■ *Fig. :* s'ankyloser, s'étioler. ⇒ **endormir (s').**

ROULADE ■ ⇒ vocalise.

ROULAGE ■ ⇒ trafic.

ROULANT, E ■ *I. Adj.* 1. ⇒ mouvant. 2. *Fam.* ⇒ comique. *II. Nom :* convoyeur, transporteur.

ROULEAU ■ *I.* Bande, bobine. *II.* Brise-mottes, croskill, cylindre.

ROULÉE ■ ⇒ torgnole, volée.

ROULER ■ *I. V. tr.* 1. Déplacer, pousser. ⇒ tourner. 2. Charrier, emporter, entraîner, transporter. 3. Enrober, enrouler, envelopper, roulotter, torsader. 4. ⇒ tromper. 5. ⇒ vaincre. 6. Loc. 1. *Rouler dans sa tête :* faire des projets, penser. ⇒ projeter. *II. V. intr.* 1. ⇒ mouvoir (se). 2. ⇒ tomber. 3. ⇒ errer. 4. ⇒ balancer. 5. Avoir pour objet/sujet, pivoter/porter/tourner sur, se rapporter à, toucher à, traiter de. *III. V. pron. :* 1. Se secouer, se tourner, se vautrer. 2. S'enrouler, se lover.

ROULETTE ■ Galet, molette.

ROULEUR, EUSE ■ ⇒ vagabond.

ROULIER ■ ⇒ voiturier.

ROULIS ■ Balancement, mouvement transversal, oscillation, secousse.

ROULOTTE ■ Caravane, maison ambulante, remorque.

ROUPETTE ■ ⇒ bourse.

ROUPILLER ■ ⇒ dormir.

ROUPILLON ■ ⇒ sommeil.

ROUQUIN, E ■ ⇒ roux.

ROUSCAILLER ■ ⇒ protester.

ROUSPÉTANCE ■ ⇒ protestation.

ROUSPÉTER ■ *I.* ⇒ protester. *II.* ⇒ rager.

ROUSPÉTEUR, EUSE ■ ⇒ grognon.

ROUSSÂTRE, ROUSSEAU ■ (vx) ⇒ roux.

ROUSSEUR (TACHE DE) ■ Lentigo, lentille, tache de son.

ROUSSIN ■ *I.* ⇒ âne. *II.* ⇒ policier.

ROUSSIR ■ Brûler, cramer, devenir roux, griller, havir, rougir.

ROUSTE ■ ⇒ volée.

ROUSTON ■ ⇒ bourse.

ROUTE ■ *I. Au pr. :* autoroute, autostrade, chaussée, chemin, pavé, trimard (arg.). ⇒ voie. *II. Par ext. :* distance, itinéraire, parcours. ⇒ trajet.

ROUTIER ■ *I.* Camionneur, chauffeur/conducteur de poids lourds. ⇒ voiturier. *II.* ⇒ brigand. *III. Loc.* Vieux routier ⇒ malin.

ROUTINE ■ *I.* Empirisme, pragmatisme, pratique, usage. ⇒ expérience. *II.* Chemin battu (fam.), misonéisme, ornière, poncif, traditionalisme, train-train, trantran. ⇒ habitude.

ROUTINIER, ÈRE ■ Accoutumé, arriéré, coutumier, encroûté, habituel, rebattu.

ROUX, ROUSSE ■ *I. Quelqu'un :* auburn, blond vénitien, poil de carotte (fam.), queue-de-vache (péj.), rouge, rouquemoute (arg.), rouquin, roussâtre (péj.), rousseau (vx). *II. Un cheval :* alezan, baillet.

ROYAL, E ■ *I. Au pr. :* monarchique, régalien. *II. Par ext.* 1. ⇒ parfait. 2. ⇒ imposant.

ROYALEMENT ■ Généreusement, magnifiquement, richement, splendidement, superbement.

ROYALISTE ■ Chouan, légitimiste, monarchiste, orléaniste, traditionaliste, ultra.

ROYAUME ■ ⇒ nation.

ROYAUTÉ ■ *I. Au pr. :* couronne, dignité royale, monarchie, sceptre, trône. *II. Par ext. :* influence, souveraineté. ⇒ supériorité.

RUADE ■ *I. Au pr. :* coup de pied, dégagement, saut. *II. Fig. :* attaque, contestation, protestation, réaction.

RUBAN ■ *I. Au pr. :* bande, cordon, cordonnet, faveur, frange, liséré, galon, ganse, padou, rufflette. ⇒ **passement.** *II. Par ext.* 1. Bouffette, cadogan, catogan, chou, coque, suivez-moijeune-homme. 2. Bavolet, bourdaloue, brassard, cocarde, crêpe. 3. Décoration, insigne, rosette. 4. Aiguillette (vx), lacet, tirant. 5. Signet.

RUBICOND, E ■ ⇒ rouge.

RUBRIQUE ■ *I.* ⇒ article. *II.* ⇒ titre.

RUDE ■ *I. Au pr.* 1. Abrupt, agreste, arriéré, barbare, brut, fruste, grossier, heurté, impoli, inculte, rustaud, rustique, sauvage. 2. Aigre, âpre, brutal, cruel, froid, lourd, pénible, rigoureux, sec. 3. Difficile, malheureux, pénible, redoutable, scabreux, triste. 4. Cru, fort, raide, râpeux, rêche, vert. 5. Caillouteux, inégal, raboteux, rocailleux. 6. Grumeleux, rugueux, squameux. *II. Par ext.* 1. Anguleux, austère, bourru, brusque, cahoteux, désagréable, dur, farouche, hérissé, malgracieux, rébarbatif, revêche, rigide, sévère. 2. Heurté, rauque. 3. Drôle, fier, grand, lourd, sacré. 4. ⇒ **rigoureux.** 5. ⇒ **difficile.** 6. ⇒ **terrible.**

RUDESSE ■ Âpreté, aspérité, austérité, barbarie, brusquerie, brutalité, cruauté, dureté, grossièreté, implacabilité, impolitesse, inclémence, raideur, rigidité, rigueur, rugosité, rusticité, sécheresse, sévérité.

RUDIMENT ■ *I.* Commencement, embryon, germe, linéament. ⇒ **principe.** *II.* Abc, élément, essentiel. ⇒ **abrégé.**

RUDIMENTAIRE ■ ⇒ simple.

RUDOYER ■ Abîmer, accommoder, arranger, bafouer, battre, bourrer, brimer, brusquer, brutaliser, critiquer, crosser, éreinter, étriller, faire un mauvais parti, frapper, houspiller, lapider, malmener, maltraiter, mâtiner (fam.), molester, ravauder, secouer, tarabuster, traîner sur la claie, traiter mal/sévèrement, traiter de Turc à More, tyranniser, violenter, vilipender.

RUE ■ *I. Au pr. :* allée, artère, avenue, boulevard, chaussée, cours, passage, promenade, quai, ruelle, traboule (Lyon), venelle. *II. Par ext.* 1. Asphalte, pavé, ruisseau, trottoir. 2. ⇒ **voie.** *III. Loc.* À la rue : dehors, sans abri/domicile/ressources. ⇒ **ruiné.**

RUÉE ■ Attaque, course, curée, débandade, descente, désordre, invasion, panique.

RUELLE ■ *I.* ⇒ rue. *II.* ⇒ alcôve.

RUER ■ *I. Au pr. :* décocher/envoyez/lâcher/lancer une ruade, dégager, ginguer, lever le cul/le derrière, récalcitrer, regimber. *II. Loc.* **Ruer dans les brancards** ⇒ protester. *III. V. pron. :* assaillir, bondir, charger, débouler, s'élancer, foncer, fondre, se jeter, piquer, se précipiter, sauter, tomber sur.

RUFIAN ■ ⇒ vaurien.

RUGIR ■ ⇒ crier.

RUGISSEMENT ■ ⇒ cri.

RUGOSITÉ ■ Âpreté, aspérité, cal, callosité, dureté, inégalité, irrégularité. ⇒ **rudesse.**

RUGUEUX, EUSE ■ ⇒ rude.

RUINE ■ *I. Au sing.* 1. Au pr. : anéantissement, chute, décadence, dégradation, délabrement, déliquescence, démolition, désagrégation, destruction, détérioration, disparition, écrasement, écroulement, effondrement, renversement. 2. Par ext. : affaiblissement, banqueroute, culbute, débâcle, déchéance, déconfiture, dégringolade, dépérissement, déroute, ébranlement, étiolement, faillite, fin, liquidation, malheur, mort, naufrage, néant, pauvreté, perte. 3. Dégât, désastre, ravage. 4. **Fig. Quelqu'un :** chef-d'œuvre en péril (fam.), déchet, épave, larve, loque, son et lumière (fam.). *II. Au pl. :* cendres, débris, décombres, démolition, éboulement, reste, témoin, trace, vestige.

RUINÉ, E ■ *Fam. I.* À la côte/la rue, à sec, au pied de la côte, coulé, dans la dèche, décavé, désargenté, fauché, lessivé, liquidé, nettoyé, noyé, panné, paumé, perdu, râpé, ratatiné, rétamé, sur la paille. *II.* Épuisé, fatigué, vidé.

RUINER ■ *I. Au pr.* 1. On ruine quelque chose : abattre, affaiblir, altérer, anéantir, balayer, battre en brèche, amener/causer/provoquer la ruine, consumer, couler, dégrader, délabrer, démanteler, démantibuler (fam.), démolir, désoler, détériorer, détruire, dévaster, dévorer, dissoudre, engloutir, épuiser, esquinter, étioler, exténuer, foudroyer, gâcher, gâter, miner, perdre, ravager, renverser, ronger, saper, user. 2. On ruine quelqu'un : décaver, dégraisser (fam.), dépouiller, écraser, égorger, étrangler, expédier (vx), faire perdre, gruger, manger, mettre sur la paille, nettoyer, perdre, plumer, presser, pressurer, ronger, sucer, vider. *II. Par ext.* ⇒ infirmer. *III. V. pron.* : S'écrouler, s'effriter, s'enfoncer, *et les formes pron. possibles des syn. de* RUINER.

RUINEUX, EUSE ■ ⇒ cher.

RUISSEAU ■ *I.* ⇒ rivière. *II.* ⇒ rigole.

RUISSELANT, E ■ Dégoulinant, dégouttant, inondé, mouillé, trempé.

RUISSELER ■ ⇒ couler.

RUISSELLEMENT ■ ⇒ écoulement.

RUMEUR ■ *I. Au pr.* : bourdonnement, brouhaha, murmure, susurrement. *II. Par ext.* 1. Confusion, éclat, tumulte. ⇒ bruit. 2. Avis, jugement, ondit, opinion, potin, ragot. ⇒ médisance.

RUMINANT ■ Bovidé, camélidé, cervidé, girafidé, ovidé, tragulidé.

RUMINER I. Au pr. : mâcher, régurgiter, remâcher. *II. Fig.* : repasser, repenser, ressasser, revenir sur. ⇒ penser.

RUPESTRE ■ Pariétal.

RUPIN, E ■ ⇒ riche.

RUPINER ■ ⇒ réussir.

RUPTURE ■ *I. Au pr.* : bris, brisement, cassage, cassure, concassage, décalage, destruction, écart, fracture. *II. Fig.* 1. Annulation, arrêt, cessation, dénonciation, interruption, point mort, suspension. 2. Brouille, brouillerie, désaccord, désagrégation, désunion, détérioration, discorde, dispute, dissension, dissentiment, dissidence, divergence, division, divorce, froid, mésentente, mésintelligence, nuage, orage, séparation, tension, zizanie.

RURAL ■ Agreste, bucolique, campagnard, champêtre, pastoral, rustique. ⇒ paysan.

RUSE ■ Adresse, art, artifice, astuce, attrape-nigaud, carotte (fam.), cautèle, chafouinerie, chausse-trappe, détour, diplomatie, échappatoire, embûche, faux-fuyant, feinte, ficelle, finasserie, finesse, fourberie, fraude, habileté, intrigue, invention, machiavélisme, machination, machine, malice, manœuvre, matoiserie, méandre, perfidie, piège, politique, retour (vén.), rets, roublardise, rouerie, rubrique (vx), stratagème, stratégie, subterfuge, subtilité, tactique, trame, tromperie, truc (fam.).

RUSÉ, E ■ Adroit, artificieux, astucieux, cauteleux, chafouin, diplomate, ficelle, fin, finasseur, finaud, fourbe, futé, habile, inventif, loup, machiavélique, madré, malicieux (vx), malin, matois, narquois, normand, perfide, politique, renard, retors, roublard, roué, subtil, tortueux, trompeur, vice-lard

RUSER ■ Finasser. ⇒ tromper.

RUSH ■ ⇒ afflux.

RUSTAUD, E ■ Balourd, béotien, grossier, huron, iroquois, lourd, malotru, paysan, peigne-cul, plouc, rustique, rustre, sauvage, zoulou. ⇒ **impoli.**

RUSTICITÉ ■ *I. Non favorable :* balourdise, béotisme, brutalité, goujaterie, grossièreté, impolitesse, lourdeur, rustauderie, rustrerie. *II. Favorable :* dépouillement, frugalité, modération, pondération, sobriété, tempérance. ⇒ **simplicité.**

RUSTIQUE ■ *I. Au pr.* 1. Neutre : agreste, bucolique, campagnard, champêtre, pastoral, rural. ⇒ **simple.** 2. **Non favorable :** abrupt, arriéré, balourd, barbare, bestial, brut, fruste, grossier, impoli, inculte, lourd, rustaud, rustre, sauvage. *II. Par ext. :* endurant, increvable (fam.), fort, nerveux, résistant, robuste, solide, tenace, vivace.

RUSTRE ■ *I.* ⇒ **paysan.** *II.* ⇒ **rustique.** *III.* ⇒ **impoli.**

RUT ■ Amour, chaleur, chasse, désir, œstrus, retour à l'espèce.

RUTILANCE ■ *I.* ⇒ **brillant.** *II.* ⇒ **éclat.**

RUTILANT, E ■ Ardent, brasillant, brillant, éclatant, étincelant, flamboyant. ⇒ **rouge.**

RUTILER ■ ⇒ **briller.**

RYTHME ■ Accord, assonance, balancement, bercement, cadence, eurythmie, harmonie, mesure, mètre, mouvement, nombre, retour, son, tempo, temps, va-et-vient.

RYTHMÉ, E ■ Assonancé, balancé, cadencé, équilibré, harmonieux, mesuré, rythmique, scandé.

RYTHMER ■ *I.* Accorder, cadencer, donner du rythme, harmoniser, mesurer. *II.* Marquer/souligner le rythme, régler, scander, soumettre à un rythme.

RYTHMIQUE ■ *I. Nom fém.* 1. Métrique, prosodie, scansion, versification. 2. Chorégraphie, danse. 3. Gymnique. *II. Adj. :* alternatif. ⇒ **rythmé.**

S

SABBAT ■ ⇒ tapage.

SABIR ■ ⇒ langue.

SABLE ■ Arène, calcul, castine, gravier, gravillon, jar, lise, pierre, sablon, tangue.

SABLER ■ ⇒ boire.

SABLIÈRE ■ Carrière, gravière, sablonnière, tanguière.

SABORDER ■ ⇒ couler.

SABOT ■ *I.* Chaussure, galoche, patin, socque. *II.* ⇒ toupie. *III.* ⇒ saleté.

SABOTAGE ■ *I.* ⇒ désordre. *II.* ⇒ résistance.

SABOTER ■ *I.* ⇒ détériorer. *II.* ⇒ gâcher.

SABOTEUR ■ Démolisseur, destructeur, fossoyeur, naufrageur, ravageur.

SABOULER ■ ⇒ secouer, gâcher.

SABRER ■ *I.* ⇒ effacer. *II.* ⇒ gâcher.

SAC ■ *I.* ⇒ pillage. *II.* Bagage, baise-en-ville (fam.), besace, bissac, carnassière, carnier, fourre-tout, gibecière, havre-sac, hotte, musette, panetière, poche, porte-documents, portemanteau, sachet, sacoche. ⇒ cabas. *III.* Aumônière, bourse, escarcelle, réticule, vanity-case. *IV. Loc.* Gens de sac et de corde ⇒ vaurien.

SACCADE ■ ⇒ secousse.

SACCADÉ ■ Brusque, capricant, convulsif, discontinu, haché, heurté, hoquetant, inégal, intermittent, irrégulier, rompu, sautillant, spasmodique, sursautant, trépidant.

SACCAGE ■ *I.* Bouleversement, désastre, destruction, dévastation, ravage, ruine. *II.* ⇒ pillage.

SACCAGER ■ *I.* ⇒ ravager. *II.* ⇒ renverser.

SACERDOCE ■ *I.* Ministère, ordre, prêtrise. *II. Par ext. :* apostolat, charge, dignité, fonction, mission, poste.

SACOCHE ■ *I.* ⇒ gibecière. *II.* ⇒ sac.

SACRE ■ Consécration, couronnement, intronisation.

SACRÉ, E ■ *I.* Auguste, béni, consacré, divin, hiératique, intangible, inviolable, liturgique, sacro-saint, sanctifié, saint, tabou, vénérable. *II.* ⇒ parfait. *III.* ⇒ détestable.

SACREMENT ■ Baptême, confirmation, eucharistie, extrême-onction, mariage, ordre, pénitence.

SACRER ■ *I. Au pr. :* bénir, consacrer, oindre, sacraliser. *II. Par ext.* ⇒ couronner. *III.* ⇒ jurer.

SACRIFICE ■ *I. Au pr. :* hécatombe, holocauste, hostie, immolation, libation, lustration, messe, oblation, offrande, propitiation, taurobole. *II.*

Par ext. : abandon, abnégation, désintéressement, dessaisissement, dévouement, don de soi, offre, renoncement, résignation.

SACRIFIER ■ Dévouer, donner, égorger, immoler, mettre à mort, offrir. *V. pron.* : Se dévouer, se donner, se faire hacher pour, payer de sa personne, s'oublier, *et les formes pron. possibles des syn. de* SACRIFIER.

SACRILÈGE ■ *I.* ⇒ profanation. *II.* ⇒ vandale.

SACRIPANT ■ ⇒ vaurien.

SADIQUE ■ ⇒ vicieux.

SADISME ■ *I.* Aberration mentale/sexuelle, délectation, manie, perversion, sadomasochisme. **Arg.** : éducation anglaise, passions. *II.* Acharnement, bestialité, cruauté, lubricité, méchanceté, perversité, vice.

SAFARI ■ ⇒ chasse.

SAFRAN ■ *I.* Crocus. *II.* ⇒ jaune. *III. Par ext.* : spigol.

SAGA ■ ⇒ légende.

SAGACE ■ *I.* ⇒ pénétrant. *II.* ⇒ intelligent.

SAGACITÉ ■ *I.* ⇒ pénétration. *II.* ⇒ intelligence.

SAGAIE ■ ⇒ trait.

SAGE ■ *I. Nom* : gourou, juste, mage, philosophe, savant. *II. Adj.* 1. ⇒ prudent. 2. ⇒ tranquille. 3. ⇒ décent.

SAGE-FEMME ■ Accoucheuse, gynécologue, matrone, mère guette-au-trou (fam.), obstétricienne (vx).

SAGESSE ■ *I. Au pr.* : bon sens, connaissance, discernement, philosophie, raison, sapience, sens commun, vérité. *II. Par ext.* 1. Circonspection, modération, prudence. 2. Chasteté, continence, honnêteté, pudeur, retenue, vertu. 3. Calme. docilité, obéissance, sérénité, tranquillité.

SAIGNANT, E ■ ⇒ ensanglanté.

SAIGNÉE ■ *I.* ⇒ canal. *II.* ⇒ prélèvement.

SAIGNEMENT ■ *I.* ⇒ hémorragie. *II.* ⇒ menstruation

SAIGNER ■ *I.* ⇒ tuer. *II.* ⇒ dépouiller *III.* ⇒ dépenser.

SAILLANT, E ■ *I.* ⇒ proéminent. *II.* ⇒ remarquable.

SAILLIE ■ *I. Au pr.* : angle, arête, aspérité, avance, avancée, avancement, balèvre, bec, bosse, bourrelet, console, corne, corniche, côte, coude, crête, dent, éminence, encorbellement, éperon, ergot, gibbosité, moulure, nervure, pointe, proéminence, protubérance, redan, relief, ressaut, surplomb, tubercule. *II. Par ext.* 1. ⇒ saut. 2. ⇒ saccade. 3. ⇒ caprice. 4. ⇒ mot. 5. ⇒ accouplement.

SAILLIR ■ *I. V. intr.* 1. Avancer, déborder, se dessiner/détacher, surplomber. ⇒ dépasser. 2. ⇒ jaillir. *II. V. tr.* : couvrir, monter, sauter, servir. ⇒ accoupler (s').

SAIN, E ■ *I. Au pr.* : hygiénique, naturel, pur, salubre, salutaire, tonique. *II. Par ext.* 1. ⇒ valide. 2. ⇒ profitable *III. Loc.* Sain et sauf ⇒ sauf.

SAINBOIS ■ Daphné, garou.

SAINFOIN ■ Esparcet, esparcette.

SAINT, E ■ *I.* Apôtre, béat, bienheureux, glorieux, élu, martyr, sauvé, vertueux. *II.* Auguste, vénérable ⇒ sacré. *III. Loc.* 1. Sainte nitouche ⇒ patelin. 2. À la saint-glinglin : aux calendes grecques, jamais.

SAINTETÉ ■ *I.* Béatitude, gloire, salut, vertu. *II.* ⇒ perfection.

SAISI, E ■ *I.* ⇒ surpris. *II.* ⇒ ému. *III.* ⇒ rôti.

SAISIE, SAISINE ■ ⇒ confiscation.

SAISIR ■ *I.* ⇒ prendre. *II.* ⇒ percevoir. *III.* ⇒ entendre. *IV.* ⇒ émouvoir. *V. pron.* : ⇒ prendre.

SAISISSANT, E ■ ⇒ étonnant.

SAISISSEMENT ■ ⇒ émotion.

SAISON ■ ⇒ époque.

SAISONNIER, ÈRE ■ ⇒ temporaire.

SALACE ■ ⇒ lascif.

SALACITÉ ■ ⇒ lasciveté.

SALADE ■ ⇒ mélange.

SALAIRE ■ *I.* ⇒ rétribution. *II.* ⇒ récompense. *III.* ⇒ punition.

SALARIÉ, E ■ ⇒ travailleur.

SALAUD ■ ⇒ malpropre, méchant.

SALE ■ *I.* ⇒ malpropre. *II.* ⇒ obscène.

SALÉ, E ■ *I. Au pr.* : fort, relevé, saumâtre. *II. Fig.* 1. ⇒ obscène. 2. Cher, exagéré, sévère.

SALETÉ ■ *I. Au pr.* : 1. Boue, crasse, crotte, gâchis, immondices, impureté, macule, malpropreté, merde (grossier), mouton, ordure, poussière, rebut, salissure, saloperie, souillure, tache. 2. Chassie, gringuenaude, morve. ⇒ **pus.** *II. Par ext.* : cochonnerie, pacotille, patraque, rossignol, sabot, saloperie (grossier), toc. *III. Fig.* 1. ⇒ méchanceté. 2. ⇒ obscénité.

SALIGAUD ■ ⇒ malpropre.

SALINIER, ÈRE ■ Paludier, saunier.

SALINITÉ ■ Salure.

SALIR ■ *I. Au pr.* : abîmer, barbouiller, charbonner, contaminer, crotter, culotter, éclabousser, embouer (vx), encrasser, gâter, graisser, jaunir, mâchurer, maculer, noircir, poisser, polluer, souiller, tacher. *II. Fig.* : baver sur, calomnier, déparer, déshonorer, diffamer, entacher, flétrir, profaner, prostituer, ternir.

SALIVE ■ Bave, crachat, eau à la bouche, écume, postillon.

SALIVER ■ *I.* ⇒ baver. *II.* ⇒ vouloir.

SALLE ■ *I. Au pr.* : antichambre, chambre, foyer, enceinte, galerie, hall. ⇒ **pièce.** *II. Fig.* ⇒ **public.**

SALMIGONDIS ■ ⇒ mélange.

SALON ■ *I. Au pr.* 1. Sing. ⇒ pièce. 2. Au pl. : enfilade. *II. Par ext.* ⇒ exposition.

SALOPER ■ ⇒ gâcher.

SALOPERIE ■ *I.* ⇒ saleté. *II.* ⇒ méchanceté.

SALOPETTE ■ *I.* ⇒ surtout. *II.* ⇒ cotte.

SALTIMBANQUE ■ *I. Au pr.* : acrobate, antipodiste, artiste, auguste, baladin, banquiste, baraquin, bateleur, bonimenteur, bouffon, charlatan, clown, danseur de corde, dompteur, dresseur, écuyer, équilibriste, farceur (vx), forain, funambule, hercule, jongleur, lutteur, monstre, nomade, opérateur (vx), paillasse, parodiste, pitre, tabarin, trapéziste. *II. Par ext.* 1. ⇒ plaisant. 2. ⇒ pantin.

SALUBRE ■ ⇒ sain.

SALUBRITÉ ■ ⇒ hygiène.

SALUER ■ *I.* Accueillir, honorer, proclamer, reconnaître. *II.* Dire/donner/ offrir/présenter le/un/son ⇒ salut.

SALUT ■ *I.* Adieu, au revoir, bonjour, bonne nuit, bonsoir, coup de chapeau, courbette, hommage, inclination de tête, plongeon, poignée de main, révérence, salamalec, salutation, shakehand. *II.* Bonheur, rachat, récompense, rédemption.

SALUTAIRE ■ *I.* ⇒ sain. *II.* ⇒ profitable.

SALVE ■ ⇒ décharge.

SANCTIFIER ■ ⇒ fêter.

SANCTION ■ *I.* ⇒ confirmation. *II.* ⇒ punition.

SANCTIONNER ■ ⇒ punir, confirmer.

SANCTUAIRE ■ ⇒ église.

SANDALE ■ ⇒ soulier.

SANG ■ Cruor, hémoglobine, sérum. *Arg.* : raisiné. *Par ext.* ⇒ race.

SANG-FROID ■ *I.* Aplomb, assurance, audace, calme, détermination, fermeté, flegme, froideur, impassibilité, maîtrise, patience, tranquillité. *II. Loc.* De sang-froid : avec préméditation, délibérément, de sens rassis, en toute connaissance de cause, la tête froide, volontairement.

SANGLANT, E ■ *I.* ⇒ ensanglanté. *II.* ⇒ offensant.

SANGLE ■ *I.* ⇒ courroie. *II.* ⇒ bande.

SANGLER ■ *I.* ⇒ serrer. *II.* ⇒ cingler.

SANGLIER ■ Babiroussa, bête noire (vén.), cochon (vén.), laie, marcassin, pécari, phacochère, porc, quartanier, ragot, solitaire, tiers-an.

SANGLOT ■ Hoquet, larme, pleur, soupir, spasme.

SANGLOTER ■ ⇒ pleurer.

SANG-MÊLÉ ■ ⇒ métis.

SANGSUE ■ *Fig. et fam.* : ⇒ importun.

SANGUINAIRE ■ *I.* ⇒ violent. *II.* ⇒ barbare.

SANGUINOLENT, E ■ ⇒ ensanglanté.

SANITAIRE ■ Plomberie. ⇒ watercloset.

SANS-ABRI ■ Sans-logis, réfugié, sinistré.

SANS-CŒUR ■ ⇒ dur.

SANS-EMPLOI ■ ⇒ demandeur.

SANS-FAÇON ■ *I. Adj.* 1. ⇒ franc. 2. ⇒ simple. *II. Adv.* ⇒ simplement.

SANS-GÊNE ■ *I.* ⇒ impoli. *II.* ⇒ impolitesse.

SANS-LE-SOU ■ ⇒ pauvre.

SANS-PATRIE ■ Apatride, heimatlos, métèque (péj.), personne déplacée.

SANS-SOIN ■ Désordonné, insouciant, négligent.

SANS-SOUCI ■ ⇒ insouciant.

SANS-TRAVAIL ■ ⇒ demandeur.

SANTÉ ■ *I.* ⇒ nature. *II.* ⇒ discours.

SAOUL, SAOULE ■ (vx) ⇒ soûl.

SAPAJOU ■ *I.* ⇒ magot. *II.* ⇒ singe.

SAPE ■ ⇒ tranchée.

SAPER ■ ⇒ miner, habiller.

SAPEUR ■ Mineur, pionnier.

SAPHISME ■ ⇒ homosexualité.

SAPIDITÉ ■ ⇒ saveur.

SAPIN ■ Sapinette. ⇒ conifère.

SARCASME ■ ⇒ raillerie.

SARCASTIQUE ■ ⇒ sardonique.

SARCLER ■ ⇒ racler, cultiver.

SARCOPHAGE ■ *I.* ⇒ tombe. *II.* ⇒ cercueil.

SARDONIQUE ■ Caustique, démoniaque, fouailleur, goguenard, moqueur, persifleur, railleur, ricaneur, sarcastique, sardonien, satanique.

SARRASIN ■ Blé noir.

SARRAU ■ ⇒ surtout.

SATANIQUE ■ ⇒ diabolique.

SATELLITE ■ *I.* ⇒ partisan. *II.* ⇒ allié. *III. Vx* ⇒ tueur.

SATIÉTÉ ■ Dégoût, nausée, réplétion, satisfaction, saturation.

SATIN ■ ⇒ soie.

SATINÉ, E ■ *I.* ⇒ soyeux. *II.* ⇒ lustré. *III.* ⇒ lisse.

SATINER ■ ⇒ lustrer.

SATIRE ■ Caricature, catilinaire, charge, critique, dérision, diatribe, épigramme, factum, libelle, moquerie, pamphlet, philippique, plaisanterie, raillerie.

SATIRIQUE ■ ⇒ mordant.

SATIRISER ■ *I.* ⇒ railler. *II.* ⇒ médire.

SATISFACTION ■ *I.* Compensation, pénitence, raison, réparation. *II.* ⇒ plaisir.

SATISFAIRE ■ *I. V. tr.* : apaiser, calmer, combler, complaire, contenter, écouter, entendre, exaucer, observer, rassasier, régaler, soulager. *II. V. intr.* : accomplir, s'acquitter de, exécuter, fournir, obéir, observer, pourvoir, remplir, répondre à, suffire à.

SATISFAISANT, E ■ Acceptable, convenable, correct, enviable, honnête, honorable, passable, performant, suffisant.

SATISFAIT, E ■ *I.* Apaisé, béat, calme, comblé, content, heureux, rassasié, rasséréné, rassuré, soulagé. *II. Non favorable* : avantageux, fat, fier, suffisant, vain, vainqueur.

SATURATION ■ ⇒ réplétion.

SATURÉ, E ■ ⇒ rassasié.

SATURER ■ ⇒ combler.

SATYRE ■ *I.* Chèvre-pied, faune, sylvain. *II.* ⇒ lascif.

SAUCER ■ ⇒ mouiller.

SAUCISSON ■ *Par ext.* : chorizo, gendarme, jésus, rosette, salami, sauciflard (fam.).

SAUCISSONNER ■ Pique-niquer.

SAUF, SAUVE ■ adj. Indemne, intact, préservé, rescapé, sauvé, survivant, tiré d'affaire.

SAUF ■ prép. ⇒ excepté.

SAUF-CONDUIT ■ ⇒ laissez-passer.

SAUGRENU, E ■ *I.* ⇒ insensé. *II.* ⇒ faux. *III.* ⇒ étrange.

SAUMÂTRE ■ *I.* ⇒ salé. *II.* ⇒ désagréable.

SAUPOUDRER ■ ⇒ mêler.

SAURIEN ■ Amblyrhynque, amphisbène, basilic, caméléon, dragon,

gecko, iguane, lézard, moloch, orvet, scinque, seps, sphénodon, tupinambis, varan, zonure. ⇒ reptile.

SAUT ■ *I. Au pr.* : bond, bondissement, cabriole, culbute, gambade, sautillement, voltige. *II. Par ext.* 1. Cahot, ricochet, soubresaut, sursaut, tressaut. 2. Cascade, chute, rapide. 3. ⇒ interruption. *III. Loc.* Faire le saut ⇒ résoudre (se).

SAUTE ■ ⇒ changement.

SAUTER I. V. tr. 1. ⇒ franchir. 2. ⇒ passer. 3. ⇒ omettre. *II. V. intr.* 1. Bondir, cabrioler, dindailler (rég.), s'élancer, s'élever, fringuer, gambader, rebondir, ricocher, sautiller, trépigner. 2. ⇒ éclater. *III. Loc.* 1. Faire sauter. ⇒ cuire, tuer, destituer. 2. Se faire sauter ⇒ suicider (se).

SAUTERIE ■ ⇒ bal.

SAUTEUR, EUSE ■ ⇒ pantin.

SAUTILLANT, E ■ ⇒ saccadé.

SAUVAGE ■ *I. Nom* : anthropophage, barbare, cannibale, homme des bois, primitif. *II. Adj.* 1. Animaux : fauve, haret (chat), inapprivoisé, marron. 2. Un lieu : abandonné, agreste, à l'écart, champêtre, désert, inculte, inhabité, retiré, romantique. 3. Quelqu'un : *Au pr.* : barbare, bestial, cruel, dur, féroce, inhumain, intraitable, méchant, ombrageux, redoutable, rude, violent. *Par ext.* : abrupt, âpre, brut, farouche, fier, fruste, gothique (vx), grossier, inapprivoisable, incivilisé, inculte, indomptable, indompté, insociable, mal dégrossi/embouché (fam.)/élevé, misanthrope, ostrogoth, ours, solitaire, tudesque, vandale, wisigoth. 4. Craintif, farouche, hagard, timide.

SAUVAGEON, ONNE ■ ⇒ sauvage.

SAUVAGERIE ■ *I. Au pr.* : barbarie, brutalité, cruauté, férocité. *II. Par ext.* : insociabilité, misanthropie, timidité.

SAUVÉ, E ◼ *I.* ⇒ sauf. *II.* ⇒ saint.

SAUVEGARDE ◼ *I.* ⇒ garantie. *II.* Auspices, égide, patronage, protection, soutien, tutelle, vigilance. *III.* Abri, appui, asile, bannière, bouclier, boulevard, défense, refuge, rempart.

SAUVE-QUI-PEUT ◼ Débandade, déroute, désarroi, panique. ⇒ fuite.

SAUVER ◼ *I. Au pr.* 1. ⇒ garantir. 2. ⇒ éviter. *II. Par ext.* ⇒ excuser. *III. V. pron.* 1. ⇒ enfuir (s'). 2. ⇒ partir. 3. Fig. ⇒ rattraper (se).

SAUVEUR ◼ *I. Au pr. :* défenseur, libérateur, protecteur, sauveteur. *II. Relig. :* messie, prophète, rédempteur. *III. Par ext. :* 1. Bienfaiteur, rempart. 2. Deus ex machina, zorro.

SAVANT, E ◼ *I. Adj.* 1. Au pr. : averti, avisé, cultivé, docte, éclairé, érudit, informé, instruit, lettré. 2. Par ext. : calé, compétent, expert, fort, habile, maître dans, omniscient, versé. 3. Péj. ⇒ pédant. 4. Fig. Quelque chose : ardu, compliqué, difficile, recherché. *II. Nom.* 1. Favorable : chercheur, clerc (vx), découvreur, érudit, expert, homme de cabinet (vx)/de science, lettré, philosophe, sage, scientifique, spécialiste. 2. Fam. : abîme/puits d'érudition/de science, fort en thème, grosse tête, tête d'œuf. 3. Péj. : diafoirus, scientiste. ⇒ pédant.

SAVANTASSE ◼ ⇒ pédant.

SAVATE ◼ *I.* ⇒ soulier. *II.* ⇒ chausson.

SAVATER, SAVETER ◼ Gâcher, gâter. ⇒ abîmer.

SAVETIER ◼ ⇒ cordonnier.

SAVEUR ◼ *I. Au pr. :* bouquet, fumet, goût, sapidité. *II. Par ext. :* agrément, charme, piment, piquant, sel.

SAVOIR ◼ n. Acquis, aptitude, bagage, capacité, compétence, connaissance, culture, culture générale, doctrine, érudition, expérience, gnose (relig.), humanisme, initiation, instruction, intelligence, lecture, lettres, lumières, notions, omniscience, sagesse, science. ⇒ habileté.

SAVOIR ◼ v. tr. *I.* ⇒ connaître. *II.* ⇒ pouvoir. *III. Loc.* Faire savoir ⇒ informer.

SAVOIR-FAIRE ◼ ⇒ habileté.

SAVOIR-VIVRE ◼ Acquis, bienséance, civilité, convenance, courtoisie, délicatesse, doigté, éducation, égards, élégance, entregent, habileté, politesse, sociabilité, tact, urbanité, usage.

SAVONNER ◼ *I. Au pr.* ⇒ nettoyer. *II. Fig. :* gourmander, tancer. ⇒ réprimander.

SAVOURER ◼ *I. Au pr. :* boire, déguster, se délecter, goûter, se régaler, tâter. *II. Par ext. :* apprécier, se gargariser de. ⇒ jouir.

SAVOUREUX, EUSE ◼ Sapide. ⇒ succulent.

SAYNÈTE ◼ Charade, comédie, divertissement, entracte, interlude, intermède, lever de rideau, parade, pièce en un acte, proverbe, sketch.

SBIRE ◼ ⇒ policier.

SCABREUX, EUSE ◼ *I.* ⇒ libre. *II.* ⇒ grossier. *III.* ⇒ difficile.

SCANDALE ◼ *I. Au pr. :* bruit, désordre, éclat, esclandre, tapage. *Arg. ou fam. :* barouf, bastringue, bousin, chabanais, chambard, harmone, foin, papafard, pet, pétard, ramdam, salades, schproum, tapis. *II.* Choc, émotion, étonnement, honte, indignation.

SCANDALEUX, EUSE ◼ ⇒ honteux.

SCANDALISÉ, E ◼ ⇒ outré.

SCANDALISER ◼ Choquer. *V. pron.* ⇒ offenser (s').

SCANDER ◼ Accentuer, battre/marquer la mesure, cadencer, ponctuer, rythmer, souligner, versifier.

SCATOLOGIE ◼ Coprolalie.

SCATOLOGIQUE ■ Grossier, stercoraire, stercoral. ⇒ **obscène**.

SCEAU ■ ⇒ **marque**.

SCÉLÉRAT, E ■ *I. Au pr.* : bandit, coquin, criminel, filou, fripon, homicide, infâme, larron, méchant, misérable, monstre, perfide. ⇒ **vaurien**. *II. Par ext.* ⇒ **infidèle**.

SCÉLÉRATESSE ■ ⇒ **méchanceté**.

SCELLEMENT ■ ⇒ **fixation**.

SCELLER ■ *I.* ⇒ fixer. *II.* ⇒ affermir.

SCÉNARIO ■ ⇒ **intrigue**.

SCÈNE ■ *I.* ⇒ théâtre. *II.* Séquence, tableau. *III.* ⇒ **spectacle**. *IV.* Algarade, altercation, avanie, carillon (fam. et vx), discussion, dispute, esclandre, réprimande, séance.

SCÉNIQUE ■ ⇒ **dramatique**.

SCEPTICISME ■ *I. Au pr.* : pyrrhonisme. *II. Par ext.* 1. Philos. : criticisme, nihilisme, positivisme, pragmatisme. 2. Défiance, désintéressement, dilettantisme, doute, méfiance. 3. Agnosticisme, athéisme, incrédulité, incroyance, irréligion, libre pensée.

SCEPTIQUE ■ *I.* ⇒ incrédule. *II.* ⇒ **incroyant**.

SCEPTRE ■ ⇒ **supériorité**.

SCHÉMA, SCHÈME ■ ⇒ **ébauche**.

SCHÉMATISER ■ ⇒ **simplifier**.

SCHISMATIQUE ■ ⇒ **hérétique**.

SCHISME ■ ⇒ **dissidence**.

SCHLAGUE ■ Bâton, correction, fouet, goumi, knout, martinet, nerf de bœuf, tricotin, verge.

SCIE ■ *I. Au pr.* : égoïne, passe-partout, sciotte. *II.* Refrain, rengaine.

SCIEMMENT ■ À bon escient, délibérément, de propos délibéré, en toute connaissance de cause, exprès, intentionnellement, volontairement.

SCIENCE ■ *I.* ⇒ savoir. *II.* ⇒ art.

SCIENTIFIQUE ■ *I. Nom* ⇒ savant. *II. Adj.* : critique, méthodique, objectif, positif, rationnel, savant.

SCIER ■ Couper, débiter, découper, fendre, tronçonner.

SCIEUR ■ Sagard (rég.).

SCINDER ■ *Au pr.* ⇒ **sectionner**.

SCINTILLANT, E ■ ⇒ **brillant**.

SCINTILLEMENT ■ ⇒ **reflet**.

SCINTILLER ■ *I. Au pr.* : brasiller, briller, chatoyer, étinceler, flamboyer, luire, miroiter, rutiler. *II. Fig.* : clignoter, frissonner, palpiter.

SCION ■ ⇒ **pousse**.

SCISSION ■ Bipartition, dissidence, dissociation, division, fractionnement, morcellement, partage, partition, schisme, sécession, séparation.

SCLÉROSE ■ ⇒ **paralysie**.

SCLÉROSÉ, E ■ ⇒ **figé**.

SCOLARITÉ ■ Cursus. ⇒ **instruction**.

SCOLIASTE ■ Annotateur, commentateur.

SCOLIE ■ ⇒ **commentaire**.

SCOOP ■ Exclusivité.

SCORE ■ ⇒ **résultat**.

SCORIE ■ Déchet, laitier, mâchefer, porc. ⇒ **résidu**.

SCOUT ■ Boy-scout, éclaireur, guide, louveteau, ranger, routier.

SCRAPER ■ Décapeuse.

SCRIBE ■ *I. Au pr.* : copiste, écrivain, greffier, logographe. *II. Par ext.* (péj.) : bureaucrate, gratteur, scribouillard, tabellion. ⇒ **employé**.

SCROFULE ■ Bubon, écrouelles (vx), ganglion, tumeur. ⇒ **abcès**.

SCROFULEUX, EUSE ■ ⇒ **malade**.

SCRUPULE ■ *I.* ⇒ hésitation. *II.* ⇒

soin. *III.* ⇒ exactitude. *IV.* ⇒ délicatesse.

SCRUPULEUX, EUSE ■ *I. Au pr. :* correct, délicat, exact, fidèle, honnête, juste, strict. ⇒ **consciencieux.** *II. Par ext. :* attentif, maniaque (péj.), méticuleux, minutieux, pointilleux, ponctuel, précis, soigneux, soucieux.

SCRUTATEUR, TRICE ■ Examinateur, inquisiteur, inspecteur, vérificateur.

SCRUTER ■ ⇒ examiner.

SCRUTIN ■ ⇒ vote.

SCULPTER ■ Buriner, ciseler, façonner, figurer, former, fouiller, graver, modeler, tailler.

SCULPTEUR ■ Bustier, ciseleur, imagier (vx), modeleur, ornemaniste, statuaire.

SCULPTURAL, E ■ *I.* Architectural, plastique. *II.* ⇒ **beau.**

SCULPTURE ■ *I.* Bas-relief, décoration, glyptique, gravure, haut-relief, moulure, ornement, ronde-bosse. *II.* Buste, figurine, monument, statue, statuette, tête, torse.

SÉANCE ■ *I. Au pr. :* assise, audience, débat, délibération, réunion, session, vacation. *II. Par ext. :* projection, représentation, scène. ⇒ **spectacle.** *III. Fig. :* algarade, altercation, avanie, carillon (fam. et vx), discussion, dispute, esclandre, réprimande, scène.

SÉANT, ANTE ■ adj. ⇒ **convenable.**

SÉANT ■ n. ⇒ **derrière.**

SEAU ■ Récipient, seille, seillon, seillot, vache.

SEC, SÈCHE ■ *I. Au pr.* ⇒ **aride.** *II. Par ext.* ⇒ **maigre.** *III. Fig.* 1. ⇒ **dur.** 2. ⇒ **rude.** 3. ⇒ **pauvre.**

SÉCESSION ■ Autonomie, dissidence, division, indépendance, partition, révolte, scission, séparation, séparatisme.

SÉCHER ■ *I. V. tr.* 1. Au pr. : assécher, déshydrater, dessécher, drainer, éponger, essorer, essuyer, étancher, lyophiliser, mettre à sec, tarir, vider. 2. Par ext. : étuver. ⇒ **stériliser.** 3. Fig. : flaner, flétrir, racornir. *II. V. intr.* 1. Au pr. : dépérir, devenir sec, languir. 2. Arg. scol. : coller, échouer, être collé, rester court. 3. Faire l'impasse.

SÉCHERESSE ■ *I. Au pr. :* anhydrie, aridité, siccité. *II. Fig. :* austérité, brusquerie, dureté, froideur, insensibilité, pauvreté, stérilité. ⇒ **rudesse.**

SÉCHOIR ■ *I.* Casque, sèche-cheveux. *II. Par ext. :* 1. Hérisson, if, porte-bouteilles. 2. ⇒ **égouttoir.** 3. ⇒ **étuve.**

SECOND ■ n. *I.* Cadet. *II.* Adjoint, aide, allié, alter ego, appui, assesseur, assistant, auxiliaire, bras droit, collaborateur, fondé de pouvoir, lieutenant.

SECOND, E ■ adj. *I. Au pr. :* autre, deuxième. *II. Par ext. :* nouveau.

SECONDAIRE ■ Accessoire, adventice, épisodique, incident, inférieur, insignifiant, marginal, mineur, négligeable, subalterne, subsidiaire.

SECONDER ■ ⇒ aider.

SECOUER ■ *I. Au pr. :* agiter, ballotter, branler (vx), brimbaler, cahoter, chabler, ébranler, gauler, hocher, locher (rég.), remuer. *II. Fig.* 1. Bousculer, harceler, houspiller, malmener, maltraiter, sabouler (fam. et vx), tourmenter. ⇒ **réprimander.** 2. ⇒ **émouvoir.**

SECOURABLE ■ Charitable, consolateur, fraternel, généreux, hospitalier, humain, miséricordieux, obligeant. ⇒ **bon.**

SECOURIR ■ ⇒ appuyer.

SECOURS ■ *I. Au pr. :* aide, assistance, confort (vx), concours, coup de main (fam.), entraide, facilité, grâce, moyen, protection, providence. *II. Fig. :* réconfort, renfort, rescousse, ressource, service, soutien. *III. Par ext.* 1. Allocation, attribution, aumône, bienfaisance, charité, denier, don, entraide, hospitalité, obole, palliatif, répartition, subside, subvention. **2.** ⇒ **défense.**

SECOUSSE ■ À-coup, agitation, cahot, choc, commotion, convulsion, coup, ébranlement, heurt, mouvement, saccade, soubresaut, spasme, tremblement, trépidation, tressaut.

SECRET ■ n. *I. Au pr. :* arcane, arrière-pensée, cabale, cachotterie, coulisse, dédale, dessous, dessous des cartes, détour, énigme, fond, mystère, pot-aux-roses (péj.), ténèbres, tréfonds. *II. Par ext.* **1.** Martingale, méthode, moyen, recette, truc (fam.). **2.** Black-out, discrétion, retenue. *III. Loc.* **1.** En secret ⇒ secrètement. **2. Dans le secret :** dans la confidence, de connivence.

SECRET, ÈTE ■ adj. *I. Quelque chose :* abscons, anonyme, cabalistique, caché, clandestin, confidentiel, discret, dissimulé, ésotérique, furtif, hermétique, ignoré, illicite, inconnaissable, inconnu, inexplicable, insondable, intérieur, intime, invisible, irrévélé, latent, masqué, mystérieux, mystique, obscur, occulte, profond, retiré, sibyllin, sourd, souterrain, subreptice, ténébreux, voilé. *II. Quelqu'un.* **1. Neutre :** caché, concentré, discret, énigmatique, impénétrable, incognito, indéchiffrable, insaisissable, mystérieux, réservé. **2. Non favorable :** cachottier (fam.), chafouin, dissimulé, en dessous (fam.), fuyant, insinuant, renfermé, sournois. ⇒ **hypocrite.**

SECRÉTAIRE ■ *I. Quelqu'un.* **1. Au pr. :** copiste, dactylo, dactylographe, employé, rédacteur, rond-de-cuir (péj.), sribe (péj.), scribouillard (péj.). **2. Par ext. :** adjoint, alter ego (fam.), bras droit (fam.), collaborateur. *II. Un meuble :* bahut, bonheur-du-jour, bureau, écritoire, scriban.

SECRÉTARIAT ■ Administration, bureau, chancellerie, secrétairerie, services.

SECRÈTEMENT ■ À la dérobée, à la sourdine, en cachette, en catimini, en dessous, en secret, en sourdine, en sous-main, en tapinois, furtivement, incognito, in-petto, sans tambour ni trompette (fam.), sourdement, sous la table, sous le manteau, subrepticement.

SÉCRÉTER ■ Dégoutter, distiller, élaborer, épancher, filtrer.

SÉCRÉTION ■ Bile, excrétion, humeur, récrément (vx), salive.

SECTAIRE ■ Autoritaire, doctrinaire, dogmatique, enragé, étroit, exalté, exclusif, fanatique, farouche, frénétique, furieux, intégriste, intolérant, intraitable, intransigeant, irréductible, partial, partisan, rigide, rigoriste, sévère, violent.

SECTATEUR ■ Adepte, adhérent, affidé, affilié, allié, ami, disciple, doctrinaire, fanatique (péj.), fidèle, militant, partisan, propagandiste, prosélyte, suppôt (péj.), zélateur.

SECTE ■ Association, bande, brigue, cabale, camp, clan, coalition, église, faction, groupe, parti, phalange, rassemblement, religion, société secrète.

SECTEUR ■ ⇒ **zone.**

SECTION ■ *I.* Cellule, groupe. *II.* Coupure, division, fraction, paragraphe, partie, portion, rupture, scission, segment, séparation, subdivision.

SECTIONNNER ■ Couper, désassembler, désunir, disjoindre, diviser, fendre, fractionner, morceler, partager, scinder, segmenter, séparer, subdiviser. ⇒ **couper.**

SÉCULAIRE ■ ⇒ **ancien.**

SÉCULIER, ÈRE ■ *I.* ⇒ **terrestre.** *II.* Laïc, profane, temporel.

SÉCURISER ■ ⇒ **tranquilliser.**

SÉCURITÉ ■ *I. Au pr. :* abandon, abri, assurance, calme, confiance, repos, sérénité, sûreté, tranquillité. *II. Par* *ext.* 1. Ordre, police. 2. Fiabilité, fidélité.

SÉDATIF, IVE ■ Adoucissant, analgésique, anesthésique, anodin, antalgique, antipyrétique, antispasmodique, apaisant, balsamique, calmant, consolant, hypnotique, lénifiant, lénitif, narcotique, parégorique, rafraîchissant, relaxant, reposant, vulnéraire.

SÉDATION ■ ⇒ apaisement.

SÉDENTAIRE ■ *I. Au pr. :* assis, attaché, établi, fixe, immobile, inactif, permanent, stable, stationnaire. *II. Par ext.* (fam.) : casanier, cul-de-plomb, notaire, pantouflard, popote, pot-au-feu.

SÉDIMENT, SÉDIMENTATION ■ Accroissement, accrue, allaise, alluvion, apport, atterrissement, boue, calcaire, concrétion, dépôt, formation, lais, laisse, lie, limon, lœss, précipité, relais, résidu, roche, tartre.

SÉDITIEUX, EUSE ■ *I. Au pr. :* activiste, agitateur, anarchiste, comploteur, contestataire, émeutier, factieux, frondeur, insoumis, insubordonné, insurgé, militant, mutin, provocateur, rebelle, révolté, subversif, terroriste. *II. Par ext.* ⇒ tumultueux.

SÉDITION ■ *I.* ⇒ émeute. *II.* ⇒ révolte.

SÉDUCTEUR, TRICE ■ *I. Nom :* apprivoiseur, bourreau des cœurs, casanova, casse-cœur, cavaleur (péj.), charmeur, coureur/trousseur de jupons (péj.), don juan, enjôleur, ensorceleur, épouseur (vx), fascinateur, homme à bonnes fortunes/à femmes, larron d'honneur (vx), lovelace, magicien, suborneur, tombeau des cœurs, tombeur de femmes. ⇒ galant. *II. Adj.* ⇒ séduisant.

SÉDUCTION ■ ⇒ charme.

SÉDUIRE ■ *I. Non favorable.* 1. Au pr. : acheter, affrianchir, allécher, amorcer, appâter, attirer dans ses filets, cajoler, capter, corrompre, débaucher, déshonorer, mettre à mal,

perdre, soudoyer, suborner. 2. **Arg. ou fam.** : dégréner, emballer, embarquer, lever, quimper, soulever, tomber. 3. **Par ext.** : abuser, amuser, attraper, berner, bluffer, circonvenir, décevoir, donner le change, éblouir, égarer, en conter, en donner, endormir, en faire accroire/croire, engluer, en imposer, enjôler, faire briller/chatoyer/miroiter, flatter, jobarder, mener en bateau, minauder, monter le coup, prendre au piège. ⇒ **tromper. Fam.** : avoir, blouser, couillonner, dorer la pilule, embabouiner, embobeliner, embobiner, emmitonner, entortiller, posséder. *II. Favorable ou neutre.* 1. Affrioler, aguicher, attacher, attirer, attraire, captiver, charmer, coiffer, conquérir, donner/taper dans l'œil (fam.), ensorceler, entraîner, envoûter, fasciner, hypnotiser, magnétiser, plaire, tenter, vamper. 2. Convaincre, entraîner, gagner, persuader.

SÉDUISANT, E ■ Affriolant, agréable, aguichant, alléchant, amène, attachant, attirant, attrayant, beau, brillant, captivant, charmant, chatoyant, désirable, enchanteur, engageant, ensorcelant, enveloppant, envoûtant, fascinant, flatteur, gracieux, insinuant, joli, piquant, prenant, ravageur, ravissant, séducteur, sexy (fam.).

SEGMENT ■ *I.* ⇒ section. *II.* ⇒ ligne.

SEGMENTATION ■ Échelonnement, éparpillement, fractionnement, fragmentation, morcellement, partage. ⇒ **division.**

SEGMENTER ■ ⇒ sectionner.

SÉGRÉGATION ■ ⇒ séparation.

SÉIDE ■ *I.* Zélateur. *II.* ⇒ partisan.

SEIGNEUR ■ *I. Au pr. :* châtelain, écuyer, gentilhomme, hobereau, maître, sire, suzerain. *II. Par ext.* 1. ⇒ noble. 2. ⇒ monarque. 3. ⇒ dieu. *III. Loc.* Jour du Seigneur : dimanche, repos dominical, sabbat.

SEIN ■ *I. Au pr. :* buste, giron,

mamelle, poitrine. **II. *Arg. ou fam. :***
appas (vx), avantages, avant-scène,
balcon, biberon, blague à tabac (péj.),
counou, doudoune, frérot, gaillard,
laiterie, lolo, mandarine, néné, nibar,
nichon, nichonnaille, païen, pare-
choc, robert, rondeur, rondin, roplo-
plo, rotoplo, tétasse, tété, tétin, tétine,
téton. **III. *Par ext.* 1.** Entrailles, flanc,
utérus, ventre. **2.** Centre, cœur, fort,
foyer, lieu géométrique, milieu, mitan,
nœud, nombril, noyau, point. **IV. *Loc.***
Au sein de : au milieu de, dans, parmi.

SEING ■ ⇒ signature.

SÉISME ■ **I. *Au pr. :*** phénomène
sismique, secousse, tremblement de
terre. **II. *Par ext. :*** bouleversement,
cataclysme, catastrophe, commotion,
ébranlement, tornade, typhon.

SÉJOUR ■ **I. *Au pr. :*** arrêt, pause,
stage, villégiature. **II. *Par ext. :***
demeure, domicile, endroit, maison,
résidence. ⇒ **habitation. III. *Loc.***
Céleste séjour : Ciel, Élysée, Enfers
(myth.), Olympe, paradis.

SÉJOURNER ■ **I. *Au pr.* 1. Quelqu'un :**
s'arrêter, s'attarder, attendre, demeurer, s'éterniser, prendre racine (fam.),
rester, stationner, tarder. **2.** Estiver,
villégiaturer. **3. Quelque chose :** croupir, stagner. **II. *Par ext.* :** camper, crécher (fam.), descendre, être domicilié, gîter (fam.), habiter, jucher, loger,
nicher (fam.), occuper, résider, se
tenir, vivre.

SEL ■ **I.** ⇒ piquant. **II.** ⇒ esprit.

SÉLECT, E ■ Agréable, beau, bien,
chic, copurchic (fam.), de bon goût,
délicat, distingué, élégant, smart
(fam.), snob (péj.).

SÉLECTER ■ ⇒ sélectionner.

SÉLECTION ■ **I. *De choses* :** **1.** Assortiment, collection, dessus du panier
(fam.), éventail, réunion, **2.** Choix,
écrémage, tri, triage. **II. *De gens* :**
aristocratie, crème, élite, fine fleur,
gratin, happy few (angl.). **III. *Littér. :***

anthologie, digest, morceaux choisis,
recueil.

SÉLECTIONNER ■ Adopter, aimer
mieux, choisir, coopter, se décider
pour, désigner, distinguer, écrémer,
élire, embrasser, s'engager, faire
choix, fixer son choix, jeter son
dévolu, nommer, opter, préférer,
prendre, sélecter, trancher, trier sur
le volet.

SÉLECTIONNEUR, EUSE ■ **Fam. :**
chasseur de têtes.

SELLE ■ **I.** Bât, cacolet, harnachement. **II.** ⇒ excrément.

SELLIER ■ Bâtier, bourrelier.

SELON ■ Conformément à, dans,
d'après, suivant.

SEMAILLES ■ Emblavage, ensemencement, épandage, semis.

SÉMANTIQUE ■ *Par ext. :* lexicologie,
onomasiologie, sémasiologie, sémiolo-
gie, sémiotique, signalétique, sympto-
matologie.

SEMBLABLE ■ **I. *Adj. :*** analogue,
approximatif, assimilé, assorti, commun, comparable, conforme, équivalent, homologue, identique, indiscernable, jumeau, kif-kif (fam.), la/le
même, parallèle, pareil, ressemblant,
similaire, symétrique, tel, tout comme.
II. *Nom.* 1. Quelqu'un : congénère,
égal, frère, parent, prochain. **2.**
Quelque chose : pendant.

SEMBLANCE ■ Air, allure, apparence,
aspect, configuration, dehors, extérieur, face, figure, forme, jour,
masque, perspective, physionomie,
portrait, profil, ressemblance, semblant, tour, tournure, visage.

SEMBLANT ■ **I.** ⇒ semblance. **II. *Loc.***
Faire semblant ⇒ simuler.

SEMBLER ■ Apparaître, s'avérer, avoir
l'air/l'aspect, se montrer, s'offrir,
paraître, passer pour, se présenter
comme.

SEMÉ, E ■ *I. Au pr. :* cultivé, emblavé, ensemencé. *II. Par ext. :* agrémenté, constellé, émaillé, orné, parsemé.

SEMENCE ■ Graine, pollen, sperme, spore.

SEMER ■ *I. Au pr. :* cultiver, emblaver, ensemencer, épandre, jeter, répandre. *II. Par ext.* 1. Couvrir, étendre, joncher, orner, parsemer, revêtir, tapisser. 2. Disperser, disséminer, propager. *III. Fig. :* 1. Abandonner, délaisser, lâcher, laisser, partir, quitter, se séparer de. 2. *Fam.* Décamper, détaler, laisser tomber, planter (là).

SEMI ■ Demi, hémi, mi, moitié.

SÉMILLANT, E ■ Actif, agile, alerte, allègre, animé, ardent, brillant, chaleureux, dégagé, délivré, dispos, éveillé, fougueux, frétillant, fringant, gaillard, galant, guilleret, ingambe, léger, leste, pétillant, pétulant, primesautier, prompt, rapide, vif, vivant.

SEMI-MENSUEL ■ Bimensuel.

SÉMINAIRE ■ *I. Au pr. :* alumnat, communauté, école, institut. *II. Par ext.* 1. Pépinière. 2. Colloque, congrès, cours, groupe de recherche, réunion, symposium, table ronde.

SEMIS ■ *I.* Emblavure. *II.* Ensemencement, semailles.

SEMONCE ■ Admonestation, blâme, censure, critique, engueulade (fam.), improbation, mercuriale, objurgation, observation, plainte, remarque, remontrance, réprimande, reproche, réquisitoire, vitupération.

SEMONCER ■ ⇒ réprimander.

SEMPITERNEL, ELLE ■ *I. Favorable ou neutre :* constant, continuel, durable, éternel, immémorial, immortel, immuable, impérissable, imprescriptible, inaltérable, incessant, indéfectible, indéfini, indestructible, infini, interminable, perdurable, pérenne, perpétuel. *II. Non favorable :* assommant, casse-pieds (fam.), contrariant, cramponnant, désagréable, embêtant (fam.), ennuyeux, fastidieux, fatigant, insupportable, mortel, pénible, pesant, rasant (fam.), rebutant, redondant, triste.

SÉNAT ■ Assemblée, chambre, conseil, curie.

SÉNATEUR ■ Pair, père conscrit.

SÉNESCENCE ■ *I. Neutre :* abaissement, affaiblissement, sénilité, troisième âge, vieillesse, vieillissement. *II. Non favorable :* caducité, décadence, déchéance, déclin, décrépitude, gâtisme, gérondisme, radotage, retour à l'enfance, ruine, sénilisme.

SÉNILE ■ Affaibli, âgé, bas, caduc, déchu, décrépit, en enfance, fatigué, gaga (fam.), gâteux, impotent, usé, vieux.

SÉNILITÉ ■ ⇒ senescence.

SENS ■ *I. Phys.* 1. Au pr. : audition, faculté, goût, odorat, ouïe, tact, toucher, vue. 2. Par ext. : amour, ardeur, chaleur, chair, concupiscence, instinct, jouissance, lasciveté, lascivité, libido, plaisir, sensualité, sybaritisme, volupté. *II.* Acception, caractère, clef, côté, esprit, face, lettre, portée, signification, signifié, valeur. *III.* Avis, gré, jugement, manière de penser/de voir, opinion, point de vue, sentiment. *IV.* Aptitude, compréhension, discernement, entendement, faculté, jugement, jugeote (fam.), mesure, raison, sagesse. *V.* But, chemin, côté, destination, direction, ligne, orientation, route. *VI. Loc.* 1. Bon sens : bon goût, entendement, juste milieu, philosophie, raison, sagesse, sens commun. 2. De sens rassis : calme, délibéré, de sang-froid, la tête froide, pondéré, posé, sage.

SENSATION ■ *I. Au pr. :* avant-goût, émoi, émotion, excitation, impression, intuition, perception, sens, sentiment. *II. Par ext. :* admiration, effet, étonnement, merveille, surprise.

SENSATIONNEL, ELLE ■ *I. Favorable ou neutre :* admirable, beau, confondant, curieux, drôle, ébahissant, ébaubissant (vx), éblouissant, écrasant, effarant, énorme, épatant, époustouflant, étourdissant, exceptionnel, excitant, extraordinaire, fantastique, faramineux, formidable, fracassant, frappant, génial, gigantesque, grand, impressionnant, imprévu, inattendu, incomparable, inconcevable, incroyable, inédit, inhabituel, inopiné, inouï, insolite, inusité, magique, magnifique, merveilleux, miraculeux, mirifique, mirobolant, original, parfait, particulier, passionnant, phénoménal, prodigieux, pyramidal, rare, renversant, saisissant, singulier, spécial, splendide, stupéfiant, sublime, superbe, surprenant, troublant. **Fam. :** ébesillant, ébouriffant, foutral, fumant, maxi, sensas, super, transpoil, vachement *et un adj. valorisant. II. Non favorable :* abracadabrant, ahurissant, anormal, bizarre, déconcertant, épouvantable, explosif, invraisemblable, monstrueux.

SENSÉ, E ■ *I.* ⇒ intelligent. *II.* ⇒ raisonnable.

SENSIBILITÉ ■ *I. Au pr.* 1. Excitabilité, hyperesthésie (méd.), impression, réceptivité, sensation. 2. Affectivité, amour, attendrissement, cœur, compassion, émotion, émotivité, humanité, pitié, sensiblerie (péj.), sentiment, sentimentalité, sympathie, tendresse. *II. Par ext. :* amabilité, attention, bon goût, courtoisie, délicatesse, discrétion, élégance, finesse, gentillesse, obligeance, soin, tact, tendresse.

SENSIBLE ■ *I. Quelque chose.* 1. Au pr. : sensitif, sensoriel. 2. Par ext. : apparent, appréciable, charnel, clair, contingent, distinct, évident, important, matériel, notable, palpable, perceptible, phénoménal, tangible, visible. *II. Quelqu'un.* 1. Au pr. : émotif, fin, hypersensible, impressionnable, intuitif, romanesque, romantique, sensitif, sensitive, sentimental,

tendre. 2. Délicat, douillet, fragile, vulnérable. 3. Accessible, aimable, aimant, altruiste, bon, charitable, compatissant, généreux, humain, réceptif, tendre. 4. Braque, chatouilleux, nerveux, susceptible, vif.

SENSUALITÉ ■ Bien-être, chair, concupiscence, contentement, délectation, délices, désir, ébats, érotisme, épicurisme, félicité, hédonisme, jouissance, lasciveté, lascivité, libertinage, libido, lubricité (péj.), luxure (péj.), plaisir, satisfaction, sybaritisme, tempérament. ⇒ volupté.

SENSUEL, ELLE ■ *I. Favorable ou neutre :* amoureux, charnel, concupiscent, épicurien, érotique, lascif, léger, leste, libertin, paillard, polisson, sybarite, voluptueux. *II. Non favorable :* animal, débauché, immodeste, impudique, impur, indécent, libidineux, licencieux, lubrique, luxurieux, matériel, obscène, salace.

SENTE ■ ⇒ sentier.

SENTENCE ■ *I.* Adage, aphorisme, apophtegme, axiome, devise, dicton, dit, esquisse, maxime, mot, parole, pensée, propos, proverbe, remarque, vérité. *II.* Arrêt, condamnation, décision, décret, jugement, ordalie (vx), ordonnance, verdict.

SENTENCIEUX, EUSE ■ *I. Au pr. :* gnomique. *II. Par ext. :* affecté, cérémonieux, dogmatique, emphatique, grave, maniéré, pompeux, pompier (fam.), prudhommesque, révérencieux, solennel.

SENTEUR ■ *I. Favorable ou neutre :* arôme, bouquet, effluve, émanation, exhalaison, fragrance, fumet, odeur, parfum, trace, vent (vén.). *II. Non favorable :* empyreume, fétidité, infection, mauvaise odeur, odeur fétide/ infecte/repoussante, pestilence, puanteur, relent, remugle.

SENTI, E ■ ⇒ sincère.

SENTIER ■ Cavée, chemin, baie,

draille, layon, lé, passage, piste, raccourci, raidillon, sente, tortille.

SENTIMENT ■ *I. Au pr.* : avant-goût,
connaissance, émoi, émotion, impression, intuition, perception, sens, sensation. *II. Par ext.* 1. Avis, gré, idée,
jugement, opinion, pensée, point de
vue. 2. Affection, affectivité, amour,
attachement, cœur, disposition, inclination, passion, tendance. ⇒ **sensibilité.**

SENTIMENTAL, E ■ ⇒ sensible.

**SENTIMENTALISME, SENTIMEN-
TALITÉ** ■ ⇒ sensibilité.

SENTINE ■ *I. Au pr.* : bourbier, charnier, cloaque, décharge, égout, fagne
(rég.), margouillis, voirie. ⇒ **water-closet.** *II. Par ext.* 1. ⇒ **abjection.** 2.
⇒ **bas-fond.**

SENTINELLE ■ Épieur, factionnaire,
garde, gardien, guetteur, veilleur,
vigie.

SENTIR ■ *I. Au pr.* 1. **On sent quelque
chose** : éventer, flairer, halener (vx ou
vén.), humer, odorer (vx), percevoir,
renifler, respirer, subodorer. 2.
Quelque chose sent : embaumer, exhaler, fleurer, musser (fam.), odorer. 3.
Non favorable : empester, empoisonner, empuantir, exhaler/répandre une
odeur désagréable/fétide/nauséabon-
de/répugnante, prendre à la gorge,
puer. 4. **Arg.** : chlinguer, chlipoter
chocotter, cocoter, cogner, coincer,
écarter du fusil, fouetter, fouilloter,
gazouiller, gogoter, plomber, refouler
(du goulot), renifler, repousser, rou-
gnoter, schlinguer, schmecter, taper,
trouilloter, tuer les mouches. *II. Par
ext.* 1. Comprendre, connaître, découvrir, deviner discerner, pénétrer, pressentir, prévoir. 2. Blairer, éprouver,
recevoir, ressentir. *III. V. pron.* 1. Se
trouver. 2. *Les formes pron. possibles
des syn. de* SENTIR.

SÉPARATION ■ *I. Au pr.* 1. **De
quelque chose** : décollement, démarcation, démembrement, départ, désac-

couplement, désagrégation, désunion,
détachement, dichotomie, différence,
disjonction, dislocation, dispersion,
distinction, distraction, division, fragmentation, morcellement, perte, rupture, sectionnement. 2. **De quelqu'un
ou d'un groupe** : abandon, coupure,
dissidence, divorce, éloignement, exil,
indépendance, ostracisme (péj.),
schisme, scission, sécession, séparatisme. *II. Par ext.* 1. Abîme, barrière,
borne, cloison, coupure, fossé, limite,
mur, palis, palissade. ⇒ **fosse.** 2. Cloi-
sonnement, différenciation, discrimination, isolation, isolement, ségrégation. 3. Claustra, galandage. *III. Loc.*
Séparation de corps ⇒ divorce.

SÉPARATISME ■ Apartheid, autonomie, dissidence, indépendance, particularisme, sécession.

SÉPARÉ, E ■ *I.* Autre, contraire, différent, dissemblable, distinct,
divergent, divers, hérétique, hétérogène, opposé, schismatique. *II.* Cloi-
sonné, clôturé, compartimenté, divisé,
partagé, sectionné, ségrégé.

SÉPARÉMENT ■ À part, de côté, l'un
après l'autre, un à un, un par un.

SÉPARER ■ *I. Au pr.* : abstraire, analyser, arracher, casser, classer, cloisonner, compartimenter, couper, cribler,
débrouiller, décoller, décomposer,
dégager, démarier, démêler, démembrer, dénouer, déparier, départager,
départir, déprendre, désaccoupler,
désagréger, désunir, détacher, différencier, discerner, discriminer,
disjoindre, dissocier, dissoudre, distinguer, écarter, éloigner, enlever,
espacer, faire le départ, fendre, fragmenter, isoler, monder, morceler,
ôter, partager, ramifier, ranger,
rompre, scier, scinder, sectionner,
trancher, trier. *II. Par ext.* : brouiller,
creuser un abîme, désunir, diviser,
éloigner, faire obstacle. *III. V. pron.* :
abandonner, casser, se désolidariser,
divorcer, partir, quitter, reprendre sa

liberté, *et les formes pron. possibles des syn. de* SÉPARER.

SEPTENTRIONAL, E ■ Arctique, boréal, du nord, hyperboréen, nordique, polaire.

SÉPULCRAL, E ■ *I. Par ext. :* ennuyeux, funèbre, lugubre, mélancolique, maussade, morne, morose, obscur, sinistre, sombre. ⇒ **triste.** *II. Fig. :* amorti, assourdi, caverneux, étouffé, mat, sourd, voilé.

SÉPULCRE ■ ⇒ tombe.

SÉPULTURE ■ *I.* ⇒ enterrement. *II.* ⇒ tombe.

SÉQUELLE ■ ⇒ suite.

SÉQUENCE ■ *I.* ⇒ suite. *II.* ⇒ scène.

SÉQUESTRATION ■ *I.* ⇒ emprisonnement. *II.* ⇒ saisie.

SÉQUESTRE ■ ⇒ dépôt.

SÉQUESTRER ■ ⇒ enfermer.

SÉRAIL ■ ⇒ gynécée.

SEREIN, E ■ adj. ⇒ tranquille.

SEREIN ■ n. m ⇒ vapeur.

SÉRÉNADE ■ *I.* ⇒ concert. *II.* ⇒ tapage.

SÉRÉNITÉ ■ ⇒ tranquillité.

SERF ■ ⇒ esclave.

SERGENT DE VILLE ■ ⇒ agent.

SÉRIE ■ ⇒ suite.

SÉRIER ■ ⇒ ranger.

SÉRIEUSEMENT ■ Beaucoup, dangereusement, dur, gravement, tout de bon, *et les adv. en -ment formés à partir des syn. de* SÉRIEUX.

SÉRIEUX, EUSE ■ adj. *I. Quelqu'un :* appliqué, austère, bon, calme, digne, froid, grave, important, pondéré, posé, raisonnable, rangé, rassis, réfléchi, réservé, respectable, sage, sévère, soigneux, solennel, solide, sûr, valable. *II. Quelque chose.* 1. Convenable,

positif, réel. 2. Conflictuel, critique, dangereux, désespéré, dramatique, grave, important, inquiétant. 3. ⇒ **vrai.**

SÉRIEUX ■ n. m. Application, conviction, gravité, pondération.

SERIN ■ *I. Au pr. :* canari, passereau. *II. Fig. :* niais, nigaud, sot. ⇒ **bête.**

SERINER ■ Bourdonner, chanter, itérer (vx), rabâcher, radoter, rebattre les oreilles, redire, réitérer, répéter, ressasser.

SERINGUE ■ Clystère (vx), shooteuse (arg.).

SERMENT ■ *I.* Caution, engagement, jurement, parole donnée, obligation, promesse, protestation, vœu. *II. Vx :* imprécation, juron.

SERMON ■ *I. Au pr. :* capucinade (péj.), homélie, instruction, prêche, prédication, prône. *II. Par ext.* 1. Catéchisme, discours, enseignement, exhortation, harangue, leçon, morale, propos. 2. Chapitre, mercuriale, remontrance, réprimande, reproche, semonce.

SERMONNAIRE ■ Apôtre, doctrinaire, missionnaire, orateur sacré, prêcheur, prédicant, prédicateur, prosélyte.

SERMONNER ■ *I. Au pr. :* admonester, avertir, blâmer, catéchiser, chapitrer, condamner, corriger, critiquer dire son fait, faire/infliger une réprimande *et les syn. de* RÉPRIMANDE, fustiger, gourmander, gronder, haranguer, houspiller moraliser, morigéner, quereller, redresser, relever, reprendre, réprimander, semoncer, tancer. *II. Arg. ou fam. :* arranger, attraper, chanter pouilles, crier, disputer, donner/passer une danse/un galop/un savon, donner sur les doigts/ sur les ongles, emballer, engueuler, enguirlander, faire la fête/la guerre à, laver la tête, moucher, passer un savon, remettre à sa place/au pas, sabouler, savonner, secouer, secouer les puces, sonner les cloches, tirer les oreilles.

SERMONNEUR, EUSE ■ Harangueur, gourmandeur, grondeur, moralisateur.

SERPE ■ Ébranchoir, échardonnette, échardonnoir, fauchard, fauchette, faucille, faucillon, gouet, guignette, hachette, serpette, vouge.

SERPENT ■ *I.* Ophidien, serpenteau. ⇒ **boa, couleuvre, vipère.** *II.* Cobra, crotale, élaps, haje, naja, nasique, pélamyde, trigonocéphale. *III. Par ext. :* guivre (blas.), tarasque. ⇒ **reptile.**

SERPENTER ■ Se dérouler, glisser, s'insinuer, onduler, sinuer, tourner, virer, zigzaguer.

SERPENTIN, INE ■ Anfractueux, courbe, flexueux, ondoyant, ondulé, onduleux, sinueux, tortueux.

SERPILLIÈRE ■ Chiffon, toile, torchon, wassingue.

SERPOLET ■ Farigoule, pouliot, thym bâtard/sauvage.

SERRE ■ *I.* Forcerie, jardin d'hiver, orangerie. *II.* Ergot, griffe, main (vén.), ongle, patte.

SERRÉ, E ■ *I.* ⇒ **boudiné, court.** *II.* ⇒ **logique.** *III.* ⇒ **avare.**

SERRER ■ *I.* Accoler, appuyer, comprimer, embrasser, empoigner, enlacer, entrelacer, épreindre (vx), étouffer, étrangler, étreindre, froisser, oppresser. ⇒ **presser.** *II.* Ajuster, attacher, bander, bloquer, boucler, boudiner, brider, caler, carguer (mar.), coincer, contracter, contraindre, corseter, crisper, emmailloter, entourer, épouser, gainer, galber, gêner, lacer, mouler, pincer, resserrer, sangler. ⇒ **rapprocher.** *III.* Embrasser. ⇒ **caresser.** *IV.* ⇒ **enfermer.** *V.* ⇒ **économiser.** *VI.* ⇒ **ranger.** *VII. Loc.* Serrer de près ⇒ **poursuivre.** *VIII. V. pron. :* se blottir, se coller, s'entasser, se masser, se pelotonner, se tasser, *et les formes pron. possibles des syn. de* SERRER.

SERRURE ■ Cadenas, fermeture, sûreté, verrou. ⇒ **loquet.**

SERTIR ■ Assembler, chatonner, emboîter, encadrer, encastrer, enchâsser, enchatonner, fixer, insérer, intercaler, monter.

SÉRUM ■ Plasma, vaccin. *De vérité :* penthotal.

SERVAGE ■ ⇒ **servitude.**

SERVANTE ■ Bonne, bonne à tout faire, camérière, camériste, cendrillon (fam.), chambrière, demoiselle, domestique, employée de maison, femme, femme de chambre/de charge/de ménage/de peine, femme/fille de ferme/de journée/de salle/de service, gouvernante, ménagère (vx), odalisque (iron.), serveuse, soubrette, suivante (vx). *Péj. :* boniche, goton, gouge (vx), maritorne, souillon, torchon.

SERVEUR, EUSE ■ *I.* Barmaid, barman, garçon, groom (par ext.), loufiat (arg.), stewart. *II.* ⇒ **serviteur.** *III.* ⇒ **servante.**

SERVIABLE ■ Aimable, attentionné, bienveillant, bon, brave, charitable, civil (vx), complaisant, déférent, empressé, galant, obligeant, officieux, poli, prévenant.

SERVICE ■ *I.* Cérémonie, culte, funérailles, liturgie, messe, office. *II.* ⇒ **servante.** *III.* ⇒ **serviteur.** *IV.* Amabilité, aide, amitié, appui, assistance, avance, bénéfice, bien, bienfait, bon office, charité, complaisance, concours, conseil, contribution, coopération, coup de main/d'épaule/de pouce, dépannage, encouragement, entraide, faveur, grâce, intervention, main-forte, obligeance, office, participation, patronage, piston (fam.), plaisir, prêt, prêt d'honneur, protection, renfort, rescousse, secours, soin, soulagement, soutien, subside, subvention, utilité. *V.* Pièce, pourboire. *VI.* Administration, bureau, département, direction, office, organe, organisation,

organisme, permanence, secrétariat.
VII. Loc. 1. Faire son service : être appelé sous les drapeaux/incorporé, obligation militaire, période, régiment. **2. Être de service :** être de corvée/de faction/en fontions/de garde/de quart/de surveillance.

SERVIETTE ■ I. Débarbouillette (rég.), essuie-mains, sortie de bain. **II.** Cartable, porte-documents, portefeuille.

SERVILE ■ Ardélion (vx), bas, caudataire, complaisant, courtisan, flagorneur, flatteur, godillot, humble, larbin, lèche-bottes (fam.), lèche-cul (grossier), lécheur (fam.), obséquieux, patelin, pied-plat, plat, rampant, thuriféraire.

SERVILITÉ ■ Bassesse, cabriole, complaisance, courbette, courtisanerie, flagornerie, flatterie, génuflexion, humilité, lèche (fam.), obséquiosité, patelinage, patelinerie, platitude, prosternation, reptation, servilisme, valetage.

SERVIR ■ I. On sert quelqu'un ou à quelque chose. 1. Agir, aider, appuyer, assister, avantager, collaborer, concourir à, conforter, contribuer à, dépanner, donner, donner un coup de main/de piston (fam.)/de pouce, donner la main à, s'entraider, épauler, faciliter, faire pour, favoriser, jouer le jeu de, lancer, mettre dans la voie/le pied à l'étrier (fam.), obliger, offrir, partager, participer, patronner, permettre, pousser, prêter la main/mainforte, protéger, réconforter, rendre service, seconder, secourir, soulager, soutenir, subventionner, tendre la main à, venir à l'aide/à la rescousse/au secours. **2.** Se dévouer à, s'inféoder à, obéir, se soumettre à, suivre. **II. Quelque chose ou quelqu'un sert de :** équivaloir, relayer, remplacer, remplir la fonction/le rôle, représenter, se substituer à, tenir la place. **III. Vétér. :** couvrir, monter, saillir. **IV. Vén. :** mettre à mort, tirer, tuer.

SERVITEUR ■ I. Au pr. : chasseur, chauffeur, cocher, cuisinier, domesticité, domestique, employé/gens de maison, extra, factoton, factotum, fidèle (fam.), gagiste, galuchet (péj.), gens (vx), grison (vx), homme de peine, jardinier, journalier, laquais, larbin (péj.), loufiat (arg.), maison, maître d'hôtel, majordome, monde, personnel, portier, service, sommelier, valet, valet de chambre/de pied. **II. Fig. 1. Neutre :** avocat, ministre, prêtre, religieux. **2. Non favorable :** satellite, séide, suppôt.

SERVITUDE ■ I. Abaissement, allégeance, asservissement, assujettissement, contrainte, dépendance, esclavage, ilotisme, inféodation, infériorité, obédience, obéissance, obligation, servage, soumission, subordination, sujétion, tyrannie. **II.** Bagne, cage, carcan, chaîne, collier, entrave, fers, joug, lien.

SESSION ■ Assise, audience, congrès, débat, délibération, réunion, séance, séminaire, symposium, vacation.

SET ■ I. Tennis : manche. **II.** Dessous (d'assiettes), napperon.

SEUIL ■ I. Au pr. : bord, entrée, pas, passage. **II. Fig. :** adolescence, alpha, amorce, apparition, arrivée, aube, aurore, avènement, balbutiement, berceau, commencement, début, déclenchement, départ, ébauche, embryon, enfance, esquisse, exorde, fleur, fondement, liminaire, matin, naissance, orée, origine, point initial, préambule, préface, préliminaires, premier pas, prémices, prémisse, primeur, principe, prologue, racine, rudiment, source, tête.

SEUL, E ■ I. Au pr. : distinct, esseulé, indépendant, isolé, seulet (fam.), singulier, solitaire, un, unique. **II. Par ext. 1.** Abandonné, délaissé, dépareillé, dernier. **2.** Sec, simple. **3.** Célibataire, orphelin, veuf, veuve, vieille fille, vieux garçon. **4.** Désert, retiré, sauvage.

SEULEMENT ■ *I.* Exclusivement, simplement, uniquement. *II.* Cependant, mais, malheureusement, néanmoins, toutefois.

SÈVE ■ *I. Au pr. :* pleur (rég.). *II. Fig. :* activité, dynamisme, énergie, fermeté, force, puissance, robustesse, sang, verdeur, vie, vigueur.

SÉVÈRE ■ *I. Au pr.* 1. Autoritaire, difficile, draconien, dur, étroit, exigeant, impitoyable, implacable, inexorable, inflexible, insensible, intransigeant, rigide, rigoureux, strict. 2. Aigre, amer, âpre, austère, bourru, brutal, cinglant, cruel, froid, rabat-joie, raide, sourcilleux, triste, vache (fam.). *II. Par ext. (quelque chose).* 1. Neutre : aride, classique, dépouillé, fruste, simple, sobre. 2. Non favorable : chaud, grave, salé (fam.).

SÉVÉRITÉ ■ *I. Au pr. :* âpreté, austérité, autorité, dureté, étroitesse, exigence, inflexibilité, intransigeance, rigidité, rigueur. *II. Par ext.* 1. Âpreté, austérité, brutalité, cruauté, froideur, gravité, insensibilité, raideur, rudesse, tristesse, vacherie (fam.). 2. Aridité, classicisme, dépouillement, simplicité, sobriété.

SÉVICES ■ Blessure, brutalité, coup, coups et blessures, dol (vx), dommage, viol, violence.

SÉVIR ■ *I.* Battre, châtier, condamner, corriger, faire payer, flétrir, frapper, infliger une peine/une sanction/ punir, réprimer, sanctionner. *II. Arg.* 1. Scol. : coller, consigner, mettre en colle. 2. Milit. : ficher/foutre/mettre dedans/ la paille au cul. *III.* Faire rage. ⇒ agir.

SEVRER ■ *I. Au pr. :* enlever, ôter, séparer. *II. Par ext. :* appauvrir, démunir, déposséder, dépouiller, déshériter, empêcher, frustrer, interdire, ravir, spolier, voler.

SEX-APPEAL ■ ⇒ Charme.

SEXE ■ *I.* Entrecuisse, organes de la reproduction/génitaux/sexuels, parties honteuses (vx)/intimes/nobles/secrètes (vx), pudenda (méd. et vx). *II. Mâle.* 1. Membre viril, pénis, verge, virilité. 2. Partic. : ithyphalle, lingam, phallus, priape. 3. Enf. : bébête, petit oiseau, pipi, quéquette, zézette, zizi, ziozio, zoizo. 4. Arg. et grossier : Affaires personnelles, agace-cul, andouille-à-col-roulé, anguille, arbalète, arc, asperge, baguette, baigneur, balayette, bazar, bigoudi, bijou-de-famille, biniou, biroute, biscuit, bite, borgne, botte, bourre, bout, boute-joie, boutique, braque, braquemart, broquette, burette, callibistri (vx), canari, canette, canne-à-papa, carabine, carotte, Charles-le-Chauve, cheville, chibre, chinois, chipolata, chopine, chopotte, cigare, clarinette, coco, coquette, coquin-ravageur, cornemuse, créateur, dague, dard, dardillon, défonceuse, écouvillon, épinette, fifre, flageolet, flèche, flûte, foutoir (vx), frérot, frétillante, gaillarde, gaule, gland, goujon, goupillon, gourdin, guise, guiseau, histoire, lame, lavette, lézard, lime, macaron, manche, marsouin, moineau, Mont-Chauve, morceau, nœud, organe, os, os-à-moelle, outil, pain-au-lait, paf, panet, panoplie, paquet, petit-frère/jésus, pine, pipe, piquet, pistolet, plantoir, pointe, poireau, poisson rouge, polar, popol, précieuse, queue, quille, rat-sans-pattes, ravissante, rossignol, saint-frusquin, saucisse, service-trois-pièces, tête-chercheuse, thermomètre-à-moustaches / perruque, tige, tringle, trique, tromblon, trombone, trompe, trompette, truite, turlututu, vier, vit, zibar, zigomar, zob, zobi, *et tout être ou objet oblong ou fusiforme pénétrant et/ou contondant ayant valeur suggestive quant au terme de référence. III. Femelle :* clitoris, grandes/petites lèvres, mont-de-Vénus, nymphes, pubis, vagin. ⇒ vulve.

SEXISME ■ Machisme, phallocentrisme, phallocratie.

SEXISTE ■ Macho, phallo, phallocrate.

SEXUALITÉ ■ Appétit/instinct sexuel, érotisme, génitalité, libido, reproduction, vie sexuelle. ⇒ **volupté.**

SEXUEL, ELLE ■ Charnel, érotique, génital, physique, vénérien (méd.).

SEYANT, E ■ Adapté, ad hoc, approprié, à propos, assorti, avantageux, beau, bien, bienséant, comme il faut, compatible, conforme, congru, convenable, convenant, correct, décent, de saison, digne, expédient, fait exprès, honnête, idoine, juste, opportun, pertinent, présentable, propice, proportionné, propre, raisonnable, satisfaisant, séant, sortable, topique, utile.

SIBÉRIEN, ENNE ■ Boréal, froid, glacial, rigoureux.

SIBILANT, E ■ ⇒ **sifflant.**

SIBYLLE ■ Alcine, armide, circé, devineresse, prophétesse, pythie. ⇒ **magicienne.**

SIBYLLIN, E ■ *I. Au pr. :* abscons, cabalistique, caché, énigmatique, ésotérique, hermétique, impénétrable, inspiré, mystérieux, obscur, prophétique, secret, visionnaire, voilé. *II. Par ext. :* abstrus, amphigourique, apocalyptique, brumeux, complexe, compliqué, confus, difficile, diffus, douteux, emberlificoté (fam.), embrouillé, enchevêtré, en jus de boudin (fam.), entortillé, enveloppé, équivoque, filandreux, flou, fumeux, incompréhensible, inexplicable, inextricable, inintelligible, insaisissable, nébuleux, nuageux, touffu, trouble, vague, vaseux (fam.).

SICAIRE ■ ⇒ **tueur.**

SICCITÉ ■ Aridité, maigreur, pauvreté, sécheresse, stérilité.

SIDÉRAL, E ■ Astral, astronomique, cosmographique.

SIDÉRÉ, E ■ Abasourdi, abruti, accablé, anéanti, baba (fam.), choqué, coi, consterné, ébahi, ébaubi, éberlué, estomaqué (fam.), étonné, étourdi, foudroyé, hébété, immobile, interloqué, médusé, stupéfait, traumatisé.

SIDÉRURGIE ■ Aciérie, forge, haut fourneau, métallurgie.

SIÈCLE ■ Âge, ans, cycle, durée, époque, ère, étape, jours, moment, période, saison, temps.

SIÈGE ■ *I. Au pr. :* banc, banquette, berceuse, bergère, boudeuse, causeuse, chaire, chaise, chaise curule, coin-de-feu, divan, escabeau, escabelle, faldistoire (liturg.), fauteuil, miséricorde, pliant, pouf, prie-Dieu, récamier, sedia, sedia gestatoria (liturg.), selle, sellette, sofa, stalle, strapontin, tabouret, trépied, trône, vis-à-vis. ⇒ **canapé.** *II. Par ext.* 1. Blocus, encerclement, investissement. 2. Administration centrale, direction, quartier général, résidence, secrétariat général. 3. ⇒ **derrière.**

SIÉGER ■ *I.* Demeurer, gésir (vx), gîter, habiter, résider. *II.* Occuper la place d'honneur, présider.

SIENS (LES) ■ *I.* ⇒ **famille.** *II.* ⇒ **partisan.**

SIESTE ■ *I.* Assoupissement, méridienne, repos, somme, sommeil. *II. Fam :* bulle, dodo, ronflette, roupillette, roupillon.

SIFFLANT ■ Aigre, aigu, bruissant, chuintant, éclatant, perçant, sibilant, strident, striduleux.

SIFFLEMENT ■ Bruissement, chuintement, cornement, sibilance, sifflet, stridulation.

SIFFLER ■ *Par ext.* 1. Chanter, pépier. 2. Conspuer, honnir, houspiller, huer. 3. Seriner, siffloter. 4. Appeler, héler, hucher. 5. Corner, striduler.

SIFFLET ■ Appeau, huchet, pipeau, serinette, signal.

SIGISBÉE ■ ⇒ **cavalier.**

SIGNAL, AUX ■ ⇒ signe.

SIGNALÉ, E ■ Brillant, considérable, distingué, éclatant, émérite, épatant (fam.), étonnant, extraordinaire, formidable, frappant, glorieux, important, insigne, marquant, marqué, mémorable, notable, parfait, particulier, rare, remarquable, saillant, saisissant, supérieur.

SIGNALEMENT ■ *I.* Fiche anthropométrique/signalétique, portrait-robot. *II.* Balisage, éclairage, sémaphore, signal, signalisation.

SIGNALER ■ *I. Au pr. :* alerter, annoncer, avertir, citer, déceler, décrire, faire connaître/savoir, fixer, indiquer, marquer, mentionner, montrer, signaliser, tracer le détail/le portrait. *II. Par ext. :* affirmer, apprendre, assurer, certifier, communiquer, confier, déclarer, découvrir, dénoncer, déposer, désigner, dévoiler, dire, énoncer, énumérer, enseigner, exposer, exprimer, faire état de, informer, manifester, nommer, notifier, porter à la connaissance, proclamer, publier, révéler, souligner, témoigner. *III. V. pron. :* différer, se distinguer, émerger, faire figure, se faire remarquer/voir, s'illustrer, se montrer, paraître, se particulariser, percer, se singulariser, *et les formes pron. possibles des syn. de* SIGNALER.

SIGNALISATION ■ Fléchage, indications.

SIGNALISER ■ ⇒ signaler.

SIGNATURE ■ Contreseing, émargement, endos, endossement, griffe, monogramme, paraphe, seing (vx), souscription, visa.

SIGNE ■ *I.* Annonce, augure, auspice, avant-coureur, avertissement, miracle, présage, prodige, promesse, pronostic. *II.* Alerte, appel, clignement/clin d'œil, geste, message, signal. *III.* Expression, manifestation, symptôme. *IV.* Attribut, caractère, caractéristique, idiosyncrasie, trait. *V.* Chiffre, emblème, figure, image, insigne, notation, représentation, symbole. *VI.* Critère, critérium, empreinte, indication, indice, marque, pas, piste, preuve, reste, stigmate, tache, témoignage, vestige. *VII.* Abréviation, cryptogramme, sigle.

SIGNER ■ Accepter, apposer sa griffe/sa signature, approuver, certifier, conclure, contresigner, émarger, marquer, parapher, souscrire, viser.

SIGNET ■ Marque, ruban.

SIGNIFICATIF, IVE ■ Caractéristique, clair, éloquent, expressif, formel, incontestable, manifeste, marquant, net, notoire, parlant, révélateur, signifiant, typique.

SIGNIFICATION ■ *I.* ⇒ notification. *II.* ⇒ sens.

SIGNIFIER ■ *I.* Dénoter, désigner, dire, énoncer, enseigner, expliquer, exposer, exprimer, extérioriser, faire connaître/entendre/savoir, figurer, manifester, marquer, montrer, peindre, préciser, rendre, rendre compte, représenter, signaler, spécifier, témoigner, tracer, traduire, vouloir dire. *II.* Annoncer, aviser, citer, communiquer, déclarer, dénoncer, informer, intimer, mander, notifier, ordonner, rendre compte, transmettre.

SILENCE ■ *I.* Arrêt, calme, interruption, paix, pause, temps, tranquillité. *II.* Black-out, mutisme, mystère, réticence, secret. *III. Fam. :* chut, la ferme, motus, paix, ta bouche, ta gueule (grossier), vingt-deux.

SILENCIEUX, EUSE ■ *I. Quelqu'un.* 1. *Au pr. :* aphone, coi, court, muet. 2. *Par ext. :* calme, discret, morne, placide, posé, réservé, réticent, sage, secret, taciturne, taiseux (rég.), tranquille. *II. Un lieu :* endormi, feutré, mort, ouaté, reposant.

SILEX ■ ⇒ pierre.

SILHOUETTE ■ Allure, aspect,

contour, forme, galbe, ligne, ombre, port, profil, tracé.

SILLAGE ■ Houache (mar.), passage, sillon, vestige. ⇒ **trace.**

SILLON ■ *I. Au pr. :* billon, raie, rayon, rigole. *II. Par ext.* 1. Fente, fissure, pli, rainure, ride, scissure, strie. **2.** ⇒ **sillage.**

SILLONNER ■ *I.* Battre, circuler, courir, couvrir, naviguer, parcourir, traverser. *II.* Labourer, rayer, rider.

SILO ■ Cluseau, dock, élévateur, fosse, grenier, magasin, réservoir.

SIMAGRÉE ■ Affectation, agacerie, caprice, chichi, coquetterie, enfantillage, façon, grâces, grimace, hypocrisie, manière, mignardise, minauderie, mine, momerie, singerie.

SIMILAIRE ■ Analogue, approchant, approximatif, assimilable, comparable, conforme, équivalent, homogène, pareil, ressemblant, semblable, synonyme.

SIMILITUDE ■ Accord, affinité, analogie, association, communauté, concordance, conformité, convenance, contiguïté, corrélation, correspondance, équivalence, harmonie, homologie, homothétie, identité, lien, parenté, parité, relation, ressemblance, synonymie, voisinage. ⇒ **rapprochement.**

SIMOUN ■ Chamsin, chergui, sirocco, tempête, vent chaud, vent de sable.

SIMPLE ■ *I. Quelqu'un.* 1. **Favorable ou neutre** : aisé, à l'aise, bon, bonhomme, brave, candide, confiant, décontracté, droit, enfantin, facile, familier, franc, humble, ingénu, innocent, modeste, naïf, naturel, pur, relax (fam.), réservé, sans façon. **2. Non favorable** : bonasse, brut, crédule, fada (fam.), faible, gille, grossier, idiot, inculte, jobard, niais, nicaise (vx), nice (vx), nicodème, pauvre d'esprit, primaire, primitif, rudimentaire, rustique, simple d'esprit, simplet, sim-

pliste, sommaire, stupide, superstitieux. ⇒ **bête.** *II. Quelque chose.* 1. **Neutre** : abrégé, ascétique, austère, court, dépouillé, élémentaire, incomplexe, indécomposable, indivisible, irréductible, ordinaire, seul, sévère, un, uni, unique. **2. Favorable** : agreste, beau, clair, classique, commode, compréhensible, dépouillé, facile, frugal, harmonieux, limpide, patriarcal, sobre, tempéré. **3. Non favorable** : embryonnaire, insuffisant, nu, pauvre, sec, sommaire. *III. Nom masc. :* aromate, herbe médicinale, plante.

SIMPLEMENT ■ À la bonne franquette, nûment, sans affectation/cérémonies / complications / façons / manières, tout de go, *et les adv. en -ment formés à partir des syn. de* SIMPLE.

SIMPLICITÉ ■ *I. Favorable ou neutre :* abandon, bonhomie, candeur, confiance, droiture, élégance, facilité, familiarité, franchise, ingénuité, innocence, modestie, naïveté, naturel, pureté, simplesse. *II. Non favorable :* crédulité, jobarderie, niaiserie, superstition. ⇒ **bêtise.** *III. Par ext.* 1. **Neutre** : austérité, dépouillement, économie, humilité, rusticité, sévérité, sobriété. **2. Favorable** : beauté, classicisme, harmonie.

SIMPLIFICATION ■ ⇒ **réduction.**

SIMPLIFIER ■ Abréger, axiomatiser, schématiser. ⇒ **réduire.**

SIMPLISTE ■ ⇒ **simple.**

SIMULACRE ■ *I.* Air, apparence, aspect, feinte, frime, imitation, mensonge, semblant. ⇒ **hypocrisie.** *II.* Fantôme, idole, image, ombre, représentation, spectre, vision. *III.* ⇒ **simulation.**

SIMULATEUR, TRICE ■ ⇒ **hypocrite.**

SIMULATION ■ Affectation, artifice, cabotinage, cachotterie, chafouinerie, comédie, déguisement, dissimulation, duplicité, escobarderie, fausseté, faux-semblant, feinte, feintise, fiction, fourberie, grimace, hypocrisie, imposture, invention, leurre, mensonge, momerie, pantalonnade, papelardise, parade, patelinage, pharisaïsme, rouerie, ruse, singerie, sournoiserie, tartuferie, tromperie.

SIMULER ■ Affecter, afficher, avoir l'air, bluffer, caboriner, calquer, caricaturer, copier, crâner, démarquer, emprunter, faire semblant, feindre, imiter, jouer, mimer, parodier, pasticher, poser, prétendre, rechercher, reproduire, singer (péj.).

SIMULTANÉ, E ■ Coexistant, commun, concomitant, synchrone.

SIMULTANÉITÉ ■ Coexistence, coïncidence, concomitance, concours de circonstances, contemporanéité, isochronie, isochronisme, rencontre, synchronie, synchronisme.

SIMULTANÉMENT ■ À la fois, à l'unisson, conjointement, collectivement, coude à coude, d'accord, de concert, de conserve, de front, du même pas, en accord/bloc/chœur / commun / concordance / harmonie / même temps, ensemble.

SINAPISME ■ Cataplasme, révulsif, rigollot, rubéfiant, topique, vésicatoire.

SINCÈRE ■ *I.* Carré (fam.), catégorique, clair, cordial, entier, franc, loyal, net, ouvert, rond (fam.), sans façon, simple. *II.* Assuré, authentique, avéré, certain, conforme, droit, effectif, exact, existant, évident, fidèle, fondé, incontestable, juste, pensé, positif, pur, réel, senti, sérieux, sûr, vécu, véridique, véritable, vrai.

SINCÉRITÉ ■ Authenticité, bonne foi, conformité, cordialité, droiture, exactitude, fidélité, franchise, justesse, loyauté, naturel, netteté, ouverture, pureté, rondeur, sérieux, simplicité, spontanéité, sûreté, véracité, vérité.

SINÉCURE ■ Charge/emploi/fonc-

tion/situation de tout repos. *Fam. :* filon, fromage, pantoufle, planque.

SINGE ■ *I. Au pr. :* 1. Anthropoïde, guenon, primate, simien. 2. Aï, aïe, alouate, atèle, aye-aye, babouin, capucin, cercopithèque, chimpanzé, chiromys, cynocéphale, drill, gibbon, gorille, hamadrias, hurleur, indri, jocko, kinkajou, lagotriche, lémur, loris, macaque, magot, maki, mandrill, nasique, orang-outang, ouistiti, pan, papion, paresseux, potto, rhésus, sagouin, saï, saïmari, sajou, saki, sapajou, sicafa, semnopithèque, tamarin, tarsier, unau. *II. Par ext.* 1. Crapoussin, laideron, macaque, magot, monstre. 2. Bouffon, clown, comédien, comique, fagotin, gugusse, jocrisse, paillasse, rigolo, zig, zigomard, zigoto. *III. Fig.* (arg.) : bourgeois, directeur, employeur, maître, négrier (péj.), patron.

SINGER ■ Affecter, calquer, caricaturer, compiler, contrefaire, copier, décalquer, démarquer, emprunter, imiter, jouer, mimer, parodier, pasticher, picorer, piller, pirater, plagier, reproduire, simuler.

SINGERIE ■ Air, affectation, agacerie, apparence, artifice, aspect, baboue (vx), cabotinage, caricature, clownerie, comédie, contorsion, déguisement, feinte, feintise, grimace, manière, mignardise, minauderie, mine, momerie, pantalonnade, papelardise, patelinage, pitrerie, rouerie, ruse, simulacre, simulation, tartuferie, tromperie. ⇒ **hypocrisie.**

SINGULARISER ■ Caractériser, distinguer, faire remarquer, individualiser, particulariser. *V. pron. :* se distinguer, différer, émerger, se faire remarquer/voir, faire figure, s'illustrer, se montrer, ne pas passer inaperçu, paraître, se particulariser, percer, se signaler.

SINGULARITÉ ■ ⇒ **originalité.**

SINGULIER, ÈRE ■ *I.* ⇒ **particulier.** *II.* ⇒ **extraordinaire.**

SINISTRE ■ adj. *I.* ⇒ **triste.** *II.* ⇒ **inquiétant.** *III.* ⇒ **mauvais.**

SINISTRE ■ n. m. *I.* ⇒ **dommage.** *II.* ⇒ **incendie.**

SINON ■ À défaut, autrement, excepté que, faute de quoi, sans quoi, sauf que.

SINUEUX, EUSE ■ Anfractueux, courbe, flexueux, ondoyant, ondulant, ondulatoire, ondulé, onduleux, serpentin, tortueux.

SINUER ■ ⇒ **serpenter.**

SINUOSITÉ ■ Anfractuosité, bayou, cingle, contour, coude, courbe, détour, flectuosité, méandre, onde, ondulation, pli, recoin, repli, retour.

SINUS ■ Cavité, concavité, courbure, pli. ⇒ **sinuosité.**

SIROCCO ■ ⇒ **simoun.**

SISMIQUE ■ (phénomène) ⇒ **séisme.**

SIROP ■ Béthique, capillaire, dépuratif, diacode, fortifiant, julep, looch, mélasse, pectoral.

SIRUPEUX, EUSE ■ Collant, douceureux, doux, fade, gluant, melliflue, pâteux, poisseux, visqueux.

SITE ■ *I.* Canton, coin, emplacement, endroit, lieu, localité, parage, place, position, situation, théâtre. *II.* Coup d'œil, étendue, panorama, paysage, perspective, point de vue, spectacle, tableau, vue.

SITUATION ■ *I. Au pr.* 1. Assiette, coordonnées, disposition, emplacement, endroit, exposition, gisement, inclinaison, lieu, orientation, place, point, position, site. 2. Affaires, circonstances, conjoncture, fortune, rang. *II. De quelqu'un.* 1. Condition, emploi, établissement, état, fonction, métier, occupation, poste. 2. Attitude, engagement, idée, opinion, parti, posture, profession de foi, résolution.

SITUÉ, E ■ Campé, établi, exposé, localisé, placé, posté, sis.

SITUER ■ Appliquer, asseoir, camper, caser, classer, coucher, disposer, établir, exposer, ficher, fixer, fourrer (fam.), installer, localiser, loger, mettre, nicher, placer, planter, poser, poster, ranger.

SKETCH ■ Comédie, pantomime, saynète, scène.

SLIP ■ ⇒ **culotte.**

SLOGAN ■ Devise, formule.

SMOKING ■ ⇒ **habit.**

SNOB ■ Affecté, apprêté, distant, emprunté, faiseur, faux mondain, salonard, snobinard, snobinette.

SNOBER ■ ⇒ **dédaigner.**

SNOBISME ■ *I.* ⇒ **affectation.** *II.* ⇒ **pose.**

SOBRE ■ *I.* Abstème, abstinent, continent, frugal, modéré, pondéré, tempérant. *II.* Austère, classique, court, dépouillé, élémentaire, frugal, nu, ordinaire, simple, sommaire.

SOBRIÉTÉ ■ *I.* Abstinence, continence, économie, frugalité, mesure, modération, pondération, sagesse, tempérance. *II.* ⇒ **retenue.**

SOBRIQUET ■ ⇒ **surnom.**

SOCIABILITÉ ■ Affabilité, agrément, amabilité, civilité, douceur de caractère, égalité d'humeur, facilité, politesse, urbanité.

SOCIABLE ■ Accommodant, accort, affable, agréable, aimable, de bon caractère, civil, civilisé, facile, familier, liant, poli, praticable (vx), social, traitable.

SOCIALISME ■ Autogestion, collectivisme, collégialité, communisme, coopératisme, dirigisme, égalitarisme, étatisation, étatisme, fouriérisme, maoïsme, marxisme, mutualisme, progressisme, saint-simonisme, social-démocratie, travaillisme, trotskisme.

SOCIALISTE ■ Autogestionnaire, collectiviste, collégial, communiste, dirigiste, fouriériste, maoïste, marxiste, mutualiste, progressiste, saint-simonien, social-démocrate, soviet, soviétique, travailliste, trotskiste.

SOCIÉTAIRE ■ Associé, collègue, compagnon, confrère, membre, pensionnaire.

SOCIÉTÉ ■ *I. Au pr.* **1.** Civilisation, collectivité, communauté, communion humaine, ensemble des hommes, humanité, monde. **2.** Académie, assemblée, association, cartel, cercle, club, compagnie, confrérie, congrégation, corps, Église, franc-maçonnerie, groupe, groupement, institut, mafia (péj.), parti, religion, syndicat. **3.** Affaire, commandite, compagnie, coopération, entreprise, établissement, groupe, hanse (vx), holding, omnium, pool, raison sociale, trust. *II. Par ext.* **1.** Constitution, corps social, culture, État, masse, nation, ordre public, peuple, structure sociale. **2.** Commerce, fréquentation, relations humaines, réunion. **3.** Aristocratie, caste, classe, entourage, gentry, gratin. **4.** Clan, tribu.

SOCLE ■ Acrotère, base, piédestal, piédouche, plinthe, scabellon, support.

SŒUR ■ Béguine, carmélite, congréganiste, dame, fille, mère, moniale, nonnain, nonne, nonnette, novice. ⇒ **religieuse.**

SOFA, SOPHA ■ Canapé, causeuse, chaise longue, cosy-corner, divan, fauteuil, lit, méridienne, ottomane, récamier, siège.

SOFTWARE ■ Analyse, langage-machine, logiciel, machinois, programmation.

SOI-DISANT ■ Apparent, faux, prétendu, prétendument, supposé.

SOIE ■ *I. Au pr. :* organsin, grège. *II.*

Par ext. **1.** ⇒ **poil.** **2.** Bombasin, brocart, crêpe, faille, foulard, gros de Naples/de Tours, gros-grain, lampas, levantine, marceline, pékin, pongé, reps, satin, surah, taffetas, tussor.

SOIF ■ *I. Au pr. ;* altération, anadipsie, dipsomanie, pépie. *II. Fig. :* ambition, appel, appétence, appétit, aspiration, attente, attirance, attrait, avidité, besoin, caprice, convoitise, cupidité, curiosité, demande, démangeaison, desiderata, désir, envie, espérance, espoir, exigence, faim, fantaisie, force, goût, impatience, intérêt, penchant, prétention, prurit, quête, recherche, rêve, souhait, tentation, vanité, velléité, visée, vœu, volonté, vouloir.

SOIGNÉ, E ■ *I.* Académique, étudié, léché, littéraire (péj.), poli, recherché. *II.* Consciencieux, coquet, délicat, élégant, entretenu, fini, minutieux, net, réussi, tenu.

SOIGNER ■ *I. Au pr.* **1.** Bichonner, câliner, chouchouter (fam.), choyer, couver, dorloter, gâter, panser (vx), pouponner. **2.** Droguer, médicamenter, panser, traiter. **3.** Châtier, ciseler, entretenir, fignoler, fouiller, lécher, limer, mitonner, peigner, perler, polir, raboter, raffiner, travailler. *II. Par ext.* **1.** Complaire, cultiver, être aux petits soins, ménager, veiller au grain (fam. et péj.). **2.** Allaiter, cultiver, éduquer, élever, entretenir, former, instruire, nourrir.

SOIGNEUSEMENT ■ Avec soin *et les syn. de* SOIN, bien, précieusement, *et les adv. en -ment formés à partir des syn. de* SOIGNEUX.

SOIGNEUX, EUSE ■ Appliqué, attentif, consciencieux, curieux (vx), diligent, exact, ménager, méthodique, méticuleux, minutieux, ordonné, ponctuel, rangé, scrupuleux, sérieux, sévère, tâtillon.

SOIN ■ *I. Au sing.* **1.** Cure (vx), étude (vx), inquiétude, préoccupation, souci, veilles (vx). **2.** Attention, circonspection, diplomatie, économie, ménagement, précaution, prévoyance, prudence, réserve. **3.** Cœur, conscience, diligence, exactitude, honnêteté, minutie, rigueur, scrupule, sérieux, sévérité, sollicitude, superstition (péj.), zèle. *II.* **Au pl. 1.** Assiduité, bichonnage, cajolerie, douceur, égard, empressement, gâterie, hommage, ménagement, prévenance, service. **2.** Hygiène, toilette. **3.** Charge, devoir, mission, occupation, responsabilité, travail. **4.** Cure, médication, thérapeutique, traitement. **5.** Entretien, réparation. *III. Loc.* Avec soin ⇒ soigneusement.

SOIR ■ Après-dîner, après-souper, brune, coucher, crépuscule, déclin, soirée, veillée, vêprée (vx).

SOIRÉE ■ *I.* ⇒ soir. *II.* Bal, fête, raout *ou* rout, réception, réunion. ⇒ spectacle.

SOIT ■ *I.* À savoir, c'est-à-dire. *II.* Admettons, bien, bon, d'ac (fam.), d'accord, entendu, oui, o.k. (fam.), si vous voulez, va pour *et un compl. III.* Ou, ou bien, tantôt.

SOL ■ ⇒ terre.

SOLDAT ■ *I.* **Au pr. 1.** Appelé, combattant, conquérant, conscrit, engagé, guerrier, homme, homme de troupe, légionnaire, mercenaire, militaire, recrue, reître (péj.), soudard (péj.), spadassin (péj.), supplétif, territorial, troupier, vétéran. **2.** Artilleur, aviateur, cavalier, fantassin, marin, parachutiste. **3.** Brancardier, démineur, estafette, factionnaire, garde, garde-voie, grenadier, guetteur, guide, jalonneur, ordonnance, patrouilleur, pionnier, planton, pourvoyeur, sapeur, sentinelle, télégraphiste, tireur, voltigeur. **4. Vx :** arbalétrier, archer, arquebusier, carabinier, grognard, mobile, mortepaye, pertuisanier, piquier, réquisitionnaire, troubade. **5. Étranger :** bachibouzouk, cipaye, evzone, harki, heiduque, janissaire, mamelouk *ou* mameluk, palikare, pandour, papalin,

tommy. **6. Colonial :** goumier, marsouin, méhariste, spahi, tabor, tirailleur, zouave. **7. Fam. :** bidasse, biffin, bleu, bleu-bite, bleu-saille, briscard, crevure (péj.), drille, fantabosse, griveton, gus, moblot (vx), pierrot, pioupiou, poilu, tringlot, tourlourou, troubade, troufion, truffard, zéphir. *II. Par ext.* **1.** Franc-tireur, guérillero, maquisard, partisan, résistant. **2.** Champion, défenseur, serviteur.

SOLDATESQUE ■ Troupes. ⇒ soldat.

SOLDE ■ n. fém. Indemnité, paie, prêt, rétribution, salaire.

SOLDE ■ n. masc. ⇒ reste.

SOLDER ■ *I.* Acquitter, apurer, éteindre, liquider, payer, régler. *II.* Brader, céder, se défaire de, écouler, laisser, réaliser, sacrifier.

SOLÉCISME ■ ⇒ faute.

SOLEIL ■ *I.* Astre du jour, Phébus. *II.* Hélianthe, tournesol.

SOLENNEL, ELLE ■ *I.* ⇒ imposant. *II.* ⇒ officiel.

SOLENNISER ■ ⇒ fêter.

SOLENNITÉ ■ *I.* ⇒ gravité. *II.* ⇒ cérémonie.

SOLIDAIRE ■ Associé, dépendant, engagé, joint, lié, responsable, uni.

SOLIDARISER ■ *I.* ⇒ associer. *II.* ⇒ unir.

SOLIDARITÉ ■ Association, camaraderie, coopération, dépendance, entraide, esprit de corps, franc-maçonnerie, fraternité, interdépendance, mutualité, réciprocité.

SOLIDE ■ *I. Nom masc. :* corps, matière, objet. *II. Adj.* **1. Au pr. :** consistant, dense, dur, durable, éternel, ferme, fort, incassable, indestructible, inusable, renforcé, résistant, robuste. **2. Par ext. :** affermi, assuré, certain, enraciné, ferme, fixe, indéfectible, inébranlable, infrangible, invariable, positif, réel, sérieux, stable, substantiel, sûr. **3.** Bon, exact, fidèle, franc, honnête, loyal, probe, régulier, sincère, sûr, vrai. **4.** Irréfragable, irréfutable, logique, mathématique. **5. Quelqu'un** : énergique, fort, increvable, râblé, résistant, robuste, tenace, vigoureux.

SOLIDIFIER ■ Coaguler, concréter, condenser, congeler, consolider, cristalliser, durcir, figer, geler, indurer, raffermir, renforcer.

SOLIDITÉ ■ *I. Au pr.* **1.** Aplomb, assiette, équilibre, stabilité. **2.** Compacité, consistance, coriacité, dureté, fermeté, fixité, homogénéité, immuabilité, immutabilité, résistance, robustesse, sûreté. *II. Fig. :* assurance, autorité, caractère, cœur, constance, courage, cran, endurance, énergie, estomac (fam.), force, inflexibilité, intransigeance, intrépidité, netteté, obstination, opiniâtreté, poigne (fam.), rectitude, résolution, ressort, rigueur, sang-froid, sévérité, ténacité, vigueur, virilité, volonté.

SOLILOQUE ■ Aparté, discours, monologue, radotage.

SOLILOQUER ■ Monologuer.

SOLITAIRE ■ *I.* ⇒ seul. *II.* Abandonné, désert, désertique, désolé, retiré, sauvage, vacant, vide. *III.* Anachorète, ascète, ermite. *IV.* Bête noire (vén.), cochon (vén.), mâle, porc, quartanier, ragot, sanglier, tiers-an. *V.* Brillant, diamant, joyau, marquise, pierre, rose.

SOLITUDE ■ *I. Au pr. :* abandon, claustration, cloître, délaissement, déréliction, éloignement, exil, isolation, isolement, quarantaine, retranchement, séparation. *II. Par ext.* **1.** Bled (fam.), désert, oasis, retraite, thébaïde. **2.** Méditation, recueillement, retraite, tour d'ivoire. **3. Fam. :** cachette, cocon, coin, coque, ombre, tanière.

SOLIVE ■ ⇒ poutre.

SOLLICITATION ■ *I.* Appel, insistance, invitation, tentation. *II.* Demande, démarche, instance, invocation, pétition, placet, pourvoi, prière, requête, réquisition, supplication, supplique.

SOLLICITER ■ *I.* Appeler, attirer, convier, déterminer, engager, exciter, faire signe, forcer, inviter, porter, pousser, provoquer, tenter. *II.* Adresser une requête, *et les syn. de* REQUÊTE, assiéger, briguer, demander, désirer, dire, exprimer un désir/ un souhait, gueuser (péj.), implorer, importuner, interpeller, interroger, mendier (péj.), mendigoter (fam. et péj.), pétitionner, postuler, présenter un placet/une requête/une supplique *et les syn. de* SUPPLIQUE, prier, quémander (péj.), quêter, rechercher, réclamer, se recommander de, requérir, revendiquer, sommer, souhaiter, supplier, vouloir.

SOLLICITEUR, EUSE ■ ⇒ quémandeur.

SOLLICITUDE ■ *I.* ⇒ soin. *II.* ⇒ souci.

SOLUBLE ■ *I.* Dissoluble, fondant. *II.* Décidable, résoluble.

SOLUTION ■ *I.* ⇒ résultat. *II. Loc.* **Solution de continuité :** arrêt, cessation, coupure, discontinuation, discontinuité, halte, hiatus, intermède, intermission, intermittence, interruption, interstice, intervalle, lacune, pause, rémission, répit, rupture, saut, suspension. *III. Par ext. :* aboutissement, achèvement, bout, clef, coda, conclusion, dénouement, épilogue, fin, résolution, terme.

SOMBRE ■ *I. Au pr. :* assombri, foncé, noir, obscur, ombreux, opaque, ténébreux. *II. Par ext.* **1. Le temps :** bas, brumeux, couvert, maussade, nuageux, orageux, voilé. **2.** ⇒ triste. *III. Fig.* **1. Quelque chose :** funèbre, funeste, inquiétant, sépulcral, sinistre, tragique. **2. Quelqu'un :** amer, assombri, atrabilaire, bilieux, mélancolique, morne, morose, pessimiste, sinistre, taciturne, ténébreux.

SOMBRER ■ *I. Au pr. :* s'abîmer, chavirer, couler, disparaître, s'enfoncer, s'engloutir, faire naufrage, s'immerger, se perdre, périr corps et biens, se saborder, sancir. *II. Fig. :* s'abandonner, s'absorber, se laisser aller/glisser, se jeter/se plonger dans, se livrer à, succomber à, se vautrer dans.

SOMMAIRE ■ *I. Adj.* 1. Accourci, amoindri, bref, compendieux (vx), concis, condensé, contracté, court, cursif, diminué, écourté, laconique, lapidaire, limité, raccourci, réduit, restreint, résumé, succinct. 2. ⇒ **simple.** 3. ⇒ **rapide.** *II. Nom :* abrégé, abstract, abréviation, aide-mémoire, analyse, aperçu, argument, compendium, digest, éléments, épitomé, esquisse, extrait, manuel, notice, plan, précis, préface, promptuaire, raccourci, récapitulation, réduction, résumé, rudiment, schéma, somme, topo (fam.).

SOMMAIREMENT ■ Brièvement, de façon expéditive, en bref/résumé, sans formalités, simplement, sobrement.

SOMMATION ■ Assignation, avertissement, commandement, citation, injonction, interpellation, intimation, mise en demeure, ordre, ultimatum.

SOMME ■ n. fém. *I.* Addition, chiffre, ensemble, fonds, masse, montant, quantité, total, volume. *II.* ⇒ **sommaire.** *III.* Bât, charge.

SOMME ■ n. masc. *I.* ⇒ **sieste.** *II.* ⇒ **sommeil.**

SOMMEIL ■ Assoupissement, demi-sommeil, dodo (fam.), dormition (relig. et méd.), léthargie, repos, roupillon (fam.), somme, somnolence, torpeur. ⇒ **sieste.**

SOMMEILLER ■ S'assoupir, dormir, s'endormir, être dans les bras de Morphée, faire la grasse matinée/sieste/un somme, fermer l'œil, reposer, somnoler. *Arg. ou fam. :* coincer la bulle, dormailler, écraser, pioncer, piquer un roupillon, ronfler, roupiller, rouscailler, schloffer.

SOMMELIER, IÈRE ■ Caviste, échanson (vx), maître de chai. *Par ext. :* œnologue.

SOMMER ■ Assigner, avertir, citer, commander, contraindre, décréter, demander, enjoindre, exiger, forcer, imposer, interpeller, intimer, menacer, mettre en demeure, obliger, ordonner, prescrire, recommander, requérir, signifier.

SOMMET ■ *I.* Aiguille, arête, ballon, calotte, cime, couronnement, crête, croupe, culmen, dent, dôme, extrémité, faîte, front, haut, hauteur, mamelon, pic, piton, point culminant, pointe, table, tête. *II.* Apogée, comble, pinacle, summum, zénith. *III.* Perfection, sommité (vx), suprématie.

SOMMITÉ ■ *I.* ⇒ **sommet.** *II. Fig.* 1. Figure, grand, monsieur, notabilité, notable, personnage, personnalité, puissant, quelqu'un, vedette. 2. *Fam. :* baron, bonze, gros bonnet, grosse légume, huile, huile lourde, important, légume, lumière, magnat, mandarin (péj.), manitou, pontife, satrape (péj.).

SOMNIFÈRE ■ *I. Au pr. :* anesthésique, assoupissant, calmant, dormitif, hypnotique, narcotique, soporatif, soporeux, soporifère, soporifique. *II. Par ext. :* assommant, casse-pieds (fam.), embêtant, emmerdant (fam.), empoisonnant, endormant, ennuyant, ennuyeux, fastidieux, fatigant, insupportable, mortel, pénible, rasant, rasoir (fam.), rebutant, suant (fam.).

SOMNOLENCE ■ ⇒ **sommeil.**

SOMNOLER ■ S'assoupir, dormailler (fam.), dormir, s'endormir, être dans les bras de Morphée, faire la sieste/un somme, fermer l'œil, pioncer (fam.), reposer, ronfler, roupiller, sommeiller.

SOMPTUEUX, EUSE ■ Beau, éclatant, fastueux, luxueux, majestueux, magnifique, opulent, plantureux, pompeux, princier, riche, solennel, splendide, superbe.

SOMPTUOSITÉ ■ *I. Au pr. :* apparat, beauté, éclat, faste, luxe, majesté, magnificence, opulence, pompe, richesse, solennité, splendeur. *II. Par ext. :* abondance, confort, débauche, excès, profusion, surabondance.

SON ■ Accent, accord, bruit, écho, inflexion, intonation, modulation, musique, note, timbre, ton, tonalité.

SON ■ Balle, bran, issues.

SONDAGE ■ Forage. ⇒ **recherche.** *II.* Enquête.

SONDE ■ *I.* Tarière, trépan. *II.* Bougie, cathéter, drain, tube.

SONDER ■ *I. Au pr. :* creuser, descendre, explorer, mesurer, reconnaître, scruter, tâter. *II. Par ext.* 1. Analyser, apprécier, approfondir, ausculter, compulser, considérer, consulter, s'enquérir, éplucher, estimer, étudier, évaluer, examiner, inspecter, inventorier, palper, pénétrer, peser, prospecter, rechercher, reconnaître, scruter. 2. Confesser, demander, interroger, pressentir, poser des questions, questionner, tâter, toucher.

SONGE ■ *I.* ⇒ rêve. *II.* ⇒ illusion.

SONGE-CREUX ■ Chimérique, déraisonnable, extravagant, halluciné, illuminé, imaginatif, obsédé, rêveur, utopiste, visionnaire.

SONGER ■ *I.* ⇒ rêver. *II.* ⇒ penser. *III.* ⇒ projeter.

SONGERIE ■ ⇒ rêve.

SONGEUR, EUSE ■ Absent, absorbé, abstrait, contemplatif, méditatif, occupé, pensif, préoccupé, rêveur, soucieux.

SONNAILLES ■ Bélière, campane, clarine, cloche, clochette, grelot.

SONNANT, E ■ ⇒ sonore.

SONNÉ, E ■ *I.* Assommé, étourdi, groggy, k.o. *II.* Cinglé. ⇒ **fou.**

SONNER ■ *I. Au pr. :* bourdonner, carillonner, résonner, tinter, tintinnabuler (fam.). *II. Loc.* 1. **Sonner aux oreilles :** corner. 2. **Sonner du cor :** appeler, corner, donner, forhuer, grailler, jouer. *III. Fig. :* proclamer, vanter.

SONNERIE ■ *I. Milit. :* appel au drapeau/aux champs, boute-selle, breloque, chamade, charge, couvre-feu, diane, extinction des feux, générale, ralliement, rassemblement, retraite, réveil. *II. Vén. :* débucher, hallali, quête, ton. *III. Du téléphone, etc. :* appel, timbre.

SONNETTE ■ *I.* Campane, clarine, cloche, clochette, sonnaille. *II.* Appel, avertisseur, drelin (fam.), grelot, timbre.

SONORE ■ *I. Au pr.* 1. Carillonnant, résonnant, retentissant, sonnant. 2. Ample, bruyant, éclatant, fort, haut, plein, ronflant, tonitruant, tonnant, vibrant. *II. Fig.* ⇒ ampoulé.

SONORITÉ ■ Ampleur, creux, harmonie, résonance.

SOPHISME ■ Aberration, confusion, défaut, erreur, paralogisme, vice de raisonnement.

SOPHISTE ■ Casuiste, rhéteur.

SOPHISTIQUÉ ■ *I.* Captieux, erroné, faux, frelaté, paralogique, spécieux, trompeur. *II.* Affecté, affété, alambiqué, amphigourique, choisi, emphatique, galant, maniéré, mignard, précieux, recherché.

SOPHISTIQUER ■ ⇒ altérer.

SOPORATIF, SOPOREUX, SOPORIFÈRE, SOPORIFIQUE ■ ⇒ somnifère.

SORBET ■ Crème/dessert/fruits glacés, glace, rafraîchissement.

SORBIER ■ Alisier, cormier, pain des oiseaux.

SORCELLERIE ■ Alchimie, archimagie, cabale, charme, conjuration, diablerie, divination, enchantement, ensorcellement, envoûtement, évocation, fascination, hermétisme, horoscope, incantation, magie, maléfice, nécromancie, occultisme, philtre, pratiques magiques/occultes/secrètes, prestige, rite, sort, sortilège, thaumaturgie, théurgie, vaudou.

SORCIER ■ Alchimiste, astrologue, devin, enchanteur, ensorceleur, envoûteur, mage, magicien, nécromancien, nécromant, psychopompe, thaumaturge.

SORCIÈRE ■ *I.* Alcine, armide, circé, diseuse de bonne aventure, fée, magicienne, sirène, tireuse de cartes. *II.* ⇒ **mégère.**

SORDIDE ■ *I.* Cochon, crasseux, grossier, immonde, immoral, impur, inconvenant, indécent, infâme, maculé, malhonnête, malpropre, obscène, ordurier, répugnant, sale. ⇒ **dégoûtant.** *II.* ⇒ **avare.**

SORNETTES ■ ⇒ **chansons.**

SORT ■ *I.* Avenir, destin, destinée, fatalité, fatum, providence, vie. *II.* ⇒ **hasard.** *III.* ⇒ **état.** *IV.* ⇒ **vie.** *V.* ⇒ **magie.**

SORTABLE ■ *Par ext. :* approprié, assorti, beau, bien, bienséant, bon, comme il faut, congru, convenable, convenant, correct, décent, de saison, digne, fait exprès, honnête, honorable, idoine, juste, opportun, mettable, pertinent, poli, présentable, propre, raisonnable, satisfaisant, séant, seyant.

SORTE ■ *I.* Caste, catégorie, clan, classe, division, embranchement, espèce, état, famille, genre, groupe, ordre, race, rang, série. *II.* Condition,

qualité, trempe. *III.* Façon, griffe, guise (vx), manière, style.

SORTI, E ■ Frais émoulu de, issu de, natif de, né, originaire, venu de.

SORTIE ■ *I. Au pr.* 1. Débouché, issue, porte. 2. Balade, départ, échappée, escapade, évasion, promenade, tour. 3. Échappement, écoulement, émergence, évacuation. *II. Par ext.* 1. ⇒ **dépense.** 2. ⇒ **publication.** 3. Admonestation, algarade, attaque, catilinaire (vx), dispute, engueulade (fam.), incartade (vx), invective, mercuriale, observation, récrimination, remarque, réprimande, reproche, scène, séance, semonce.

SORTILÈGE ■ Charme, diablerie, enchantement, ensorcellement, envoûtement, évocation, incantation, jettatura, maléfice, mauvais sort, sort, sorcellerie. ⇒ **magie.**

SORTIR ■ *I. Au pr.* 1. Abandonner, déboucher, débouquer, débucher, débusquer, s'échapper, s'enfuir, s'évader, partir, quitter. 2. Apparaître, éclore, émerger, faire irruption, jaillir, mettre le nez dehors, percer, poindre, saillir, sourdre, surgir, venir. 3. Déborder, se dégager, s'écouler, s'exhaler, se répandre. 4. S'absenter, débarrasser le plancher (fam.), décamper, déguerpir, déloger, s'éclipser, s'esquiver, évacuer. *II. Par ext.* 1. Arracher, dégainer, ôter, vidanger, vider. 2. Éditer, lancer, publier, tirer. ⇒ **paraître.** 3. Débiter, proférer. ⇒ **dire.** 4. Émaner, être issu, naître, provenir, résulter.

SOSIE ■ Jumeau, ménechme, pendant, réplique.

SOT, SOTTE ■ *I. Au pr.* 1. **Quelqu'un :** âne, béjaune, benêt, borné, buse, crétin, dadais (fam.), imbécile, idiot, inintelligent, malavisé, niais, poire, stupide. ⇒ **bête.** 2. **Un comportement :** absurde, déraisonnable, extravagant, fou, illogique, incohérent, incongru, inconséquent, inepte, insane, insensé, irrationnel, loufoque, saugrenu. ⇒

bête. *II. Par ext.* **1.** ⇒ irrévérencieux. **2.** Arrogant, avantageux, content de soi, dédaigneux, fanfaron, fat, fiérot, impertinent, infatué, orgueilleux, pécore, péronnelle, plastron, plat, plein de soi, poseur, prétentieux, rodomont, satisfait, suffisant, vain, vaniteux. **3.** Confondu, confus, déconcerté, déconfit, décontenancé, défait, déferré, démonté, dépaysé, dérouté, désarçonné, désemparé, désorienté, étonné, étourdi, inquiet, interdit, mis en boîte, pantois, penaud, quinaud, surpris, troublé.

SOTTISE ■ *I. Au pr.* : absurdité, ânerie, balourdise, crétinerie, crétinisme, idiotie, imbécillité, insanité, insipidité, nigauderie, stupidité. ⇒ bêtise. *II. Par ext.* **1.** ⇒ bagatelle. **2.** Arrogance, autosatisfaction, dédain, fatuité, impertinence, infatuation, orgueil, plastronnade (fam.), pose, prétention, rodomontade, suffisance, vanité. **3.** ⇒ injure. **4.** ⇒ maladresse.

SOTTISIER ■ ⇒ bêtisier.

SOU ■ *I. Fam.* : pet (de lapin), radis. ⇒ argent. *II. Vx* : liard, maille, sol.

SOUBASSEMENT ■ Appui, assiette, assise, base, embasement, fondement, piédestal, podium, stylobate.

SOUBRESAUT ■ *I. Au pr.* : convulsion, saccade, secousse, spasme, sursaut, trépidation. *II. Par ext.* **1.** Bond, bondissement, cabriole, cahot, culbute, gambade, ricochet, saut, sautillement, sursaut, tressaillement, tressaut. **2.** Contraction, convulsion, frisson, haut-le-corps, spasme, tressaillement. *III. Fig.* : agitation, bouleversement, crise, remous, révolution, trouble.

SOUBRETTE ■ *I. Au pr.* ⇒ servante. *II. Par ext.* : confidente, demoiselle de compagnie, lisette, suivante.

SOUCHE ■ *I.* ⇒ racine. *II.* ⇒ tige. *III.* ⇒ race. *IV.* ⇒ bête.

SOUCI ■ *I. Attitude ou état* : agitation, alarme, angoisse, anxiété, bile (fam.), cassement de tête, chagrin, contrariété, crainte, émoi, ennui, incertitude, inquiétude, martel (vx), obsession, peine, perplexité, poids, préoccupation, scrupule, soin (vx), sollicitude, tintouin (fam.), tourment, tracas. *II. Circonstance* : affaire, aria (fam.), désagrément, difficulté, embarras, embêtement (fam.), emmerdement (fam.), empoisonnement, tribulation.

SOUCIER (SE) ■ ⇒ préoccuper (se).

SOUCIEUX, EUSE ■ *I. Neutre ou favorable* : affairé, attentif, curieux de, jaloux de, occupé, pensif, préoccupé, scrupuleux, songeur. *II. Non favorable* : agité, alarmé, angoissé, anxieux, bileux (fam.), chagrin, contrarié, craintif, embarrassé, embêté (fam.), emmerdé (fam. ou grossier), empoisonné, ennuyé, inquiet, obsédé, peiné, perplexe, préoccupé, tourmenté, tracassé.

SOUDAIN ■ adv. À l'instant, aussitôt, brusquement, dans l'instant, d'emblée, d'un seul coup/mouvement, illico (fam.), immédiatement, incessamment, incontinent, inopinément, instantanément, par surprise, rapidement, sans retard, sans transition, séance tenante, soudainement, subitement, subito (fam.), sur-le-champ, tout à coup/à trac/de go/de suite/d'un coup.

SOUDAIN, AINE ■ adj. Bruque, brusqué, foudroyant, fulgurant, immédiat, imprévu, inattendu, instantané, prompt, rapide, saisissant, subit.

SOUDAINETÉ ■ ⇒ rapidité.

SOUDARD ■ Goujat, plumet (vx), reître, sabreur, spadassin, traîneur de sabre.

SOUDER ■ ⇒ joindre.

SOUDOYER ■ Acheter, arroser (fam.), corrompre, graisser la patte (fam.), payer, stipendier. ⇒ séduire.

SOUDURE ■ *I. Au pr.* : assemblage,

brasure, coalescence, raccord, soudage. *II. Par ext.* ⇒ joint.

SOUFFLANT, E ■ ⇒ étonnant.

SOUFFLE ■ *I. Au pr.* 1. ⇒ haleine. 2. ⇒ vent. *II. Fig.* ⇒ inspiration.

SOUFFLÉ, E ■ *I. Au pr.* : ballonné, bombé, bouclé (maçonnerie), bouffant, bouffi, boursouflé, cloqué, congestionné, dilaté, distendu, empâté, enflé, gondolé, gonflé, gros, hypertrophié, mafflu, météorisé, renflé, tuméfié, tumescent, turgescent, turgide, ventru, vultueux. *II. Par ext.* : académique, affecté, ampoulé, apprêté, cérémonieux, compliqué, creux, déclamatoire, démesuré, emphatique, grandiloquent, guindé, hyperbolique, pédantesque, pompeux, pompier (fam.), prétentieux, ronflant, sentencieux, solennel, sonore, vide.

SOUFFLER ■ *I. Au pr.* : exhaler, expirer, haleter, respirer. *II. Par ext.* 1. Aspirer, balayer, escamoter, éteindre. 2. Activer, animer, exciter, inspirer, insuffler. 3. Jouer, sonner. 4. S'approprier, dérober, enlever, ôter, ravir. ⇒ prendre. 5. Chuchoter, dire, glisser, insinuer, murmurer, parler à l'oreille, suggérer. 6. Aider, apprendre, remémorer, tricher. 7. Enfler, gonfler, grossir.

SOUFFLET ■ Baffe, beigne, beignet, calotte, claque, coup, emplâtre, gifle, giroflée, mandale, mornifle, pain, taloche, tape, tarte, torgnole *ou* torniole. ⇒ talmouse.

SOUFFLETER ■ Battre, calotter, claquer, confirmer (fam.), corriger, donner un soufflet *et les syn. de* SOUFFLET, gifler, mornifler (fam.), moucher (fam.), talocher (fam.), taper.

SOUFFRANCE ■ *I. Au pr.* : douleur, élancement, indisposition, mal, maladie, malaise, rage, supplice, torture, tourment. ⇒ blessure. *II. Par ext.* : affliction, amertume, croix, déchirement, désespoir, désolation, épreuve,

larme, passion. *III. Loc.* En souffrance : en carafe (fam.), en panne, en retard.

SOUFFRANT, E ■ Abattu, alité, atteint, cacochyme, déprimé, dolent, égrotant, fatigué, fiévreux, incommodé, indisposé, malade, maladif, mal en point, mal fichu, pâle, pâlot, patraque, souffreteux.

SOUFFRE-DOULEUR ■ ⇒ victime.

SOUFFRETEUX, EUSE ■ ⇒ souffrant.

SOUFFRIR ■ *I. V. intr.* : languir, mourir (fig.), pâtir, peiner. *Fam.* : en baver/chier/roter, écraser, passer un mauvais quart d'heure, sécher. *II. V. tr.* 1. Admettre, endurer, éprouver, essuyer, laisser faire, permettre, ressentir, soutenir, subir, supporter, tolérer. *Fam.* : avaler, boire, digérer, se farcir. 2. ⇒ pardonner. *III. Loc.* Faire souffrir : affliger, endolorir, lanciner, martyriser, tourmenter, torturer.

SOUHAIT ■ *I. Favorable* : aspiration, attente, demande, désir, envie, optation, vœu, volonté. *II. Non favorable* : ambition, appétit, caprice, convoitise.

SOUHAITABLE ■ Appétissant, désirable, enviable.

SOUHAITER ■ *I. Favorable* : appeler, aspirer à, attendre, avoir dans l'idée/ en tête/envie/l'intention de, brûler de, demander, désirer, rechercher, réclamer, rêver, soupirer après, tenir à, viser, vouloir. *II. Non favorable* : ambitionner, appéter (vx), arrêter, convoiter, exiger, guigner, lorgner (fam.), loucher sur (fam.), prétendre à.

SOUILLER ■ *I. Au pr.* : abîmer, barbouiller, charbonner, cochonner (fam.), contaminer, crotter, éclabousser, embouer (vx), encrasser, gâter, graisser, mâchurer, maculer, noircir, poisser, polluer, salir, tacher. *II. Fig.* : baver sur, calomnier, déparer, déshonorer, diffamer, entacher, flétrir, profaner, prostituer, ternir.

SOUILLON ■ *I. Adj.* : cochon (fam.),

crasseux, dégoûtant, désordonné, grossier, malpropre, peu soigné/soigneux, sale. *II. Nom masc. et fém.* (péj.) salisson. ⇒ **servante.**

SOUILLURE ■ *I. Au pr. :* bavure, crasse, crotte, éclaboussure, encrassement, immondice, macule (vx), malpropreté, ordure, pâté, saleté, salissure, tache, vomi, vomissure. *II. Fig. :* crime, déshonneur, faute, flétrissure, impureté, tare. ⇒ **péché.**

SOÛL, SOÛLE ■ *I. Au pr. :* assouvi, bourré, dégoûté, gavé, gorgé, le ventre plein, rassasié, repu, saoul (vx), saturé, sursaturé. *II. Par ext.* ⇒ **ivre.**

SOULAGEMENT ■ *I.* Adoucissement, allégement, amélioration, apaisement, assouplissement, atténuation, bien, calme, consolation, détente, euphorie, rémission. *II.* Aide, appui, assistance, coup d'épaule/de main/de pouce, encouragement, entraide, main-forte, réconfort, rescousse, secours, soutien. *III.* ⇒ **remède.**

SOULAGER ■ *I. Au pr. :* alléger, débarrasser, décharger, dégrever, délester, diminuer, exempter, exonérer, ôter. *II. Fig. :* adoucir, aider, amoindrir, apaiser, atténuer, calmer, débonder/dégonfler/déverser son cœur, décharger, délivrer, endormir, étourdir, mitiger, secourir, tempérer. ⇒ **consoler.**

SOÛLARD, SOÛLAUD, SOÛLAS ■ (vx) ⇒ ivrogne.

SOÛLER (SE) ■ *I. Au pr.* Arg. ou fam. : s'alcooliser/appuyer/arsouiller/aviner/beurrer/biturer/blinder /bourrer/ cuiter/défoncer/enivrer /griser/noircir/piquer le nez/pocharder/poivrer/poivroter/tututer, avoir/ prendre une biture/la bourrique/sa cocarde/son compte/une cuite/une muflée/son plumet/son pompon/une ronflée, chopiner, gobeloter, picoler, picter, pictonner, pinter, sacrifier à Bacchus/la dive bouteille, sculpter une gueule de bois, soiffer, tafioter. ⇒ **boire.** *II. Par ext. :* s'exalter, s'exciter.

SOULÈVEMENT ■ *I. Au pr. :* boursouflure, exhaussement, mouvement, surrection. *II. Par ext.* 1. Bondissement, saut, sursaut. 2. ⇒ **nausée.** 3. Action, agitation, chouannerie, désobéissance, dissidence, effervescence, émeute, faction, guerre civile, insoumission, insubordination, insurrection, jacquerie, lutte, mouvement, mutinerie, opposition, putsch, rébellion, résistance, révolte, révolution, sécession, sédition, violence.

SOULEVER ■ *I. Au pr.* 1. Dresser, élever, enlever, hausser, hisser, lever, monter, redresser. 2. Écarter, relever, remonter, retrousser, trousser. *II. Fig.* 1. Agiter, ameuter, déchaîner, ébranler, entraîner, exalter, exciter, provoquer, remuer, transporter. 2. Amener, appeler, apporter, attirer, causer, créer, déclencher, déterminer, donner/fournir lieu/occasion, engendrer, être la cause de, faire, motiver, occasionner, prêter à, procurer, produire, provoquer, susciter. *III. V. pron. :* 1. ⇒ **révolter (se).** 2. *Les formes pron. possibles des syn.* de SOULEVER.

SOULIER ■ *I. Au pr. :* bottillon, bottine, brodequin, chaussure, escarpin, galoche, mocassin, richelieu, snowboot. *II. Par ext. :* babouche, botte, chausson, cothurne, espadrille, mule, nu-pieds, pantoufle, patin, sabot, sandale, savate, socque, spartiate. *III. Arg. ou fam. :* bateau, bottine, chlape, clape, clapette, croquenot, écrasemerde, godasse, godillot, grolle, latte, péniche, pompe, ribouis, sorlot, targette, tartine, tatane.

SOULIGNER ■ *I. Au pr. :* accentuer, appuyer, border d'un trait, marquer, ponctuer, tirer un trait. *II. Par ext. :* désigner, faire ressortir, insister sur, mettre en évidence, montrer, noter, préciser, relever, signaler.

SOULTE ■ *I. Au pr. :* compensation, complément, dédommagement,

dessous-de-table (péj.). *II. Par ext.* ⇒ garantie.

SOUMETTRE ■ *I. Non favorable :* accabler, asservir, assujettir, astreindre, brusquer, conquérir, contraindre, courber, dominer, dompter, enchaîner, imposer son autorité/son pouvoir, inféoder, maintenir/mettre sous l'autorité/ la dépendance/le pouvoir/la puissance/la tutelle, maîtriser, mettre en esclavage, mettre la corde au cou (fam.), opprimer, plier, ramener à l'obéissance, ranger sous ses lois, réduire, réglementer, réprimer, subjuguer, subordonner, tenir en respect, tenir sous son autorité/sous sa dépendance/son pouvoir/sa puissance/sa tutelle, tenir en esclavage. *II. Neutre ou favorable.* 1. Apprivoiser, assouplir, attacher, captiver, charmer, conquérir, discipliner, pacifier, subjuguer. 2. Avancer, donner, exposer, faire une offre/ouverture/proposition, offrir, présenter, proposer, soumissionner. 3. ⇒ montrer. *III. V. pron. :* 1. Neutre ou favorable : accepter, acquiescer, consentir, se plier à. 2. Non favorable : s'abaisser, abandonner le combat, s'accommoder, s'adapter, s'agenouiller, s'assujettir, capituler, céder, se conformer, courber la tête, déférer, en passer par, faire sa soumission, filer doux (fam.), fléchir, s'humilier, s'incliner, s'inféoder, se livrer, mettre les pouces (fam.), obéir, obtempérer, passer sous les fourches caudines, reconnaître l'autorité, se régler, se rendre, se résigner, suivre, venir à quia/à résipiscence.

SOUMIS, E ■ *I. Neutre ou favorable.* 1. Un peuple : pacifié. 2. Quelqu'un : attaché, complaisant, déférent, discipliné, docile, doux, fidèle, flexible, gouvernable, humble, malléable, maniable, obéissant, sage, souple. *II. Non favorable :* asservi, assujetti, conquis, humilié, inféodé, réduit, résigné, subordonné.

SOUMISSION ■ *I. Neutre ou favorable.* 1. Acquiescement, allégeance,

dépendance, discipline, docilité, fidélité, humilité, obédience, obéissance, pacification, résignation. 2. Adjudication, entreprise, marché, offre, proposition. *II. Non favorable :* abaissement, asservissement, assujettissement, conquête, dépendance, esclavage, inféodation, joug, merci, réduction, servilité, servitude, subordination, sujétion, vassalité.

SOUPÇON ■ *I. Au pr. :* apparence, conjecture, crainte, croyance, défiance, doute, méfiance, ombrage, suspicion. *II. Par ext. :* idée, nuage, pointe, très peu, un peu.

SOUPÇONNER ■ Avoir idée de, conjecturer, croire, se défier de, deviner, se douter de, entrevoir, flairer, se méfier, penser, pressentir, redouter, supposer, suspecter.

SOUPÇONNEUX, EUSE ■ Craintif, défiant, inquiet, jaloux, méfiant, ombrageux, suspicieux.

SOUPE ■ ⇒ bouillon.

SOUPENTE ■ Cagibi, combles, galetas, grenier, mansarde, réduit, souillarde.

SOUPER ■ *I. V. intr. :* dîner. ⇒ manger. *II. Nom :* dîner. ⇒ repas.

SOUPESER ■ ⇒ peser.

SOUPIR ■ ⇒ gémissement.

SOUPIRANT, E ■ *I.* ⇒ amant. *II.* ⇒ prétendant.

SOUPIRER ■ *I.* ⇒ respirer. *II.* ⇒ aspirer.

SOUPLE ■ *I. Quelque chose :* ductile, élastique, expansible, extensible, flexible, lâche, malléable, maniable, mou, pliable, rénitent (méd.), subéreux. *II. Quelqu'un.* 1. Phys. : agile, ailé, aisé, décontracté, dégagé, félin, léger, leste. ⇒ dispos. 2. Par ext. : adroit, compréhensif, diplomate, docile, fin, liant, machiavélique (péj.), ondoyant, politique, subtil.

SOUPLESSE ■ *I. De quelque chose :* compressibilité, ductilité, élasticité, extensibilité, flexibilité, malléabilité, maniabilité, plasticité, rénitence (méd.). *II. De quelqu'un.* **1. Phys. :** agilité, aisance, décontraction, légèreté, sveltesse. **2. Par ext. :** adresse, compréhension, diplomatie, docilité, finesse, intrigue, machiavélisme (péj.), subtilité. ⇒ **politique.**

SOUQUENILLE ■ Bleu, caban, cache-poussière, casaque, cotte, sarrau, surtout.

SOUQUER ■ *I. V. tr. :* bloquer, serrer, visser. *II. V. intr.* **1. Au pr. :** ramer. **2. Fig.** ⇒ **peiner.**

SOURCE ■ *I. Au pr. :* fontaine, geyser, griffon, point d'eau, puits. *II. Fig.* **1.** ⇒ **origine. 2.** ⇒ **cause.**

SOURCIER, ÈRE ■ Radiesthésiste, rhabdomancien.

SOURCILLER ■ *I.* Ciller, froncer les sourcils, tiquer. *II. Loc.* **Sans sourciller :** sans barguigner/discuter/être troublé/faire ouf (fam.)/hésiter.

SOURCILLEUX, EUSE ■ *I.* Braque, chatouilleux, délicat, hérissé, hypersensible, irritable, ombrageux, pointilleux, pointu, prompt, sensible, sensitif. *II.* ⇒ **triste.**

SOURD, E ■ *I. Au pr. :* dur d'oreille, sourdingue (fam.). *II. Par ext. :* amorti, assourdi, caverneux, cotonneux, creux, doux, enroué, étouffé, indistinct, mat, mou, sépulcral, voilé. *III. Fig.* **1. Quelqu'un :** impitoyable, inexorable, insensible. ⇒ **indifférent. 2. Quelque chose :** caché, clandestin, hypocrite, souterrain, ténébreux, vague. ⇒ **secret.**

SOURDEMENT ■ ⇒ **secrètement.**

SOURDINE (EN) ■ Discrètement, doucement, mollo (fam.), sans ⇒ **bruit/éclat** ⇒ **secrètement.**

SOURDRE ■ ⇒ **sortir.**

SOURICIÈRE ■ ⇒ **piège.**

SOURIRE ■ n. m. ⇒ **rire.**

SOURIRE ■ v. intr. *I.* ⇒ **rire.** *II.* ⇒ **plaire.**

SOURNOIS, E ■ Affecté, artificieux, caché, cachottier, chafouin, déloyal, dissimulateur, dissimulé, double-jeu, doucereux, en dessous, faux, faux jeton, fourbe, insidieux, mensonger, mielleux, perfide, rusé, simulé, tartufe, trompeur. ⇒ **hypocrite.**

SOURNOISERIE ■ *I.* Affectation, artifice, cabotinage, cachotterie, comédie, déguisement, dissimulation, duplicité, faux-semblant, feintise, fiction, grimace, invention, leurre, mensonge, momerie, pantalonnade, parade, ruse, simulation, singerie, tromperie. *II.* ⇒ **fausseté.** *III.* ⇒ **hypocrisie.**

SOUSCRIRE ■ *I.* ⇒ **consentir.** *II.* ⇒ **payer.**

SOUS-ENTENDU ■ *I. Adj. :* à double sens, allant de soi, implicite, tacite. *II. Nom :* allégorie, allusion, arrière-pensée, évocation, insinuation, quiproquo, restriction, réserve, réticence.

SOUS-ESTIMER ■ Abaisser, avilir, baisser, critiquer, débiner (péj.), déconsidérer, décréditer, décrier, dénigrer, déprécier, dépriser, détracter (vx), dévaloriser, dévaluer, diminuer, discréditer, méconnaître, méjuger, mépriser, mésestimer, rabaisser, rabattre, ravaler, sous-évaluer.

SOUS-JACENT, E ■ *I.* Inférieur, subordonné. *II.* Supposé. ⇒ **secret.**

SOUS-MAIN (EN) ■ ⇒ **secrètement.**

SOUS-MARIN ■ Submersible.

SOUS-ŒUVRE ■ Base, fondation, fondement, infrastructure, pied, soubassement, soutènement, soutien, substructure.

SOUS-ORDRE ■ *I.* Adjoint, bras droit, collaborateur, subordonné. *II.* ⇒ **inférieur.**

SOUS-PRÉFECTURE ■ Arrondissement, circonscription, district.

SOUS-SOL ■ ⇒ cave.

SOUSTRACTION ■ ⇒ diminution.

SOUSTRAIRE ■ ⇒ dérober, retrancher. *V. pron.* : esquiver. ⇒ éviter.

SOUS-VERGE ■ ⇒ sous-ordre.

SOUS-VÊTEMENT ■ Bas, collant, combinaison, dessous, gilet de corps, jupon, maillot, parure, soutien-gorge. ⇒ culotte.

SOUTENABLE ■ Acceptable, défendable, plausible, possible, supportable.

SOUTÈNEMENT ■ ⇒ appui.

SOUTENEUR ■ ⇒ proxénète.

SOUTENIR ■ *I. Au pr.* : accoter, appuyer, arc-bouter, armer, chevaler, consolider, contrebouter, étançonner, étayer, maintenir, porter, supporter, tenir. *II. Par ext.* 1. Conforter, fortifier, nourrir, réconforter, remonter, réparer, stimuler, sustenter. 2. Aider, appuyer, assister, cautionner, défendre, donner/prêter la main/un coup d'épaule, encourager, épauler, épouser la cause, favoriser, financer, garantir, mettre le pied à l'étrier, prendre fait et cause, protéger, remonter le moral, seconder, secourir, subventionner. 3. Affirmer, argumenter, assurer, attester, certifier, discuter, disputer, écrire, enseigner, faire valoir, maintenir, prétendre, professer, répondre. 4. Continuer, persévérer, persister, poursuivre. *III. Loc.* 1. Soutenir le choc : endurer, recevoir, résister, souffrir, subir, supporter, tenir. 2. Soutenir la comparaison : défier, rivaliser. *IV. V. pron.* : 1. Se continuer, durer, se maintenir, subsister, surnager, *et les formes pron. possibles des syn.* de SOUTENIR. 2. S'entraider.

SOUTENU, E ■ *I.* Aidé, appuyé, épaulé, pistonné (fam.). *II.* Secondé. *III.* Assidu, constant, persévérant, persistant. *IV.* Accentué, continu, conti-

nuel. *V. Loc.* Style soutenu. 1. Neutre ou favorable : académique, cérémonieux, élevé, éloquent, héroïque, magnifique, noble, pindarique, relevé, sublime. 2. Non favorable : affecté, ampoulé, apprêté, bouffi, boursouflé, compliqué, déclamatoire, démesuré, emphatique, enflé, grandiloquent, guindé, hyperbolique, pédantesque, pompeux, pompier (péj. et fam.), prétentieux, ronflant, sentencieux, solennel, sonore, soufflé.

SOUTERRAIN ■ *I. Nom :* antre, basse-fosse, catacombe, cave, caveau, caverne, crypte, cul de basse-fosse, excavation, galerie, grotte, oubliette, sous-sol, terrier, tunnel. *II. Adj. :* caché, sombre, ténébreux. ⇒ secret.

SOUTIEN ■ *I. Au pr.* : adossement, arc-boutant, base, charpente, colonne, épaulement, éperon, étai, étançon, levier, pilier, pivot, soutènement, support, tuteur. *II. Par ext. :* aide, appoint, appui, assistance, collaboration, concours, coopération, coup d'épaule, égide, encouragement, influence, intervention, main-forte, patronage, piston (fam.), planche de salut, protection, recommandation, réconfort, rescousse, sauvegarde, secours, service, support. *III. Loc.* Être le soutien de : adepte, aide, appui, auxiliaire, bouclier, bras, champion, défenseur, étai, garant, partisan, patron, pilier, pivot, protecteur, second, souteneur (péj.), supporter, tenant.

SOUTIEN-GORGE ■ Balconnet, bustier.

SOUTIRER ■ *I. Au pr.* ⇒ transvaser. *II. Fig.* 1. ⇒ obtenir. 2. ⇒ prendre.

SOUVENANCE ■ ⇒ souvenir.

SOUVENIR ■ n. *I. Au sing.* 1. Au pr. : commémoration, mémoire, pensée, réminiscence, ressouvenance, souvenance. 2. Par ext. : arrière-goût, impression, ombre, trace. 3. Ex-voto, monument, plaque, statue, tombeau, trophée. **4.** Relique, reste, témoin. **5.** ⇒ **cadeau.** *II. Au pl. :* annales, autobiographie, chronique, commentaire, confession, essai, journal, mémoires, mémorial, récit, révélations, voyages.

SOUVENIR (SE) ■ adj. Évoquer, mémoriser, se rappeler, se recorder (vx), se remembrer (vx), se remémorer, se rementevoir (vx), remettre, retenir, revoir.

SOUVENT ■ D'ordinaire, fréquemment, généralement, habituellement, journellement, la plupart du temps, maintes fois, plusieurs fois, souventefois (vx).

SOUVERAIN, E ■ *I. Adj.* ⇒ **suprême.** *II. Nom* ⇒ **monarque.**

SOUVERAINETÉ ■ Autorité, domination, empire, pouvoir, puissance, suprématie, suzeraineté.

SOVIET ■ *I.* ⇒ **comité.** *II.* ⇒ **communiste.**

SOYEUX, EUSE ■ Doux, duveteux, fin, lisse, moelleux, satiné, velouté, velouteux.

SPACIEUX, EUSE ■ Ample, étendu, vaste. ⇒ **grand.**

SPADASSIN ■ *I.* ⇒ **ferrailleur.** *II.* ⇒ **tueur.**

SPARTIATE ■ Laconique, sobre. ⇒ **austère.**

SPASME ■ ⇒ **convulsion.**

SPATIONAUTE ■ Astronaute, cosmonaute.

SPEAKER ■ Annonceur, disc-jockey, présentateur.

SPÉCIAL, E ■ Caractéristique, distinct, distinctif, extraordinaire, individuel, original, particulier, propre à, remarquable, singulier.

SPÉCIALISTE ■ Homme de l'art, médecin, savant, technicien, technocrate (péj.).

SPÉCIALITÉ ■ *I. Au pr. :* branche,

champ, département, division, domaine, fief, oignons (fam.), partie, sphère. *II.* ⇒ **remède.**

SPÉCIEUX, EUSE ■ *I.* ⇒ **incertain.** *II.* ⇒ **trompeur.**

SPÉCIFIER ■ Caractériser, déterminer, préciser. ⇒ **fixer.**

SPÉCIFIQUE ■ *I. Nom* ⇒ **remède.** *II. Adj. :* caractéristique, distinct, net, précis, spécial, sui generis, typique.

SPÉCIMEN ■ Échantillon, exemplaire, exemple, individu, modèle, prototype, unité.

SPECTACLE ■ *I. Au pr.* **1.** Aspect, féerie, panorama, scène, tableau, vue. **2.** Attraction, ballet, cinéma, comédie, danse, divertissement, exhibition, happening, music-hall, numéro, projection, représentation, revue, séance, séance récréative, show, soirée. *II. Par ext.* **1.** Caleçonnade (péj.), fantaisie, fantasmagorie, grand-guignol. **2.** ⇒ **montre.**

SPECTACULAIRE ■ ⇒ **extraordinaire.**

SPECTATEUR, TRICE ■ Assistant, auditeur, auditoire, galerie, observateur, parterre, public, téléspectateur, témoin.

SPECTRE ■ *I. Au pr. :* apparition, double, ectoplasme, esprit, fantôme, lémure, ombre, revenant, vision. *II. Fig. :* cauchemar, crainte, hallucination, hantise, idée fixe, manie, monomanie, obsession, peur, phantasme, phobie, psychose, souci.

SPÉCULATEUR, TRICE ■ n. et adj. Accapareur, agioteur, baissier, boursicoteur, bricoleur, haussier, joueur, traficoteur, trafiquant, tripoteur.

SPÉCULATIF, IVE ■ Abstrait, conceptuel, conjectural, contemplatif, discursif, hypothétique, métaphysique, philosophique, théorique.

SPÉCULATION ■ *I.* Calcul, étude, projet, recherche. ⇒ **pensée.** *II.* ⇒ **théorie.** *III. Non favorable.* **1.** Accaparement, agiotage, jeu, raréfaction, trafic, traficotage (fam.), tripotage (fam.). **2.** Imagination, rêverie. ⇒ **rêve.** *IV. Neutre :* affaires, bourse, boursicotage (fam.), commerce, entreprise, transaction.

SPÉCULER ■ *I.* ⇒ hasarder. *II.* ⇒ trafiquer.

SPEECH ■ Allocution, baratin (fam.), causerie, compliment, conférence, éloge, laïus (fam.), toast. ⇒ **discours.**

SPERME ■ *I.* Graine, semence. *II. Arg. et grossier :* **1.** Vx. Foutre. **2.** Fromage, jus, paquet, purée, sauce, semoule, yaourt.

SPHÈRE ■ *I.* Armillaire, boule, globe, mappemonde. *II.* Champ, cercle, domaine, étendue, limite, milieu, monde (abusiv.), région, zone.

SPHÉRIQUE ■ ⇒ rond.

SPIRITUEL, ELLE ■ *I.* Abstrait, allégorique, figuré, immatériel, intellectuel, mental, moral, mystique, religieux, symbolique. *II.* Amusant, attique, brillant, comique, drôle, facétieux, fin, humoristique, ingénieux, intelligent, léger, malicieux, piquant, plaisant, satirique, vif.

SPIRITUEUX ■ ⇒ liqueur.

SPLEEN ■ Cafard (fam.), chagrin, ennui, hypocondrie, idées noires, mal du siècle, mélancolie, neurasthénie, nostalgie. ⇒ **tristesse.**

SPLENDEUR ■ *I.* ⇒ lumière. *II.* ⇒ lustre. *III.* ⇒ luxe.

SPLENDIDE ■ Brillant, éblouissant, étincelant, fastueux, glorieux, magnifique, merveilleux, somptueux, superbe. ⇒ **beau.**

SPOLIATION ■ Captation, dépossession, dol, éviction, expropriation, extorsion, fraude, frustration, soustraction. ⇒ **vol.**

SPOLIER ■ Déposséder, dépouiller, désapproprier, déshériter, dessaisir,

enlever, évincer, exproprier, extorquer, frustrer, ôter, priver, soustraire. ⇒ **voler.**

SPONGIEUX, EUSE ■ ⇒ mou.

SPONTANÉ, E ■ *I. Quelqu'un :* cordial, direct, franc, libre, naïf, naturel, ouvert, primesautier, rapide, sincère, volontaire. *II. Quelque chose :* automatique, impulsif, inconscient, involontaire.

SPONTANÉITÉ ■ ⇒ sincérité.

SPORADIQUE. ■ *I. Dans l'espace :* clairsemé, constellé, dispersé, disséminé, dissocié, divisé, écarté, écartelé, éparpillé, épars, séparé. *II. Dans le temps :* discontinu, intermittent, irrégulier, larvé, rémittent, saccadé, variable.

SPORT ■ Amusement, culture physique, entraînement, exercice, jeu.

SPRINT ■ Emballage, enlevage, finish, pointe, rush.

SPUMEUX, EUSE ■ Baveux, bouillonnant, écumeux, mousseux, spumescent.

SQUALE ■ Aiguillat, chien de mer, griset, lamie, maillet, marteau, orque, requin, rochier, roussette, touille.

SQUARE ■ *I.* ⇒ jardin. *II.* ⇒ place.

SQUELETTE ■ *I. Au pr. :* carcasse, charpente, momie, os, ossature, ossement. *II. Par ext. :* architecture, canevas. ⇒ **plan.**

SQUELETTIQUE ■ Décharné, défait, désossé, émacié, étique, fluet, grêle, sec. ⇒ **maigre.**

STABILISATION ■ ⇒ affermissement.

STABILISER ■ ⇒ fixer.

STABILITÉ ■ *I. Au pr. :* aplomb, assiette, assise, équilibre. *II. Par ext.* **1.** Certitude, consistance, constance, continuité, durabilité, fermeté, permanence, solidité. **2.** ⇒ calme.

STABLE ■ *I. Au pr. :* affermi, ancré,

assis, ferme, fixe, équilibré, immobile, immuable, inaltérable, inamovible, permanent, persistant, régulier, sédentaire, solide, stationnaire, statique. *II.* **Par ext.** : arrêté, assuré, certain, constant, continu, défini, déterminé, durable, inamissible, invariable, invariant, irrévocable, sûr.

STADE ■ *I.* Carrière, piste, terrain, vélodrome. *II.* Degré, échelon, niveau, palier, partie, période, phase, terme.

STAFF ■ Aggloméré, faux marbre, imitation, stuc.

STAGE ■ *I.* Arrêt, moment, passage, période, station. ⇒ **séjour.** *II.* Alumnat, apprentissage, formation, juvénat, noviciat, préparation.

STAGNANT, E ■ *I.* Dormant, marécageux. *II.* Immobile, inactif, lent, mort, stationnaire.

STAGNATION ■ *I. Au pr.* : arrêt, immobilisation, stase. *II. Par ext.* 1. Ankylose, atrophie, langueur, marasme. 2. Crise, immobilisme, inertie, paralysie, piétinement.

STAGNER ■ Croupir, macérer. ⇒ **séjourner.**

STALACTITE, STALAGMITE ■ Concrétion, pétrification.

STALLE ■ *I.* Banquette, gradin, miséricorde, place, siège. *II.* Box, loge.

STANCE ■ Strophe. ⇒ **poème.**

STAND ■ *I.* Pas de tir. *II.* ⇒ **magasin.**

STANDARD ■ Conforme, courant, normalisé.

STANDARDISATION ■ ⇒ **rationalisation.**

STANDARDISER ■ ⇒ **normaliser.**

STANDING ■ Classe, niveau de vie, prestige, rang.

STAR ■ ⇒ **artiste.**

STASE ■ *I.* ⇒ **congestion.** *II.* ⇒ **stagnation.**

STATION ■ *I.* Arrêt, gare, halte, poste. *II.* Pause, stage. *III.* Attitude, position, posture. *IV.* **Loc.** Station thermale : bains, eaux, thermes, ville d'eaux.

STATIONNAIRE ■ *I.* Casanier, sédentaire. *II.* Étale, fixe, immobile, invariable, stagnant. ⇒ **stable.**

STATIONNER ■ S'arrêter, s'attarder, cesser, demeurer, camper, faire halte/relâche, se fixer, rester, séjourner, stopper.

STATIQUE ■ ⇒ **stable.**

STATISTIQUE ■ ⇒ **dénombrement.**

STATUAIRE ■ Bustier, imagier (vx), modeleur, ornemaniste, sculpteur.

STATUE ■ Bronze, buste, cariatide, figure, figurine, idole, image, marbre, monument, ronde-bosse, sculpture, simulacre.

STATUER ■ Arrêter, établir, fixer, juger, ordonner. ⇒ **décider.**

STATUETTE ■ *I.* Bilboquet, figurine, godenot, magot, marionnette, marmot (vx), marmouset, pagode, poupée, poussah, santon. *II.* Biscuit, chine, saxe, sèvres, tanagra.

STATURE ■ Carrure, charpente, grandeur, hauteur, mesure, port, taille.

STATUT ■ *I.* Arrêté, canon, charte, code, concordat, consigne, constitution, décret, discipline, édit, institution, loi, mandement, ordonnance, prescription, règle, règlement, réglementation. *II.* Accord, arbitrage, arrangement, convention, protocole. *III. Relig.* : canon, observance, règle.

STEAMBOAT, STEAMER ■ ⇒ **bateau.**

STÈLE ■ Cippe. ⇒ **tombe.**

STEPPE ■ Lande, pampa, plaine, prairie, veld.

STÉRÉOTYPÉ, E ■ ⇒ **figé.**

STÉRÉOTYPER ■ Clicher, reproduire.

STÉRILE ■ *I. Quelque chose.* **1.** Aride, désert, désolé, desséché, improductif, inculte, incultivable, infécond, infertile, ingrat, inutile, maigre, nul, pauvre, pouilleux, sec. **2.** Aseptique, infermentescible, pasteurisé, stérilisé. *II. Vétér. :* bréhaigne, mule. *III. Par ext. :* inefficace, infructueux, oiseux, vain.

STÉRILISATION ■ *I.* Assainissement, pasteurisation, upérisation. *II.* ⇒ **castration.**

STÉRILISER ■ *I. Au pr.* **1.** Aseptiser, désinfecter, étuver, javelliser, pasteuriser, purifier. **2.** Bistourner, brétauder, castrer, chaponner, châtrer, couper, émasculer, hongrer, mutiler. *II. Par ext. :* appauvrir, assécher, dessécher, neutraliser. ⇒ **sécher.**

STÉRILITÉ ■ *I. Au pr. :* agénésie, impuissance, infécondité. *II. Par ext.* **1.** ⇒ **pauvreté. 2.** ⇒ **sécheresse.**

STEWARD ■ ⇒ **serveur.**

STIGMATE ■ ⇒ **cicatrice, trace.**

STIGMATISER ■ ⇒ **flétrir, blâmer.**

STILLICIDE ■ ⇒ **gouttière.**

STIMULANT ■ *I. Nom* ⇒ **fortifiant.** *II. Adj.* **1.** Incitant, mobilisateur, motivant. **2.** ⇒ **affriolant.**

STIMULATION, STIMULUS ■ ⇒ **excitation.**

STIMULER ■ ⇒ **exciter.**

STIPE ■ ⇒ **tige.**

STIPENDIER ■ ⇒ **soudoyer.**

STIPULATION ■ Accord, clause, condition, convention, engagement, pacte, traité.

STIPULER ■ ⇒ **énoncer.**

STOCK ■ ⇒ **réserve.**

STOCKER ■ Déposer, entreposer. ⇒ **conserver.**

STOÏCIEN, ENNE ■ *I.* Stoïque, zéno-nique. *II.* Constant, dur, ferme, impassible, inébranlable, insensible.

STOÏCISME ■ *I. Au pr. :* zénonisme. *II. Par ext.* **1.** ⇒ **constance. 2.** ⇒ **austérité.**

STOÏQUE ■ *I.* ⇒ **stoïcien.** *II.* ⇒ **courageux.** *III.* ⇒ **austère.**

STOMACAL, E, STOMACHIQUE ■ Gastrique.

STOPPER ■ *I.* Arrêter, bloquer, freiner, immobiliser. **Mar. :** mettre en panne, mouiller. *II.* Raccommoder, rentraire, réparer.

STORE ■ ⇒ **rideau.**

STRANGULER ■ ⇒ **étrangler.**

STRATAGÈME ■ ⇒ **ruse.**

STRATE ■ ⇒ **couche.**

STRATÈGE ■ Généralissime. ⇒ **chef.**

STRATÉGIE ■ *Par ext. :* diplomatie, manœuvre, pomologie, tactique. ⇒ **ruse.**

STRATÉGIQUE ■ ⇒ **militaire.**

STRATIFIER ■ ⇒ **accumuler.**

STRESS ■ Tension. ⇒ **inquiétude.**

STRICT, E ■ ⇒ **sévère.**

STRIDENT, E ■ ⇒ **aigu.**

STRIE ■ ⇒ **sillon.**

STRIER ■ Bretter, rayer, vermiculer.

STRIP-TEASE ■ Déballage, déshabillage, effeuillage.

STRIP-TEASEUSE ■ Effeuilleuse.

STROPHE ■ ⇒ **poème.**

STRUCTURE ■ Architecture, arrangement, charpente, construction, contexture, disposition, forme, groupement, ordonnance, ordre, organisation, ossature, plan, système, texture, tissure. ⇒ **composition.**

STUC ■ Aggloméré, faux marbre, imitation, staff.

STUDIEUX, EUSE ■ Accrocheur, appliqué, chercheur, fouilleur, laborieux, travailleur, zélé.

STUDIO ■ Appartement, chambre, garçonnière, logement, meublé, pied-à-terre, studette.

STUPÉFACTION ■ *I. Au pr. :* ankylose, engourdissement, immobilisation, immobilité, insensibilité. *II. Par ext.* 1. Consternation, ébahissement, effarement, étonnement, saisissement, stupeur, surprise. 2. Effroi, épouvante, horreur. ⇒ **peur.**

STUPÉFAIT, E ■ Abasourdi, ahuri, confondu, consterné, déconcerté, désorienté, ébahi, ébaubi, embarrassé, étonné, étourdi, frappé, frappé de stupeur, interdit, renversé, saisi, stupéfié, stupide, surpris. *Fam. :* baba, comme deux ronds de flan, ébouriffé, épaté, soufflé.

STUPÉFIANT, E ■ ⇒ surprenant.

STUPÉFIÉ, E ■ ⇒ surpris.

STUPÉFIER ■ ⇒ surprendre.

STUPEUR ■ ⇒ stupéfaction.

STUPIDE ■ *I. Neutre.* 1. Engourdi, mou. 2. Ébahi, étonné, hébété. ⇒ **stupéfait.** *II. Non favorable :* balourd, butor, demeuré, fondu (fam.), idiot, imbécile, insensé, lourd, lourdaud, lourdingue, minus, niais, pesant, sot. ⇒ **bête.** *Arg. :* tronche, trou-du-cul.

STUPIDITÉ ■ *I. Quelque chose :* ânerie, balourdise, crétinerie. ⇒ **sottise.** *II. De quelqu'un :* absurdité, béotisme, bornerie, crétinisme, idiotie, ineptie, lourderie (vx), lourdeur, pesanteur. ⇒ **bêtise.**

STUPRE ■ Concupiscence, corruption, immodestie, impudicité, impureté, indécence, lasciveté, lascivité, libertinage, licence, lubricité, luxure, obscénité, salacité. ⇒ **débauche.**

STYLE ■ *I. Au pr. :* écriture, élocution, expression, langage, langue. *II. Par ext.* 1. Design, façon, facture, forme, genre, goût, griffe, main, manière, originalité, patte, pinceau, plume, signature, talent, ton, touche, tour. 2. ⇒ **expression.** 3. ⇒ **procédé.**

STYLER ■ *I.* Acclimater, accoutumer, adapter, apprivoiser, endurcir, entraîner, façonner, faire à, familiariser, former, habituer, initier, mettre au courant/au fait de, plier à, rompre. *II.* Apprendre, catéchiser, dresser, éduquer, élever, endoctriner, enseigner, exercer, former, gouverner (vx), instituer (vx), instruire, préparer.

STYLET ■ ⇒ poignard.

STYLISER ■ Idéaliser, interpréter, schématiser, simplifier, transposer.

STYLISTE ■ Designer, dessinateur, modéliste.

SUAIRE ■ Drap, linceul, voile.

SUAVE ■ ⇒ doux.

SUAVITÉ ■ ⇒ douceur.

SUBALTERNE ■ ⇒ subordonné.

SUBCONSCIENT ■ Inconscient, intériorité, intimité, profondeurs.

SUBDIVISER ■ Désunir, diviser, fractionner, morceler, partager, répartir, sectionner, séparer.

SUBDIVISION ■ ⇒ partie.

SUBIR ■ Accepter, écraser (fam.), endurer, éprouver, essuyer, expérimenter, recevoir, ressentir, sentir, souffrir, soutenir, supporter, tolérer.

SUBIT, E ■ Brusque, brutal, foudroyant, fulgurant, immédiat, imprévu, inopiné, instantané, prompt, rapide, soudain.

SUBITEMENT, SUBITO ■ ⇒ soudain.

SUBJECTIF, IVE ■ *I. Au pr. :* personnel. *II. Par ext. :* partial, particulier.

SUBJUGUER ■ *I.* ⇒ soumettre. *II.* ⇒ gagner.

SUBLIMATION ■ *I.* Distillation, vaporisation, volatilisation. *II.* Exaltation, purification.

SUBLIME. ■ *I.* ⇒ élevé. *II.* ⇒ beau.

SUBLIMER ■ *I.* ⇒ embellir. *II.* ⇒ transposer.

SUBLIMITÉ ■ Élévation, grandeur, noblesse, perfection, supériorité ⇒ **beauté.**

SUBMERGER ■ *I. Au pr. :* arroser, couvrir, engloutir, ensevelir, envahir, inonder, mouiller, noyer, occuper, recouvrir, se répandre. *II. Par ext.* ⇒ **déborder.**

SUBMERSIBLE ■ Bathyscaphe, sous-marin.

SUBODORER ■ *I. Au pr.* ⇒ sentir. *II. Par ext. :* deviner, se douter de, flairer, soupçonner ⇒ **pressentir.**

SUBORDINATION ■ *I. Au pr. :* asservissement, assujettissement, dépendance, esclavage, infériorité, joug, obédience, obéissance, servitude, sujétion, tutelle, vassalité. *II. Par ext.* ⇒ **hiérarchie.**

SUBORDONNÉ, E ■ Domestique, esclave, humble, inférieur, second, sous-ordre, subalterne. *Fam. :* porte-pipe, sous-fifre, sous-verge.

SUBORDONNER ■ ⇒ soumettre.

SUBORNATION ■ Corruption, détournement, intimidation, séduction, tromperie, vénalité. ⇒ **malversation.**

SUBORNER ■ ⇒ séduire.

SUBORNEUR ■ Apprivoiseur, bourreau des cœurs, casanova, casse-cœur, charmeur, enjôleur, ensorceleur, fascinateur, galant, homme à bonnes fortunes/à femmes, larron d'honneur (vx), lovelace, séducteur, tombeau des cœurs, tombeur de femmes.

SUBREPTICE ■ *I.* ⇒ obreptice. *II.* ⇒ secret.

SUBREPTICEMENT ■ ⇒ secrètement.

SUBROGER ■ Relever, remplacer, représenter, substituer.

SUBSÉQUEMMENT ■ Après, ensuite, plus tard.

SUBSÉQUENT, E ■ ⇒ suivant.

SUBSIDE ■ *I.* ⇒ impôt. *II.* ⇒ secours.

SUBSIDIAIRE ■ Auxiliaire, suffragant.

SUBSISTANCE ■ *I. Au sing. :* alimentation, approvisionnement, denrée, entretien, intendance, nourriture, pain, pitance, ration, ravitaillement, vie. *II. Au pl. :* comestibles, victuailles, vivres.

SUBSISTER ■ Se conserver, continuer, durer, s'entretenir, être, exister, se maintenir, persister, rester, surnager, survivre, tenir, vivoter, vivre.

SUBSTANCE ■ *I. Au pr. :* essence, être, nature, quintessence, réalité, soi, substrat, substratum. *II. Par ext. :* cause, contenu, corps, élément, essentiel, fond, fondement, matière, moelle, objet, origine, principe, suc, sujet. *III. Loc.* En substance : en gros, en résumé, en somme, finalement, sommairement, substantiellement.

SUBSTANTIEL, ELLE ■ *I. Au pr. :* important, principal. *II. Par ext. :* consistant, mangeable, matériel, nourrissant, nutritif, riche, solide.

SUBSTANTIF ■ ⇒ nom.

SUBSTITUER ■ ⇒ remplacer.

SUBSTITUTION ■ ⇒ remplacement.

SUBTERFUGE ■ Dérobade, échappatoire, escobarderie, faux-fuyant, fuite, pantalonnade, pirouette, volte-face. ⇒ **ruse.**

SUBTIL, E ■ *I.* ⇒ menu. *II.* ⇒ délicat.

SUBTILISATION ■ ⇒ malversation.

SUBTILISÉ, E ■ *I.* Vx ⇒ raffiné. *II. Les part. passés de* VOLER *et ses synonymes.*

SUBTILISER ■ ⇒ voler.

SUBTILITÉ ■ *I. Favorable ou neutre :* adresse, délicatesse, finesse, raffinement. *II. Non favorable :* abstraction, argutie, artifice, byzantinisme, casuistique, cavillation, chicane, chinoiserie (fam.), entortillage, équivoque, escamotage.

SUBVENIR ■ ⇒ pourvoir.

SUBVENTION ■ *I.* ⇒ impôt. *II.* ⇒ secours.

SUBVENTIONNER ■ ⇒ aider.

SUBVERSIF, IVE ■ ⇒ révolutionnaire.

SUBVERSION ■ Bouleversement, contestation, indiscipline, mutinerie, renversement, révolution, sédition.

SUBVERTIR ■ ⇒ renverser.

SUC ■ ⇒ substance.

SUCCÉDANÉ ■ Ersatz, produit de remplacement/de substitution.

SUCCÉDER ■ Continuer, hériter, relayer, relever, remplacer, se substituer, suivre, supplanter, suppléer. *V. Pron. :* Alterner, se dérouler, s'enchaîner, *et les formes pron. possibles des syn. de* SUCCÉDER.

SUCCÈS ■ *I. Au pr. :* réussite, triomphe, victoire. *II. Par ext.* 1. Avantage, bonheur, bonne fortune, événement heureux, exploit, gain, gloire, honneur, issue heureuse, lauriers, performance, prospérité, prouesse, tour de force, trophée. 2. Mode, retentissement, vogue. 3. Bestseller, gros tirage. *Fam. :* malheur (faire un), tabac, ticket, tube.

SUCCESSEUR ■ Continuateur, dauphin, enfant, épigone, fils, héritier, queue (péj.), remplaçant.

SUCCESSIF, IVE ■ Consécutif, constant, continu, ininterrompu, progressif, régulier.

SUCCESSION ■ *I. Au pr. :* aubaine, douaire (vx), héritage, hoirie (vx ou jurid.), legs, mortaille (vx). *II. Par ext.* 1. Bien, domaine, héritage, patrimoine, propriété. 2. Circuit, consécution, continuation, courant, cours, course, enchaînement, fil, filiation, ordre, série, suite. 3. Alternance, alternative, cadence. 4. Cascade, chapelet, cortège, défilé, déroulement, enchaînement, énumération, kyrielle, procession, théorie.

SUCCESSIVEMENT ■ Alternativement, à tour de rôle, coup sur coup, l'un après l'autre, périodiquement, récursivement, rythmiquement, tour à tour.

SUCCINCT, E ■ *I. Au pr. :* abrégé, accourci, bref, compendieux (vx), concis, condensé, contracté, coupé, court, dense, diminué, écourté, elliptique, haché, laconique, lapidaire, raccourci, ramassé, réduit, resserré, restreint, résumé, serré, simple, sommaire. *II. Par ext. :* éphémère, fragile, fugace, fugitif, intérimaire, momentané, passager, périssable, précaire, pressé, prompt, provisoire, rapide, temporaire, transitoire.

SUCCOMBER ■ *I. Au pr.* ⇒ mourir. *II. Par ext.* 1. Abandonner, battre la chamade, capituler, céder, demander grâce/merci, déposer/jeter bas/ mettre bas/ poser/rendre les armes, flancher, hisser le drapeau blanc, lâcher pied/prise, livrer les clefs, mettre les pouces, ouvrir les portes, parlementer, se rendre. 2. ⇒ fléchir.

SUCCULENCE ■ ⇒ délicatesse.

SUCCULENT, E ■ *I. Au pr. :* appétissant, bon, délectable, délicat, excellent, exquis, fin, parfait, savoureux. *II. Par ext.* ⇒ substantiel.

SUCCURSALE ■ Agence, annexe, bureau, comptoir, dépendance, dépôt, filiale.

SUCER ■ *I. Au pr. :* aspirer, boire, lécher, suçoter, super, téter, tirer. *II. Par ext.* 1. Absorber, attirer, exprimer, extraire, pomper. 2. ⇒ fellation. *III. Fig.* ⇒ ruiner.

SUCRAGE ■ Chaptalisation.

SUCRE ■ *I. Au pr. :* cassonade, mélasse, saccharose, vergeoise, vesou. *II. Par ext. :* canard (fam.), saccharine, sucrerie. *III. Loc.* **Casser du sucre.** ⇒ **médire.**

SUCRÉ, E ■ *I. Au pr. :* adouci, doux, édulcoré, sirupeux. *II. Fig.* **1.** Benoît, chafouin, douceâtre, doucereux, doux, emmiellé, fade, melliflue, mielleux, mièvre, papelard, patelin, paterne, patte-pelu, sournois. ⇒ **hypocrite. 2. Fém. :** affectée, bêcheuse, chichiteuse, chipie, coquette, enjôleuse, gnangnan (fam.), grimacière, maniérée, mignarde, mijaurée, minaudière, pécore, perruche, pie-grièche, pimbêche.

SUCRER ■ Adoucir, édulcorer. *V. pron.* ⇒ **toucher.**

SUCRERIE ■ Bonbon, chatterie, confiserie, douceur, friandise, gourmandise, nanan (fam.).

SUCRIER ■ Saupoudreuse.

SUD ■ Antarctique, austral, méridional, midi.

SUER ■ *I. V. intr.* **1. Au pr. :** être en eau/en nage, moitir, se mouiller, transpirer. **2. Par ext. :** dégouliner, dégoutter, exsuder, ruisseler, suinter. **3. Fig. :** en baver (fam.), en roter (fam.), se claquer, se crever, s'échiner, s'épuiser, s'éreinter, s'esquinter, s'exténuer, se fatiguer, trimer. ⇒ **travailler.** *II. V. tr. (fig.)* ⇒ **exhaler.**

SUEUR ■ *I. Au pr. :* buée, eau, écume, excrétion, humeur (vx), hydrorrhée (méd.), moiteur, suée (fam.), transpiration, vapeur. *II. Fig. :* corvée, fatigue, peine, souci, veille. ⇒ **travail.**

SUFFIRE ■ Apaiser, contenter, être assez/suffisant, fournir, pourvoir, satisfaire.

SUFFISAMMENT ■ Assez, à satiété.

SUFFISANCE ■ ⇒ orgueil.

SUFFISANT, E ■ *I.* Assez bien, congru, convenable, correct, honnête, honorable, raisonnable, satisfaisant. *II.* ⇒ **orgueilleux.**

SUFFOCANT, E ■ *I. Au pr. :* accablant, asphyxiant, chaud, étouffant, torride. *II. Fig.* **Neutre** ⇒ **étonnant.** *III. Non favorable :* agaçant, crispant, énervant, exaspérant, horripilant, irritant.

SUFFOCATION ■ Asthme, asphyxie, dyspnée, étouffement, étranglement, oppression.

SUFFOQUER ■ ⇒ étouffer.

SUFFRAGE ■ *I. Au pr.* ⇒ vote. *II. Par ext.* ⇒ **approbation.**

SUGGÉRER ■ ⇒ inspirer.

SUGGESTIF, IVE ■ Allusif, charmeur, ensorcelant, envoûtant, évocateur, prenant, saisissant, séduisant, troublant.

SUGGESTION ■ *I.* ⇒ avertissement. *II.* ⇒ **inspiration.**

SUGGESTIONNER ■ ⇒ influer.

SUICIDER (SE) ■ Se détruire, se donner la mort, se défaire, faire harakiri, se faire sauter (la cervelle/le caisson), se flinguer, s'immoler, mettre fin à ses jours, se saborder (fig.), se supprimer.

SUI GENERIS ■ Distinct, original, particulier, personnel, spécial.

SUINTEMENT ■ ⇒ écoulement.

SUINTER ■ Couler, dégouliner (fam.), s'échapper, s'écouler, s'égoutter, émaner, exsuder, fuir, goutter, perler, pleurer (fig.), ruisseler, sécréter, sourdre, suer, transsuder.

SUITE ■ *I. Au pr.* **1.** Appareil, cortège, cour, entourage, équipage, escorte, garde, gens, maison, train. **2.** Continuation, continuité, cours, déroulement, développement, enchaînement, fil, filiation, liaison, prolongation, prolongement, reprise, tourne (techn.). *II. Par ext.* **1.** Alternance, alternative, cascade, chaîne, chapelet, concaténation, découpage, défilé, enfilade, engrenage, énumération, file, gamme, kyrielle, liste, ordre, ribambelle, séquence, série, succession, tissu, trame. **2.** Aboutissement, conséquence, contrecoup, cortège, éclaboussure, effet, imbrication, implication, incidence, lendemain, rançon, reliquat, répercussion, résultat, retombée, ricochet, séquelle, séquence. **3.** Cohérence, cohésion. **4.** ⇒ **persévérance.** ***III.*** **Loc. 1. Tout de suite** : à l'instant, aussitôt, illico (fam.), immédiatement, incessamment, sans délai, sans plus attendre, sur-le-champ. **2. Dans/par la suite** : à/dans l'avenir, après cela, demain, depuis, désormais, dorénavant, ensuite, plus tard. **3.** À cause de, par suite de, en raison de, grâce à.

SUIVANT, E ■ adj. Autre, futur, postérieur, subséquent, successeur, ultérieur.

SUIVANT, E ■ n. Acolyte, aide, confident, continuateur, disciple, inférieur, remplaçant, suiveur.

SUIVANT ■ prép. Conformément à, dans, d'après, selon.

SUIVANTE ■ Confidente, dame/demoiselle de compagnie/d'honneur, fille, fille d'honneur. ⇒ **servante.**

SUIVI, E ■ ***I.*** Assidu, constant, continu, continuel, d'affilée, durable, éternel, immuable, incessant, indéfectible, infini, ininterrompu, interminable, invariable, opiniâtre, permanent, perpétuel, persistant, prolongé, régulier, sans arrêt/cesse/fin/répit/trêve, sempiternel, soutenu, successif. ***II.*** ⇒ **logique.**

SUIVRE ■ ***I. Au pr.* 1.** Accompagner, emboîter le pas, escorter, marcher derrière, poursuivre, serrer, talonner. **2.** Côtoyer, descendre, emprunter, longer, parcourir, prendre, remonter. ***II. Par ext.* 1.** Espionner, filer, observer, pister, prendre en filature, surveiller. ⇒ **écouter. 2.** Continuer, remplacer. ⇒ **succéder. 3.** Courtiser, fréquenter, hanter, sortir avec. **4.** ⇒ **comprendre. 5.** Assister à, écouter, être présent, s'intéresser à, regarder, voir. **6.** ⇒ **abandonner (s'). 7.** ⇒ **soumettre (se). 8.** ⇒ **résulter. 9.** ⇒ **obéir. 10.** Adhérer, adopter, se décider pour, se déclarer pour, embrasser, épouser, prendre parti, se prononcer, se ranger, tenir pour.

SUJET ■ n. ***I.*** Cause, lieu, matière, motif, objet, point, problème, propos, question, raison. ***II.*** Affabulation, article, canevas, champ, étoffe, fable, histoire, idée, intrigue, thème. ***III.*** Cobaye (fig.), malade, patient. ⇒ **homme.** ***IV. Loc.* 1. Bon sujet** : élève, enfant, petit. **2. Mauvais sujet** ⇒ **vaurien.**

SUJET, ETTE ■ adj. ***I.*** Astreint, dépendant, enclin, exposé, habitué, porté à, susceptible. ***II.*** Gouverné, inférieur, soumis, tributaire.

SUJÉTION ■ ⇒ **subordination.**

SUMMUM ■ Apogée, comble, excès, faîte, fort, limite, maximum, période, pinacle, sommet, triomphe, zénith.

SUPER ■ ⇒ **sucer.**

SUPERBE ■ n. Amour-propre, arrogance, dédain, estime de soi, fatuité, fierté, gloriole, hauteur, importance, infatuation, jactance, mégalomanie, morgue, orgueil, ostentation, outrecuidance, pose, présomption, prétention, suffisance, supériorité, vanité.

SUPERBE ■ adj. ***I.*** Altier, arrogant, avantageux, content de soi, crâneur, dédaigneux, faraud, fat, fier, flambard, glorieux, gobeur, hautain, important, infatué, m'as-tu-vu, orgueilleux, outrecuidant, paon, pénétré de soi, plastronneur, poseur, présomptueux, prétentieux, puant, satisfait de soi, sourcilleux, suffisant, supérieur, vain, vaniteux. ***II.*** ⇒ **beau.**

SUPERCHERIE ■ ⇒ **tromperie.**

SUPERFÉTATION ■ ⇒ **superfluité.**

SUPERFÉTATOIRE ■ ⇒ **superflu.**

SUPERFICIE ■ *I.* ⇒ surface. *II.* ⇒ aspect.

SUPERFICIEL, ELLE ■ ⇒ léger.

SUPERFIN, E ■ ⇒ parfait.

SUPERFLU, E ■ De trop, exagéré, excessif, explétif, oiseux, parasite, redondant, superfétatoire, surabondant. ⇒ inutile.

SUPERFLUITÉ ■ Bavardage, cheville, délayage, double emploi, excès, longueur, luxe, pléonasme, redite, redondance, rembourrage, remplissage, superfétation, surabondance, surcharge.

SUPÉRIEUR, E ■ n. Chef, directeur, doyen, grand maître, général, maître, patron, prieur.

SUPÉRIEUR, E ■ adj. *I. Quelqu'un.* 1. **Favorable ou neutre** : beau, bon, distingué, émérite, éminent, excellent, extraordinaire, génial, transcendant. 2. **Non favorable** : arrogant, condescendant, dédaigneux, fier. ⇒ superbe. *II. Quelque chose.* 1. **Au pr.** : dominant, élevé, haut. 2. **Par ext.** : délectable, du nanan, excellent, extra, fameux, fin, formidable, maxi (fam.), royal, sans pareil, sensas (fam.), sensationnel, super (fam.), superfin, suprême, surfin, unique. *III. Une classe sociale* : dirigeant, dominant, possédant, prééminent, prépondérant.

SUPÉRIORITÉ ■ *I.* Atout, avantage, dessus, prééminence, préexcellence, prépondérance, prépotence, primauté, privilège, suprématie. *II.* Empire, hégémonie, maîtrise, précellence, royauté, sceptre. *III. De quelqu'un.* 1. **Favorable** : distinction, excellence, génie, mérite, transcendance. 2. **Non favorable** : arrogance, condescendance, dédain, fierté. ⇒ superbe. *IV. De quelque chose* : excellence, finesse, qualité.

SUPERLATIF, IVE ■ Au plus haut degré, extraordinaire, parfait. ⇒ excessif.

SUPERPOSER ■ ⇒ accumuler.

SUPERPOSITION ■ ⇒ accumulation.

SUPERSTITIEUX, EUSE ■ Crédule, fétichiste, naïf, scrupuleux.

SUPERSTITION ■ *I. Au pr.* : crédulité, fétichisme, naïveté. *II. Fig.* : scrupule. ⇒ soin.

SUPPLANTER ■ ⇒ remplacer.

SUPPLÉANCE ■ ⇒ remplacement.

SUPPLÉANT, E ■ ⇒ remplaçant.

SUPPLÉER ■ *I.* ⇒ compléter. *II.* ⇒ remplacer. *III.* ⇒ pourvoir.

SUPPLÉMENT ■ Accessoire, à-côté, addenda (fam.), additif, addition, ajout, ajoutage, ajouture, appendice, appoint, augmentation, complément, excédent, extra, préciput (jurid.), rabiot (fam.), rallonge, surcroît, surplus.

SUPPLÉMENTAIRE ■ Accessoire, additionnel, adventice, ajouté, annexé, complémentaire, de surcroît, en appoint/complément/excédent/rabiot/surplus, en plus, subsidiaire, supplétif, surérogatoire.

SUPPLÉTIF, IVE ■ ⇒ remplaçant.

SUPPLIANT, E ■ Demandant, implorant, larmoyant, mendiant, pressant, priant.

SUPPLICATION ■ *I.* Appel, demande, démarche, déprécation, imploration, instance, invitation, invocation, obsécration, pétition, placet (vx), pourvoi, quête (vx), requête , réquisition, réquisitoire, sollicitation, supplique. *II.* ⇒ prière.

SUPPLICE ■ *I.* Affliction, autodafé, billot, bûcher, calvaire, châtiment, décapitation, décollation, échafaud, enfer, exécution, géhenne (vx), martyre, mort, peine, persécution, punition, question (vx), torture, tourment. *II.* ⇒ inquiétude. *III.* ⇒ souffrance. *IV. Loc.* Mettre au supplice ⇒ tourmenter.

SUPPLICIER ■ Exécuter, mettre à mort. ⇒ tuer.

SUPPLIER ■ *I.* Adjurer, appeler, conjurer, demander, implorer, insister, presser, prier, réclamer, recommander, requérir, solliciter. *II.* Convier, inviter.

SUPPLIQUE ■ ⇒ supplication.

SUPPORT ■ ⇒ appui.

SUPPORTABLE ■ Buvable (fam.), endurable, excusable, passable, sortable, suffisant, tenable, tolérable.

SUPPORTER ■ *I.* ⇒ soutenir. *II.* ⇒ souffrir. *III.* ⇒ comporter.

SUPPOSÉ, E ■ Admis, apocryphe (péj.), attribué, censé, conjectural, cru, douteux, faux, imaginaire, incertain, présumé, prétendu, putatif.

SUPPOSER ■ Admettre, conjecturer, extrapoler, imaginer, inventer, penser, poser, présumer, présupposer.

SUPPOSITION ■ Cas de figure, condition, conjecture, doute, extrapolation, hypothèse, induction, jeu de l'esprit, préjugé, présomption, supputation.

SUPPÔT ■ Agent, partisan, satellite. ⇒ complice.

SUPPRESSION ■ Abandon, abolition, abrogation, amputation, annulation, aphérèse, cessation, coupure, dérogation, destruction, discontinuation, effacement, élimination, empêchement, exclusion, extinction, liquidation, mutilation, privation, retranchement, scotomisation (psych.).

SUPPRIMER ■ *I.* ⇒ détruire. *II.* ⇒ retrancher. *III.* ⇒ taire. *IV.* ⇒ étouffer. *V.* ⇒ tuer. *VI. V. pron.* ⇒ suicider (se).

SUPPUTATION ■ *I.* ⇒ évaluation. *II.* ⇒ supposition.

SUPPUTER ■ *I.* ⇒ évaluer. *II.* ⇒ compter.

SUPRASENSIBLE ■ Abstrait, immatériel, insensible.

SUPRÉMATIE ■ ⇒ supériorité.

SUPRÊME ■ *I. Au pr. :* dernier, final, ultime. *II. Par ext. :* divin, grand, parfait, puissant, souverain, superlatif. ⇒ supérieur.

SUR, E ■ ⇒ aigre.

SÛR, E ■ *I. Au pr. :* assuré, authentique, avéré, certain, clair, constant, couru (fam.), établi, évident, exact, fatal, garanti, incontestable, indubitable, positif. *II. Par ext.* 1. Abrité, caché, gardé, imprenable, protégé, tranquille. 2. Confiant, convaincu, ferme. 3. Crédible, efficace, éprouvé, fiable, fidèle, vrai. 4. Sain et sauf.

SURABONDANCE ■ *I.* ⇒ affluence. *II.* ⇒ superfluité.

SURABONDANT, E ■ *I.* ⇒ abondant. *II.* ⇒ superflu.

SURANNÉ, E ■ Ancien, antique, archaïque, arriéré, attardé, caduc, démodé, désuet, fini, fossile, kitsch, gothique, obsolète, passé, périmé, rococo, sans valeur, usé, vieilli, vieillot, vieux.

SURBAISSER ■ ⇒ baisser.

SURCHARGE ■ *I.* ⇒ surcroît. *II.* ⇒ superfluité.

SURCHARGER ■ Accabler, alourdir, augmenter, charger, combler, écraser, encombrer, excéder, grever, imposer, obérer, oppresser.

SURCLASSER ■ ⇒ surpasser.

SURCROÎT ■ Augmentation, excédent, handicap, supplément, surcharge, surplus.

SURÉLÉVATION ■ ⇒ haussement.

SURÉLEVER ■ ⇒ hausser.

SÛREMENT ■ Absolument, à coup sûr, assurément, certainement, certes, évidemment, fatalement, forcément, inévitablement, nécessairement, obligatoirement.

SURENCHÈRE ■ ⇒ enchère.

SURÉROGATOIRE ■ ⇒ supplémentaire.

SURESTIMER ■ ⇒ surfaire.

SÛRETÉ ■ *I.* Assurance, caution, certitude, gage, garantie. *II.* ⇒ sécurité. *III. Loc.* En sûreté : à l'abri, à couvert, en sécurité.

SURÉVALUATION ■ ⇒ exagération.

SURÉVALUER ■ ⇒ surfaire.

SUREXCITATION ■ Bouleversement, énervement, irritation. ⇒ agitation.

SUREXCITER ■ ⇒ exciter.

SURF ■ Monoski. *Par ext. :* planche à voile, véliplanche.

SURFACE ■ *I. Au pr. :* aire, assiette, contenance, étendue, plan, superficie. *II. Par ext.* 1. Apparence, contenance, dehors, extérieur, face, parement, mine. 2. Crédit, solvabilité.

SURFAIRE ■ Amplifier, bluffer, charger, encenser, enfler, exagérer, exalter, faire mousser/valoir, forcer, grandir, grossir, hâbler, ne pas y aller de main morte, outrer, pousser, surestimer, surévaluer, vanter.

SURFAIT, E ■ Abusif, démesuré, exagéré, exorbitant, outré. ⇒ excessif.

SURFIL ■ ⇒ surjet.

SURFIN, E ■ ⇒ parfait.

SURGEON ■ ⇒ pousse.

SURGIR ■ *I.* ⇒ sortir. *II.* ⇒ paraître. *III.* ⇒ naître.

SURGISSEMENT ■ ⇒ apparition.

SURHAUSSER ■ Augmenter, élever, exhausser, soulever, surélever.

SURHUMAIN, E ■ ⇒ surnaturel.

SURJET ■ Assemblage, couture, faufilage (fam.), faufilure, point, surfil.

SUR-LE-CHAMP ■ À l'instant, aussitôt, d'abord, d'emblée, illico (fam.),

immédiatement, incessamment, incontinent, instantanément, séance tenante, tout de suite.

SURMENAGE ■ ⇒ fatigue.

SURMENÉ, E ■ ⇒ fatigué.

SURMENER ■ ⇒ fatiguer.

SURMONTER ■ *I.* ⇒ vaincre. *II.* ⇒ surpasser. *III. V. pron. :* se dominer, être maître de soi, se maîtriser, se mater, se posséder, se vaincre.

SURNAGER ■ ⇒ flotter, subsister.

SURNATUREL, ELLE ■ adj. *I.* Religieux, sacré, spirituel. *II.* Extraordinaire, fantasmagorique, fantastique, féerique, immatériel, magique, merveilleux, métaphysique, miraculeux, parapsychique, prodigieux, sorcier, surhumain.

SURNATUREL ■ n. *I.* Au-delà, grâce, religion, sacré. *II.* Fantasmagorie, fantastique, féerie, magie, merveilleux, mystère, prodige, sorcellerie.

SURNOM ■ Nom de guerre/de plume/ de théâtre, pseudonyme, qualificatif, sobriquet.

SURNOMBRE ■ ⇒ excès.

SURNOMMER ■ Affubler, appeler, baptiser, qualifier.

SURPASSER ■ Battre, damer le pion (fam.), dégoter (vx), dépasser, devancer, distancer, dominer, éclipser, l'emporter sur, enfoncer (fam.), être supérieur à, excéder, outrepasser, passer, prévaloir, primer, surclasser, surmonter. *V. pron. :* briller, dégoter, être fort/habile à/le meilleur, s'exalter, surclasser, triompher.

SURPLIS ■ Rochet.

SURPLOMBER ■ ⇒ saillir.

SURPLUS ■ *I.* ⇒ excès. *II.* ⇒ supplément.

SURPLUS (AU) ■ Après tout, au/de plus, au reste, aussi, d'ailleurs, en outre, mais.

SURPRENANT, E ■ Abracadabrant, anormal, bizarre, brusque, curieux, déconcertant, drôle, épatant, étonnant, étourdissant, étrange, extraordinaire, formidable, grand, imprévu, inattendu, inconcevable, incroyable, inopiné, insoupçonnable, invraisemblable, magique, merveilleux, mirifique, nouveau, phénoménal, prodigieux, rapide, renversant, saisissant, stupéfiant.

SURPRENDRE ■ *I.* Intercepter, obtenir, saisir. ⇒ **prendre.** *II.* Apercevoir, déceler, découvrir, pincer (fam.). ⇒ **voir.** *III.* ⇒ **attaquer.** *IV.* Consterner, ébahir, passer l'entendement, pétrifier, renverser, saisir, stupéfier. ⇒ **étonner.** *V.* Abuser, attraper, circonvenir, confondre, décevoir, déconcerter, duper, embarrasser, induire en erreur, tromper.

SURPRIS, E ■ Baba (fam.), confondu, consterné, déconcerté, désorienté, ébahi, ébaubi, ébouriffé (fam.), embarrassé, épaté (fam.), étonné, étourdi, frappé, frappé de stupeur, honteux, interdit, renversé, saisi, soufflé (fam.), stupéfait, stupéfié, stupide.

SURPRISE ■ *I. Favorable ou neutre.* **1.** Ahurissement, ébahissement, éblouissement, effarement, épatement (fam.), étonnement, saisissement. ⇒ **stupéfaction. 2.** Coup de théâtre. **3.** ⇒ **don.** *II. Non favorable.* **1.** Commotion, confusion, consternation, embarras. **2.** Embûche, embuscade, guet-apens ⇒ **piège.**

SURPRISE-PARTIE ■ *I.* ⇒ **bal.** *II.* ⇒ **pique-nique.**

SURSAUT ■ *I.* ⇒ **saut.** *II.* ⇒ **tressaillement.**

SURSAUTER ■ ⇒ **tressaillir.**

SURSEOIR ■ ⇒ **retarder.**

SURSIS ■ ⇒ **délai.**

SURTOUT ■ adv. Éminemment, en particulier, notamment, par-dessus tout, particulièrement, plus que tout, principalement, singulièrement, spécialement.

SURTOUT ■ n. Bleu, caban, cache-poussière, casaque, cotte, sarrau, souquenille, tablier.

SURVEILLANCE ■ Aguet, attention, conduite, contrôle, épiement, espionnage, filature, filtrage, garde, guet, inspection, patrouille, ronde, veille, vigilance.

SURVEILLANT, E ■ *I.* Argousin (péj.), argus, commissaire, contrôleur, épieur, espion, garde, garde-chiourme (péj.), gardien, guetteur, inspecteur, maton (arg.), patrouilleur, veilleur, vigie. *II.* Maître, maître d'étude, maître d'internat, pion (fam.), répétiteur, sous-maître (vx).

SURVEILLER ■ *I.* Gafiller (arg.). ⇒ **observer.** *II.* ⇒ **veiller.**

SURVENANCE ■ ⇒ **arrivée.**

SURVENIR ■ *I.* ⇒ **venir.** *II.* ⇒ **arriver.**

SURVIVANCE ■ Conservation, continuation, permanence, persistance, regénérescence, rémanence, reste, réveil, souvenir, suite, survie, tradition.

SURVIVANT, E ■ Indemne, miraculé, rescapé, sain et sauf, tiré d'affaires.

SURVIVRE ■ ⇒ **subsister.**

SUSCEPTIBILITÉ ■ Excitabilité, hypersensibilité, irritabilité.

SUSCEPTIBLE ■ *I. Au pr. :* apte, bon, capable, idoine, passible, qualifié, sujet à. *II. Par ext. :* braque, chatouilleux, délicat, excitable, hérissé, hypersensible, irritable, ombrageux, pointilleux, pointu, prompt, sensible, sensitif.

SUSCITER ■ Amener, appeler, apporter, attirer, causer, créer, déchaîner, déclencher, déterminer, donner/fournir lieu/occasion, engendrer, entraîner, être la cause de, faire, motiver, nécessiter, occasionner, porter, *prêter à*, procurer, produire. ⇒ **provoquer.**

SUSCRIPTION ■ Adresse, libellé.

SUSDIT, E ■ *I.* Susdénommé, susmentionné, susnommé. *II.* Dito, idem.

SUSPECT, E ■ *I. Au pr. :* apocryphe, douteux, équivoque, problématique. *II. Par ext.* 1. Borgne (fam.), interlope, louche, malfamé. 2. Inculpable, marron, sentant fagot (fam.)/le roussi (fam.), soupçonné, sujet à caution, trouble, véreux.

SUSPECTER ■ ⇒ soupçonner.

SUSPENDRE ■ *I.* ⇒ pendre. *II.* ⇒ interrompre. *III.* ⇒ destituer.

SUSPENDU, E ■ (Fig.). *I. Quelque chose :* arrêté, censuré, en suspens, fermé, interdit, interrompu, saisi, stoppé. *II. Quelqu'un.* 1. **Neutre :** en suspens, hésitant, incertain, irrésolu. 2. **Non favorable :** chassé, crossé (fam.), destitué, révoqué, sanctionné.

SUSPENS (EN) ■ En carafe (fam.), en panne, en souffrance. ⇒ **suspendu.**

SUSPENSION ■ *I.* Abandon, arrêt, cessation, discontinuation, fermeture, interruption, moratoire, pause, repos, temps d'arrêt, vacances. ⇒ **délai.** *II.* Cardan, ressorts. *III.* Lampe, lustre. *VI. Loc.* **Suspension d'armes :** armistice, cessez-le-feu, trêve.

SUSPICIEUX, EUSE ■ ⇒ soupçonneux.

SUSPICION ■ ⇒ soupçon.

SUSTENTER ■ ⇒ nourrir.

SUSURRER ■ ⇒ murmurer.

SUTURE ■ *I.* ⇒ joint. *II.* ⇒ transition.

SUZERAIN ■ ⇒ seigneur.

SVELTE ■ *I.* Allongé, délicat, délié, effilé, élancé, étroit, filiforme, fin, fluet, fragile, fuselé, gracile, grêle, maigre, menu, mince, petit, souple, ténu. *II.* ⇒ élégant.

SVELTESSE ■ *I.* ⇒ élégance. *II.* ⇒ finesse. *III.* ⇒ souplesse.

SYBARITE ■ *I. Favorable ou neutre :* bon vivant, délicat, épicurien, raffiné, sensuel, voluptueux. *II. Non favorable :* débauché, efféminé, jouisseur, mou, noceur, viveur.

SYBARITISME. ■ ⇒ sensualité.

SYCOPHANTE ■ Accusateur, délateur, dénonciateur, espion, fourbe, mouchard, mouton (arg.), trompeur. ⇒ **hypocrite.**

SYLLABE ■ *Par ext. :* mètre, pied.

SYLLOGISME ■ ⇒ raisonnement.

SYLPHE, SYLPHIDE ■ Elfe. ⇒ génie.

SYLVAIN ■ Dryade, faune. ⇒ génie.

SYLVE ■ ⇒ bois.

SYLVESTRE ■ Forestier.

SYLVICULTEUR ■ Arboriculteur, forestier, pépiniériste.

SYMBOLE ■ *I.* Apparence, attribut, chiffre, devise, drapeau, emblème, enveloppe, figure, image, insigne, marque, signe, type. *II.* Allégorie, allusion, anagogie, apologue, comparaison, métaphore, notation, représentation.

SYMBOLIQUE ■ Allégorique, anagogique, emblématique, expressif, figuré, métaphorique, mystique, spirituel, typique.

SYMBOLISER ■ Envelopper, expliquer, exprimer, figurer, incarner, matérialiser, personnifier, représenter.

SYMÉTRIE ■ ⇒ équilibre.

SYMÉTRIQUE ■ ⇒ semblable.

SYMPATHIE ■ Accord, affection, affinité, amitié, attirance, attraction, bienveillance, compassion, condoléances (partic.), conformité/convenance des goûts, cordialité, écho, empathie (psych.), estime, faible, fraternité, harmonie, inclination, intérêt, penchant, pitié, popularité, sensibilité, tendance, tendresse, unisson.

SYMPATHIQUE ■ ⇒ aimable.

SYMPATHISER ■ ⇒ entendre (s').

SYMPHONIE ■ *I. Au pr. :* concert, musique, symphonie concertante. *II. Par ext. :* chœur, entente, harmonie. ⇒ union.

SYMPTOMATIQUE ■ ⇒ caractéristique.

SYMPTÔME ■ Diagnostique, indice, manifestation, marque, présage, prodrome, signe, signe avant-coureur, signe prognostique, syndrome.

SYNALLAGMATIQUE ■ Bilatéral, mutuel, réciproque.

SYNARCHIE ■ Énarchie, oligarchie, ploutocratie, technocratie.

SYNCHRONE ■ Concordant, correspondant, simultané, synchronique.

SYNCHRONISME ■ Coïncidence, concordance, correspondance, simultanéité, synchronie.

SYNCOPE ■ *I.* ⇒ évanouissement. *II.* ⇒ ellipse.

SYNCOPÉ, E ■ ⇒ haché.

SYNCRÉTISME ■ ⇒ union.

SYNDIC ■ Agent, arbitre, fondé de pouvoir, liquidateur, mandataire, représentant.

SYNDICAT ■ Association, compagnonnage, coopération, corporation, fédération, groupement, mutualité, mutuelle, société, union.

SYNDIQUER ■ ⇒ associer.

SYNDROME ■ ⇒ symptôme.

SYNODE ■ ⇒ consistoire.

SYNONYME ■ *I. Nom :* à peu près, approchant, équivalent, para/quasi-synonyme, remplaçant, similitude, substitut. *II. Adj.* ⇒ pareil.

SYNTAXE ■ Arrangement, combinatoire, construction, grammaire, règle, structure, système.

SYNTHÈSE ■ *I.* Association, combinaison, composition, déduction, ensemble, formation, généralisation, jonction, reconstitution, réunion. *II.* Abrégé, conclusion, enseignement, morale, raccourci, reprise, résumé.

SYNTHÉTIQUE ■ ⇒ artificiel.

SYNTHÉTISER ■ *I.* ⇒ réunir. *II.* ⇒ résumer.

SYPHILIS ■ ⇒ vérole.

SYSTÉMATIQUE ■ *I. Au pr.* 1. Déductif, logique. 2. Méthodique, ordonné, organisé, réglé, systématisé. *II. Par ext. :* doctrinaire, entêté, intolérant.

SYSTÈME ■ *I. Au pr. :* corps de doctrine, doctrine, dogmatisme, dogme, explication, idéologie, opinion, pensée, philosophie, structure, théorie, thèse. *II. Par ext.* 1. Manière, méthode, moyen, plan, procédé, tendance. 2. Arcane, combinaison, combine, jeu. 3. Constitution, gouvernement, politique, régime.

t

TABAC ■ *I.* Brésil, caporal, gris, havane, herbe à Nicot (vx), herbe sainte (vx), maryland, nicotiane (vx), pétun, scaferlati, sumatra, virginie. **Arg. :** gros-cul, percale, perle, perlot, trèfle. *II. Loc.* **1. Passer à tabac** ⇒ **tabasser. 2. Pot à tabac** ⇒ **nain.**

TABAGIE ■ ⇒ cabaret.

TABAGISME ■ Nicotinisme.

TABASSER ■ Passer à tabac, rosser, rouer de coups. ⇒ **battre.**

TABATIÈRE ■ Imposte, lucarne, oculus. ⇒ **fenêtre, ouverture.**

TABELLION ■ Clerc, garde-notes (vx), greffier, notaire, officier ministériel/public, plumitif (péj.), scribe, scribouillard (péj.), secrétaire.

TABLE ■ *I.* Bureau, comptoir, console, établi, étal, guéridon, pupitre, tablette. *II.* Menu. ⇒ **ordinaire.** *III.* ⇒ **surface.** *IV.* Abaque, index, répertoire. ⇒ **tableau.** *V.* ⇒ **sommet.** *VI. Loc.* **Se mettre à table. 1.** Au pr. : s'attabler, s'installer, se placer. **2. Arg.** ⇒ **dénoncer. 3. Table ronde :** carrefour, commission, conférence, débat, rencontre, réunion, séance de travail, symposium.

TABLEAU ■ *I.* Cadre, croûte (péj.), navet (péj.), poster, tableautin, toile. *II.* Aquarelle, aquatinte, bois gravé, bosse, buste, chromo (péj.), croquis, décalcomanie, dessin, détrempe, eau-forte, effigie, enseigne, estampe, figure, forme, fresque, gouache, graphique, gravure, héliogravure, illustration, litho, lithographie, médaillon, mine de plomb, miniature, pastel, peinture, plan, planche, photo, pochade, réplique, reproduction, sanguine, schéma, sépia, tête, tracé, trompe-l'œil, vignette, vue. *III.* Académie, allégorie, bataille, bambochade, bergerie, caricature, genre, intérieur, marine, maternité, nature morte, nu, panorama, paysage, portrait, sous-bois, verdure. *IV.* Aspect, féerie, panorama, scène, spectacle, vue. *V.* Bordereau, cadre, canon, catalogue, cédule, dénombrement, énumération, état, index, inventaire, kyrielle, liste, martyrologe, mémoire, ménologe, nomenclature, relevé, répertoire, rôle, série, sommaire, suite, table.

TABLER ■ ⇒ espérer.

TABLETTE ■ *I.* Étagère, planchette, rayon, rayonnage. ⇒ **table.** *II.* Plaque.

TABLIER ■ *I.* ⇒ surtout. *II.* ⇒ blouse. *III.* Écran, ligne, obstacle, protection, rideau. *IV. Vx* ⇒ damier.

TABOU ■ ⇒ sacré.

TABOURET ■ Escabeau, escabelle, sellette, siège.

TACHE ■ *I. Au pr. :* bavochure, bavure, crasse, éclaboussure, immondice, maculage, maculature (vx), macule (vx), malpropreté, ordure,

pâté, saleté, salissure, souillure. *II.*
Fig. : crime, déshonneur, faute, flétrissure, honte, impureté, tare. ⇒ **péché.**
III. Par ext. : balzane, madrure (vx),
maillure, marque, moucheture, pana-
chure, tacheture, tiqueture. *IV.*
Dartre, envie, grain de beauté, nœvus,
plaque, taie. *V. Loc.* Faire tache
d'huile. ⇒ **répandre (se).**

TACHÉ, E ▪ Bariolé, bigarré, grivelé,
jaspé, madré, marbré, marqueté, moucheté, ocellé, piqueté, pommelé, rayé,
tacheté, tavelé, tigré, tiqueté, truité,
veiné, vergeté, zébré.

TÂCHE ▪ *I.* ⇒ travail. *II. Loc.* Prendre
à tâche ⇒ **entreprendre.**

TACHER ▪ Abîmer, barbouiller, charbonner, contaminer, crotter, culotter,
éclabousser, embouer (vx), encrasser,
gâter, graisser, jaunir, mâchurer,
maculer, noircir, poisser, polluer, salir,
souiller, ternir.

TÂCHER ▪ Chercher à, s'efforcer
à/de, s'escrimer, essayer, s'évertuer à,
faire l'impossible, s'ingénier à, tâtonner, tenter de.

TÂCHERON ▪ ⇒ travailleur.

TACHETÉ, E ▪ ⇒ taché.

TACHETER ▪ Marqueter, moucheter,
piquer, piqueter. ⇒ **tacher.**

TACITE ▪ ⇒ implicite.

TACITURNE ▪ *I.* ⇒ silencieux. *II.*
Amer, assombri, atrabilaire, bilieux,
mélancolique, morne, morose, pessimiste, renfermé, sinistre, sombre, taiseux (rég.), ténébreux.

TACOT ▪ ⇒ voiture.

TACT ▪ *I. Au pr.* : attouchement,
contact, toucher. *II. Par ext.* 1. Bon
goût, bon sens, juste milieu, philosophie, raison, sagesse. 2. Acquis, bienséance, civilité, convenance, délicatesse, doigté, éducation, égards, élégance, entregent, habileté, politesse,
savoir-vivre, usage.

TACTIQUE ▪ *Par ext.* : conduite,
diplomatie, façon, ligne de conduite,
manière, manœuvre, marche à suivre,
menée, plan, politique, pomologie,
procédé, stratégie. ⇒ **ruse.**

TAFIA ▪ Alcool, eau-de-vie, ratafia,
rhum.

TAILLADE ▪ Balafre, cicatrice, coupure, entaille, entame, estafilade, incision, plaie. ⇒ **blessure.**

TAILLADER ▪ ⇒ couper.

TAILLANT ▪ ⇒ tranchant.

TAILLE ▪ *I.* Calibre, carrure, charpente, dimension, envergure, format,
grandeur, grosseur, hauteur, importance, longueur, mesure, port, stature,
tournure. *II.* Coupe, élagage, émonde-
ment, étêtage, pincement, ravalement,
taillage. *III.* Cambrure, ceinture.

TAILLÉ, E (BIEN) ▪ *I.* Bâti, charpenté,
costaud, découplé, fait, fort, proportionné. *Arg. ou fam.* : balancé, balèze,
ballotté, baraqué, fortiche, mastard,
roulé.

TAILLER ▪ *I.* Appointer, chanfreiner,
chantourner, charpenter, charpir, ciseler, cliver, découper, dégrossir, échancrer, équarrir, évider, rafraîchir, trancher. ⇒ **couper.** *II. Un arbre* :
conduire, dégager, dégarnir, dresser,
ébarber, ébourgeonner, ébrancher,
écimer, éclaircir, élaguer, émonder,
ergoter, étêter, étronçonner, ravaler,
recéper. *III.* ⇒ affiler. *IV. Loc.* Tailler
en pièces ⇒ **vaincre.**

TAILLEUR ▪ Coupeur, couturier,
culottier, essayeur, faiseur (bon), gile-
tier, habilleur, pompier (fam.).

TAILLIS ▪ Brout, buisson, cépée,
gaulis, maquis, taille. ⇒ **bois.**

TAIRE ▪ *I.* Celer, déguiser, dissimuler, faire disparaître, garder le secret,
omettre, passer sous silence, receler,
supprimer. ⇒ **cacher.** *II. V. pron.* : 1.
Être discret, ne dire/ne souffler mot,
tenir sa langue. 2. *Arg. ou fam.* : avaler

sa salive, la boucler/fermer, écraser, ne pas moufter/piper, rengracier, taire sa gueule. ***III. Loc.*** **Faire taire** : calmer, empêcher de crier/parler/pleurer, fermer la bouche, forcer/réduire au silence, imposer silence. ***Fam.*** : clouer le bec, mettre un bouchon, museler, rabattre le caquet.

TALENT ■ Aisance, aptitude, art, bosse, brio, capacités, chic, disposition, dons, esprit, étoffe, facilités, faculté, fibre, génie, goût, habileté, inclination, industrie, instinct, mérite, moyens, penchant, prédisposition, propension, qualités, sentiment, tendance, vertu, virtuosité, vocation.

TALER ■ ⇒ meurtrir, harceler.

TALISMAN ■ Abraxas, amulette, brevet (vx), fétiche, gri-gri, mascotte, phylactère (vx), porte-bonheur, portechance, totem (par ext.).

TALMOUSE, TALOCHE ■ Calotte, claque, coup, gifle, soufflet, tape. **Arg. ou fam.** : aller-et-retour, baffe, beigne, beignet, bourre-pif, emplâtre, estafe, giroflée, jeton, mandale, mornifle, pain, rouste, talmouse, tarte, tourlousine, va-et-vient, va-te-laver. ⇒ **torgnole.**

TALOCHER ■ Battre, calotter, claquer, confirmer (fam.), corriger, donner un soufflet *et les syn. de* SOUFFLET, gifler, mornifler (fam.), moucher (fam.), souffleter, talmouser, taper, tarter.

TALONNER ■ *I.* ⇒ suivre. *II.* ⇒ poursuivre. *III.* ⇒ tourmenter.

TALUS ■ Ados, berge, berme, cavalier, chaussée, contrescarpe, glacis, levée, parapet, remblai.

TAMBOUILLE ■ *I.* ⇒ cuisine. *II.* ⇒ ragoût.

TAMBOUR ■ *I.* Batterie, caisse, caisse claire, darbouka, tambourin, tam-tam, tarole, timbale. ⇒ **batterie.** *II.* Barillet, cylindre, tour, tourniquet.

TAMBOURINER ■ *I. Au pr. :* battre, battre du tambour. *II. Par ext.* 1. ⇒ battre. 2. ⇒ frapper. 3. ⇒ répandre.

TAMIS ■ Blutoir, chinois, crible, passoire, sas, van.

TAMISÉ, E ■ ⇒ voilé.

TAMISER ■ *I. Au pr. :* bluter, cribler, épurer, filtrer, passer, passer au chinois/crible, purifier, sasser, séparer, trier, vanner. *II. Par ext. :* clarifier, contrôler. ⇒ **vérifier.**

TAMPONNEMENT ■ ⇒ choc.

TAMPONNER ■ *I.* Choquer, cogner, emboutir, frapper, friser/froisser la tôle (fam.), heurter, percuter, télescoper. *II.* Calfater, étendre, frotter, oindre.

TAM-TAM ■ *I.* ⇒ tambour. *II.* ⇒ tapage. *III.* ⇒ publicité.

TANCER ■ *I. Au pr. :* admonester, avertir, blâmer, catéchiser, censurer, chapitrer, condamner, corriger, critiquer, désapprouver, désavouer, dire son fait, donner un avertissement/un blâme/un coup de semonce, faire une réprimande/un reproche *et les syn. de* REPROCHE, flageller, flétrir, fustiger, gourmander, gronder, houspiller, improuver, incriminer, infliger une réprimande/un reproche *et les syn. de* REPROCHE, moraliser, morigéner, quereller, redresser, relever, reprendre, réprimander, réprouver, semoncer, sermonner, stigmatiser, trouver à redire, vitupérer. *II.* **Arg. ou fam. :** arranger, attraper, chanter pouilles, crier, disputer, donner une danse/un galop/un savon, donner sur les doigts/sur les ongles, emballer, engueuler, enguirlander, enlever, faire la fête/la guerre à, laver la tête, mettre au pas, moucher, remettre à sa place, sabouler, savonner, secouer, secouer les poux/les puces, sonner les cloches, tirer les oreilles, torcher.

TANDEM ■ ⇒ vélo.

TANDIS QUE ■ *I.* Au moment où,

cependant que, comme, lorsque, pendant que, quand. *II.* Alors que, au lieu que.

TANGAGE ■ ⇒ balancement.

TANGENT, ENTE ■ À peine, à peu près, approchant, approximatif, juste voisin.

TANGIBLE ■ Actuel, admis, assuré, authentique, certain, concret, démontré, effectif, établi, exact, fondé, historique, incontestable, incontesté, indiscutable, indubitable, juste, objectif, palpable, patent, positif, réalisé, reçu, sérieux, solide, véridique, véritable, visible, vrai. ⇒ sensible.

TANGUER ■ ⇒ balancer.

TANIÈRE ■ *I.* Aire, antre, bauge, breuil, caverne, fort, gîte, nid, refuge, repaire, reposée (vén.), ressui, retraite, soue, terrier, trou. *II.* Abri, asile, cache, cachette, lieu sûr, refuge, retraite.

TANK ■ *I.* Citerne. *II.* Automitrailleuse, blindé, char, char d'assaut.

TANKER ■ Bateau/navire citerne, butanier, minéralier, méthanier, pétrolier.

TANNANT, E ■ ⇒ ennuyeux.

TANNER ■ *I.* ⇒ battre. *II.* ⇒ ennuyer. *III.* Brunir, hâler.

TANNERIE ■ Mégisserie, peausserie.

TANTIÈME ■ Dividende, intérêt, jeton de présence, marge, pourcentage, rapport, taux. ⇒ rétribution.

TANT POUR CENT ■ *I.* ⇒ tantième. *II.* ⇒ rabais.

TANTINET (UN) ■ ⇒ peu.

TANTÔT ■ *I.* Bientôt (vx). *II.* Parfois. *III.* Après-midi.

TAPAGE ■ *I.* ⇒ bruit. *II. Fam.* : bacchanal, barouf, baroufle, bastringue, bordel, boucan, bousin, brouhaha, chahut, chambard, charivari, éclat, esclandre, foin, harmone, hourvari, papafard, pet, pétard, potin, raffut, ramadan, ramdam, sabbat, scandale, schproum, sérénade, tam-tam, tintamarre, tohu-bohu, train, vacarme. *III.* ⇒ désordre.

TAPAGEUR, EUSE ■ *I. Au pr.* : agité, assourdissant, braillard, bruyant, criard, éclatant, fatigant, gueulard (fam.), hurleur, indiscret, piaillard, ronflant, remuant, rugissant, sonore, tonitruant, tumultueux, turbulent, vif, violent, vociférant. *II. Fig.* ⇒ voyant.

TAPANT, E ■ Exact, juste, pétant, pile, sonnant.

TAPE ■ *I.* ⇒ coup. *II.* ⇒ talmouse.

TAPER ■ *I. Au pr.* 1. ⇒ battre. 2. ⇒ frapper. *II. Par ext.* ⇒ écrire. *III. Fig.* ⇒ quémander.

TAPEUR, EUSE ■ ⇒ quémandeur.

TAPIN ■ ⇒ prostituée.

TAPINOIS (EN) ■ À la dérobée, à la sourdine, en cachette, en catimini, en dessous, en secret, en sourdine, en sous-main, furtivement, incognito, in petto, sans tambour ni trompette (fam.), secrètement, sournoisement, sous cape, sous le mateau, sous la table, subrepticement.

TAPIR (SE) ■ S'abriter, s'accroupir, se blottir, se cacher, se clapir, se défiler (fam.), se dérober, disparaître, se dissimuler, s'éclipser, s'embusquer, éviter, fuir, se mettre à l'abri, se musser, se nicher, se pelotonner, se plaquer (fam.), se retirer, se soustraire, se tenir à l'écart, se terrer.

TAPIS ■ Carpette, chemin, descente de lit, moquette, natte, paillasson, revêtement, tapis-brosse, tapisserie, tenture.

TAPISSER ■ Appliquer, cacher, coiffer, couvrir, enduire, enrober, ensevelir, envelopper, étendre, joncher, masquer, parsemer, paver, recouvrir, revêtir, tendre.

TAPISSERIE ■ *I.* Broderie (par ext.),

675

tas

tapis, tenture, verdure. **II.** Aubusson, Beauvais, Bruxelles, Gobelins, Savonnerie.

TAPOTER ■ ⇒ frapper.

TAQUIN, E ■ Asticoteur, blagueur, boute-en-train, chineur, enjoué, espiègle, facétieux, farceur, goguenard, joueur, loustic, malicieux, moqueur, narquois, pince-sans-rire, plaisantin, railleur, turlupin.

TAQUINER ■ Agacer, asticoter, blaguer, chatouiller, chiner, exciter, faire enrager, inquiéter, jouer, lutiner, mécaniser (vx), picoter, plaisanter, tourmenter.

TAQUINERIE ■ Agacerie, asticotage, chinage, espièglerie, facétie, farce, gaminerie, goguenardise, jeu, lutinerie, malice, moquerie, pique, raillerie, turlupinade. ⇒ **plaisanterie**.

TARABISCOTÉ, E ■ *I.* Affecté, affété, choisi, emphatique, emprunté, galant, maniéré, mignard, précieux, recherché. **II.** Amphigourique, ampoulé, baroque, chargé, de mauvais goût, lourd, rococo, surchargé.

TARABUSTER ■ *I.* ⇒ tourmenter. **II.** ⇒ maltraiter.

TARAUDER ■ *I.* ⇒ percer. **II.** ⇒ tourmenter. **III.** ⇒ battre.

TARDER ■ ⇒ traîner.

TARDIF, IVE ■ ⇒ lent.

TARE ■ *I.* ⇒ imperfection. **II.** ⇒ poids.

TARÉ, E ■ *I.* ⇒ dégénéré. **II.** ⇒ vicieux.

TARER ■ *I.* ⇒ gâter. **II.** ⇒ équilibrer.

TARGUER (SE) ■ *I.* Aimer à croire, s'applaudir, s'attribuer, se donner les gants (fam.), s'enorgueillir, se faire fort, se féliciter, se flatter, se glorifier, s'illusionner, se persuader, se prévaloir, tirer vanité, triompher. **II.** Compter, espérer, penser, prétendre. **III.** ⇒ vanter (se).

TARIÈRE ■ *Par ext.* : ⇒ vrille.

TARIF ■ Barème, carte, menu, montant, prix, tableau, taxe.

TARIFER ■ Établir/fixer le montant/le prix/le tarif, taxer.

TARIN ■ (Arg.) ⇒ nez.

TARIR ■ *I.* ⇒ épuiser. **II.** ⇒ sécher.

TARTE ■ *I. Au pr.* : clafoutis, flan, gâteau, pâtisserie, tartelette. **II. Fig.** 1. ⇒ talmouse. 2. ⇒ bête.

TARTINE ■ *I. Au pr.* : beurrée, biscotte, rôtie, toast. **II. Fig.** 1. ⇒ discours. 2. ⇒ galimatias. 3. ⇒ harangue. 4. ⇒ tirade.

TARTUFE ■ *I. N. m.* : bigot, cafard, cagot, calotin, caméléon, comédien, escobar, faux derche/dévot/jeton, félon, flatteur, fourbe, grenouille (de bénitier), grimacier, imposteur, jésuite, judas, menteur, papelard, patelin, patte-pelu (vx), pharisien, rat d'église. **II. Adj.** : affecté, artificieux, baveux, bondieusard, captieux, cauteleux, déloyal, dévot, dissimulé, doublejeu, fallacieux, faux, insidieux, mielleux, pharisaïque, sournois, spécieux, tortueux, trompeur, visqueux. ⇒ **hypocrite.**

TARTUFERIE ■ *I. Le défaut* : affectation, bigoterie, bigotisme, bondieuserie, cafarderie, cagotisme, déloyauté, dissimulation, escobarderie, fausseté, félonie, flatterie, fourberie, jésuitisme, papelardise, patelinage, pharisaïsme. ⇒ **hypocrisie.** **II. L'acte** : cabotinage, comédie, double-jeu, faux-semblant, feinte, fraude, grimace, jonglerie, mascarade, mensonge, momerie, pantalonnade, simagrée, singerie, tromperie.

TAS ■ *I. De choses* : accumulation, agglomération, agrégat, alluvion, amas, amoncellement, assemblage, attirail, bataclan (fam.), bazar (péj.), bloc, camelle (de sel), cargaison, collection, concentration, décombres, dépôt, empilement, encombrement, entassement, fatras, liasse, masse, meule, monceau, montagne, pile, rassemblement. *II. De personnes :* affluence, attroupement, concours, floppée, foule, multitude, presse, ramas (péj.), ramassis (péj.), rassemblement, réunion, tripotée (fam.).

TASSEMENT ■ ⇒ diminution.

TASSER ■ ⇒ presser.

TÂTER ■ *I. Au pr.* 1. ⇒ toucher. 2. ⇒ sonder. *II. Fig.* 1. ⇒ savourer. 2. ⇒ expérimenter. *III. V. pron. :* atermoyer, attendre, balancer, barguigner, consulter (vx), délibérer, douter (vx), être embarrassé/incertain/indécis/ indéterminé/irrésolu/perplexe/réticent, flotter, hésiter, marchander, osciller, reculer, résister, tatillonner, tâtonner, tergiverser. *Fam. :* chiquer, se gratter, tortiller (du cul).

TATILLON, ONNE ■ Appliqué, attentif, consciencieux, difficile, exact, exigeant, formaliste, maniaque, méticuleux, minutieux, pointilleux, pointu, procédurier, scrupuleux, soigneux, vétilleux. *Péj. et grossier :* emmerdeur, enculeur de mouches, pinailleur.

TATILLONNER ■ ⇒ tâter (se).

TÂTONNEMENT ■ Atermoiement, balancement, barguinage, désarroi, doute, embarras, flottement, fluctuation, hésitation, incertitude, indécision, indétermination, irrésolution, perplexité, résistance, réticence, scrupule, tergiversation, vacillation.

TÂTONNER ■ *I.* ⇒ toucher. *II.* ⇒ essayer. *III.* ⇒ tâter (se).

TÂTONS (À) ■ Aveuglément, à l'aveuglette.

TATOUILLE ■ ⇒ volée.

TAUDIS ■ Bidonville, bauge, bouge, cambuse, galetas, masure, réduit, turne.

TAUTOLOGIE ■ Battologie, cheville, datisme, non-sens, périssologie, pléonasme, redondance, répétition.

TAUX ■ Cours, intérêt, montant, pair, pourcentage, proportion, tant pour cent, taxe.

TAVELÉ, E ■ ⇒ taché.

TAVERNE ■ *I.* ⇒ cabaret. *II.* ⇒ café. *III.* ⇒ restaurant.

TAVERNIER ■ ⇒ cabaretier.

TAXE ■ *I.* Barème, cote, prix, tarif, taxation. ⇒ taux. *II.* Centimes additionnels, charge, contribution, corvée, cote, dîme, droit, fiscalité, gabelle, imposition, impôt, levée, péage, prestation, surtaxe, taille, tribut.

TAXER ■ *I.* ⇒ tarifer. *II.* ⇒ estimer. *III. Loc.* Taxer de : ⇒ reprocher.

TAXI-GIRL ■ Entraîneuse.

TECHNICIEN ■ Homme de l'art, ingénieur, spécialiste, technocrate.

TECHNIQUE ■ *I.* ⇒ méthode. *II.* ⇒ art.

TECHNOCRATE ■ Énarque, technicien.

TÉGUMENT ■ ⇒ peau.

TEIGNE ■ *I.* ⇒ calvitie. *II.* ⇒ mégère.

TEIGNEUX, EUSE ■ ⇒ acariâtre.

TEINDRE ■ *I.* Barbouiller (péj.), barioler, colorer, colorier, embellir, farder, imprégner, orner, peindre, peinturlurer, rajeunir, rehausser, relever, rénover, teinter. *II.* Brésiller, cocheniller, garancer, raciner, rocouer, safraner.

TEINT ■ *I.* ⇒ teinte. *II.* ⇒ mine.

TEINTE ■ *I. Au pr. :* carnation, coloration, coloris, couleur, demi-teinte, nuance, teint, ton, tonalité. *II. Fig. :* apparence, teinture, tour, tournure. ⇒ aspect.

TEINTER ■ ⇒ colorer.

TEINTURERIE ■ *Par ext. :* dégraissage, nettoyage, pressage, pressing.

TEINTURIER, ÈRE ■ Dégraisseur, presseur, repasseur.

TEL, TELLE ■ ⇒ **semblable.**

TÉLÉGRAMME ■ Bleu, câble, câblogramme, dépêche, message, pli, pneu, pneumatique, radio, sans-fil, télex.

TÉLÉGRAPHIER ■ Câbler, envoyer un télégramme, *et les syn. de* TÉLÉGRAMME.

TÉLÉGRAPHIQUE ■ *Par ext.* ⇒ **court.**

TÉLÉPHONE ■ *Arg. ou fam.* : bigophone, bigorneau, biniou, cornichon, filin, grelot, ronfleur, treuil, tube, turlu.

TÉLÉPHONER ■ Appeler, donner un coup de fil. *Arg. ou fam.* : bigophoner, passer un coup de grelot, tuber.

TÉLESCOPE ■ ⇒ **lunette.**

TÉLESCOPER ■ ⇒ **tamponner.**

TÉLÉSCRIPTEUR ■ Imprimante, téléimprimeur, télétype, télex.

TÉMÉRAIRE ■ Audacieux, aventureux, casse-cou, dangereux, écervelé, entreprenant, étourdi, fautif, hasardé, hasardeux, imprévoyant, imprudent, inconsidéré, insensé, irréfléchi, léger, maladroit, malavisé, négligent, osé, présomptueux, risqué, risque-tout.

TÉMÉRITÉ ■ *I. Favorable ou neutre.* **1. Quelqu'un** : assurance, audace, bravoure, cœur, courage, décision, détermination, énergie, esprit d'entreprise, fermeté, fougue, hardiesse, impétuosité, intrépidité, résolution, vaillance. **2. Quelque chose** : innovation, nouveauté, originalité. *II. Non favorable.* **1. Quelqu'un** : aplomb, arrogance, audace, culot (fam.), effronterie, folie, front, imprudence, impudence, insolence, légèreté, toupet. **2. Relatif aux mœurs** : immodestie, impudicité, inconvenance, indécence, indiscrétion, liberté, licence.

TÉMOIGNAGE ■ *I. Au pr.* : affirmation, attestation, certificat, déposition. ⇒ **relation.** *II. Par ext.* **1.** Hommage, manifestation, marque. ⇒ **démonstration.** **2.** Affirmation, argument, confirmation, constatation, conviction, critère, critérium, démonstration, établissement, gage, illustration (vx), justification, motif, pierre de touche. **3.** Charge, corps du délit, document, empreinte, fait, indice, marque, preuve, signe, témoin, trace. **4.** Épreuve judiciaire, jugement de Dieu, ordalie.

TÉMOIGNER ■ *I.* Affirmer, alléguer, assurer, attester, certifier, confirmer, déclarer, démontrer, déposer, dire, exprimer, garantir, indiquer, jurer, maintenir, montrer, proclamer, produire, proférer, prononcer, protester, prouver, rapporter, rendre compte, rendre témoignage, renseigner, répondre de, soutenir, transmettre. *II.* ⇒ **révéler.**

TÉMOIN ■ *I. Au pr.* **1.** Assistant, auditeur, caution, déposant, garant, observateur, recors (vx). ⇒ **spectateur. 2.** Parrain, second. *II. Par ext.* **1.** ⇒ **souvenir. 2.** ⇒ **témoignage.**

TEMPÉRAMENT ■ *I. Vx* : équilibre, mesure, milieu, modération, moyenne. *II.* Diathèse, disposition, caractère, carcasse (fam.), cœur, complexion, composition, constitution, esprit, état, humeur, inclination, nature, naturel, pâte (fam.), penchant, personnalité, santé, trempe, vitalité. *III.* Adoucissement, atténuation, modification. *IV.* ⇒ **sensualité.** *V. Loc.* À tempérament : à crédit, à croume (arg.), à terme, par mensualité.

TEMPÉRANCE ■ Abstinence, chasteté, continence, discrétion, économie, frugalité, sobriété. ⇒ **retenue.**

TEMPÉRANT, E ■ ⇒ **sobre.**

TEMPÉRATURE ■ *I.* ⇒ **climat.** *II.* ⇒ **temps.**

TEMPÉRÉ, E ■ *I.* ⇒ **modéré.** *II.* ⇒ **simple.**

TEMPÉRER ■ Adoucir, affaiblir, amortir, apaiser, arrêter, assagir, assouplir, atténuer, attiédir, borner, calmer, contenir, corriger, diminuer, estomper, éteindre, freiner, lénifier, mesurer, mitiger, modérer, normaliser, pallier, ralentir, réchauffer, régler, réprimer, tamiser.

TEMPÊTE ■ Bourrasque, coup de chien/de tabac (fam.)/de vent, cyclone, orage, ouragan, rafale, raz de marée, tornade, tourbillon, tourmente, trombe, typhon, vent.

TEMPÊTER ■ Attaquer, crier, déblatérer, déclamer, fulminer, invectiver, pester, tonner. ⇒ injurier.

TEMPLE ■ Fanum, spéos, tholos, ziggourat. *Par ext. :* loge maçonnique, mosquée, pagode, synagogue. ⇒ église.

TEMPORAIRE ■ Court, de courte durée, éphémère, fragile, fugitif, incertain, intérimaire, momentané, occasionnel, passager, précaire, provisoire, saisonnier, transitoire.

TEMPOREL, ELLE ■ *I.* ⇒ terrestre. *II.* ⇒ temporaire.

TEMPORISER ■ Ajourner, arrêter, arriérer (vx), atermoyer, attendre, décaler, différer, éloigner, faire traîner, prolonger, promener, proroger, ralentir, reculer, remettre, renvoyer, reporter, repousser, retarder, surseoir à, traîner.

TEMPS ■ *I.* Date, durée, espace, étendue, heure, jour, minute, moment, période, saison, rythme. *II.* 1. Âge, cycle, date, époque, ère, étape, génération, siècle. 2. Aujourd'hui, demain, futur, hier, jadis, passé, présent. *III.* ⇒ délai. *IV.* Cas, chance, circonstance, conjoncture, événement, facilité, hasard, moment, occasion, opportunité, possibilité. *V.* Ambiance, atmosphère, ciel, circonstances/conditions atmosphériques/climatiques/météorologiques, climat, météo, phénomènes atmosphériques, régime. *VI. Loc.* 1. **Avec le temps** : à la fin, à la longue, finalement, le temps aidant, tôt ou tard. 2. **De notre temps** : actuellement, à présent, aujourd'hui, de nos

jours, en ce moment, maintenant, présentement. 3. **De temps en temps** : parfois, quelquefois, rarement, de temps à autre. 4. **De tout temps** ⇒ toujours. 5. **En même temps** : à la fois, à l'unisson, collectivement, conjointement, coude à coude, d'accord, de concert, de conserve, de front, du même pas, en accord, en bloc, en chœur, en commun, en concordance, en harmonie, ensemble, simultanément. 6. **La plupart du temps** : d'ordinaire, fréquemment, généralement, habituellement, journellement, maintes fois, plusieurs fois, souvent, souventefois (vx).

TENABLE ■ ⇒ supportable.

TENACE ■ *I.* ⇒ résistant. *II.* ⇒ têtu.

TÉNACITÉ ■ Acharnement, assiduité, cramponnement (péj.), entêtement, esprit de suite, fermeté, obstination, opiniâtreté, persévérance, pertinacité, suite dans les idées.

TENAILLE, TENAILLES ■ Croches, écrevisse, griffe, happe, moraille, mors, pinces, pinces russes, pincettes, tord-nez (vétér.), tricoises.

TENAILLER ■ Étreindre, faire souffrir, torturer, tourmenter.

TENANCIER ■ *I.* ⇒ fermier. *II.* ⇒ patron.

TENANT, E ■ Adepte, appui, champion, chevalier, défenseur, détenteur, partisan.

TENDANCE ■ *I. Au pr. :* affinité, appétence, appétit, aptitude, attirance, attraction, complexion, direction, disposition, effort, élan, facilité, force, impulsion, inclination, instinct, mouvement, orientation, penchant, prédisposition, propension, pulsion, sens, tournure. *II. Par ext. :* chapelle, école, famille, groupe, mouvement, nuance, opinion, parti, pensée, philosophie, théorie.

TENDANCIEUX, EUSE ■ ⇒ partial.

TENDON ■ Aponévrose, ligament, nerf.

TENDRE ■ adj. *I. Quelqu'un* 1. ⇒ sensible. 2. ⇒ amoureux. 3. ⇒ caressant. *II. Quelque chose* : délicat, doux, fondant, fragile, frais, moelleux, mou, succulent.

TENDRE ■ v. *I.* ⇒ raidir. *II.* ⇒ tirer. *III.* ⇒ présenter. *IV.* ⇒ aller. *V.* ⇒ viser.

TENDREMENT ■ Affectueusement, amoureusement, avec affection/amour/piété/sollicitude/tendresse, chèrement, pieusement.

TENDRESSE ■ *I. Au sing.* 1. Adoration, affection, amitié, amour, attachement, bonté, cœur, complaisance (vx), dévotion, dévouement, dilection (relig.), douceur, feu, flamme, idolâtrie, inclination, passion, prédilection, sentiment, zèle. 2. ⇒ sensibilité. 3. Attendrissement, effusion, épanchement, manifestation. *II. Au pl.* : amabilité, cajoleries, câlineries, chatteries, égards, gentillesse, souvenir. ⇒ caresse.

TENDRON ■ *Au pr. I.* ⇒ pousse. *II.* Adolescente, bambine, demoiselle, donzelle (péj.), fillette, gazille (mérid.), gosse (fam.), gamine, jeune fille, jeunesse, jouvencelle, mignonne, minette, nymphe, nymphette, poulette, pucelle (vx), rosière, trottin, vierge. ⇒ fille.

TENDU, E ■ *I. Au pr.* : dur, inflexible, raide, rigide. *II. Fig.* 1. Phys. : ardu, assujettissant, astreignant, contraignant, difficile, difficultueux, dur, éreintant, fatigant, ingrat, laborieux, tuant. 2. Moral : affligeant, amer, angoissant, âpre, atroce, attristant, cruel, déplorable, désolant, douloureux, dur, embarrassant, ennuyeux, épineux, gênant, grave, irritant, lamentable, lourd, mauvais, mortel, navrant, pénible, pesant, poignant, rude, torturant, tourmenté, triste.

TÉNÈBRES ■ *I. Au pr.* : noirceur, nuit, obscurité, ombre, opacité. *II. Fig.*

1. Barbarie, obscurantisme. 2. Énigme, mystère. ⇒ secret.

TÉNÉBREUX, EUSE ■ *I. Au pr.* : assombri, bas, brumeux, couvert, embrumé, épais, maussade, nébuleux, noir, nuageux, obscur, ombreux, opaque, sombre, voilé. *II. Par ext.* : abscons, abstrus, amphigourique, apocalyptique, cabalistique, caché, complexe, compliqué, confus, difficile, diffus, douteux, emberlificoté (fam.), embrouillé, enchevêtré, énigmatique, en jus de boudin, entortillé, enveloppé, équivoque, ésotérique, filandreux, flou, fumeux, hermétique, impénétrable, incompréhensible, inexplicable, inextricable, inintelligible, insaisissable, louche, mystérieux, secret, sibyllin, touffu, trouble, vague, vaseux, voilé.

TENEUR ■ *I.* Agencement, alliage, arrangement, assemblage, association, charpente, combinaison, composante, composition, constitution, construction, contexture, coupe, dessin, disposition, ensemble, formation, organisation, structure, synthèse, texture. *II.* Contenu, contexte, objet, sujet. ⇒ texte.

TENIR ■ *I. Au pr.* : avoir, conserver, détenir, embrasser, étreindre, garder, occuper, posséder, retenir. *II. Par ext.* 1. Accrocher, amarrer, arrêter, assujettir, attacher, brider, clouer, coincer, comprimer, consigner, contenir, contraindre, empêcher, emprisonner, enchaîner, endiguer, fixer, freiner, immobiliser, maîtriser, modérer, ralentir, retenir, serrer la vis (fam.). 2. Comporter, s'étaler, s'étendre, s'étirer, occuper, recouvrir, remplir. 3. ⇒ résister. 4. ⇒ contenir. 5. ⇒ subsister. 6. Accomplir, s'acquitter de, se conformer à, être fidèle à, exécuter, exercer, faire, garder, observer, pratiquer, remplir, rendre, respecter, satisfaire à, suivre. *III. Loc.* 1. Tenir à : adhérer à, aimer, coller à, découler de, dépendre de, être attaché à, résulter de, venir de, vouloir. 2. **Tenir de** : s'apparenter à, approcher de, avoir des traits communs/un rapport à/avec, confiner à, correspondre, être la copie/l'image/le portrait/la réplique de, participer de, procéder de, rappeler, se rapporter à, se rapprocher de, ressembler à, tirer sur. **3. Tenir pour** : compter pour, considérer, croire, estimer, juger, prendre, présumer, professer, regarder comme, réputer. **4. Tenir lieu ⇒ remplacer.**

TENSION ■ *I. Au pr. :* allongement, ballonnement, distension, érection, éréthisme. *II. Fig. :* brouille, brouillerie, désaccord, désunion, discord (vx), discordance, discorde, dispute, dissension, dissentiment, dissidence, divergence, division, froid, mésentente, mésintelligence, nuage, orage, pique, rupture, trouble, zizanie. *III. Loc.* **Tension d'esprit** : application, attention, concentration, contemplation, contention, diligence, étude, méditation, réflexion, soin. ⇒ **inquiétude.**

TENTACULAIRE ■ ⇒ **gigantesque.**

TENTANT, E ■ ⇒ **alléchant.**

TENTATION ■ Aiguillon, appel, attrait, blandice, envie, sollicitation. ⇒ **désir.**

TENTATIVE ■ Avance, ballon d'essai, démarche, effort, essai, recherche.

TENTE ■ *I.* Abri, campement, chapiteau, guitoune, pavillon, tabernacle, wigwam. *II.* Banne, toile, velarium, velum. *III. Mar. :* marsouin, taud, taude, tendelet.

TENTER ■ *I.* ⇒ **tâcher.** *II.* Affrioler, aguicher, allécher, attacher, attirer, attraire, captiver, charmer, coiffer, donner/taper dans l'œil (fam.), ensorceler, entraîner, envoûter, fasciner, hypnotiser, magnétiser, plaire, séduire.

TENTURE ■ Draperie, portière, rideau, tapis, tapisserie.

TÉNU, E ■ Délicat, délié, filiforme, fin, fluet, fragile, gracile, grêle, impal-pable, léger, menu, mièvre, mince, subtil. ⇒ **petit.**

TENUE ■ *I.* Air, allure, attitude, comportement, contenance, démarche, extérieur, mine, port, posture, présentation, prestance, tour, tournure. *II.* ⇒ **vêtement.** *III.* Bienséance, chasteté, congruité, convenance, correction, décence, dignité, discrétion, gravité, honnêteté, honneur, modestie, politesse, propreté, pudeur, pudicité, réserve, retenue, sagesse, tact, vertu.

TÉNUITÉ ■ ⇒ **finesse.**

TENURE ■ Apanage, fief, mouvance, tènement.

TERGIVERSATION ■ ⇒ **hésitation.**

TERGIVERSER ■ Atermoyer, biaiser, composer, feinter, louvoyer, temporiser, user de procédés dilatoires. ⇒ **hésiter, tâter (se).**

TERME ■ *I.* Accomplissement, achèvement, borne, bout, but, conclusion, dénouement, fin, final, limite, mesure. *II.* Crédit, délai, échéance. *III.* Dénomination, expression, mot, particule, signe, tournure, unité, vocable. *IV.* Loyer, mensualité, trimestre. *V. Au pl. :* rapport, relation. *VI. Loc.* **Vente à terme ⇒ tempérament.**

TERMINAISON ■ *I.* Accomplissement, achèvement, apothéose, compromis, conclusion, consommation, couronnement, règlement, solution. *II.* Bout, extrémité, fin, queue, tête. *III.* Assonance, clausule, coda, consonance, désinence, flexion, rime, suffixe. *IV.* ⇒ **résultat.**

TERMINER ■ Accomplir, achever, arranger, arrêter, cesser, clore, clôturer, conclure, consommer, couper, couronner, dénouer, épuiser, expédier, fermer, fignoler, finir, interrompre, lécher, lever, liquider, mettre fin à, parachever, parfaire, polir, régler, trancher, user, vider, *V. pron. :* 1. Aboutir, aller, s'arrêter, cesser, finir, mener, tomber dans. **2.** Se dénouer, se résoudre, se solutionner, trouver un terme, *et les syn. de* TERME.

TERNE ■ *I. Au pr.* : amorti, assombri, blafard, blême, décoloré, délavé, embu, enfumé, éteint, fade, flétri, gris, incolore, mat, passé, sale, sombre, terni, vitreux. *II. Fig.* : anodin, effacé, falot, inexpressif, insignifiant, maussade, morne, morose, plat, quelconque.

TERNIR ■ *I. Au pr.* : altérer, amatir, décolorer, défraîchir, éclipser, effacer, emboire, éteindre, faner, flétrir, obscurcir, ôter l'éclat, passer. *II. Par ext.* ⇒ tacher. *III. Fig.* : avilir, déprécier, diffamer, entacher, flétrir. ⇒ abaisser.

TERRAGE ■ Champart.

TERRAIN ■ *I.* ⇒ terre. *II.* ⇒ lieu. *III.* ⇒ occasion.

TERRASSE ■ *I.* Toiture plate. *II.* Belvédère, esplanade, plate-forme, promenade, toit.

TERRASSER ■ *I.* ⇒ abattre. *II.* ⇒ vaincre.

TERRE ■ *I. Au pr.* **1.** Glèbe, humus, limon, ouche, sol, terrain, terreau, terroir. **2.** Boule, globe, machine ronde, monde, notre planète. **3.** ⇒ champ. *II. Par ext.* **1.** ⇒ univers. **2.** Bien, capital, domaine, exploitation, fonds, héritage, propriété. **3.** Lieu, territoire. ⇒ pays. *III. Loc.* Terre à terre : bon vivant, cru, matérialiste, opportuniste, positif, pragmatique, réaliste, utilitaire.

TERRER (SE) ■ ⇒ tapir (se).

TERRESTRE ■ *I. Au pr.* : tellurien, tellurique, terraqué. *II. Fig.* **1.** Mondain, séculier, temporel. **2.** Charnel, corporel, grossier (péj.), humain, matériel, mortel, physique.

TERREUR ■ *I.* Affolement, affres, alarme, angoisse, appréhension, consternation, crainte, effroi, épouvante, épouvantement (vx), frayeur, horreur, inquiétude, lâcheté, panique, peur. *II.* Apache, assassin, bandit, bon à rien, brigand, chenapan, criminel, escarpe, forban, fripouille, gangster, hors-la-loi, malandrin, malfaiteur, pirate (fam.), sacripant, vaurien, voleur, voyou.

TERREUX, EUSE ■ *I.* ⇒ malpropre. *II.* ⇒ pâle. *III. Loc.* Cul-terreux ⇒ paysan.

TERRIBLE ■ *I. Au pr.* : abominable, affreux, apocalyptique, dantesque, dur, du tonnerre, effrayant, effroyable, énorme, épouvantable, excessif, formidable, horrible, horrifiant, implacable, mauvais, maxi (fam.), monstrueux, redoutable, rude, sensas (fam.), terrifiant, terrifique, tragique. *II. Par ext.* **1.** ⇒ violent. **2.** ⇒ turbulent. **3.** ⇒ extraordinaire.

TERRIBLEMENT ■ Beaucoup, diablement, étrangement, extrêmement, très, *et les adv. en -ment formés à partir des syn. de* TERRIBLE.

TERRIEN, ENNE ■ ⇒ paysan.

TERRIER ■ *I.* Cartulaire, chartrier. *II.* ⇒ tanière.

TERRIFIANT, E ■ ⇒ terrible.

TERRIFIER ■ ⇒ terroriser.

TERRIL ■ Crassier.

TERRINE ■ *I.* ⇒ pâté. *II.* ⇒ pot.

TERRITOIRE ■ ⇒ pays.

TERROIR ■ *I.* ⇒ terre. *II.* ⇒ pays.

TERRORISER ■ Affoler, alarmer, angoisser, apeurer, atterrer, consterner, effarer, effaroucher, effrayer, épouvanter, faire fuir, faire peur, frapper de stupeur, halluciner, horrifier, inquiéter, pétrifier, remplir de terreur, *et les syn. de* TERREUR, stupéfier, terrifier.

TERRORISME ■ Excès, intimidation, subversion, terreur.

TERRORISTE ■ ⇒ révolutionnaire.

TERTRE ■ ⇒ hauteur.

TEST ■ ⇒ expérimentation.

TESTAMENT ■ Dernières dispositions/volontés, legs.

TESTATEUR, TRICE ■ De cujus.

TESTICULE ■ ⇒ bourse.

TÊTE ■ *I. Au pr. :* chef (vx), crâne, encéphale, face, faciès, figure, front, gueule, hure, mufle, museau, nez. ⇒ **visage.** *II. Fam. :* balle, bille, binette, bobèche, bobéchon, bobine, bobinette, bougie, bouille, bouillotte, boule, boussole, burette, cabèche, caberlot, caboche, cabochon, cafetière, caillou, caisson, calebasse, carafe, carafon, cassis, cerise, chou, ciboule, ciboulot, cigare, citron, citrouille, cocagne, coco, coloquinte, fiole, fraise, frite, gadin, gaufre, genou, gueule, hure, margoulette, melon, mufle, museau, nénette, patate, pêche, pensarde, pipe, plafond, poire, pomme, portrait, prune, sinoquet, siphon, sorbonne, tabernacle, terrine, tétère, tirelire, toiture, tranche, trogne, trognon, trombine, tromblon, trompette, tronche. *III. Par ext.* 1. Autorité, cerveau, chef, état-major, leader. ⇒ **direction.** 2. Bon sens, esprit, intelligence, lucidité, mémoire, présence d'esprit, raison, sang-froid. 3. Individu, unité, pièce. ⇒ **homme.** 4. ⇒ **sommet.** 5. ⇒ **commencement.** 6. ⇒ **extrémité.** 7. Bulbe, gousse, ogive. *IV. Loc.* 1. Tête-à-tête : conciliabule, conversation, dialogue, entretien entre quatre-z-yeux (fam.), seul à seul. ⇒ **rencontre.** 2. Dans la tête ⇒ **idée.** 3. Tête de linotte ⇒ **étourdi.** 4. Tête de lit : chevet, devant, haut. 5. Tête-à-queue : dérapage, vire-volte, volte-face. 6. Tête-bêche : bêcheveté, inverse, opposé.

TÉTER ■ ⇒ sucer.

TÉTINE ■ Mamelle, tétin, tette ⇒ **pis.**

TÉTON ■ ⇒ sein.

TÊTU, E ■ Absolu, accrocheur, acharné, aheurté (vx), buté, cabochard, entêté, entier, hutin (vx ou région.), insoumis, intraitable, obstiné, opiniâtre, récalcitrant, rétif, tenace, volontaire.

TEXTE ■ Acte, citation, contenu, contexte, copie, énoncé, formule, fragment, leçon, libellé, livret, manuscrit, morceau, original, paroles, passage, recension, rédaction, rédigé, sujet, teneur, variante.

TEXTILE ■ *I.* Filature, tissage. *II.* Étoffe. ⇒ **tissu.**

TEXTUEL, ELLE ■ Authentique, exact, littéral, mot à mot.

TEXTURE ■ ⇒ structure.

THAUMATURGE ■ ⇒ magicien.

THAUMATURGIQUE ■ *I.* Religieux, sacré, spirituel, surnaturel. *II.* Extraordinaire, fantasmagorique, fantastique, féerique, immatériel, magique, merveilleux, métaphysique, miraculeux, parapsychique, prodigieux, sorcier, surhumain.

THÉÂTRAL, E ■ *I. Non favorable :* affecté, ampoulé, apprêté, arrangé, cabot (fam.), cabotin (fam.), compassé, composé, concerté, emphatique, étudié, faux, forcé, maniéré, pompeux, précieux, recherché, sophistiqué. *II. Favorable ou neutre :* dramatique, émouvant, fastueux, grandiose, imposant, majestueux, poignant, scénique, spectaculaire, terrible, tragique.

THÉÂTRE ■ *I. Au pr.* 1. Planches, plateau, scène, tréteaux. 2. Bouiboui (péj. et vx), comédie (vx), salle. *II. Par ext. :* opéra, opéra-comique. *III. Fig. :* emplacement, endroit, scène. ⇒ **lieu.**

THÉBAÏDE ■ ⇒ solitude.

THÉISME ■ *I. Au pr. :* déisme. *II. Par ext. :* théogonie, théologie, théosophie.

THÈME ■ *I.* Fond, idée, leitmotiv, matière, motif, objet, refrain, sujet, trame. *II.* Traduction.

THÉOGONIE ■ Croyance, culte, foi, mythologie, religion, théologie.

THÉOLOGAL, E ■ ⇒ **théologique.**

THÉOLOGIE ■ Apologétique, doctrine, études religieuses, théogonie.

THÉOLOGIEN, ENNE ■ *I.* Casuiste, consulteur, docteur, gnostique, Père de l'Église. *II.* Ayatollah, imam, mollah, uléma, soufi. *III.* Rabbi, rabbin, scribe.

THÉOLOGIQUE ■ Casuistique, divin, métaphysique, religieux, théologal.

THÉORICIEN, ENNE ■ Chercheur, doctrinaire, généraliste, penseur, philosophe, savant, spéculateur.

THÉORIE ■ *I.* Abc, axiome, base, convention, définition, doctrine, dogme, donnée, élément, hypothèse, loi, maxime, morale, norme, opinion, philosophie, position, postulat, précepte, prémisse, principe, règle, religion, rudiment, système, utopie (péj.). *II.* Calcul, étude, projet, recherche, spéculation. *III.* ⇒ **méthode.** *IV.* Cortège, défilé, file, marche, procession, queue, suite, va-et-vient.

THÉORIQUE ■ *I. Neutre :* abstrait, conceptuel, doctrinal, hypothétique, idéal, imaginaire, rationnel, scientifique, spéculatif, systématique. *II. Non favorable :* chimérique, fumeux, onirique, vaseux. ⇒ **imaginaire.**

THÉOSOPHIE ■ Cabale, gnose, occultisme, religion, spiritisme.

THÉRAPEUTE ■ ⇒ **médecin.**

THÉRAPEUTIQUE ■ Cure, drogage, intervention, médication, régime, soins, traitement.

THERMAL ■ *Loc.* Station thermale : bains (vx), eaux, station balnéaire, ville d'eaux.

THERMES ■ ⇒ **bain.**

THÉSAURISATION ■ *I.* ⇒ **économie.** *II.* ⇒ **avarice.**

THÉSAURISER ■ Amasser, boursicoter, capitaliser, économiser, empiler, entasser, épargner, faire sa pelote, se faire un matelas, mettre de côté, placer, planquer (fam.).

THÉSAURISEUR, EUSE ■ ⇒ **avare.**

THESAURUS ■ ⇒ **dictionnaire.**

THÈSE ■ *I.* ⇒ **affirmation.** *II.* ⇒ **traité.** *III.* ⇒ **opinion.**

THORAX ■ ⇒ **poitrine.**

THURIFÉRAIRE ■ ⇒ **louangeur.**

THYM ■ ⇒ **serpolet.**

TIARE ■ ⇒ **couronne.**

TIC ■ *I.* Grimace, rictus. *II. Fig. :* bizarrerie, caprice, dada, démangeaison, épidémie, fantaisie, fièvre, frénésie, fureur, goût, habitude, hobby, maladie, manie, manière, marotte, monomanie, péché mignon, prurit, rage, toquade, turlutaine.

TICKET ■ ⇒ **billet.**

TIÈDE ■ *I. Au pr. :* attiédi, doux, modéré, moite, tépide. *II. Fig. :* apathique, calme, indifférent, mou, neutre, nonchalant, veule.

TIÉDEUR ■ *I. Au pr. :* attiédissement, douceur, modération, moiteur, tépidité. *II. Fig. :* apathie, calme, dégagement (vx), désintéressement, détachement, flegme, froideur, impassibilité, indifférence, indolence, mollesse, neutralité, nonchalance, sérénité.

TIÉDIR ■ *I. Au pr. :* attiédir, climatiser, dégourdir, modérer, réchauffer, refroidir. *II. Fig.* ⇒ **tempérer.**

TIERS, TIERCE ■ *I.* Arbitre, intermédiaire, médiateur, négociateur, témoin. *II.* Inconnu, étranger, intrus (péj.), tierce personne. *III.* Troisième.

TIGE ■ *I. Bot. :* branche, brin, chalumeau, chaume, fût, gemmule, hampe, paille, pédicelle, pédicule, pédoncule, pétiole, plant, queue, rhizome, sarment, stipe, tigelle, tronc, tuyau. ⇒ **fût.** *II. Par ext.* 1. Baguette, bâton, rouette, verge. 2. Arbre, aiguille, axe, tigré 684

barre, bielle, bras, broche, cheville, cylindre, tringle.

TIGRÉ, E ■ Bigarré, fauve, jaune, moucheté, rayé, zébré. ⇒ **taché.**

TIMBALE ■ *I.* ⇒ tambour. *II.* ⇒ gobelet. *III.* Bouchée à la reine, vol-au-vent.

TIMBALIER ■ ⇒ percussionniste.

TIMBRE ■ *I.* ⇒ cloche. *II.* ⇒ son. *III.* ⇒ marque. *IV.* Vignette. *V.* ⇒ réservoir.

TIMBRÉ, E ■ *Fam. et par ext.* : barjo, bizarre, branque, braque, cinglé, défoncé, dingo, dingue, fatigué, fêlé, flingué, folingue, follet, fondu, fou, frapadingue, frappé, gelé, givré, hotu, job, jobard, jobri, jojo, louf, loufoque, louftingue, maboul, maniaque, marteau, piqué, schnock, sinoque, siphonné, sonné, tapé, tocbombe, toctoc, toqué, zinzin.

TIMIDE ■ *I. Au pr.* : complexé, effarouchable, effarouché, embarrassé, farouche, gauche, gêné, hésitant, honteux, humble, indécis, inhibé, intimidé, mal à son aise, peureux, pusillanime, réservé, timoré. ⇒ **craintif.** *II. Fig.* : approximatif, confus, douteux, ébauché, imparfait, imprécis, incertain, indécis, indéfini, indéterminé, indistinct, flottant, flou, fumeux, nébuleux, nuageux, obscur, trouble, vague.

TIMIDITÉ ■ Appréhension, confusion, crainte, effacement, effarouchement, embarras, émoi, gaucherie, fausse/mauvaise/sotte honte/pudeur, gêne, hésitation, honte, humilité, indécision, inhibition, modestie, peur, pusillanimité, réserve, sauvagerie, trac.

TIMON ■ ⇒ gouvernail.

TIMONIER ■ ⇒ pilote.

TIMORÉ, E ■ ⇒ timide.

TINETTE ■ ⇒ water-closet.

TINTAMARRE ■ Bacchanal, barouf, baroufle, bastringue, bordel, boucan,

bousin, brouhaha, bruit, cacophonie, carillon, chahut, charivari, cri, désordre, dissonance, éclat, esclandre, foin, hourvari, pet, pétard, potin, raffut, ramadan, ramdam, sabbat, scandale, schproum, sérénade, tam-tam, tapage, tintouin, tohu-bohu, train, vacarme.

TINTER, TINTINNABULER ■ Bourdonner, carillonner, résonner, sonner.

TINTOUIN ■ Agitation, peine, préoccupation, remue-ménage, souci, surmenage, travail. ⇒ **tintamarre, tracas.**

TIQUER ■ *I.* ⇒ tressaillir. *II.* ⇒ sourciller.

TIQUETÉ, E ■ ⇒ taché.

TIRADE ■ Couplet, développement, discours, explication, monologie, morceau de bravoure, paraphrase, réplique, suite, tartine (fam.).

TIRAGE ■ *I.* Collection, composition, édition, impression, publication, réimpression, reproduction, republication. *II.* Accroc, anicroche, aria, bec, cahot, chardon, cheveu, chiendent, contrariété, danger, difficulté, embarras, empêchement, enclouure, ennui, épine, hic, histoire, incident, labeur, objection, obstacle, opposition, os, peine, pépin, problème, résistance, ronce, souci, tiraillement, tracas, traverse.

TIRAILLEMENT ■ ⇒ tirage.

TIRAILLER ■ *I.* ⇒ tirer. *II.* ⇒ tourmenter.

TIRE-AU-CUL, TIRE-AU-FLANC ■ ⇒ rossard.

TIREBOUCHONNER ■ ⇒ tordre.

TIRÉ ■ *I.* ⇒ maigre. *II.* ⇒ fatigué.

TIRE-FESSES ■ Remonte-pente, téléski.

TIRELIRE ■ *I.* Boîte à sous (fam.), cagnotte, caisse, crapaud, grenouille, tontine, tronc. *II. Fam.* 1. ⇒ tête. 2. Bedaine, bedon, brioche, estomac, gésier, gidouille, œuf d'autruche, panse, tripes, ventre.

TIRER ■ **I. Au pr. 1.** Attirer, faire aller, haler, paumoyer, remorquer, touer, tracter, traîner. **2.** Allonger, bander, détirer, distendre, étendre, étirer, raidir, tendre. **3.** Écarteler, tirailler. **4.** Dégager, délivrer, dépêtrer, enlever, éveiller, extraire, lever, ôter, produire, ramener, sauver, sortir. ⇒ **retirer.** **5.** Pomper, puiser, sucer, traire. **II. Par ext. 1.** Conclure, déduire, dégager, devoir à, emprunter, extraire, inférer, interpréter, prendre, puiser. **2.** ⇒ **quitter. 3.** Drainer, extorquer, gagner, hériter, percevoir, recevoir, recueillir, retirer, soutirer. **4.** ⇒ **tracer. 5.** ⇒ **imprimer. 6.** Canarder, décharger, faire feu, faire partir, lâcher, mitrailler, tirailler. **III. Loc.** Tirer sur ⇒ **ressembler. IV. V. pron. : 1.** S'échapper, s'enfuir, s'évader, se sauver, sortir. ⇒ **partir,** *et les formes pron. possibles des syn. de* TIRER. **2. Loc. S'en tirer :** se débarbouiller (*fam.*), se débourber, se débrouiller, se démêler, se dépêtrer, en réchapper, s'en sortir. ⇒ **réussir.**

TIREUR, EUSE ■ **I.** Haleur, remorqueur, tracteur. **II.** Mitrailleur, servant. **III. Loc. Tireuse de cartes :** cartomancienne, diseuse de bonne aventure, extralucide. ⇒ **voyant.**

TISANE ■ Apozème, bouillon, décoction, hydrolé, infusion, macération, macéré, remède, solution.

TISON ■ Braise, brandon.

TISONNER ■ Activer, animer, fourgonner, gratter/ranimer/remuer/secouer les tisons, *et les syn. de* TISON.

TISONNIER ■ Badines, fourgon, pincettes, pique-feu, ringard.

TISSÉ, E ■ **I. Au pr.** ⇒ **tissu. II. Fig. :** aménagé, arrangé, combiné, comploté, conspiré, machiné, manigancé, monté, noué, ourdi, préparé, tramé, tressé.

TISSER ■ **I. Au pr. :** brocher, broder, fabriquer, tramer, tresser. **II. Fig. :** aménager, arranger, brasser, combiner, comploter, conspirer, machiner, manigancer, monter, nouer, ourdir, préparer, tramer, tresser.

TISSEUR ■ Licier, tisserand.

TISSU ■ **I. Au pr. :** basin, bougran, bourras, calicot, cotonnade, drap, droguet, étoffe, lainage, soierie, tapisserie, textile, toile, tricot. **II. Par ext. 1.** Byssus, cellule, membrane, réseau. **2.** Contexture, texture, tissure. **III. Fig. :** enchaînement, enchevêtrement, mélange. ⇒ **suite.**

TITAN ■ **I. Au pr. :** colosse, cyclope, force de la nature, géant, goliath, hercule, malabar (*fam.*), mastodonte, monstre, surhomme. **II.** ⇒ **champion.**

TITANESQUE ■ Babylonien, colossal, considérable, cyclopéen, démesuré, éléphantesque, énorme, étonnant, excessif, fantastique, formidable, géant, gigantesque, grand, immense, incommensurable, insondable, monstre, monstrueux, monumental, pélasgique, prodigieux, pyramidal.

TITILLER ■ **I.** ⇒ **caresser. II.** ⇒ **agacer.**

TITRE ■ **I.** Appellation, désignation, en-tête, frontispice, intitulé, manchette, rubrique. ⇒ **partie. II.** Caractère, fonction, nom, particularité, qualification, spécification. **III.** Acte, brevet, celebret (*relig.*), certificat, charte, commission, diplôme, document, instrument, lettres patentes, papier, parchemin, patente, pièce. **IV. Au pl. :** action, billet, bon, effet, obligation, reconnaissance, warrant.

TITUBANT, E ■ Branlant, chancelant, faible, flageolant, hésitant, incertain, oscillant, trébuchant, vacillant.

TITUBER ■ Balancer, basculer, branler, broncher, buter, chanceler, chavirer, chopper, faiblir, flageoler, fléchir, flotter, glisser, hésiter, lâcher pied, osciller, trébucher, trembler, vaciller.

TITULAIRE ■ ⇒ **propriétaire.**

TITULARISATION ■ Affectation, confirmation, homologation, installation, intégration, nomination, officialisation, prise en charge, validation.

TITULARISER ■ Affecter, confirmer, désigner, homologuer, installer, intégrer, nommer, officialiser, prendre en charge, valider.

TOAST ■ *I.* ⇒ tartine. *II.* ⇒ discours.

TOCARD, E ■ ⇒ mauvais.

TOGE ■ Costume, mante, manteau, robe.

TOHU-BOHU ■ *I. Par ext. :* activité, affairement, affolement, agitation, alarme, animation, billebaude (vx), bouillonnement, branle-bas, bruit, chambardement (fam.), changement, désordre, effervescence, excitation, flux et reflux, grouillement, hâte, incohérence, mouvement, orage, précipitation, remous, remue-ménage, secousse, tempête, tourbillon, tourmente, trouble, tumulte, turbulence, va-et-vient. *II. Fam. :* bacchanal, barouf, baroufle, bastringue, bordel, boucan, bousin, brouhaha, carillon, chahut, charivari, cri, éclat, esclandre, foin, hourvari, papafard, pet, pétard, potin, raffut, ramadan, ramdam, sabbat, scandale, schproum, sérénade, tam-tam, tintamarre, train, vacarme.

TOILE ■ *I. Au sing.* 1. ⇒ tissu. 2. ⇒ tableau. *II. Au pl.* ⇒ filet. *III. D'araignée :* arantèle.

TOILETTE ■ *I. Au sing.* 1. ⇒ nettoiement. 2. ⇒ vêtement. *II. Au pl.* ⇒ water-closet.

TOISER ■ *I.* ⇒ regarder. *II.* ⇒ mesurer.

TOISON ■ *I.* ⇒ poil. *II.* ⇒ cheveux.

TOIT ■ *I. Au pr. :* chaume, comble, couverture, faîte, gouttières, terrasse, toiture. *II. Par ext.* 1. ⇒ hangar. 2. ⇒ habitation.

TOLÉRABLE ■ Buvable (fam.), endurable, excusable, passable, sortable, suffisant, supportable.

TOLÉRANCE ■ Acquiescement, bonté, bénignité, compréhension, douceur, indulgence, largeur/ouverture d'esprit, libéralisme, non-violence, patience, respect, tolérantisme.

TOLÉRANT, E ■ Bénin, bon, commode, compréhensif, doux, endurant (vx), humain, indulgent, large/ouvert d'esprit, libéral, non-violent, patient, résigné, respectueux.

TOLÉRÉ, E ■ *I.* Accordé, admis, admissible, agréé, autorisé, consenti, dans les formes/les normes/l'ordre/les règles, légal, légitime, libre, licite, loisible, permis, possible, régulier. *II.* Enduré, souffert, supporté.

TOLÉRER ■ *I.* Accepter, accorder, acquiescer, admettre, agréer, approuver, autoriser, avaler (fam.), boire (fam.), concéder, consentir, digérer (fam.), dispenser, donner, habiliter, laisser, laisser faire, passer, permettre. *II.* Endurer, souffrir, supporter.

TOLLÉ ■ Blâme, bruit, chahut, charivari, clameur, cri, haro, huée, sifflet.

TOMATE ■ Marmande, olivette, pomme d'amour.

TOMBANT, E ■ ⇒ pendant.

TOMBE, TOMBEAU ■ Caveau, cénotaphe, cinéraire, cippe, columbarium, concession, dernier asile, dernière demeure, fosse, funérailles, hypogée, koubba, mastaba, mausolée, monument, monument funéraire, pierre, pierre tombale, sarcophage, sépulcre, sépulture, stèle, stoûpa, tertre, tholos, tumulus.

TOMBÉ, E ■ Abaissé, affaibli, affaissé, amoindri, avili, bas, coulé, déchu, déclassé, dégénéré, dégradé, dégringolé, démoli, déposé, descendu, destitué, diminué, éboulé, écroulé, effondré, ptôsé (méd.), jeté à bas/à terre/au sol, maudit, mis au ban, oublié, pauvre, précipité, privé de, renversé, ruiné.

TOMBER ■ *I. Au pr. :* 1. S'abattre,

s'affaler, s'allonger, basculer, choir, chuter, culbuter, débouler, dégringoler, descendre, dévisser, s'écrouler, s'effondrer, faire une chute, trébucher. **2. Fam.** : s'aplatir, casser son verre de montre, se casser la figure/la gueule, dinguer, s'épater, s'étaler, se ficher/flanquer/foutre, mettre la gueule basse/les quatre fers en l'air/par terre, glisser, mesurer la terre, mordre la poussière, prendre/ramasser un billet de parterre/une bûche/un gadin/une gamelle/une pelle, valdinguer. **II. Par ext. 1.** Pendre, retomber, traîner. **2.** Arriver, choir, pleuvoir. **3.** S'abaisser, s'abâtardir, s'affaiblir, s'amoindrir, s'avilir, baisser, déchoir, se déclasser, décliner, décroître, dégénérer, se dégrader, dégringoler, déroger, descendre, dévier, diminuer, s'encanailler, s'enfoncer, se laisser aller, rétrograder, rouler dans, vieillir. ⇒ **manquer. 4.** ⇒ **échouer. 5.** ⇒ **mourir. 6.** ⇒ **terminer (se). 7.** S'accomplir, advenir, arriver, avoir lieu, se dérouler, échoir, intervenir, s'offrir, s'opérer, se passer, se présenter, se produire, surgir, survenir, se tenir, se trouver. **III. Loc. 1. Tomber sur** : attaquer, charger, s'élancer, foncer, se jeter, se précipiter, rencontrer, trouver. **2. Tomber d'accord** : accéder, accepter, accorder, acquiescer, adhérer, admettre, adopter, applaudir, approuver, assentir (vx), autoriser, avoir pour agréable, céder, condescendre, consentir, dire amen, donner les mains (vx), se laisser faire, octroyer, opiner, permettre, se prêter, se soumettre, souscrire, toper (là), vouloir bien. ⇒ **convenir.**

TOMBOLA ■ Arlequin, hasard, loterie, loto, sweepstake, tirage.

TOME ■ ⇒ livre.

TOM-POUCE ■ *I.* ⇒ nain. *II.* ⇒ parapluie.

TON ■ *I. Au pr.* : accent, accord, bruit, écho, inflexion, intonation, modulation, musique, note, son,

timbre, tonalité. *II. Par ext.* **1.** Façon, facture, forme, genre, goût, griffe, main, manière, patte, pinceau, plume, signature, style, touche, tour. **2.** ⇒ **expression. 3.** ⇒ **procédé. 4.**⇒ **couleur.** *III. Loc.* Bon ton ⇒ **convenance.**

TONALITÉ ■ ⇒ ton.

TONDRE ■ *I. Au pr.* : couper, bretauder, dépouiller, écorcer, éplucher, gratter, ôter, peler, râper, raser, tailler. *II. Fig.* **1.** ⇒ dépouiller. **2.** ⇒ voler.

TONICITÉ ■ ⇒ force.

TONIFIER ■ ⇒ fortifier.

TONIQUE ■ Analeptique, cordial, corroborant, excitant, fortifiant, réconfortant, reconstituant, remontant, roboratif, stimulant, tonifiant.

TONITRUANT, E ■ *I.* Carillonnant, résonnant, retentissant, sonnant, sonore. *II.* Ample, bruyant, éclatant, énorme, fort, haut, hurlant, plein, ronflant, tonnant, vibrant.

TONITRUER ■ ⇒ crier.

TONNANT, E ■ ⇒ tonitruant.

TONNEAU ■ Baril, barrique, botte, boucaut, bouge, caque, charge, demimuid, feuillette, fût, futaille, foudre, muid, pièce, pipe, poinçon, quartaud, queue, tine, tinette, tonne, tonnelet, velte.

TONNELLE ■ Abri, berceau, brandebourg, charmille, gloriette, kiosque, pavillon/salon de verdure, pergola.

TONNER ■ *I. Fig.* ⇒ crier. *II.* ⇒ tempêter.

TONNERRE ■ *I. Par ext.* : éclair, épart, feu du ciel/de Dieu/de Jupiter/de Zeus, foudre, fulguration, orage, tempête. *II. Loc.* Du tonnerre. **1.** ⇒ **extraordinaire. 2.** ⇒ **terrible.**

TONTE ■ Tondaison (vx ou rég.).

TOPER ■ ⇒ tomber d'accord.

TOPIQUE ■ *I. Nom.* **1.** ⇒ remède. **2.** Banalité, bateau, cliché, idée reçue, lieu commun, poncif, truisme, vieille lune, vieillerie. *II. Adj.* ⇒ **convenable.**

TOPOGRAPHIE ■ Arpentage, cadastre, cartographie, géodésie, géographie, nivellement, planimétrie, triangulation.

TOPOGRAPHIQUE ■ Cadastral, géodésique, géographique, planimétrique.

TOQUADE ■ *I. Au pr. :* accès, bizarrerie, bon plaisir, boutade, caprice, changement, chimère, coup de tête, entichement, envie, extravagance, fantaisie, folie, foucade, gré, humeur, impatience, incartade, inconséquence, inconstance, instabilité, légèreté, lubie, lune, marotte, mobilité, mouvement, quinte, saillie, saute d'humeur, singularité, turlurette, turlutaine, variation, versatilité, volonté. *II. Par ext.* 1. Amour, amourette, béguin, escapade, frasque, fredaine, flirt, idylle, passade, pépin. 2. Aliénation, délire, démence, égarement, folie, frénésie, furie, hantise, idée fixe, manie, monomanie, obsession.

TOQUE ■ *I.* ⇒ **bonnet.** *II.* ⇒ **coiffure.**

TOQUÉ, E ■ *I. Au pr. :* aliéné, bizarre, dément, déséquilibré, détraqué, malade, maniaque, névrosé, paranoïaque, schizophrène. ⇒ **fou.** *II. Fam.* ⇒ **timbré.**

TOQUER (SE) ■ S'acoquiner, s'amouracher, avoir le béguin/une toquade pour, se coiffer, s'emballer, s'embéguiner, s'emberlucoquer, s'engouer, s'enjuponner, s'entêter, s'enthousiasmer, s'enticher, s'éprendre, goder pour (arg.), s'infatuer, se passionner, prendre feu et flamme pour, se préoccuper, se rassoter (vx).

TORCHE ■ *I.* Brandon, flambeau, luminaire, oupille, torchère. *II.* ⇒ **torsade.**

TORCHER ■ *I. Au pr.* ⇒ **nettoyer.** *II. Fig.* 1. ⇒ **tancer.** 2. Abîmer, bâcler, barbouiller, bousiller, cochonner, déparer, dissiper, enlaidir, gâcher, gal-vauder, gaspiller, gâter, liquider, manquer, massacrer, perdre, rater, saboter, saloper, saveter, torchonner, tordre, trousser.

TORCHÈRE ■ Applique, bougeoir, bras, candélabre, chandelier, flambeau, girandole, luminaire, martinet, oupille, torche.

TORCHON ■ Essuie-mains/verres, touaille. *Péj. :* ⇒ **servante.**

TORCHONNER ■ ⇒ **torcher.**

TORDANT, E ■ *I.* Amusant, bouffon, cocasse, comique, désopilant, drolatique, drôle, exhilarant, farce, fou, hilarant, impayable, inénarrable, plaisant, ridicule, risible. *II. Arg. ou fam. :* bidonnant, boyautant, champignol, crevant, gondolant, gonflant, jouasse, marrant, poilant, rigolboche, rigolo, rigouillard, roulant, tirebouchonnant, torsif, transpoil.

TORDRE ■ *I. Au pr.* 1. Bistourner, boudiner, cordeler, entortiller, filer, guiper, tirebouchonner, torsader, tortiller, tortillonner, tourner, tourniller, tresser. 2. Cintrer, courber, déformer, distordre, fausser, forcer, gauchir. *II. Fig.* 1. ⇒ **torcher.** 2. ⇒ **manger.** *III. V. pron.* 1. S'amuser, se dérider, se désopiler, se divertir, éclater de rire, s'égayer, s'en payer, s'esbaudir (vx), s'esclaffer, glousser, pleurer de rire, pouffer, prendre du bon temps, se réjouir, rioter (vx), rire, sourire. 2. *Arg. ou fam. :* se bider/bidonner, bosser, se boyauter/dilater la rate, se fendre la gueule/la pêche/la pipe, se gondoler / marrer / poiler / tirebouchonner, s'en payer une tranche, rigoler.

TORDU, E ■ *I. Au pr. :* bancal, bancroche, cagneux, circonflexe, contourné, contracté, courbé, déjeté, de travers, difforme, entortillé, gauche, recroquevillé, retors, serré, tors, tortillé, tortu, tortué, tortueux, torve, tourmenté, tourné, volubile, vrillé. *II. Fig. et fam. :* bizarre, braque, capricant, capricieux, changeant, difficile, excentrique, extravagant, fantaisiste, fantasque, fou, hypocrite, inconséquent, inconstant, instable, irréfléchi, lunatique, mal tourné, maniaque, mauvais caractère/coucheur, méchant, mobile, ondoyant, original, quinteux, sautillant, variable, versatile, vicieux.

TORGNOLE ■ *I. Au pr.* : aiguillade, bastonnade, botte, bourrade, calotte, charge, châtiment, chiquenaude, claque, correction, décharge, distribution, escourgée, fessée, gifle, gourmade, horion, pichenette, sanglade, soufflet, tape. *II. Fam.* 1. Abattage, avoine, baffe, bâfre, beigne, beignet, bigorne, bourre-pipe, branlée, brossée, brûlée, castagne, châtaigne, chicore, contredanse, coq, coquard, danse, déculottée, dégelée, dérouillée, flanche, fricassée, fricotée, frottée, giboulée, giroflée, gnon, gourmade, jeton, marron, mornifle, pain, pâtée, peignée, pile, plumée, pochade, purge, raclée, ramponneau, ratatouille, rincée, ringuée, rossée, roulée, rouste, secouée, tabac, tabassage, tabassée, tampon, tannée, taquet, tarte, tatouille, tisane, toise, tournée, trempe, tripotée, trollée, valse, volée. ⇒ **talmouse** 2. Blessure, bleu, bosse, contusion, mauvais traitements, meurtrissure, violences, voies de fait.

TORNADE ■ Bourrasque, coup de chien/de tabac (fam.)/de vent, cyclone, orage, ouragan, rafale, raz de marée, tempête, tourbillon, tourmente, trombe, typhon, vent.

TORPEUR ■ Abattement, abrutissement, accablement, adynamie, affaiblissement, alanguissement, alourdissement, anéantissement, apathie, appesantissement, assoupissement, atonie, consomption, découragement, dépérissement, écrasement, engourdissement, ennui, épuisement, étisie, faiblesse, hébétude, hypnose, inaction, inactivité, indolence, langueur, lenteur, léthargie, marasme, mollesse, morbidesse, nonchalance, paralysie, paresse, prostration, somnolence, stagnation, stupeur.

TORPILLER ■ *I. Au pr.* ⇒ **couler**. *II. Fig.* : arrêter, briser, enterrer, escamoter, étouffer, faire avorter/échouer, mettre en sommeil, neutraliser, saborder, supprimer, tuer dans l'œuf.

TORRÉFIER ■ ⇒ **rôtir**.

TORRENT ■ ⇒ **rivière**.

TORRENTIEL, ELLE ■ *I. Au pr.* : déchaîné, démonté, diluvien, torrentueux, violent. *II. Par ext.* ⇒ **abondant**.

TORRIDE ■ Bouillant, brûlant, chaud, cuisant, desséchant, étouffant, excessif, incandescent, saharien, tropical.

TORS, TORSE ■ ⇒ **tordu**.

TORSADE ■ *I.* Chignon, coiffure, macaron, natte, rouleau, tresse. *II.* Hélice, rouleau, torche, torque.

TORSADER ■ ⇒ **tordre**.

TORSE ■ Buste, poitrine, taille, thorax, tronc.

TORSION ■ Bistournage, contorsion, contraction, courbure, distorsion, tortillement.

TORT ■ *I.* Affront, atteinte, avanie, blessure, casse, coup, culpabilité, dam, dégât, dégradation, dépréciation, déprédation, désavantage, détérioration, détriment, dommage, endommagement, faute, grief (vx), injure, injustice, lésion, mal, manquement, offense, outrage, perte, préjudice, ravage, ribordage (mar.), sinistre. *II. Loc.* 1. Avoir tort ⇒ **tromper (se)**. 2. Redresseur de torts ⇒ **justicier**.

TORTILLAGE ■ *I. Au pr.* : amphigouri, argot, baragouin, bigorne (vx), charabia, dialecte, discours embrouillé, embrouillamini, galimatias, javanais, langage inintelligible, largonji, logogriphe, patagon, pathos, patois, phébus, sabir, verlan. *II. Par ext.* : désordre, fatras, fouillis, imbroglio, méli-mélo.

TORTILLÉ, E ■ ⇒ tordu.

TORTILLEMENT ■ ⇒ torsion.

TORTILLER ■ *I. Au pr.* ⇒ tordre. *II. Fig.* 1. ⇒ manger. 2. ⇒ hésiter. 3. ⇒ tourner.

TORTIONNAIRE ■ Bourreau, bras séculier (vx), exécuteur, homme de main, meurtrier, sadique, sanguinaire, tueur.

TORTU, E, TORTUÉ, E ■ ⇒ tordu.

TORTUE ■ *I.* Chélonien. *II.* Caret, céraste, cistude, émyde, luth, trionyx.

TORTUEUX, EUSE ■ *I. Au pr.* : anfractueux, courbe, flexueux, ondoyant, ondulant, ondulatoire, ondulé, onduleux, serpentin, sinueux. *II. Par ext.* 1. Artificieux, astucieux, cauteleux, attristant, diplomate, ficelle, finasseur, finaud, fourbe, futé, habile, loup, machiavélique, madré, malicieux (vx), malin, matois, normand, renard, retors, roublard, roué, rusé, subtil. 2. ⇒ hypocrite.

TORTURANT, E ■ Affligeant, amer, angoissant, attristant, crucifiant, cruel, cuisant, déchirant, difficile, douloureux, dur, éprouvant, funeste, intolérable, lamentable, lancinant, navrant, obsédant, pénible, pitoyable, térébrant, triste.

TORTURE ■ *I.* Affliction, calvaire, châtiment, exécution, géhenne (vx), martyre, mort, peine, persécution, pilori, punition, question (vx), souffrance, supplice, tourment. *II.* ⇒ inquiétude. *III.* ⇒ douleur. *IV. Loc.* Mettre à la torture. ⇒ tourmenter.

TORTURER ■ *I. Au pr.* : gêner (vx), questionner (vx), soumettre à la question (vx)/au supplice/à la torture, supplicier. *II. Par ext.* 1. ⇒ tourmenter. 2. Défigurer, dénaturer, détourner, forcer, interpréter, violenter.

TORVE ■ *I.* ⇒ tordu. *II.* ⇒ mauvais.

TÔT ■ *I.* Au chant du coq, au lever du jour/du soleil, aux aurores (fam.), de bon matin, de bonne heure, dès l'aube, dès l'aurore, dès potron-minet. *II.* ⇒ vite.

TOTAL ■ n. *I.* Addition, chiffre, ensemble, fonds, masse, montant, quantité, somme, volume. *II.* ⇒ totalité.

TOTAL, E ■ adj. Absolu, complet, entier, exhaustif, franc, global, intact, intégral, parfait, plein, plénier, radical, sans réserve/restriction.

TOTALEMENT ■ Absolument, à fond, au complet, bien, complètement, de fond en comble, de pied en cap, des pieds à la tête, du haut en bas, en bloc, en entier/totalité, entièrement, exactement, fondamentalement, globalement, in extenso, intégralement, jusqu'au bout/aux oreilles, par-dessus les oreilles/la tête, ras le bol (fam.), parfaitement, pleinement, tout à fait, tout au long.

TOTALISER ■ Additionner, assembler, faire un tout, grouper, rassembler, réunir.

TOTALITAIRE ■ Absolu, autocratique, autoritaire, dictatorial, fasciste, nazi, oppressif, raciste.

TOTALITÉ ■ *I.* Complétude, ensemble, généralité, intégrité, masse, plénitude, réunion, total, tout, universalité. *II. Loc.* En totalité ⇒ totalement.

TOTEM ■ *I. Au pr.* : ancêtre, emblème, figure, protecteur, représentant, représentation, signe, symbole. *II. Par ext.* : amulette, fétiche, gri-gri.

TOTON ■ ⇒ toupie.

TOUAGE ■ ⇒ remorquage.

TOUCHANT, E ■ Apitoyant, attendrissant, bouleversant, captivant, déchirant, dramatique, éloquent, émouvant, empoignant, excitant, frappant, impressionnant, larmoyant (péj.), navrant, pathétique, poétique, poignant, saisissant, tendre, tragique, troublant.

TOUCHE ■ *I.* ⇒ port. *II.* ⇒ expression.

TOUCHE-À-TOUT ■ ⇒ amateur.

TOUCHER ■ v. tr. *I. Au pr.* 1. Affleurer, attoucher, chatouiller, coudoyer, effleurer, heurter, manier, palper, tâter, tâtonner. 2. Atteindre, attraper, faire balle/mouche, frapper, porter. 3. Aborder, accoster, arriver, atterrer, atterrir, faire escale, gagner, prendre terre, relâcher. 4. Avoisiner, confiner, joindre, jouxter, tenir à, voisiner. *II. Par ext.* 1. Émarger, encaisser, palper (fam.), percevoir, recevoir, recouvrer, recueillir, retirer, se sucrer (péj.). 2. S'adresser, aller à, concerner, regarder. 3. Affecter, attendrir, avoir prise, blesser, désarmer, émouvoir, impressionner, intéresser, persuader, porter. 4. Rouler sur. ⇒ traiter. 5. ⇒ jouer. *III. Loc.* Toucher à. 1. ⇒ entailler. 2. ⇒ entreprendre.

TOUCHER ■ n. ⇒ tact.

TOUER ■ Charrier, haler, remorquer, traîner. ⇒ tirer.

TOUFFE ■ *I.* Aigrette, bouquet, chignon, crêpe, crête, crinière, épi, flocon, houppe, huppe, mèche, pinceau, pompon, taroupe, tas, toupet, toupillon. *II.* Bouquet, breuil, broussaille, buisson. ⇒ bois.

TOUFFEUR ■ Chaleur, étouffement, moiteur, tiédeur.

TOUFFU, E ■ *I. Au pr. :* abondant, cespiteux, compact, comprimé, condensé, dense, dru, encombré, épais, exubérant, feuillu, fort, fourni, fourré, impénétrable, luxuriant, massif, pilé, plein, pressé, serré, tassé. *II. Fig.* ⇒ ténébreux.

TOUILLER ■ Agiter, brasser, fatiguer, mélanger, mêler, remuer, tourner.

TOUJOURS ■ *I. Temporel :* à perpétuité, assidûment, à toute heure, constamment, continuellement, continûment, de tout temps, en permanence, éternellement, généralement, habituellement, incessamment, indéfiniment, infiniment, invariablement, ordinairement, perpétuellement, sans arrêt/cesse/fin/interruption/relâche, sans désemparer, sempiternellement, tous les jours. *II. Non temporel :* au moins, cependant, de toute façon, du moins, en tout cas, néanmoins, quelles que soient les circonstances, reste que.

TOUPET ■ *I. Au pr.* ⇒ touffe. *II. Par ext.* 1. ⇒ confiance. 2. ⇒ hardiesse.

TOUPIE ■ *I.* Moine, pirouette (vx), sabot, toton. *II.* ⇒ mégère.

TOUR ■ n. fém. Beffroi, campanile, clocher, donjon, flèche, minaret, tourelle, tournelle (vx).

TOUR ■ n. masc. *I. Au pr.* 1. Cabriole, course, giration, parcours, pirouette, révolution, rotation, roue, saut, tourbillonnement, tournoiement, virevolte, volte. 2. Coude, circonvolution, détour, méandre, retour, sinuosité. 3. Chaintre, bordure, circonférence, circuit, contour, délinéament, périmètre, périphérie, pourtour, tracé. *II. Par ext.* 1. Balade, circuit, course, croisière, déambulation, échappée, errance, excursion, flânerie, marche, promenade, randonnée, sortie, vadrouille (fam.), virée (fam.), voyage. 2. Circumnavigation, croisière, navigation, périple. 3. ⇒ voyage. *III. Fig.* 1. Acrobatie, attrape, clownerie, escamotage, jonglerie, prestidigitation. 2. Coup de maître, exploit, succès. 3. Artifice, combine, coup, crasse, malice, méchanceté, méfait, ruse, stratagème, truc, vacherie. 4. Aspect, allure, expression, façon, forme, marche, style, tournure. *IV. Loc.* 1. Tour à tour : alternativement, à tour de rôle, coup sur coup, l'un après l'autre, périodiquement, récursivement, rythmiquement, successivement. 2. Tour de main ⇒ habileté.

TOURBE ■ Basse pègre, canaille, écume, foule, lie, masse, multitude, pègre, peuple, plèbe, populace, populaire, populo, prolétariat, racaille, vulgaire. ⇒ multitude.

TOURBEUX, EUSE ■ ⇒ boueux.

TOURBILLON ■ *I.* ⇒ remous. *II.* ⇒ rafale. *III.* ⇒ mouvement.

TOURBILLONNANT, E ■ *I. Au pr. :* tournant, tournoyant, virevoltant. *II. Par ext. :* agité, déchaîné, impétueux, remuant, secoué, torrentueux, troublé.

TOURBILLONNEMENT ■ ⇒ remous.

TOURBILLONNER ■ ⇒ tourner.

TOURISTE ■ ⇒ voyageur.

TOURMENT ■ *I.* Affliction, affres, agitation, alarme, amertume, angoisse, anxiété, bourrèlement, cassement de tête, cauchemar, chagrin, contrariété, crainte, déchirement, désolation, émoi, enfer, ennui, fardeau, incertitude, inquiétude, malaise, martel (vx), martyre, obsession, peine, perplexité, poids, préoccupation, scrupule, soin (vx), sollicitude, souci. *Fam. :* bile, bourdon, mouron, mousse, tintouin, tracassin, tracas, tracasserie. *II.* ⇒ supplice. *III.* ⇒ douleur. *IV.* ⇒ agitation.

TOURMENTE ■ *I. Au pr.* ⇒ tempête. *II.* ⇒ trouble.

TOURMENTÉ, E ■ *I. Quelqu'un :* angoissé, anxieux, bourrelé, inquiet, perplexe, ravagé, soucieux. *II. Quelque chose.* 1. Un site : accidenté, bosselé, chaotique, dantesque, découpé, déformé, dentelé, désordonné, disproportionné, irrégulier, lunaire, montagneux, mouvementé, pittoresque, vallonné. 2. Le style ⇒ pénible.

TOURMENTER ■ *I. Au pr. :* bourreler (vx), crucifier, écarteler, gêner (vx), martyriser, mettre au supplice/à la torture, questionner (vx), soumettre à la question (vx), tenailler, torturer, travailler. *II. Par ext.* 1. Quelqu'un tourmente quelqu'un : agacer, assiéger, asticoter, brimer, chercher, chicaner, faire chanter/damner/danser, harceler, importuner, molester, persécuter, poursuivre, talonner, tanner, taquiner, tarabuster, tirailler, vexer. ⇒ ennuyer.

2. Quelque chose tourmente quelqu'un : affliger, agiter, chagriner, chiffonner, dévorer, fâcher, hanter, inquiéter, lanciner, marteler, obséder, préoccuper, presser, ronger, talonner, tarauder, tracasser, travailler, trotter, troubler, turlupiner. *III. V. pron. :* se biler, se désespérer, se donner du mal/de la peine/du tintouin, s'en faire, se faire de la bile/des cheveux/des cheveux blancs/du mauvais sang/du mouron/des soucis/du ⇒ tourment, éprouver de l'inquiétude, *et les formes pron. possibles des syn. de* TOURMENTER.

TOURNAGE ■ Prise de vue(s), réalisation.

TOURNAILLER ■ *I.* ⇒ tourner. *II.* ⇒ errer.

TOURNANT ■ n. *I.* Angle, coude, courbe, courbure, méandre, retour, saillie, sinuosité, tour, virage. *II. Par ext.* ⇒ détour.

TOURNANT, E ■ adj. Giratoire, rotatif, rotatoire.

TOURNÉ, E ■ adj. ⇒ aigre.

TOURNE-DISQUE ■ Chaîne, électrophone, hi-fi, mange-disque. *Vx :* phono, phonographe.

TOURNÉE ■ n. *I.* ⇒ tour. *II.* ⇒ promenade. *III.* ⇒ voyage. *IV.* ⇒ torgnole.

TOURNER ■ *I. Au pr.* 1. Braquer. 2. Contourner, détourner, dévier, obliquer. 3. Bistourner, tordre, tortiller, tournailler. 4. Retourner. ⇒ rouler. 5. Girer, graviter, pirouetter, pivoter, toupiller, toupiner, tourbillonner, tournailler, tournicoter, tourniller, tourniquer, tournoyer, virer, virevolter, virevousser, virevouster. *II. Par ext.* 1. ⇒ diriger. 2. Changer, convertir, influencer, influer, modifier, transformer. 3. Adonner à, appliquer à, penser à. 4. ⇒ aigrir. 5. ⇒ finir. 6. ⇒ cinématographier. 7. ⇒ transformer (se).

TOURNILLER ■ *I.* ⇒ tordre. *II.* ⇒ tourner.

TOURNIS ■ ⇒ vertige.

TOURNOI ■ *I.* Carrousel, fantasia, joute. *II.* ⇒ lutte.

TOURNOYANT, E ■ ⇒ tourbillonnant.

TOURNOYER ■ *I.* ⇒ tourner. *II.* ⇒ rôder. *III.* ⇒ biaiser.

TOURNURE ■ *I.* Air, allure, angle, apparence, aspect, cachet, caractère, configuration, côté, couleur, dehors, endroit, extérieur, face, faciès, figure, forme, jour, masque, perspective, physionomie, point de vue, profil, tour, train, visage, vue. *II.* ⇒ port. *III.* ⇒ expression. *IV.* ⇒ marche.

TOURTEAU ■ ⇒ résidu.

TOURTEREAU, TOURTERELLE ■ *I.* ⇒ colombin. *II.* ⇒ amant.

TOUSSER ■ *I. Au pr. :* toussailler, toussoter. *II. Par ext. :* cracher, expectorer, graillonner.

TOUT ■ n. *I.* ⇒ totalité. *II. Loc.* Le tout ⇒ principal.

TOUT, TOUTE ■ adj. *I.* Complet, entier, intégral, plein. *II.* Chacun, chaque, quiconque. *III.* Ensemble, tous, tutti quanti.

TOUT À FAIT ■ Bien, complètement, entièrement, exactement, extrêmement, pleinement, totalement, très. ⇒ absolument.

TOUT À L'HEURE ■ *I.* À l'instant, aussitôt, sur-le-champ, sur l'heure, toute de suite. *II.* Dans un instant/un moment, plus tard.

TOUT DE BON ■ ⇒ sérieusement.

TOUT DE GO ■ ⇒ simplement.

TOUT DE SUITE ■ ⇒ tout à l'heure.

TOUTEFOIS ■ Cependant, mais, néanmoins, nonobstant (vx), pourtant, seulement.

TOUTE-PUISSANCE ■ *I.* ⇒ autorité. *II.* ⇒ pouvoir.

TOUT-PUISSANT ■ Omnipotent.

TOUX ■ Expectoration, rhume, tousserie, toussotement.

TOXICITÉ ■ Malignité, nocivité.

TOXINE, TOXIQUE ■ ⇒ poison.

TRAC ■ *I.* ⇒ peur. *II.* ⇒ timidité.

TRACAS ■ *I.* Brimade, chicane, persécution, tracasserie, vexation. ⇒ tourment. *II.* Alarme, aria, contrariété, difficulté, embarras, ennui, fatigue, inquiétude, peine, préoccupation, tirage, trouble. ⇒ tourment. *III.* Agitation ⇒ remue-ménage.

TRACASSER ■ ⇒ tourmenter.

TRACASSERIE ■ *I.* ⇒ tracas. *II.* ⇒ chicane.

TRACASSIER, ÈRE ■ Brouillon, chicaneur, chicanier, mauvais coucheur, mesquin, procédurier, processif, querelleur, tatillon, vétilleux.

TRACASSIN ■ ⇒ tourment.

TRACE ■ *I. Au pr. :* empreinte, foulées, pas, piste, vestige. *Vén. :* connaissance, erre, fumées, fumet, passée, pied, voie. *II. Par ext.* 1. Cicatrice, indice, marque, ornière, ride, sceau, signature, sillage, sillon, stigmate, témoignage, traînée. 2. Impression. ⇒ souvenir.

TRACÉ ■ ⇒ trajet.

TRACER ■ *I.* Décrire, délinéer, dessiner, ébaucher, esquisser, retracer. ⇒ représenter. *II.* Baliser, bornoyer, flécher, jalonner, piquer, piqueter, pointiller, tirer. ⇒ indiquer.

TRACT ■ Affiche, affichette, feuille, libelle, pamphlet, papier, papillon, prospectus, vignette.

TRACTATION ■ *I.* Pourparler. ⇒ négociation. *II.* Marchandage. ⇒ manège.

TRACTION ■ ⇒ remorquage.

TRADITION ■ *I.* ⇒ légende. *II.* ⇒ habitude.

TRADITIONALISTE ■ Conformiste, conservateur, intégriste, nationaliste, réactionnaire, traditionnaire.

TRADITIONNEL, ELLE ■ Accoutumé, classique, consacré, conventionnel, coutumier, de convention, fondé, habituel, héréditaire, hiératique, institutionnel, invétéré, légal, légendaire, orthodoxe, proverbial, rituel, sacramental, sacro-saint, usuel.

TRADUCTEUR, TRICE ■ *I. Au pr.* : drogman, interprète, translateur, truchement. *II. Par ext.* : exégète, paraphraseur, scoliaste.

TRADUCTION ■ Adaptation, interprétation, thème, translation, transposition, version.

TRADUIRE ■ *I. Au pr.* : déchiffrer, gloser, interpréter, rendre, transcoder, translater (vx), transposer. *II. Par ext.* 1. Appeler, assigner, convoquer, mener, traîner. 2. Laisser paraître, montrer. ⇒ exprimer. 3. ⇒ expliquer.

TRAFIC ■ *I. Non favorable* : agiotage, bricolage, carambouillage, carambouille, fricotage, magouillage, magouille, malversation, manigance, maquignonnage, marchandage, micmac, simonie (relig.), traite, tripotage. *II. Neutre.* 1. ⇒ commerce. 2. Circulation, débit, écoulement, mouvement, roulage.

TRAFIQUANT, E ■ Agioteur, boursicoteur, bricoleur, carambouilleur, combinard, commerçant/négociant marron, fricoteur, intermédiaire, maquignon, margoulin, mercanti, proxénète, spéculateur, trafiqueur, traitant (vx), tripoteur.

TRAFIQUER ■ Agioter, boursicoter, brader, bricoler, brocanter, carambouiller, colporter, combiner, débiter, échanger, fourguer, fricoter, jongler, magouiller, manigancer, maquignon-

ner, négocier, prostituer, spéculer/tripoter sur, vendre.

TRAGÉDIE, TRAGI-COMÉDIE ■ ⇒ drame.

TRAGIQUE ■ *I.* ⇒ dramatique. *II.* ⇒ émouvant.

TRAHIR ■ *I.* ⇒ tromper. *II.* ⇒ découvrir.

TRAHISON ■ *I. Au pr.* : défection, délation, dénonciation, désertion, forfaiture, haute trahison, prévarication, ragusade (vx). *II. Par ext.* 1. Adultère, cocuage, infidélité, inconstance, manquement. 2. Bassesse, déloyauté, duperie, félonie, fourberie, lâcheté, perfidie, traîtrise, tromperie. ⇒ hypocrisie.

TRAIN ■ *I.* ⇒ marche. *II.* Arroi, équipage. ⇒ suite. *III.* Chemin de fer, convoi, rail, rame, S.N.C.F., tortillard, voie ferrée. **Arg.** : brutal, dur. *IV.* ⇒ tapage.

TRAÎNANT, E ■ ⇒ monotone.

TRAÎNARD, E ■ *I. Nom* : feu rouge, lanterne, traîneur, traîne-savate. *II. Adj.* ⇒ lent.

TRAÎNASSER ■ ⇒ traîner.

TRAÎNE (À LA) ■ À la queue, attardé. ⇒ arriéré.

TRAÎNÉE ■ *I.* ⇒ prostituée. *II.* ⇒ trace.

TRAÎNER ■ *I. Au pr.* : amener, attirer, charrier, conduire, emmener, entraîner, mener, remorquer, tirer, touer, tracter, transporter, trimbaler, trôler. *II. Fig.* 1. Continuer, demeurer, durer, n'en plus finir, s'étendre, s'éterniser, se maintenir, se perpétuer, persévérer, se prolonger, résister, se soutenir, subsister, survivre, tenir, tirer en longueur, vivre. 2. S'amuser, s'attarder, badauder, bader (mérid.), flâner, folâtrer, galvauder, lambiner, musarder, muser, paresser, se promener, traînasser, vadrouiller. 3. **Fam.** : baguenauder, balocher, couniller, fainéanter, flânocher, flemmarder, glander, glandouiller, gober les mouches, godailler, lanterner, lécher les vitrines, lézarder, troller. ***III. Par ext.*** ⇒ **tomber. *IV. Loc.* 1.** Faire traîner : ajourner, allonger, arrêter, arriérer (vx), atermoyer, attendre, décaler, différer, éloigner, éterniser, faire languir, négliger, prolonger, promener, proroger, ralentir, reculer, remettre, renvoyer, reporter, repousser, retarder, surseoir à, tarder, temporiser. **2. Laisser traîner :** négliger. ⇒ **abandonner. *V. V. pron. :*** **1.** Aller, avancer, circuler, déambuler, errer, évoluer, marcher, prendre l'air, se promener, sortir. ⇒ **traîner. 2.** Se couler, glisser, introduire, ramper. **3.** *Les formes pron. possibles des syn. de* TRAÎNER.

TRAINTRAIN ■ ⇒ **routine.**

TRAIRE ■ ⇒ **tirer.**

TRAIT ■ ***I.*** Angon, carreau, dard, flèche, framée, hast, javeline, javelot, lance, pilum, sagaie, sagette. ***II.*** Attelle, câble, harnais, lanière, longe. ***III.*** Barre, glyphe, hachure, ligne, rature, rayure, tiret. ***IV.*** ⇒ **marque. *V. Au pl. :*** air, apparence, aspect, attitude, caractère, contenance, expression, face, faciès, figure, manière, masque, mimique, mine, physionomie, physique, visage. ***VI.*** Apostrophe, boutade, calembour, caricature, épigramme, insulte, interpellation, invective, lazzi, moquerie, mot d'esprit, pamphlet, persiflage, plaisanterie, saillie. ⇒ **raillerie. *VII.*** Acte, action, conduite, entreprise, fait, prouesse, vaillance. ⇒ **exploit. *VIII. Loc.* Avoir** trait : affinité, analogie, concordance, connexion, connexité, convenance, corrélation, correspondance, dépendance, harmonie, liaison, lien, parenté, pertinence, proportion, rapport, rapprochement, relation, ressemblance, similitude. ⇒ **tenir de.**

TRAITABLE ■ Abordable, accommodant, aimable, apaisant, arrangeant, bon caractère, civil, conciliable, conciliateur, coulant, diplomate, doux, facile, familier, liant, praticable (vx), sociable.

TRAITE ■ ***I.*** ⇒ **trajet. *II.*** ⇒ **trafic. *III.*** Mulsion.

TRAITÉ ■ ***I.*** Argument, argumentation, cours, développement, discours, disputation (vx), dissertation, essai, étude, manuel, mémoire, monographie, notions, thèse. ***II.*** Accommodement, accord, alliance, arrangement, capitulation, cartel, charte, collaboration, compromis, concordat, connivence, contrat, convention, covenant, engagement, entente, forfait, marché, pacte, promesse, protocole, transaction, union. ***III.*** Acte, article, clause, condition, disposition, règle, résolution, stipulation.

TRAITEMENT ■ ***I.*** Appointements, cachet, commission, dotation, droits d'auteur, émoluments, gages, gain, honoraires, indemnité, jeton de présence, jour, journée, mensualité, mois, paie, paye, paiement, prêt, rétribution, salaire, semaine, solde, vacation. ⇒ **rémunération. *II.*** Cure, hygiène, médication, régime, remède, soins, thérapeutique. ***III.*** ⇒ **accueil. *IV.*** Conditionnement, manipulation, opération, procédé, transformation.

TRAITER ■ ***I. On traite quelqu'un.* 1.** Appeler, dénommer, désigner, nommer, qualifier, tenir pour. **2.** Accueillir, admettre, convier, donner l'hospitalité, fêter, héberger, honorer, inviter, recevoir, régaler. **3.** Agir/se comporter/se conduire envers, mener, user de. **4.** ⇒ **soigner. *II. On traite quelque chose.* 1.** Aborder, agiter, développer, discuter, disserter de, effleurer, épuiser, étudier, examiner, exposer, glisser sur, manier, raisonner, toucher à. **2.** Arranger, arrêter, conclure, convenir de, s'entendre, fixer, mener à bonne fin, négocier, passer/signer un arrangement/une convention/un marché/un traité, régler, résoudre, terminer. **3.** Brasser. ⇒ **entreprendre. *III. Quelque chose traite de :*** avoir pour objet/sujet, pivoter/porter/rouler/tourner sur, se rapporter à, toucher à. *IV. V. intr.* : capituler, composer, négocier, parlementer.

TRAITEUR ■ ⇒ restaurateur.

TRAÎTRE ■ *I.* ⇒ infidèle. *II.* ⇒ trompeur.

TRAÎTRISE ■ *I.* ⇒ trahison. *II.* ⇒ tromperie.

TRAJET ■ Chemin, cheminement, circuit, course, direction, distance, espace, itinéraire, marche, parcours, route, tour, tracé, traite, traversée, trotte. ⇒ voyage.

TRAME ■ *I.* ⇒ suite. *II.* ⇒ intrigue. *III.* ⇒ menée.

TRAMER ■ Aménager, arranger, brasser, combiner, comploter, conspirer, machiner, manigancer, monter, nouer, ourdir, préparer, tisser, tresser.

TRANCHANT ■ n. Coupant, estramaçon, fil, morfil, taillant (vx), taille.

TRANCHANT, E ■ adj. *I. Au pr.* : acéré, affilé, affûté, aigu, aiguisé, coupant, émorfilé, émoulu (vx), repassé, taillant. *II. Fig. 1.* Absolu, aigre, âpre, autoritaire, bourru, brusque, cassant, coupant, dur, impérieux, incisif, intransigeant, sans réplique. **2.** Affirmatif, inflexible, insolent, péremptoire, prompt, rude, sec, sévère. **3.** Dictatorial, doctoral, dogmatique, pontifiant, sentencieux. **4.** Audacieux, décidé, décisif.

TRANCHE ■ *I.* Coupe, darne, lèche, morceau, quartier, rond, rondelle, rouelle. *II.* Part, partie, portion. *III.* Ados, chant, côté.

TRANCHÉ, E ■ *I.* ⇒ clair. *II.* ⇒ différent. *III.* ⇒ franc.

TRANCHÉE ■ *I. Au pr.* : cavité, excavation, fosse, fossé, fouille, rigole, sillon, trou. *II. Vx* ⇒ colique. *III. Milit.* : abri, approche, boyau, cheminement, douve, fortification, parallèle, sape.

TRANCHER ■ *I. Au pr.* **1.** ⇒ couper. **2.** Loc. Trancher la tête/le col (vx)/le cou : décapiter, décoller, exécuter, guillotiner. *II. Fig. 1.* Arbitrer, arrêter, choisir, conclure, convenir de, décider, décréter, définir, délibérer de, déterminer, se déterminer à, dire, disposer, finir, fixer, juger, ordonner, prononcer, régler, résoudre, solutionner, statuer, tirer au sort, vider. **2.** Contraster, détonner, hurler, jurer, s'opposer, ressortir. **3.** ⇒ terminer.

TRANQUILLE ■ *I. Au pr.* : béat, calme, coi, confiant, dormant, doux, égal, équanime, gentil, immobile, mort, olympien, pacifique, paisible, placide, posé, quiet, rasséréné, rassis, rassuré, remis, sage, serein, silencieux. ⇒ impassible. Fam. : à la papa, peinard *ou* pénard, pépère. *II. Par ext.* : assuré, certain, cousu (fam.), de tout repos, établi, évident, exact, gagné d'avance, garanti, indubitable, sûr.

TRANQUILLISANT, E ■ ⇒ narcotique.

TRANQUILLISER ■ Adoucir, apaiser, apprivoiser, assurer, calmer, mettre en confiance, rasseoir, rasséréner, rassurer, remettre, sécuriser.

TRANQUILLITÉ ■ *I.* Apaisement, ataraxie, calme, concorde, confiance, égalité, entente, équanimité, harmonie, ordre, paix, patience, placidité, quiétude, repos, sagesse, sang-froid, sécurité, sérénité, trêve, union. ⇒ impassibilité. *II.* Accalmie, bonace, calme plat, éclaircie, embellie, rémission, répit, silence.

TRANSACTION ■ *I. Au sing.* **1.** Accommodement, accord, amiable composition, amodiation, arbitrage, arrangement, composition, compromis, concession, conciliation, convention, cote mal taillée, entente, milieu, moyen terme. **2.** ⇒ traité. *II. Au pl.* : affaires, bourse, commerce, courtage, demande, échange, négoce, offre, trafic.

TRANSATLANTIQUE ■ Bâtiment, long-courrier, navire, paquebot, steamer. ⇒ **bateau.**

TRANSBORDER ■ ⇒ **transporter.**

TRANSCENDANCE ■ *I. Au pr. :* abstraction, métaphysique. *II. Par ext.* ⇒ **supériorité.**

TRANSCENDANT, E ■ *I. Au pr. :* abstrait, métaphysique. *II. Par ext.* 1. ⇒ **supérieur.** 2. ⇒ **distingué.**

TRANSCENDANTAL, E ■ *I.* ⇒ transcendant. *II.* ⇒ **difficile.**

TRANSCENDER ■ ⇒ **transposer.**

TRANSCRIPTION ■ Copie, double, duplicata, duplicatum, enregistrement, fac-similé, relevé, report, reproduction, translitération.

TRANSCRIRE ■ *I. Au pr.* 1. Jurid. : enregistrer, expédier, grossoyer, inscrire. 2. Calquer, copier, coucher par écrit, écrire, mentionner, noter, porter, prendre en note, recopier, relever, reporter, reproduire. *II. Par ext.* ⇒ **imiter.**

TRANSE ■ *I. Au sing. :* crise, délire, émotion, exaltation, excitation, extase, ravissement, surexcitation, transport. *II. Au pl. :* affres, alarme, angoisse, anxiété, appréhension, crainte, effroi, émotion, épouvante, frayeur, inquiétude, mauvais sang, peur, souci, tintouin, tourment.

TRANSFÉRABLE ■ ⇒ **cessible.**

TRANSFÈREMENT ■ ⇒ **transport.**

TRANSFÉRER ■ ⇒ **transporter.**

TRANSFERT ■ *I.* Cession, transmission, translation. ⇒ **vente.** *II.* ⇒ **transport.** *III.* Extradition, livraison.

TRANSFIGURATION ■ ⇒ **transformation.**

TRANSFIGURER ■ ⇒ **transformer.**

TRANSFORMABLE ■ ⇒ **transposable.**

TRANSFORMATION ■ Adaptation, altération, amélioration, avatar, conversion, déguisement, développement, différenciation, élaboration, évolution, métamorphisme, métamorphose, métempsycose, modification, renouvellement, rénovation, révolution, transfiguration, transformisme, transition, transmutation, transsubstantiation, variation. ⇒ **changement.**

TRANSFORMER ■ *I. Neutre ou favorable :* agrandir, augmenter, bouleverser, chambarder, chambouler, changer, commuer, convertir, corriger, innover, métamorphoser, modifier, muer, rectifier, refondre, réformer, remanier, renouveler, rénover, renverser, retourner, révolutionner, toucher à, tourner, transfigurer, transmuer, transposer. *II. Non favorable :* aggraver, altérer, contrefaire, défigurer, déformer, déguiser, dénaturer, diminuer, fausser, réduire, travestir, truquer. *III. V. pron.* 1. Phys. : augmenter, diminuer, empirer, évoluer, grandir, passer, rapetisser, tourner, vieillir. 2. **Moral** : s'améliorer, s'amender, se corriger, se modifier, se pervertir. 3. *Les formes pron. possibles des syn. de* TRANSFORMER.

TRANSFORMISME ■ Darwinisme, évolutionnisme, lamarkisme, mutationnisme.

TRANSFUGE ■ Apostat, déserteur, faux, fourbe, insoumis, judas, perfide, renégat, traître, trompeur.

TRANSFUSER ■ ⇒ **transvaser.**

TRANSFUSION ■ Perfusion, transvasement (vx).

TRANSGRESSER ■ Aller au-delà, contrevenir, désobéir, enfreindre, outrepasser, passer les bornes, passer outre, se rebeller, refuser, rompre, violer.

TRANSGRESSION ■ ⇒ **violation.**

TRANSI, E ■ *I. Au pr. :* engourdi, figé, frissonnant, gelé, glacé, grelottant, morfondu, mort, pénétré. *II. Par ext.* 1. Effrayé, épouvanté, halluciné, paralysé, pétrifié, rivé, saisi, stupéfié, terrifié. 2. Alangui, amoureux, langoureux, languide, languissant, mourant, sentimental.

TRANSIGER ■ *I. Favorable ou neutre* : s'accommoder, s'accorder, s'arranger, composer, couper la poire en deux (fam.), s'entendre, faire des concessions. *II. Non favorable* : capituler, céder, faiblir, négocier, pactiser, traiter.

TRANSIR ■ *I. Au pr.* : engourdir, figer, geler, glacer, pénétrer, saisir, transpercer, traverser. *II. Par ext.* : clouer, ébahir, effrayer, épouvanter, étonner, méduser, paralyser, river, stupéfier, terrifier.

TRANSITAIRE ■ ⇒ intermédiaire.

TRANSITER ■ *I.* ⇒ passer. *II.* ⇒ transporter.

TRANSITION ■ *I. Au pr.* : acheminement, accoutumance, degré, intermédiaire, liaison, palier, passage, préparation, raccord, raccordement. *II. Par ext.* : évolution, intermède. ⇒ changement.

TRANSITOIRE ■ Bref, court, de courte durée, éphémère, fragile, fugitif, fuyard, incertain, intérimaire, momentané, passager, précaire, provisoire, temporaire.

TRANSLATER ■ Interpréter, reproduire. ⇒ traduire.

TRANSLATION ■ *I.* ⇒ transport. *II.* ⇒ traduction.

TRANSLUCIDE ■ Clair, cristallin, diaphane, hyalin, limpide, luminescent, opalescent, pellucide, transparent.

TRANSMETTRE ■ *I. Au pr.* : céder, concéder, déléguer, donner, faire parvenir/tenir, fournir, laisser, léguer, négocier, renvoyer, rétrocéder, transférer. *II. Par ext.* 1. Apprendre, faire connaître/savoir, imprimer, infuser. 2. Communiquer, conduire, inoculer, passer, propager, transporter.

TRANSMIGRATION ■ ⇒ émigration.

TRANSMIS, E ■ *I.* Contagieux, épidémique. *II.* Acquis, familial, héréditaire, traditionnel. *III. Les part. passés possibles des syn. de* TRANS-METTRE.

TRANSMISSIBILITÉ ■ Caractère contagieux/héréditaire/ transmissible, communicabilité, contagion, propagation. ⇒ hérédité.

TRANSMISSION ■ *I. Neutre :* augmentation, communication, circulation, développement, diffusion, dissémination, expansion, extension, marche, mise en mouvement, multiplication, progrès, progression, propagation, rayonnement, reproduction. *II. Non favorable :* aggravation, contagion, contamination, épidémie, invasion, irradiation. ⇒ hérédité.

TRANSMUER ■ ⇒ transformer.

TRANSMUTATION ■ *I.* Altération, conversion, convertissement, métamorphose, modification, mutation, virement. ⇒ changement. *II.* ⇒ transformation.

TRANSPARENCE ■ ⇒ clarté.

TRANSPARENT, E ■ *I. Au pr. :* cristallin, diaphane, hyalin, limpide, lumineux, net, opalescent, pellucide, perméable, translucide, vitreux. ⇒ clair. *II. Par ext.* 1. Accessible, compréhensible, concevable, concis, déchiffrable, distinct, évident, facile, intelligible, pénétrable, précis, simple, visible. ⇒ clair. 2. ⇒ pur.

TRANSPERCER ■ Blesser, creuser, crever, cribler, darder (vx), déchirer, embrocher, empaler, encorner, enferrer, enfiler, enfoncer, enfourcher, entamer, éventrer, excaver, forer, larder, ouvrir, pénétrer, percer, perforer, piquer, poinçonner, pointer, sonder, tarauder, traverser, tremper, trouer, vriller.

TRANSPIRER ■ *I. Au pr.* : être en eau/en nage, exsuder, moitir, se mouiller, ruisseler de sueur, suer. *II. Par ext.* : couler, dégouliner, émaner, s'exhaler, goutter, perler, sécréter, sourdre, suinter, transsuder. *III. Fig.* : s'ébruiter, s'échapper, se déceler, s'éventer, filtrer, se manifester, se montrer, paraître, se répandre.

TRANSPLANTER ■ ⇒ transporter.

TRANSPORT ■ *I. L'acte.* 1. Déplacement, locomotion. 2. Camionnage, circulation, commerce, échange, expédition, exportation, factage, importation, livraison, manutention, messagerie, passage, port, trafic, traite, transbordement, transfèrement, transfert, transit, translation. ⇒ voyage. *II. Le mode.* 1. Air, aviation, avion, jet. 2. ⇒ bateau. 3. ⇒ train. 4. Route. ⇒ voiture. *III.* Crise, délire, démonstration, émotion, enthousiasme, exaltation, excitation, extase, fièvre, flamme, fougue, manifestation, ravissement, surexcitation, transe.

TRANSPORTÉ, E ■ *I.* Admirateur, admiratif, ardent, brûlant, chaud, délirant, dévot, dithyrambique, emballé, emporté, enflammé, enfiévré, enivré, enthousiaste, éperdu, exalté, excité, fana (fam.), fanatique, fervent, fou, inspiré, ivre, lyrique, passionné, soulevé. *II.* ⇒ amoureux. *III. Les part. passés possibles des syn. de* TRANSPORTER.

TRANSPORTER ■ *I. Au pr.* : camionner, carrosser (vx), charrier, charroyer, colporter, conduire, déménager, déplacer, déranger, descendre, emporter, enlever, exporter, importer, livrer, manipuler, mener, négocier, passer, promener, remettre, renvoyer, reporter, traîner, transbahuter (fam.), transborder, transférer, transiter, translater, transmettre, transplanter, trimarder, trimballer (fam.), véhiculer, voiturer. *II. Par ext.* 1. Déporter, envoyer, expé-

dier. ⇒ reléguer. 2. Agiter, animer, bouleverser, chambouler (fam.), chavirer, échauffer, électriser, emballer, émerveiller, enfiévrer, enflammer, engouer, enivrer, enlever, enthousiasmer, entraîner, exalter, exciter, faire s'extasier/ se pâmer/se récrier d'admiration/d'aise, passionner, ravir, saisir, soulever. *III. V. pron.* 1. Aller, se déplacer, se rendre. ⇒ voyager. 2. *Les formes pron. possibles des syn. de* TRANSPORTER.

TRANSPORTEUR ■ *I.* ⇒ voiturier. *II.* ⇒ messager.

TRANSPOSABLE ■ Conversible, convertible, convertissable, modifiable, transformable.

TRANSPOSER ■ *I.* Alterner, changer, convertir, déplacer, extrapoler, intervertir, inverser, modifier, permuter, renverser l'ordre, sublimer, transcender, transporter. *II.* ⇒ traduire.

TRANSPOSITION ■ *I.* Alternance, changement, interversion, inversion, permutation, renversement. *II.* Anagramme, métathèse. *III.* Adaptation. ⇒ traduction.

TRANSVASEMENT ■ Décantation, décuvage, décuvaison.

TRANSVASER ■ Décanter, décuver, faire couler, soutirer, transférer, transfuser, transvider, verser.

TRANSVERSAL, E ■ De biais, détourné, fléchi, longitudinal, oblique, penché.

TRANTRAN, TRAINTRAIN ■ ⇒ routine.

TRAPPE ■ ⇒ piège.

TRAPU, E ■ *I. Au pr.* : court, courtaud, massif, mastoc, râblé, râblu, ramassé. *II. Par ext.* : costaud, dru, ferme, fort, grand, gros, herculéen, inébranlable, malabar, musclé, puissant, résistant, robuste, solide, vigoureux. *Fam.* : armoire à glace/normande, balèze, baraqué, comac, gravos, maous, mastard. ***III. Fig.*** ⇒ difficile.

TRAQUENARD ■ ⇒ piège.

TRAQUER ■ ⇒ poursuivre.

TRAUMA ■ *I.* ⇒ blessure. *II.* ⇒ émotion.

TRAUMATISER ■ ⇒ choquer.

TRAUMATISME ■ *I.* ⇒ blessure. *II.* ⇒ émotion.

TRAVAIL ■ *I. Au pr.* 1. L'acte : action, activité, besogne, corvée (péj.), emploi, entraînement, état, fonction, gagne-pain, labeur, industrie, métier, occupation, peine, profession, service, sueur, tâche, veilles. **Arg. ou fam. :** blot, boulot, bricolage, bricole, business, carbi, chagrin, charbon, coltin, condé, groupin, trime, turbin. 2. **Le résultat :** chef-d'œuvre, exécution, œuvre, opération, ouvrage. *II. Par ext.* 1. Cheminement, opération, sape. 2. Cassement de tête, casse-tête, effort, fatigue. ⇒ **difficulté.** 3. Façon, facture, forme. 4. Canevas, plan, programme. 5. Devoir, étude, exercice, pensum. 6. Accouchement, enfantement, gésine, mal d'enfant.

TRAVAILLÉ, E ■ *I.* Académique, étudié, léché, littéraire (péj.), poli, recherché. *II.* Consciencieux, coquet, délicat, élégant, entretenu, fini, minutieux, net, réussi, soigné, tenu. *III. Les part. passés possibles des syn. de* TRAVAILLER.

TRAVAILLER ■ *I. Au pr.* 1. **Travail manuel :** abattre du/aller au ⇒ **travail,** besogner, bricoler (péj.), chiner, en baver (péj.), s'occuper, œuvrer, rendre, suer (péj.), tracer son sillon. **Arg. ou fam. :** bosser, boulonner, buriner, businesser, chiader, se coltiner, se défoncer, écosser, se farcir/taper un ⇒ **travail,** en foutre/mettre une secousse, gratter, marner, masser, pilonner, trimer, turbiner. 2. **Travail intellectuel :** apprendre, composer, écrire, étudier, s'instruire, préparer, produire **Fam. :**

bachoter, bûcher, chiader, phosphorer, piler, piocher, plancher, potasser. *II. Par ext.* 1. Se déformer, gondoler, onduler, rétrécir. 2. Aigrir, bouillir, fermenter. 3. Fabriquer, façonner, ouvrager, ouvrer. 4. ⇒ **soigner.** 5. ⇒ **tourmenter.** 6. Fatiguer, peiner. ⇒ **user.**

TRAVAILLEUR, EUSE ■ *I. Nom.* 1. Bras, compagnon, employé, journalier, main-d'œuvre, manœuvre, mercenaire (péj.), nègre (péj.), ouvrier, prolétaire, pue-la-sueur (arg.), salarié, tâcheron, trimardeur (péj.). 2. Aide, apprenti, arpète, commis, galibot, lipette (arg.). *II. Adj. :* acharné, actif, appliqué, assidu, bosseur (fam.), bouleux (équit.), bourreau de travail, bûcheur, consciencieux, courageux, diligent, laborieux, piocheur (fam.), studieux, zélé.

TRAVAUX FORCÉS ■ *Arg. ou fam. :* biribi, chapeau de paille, durs, grotte, traves, traverser (le).

TRAVERS ■ *I.* Biais, côté, flanc. *II.* Défaut, défectuosité, démérite, difformité, faible, faiblesse, grossièreté, imperfection, infirmité, lacune, loup, malfaçon, tache, tare, vice. *III.* Bizarrerie, caprice, dada, démangeaison, épidémie, fantaisie, fièvre, frénésie, fureur, goût, grimace, habitude, maladie, manie, manière, marotte, monomanie, péché mignon/véniel, petit côté, petitesse, prurit, rage, rictus, ridicule, tic, toquade, turlutaine. *IV. Loc.* De travers : de guingois. ⇒ **tordu.**

TRAVERSE ■ *I.* Raccourci. *II.* Achoppement, accroc, adversité, aléa, anicroche, aria, blocage, contrariété, contretemps, défense, difficulté, écueil, embarras, empêchement, encombre, ennui, entrave, frein, gêne, hic, hourvari (vx), impasse, impedimenta, insuccès, interdiction, obstacle, obstruction, opposition, os, pépin, pierre d'achoppement, rémora (vx), résistance, restriction, tribulation. *III. Techn. :* barlotière, épart, entretoise.

TRAVERSÉE ■ *I.* Franchissement, navigation, passage. *II.* ⇒ trajet.

TRAVERSER ■ *I. Au pr.* : franchir, parcourir, passer par. *II. Par ext.* 1. Filtrer, pénétrer, percer, transpercer. ⇒ couler. 2. Couper, croiser. *III. Vx :* contrarier, gêner. ⇒ empêcher.

TRAVERSIN ■ Coussin, oreiller, polochon.

TRAVESTI ■ *I.* Déguisement, domino, masque. *II.* Bal masqué, mascarade, travestissement. *III.* ⇒ uranien.

TRAVESTIR ■ *I. Au pr.* : déguiser, masquer, voiler. *II. Par ext.* : altérer, cacher, celer, changer, défigurer, déformer, falsifier, fausser, métamorphoser, modifier, pallier, transformer.

TRAVESTISSEMENT ■ ⇒ travesti.

TRÉBUCHER ■ Achopper, broncher, buter, chanceler, chavirer, chopper, faire un faux pas, manquer pied, osciller, perdre l'équilibre, tituber, vaciller.

TRÉBUCHET ■ *I.* ⇒ piège. *II.* ⇒ balance.

TREILLAGE, TREILLIS ■ ⇒ clôture.

TREILLE ■ ⇒ vigne.

TREMBLANT, E ■ *I.* Alarmé, apeuré, effrayé, ému, transi. *II.* Chancelant, flageolant, frémissant, frissonnant, tremblotant, vacillant. *III.* Bredouillant, chevrotant.

TREMBLEMENT ■ *I.* Agitation, chevrotement, claquement de dents, convulsion, frémissement, frisson, frissonnement, saccade, soubresaut, spasme, trémulation, trépidation, vibration. *II.* ⇒ crainte.

TREMBLER ■ *I. Au pr.* 1. S'agiter, claquer des dents, frémir, frissonner, grelotter, palpiter, remuer, trembloter, trépider, vibrer. 2. Chanceler, flageoler, tituber, trémuler, vaciller. 3. Chevroter, faire des trémolos. *II. Par ext.* 1. Appréhender, avoir peur, paniquer. ⇒ craindre. 2. Arg. : avoir la chiasse/les chocottes/les colombins/les copeaux/les flubes/ les foies/les grelots/les grolles/les jetons/les moules, avoir les miches à zéro/qui font bravo/qui font glagla, avoir la pétasse/la pétoche/le tracsin/les traquettes/la trouille/la venette, avoir le trouillomètre à moins deux/à zéro/bloqué, chocotter, faire de l'huile, fluber, foirer, fouetter, les avoir à zéro, mouetter, mouiller, perdre ses légumes, taffer, trouilloter.

TREMBLEUR, EUSE ■ ⇒ craintif.

TREMBLOTER ■ *I.* ⇒ trembler. *II.* ⇒ vaciller.

TRÉMOUSSER (SE) ■ *I. Au pr. :* s'agiter, se dandiner, frétiller, gambiller, gigoter, remuer, sautiller, se tortiller. *II. Fig. :* se dépenser. ⇒ démener (se).

TREMPE ■ *I. Au pr.* ⇒ tempérament. *II. Fig.* ⇒ torgnole.

TREMPÉ, E ■ *I.* Dégouttant, imbibé, inondé, ruisselant. *II.* Aguerri, durci, énergique, fort, résistant.

TREMPER ■ *I. V. tr.* 1. Au pr. ⇒ mouiller. 2. Fig. ⇒ fortifier. *II. V. intr. :* baigner, infuser, macérer, mariner. *III. Loc.* Tremper dans : fricoter, se mouiller. ⇒ participer à.

TREMPLIN ■ Batoude.

TRÉPAN ■ Drille, foret, mèche.

TRÉPAS ■ ⇒ mort.

TRÉPASSER ■ ⇒ mourir.

TRÉPIDANT, E ■ *I.* ⇒ saccadé. *II.* ⇒ troublé.

TRÉPIDATION ■ ⇒ tremblement.

TRÉPIDER ■ ⇒ trembler.

TRÉPIGNER ■ Frapper du pied, s'impatienter, piaffer, piétiner, sauter.

TRÈS ■ Absolument, assez (par ext.), beaucoup, bien, bigrement (fam.), diablement, drôlement, effroyablement, en diable, énormément, excessivement, extra-, extrêmement, follement, fort, fortement, furieusement, hautement, hyper-, infiniment, joliment, merveilleusement, parfaitement, prodigieusement, richement, rien (fam.), rudement, sérieusement, super-, terriblement, tout, tout plein, trop, ultra-, vachement (fam.).

TRÉSOR ■ *I. Au pr. :* argent, eldorado, fortune, magot, pactole. ⇒ **richesse.** *II. Fig.* 1. Aigle, as, fleur, génie, idéal, modèle, nec plus ultra, parangon, perfection, perle, phénix, prodige, reine, roi. 2. Appas, attraits, charmes.

TRÉSORERIE ■ Disponibilités, finances, liquide, liquidités, trésor. ⇒ **argent.**

TRÉSORIER, ÈRE ■ Argentier, caissier, comptable, payeur.

TRESSAILLEMENT ■ Agitation, frémissement, frisson, haut-le-corps, mouvement, secousse, soubresaut, sursaut, tremblement.

TRESSAILLIR ■ S'agiter, avoir un haut-le-corps/un sursaut/un tressaillement, *et les syn. de* TRESSAILLEMENT, bondir, broncher, frémir, frissonner, sauter, soubresauter, sursauter, tiquer, tressauter.

TRESSAUTER ■ ⇒ **tressaillir.**

TRESSE ■ *I. Au pr. :* cadenette, cadogan, catogan, couette, macaron, natte. *II. Par ext.* 1. Bourdalou, cordon, passementerie, scoubidou, soutache. 2. **Mar. :** baderne, garcette.

TRESSER ■ *I. Au pr. :* arranger, assembler, cordonner, entortiller, entrelacer, guiper, natter, nouer, tordre, tortiller. *II. Fig.* 1. Aménager, arranger, brasser, combiner, comploter, conspirer, machiner, manigancer, monter, nouer, ourdir, préparer, tisser, tramer. 2. **Loc.** *Tresser des couronnes* ⇒ **louer.**

TRÉTEAUX ■ ⇒ **théâtre.**

TREUIL ■ Cabestan, caliorne, chèvre, guindeau, louve, moufle, palan, pouliot, vindas.

TRÊVE ■ *I.* Armistice, cessation des hostilités, cessez-le-feu, interruption, suspension d'armes. *II.* Arrêt, discontinuation, moratoire, temps d'arrêt. ⇒ **délai.** *III.* Congé, délassement, détente. ⇒ **repos.**

TRI ■ *I.* Criblage, triage. *II.* ⇒ **choix.**

TRIBADE ■ ⇒ **lesbienne.**

TRIBU ■ *I. Au pr. :* clan, ethnie, groupe, horde, peuplade, peuple, phratrie, race. *II. Par ext.* ⇒ **famille.**

TRIBULATION ■ Accident, adversité, affliction, avanie, calamité, cataclysme, catastrophe, chagrin, coup/cruauté du sort, désastre, détresse, deuil, disgrâce, douleur, échec, épreuve, fatalité, fléau, inconvénient, infortune, mal, malchance, malédiction, malheur, mauvaise fortune/passe, méchef (vx), mélasse, mésaventure, misère, orage, peine, pépin (fam.), perte, revers, ruine. ⇒ **traverse.**

TRIBUN ■ *I.* Cicéron, débateur, entraîneur de foules, foudre d'éloquence, orateur, parleur. *II. Péj. :* baratineur, déclamateur, démagogue, discoureur, harangueur, rhéteur. ⇒ **hâbleur.**

TRIBUNAL ■ Aréopage, assises, chambre, comité, commission, conseil, cour d'appel/d'assises/de cassation/martiale, directoire, guignol (arg.), haute cour, instance, juridiction, jury, justice de paix, palais de justice, parquet, prétoire, saint-office, sanhédrin, siège.

TRIBUNE ■ ⇒ **estrade.**

TRIBUT ■ *I.* ⇒ **impôt.** *II.* ⇒ **récompense.**

TRIBUTAIRE ■ *I. Adj. :* assujetti, débiteur, dépendant, imposable, obligé, redevable, soumis, sujet, vassal. *II. Nom :* affluent. ⇒ **rivière.**

TRICHER ■ ⇒ **tromper.**

TRICHERIE ■ ⇒ tromperie.

TRICHEUR, EUSE ■ Dupeur, filou, fraudeur, fripon, maquignon, maquilleur, mauvais joueur, pipeur, trompeur, truqueur. ⇒ **voleur.**

TRICOT ■ Bonneterie, cardigan, chandail, débardeur, gilet, maillot, pull-over.

TRIER ■ ⇒ choisir.

TRIMARDEUR ■ *I.* ⇒ travailleur. *II.* ⇒ **vagabond.**

TRIMBALER ■ *I.* ⇒ porter. *II.* ⇒ traîner.

TRIMER ■ *I.* ⇒ travailler. *II.* ⇒ marcher.

TRINGLE ■ Barre, broche, tige.

TRINQUER ■ *I.* Lever son verre à, porter une santé/un toast. ⇒ **boire.** *II.* Écoper, recevoir.

TRIOMPHATEUR, TRICE ■ ⇒ vainqueur.

TRIOMPHE ■ ⇒ succès.

TRIOMPHER ■ *I. Au pr.* On triomphe de quelque chose ou de quelqu'un : abattre, accabler, anéantir, avoir, avoir l'avantage, battre, battre à plates coutures, conquérir, culbuter, déconfire, défaire, disperser, dominer, dompter, écharper, éclipser, écraser, l'emporter sur, enfoncer, entamer, gagner, maîtriser, mater, mettre dans sa poche/en déroute/en fuite, prédominer, prévaloir, primer, réduire, rosser, rouler, supplanter, surclasser, surmonter, surpasser, tailler en pièces, terrasser, trôner, vaincre. *II. Par ext.* 1. ⇒ targuer (se). 2. ⇒ réjouir (se).

TRIPES ■ *I. Au pr.* : boyaux, entrailles, fressure, gras-double, intestins, tripoux (région.). *II. Par ext.* ⇒ bedaine.

TRIPOT ■ Bouge, brelan, maison de jeu. ⇒ **cabaret.**

TRIPOTAGE ■ *I.* Agissements, brigue,

combinaison, combine, complot, cuisine, détour, diablerie, intrigue, machination, manège, manigance, manœuvre, menée, micmac, trame. *II.* Canaillerie, concussion, déloyauté, déshonnêteté, escroquerie, forfaiture, friponnerie, gassouillage, grenouillage, immoralité, improbité, indélicatesse, indignité, laideur, magouillage, magouille, malpropreté, malversation, mauvaise foi, méchanceté, tricherie, tripatouillage, vol.

TRIPOTER ■ *I. Au pr.* 1. Neutre : avoir en main/entre les mains, façonner, malaxer, manier, manipuler, manœuvrer, modeler, palper, pétrir, tâter, toucher, triturer. 2. Fam. ou péj. : patiner (vx), patouiller, patrouiller, peloter, trifouiller, tripatouiller. *II. Fig.* ⇒ trafiquer.

TRIPOTEUR, EUSE ■ ⇒ trafiquant.

TRIQUE ■ Gourdin, matraque. ⇒ bâton.

TRIQUER ■ ⇒ battre.

TRISTE ■ *I. Quelqu'un :* abattu, accablé, affecté, affligé, aigri, altéré, amer, angoissé, assombri, atrabilaire, attristé, austère, bileux, bilieux, chagrin, chagriné, consterné, découragé, défait, désabusé, désenchanté, désespéré, désolé, endolori, éploré, funèbre, lugubre, malheureux, maussade, mélancolique, morne, morose, navré, neurasthénique, noir, nostalgique, peiné, rembruni, saturnien, sépulcral, sévère, sinistre, sombre, soucieux, sourcilleux, taciturne, ténébreux, trouble-fête. **Fam** : bonnet de nuit, cafardeux, éteignoir, rabat-joie. *II. Un lieu :* obscur, sauvage, sinistre. *III. Quelque chose ou quelqu'un.* 1. Péj. : accablant, affligeant, affreux, attristant, calamiteux, catastrophique, cruel, déchirant, décourageant, déplorable, désolant, douloureux, dur, ennuyeux, funeste, grave, lamentable, mal, malheureux, mauvais, médiocre, méprisable, minable, misérable, moche, monotone, navrant, pauvre, pénible, piètre, piteux, pitoyable, regrettable, rude, terne, tragique, uniforme. **2. Favorable ou neutre :** attendrissant, bouleversant, dramatique, élégiaque, émouvant, larmoyant, romantique. *IV.* **Loc. C'est triste :** dommage, fâcheux, regrettable.

TRISTESSE ■ *I. De quelqu'un :* abandon, abattement, accablement, affliction, aigreur, amertume, angoisse, atrabile, austérité, chagrin, consternation, découragement, dégoût, dépression, désabusement, désenchantement, désespoir, désolation, deuil, douleur, ennui, épreuve, idées noires/sombres, inquiétude, lassitude, mal, malheur, maussaderie, mélancolie, morosité, neurasthénie, nostalgie, nuage, peine, serrement de cœur, sévérité, souci, souffrance, spleen, vague à l'âme. **Fam. :** bile, bourdon, cafard, papillons noirs. *II. De quelque chose :* abandon, désolation, grisaille, laideur, mocheté (fam.), monotonie, pauvreté, platitude, uniformité.

TRITURER ■ *I. Au pr. :* aplatir, briser, broyer, concasser, croquer, déchiqueter, déchirer, écacher, écorcher, écrabouiller, écraser, mâcher, mastiquer, mettre/réduire en morceaux, mordre, pulvériser. *II. Par ext.* **1. Non favorable :** maltraiter. ⇒ **détruire. 2. Favorable ou neutre** ⇒ **chercher.**

TRIVIAL, E ■ Banal, bas, béotien, bourgeois, brut, canaille, choquant, commun, connu, courant, éculé, effronté, épais, faubourien, gouailleur, gros, grossier, insignifiant, matériel, obscène, ordinaire, peuple, philistin, poissard, populacier, prosaïque, rebattu, réchauffé, ressassé, roturier, simple, usé, vil, vulgaire.

TRIVIALITÉ ■ *I.* ⇒ **banalité.** *II.* ⇒ **obscénité.**

TROC ■ ⇒ **change.**

TROGNE ■ ⇒ **tête.**

TRÔLER ■ ⇒ **traîner.**

TROMBE ■ Bourrasque, cataracte, coup de chien/de tabac/de vent, déluge, rafale, tempête, tornade, tourbillon, turbulence, typhon.

TROMBINE ■ ⇒ **tête.**

TROMBLON ■ ⇒ **fusil.**

TROMPE ■ ⇒ **cor.**

TROMPER ■ *I. Au pr.* **1.** Abuser, amuser, attraper, berner, bluffer, circonvenir, décevoir, déguiser, dépiter, désappointer, dissimuler, donner le change, dorer la pilule, duper, éblouir, échauder, écornifler, égarer, en conter, en donner, endormir, engeigner (vx), engluer, en imposer, enjôler, entôler, escroquer, estamper, étriller, exploiter, faire aller/courir/galoper/marcher, faire briller/chatoyer/miroiter, faire prendre le change, faire une farce/une niche, feindre, finasser, flatter, flouer, frauder, frustrer, gourer (vx), illusionner, induire en erreur, jouer, se jouer de, jouer la comédie, leurrer, mener en bateau, mentir, mettre en défaut, monter un bateau/le coup, se moquer, mystifier, piper, prendre au piège, promener, repasser (vx), resquiller, retarder, rouler, ruser, séduire, tendre un piège, tonneler (vx), trahir, tricher, truquer. **2. Arg. ou fam. :** arnaquer, arranger, avoir, baiser, balancer, balloter, berlurer, biter, blouser, bourrer le crâne/le mou/la ⇒ **tête,** carotter, charrier, couillonner, doubler, embabouiner, emberlificoter, embobeliner, embobiner, emmitonner, empapaouter, empaumer, empiler, enfiler, englander, entortiller, entourlouper, entuber, envelopper, enviander, faire marron, feinter, ficher/fourrer/foutre dedans, gourer, l'introduire/la mettre (dans le ⇒ **fessier),** jobarder, lanterner, mener en double, monter le job, pigeonner, posséder, refaire, truander. *II. Par ext.* **1.** Cocufier, coiffer (fam.), donner un coup de canif au contrat, en donner d'une (vx), en faire porter, faire cocu/cornard, faire porter les cornes à, faire des traits à (vx), trahir. **2.** ⇒ **voler.** *III. V. pron. :* aberrer, s'abuser, avoir la berlue/tort, broncher, confondre, s'échauder, errer, être échaudé/en défaut, faillir, faire fausse route, se fourvoyer, se gourer, s'illusionner, se laisser prendre, mécompter, méjuger, se méprendre, se mettre le doigt dans l'œil (fam.), perdre le nord, prendre des vessies pour des lanternes (fam.), prendre le change, prendre pour, *et les formes pron. possibles des syn. de* TROMPER.

TROMPERIE ■ *I. Au pr.* **1.** Altération, amusement (vx), artifice, attrape, attrape-couillon (mérid.) /lourdaud/nigaud, bluff, canular, carottage, carotte, chiqué, combine, fable, farce, fausse apparence, faux-semblant, feinte, fumisterie, illusion, invention, semblant, tour de passe-passe. **2. Non favorable :** dol, duperie, escroquerie, falsification, fausseté, faux, fourbe (vx), fourberie, fraude, gabegie (vx), imposture, infidélité, leurre, maquignonnage, maquillage, matoiserie (vx), mauvaise foi, mauvais tour, mensonge, mystification, perfidie, piperie (vx), supercherie, trahison, traîtrise, triche, tricherie, trompe-l'œil, truquage, vol. **3. Arg. :** arnaque, bite, blouse, doublage, embrouille, entourloupe, entourloupette, entubage, estorgue, feinte, frime, pipe (vx), vape. **4.** ⇒ **hypocrisie.** *II. Par ext.* ⇒ **adultère.**

TROMPETER ■ Claironner, colporter, corner, crier sur les toits. ⇒ **publier.**

TROMPETTE ■ *I. Par ext. :* buccin, bugle, clairon, cornet, trompe (vx). *II. Nom masc. :* trompettiste.

TROMPEUR, EUSE ■ *I. Le comportement ou le discours de quelqu'un :* artificieux, captieux, décevant, déloyal, délusoire (jurid.), double, dupeur, enjôleur, fallacieux, farceur, faux, faux derche (arg.)/jeton (fam.), fourbe, fraudeur, fumiste (fam.), gobelet (vx), illusoire, imposteur, insidieux, mensonger, menteur, mystificateur, patelin, perfide, simulateur, spécieux,

traître, tricheur, truqueur. ⇒ **hypocrite.** *II. Quelque chose :* brillant, clinquant, toc.

TRONC ■ *I.* ⇒ **tige.** *II.* ⇒ **torse.** *III.* ⇒ **lignée.** *IV.* ⇒ **tirelire.**

TRONÇON ■ ⇒ **partie.**

TRONÇONNER ■ ⇒ **couper.**

TRÔNE ■ *I.* Siège. *II. Par ext. :* autorité, dynastie, maison, monarchie, puissance, règne, royauté, souveraineté.

TRÔNER ■ Se camper, se carrer, se goberger (fam.), pontifier, se prélasser. ⇒ **triompher.**

TRONQUÉ, E ■ Imparfait, incomplet, *et les part. passés possibles des syn. de* TRONQUER.

TRONQUER ■ Altérer, amoindrir, amputer, censurer, couper, déformer, dénaturer, écourter, estropier, fausser, massacrer, mutiler, raccourcir, réduire, rogner, supprimer.

TROP ■ ⇒ **très.**

TROPHÉE ■ *I.* Butin, dépouilles. *II.* Coupe, médaille, oscar, prix, récompense. *III.* ⇒ **succès.**

TROPICAL, E ■ ⇒ **torride.**

TROQUER ■ Échanger. ⇒ **changer.**

TROTTER ■ *I. Au pr.* ⇒ **marcher.** *II. Fig.* ⇒ **préoccuper.**

TROTTIN ■ Apprentie, cousette, couturière, midinette, modiste, ouvrière, petite main.

TROTTINETTE ■ Patinette.

TROTTOIR ■ *Par ext.* **1.** Pavé, plateforme, quai. **2.** ⇒ **prostitution.**

TROU ■ *I. Au pr.* **1.** Antre, brèche, caverne, cavité, coupure, creux, entonnoir, excavation, fente, flache, fondrière, fosse, grotte, hypogée, jouette, ornière, pertuis, poquet, puits, souterrain, tranchée, trouée, vide. **2.**

Chas. ⇒ **ouverture**. *II*. *Fig*. 1. ⇒ **village**. 2. ⇒ **manque**. 3. ⇒ **lacune**.

TROUBADOUR ■ Barde, félibre, jongleur, ménestrel, minnesinger, musicien, poète, trouvère.

TROUBLANT, E ■ *I*. Bouleversant, déconcertant, inquiétant, intimidant. ⇒ **touchant**. *II*. Charmeur, enivrant, enjôleur, ensorceleur, galant, séducteur. ⇒ **séduisant**.

TROUBLE ■ adj. *I*. *Au pr.* : boueux, bourbeux, fangeux, opaque, sombre, terne, vaseux. *II*. *Fig*. 1. Louche. ⇒ **suspect**. 2. Complexe, compliqué, confus, embrouillé, fumeux, indébrouillable, inextricable, nébuleux, nuageux, obscur, ténébreux, vague.

TROUBLE ■ n. *I*. *Au pr.* : anarchie, bouleversement, bruit, chaos, conflit, confusion, crise, désordre, désorganisation, orage, ouragan, méli-mélo (fam.), pêle-mêle, perturbation, remuement, remue-ménage, tempête, tourmente, tumulte. ⇒ **tohu-bohu**. *II*. *Par ext.* 1. Aberration, aliénation, altération, atteinte, aveuglement, confusion, délire, dérangement, dérèglement, déséquilibre, égarement, folie, incommodité (vx), maladie, névrose, perturbation. 2. Commotion, étourdissement, évanouissement, malaise, syncope, vapeur (vx), vertige. 3. Ahurissement, effarement, enivrement, excitation. 4. Attendrissement, bouleversement, ébranlement, embarras, émoi, émotion, indécision, perplexité. 5. Affolement, agitation, désarroi, détresse, effervescence, effroi, fièvre, inquiétude, remous. 6. Brouille, brouillerie, dispute. ⇒ **mésintelligence**. 7. Au pl. : convulsion, déchirement, émeute, guerre civile/intestine, insurrection, mouvement. ⇒ **révolte**.

TROUBLÉ, E ■ *I*. *Quelqu'un*. 1. Favorable : attendri, charmé, chaviré, ému, éperdu, intimidé, rougissant, séduit, touché. 2. Neutre ou non favorable : affolé, agité, ahuri, à l'envers, aveuglé, bouleversé, chamboulé (fam.), confus, détraqué, effarouché, égaré, fiévreux, hagard, hébété, inquiet, perturbé, retourné, sens dessus dessous. *II*. *Quelque chose*. 1. Au pr. : altéré, brouillé. 2. Par ext. : brouillon, confus, houleux, incertain, inquiétant, mouvementé, orageux, tourmenté, trépidant, tumultueux, turbide, turbulent.

TROUBLER ■ *I*. *Quelque chose* : brouiller, corrompre, décomposer, déranger, dérégler, désorganiser, détraquer, détruire, embrouiller, empoisonner, gâter, gêner, interrompre, obscurcir, perturber, rabouiller, renverser, rompre, subvertir, touiller. ⇒ **mélanger**. *II*. *Quelqu'un*. 1. Favorable ou neutre : éblouir, émouvoir, enivrer, enfiévrer, ensorceler, étonner, exciter, fasciner, impressionner, remuer, saisir, séduire. 2. Non favorable : abasourdir, affliger, affoler, agiter, ahurir, alarmer, aliéner, aveugler, bousculer, chagriner, confondre, contrarier, déconcerter, démonter, désarçonner, désorienter, disturber, effarer, effaroucher, égarer, embarrasser, embrouiller, étonner (vx), incommoder, inquiéter, interdire, intimider, mettre sens dessus dessous, semer/soulever/susciter l'émotion/l'inquiétude/le trouble. *III*. *V. pron.* : barboter (fam.), s'embarbouiller, perdre contenance/la carte (fam.)/les pédales (fam.)/la tête, *et les formes pron. possibles des syn. de* TROUBLER.

TROUÉE ■ Brèche, clairière, déchirure, échappée, excavation, faille, percée, ouverture. ⇒ **trou**.

TROUER ■ ⇒ **transpercer**.

TROUILLARD, E ■ ⇒ **capon**.

TROUILLE ■ ⇒ **peur**.

TROUPE ■ *I*. *D'animaux* : essaim, harde, harpail, meute, troupeau, volée. *II*. *D'hommes*. 1. Milit. : armée, bataillon, brigade, cohorte, colonne, commando, compagnie, corps, corps franc, détachement, échelon, équipe, escadron, escouade, forces, formation, goum, groupe, guérilla, légion, manipule, milice, parti, patrouille, peloton, phalange, piquet, régiment, section, soldatesque (péj.), tabor, unité. **2.** Attroupement, bande, caravane, cavalcade, cortège, ensemble, foule, gang (péj.), groupe, horde (péj.), multitude, rassemblement, tribu.

TROUPEAU ■ *I. Au pr. :* cheptel, manade. *II. Par ext.* **1.** ⇒ troupe. **2.** ⇒ **multitude.**

TROUPIER ■ ⇒ soldat.

TROUSSE ■ *I. Vx :* assemblage, botte, faisceau, gerbe, trousseau. *II.* Aiguiller, étui, nécessaire, plumier, poche, portefeuille, sac, sacoche. *III. Loc.* **Aux/sur les trousses de :** aux chausses, au derrière, au train (fam.), dans le dos, sur le paletot (fam.), aux talons. ⇒ **poursuivre.**

TROUSSEAU ■ Affaires, dot, effets, habits, layette, linge, lingerie, nécessaire, toilette, vêtements.

TROUSSER ■ *I.* Accélérer, brusquer, dépêcher, expédier, hâter, liquider, précipiter. ⇒ **torcher.** *II.* Écarter, recoquiller, redresser, relever, remonter, replier, retrousser, soulever. ⇒ **lever.** *III.* ⇒ **caresser.**

TROUVAILLE ■ Astuce (fam.), création, découverte, idée, illumination, invention, nouveauté, rencontre, trait de génie/de lumière.

TROUVER ■ *I. Au pr. :* apercevoir, atteindre, avoir, cueillir (fam.), déceler, découvrir, dégoter, dénicher, détecter, déterrer, joindre, mettre la main sur, obtenir, pêcher (fam.), rejoindre, rencontrer, surprendre, tomber sur, toucher. *II. Par ext.* **1.** S'aviser de, déchiffrer, deviner, élucider, percer, résoudre, réussir, surmonter la difficulté. **2.** Concevoir, créer, forger, imaginer, innover, inventer. **3.** Considérer, croire, éprouver, estimer, penser, regarder comme, saisir, sentir, tenir pour. ⇒ **juger.** *III. Loc.* **1.** Trouver bon ⇒ approuver. **2.** Trouver à dire : avoir à. ⇒ **blâmer.**

TROUVER (SE) ■ *I. Quelque chose ou quelqu'un :* s'avérer, demeurer, être, exister, figurer, s'offrir, se rencontrer, reposer, se révéler, tomber, traîner *et les formes pron. possibles des syn. de* TROUVER. *II. Quelqu'un.* **1.** Au pr. : assister, être présent, siéger. **2.** Fig. (non favorable) ⇒ tomber dans/entre. **3.** Fig. (favorable) : baigner, flotter, nager, se prélasser, se vautrer. **4.** Fig. (neutre) : se considérer, se croire, s'estimer, se juger. *III. Quelque chose :* advenir, arriver, se produire, survenir.

TROUVÈRE ■ ⇒ troubadour.

TRUAND, E ■ *I. Neutre :* chemineau, clochard, cloche, coureur, galvaudeux, gueux, mendiant, mendigot, rôdeur, trimardeur, vagabond. *II. Non favorable :* affranchi, arsouille, aventurier, bandit, brigand, canaille, chenapan, coquin, crapule, débauché, dévoyé, drôle, fainéant, frappe, fripon, fripouille, galapiat, galopin, garnement, gens de sac et de corde, gibier de potence, gouape, gouspin (vx), gredin, libertin, malhonnête, maquereau, nervi, plat personnage, poisse, ribaud (vx), rossard, sacripant, saleté, sale/triste individu/personnage/type/coco (fam.), scélérat, vaurien, voyou. ⇒ **voleur.**

TRUANDER ■ *I.* ⇒ tromper. *II.* ⇒ **voler.**

TRUBLION ■ *I.* ⇒ brouillon. *II.* ⇒ factieux.

TRUC ■ *I. Favorable ou neutre :* art, combinaison, démarche, dispositif, formule, manière, marche à suivre, martingale, méthode, mode, moyen, pratique, procédé, procédure, recette, rubrique (vx), secret, stratégie, système, tactique, technique, théorie, voie. *II.* Affaire, bazar, bidule, bitonio, bordel, bricole, chose, gadget, machin, objet, outil, saint-frusquin, zizi, zinzin. *III. Non favorable :* artifice, astuce, attrape-nigaud, carotte (fam.), cautèle, chafouinerie, chausse-trape, détour, diplomatie, échappatoire, embrouille, embûche, faux-fuyant, feinte, ficelle, finasserie, finesse, fourberie, fraude, habileté, intrigue, invention, machiavélisme, machination, machine, malice, manœuvre, matoiserie, méandre, os, perfidie, piège, politique, retour (vén.), rets, roublardise, rouerie, rubrique (vx), ruse, sac de nœuds, stratagème, stratégie, subterfuge, subtilité, tactique, tour, trame, tromperie.

TRUCHEMENT ■ *I.* ⇒ traducteur. *II.* ⇒ intermédiaire.

TRUCIDER ■ ⇒ tuer.

TRUCULENCE ■ ⇒ bouffonnerie.

TRUCULENT, E ■ *I.* Vx. 1. ⇒ barbare. 2. ⇒ violent. *II.* Amusant, bizarre, cocasse, comique, curieux, déconcertant, drolatique, drôle, étonnant, étrange, excentrique, extraordinaire, fantasque, hardi, haut en couleur, hors du commun, impayable, inédit, neuf, non-conformiste, nouveau, original, particulier, personnel, picaresque, pittoresque, singulier, spécial.

TRUELLE ■ Langue de chat, spatule.

TRUFFE ■ ⇒ nez.

TRUFFER ■ Bonder, bourrer, charger, combler, emplir, encombrer, entrelarder, envahir, farcir, garnir, gonfler, insérer, larder, occuper, remplir, saturer, se répandre dans.

TRUISME ■ ⇒ vérité.

TRUITÉ, E ■ ⇒ taché.

TRUQUAGE ■ ⇒ tromperie.

TRUQUER ■ *I.* ⇒ altérer. *II.* ⇒ tromper.

TRUQUEUR, EUSE ■ *I.* ⇒ tricheur. *II.* ⇒ trompeur.

TRUST ■ Association, cartel (all.), coalition, comptoir, consortium, corner (angl.), entente, holding, monopole, omnium, pool, syndicat.

TRUSTER ■ ⇒ accumuler.

TSAR ■ ⇒ monarque.

TSIGANE ■ ⇒ tzigane.

TUANT, E ■ Abrutissant, accablant, assommant, claquant (fam.), crevant (fam.), déprimant, échinant, écrasant, énervant, ennuyeux, épuisant, éreintant, esquintant, exténuant, fatigant, harassant, importun, lassant, pénible, suant, vannant.

TUBAGE ■ Intubation.

TUBE ■ *I.* Boyau, canal, canalisation, conduit, cylindre, pipe-line, tuyau. *II.* Canule, drain, éprouvette, fêle, pipette, siphon. *III.* Chapeau-claque, claque, gibus, haut-de-forme, huit-reflets.

TUBÉREUX, EUSE ■ Bulbeux, charnu, gonflé, renflé.

TUBERCULEUX, EUSE ■ Bacillaire, malade de la poitrine, phtisique, poitrinaire, pulmonaire. *Arg. :* mité, nase, tubard, tutu.

TUBERCULOSE ■ Bacillose, caverne, maladie de poitrine, maladie du poumon, phtisie. *Arg. :* éponges mitées, nases (les), tubardise.

TUBULAIRE ■ Cylindrique, tubule, tubuleux.

TUBULURE ■ ⇒ conduit.

TUÉ, E ■ *Au pr. :* assassiné, décédé, disparu, exécuté, mort, tombé, tombé au champ d'honneur, trépassé, *et les part. passés possibles des syn. de* TUER.

TUER ■ *I. Au pr. :* 1. Abattre, achever, anéantir, assassiner, assommer, brûler (au pr. et arg. au fig.), brûler la cervelle, casser la tête, causer la mort, couper la gorge, décapiter, décimer, décoller, se défaire de, démolir, descendre, détruire, donner le coup de grâce/la mort, écarteler, échiner (vx), écraser, égorger, égosiller (vx), électrocuter, empaler, empoisonner, emporter, envoyer ad patres/dans l'autre monde/pour le compte, estorquer (vx), étendre mort/raide/raide mort/sur le carreau, étouffer, étrangler, étriper, éventrer, exécuter, exterminer, faire couler le sang, faire mourir *et les syn. de* MOURIR, faire périr, faire sauter la cervelle, faucher, foudroyer, fusiller, garrotter, guillotiner, immoler, juguler (vx), lapider, liquider, lyncher, massacrer, mettre à mort, moissonner, nettoyer, noyer, occire, ôter la vie, pendre, percer, poignarder, pourfendre, rompre le cou, sacrifier, saigner, servir (vén.), supplicier, supprimer, trancher le cou/la gorge, verser le sang. 2. **Arg. ou fam.** : allonger, avoir, bousiller, brûler, buter, canner, casser, chouriner, composter, crever, crever la paillasse/la panse, décoller, dégringoler, dépêcher, déquiller, descendre, dessouder, ébouser, escoffier (mérid.), estourbir, expédier, faire la peau, flingoter, flinguer, outiller, percer, planter, plomber, poinçonner, raccourcir, ratiboiser, rectifier, refroidir, répandre, repasser, rincer, scionner, suriner, tordre le cou, trucider, zigouiller. **II.** *Fig.* 1. ⇒ abattre. 2. ⇒ détruire. 3. ⇒ fatiguer. **III.** *Loc.* Tuer le temps : occuper, passer. **IV. V. pron.** 1. **Au pr.** : se détruire, se donner la mort, se défaire, faire hara-kiri, mettre fin à ses jours, se saborder, se suicider, se supprimer. **Fam.** : se faire sauter (la caisse/la cervelle/le caisson), se flinguer/macchaber. 2. Se casser le cou (fam.)/la figure (fam.), être victime d'un accident, se rompre le cou, trouver la mort. 3. *Fig.* : se crever (fam.), s'évertuer, se fatiguer, *et les formes pron. possibles des syn. de* TUER.

TUERIE ■ *I.* ⇒ abattoir. *II.* ⇒ carnage.

TUEUR ■ n. Assassin, brave, bravi, bravo, chourineur (arg.), coupe-jarret, estafier, homme de main, massacreur, meurtrier, nervi, satellite, sicaire, spadassin.

TUEUR, TUEUSE ■ adj. Dangereux, fatal, homicide, meurtrier, mortel.

TUF ■ *I.* **Au pr.** : tufeau, tuffeau. *II. Fig.* ⇒ intérieur.

TUILE ■ *I.* Tuileau. *II. Fig.* 1. ⇒ accident. 2. ⇒ malchance.

TULLE ■ ⇒ gaze.

TUMÉFACTION ■ ⇒ tumeur.

TUMÉFIÉ, E, TUMESCENT, E ■ Ballonné, bombé, bouffant, bouffi, boursouflé, cloqué, congestionné, dilaté, distendu, empâté, en chou-fleur (fam.), enflé, gondolé, gonflé, gros, hypertrophié, mafflu, météorisé, renflé, soufflé, turgescent, turgide, ventru, vultueux.

TUMESCENCE, TUMEUR ■ *I.* **Au pr.** : adénite, adénome, athérome, bubon, cancer, carcinome, crête-de-coq, épithéliome, épulide, exostose, fibrome, fongosité, fongus, gliome, goitre, granulome, grenouillette, hématocèle, hématome, intumescence, kyste, lipome, loupe, molluscum, néoplasie, néoplasme, œdème, papillome, polype, ranule, sarcome, squirrhe, tanne, tubercule, tubérosité, tuméfaction, tumescence. *II.* **Par ext.** : abcès, ampoule, angiome, anthrax, apostème, apostume, bosse, boufigue (mérid.), boufiole (mérid.), bouton, chalaze, chalazion, clou, écrouelles (vx), enflure, escarre, excroissance, fluxion, fraise, furoncle, ganglion, glande, granulation, grosseur, humeurs froides (vx), induration, hypocrâne (vx), naevus, orgelet, panaris, phlegmon, pustule, scrofule (vx), tourniole, verrucosité. *III.* **Vétér.** : buture, capelet, éparvin, éponge, forme, jarde, jardon, javart, osselet, suros, vessigon.

TUMULTE ■ *I.* ⇒ tohu-bohu. *II.* ⇒ trouble.

TUMULTUEUX, EUSE ■ Agité, animé, brouillon, bruyant, confus, désordonné, houleux, incertain, inquiétant, mouvementé, orageux, séditieux, tapageur, tourbillonnaire, tourmenté, trépidant, troublé, turbulent.

TUMULUS ■ *I. Au pr. :* cairn, galgal, mound, tertre. *II.* ⇒ **tombe.**

TUNIQUE ■ *I.* Angusticlave, chiton, dalmatique, éphod, laticlave. *II.* Boubou, kimono, robe. *III.* Broigne (vx), dolman, redingote, veste.

TUNNEL ■ Corridor, passage, passage souterrain, percée, souterrain, trouée.

TURBULENCE ■ *I.* Activité, agitation, animation, bruit, dissipation, espièglerie, excitation, impétuosité, mobilité, mouvement, nervosité, pétulance, remue-ménage, tapage, trouble, tumulte, vivacité. *II.* ⇒ **trombe.**

TURBULENT, E ■ *I. Quelqu'un :* actif, agile, agité, animé, bruyant, déluré, démoniaque, dissipé, dur, espiègle, éveillé, excité, fougueux, frétillant, fringant, guilleret, impétueux, ingambe, instable, leste, mobile, nerveux, pétulant, polisson, primesautier, prompt, rapide, remuant, sautillant, tapageur, terrible, vif, vivant. ⇒ **polisson.** *II. Quelque chose.* 1. ⇒ **troublé.** 2. ⇒ **tumultueux.**

TURF ■ *I.* Champ de courses, courtines (arg.), hippodrome, pelouse. *II.* Courses, sport hippique. *III. Loc.* Faire le turf (arg.) : ⇒ **prostitution.**

TURGESCENT, E, TURGIDE ■ ⇒ **tuméfié.**

TURLUPIN ■ *I. Nom :* arlequin, baladin, bateleur, bouffe, bouffon, clown, comique, fagotin, farceur, gugusse, histrion, matassin, nain, paillasse, pantalon, pantin, pasquin, pitre, plaisantin, queue-rouge, saltimbanque, trivelin, zanni. *II. Adj. :* bouffon, burlesque, cocasse, comique, drôle, fantaisiste, folâtre, grotesque, ridicule, rigolo (fam.).

TURLUPINADE ■ *I.* ⇒ **bouffonnerie.** *II.* À-peu-près, calembour, contrepèterie, coq-à-l'âne, équivoque, jeu de mots, mot d'esprit, plaisanterie.

TURLUPINER ■ *Fam. :* agacer, asticoter, casser les pieds, chercher des crosses/noise/querelle, contrarier, courroucer, crisper, donner sur les nerfs, échauffer, échauffer la bile/les oreilles, embêter, emmerder (grossier), énerver, ennuyer, enquiquiner, exacerber, exaspérer, excéder, exciter, faire endêver/enrager/sortir de ses gonds, harceler, hérisser, horripiler, impatienter, importuner, indisposer, irriter, lanciner, lasser, marteler, mécontenter, mettre en colère/rogne, obséder, piquer, provoquer, taquiner, tarauder, tourmenter, tracasser, travailler, trotter, troubler.

TURLURETTE ■ Biniou, cornemuse, flageolet, vielle. ⇒ **refrain.**

TURLUTAINE ■ ⇒ **toquade.**

TURLUTTE ■ ⇒ **hameçon.**

TURNE ■ ⇒ **chambre.**

TURPIDE ■ ⇒ **honteux.**

TURPITUDE ■ Abaissement, abjection, bassesse, boue, corruption, crapulerie, crime, débauche, dégradation, démérite, déportement, dépravation, dérèglement, déshonneur, désordre, dévergondage, dissolution, excès, fange, flétrissure, honte, ignominie, immoralité, impudicité, inconduite, indécence, indignité, infamie, iniquité, intempérance, libertinage, licence, luxure, malhonnêteté, méchanceté, opprobre, ordure, relâchement, ribauderie, scandale, stupre, vice, vilenie.

TUTÉLAIRE ■ Auxiliaire, bienfaisant, bienfaiteur, bon, défenseur, gardien, favorable, paternel, protecteur, providentiel, sauveur, secourable, serviable, utile.

TUTELLE ■ *I. Favorable ou neutre :* administration, aide, appui, assistance, auspice, autorité, bénédiction, conservation, couverture, défense, égide, garantie, garde, immunité, invocation, patronage, protection, sauvegarde, secours, soutien, support. *II. Non favorable :* assujettissement, contrainte, dépendance, direction, gêne, lisière, surveillance, vigilance.

TUTEUR, TUTRICE ■ *I.* Ascendant, caution, comptable, garantie, gérant, parrain, représentant, responsable, soutien, surveillant. *II.* Appui, défenseur, gardien, patron, protecteur. *III.* Appui, armature, échalas, étai, perche, piquet, rame, soutien, tige.

TUYAU ■ *I.* ⇒ tube. *II.* ⇒ canal. *III.* ⇒ renseignement.

TUYAUTAGE, TUYAUTERIE ■ ⇒ conduit.

TUYÈRE ■ Buse.

TYMPAN ■ Fronton, gable, pignon.

TYMPANISER ■ ⇒ vilipender.

TYPE ■ *I. Quelque chose.* **1.** Typogr. : caractère, fonte, frappe, police. **2.** Archétype, canon, conception, échantillon, étalon, exemple, figure, formule, gabarit, idéal, idée, image, modèle, original, paradigme, parangon, personnification, prototype, représentant, symbole. **3.** Catégorie, classe, embranchement, espèce, famille, genre, ordre, race, sorte, variété. **4.** Acabit, farine, nature, sorte. **5.** Façon, griffe, manière, marque, mode, style. **6.** Apparence, aspect, attitude, caractère, comportement, conduite, dégaine (fam.), extérieur, façon, format, genre, ligne, morphologie, silhouette, tenue, touche (fam.), tournure. *II. Quelqu'un.* **1.** Citoyen, habitant, homme, individu, monsieur, personnage, personne, quelqu'un, tête. **2. Péj. ou arg. :** bonhomme, bougre, branquignol, cave, cézigue, chrétien, coco, croquant, diable, drôle, gaillard, gazier, gnasse, gonze, guignol, gus, hère, lascar, luron, mec, moineau, numéro, oiseau, olibrius, ostrogot, pante, paroissien, pèlerin, piaf, pierrot, pistolet, quidam, rigolo, zèbre, zigomard, zigoto, zigue, zouave.

TYPER ■ Marquer. ⇒ imprimer.

TYPHON ■ Bourrasque, coup de chien/de tabac (fam.)/de vent, cyclone, orage, ouragan, rafale, raz de marée, tempête, tornade, tourbillon, tourmente, trombe, vent.

TYPIQUE ■ Caractéristique, déterminant, distinctif, dominant, emblématique, essentiel, exemplaire, expressif, original, particulier, personnel, propre, représentatif, saillant, significatif, spécifique, symbolique, symptomatique.

TYPOGRAPHE ■ Composeur, compositeur, imposeur, imprimeur, metteur en pages, minerviste, ouvrier du livre, prote, typo.

TYRAN ■ Autocrate, despote, dictateur, dominateur, maître, oppresseur, persécuteur, roi, roitelet, souverain absolu, tyranneau.

TYRANNIE ■ *I. Au pr. :* absolutisme, autocratie, autoritarisme, caporalisme, césarisme, despotisme, dictature, fascisme, nazisme, totalitarisme. *II. Par ext.* **1.** Arbitraire, assujettissement, barbarie, cruauté, domination, fanatisme, férocité, inhumanité, intolérance, oppression, persécution, sauvagerie, vandalisme. **2.** Ascendant, autorité, dépendance, dogmatisme, empiétement, empire, emprise, esclavage, influence, mainmise.

TYRANNIQUE ■ ⇒ absolu.

TYRANNISER ■ *I. Au pr. :* abuser, accabler, assujettir, avoir/jeter/mettre le grappin/la main sur, contraindre, courber, dominer, forcer, fouler aux pieds, opprimer, persécuter, réduire en esclavage, violenter. *II. Par ext.* **1.** ⇒ **tourmenter.** **2.** ⇒ **conduire.**

TZIGANE ■ Baraquin (péj.), bohémien, boumian, fils du vent, gipsy, gitan, nomade, roma, romanichel, romano, romé, sinte, zing, zingaro.

u

UBIQUISTE ■ Omniprésent.

UBIQUITÉ ■ Dédoublement, omni-présence.

UBUESQUE ■ ⇒ absurde.

UKASE ■ ⇒ injonction.

ULCÉRATION, ULCÈRE ■ Chancre, exulcération, exutoire, lésion, lupus, plaie. ⇒ abcès.

ULCÉRER ■ *I.* ⇒ affliger. *II.* ⇒ cho-quer.

ULÉMA ■ Ayatollah, imam, mollah, soufi.

ULGINAIRE ■ ⇒ humide.

ULMAIRE ■ Reine-des-prés, spirée.

ULSTER ■ ⇒ manteau.

ULTÉRIEUR, E ■ ⇒ suivant.

ULTIMATUM ■ ⇒ injonction.

ULTIME ■ ⇒ dernier.

ULTRA ■ n. et adj. Extrémiste, fana-tique, intolérant, jacobin, jeune Turc, jusquauboutiste, maximaliste.

ULTRA-PETITA ■ Surenchère.

ULULER ■ Boubouler. ⇒ crier.

ULVE ■ ⇒ algue.

UN, UNE ■ Distinct, exclusif, indivis, isolé, rare, seul, simple, unique.

UN À UN ■ L'un après l'autre. ⇒ alter-nativement.

UNANIME ■ Absolu, collectif, com-mun, complet, entier, général, sans exception, total, universel.

UNANIMEMENT ■ Absolument, à l'unanimité, collectivement, complète-ment, entièrement, généralement, sans exception, totalement, tous à la fois/ensemble, universellement.

UNAU ■ Paresseux. ⇒ singe.

UNI, E ■ *I.* ⇒ égal. *II.* ⇒ lisse. *III.* ⇒ simple. *IV.* ⇒ uniforme.

UNIFICATION ■ Intégration, radicali-sation.

UNIFIER, UNIFORMISER ■ Standar-diser. ⇒ unir.

UNIFORME ■ *I. Adj. :* continu, droit, égal, pareil, plat, semblable, simple. ⇒ monotone. *II. Nom* ⇒ vêtement.

UNIFORMITÉ ■ Égalité, monotonie. ⇒ tristesse.

UNILATÉRAL, E ■ Arbitraire.

UNIMENT ■ Également, franche-ment, régulièrement, simplement.

UNION ■ *I. Au pr.* **1.** Fusion, grou-pement, jumelage, mixité, symbiose, symphonie, syncrétisme. **2.** ⇒ liaison. **3.** ⇒ jonction. **4.** ⇒ alliance. **5.** ⇒ fédé-ration. **6.** ⇒ syndicat. **7.** ⇒ mariage. *II. Fig. :* accord, amitié, bons termes, camaraderie, communion, concert, concorde, conformité, ensemble, entente, fraternité, harmonie, intelligence, sympathie, unisson.

UNIQUE ■ *I.* Exclusif, inclassable, isolé, original, seul, spécial. *II.* ⇒ un. *III.* ⇒ extraordinaire. *IV.* Singleton.

UNIR ■ *I. Au pr.* 1. Accoupler, agencer, agglutiner, agréger, allier, annexer, amalgamer, apparier, assembler, associer, assortir, attacher, chaîner, compénétrer, confondre, conjoindre, conjuguer, coupler, enchaîner, enter, fondre, fusionner, joindre, lier, marier, mélanger, mêler, raccorder, rapprocher, rassembler, relier, réunir, saisir, souder. 2. **Polit.** : allier, coaliser, confédérer, fédérer, liguer, solidariser. *II. Par ext.* 1. Allier, fiancer. 2. Aplanir, égaliser, polir, rendre uni.

UNISSON ■ *I.* ⇒ union. *II. Loc.* À l'unisson : d'accord, ensemble, d'un même ton, d'une même voix.

UNITÉ ■ *I.* ⇒ conformité. *II.* ⇒ harmonie. *III.* ⇒ troupe. *IV.* ⇒ modèle.

UNIVERS ■ Ciel, cosmos, création, espace, globe, macrocosme, monde, nature, sphère, terre, tout.

UNIVERSALISER ■ ⇒ répandre.

UNIVERSALISTE ■ Catholique (au pr.), internationaliste, mondialiste, œcuménique.

UNIVERSALITÉ ■ ⇒ totalité.

UNIVERSAUX ■ Catégories, concepts : *accident, différence, espèce, genre, propre.*

UNIVERSEL, ELLE ■ *I.* ⇒ commun. *II.* Cosmique. *III.* Catholique (au pr.), international, œcuménique, mondial, planétaire. *IV.* Bon à tout, factoton, polyvalent, à toutes mains.

UNIVERSITÉ ■ Académie, alma mater. ⇒ faculté.

UNIVITELLIN ■ ⇒ jumeau.

UNIVOQUE ■ ⇒ clair.

UPÉRISATION ■ Pasteurisation, stérilisation.

URAÈTE ■ ⇒ aigle.

URANIEN, URANISTE ■ *I.* Homosexuel, inverti, pédéraste, pédophile, sodomite actif/passif, travesti (par ext.). *II. Litt. :* affiche, corydon, corvette, frégate, frégaton, ganymède, giton, mignon. *III. Arg. et péj. :* bilboquet, branleur, castor, chevalier de l'anneau/de la ⇒ **bicyclette**, confrérie/ jaquette/manchette/ pédale/sacoche/ tasse/du valseur, chochotte, choute, contemplatif, fiotte, folle, girond, homo, jésus, lopaille, lope, lopette, pédale, pédé, pédoc, prout-prout, raspède, schbeb, tante, tantouse, tapette, tata, travailleur du chouette/petit/ prose, travelo, travioque, zomo, etc. *IV. Grossier :* emmanché, empaffé, empapaouté, emprosé, enculé, enculeur, endauffé, enfifré, enfoiré, entrouducuté, enviandé.

URBAIN, AINE ■ *I.* Citadin. *II. Par ext. :* municipal. *III.* ⇒ aimable.

URBANISME ■ ⇒ logement.

URBANITÉ ■ ⇒ amabilité.

URBI ET ORBI ■ Partout, universellement.

URGENCE ■ *I.* ⇒ obligation. *II. Loc.* D'urgence : sans ⇒ délai.

URGENT, ENTE ■ ⇒ pressant.

URGER ■ Presser.

URINAL ■ *I.* Bourdalou. *II. Par ext. :* pissoir, pot de chambre, vase de nuit. *Arg. :* jules, tasse, théière, thomas.

URINE ■ Eau, pipi (enf.), pissat, pisse. *Arg. :* lance, lancequine.

URINER ■ *I.* Faire pipi, lâcher/tomber de l'eau, se mouiller, pisser, pissoter. *Arg. :* changer son poisson d'eau, lancequiner, lissebroquer, quimper, tirer un bock/demi. *II. Uriner contre :* compisser.

URINOIR ■ Édicule, latrines, pissoir, pissotière, vespasienne. *Arg. :* rambuteau, tasse, théière.

URNE ■ Amphore, canope, pot, pot à feu, potiche, vase. *Au pl.* ⇒ vote.

URTICATION ■ Démangeaison. ⇒ picotement.

URUBU ■ ⇒ vautour.

URUS ■ Auroch, bison.

USAGE ■ *I.* ⇒ habitude. *II.* Activité, application, consommation, destination, disposition, emploi, exercice, fonction, fonctionnement, jouissance, utilisation, utilité, service.

USAGÉ, E, USÉ, E ■ *I. Au pr. :* abîmé, amorti, avachi, culotté, déchiré, décrépit, déformé, défraîchi, délavé, démodé, éculé, élimé, épuisé, éraillé, esquinté, fané, fatigué, fini, fripé, limé, lustré, miteux, mûr, passé, râpé, vieux. *II. Par ext.* ⇒ banal.

USAGER ■ Client, utilisateur.

USER ■ *I. V. tr.* 1. Au pr. et fig. : amoindrir, corroder, effriter, élimer, émousser, entamer, épointer, gâter, laminer, limer, miner, mordre, râper, roder, rogner, ruiner, travailler. ⇒ abîmer. 2. ⇒ consommer. *II. V. intr.* User de : appliquer, avoir recours, disposer de, employer, emprunter, exercer, faire usage de, jouer de, jouir de, manier, ménager, mettre, mettre en jeu/en œuvre, porter, pratiquer, prendre, recourir à, se servir de, utiliser. *III. Loc.* En user : se comporter, se conduire, traiter.

USINE ■ Aciérie, arsenal, atelier, chaîne, cimenterie, distillerie, établissement, fabrique, filature, fonderie, forge, haut fourneau, industrie, manufacture, minoterie, papeterie, raffinerie, tréfilerie.

USINER ■ ⇒ fabriquer.

USITÉ, E ■ Accoutumé, commun, consacré, constant, courant, coutumier, employé, familier, fréquent, ordinaire, traditionnel, usuel, utilisé.

USNÉE ■ Lichen, mousse.

USTENSILE ■ *I.* Accessoire, batterie de cuisine, dinanderie, engin, instrument, matériel, mobilier (vx), nécessaire, objet, outil, outillage, panoplie, réceptacle, trousse, vaisselle. ⇒ bidule. *II. Récipients.* 1. Alambic, capsule, cornue, matras, têt. 2. ⇒ bouteille, casserole, coupe, gobelet, gourde, plat, poêle, pot, vase. 3. ⇒ auge, bac, baignoire, baquet, baril, bassin, bidon, réservoir. 4. ⇒ boîte, caisse, coffre, contenant, malle, panier, poche, sac, urne. *III. De cuisine :* broche, chinois, couperet, couteau, cuiller, écumoire, égrugeoir, entonnoir, étamine, fourchette, fourneau, hachoir, hâtelet, lèchefrite, louche, mixer, mortier, moulin à légumes, presse-citron/purée, râpe, réchaud, rôtissoire. *IV. De toilette :* barbier, bidet, broc, cuvette, douche, glace, lavabo, pot-à-eau, psyché, tub. *V. De jardinage :* arrosoir. ⇒ bêche, binette, brouette, cisaille, ciseaux, croissant, cueilloir, faux, fourche, motoculteur, plantoir, râteau, sécateur, serfouette, serpe, tondeuse.

USUCAPION ■ ⇒ prescription.

USUEL, ELLE ■ ⇒ usité.

USUFRUIT ■ Fruit, jouissance, possession, produit, récolte, revenu.

USUFRUITIER, ÈRE ■ Usufructuaire.

USURAIRE ■ ⇒ excessif.

USURE ■ *I.* Agio, agiotage, gain, intérêt, placement, prêt, profit, trafic. ⇒ avarice. *II.* Amoindrissement, corrosion, dégradation, diminution, éraillement, érosion.

USURIER, IÈRE ■ *I.* Agioteur, prêteur. *II. Par ext.* ⇒ avare.

USURPATION ■ Appropriation, captation, dol, enlèvement, escroquerie, occupation, prise, rapt, soustraction. ⇒ **vol.**

USURPATOIRE ■ Abusif, illégal, inique.

USURPER ■ *I. V. intr. :* anticiper sur, empiéter sur, enjamber (fam.), entreprendre sur, envahir. *II. V. tr. :* annexer, s'appliquer, s'approprier, s'arroger, s'attribuer, dérober, s'emparer, prendre, ravir, voler.

UTÉRIN, INE ■ Consanguin, demi-frère/sœur.

UTÉRUS ■ Flancs, matrice, sein (vx).

UTILE ■ Bon, efficace, expédient, important, indispensable, fructueux, nécessaire, profitable, salutaire.

UTILISATEUR, TRICE ■ Client, usager.

UTILISATION ■ Application, destination, emploi, maniement.

UTILISER ■ *I.* ⇒ **profiter.** *II.* ⇒ **user de.**

UTILITAIRE ■ *I.* ⇒ **réaliste.** *II.* ⇒ **commun.**

UTILITÉ ■ ⇒ **profit.**

UTOPIE ■ *I.* Billevesées, chimère, illusion, mirage, mythe, rêve, rêverie, roman. *II.* ⇒ **idéal.**

UTOPIQUE ■ ⇒ **imaginaire.**

UTOPISTE ■ Imaginatif. ⇒ **rêveur.**

UVULE ■ Luette.

v

VACANCE ■ Carence, disponibilité, interruption, suspension, vacuité, vide.

VACANCES ■ Campos, congé, détente, permission, pont, relâche, repos, semaine anglaise, vacation, week-end.

VACANT, E ■ Abandonné, disponible, inoccupé, jacent (jurid.), libre, vague (terrain), vide.

VACARME ■ *I.* ⇒ bruit. *II.* ⇒ chahut.

VACATAIRE ■ Auxiliaire, contractuel, supplétif, surnuméraire.

VACATION ■ *I.* ⇒ rétribution. *II.* ⇒ vacances. *III.* ⇒ séance.

VACCIN, VACCINATION ■ Immunisation, inoculation, piqûre, sérum.

VACCINER ■ Immuniser, inoculer, piquer, prémunir, préserver.

VACHE ■ *I. Au pr. :* génisse, taure. *II. Fig.* 1. ⇒ bête. 2. ⇒ méchant. 3. ⇒ policier.

VACHER, VACHÈRE ■ Bouvier, cowboy (vx et partic.), gardian, gardien, gaucho, manadier, toucheur de bœufs.

VACHERIE ■ *I.* ⇒ étable. *II.* ⇒ méchanceté.

VACHERIN ■ *I.* Comté, gruyère. *II.* Meringue glacée.

VACILLANT, E ■ *I.* ⇒ chancelant. *II.* ⇒ tremblant.

VACILLATION ■ ⇒ balancement.

VACILLER ■ *I.* ⇒ chanceler. *II.* Lumière, yeux : cligner, clignoter, papilloter. *III.* Luire, scintiller, trembler, trembloter.

VACIVE ■ ⇒ brebis.

VACUITÉ ■ ⇒ vide.

VADE-MECUM ■ ⇒ mémento.

VADROUILLE ■ *I.* ⇒ promenade. *II.* ⇒ balai. *III.* ⇒ mégère.

VADROUILLER ■ ⇒ traîner.

VA-ET-VIENT ■ *I.* Bac, navette. *II.* Allée et venue, balancement, branle, course, navette, navigation, remous, rythme, voyage.

VAGABOND, E ■ *I. Adj.* ⇒ errant. *II. Nom :* bohémien, camp-volant, chemineau, clochard, cloche, clodo, coureur, flâneur, galvaudeux, malandrin, mendiant, nomade, pilon (arg.), rôdeur, rouleur, routard, trimard, trimardeur, truand, va-nu-pieds.

VAGABONDER ■ ⇒ errer.

VAGIN ■ ⇒ sexe, vulve.

VAGIR ■ ⇒ crier.

VAGUE ■ n. fém. Agitation, barre, flot, houle, lame, mascaret, moutons, onde, raz, ressac, rouleau, tsunami, vaguelette.

VAGUE ■ adj. *I.* ⇒ vacant. *II.* Abstrait,

amphibologique, approximatif, changeant, confus, douteux, flottant, flou, fumeux, hésitant, illimité, imparfait, imprécis, incertain, indécis, indéfini, indéfinissable, indéterminé, indiscernable, indistinct, irrésolu, nébuleux, nuageux, obscur, timide, trouble, vaporeux. *III. Loc.* Terrain vague ⇒ stérile. *IV. Nom.* 1. ⇒ vide. 2. Loc. Vague à l'âme ⇒ mélancolie.

VAGUEMENT ■ À peine, confusément, peu.

VAGUEMESTRE ■ ⇒ facteur.

VAGUER ■ Aller au hasard/et venir, divaguer, vagabonder.

VAIGRE ■ ⇒ poutre.

VAILLANCE ■ ⇒ courage.

VAILLANT, E ■ ⇒ courageux.

VAIN, VAINE ■ *I.* Absurde, chimérique, creux, fantaisiste, faux, fugace, hypothétique, illusoire, imaginaire, insaisissable, sans consistance/effet/fondement/ importance/motif/réalité, vide. *II.* ⇒ inutile. *III.* ⇒ stérile. *IV.* ⇒ orgueilleux. *V. Loc.* En vain ⇒ inutilement.

VAINCRE ■ *I. Au pr. :* abattre, accabler, anéantir, avoir le dessus, battre, battre à plates coutures, bousculer, bouter (vx), conquérir, culbuter, damer le pion, déconfire, défaire, disperser, dominer, dompter, écharper, éclipser, écraser, l'emporter sur, enfoncer, entamer, estourbir, gagner, maîtriser, mater, mettre dans sa poche/en déroute/en fuite, piler, prévaloir, réduire, rosser, rouler, surclasser, surmonter, surpasser, tailler en pièces, terrasser, torcher (fam.), triompher de. *II. Fig.* 1. Un obstacle : franchir, négocier (fam.), passer, renverser, surmonter. 2. Des scrupules : endormir, étouffer. *III. V. pron. :* se dominer, être maître de soi, se maîtriser, se mater, se posséder, se surmonter.

VAINQUEUR ■ n. et adj. *I.* Cham-

pion, conquérant, dominateur, dompteur, gagnant, lauréat, triomphateur, victorieux. *II. Loc.* Un air vainqueur : avantageux, conquérant, prétentieux, suffisant.

VAISSEAU ■ *I.* ⇒ récipient. *II.* ⇒ bateau.

VAISSELLE ■ Assiette, déjeuner, légumier, plat, plateau, saladier, saucière, soucoupe, soupière, sucrier, tasse, tête-à-tête, verseuse. ⇒ ustensile.

VAL ■ ⇒ vallée.

VALABLE ■ *I. Jurid :* légal, réglementaire, valide. *II. Par ext. :* acceptable, admissible, avantageux, bon, convenable, de mise, efficace, négociable, normal, passable, précieux, recevable, régulier, salutaire, sérieux.

VALET ■ *I.* ⇒ serviteur. *II.* Porte-habit.

VALÉTUDINAIRE ■ n. et adj. Cacochyme, égrotant, maladif, mal en point.

VALEUR ■ *I.* ⇒ prix. *II.* ⇒ qualité. *III.* ⇒ courage. *IV.* ⇒ sens. *V. Loc.* Mettre en valeur : faire valoir. ⇒ rehausser.

VALEUREUX, EUSE ■ ⇒ courageux.

VALIDATION ■ ⇒ homologation.

VALIDE ■ *I. Quelqu'un :* bien constitué/portant, dispos, dru, fort, gaillard, ingambe, robuste, sain, vert, vigoureux. *II. Quelque chose :* admis, approuvé, autorisé, bon, efficace, en cours, légal, réglementaire, régulier, valable.

VALIDER ■ ⇒ homologuer.

VALIDITÉ ■ ⇒ bien-fondé.

VALISE ■ Attaché-case. ⇒ bagage. *Arg. ou fam. :* bagot, baise-en-ville, mallouse, valdingue, valoche, valouse, valtouse.

VALLÉE ■ Bassin, cavée, cluse, combe, cuvette, dépression, val, valleuse, vallon.

VALLONNÉ, E ■ ⇒ accidenté.

VALOIR ■ *I. V. intr.* Un prix : coûter, se monter/revenir à, se vendre. *II. V. tr.* 1. ⇒ égaler. 2. ⇒ procurer. *III. Loc.* Faire valoir. 1. Mettre en valeur. ⇒ exploiter. 2. ⇒ rehausser. 3. ⇒ vanter.

VALORISATION ■ ⇒ hausse.

VALORISER ■ ⇒ hausser.

VALSE ■ *I.* ⇒ mouvement. *II.* ⇒ volée.

VALSER ■ ⇒ danser.

VAMPIRE ■ ⇒ ogre.

VAMPIRISME ■ ⇒ avidité.

VAN ■ ⇒ tamis.

VANDALE ■ n. et adj. Barbare, destructeur, dévastateur, iconoclaste, profanateur, violateur.

VANDALISME ■ Elginisme, luddisme. ⇒ barbarie.

VANITÉ ■ *I. De quelque chose :* chimère, erreur, fragilité, frivolité, fumée, futilité, hochet, illusion, inanité, inconsistance, inefficacité, insignifiance, inutilité, mensonge, néant, pompe, vapeur, vent, vide. *II. De quelqu'un :* bouffissure, boursouflure, complaisance, crânerie, enflure, fatuité, fierté, gloriole, importance, infatuation, jactance, ostentation, présomption, prétention, suffisance. ⇒ orgueil.

VANITEUX, EUSE ■ ⇒ orgueilleux.

VANNE ■ *I.* Barrage, bonde, déversoir. *II. Arg.* ⇒ blague.

VANNÉ, E ■ ⇒ fatigué.

VANNER ■ *I.* ⇒ tamiser. *II.* ⇒ nettoyer. *III.* ⇒ fatiguer.

VANTAIL ■ Battant, panneau, volet.

VANTARD, E ■ ⇒ hâbleur.

VANTARDISE ■ ⇒ hâblerie.

VANTER ■ Acclamer, applaudir, approuver, célébrer, complimenter, donner de la publicité à, encenser, exalter, faire mousser/valoir, féliciter, glorifier, louer, prôner, publier, recommander, rehausser. *V. pron. :* s'applaudir de, s'attribuer, bluffer, se croire, se donner des gants, faire profession de, se faire mousser/valoir, se flatter, se mettre en valeur, pavoiser, se piquer/se targuer de, prétendre.

VANTERIE ■ *Vx :* ⇒ hâblerie.

VA-NU-PIEDS ■ *I.* ⇒ coquin. *II.* ⇒ misérable.

VAPEUR ■ *I.* Nom masc. ⇒ bateau. *II Nom fém. :* brume, buée, émanation, exhalaison, fumée, fumerolle, gaz, mofette, nuage, nuée, serein. *III.* ⇒ vanité. *IV. Nom fém. pl.* ⇒ vertige.

VAPOREUX, EUSE ■ *I.* ⇒ flou. *II.* ⇒ vague.

VAPORISATION ■ Atomisation, évaporation, pulvérisation, sublimation, volatilisation.

VAPORISER ■ Atomiser, gazéifier, pulvériser. *V. pron. :* s'atomiser, s'évaporer, se sublimer, se volatiliser.

VAQUER ■ ⇒ occuper (s').

VARECH ■ ⇒ algue.

VAREUSE ■ ⇒ veste.

VARIABLE ■ Changeant, flottant, incertain, inconsistant, inconstant, indécis, irrésolu.

VARIATION ■ *I. Au pr. :* alternance, alternative, bifurcation, changement, déviation, différence, écart, évolution, fluctuation, fourchette, innovation, modification, mouvement, mutation, nutation, oscillation, remous, retour, retournement, rythme, transformation, vicissitude. *II. Par ext.* ⇒ variété. *III. Fig.* ⇒ caprice.

VARIÉ, E ■ Bariolé, bigarré, changeant, complexe, différent, disparate, divers, diversifié, hétéroclite, hétérogène, marbré, marqueté, mâtiné, mélangé, mêlé, modifié, moiré, multicolore, multiforme, multiple, nombreux, nuancé, ondoyant, panaché, rayé, taché, tigré, transformé.

VARIER ■ v. tr. et intr. ⇒ **changer.**

VARIÉTÉ ■ *I.* ⇒ **différence.** *II.* ⇒ **variation.** *III.* Bigarrure, classification, collection, diversité, forme, manière, modulation, mosaïque, variante.

VARIOLE ■ *I. Méd. :* petite vérole. *II. Vétér. :* clavelée, picote, vaccine.

VASE ■ n. fém. ⇒ **limon.**

VASE ■ n. masc. *I.* Buire. ⇒ **récipient.** *II. Relig. :* calice, ciboire, patelle, patène, patère. *III. Vase de nuit* ⇒ **bourdalou.**

VASELINE ■ Graisse, onguent, paraffine, pommade.

VASEUX, EUSE ■ *I. Au pr. :* boueux, bourbeux, fangeux, limoneux, marécageux, tourbeux, trouble, vasard. *II. Fig.* ⇒ **stupide.**

VASISTAS ■ Imposte. ⇒ **ouverture.**

VASQUE ■ ⇒ **bassin.**

VASSAL ■ n. et adj. *I. Au pr. :* antrustion, feudataire, homme lige, leude, sujet, vavasseur. *II. Par ext. :* assujetti, inféodé, lié, soumis.

VASTE ■ Abondant, ample, considérable, copieux, développé, élevé, épanoui, étendu, fort, généreux, grand, gras, gros, immense, incommensurable, large, logeable, long, plein, spacieux, volumineux.

VATICINATEUR ■ ⇒ **devin.**

VATICINER ■ ⇒ **prédire.**

VAUDEVILLE ■ ⇒ **comédie.**

VAURIEN ■ Arsouille, artoupian (vx ou rég.), aventurier, bandit, bon à rien, brigand, canaille, chenapan, coquin, crapule, débauché, dévoyé, drôle, escarpe, fainéant, frappe, fripon, fripouille, galapiat, galopin, garnement, gibier de potence, gouape, gouspin (vx), gredin, homme de sac et de corde, jean-foutre, libertin, loubard,

loulou, malhonnête, maquereau, mauvais sujet, nervi, pendard (vx), pied-plat (vx), plat personnage, poisse, ribaud (vx), rossard, rufian, sacripant, salaud (grossier), saleté, sale/triste individu/personnage/type/coco (fam.), saligaud (grossier), saloperie (grossier), scélérat, vermine, vicieux, voyou, zonard.

VAUTOUR ■ Charognard, condor, griffon, gypaète, urubu. ⇒ **rapace.**

VAUTRAIT ■ ⇒ **vénerie.**

VAUTRER (SE) ■ *I.* ⇒ **coucher (se).** *II.* ⇒ **abandonner (s').**

VEDETTE ■ *I.* ⇒ **veilleur.** *II.* ⇒ **artiste.** *III.* ⇒ **bateau.**

VÉGÉTAL ■ ⇒ **plante.**

VÉGÉTALIEN, ENNE ■ Frugivore, herbivore. *Par ext. :* macrobiotique, végétarien.

VÉGÉTATIF ■ Pâle, lymphatique, mou.

VÉGÉTATION ■ Flore, pousse, verdure.

VÉGÉTER ■ ⇒ **vivoter.**

VÉHÉMENCE ■ *I.* ⇒ **impétuosité.** *II.* ⇒ **éloquence.**

VÉHÉMENT, E ■ *I.* ⇒ **impétueux.** *II.* ⇒ **violent.**

VÉHICULE ■ ⇒ **voiture.**

VÉHICULER ■ ⇒ **transporter.**

VEILLE ■ *I. Au pr. :* éveil, insomnie. *II. Par ext.* 1. Garde, quart, veillée. 2. Vigile. *III. Nom fém. pl.* 1. ⇒ **soin.** 2. ⇒ **travail.**

VEILLÉE ■ ⇒ **soirée.**

VEILLER ■ Appliquer son attention à, chaperonner, donner ses soins, garder, s'occuper de, présider à, protéger, surveiller. ⇒ **pourvoir à.**

VEILLEUR ■ Épieur, factionnaire, garde, gardien, guet, guetteur, sentinelle, surveillant, vedette, vigie, vigile.

VEINARD, E ■ ⇒ chanceux.

VEINE ■ *I.* ⇒ filon. *II.* ⇒ chance. *III.* ⇒ inspiration.

VEINÉ, E ■ Veineux. ⇒ marqueté.

VELLÉITAIRE ■ n. et adj. ⇒ mou.

VELLÉITÉ ■ ⇒ volonté.

VÉLO, VÉLOCIPÈDE ■ Bécane, biclo (fam.), biclou (péj.), bicycle, bicyclette, clou (péj.), petite reine, tandem. ⇒ cycle, cyclomoteur.

VÉLOCITÉ ■ ⇒ vitesse.

VELOURS ■ *I.* Panne, peluche, velvet. *II. Loc.* Sur le velours ⇒ facile.

VELOUTÉ, E, VELOUTEUX, EUSE ■ *I.* ⇒ moelleux. *II.* ⇒ soyeux.

VELU, E ■ ⇒ poilu.

VENAISON ■ ⇒ gibier.

VÉNAL, E ■ Corrompu, corruptible, mercenaire, vendable.

VÉNALITÉ ■ ⇒ subornation.

VENDABLE ■ *I.* ⇒ cessible. *II.* ⇒ convenable.

VENDANGEUR ■ ⇒ vigneron.

VENDETTA ■ ⇒ vengeance.

VENDEUR, EUSE ■ Agent/attaché commercial, calicot (péj.), camelot, commerçant, commis-voyageur, commis/commise/ demoiselle /fille/ garçon de boutique/magasin/rayon, détaillant, exportateur, grossiste, marchand, placier, représentant, visiteur, voyageur.

VENDRE ■ *I. Neutre :* adjuger, aliéner, céder, débiter, se défaire de, détailler, donner, échanger, écouler, exporter, laisser, monnayer, négocier, placer, réaliser, sacrifier, se séparer de, solder. *II. Non favorable :* bazarder, brader, brocanter, cameloter, coller, fourguer, laver, lessiver, liquider, mévendre, refiler, trafiquer. *III. Fig.* ⇒ dénoncer.

VENELLE ■ ⇒ rue.

VÉNÉNEUX, EUSE ■ Dangereux, délétère, empoisonné, létifère, nocif, non comestible, mauvais, toxique, vireux.

VÉNÉRABLE ■ Aimé, ancien, apprécié, bon, considéré, digne, doyen, éminent, estimable, honoré, patriarcal, réputé, respectable, respecté, révéré, sacré, saint, vieux.

VÉNÉRATION ■ Admiration, affection, amour, considération, dévotion, estime, respect, révérence.

VÉNÉRER ■ Admirer, aimer, apprécier, considérer, estimer, être à la dévotion de, être dévoué à, honorer, respecter, révérer.

VÉNERIE ■ Chasse à courre, équipage, meute, vautrait.

VENGEANCE ■ Châtiment, colère, némésis, œil pour œil dent pour dent, punition, réparation, représailles, ressentiment, rétorsion, revanche, riposte, talion, vendetta, vindicte.

VENGER ■ Châtier, corriger, frapper, laver, punir, redresser, réparer, réprimer, riposter, sévir, vider une querelle.

VENGEUR, VENGERESSE ■ n. et adj. ⇒ juge.

VÉNIEL, ELLE ■ ⇒ insignifiant.

VENIMEUX, EUSE ■ *I. Au pr.* ⇒ vénéneux. *II. Fig.* ⇒ malveillant.

VENIN ■ ⇒ poison.

VENIR ■ *I. Au pr. :* aborder, aboutir, aller, approcher, arriver, avancer, se déplacer, s'encadrer, entrer, parvenir à, sortir de, survenir, se transporter, tomber sur. *Fam. :* s'abouler, s'amener, débouler, se pointer, se rabouler, radiner, rálléger, ramener sa fraise, rappliquer. *II.* ⇒ sortir. *III.* ⇒ produire (se). *IV.* ⇒ pousser. *V. Venir de :* dater, descendre, partir, procéder, provenir de, remonter à, sortir, tenir,

tirer son origine de. *VI. Loc.* 1. Venir
à bout de ⇒ réussir. 2. Venir au monde
⇒ naître.

VENT ■ *I. Au pr.* : agitation, alizé,
aquilon, auster, autan, bise, blizzard,
bora, borée, bourrasque, brise, chergui, courant d'air, cyclone, fœhn,
galerne, hermattan, mistral, mousson,
noroît, notus, ouragan, pampero,
rafale, simoun, sirocco, souffle, suroît, tempête, tourbillon, tramontane,
typhon, zef (arg.), zéphire, zéphyr. *II.
Par ext.* 1. ⇒ odeur. 2. Flatulence, flatuosité, gaz. 3. Bruit, incongruité, pet.
4. **Vulg.** : Débourrée, fuite, louffe,
louise, pastille, perlouse, pétarade,
prout, soupir, vanne, vesse. *III.* ⇒ nouvelle.

VENTE ■ Adjudication, aliénation,
braderie, brocante, chine, criée, débit,
démarchage, écoulement, exportation,
lavage (arg.), liquidation, placement,
porte à porte, regrat (vx), solde, transfert, trôle.

VENTILATION ■ ⇒ répartition.

VENTILER ■ ⇒ aérer.

VENTRAL, E ■ ⇒ abdominal.

VENTRE ■ *I.* ⇒ abdomen. *II.* ⇒
bedaine. *III.* ⇒ utérus.

VENTRÉE ■ ⇒ repas.

VENTRIPOTENT, E ■ Bedonnant,
bouffi, dodu, gidouillant, gidouillard,
gros, obèse, pansu, patapouf, replet,
rond, ventru.

VENTRU, E ■ *I.* ⇒ ventripotent. *II.* ⇒
gros. *III.* ⇒ renflé.

VENUE ■ Approche, arrivée, avènement, croissance, irruption.

VER ■ *I. Au pr.* : 1. Annélidé, aré-
nicole, asticot, entozoaire, helminthe,
lombric. 2. Vermine, vermisseau. 3.
Ascaride *ou* ascaris, bothriocéphale,
cénure, douve, filaire, oxyure,
strongle, ténia, trichine, ver-coquin,
ver solitaire. *II. Par ext.* : bombyx,
chenille, larve, ténébrion, ver à soie.

VÉRACITÉ ■ ⇒ vérité.

VÉRANDA ■ Auvent, balcon, bungalow, varangue, verrière.

VERBAL, E ■ Non écrit, oral, parlé.

VERBALISME ■ ⇒ bavardage.

VERBE ■ ⇒ parole.

VERBEUX, EUSE ■ ⇒ diffus.

VERBIAGE ■ *I.* ⇒ bavardage. *II.* ⇒
faconde.

VERBOSITÉ ■ ⇒ faconde.

VERDÂTRE, VERDELET, ETTE ■ ⇒
vert.

VERDEUR ■ ⇒ jeunesse.

VERDICT ■ ⇒ jugement.

VERDIR ■ *I.* Verdoyer. *II. V. tr.* :
colorer/peindre en vert.

VERDUNISATION ■ Désinfection,
épuration, javellisation, traitement des
eaux.

VERDURE ■ *I. Au pr.* : boulingrin,
feuillage, feuille, frondaison, gazon,
herbage, herbe, parterre, pâturage,
pâture, plate-bande, prairie, pré, tapis
de verdure. *II. Par ext.* : tapisserie.

VÉREUX, EUSE ■ ⇒ malhonnête.

VERGE ■ *I.* ⇒ baguette. *II.* ⇒ sexe.

VERGER ■ Jardin, ouche, plantation.

VERGETÉ, E ■ ⇒ marqueté.

VERGOGNE ■ ⇒ honte.

VERGUE ■ ⇒ mât.

VÉRIDICITÉ ■ ⇒ vérité.

VÉRIDIQUE ■ ⇒ vrai.

VÉRIFICATION ■ Analyse, apurement, censure, collation, collationnement, confirmation, confrontation,
contre-épreuve, contrôle, épreuve,
essai, examen, expérimentation,
expertise, filtrage, inspection, pointage, recensement, recension, réco-

lement, reconnaissance, recoupement, révision, revue, surveillance, test.

VÉRIFIER ■ Analyser, apurer, avérer (vx), collationner, comparer, constater, contrôler, éprouver, essayer, étalonner, examiner, expérimenter, expertiser, filtrer, inspecter, juger, justifier, prouver, récoler, référencer, repasser, revoir, s'assurer/se rendre compte de, tamiser, tester, voir. *V. pron.* : s'avérer, se confirmer, *et les formes pron. possibles des syn. de* VÉRIFIER.

VÉRITABLE ■ ⇒ vrai.

VÉRITÉ ■ *I. De quelque chose ou de quelqu'un :* authenticité, certitude, droiture, évidence, exactitude, fidélité, franchise, justesse, lucidité, lumière, loyauté, nature, naturel, netteté, objectivité, réalité, sincérité, valeur, véracité, véridicité, vraisemblance. *II. Scient. :* axiome, postulat, principe, science, théorème. *III. Relig. :* conviction, croyance, dogme, doxologie, Évangile, foi, mystère, oracle, orthodoxie, parole, prophétie, révélation, sagesse. *IV. Non favorable :* lapalissade, sophisme, truisme, vérité première.

VERMINE ■ *I. Au pr. :* parasites, pouillerie, poux, puces, pucier, punaises, saleté, sanie. *II. Par ext.* 1. Canaille, gueuserie, populace, racaille, vérole. 2. ⇒ vaurien.

VERNALISATION ■ Printanisation.

VERNIR ■ Cirer, enduire de vernis, faire briller/luire/reluire, glacer, laquer, lisser, lustrer, peindre, protéger, retaper (péj.), vernisser.

VERNIS ■ *I. Au pr. :* enduit, laque, peinture laquée. *II. Fig.* 1. Non favorable : apparence, brillant, croûte, dehors, écorce, teinture. 2. Favorable : éclat, éducation, manières, lustre, splendeur.

VERNISSAGE ■ Inauguration, ouverture, présentation.

VERNISSÉ, E ■ ⇒ lustré.

VERNISSER ■ ⇒ vernir.

VÉROLE ■ *I.* Mal napolitain, nase (arg.), syphilis. *II. Petite vérole* ⇒ variole. *III. Par ext.* ⇒ vermine.

VERRAT ■ Cochon, goret, porc mâle, pourceau, reproducteur.

VERRE ■ *I.* Carreau, cristal. *II.* ⇒ gobelet. *III. Fam. :* ballon, canon, drink, glass, gobet, godet, guindal, guinde, pot, tournée.

VERRERIE ■ *Par ext.* 1. Verres. 2. Verroterie.

VERRIÈRE ■ ⇒ vitrail.

VERROU ■ ⇒ loquet.

VERROUILLER ■ *I.* ⇒ fermer. *II.* ⇒ enfermer.

VERRUE ■ Naevus, papillome, poireau (fam.).

VERS ■ *I.* Mètre, poésie, rimes, rythme, verset. *II.* Alexandrin, décasyllabe, heptamètre, hexamètre, octosyllabe, pentamètre, tétramètre, trimètre.

VERS ■ Dans la/en direction de, sur.

VERSANT ■ Côte, déclin, déclivité, penchant, pente.

VERSATILE ■ Capricant, capricieux, changeant, divers, fantaisiste, incertain, inconsistant, indécis, inégal, instable, irrégulier, irrésolu, labile, lunatique, vacillant, volage. ⇒ quinteux.

VERSÉ DANS ■ ⇒ capable.

VERSEMENT ■ ⇒ paiement.

VERSER ■ *I. Au pr. :* déverser, entonner, épancher, épandre, instiller, mettre, transvaser, transvider, vider. *II. Par ext.* 1. Arroser, couler. 2. Donner, servir. 3. Infuser, transfuser. 4. Renverser, répandre. *III. Fig.* 1. ⇒ payer. 2. ⇒ culbuter.

VERSIFICATEUR ■ ⇒ poète.

VERSIFICATION ■ Métrique, prosodie, technique poétique.

VERSIFIER ■ Rimailler (péj.), rimer, ronsardiser.

VERSION ■ *I.* ⇒ traduction. *II.* ⇒ relation.

VERSO ■ ⇒ revers.

VERT, VERTE ■ *I. Au pr. :* bouteille, céladon, émeraude, érugineux, gazon, glauque, jade, olive, pers, pomme, prairie, sinople, tilleul, verdâtre, verdelet, verdoyant. *II. Par ext.* 1. ⇒ valide. 2. ⇒ aigre. 3. ⇒ pâle. 4. ⇒ rude.

VERTICAL, E ■ ⇒ perpendiculaire.

VERTICALEMENT ■ D'aplomb, debout, droit, *et les adv. en -ment formés avec les syn. de* VERTICAL.

VERTIGE ■ *I. Au pr. :* déséquilibre, éblouissement, entêtement (vx), étourdissement, fumées, tournis (vét.), vapeurs, vertigo (vét.). *II. Fig. :* caprice, égarement, emballement, enivrement, folie, frisson, fumée, griserie, ivresse, trouble.

VERTIGINEUX, EUSE ■ ⇒ démesuré.

VERTIGO ■ *I.* ⇒ vertige. *II.* ■ caprice.

VERTU ■ *I.* ⇒ sainteté. *II.* ⇒ probité. *III.* ⇒ décence. *IV.* ⇒ prudence. *V.* ⇒ qualité. *VI. Loc.* En vertu de ⇒ conséquence (en).

VERTUEUX, EUSE ■ *I.* ⇒ saint. *II.* ⇒ probe. *III.* ⇒ prudent.

VERTUGADIN ■ *I.* ⇒ gazon. *II.* ⇒ panier.

VERVE ■ *I.* ⇒ éloquence. *II.* ⇒ inspiration.

VÉSANIE ■ ⇒ folie.

VÉSICATOIRE ■ ⇒ révulsif.

VÉSICULE ■ *I.* ⇒ bouton. *II.* ⇒ pustule.

VESPASIENNE ■ ⇒ urinoir.

VESTE ■ *I. Au pr. :* anorak, blazer, blouson, boléro, caban, cabi, canadienne, cardigan, carmagnole, dolman (milit.), hoqueton (vx et milit.), jaquette, pet-en-l'air, pourpoint (vx), rase-pet, saharienne, soubreveste (vx et milit.), touloupe, tunique, vareuse, veston. *II. Fig.* ⇒ insuccès.

VESTIBULE ■ Antichambre, entrée, galerie, hall, narthex, porche, prodromos, propylée.

VESTIGE ■ Apparence, débris, décombres, marque, reste, ruine, trace.

VÊTEMENT ■ *I. Neutre :* affaires, ajustement, atours, complet, costume, dessous, effets, ensemble, équipage, équipement, garde-robe, habillement, habit, livrée, mise, parure, robe, sous-vêtement, survêtement, tailleur, tenue, toilette, trousseau, uniforme, vêture. ⇒ **blouse, chaussure, coiffure, gant, manteau, robe, sous-vêtement, veste.** *II. Non favorable :* accoutrement, affublement, affutiau (vx), cache-misère, décrochez-moi-ça, défroque, déguisement, fringues, friperie, frusques, guenille, haillon, hardes, harnachement, harnais, harnois, nippe, pelure, roupasse, saint-frusquin, sape(s), souquenille. *III. Par ext.* ⇒ enveloppe.

VÉTÉRAN ■ n. et adj. *I.* ⇒ ancien. *II.* ⇒ soldat.

VÉTÉRINAIRE ■ Hippiatre (équit.).

VÉTILLE ■ ⇒ bagatelle.

VÉTILLER ■ ⇒ chicaner.

VÉTILLLEUX, EUSE ■ Agaçant, chicaneur, discordant, disputeur, formaliste, maniaque, mesquin, méticuleux, minutieux, pointilleux, puéril, regardant, tatillon, vétillard.

VÊTIR ■ *I. Neutre :* costumer, couvrir, endosser, enfiler, mettre, prendre, revêtir. ⇒ **habiller.** *II. Non favorable :* accoutrer, affubler, caparaçonner, déguiser, fagoter, ficeler, fringuer, frusquer, harnacher, nipper.

VETO ■ ⇒ opposition.

VÊTU, E ■ *I.* Les part. passés possibles de VÊTIR. *II. Fam. :* engoncé, enharnaché. ⇒ vêtir.

VÉTUSTE ■ ⇒ vieux.

VÉTUSTÉ ■ ⇒ vieillesse.

VEULE ■ *I.* ⇒ lâche. *II.* ⇒ mou.

VEULERIE ■ *I.* ⇒ lâcheté. *II.* ⇒ mollesse.

VEUVAGE ■ Solitude, viduité.

VEUVE ■ *I. Au pr. :* douairière (péj.). *II. Fig.* 1. ⇒ guillotine. 2. ⇒ masturbation.

VEXATION ■ ⇒ avanie.

VEXATOIRE ■ *I.* ⇒ humiliant. *II.* ⇒ honteux.

VEXER ■ *I.* ⇒ tourmenter. *II.* ⇒ aigrir. *III. V. pron.* ⇒ offenser (s').

VIABLE ■ ⇒ vivant.

VIADUC ■ ⇒ pont.

VIANDE ■ ⇒ chair.

VIATIQUE ■ *I.* ⇒ provision. *II. Par ext.* 1. Extrême-onction, sacrement des malades/mourants, derniers sacrements. 2. Secours, soutien.

VIBRANT, E ■ *I.* ⇒ ardent. *II.* ⇒ sonore.

VIBRATION ■ *I.* ⇒ oscillation. *II.* ⇒ tremblement.

VIBRER ■ ⇒ trembler.

VICE ■ *I.* ⇒ imperfection, mal, sadisme. *II. Au pl.* Arg. : éducation anglaise, cochonceté, friandise, gâterie, horreurs, passion, trucs, vicelardise.

VICE VERSA ■ Inversement, réciproquement.

VICIER ■ ⇒ altérer.

VICIEUX, EUSE ■ *I. Au pr.* 1. Corrompu, débauché, dépravé, dissolu, immoral, mauvais, obscène, pervers, perverti, sadique, taré. 2. Arg. ou fam. :

tordu, vachard, vicelard, viceloque. *II. Par ext.* 1. ⇒ indocile. 2. ⇒ imparfait.

VICISSITUDE ■ ⇒ variation.

VICTIME ■ Bouc émissaire, hostie, jouet, martyr, plastron, proie, souffre-douleur, tête de Turc.

VICTOIRE ■ ⇒ succès.

VICTORIEUX, EUSE ■ ⇒ vainqueur.

VICTUAILLES ■ *I.* ⇒ provision. *II.* ⇒ subsistances.

VIDANGE ■ *I.* ⇒ écoulement. *II.* ⇒ nettoiement.

VIDANGER ■ ⇒ vider.

VIDE ■ *I. Adj.* 1. D'un contenant privé de son contenu : abandonné, débarrassé, dégarni, démuni, désempli, lège (mar.), à sec. 2. D'un lieu sans occupants, sans vie : aride, dénudé, dépeuplé, dépouillé, dépourvu, désert, désertique, improductif, inculte, inhabité, inoccupé, libre, net, nu, sec, stérile, vacant, vague (terrain). 3. Creux. 4. *Fig.* : bête, bouffi, boursouflé, creux, enflé, futile, insignifiant, insipide, inutile, léger, morne, nul, pauvre, plat, prétentieux, vague, vain. *II. Nom.* 1. Cosmos, espace. 2. Néant, vacuité. 3. ⇒ excavation. 4. ⇒ trou. 5. Blanc, espace, interruption, lacune, manque. 6. *Fig.* ⇒ vanité.

VIDER ■ *I. Au pr. :* assécher, désemplir, dessécher, enlever, évacuer, excréter, nettoyer, tarir, transvaser, transvider, vidanger. *II. Par ext. :* abandonner, débarrasser, décharger, déménager, dépeupler, évacuer, laisser la place, partir. *III. Fig.* 1. ⇒ congédier. 2. ⇒ fatiguer. 3. ⇒ finir.

VIDIMER ■ *Jurid. :* conformer. ⇒ comparer.

VIDUITÉ ■ Solitude, veuvage.

VIE ■ *I. Au pr. :* destin, destinée, être, existence, jours, sort, temps. *II. Par ext.* 1. ⇒ activité. 2. ⇒ vivacité. 3. ⇒ his-

toire. *III. Fig.* ⇒ discussion. *IV. Loc.* En vie ⇒ vivant.

VIEILLARD ▪ *I. Neutre :* ancien, grand-père, homme âgé, patriarche, vieil homme, vieilles gens, vieux, vieux monsieur. *II. Non favorable :* baderne, barbon, bibard, birbe, clignotard, croulant, déchetoque, fossile, géronte, grime, grison, peinard, pépé, roquentin (vx), vieille barbe, vieux birbe/bonze/chose/machin /schnock/ truc, viocard, vioque.

VIEILLE ▪ *I. Neutre :* ancienne, femme âgée/d'âge canonique, grand-mère, veuve, vieille dame/femme. *II. Non favorable :* bonne femme, douairière, rombière. ⇒ vieillard.

VIEILLERIE ▪ *I. Au pl. :* bric-à-brac. ⇒ brocante. *II.* ⇒ poncif. *III.* ⇒ vieillesse.

VIEILLESSE ▪ *I. De quelqu'un.* 1. Neutre : abaissement, affaiblissement, troisième âge, vieillissement. 2. Non favorable : caducité, décadence, décrépitude, gérondisme, sénescence, sénilisme, sénilité, vieillerie, vioquerie (fam.). *II. De quelque chose :* abandon, ancienneté, antiquité, décrépitude, désuétude, obsolescence, vétusté.

VIEILLIR ▪ *I. V. intr. :* dater, être démodé, n'être plus dans la course (fam.), passer de mode. *Fam. :* bibarder, clignoter, n'être plus coté à l'argus/dans la course, prendre du carat, sucrer les fraises, vioquir. *II. V. tr. :* désavantager.

VIEILLOT, OTTE ▪ *I.* ⇒ vieux. *II.* ⇒ âgé.

VIERGE ▪ *I. Nom.* 1. Au pr. : jeune fille, pucelle, rosière, vestale. 2. Bonne Dame/Mère, Madone, Marie, Mère de Dieu, Notre-Dame, Pietà. *II. Adj.* 1. Puceau, pucelle. 2. Par ext. : brut, innocent, intact, neuf, nouveau, sans tache. ⇒ pur.

VIEUX ▪ *I. Nom.* 1. ⇒ vieillard. 2. ⇒ vieille. *II. Adj.* 1. Neutre ⇒ âgé et

ancien. 2. **Par ext. Non favorable :** amorti, antédiluvien, antique, archaïque, arriéré, caduc, décrépit, démodé, dépassé, désuet, fatigué, gothique, hors service, moyenâgeux, obsolescent, obsolète, révolu, rococo, sénile, suranné, usagé, usé, vétuste, vieillot. 3. **Arg. ou fam. :** bibard, bibardu, croulant, hachesse, plus coté (à l'argus), viocard, vioque.

VIF, VIVE ▪ *I. Au pr.* **Quelqu'un.** 1. **Favorable :** actif, agile, alerte, allègre, animé, ardent, brillant, chaleureux, dégagé, déluré, dispos, éveillé, fougueux, frétillant, fringant, gaillard, guilleret, ingambe, intelligent, léger, leste, mobile, ouvert, pétillant, pétulant, primesautier, prompt, rapide, sémillant, verveux, vivant. 2. **Non favorable :** aigre, amer, brusque, emporté, excessif, injurieux, irritant, mordant, nerveux, tride (équit.), violent. *II. Par ext.* 1. **Quelque chose :** acide, aigre, aigu, âpre, criard, cru, cuisant, douloureux, exaspéré, excessif, expéditif, frais, froid, intense, pénétrant, perçant, piquant, vivace. 2. **Le style :** animé, brillant, coloré, délié, éclatant, nerveux, pressé, sensible.

VIF-ARGENT ▪ ⇒ mercure.

VIGIE, VIGILE ▪ ⇒ veilleur.

VIGILANCE ▪ ⇒ attention.

VIGILANT, E ▪ ⇒ attentif.

VIGNE ▪ *I.* Lambruche, lambrusque, pampre, treille. ⇒ raisin. *II.* Château (bordelais), clos, hautin, terroir, vignoble.

VIGNERON, ONNE ▪ Vendangeur, viticulteur.

VIGNETTE ▪ ⇒ image.

VIGNOBLE ▪ ⇒ vigne.

VIGOUREUX, EUSE ▪ ⇒ fort.

VIGUEUR ▪ ⇒ force.

VIL, VILE ▪ Abject, affreux, avili, banal, bas, commun, corrompu, dépravé, déprécié, dernier, grossier, ignoble, impur, inculte, indigne, infâme, innommable, insignifiant, lâche, laid, méprisable, méprisé, mesquin, misérable, monstrueux, ordinaire, plat, rampant, ravalé, repoussant, rustre, sale, servile, vilain, vulgaire.

VILAIN, AINE ■ *I. Adj.* 1. ⇒ méchant. 2. ⇒ laid. 3. ⇒ avare. *II. Nom* ⇒ paysan.

VILEBREQUIN ■ ⇒ perceuse.

VILENIE ■ *I.* ⇒ bassesse. *II.* ⇒ méchanceté. *III.* ⇒ injure.

VILIPENDER ■ Abaisser, attaquer, avilir, bafouer, berner, conspuer, crier haro sur, critiquer, déconsidérer, décrier, dénigrer, déprécier, déshonorer, détracter, diffamer, dire pis que pendre, discréditer, disqualifier, flétrir, honnir, huer, injurier, insulter, mépriser, mettre plus bas que terre, rabaisser, ravaler, salir, siffler, souiller, traîner dans la boue/fange/aux gémonies, tympaniser (vx), vitupérer, vouer aux gémonies.

VILLA ■ Bungalow, cabanon, chalet, chartreuse, cottage, folie, pavillon.

VILLAGE ■ Agglomération, bled (péj.), bourg, bourgade, cité, commune, écart, endroit, feux (vx), hameau, localité, ménil (vx), paroisse, pâté de maisons, patelin (fam.), petite ville, trou (péj.).

VILLAGEOIS, VILLAGEOISE ■ n. et adj. ⇒ paysan.

VILLE ■ ⇒ village et agglomération.

VILLE D'EAUX ■ ⇒ station.

VILLÉGIATURE ■ ⇒ séjour.

VIN ■ *I. Au pr. :* cru, production, produit. *II. Fam. et péj. :* abondance, beaujolpif, bibine, bistrouille, bromure, brouille-ménage, brutal, carburant, ginglard, ginglet, gros-qui-tache, jinjin, mazout, ouvre-cuisses, piccolo, pichteau, pichtegorne, picrate, picton, pinard, piquette, pousse-au-crime,

pive, piveton, reginglard, rouquemoute, rouquin, tisane, tutu, tutute, vinasse. *III. Par ext. :* chopine, litre, litron, quille.

VINDICATIF, IVE ■ ⇒ rancunier.

VINDICTE ■ ⇒ vengeance.

VINÉE ■ Récolte, vendange. ⇒ cave.

VIOL ■ ⇒ violence.

VIOLATION ■ Atteinte, contravention, dérogation, désobéissance, entorse, infraction, inexécution, inobservance, inobservation, manquement, outrage, profanation, transgression, violemment (vx).

VIOLENCE ■ *I. Au pr. :* agressivité, animosité, ardeur, chaleur, colère, déchaînement, démence, démesure, dureté, effort, énergie, exacerbation, fougue, frénésie, fureur, furie, impétuosité, intensité, irascibilité, puissance, véhémence, virulence, vivacité. *II. Par ext. Des actes de violence.* 1. Agitation, émeute, pogrom, révolte, révolution. 2. Agression, attentat, brutalité, contrainte, coups et blessures, excès, mal, sévices. 3. Défloraison, défloration, profanation, viol.

VIOLENT, ENTE ■ *I. Au pr. :* agressif, ardent, brusque, brutal, cassant, coléreux, concentré, cruel, déchaîné, dément, démesuré, dur, énergique, enragé, exacerbé, excessif, extrême, farouche, fort, fougueux, frénétique, furieux, impétueux, injurieux, irascible, puissant, rude, sanguinaire, tempétueux, terrible, tranchant, truculent (vx), véhément, vif, vigoureux, virulent. *II. Par ext.* 1. Convulsif, délirant, fébrile. 2. Fulgurant, épouvantable, terrible. 3. Aigu, carabiné, cruel, cuisant, douloureux, intense, poignant, vivace.

VIOLENTER ■ ⇒ obliger.

VIOLER ■ *I. Une règle :* braver, contrevenir/déroger à, désobéir, enfreindre, fausser, manquer à, passer par-dessus, tourner, trahir, transgresser, vicier. *II. Quelqu'un, une réputation :* blesser, déflorer, forcer, outrager, polluer, porter atteinte à, profaner, prostituer, souiller, violenter. *III. Loc.* 1. Violer sa foi/parole : se parjurer. 2. Violer un secret : trahir, vendre.

VIOLET, ETTE ■ Aubergine, lie-de-vin, lilas, mauve, parme, pourpre, prune, violine, zinzolin. *Loc.* Bois de violette : palissandre.

VIOLON ■ *I. Au pr. :* alto, basse, basse de viole, crincrin (péj.), viole. *II.* ⇒ violoniste. *III.* ⇒ prison.

VIOLONISTE ■ Ménétrier (vx), musicien, premier/second violon, soliste, violoneux (vx), virtuose.

VIPÈRE ■ *I. Au pr. :* aspic, céraste, guivre, ophidien, péliade, serpent, vipereau, vouivre. ⇒ reptile. *II. Fig.* ⇒ méchant.

VIPÉRIN, E ■ *I.* ⇒ malveillant. *II.* ⇒ méchant.

VIRAGE ■ Coude, courbe, épingle à cheveux, lacet, tournant.

VIRAGO ■ Carne, carogne, charogne, dame de la halle, dragon, forte-en-gueule, gendarme, grenadier, grognasse, harangère, harpie, largue, maritorne, mégère, poison, poissarde, pouffiasse, rombière, tricoteuse (vx).

VIREMENT ■ Transfert. ⇒ paiement.

VIRER, VIREVOLTER ■ ⇒ tourner.

VIREVOLTE ■ ⇒ changement.

VIRGINAL, E ■ ⇒ pur.

VIRGINITÉ ■ *I. Au pr. :* hymen, pucelage. *Arg. :* berlingue, cuti. *II. Fig. :* fleur, ruban. *III. Par ext. :* blancheur, candeur, chasteté, innocence, intégrité, pureté, vertu.

VIRIL, VIRILITÉ ■ *I.* ⇒ mâle. *II.* ⇒ sexe.

VIRTUALITÉ ■ ⇒ possibilité.

VIRTUEL, ELLE ■ ⇒ possible.

VIRTUOSE ■ Aigle, as (fam.), maestro, maître, musicien, soliste.

VIRTUOSITÉ ■ ⇒ habileté.

VIRULENCE ■ ⇒ violence.

VIRULENT, E ■ ⇒ violent.

VIRUS ■ ⇒ poison.

VISA ■ Approbation, attestation, autorisation, licence, passeport, sceau, validation.

VISAGE ■ *I. Au pr.* 1. Face, faciès, figure, frimousse, masque, minois, tête, traits. 2. **Fam. :** balle, bille, binette, bobine, bouille, fiole, gueule, hure, margoulette, mufle, museau, nez, poire, pomme, portrait, trogne, trombine, trompette, tronche. ⇒ tête. 3. Effigie, mascaron, masque. *II. Par ext.* 1. Air, apparence, aspect, attitude, contenance, expression, maintien, mine, physionomie. 2. Caractère, personnage, personnalité, type. *III. Fig. :* configuration, conformation, couleur, dehors, disposition, extérieur, forme, tournure.

VISAGISTE ■ Esthéticien(ne).

VIS-À-VIS ■ *I. Adv. et loc. prép. :* à l'opposite, en face, en regard, face à face, nez à nez. *II. Nom.* 1. Quelqu'un : voisin d'en face. 2. Face à face, tête-à-tête.

VISCÉRAL, E ■ ⇒ inné.

VISCÈRE ■ *I. De l'homme :* boyaux, entrailles, intestin, tripes (fam.). *II. Des animaux :* fressure, tripes.

VISCOSITÉ ■ ⇒ épaisseur.

VISÉE ■ ⇒ but.

VISER ■ *I. Au pr. :* ajuster, bornoyer, coucher en joue, mirer, pointer, regarder. *II. Par ext.* 1. Aviser, lorgner, regarder. 2. Concerner. *III. Fig. :* ambitionner, chercher, désirer, poursuivre, prétendre à, rechercher, tâcher à, tendre à, vouloir. *IV.* ⇒ examiner. *V.* Apostiller, authentifier, valider.

VISIBILITÉ ■ ⇒ clarté.

VISIBLE ■ *I. Au pr. :* apercevable, apparent, distinct, manifeste, net, observable, ostensible, perceptible, percevable, voyant. *II. Fig. :* clair, évident, facile, flagrant, manifeste, ostensible.

VISION ■ *I. Au pr.* ⇒ vue. *II.* ⇒ apparition. *III.* Chimère, fantasme *ou* phantasme, hallucination, hantise, idée, illusion, image, intuition, mirage, obsession, pressentiment, représentation, rêve, rêverie. ⇒ imagination.

VISIONNAIRE ■ n. et adj. *I.* ⇒ voyant. *II. Favorable :* anticipateur, génie, phare, prophète. *III. Non favorable :* chimérique, déraisonnable, extravagant, halluciné, illuminé, imaginatif, obsédé, rêveur, songe-creux, utopiste.

VISITE ■ *I. Au pr.* 1. On visite quelqu'un : audience, démarche, entrevue, réception, rencontre, tête-à-tête, visitation (vx). 2. On visite quelque chose : contrôle, examen, expertise, fouille, inspection, ronde, tournée. 3. Un pays : excursion, tour, tournée, voyage. 4. De police : descente, perquisition, transport. 5. Un bateau : arraisonnement. *II. Par ext.* 1. ⇒ consultation. 2. ⇒ visiteur.

VISITER ■ *I.* ⇒ examiner. *II.* ⇒ fréquenter. *III.* ⇒ voir.

VISITEUR ■ *I.* Contrôleur, enquêteur, examinateur, explorateur, inspecteur, réceptionnaire ⇒ vendeur. *II.* Hôte, visite. *III.* Amateur, estivant, excursionniste, promeneur, spectateur, touriste, vacancier, villégiaturiste, voyageur.

VISQUEUX, EUSE ■ *I. Au pr. :* adhérent, collant, épais, gluant, glutineux, gommeux, graisseux, gras, huileux, poisseux, sirupeux, tenace. *II. Par ext. :* chassieux, glaireux. *III. Fig.* ⇒ abject.

VISSER ■ *I. Au pr. :* assujettir, attacher, fixer, immobiliser, joindre, river, sceller, serrer. *II. Fig. :* serrer la vis, tenir/traiter sévèrement.

VITAL, E ■ ⇒ principal.

VITALITÉ ■ ⇒ vivacité.

VITE ■ *I. Adj.* 1. ⇒ rapide. 2. ⇒ dispos. *II. Adv. :* à toute vitesse, au galop/trot, à la volée, en un/clin d'œil/tour de main/tournemain, bientôt, brusquement, comme l'éclair, dare-dare, en hâte, hâtivement, précipitamment, prestement, presto, prestissimo, promptement, raide, rapidement, rondement, subito, tôt, vivement. **Arg. ou fam. :** à fond de train /tombeau ouvert/ tout berzingue/ toute biture/toute blinde/ toute pompe/vibure, comme un dard/un lavement/un pet (sur une toile cirée), en cinq sec, et que ça saute, ficelle, fissa, rapidos, vinaigre. *III. Loc.* 1. À la va-vite : à la va-comme-je-te-pousse, bâclé, expédié, liquidé, gâché, saboté, sabré, torché. 2. Au plus vite : à l'instant, immédiatement, tout de suite.

VITESSE ■ Agilité, célérité, diligence, hâte, précipitation, presse, prestesse, promptitude, rapidité, vélocité, vivacité.

VITICOLE ■ Vinicole.

VITICULTEUR ■ Vigneron.

VITRAIL ■ Châssis, panneau, rosace, rose, verrière.

VITRE ■ *I. Au pr. :* carreau, glace, verre. *II. Par ext.* 1. ⇒ fenêtre. 2. Pare-brise. 3. Devanture, étalage, montre, vitrine.

VITREUX, EUSE ■ Blafard, blême, cadavérique, décoloré, éteint, livide, pâle, terne, terreux, voilé.

VITRINE ■ ⇒ étalage.

VITUPÉRATION ■ ⇒ réprobation.

VITUPÉRER ■ *I. V. tr.* ⇒ blâmer. *II. V. intr. :* déblatérer, s'indigner.

VIVACE ■ *I.* ⇒ rustique. *II.* ⇒ vivant.

VIVACITÉ ■ *I.* ⇒ vitesse. *II.* Activité, alacrité, allant, allégresse, animation, ardeur, brio, éclat, entrain, gaieté, légèreté, mordant, pétulance, vie, vigueur, violence, vitalité.

VIVANT, E ■ *I. Au pr.* : animé, en vie, viable, vivace. *II. Par ext.* : actif, animé, bien allant, debout, énergique, existant, force de la nature, fort, ranimé, remuant, résistant, ressuscité, sain et sauf, sauvé, survivant, tenace, trempé, valide, vif, vigoureux. *III. Loc.* **Bon vivant** : boute-en-train, farceur, (bonne) fourchette, gai luron, joyeux compagnon/drille.

VIVAT ■ ⇒ acclamation.

VIVEMENT ■ Ardemment, beaucoup, fortement, intensément, profondément. ⇒ **vite**.

VIVEUR ■ ⇒ débauché.

VIVIFIANT, E ■ *I. Au pr.* : aiguillonnant, cordial, excitant, fortifiant, généreux, nourrissant, ranimant, ravigotant (fam.), réconfortant, reconstituant, remontant, revigorant, roboratif, stimulant, tonique. *II. Fig.* : encourageant, exaltant.

VIVIFIER ■ Activer, agir sur, aiguillonner, animer, créer, donner le souffle, donner/insuffler l'âme/la vie, encourager, exciter, faire aller, fortifier, imprégner, inspirer, nourrir, ranimer, réconforter, tonifier.

VIVOTER ■ Aller doucement/son petit bonhomme de chemin/son petit train, subsister, végéter.

VIVRE ■ *I. V. intr.* **1. Neutre** : être animé/au monde, exister, durer, respirer. **2. Péj.** : croupir, s'endormir, se laisser aller, pourrir, végéter. **3.** ⇒ **habiter**. **4.** Se conduire. ⇒ **agir**. **5.** Se consacrer à, se dévouer, se donner à. **6.** Consommer, se nourrir de. *II. V. tr.* **1.** Éprouver, expérimenter, faire l'épreuve/l'expérience de. **2. Loc.** *Vivre des jours heureux* : couler, passer du bon temps.

VIVRES ■ *I.* ⇒ provisions. *II.* ⇒ subsistance.

VOCABLE ■ ⇒ mot.

VOCABULAIRE ■ *I.* ⇒ dictionnaire. *II. Par ext.* : correction, expression, langage, langue.

VOCALISE ■ Entraînement, exercice, roulade, trilles, virtuosité.

VOCALISER ■ ⇒ chanter.

VOCATION ■ ⇒ disposition.

VOCIFÉRATION ■ ⇒ cri.

VOCIFÉRER ■ v. tr. et intr. ⇒ crier.

VŒU ■ *I.* ⇒ serment. *II.* ⇒ souhait. *III.* ⇒ demande.

VOGUE ■ *I.* ⇒ cours. *II.* ⇒ mode.

VOIE ■ *I. Au pr.* : allée, artère, autoroute, autostrade, avenue, axe, boulevard, canal, chaussée, chemin, chenal, cours, draille, impasse, laie, layon, levée, passage, piste, promenade, réseau, rocade, route, rue, ruelle, sente, sentier, traboule (à Lyon). *II. Fig.* : brisées, canal, carrière, chemin, conduite, dessein, exemple, ligne, marche, sillage, sillon, trace. *III.* ⇒ moyen. *IV.* **1.** Voie ferrée : ballast, ligne, rails, talus. **2. Par ext.** : chemin de fer. S.N.C.F., train.

VOILE ■ *Fig.* ⇒ manteau.

VOILÉ, E ■ *I.* ⇒ sourd. *II.* Affaibli, assourdi, atténué, caché, déguisé, dissimulé, invisible, masqué, mystérieux, obscur, secret, tamisé, travesti, terne. *III.* ⇒ vitreux.

VOILER ■ ⇒ cacher.

VOIR ■ *I. Au pr.* : apercevoir, aviser, considérer, contempler, découvrir, discerner, distinguer, dominer, embrasser, entrevoir, examiner, loucher sur (fam.), mater (fam.), observer, percevoir, regarder, remarquer, repérer, saisir du regard, surplomber, viser, visionner, zieuter (fam.). *II. Fig.* **1. Se représenter par la pensée** : apercevoir, apprécier, comprendre, concevoir, connaître, considérer, constater, découvrir, discerner, distinguer, envisager, se figurer, imaginer, juger, observer, regarder, se représenter, trouver. **2.** Assister à, visiter. **3.** Avoir la vue sur, donner sur, être exposé à, planer sur. **4.** Contrôler, inspecter, inventorier, noter, remarquer, prendre garde à, surprendre, vérifier. **5.** Imaginer, prévoir, représenter. **6.** Écouter, examiner, jauger, réfléchir. ***III.*** *Loc.* **1.** Faire voir : apprendre, faire apparaître, découvrir, démonter, démontrer, dévoiler, étaler, exhiber, exposer, faire entrevoir/paraître, montrer, présenter, prouver, révéler. **2. Voir le jour.** ⇒ **naître.**

VOIRE ■ *I.* Vrai, vraiment. *II.* Aussi, même.

VOIRIE ■ *I.* Voies publiques. *II.* Entretien, ponts et chaussées. *III.* Bourrier, champ d'épandage, décharge, dépotoir, immondices, ordures.

VOISIN ■ n. et adj. ⇒ **prochain.**

VOISINAGE ■ ⇒ **proximité.**

VOISINER ■ ⇒ **fréquenter.**

VOITURE ■ *I. Génér. :* attelage, équipage, moyen de transport, véhicule. *II. À cheval.* **1. De promenade ou de voyage :** berline, berlingot, boghei, break, briska, buggy, cab, cabriolet, calèche, carrosse, chaise, char, coche, coucou, coupé, derby, diligence, dogcart, dormeuse, drag, fiacre, landau, landaulet, litière, locatis, mail-coach, malle, maringote, milord, omnibus, patache, phaéton, sapin (fam.), sulky, tandem, tapecul, tapissière, téléga, tilbury, tonneau, traîneau, troïka, victoria, vinaigrette, vis-à-vis, wiski. **2. De travail :** bétaillère, binard, camion, carriole, char, chariot, charrette, chassemarée, corbillard, éfourceau, fardier, guimbarde, haquet, limonière, tombereau, trinqueballe, truck. **3. Milit. :** ambulance, caisson, fourgon, fourra-

gère, prolonge. *III. À moteur.* **1. Au pr.** : auto, automobile, berline, conduite intérieure, coupé, familiale, limousine, roadster, torpédo. **2. Utilitaire :** ambulance, camionnette, commerciale, fourgon, fourgonnette, taxi. **3. De gros tonnage :** autobus, autocar, benne, bétaillère, camion, car, tracteur. **4. Fam. :** bagnole, bahut, bousine, caisse, charrette, chignole, chiotte, clou, ferraille, guimbarde, guinde, hotte, tacot, tire, veau. *IV. À bras.* **1. De travail :** baladeuse, brouette, charrette à bras, jardinière, pousse-pousse. **2. D'enfant :** landau, poussette. *V. Chemin de fer :* benne, citerne, fourgon, plateau, wagon. *VI. De police :* car, panier à salade, voiture cellulaire.

VOITURER ■ ⇒ **transporter.**

VOITURIER ■ *I.* Camionneur, routier, transporteur. *II.* Charretier, cocher, roulier, voiturin (vx). *III. Fam. :* automédon.

VOIX ■ *I.* Articulation, parole, phonation, son. *II.* ⇒ **bruit.** *III. Par ext.* **1.** Accord, approbation, assentiment, suffrage, vote. **2. D'animaux :** aboiement, chant, cri, grondement, hurlement, plainte. **3. Chant humain :** baryton, basse, basse-taille, castrat, contralto, dessus, haute-contre, mezzo-soprano, sopraniste, soprano, taille (vx), ténor, ténorino. *IV. Fig.* **1.** Appel, avertissement, impulsion, inspiration, manifestation divine/surnaturelle. **2.** Avis, jugement, opinion.

VOL ■ Décollage, envol, essor, lévitation, trajet aérien, volée.

VOL ■ Abus de confiance, appropriation, brigandage, cambriolage, carambouille, détournement, effraction, enlèvement, entôlage, escroquerie, filouterie, flibuste, fric-frac, friponnerie, grappillage, grivèlerie, holdup, indélicatesse, larcin, malversation, maraudage, maraude, pillage, piraterie, racket, rapine, resquille, soustraction, spoliation, stellionat, subtilisa-

tion, vol à l'étalage/à la gare/à la ren-
dez-moi/à la roulotte/à la tire, volerie.
Arg. : arnaque, baluchonnage, barbo-
tage, braquage, cambriole, carotte,
casse, cassement, chourave, coup,
dégringolage, dépouille, entôlage,
fauche, tire, turbin.

VOLAGE ■ ⇒ changeant.

VOLAILLE ■ **I.** Canard, cane, canette,
caneton, chapon, coq, dinde, dindon,
dindonneau, jars, oie, oison, pintade,
pintadeau, poule, poulet, poussin,
volatile. **II.** Basse-cour.

VOLANT ■ **I.** Navigant. **II.** Marge,
stock. **III.** ⇒ changeant.

VOLATILE ■ ⇒ oiseau.

VOLATILISATION ■ ⇒ vaporisation.

VOLATILISER (SE) ■ **I.** *Au pr.* ⇒
vaporiser (se). **II.** *Fig.* ⇒ disparaître.

VOL-AU-VENT ■ Bouchée à la reine,
timbale.

VOLCANIQUE ■ ⇒ impétueux.

VOLÉE ■ **I.** Envol, essor. **II.** ⇒ troupe.
III. ⇒ rang. **IV.** ⇒ décharge. **V.** Avoine,
bastonnade, branlée, brossée, correc-
tion, danse, déculottée, dégelée,
dérouillée, fessée, fricassée, frottée,
peignée, pile, plumée, rossée, roulée,
rouste, secouée, tannée, tatouille, tournée, trempe, tripotée, valse. ⇒ torgnole. **VI.** *Loc.* À la volée ⇒ vite.

VOLER ■ **I.** *Aller en l'air.* **1.** *Au pr.* :
s'élever, s'envoler, flotter, monter, planer, pointer, prendre son envol/essor,
tournoyer, voleter, voltiger. **2.** *Par ext.*
⇒ courir. **3.** *Fig.* : s'émanciper. **II.**
Prendre à autrui. **1.** *Voc.* courant :
s'approprier, attraper, brigander, cambrioler, démunir, déposséder, dépouiller, dérober, détourner, détrousser,
dévaliser, dilapider, distraire, s'emparer de, enlever, escamoter, escroquer,
estamper, exploiter, extorquer, faire
disparaître, filouter, flouer, friponner,
frustrer, grappiller, gripper (vx), griveler, gruger, marauder, piller, piper,

prendre, prévariquer, rançonner, rapi-
ner, ravir, rouler, soustraire, soutirer,
spolier, subtiliser, tromper. **2.** **Fam.** ou
arg. : acheter à la foire d'empoigne,
alléger, arranger, balluchonner, barboter, braquer, buquer, butiner, cabas-
ser, carotter, casser, chaparder, charrier, chauffer, chiper, choper, chouraver, chourer, cogner, cravater, dégringoler, délester, écorcher, effacer, effaroucher, embusquer, empaumer,
empiler, emplâtrer, engourdir, entôler,
entuber, étouffer, étriller, fabriquer,
faire un casse/main basse/sa main/aux
pattes, faucher, fricoter, grappiller,
gratter, griffer, grinchir, grouper, har-
per, kidnapper, peler, piquer, pirater,
rafler, ratiboiser, rectifier, refaire,
repasser, retrousser, rifler, rincer, saigner, secouer, serrer, soulager, straf-
fer, tirer, tondre, truander, voler à la
gare/à la poisse/à la rendez-moi/à la
roulotte/à la tire.

VOLERIE ■ ⇒ vol.

VOLET ■ **I.** Contrevent, jalousie, persienne. **II.** Déflecteur, extrados,
intrados.

VOLETER ■ ⇒ voltiger.

VOLEUR, VOLEUSE ■ Aigrefin, bandit, bonneteur (vx), brigand, briseur,
cambrioleur, canaille, carambouilleur,
casseur, chenapan, chevalier d'industrie, cleptomane, concussionnaire,
coquin, corsaire, coupe-jarret, coupeur
de bourses (vx), crapule, déprédataire,
détrousseur, escamoteur, escogriffe
(vx), escroc, falsificateur, filou, flibustier, forban, fraudeur, fripon, fripouille, grappilleur, kleptomane, larron, laveur de chèques, leveur, maître
chanteur, malandrin, malfaiteur,
maraudeur, monte-en-l'air, pègre,
pick-pocket, pillard, pipeur (vx),
piqueur, pirate, racketteur, rat d'hôtel,
spoliateur, tire-laine (vx), tricheur, tripoteur, truand, vaurien, vide-gousset,
voleur à l'étalage/à la gare/à la pois-
se/à la rendez-moi/à la roulotte/à la
tire. ⇒ **malhonnête.** *Arg.* : arcan, arcan-

dier, baluchonneur, braqueur, careur, caroubleur, chouraveur, fourche, fricfraqueur, grinche, marcheur, pègreleux, pégriot, poisse, roulottier, tireur.

VOLIÈRE ■ ⇒ cage.

VOLONTAIRE ■ *I. Favorable* ⇒ bénévole. *II. Non favorable.* 1. ⇒ têtu. 2. ⇒ indocile.

VOLONTAIREMENT ■ À bon escient, à dessein, de propos délibéré, délibérément, exprès, intentionnellement, volontiers.

VOLONTÉ ■ *I. Au pr.* 1. Caractère, courage, cran, décision, détermination, énergie, fermeté, force d'âme, initiative, obstination, opiniâtreté, résolution, ressort, ténacité, vouloir. 2. Ce qu'on veut : désir, dessein, détermination, exigence, intention, résolution, souhait, vœu, volition. 3. Philos. : librearbitre, liberté. 4. Non favorable : parti pris, velléité. *II. Loc.* 1. À volonté : ad libitum, à discrétion, à gogo (fam.), à loisir, à satiété, en-veux-tu-en-voilà. 2. Bonne volonté ⇒ bienveillance. 3. Mauvaise volonté ⇒ malveillance. 4. Selon votre volonté : caprice, choix, décret, désir, gré, guise, mode, plaisir, tête.

VOLONTIERS ■ Aisément, bénévolement, de bon cœur/gré, de bonne grâce, facilement, gracieusement, habituellement, naturellement, ordinairement, par nature/habitude/tendance.

VOLTAIRIEN, ENNE ■ Anticlérical, athée, caustique, esprit fort, jacobin, libéral, libre penseur, non-conformiste, républicain, sceptique.

VOLTE ■ ⇒ tour.

VOLTE-FACE ■ ⇒ changement.

VOLTIGE ■ Saut. ⇒ acrobatie.

VOLTIGER ■ Aller et venir, flotter, papillonner, voler, voleter.

VOLUBILE ■ *I.* ⇒ tordu. *II.* ⇒ bavard.

VOLUBILITÉ ■ ⇒ faconde.

VOLUME ■ *I.* In-folio/quarto/octavo/ douze/seize/dix-huit/vingt-quatre/ trente-deux. ⇒ livre. *II.* Ampleur, calibre, capacité, contenance, cubage, densité, grosseur, mesure.

VOLUMINEUX, EUSE ■ ⇒ gros.

VOLUPTÉ ■ *I. Au pr. :* délectation, délices, épectase (fam.), jouissance, lasciveté, lascivité, pied (fam.), sybaritisme. ⇒ orgasme, plaisir, sensualité. *II. Par ext. :* caresse, débauche, érotisme, mollesse.

VOLUPTUEUX, EUSE ■ *I.* ⇒ sensuel. *II.* ⇒ libertin.

VOLUTE ■ Arabesque, enroulement, serpentin.

VOMI ■ Vomissure. ⇒ souillure. *Arg. :* dégueulis, fusée, gerbe, queue de renard.

VOMIR ■ *I. Au pr.* 1. Voc. courant : chasser, cracher, dégorger, évacuer, expulser, regorger (vx), régurgiter, rejeter, rendre, restituer. 2. Arg. : aller au renard/refile, compter ses chemises, débagouler, déballer, débecter, dégobiller, dégueuler, gerber, lâcher une fusée, mettre le cœur sur le carreau (vx), renarder, rendre gorge (vx). *II. Par ext. :* dire, exécrer, honnir, jeter, lancer, proférer, souffler.

VOMITIF, IVE ■ Émétique, vomique, vomitoire.

VORACE ■ Affamé, avide, dévorant, glouton, goinfre, goulu, gourmand, inassouvi, insatiable.

VORACITÉ ■ Appétit, avidité, gloutonnerie, goinfrerie, gourmandise, insatiabilité.

VOTE ■ Consultation, élection, plébiscite, référendum, scrutin, suffrage, urnes, votation, voix.

VOTER ■ v. intr. et tr. ⇒ opiner.

VOUÉ, E ■ Consacré, prédestiné, promis.

VOUER ■ *I. Au pr.* Favorable : appliquer, attacher, consacrer, dédier, destiner, dévouer, donner, offrir, prédestiner, promettre, sacrifier. *II. Fig.* Non favorable : appeler sur, condamner, flétrir, honnir. *III. V. pron.* ⇒ **adonner (s').**

VOULOIR ■ n. ⇒ **volonté.**

VOULOIR ■ Ambitionner, appéter, arrêter, aspirer à, avoir dans l'idée/en tête/envie/l'intention de, brûler de, commander, convoiter, décider, désirer, entendre, s'entêter, envier, exiger, guigner, prétendre à, s'obstiner, s'opiniâtrer, réclamer, rêver, souhaiter, soupirer après, tenir à, viser. *Fam.* : goder, lorgner/loucher sur, saliver.

VOÛTE ■ Arc, arcade, arceau, arche, berceau, cintre, coupole, dais, dôme, voussure.

VOÛTÉ, E ■ Bossu, cintré, convexe, courbe, rond.

VOÛTER (SE) ■ ⇒ **courber (se).**

VOYAGE ■ *I.* Balade, circuit, croisière, déplacement, excursion, itinéraire, navigation, odyssée, passage, pérégrination, périple, promenade, randonnée, raid, rallye, route, tour, tourisme, tournée, trajet, transhumance, transport, traversée, va-et-vient. *II.* Campagne, exode, expédition, exploration, incursion, pèlerinage.

VOYAGER ■ Aller et venir, se balader, bourlinguer, se déplacer, excursionner, faire un voyage *et les syn. de* VOYAGE, naviguer, pérégriner, se promener, se transporter.

VOYAGEUR, EUSE ■ n. et adj. *I. Au pr. :* excursionniste, explorateur, globetrotter, nomade, passager, promeneur, touriste. *II. Par ext.* ⇒ **étranger.** *III. Loc.* **Voyageur de commerce :** ambulant, commis-voyageur, courtier, démarcheur, démonstrateur, itinérant, placier, représentant, visiteur, V.R.P.

VOYANT, E ■ *I. Nom :* cartomancienne, devin, diseur de bonne aven-

ture, divinateur, extralucide, fakir, halluciné, illuminé, inspiré, magicien, prophète, pythonisse, sibylle, visionnaire. *II. Adj. :* bariolé, coloré, criant, criard, éclatant, évident, indiscret, manifeste, tapageur, tape-à-l'œil.

VOYEUR ■ Mateur (arg.), regardeur (vx).

VOYOU ■ *I.* ⇒ **gamin.** *II.* ⇒ **vaurien.**

VRAC (EN) ■ Pêle-mêle, tout-venant.

VRAI, E ■ *I. Au pr.* **Quelqu'un ou quelque chose :** assuré, authentique, avéré, certain, confirmé, conforme, crédible, démontré, droit, effectif, exact, existant, évident, fiable, fondé, franc, historique, incontestable, juste, logique, loyal, mathématique, net, objectif, orthodoxe, positif, pur, réel, sérieux, sincère, strict, sûr, véridique, véritable, vraisemblable. *II. Par ext.* 1. **Quelque chose** ⇒ **principal.** 2. **Quelqu'un** ⇒ **fidèle.**

VRAIMENT ■ Certainement, effectivement, en effet, réellement, sérieusement, véritablement, en vérité, à vrai dire, vrai, voire (vx).

VRAISEMBLABLE ■ Apparent, crédible, croyable, plausible. ⇒ **vrai.**

VRAISEMBLANCE ■ Apparence, crédibilité, présomption, probabilité.

VRILLE ■ *I.* Attache, cirre, filament. *II. Par ext. :* drille, foret, mèche, percerette, queue de cochon, taraud, tarière. ⇒ **perceuse.** *III.* ⇒ **lesbienne.**

VRILLÉ, E ■ ⇒ **tordu.**

VROMBIR ■ Bourdonner, brondir, bruire, ronfler, rugir.

VROMBISSEMENT ■ Brondissement.

VUE ■ *I. Au pr.* 1. **Action de voir :** œil, optique, regard, vision. 2. **Façon de voir :** aspect, optique, ouverture, perspective, présentation, vision. 3. **Ce qu'on voit :** apparence, apparition, coup d'œil, dessin, étendue, image, ouverture, panorama, paysage, perspective, point de vue, site, spectacle, tableau, vision. *II. Fig.* 1. ⇒ **opinion.** 2. ⇒ **but.**

VULGAIRE ■ *I. Adj.* : banal, bas, béotien, bourgeois, brut, canaille, commun, courant, effronté, épais, faubourien, gouailleur, gros, grossier, insignifiant, matériel, ordinaire, peuple, philistin, poissard, populacier, prosaïque, rebattu, roturier, simple, trivial, vil. *II. Nom* ⇒ **peuple.**

VULGARISATION ■ Diffusion, émission, propagation.

VULGARISER ■ ⇒ **répandre.**

VULGARITÉ ■ *I.* ⇒ **impolitesse.** *II.* ⇒ **obscénité.**

VULNÉRABLE ■ ⇒ **faible.**

VULTUEUX, EUSE ■ ⇒ **bouffi.**

VULVE ■ *I.* 1. Féminité, intimité, nature, organes de la reproduction/génitaux/sexuels, sexe. 2. **Méd. et vx** : parties honteuses/intimes/secrètes, pudenda. 3. **Partic.** : yoni. *II. Enf.* : languette, pipi, pissette, zézette, zizi. *III. Vx et/ou litt.* : abricot, affaire, amande, angora, anneau, as de carreau/cœur/pique/trèfle, atelier, aumônière, bague, balafre, bengali, bénitier, berlingot, bijou, biniou, bis, blason, boîte à ouvrage, bonbonnière, bonde, bouquet, bouton (de rose), boutonnière, brèche, cadogan, callibistri, canard, cas, charnière, chat, chatière, chatouille, chatte, chaussure (à son pied), cheminée, chose, chou, choune, chounette, chouse, cicatrice, cœur, coin, comment-a-nom, connin, conque, coquillage, corbeille, counette, counin, crapaud, crapaudine, craque, craquette, craquoise, crèche, cruche, cyprine, devant, divertissoire, écu, étable, étau, étui, fabliau, fente, figue, fissure, fleur, fontaine, forge à

cocus/à cornards/à cornes, four, fourreau, fourre-tout, foutoir, fraise, framboise, grotte, guenilles, guenuche, herbier, hérisson, histoire, houppe, jardin, jardinet, je-ne-sais-quoi, lac, landilles, landrons, lapin, lézarde, losange, manchon, mandoline, marguerite, médaillon, mimi, minet, minette, minon, minou, minouche, mirely, moniche, mortier, motte, moule (masc.), moulin, mounine, niche, nid, oiseau, ouverture, panier, pantoufle, pâquerette, pénil, piège, pomme, porcelaine, raie, raminagrobis, rose, rosette, rosier, rossignol, rouge-gorge, sadinet, savate, soulier, tabatière, tirelire, tiroir, touffe, trésor, trousse, veau, vénusté. *IV. Arg. et grossier* : baba, babines, badigoinces, bagouse, bahut, baisoir, baquet, barbu, baveux, bazar, belouse, bonnet à poils, bouche-qui-rapporte, boutique, caisse, capital, casserole, cave, café des deux colonnes, chagatte, cirque, clapier, con, connasse, connaud, cramouille, cressonnière, crevasse, devanture, didine, écoutille, entre-cuisses, entre-deux-jambes, escalopes, fendasse, fendu, fri-fri, gagne-pain, garage, Gaston, greffier, gripette, Gustave, machin, magasin, mandrin, marmite, maternelle, matou, Mickey, milieu, mitan, mouflard, moule (fém.), muet, noc, pacholle (mérid.), paquet de scaferlati, patate, pays-bas, petite sœur, pissotière, poilu, portefeuille/portemonnaie à moustaches/perruque, potte, régulier, sac, sacoche, saint-frusquin, salle des fêtes, sapeur, sifflet, sœurette, tablier de forgeron/sapeur, trou, truc, tube, tutu, tuyau, vase, velu, zigouigoui, zipcouicoui, zinzin, *et tout être ou objet ayant valeur suggestive quant au terme de référence.*

VU QUE ■ ⇒ **parce que.**

w - x - y - z

WAGAGE ■ ⇒ engrais.

WAGON ■ Benne, citerne, fourgon, plateau, plate-forme, tender, tombereau, truck, voiture, wagon-bar, wagon-citerne, wagon frigorifique, wagon-poste, wagon-restaurant, wagon-salon. ⇒ **wagon-lit.**

WAGON-LIT ■ Pullmann, sleeping-car, wagon-couchette.

WAGONNET ■ Decauville, lorry.

WALHALLA ■ ⇒ ciel.

WARRANT ■ Avance, caution, ducroire, gage, garantie, prêt. ⇒ **dépôt.**

WASSINGUE ■ Serpillière, toile à laver.

WATER-CLOSET ■ *I.* Bouteilles (mar.), cabinet, chaise (vx), chaise/fauteuil percé (e) [vx], châlet de nécessité, commodités, édicule, feuillées (partic.), garde-robe (vx), latrines, lavabo, lavatory, lieux d'aisances, petit coin/endroit, où le roi va tout seul, quelque part, retiro, salle de repos (Canada français), sanisettes, sanitaires, sentine (péj.), toilettes, trône (fam.), vespasiennes, W.-C. *II. Arg. :* cagoinces, chiottes, fil à plomb, goguenots, gogues, gras, tartisses, tartissoires ⇒ **urinoir.**

WATTMAN ■ Conducteur, machiniste, mécanicien.

WEEK-END ■ Fin de semaine, semaine anglaise. ⇒ **vacances.**

WELLINGTONIA ■ Séquoia.

WERGELD ■ ⇒ indemnité.

WHARF ■ Appontement, avant-port, débarcadère, embarcadère, jetée, ponton, quai.

WHIG ■ Libéral.

WHISKY ■ Baby, bourbon, drink, scotch.

WIGWAM ■ ⇒ cabane et case.

WISIGOTH ■ ⇒ sauvage.

XÉNOPHILE ■ adj. et n. *I. Au pr. :* ami des/généreux pour les/ouvert aux étrangers/aux idées/modes étrangères. *II. par ext. :* anglomane, snob.

XÉNOPHILIE ■ *I. Au pr. :* générosité, ouverture. *II. Par ext. :* affectation, anglomanie, cosmopolitisme, maniérisme, recherche, snobisme.

XÉNOPHOBE ■ adj. et n. Chauvin, nationaliste, raciste.

XÉNOPHOBIE ■ Chauvinisme, nationalisme, racisme.

XÉRÈS ■ Amontillado, jerez, manzanilla, sherry.

XÉRUS ■ ⇒ écureuil.

XYSTE ■ Galerie/piste couverte, gymnase.

YACHT ■ ⇒ bateau.

YACHTING ■ Navigation de plaisance.

YANKEE ■ n. et adj. Américain, Oncle Sam. *Arg.* : amerlo, amerloc, cow-boy, gringo, ricain.

YATAGAN ■ ⇒ épée.

YEUSE ■ Chêne vert.

YEUX ■ *I.* ⇒ regard. *II. Loc.* 1. Les yeux fermés : en confiance, de tout repos, tranquille, tranquillement. 2. Entre quatre-z-yeux (fam.). ⇒ tête-à-tête (en).

YOGI ■ Ascète, contemplatif, fakir, sage.

YOLE ■ ⇒ bateau.

YOURTE ■ ⇒ cabane et case.

YOUYOU ■ ⇒ bateau.

ZÈBRE ■ *I. Au pr.* : âne sauvage, hémione, onagre. *II. Fig.* : bougre, coco, type. ⇒ homme.

ZÉBRÉ, E ■ Bigarré, léopardé, marbré, rayé, taché, tigré, veiné, vergé, vergeté.

ZÉBRURE ■ ⇒ raie.

ZÉLATEUR, TRICE ■ *I. Nom :* adepte, apôtre, disciple, émule, glorificateur, godillot (fam.), laudateur, panégyriste, propagandiste, partisan, propagateur, prosélyte, séide. *II. Adj. :* élogieux, enthousiaste, fervent.

ZÈLE ■ Abnégation, activité, apostolat, application, ardeur, assiduité, attachement, attention, bonne volonté, chaleur, civisme, cœur, courage, dévotion, dévouement, diligence, empressement, émulation, enthousiasme, fanatisme, fayotage (fam.), ferveur, feu sacré, fidélité, flamme, foi, intrépidité, passion, persévérance, promptitude, prosélytisme, soin, travail, vigilance, vivacité.

ZÉLÉ, E ■ Actif, appliqué, ardent, assidu, attaché, attentif, chaleureux, civique, courageux, dévoué, diligent, empressé, enflammé, enthousiaste, fanatique, fayot (fam.), fervent, fidèle, godillot (fam.), intrépide, passionné, persévérant, prompt, prosélytique, soigneux, travailleur, vigilant, vif.

ZELLIGE ■ Azulejo, carreau, céramique, faïence.

ZÉNANA ■ ⇒ gynécée.

ZÉNITH ■ *Fig.* ⇒ comble.

ZÉPHYR ou *ZÉPHIRE* ■ ⇒ vent.

ZÉRO ■ Aucun, couille (arg. scol.), néant, nul, nullité, rien, vide.

ZESTE ■ Écorce. ⇒ peau.

ZEUGME ■ Jonction, réunion, union.

ZÉZAYER ■ Bléser, zozoter.

ZIEUTER ■ ⇒ bigler.

ZIGOUILLER ■ Liquider, faire son affaire à, trucider. ⇒ tuer.

ZIGZAG ■ Crochet, dents de scie, détour, entrechat, lacet.

ZIGZAGUER ■ Chanceler, faire des zigzags *et les syn. de* ZIGZAG, louvoyer, tituber, tourner, vaciller.

ZINZIN ■ ⇒ truc.

ZIZANIE ■ *I. Au pr.* ⇒ ivraie. *II. Fig.* ⇒ mésintelligence.

ZIZI ■ *Enf.* ⇒ sexe.

ZOÏLE ■ Baveux, contempteur, critique, détracteur, envieux, injuste, jaloux, pouacre.

ZOMBI ■ ⇒ fantôme.

ZONE ■ Aire, arrondissement, bande, ceinture, coin, district, division, endroit, espace, faubourg, lieu, pays, quartier, région, secteur, sphère, subdivision, territoire.

ZOUAVE ■ *I. Au pr.* : chacal, fantassin/soldat colonial/de ligne. *II. Fig.* ⇒ homme. *III. Loc.* Faire le zouave : faire le bête *et les syn. de* BÊTE.

ZOZOTER ■ Bléser, zézayer.

DICTIONNAIRES LE ROBERT

DISPONIBLES EN LIBRAIRIE

DICTIONNAIRES DE LA LANGUE FRANÇAISE
DICTIONNAIRES DE NOMS PROPRES

DICTIONNAIRE HISTORIQUE DE LA LANGUE FRANÇAISE
sous la direction d'Alain Rey
(2 vol., 2 400 pages, 40 000 entrées).

LE NOUVEAU PETIT ROBERT
Dictionnaire alphabétique et analogique de la langue française
(1 vol., 2 592 pages, 60 000 articles).
Le classique pour la langue française : 8 dictionnaires en 1.

LE PETIT ROBERT DES NOMS PROPRES
Dictionnaire illustré des noms propres
(1 vol., 2 300 pages, 40 000 articles, 2 000 illustrations couleur et noir dont
230 cartes).
Le complément, pour les noms propres, du *Nouveau Petit Robert.*

LE ROBERT D'AUJOURD'HUI
Langue française, noms propres, chronologie, cartes.
(1 vol., 1 700 pages, 46 000 articles, 108 pages de chronologie, 70 cartes en
couleurs).

LE ROBERT QUÉBÉCOIS D'AUJOURD'HUI
Dictionnaire québécois de la langue française et de culture générale (noms propres,
cartes, chronologie, etc.).
(1 vol., 1 900 pages, 52 000 articles, 108 pages de chronologie, 51 cartes en
couleurs).

LE ROBERT POUR TOUS
Dictionnaire de la langue française
(1 vol., 1 312 pages, 40 000 mots.)

LE ROBERT MICRO
Dictionnaire d'apprentissage de la langue française
Nouvelle édition entièrement revue et augmentée (1 vol., 1 470 pages, 35 000
articles).

LE ROBERT DES JEUNES
Dictionnaire de la langue française
(1 vol., 1 290 pages, 16 500 mots, 80 planches encyclopédiques en couleurs).

LE ROBERT JUNIOR
Dictionnaire pour les enfants de 8-12 ans, en petit format
(1 100 pages, 20 000 entrées, 1 000 illustrations, 18 pages d'atlas).

LE ROBERT MÉTHODIQUE
Dictionnaire méthodique du français actuel
(1 vol., 1 650 pages, 34 300 mots et 1 730 éléments).
Le seul dictionnaire alphabétique de la langue française qui analyse
les mots et les regroupe par familles en décrivant leurs éléments.

LE ROBERT ORAL-ÉCRIT
L'orthographe par la phonétique
(1 vol., 1 400 pages, 17 000 mots et formes).
Le premier dictionnaire d'orthographe et d'homonymes, fondé sur l'oral.

DICTIONNAIRES BILINGUES

LE ROBERT ET COLLINS SENIOR
Dictionnaire français-anglais/anglais-français
(1 vol., 2 000 pages, 300 000 « unités de traduction »).

LE ROBERT ET COLLINS COMPACT
Dictionnaire français-anglais/anglais-français
(1 vol., 1 250 pages, 115 000 « unités de traduction »).

LE ROBERT ET COLLINS CADET
Dictionnaire français-anglais/anglais-français
(1 vol., 832 pages, 65 000 « unités de traduction »).

LE ROBERT ET COLLINS MINI
60 000 mots et expressions.

LE ROBERT ET COLLINS DU MANAGEMENT
Commercial - Financier - Économique - Juridique
(L'anglais des affaires, 75 000 mots, 100 000 traductions).

LE ROBERT ET COLLINS
VOCABULAIRE ANGLAIS ET AMÉRICAIN
par Peter Atkins, Martin Bird, Alain Duval, Dominique Le Fur
et Hélène Lewis

« LE ROBERT ET COLLINS PRATIQUE »
ANGLAIS, ALLEMAND, ESPAGNOL, ITALIEN
(70 000 mots et expressions, plus de 100 000 traductions.)

« LE ROBERT ET COLLINS GEM »
ANGLAIS, ALLEMAND, ESPAGNOL, ITALIEN.

LE ROBERT ET SIGNORELLI
Dictionnaire français-italien/italien-français
(1 vol., 3 040 pages, 339 000 « unités de traduction »).

LE ROBERT ET VAN DALE
Dictionnaire français-néerlandais/néerlandais-français
(1 vol., 1 400 pages, 200 000 « unités de traduction »).

GRAND DICTIONNAIRE FRANÇAIS-JAPONAIS
SHOGAKUKAN-LE ROBERT
(1 vol., 1 600 pages, 100 000 entrées).

N° de Projet : 10037082 (5) 246 (EURO 60)
Novembre 1996
Imprimé en France
par Maury-Eurolivres 45300 Manchecourt